逻辑学导论

（第15版）

[美] 欧文·M. 柯匹（Irving M. Copi）
[美] 卡尔·科恩（Carl Cohen） 著
[加] 维克多·罗迪奇（Victor Rodych）

张建军 潘天群 顿新国 等 译

Introduction to Logic
(Fifteenth Edition)

中国人民大学出版社
·北京·

目　录

前　言 ·· 1
极简逻辑史 ·· 3

第一部分　逻辑与语言

A篇　推理 ·· 3
第1章　逻辑学的基本概念 ·· 5
  1.1　什么是逻辑学 ··· 7
  1.2　命题与论证 ·· 7
  1.3　论证的辨识 ·· 16
  1.4　论证与说明 ·· 25
  1.5　演绎论证与归纳论证 ·· 32
  1.6　有效性与真实性 ·· 37
  第1章概要 ··· 43
  第1章关键术语 ·· 44
第2章　论证的分析 ·· 47
  2.1　论证的重塑 ·· 49
  2.2　论证的图示 ·· 53
  2.3　复杂的论证性语段 ·· 65
  2.4　推理中的问题 ··· 72
  第2章概要 ··· 81

B篇　非形式逻辑 ·· 83
第3章　语言与定义 ·· 85
  3.1　语言的功能 ·· 87
  3.2　情感语言、中性语言与论争 ···································· 95
  3.3　论争与含混性 ··· 100

3.4 定义及其用途 ············· 103
3.5 定义的结构：外延与内涵 ············· 112
3.6 属加种差定义 ············· 121
第3章概要 ············· 131
第3章关键术语 ············· 133

第4章 谬误 ············· 137
4.1 什么是谬误 ············· 139
4.2 谬误的分类 ············· 140
4.3 相干谬误 ············· 141
4.4 不当归纳谬误 ············· 162
4.5 预设谬误 ············· 170
4.6 含混谬误 ············· 178
第4章概要 ············· 195
第4章关键术语 ············· 196
现实生活中的逻辑 ············· 198

第二部分 演绎

A篇 三段论逻辑 ············· 207

第5章 直言命题 ············· 209
5.1 演绎理论 ············· 211
5.2 类与直言命题 ············· 212
5.3 四种直言命题 ············· 213
5.4 质、量与周延性 ············· 217
5.5 传统对当方阵 ············· 222
5.6 其他直接推论 ············· 227
5.7 存在含义与直言命题的解释 ············· 235
5.8 直言命题的符号系统与图解 ············· 242
第5章概要 ············· 249
第5章关键术语 ············· 250

第6章 直言三段论 ············· 255
6.1 直言三段论的标准形式 ············· 257

6.2 三段论论证的形式性质 ……………………………… 262
  6.3 检验三段论：文恩图解法 …………………………… 266
  6.4 三段论规则与三段论谬误 …………………………… 276
  6.5 直言三段论的 15 个有效形式 ………………………… 285
  附录　直言三段论的 15 个有效形式的演绎推导 ………… 290
  第 6 章概要 ………………………………………………… 294
  第 6 章关键术语 …………………………………………… 296

第 7 章　日常语言中的论证 …………………………………… 299
  7.1 三段论论证 …………………………………………… 301
  7.2 词项数量归约为三 …………………………………… 302
  7.3 直言命题的标准化 …………………………………… 306
  7.4 协同翻译 ……………………………………………… 314
  7.5 省略式三段论 ………………………………………… 321
  7.6 连锁三段论 …………………………………………… 327
  7.7 析取三段论与假言三段论 …………………………… 331
  7.8 二难推论 ……………………………………………… 339
  第 7 章概要 ………………………………………………… 346
  第 7 章关键术语 …………………………………………… 347

B 篇　现代符号逻辑 …………………………………………… 351
第 8 章　命题逻辑Ⅰ：真值函项陈述与论证 ………………… 353
  8.1 现代逻辑及其符号语言 ……………………………… 355
  8.2 真值函项性：简单陈述与复合陈述 ………………… 356
  8.3 合取、否定与析取 …………………………………… 358
  8.4 条件陈述与实质蕴涵 ………………………………… 370
  8.5 论证形式与运用逻辑类推进行的反驳 ……………… 382
  8.6 "无效"和"有效"的精确含义 …………………… 387
  8.7 根据真值表验证论证：完备的真值表方法 ………… 388
  8.8 一些常见的论证形式 ………………………………… 401
  8.9 陈述形式与实质等值 ………………………………… 411
  8.10 逻辑等价 ……………………………………………… 421
  8.11 三大"思想法则"：逻辑的原理 …………………… 429
  第 8 章概要 ………………………………………………… 432

第8章关键术语		433

第9章 命题逻辑Ⅱ：演绎方法 ········ 441
   9.1 有效性的形式证明 ········ 443
   9.2 基本的有效论证形式 ········ 446
   9.3 有效性形式证明示例 ········ 452
   9.4 有效性形式证明的构造 ········ 456
   9.5 构造更复杂的形式证明 ········ 459
   9.6 扩展推论规则：替换规则 ········ 467
   9.7 自然演绎系统 ········ 476
   9.8 运用19个推论规则构建形式证明 ········ 479
   9.9 简化的真值表方法 ········ 497
   9.10 不相容性 ········ 534
   9.11 条件证明 ········ 543
   9.12 间接证明 ········ 562
   9.13 可靠性论证与笃证性论证的辨别 ········ 576
   第9章概要 ········ 579
   第9章关键术语 ········ 579

第10章 谓词逻辑：量化理论 ········ 585
   10.1 对量化的呼唤 ········ 587
   10.2 单称命题 ········ 588
   10.3 全称量词与存在量词 ········ 590
   10.4 传统主-谓命题 ········ 595
   10.5 有效性证明 ········ 604
   10.6 无效性证明 ········ 613
   10.7 非三段论推论 ········ 618
   第10章概要 ········ 627
   第10章关键术语 ········ 628
   现实生活中的逻辑 ········ 630

第三部分　归纳

A篇　类比与因果 ········ 641

第 11 章　类比推理 · 643
- 11.1　归纳与演绎再探 · 645
- 11.2　类比论证 · 646
- 11.3　类比论证的评价 · 655
- 11.4　通过逻辑类推进行的反驳 · 666
- 第 11 章概要 · 673
- 第 11 章关键术语 · 673

第 12 章　因果推理 · 675
- 12.1　原因与结果 · 677
- 12.2　因果律与自然齐一性 · 680
- 12.3　简单枚举归纳法 · 681
- 12.4　因果分析的方法 · 683
- 12.5　归纳技术的局限 · 711
- 第 12 章概要 · 720
- 第 12 章关键术语 · 721

B 篇　科学与概率 · 725

第 13 章　科学与假说 · 727
- 13.1　科学说明 · 729
- 13.2　科学探究：假说与确证 · 732
- 13.3　对竞争性科学说明的评价 · 738
- 13.4　作为假说的分类 · 746
- 第 13 章概要 · 755
- 第 13 章关键术语 · 756

第 14 章　概率 · 757
- 14.1　关于概率的几种观点 · 759
- 14.2　概率演算 · 762
- 14.3　日常生活中的概率 · 774
- 第 14 章概要 · 782
- 第 14 章关键术语 · 783
- 现实生活中的逻辑 · 784

附　录 · 791

附录A STTT的效率：选择STTT步骤的最高效序列	793
附录B 多行简化真值表的步骤1计算	796
附录C 非强制真值指派，无效论证，以及准则III-V	801
附录D 美国研究生入学水平测试	812
逻辑学家小传	825
部分练习题解答	839
中英文术语索引	901
第11版译者后记	941
第13版译者后记	944
第15版译者后记	946

前　言

> 在一个共和国，由于公民所接受的是理性与说服力而不是暴力的引导，推理的艺术就是最重要的。
>
> ——托马斯·杰斐逊

> 逻辑学是一门古老的学科，自从1879年后它变得更为强大了。
>
> ——威拉德·V. Q. 蒯因

逻辑学有时被定义为关于思想法则（the laws of thought）的科学，这是不准确的。作为一种过程的思维（thinking），是心理学所研究的对象。如果"思想"指谓人的心灵中出现的任何过程，那么并非所有思想都是逻辑学家所研究的对象。譬如，一个人可以不做任何推理（reasoning）而想到1至10中的某个数字，也可以对任何数字拥有记忆、想象、自由联想或挑选等心理过程。所有推理都是思维，但并非所有思维都是推理。那些描述心灵运动的法则是心理学法则，而不是逻辑学法则。以这种方式定义逻辑学是过于宽泛的。

逻辑学也被称为关于推理的科学。这比上面定义要好，但推理也是一种产生推论（inference）的思维过程，即结论从前提中推导出来的过程。这个过程是相当复杂的，具有试错法所刻画的特征，偶尔也会有顿悟的灵光闪现。逻辑学家不关心人的心灵用这类方式达到结论的推理过程，他们只关心这个被完成的推理过程的正确性，即结论是否可从前提中必然地推出。逻辑学处理的核心问题，就是研究如何区分正确推理和错误推理的方法与原则。

当人们需要做出可靠判断时，理性（reason）无疑是最可信赖的工具。非理性工具（诸如情感、信念、习惯与预感）虽亦常被征用，但是在成败取决于所下判断时——当人们在复杂情况下必须决定如何行动，以及在有重要影响的事情上决定什么才是正确的时，理性就是最好的资源；没有什么能够替代它。

我们已拥有一些经受了长期检验与确证的理性方法，用以判定究竟何者为真；也已拥有一些业已成熟的理性技术，用以从我们已知为真的东西中引申新的推论。当然，我们都有着广袤的无知领域，因此在需要进行判断时，我们往往求助于权威。但即使如此，我们也离不开理性之助，因为我们必须尽可能明智地判定，什么样的权威才值得我们尊重。任何严肃的智力诉求终究要依赖推理，没有任何东西可以成功地取代推理的功用。

我们天生都拥有推理的能力。逻辑学就是研究这种能力之使用的学问。我们在直觉上可能已拥有对某些可靠的逻辑法则的领悟并长期依赖于此；若更为用心，我们可以把这些法则揭示出来，使它们得到严格刻画，并学会确切地运用它们去解决那些能够依靠理性解决的问题。通过逻辑学的学习，我们可以首先辨识自己的这种天赋能力，并通过训练增强这种能力。逻辑学研究致力于系统阐释正确推理的法则，以帮助人们更好地进行理性思考。

在任何寻求知识的领域，无论是在科学研究中，在政治生活中，还是在个人生活管理方面，我们都需要运用逻辑以达到可靠的结论。通过逻辑形式的把握，如本书所阐释的那样，我们学习如何获得真理，如何评估旨在求真的各种相互竞争的主张。

理想地说来，每一门大学课程都应当为此目标做出贡献，但我们知道许多课程并非如此。许多大学课程所教的东西不久就过时了，但正确思维的技能永远不会过时，而这种技能的发展无疑居于逻辑研究的领域。学习逻辑学，可以帮助我们确认好的论证以及它们为什么好，亦可以帮助我们确认坏的论证以及它们为什么坏。没有什么研究会比逻辑学有更大的用途，它与我们所关切有更广泛的相关性。

对本书读者我们可以做出如下负责任的保证：通过本书的学习掌握正确推理的基础原理，对你的智力生涯将会产生非常令人欣慰的、重要而持久的影响。

极简逻辑史

哲学始于惊异。世界由什么组成？它来自何处？为什么我们在这儿？原始人类对这些问题的思索常常是富有想象力的，然而却是缺乏根据和非理性的。我们今天所说的哲学，直到公元前6世纪才产生，当时古希腊的哲学家们致力于探究关于世界的统摄一切的理论：世界是由某一种物质组成的吗？是否存在一种贯彻始终的原理？

我们认为苏格拉底（Socrates）和柏拉图（Plato）是西方哲学诞生时期最伟大的哲学家，今天人们依旧在研究他们。他们的伟大之处在于努力把事物带入理智秩序中来——提供（或至少去寻求）一些能够解释为什么事物会如此这般的融贯系统。不过，在苏格拉底之前，已经有一些深刻的思想家——如泰勒斯（Thales）、巴门尼德（Parmenides）、赫拉克利特（Heraclitus）、德谟克里特（Democritus）等——提出了对世界本原的各种解释，或者提出了统辖世界的根本原理。

这些早期思辨已经是理论化的，而不仅仅是猜测——但是，真正的科学尚未从中形成。武断的假设、超自然力、诸神、古代神话和传说随处可见。当哲学逐渐成熟的时候，人们才致力于去探知、去发现那些在给出各种解释时所依赖的原理。

于是就有了逻辑的发端。判断是一种能够被诉诸检验和确证的东西。而那些关于如何检验与确证判断的方法，需要辨识与精练。人们必须做关于这些东西的推理，而且人们渴望理解那些正确推理的原则。

迈出从混沌的思想进入推理的某种有序系统的第一步，是一项极其困难的事业。这项事业的第一导师是亚里士多德（Aristotle），他建立了一个可以把推理的原则精确形塑的系统。从古到今，理性的思想家们对之非常推崇。亚里士多德是第一个伟大的逻辑学家。

亚里士多德把推理视为一种基于辨识事物之类（classes）的活动。有了类，就可以去识别类与类之间的关系。进而，就可以对确认这些关系的命题进行操作。亚里士多德认为，推理的基本要素就是分类形成的种类本身，即把事物归入其中的那些范畴。于是，他区分了直言命题的类型（比如，全称肯定命题"所有 Xs 都是 Ys"，特称否定命题"有 Ys 不是 Xs"，等等）；以及通过对它们之间关系的理解，我们如何直接地进行推理（比如，"如果有 Xs 是 Ys，那么就不可能没有 Ys 是 Xs"）。更为重要的是，用不同的方法联结包含三个词项（即 Xs、Ys 和 Zs）的直言命题，可以构造直言三段论（比如，"如果所有 Xs 是 Ys，并且有 Xs 是 Zs，那么必定可得出有 Zs 是 Ys"）来进行精密的推理。利用这些技术，可以建立一个宏大的演绎逻辑系统，本书的第 5、6 和 7 章将会展示这个系统。

在亚里士多德谢世一个世纪之后，斯多亚学派哲学家克里希普斯（Chrysippus）把逻辑分析推向了更高的层次。他认为推理的基本要素不是亚里士多德所谓的范畴，而是命题。利用命题，我们可以断定或否定一些事态（"X 在雅典"或"X 在斯巴达"），进而可以发现这些命题之间的逻辑关系："如果 X 在雅典，那么 X 不在斯巴达。"根据不同的关系，可以识别基本的论证："如果 X 在雅典，那么 X 不在斯巴达。X 在雅典，因此，X 不在斯巴达。"这个简单的论证形式，被称作肯定前件式，它是常见且有用的；许多其他类似的基本形式也可以得到确定并应用到理性话语之中，这在本书的后面部分将会展现。

伴随着这些进展，演绎论证的有效性很快就变得清晰起来，它的坚固性在于结论可以从真前提中推出，这依赖于论证的形式（form）——它的形状（shape）而不是它的内容，或者正如逻辑学家们所说的，依赖于它的语形特征，而不是它的语义内容。比如肯定前件式，就是一种非常常见的论证形式，可以有无数的实现或例举。有效性的这种形式特征的后果一直是探究的对象。由于罗马帝国的衰落，古希腊逻辑学家的工作后来被伊斯兰学者继续，其中最著名的是阿尔-法拉比（Al-Farabi，约 872—950），他在巴格达写下了关于亚里士多德的一部评论性著作，其研究广度和深度仅次于亚里士多德的著作，从而被后来者称为"第二导师"。他的追随者是伊斯兰博学人物伊本·西拿（Ibn Sina），其拉丁名字阿维森纳（Avicenna）更加广为人知。他们的学识洞悉并更新了西方思想。在 12 世纪的法国，由于僧侣彼得·阿伯拉尔（Peter Abelard，1079—1142）的工作，逻辑的中心兴趣又回到了语法形式。

近代英格兰最伟大的逻辑学家是奥卡姆（William of Ockham，约 1288—1348）。他识别出的一些定理，后来被数理逻辑学家奥古斯都·德·摩根（Augustus De Morgan，1806—1871）予以精确形塑；本书第二部分会遇到并应用德·摩根定理。奥卡姆的主要旨趣在于试图摆脱那些无用的形而上学概念的束缚。他告诫人们：当一个术语或概念被表明不结果实时，就应当将之割掉并放弃。这条祈使性的原则，即所谓"奥卡姆剃刀"，迄今仍然是一个公共指针：在所有理性思维中，如无必要，勿增实体。

由亚里士多德的文集《工具论》所奠基，演绎逻辑认可并促进了对于人们已有知识的有力操控，而且的确极其管用。然而，对于命题及其相互关系的长期研究，并不能提供为近代学者迫切需要、被广泛探索的新知识。许多人认识到，当时的知识界需要一种新工具。弗兰西斯·培根（Francis Bacon，1561—1626）的《新工具》于1620年在英国出版。培根的方法旨在概括科学家们在研究自然时所使用的方法。被称作"经验主义之父"的培根，与天文学和医学中的其他科学革命先驱一样，并没有拒斥古典逻辑学家们的工作，而只是对他们的工作做了补充，即把使经验知识或经验真理成为可能的方法进行了形塑。人们从世界中所了解到的事实可以作为建构演绎论证的前提。这些工作是形塑归纳逻辑原理的第一大步。

进而就是把演绎与归纳统一在一个融贯的架构之中的时候了。第一本这样的逻辑教科书（《逻辑或思维的艺术》）于1662年以"波尔-罗亚尔逻辑学家"的名义匿名出版。主要作者是安托万·阿尔诺（Antoine Arnauld，他因出版与笛卡尔争辩的著作而出名）以及皮埃尔·尼科尔（Pierre Nicole）。布莱斯·帕斯卡（Blaise Pascal，1623—1662）也加盟其中。帕斯卡是一位伟大的法兰西数学家，他在青少年时期就发明了一种能运行的机械计算器。帕斯卡还是概率理论的原创者之一——概率理论也属于逻辑的范围，本书最后一章将会讨论。此后，其他的教科书也陆续出现，包括艾萨克·沃茨（Isaac Watts）的《逻辑或理性的正确使用》（1725），理查德·惠特利（Richard Whately）的《逻辑学》（1826）。之后，约翰·斯图亚特·密尔（John Stuart Mill，1806—1873）的最伟大逻辑教科书之一《逻辑体系》于1843年在英国出版。在这部著作中，人们发现和确认现实世界中因果联系的方法，第一次以缜密的方式给出。关于密尔方法和他对归纳逻辑研究的贡献，本书的第三部分将会深入讨论。

在演绎逻辑方面，又陆续出现了很多有创造性的工作。众所周知，日常语言的歧义性和不精确性是推理的一大负担。近代最伟大的思想家之一戈特弗里德·威廉·莱布尼茨（Gottfried Wilhelm Leibniz，1646—1716），试图发明一种数学化的精确符号语言来克服自然语言的缺陷，在这种语言中，概念可以得到无歧义的清晰表达。莱布尼茨（他还是微积分的独立发明者之一）设想了一种逻辑机器——利用这种机器，可以把逻辑性质的运算变得高效而精确，正如他所熟知的代数一样。他并没有发明出这种伟大的逻辑机器，但是他的这个梦想可以看作现代电子计算机的预兆。

朝向莱布尼茨设定目标的一个重大进展，来自英格兰逻辑学家乔治·布尔（George Boole，1815—1864），他在《思维规律的研究》（1854）一书中，发明了一种对命题进行精确表达和操控的通用系统。自从亚里士多德和克里希普斯之后，命题在逻辑中占据中心地位。只是伴随布尔对命题的深度分析——本书第5章对布尔解释有相当详细的讨论——一个完全相容的命题逻辑系统才终于成为可能。

在使演绎逻辑领域变得更为精确与富有成效方面，其他一些数学家与逻辑学家也做出了重要推进。其中之一是奥古斯都·德·摩根，他与奥卡姆的工作有一种间接的联系。以他的名字命名的定理，迄今仍是证明演绎论证有效性的关键逻辑工具。另一个英格兰逻辑学家约翰·文恩（John Venn，1834—1923），则设计了一个判定演绎有效性的图示程序系统。这是一个卓越的贡献。它既简单又漂亮，用图示呈现出直言命题中的词项关系。由连环圆圈组成的文恩图目前仍被广泛使用。这是一种很容易应用的装置，利用它可以给命题的意义赋予视觉之力，而三段论的有效性或无效性均可由此得以确认。本书的第二部分将会充分地利用文恩图方法。

查尔斯·桑德斯·皮尔斯（Charles Sanders Peirce，1839—1914）是最伟大的美国哲学家之一，他以实用主义运动的奠基者而闻名，但他认为自己首先是一个逻辑学家。对他来说，逻辑是一个非常广阔的研究领域，包括所有探究的方法，而形式的演绎逻辑（他对演绎逻辑做出了杰出贡献）只是逻辑的一个分支。皮尔斯说，我们是用指号（signs）进行思考的，而逻辑就是关于指号的形式理论。他引入了一些新的概念，比如包含、逻辑和，发明了一些用来表达异常的逻辑算子的符号，特别是发展了关系逻辑。之后他还参与了用电气开关电路来表达布尔代数的工作，这使得莱布尼茨所设想的逻辑机器走向现实应用迈开了关键的一步。

一个严格的命题逻辑形式系统是由日耳曼逻辑学家戈特洛布·弗雷格（Gottlob Frege，1848—1925）所构造的。这个系统，连同他对量化概念的发明，使他成为最伟大的现代逻辑学家之一。由于有了量化——我们将在本书的第10章进行详细解释——使得对演绎论证的一大部分可以进行精确分析，否则现代符号逻辑装置不可能如此便捷地分析这些论证。

伯特兰·罗素（Bertrand Russell，1872—1970）和阿尔弗雷德·诺斯·怀特海（Alfred North Whitehead，1861—1947）力求将演绎逻辑的这些现代工作整合到《数学原理》这部鸿篇巨制之中，这部巨作于1910年、1912年、1913年分三卷出版。利用意大利逻辑学家朱塞佩·皮亚诺（Giuseppe Peano，1858—1932）所发明的记法（加之一些调整），以及先前弗雷格所构造的逻辑系统，罗素和怀特海试图证明整个数学可以从少数几条基本的逻辑公理推导出来。本书第8、9、10章的内容主要来自罗素和怀特海的工作，间接地来自弗雷格的工作。

演绎逻辑由此持续发展。在伟大的数学家大卫·希尔伯特（David Hilbert，1862—1943）带领下，公理化系统的完全性与可判定性成为20世纪一个兴味盎然的话题。库尔特·哥德尔（Kurt Gödel，1906—1978）在1929年的博士论文中，证明了一阶谓词逻辑（见本书第10章）的完全性。一年之后，哥德尔又以如下工作震动了逻辑与数学世界，他证明：对任何一个足够强大以至可以包含自然数算术的相容的公理系统，都存在不可判定命题B，使得B和~B在这个系统中都不可导出。演绎逻辑的其他方面新近也得到了研究："模糊"逻辑与"精确"逻辑的区分得到了发展；模态逻辑，即研究必然概念和可能概念的逻辑，得到了高度发展。

但是，现代逻辑学家具有更深远影响的工作，或许莫过于可计算性概念的严格化与电子计算机的智能构造，为之做出贡献的包括阿兰·图灵（Alan Turing，1912—1954）、约翰·冯·诺依曼（John von Neumann，1903—1957）等人。不久之后，随着20世纪电子计算机的建立与逐步完善，莱布尼茨的伟大愿景终于得以实现。①

以上对西方逻辑史的简单勾勒，主要是关于欧洲和北美的。当然，在这个星球的其他地方也有逻辑研究，但是我们对发生在很久以前的中国与印度的相关发现缺乏接触和准确把握。我们知道，印度在逻辑原理方面做了很多工作。奥古斯都·德·摩根就受到印度逻辑的影响；以他名字命名的定理（本书第9章将会解释），在印度也独立地发展了出来。乔治·布尔也受到过印度思想家的影响。直接推论的规则（见第5章），似乎在印度也有明确的表达，但是印度逻辑强调的是同时含有演绎因素与归纳因素

---

① 就"莱布尼茨之梦"的原初形态而言，只能说得到了部分实现。——译者注

的富有成效的哲学论辩,而不是形式系统。在中国,哲学家墨子(约公元前470—前391)的时代,类比推理的原理(见本书第11章所讨论)得到了发展。但是,这段历史我们难以确认,因为在公元前213年—前206年,秦朝为了清除以前朝代的痕迹而焚书坑儒,早期所做的很多工作业已失传。①

从亚里士多德的《工具论》到21世纪,人们研修逻辑大多是从这本或那本书开始的。您手中的这本《逻辑学导论》,其最初的构思与书写,来自20世纪最有影响力、最深刻的思想家之一——欧文·M. 柯匹(1917—2002)。

---

① 作者显然对中国逻辑研究缺乏了解,中国先秦逻辑思想的集大成著作《墨经》,是以相当完整的形态传诸后世的。——译者注

第一部分

逻辑与语言

A 篇

推 理

第 1 章

逻辑学的基本概念

1.1 什么是逻辑学
1.2 命题与论证
1.3 论证的辨识
1.4 论证与说明
1.5 演绎论证与归纳论证
1.6 有效性与真实性
第 1 章概要
第 1 章关键术语

1.1 什么是逻辑学

逻辑学是研究用于区分正确推理与不正确推理的方法和原理的学问。

对任何问题进行推理的时候，我们都在构建论证以支持我们的结论。我们的论证包括那些我们认为可为我们的信念提供辩护的理由。然而并非所有理由都是好的。因此面对一个论证的时候，我们也许经常会问：它所得出的结论是从其假定的前提推出的吗？要回答这个问题，有着一些客观标准。研究逻辑学，也就是设法发现和应用这些标准。

支持我们做出或接受断言的方式有很多，推理并非唯一一种。我们还可以诉诸权威或情感，在某些语境中，它们可能很适当并且颇具说服力。人们也可能不假思索地直接依据习惯进行推理。然而，要想做出完全可以信赖的判断，唯一坚实的基础就是正确的推理。运用逻辑的方法和技术——本书的主题——我们能够在可靠推理与谬误推理之间做出可信赖的区分。

1.2 命题与论证

我们从逻辑学研究中的一些基本概念的仔细审视着手，这些概念也是 1.1 所预设的。在推理过程中，我们建构和评价**论证**，而论证是由**命题**构成的。这些概念看似简单，却需要细致的分析。

A. 命题

命题是推理的构建基块。一个**命题**断定事情是如此这般或者不是如此这般。我们可以肯定或否定一个命题，但是，每个命题都或者断定了事情是或不是如此这般。因此，每一个命题都是或真或假的。

有许多命题的真值我们是无法确定的。例如，就我们目前的知识，"宇宙中其他星球上有生命存在"这个命题，可能为真也可能为假。其"真值"是未知的。但是这个命题，像所有命题一样，一定是或真或假的。

一个问题没有**断定**（assert）任何东西，所以不是命题。"你知道如何下象棋吗？"这的确是一个句子，但是它没有做出关于这个世界的断定。一个命令（"快点！"）或者感叹（"噢，我的天哪！"）也不是命题。与命题不一样，问题、命令和感叹都是既非真也非假的。

我们通过运用某种语言中的句子来断定某命题。然而，我们所断定的命题与那个句子本身不是同一的。这一点很明显，因为两个由不同语词以不同方式组成的语句，可能在同一语境中具有同样的意义，被用来表达同一个命题。例如"莱斯利赢了这场选举"和"这场选举由莱斯利赢得"，显然是两个做出了相同断定的不同语句。

语句总是属于某种语言，但命题却并不依赖于英语或者任何给定的语言。例如：

It is raining.① （英语）
Está lloviendo. （西班牙语）
Il pleut. （法语）
Es regnet. （德语）

这四个语句分属不同的语言却具有相同的意义，使用不同的语词的不同语句，可以断定同一命题。我们用**命题**（proposition）这一术语指谓人们通常使用陈述句所断定的东西。

在逻辑学中，**陈述**（statement）这一术语通常和命题在相同的意义上被使用，但是确切地说，二者并非同义词。虽然在逻辑史上应用比较普遍的是"命题"，有些逻辑学家却比较喜欢用"陈述"。还有逻辑学家将它们都视为形而上学的术语而回避它们，只使用**语句**这个术语。但是，许多人认为命题概念对一个语句和此语句所断定的东西做了有用的区分。因而在本书中，这些术语都使用。

基于语句被言述的不同语境，同一个语句可能被用来做非常不同的陈述（或者断定非常不同的命题）。例如：

美国最大的州曾经是一个独立的共和国。

这个语句一度表达一个关于得克萨斯州的真陈述（或命题），而如果今天使用这个断言，则表达一个关于阿拉斯加州的假陈述（或命题）。人

---

① 意为"天在下雨"，后面三句均同此意。——译者注

们使用完全相同的语词、完全相同的语句，在不同的时间断定了不同的命题。

命题可能是**简单的**（正如上面例子中的那些），也可能是**复合的**，即在一个命题中包含着别的命题。考虑如下摘自《巴西境内亚马孙河流域开发报告（2007）》的命题：

> 亚马孙河流域制造了大约全球百分之二十的氧气，产生了其流域内的绝大部分降水，并且拥有许多未知的物种。[1]

这个句子同时断定了三个命题的合取，它们分别是关于亚马孙河流域制造什么、产生什么和拥有什么。因此，这段话就包含一个**合取**（或联言）命题。肯定一个合取命题，就等于分别肯定其所有分支命题。

但是，也有一些复合命题并不断定其分支命题的真。**析取**（或选言）命题中的任何分支命题都没有得到断定。亚伯拉罕·林肯（Abraham Lincoln）（在1861年递交给议会的信件中）写道："巡回法庭或者是有用的，或者是无用的。"这个析取命题显然是真的，但是其支命题中的任何一个都可能是假的。

另一种不断定其分支命题为真的复合命题是**假言**（或条件）命题。18世纪的自由思想家伏尔泰（Francois Voltaire）说过："如果上帝不存在，则有必要造出一个上帝。"这里的两个分支命题也都没有被肯定。这个假言或条件陈述只是肯定了整个"如果—那么"命题，它既没有肯定"上帝不存在"，也没有肯定"有必要造出一个上帝"。即使两个分支命题均为假，该条件陈述亦可为真。

在逻辑学中，命题的内在结构非常重要。为了评价一个论证，我们需要对在该论证中出现的命题有全面的理解。本书将分析多种不同种类的命题。

B. 论证

我们使用命题这种建筑基块构造论证。在任一论证中，我们都是在一个或者更多其他命题的基础之上断定一个命题，这样做就形成一个**推论**（inference）：一个命题被从一个或多个其他命题推出。有些推论（论证）是**保真的**（或正确的），有些则不是。逻辑学家分析这些命题之间的关系，考察一个推论的起始命题与结束命题。这样的一个命题簇就构成一个**论证**。论证是逻辑学所关心的主要对象。

在日常话语中，argument（论证、争辩）一词有两种不同的含义：有时指的是争辩（dispute），有时指的是推论。例如，当我们说杰罗姆和梅根有关于去哪里度假的 argument 时，使用的是该词的第一种含义，即指他们发生了争论的情形，争辩涉及不同人之间的意见分歧。但在逻辑学中，论证是一个技术性术语，旨在使作为推论的"论证"的含义更加严谨。逻辑学的论证严格地指谓任一这样的命题组：一个命题从其他命题推出，后者给前者提供支持。一个论证就是从一个或多个命题到一个被推出命题的推论。

在写作或会话中，一段话经常会包含几个互相联系的命题而不含任何论证。一个论证不只是一组命题的汇集，而是能够捕捉或显示推论结构的命题簇。我们用"**结论**"和"**前提**"来描述这种结构。一个论证的**结论**，就是以论证中的其他命题为根据所得出的那个命题，而这些其他命题，即被肯定（或假定）为接受结论的根据或理由的命题，则是该论证的**前提**。论证的结论是从论证的前提推出的。因而，从逻辑的技术意义上说，一个**论证**由一个或多个前提以及一个从前提推出的结论组成。一个论证的结构是：

$$\text{前提} \Rightarrow \text{结论}$$

其中箭头表示推论的方向是**从**前提**到**结论。我们通常会竖着写论证，这样我们可以把一个论证以及它的前提和结论之间的关系展示为：

$$\boxed{\text{前提}}$$
$$\Downarrow$$
$$\boxed{\text{结论}}$$

习惯上，我们用符号"∴"表示"所以"，因此，上图给出的结构通常表示为：

前提
∴结论

上述三种表示都可表明哪些命题是前提，哪些命题是结论。

本书中，我们将涉及关于不同话题的大量论证。这些论证涉及的领域包括：政治、伦理、体育、宗教、科学、法律和日常生活。辩护或反驳这些论证的人，通常都以确定该论证之结论的真（或假）为目标。然而作为逻辑学家，我们的兴趣却集中于论证本身。作为行为主体或普通人，也许我们最关心的会是从论证中得出的结论的真假。但是作为逻辑学家，我们把这种关于结论真假的兴趣放在一边，因为我们关心的是论证的**形式**，而不是它的内容。我们的任务是判定前提对结论的支持性究竟如何。就演绎论证而言，就是判定结论是否能从前提必然地推出。

论证的复杂程度千差万别。有一些论证非常简单，而另外一些论证却相当复杂。正如我们将要看到的，这些论证的复杂性或是因为其所包含命题的结构或形式，或是因为前提之间的关系，或是因为前提和结论之间的关系。

最简单的论证只由一个前提和一个声称得到它支持的结论所构成。这种论证的前提和结论可以分别用两个不同的语句表述，例如 2016 年之前亚拉巴马州的生物课本中有如下论证：

> 在地球上最先出现生命时没有人存在。因此，任何关于生命起源的陈述都应视为理论的而非事实的陈述。

简单论证的前提和结论也可能被表述在同一个句子中，如下述出现在近期人类基因科学进展中的论证：

> 新近的进化史研究已经表明人类都是从同一小群非洲祖先演变而来的，因此，若仍相信种族间有极大差异，就如同相信地球是扁平的一样荒谬可笑。[2]

前提和结论出现的顺序也会有差异，但它并不能严格地决定论证的质量。论证的结论居于作为前提的陈述之前是很常见的。1934 年 7 月 13 日贝比·鲁斯（Babe Ruth）打出了他的 700 个全垒打之后，《纽约时报》上出现了以下论证：

> 当贝比·鲁斯在纳温赛场上打出了他事业生涯的第 700 个全垒打的时候，一个会永远保持的纪录诞生了。它一定会被保持，首先是因为在以往历史上还没有人终身享有 The Immortal Bambino 钻石；其次，历史上只有另外两个棒球运动员打过超过 300 个的全垒打。

这是一个论证的两前提都在结论之后的例子，也是一个看似可信实际其结论为假的论证，因为 39 年后的 1973 年 7 月 21 日汉克·阿伦（Hank Aaron）打出了他的第 700 个全垒打。

即使前提和结论被合并在同一语句中，结论也有可能先出现。英格兰实用主义哲学家杰里米·边沁（Jeremy Bentham）在他的**《立法原则》**（1802）中提出过如下简要论证：

> 凡法皆恶，乃因凡法皆为自由之违背。

这虽然只是一个简短的语句，却是一个论证。因为它包含两个命题，第一个（凡法皆恶）是结论，第二个（凡法皆为自由之违背）是前提。任何单个的命题都无法构成一个论证，因为一个论证至少由一个前提和一个结论构成。[3]然而，有一些复合而成的命题的确看起来很像论证。我们必须特别注意将这些命题和与它们相似的论证区别开来。考虑如下假言命题：

> 如果一个城邦的目标是成为一个平等的社会，那么一个以中产阶级为基础的城邦一定是最优城邦。

这个命题的两个组成部分，第一个或第二个都没有得到断言，其所断言的只是前者蕴涵后者，而这二者都有可能为假。如果没有形成推论，就没有结论被主张为真。亚里士多德在两千多年前研究过希腊现实城邦的质量和法律体系，他在《政治学》第 4 卷第 11 章自信地写道：

一个城邦的目标是成为一个平等的社会，因此一个以中产阶级为基础的城邦一定是最优城邦。

这个例子中的确有一个论证。亚里士多德的这个论证是非常简短的，大多数论证则更长、更复杂。但是，每一个论证——无论长或短、简单或复杂——都是由一组命题构成的，其中一个命题是结论，其他命题是支持它的前提。

虽然任何论证都是一组有一定结构的命题簇，但是并非任何具有一定结构的命题簇都是论证。考虑如下这段关于2006年全球不平等的报道：

在同一个世界上，大约有十亿人生活在空前的富裕水平，也差不多有另外十亿人每天只有不到一美元的购买力而勉强度日。世界上大多数最贫穷的人都营养不良——无法得到安全的饮用水，甚至最基本的医疗服务，更没有办法送他们的子女上学接受教育。根据联合国儿童基金会调查显示，每年有超过一千万，即每天约有三万儿童因与贫穷相关的缘故而死亡，这是本可以避免的。[4]

这个报道尽管非常复杂，却并不包含论证。

推理属于科学，也属于技艺。它是一种我们不但要理解而且要做（do）的事情。为我们的信念给出理由是很自然的事，但是建构论证、检验论证之技能，是需要训练的。通过训练加强了这种技能的人，比之从未思考过相关原理的人，更有可能做出正确的推理。因此，我们在本书中提供了许多分析论证的练习机会。

练习题

识别下列语段中的前提与结论。有些前提确实支持结论，有些并不支持。请注意，前提可能直接或间接地支持结论，而简单的语段也可能包含不止一个论证。

例题：

1. 管理得当的民兵组织对于一个自由国家的安全是必需的，因而人民保存和持有武器的权利不得侵犯。

——*The Constitution of the United States*，Amendment 2

解答：

前提：管理得当的民兵组织对于一个自由国家的安全是必需的。

结论：人民保存和持有武器的权利不得侵犯。

2. 阻止人们将一整本书复印并送给朋友的并不是正直守规，而是物流；买一本平装书籍给朋友，要来得更容易且便宜。

——Randy Cohen，*The New York Times Magazine*，26 March 2000

3. 托马斯·阿奎那论证道：人类理智是从上帝那儿得来的福祉，因此，"运用人类的理智来理解世界非但不是对上帝的冒犯，而是一种令其满意的行为"。

——Recounted by Charles Murray in *Human Accomplishment*，New York：Harper Collins，2003

4. 埃德蒙·希拉里爵士是一位英雄，不仅因为他是第一位登上珠穆朗玛峰的人，还因为他从未忘记曾帮助他达到这一几乎不可能之伟业的夏尔巴人，他一生都在帮助他们筹建医院和学校。

——Patre S. Rajashekhar，"Mount Everest," *National Geographic*，September 2003

5. 标准化考试对于不同人种和少数民族学生有着根本不同的影响。白人和亚洲学生的平均成绩明显高于他们的黑人和拉丁美洲籍同学。对于四年级考试、大学入学考试以及对书本知识的其他各种考试而言，这是事实。如果这种种族间差距是种族歧视的证据，那么所有考试就都存在种族歧视。

——Abigail Thernstrom，"Testing, the Easy Target," *The New York Times*，15 January 2000

6. 好的感觉能力是这个世界上分布最为平均的东西，因为所有的人都认为他们自己拥有的足够多，以至于即便是在其他事情上最不容易被满足的人也不会要求更多的感觉能力。

——René Descartes，*A Discourse on Method*，1637

7. 当诺亚·韦伯斯特提出《美国英语词典》的计划时，19世纪早期针对他的批评家做出了如下论证："对于美国来说，任何新词不是愚蠢的就是外来的，因此没有所谓美国英语的东西，有的只是糟糕的英语。"

——Jill Lepore, "Noah's Mark," *The New Yorker*, 6 November 2006

8. 死刑的代价太昂贵了。仅纽约州一州，一个都还没有执行，纳税人就花了超过2亿美元在该州失败的死刑实验上。

除了代价昂贵之外，死刑在实行过程中也是不公正的。最重要的原因在于目前出现了很多在判刑后通过调查免除死刑犯罪行的事件，其中包括在最近18个月里通过长期审判调查而获释的十位囚徒，他们并没有犯下被控的谋杀或强奸罪行。

——L. Porter, "Costly, Flawed Justice," *The New York Times*, 26 March 2007

9. 修建房子不是为了看，而是为了用的，因此让实用性优先于统一性吧。

——Francis Bacon, "Of Building," in *Essays*, 1597

10. 抵制一种贸易或一个城市（作为一种抗议）不是一种暴力行为，却会对许多人产生经济上的伤害。抵制活动对经济的影响作用越大，它所做出的呼吁就越能给人留下深刻印象。然而，这种经济后果又很有可能波及完全没有做错任何事情的人，甚至那些难以负担由此造成收入流失的人，比如旅店工人、出租车司机、餐馆老板以及商人。如果只会给局外人带来可能的伤害，我们就应该审慎地运用抵制这种手段。

——Alan Wolfe, "The Risky Power of the Academic Boycott," *The Chronicle of Higher Education*, 17 March 2000

11. 在不久之前，种族清理还被看作一种合法的外交政策。在20世纪初期，强制迁移并不罕见，多元种族的帝国瓦解了，种族主义获得了新的、单一种族的形式。

——Belinda Cooper, "Trading Places," *The New York Times Book Review*, 17 September 2006

12. 如果一个陪审团对政府的诉讼或者政府的行为非常不满意，可以直接拒绝判罪。这种可能性给予了政府强有力的压力促使他们妥善行为。因此，陪审团是民主的最重要保障之一。

——Robert Precht，"Japan，the Jury，"*The New York Times*，1 December 2006

13. 没有森林，猩猩就没有办法生存。它们超过 95% 的时间都是在树上度过的，它们的食物超过 99% 是由树、葡萄和白蚁提供的。它们唯一的栖息之地是由婆罗洲和苏门答腊热带雨林提供的。

——Birute Galdikas，"The Vanishing Man of the Forest，"*The New York Times*，6 January 2007

14. 全知和全能是彼此不相容的。如果上帝是全知的，他一定已经知道他将如何运用其无限的力量来改变历史的进程。但是这也就意味着上帝无法改变他关于其对历史之干预的意志，这也就意味着上帝不是全能的。

——Richard Dawkins，*The God Delusion*，New York：Houghton Mifflin，2006

15. 理性是信仰的最大敌人。它从未帮过宗教事务的忙。相反，它大多时候都是在反对神圣的世界，以轻蔑的态度对待所有来自神的东西。

——Martin Luther，*Last Sermon in Wittenberg*，17 January 1546

1.3 论证的辨识

评价一个论证之前，必须先辨识它。我们必须能在作品或演讲中区分出论证性的语段。当然，这也就预设了对该语段的语言的理解。然而，由于论证的形成花样繁多，即便对所用语言有十足的把握，要辨识出一个论证也可能会出现问题。即便我们确定在某个语境中有一个论证被断定了，我们也可能不确定哪些命题是前提或哪个命题是结论。我们已经看到，出现在论证性话语中的命题的次序不能作为辨识其结论或前提的依据。那我们该如何继续进行下去呢？

A. 结论指示词和前提指示词

一个有用的方法是基于某些特定指示物——固定的词或短语，这些指示词通常作为论证的前提或结论出现的信号。以下是**结论指示词**的部分列表：

therefore（所以）	for these reasons（基于这些理由）
hence（因此）	it follows that（可推得）
so（故而）	I conclude that（我推断）
accordingly（由此可见）	which shows that（这表明）
in consequence（于是）	which means that（这意味着）
consequently（可得）	which entails that（据此可得）
proves that（据此证明）	which implies that（这蕴涵）
as a result（之所以）	which allows us to infer that（据此可以推出）
for this reason（为此缘故）	which points to the conclusion that（据此可得结论）
thus（因而）	we may infer（我们可推出）

另一些词或短语典型地适合作为论证前提的标志，因而被叫作前提指示词。通常，但非总是，跟在任一前提指示词之后的命题就是某个论证的前提。下面所列的是部分前提指示词：

since（因为）	as indicated by（正如……所示）
because（由于）	the reason is that（理由是）
for（因）	for the reason is that（理由在于）
as（根据）	may be inferred from（可从……推出）
follows from（从……推出）	may be derived from（可从……引申）
as shown by（正如……所表明）	may be deduced from（可从……得出）
inasmuch as（缘于）	in view of the fact that（有鉴于）

B. 语境中的论证

上面所列的词和短语可以帮助我们认识话语中所含的论证，辨识其前提或结论。但它们在实际论证中并不一定出现。论证的出现可以由话语的背景或意义来表明。例如，在针对美国2007年对伊拉克增加军事部署的激烈争论中，一个反对该军事部署的人写道：

> 当我们把年轻男女派到伊拉克去维持秩序时，那些原有的所谓领导人已经放弃其职位。我们给了伊拉克人一个消除分歧的机会，他们却将其扔回给我们。伊拉克不值得我们帮助。[5]

这段话中既没有用前提指示词，也没有用结论指示词，但其中所含的论证是很清楚的。同样，在萨姆·哈里斯（Sam Harris）《致基督教国家的信》的如下论证中也不包含指示词，其前提和结论都是十分明显的。

> 一半美国人认为宇宙有6 000年的历史。他们在这一点上错了。说他们错并不是由于"无信仰的偏执"，而是理性上的诚实。[6]

然而，在通常情况下，我们只有在理解了某论证出现的语境之后，才能领会该论证的效力。例如，2003年美国最高法院在"格拉茨诉博林格"一案中裁定，密歇根大学的本科入学制度给某些少数民族的成员以固定的加分，是有违宪法的。法官金斯伯格（Ruth Bader Ginsburg）持异议，她为密歇根大学的制度做出以下辩护：

> 大学将设法维持一定的少数民族入学人数，它们是否可以完全坦率地这样做呢？……它们也可能诉诸欺骗。如果诚实是最佳策略，那么显然，密歇根大学这种得以精确描述以及彻底公开的大学平权行动计划，肯定比通过各种暗箱操作得到相似数字的做法更为可取。[7]

该论证的效力来自对如下事实的意识：为了避免基于美国宪法第十四修正案中平等保护条款的攻击，大学实际上长期隐藏了他们带偏见的入学制度。首席法官伦奎斯特（William Rehnquist）对金斯伯格法官之论证的回应，也只有在她关于带偏见入学制度之辩护的大背景之下才是清楚明白的。伦奎斯特写道：

> 这些观察结果之所以值得注意，有两个原因。首先，它们表明大学——我们被告知应该服从其学术决定的机构——将继续推行其平权行动计划，无论是否违反美国宪法。其次，他们建议这些违规行为的处理，不是要求大学遵守宪法，而是要修改宪法，使其适应大学的行为。[8]

伦奎斯特所提到的"修改宪法"，必须在密歇根大学本科入学制度已经被认为是违宪的这一事实基础上来理解。他提到平权行动计划的继续施行"无论是否违背美国宪法"，只有在金斯伯格的前述论证中所使用的"暗箱操作"的基础上才能充分理解。

在大多数情况下，只有理解了论证提出的语境，论证和反论证的效力才能够被充分把握。在现实生活中，语境是至关重要的。例如，如果你被告知我正带一只龙虾回家吃饭，你丝毫不会怀疑我是打算吃它，而不是要饲养它。

C. 非陈述形式的前提或结论

一个论证的前提以疑问句的形式出现并不罕见。但是如果疑问句无所断定，不表达命题，那么它何以能起到前提的作用呢？表面上，这些句子无所断定，但深究一下可见，一个疑问句在满足以下条件之时可以作为前提，即该问句是反问句。就是说，它暗示或者假定了一个答案以作为该论证的前提。该语句可以具有陈述式的意义而保有疑问句的形式。

疑问句的这种用法某些时候是很明显的，2007年1月7日《纽约时报》收到了一封来信，该信对最新系列的美国硬币提出了反对意见，这一系列硬币上刻有前总统夫人们的头像以示荣耀。拉苏里（Irit R. Rasooly）写道：

> 我被正在发行的这一套硬币烦扰。虽然某些第一夫人的确影响了我们的国家，难道我们就应该将这份荣耀赋予那些未经选

举,其唯一资质就是拥有一位杰出丈夫的人吗?

显然,批评者的意思在于断定如下命题,即我们不应该将这份荣耀赋予这样的人。他继续指出:

与刻有第一夫人肖像的硬币相比,难道将荣耀赋予那些做过州长、最高法院法官或立法者的女人,不是对这个国家的女人更为适当的褒奖吗?

很明显,批评者认为表彰这些人的成就是更适当的褒奖,但是他再一次用一个问句表达了这个命题。他的信还表明对一个语句实际所做陈述的理解需要依赖于语境。作者的报道,即他被新硬币"烦扰"显然是真的,但是这个陈述不仅仅是对其心灵状态的简单描述,他意在表达如下判断,即这一系列硬币是不应该发行的。

用疑问句来表达前提有时候会适得其反,因为它可能导致答案(由听者回答,或由读者默认)偏离该论证所希望达到的结论。例如,尼日利亚的圣公会教主是一位激烈的同性恋反对者,他认为同性恋是非常邪恶的,为此他论证道:

为什么上帝不让一头狮子做人的伴侣?为什么不让一棵树做人的伴侣?或者,为什么上帝不让一个男人做另一个男人的伴侣?所以,即便是从上帝创世的故事这一角度,我们都能看出上帝的心思,上帝的意图是要让男人和女人在一起。[9]

这种有关上帝意图的问题会引来各种不同的回答,而这些回答或将削弱该论证所希望得出的结论。

当问题实际假定的答案清晰或确定无疑时,问句可以最为有效地起到前提的作用。在这些情况下,读者(或听者)会被引导得出显而易见的答案,由此为该论证的说服力做辩护。这里有个例子,有些人认为安乐死在道德上是无法容忍的,他们拒绝基于晚期病人自主权对安乐死的辩护,进而做出了如下论证:

> 如果安乐死的权利基于自己的决定，那么将这个权利限制到垂死病人就是不合情理的。如果人们有死亡权，那为什么必须要等到濒临死亡的时候才能行使这个权利呢？[10]

这个问句非常有力，因为其答案看起来是无可否认的。如果人们选择死亡的权利是基于自主权，那么显然我们没有好的理由解释为什么这个权利的执行必须等到临死之际。因此，（从这个批评可以得出）如果人们有基于自己决定的安乐死的权利，那么就不能将死亡权限制到垂死病人。这一论证很有道理，但从其宗教主张来看，它可能被证明是一把双刃剑。

基于反问句的论证常常是可疑的，因为问题本身是既非真又非假的，问句通常都只是暗示出某命题的真，而回避了断定命题的责任，而其所暗示的命题很有可能是成问题的，甚至可能实际上为假。以下例子可说明这一点：2007年当以色列政府开始建造通向阿克萨清真寺所坐落的那块平地（这块平地对犹太人而言也是神圣的）的坡道时，耶路撒冷的阿拉伯领导人表达了对神圣的阿克萨清真寺之安全的强烈忧虑。在评论该情况的时候，一位以色列支持者追问道："相比于保护宗教和文化古迹，阿拉伯领导人有没有可能对攻击以色列人更加感兴趣？"[11] 当然，这是有可能的，但是它也可能为假，如此表述的问句显然是为了使读者相信阿拉伯领导人在表达他们的担心时表里不一。作者是否断定了隐藏在阿拉伯人异议背后的骗局呢？没有，他并没有那样说！

八卦专栏的兴旺靠的就是暗示性的疑问句。名人逸事大多以下面这些形式出现："帕里斯·希尔顿（Paris Hilton）有做演员的天赋吗？"同样，在讨论社会问题时，反问句也是转换主张的有效方法。当法国的暴乱在伊斯兰社区蔓延时，许多人想知道是什么原因鼓励了这些暴乱者。记者克里斯托弗·考德威尔（Christopher Caldwell）写道：

> 他们是不是法国大众文化的崇拜者，对不能平等地参与法国文化感到沮丧？或者他们只是想把一个他们鄙视的社会烧成灰烬？[12]

以疑问句的方式来表达这些指责之言，做出指责的人能够保护自己免受愤怒的控诉。因为他们可以坚持说"不"，"我并不是那样说的！"

这也不失为躲避某些问题的争论的一种聪明策略。

在某些论证中，结论是以祈使句的形式出现的。我们应该做出某行为的理由作为前提先被提出来，然后我们被要求以某种方式行动。譬如，在《箴言》(Proverbs 4：7)中我们看到这样的句子：

> 智慧为首，所以要求得智慧。

这里，第二个句子是一个命令句。因为命令句像一般疑问句一样不能表达命题，所以（严格来讲）命令句不能作为论证的结论。但是在上述箴言中，该命令显然意在表达该论证的结论。我们如何才能解释这种表面上的不一致呢？听者（或读者）被告知他们应当以在命令句中已经说明的方式去行事，或者说这样行事是聪慧的。我们可以同等对待这些语境中的命令句与命题，这是很有益处的。譬如，我们可以对《箴言》论证的结论做如下重塑："求得智慧是你应当去做的事情"。大多数人会同意，这类断言可以是或真或假的。去做某事的命令和一个应当做某事的陈述之间有什么区别，这个问题在这里不必探究。通过忽略这种区别（如果确有区别的话），我们可以对用命令形式和用陈述形式表达结论的论证做统一处理。

语句的这种重塑能够起到澄清论证的构成命题的作用。无论这些语句的外在形式如何，我们有必要理解正在被断定的东西的实质，理解哪些断言支持哪些推论。有些论证的完整重塑仅限于语法方面。作为前提的语句有时可能采用短语的形式，而不是陈述句形式。下面这段以对美国政府的一个强烈批判为结论的论证，可以很好地示例这一点：

> 什么样的政府是失败的政府？就是没有为民众提供安全的政府，没有保障国民在国内外的权利，或者没有保持民主制度运行的政府。如此定义，美国则是全世界最失败的政府。[13]

论证的第二个和第三个前提都缩略成了短语，但是这些简略语句所要表达的命题是清楚明了的，它们在该作者的推理中所扮演的关键角色是显而易见的。

D. 未明确陈述的命题（隐含命题）

论证有时候是模糊的，因为其中有一个或更多构成命题未被明确陈述出来但又假设能被人理解。纽约城市大学社会学系的主任曾就死刑的合理性提出两个有力但颇具争议的并行论证。两个论证的第一个前提都基于如下假设，即死刑惩罚的支持者与反对者两方在关于死刑实际上能够阻止凶杀的信念是错误的。两个论证的第二个前提虽然都非常可信，却没有陈述出来，需要读者来重构。

第一个论证如下：

> 如果死刑支持者关于死刑能够阻止凶杀的信念是不正确的，他们就应当为不应被处死的凶犯被处死而担责。[14]

这个论证基于没有明确陈述出来的第二个前提，即"没有人应为一个死刑所达不到的目标而被处死"。因此，那些错信执行死刑可达到某个目标（威慑潜在杀人犯）的人，应该为不应被处死的凶犯之死负责。

第二个论证为：

> 如果死刑反对者关于死刑并不会阻止凶杀行为的信念是不正确的，那么如果有无辜者因为死刑的缺失而遭凶犯谋杀，那么死刑反对者就应该为这些人的死负责。[15]

这个论证基于没有明确陈述出来的第二个前提，即"如果由于凶犯对死刑的恐惧，而保护了无辜人的生命，那么这就为死刑的保留做出了辩护"。因此，那些错信死刑无法威慑潜在罪犯的人，就应该为后续被杀害的无辜生命负责。

在这两个论证中，假定但没有明确陈述出来的第二个前提都是可信的。可以见得，两个论证同样具有说服力，这就把死刑实际上是否阻止谋杀行为看作一个开放性的经验研究的问题。但是，这两个论证的效力都基于其所依赖的没有明确陈述出来的前提之真。

一个前提没有被明确陈述出来，也许是因为论证者认为它是没有疑问的公共知识。在关于克隆人的争论中，一位愤怒的批评者写道：

> 克隆人——如同堕胎、避孕、色情和安乐死，本质上是邪恶的，因此永远不应该被允许。[16]

这显然是一个论证，但其组成部分有所缺失。该论证基于非常可信但是没有明确陈述的前提，即"本质上邪恶的东西永远不应该被允许"。日常对话中的论证非常频繁地依赖于一些大家理解却没有明确陈述的命题。这些论证被称为省略式。稍后，我们将在本书中对其详加研究。

省略式所依赖的未明确陈述的前提也许得不到普遍认可，也许是不确定或有争议的。一个论证者也许会故意不将关键的前提陈述出来，他相信通过保持对该前提的心照不宣能够使它免于被攻击。例如，使用胚胎干细胞进行医学研究广受质疑，一位美国参议员用下面的省略式论证抨击允许政府筹措资金进行这项研究的议案：

> 这项研究（包含对胚胎干细胞的使用）是非法的，这是因为：故意杀死人类胚胎是这项研究的基本组成部分。[17]

该论证陈述出来的前提是真的：如果胚胎不被杀死，这项研究是不可能进行的。但是，这项研究是非法的这个结论却依赖其未表述出来的前提：杀死人类胚胎是非法的，而这个主张正是一个处于激烈争论中的论断。

省略式论证的效力也许依赖于听者关于某个命题为假的知识。为了强调某命题的虚假，说话人也许会构造这样一个论证：第一个前提是一个假言命题，其前件（"如果"部分）是说话者希望表明其假的命题，再以一个普遍认其为假的命题作为后件（"那么"部分）。省略式的第二个前提就是未明确陈述出来的第二个支命题的假。而同样未陈述出来的第一个支命题的假就是该论证的结论。例如，杰出的政治哲学家约翰·罗尔斯（John Rawls）将林肯誉为最重视人类道德平等的总统。他经常引用林肯的如下省略式论证："如果奴隶制没有错，就没有什么是错的了。"[18]显然，说"没有什么是错的"是荒谬的，从这一点就可以推出：说奴隶制没有错是同样荒谬的。同样，著名的精神病学家，二战期间纳粹集中营达豪（Dachau）和布痕瓦尔德（Buchenwald）的幸存者布鲁诺·贝特尔海姆（Bruno Bettelhelm）写道："如果所有人都是善良的，那就绝不会有奥斯威辛集中营了。"

1.4 论证与说明

许多语段看起来好像是论证，实际上不是论证而是**说明**。即使有某些前提或结论指示词出现，例如"因为""由于""因""所以"等，也不能解决问题，这些语词既可用在论证中也可用在说明中（虽然"因……"一词有时可以指时间顺序）。我们必须了解作者的意图。

请比较下面两段话：

1. 只要积攒财宝在天上，天上没有虫子咬，不能锈坏，也没有贼挖窟窿来偷。因为你的财宝在哪里，你的心也在哪里。

——《马太福音》6：20-21

2. 因为耶和华在那里变乱天下人的言语，使众人分散在全地上，所以那城名叫巴别。

——《创世记》11：9

第一段话是一个清楚的论证，它的结论，即一个人必须积攒财宝在天上，由前提（这里用"因为"来标明）一个人的财宝积攒在哪里，他的心也在哪里来支持。但是第二段不是论证，尽管它非常恰当地使用了"所以"一词。它说明了这座塔（其建造过程在《创世记》中有详细的叙述）为什么叫巴别。它告诉我们，因为之前人类在那里使用的是同一种语言，现在被变乱成许多语言。"巴别"这个名字是一个希伯来语词，意思是"混淆"。这段话假设读者知道那座塔有这个名字，意图是说明为什么给塔起了这个名字。短语"所以那城名叫巴别"不是结论而是完成了对这个名字的说明。另外，分句"因为耶和华在那里变乱天下人的言语"不是前提，它不能作为相信巴别是那座塔名字的原因，因为巴别是那座塔的名字的事实是这段话的读者所知道的。在这个语境中"因为"指示的是接下来要说明将巴别这个名字给予那座塔的原因。

上面两段话说明一个事实，表面上相似的语段可能具有完全不同的功能。任何一个特定的语段究竟是论证还是说明，这取决于那个语段所服务的目的。如果我们的目的是要确立某个命题 Q 的真，为此我们提出某个证据 P 来支持 Q，我们可以恰当地说"Q 因为 P"。也就是说我们为 Q 建立一个论证，P 是我们的前提。或者，假设 Q 是已知为真的。在这种情况下我们不必提出任何理由来支持它的真，但是我们可以希望对它为什么是真的给出一个说明。这样我们也可以说"Q 因为 P"，但在这种情况下，我们不是为 Q 建立一个论证，而是给出一个对 Q 的说明。

在回答关于类星体（即在我们的星系以外很远地方的一类天体）的外观颜色的问题时，一位科学家写道：

> 最远的类星体看上去像强烈的红外辐射光点。这是因为太空散布着吸收蓝光的氢微粒（大约每立方米两个微粒），如果你从可见的白光里过滤掉蓝光，那么剩下的就是红光。在其到达地球的数十亿光年的旅程中，类星体光被大气中的氢微粒吸去了全部的蓝光，留下的只有红光。[19]

作者并非要让读者确信类星体具有像它们所显示的外观颜色，而是说明它们具有这个外观颜色的原因。他是在做说明而不是给出论证。

然而，有时弄清作者的意图究竟是要说明某事实还是要为该说明中的某关键命题做论证并不容易。例如，下面就是一个可理解为说明亦可理解为论证的段落。

> 我想要强调水的另一独特性质，这是使地球上生命成为可能的关键。因为水是凉的，达到其凝固点的时候，其密度立刻减小，这就颠倒了通常的自然对流模式——温度更低的流体下沉。这种颠倒使湖或海的最冷一层上升到了其最表面，这一大片水域现在从上而下结冰。如果不是水的这种独特性质，海洋湖泊将长时间经历自底层往上的完全冻结时期，这对于地球上任意维系生命的液体水来说都会导致非常可怕的后果。[20]

从相同的前提可以推出多个结论，也因此展现了多个论证。相似地，不止一个东西能说明同一事实，因此也就呈现了多种说明。以下是一示例：

《牛津英语词典》是一本历史性的词典，它提供了引文的方法来说明每个单词用法的演化过程，从其最早被知道的用法开始，一直到最近的用法。所以，志愿来做编纂的成千上万词汇爱好者的一个关键任务，也是最受他们欢迎的活动就是追溯，即找到更早的用法。[21]

追溯是编纂词典之人的关键任务，被《牛津英语词典》是历史性词典这一事实说明。这一事实还解释了为什么对词汇爱好者来说，追溯是一个受欢迎的活动。

如果一个作者写出"Q 因为 P"，我们怎么才能断定他是打算说明还是打算说服人呢？我们可以问：Q 在该语境中的作用是什么？如果 Q 是一个其真实性需要建立或确证的命题，那么"因为 P"可能给出了支持其为真的前提，这样"Q 因为 P"就是一个论证。若 Q 是一个已知其为真，或至少在这个语境中其真是没有疑问的命题，那么"因为 P"就可能是对为什么 Q 成为真命题的阐释，这样"Q 因为 P"就是一个说明。

在一个说明中，人们必须把什么是被说明的东西，与什么是说明本身区别开来。在上面《创世记》所做出的说明中，被说明的内容是为何那座塔具有名字巴别，说明本身则是在那里耶和华变乱天下人的言语。在天文学例子中，被说明的内容是类星体呈现为红色的事实，说明则是光从遥远的类星体上传到地球的过程中，其中的全部蓝光都被过滤掉了。

保持对语境的敏感性，则我们总是能区别出论证和说明。然而，总会有一些语段，其意图难以确定。一个其意图难以确定的语段可能需要给予两种同样有道理的"解读"——用一种方法去解读，当作论证；用另一种方法去解读，就是说明。

练习题

下列的段落中，有些包含说明，有些包含论证，有些既可作为论证也可作为说明。请你判断每段话的主要功能，断定其作为论证或说明的理由是什么。如果是论证，请指出其前提和结论；如果是说明，请指出被说明者和说明者。

例题：

1. 由于我们祖先居住地与赤道距离的不同，人类有各种不同的肤色。

这完全是由太阳导致的。肤色调节着我们身体对太阳光线的反应。深肤色进化出来是为了保护身体免受过度太阳光的伤害。当人类从赤道附近迁徙出来，需要在他们的皮肤中制造维生素D的时候，浅肤色就进化出来了。在这个过程中，他们必须丧失一些色素。这个过程在历史中重复往返，许多人的肤色从黑色变为浅色，从浅色变为黑色。这表明肤色不是一种永久不变的性质。

——Nina Jablonski, "The Story of Skin,"
The New York Times, January 2007

解答：

这实质上是一个说明。被说明的事实是人类有不同的肤色。用来说明的是如下内容：当人类居住在与赤道有不同的距离进而需要得到不同程度的抵御太阳光线的保护措施之时，不同的肤色进化出来了。有人也许会将这个段落理解为论证，其结论是：肤色并不是一种对全人类而言永久不变的性质。在这种解释之下，这段话中，所有在最后这句话之前的命题都是前提。

2. 戴维·伯恩斯坦（David Bernstein）在2001年的《唯一补救之地：非裔美国人、劳动法与从重建到新政的法院》之中将劳动法置于美国黑人当代困境的中心。这些法律中许多看似中立的法律（例如行政许可法、最低工资法、集体谈判法），或者直接以阻碍黑人经济和社会的进步为目标，或者即使不以此为目的，也转而迅速起到了上述作用。许多美国劳工市场被移交给了工会，而几乎没有意外地，黑人是完全被工会排斥的。确切地说，目前长期存在的黑人与白人失业率之间的巨大差异就是从政府对劳工之利益进行干涉的那一刻开始的。简言之，伯恩斯坦论证道，美国劳工的胜利就是对美国黑人的摧毁。

——Ken I. Kirsch, "Blacks and Labor—the
Untold Story," *The Public Interest*,
Summer 2002

3. 生来便无再繁殖特性的动物已经灭绝，而繁殖能力强的动物将它们的基因遗传给了后代。粗略地说，因为较强的性功能是长期进化而来的，那些性欲强的动物比性欲弱的动物能产下更多的后代。

——R. Thornhill and C. T. Palmer, "Why Men
Rape," *The Sciences*, February 2000

4. 变化是真实的。既然变化仅在时间上是可能的，那么时间一定是某种真实的东西。

——Immanuel Kant，*Critique of Pure Reason*（1781），"Transcendental Aesthetic," section Ⅱ

5. 在美国，护士短缺已经成为一个全面危机，因为越来越少有年轻人从事护士行业。目前，美国有三分之一的注册护士年纪超过50岁，并且在接下来的十年间，该比例预计会涨到百分之四十。另外，执业的护士中又有很大一部分对工作不满，每五个中就有一个在认真考虑未来一年内离开护士行业……因为护士的缺少，医院通常都取消或者延迟外科手术。

——Ronald Dworkin, "Where Have All the Nurses Gone?" *The Public Interest*，Summer 2002

6. 列举事态的原因不是为事态辩解。事情因其结果而不是因其先行条件被证明是正当的或是应受谴责的。

——John Dewey,"The Liberal College and Its Enemies," *The Independent*，1924

7. 一个人可能受制于另一个人制定的规则，但因为每个人是自由执行自己意志的主体，所以没有人可能限制自己。那么必然地，国王不可能被他自己的法律限制。也正是由于这个原因，王室法令通常都以这样的形式结尾："因为这是我们的美好愿景。"

——Jean Bodin, *Six Books of the Commonwealth*，1576

8. 所有音乐中我喜欢瓦格纳的音乐。它如此大声以致我可以一直说话却不让别人听清我在说什么。

——Oscar Wilde, *The Picture of Dorian Gray*，1891

9. 最近几十年美国社会中有三个因素使欺骗更为可能。

首先，社会被市场浸透得越来越严重，经济上的成就比任何其他的东西都得到更多的重视。其次，宗教、社区、家庭的联系以及模范对诚实的鼓励作用都在不断弱化。最后，被揭露出有不诚实或不道德行为的公众人物也没有多少羞耻心。这就难怪许多年轻人对走捷径或者更恶劣的行为都熟视无睹。

——Howard Gardner,"More Likely to Cheat," *The New York Times*, 9 October 2003

10. 爱情是不用眼睛而用心灵看着的,因此长着翅膀的丘比特被描画成一个盲人。

——William Shakespeare, *A Midsummer Night's Dream*, act 1, scene 1

11. 《纽约时报》上一篇标题为《为什么人类和他们的毛发以不同的方式分离》的文章认为:女人比男人体毛更少与女人的性选择压力更大有关。一位读者来信这样回答:

> 以下是一个详细说明,虽然对此我没有证据,但它与我们认为我们所知道的东西相容:性选择也许对两性的许多特征都有非常重要的影响。
>
> 在选择伴侣的时候,男人比女人更加看重年轻的外表。女人能更长时间保持年轻的容貌,就能更长时间地保持性的吸引力、获得更多与心仪的男人生育后代的机会。无体毛就是年轻的标志。
>
> 因此更大的性选择压力促使女人脱毛。

——T. Doyle,"Less Is More," *The New York Times*, 26 August 2003

12. 大约一个世纪以前,我们已经发现在四维或更高的维度上,行星的运行轨道并不稳定。所以,如果空间超过三维,则行星围绕太阳转动的时间不足以导致生命起源。在一维或二维的空间里,就不会有流动的血液或复杂的神经元结构。因此神奇的生命只能在三维空间中存在。

——Gordon Kane,"Anthropic Questions," *Phi Kappa Phi Journal*, Fall 2002

13. 曾经帮助美国军队和外交官的笔译与口译人员,现在希望在美国重新定居。他们会说该地区许多具有重要战略意义的语言。美国没有足够数量精通这些语言的口译与笔译人员。因此，我们需要他们。

——"Welcome the Translators," Oswald Werner, *The New York Times*，3 November 2007

14. 财政部没有设计和发行便于盲人或视力受损之人识别的纸币，这违反了《康复法案》中的第504条，该条文说明任何残疾人都不应当在任何政府行政机构的项目和活动中受到歧视。

——Judge James Robertson, Federal District Court for the District of Columbia, *American Council of the Blind v. Sec. of the Treasury*，No. 02-0864（2006）

15. 正义（即为了履行义务而行为）从来就不能保证道德上的善。因为行为主体虽然认为某个行为是他的义务，却还是可能出于中性的或坏的动机去做出该行为，由此该行为就是道德上中性的或恶的。

——Sir W. David Ross, *Foundations of Ethics*（Oxford：Oxford University Press，1939）

16. 人类并没有发明圆、平方、数学或物理规律，而是发现了它们。这些永恒和不变的规律只能由最高的心灵——上帝来创造。因为我们能发现这些规律，人类心灵一定有一个先天的、来自上帝心灵的部分。因此，信仰上帝并没有"逾越理性"。

——J. Lenzi, "Darwin's God," *The New York Times Magazine*，18 March 2007

17. 圣诞节的时间确定及其许多庆祝仪式有着基督徒庆祝基督生日之外的其他根源，也可能先于基督徒对基督生日的庆祝。这些传统最有可能与庆祝人际和谐关系和享受此生天之所赐相关。作为一个无神论者，我会毫不迟疑地欢迎这些假日，并与有信仰和没有信仰的人一样共度假期。

——John Teehan, "A Holiday Season for Atheists, Too," *The New York Times*，24 December 2006

18. 所有民族运动都是双刃剑。"它"有善意的开始，有时甚至对治愈集体精神是必要的，但是却通常都以悲剧收场，尤其是在这种运动转化为政治运动之后,德国的历史就是很好的示例。

——Orlando Patterson,"A Meeting with Gerald Ford," *The New York Times*,6 January 2007

19. 所有幸福的人是同等幸福的,这一点是不正确的。一个农民和一个哲学家可能是同等满足的,却不是同等幸福的。幸福在于愉悦知觉的多样性。一个农民与哲学家没有同等快乐的能力。

——Samuel Johnson, in Boswell's *Life of Johnson*,1766

1.5 演绎论证与归纳论证

每一个论证都断言其前提为结论的真提供了根据。这种断言正是论证的标志。然而,前提对结论的支持有两种截然不同的方式。因此有两大种类的论证,即演绎和归纳。明白这种区分对学习逻辑学至关重要。

任一演绎论证均断言其前提决定性地支持结论;它断言如果其前提都是真的,其结论一定是真的。相反,归纳论证均没有这种断言。在对一个语段的解释中,如果我们判定它做出了这样的断言,我们就将其视为演绎论证;如果我们判定它没有做出这样的断言,我们就将其视为归纳论证。因为每个论证都会对确定性支持结论或者做出断言,或者不做出断言,所以每个论证或者是演绎的,或者是归纳的。

当一个论证断言它的前提(如果是真的)为它的结论的真提供了无可辩驳的根据时,这个断言或者是正确的或者是不正确的。如果是正确的,这个论证就是有效的。如果是不正确的(也就是说,即使前提是真的,也不能无可辩驳地确立其结论的真),那么这个论证就是无效的。

对于逻辑学家而言,有效性这个术语仅仅对演绎论证是适当的。说一个演绎论证是有效的,就是说如果其前提是真的,其结论为假就是不可能的。这样我们可把"有效性"定义如下:一个演绎论证是有效的,当且仅当它不可能前提为真而结论为假。当然,在日常话语中,"有效"一词的用法要随意得多。

每个演绎论证都要求其前提为其结论的真提供担保,但并非所有演绎论证都能达到这个要求。不能达到这个要求的演绎论证就是无效的。

每个演绎论证或能或不能达到其目标，故每个演绎论证都或者有效或者无效。如下这一点很重要：如果一个演绎论证不是有效的，它就必定是无效的；如果它不是无效的，它就必定是有效的。

演绎逻辑的核心任务（在本书第二部分将做详细讨论）就是区分有效论证和无效论证。为此，古往今来的逻辑学家已经发明了许多有力的区分方法。但是确定有效性的传统方法与现代逻辑学家所用的方法有所不同。前者统称为亚里士多德三段论逻辑并植根于亚里士多德的分析工作，会在本书的第5、6、7章中加以阐释。现代符号逻辑方法将在第8、9、10章中详加介绍。尽管两个流派的逻辑学家们在方法上和对某些论证的具体阐释上不尽一致，但他们都同意演绎逻辑的主要任务，是开发一种能使我们区分有效论证与无效论证的工具。

归纳论证的核心任务，是确定那些能够直接引导行为的或者能够以之为基础建立其他论证的事实。当归纳方法被适当地应用于真实的结论（通常是关于某些具有重要意义的因果关系）之时，诸如医学、天文学、社会科学等经验研究就能有指导地进行。

本书的第三部分将详细分析归纳的不同方法。但是对归纳程序的举例说明将有利于在此对归纳和演绎进行比较。做医疗检查的人应用归纳的方法，急切地想知道病因或者传染病传播的原因。性传染病（STDs），例如获得性免疫缺陷综合征（AIDS，艾滋病），因为其严重性以及全球化的传播得到了特别的重视。我们可否知道如何减少性传染病的扩散呢？是的，我们可以。

2006年，美国的国家卫生研究院宣布：在肯尼亚和乌干达（它们都是感染HIV机会比较大的非洲国家，而HIV通常都会导致艾滋病）进行的大规模研究显示，艾滋病在割过包皮的男人中的扩散程度要明显低于在没有割包皮的人群中的扩散程度。当然，割礼并不是治疗疾病的魔方。但是通过对许多志愿者（其中3 000人来自乌干达，5 000人来自肯尼亚）的经验研究，我们的确发现，作为割礼的结果，男人通过与异性发生性关系感染HIV的概率确实下降了一半。女人感染艾滋病的概率也下降了差不多30%。*

---

* 这些研究表明了割礼的如此巨大的作用，所以为了保证对所有参与人的公正，国家卫生研究院的数据安全及监督委员会宣布了这两种行为方式各自的风险，并且在2006年12月13日停止了该研究。

这些都是有重要意义的发现（应用了归纳方法中的共变法，这一方法的具体细节，我们将在本书第 12 章加以讨论）。不割包皮与艾滋病的传播之间的因果联系并没有像演绎逻辑的结论那般确切地被知晓，但是现在却以非常高的概率被认识到了。

归纳论证所做的断言弱于演绎论证的断言。归纳的结论不是确定的，因而有效性或无效性这两个词不适用于归纳论证。当然，我们仍然可以对它们进行评估。实际上，对归纳论证进行评估是任何领域的科学家最主要的任务之一。归纳论证的前提为它的结论提供某种支持，前提授予结论的或然性程度越高，论证的价值也就越大。一般情况下，我们可以说归纳论证"较好"或"较差"，"较弱"或"较强"，等等。上述割礼研究所构成的论证是归纳强的，其结论的或然性程度很高。然而，甚至在所有前提都是真的并且对其结论提供了非常强的支持的情况下，归纳论证的结论也不是必然得出的。归纳理论、类推和因果推理的技巧，评估归纳论证的方法，以及量化和计算或然概率的方法等将在本书第 11、12、13 和 14 章详加介绍。

归纳论证的前提对其结论的支持都具有某种程度的或然性，附加的信息就有可能强化或弱化这种或然性。新发现的事实可以使我们改变对或然性的评估，可能导致我们对归纳论证的判定比我们原想的更好（或更差）。在归纳论证的领域——即使当结论被认为具有很高可能性的情况下——永远不会穷尽所有的证据。新的发现可能会最终否定之前相信的结论，因此永远不能说一个归纳论证的结论是完全确定的。

相反，演绎论证却不能越来越好或越来越差。它们在拥有前提和结论之间的必然的、决定性的推论关系上要么成功，要么失败。如果一个演绎论证是有效的，就没有附加的前提可以增强这个论证的有效性。例如，如果凡人终有一死，并且如果苏格拉底是人，苏格拉底终有一死——这个结论必然从那两个前提推导出来，而不管世界上别的什么可能是真的，也不管别的什么信息被发现或增加到该论证的前提当中。比如我们后来又知道苏格拉底长得很丑，或不死是一种负担，或奶牛产奶，但这些发现和别的发现都不能对原来的论证产生任何影响。因而，为下面的有效论证

凡人终有一死。

苏格拉底是人。

　　　　所以，苏格拉底终有一死。

增加一个前提，比如"苏格拉底长得很丑"。论证将修改为：

　　　　凡人终有一死。
　　　　苏格拉底是人。
　　　　苏格拉底长得很丑。
　　　　所以，苏格拉底终有一死。

　　第二个论证与第一个论证一样有效。结论"苏格拉底终有一死"是从第一个论证的前提必然地推出的，并且因为这些命题也是第二个论证的前提，结论"苏格拉底终有一死"仍然必然地从相同的两个命题（加上一个额外的前提）推出。就一个有效演绎论证来说，不管附加前提的性质如何[22]，从其前提必然推出的结论同样也能从任何扩大的前提集必然地推出。如果一个论证是有效的，世界上就没有什么东西能使它变得更有效或更无效；如果一个结论是从某个前提集有效推出的，就没有什么东西可以增加到这个前提集当中使该结论的推出变得更有效或更无效。

　　但归纳论证不是这样，归纳论证所断言的前提和结论之间的关系远非如此严格，与演绎论证有本质上的不同。考虑下面这个归纳论证：

　　　　大部分公司的法律顾问是保守主义者，
　　　　米里亚姆·格拉夫是一个公司的法律顾问，
　　　　所以米里亚姆·格拉夫很可能是保守主义者。

　　这是一个非常好的归纳论证，它的第一个前提是真的，如果它的第二个前提也是真的，则其结论很可能就是真的而不是假的。但是在这种场合（与有关苏格拉底的必死性的论证形成鲜明对照），若增加某个新前提到原来的论证之中，（依据新前提的内容）就可能会弱化或强化原来的论证。假设我们还知道：

　　　　米里亚姆·格拉夫是美国公民自由联盟（ACLU）的一名官员。

又假设在原论证中增加一个（真）前提：

　　　　美国公民自由联盟的大部分官员不是保守主义者。

这样，结论（米里亚姆·格拉夫是一个保守主义者）不再看起来非常可能；原来的归纳论证由于这个关于米里亚姆·格拉夫的附加信息的出现而被大大弱化。而如果上述前提被改造成全称命题：

　　　　没有美国公民自由联盟的官员是保守主义者。

那么就会有效地从被断定的前提集演绎地推出与原来结论相反的结论。
　　假设我们通过增加下面的附加前提来扩大原来的前提集：

　　　　米里亚姆·格拉夫长期是全国步枪协会（NRA）的一名官员。

那么通过这个扩大了的前提集，原来的结论就得到了比原来的前提集更大的支持。

　　归纳论证并不总是明确表明其结论仅仅是在某种或然性程度上受到支持。另外，在一个论证中出现"或然性"一词也并不一定表明该论证就是归纳的。这是因为有一些严格的演绎论证是关于或然性本身的。在这种论证中，事件之间的确定联系的或然性（概率）是从另外的事件的可能性演绎推出的。例如，如果知道掷三次硬币连续三次正面朝上的概率是 1/8，我们就能演绎地推出，三次掷硬币中至少一次背面朝上的概率是 7/8。这种论证的其他例子会在第 14 章给出。

　　总之，归纳和演绎的区别依赖于两类论证对前提和结论之间的关系所做断言的性质。我们可以将两类论证的特征表示如下：演绎论证是一种其结论被断言为从其前提绝对必然地推出的论证，这种必然性不是一个程度问题，不以任何其他事物情况为转移。反之，归纳论证是一种其结论被断言为仅仅或然性地从其前提推出的论证，这种或然性是一个程度问题，其程度受可能出现的其他事物情况的影响。与归纳论证不同，一个有效的演绎论证的结论是从其前提必然地推出的，而这种有效性不是一个程度问题，也不以任何方式依赖于任何其他可能的情况。

1.6 有效性与真实性

当一个演绎论证成功地将其结论与前提必然地联系起来，它是有效的。它的有效性在于其命题之间的**推论关系**——作为演绎论证前提的命题集和作为该论证的结论的一个命题之间的推论关系。**一个演绎论证是有效的，当且仅当它不可能有真前提和假结论**——当且仅当其结论是从其前提逻辑必然地推出的。因而，**有效性永远不能适用于任何单一命题本身**，因为在任何一个命题内部都不可能找到这种必需的关联。

真和假都是单个命题的特征。在论证中作为前提的单个陈述可能是真的，作为其结论的陈述可能是假的。结论可以被有效地推论出来，但是说任何结论或任何单一的前提本身是有效的或无效的，都是无意义的。

真，是其断言与实际情形相一致的命题的属性。当我断定苏必利尔湖是北美洲五大湖中最大的湖时，我的断言确与实际情形相一致，从而就是真的。如果我说北美洲五大湖中最大的是密歇根湖，我的断定就与实在世界不一致，因此就是假的。这个对比是重要的：真和假是单一的命题或陈述的属性，有效性和无效性是论证的属性。

正如有效性这个概念不适用于单一的命题，真这个概念也不能应用于论证。一个论证中的几个命题，其中的一些（或全部）可以是真的，并且其中的一些（或全部）可以是假的。但是论证作为一个整体，既不"真"也不"假"。关于世界的陈述的命题可以是真的或假的；由从一个命题集到其他命题的推论构成的演绎论证可以是有效的或无效的。

真（或假）命题与有效（或无效）论证之间的关系既很复杂也很重要，处于演绎逻辑的中心地位。本书第二部分主要致力于分析它们之间的这些复杂关系。不过，在这里对有效性和真实性之间的关系做一初步的讨论也是适宜的。

即使一个论证的一个或几个前提不是真的，这个论证也可能是有效的，我们的讨论就从强调这一点入手。每个论证都对其前提和从这些前提推导出的结论之间的关联做出断言；即使这些前提被证明为假或其真实性受到质疑，这种关联也是成立的。1858年亚伯拉罕·林肯在与斯蒂芬·道格拉斯的一场争论中有力地指出了这一点。德雷德·斯科特决议强迫逃往北方各州的奴隶返回他们在南方的主人家，林肯对此决议进行抨击说：

> 考虑到人们的论辩能力，我把德雷德·斯科特决议用三段论形式表述如下，可以看出这个论证中是否有错误：
>
> 任何一个州的任何法规和法律都不能破坏美国宪法中所清楚明确地规定的权利，
>
> 美国宪法中清楚明确地规定了对奴隶的财产权，
>
> 所以任何一个州的任何法规和法律都不能破坏对奴隶的财产权。
>
> 我相信这个论证挑不出什么毛病。假设其前提都是真的，从这些前提必然会推出上述结论，这个论证我完全有能力理解。但我认为其中确有一个毛病，这毛病不在于推理，而在于其中有一个前提是错误的。我相信对奴隶的财产权并不是宪法所清楚明确地规定的，而道格拉斯法官认为是的。我相信最高法院和那个决议（德雷德·斯科特决议）的拥护者要想在宪法中查找到对奴隶的财产权的清楚明确的规定将会是徒劳的。所以我说，我认为事实上上述推理前提之一不是真的。[23]

林肯加以概括并予以抨击的那个论证，其中的推理并不是错误的，但是第二个前提——"美国宪法中规定了对奴隶的财产权"——明显是假的。林肯因此指出，其结论没有得到证明。林肯的逻辑观点是正确的：即使一个论证的结论和其一个或几个前提都为假时，这个论证也可以是有效的。我们再一次强调，一个论证的有效性仅仅依赖于其前提与结论之间的关联：由于推论关联，一个有效论证不可能有真前提和假结论，但它可以有一个假结论（如上述论证），并且它可以有一个或多个假前提（如上述论证）。

在有效的和无效的论证中，前提与结论真值之间有许多种可能的组合。事实上，**除了一种真值组合外，其他都是可能的**——这对于理解逻辑至关重要。这个例外就是，**一个有效的论证不可能前提都真而结论为假**。一个无效论证的前提和结论的真值可以任意组合；一个有效论证的前提和结论的真值可以**除一种组合外的任意组合**！这个例外就是使得有效论证有效的组合：一个有效论证**不可能前提都为真而结论为假**，因为它的前提与结论是有逻辑必然性关联的。一个无效论证可以前提都为真而结论为假,因为它的结论**并不是必然**从其前提**推出**的。

下面七个论证示例了有效论证和无效论证之间的关键差异。这些论证——其中四个无效论证、三个有效论证——表明有效论证和无效论证可以有各种真前提和真结论或者假前提和真结论的组合。一个无效论证和有效论证的区别在于,一个无效论证可以有真前提和假结论,但一个有效论证则不能。

Ⅰ. 有些有效的论证只包含真命题——真前提和真结论。

所有哺乳动物都有肺,
所有鲸鱼都是哺乳动物,
所以所有鲸鱼都有肺。

Ⅱ. 有些有效的论证只包含假命题:

所有四条腿的生物都有翅膀,
所有蜘蛛都是四条腿的,
所以所有蜘蛛都有翅膀。

这个论证是有效的,因为它并不同时拥有真前提和假结论。如果论证的前提是真的,其结论也一定是真的——即使我们知道这个论证的前提和结论实际上都是假的。

Ⅲ. 有些无效的论证只包含真命题——所有前提都是真的,结论也是真的。

如果我拥有福特·诺克斯的所有财富,那么我将是富有的,
我不拥有福特·诺克斯的所有财富,
所以我不是富有的。

这个论证的真结论并不能从其真前提推出,因为它的前提可能全部为真但结论为假(例如那些富有的但不拥有福特·诺克斯的所有财富的人)。考虑下一个示例,这一点会看得更清楚。

Ⅳ. 一些无效的论证包含真前提，但有一个假结论。这可以用一个与前面的论证（Ⅲ）在形式上完全相同，仅仅换一个假结论的论证来说明：

如果比尔·盖茨拥有福特·诺克斯的所有财富，那么比尔·盖茨将是富有的，
比尔·盖茨不拥有福特·诺克斯的所有财富，
所以比尔·盖茨不是富有的。

这个论证的前提是真的，但结论是假的。这样的论证是无效的，因为有效的论证不可能前提真而结论假。

Ⅴ. 有些有效的论证有假前提和真结论：

所有鱼是哺乳动物，
所有鲸是鱼，
所以所有鲸是哺乳动物。

如我们所知，这个论证的结论是真的；而这个结论可以从两个都不符合实际的假前提有效地推论出来。这个论证是有效的，因为其结论是从前提必然地推出的；如果前提都是真的，结论必然都是真的。

Ⅵ. 一些无效的论证也有假前提和真结论：

所有哺乳动物都有翅膀，
所有鲸都有翅膀，
所以所有鲸都是哺乳动物。

从例Ⅴ和例Ⅵ可以看出，很显然我们不能从一个论证有假前提和真结论这个事实分辨出这个论证究竟是有效的还是无效的。

Ⅶ. 当然，有些无效的论证包含的都是假命题——假前提和假结论：

所有哺乳动物都有翅膀，
所有鲸都有翅膀，
所以所有哺乳动物都是鲸。

这七个例子清楚地表明，有结论为假的有效论证（例Ⅱ），也有结论为假的无效论证（例Ⅳ和例Ⅶ），也有结论为真的有效论证（例Ⅰ和Ⅴ）和无效论证（例Ⅲ和例Ⅳ）。因此很显然，**一个论证的结论的真或假自身并不决定那个论证的有效性或无效性**。此外，**一个论证有效不能保证其结论的真实性**（例Ⅱ）。

下面两张表格（涉及前面的七个例子）清楚表明了**无效论证、有效论证的前提和结论的真、假的各种可能的组合种类**。第一张表格表明，无效论证可能具有的真（假）前提与真（假）结论的所有可能组合：

无效的论证		
	真结论	假结论
真前提	例Ⅲ	例Ⅳ
假前提	例Ⅵ	例Ⅶ

第二张表格表明，有效论证**只能**具有真的和假的前提与结论的可能组合的三种情况：

有效的论证		
	真结论	假结论
真前提	例Ⅰ	—
假前提	例Ⅴ	例Ⅱ

第二张表格的那个空格位置显示了演绎逻辑的非常重要的一点：**一个有效论证不可能有真前提和假结论**。这有两个至关重要的逻辑后果。第一，**如果一个论证是有效的并且它的前提都是真的，它的结论一定也是真的**。第二，**如果一个论证是有效的并且它的结论是假的，它的前提就不会都是真的**。有些完全有效的论证的结论确实是假的，而任何这样的论证必定至少有一个假前提。

若一个论证有效，**并且**其所有前提都为真，我们就称它为**可靠的**（sound）论证。很显然，一个可靠论证的结论一定是真的——并且**只有可靠的论证才能建立其结论的真实性**。[24] 如果一个演绎论证不是可靠的——也就是说，如果这个论证不是有效的，**或者**如果其前提并非都是真的——即使其结论事实上是真的，其结论的真实性在论证中也得不到确立。

检验前提的真实性或虚假性是一般科学的任务，因为前提完全可以涉及任意的题材。逻辑学家的主要兴趣不在于命题的真实性或虚假性，而在于命题之间的逻辑关系。所谓**命题之间的逻辑关系**，指的是决定论证的（形式）正确性或不正确性的命题之间的那些关系。决定论证的（形式）正确性或不正确性的任务正好落在逻辑学的领域内。逻辑学家甚至对前提可能为假的论证的（形式）正确性感兴趣。

既然只有一个可靠的论证才能证明其结论的真实性，为什么不把我们的研究限制在真前提论证的范围内，而忽略所有其他论证呢？这是因为，那些前提的真实性不为人们所知的论证的（形式）正确性，有可能是非常重要的。由于有效性存在于前提和结论的关联中，我们可以在不知道或**不必知道**构成论证的陈述的真实性或虚假性的情况下确定有效性和无效性。

这个事实——我们可以在不知道前提是否为真的情况下确定演绎论证的有效性和无效性以及归纳论证的强度——是一个非常重要的事实，因为它能使我们使用科学的方法系统地了解现实，并优化我们的决策。

为了解现实，特别是因果规律，科学家在**不知道**科学理论或假设是否正确的情况下，**演绎地**推断出科学理论或假设的逻辑和经验结果。通过这种方式，他们将理论或假设的推论结果与观察结果进行比较，并且在可能的情况下，与实验的观察结果进行比较。如果推论的预测与观察相符，则该理论或假设得到证实（确证），而如果推论的预测与观察不符，则该理论或假设被否定或驳斥（证伪）。

同样，在日常生活中，我们必须在不同的行动方案中做出选择。为了避免自欺，我们必须正确地思考各种选择的后果。以每一个备选行动为前提，我们推断每一个行动（前提）的后果，寻求确定最具有理想结果的行动方针。我们努力通过这种推理来**决定**最佳行动方针，然后据此采取行动。如果我们只对有真前提的论证感兴趣，那么除非我们知道哪一个前提是真的，否则我们不知道追溯哪一组行动后果。但如果我们知道哪一个备选前提是真的，我们根本就不需要对它进行推理，因为我们的目的是帮助我们决定让哪一个备选前提成为现实——采取哪一种行动。所以，将我们的注意力限制在前提已知为真的论证上会事与愿违。审慎行动的基础是审慎决策，而审慎决策的基础是好的推理。

确定演绎论证的有效性或无效性的一些富有成效的方法将在本书第二部分介绍并阐释。

练习题

对下面提供的每一个论证描述，请构建一个只有两个前提的演绎论证（可以选择任何主题）。

1. 包含一个真前提、一个假前提和一个假结论的有效论证。
2. 包含一个真前提、一个假前提和一个真结论的有效论证。
3. 包含两个真前提和一个假结论的无效论证。
4. 包含两个真前提和一个真结论的无效论证。
5. 包含两个假前提和一个真结论的有效论证。
6. 包含两个假前提和一个真结论的无效论证。
7. 包含一个真前提、一个假前提和一个真结论的无效论证。
8. 包含两个真前提和一个真结论的有效论证。

第1章概要

本章介绍逻辑学最基本的概念。

1.1 节解释什么是逻辑学，为什么它是必要的，我们将逻辑学定义为研究用于区分正确推理与不正确推理的方法和原理的学问。

1.2 节阐释命题概念——命题是可以被肯定或否定且或真或假的东西——并且阐释了作为逻辑学家之关注核心的论证概念：论证是一串命题，其中之一是结论，另一个（或一些）是用以支持结论的前提。论证是逻辑学家关注的核心问题。

1.3 节讨论由以下几个方面所引起的辨识论证的困难：
(1) 论证所包含的命题可能以多种多样的方式被表达；
(2) 在省略三段论中甚至有的前提没有明确陈述出来。

1.4 节讨论论证和说明之间的区别，解释为什么这种区分依赖于语段的语境和作者的表达意图。

1.5 节解释演绎论证和归纳论证的区别。演绎论证在其前提真实、推理有效的情况下可以确定结论。归纳论证则旨在确定事实，其结论可能具有非常高的或然性，却是永远无法确定的。

1.6 节讨论相对于"真""假"概念的"有效性""无效性"概念，真或假适用于命题，而有效性或无效性概念适用于演绎论证。我们还揭示了有效性和无效性之间的关联，以及真实性和虚假性之间的关联。我们强调，一个无效论证的前提和结论的真值可以有任意组合，一个有效的演绎论证不可能前提都真而结论为假。

第1章关键术语

逻辑学：研究用于区分正确推理与不正确推理的方法和原理的学问。

命题：一个陈述；通常使用陈述句断定的东西，因而都是或真或假的——尽管真、假可能是未知的。

陈述：一个命题；通常是陈述句断言的东西，但不是陈述句本身。每一个陈述一定或真或假，尽管其真、假可能是未知的。

推论：结论加之从中推出结论的前提；论证。做出一个推论——从前提推出一个结论——是一个以其他某些命题为基础得到或断定一个命题的过程。

论证：任意一组命题，其中一个命题（即结论），声称得到其他命题（即前提）的支持。论证的结论是从论证的前提推出来的。

结论：任一论证中，其他命题声称支持的命题，或者其他命题被作为其理由的命题。结论是从一个或者更多其他命题（即前提）推出的命题。

前提：一个论证中，推论所依赖的命题；声称为推出的结论提供根据或理由的命题。

结论指示词：出现在一个论证中的一个词或短语（如"所以"或"因此"），通常指示其后的内容是该论证的结论。

前提提示词：一个论证中的一个词或短语（如"由于"和"因为"），通常标志其后的内容是作为前提的陈述。

反问句：一个用来做陈述的句子或话语，由于它是以既不真也不假的疑问句形式出现的，因而字面上它并不断定任何东西。

省略式：一个言述不完整的论证，其未言述的部分被认为是理所当然（为真）的。

演绎论证：传统上区分的两种主要论证之一，另一种是归纳论证。一个演绎论证断言其结论是从前提必然地推出的。如果一个演绎论证的结论是从其前提必然地推出的，那么它是有效的；否则，它是无效的。

归纳论证：传统上区分的两种主要论证之一，另一种是演绎论证。一个归纳论证断言其前提只给结论带来某种程度的概然性，而不是确定性。

可靠论证：一个论证是可靠的当且仅当：（a）它是有效的并且（b）它的前提都为真。基于（a）和（b），一个可靠的论证必定有一个真结论。

【注释】

［1］Scott Wallace, "Last of the Amazon," *National Geographic*, January 2007.

［2］David Hayden, "Thy Neighbor, Thy Self," *The New York Times*, 9 May 2000.

［3］正如我们将在 4.5 节和第 8.9（B）节中看到，在丐题（*petitio principii*）的情况下，一个命题是从其自身推断出来的，同样的命题出现两次，一次作为前提，一次作为结论。

［4］Peter Singer, "What Should a Billionaire Give—and What Should You?" *The New York Times Magazine*, 17 December 2006.

［5］Roger Woody, "Why Iraq's a Mess," *The New York Times*, 26 January 2007.

［6］Sam Harris, *Letter to a Christian Nation* (New York: Alfred A. Knopf, 2006).

［7］*Gratz v. Bollinger*, 539 U. S. 244 (2003).

［8］同上。

［9］Archbishop Peter Akinola, quoted in *The New York Times*, 25 December 2006.

［10］Ramsey Colloquium of the Institute on Religion and Public Life, "Always to Care, Never to Kill," *Wall Street Journal*, 17 November 1991.

［11］David Gelernter, "Ramping Up the Violence," *The Weekly Standard*, 26 February 2007.

［12］Christopher Caldwell, Reflections on the *Revolution in Europe: Immigration, Islam, and the West* (Doubleday, 2009).

［13］Noam Chomsky, *Failed States* (New York: Henry Holt, 2006).

［14］Steven Goldberg, "The Death Penalty," *The New York Times*, 20 December 2004.

［15］同上。

［16］"The Vote to Ban Human Cloning," *The New York Times*, 2 August 2001.

［17］引自堪萨斯州参议员萨姆·布朗巴克（Sam Brownback）在 2000 年 4 月参议院就计划同意筹措这笔资金的议案举行的听证会上的发言。

［18］Samuel Freeman, "John Rawls, Friend and Teacher," *Chronicle of Higher Education*, 13 December 2002.

[19] Jeff Greenwald, "Brightness Visible," *The New York Times Magazine*, 14 May 2000.

[20] Joseph Bamberger, "Water's Inimitable Qualities," *The New York Times*, 17 July 2007.

[21] James Gleick, "Cyber-Neologoliferation", *The New York Times Magazine*, 5 November 2006.

[22] 在 9.10 节将会看到,如果把"苏格拉底不是人"添加到最初的或扩大的前提中,由此产生的论证仍然是有效的。

[23] 引自 *The Collected Works of Abraham Lincoln*, vol. 3, Roy P. Basler, editor (New Brunswick, NJ: Rutgers University Press, 1953)。

[24] 更严格地说,只有具有偶真性结论的可靠的论证才能建立其结论的真实性(即建立在其前提以及前提和结论之间的有效逻辑关联的基础之上)。参见 9.13 节"可靠性论证与笃证性论证的辨别"。

第 2 章

论证的分析

2.1 论证的重塑
2.2 论证的图示
2.3 复杂的论证性语段
2.4 推理中的问题
第 2 章概要

2.1 论证的重塑

与第 1 章中给出的例子相比，日常生活中的论证通常都更为复杂，有更多杂乱和不清晰之处。这些论证的前提可能数量繁多并且顺序杂乱无章；这些前提也可能很累赘，或者通过使用不同的词被重复；甚至前提的意义也可能是不清晰的。为了澄清前提和结论之间的关系以公正地评价论证，我们需要一些分析技法。

最常用也许是最有用的分析技法是重塑（paraphrase），即用清楚的语言和逻辑顺序表明论证中的命题。这可能需要重新构造语句，因此，在重塑一个论证的过程中，需要非常注意确保所提出的重塑正确并完全地表达了被分析的论证。

2003 年，美国最高法院做出了一项多数判决，一条将同性之间的亲密性行为视为犯罪的得州法案因为违宪而被撤销了。法官安东尼·肯尼迪（Anthony Kennedy）在为多数法官写意见的时候说了如下一段话，该论证的前提就是错综复杂的：

> 这个案例涉及两个成年人，他们完全得到了对方同意之后而参与了同性性行为，同性性行为对同性恋生活方式而言再普通不过。原告有权要求私生活得到尊重。本州不能通过将其私人性行为视为犯法来贬低申诉人的存在或控制他们的命运。根据美国宪法第十四修正案中的正当程序条款，公民的自由权利保证了他们不受政府干涉而行为的绝对权利。存在政府无法干涉的私人自由领域是宪法的前提之一。得州没有合法的利益为其对个人私生活的干预辩护。[1]

该决定的要义是清楚的，但该论证事实上由不同论证复合而成，其结构不甚清楚。我们可以通过重塑法院的决定来梳理整个论证：

1. 美国宪法保证了一定领域的私人自由，其中包括成人的得到互相同意之私下性行为。

2. 申诉人的行为在上述自由的领域之中，因此根据宪法，他们有绝对的权利行使上述行为而不受到政府的干涉。

3. 得州在没有辩护的情况下，干涉了这些申诉人的私生活，并且通过将他们受到保护的私人性行为判定为违法而贬低这些申诉人。

4. 因此将这种行为判为违法的得州就错误地否认了申诉人的权利，该项得州法令因违宪必须被撤销。

在这个例子中，重塑只是清楚地列举出了前提明确断言了的东西。但是，有的时候，重塑方法还能使那些前提中假设了却没有被完全或清楚陈述出来的东西呈现出来。例如，伟大的英国数学家哈代（G. H. Hardy）在《一个数学家的辩白》中这样说：

> 阿基米德将被永记而埃斯库罗斯会被遗忘，因为一种语言会消亡而数学理念不会消亡。

我们可以通过清楚地说明其如下断言来重塑该论证：

1. 语言会消亡。
2. 埃斯库罗斯的伟大剧作使用一种语言。
3. 故埃斯库罗斯的成果终究会消亡。
4. 数学理念不会消亡。
5. 阿基米德的伟大工作使用数学理念。
6. 故阿基米德的成果不会消亡。
7. 所以，阿基米德将被永记而埃斯库罗斯将被遗忘。

上述分析使我们能区别和考察哈代这一句话所浓缩的前提与推理。

练习题

重塑下列每段话，注意其中可能包含多个论证。

1. 底特律活塞队并非因为能力不足而失败。他们是一支各方面都比对方更强的队伍。他们失败是因为平均法则。每三场比赛中，活塞队都能击败圣安东尼奥马刺队两场。2005年的NBA总决赛中，活塞队在第七场也是最后一场被打败。如果这场胜利的话，活塞队在三场比赛中就连胜了三场。每三场比赛中马刺队能胜活塞队一场。而在这次比赛中，恰好活塞队已经赢得了前面两场，而马刺队获胜的是最后一场。

——Maurice Williams, "Law of Averages Worked Against Detroit Pistons," *The Ann Arbor* (MI.) *News*, 8 July 2005

2. 最近毕业的大学生中有成千上万的人无法用书面语言表达自己，这是为什么？因为大学在写作课程的名义下提供给他们的是奇怪的文学理论、马克思主义、女性主义、解构主义和其他怪异的理论。大学欺骗了这些学生。

——Stanley Ridgeley, "College Students Can't Write?" *National Review Online*, 19 February 2003

3. 种族多元的政府常常比单一种族的政府拥有更低的社会支持，当人们因为种族而被划分的时候，他们就不会觉得是和其他人紧密联系在一起的，也就不太会相信互助程序。要么拥有多样性，要么拥有巨大的福利，想要在同一个政府中享受这两者却很难。

——David Brooks (presenting the views of Seymour Lipset), "The American Way of Equality," *The New York Times*, 14 January 2007

4. 奥兰多·帕特森（Orlando Patterson）认为：“自由是人类处境的一个自然组成部分”，事实却并非如此。如果奥兰多的观点是正确的，我们就有望发现遍布于整个人类历史的自由社会。但我们没有找到，反而，我们发现的是自古以来形色各样的专制政府。

——John Taylor, "Can Freedom Be Exported," *The New York Times*, 22 December 2006

5. 2000年5月30日，《纽约时报》报道说有科学家在试图向过去发送信号。一位有批判精神的读者对此做了如下回复：

显然，未来科学家永远无法在时间中回溯地发送信号。试想，如果他们能这么做到的话，我们现在不是应该已经接收到他们的信息了吗？

——Ken Grunstra, "Reaching Back in Time," *The New York Times*, 6 June 2000

6. 尼古拉斯·克里斯托夫（Nicholas Kristof）将因纽特人猎杀鲸鱼

的行为和日本人、挪威人、冰岛人捕杀鲸鱼的习惯等而视之。因纽特人所面临的恶劣生存环境决定了他们的日常饮食，所以无论如何偏执的反捕鲸活动家也无法剥夺他们的生存权利。日本以及欧洲捕鲸国家的人们可以选择所摄取的食物，他们不是非吃鲸不可。相对原始的因纽特人社会的捕鲸行为得到了允许，这是他们生存的需要；现代社会中没有充足理由就继续猎杀这种珍贵哺乳动物的行为会遭到严惩，这是因为鲸的数量非常有限，而非伪善的表现。

——Joseph Turner, "Their Whale Meat, and Our Piety," *The New York Times*, 18 September 2003

7. 太空中所包含的原子是不可数的，促使它们散向各处的力如同驱使它们来到这个世界的力一样也是不可数的。所以我们必须认识到在宇宙的某处存在另外的世界，那里有不同的人类和动物。

——Lucretius, *De Rerum Natura*, First Century B. C.

8. 如果你没有爱情而结婚，这并不意味着你以后不会爱上与你结婚的人。如果你与你所爱的人结了婚，这也不意味着你将永远爱这个人而有一个成功的婚姻。在许多由父母预先指定婚姻的国家，离婚率非常低。而在人们根据爱情决定婚姻的国家，离婚率却非常高。

——Alex Hammoud, "I Take This Man, For Richer Only," *The New York Times*, 18 February 2000

9. 我们整个税收体系，依赖于绝大多数纳税人对于他们会受到公正的对待抱有信心，对于他们的竞争者和邻居也会支付其应付的税款抱有信心。如果公众得出结论：IRS（美国国税局）不能满足人们的这些基本期望，那么税收体系的风险将会变得很高，而这样的局面将很难逆转。

——David Cay Johnston, "Adding Auditors to Help IRS Catch Tax Cheaters," *The New York Times*, 13 February 2000

10. 人们和政府一直就种族主义及其他褊狭的东西争论不休。我们总是被民族和种族问题困扰。但是面临这些问题的时候我们往往闭目塞听，摆出完全将自己置身事外的架势。这样，错误的总是对方。

——Bob Herbert，"Doomed to Irrelevance,"
The New York Times，6 November 2001

2.2 论证的图示

另一种分析论证的方法是图示法。应用图示法，我们能够直观地展示论证的结构，前提和结论的序列被展示在二维的图或表中。简单论证不需要图示，但是图示法能够帮助理解。对于前提以各种方式纠缠在一起的复杂论证，图示法特别有用。

要做出一个论证的图示，首先需要给论证中出现的每一个命题逐次赋予一个置于圆圈中的数字，然后在数字间使用箭头符号展示其中前提与结论的逻辑关联。这样可以不用重述前提就构建出表明前提和结论之间关系的图示。为了在二维的页面上表达推理的过程，我们做出如下约定：结论总是出现在支持它的前提的下方，同等级的前提在图上的同一行列出。这样，一个语言会产生混淆的论证就能在图表中被生动地展现出来。论证的结构就在视觉上被呈现出来了。[2]

以下是一个比较容易图示的简单论证：

①生物学家并没有就以下观点达成共识：受精细胞在某种意义上是活着的，没有受精的卵子或没有被使用的精子不是。②对一组没有基本神经系统的细胞是否为某种意义上的人类，也没有共识。③因此，并没有令人信服的实验数据能够解决"人类"生命从何时开始这一模糊的问题。[3]

圆圈中的数字代表每个命题，所以我们能够将该论证图示如下：

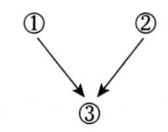

①　②
　↘↙
　③

图示法也能够清楚地表示多个前提并不完全并列的论证，即有的前提并没有给结论以直接的支持，而是通过支持另外的前提来支持结论。以下论证说明了图示法的这一特征：

①评论足球比评论棒球更棘手，②因为足球实际是一种团队运动。③与棒球不同，足球场上的十一个人参与到了每场比赛之中，④球员应该被赞扬还是被责怪都不是表面看起来那么简单。[4]

图示如下：

③
↓
②
↓
④
↓
①

上述论证的另一种解释可以做如下图示：

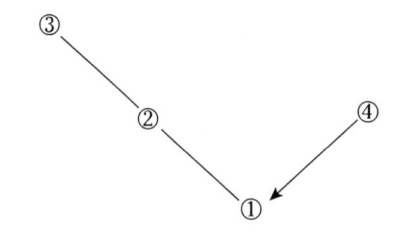

③ ④
 ↘ ↙
  ②
  ↓
  ①

图示法的另一优点是能展示对论证至关重要的前提之间的关系。如前所述，论证的前提可能各自独立地支持论证的结论。但是论证的多个前提也可能结合起来支持结论，通过提供对这种关系的直观表示，图示法也可以展现论证的这一特点。例如：

①通用汽车公司靠新车和融资的贷款赚钱（当他们赚钱的时候）。②与此不同，汽车经销商的大部分利润都来自旧汽车维修和二手汽车销售。③因此，汽车制造商衰落之时，汽车经销商却能走向繁荣。[5]

在图示中将前提括起来，表明论证的前提只有结合在一起的时候才能给结论以支持：

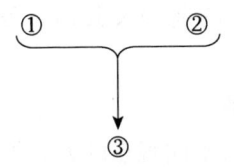

①　　②
└─┬─┘
　↓
　③

该论证中的两个前提都没有独立地支持结论。是大众汽车与汽车经销商以不同途径赚钱的事实支持了汽车经销商能在制造商衰落之时繁荣的结论。

我们通常可以展示没有那么方便言说出来的东西，论证结构复杂的时候，图示法尤其有用。考虑如下论证：

①沙漠高地是天文观测的良好场所。②其高度使得它们坐落于大气层之中，使得星光不用穿越整个大气层而到达望远镜。③沙漠的干燥度也使之相对较少受云雾干扰。④云雾对天空的遮蔽会使许多天文观测归于无用。[6]

命题①显然是这个论证的结论，其他三个命题提供对它的支持，但它们支持结论的方式是不一样的。命题②自身即可支持沙漠高地是天文观测良好场所的断言，而③和④必须联合起来才能支持这个断言。如下图示可清楚地表明这一点：

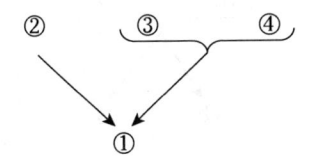

②　　③　　④
　　　└─┬─┘
↓　　　↓
　　①

但是某些复杂论证结构的澄清使用重塑法更为奏效。例如，当一个论证含有未明确陈述出来的隐含前提时，重塑法允许我们直接把隐含前提列出，而图示法则需要既列出隐含前提又要以某种直观形式（如非封闭圆圈）表明它是被附加到原来论说之上的。请考虑如下论证：

政治领域中没有定数，政治必然是不同观点相互交涉的舞台，谨慎的中庸之道就有可能是最好的政策。[7]

通过重塑法揭示其隐含的前提及其内在复杂性，该论证很容易澄清如下：
1. 政治领域中没有定数。
2. 没有定数的地方，持不同观点的人必须就其分歧进行协商。
3. 从这种协商中有可能产生出来的最好的政策是谨慎的中庸之道。
4. 因此，政治领域是不同观点进行协商的地方，谨慎的中庸之道很有可能是最好的政策。

大多数逻辑学家都认为，一段话中论证的数目取决于其中所含结论的个数。当一段话包含两个或更多论证和若干相互关联并不明显的命题时，图示法被证明特别有用。下面是从马克思1870年写的一封信中摘录的一段话：

①加速英国的社会革命就是国际工人协会的最重要的目标。②而加速这一革命的唯一办法就是使爱尔兰独立。因此，③"国际"的任务就是到处把英国和爱尔兰的冲突提到首要地位，④到处都公开站在爱尔兰方面。[8]

这段话中含有两个结论，因而有两个论证。但这两个结论都是从同样的两个前提推得的，如下图示可很好地展示这种结构：

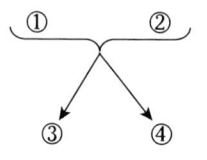

①　②
　╳
③　④

有时，含有两个结论从而有两个论证的一段话，却只含有一个前提。例如：

年纪较大的妇女更难以抵制工作中的性骚扰和离开施暴的丈夫，因为年龄的偏见使她们不容易找到其他保护自己的方式。[9]

其中唯一的前提是年纪较大的妇女不容易找到保护自己的方式。该前提支持两个结论：年纪较大的妇女难以抵制工作中的性骚扰，以及她们（对已婚妇女而言）难以离开施暴的丈夫。我们通常用"单独论证"一词指谓只有一个结论的论证，而不管有多少用以支持它的前提。

当一段话中出现两个或更多论证，或一个论证中有两个或更多前提时，就需要弄清各个前提及结论出现的次序。结论可能在最后或最先出现，也可能出现在用以支持它的前提之间，如下论述：

> 伊斯兰思想家启示的真正来源是《古兰经》及神圣先知的言论。因而很显然，伊斯兰哲学并不是希腊思想的复制品，其所关心的主要是那些来自伊斯兰和与伊斯兰相关的特定问题。[10]

这段话中的结论"伊斯兰哲学并不是希腊思想的复制品"，出现在论证的第一个前提之后和第二个前提之前。

同一个命题既可在一个论证中做结论，又可在另一个论证中做前提，正如同一个人既可在一个场合做指挥者，又可在另一个场合做被指挥者。托马斯·阿奎那的著作中有一段话可以很好地说明这一点。他说：

> 人类的法律是为人类大众制定的，
> 大多数人在德行上是不完美的，
> 因此人类的法律不禁止一切罪恶。[11]

该论证的结论随即被托马斯·阿奎那用作另一个完全不同的论证的前提：

> 恶行与德行相反，
> 但人类的法律不禁止一切罪恶，
> 因此人类的法律也不规定一切德行。[12]

掌握托马斯的论证不需要特别的技巧，但是如果一连串论证被压缩，重塑法对展示这样的一串推理很有帮助。考虑如下这段话：

> 因为①出现在非洲人种身上的线粒体变种最多，科学家推断，②非洲人种的进化史最长，这表明③非洲人种可能是现代人

类的起源。[13]

我们可以把这段论证图示如下：

①
↓
②
↓
③

而对这同一串论证的分析，重塑法尽管显得不够简洁，但更完整地展示了压缩在其中的两个论证：

1. 一个人种身上的线粒体变种越多，其进化史就越长。
2. 出现在非洲人种身上的线粒体变种最多。

因此，非洲人种进化史最长。

1. 非洲人种进化史最长。
2. 现代人类可能起源于进化史最长的人种。

因此，现代人类可能起源于非洲人种。

这些例子表明，同一个命题既可以作为前提也可以作为结论，在一个论证中，作为假定出现的命题就是前提，被断定为从假定命题推出的命题就是结论。也就是说，"前提"和"结论"都是**相对的**（relative）术语。

几个论证复合在一起，语言表达上可能不是以串联的方式出现，而是以更为复杂的方式相互交织，这就要求我们对它们做细致的分析。图示法特别适用于这种情况。例如，在约翰·洛克的名篇《政府论》中，下面一段话就有两个论证交织在一起：

> 立法机构常年运作是不必要的，也是很不方便的；但行政机关常年运作是绝对必要的，因为不是总需要制定新的法律，但总需要执行已制定的法律。

上述论证的分支命题可以用数字表示为：①立法机构常年运作是不必要的，也是很不方便的；②行政机关常年运作是绝对必要的；③不是总需要制定新的法律；④总需要执行已制定的法律。将这段论证图示如下：

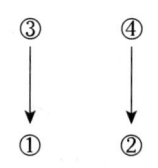

```
    ③         ④
    ↓         ↓
    ①         ②
```

这个图示表明，第二个论证的结论出现在第一个论证的结论和前提之间，第一个论证的前提出现在第二个论证的结论和前提之间。这个图示还表明，两个结论都出现在它们的前提之前。

这个图示同样也展示了支持刑罚威慑理论的古罗马哲学家塞涅卡的两个相关论证的逻辑结构：

①惩罚罪行不是因为罪行已经发生，②而是为了不发生新的罪行。[因为]③过去的罪行不能被取消，但是④可以预防将来的罪行。

在这段话中，"惩罚罪行不是因为罪行已经发生"是其中一个论证的结论，其前提是"过去的罪行不能被取消"。"惩罚罪行是为了将来不发生新的罪行"是这段话中第二个论证的结论，其前提是"惩罚罪行可以预防将来的罪行"。

简言之，图示法和重塑法是两种有力的分析工具，运用这两种工具对论证进行分析，可以更彻底地理解论证前提与结论的关联。

练习题

A. 下列各段话中可能包含多个论证，图示每段话。

例题：

1. 在最近一篇对市郊外扩的弊端进行批评的文章中，作者做了如下论辩：

市郊外扩的主要特征是，社区的各个组成部分——住房、购物中心、办公停车场、城市公共机构——被相互分离。距离上的相互分离，造成市郊居民要花费大量的时间和金钱从一个地方移动到另一个地方。因为几乎每个人都单独驾车，甚至人口稀少的地区都会产生只有在一个相当大的传统城市才会有的交通流量。[14]

解答：

①市郊外扩的主要特征是，社区的每个组成部分——住房、购物中心、办公停车场、城市公共机构——被相互分离。距离上的相互分离，造成②市郊居民要花费大量的时间和金钱从一个地方移动到另一个地方。因为③几乎每个人都单独驾车，④甚至人口稀少的地区都会产生只有在一个相当大的传统城市才会有的交通流量。

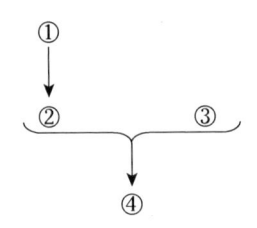

```
       ①
       ↓
   ② ⎱  ⎰ ③
        ↓
       ④
```

2. 无论如何，伊斯兰提镇区图书馆计算机上必须拥有过滤程序。色情作品在任何层面都是社会的灾难。我们的公共图书馆绝不能被用来为色情领域中的人传送这些污秽的东西。

——Rob. J. and Joan D. Pelkey, *The Ann Arbor（MI.）News*，3 February 2004

3. 在其巅峰时期，林登·约翰逊（Lyndon Johnson）是最杰出的美国总统之一。他是自亚伯拉罕·林肯之后为民族正义做出最多贡献的美国总统。也是富兰克林·罗斯福（Franklin Roosevelt）之后为社会保障做出最多贡献的美国总统。他可能是美国历史上最伟大的立法政治家。他也是最富抱负的思想家之一。约翰逊追求权力用以完成伟大的事业。

——Alan Brinkley,"The Making of a War President," *The New York Times Book Review*，20 August 2006

4. 已婚者比独身者身体更健康，经济更稳定，婚生子女在各项指标上都做得更好。因此婚姻是一种负责任的社会行为。在税收法规里必须以某种方式贯彻对婚姻予以支持的原则。

——Anya Bernstein,"Marriage, Fairness and Taxes," *The New York Times*，15 February 2000

5. 著名经济学家 J. K. 加尔布雷斯长期致力于揭示并改善一个社会现实,即"个人富有而社会贫穷"。在他的经典著作《富裕的社会》(*The Affluent Society*, Boston: Houghton Mifflin, 1960) 中,他论证如下:

> 人们愿意购买真空吸尘器以保证房子的清洁,在我们的生活水平上这也是必需的。而清洁街道的吸尘器却被当作不必要的花费。其结果,我们的房子一般是清洁的,而我们的街道通常是不干净的。

6. 在为采取欧元代替英镑作为英国货币单位的提议做辩护的过程中,托尼·布莱尔首相说道:"该论证很简单。我们是欧洲的一部分,欧洲直接并且深刻地影响着我们。因此为了使欧洲向我们期望的方向转变,我们应该来执行领导力。"

——Reported by Alan Cowell in the *The New York Times*, 9 December 2001

7. 加利福尼亚州"三振出局"的法律是在十年前的这个月(即 2004 年的 5 月)颁布的。1994 年至 2002 年,加利福尼亚监狱中的人数增加了 34 724 人之多,然而,这个阶段没有"三振出局"法律的纽约州,监狱人数仅增加了 315 人。而且在这个阶段内,纽约的暴力犯罪率比加利福尼亚多下降了 20 个百分点。犯罪率的下降不能归于名称好记的严苛法律,对此我们已经找不到更好的例子了。

——Vincent Schiraldi, "Punitive Crime Laws," *The New York Times*, 19 March 2004

8. 没有人能够完全辞达其意,也很少有人能够辞尽其意,因为词语是溜滑的,而思想是黏滞的。

——Henry Adams, *The Education of Henry Adams* (1907)

9. 第一印象成了自我实现的预言:我们听到的是我们希望听到的东西。这场访谈毫无办法地带有充满好感的偏见。

——Malcom Gladwell, "The New-Boy Network," *The New Yorker*, 29 May 2000

10. 没有政府能保证小股民有同等的盈利机会。声称将要发生的财政丑闻能通过制定规则得到防止是不诚实的。在（证券）市场中，没有什么规则能保证公正和透明。

——Lester Thurow, "Government Can't Make the Market Fair," *The New York Times*, 23 July 2002

B. 以下每段话中可能有一个或多个论证。重塑（如果有用的话，用图示法亦可）前提和结论以分析每段话中的论证。

例题：

1. 原子能相比于矿物燃料能源的突出优点是它所产生的垃圾可以很容易就得到处理。每年燃烧的矿物燃料产生了 270 亿吨二氧化碳，这些二氧化碳如果被固化，足以堆积成一座底座周长 12 米高 1 米的小山。如果由核裂变反应产生相同的能量，所产生的浪费会比矿物燃料的少两万倍，这个两万倍将占据 16 立方米。每年原子能发电站产生的所有高放射性废物差不多只占 1 立方米的空间，并且会被安全地存封在混凝土竖井中。

——James Lovelock, *The Revenge of Gaia：Earth's Climate Crisis and the Fate of Humanity*（New York：Basic Books, 2006）

解答：

①原子能相比于矿物燃料能源的突出优点是它所产生的垃圾可以很容易就得到处理。②每年燃烧的矿物燃料产生了 270 亿吨二氧化碳，这些二氧化碳如果被固化，足以堆积成一座底座周长 12 米高 1 米的小山。③如果由核裂变反应产生相同的能量，所产生的浪费会比矿物燃料的少两万倍，这个两万倍将占据 16 立方米。④每年原子能发电站产生的所有高放射性废物差不多只占 1 立方米的空间，并且会被安全地存封在混凝土竖井中。

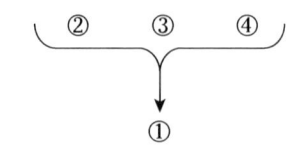

②　③　④
↓
①

2. 为什么要谴责贫富差距？第一，不平等与政治上的不稳定密切相关。第二，不平等与暴力犯罪相关。第三，经济上的不平等与期望寿命的缩短相关。还有第四个理由吗？就是公正。首席执行官比普通雇员的工资高出上百倍并没有得到道德上的证明。

——Richard Hutchinsons, "When the Rich Get Even Richer," *The New York Times*, 26 January 2000

3. 基因和蛋白质是被发现而不是被发明的。发明可以被给予专利，发现却不能。因此蛋白质专利本身就是有问题的。

——Daniel Alroy, "Invention vs. Discovery," *The New York Times*, 29 March 2000

4. 从长远的观点看，捕鲸行为在日本的消失与这种哺乳动物是如何高贵、聪明或濒临灭绝都没什么关系，与简单的经济学原理倒是紧密相关。一家日本报纸做了一个关于鲸鱼肉消费情况的调查，结果显示，在数千个调查对象中，只有百分之四的人说他们实际吃过几次鲸鱼肉。该报纸因此写了下面这些话："越来越多的日本人不愿吃鲸鱼肉。如果他们不愿吃，就不会买。如果他们不购买鲸鱼肉，那么日本就可以与捕鲸业告别了。"

——Reported in *Asahi Shimbun*, April 2002

5. 2002年7月18日，为了纪念八年前发生在布宜诺斯艾利斯的犹太活动中心爆炸案，阿根廷年轻的犹太复国主义者们举行了大规模的示威游行活动。游行过程中，年轻的犹太复国主义者举着巨大的横幅，上面写着："Sin memoria, no hay justicia. Sin justicia, no hay future."（"无记忆则无正义，无正义则无未来。"）

6. 早在1884年，有人控告美国民主党提名人格罗弗·克利夫兰(Grover Cleveland)有个非婚生小孩。当共和党人唱着"妈妈，我的爸爸在哪"之时，克利夫兰没有做解释也没有回避，只是坦言他曾经支援过这个小孩。他的一个支持者，也是一位出众的政治顾问，给选民提出了以下忠告：

因为格罗弗·克利夫兰的公共记录非常出色，私生活却稍有瑕疵。也因为他的对手詹姆斯·布莱恩(James G. Blaine)的私生活可以编成整本故事书，但公共记录上却很糟糕。为什么不将他们二者都放到各自表现出色的领域中去呢？——让布莱恩去经营他的私生活，把克利夫兰继续留在公共领域吧。

7. 10月8日，一篇关于伊拉克的快讯中写道："战争创造问题，却并不解决问题"。

第二次世界大战解决了德国纳粹和日本军国主义的问题，并且与我们摧毁了的这些国家达成了联盟。美国革命战争解决了纳税却无代表权的问题，也导致了美利坚合众国的产生。波斯湾战争解决了伊拉克入侵科威特的问题。美国内战解决了奴隶制的问题。

这些战争都创造了更好的世界。战争是战胜毫无理性可言的邪恶敌人的唯一途径。不管是我们还是他们，能创造真正和平的才是胜利方。

——Keith Kraska, "Necessary Wars," *The New York Times*, 15 October 2002

8. 在《克里托篇》中，柏拉图将雅典社区的立场拟化为是"法律"在对苏格拉底或任何故意不服从政府的社区市民讲话：

不服从我们的人，犯了三重错误。首先，因为不服从我们，他也就是在不服从他的父母；其次，因为我们是他所受教育的创始人；最后，因为他已经与我们达成了一致意见，同意及时地听从我们的指挥。

9. 事实是，钱会讲话。相比于没钱请代理的当事人，审判员、法官和陪审团都会对私人律师和他们的委托人另眼相看。就如同在饭店里，衣着华丽的用餐者能得到更好的餐桌，人类的本性就是将更好的东西给那些看似有钱的人。

——Desiree Buenzle, "Free Counsel and Fairness," *The New York Times*, 15 January 2007

10. 针对伊利诺伊州的莫顿·格罗夫（Morton Grove）通过的一项手枪禁令，佐治亚州的肯尼索镇在1982年通过了一项拥有枪支的强制性法律。肯尼索的犯罪率急剧下降，而莫顿·格罗夫却不然。不难理解，罪犯当然会更愿意闯入没有被枪击危险的房屋……罪犯会猜想有肯尼索这样的法律条文的镇，一般也会对罪犯更为严厉，并由此推断他们在其他地方会更容易得手。如果事情的确如此，我们就会明白其他采用了类似法律的地方，也是为了不被罪犯视为有吸引力的选择。

——Glenn Reynolds, "A Rifle in Every Pot,"
The New York Times，16 January 2007

2.3 复杂的论证性语段

有些论证非常复杂。有些语段中的论证是由几个论证多重复合而成的，语段中有些命题只作为前提，有些命题既作为前提又作为分结论，还有一些命题通过不同的语词被多次重复，这样的语段分析起来就比较困难。图示法的技术就非常有助于分析这种语段，但并不存在一种建构图示以精确表达作者意图的机械方法。此外，因为对这种语段可以做几种合理的解释，因此也可以合理地考虑几种不同图示来展现其逻辑结构。

为了清楚地分析复杂语段，我们必须努力理解作者推理的流程，辨识语段中每个成分的作用。下面的例子（为便于分析，其中的分支命题用数字标出）显示了我们阐明前提和结论之间的联系方法。只有辨识出一段话语中所含的论证以及论证之间的关系，我们才能够对这些论证的结论是否真正是从被断定的前提中推论出来的做出判定。

在下列论证集合中，语段最后的结论就是第一个陈述，这不奇怪。有四个前提直接支持这个结论，其中的两个前提又是分结论，逐次得到语段中所断言的其他前提不同方式的支持：

①看来，用动物实验进行科学研究的做法并不是不必要的或靠不住的；②在使用脊椎动物进行实验之前，实验的草案必须经过一个包括一名兽医和一名公众代表在内的公共机构委员会进行的再审查，并且③在研究期间，动物的医疗和卫生情况得到定期监测。④研究者需要健康的动物进行科学研究和医学研究，因为⑤不健康的动物可能导致错误的研究结果。这激励⑥科学家确保他们使用的任何动物健康并且营养状况良好。此外，⑦用动物进行研究是昂贵的，因为⑧科学研究的资金受到限制，⑨只有高质

65

量的研究才能通过有力的竞争获得对研究的支持。[15]

下面的图示展示了这段话的逻辑结构。检查这样的图示，从那些在图中最高处因而在逻辑串联中也是最早的地方开始，通过用数字替换表达出来的命题，有助于对它们进行"解读"。也就是说，人们能够从推理的几条路线的每一条路径推出最后的结论。

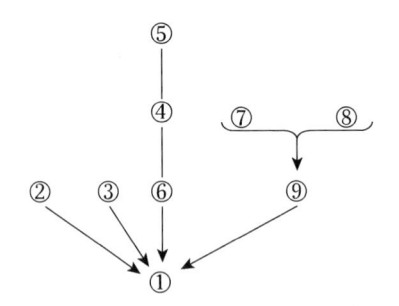

```
        ⑤
        ↓
        ④      ⑦   ⑧
                ↓
  ②  ③  ⑥      ⑨
   ↘  ↓  ↙    ↙
        ①
```

重复使得分析工作复杂化。在一个论证中，单个的命题有时以不同语词表达的语句形式重复出现，有时是为了强调，有时又被省略。图示法有助于分析，因为我们可以用相同的数字表示相同命题的不同表述。下面一段话由三个清楚的论证构成，有些命题重复多次出现：

①宇宙大爆炸理论正在瓦解……②根据正统知识，宇宙起源于大爆炸——200亿年前的一次巨大的、非常对称的爆炸。问题是③天文学家通过进一步观测证实：现存的巨大星系团因为体积太大，完全不可能在仅仅200亿年时间中形成……通过研究人造卫星所收集的新材料，以及较早前的地面测量表明，④星系聚集成绵延数十亿光年的巨大带状，并且⑤星系之间有亿万光年的距离。因为⑥据观测，星系移动的速度远不及光速，数学家证明⑦聚集成这么大的物质团必须要至少1 000亿年时间——是假设的大爆炸时间的五倍……③像那么大的一种结构现在看来不可能在200亿年时间中形成……②大爆炸理论认为，物质均匀地散布在宇宙中。而与这种理想理论相反，③这么巨大的星丛无法这么快地形成。[16]

在这段话中，报告观察证据的前提④、⑤、⑥为⑦即自大爆炸起必须经过了相当长的时间提供理由。这被用来支持分结论（以三种略有不同的方式表述）即 ③像那么大的一种结构现在看来因为太大，不可能在那段时间中形成。从③这个结论，结合②即对大爆炸理论假设的原始对称和扩散的简短陈述（以两种略有不同的方式表述），我们可以推论出这段话最后的结论①：大爆炸理论正在瓦解——这段话开头的命题。下面的图示展示了这段话的逻辑关系集：

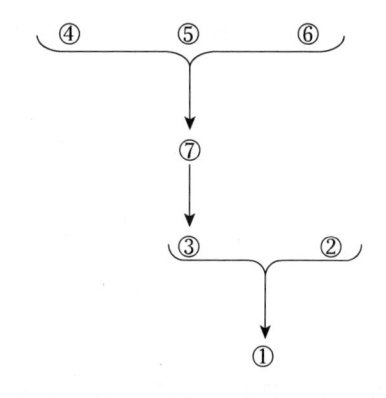

```
     ④    ⑤    ⑥
          ↓
          ⑦
          ↓
         ③    ②
          ↓
          ①
```

必须注意前提可能以浓缩形式出现的情形，有时前提只以一个名词性短语来表示。在下面的论证中短语"在大气中的散射"作为前提④，可以重塑为"太阳的能量散射在大气中"。浓缩与重复使得对下列论证的分析更加困难：

①太阳能汽车只是一种试验性的装置，其他什么都不是。②太阳的能量太弱以至于不能发动甚至是日常使用的迷你汽车。③进入大气层的太阳能量大约为每平方码1千瓦。因为④在大气中的散射，又因为⑤地球上的任何地方一天中平均只有半天时间受到阳光的照射，⑥每天接收的太阳功率平均为 1/6 千瓦时到 4 千瓦时……对通常规格的汽车的检测表明，⑦若使一辆电车勉强能够工作，其电池组需要 300 千瓦时的能量。因此，⑧充满汽车电池必须有 40 平方码的原电池，大约是一辆拖拉机的拖车顶部的尺寸。①除了用于昂贵的试验汽车外，太阳能没有指望成为任何汽车的动力，太阳能汽车不是一项待开发的技术。这就是结论。[17]

这段话中的第一个命题，即"太阳能汽车只是一种试验性的装置，其他什么都不是"的断定，是最后的结论。语段的最后以更加复杂的形式重复了这一结论。这段话的图示为：

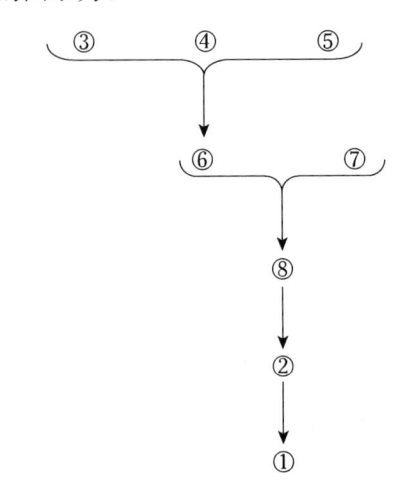

```
    ③    ④    ⑤
     \   |   /
        ↓
      ⑥    ⑦
       \  /
        ↓
        ⑧
        ↓
        ②
        ↓
        ①
```

复杂的论证性话语也可能是有强说服力的，请看一位编辑为其引起争论的编辑方针进行辩护时所写的一段话：

本刊（《新英格兰医学杂志》）的主张是①不发表不道德的研究报告，忽略它们的科学价值……

我们的主张有三个理由。首先，②如果普遍坚持这个主张，只发表合乎道德的研究文章，将会阻止不合乎道德的研究工作的开展。③文章的发表是医学研究奖励制度的一个重要部分。④如果研究者知道他们不合乎道德的研究成果不能发表，他们就不会去做不道德的研究。此外，⑤其他的做法将有助于导致更多的不道德研究工作的开展，因为，如我已表明的，⑥这样的研究可能比较容易开展，因而⑦可能使从事不道德研究工作的人处于有利的竞争地位。第二，⑧即使发表不道德的研究成果不妨碍发表合乎道德的研究成果，为了坚持把合乎道德放在研究第一位的原则，也应该拒绝不道德的研究。⑨如果允许有所松动，我们将逐渐变得习惯于发表不道德的研究成果，并且⑩将导致对发表合乎道德的研究成果的极大妨碍。最后，⑪对不道德研究成果的拒绝，有利于使社会普遍注意到，甚至某些科学家也不懂得科学研究应是文明的基本尺度。⑫知识尽管很重要，但对一个公平公正的社会来说知识或许远不及得到知识的方法重要。[18]

最后的结论也出现在语段开头，②、⑧和三个主要命题直接支持这个结论，这三个前提本身又得到处于不同位置的其他几个前提的支持。语段中的众多命题，在导出结论的过程中都有一个清楚的逻辑作用，共同服务于整个语段要证明的结论：不合乎道德的研究报告将不能在《新英格兰医学杂志》上发表，它们的科学价值也应被忽略。下面的图示展示了这个虽然复杂但推理缜密的语段的逻辑结构：

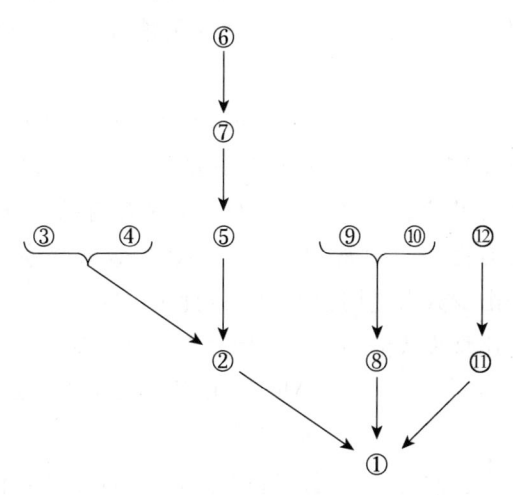

```
        ⑥
        ↓
        ⑦
        ↓
  ③ ④  ⑤   ⑨ ⑩  ⑫
   ↘↙  ↓   ↘↙   ↓
    ②      ⑧   ⑪
        ↘  ↓  ↙
           ①
```

报纸中的社论和《写给编辑的信》栏目中的论证达不到这样的水准。它们可能包含着作用不清楚的陈述；论证中陈述与陈述之间的连接可能相互纠缠或被错述；甚至在论证者的头脑中论证的流程可能本来就是混乱的。由图示支持的逻辑分析可以暴露这些不足。通过使一个推理过程的结构暴露出来，我们能看到推理过程是如何展开的，推理的长处与缺陷是什么。逻辑学的一个特殊领域就是对实际论证的评估，成功的评估首先需要对所分析的论证有一个清楚的把握。

练习题

下列所有著名段落都是从经典文学或哲学作品中抄录出来的，每段话中包含一系列论证，这些论证之间的复杂关系对整个语段的力度至关重要。建构你认为对分析语段中的论证流程最有帮助的图示。注意，每个段落可以有多种合理的解读。

1. 对一位国君来说，是被爱戴好还是被畏惧好？有人也许想要两者兼得，但是因为要将这两者统一于同一个人身上比较困难，所以如果必须要选一个的话，被畏惧要安全些。因为这是就普通人的断言，他们是忘恩负义、摇摆不定、会犯错、懦弱又贪婪的。通过报偿得来的友谊是不安全的，真正需要的时候无法作为依靠，所以完全相信这些普通人的承诺而忽略其他防范的国君就很有可能被摧毁。与冒犯自己爱戴的人相比，冒犯所畏惧的人会有更多顾虑。由于人性的卑劣，维系友谊的责任会因为其自身的利益随时被冲破。畏惧心，使人害怕被惩罚，反而更能保持人的忠心。

——Niccolò Machiavelli，*The Prince*，1515

2. 民主政体的法律一般保护最大多数人的利益，因为它们源于大多数的公民，这些公民易于犯错，但他们不会站在自己利益的反面。相反，寡头政治的法律有助于将财富和权力集中在少数人手中，因为从本质上看，寡头政治是由少数人建构起来的。因此可以断定，一般情况下，民主政体的立法宗旨比寡头政治的立法宗旨对人类更有益。

——Alexis de Tocqueville，*Democracy in America*，1835

3. "咱们初次会面时，我就说过你是从阿富汗来的，你当时好像还很惊讶哩。"

"一定是有人告诉过你。"

"根本没有那回事。我当时一看就知道你是从阿富汗来的。由于长久以来的习惯，一系列的思索飞也似的掠过我的脑际，因此在我得出结论时，竟未觉察得出结论所经的步骤。但是这中间是有着一定的步骤的。在你这件事上，我的推理过程是这样的：'这一位先生，具有医务工作者的风度，但却是一副军人气概。那么，显见他是个军医。他是刚从热带回来，因为他脸色黝黑，但那并不是他原来的肤色，因为他的手腕的皮肤黑白分明。他久病初愈而又历尽艰辛，因为他面容憔悴。他左臂受过伤，现在动作看来还有些僵硬不便。试问，一个英国的军医在热带地方历尽艰苦，并且臂部负过伤，这能在什么地方呢？自然只有在阿富汗了。这一连串的思想，历时不到一秒钟，因此我便脱口说出你是从阿富汗来的，你当时还感到惊讶哩。"

我微笑着说:"听你这样一解释,这件事还是相当简单的呢。"

——A. Conan Doyle, *A Study in Scarlet*, 1887

4. 没有东西是可解证的,除非其反面意指一个矛盾。没有东西可以清楚地可想象地意指一个矛盾。无论我们设想为存在物的是什么,我们也可以设想其为不存在物。因此没有其不存在性意指一个矛盾的存在物。因而没有一个其存在性是可解证的存在物。

——David Hume, *Dialogues Concerning Natural Religion*, Part IX, 1779

挑战读者

在《伦理学》(1667)一书中,最具影响力的近代思想家之一巴鲁克·斯宾诺莎提出了一个演绎性的哲学系统,其中的核心结论,即关于上帝、自然、人类生活和人类自由的结论,都以"几何学"的方式被证明了出来。以下是一个例子,《伦理学》第一册(共五册)的命题29如下:

> 自然中没有任何偶然的东西,反之一切事物都受神的本性的必然性所决定而以一定方式存在和动作。

在《伦理学》中,紧接在每条命题的陈述之后的是对它的证明。命题29的证明如下。请建构能表明该论证结构的图示,或者重塑该论证,使其对现代读者而言清晰且有说服力。

> 一切存在,都在神之内,但是神不能说是偶然的东西,因为神是必然的而非偶然的存在。至于神的样式(即基于神的创造物,或由神直接创造出的东西)也是从神的本性的必然而出,非偶然而出……再则,神之为这些样式的原因,也不仅是就样式单纯的存在而言,而且是就它们被决定而有某种动作而言。假如样式不为神所决定,那么它们自己决定自己,是不可能的,不是偶然的。反之,假如样式为神所决定,那么,它们使自己不被决定,这也是不可能的,不是偶然的。所以万物都为神的本性的必

然性所决定，不仅存在，而且以一种确定的方式而存在并活动，偶然的东西是没有的。

2.4 推理中的问题

推理是从已知的（或为了某种目的而肯定的）前提推出结论的过程。在决定自己应如何行动、评价他人的行动、为道德的或政治的信念进行辩护等方面，我们每天都要建构自己的论证。建构好的论证以及对一个论证的评价技能有巨大的价值。这种技能可以通过训练来提高。许多传统的推理游戏，例如国际象棋和围棋都能训练该技能。还有一些广为人知的商业游戏（例如妙探寻凶和珠玑妙算）也有锻炼该技能的优点。

为了检验和增强逻辑技巧，可以人为设计出一些问题。本节将呈现一部分这样的问题。当然，人为设计的问题远比现实生活中的问题简洁，但是解答它们也是具有挑战性的，经常需要锲而不舍地反复推理，这在思考模式上与侦探或新闻工作者或陪审员没有很大不同。可能需要找到一个推理链，在这个推理链中，所得的次结论被用作后来推理的前提。也可能要求具有一定的洞察能力，要找到解决问题的路径需要对早先假设或发现的信息进行创造性的重组。解决人为设计的问题往往是比较困难的，有时会无功而返，但是当通过推理的成功应用解决了问题时，是非常令人满足的。逻辑游戏和谜题解答，伴随各种推理模型的运用，都是很好的娱乐。"对思虑的享受，"美国哲学家约翰·杜威写道，"是受过训练的大脑的标志。"

推理问题的一个常见类型是智力测验，仅仅使用所提供的线索，我们被要求理清和辨识有关的几个人物的名字，或角色，或其他事实。下面是一个比较简单的例子：

在某个航班的全体乘务员中，飞机驾驶员、副驾驶员和飞行工程师的职务由爱伦、布朗和卡尔三人担任，但不必是这个次序。

副驾驶员是个独生子，钱挣得最少。

卡尔与布朗的姐姐结了婚，钱挣得比驾驶员多。

问：三个人每人担任什么职务？

为了解答这样的问题，我们首先要寻找一个范围，在这个范围中我们有足够的信息去得到超出前提所给信息的一些结论。我们从前提中知道许多关于卡尔的情况：他不是飞机驾驶员，因为他挣得比驾驶员多；他也不是副驾驶员，因为副驾驶员挣得最少。通过排除我们可以推出，卡尔一定是飞行工程师。使用上述的次结论，我们可以确定布朗的职务。布朗不是副驾驶员，因为他有一个姐姐而副驾驶员是个独生子；他也不是飞行工程师，因为卡尔是飞行工程师。所以布朗一定是飞机驾驶员，而仅剩的爱伦一定是副驾驶员。

当这类问题变得更为复杂时，建构一个备选项的图示是非常有帮助的，这种图示叫作矩阵，当我们积累了新的信息时就把它填入表中。要见识这种矩阵图的作用，请考虑下面的问题：

阿伦佐、库特、鲁道夫和威拉德是四个天资极高的创造性的艺术家。一个是舞蹈家，一个是画家，一个是歌唱家，一个是作家，但不必是这个次序。

（1）那天晚上歌唱家在音乐会舞台上进行他的首次演出时，阿伦佐和鲁道夫在观众席上。

（2）库特和作家两人有画家为他们画的生活肖像。

（3）作家正准备写一本阿伦佐的传记，他写的威拉德的传记是畅销书。

（4）阿伦佐从未听说过鲁道夫。

问：每个人的艺术领域是什么？

将这些前提中断定的许多事实记在头脑中，也记住几个可以从这些前提推出的分结论，这是一项必需的工作。把我们的推论记在便条上可能导致混淆和零乱。我们需要一种有效方法，来贮备已知的信息和所引出来的中间结论，能把已知的信息和推出的信息整齐地记录下来，并随着推论的数目不断增长以及论证的链条不断拉长供我们使用。而在我们要建构的矩阵表中就有空间去表示所有相关的可能选择，并能记录下每一个引出来的推论。

这个问题的矩阵表必须是显示这四个人（用四行表示）和他们从事的四种艺术职业（用四列表示）的一个排列，如下所示：

	舞蹈家	画家	歌唱家	作家
阿伦佐				
库　特				
鲁道夫				
威拉德				

当我们断定名字在某行左边的人不可能是从事某列顶端所示职业的艺术家时，我们就在那个人名字的右边以那个职业做标题的列中空格写一个 N（代表"no"，或写一个"－"符）。我们立即可以从前提（1）做出推断，阿伦佐和鲁道夫都不是歌唱家，所以我们在第三列（歌唱家）他们名字的右边空格写上一个 N。同样，我们可以从前提（2）推断库特既非画家也非作家，所以我们把一个 N 记在第二列（画家）和第四列（作家）他的名字右边的空格中。从前提（3）我们看出作家既非阿伦佐也非威拉德，所以我们把 N 记在第四列他们名字右边的空格中。至此我们记录的所有项目都得到了原先所给信息的证明，现在的矩阵表如下：

	舞蹈家	画家	歌唱家	作家
阿伦佐			N	N
库　特		N		N
鲁道夫			N	
威拉德				N

从已获得的信息我们可以用排除法断定，鲁道夫一定是作家，所以我们在第四列（作家）下鲁道夫名字右边的空格中记一个 Y（代表"yes"，或记一个"＋"符）。现在从排列看，很明显，画家一定或是阿伦佐或是威拉德，并且我们在这里可以排除阿伦佐：鲁道夫有画家给他画的肖像（从前提（2）可知），阿伦佐从未听说过鲁道夫（从前提（4）可知），因此阿伦佐不可能是画家。这样我们记一个 N 在第二列（画家）阿伦佐名字右边的空格中。

接着我们可断定阿伦佐一定是舞蹈家，从而在第一列（舞蹈家）阿伦佐名字右边的空格记一个 Y。现在我们可以在舞蹈家列中为库特和威拉德二人分别记入一个 N。对库特来说剩下的唯一可能是歌唱家，所以我们记一个 Y 在那个空格中，并且记一个 N 在威拉德名字右边歌唱家列的空格中。再通过排除我们断定，威拉德一定是画家，并将一个 Y 填入矩阵表的最后一个空格。完成的图示是这样的：

	舞蹈家	画家	歌唱家	作家
阿伦佐	Y	N	N	N
库 特	N	N	Y	N
鲁道夫	N	N	N	Y
威拉德	N	Y	N	N

从这个填满的矩阵表中我们可以得到答案：阿伦佐是舞蹈家，库特是歌唱家，鲁道夫是作家，威拉德是画家。

有些这样的智力题非常具有挑战性，要求提供几种不同范围的答案，不使用矩阵方法几乎不可能解决。

在现实世界中，我们经常被要求从某个当前事态推断它的起因，从事情现在是什么推出其过去是什么。科学家——特别是考古学家、地质学家、天文学家、医学家——通常面对着探究其起源的事件或条件。企图说明事情为何从过去的状况发展到现在的状况的推理叫作回溯分析（retrograde analysis）。例如，令天文学家惊奇的是，1996 年在地球旁边疾驰而过的彗星海库塔克（Hyakutake）放射出比任何一位科学家曾预言的一颗彗星能够放射出的强 100 倍的可变 X 射线。德国马克斯·普朗克研究所的一位彗星专家评论说："为了研究这些数据，我们中断了我们正在进行的工作——但这是一种你乐于拥有的问题。"

我们确实乐于拥有这样的问题。因此，回溯分析问题经常是为娱乐而设计的。然而这样的问题也有一种特殊的困难：由科学的或历史的知识提供的现实世界的逻辑框架一定是以某种方式由问题自身规定的。一些规则或规律一定是在逻辑分析能够进行的范围内提出的。棋盘是一种最著名的回溯分析问题的装置，而下棋规则规定了必要的理论语境。下棋无需什么技术，但对（国际）象棋规则不熟悉的读者可以跳过如下示例。

象棋中的回溯问题通常采取这样的形式：棋盘中棋子的安排是给定的，对一局棋赛进行回溯分析，以比赛中遵守了所有比赛规则为前提。刚刚走的一步或几步棋是什么？例如，下图代表一真实局棋赛所得到的形势，比赛中所有的着数都与象棋规则一致。黑王刚走了一步。

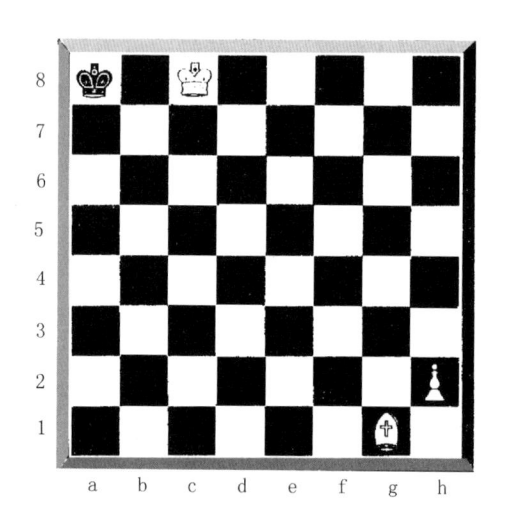

为了便于分析，所有行数从下到上加标数字 1 到 8，所有列数从左到右加标字母 a 到 h。那么棋盘中每一个方格都能用一个唯一的字母-数字结合体表示：黑王在 a8，白兵在 h2，等等。问题是：上一步由黑棋走的那着棋是什么？那么黑棋的前一步白棋的着数是什么？你能在阅读下一段之前推出答案吗？

答案：因为两个王永远不能走在邻近的方格里，黑王不可能刚从 b7 或 b8 走到现在的位置上；因此我们可以确定黑王刚从 a7 走到现在的位置，在 a7 处黑王被将军。

这是非常容易推断的。但是前一着白棋是什么才能使黑王处于被将军的局面呢？那着棋不可能是白象（在 g1），因为白象没有一条路径能走到 g1 格，不可能在白象走棋时黑王正处于被将军的局面！因此一定是，黑王被将军的局面是由另一个白棋子的移动造成的，这个白棋子正阻挡着象的攻击，并被走到 a8 的黑王吃掉。什么白棋子能在黑对角线上并且从那儿走到角上的白格中呢？只有在 b6 的马。所以我们可以确定，在黑棋最后一着（黑王从 a7 到 a8）之前，白棋最后一着是从 b6 到 a8 的马。[19]

现实生活中我们所面对的推理问题很少像本节所讨论的谜题这样整洁。许多现实问题的叙述不是很精确的，对它们的错误描述易于引人误解，从而不能得到答案。遇到这种情况，原问题的部分陈述就要加以拒绝或替换。而当我们试图解答本章给出的这种逻辑谜题时，我们是不能这么做的。

此外，现实世界中的一些问题，甚至当它们被准确描述时，也可能是不完善的，其中某个最初不是可供利用的条件，可能对于问题的解决是必不可少的。现实世界中一些问题的答案可能依赖于某个新的科学发现，或某个以前不可想象的发明或装置，或对某个至今未加探索的领域的研究。但是在逻辑谜题的陈述中，如同一部好的谋杀案侦探小说一样，必须给出足以得到答案的全部信息；否则我们就会认为侦探小说作家，或问题的设计者对我们是不公平的。

最后，逻辑谜题提出的问题都是清楚明确的（诸如：四个艺术家中哪一个是歌唱家？黑棋和白棋的最后一着是什么？等等），给出其答案并加以证明，就明确解决了逻辑谜题提出的问题。但那不是许多现实世界中的问题所呈现的形式。现实问题最初往往只是由于某种前后矛盾的情形或一个不平常的事件的出现而被发现的，甚或只是基于人们对某种事情之不顺畅的感觉而发现的——现实问题不是有着明确答案的精心构造的问题。

不管有多少区别，精心设计出来的问题或谜题对增强我们的推理技巧方面很有用，而且也非常有趣。

练习题

下列问题需要运用推理解答。要求用一个论证（经常包含辅助的论证）去证明解答的正确性，这个论证的前提包含在问题的陈述中，论证的结论就是问题的答案。如果解答正确，可以建构一个有效的论证去证明它。在答题过程中，要求读者不仅要找出问题的答案，而且要写出完整的论证过程去证明解答的正确性。

1. 在某虚构社会中，政客从不说真话，非政客总是说真话。一个异乡人见到三个本地人，就问其中的第一个人："你是政客吗？"这个人做了回答。第二个人转述第一个人的回答说，他否认自己是政客。第三个人说第一个人的确是政客。

请问这三个本地人中有几个政客？

2. 在某监狱中有三个囚犯，第一个囚犯视力正常，第二个囚犯只有一只眼，第三个囚犯是个完全的盲人。监狱看守对三个囚犯说，现有三顶白帽子和二顶红帽子，他将选择其中的三顶戴在他们头上。没有人可以看见他自己所戴帽子的颜色。如果视力正常的囚犯能说出他所戴帽子的颜色，看守就给他自由。为防止侥幸的猜测，看守威胁说回答错误就处死刑。第一个犯人说不出他所戴帽子的颜色。接着看守对一只眼的囚犯也给出了同样的允诺,第二个囚犯也说不出他所戴帽子的颜色。看守没有对盲人囚犯做出给予自由的承诺,但当盲人囚犯提出这样的请求时,看守予以同意。盲人囚犯说:

> 我不需要有视觉;
> 从我有视觉的朋友的回答中,
> 我可以清楚地知道我的帽子是_____!

他是怎么知道的?

3. 在某列火车上,车组人员由司闸员、司炉工和工程师组成,他们的名字按字母顺序排列分别是琼斯、鲁宾逊和史密斯。在这列火车上还有三个与车组人员名字相同的乘客,琼斯先生、鲁宾逊先生和史密斯先生。已知下列事实:

 a. 鲁宾逊先生住在底特律。
 b. 司闸员住在底特律和芝加哥之间。
 c. 琼斯先生的年薪是4万美元。
 d. 史密斯曾在一次台球比赛中战胜过司炉工。
 e. 三个乘客中有一位是司闸员的邻居,其年薪恰好是司闸员的三倍。
 f. 住在芝加哥的乘客与司闸员同名。

请问工程师的名字是什么?

4. 布莱克先生、怀特先生、科菲太太、安布罗斯小姐、凯利先生和恩肖小姐是一个小信贷公司的雇员,他们的岗位分别是经理、助理经理、出纳员、速记员、点票员和秘书,但不必是这个次序。助理经理是经理的孙子,出纳员是速记员的女婿,布莱克先生是单身汉,怀特先生22岁,安布罗斯小姐是点票员的继姐,凯利先生是经理的邻居。

请问每个人的岗位是什么?

5. 迈阿密某高级夜总会的老板本诺·托瑞利,因拖欠保护费而被一个诈骗帮枪击身亡。警察将五个嫌疑人送交区检察官。当检察官问他们有什么要说时,他们每个人都做了三个陈述,(事后查明)均为二真一假。他们的陈述是:

莱夫提：我没有杀托瑞利。我一生从未拥有一支左轮手枪。斯皮克杀了托瑞利。

里德：我没有杀托瑞利。我从未拥有一支左轮手枪。其他人都在推卸责任。

道派：我是清白的。我以前从未见过布切。斯皮克是有罪的。

斯皮克：我是清白的。布切是罪犯。莱夫提说是我杀了托瑞利，这不是真话。

布切：我没有杀托瑞利。里德是罪犯。道派和我是老朋友。

请问谁是罪犯？

6. 肖特先生、他的姐妹、他的儿子以及他的女儿，都擅长并经常在一起打高尔夫球。下面关于他们四个人的陈述都是真的：

(1) 最好的球手的孪生姐妹（或兄弟）和最差的球手不同性别。

(2) 最好的球手和最差的球手同龄。

请问四人中谁是最好的球手？

7. 去年3月17日午夜3：30，丹尼尔·基尔莱茵在密歇根州距离庞提亚克二英里的一条人迹稀少的路上被杀害。奥托、柯列、斯列姆、米基和基德于一周以后在底特律被逮捕，受到审问。每人都做了四个陈述，其中三句是真的一句是假的。他们中有一人杀了基尔莱茵。

他们的陈述是：

奥托：基尔莱茵被杀时我在芝加哥。我从未杀过任何人。基德是罪犯。米基和我是好友。

柯列：我没有杀基尔莱茵。我一生从未拥有过左轮手枪。基德认识我。3月17日夜我在底特律。

斯列姆：柯列说他从未拥有过左轮手枪是撒谎。谋杀案发生在圣帕特里克节那天。那一天奥托在芝加哥。我们其中有一人是有罪的。

米基：我没有杀基尔莱茵。基德从未到过庞提亚克。我以前从未见过奥托。3月17日夜柯列与我在底特律。

基德：我没有杀基尔莱茵。我从未去过庞提亚克。我以前从未见过柯列。奥托说我有罪是错的。

请问谁是罪犯？

8. 你面前有六个球：两个红球、两个绿球和两个蓝球。在每一对同色球中，你知道其中一个比另一个重。你还知道所有三个重球的重量相同，所有三个轻球也一样重。另外，这六个球（把它们分别叫作 R1、R2、G1、G2、B1 和 B2）难以区分。你只有一架天平秤盘。如果天平两边放相同的重量，它将保持平衡；如果两边的重量不相等，则重的那边会下沉。若在秤盘上称量不能超过两次，如何能辨认出所有三对球中的重球和轻球？

9. 在第一题所描绘的同样的虚构社会里，一个异乡人遇见另外三个本地人，问他们："你们当中有几个政客？"第一个本地人回答："我们都是政客。"第二个本地人说："不，我们只有两人是政客。"第三个本地人说："他们两人说的都不对。"

第三个本地人是政客吗？

10. 想象一个有四面墙的房间，每面墙的中间及天花板和地板上各有一根钉子，共有六根钉子。钉子之间用细绳相互连接，每根钉子用不相连的细绳与其他钉子相连接。这些细绳只有红、蓝两种颜色。显然所有这些细绳构成许多三角形，因为任意三根钉子都可以看作一个三角形的三个顶点。

细绳的颜色能够被区分开，从而没有一个三角形有同样颜色的三条边（细绳）吗？如果能，如何区分？如果不能，为什么？

挑战读者

下面是最后一个推理问题，其解答需要构建一个连续的论证集合。这不容易——但是完全在你的能力范围内，并将给你极大的乐趣。

11. 有 12 个金属球，其大小、颜色等外观完全相同。事实上，它们当中的 11 个完全相同，但有一个是"特别"的：它与其他球仅在重量上有区别，它比其他球或重或轻。有一架天平台秤，可以称量金属球的重量。如果天平两边都放上相同数目的球，并且"特别"的球在其中一边，如果它较重的话，那一边将下沉，如果它较轻的话，那一边将上升；如果"特别"的球不在被称量之列并且两边球的数目相同的话，天平就平衡。只允许你称量三次，减少或增加一个球就构成一次独立的称量过程。

对你的挑战是：设计一套称量三次的方案，无论"特别"的球与其他球怎么混合，该方案都能使你将它辨别出来，并且能使你判定该球究竟比其他球重还是轻。

第2章概要

本章讨论分析论证的技巧和在论证分析过程中会遇到的一些困难。

2.1节说明重塑论证性段落的方法。应用这种方法，关键性的命题可能会被重述（或者如果它被预设却在段落中缺失的话，会被补充上来），并且前提和结论都会以最易被理解的顺序排列。

2.2节指出图示一个论证的方法。所有命题都用数字标示，通过在纸上表明这些标号的命题之间的关系，论证的前提和结论之间的关系就在二维图中得到了展示。

2.3节讨论复杂的论证性语段，其中子论证的结论可能是进一步论证的前提。要分析这样的语段通常需要复杂的图示或分析。

2.4节讨论精心设计出来的推理问题，这些问题通常反映了日常生活中各种各样的探索过程中会遇到的问题的复杂性。这些谜题的解决需要建构大量的论证和子论证。

【注释】

[1] *Lawrence v. Texas*, 539 U. S. 558 (2003).

[2] 这种图示法是由几个知名逻辑学家多年前发明并完善的：Monroe C. Beardsley, in *Practical Logic* (Englewood Cliffs, NJ: Prentice-Hall, 1950); Stephen N. Thomas, in *Practical Reasoning in Natural Language* (Englewood Cliffs, NJ: Prentice-Hall, 1973); Michael Scriven, in *Reasoning* (New York: McGraw-Hill, 1976). 故本图示法乃师法前人。

[3] John Blass,"Stem Cell Research: When Does Life Begin?" *The New York Times*, 25 January 2007.

[4] Adam Gopnick, "The Unbeautiful Game," *The New Yorker*, 8 January 2007.

[5] James Surowieki, "Dealer's Choice," *The New Yorker*, 4 September 2006.

[6] Blanchard Hiatt, *University of Michigan Research News*, September 1979.

[7] Robert Alter, "Neocon or Not?" *The New York Times Book Review*, 25 June 2006.

[8] Karl Marx, Letter #141, 9 April 1870, *Karl Marx and Friedrich Engels Correspondence*, 1846-1895 (New York: International Publishers, 1936).

[9] Boston Women's Health Book Collective, *Our Bodies, Our Selves* (New York: Simon and Schuster, 1984).

[10] C. A. Quadir, *Philosophy and Science in the Islamic World* (London: Croom Helm, 1988).

[11] Thomas Aquinas, *Summa Theologiae*, I, Question 96, Article 2, circa 1265.

[12] 同上，Article 3。

[13] *Science*, 26 May 1995.

[14] 转引自 Andres Duany, Elizabeth Plater-Zyberk, and Jeff Speck, *Suburban Nation: The Rise of Sprawl and the Decline of the American Dream* (New York: North Point Press, 2000)。

[15] *Science, Medicine, and Animals* (Washington, DC: National Academy of Sciences, 1991).

[16] Eric J. Lerner, "For Whom the Bang Tolls," *The New York Times*, 2 June 1991.

[17] Victor Wouk, "You Can't Drive Solar Cars to Work," *The New York Times*, 15 July 1991.

[18] Marcia Angell, "The Nazi Hypothermia Experiments and Unethical Research Today," *New England Journal of Medicine*, 17 May 1990.

[19] 在回溯分析问题中找到乐趣的读者，定会在汇集此类问题的一本书中找到更多的快乐。该书由逻辑学家雷蒙德·斯穆里安（Raymond Smullyan）编辑，书名是《福尔摩斯的象棋之谜》（*The Chess Mysteries of Sherlock Holmes*, New York: Alfred A. Knopf, 1979)。

B篇

非形式逻辑

第 3 章

语言与定义

3.1 语言的功能
3.2 情感语言、中性语言与论争
3.3 论争与含混性
3.4 定义及其用途
3.5 定义的结构：外延与内涵
3.6 属加种差定义
第 3 章概要
第 3 章关键术语

3.1 语言的功能

在进行推理时，我们通常使用语言来处理命题，这种处理是出于逻辑的或**信息**上的考虑。语言的使用方式多种多样，只有一些是表达信息的。没有表达信息的目的，我们可以这样**表达**自己：我们可能说"真棒"；或者被古城之美折服的诗人可能会写下如下诗句来抒发胸臆：

令我震惊的唯有东方大地，
玫瑰红城见证了整个历史。[1]

当然，有些**表达性**的话语也有信息内容，也可以表达态度或信念。

执子之手，与子偕老！
佳期未至，
结局寓于起始。[2]

有些话语是**指令性**的，或具有或不具有表达信息要素。它旨在引导或命令。也许有人会对我们说"请站到秤上去"，或者我们可能会听到这样的建议：

小心驾驶，墓地里到处都是曾经有通行权的守法公民。

具有混合功能几乎是我们使用语言的一个自然特征。这一点可以见于我们自己的讲话和写作中。**情感性**的语言可能被用来帮助我们达到指挥其他人的目的：父母对小孩说"这种行为非常恶心"的时候，就表达了一种态度，旨在引导行为，也可能是在用相同的话报道一个事实。可以说语言有三个主要的功能：
1. 信息性功能。
2. 表达性功能。
3. 指令性功能。

除此之外，我们可以加上以下不太常见的用法类型：

4. 礼节性功能（例如我们被介绍给陌生人的时候会说"你好"），这种语言结合了表达性功能和其他功能。

5. 述行性功能（例如说"我为自己的愚蠢言辞道歉"），语词自身在被言说或写出来之时，就履行了它所宣称的功能。其他的例子，如："祝贺你……""我接受你的建议……""我答应你……"

逻辑学家主要关注语言的信息性用法——肯定或否定命题、表述或评价论证，等等。在推理中，语言的这种信息性功能才是最重要的。

在这种信息模式下，我们可以区分句子陈述的事实和关于表述这些事实的说话者的事实。如果有人说："战争永远是解决国际冲突的错误办法"，这可能是真的，但这也是说话者信念的证据。当有人说："我强烈反对我们由于道义卷入这场战争"，这是一个关于说话者的陈述（很可能是真的），但它也表达了对所讨论战争的道德判断。以陈述自己的观点来展开辩论绝不是欺骗性的，这是一种判断和传记性报道适当结合的常见方式。

必须区别语言的用法与语言的形式。上述语言的不同用法（信息性、表达性等）是通过不同的形式实现的。句子（我们的语言中表达完整思想的语言单位）在形式上可以是**陈述句**、**感叹句**、**祈使句**或**疑问句**。进行推理的时候，所使用的句子一般是陈述句。表达情感通常用感叹句（如"太棒了"）；试图指导行为的时候通常用祈使句（如"脱下你的衬衫!"）。但是在功能和形式之间没有严格的联系。

例如，我们已经注意到，反问句也可以断定一前提。虔诚的信徒在祷告中问："谁能像你一样？"——但很明显，这个疑问句表达一种宗教信仰。当一个人在谈话中说"你这么说还可能是什么意思？"，一种怀疑的态度非常明显地表达出来。类似地，以明显的陈述句形式报告一个事实也能起到指令功能，就像我们敦促同伴更快地行动时说："很晚了，我们时间不多了。"当一个年轻女士和她的绅士朋友经过一个花店的窗口时说："多可爱的花啊!"这个感叹句可能更多是指令性的，而不是表达性的。

语言的混合功能会产生一种不协调，甚至有时会导致令人不安的争议。有一个著名的例子：在越战期间，一个抗议征兵的年轻人在洛杉矶地区法院被捕，原因是他穿着一件上面印有脏话的夹克衫。根据加州刑法，他被判处"行为冒犯"罪。然而，美国最高法院推翻了对他的定罪，最高法院多数法官认为，这个年轻人的语言的表达性功能和他的抗议的信息性

功能之间存在张力,而后者受到美国宪法第一修正案保护。法官约翰·哈伦(John Harlan)写道:

> 我们不能忽视这个事实,这里牵涉的事件极好地表明,许多语言表达都具有双重交流功能:加上附带说明,它们不仅可以传达相当精确的思想,还可以传达其他不可表达的情感。实际上,与其情感力量一样,语词也常常因其认知力量而被选用。我们不能赞同这样的观点:宪法关注个人言辞的认知内容,而没有或不关心其情感功能。的确,情感功能可能常常是寻求交流的信息的更重要的因素……同样,我们也不能纵容这种轻率假定:可以禁止特殊言辞,但在这个过程中又不遭遇压制思想的真正危险。[3]

在一些语境中,语词的更重要的信息性功能可能超越其在情感上的冒犯性。对语言的灵活性保持敏感,并认识到语言在特定语境中所起的不同作用,是应用本书关注的逻辑分析的必要前提。

如果以某种特定的语法形式使用语言总是有一个特定的功能,这就很方便,但事实并非如此。语言太松散了,它的用法多变,上述设想是不可能实现的。因此,在决定一个句子的真正功能时,语境总是至关重要的。

总而言之,语言的三种主要用法是:信息性的、表达性的和指令性的。语言的语法形式本质上有四种:陈述句、疑问句、祈使句和感叹句。在语段的语法形式和其作者想要的用法之间没有必然的联系,任何用法的语言可能以任何语法形式出现。

练习题

A. 下列每个语段示例了哪种语言功能?

1. 请在第 6a 行方框内打叉,除非你父母(或其他人)声明确认你是非独立的所得税申报人。

——U. S. Internal Revenue Service, "Instructions," Form 1040, 2006

2. 风怒兮阴霾满空,

滚滚兮布于四方,
雾霭笼罩兮翻腾,
怒号兮直达上苍。

——Lewis Carroll, *Through the Looking Glass*, 1871

3. 站在迦太基(Carthage)、帕密拉(Palmyra)、波斯波利斯(Persepolis)或者古罗马(Rome)的遗迹上,想到王国和人的易逝,想到强壮和富有的生活现已远逝,哪个游者不被刺激得黯然神伤……

——G. W. F. Hegel, *Lectures on the Philosophy of History*, 1823

4. 从底特律市中心向正南方向走,越过国界抵达的第一个国家既不是古巴,也不是洪都拉斯、尼加拉瓜或任何拉美国家,而是加拿大。

5. 我还是孩子,她也是,
在大海边的王国里,
可我们相爱,爱超越了爱——
我和我的安娜贝·李——

——Edgar Allan Poe, "Annabel Lee," 1849

6. 抛弃传教士们的缺点,他们既不教诲爱心也不教诲兄弟情谊,却主要是从资本方面教导利私德行,而这些资本却是从你们的土地和劳动中偷偷攫取的。醒来吧,非洲!穿上漂亮的泛非社会主义(Pan-African Socialism)长袍!

——W. E. B. Dubois, "Pan-Africa," 1958

7. 我若能说万人的方言,并天使的话语却没有爱,我就成了鸣的锣、响的钹一般。

——*I Corinthians* 13:1

8. 我因此向你们通报,我即日通过这个文件辞去由选举产生的共和国总统职务。

——President Fernando Collor De Mello, in a letter to the Senate of Brazil, 29 December 1992

9. 美国生活是一种强大的溶剂。它好像可以中和任何智力因素,无论这些因素多么坚韧和格格不入,它都将其溶解在本土的良好愿望、自大、自利和乐观之中。

——George Santayana, *Character and Opinion in the United States*, 1934

10. 美国陆地的最北端、最西端以及最东端都在阿拉斯加州（Alaska）。

B. 下列每个语段最可能被打算用作语言的什么功能？

1. 我们这里没有社会等级。我们的宪法是色盲，既不承认也不能容忍公民的等级划分。就公民权而言，法律面前人人平等。最卑微的人与最有权力的人都是同等的。

——Justice John Harlan, dissenting in *Plessy v. Ferguson*, 163 U. S. 537, 1896

2. 法官们不知道怎样恢复罪犯的社会名誉——因为根本就没人知道。

——Andrew Von Hirsch, *Doing Justice——The Choice of Punishment* (New York: Hill & Wang, 1976)

3. 耕作开始时，其他技艺就随之出现。因此农民是人类文明的奠基者。

——Daniel Webster, "On Agriculture," 1840

4. 好人不作为，罪恶就得逞。

——Edmund Burke, letter to William Smith, 1795

5. 他们当中没有律师，因为他们认为律师的职业就是颠倒黑白。

——Sir Thomas More, *Utopia*, 1516

6. 白人社会与贫民窟有密切的联系。白人组织创造，维持它们，又对其坐视不理。

——The National Commission on Civil Disorders (Kerner Commission), 1968

7. 在许多工业部门中占多数的技术差的工人都坚决主张，他们应该与技术好的工人拿同样的工资。

——John Stuart Mill, *On Liberty*, 1859

8. 战争是折磨人类的最大瘟疫；它毁灭宗教，毁灭国家，毁灭家庭。它是苦难中的苦难。

——Martin Luther, *Table Talk*, 1566

9. 人类历史越来越成为教育与灾难之间的竞赛。

　　　　　　——H. G. Wells，*The Outline of History*，1920

10. 谁坚持在做出决定之前看得完全清楚，谁就永远也做不出决定。

　　　　　　——Henri-Frederic Amiel，*Amiel's Journal*，1885

11. （君主的）另一耻辱是因为不整军经武，从而遭人藐视。

　　　　　　——Niccolò Machiavelli，*The Prince*，1515

12. 永久的和平只是个梦，甚至连好梦都不是。战争是上帝的世界秩序的一部分，它演化出人的最高贵的美德：勇敢和克制，以及尽职尽责和自我牺牲。没有战争，世界就将沉沦到物质主义之中去。

　　　　　　——Helmuth Von Moltke，1892

13. 语言！灵魂的血液。阁下，我们的思想流淌其内，成长其上。

　　　　　　——Oliver Wendell Holmes，*The Autocrat of the Breakfast-Table*，1858

14. 在过去 133 年中，超过 7 500 名科学家，包括社会科学家，被选入美国国家科学院；其中只有 3 位黑人。

　　　　　　——*The Journal of Blacks in Higher Education*，Summer 1996

15. 初涉哲学，人们的思想会倾向于无神论；但深入哲学，人们的思想会倾向于宗教。

　　　　　　——Francis Bacon，*Essays*，1601

16. 假如（他）真的认为美德与邪恶之间没有区别，那么，阁下，他离开我们的屋子时，让我们数一数我们的汤匙好了。

　　　　　　——Samuel Johnson，1763

17. 在（给动物）配对之前，人们极其认真地审视马、牛、狗的性情和血统；但是，对待自己的婚姻，人们却极少或者从不这样谨慎。

　　　　　　——Charles Darwin，*The Descent of Man*，1871

18. 鲸鱼吞掉约拿的事，即使鲸鱼足够大，也令人非常惊异；但假如是约拿吞掉了鲸鱼，那简直就是奇迹了。

　　　　　　——Thomas Paine，*The Age of Reason*，1796

19. 种族概念是个多头怪物，它在我们的大多美梦还没做之前就窒息了它们，它使我们不去关注正常的人际互动所面临的挑战，在狂妄无度的追求中，走向怀疑和仇恨的龌龊。

——C. Eric Lincoln, *Coming Through the Fire*（Durham, NC：Duke University Press，1996）

C. 分析下列语段打算断定的是什么命题，或打算引起什么行动，或读者可能会把它们视作提供了什么证据。

1. 即使提名我，我也不接受；即使选举我，我也不供职。

——William Tecumseh Sherman, message to the Republican National Convention, 1884

2. 政府竟英明地认为冰是一种"食物制品"，这就意味着南极洲是世界上最主要的食物生产基地之一了。

——George P. Will

3. 没有音乐，地球就像一座没有住户的、空荡的和还未竣工的房子。因此，希腊和《圣经》的最早历史，以及各国的历史，都始于音乐。

——Ludwig Tieck, quoted in Paul Henry Lang, *Music in Western Civilization*（New York：W. W. Norton，1941）

4. 研究是一种基本的心灵状态，包括对原则和公理的连续不断的反复检验，而当前的思想、行动都以原则和公理为基础。因此，它对现行实践是批判性的。

——Theobald Smith, *American Journal of Medical Science*，1929

5. 我不懈地努力，使自己不去嘲笑人们的行为，不为他们感到悲哀，也不去嫌恶他们，而去理解他们。

——Baruch Spinoza, *Tractatus Theologico-politicus*，1670

6. 对于那些连面包都没有的人，政治自由有什么用？它仅仅对雄心勃勃的理论家们和政治家们有价值。

——Jean-Paul Marat, *L'Ami du peuple*，1789

7. 只要有低级阶层，我就是其中的一员；只要有犯罪分子，我就是其中的一位；只要还有一个人在蹲监狱，我就是不自由的。

——Eugene Debs，1918

8. 假如有诸神的王国，那么它应当是民主政府；但是，如此美妙的政府不适于人类。

——Jean-Jacques Rousseau，*The Social Contract*，1762

9. 公民有三个阶层。第一阶层是富人，他们懒惰但又总是贪求较多。第二阶层是穷人，他们一无所有，充满妒忌，痛恨富人，而且易为蛊惑人心的政客所利用。在这两种极端之间存在的那些人，担负着国家安全和支撑法律的重任。

——Euripides，*The Suppliant Women*

10. 我相信，这个罪恶时代的所有罪恶趋向和骚乱，都不是属于下级阶层而是属于中间阶层，而我们愚蠢得非常习惯于夸耀的阶层就是中间阶层。

——Lord Robert Cecil，*Diary in Australia*，1852

11. 上帝将会注意到，战争应当周而复始，就像对病人下猛药一样。

——Heinrich Von Treitschke，*Politik*，1916

12. 我宁愿人民对我为何没做总统而感到惊奇，而不是对我为何做了总统而感到惊奇。

——Salmon P. Chase, at the Republican National Convention，1860

13. 他（本杰明·迪斯雷利）是一个靠自己努力而成功的人，他热爱他的创造。

——John Bright，1882

14. 愚昧人若静默不言，也可算为智慧。闭口不说，也可算为聪明。

——*Proverbs* 17：28

15. 一句话说得合宜，就如金苹果在银网子里。

——*Proverbs* 25：11

16. 我站在上帝的祭坛前发誓，永远反对钳制人们思想的任何形式。

——Thomas Jefferson，1800

17. 自由人对死亡思考得最少，他的智慧不是对死亡而是对生活的沉思。

——Baruch Spinoza，*Ethics*，1677

18. 之前，我就已经看到和听到过很多伦敦佬（Cockney）的无礼言行，但我从未想到一个花花公子当众胡乱画画就要 200 基尼（guinea）。

——John Ruskin, on Whistle's painting, "Nocturne in Black and Gold," 1878

3.2 情感语言、中性语言与论争

一个给定的句子或段落可以有多种功能，例如报告事实的同时可以表达感受。聪明地使用语言可以使其具欺骗性，不慎使用则可能会导致不必要的误解和论争。

我们用来传达信念的语词可能是中立的和精确的，但是它们却有可能会（或是纯粹偶然地或是精心设计地）影响听者的情绪。（正如莎士比亚所说）玫瑰不叫玫瑰依然芳香如故，但是如果别人递过来一朵花的同时告诉我们它通常被叫作"大麻"，我们对这朵花的反应是会被影响的。通常由某些语词引起的负面态度导致了委婉语的出现以及委婉语对相应传统语词的替代，即用温和的词汇表达冷峻的现实。"janitors（看门人）"成了"maintenance workers（守护员）"，进而又变成了"custodians（管理员）"；"waiters（招待）"变成了"waitperson（侍者）"，接着又变为了"servers（服务员）"。

涉及人类生殖和排泄的医学词汇是中立且没有侮辱意味的。但是这些医学术语的那种粗话同义词还是因为其引致的态度而使许多人感到不快。美国的广播媒体中有"七个肮脏的字眼"是不能使用的，因为它们有明显区别于其字面意义、让人无法接受的情感意义。[4]

带情感色彩的语言在某些语境中是合适的（例如在诗歌中），但是在其他场合则是非常不适当的（例如在调查研究中）。一个调查的答案毫无疑问依赖于提问所使用词汇的方式。我们应该避免使用情感性语言还是应该依靠情感性语言都取决于语言在特定情境中要达到的目的。如果旨在对事实提供一个无偏见的报道，那么使用感情色彩浓厚的语词就会削弱其客观性。然而，有的时候要避免某些情感内容几乎是不可能的。例如，在关于堕胎道德性的冲突上，一方（即堕胎的反对者）称自己为"支持生命派"，另一方（即堕胎的支持者）自称为"支持选择派"。在逻辑上，我们一般追求的是尽可能没有被情感意义扭曲的语言。

在广告行业中，玩弄读者和听众的情感是一种核心技巧。当主要目的是劝服和售卖的时候，操纵态度就变成了一种复杂的专业技巧。政治宣传中，修辞技巧的应用非常普遍，选用合适的词汇至关重要。防御诡计的最好方式——对选举人和消费者都相同——即理清我们所面对语言的真正用法。我们必须防备那些用语言颠倒黑白的人。本杰明·迪斯雷利（Benjamin Disraeli）声称：“我们通过语言实施对人的控制。”

论争，可能源自双方对待同一事实的不同信念，也可能是因为双方对待相同事实的不同态度。这种不确定性及其可能带来的混淆因为论争中所使用语言有大相径庭的情感意义而起。为表明这一点，让我们假设 X 和 Y 关于批准谋杀罪死刑的立法有争论。分歧可能有以下三种：第一种是纯粹事实上的歧见，即死刑是事实上是否构成对谋杀的有效威慑；第二种纯粹是态度上的，即无论死刑的威慑作用有多大，国家处死刑事犯是否正确；最后，X 和 Y 可能在态度及对事实的信念上都有分歧。

要解决既有事实方面又有情感方面的论争，非常重要的一点即明确双方论争的真正问题之所在。如果真正的歧见是死刑是否起作用，那么要解决该论争首先需要做的是客观地确认这些事实——虽然这实施起来并不容易。如果歧见来自国家授权死刑的正确性，那么仅仅就事实达成一致对该论争的解决显然仍是不够的。

许多情况下，对某些事件或可能结果之态度上的论争都源自对相关事实信念上的歧见，其他有些情况下则不是。在关于赢球的重要性上，一位著名体育运动作家和一位著名足球教练产生了深刻的分歧。格兰特兰德·赖斯（Grantland Rice）在杂志中这样写道：

> 当球星走进球场，
> 为其声名留下光芒，
> 这光芒不论输与赢，
> 只记录场上飞奔的身影。

教练文斯·隆巴蒂（Vince Lombardi）却说：

> 赢球不是别的，它就是唯一（竞赛目标）。

你相信这种态度上的歧见的根源是信念歧见吗？

简单通过确认论争的本质并不能使我们达成一致。但是只有在确认了论争的真正本质，明确了论争双方所用语言的不同功能之后才有可能解决歧见。

练习题

识别下列各组语段中最可能表示的一致或歧见类型。

1. a. 要照愚昧人的愚妄话回答他，免得他自以为有智慧。

——*Proverbs* 26：5

   b. 不要照愚昧人的愚妄话回答他，免得你与他一样。

——*Proverbs* 26：4

2. a. 我们的祖国！但愿她在外交中总能正确行事；但无论做对还是做错，她终为我们的祖国。

——Stephen Decatur, toast at a dinner in Norfolk, Virginia, April 1816

   b. 我们的国家，可能正确也可能错误。如果正确，则需要保持；如果错误，则需要改正。

——Cark Schurz, speech in the U. S. Senate, January 1872

3. a. 糟糕的和平比战争更邪恶。

——Tacitus, *Annals*

   b. 最差劲的和平也强过最正义的战争。

——Desiderius Erasmus, *Adagia*, 1539

4. a. 及时行事，事半功倍。

   b. 迟做总比不做强。

5. a. 距离产生美。

   b. 眼不见，心不烦。

6. a. 快跑的未必能赢，力战的未必得胜。

——*Ecclesiastes* 9：11

   b. 但打赌须据此（实力）下注。

——Jimmy the Greek

7. a. 既然有人应当统治而其他人应当被统治不但必要而且可取，那么，有些人天生就注定要服从，其他人则天生要统治……显然，有些人天生是自由的，而其他人则是奴隶，并且对后者而言，奴隶制度既是可取的也是正确的。

——Aristotle，*Politics*

b. 如果存在某些天生的奴隶，乃正是因为过去曾违背天性地迫使人成为奴隶。暴力造就了第一批奴隶；而由于他们的怯懦与困顿，使奴隶制度对他们的束缚永久化了。

——Jean-Jacques Rousseau，*The Social Contract*，1762

8. a. 只有战争才能把人类的所有能力提升到最高程度，并给勇于面对战争的民族打上高贵的印记。

——Benito Mussolini，*Encyclopedia Italiana*，1932

b. 战争以它血腥的铁蹄踏碎所有公平、所有幸福，以及人类所有神圣的东西。在我们这个时代，所有的和平都是光荣的，所有的战争都是罪恶的。

——Charles Sumner，*Addresses on War*，1904

9. a. 自由和公平之下，重要的是公众教育；没有它，不论是自由还是公平都不会保持长久。

——James A. Garfield，1880

b. 教育对任何具有艺术感火花的人都是致命的。教育应当局限于职员，即使他们也要限于必需。这个世界认识到了我们从不学习我们以前不知道的任何东西吗？

——George Moore，*Confessions of a Young Man*，1888

10. a. 相信上帝存在毫无用途，同样，也没有根据。在无神论普及之前，世界上不会有快乐。

——J. O. La Mettrie，*L'Homme Machine*，1865

b. 几乎所有的记录在案的无神论者都是行为放荡和卑鄙的人。

——J. P. Smith，*Instructions on Christian Theology*

11. a. 我知道，对任何国家来说，没有比为改善农业、牧业和为农村劳力关心的其他方面所提供的服务更真实和更重要的了。

——George Washington, letter to John Sinclair

b. 随着农业的引进，人类便进入了漫长的艰辛、痛苦和疯狂的时期；直到今天，人类才被机器的良好运作解放。

——Bertrand Russell, *The Conquest of Happiness*, 1930

12. a. 在任何国家，无论何时，只要存在未耕作的土地和未被雇佣的穷人，那么显然，不断扩展的财产法违背了自然法权。

——Thomas Jefferson

b. 人天生拥有自己的财产权。这是人与低等动物之间的重要区别之一。

——Pope Leo XIII, *Rerum Novarum*, 1891

13. a. 革命是一种固有权利。当人民被政府压迫时，如果他们足够强大，那么通过或者从政府那里收回权利，或者推翻它，并更换一个比较可接受的政府，将自己从压迫中解放出来，这是他们的天然权利。

——Ulysses S. Grant, *Personal Memoirs*, vol. 1

b. 煽动革命是叛逆，不但反人类而且反上帝。

——Pope Leo XIII, *Immortale Dei*, 1885

14. a. 语言是人类思想的武器库，它包含自己过去的战利品，同时还包含自己征服未来的武器。

——Samuel Taylor Coleridge

b. 语言，人类的语言，与家禽的呱呱和咯咯叫以及其他野兽的自然发声（有时不是那么充分）相比，毕竟好不到哪去。

——Nathaniel Hawthorne, *American Notebooks*, 1835

15. a. 今天，人们对美国政府感觉如何呢？我回答说，与它联系在一起，让人们感到蒙羞。

——Henry David Thoreau, *An Essay on Civil Disobedience*, 1849

b. 我们（美国）现有政府即使有所有这些缺点，它仍是无与伦比的最好的政府，或者迄今为止存在过的最好政府。

——Thomas Jefferson

3.3 论争与含混性

许多论争——无论是关于信念的还是关于态度的——都是实质论争。还有些论争是纯粹的言辞之争，其产生只是由于语言的误解。论争中所使用的词项可能有多个意思（这些词项可能是含混的），但是这种含混性却没有被论争的双方发现。要揭示和解决言辞之争，需要辨识出这种含混性，区别和澄清论争中关键词项的不同含义。

有三种论争，第一种是**明显的实质论争**。如果 A 支持扬基队（Yankees），B 支持红袜队（Red Sox），那么他们之间的论争就是实质论争，虽然他们之间的论争大多是态度上的。如果 C 认为迈阿密在里约热内卢的南部，而 D 不这么认为，那么他们之间的论争也是实质性的。该论争是关于地理事实的，一张好地图就能解决该论争。

第二种论争，即**纯粹的言辞之争**。这种论争中并不存在实质的歧见，表面的冲突通过统一对某些词汇或短语的理解就能解决。如果一棵树在荒野中倒下，没有任何人听到它，F 可能认为这棵树没有发出任何声音，然而 G 可能认为它的确是发出了声音的。如果声音是人类听觉的结果，F 和 G 就会同意上述过程中没有任何声音；然而，如果声音仅仅来自空气中的震动，则他们会同意这棵树发出了声音。弄清楚"声音"的意味就能解决这个纯粹言辞上的分歧。

第三种论争更为复杂，指的是**表面上是言辞的但实际上是实质的论争**。这些论争中包括对词项用法的误解，但是言辞的误解被澄清之后，仍然存在超出语词含义的歧见。例如，对有露骨性活动镜头的影片是否应该作为"色情作品"来处理？J 认为它的露骨使它成了邪恶的色情作品；K 则坚持，考虑到其细腻的情感和美学价值，它是真正的艺术，根本不是什么色情作品。显然，双方的歧见在于"色情作品"一词的意义；但是，即使这种含混性得到了充分澄清，双方对影片的评价很可能仍然存在分歧。一部电影是否为"色情电影"的论争可能通过定义该词项得到解决，但是一个更深层次的歧见也可能由此被揭示出来。"色情电影"显然是个贬义词。讨厌这种电影的 J 对"色情电影"一词持一种理解，支持这种电影的 K 则对该词做了另一种使用。电影的露骨内容使其变得讨厌因此就是"色情作品"了吗？J 和 K 对这个词的用法虽然有差别，但是在这两种用法中，其情感意义都是极其负面的。他们在"色情电影"这一负面词汇的使用标准上也有分歧。

总之，如果在交流中面对一个论争，我们必须首先追问其中是否存在可以通过澄清多种意义而消除的含混性。如果有，我们必须追问是否清除掉这个语言上的问题就能解决该论争。如果能解决，该论争就是纯粹言辞上的。如果不能解决，则我们面对的是一个以纯粹言辞论争面貌出现的实质论争。

练习题

A. 指出当今政治或社会冲突中的三种歧见，这三种歧见的特征在本节中都已刻画出来：

1. 实质歧见。

2. 纯粹言辞歧见。

3. 表面上是言辞的但实际上是实质歧见。

并对各种情形中的歧见予以说明。

B. 讨论下列每个争论。如果显然是实质论争，那么指出论争中每个论争者关于命题的观点。如果纯粹是言辞之争，那么，就通过解释论争者附加给有歧义关键词或短语的不同意义来解决论争。如果表面是言辞之争实际上是实质论争，那么找出歧义，并说明其中包含的真实歧见。

1. 戴叶：皮特·罗斯是棒球历史上最伟大的得分手。他比联盟的其他主要球员的得分都多。

奈特：不，汉克·阿伦才配得上那个称号。他比联盟的其他主要球员的本垒打都多。

2. 戴：尽管索福克勒斯的戏剧年代久远，但它们都与现代有很大联系。它们处理永恒性的反复出现的问题和价值，诸如爱和奉献，代沟，以及生和死，等等，它们就像两千多年前一样是当今的核心问题。

奈：我完全不赞同你的意见。有关我们时代当前紧迫的问题：通货膨胀、失业、人口爆炸以及能源短缺，索福克勒斯一点都没有说。他的戏剧与今天无关。

3. 戴：鲍勃·琼斯对他的孩子们来说是一位出色的好父亲。他在一个很好的街区给他们置下了漂亮的家，并给他们买他们需要或想要的任何东西，而且为他们的教育做了充足准备。

奈：我认为鲍勃·琼斯完全不是一位好父亲。他这么忙着挣钱买东西，就没有时间陪他的孩子们。除了他为他们买单，他们几乎不了解他。

4. 戴：联合总公司去年的收入比以前都高，我是从它们的年度报告上看到的。

奈：不，它们的收入实际上比以前低多了，并且由于发布错误的和误导性的报告，它们已被证券交易委员会作为案例列出。

5. 戴：国家企业集团有限公司的业务持续良好发展。它们今年的销售额比去年同期高出25%。

奈：不，它们的业务现在不是那么好了。到现在为止，它们的利润比去年同期低30%。

6. 戴：安娜是一个优秀学生。她对任何事情都有强烈的兴趣，并且在班里提出的问题都是非常有才智的。

奈：安娜是我迄今所见到的最差劲的学生之一。她从不按时交作业。

7. 戴：汤姆是按照他自己的自由意志来做这件事的。他没有承受压力，没有威胁，没有收买，也没有逼迫的迹象。他对此深思熟虑并做出了自己的决定。

奈：那是不可能的。任何人都没有自由意志，因为按照不可抗拒的自然因果律，任何人做任何事都不可避免地为遗传和环境所决定。

8. 戴：格雷贝德教授是那所大学中最为多产的学者之一。他的出版的书目比任何同事的都长。

奈：我不认为他是多产的学者。他是好教师，但在他的整个生涯中，他从没有提出什么新思想或新发现。

9. 戴：贝蒂终于甩掉了那辆旧雪佛兰，为自己买了辆新汽车。她现在开的是别克。

奈：不，贝蒂没有给自己买新车。那辆别克足足有三年寿命了。

10. 戴：迪克终于甩掉了他那辆旧福特，为自己买了辆新车。他现在开的是庞蒂克。

奈：不，迪克没有为自己买新车。他开的是他室友的新庞蒂克。

11. 戴：海伦住得离学校很远。一天，我步行去看她，花了将近两个小时才到那儿。

奈：不，海伦住得离学校不那么远。昨晚，我开车去她家，不超过十分钟我们就到她家了。

12. 戴：格雷参议员是个好人，也是个真正大度的人。对每项进步法令，立法之前他都赞同。

奈：在我看来，他并不大度。这个老吝啬鬼给崇高事业的捐款比他那个收入等级的其他任何人都要少。

13. 戴：温尼迈克大学过分强调体育运动，它拥有世界上最大的学院体育场，还建造了多座新运动建筑物而不是去建非常急需的教室。

奈：不，温尼迈克大学并没有过分强调体育运动。它的学术水平是很高的，而且，除了运动项目外，它还主办了学生的大范围课外活动。

14. 戴：在那种宴会中，供应烤牛肉是不得体（in bad taste）的。有印度人出席宴会，吃牛肉有悖于他们的宗教信仰。

奈：难吃，没有的事！这是我很久以来所吃到的最美味的肉了。我认为它非常可口！

15. 戴：这事不要问你妻子，你该自己做出判断。

奈：我会自己做判断，而根据我的判断，我应该问我的妻子。

3.4 定义及其用途

好的定义对于消除言辞之争非常有帮助。除此之外，定义在逻辑中还有其他非常重要的用途。在区分这些用途之前，需要强调定义的一个特征：定义总是对**符号**（而非对象）的定义，只有符号具有定义能够说明的意义。例如，我们可以给"椅子"这个词下定义，因为它有意义；但是我们不能定义椅子本身。我们可以坐在椅子上，或者给它上漆，或者烧掉它，或者描述它，但是我们不能定义它，因为椅子不是一个具有意义从而需要说明的符号。我们有时会说某事物得到了定义，这是误导人的，事实上，我们定义的总是符号。

有两个通用的技术性术语对讨论定义非常有用。我们称被定义的符号为**被定义项**（definiendum），用来说明被定义项的符号或符号串称为**定义项**（definiens）。换句话说，被定义项是需要被定义的词项，定义项是对被定义项的定义。定义项不是被定义项的意义而是与被定义项有相同意义的符号（或一组符号）。

基于其被使用的方式，定义可以分为五种：规定定义，词典定义，精确定义，理论定义，说服定义。接下来我们逐一进行讨论。

A. 规定定义

将意义指派给某符号的定义即规定定义（stipulative definition）。引进新符号的人具有规定或指派给这个符号任何他所关心的意义的自由。即便是老的词项，如果出现在新的语境中也可以规定它的意义。这种定义有时也称为"**名义**（nominal）"定义。

为什么要通过规定引入一个新概念呢？许多理由可以为这种做法辩护。或许只是为了方便，单个的词可以在信息中代表许多词。如果规定仅为信息发送者和接受者所理解，那么通过规定还能起到保密的作用。它也可以使表达更为经济。在科学中，新符号常常通过规定得到定义以表示那些原本需要一长串熟悉的词语去表达的意思。由此不仅节约了时间而且提高了清晰度。例如许多写起来非常冗长的数字就通过规定得到了新的名称：前缀"泽塔（zetta）"被规定地定义为与一千亿亿（10^{21}）相等的数，而"幺塔（yotta）"被规定地定义为与一万亿亿（10^{24}）相等的数。这些都是由管理科学单位的国际机构——度量衡总务委员会（Conférence générale des poids et mesures）于1991年规定的。另外，"zepto"被规定地定义为一千亿亿，"yocto"被规定地定义为一万亿亿。或许所有规定定义中最著名的是将数字10^{100}（由数字1后跟100个零表示）随意地命名为一"googol"，这个名字是数学家爱德华·卡斯纳（Edward Casner）9岁的侄子，在被要求说出一个能合适地表示非常大的数字的词时脱口而出的。现在著名的网络搜索公司Google的名字，就是由这个词故意误拼而来的。

在科学中，有些规定定义被引入是为了避免熟悉词项之情感牵连对研究者的干扰。例如，在现代心理学中，斯皮尔曼（Spearman）的"g因子"就是意欲传达与"智力"这个词具有同样的描述意义，但不具有它的任何情感意义。引入一个引人注目的新词项也可以给研究增添兴致和情趣，例如，"黑洞（black hole）"的引入就是为了替换"引力完全崩溃的星体"。这个词是由约翰·阿奇博尔德·惠勒（John Archibald Wheeler）博士在1967年空间研究所纽约的一次会议上提出的。现在在物理学中广泛使用的"夸克（quark）"一词，是由物理学家默里·盖尔曼（Murray Gell-Mann）在1963年引入的，以命名一种不寻常的、他一直试图进行理论说明的亚原子。在詹姆斯·乔伊斯（James Joyce）的小说《芬尼根的守灵夜》中，"夸克"一词出现在"three quarks for Muster Mark"一行文字中，但盖尔曼博士报告说，他在遇到小说中的这个名字之前，就已经选择它作为粒子的名字。在哲学中，皮尔斯长期称他的哲学为 pragmatism（实用主义），但是在这个词开始被漫不经心地使用之时，他规定自己的观点从此之后将被称为"pragmaticism"，他说这个词足够丑陋，没有人愿意盗用它！

规定定义既不真也不假，也没有确切与不确切之分；由规定定义而定义的符号在该定义给予它一种意义之前不具有那种意义。因此，它的定义不能被看作被定义项与定义项具有相同意义的一个陈述或报道。对于任何接受这种定义的人来说，它们的确具有相同的意义，但那是定义的结果而不是定义所断定的事实。规定定义应当被视为运用被定义项去意指定义项所意味的东西的一个建议或方案，或者被视为那样做的一个请求或指令。在这种意义下，规定定义就是指令性的而不是信息性的。建议可能会遭到抛弃，请求可能被拒绝，指令可能被违背，但是它们既非真也非假。这就是规定定义。

如果对达到某些目的有益，规定定义可以被评价为有用；如果过于复杂和模糊，则会被评价为无用。规定定义不能解决真正的歧见。然而，通过减少语言的情感角色和简化对话，规定定义有利于防止无谓的冲突。

B. 词典定义

被定义的词项一般都有某种固定的用法，如果定义的目的是解释这种用法或消除歧义，那么该定义就是词典定义。**词典定义**（lexical definition）报告被定义项已经具有的意义。这种报道是可真可假的，因此词典定义或真或假。"'bird（鸟）'一词指的是有羽毛的温血脊椎动物"这一定义为真，因为这确是讲英语的人怎样使用"bird"这个词的正确报道。然而，"'bird（鸟）'一词指的是两足的哺乳动物"这一定义显然为假。

语词使用中的大多数错误都不是如此明显的。譬如当我们想说泥水 turbid（混浊的）时却说成了 turgid（浮肿的），——turgid 的词典定义是"胀起的（swollen）"或"浮夸的（pompous）"。有些错误非常滑稽可笑，就像马勒普太太（Malaprop）那样：马勒普太太是王政复辟时期戏剧家理查德·谢里登（Richard Sheridan）的一个可笑的错话连篇的人物，她命令"使他从你的记忆中……成为文盲"，或者使用"像尼罗河岸边的一个寓言那样刚愎自用"这样的短语。并非所有这样的混淆都是虚构的，这为美国一所大学的一个学生所证明，他把"精算师"定义为"鸟之家"，把"十二指肠"定义为"基数为 2 的一个数字系统"。[5] 这些错误无论是有趣还是悲伤，它们都是对讲英语的人如何使用这些词的错误报道。

　　词典定义与规定定义具有重要不同。真假可以适用于前者却不能适用于后者。规定定义的被定义项除了定义引进的意义外或在定义引进之前没有意义，所以其定义不可能是真的（或假的）；但由于词典定义的被定义项的确具有一个先在的和独立的意义，所以它或真或假，这取决于其意义是得到正确的还是错误的报道。

　　有时，我们所谓的"词典定义"被有些人称为"真实"定义，以表明它的被定义项确实具有独立的意义。但是，定义是规定定义或是词典定义，却与被定义项是否指称某个"真实的"或存在的事物无关。以下定义

　　　　"独角兽（unicorn）"这个词的意思是一种像马的动物，但其额头上长着一只挺直犄角。

无疑是一个"真实"或词典定义，并且是个正确定义，因为其被定义项的意义正是该定义所指出的意义。然而，在这种情况下，这个被定义项并不命名或代表任何存在物，因为本来就没有独角兽。

　　我们必须对这一点进行限制。有些定义确实是错的，但那些不同于通常用法的用法最好被描述为不寻常或非传统的。词汇的用法是一种统计问题，不可避免地要服从统计变化。因此，我们不能总是具体地给出一个词的"这个意义"，而是在大多时候对这个词的各种意义给出说明，这由它在实际话语和写作中的用法来决定。

　　有些词典编纂者通过参照"最好"或"正确"用法来努力避免这种变化，却不能取得完全成功，因为"最好"用法也是一个程度问题，而这种

程度测量根据是，符合给定词汇之定义的用法的杰出作家或说者的数量。文学和学术词汇往往落后于活生生的语言增长，因此定义报道的意义仅仅是为某些学术贵族接受的但可能过时的意义；一时的非权威用法随后不久就可能变成权威用法。词典定义一定不要忽视某种语言的大量使用者对词项的使用方式，否则，词典定义对实际用法就将不完全正确。考虑到语言的增长，好的词典通常指出了词项的哪些意义是"陈旧的"或"过时的"，以及哪些是"口头的"或"俚语的"。

理解了这些限制条件，即牢记了活语言的变动性，就能明白：在词典定义可能真实地或虚假地描述了实际用法的意义上，词典定义本质上或真或假。

C. 精确定义

有些词项有歧义，有些词项是模糊的。如果一个词项具有多个不同意义并且在特定语境中弄不清楚哪个是它要表述的意义，那么这个词项在该语境中便是**歧义的**；而如果存在"临界状况"，但人们不能确定词项是否适用于该状况，那么该词项便是**模糊的**。一个词项或短语——例如"诽谤"和"言论自由"——可以既是歧义的又是模糊的。**精确定义**（precising definition）就是用来消除歧义或模糊性的。

所有词项都具有一定程度的模糊性，但是，过分模糊会造成严重的实际困难。这一点在法律中尤为突出，按照某些法律条文禁止的行为需要被清晰地界定出来。例如，在我们写本书的时候，上诉法庭成员正激烈辩论"不合理搜查"一词的确切含义，这一短语正是美国宪法第四修正案的核心所在。警方秘密放置的全球定位装置，现在可以追踪犯罪嫌疑人的所有活动。这种追踪产生的证据有时会导致刑事定罪。以这种方式收集的证据是允许的吗？简单地追踪一个犯罪嫌疑人并不违反第四修正案，因为人们并不期望暴露在公众视野中的行动具有隐私性。但是 GPS 技术能长时间监视，暴露商业行为、去教堂的习惯、娱乐兴趣、同事的身份，甚至是性出轨行为。这种搜查是否需要司法授权呢？2010 年，美国哥伦比亚的上诉法院裁定它需要司法授权，推翻了一个根据未授权使用证据的裁定。[6] 马萨诸塞州、纽约州、俄勒冈州和华盛顿州的最高法院最近达成一致，规定警察使用这种装备必须获得授权。但三起类似的 GPS 相关案件（在芝加哥、圣路易斯和旧金山）的判决却受到了美国最高法院的批评。一些法官认为追踪汽车的移动根本不是一种搜查。2012年，在"美国诉琼斯"[7]一案中，最高法院裁定，根据第四修正案在车辆上安装GPS装置以监测车辆的移动是一种搜查，因而需要搜查令。自2012年以来，最高法院的一些判决（例如2015年"格雷迪诉北卡罗来纳"[8]）进一步澄清了什么是搜查和什么不是搜查，从而明确了第四修正案的适用范围。截至2017年11月28日，最高法院正在处理（"卡朋特诉美国"[9]）警察是否需要授权才能获取一个人的手机历史位置记录的问题。这些案例清楚地表明，技术进步往往需要最高法院的裁决，而最高法院的裁决又使关键法律术语的定义更加精确。

科学中度量单位的模糊性是一个严重的问题。例如"马力"通常用来表示马达的动力，但是其模糊性导致了商业欺骗。为了克服这一点，需要一个精确定义。"1马力"现在被精确定义为"在1秒钟内提升550磅重物1英尺高所需要的能量"，等于745.7瓦。（真正一匹马的力量——例如负重600千克（或1 323磅）——要大许多，估计约等于18 000瓦特。因此，一个200马力的汽车大概与十匹马的力量相等。）

"米"，国际上接受的距离测量单位，曾通过规定给出了起源性定义，即从地球的一极到赤道距离的一千万分之一，它长期由一根金属条上的一对非常精心制成的印痕来表示。这根金属条由铂铱合金制成，保存在巴黎附近的一个保险库内。但是，科学研究已经要求一个更为精确的定义。现在1米定义为"光在299 792 458分之一秒内所穿过的距离"。而1升则精确定义为"边长为十分之一米的立方体的容量"。

要清除词项（如，"马力"和"米"等）令人烦恼的模糊性，我们不可能诉诸词项的日常用法。日常用法没有足够的准确性，否则，词项就不会模糊了。临界状况的断定常常必须超越日常的语言范围，因而帮助解决临界状况问题的定义将超出普通用法表示的范围。这类定义就是**精确定义**。

精确定义既不同于规定定义也不同于词典定义。它不同于规定定义之处就在于其被定义项不是新词语，其用法虽然模糊但已经固定下来。因此，精确定义的制定者不能自由地选择意义而指派给被定义项。他们必须尽可能地保持固定用法，使已经为人所知的词项更加精确。同时，他们也不能只给出一个已有用法的简单报道；如果要减少被定义项的模糊性，他们就必须超出这个固定用法。具体怎么超出，即怎样填充他们与固定用法之间的鸿沟，或者怎样解决他们与固定用法之间的冲突，事实上可能完全是规定定义的问题。

上诉法庭的法官通常需要更为精确地定义某些通用词汇。他们提供的定义不仅仅是规定定义，因为即便超出了固定用法之后，他们还是会为引入的限制条件给出理由。例如，美国宪法第四修正案禁止"不合理的搜查和扣押"，因此，由不合理扣押而取得的证据在法庭上一般是不被采用的。但是，什么是"扣押"呢？设想一个嫌疑人从警察身边撒腿逃跑时，扔了一包毒品，这包毒品随后被没收。那包毒品是被扣押的吗？为了解决这样的问题，美国最高法院就需要制定一个精确定义。"扣押"，他们解释说，必须或者是涉嫌使用某些控制运动的有形暴力，或者是涉嫌使用了令嫌疑人屈服的威权式强硬陈词，如命令站住。但是，只要嫌疑人继续奔跑，就不会发生扣押问题。因此，当嫌疑人从警察身边逃跑时，他扔的任何东西都不是不合理的扣押物，可以被采用为证据。[10]

对商业而言，术语的精确定义也非常重要。例如，运动型多用途汽车（SUV）是轿车还是轻型货车呢？燃料经济性的标准更适用于轿车而非"轻型货车"。因此，汽车制造商们就必须知晓美国运输部精确定义这些类别的标准。[11]

如果一条法律太过模糊，以致公民都无法确定地知道什么时候违背了它，那么法院就会将其取消。美国最高法院的法官瑟古德·马歇尔（Thurgood Marshall）很久以前就解释了法律中精确定义的重要性。

> 法律正当程序的基本原则是：如果某法律中的禁令没有得到清楚的定义，那么该法令因其模糊性是无效的。模糊的法律有违几条重要的准则。第一……我们认为法律应给有普通智力的人一个合理的机会去了解什么是被禁止的，从而使他们能够据此行为。模糊的法律没有提供适当的警告，会让无辜者获罪。第二，为了防止执法的任意性和歧视性，法律也需要对其所适用的人群给出一个明确的规定。模糊的法律不可容忍地将基本的政策问题交给了警察、法官和陪审团，得到的是建立在特设和主观基础上的解决法案，随之而来的还有任意和歧视性适用法律的危险。第三……模糊的法律与第一修正案基本自由权利的几个敏感领域界限不明。它禁止对这些自由权利的行使。相比于禁止的区域得到

明确界划的情况，不确定的意义不可避免地使市民"驶向更为广阔的违法地带"。[12]

1996年，基于该原则，一项使得在因特网上传播"猥亵"或"明显使人讨厌"的东西成为非法的联邦法律，因其模糊性而被推翻。[13] 为了避免这种不确定性，立法机关通常为新法律做一个称作"定义"的前言部分，对法令中所运用的关键词语的精确意义进行清楚的说明。同样的做法也广泛地用于劳动管理合同，其中应对用于标明工作场所的协议条款的词语予以详细定义。精确定义是具有广泛而强大作用的概念装置。

D. 理论定义

在科学和哲学中，定义通常扮演着某些理论的摘要或概括的角色。定义的不充分——没有正确地概括所讨论的理论——比定义的模糊性更容易导致这种定义的错误。

例如，我们应该如何定义"行星"呢？行星就是在环绕太阳的轨道上运行的天体，在太阳系中有九颗行星，其中最小的冥王星由特殊的物质组成，有特别的运行轨道，并且离太阳最远。多年以来，上述被认为无矛盾的观点被教授了一代又一代小孩。但是其他大于木星、有奇怪形状的天体最近也被发现是在环绕太阳的轨道上运行。它们是行星吗？为什么不是？传统的定义如今变得在概念上不充分了。国际天文联合会中的激烈争论尚没有完全结束，但还是在最近得出了一个关于行星的新定义。根据这个新定义，在太阳系中只有八颗行星。一种新类别即"矮行星"（指冥王星、谷神星和厄里斯等天体）也得到了定义。我们需要的是既能容纳旧发现又能容纳新发现，与此同时还能对整个系统保持一个完全明确和一致说明的定义。国际天文联合会在2006年采用了这样的定义（也许没有我们所期望的那般简洁），即行星是"满足以下条件的太阳系中的天体：(1)在环绕太阳的轨道上运行；(2)有足够的质量来保证其自重能克服其刚体惯性力从而使其呈现出流体静力平衡（接近球体）的形状；(3)清除了其轨道附近的区域"。在太阳系以外的系统中，新的定义要求天体：(1)位于恒星或恒星残余物的轨道上；(2)质量低于氘热核聚变的极限质量；(3)高于太阳系中行星的最小质量/尺寸的要求。

这些争论中的分歧不仅仅是在某些词（例如"行星"）的用法上。大家所追求的是对这个词项作为其关键要素的理论的全面把握。能囊括这种更广认识的定义,可正确地将其称为**理论定义**(theoretical definition)。

哲学也寻求理论定义。在柏拉图的《国家篇》中,在寻找"正义"的正确定义的过程中,苏格拉底所寻找的,不只是一系列正义的同义词。斯宾诺莎在《伦理学》中试图定义"束缚"和"自由"的时候既不是要审查人们是如何使用这些词的,也不是要排除模棱两可的例子。词典定义、精确定义和规定定义都不是哲学的目标。哲学家们通常都在试图给出一个美德理论,以帮助我们理解各种正确的行为。

对理论定义的需求仍然很迫切。什么是权利?获得健康关爱是一种权利吗?非人的动物有权利吗?我们能如何最好地定义这个词项?哪些国家真正地体现了"民主"?领导者由民众选出的事实就能保证政府的民主吗?如果不能,怎样的政治制度或公民行为模式能刻画民主社会呢?怎样才是对这个词最合适的应用呢?理论定义是我们对某领域全面了解的产物。

E. 说服定义

上面讨论的四种定义主要关注的是语言的信息性用法。有的时候定义也被用来表达情感以影响他人的行为。有些定义提出是为了通过影响态度或者激发情感以解决争论,我们称之为**说服定义**(persuasive definition)。

说服定义在政治辩论中是常见的。在左派那里,我们看到将"社会主义"定义为"延伸至经济领域的民主";而在右派那里,我们又听到将"资本主义"定义为"经济领域里的自由"。在这些定义中,情感语言的操纵意图是明显的。但是,操纵也可以是微妙的;情感色彩可以被偷偷地注入一个定义语言里,而这个定义却伪称准确并表面上显得客观。正如我们寻求区分好与坏的推理一样,我们也必须警惕被说服定义愚弄。

总之,我们区分了五种使用定义的方式,由此任何定义都能够根据其主要的功能被归为如下类别之中:

规定定义

词典定义

精确定义

理论定义

说服定义

当然有的定义不止具有其中某一种功能。一个规定定义也许旨在影响和操纵听者；一个词典定义可能被客观地用以使某讨论更为精确；如此等等。就像在语言的任何其他地方一样，语境在此也很关键。

练习题

A. 请给每个定义类型举一个例子，并说明每个例子是如何达到目的的。

B. 请讨论在如下论争中，哪方提出的定义较为精确？

任何人在有关毒品犯罪中"使用或携带武器"，联邦法律规定都给予5年的法定强制监禁判决。1998年，美国最高法院面对着这样的问题：旅途中若在车前小储藏柜或后备厢中有枪支，这同身上携带枪支不同，这种情况满足上述法规中的"携带"的含义吗？法官布雷耶认为，国会（制定法律时）所使用的是这个词的普通的日常意义，而不能进行人为限制使之（在执法中）直接可用。他援引《罗宾逊·克鲁索》和《白鲸》，指出"携带"的普通用法是意指"在车辆中运载"。他总结道，法院判决就是由此而正确做出的。法官金斯伯格指出，布雷耶的文学证据是有选择的和没有说服力的；作为回应，她援引鲁迪德·凯普林的电视连续剧《陆军野战医院》($M.A.S.H.$)，以及罗斯福总统的"轻柔地讲话并'携'一根大拐杖"来表明对联邦法律中"携带"的正确理解应为："携带"的枪支意指"拿在手中准备用作武器的枪支"〔$Muscarello\ v.U.S.$，U.S. 96-1654 (1998)〕。

3.5　定义的结构：外延与内涵

定义表明一个词项的意义（meaning），如果我们仔细考察一个词项的字面（或描述性）意义，就会发现该词项之意义有不同的含义（sense）。区分了这些不同的含义之后（这正是我们接下来的目标），我们将看到对定义的分类和理解不仅能基于其用法达到（正如前文所说），还能通过这些定义被建立起来的方式，即它们的结构达到。

我们关注对推理特别重要的普遍词项，普遍词项就是可以运用于一个以上对象的类（class）的词项。"行星"是一个典型的普遍词项，可以适用于多个对象，它对水星、金星、地球、火星、木星、土星、天王星和海王星都是在同等含义上适用的。(但是这不适用于冥王星。如前所述,冥王星已经被国际天文联合会划归进了"矮行星"。)在一种含义上,词项"行星"意谓所有这些对象的集合,而所有行星的汇集(collection)就构成"行星"的意义,即其**外延性意义**。如果我说所有行星都有椭圆轨道,那么我所断定的部分东西是火星有椭圆轨道,另一部分是金星有椭圆轨道,等等。普遍词项"行星"的外延由它正确适用的那些对象构成。一个普遍词项的外延意义(也被称为指谓意义)是构成该词项外延(或指谓)的对象汇集。

理解普遍词项的意义就是知道怎样正确使用它;但是,这样做并不是一定要知道它可以正确适用的所有对象。对一个给定词项,其外延内的所有对象具有某些共同的性质或属性,这些性质或属性可以引导我们使用同一词项来指谓它们。如果我们知道这些性质,就可以在第二种含义上知道一个词项的意义,而无需知道其外延。在第二种含义上,"意义"设定了决定任一对象是否属于那个词项外延的某种标准。"意义"的这种含义称作词项的**内涵意义**(intensional meaning,有时也被称为 connotative meaning)。普遍词项指谓的所有对象并且仅仅那些对象共同拥有的属性集,称作那个词项的**内涵**(intension 或 connotation)。

每个普遍或类词项都既有一个内涵意义又有一个外延(或指谓)意义。考虑普遍词项"摩天大厦",它正确地适用于所有超过一定高度的建筑,这就是它的内涵。"摩天大厦"的外延是一个类,这个类包括纽约的世贸中心(World Trade Center)、芝加哥的希尔斯塔(Sear Tower)、上海世界金融中心(Shanghai World Financial Center)、吉隆坡(Kuala Lumpur)的国油双峰塔(Petronas Twin Towers)等,也即该词项适用对象的汇集。

一词项的外延(即其全体成员)是由其内涵决定的。"等边三角形"的内涵是由三条等长的直线所围成的平面图形。它的外延是所有那些并且仅仅那些具有这种性质的对象的类。因为任何具有该性质的对象必定是这个类的成员,所以我们说一个词项的内涵决定其外延。

然而,反过来说却不对:一个词项的外延并不决定其内涵。考虑与"等边三角形"有不同内涵的"等角三角形","等角三角形"的内涵是指由三条相互相交而形成等角的直线所围成的平面图形。当然,"等角三角形"这个词项的外延与"等边三角形"这个词项的外延是完全相同的。因此，如果确认这些词项中一个词项的外延，它的内涵则处于不确定状态；外延不决定内涵，但是，内涵却必定决定外延。词项可以具有不同的内涵但外延相同，而具有不同外延的词项却不可能有同样的内涵。

给一个词项的内涵添加性质时，我们就说该内涵增加了。从一个普遍词项，例如从"人"开始，加上"活着的"，加上"20 岁以上的"，加上"出生在墨西哥"，每加一个性质，内涵都随之增加。"活着的 20 岁以上出生在墨西哥的人"要远远大于"人"的内涵。这些词项是按照内涵增加的次序来排列的。然而，增加内涵也就减少了它们的外延。"活着的人"的数量要远远少于"人"的数量，"活着的 20 岁以上的人"的数量就更少了，等等。

有人也许会认为，外延和内涵总是反向变化，但事实并非如此。增加一个词项的内涵对其外延没有影响的时候这一点就变得明显了。考虑这样的序列："活着的人""活着的有脊骨的人""活着的有脊骨的不超过一千岁的人""活着的有脊骨的不超过一千岁的没有读完国会图书馆（Library of Congress）里所有书的人"等。显然，这些词项的次序是增加内涵，但是它们每个的外延都是相同的，完全没有减少。所以我们可以说，如果词项按照内涵增加的次序排列，那么它们的外延将处于非递增的次序；也就是说，如果外延有变化，那么它们的变化与内涵的变化相反。

有些词项的外延是空的，其所指属性的对象不存在。古希腊神话中，柏勒洛丰杀死了吐火的怪物，这个怪物长着狮子的头、山羊的身体、蛇的尾巴。我们完全理解怪物这个词项的内涵，但是它没有外延。

虽然外延可能是空的，但是有些糟糕的论证就是基于意义可以指称外延或内涵的事实。例如：

> "上帝"这个词不是无意义的，因此它有一个意义。但是按照定义，"上帝"这个词的意思是全能的至善的存在（being）。因此，全能的至善的存在，即上帝，必然存在（exist）。

"上帝"一词当然不是无意义的，因此存在一个内涵是它的意义。但是，由此并不能得出：一个具有内涵的词项，其内涵一定指谓一个存在物。内涵与外延之间这种非常有用的区分是由坎特伯雷的圣安瑟伦（St. Anselm of Canterbury，1033—1109）引进并强调的，他以他的"本体论论证"而著称，但上述那个谬误的论证与他的论证并不相同。

一位当代批评家在论证里也做了相似的论证：

> Kitsch（低劣作品）以展示粗鄙、卑劣、下贱、懦弱和邪恶信仰来表现并败坏人类境况。这就是为什么乌托邦可以被定义为一种事件状态，在这种状态中，这个词项已经消失了，因为它不再有所指。[14]

其作者没能在**意义**与**所指**（referent）之间做出区分。许多有价值的词项（例如，那些命名古希腊神话中的动物的词项）都不存在所指，没有外延，但是，我们并不要求或期望这样的词项消失。实际上，具有内涵但没有外延的词项是非常有用的；如果有一天乌托邦变成了现实，那么，我们也许想要表达对减少或消除"低劣作品"或"粗鄙"的庆幸。而要这样做，我们就需要能够有意义地使用这些词项。

现在，我们用内涵和外延之间的区分来解释某些构建定义的方法。有些定义通过外延或所指对象的类来处理普遍词项，而其他定义则通过决定所指类的属性来处理。我们将会看到，每种处理方法都既有优点又有缺点。

练习题

A. 按照内涵递增的次序排列以下各组词项。

1. 动物，猫科动物，猞猁，哺乳动物，脊椎动物，野猫。
2. 酒精饮料，饮料，香槟，精制白葡萄酒，白葡萄酒，葡萄酒。
3. 运动员，球类运动员，棒球运动员，外野手，内野手，游击手。
4. 乳酪，乳制品，林堡软乳酪，牛奶制品，软乳酪，浓味软乳酪。
5. 整数，数，正整数，质数，有理数，实数。

B. 将下列词项表按照内涵递增的次序分成五组，每组五个。

水生动物，役畜，饮料，白兰地，干邑白兰地，家畜，雌马，鱼，马驹，供垂钓的鱼，马，仪器，液体，烈酒，音乐仪器，大梭鱼，平行四边形，狗鱼，多边形，四边形，长方形，正方形，斯特拉迪瓦里小提琴，弦乐器，小提琴。

A. 外延和指称性定义

指称性定义采用的方法是指出被定义的术语的外延。解释某个词项的外延，最为明显的方法就是指出这个词项所指称的对象。该方法非常有效，却有严重的局限。

上一节我们曾指出（以"等边三角形"和"等角三角形"为例），具有不同意义即不同内涵的两个词项可以具有恰好相同的外延。因此，即使我们能够完全列举出其中一个词项指谓的对象，由此而得出的外延定义也不能把它与另一个指谓同样对象的词项区分开来。

要完全列举出一个类中的所有对象通常是不可能的。"恒星"这个词指谓的对象个数是个天文数字，"数"这个词所指谓的对象也是无限多的。就大多数普遍词项来说，完全列举其外延都是不可能的。因此，指称性定义就被限制在对所指对象的部分列举之上了——并且这一局限性产生了严重的困难。这一问题的核心是：通过对一个类的部分列举，普遍词项的意义仍然是非常不确定的。

任何给定对象都具有许许多多性质，因而被包括在许许多多不同的普遍词项的外延之中。因此，任意一个普遍词项的例子也可能是其他许多内涵不同的普遍词项的例子。如果用帝国大厦（Empire State）的例子来解释"摩天大楼"，我可能指的还有其他很多类的事物。即便列出两个、三个或四个例子，还是会产生相同的问题。假设在帝国大厦之后我还列出克莱斯勒大厦（Chrysler Building）和川普大楼（Trump Tower），我脑海中所想的是一个怎样的类呢？可能是"摩天大楼"，但是它们也同样属于"20世纪的伟大建筑"、"曼哈顿的昂贵房地产"或"纽约市的地标"。每个这些普遍词项都指谓其他词项不指谓的对象，因此通过使用部分列举，我们甚至不能在具有不同外延的词项之间做出区分。

我们可能会试图通过一组一组地列举这个类的元素来克服这一问题。使用这种方法，也就是通过子类来定义，有时可能做到完全的列举。例如，我们把"脊椎动物"定义为两栖动物、鸟类、鱼类、哺乳动物和爬行动物。这种完全列举提供了某种心理上的满足，但是这样做出来的定义还是没有充分地刻画出"脊椎动物"一词的意义。

指称性定义的一般做法，即指认或描述被定义的词项所指称的对象。

除此之外，还可以通过指着被定义的对象来定义。这种定义被称为"实指定义"或"示范定义"。例如，"'桌子'这个词意指这个"，伴随着一个姿势如用手指指着桌子的方向，就是一个实指定义。

实指定义既有其自身的某些特殊局限性，也有前面所提到的各种局限性。姿势受到地域的局限：一个人只能指着看得见的东西，例如，我们不能在内陆山谷中去实指地定义"海洋"。更为严重的是，姿势也有着不可避免的歧义。指着一张桌子也是指着它的一部分，以及它的颜色、大小、形状、质料等，事实上，也就是指着位于桌子所在的方向上的所有东西，包括它后面的灯或墙壁。

这种歧义有时可以通过给定义项增加一些描述性短语而得到解决，其结果被称作准实指定义。例如，"桌子"这个词意指"这件"家具（伴随以相应的姿势）。但是，因为这种附加假设了对"家具"这个短语的事先理解，就使实指定义的宗旨难以达到。实指定义历来被某些人视为"基本"或"原初"定义，其意思是说：我们最初都是凭借这种方式来理解词项意义的。事实上，我们对语言的最初学习是通过观察和模仿，而不是通过定义。

除了上述困难之外，所有实指定义都有如下不足：它们无法定义不指谓任何东西的词，无论其意义如何丰富。当我们说不存在独角兽时，我们在断定"独角兽"这个词没有所指，具有一个"空"外延。没有外延的词项是非常重要的，这也表明通过外延定义词项的方法不能把握到问题的关键。虽然没有外延，但是"独角兽"这个词显然不是无意义的。如果"独角兽"这个词毫无意义，那么说"不存在独角兽"也就是无意义的。然而，这个陈述并不是没有意义的，我们完全理解它的意义，而且它是真的。显然，内涵对定义来说是真正的关键。

练习题

C. 使用范例来定义下列词项，为每个词项列举三个范例。

1. 演员
2. 拳击手
3. 作曲家
4. 剧作家
5. 花
6. 将军（官员）
7. 港口
8. 发明家

5. 元素　　　　　　　10. 诗人

D. 为练习题 A 中的每个词项找出一个非同义的普遍词项，并使你的三个范例都能很好地满足示例它们。

B. 内涵和内涵定义

有时，术语 connotation（含义）是指"内涵"；内涵定义就是含义定义。但在这里，我们避免使用 connotation 一词，因为在日常英语中，一个词的 connotation 就是它的全部意义，包括它的情感意义和描述意义。因为我们这里只关注信息性意义，故我们不使 connotation 一词。本节使用"内涵（intension）"和"内涵的（intensional）"这两个术语。

如前所述，词项的**内涵**，由词项指谓的所有对象共有且仅为这些对象特有的属性构成。例如，如果"椅子"的内涵由属性"单个的座位并且有一个靠背"构成，那么就意味着**每一张**椅子都是具有靠背的单个座位，并且只有椅子才是具有靠背的单个座位。

即便是在这种限制之中还是需要区分三种不同含义的内涵：主观内涵、客观内涵和归约内涵。对说话者来说，词的主观内涵就是他认为该词指谓对象所具有的属性集。这种集合显然因人而异，甚至对同一个人也因时而异。因此，主观内涵无法达到定义的目的。毕竟，逻辑学家们所感兴趣的是词语的公共意义，而不是它们的私人解释。客观内涵是词项外延的所有对象共同拥有的属性全集。例如，"圆"这个词的客观内涵可以拥有圆的各种普遍特性（例如，圆的面积比其他任何相同周长的封闭平面图形的面积都大），而我们很多人在运用这个词时完全没有注意到这些普遍属性。要知道大多数词项的指谓对象所共同拥有的全部属性，就要求完完全全的全知，而由于没有人能够具有这样的全知，所以客观内涵就不是我们所追求的公共意义的解释。

我们的确能与别人交流，因此的确能理解他们所使用的语词。所以必定存在可为公众使用并广泛理解的内涵，即既不是主观的也不是客观的内涵。词项之所以具有稳定的意义，乃是因为对任何对象来说，在决定其是否是某词项外延的一部分时，我们都同意使用同样的标准。比如，从日常交谈来看，圆之所以为圆，就在于它是这样一种封闭的平面曲线，其线上所有的点到一个叫作圆心的点的距离都相等。通过归约，我们确定了这一标准。上述意义就是"圆"这个词的归约内涵。就定义之目的而言，这是内涵的最为重要的含义,因为它既是公共的,也不为使用它而要求全知。实际上,"内涵"这个词通常就是用来指"归约内涵"的——这也将是我们的用法。

用内涵定义一个语词的方法有哪些呢?常用的方法有如下几种。最简单且最常用的方法(但功能有限)就是提供另一个意义已经被理解的词,而且它与被定义的词具有相同的意义。两个具有相同意义的词称作"同义词",因此这种定义就被称作**同义定义**。词典,尤其是较小的词典,就主要依靠这种方法来定义词项。例如,一本词典可以将"谚(adage)"定义为"谚语(proverb)","腼腆(bashful)"定义为"害羞(shy)",等等。当需要解释另一种语言的词义时,同义定义特别有用,往往是不可或缺的。在法语中,"chat"意指"猫";在西班牙语中,"amigo"意指"朋友",等等。人们学习外语词汇要依赖于同义定义。

同义定义是一种定义语词的好方法,它容易、方便而实用,但它也有很大局限性。很多词汇并没有真正的同义词,因而同义定义就常常不够完全精确并引人误解。从一种语言向另一种语言的翻译通常都无法抓住其精神或传达其深意,从来就不是完全忠实于原本的。有一句意大利谚语就是基于这种认识而来的:"翻译者就是窜改者"。

同义定义的一个更严重的局限是:如果我们寻求定义的词所表示的概念对我们来说完全是外来的和令人费解的,那么,其任何简单的同义词都将像被定义项本身一样令人费解。因此,当寻求的是一个理论定义或精确定义时,同义词是不可能满足要求的。

有人可能通过把被定义项与一组可描述的动作或操作联系在一起来解释一个语词的内涵。这也就是在给出一个术语的**操作定义**。

操作定义这个术语是由诺贝尔物理学奖获得者 P. W. 布里奇曼在其 1927 年的著作《现代物理学的逻辑》中首次使用的。

例如,在爱因斯坦的相对论获得成功之后,"空间"和"时间"就不能再按照牛顿所用的那种抽象方式来定义了。于是,有人提出"操作地"定义它们,即以在测量距离和时间中所使用的操作方法来定义它们。词项的操作定义就是指这个词项被正确地运用到某个给定场合,当且仅当在那个场合中,特有的操作行为会产生特有结果。于是,给定的长度数值就可以通过参考特有测量程序的结果而操作地定义出来,如此等等。在操作定义中,仅仅涉及公共的可重复的操作。有些社会科学家也使用了这种定义方法。例如，有些心理学家已经寻求用仅仅涉及行为或者心理学的观察的操作定义来替代"感觉"和"心灵"的抽象定义。

在定义的所有种类中，适用范围最广的是**属加种差定义**。这种定义是对普遍词项之内涵最重要的一种使用，是定义词项的过程中最常用到的方法。我们因此用下一节也即本章的最后一节来详细考察属加种差定义及其规则。

下表总结了通过用法划分的五种定义类型和基于外延和内涵的六种定义方法（其中基于外延的和基于内涵的定义方法各三种）。

五种定义	
规定定义	
词典定义	
精确定义	
理论定义	
说服定义	
定义词项的六种方法	
A. 外延方法	B. 内涵方法
1. 示范定义	4. 同义定义
2. 实指定义	5. 操作定义
3. 准实指定义	6. 属加种差定义

练习题

E. 为下列每个词项给出一个同义定义。

1. 可笑的   2. 丑角
3. 公墓   4. 独裁者
5. 自我主义   6. 宴会
7. 阁楼   8. 催促
9. 婴儿   10. 危难
11. 运动   12. 迷宫
13. 乞丐   14. 新手
15. 预兆   16. 灵丹妙药
17. 庸医   18. 讲坛
19. 恶棍   20. 帐篷（tepee）

3.6 属加种差定义

属加种差定义直接依赖于被定义的词项的内涵，这也是通过内涵定义词项的最有希望的方法。考虑到其广泛的应用，我们将详细地考察这一类型的定义。属加种差定义也被称为**分析定义**，或使用其拉丁文名称 per genus et differentia。

早先我们提到了定义一个类的属性。通常这些属性都是复杂的，即它们能被分析为两种或更多的属性。这种复杂性和可分析性可以依据类来理解。具有多个元素的类可以把它们的元素分为子类。例如，所有三角形这个类可以分为三个非空的子类：等边三角形、等腰三角形和不等边三角形。被分为子类的类是属，而各种各样的子类都是种。就我们这里的用法而言，"属"与"种"这两个词是相对的，就像"父母"与"子女"一样。在关系上，相同的人是他们孩子的父母亲，但又是他们自己父母亲的子女；同样，同一个类在关系上可以是它的子类的属，也可以是它所从属的更大类的一个种。这样，所有三角形的类，相对于不等边三角形这个种就是一个属，而相对于多边形这个属它则是一个种。逻辑学家对"属"和"种"这两个词作为相对术语的用法，与生物学家把它们作为严格术语的用法是不同的，我们不应当混淆二者。

由于一个类就是具有某些共同特征事物的一个汇集，所以给定的属的所有元素都具有某些共同特征。例如，多边形这个属的所有元素都具有这样的特征，即由线段连接而成的封闭平面图形。这个属可以分成不同的种或子类，因此每个子类的所有元素都具有更进一步的共同属性，而这些共同属性却不为任何其他子类的元素所共享。多边形这个属分为三角形、四边形、五边形和六边形等。多边形这个属的每个种都与其他所有的种不同；六边形这个子类的元素与任何其他子类的元素之间的特有差异是，恰好具有六条边。一般地，一个给定的属的所有种的元素共享某些属性，这些共享属性使它们成为该属的元素；但是，任何一个种的元素都共享某些更进一步的属性，而这些属性将它们与该属的任何其他种的元素区分开来。那种用来区分它们的性质叫种差。如，具有六条边就是六边形这个种与多边形这个属的所有其他种之间的种差。

例如，六边形的属性可以分析为（1）多边形的属性和（2）六条边的属性。对于不知道"六边形"这个词或任何它的同义词的意义，但又的确知道"多边形"、"边"和"六"等词的意义的人来说，"六边形"这个词的意义就可以用"属加种差"的定义而得到解释："六边形"这个词意思是"具有六条边的多边形"。

用相同的方法，我们可以很容易地定义"质数"：质数就是任何大于1而且又仅能为它自己或1整除的自然数。

可见，通过属加种差来定义一个词项要经过两步：首先，必须找出一个属，即包括被定义的那个种的较大的类；接着，必须找出种差，即将被定义的那个种的元素与那个属的其他所有种的元素区分开来的性质。在上例中，属就是一个比1大的自然数的类；其种差是仅能为它自己或1整除的性质。属加种差定义可以非常简明。

属加种差的定义的方法虽然非常有用却有两种局限性。首先，这种方法仅能运用于那些暗含有复杂属性的词汇。如果是简单得不可再分析的属性，那么暗含这些属性的词汇就不能由属加种差来定义。有人提出，人们所感知的具体光谱段的颜色性质就是这种简单属性的范例。是否存在这样不可再分析的属性仍然是一个未解决的问题，但是如果这种属性存在，那就限制了属加种差定义的运用。第二种局限性与表达"大全（universal）"性质的词汇有关，如"存在"、"本体"、"存在物"和"客体"等。这些词都不能通过属加种差的方法来定义；例如，所有本体的类就不是某个更大的属的一个种；大全类（universal class）是最高的类，或者有人所谓的最高的属。这同样适用于那些指称形而上学的最终范畴的词汇，诸如"物质"或"性质"，等等。然而从这种定义方法的实际运用角度看，这些局限性不是很重要。

通过属加种差方法构建一个好的定义绝不是一个简单的工作。不仅要求精心选择适当的属，而且要求识别出最有用的种差。在评价通过属加种差方法提出定义的过程中，特别是在这些定义被用作词典定义的时候，人们逐渐制定出了五条很好的规则。

规则1：定义应当揭示种的本质属性。

我们已经从一个术语的主观内涵和客观内涵中区分出了归约内涵。即便它们事实上是某词项客观内涵的一部分，有些性质通常也还是不被看作该词项的属性，如果我们采取这些性质作为种差来定义该词项，则违背了这条规则的精神。或许表述这条规则的更好方式是用我们的现在术语说：

"定义应当表明被定义项的归约内涵。"

词项的归约内涵不必是它所指谓事物的内部特征，它很可能与这些事物的起源有关，或者与它们跟其他事物的关系有关，或者与它们的用法有关。例如，"斯特拉迪瓦里（Stradivarius）小提琴"这个词项的归约定义，就不必提到为那些小提琴所共享而其他事物都没有的物理特性；倒不如说，它具有安东尼奥·斯特拉迪瓦里（Antonio Stradivari）的克雷莫纳（Cremona）工厂制造的小提琴这种归约内涵。又如，"地方官"或"参议员"并不是在身体上或精神上与其他人有所不同，而仅仅是与其公民处于一种特定的关系之中。有些词汇也不能排他性地按照它指谓事物的形状或质地来定义；例如，由皮革制成就不是"鞋子"的本质属性，其定义的关键是指出其用途。

规则 2：定义不能循环。

如果被定义项本身出现在定义项之中，那么就只有已经理解被定义项的人才能理解定义项的意义。因此，如果定义是循环的，那么它肯定不能达致其目的，即解释被定义项的意义。

例如，有一本关于赌博的书，就包含了明显违背这条规则的定义："痴迷的赌徒就是痴迷于赌博的人。"[15]在一本医学杂志中，一篇文章就包含了这样的语段："本项研究把压力定义为一种特有形态的、生物化学的、生理学的和（或）行为的变化，这种变化是有机体经历的对压力活动或施压者的回应。"[16]

当运用于属加种差定义时，这条原则也要排除在定义项中使用被定义项的任何同义词。例如，把"词典（lexicon）"定义为"像字典（dictionary）一样的词汇编纂物"。如果假定人们理解同义词"字典"，那么人们也就可以直接给出"词典"的一个同义定义，而不用再去求助于那种更有力但却更复杂的属加种差方法了。同样地，该规则也禁止使用反义词。

规则 3：定义既不能过宽又不能过窄。

这条规则容易理解，但难以做到。我们当然不希望定义项指谓的事物比被定义项指谓的事物多或者比被定义项指谓的事物少。但是这种问题却时常出现。当柏拉图在雅典学园的继承者最终决定把"人"定义为"无羽毛的两足动物"时，他们的批评者第欧根尼（Diogenes）把一只鸡的毛拔光后，把它从墙上扔进了学园。一个无羽毛的两足动物出现在他们面前，但它肯定不是人。这个定义就过宽了。传说，为了使定义变窄些，他们在定义中增加了短语"长有宽指（趾）甲"。

找到或构建适当的定义项，使之具有精确的正确宽窄度是词典编纂者所面临的任务，实际上也常常是具有很大挑战性的。但是，如果完全遵守了规则1，被定义项的本质在定义项中得到了陈述，那么本规则也就会得到遵守，因为词项的归约内涵既不会过宽也不会过窄。

规则4：定义不能用歧义的、晦涩的或比喻的语言来表述。

定义中使用歧义词项显然会阻碍定义项履行解释被定义项的功能。晦涩的词项也会使那种目标失败。但是，晦涩是一种相对的东西，对业余者来说晦涩的词汇对专家来说却可能是极其熟悉的。"三极管振动器"的确是指利用一个负极电阻和伏特-安培曲线以产生交流电流的一种线圈。对普通人来说这是难以忍受的晦涩，而对学电子工程的学生来说，这种语言是非常容易理解的，这个定义就是写给他们的，其中的技术性本质无法避免。把晦涩语言用在非技术性定义问题上，用更加不清的东西来解释不知道的东西，往往是徒劳无功的。萨缪尔·约翰森（Samuel Johnson）博士在其伟大的《英语词典》（1755）中将"网（net）"这个词定义为："在交点之间有等距离空隙的任何栅格状的或交叉成X形的东西"。这很好地示例了定义中的晦涩性。

另一种晦涩性源于定义的语言中所使用的隐喻。比喻性的语言可以表达对被定义项的一种"情感"，却不能对被定义项给出一个清楚的解释。如果仅仅被告知面包是"生命的拐杖"，我们对这个词的意义仍然一无所知。《魔鬼词典》（*The Devil's Dictionary*，1911）是安布鲁斯·比尔斯（Ambrose Bierce）的一部著名的诙谐定义集，其中充满真知灼见但也非常玩世不恭。他把"小谎（fib）"定义为"没有冲破牙齿的谎言"，把"演讲术"定义为"在说和做之间骗取理解的阴谋"。但是，任何包含或依赖比喻语言的定义，无论怎样娱人或深刻，都不能看作对被定义词项的严肃说明。

规则5：定义在可以用肯定定义的地方就不应当用否定定义。

定义是要说明一个词项确实具有什么意义，而不是要说明它没有什么意义。就绝大多数词项来说，其不指谓的事物有许许多多，任何否定定义都无法将它们全面覆盖。"一件既不是床也不是椅子的家具"既没有定义出"长椅（couch）"也没有定义出"梳妆台（dresser）"。我们需要指出被定义项有的属性而不是它没有的属性。

有些词项本质上的意义就是否定的，此时就要求否定定义。"秃头"这个词的意思是"某人头上没有头发"的状态；"孤儿"这个词的意思是"没有父母的孩子"。有时，肯定定义与否定定义几乎是同样有用的，如可以把"酒鬼"定义为"饮酒过度的人"，也可以同样好地定义为"饮酒没有节制的人"。但即使在那些适于使用否定定义的地方，其中的属也必须首先肯定地提出，然后可以通过排除属中的所有其他的种而给出那个种的否定特征。但是，很少存在这种情况：其他的种极少，以致在否定定义中可以方便地提到和排除它们。即使可能提到和排除，如我们可将"不等边三角形"定义为"既不等边也不等腰的三角形"，但如果我们能够识别"具有不等长的边（having sides of unequal length）"这条标志不等边三角形的类的肯定属性，那么我们就可以更好地遵守规则 1 来解释这个种的本质特性。总之，肯定定义比否定定义更为可取。

总之，内涵定义，尤其是属加种差的定义可以满足定义想要达到的各种目的。它们能帮助消除歧义性，减少模糊性，给出理论的解释，甚至影响态度。它们通常还被用来增加或丰富其接收者的词汇量。就大多数目的来说，内涵定义在很大程度上优于外延定义；而在内涵定义中，属加种差定义通常最有效力也最有助益。

练习题

A. 通过给被定义项匹配恰当的属和种差来为下列词项构造定义。

被定义项		定义项	
		属	种差
1. 宴会	11. 羔羊	1. 儿女	1. 雌性
2. 男孩	12. 母马	2. 马	2. 雄性
3. 兄弟	13. 侏儒	3. 男性	3. 很大的
4. 孩子	14. 母亲	4. 膳食	4. 很小的
5. 马驹（foal）	15. 小马（pony）	5. 父母	5. 年幼的
6. 女儿	16. 公羊	6. 羊	
7. 母羊	17. 姐妹	7. 兄弟姐妹	
8. 父亲	18. 小吃（snack）	8. 女性	
9. 巨人	19. 儿子	9. 人	
10. 女孩	20. 种马		

B. 根据属加种差定义的规则来评论下列定义。在识别出其不足之后，说明它违反了哪个或哪些规则。如果定义过宽或过窄，说明其原因。

1. 天才就是具有一种天生能力的人，他们可以或好或坏地影响他人的生活。

　　　　　——Jacqueline Du Pre，in *Jacqueline Du Pre：Her Life，Her Music，Her Legend*（Arcade Publishing，1999）

2. 知识就是真意见。

　　　　　——Plato，*Theaetetus*

3. 生活就是从不充分前提得到充分结论的艺术。

　　　　　——Samuel Butler，*Notebooks*

4. "基础"是指那种作为基础的东西。

　　　　　——Ch'eng Wei-Shih Lun, quoted in Fung Yu-Lan，*A History of Chinese Philosophy*，1959

5. 变更（alteration）就是同一事物作为两种对立的确定组合而存在。

　　　　　——Immanuel Kant，*Critique of Pure Reason*，1787

6. 诚实就是没有有意欺骗的习惯。

7. 伪善是邪恶对美德表达的敬意。

　　　　　——Francois La Rochefoucauld，*Reflections*，1665

8. "物体"这个词，从最普遍认可的意义上说，就是表示充满或占据某个空间或想象的地方的东西；它不依赖于想象，而是我们称之为宇宙的一个真实部分。

　　　　　——Thomas Hobbes，*Leviathan*

9. 严刑逼供是"任何这样的行为，即对一个人故意地施以严重的痛苦或折磨，无论是身体上或是精神上，目的是诸如从他或第三者那里得到信息或使其坦白"。

　　　　　——United Nations Convention Against Torture，1984

10. "原因"是指导致某种结果的东西。

11. 战争……是一种旨在迫使我们的敌人去实现我们意愿的暴力行为。

     ——Carl Von Clausewitz，*On War*，1911

12. 雨衣是一种防水塑料制成的外衣。

13. 危险就是任何有风险的事物。

     ——*Safety with Beef Cattle*，U. S. Occupational Safety and Health Administration，1976

14. 打喷嚏就是用鼻子发出带声音的空气。

     ——Samuel Johnson，*Dictionary*，1814

15. 令人讨厌的人就是你希望他听而他却说的人。

     ——Ambrose Bierce，1906

16. 艺术是人类的一种活动，目的是把人们最高尚和最美好的情感传达给他人。

     ——Leo Tolstoi，*What Is Art*？1897

17. 谋杀是当一个人记忆和决断正常时，具有或明或暗的犯罪蓄意，在和平时期非法地杀害任何正当的生命。

     ——Edward Coke，*Institutes*，1684

18. 云是大团的半透明物质，它具有羊毛状的结构，悬浮于大气中，形状连续而变化多端。

     ——U. T. Place，"Is Consciousness a Brain Process?" *The British Journal of Psychology*，February 1956

19. 选择自由：人类在两个或更多真正的可选择物或可能性之间进行自由选择的能力，这种选择总是既受到过去的制约又受到眼前现实环境的制约。

     ——Corliss Lamont，*Freedom of Choice Affirmed*，1967

20. 健康是一种良好的身体、精神和社交状态，并不是仅仅没有疾病或不虚弱。

     ——Constitution of the World Health Organization，1946

21. 多愁善感的人就是这样一种人，他们在每种事物中都能看出一种可笑的价值，但又不知道哪怕一个事物的市场价格。

——Oscar Wilde，*Lady Windermere's Fan*

22. 噪音是任何不受欢迎的声音。

——Victor E. Ragosine, "Magnetic Recording," *Scientific American*，February 1970

23. 解释（详细阐述并分析）就是为真相逐步剥去像面纱一样覆盖在其上的表面物，以使人看到赤裸裸的真相本身。

——Pierre Duhem，*The Aim and Structure of Physical Theory*，1991

24. 子曰："由！诲女知之乎！知之为知之，不知为不知，是知也。"

——Confucius，*The Analects*

25. 我把政治正确性定义为一种独断的相对主义形式，它不能容忍那些诸如"传统价值"的信仰者，认为他们的立场基于对客观真理的信奉。

——Philip E. Devine，*Proceedings of the American Philosophical Association*，June 1992

C. 讨论下列定义。

1. 信仰乃所望之事的实底，未见之事的确据。

——*Hebrews* 11：1

2. 信仰就是你相信某事物，而你却知道它不是真的。

——Definition attributed to a schoolboy by William James in "The Will to Believe," 1897

3. 信仰可以简洁地定义为：对不可能事物的一种不合逻辑的信念。

——H. L. Mencken，*Prejudice*，1922

4. 诗歌就是最优美的、最能给人留下深刻印象的以及最广泛有效地述说事物的方式。

——Matthew Arnold，1865

5. 诗歌是对最幸福和最美好思想的最美好、最幸福时刻的记录。

——Percy Bysshe Shelley，*The Defence of Poetry*，1821

6. 狗，是一种附加的或说是次要的神，用来承接世俗崇拜的满溢与剩余。

——Ambrose Bierce，*The Devil's Dictionary*，c. 1911

7. 良心是一种警告我们有人正在看着我们的内部声音。

——H. L. Mencken，1949

8. 债券是关于未来资金支付的一个法律合同。

——Alexandra Lebenthal，Lebenthal and Company，2001

9. "真"，非常简洁地说，不过是有关我们思维的一种方便方法，正如"对"是有关我们行为的方便方法一样。

——William James，"Pragmatism's Conception of Truth，"1907

10. 自负就是惯于吹嘘自己的长处、同情或嘲笑他人的不足、做虚幻成功的白日梦、追忆成功往事、厌倦批评自己的谈话、乐于与杰出人物交往而吝于与平凡人物交往。

——Gilbert Ryle，*The Concept of Mind*，1949

11. 经济学是研究人们在社会中的经济行为产生的现象的科学。

——J. M. Keynes，*Scope and Methods of Political Economy*，1891

12. 正义就是只做自己（该做）的事，而不是兼做别人（该做）的事。

——Plato，*The Republic*

13. 传记表明，杰出的经济学家约翰·梅纳德·凯恩斯（John Maynard Keynes）乐于将大学教育称为"无能之人将充满潜力的人教化为平庸之辈的过程"。

14. 关于善，我认为，就是我们确定地知道对我们有用的东西。

——Baruch Spinoza，*Ethics*，1677

15. 我认为政治权力就是为了规定和保护财产而制定法律的权利，判处死刑和一切较轻处分的权利，以及使用共同体的力量来执行这些法律和保卫国家不受外来侵害的权利；而这一切都只是为了公众福利。

——John Locke，*Essay Concerning Civil Government*，1690

16. 那么，什么是信念？它是在我们的智力生活交响乐中结束一个乐句的半个韵律。

——Charles Sanders Peirce,"How to Make Our Ideas Clear," 1878

17. 原来意义上的政治权力，是一个阶级用以压迫另一个阶级的有组织的暴力。

——Karl Marx and Friedrich Engels, *The Communist Manifesto*, 1847

18. 为另一个人的灾难而悲伤就是同情，它产生于类似的灾难可能会落到自己头上的想象。

——Thomas Hobbes, *Leviathan*, 1651

19. 对于公正，我们知道所有人的意思都是指这样一种状态，它使人们准备做公正的事情，使他们公正地行事并且渴求公正的事情。

——Aristotle, *Nichomachean Ethics*

20. 探究（inquiry）就是由人控制和指导的转换，它把不确定状况转换为一种在其类别和关系中都非常确定的状况，使得可以把原本状况的诸多因素转变成一个统一整体。

——John Dewey, *Logic：The Theory of Inquiry*, 1938

21. 狂热者就是既不可能改变其想法又不改变其目标的人。

——Winston Churchill

22. 懊悔就是当人们把事情如何与它本来可能如何相比较时而感到的痛苦。

——Richard Gotti,"How Not to Regret Regret," *Bottom Line Personal*, 30 September 1992

23. 幸福是对我们一切愿望的满足，就满足的多样性而言，幸福是外延性的；就满足的程度而言，幸福是内涵性的；就满足的持续性而言，幸福是延伸性的。

——Immanuel Kant, *Critique of Pure Reason*, 1787

24. 悲剧是对严肃、完整、有一定长度的行动的模仿；其媒介是经过修饰的语言，以不同形式分别用于剧作的不同部分；其模仿方式是借助人的行动，而不是叙述，通过引发怜悯与恐惧，使情感得以抒发。

——Aristotle，*Poetics*

25. 宣传是一种操作，它蓄意引导人们得出不是深思熟虑的而是过分简化的结论。

——Anthony Pratkanis，*The New York Times*，27 October 1992

26. 经常受到赞美的女性的直觉……毕竟只是观察无足轻重行为方面的能力，只是形成那种经不起演绎推理检验的经验结论的能力。

——Germaine Greer，*The Female Eunuch*，1971

27. 物神（fetish）是伪装成客体的虚构。

——Robert Stoller，"Observing the Erotic Imagination," 1985

28. 宗教是人类交流（或"生活形式"）的一种完整体系，这个体系主要在"委托"、"修炼"和"履行"等方式中表明，当团体遇到"可能……无法超越的困境"时，团体如何行动。

——Gerald James Larson，"Prolegomenon to a Theory of Religion," *Journal of the American Academy of Religion*，1978

29. 罗伯特·弗罗斯特，新英格兰的杰出诗人，常常把宽容大度的人定义为在辩论中拒绝站在自己一方的人。

——"Dreaming of JFK," *The Economist*，17 March 1984

30. 词的意义乃是由该意义的说明所说明的东西。

——Ludwig Wittgenstein，*Philosophical Investigations*，1953

第3章概要

本章关注语言的用法与定义。

3.1节指出语言的三种主要用法——信息性、表达性和指令性——和两种不那么普通的用法，即礼节性的和述行性的。

3.2节讨论语言的情感意义和中立意义。我们解释了论争的如下几个来源：关于事实的信念之间的冲突；对事实的态度之间的冲突，即对该事实的真实性上的歧见。我们还强调了在逻辑论述中，语言的中立性用法的重要性。

3.3节解释在一个给定的语境中有多个不同意义的词项就是有歧义的。我们辨析了三种不同的论争：

（1）明显的实质论争，论争双方的歧见可能在态度上也可能在信念上。

（2）纯粹言辞之争，源自未识别出的歧义性语词。

（3）表面上是言语的但实际上是实质的论争，其中表面的歧义性被清除之后还存在实质性的歧见。

3.4节首先讨论定义，区分被定义项（被定义的符号）和定义项（用来解释被定义项意义的符号）；还在五种定义及其基本用法中进行了区分：

（1）规定定义，把一个意义指派给某个符号，既不真也不假。

（2）词典定义，它报道被定义项已经具有的意义，因而它可以或对或错。

（3）精确定义，旨在消除模糊性或歧义性。

（4）理论定义，它旨在概括我们对某些理智领域的理解。

（5）说服定义，旨在影响行为。

3.5节解释定义的结构。区分了普遍词项的外延（即它所指称的对象）和内涵（即该词项所指称的所有对象并且仅为那些对象所共有的属性）。三种外延定义被揭示了出来：

（1）示范定义，即在定义中列出或给出词项指谓对象的范例。

（2）实指定义，在定义时，我们用手指出或以姿势标明被定义项的外延。

（3）准实指定义，在定义中，姿势或手指的指示伴有一些其意义被认为是已为人所知的描述短语。

我们还区分了三种内涵定义：

（1）同义定义，在定义中提供另一个其意义已为人所知的词，这个词与被定义的词具有相同意义。

（2）操作定义，它表明词项正确运用于一个给定场合，当且仅当，在该场合下特有的操作行为产生特有结果。

（3）属加种差定义，3.6节给出了对该定义的充分说明。

3.6节详细地考察属加种差定义。首先要找出一个属，被定义项所指代的种是该属的一个子类；然后找出属性（或种差），即把该种的分子与属的所有其他种的分子区分开来的那种属性。明确表述和解释了传统的属加种差定义的五条规则：

（1）定义应当揭示种的本质属性。

（2）定义不能循环。

（3）定义既不能过宽又不能过窄。

（4）定义不能用歧义的、晦涩的或比喻的语言来表述。

（5）定义在可以用肯定定义的地方就不应当用否定定义。

第3章关键术语

被定义项：定义中被定义的语词或符号。

定义项：定义中与被定义项有相同意义的一个符号或符号串。

规定定义：将某种意义任意地指派给新引入符号的定义；与词典定义相反，规定定义没有正确与错误之分。

词典定义：报告被定义项已经具有的意义的定义。词典定义可以为真或为假。

精确定义：为消除歧义或模糊性，通过明确地界定一个概念制定的定义。

理论定义：概括了对某理论的理解的定义，其中被定义项是该理论的核心要素。

说服定义：通过使用情感语言影响态度或激起情感来解决论争的定义。

外延：一个词项所适用的所有对象的汇集。

内涵：一个词项所指谓的一类对象且只有这些对象所共同拥有的属性；该词项的含义。

指称性定义：通过（例如）列出词项所指称的对象类之成员来标识词项外延的定义，即外延定义。

实指定义：一种指称性定义，被定义词项所表示的对象都是通过指向或其他手势来指称的；有时也被称为指示性定义。

准实指定义：一种依赖于手势和描述性短语的指称性定义。

主观内涵：说话者认为的由某一词项指谓的对象所拥有的属性集。

客观内涵：词项外延中所有对象共同拥有的属性集。

归约内涵：一个词项的普遍接受的内涵；决定任一对象是否在该词项外延之中的普遍同意的标准。

同义定义：一个语词、短语或符号是用另一个具有相同含义并已被理解的语词、短语或符号来定义的内涵式定义。

操作定义：一种内涵式定义，当且仅当给定情况下特定的操作产生特定的结果时，被定义项才是正确地应用于给定的情况。

属加种差定义：一种词项的内涵式定义，首先确定一个较大的类（属），被定义项是其子类（种），然后确定将这类中的该种的成员与其他种的成员区别开来的属性（种差）。

【注释】

[1] John Burgon, "Petra" (1845), on the ruins of Petra, now in Jordan.

[2] Robert Browning, "Rabbi Ben Ezra," 1864.

[3] *Cohen v. California*, 403 U. S. 15, at p. 26 (1971).

[4] 根据美国通信规范法的规定，这七个不适合在广播媒体出现的词因为同样的原因也不宜在此提及，不过它们的首字母分别是：S、P、F、C、C、M 和 T。

[5] 参见 *The Chronicle of Higher Education*, 30 May 1993。

[6] *The Washington Post*, Washington, DC, 7 August 2010.

[7] 参见 Https://www. supremecourt. gov/opinions/11pdf/10-1259. pdf。

[8] 参见 Https://www. supremecourt. gov/opinions/14pdf/14-593_o7jq. pdf。

[9] 截至 2018 年 6 月 4 日，此案仍在审理中。相关背景，参见 Nina Totenburg, "Can Police Track You Through Your Cell Phone without a Warrant?" NPR, 27 Novemeber 2017; Https://www. npr. org/2017/11/28/564713772/can-police-track-you-through-your-cellphone-without-a-warrant.

[10] *California v. Hoary D.*, 499 U. S. 621 (1991).

[11] D. Hakim, "Government May Alter Line Between a Car and Truck," *The New York Times*, 25 March 2003.

[12] *Greyned v. City of Rockford*, 408 U. S. 104 (1972).

[13] *American Civil Liberties Union v. Reno*, 929 Fed. Supp. 824 (1996).

[14] John P. Sisk, "Art, Kitsch and Politics," *Commentary*, May 1988.

[15] Jay Livingston, *Compulsive Gamblers* (New York: Harper & Row, 1974), p. 2.

[16] W. H. Voge, "Stress—The Neglected Variable in Experimental Pharmacology and Toxicology," *Trends in Pharmacological Science*, January 1987.

第 4 章

谬 误

4.1 什么是谬误
4.2 谬误的分类
4.3 相干谬误
4.4 不当归纳谬误
4.5 预设谬误
4.6 含混谬误
第 4 章概要
第 4 章关键术语
现实生活中的逻辑

4.1 什么是谬误

当我们推理时，我们力求正确地进行推理，所以逻辑学的一个核心任务就是要找出诱发错误推理的方式。如果一个论证的前提并不支持其结论，我们就是在错误地进行推理，这种论证称为谬误。所以在非常宽泛的意义上，任何推理上的错误都是谬误。有时，任何错误的想法或信念也会被贴上"谬误"的标签。

然而，逻辑学家所使用的"谬误"词义更为狭窄，指的并不是推理中出现的任何错误，而只是那些典型错误——出现于推理中，有某种模式，能够被识别和命名的错误。伟大的逻辑学家弗雷格认为，逻辑学家的任务之一就是"说明由语言带来的主体思维方式上的陷阱"。在本书中，我们在这层意思上来使用"谬误"一词。

在狭义谬误的意义上，每个谬误都是不正确论证的一种类型。当然，许多不同的论证也许会犯相同类型的错误，即它们中出现的是推理中的同一种错误。若论证中出现了一个特定类型的错误，就称为犯有那种谬误。犯有特定类型谬误的一个论证，也可以被称为一个谬误，也即那种类型错误的一个个例。

例如，如果某人接受了如下前提，即所有科学本质上都是唯物主义的，而影响深远的 19 世纪哲学家卡尔·马克思确实是一位唯物主义者，就推出马克思的学说一定是科学的，那么这是一个糟糕的推理。也许如同其自己宣称的那样，马克思的学说事实上是科学的，但这一点也并非由其是唯物主义的进而是科学的这一点**推出**。这个糟糕的推理是一个谬误。如果任何 P 都是 Q，并不能从某物是 Q 就推出它是 P。所有狗是哺乳动物，但并非任一哺乳动物是狗。这里我们指出了一种错误模式，它是一种经常出现的错误，我们将在第 8 章对其进行详细研究。这种错误模式或谬误在许多不同的情境下出现，为了标识和提防它，我们将其命名为：肯定后件谬误。上面关于马克思的论证是一个谬误，因为它犯了肯定后件谬误。这与"唯物主义"一词的歧义使用，即在科学和马克思主义中意义不同，是无关的。

上例中所犯的错误叫作形式谬误，是以某种特定形式在演绎论证中出现的错误。还有其他形式谬误，我们也将在第 8 章进行研究。然而，大多数谬误都是非形式谬误，产生于日常对语言的运用，本章将要详细讨论的非形式谬误产生于语言内容的含混性。这种含混内容出现的方式毫无章法，所以非形式谬误通常要比形式谬误更难识别。这里，具欺骗性的是语言，我们很可能会被表面看似可信、实际毫无根据的推理蒙骗。如果理解了这些错误的模式，这些语言设置的陷阱是可以避免的。所以，现在我们集中精力研究这些出现于日常对话和写作中的非形式谬误，对其进行命名和解释。

语言含混不清又难以捉摸，在研究过程中尤其需要小心谨慎。我们首先必须注意自己不要犯所讨论的这些错误，另外还必须注意不要误判别人犯了推理错误。面对一个看似是谬误的推理，首先应该追问其中各词项的真正含义。有时，"谬误"的指责就会不公平地对准这样的语段，而其作者想要表达的观点却被批评者漏掉了（或许，作者甚至是开玩笑的）。识别和区分出现于口头或书面语言中的错误模式之前，必须先深入了解所使用的语言。我们的逻辑标准应当高置，但将这些标准运用到日常生活的论证中时，也应当宽宏和公平。

4.2 谬误的分类

非形式谬误数量繁多，所以最好的理解方式是将其分门别类，找出各类的可识别性特征。在逻辑学中，对谬误的这种分类颇有争议，不存在完全正确的谬误分类法。逻辑学家们列出了许多谬误，区分了不同类的谬误，还给每一类谬误以及每种谬误特殊的名称。这里将要采用的任何一种分类在某种意义上来说都势必会是任意的。我们的目标是提出一个能够帮助识别和避免最常见的非形式谬误的综合方案。

接下来，我们首先介绍该分类的大体情况，然后详细研究每种类别和每个谬误。

相干谬误。相干谬误是最常见也是数量最多的一种谬误。在该谬误中，论证所依据的前提与其结论不相干，然而它们被构造为看似相干的。我们将在下文中辨识和讨论如下几种谬误：

R1：诉诸大众

R2：诉诸情感/诉诸同情

R3：红鲱鱼

R4：稻草人

R5：诉诸人身

R6：诉诸暴力

R7：不得要领/不相干结论

不当归纳谬误。这类谬误也非常常见，其中，前提虽然与结论相干却太弱而缺乏力度，基于这些前提做出推论是愚蠢的。我们将辨识和讨论以下几种不当归纳谬误：

D1：诉诸无知论证

D2：诉诸不当权威

D3：虚假原因（无因之因）

D4：轻率概括

预设谬误。在这类谬误中，前提中假定了太多东西，而推论又错误地依赖于前提的这些没有根据的假定。我们将辨识和讨论如下谬误：

P1：偶然

P2：复杂问句

P3：丐题

含混谬误。该谬误起源于语词或表达式模棱两可的用法，有些语词或表达式在同一个论证的不同地方有完全不同的意思。我们将辨识和讨论如下谬误：

A1：歧义

A2：双关

A3：重音

A4：合成

A5：分解

任何一段话是否果真犯了上述任何一个谬误通常都是可以商榷的。一个给定论证的错误可能由不同方式形成，因此可以合理地被看作不同谬误的例子。在自然语言的使用中，语境至关重要，很大程度上依赖于合理的解释。[1]

4.3 相干谬误

相干谬误是一种赤裸裸的错误，发生于一个论证所依据的前提与其结论没有真实关联之时，或许称之为不相干谬误更贴切。因为关联的缺失，前提就不可能为其结论的真实性提供保证。当然，这种论证的前提常常在心理上与结论是相干的，它们可能会唤起人们导致接受结论的态度。错误就产生于以语言的感情特征支持结论而并未给出客观理由。很多谬误传统上都有个拉丁名称；有些拉丁名称，已经进入普通英语语言之中。我们在这里将既使用拉丁名称又使用英语名称。以下我们主要集中于几种相干谬误的讨论。

R1. 诉诸大众（Argument *Ad Populum*）

这种谬误有时被定义为诉诸情感所犯的谬误，但这个定义太宽泛，包含了大多数相干谬误。它的狭义定义是通过唤起群众的感情来赢得大众对结论的认同。诉诸大众论证是最糟糕的却也是最为常见的谬误之一。诉诸大众是每个蛊惑人心的政客和宣传家面临动员公众热情的任务时所依赖的手段。它之所以是谬误，因为演讲者（或作者）依赖表达性语言和其他手段蓄意激起对支持或反对某事的热情，而不是致力于提出证据和合理论证。爱国主义是一种容易激发情感的常见因素，我们也都知道那些在爱国主义名义之下的可怕虐杀与不公正行为。阿道夫·希特勒激起德国听众的种族主义热情的演讲可以作为一种经典范例。爱国是一种可敬的高尚情感，但是为了操控和误导听众而诉诸这种情感，在智力上是低劣的。在塞缪尔·约翰逊（Samuel Johnson）看来：“爱国主义是恶棍的最后避难所。”

当国家事业进展良好的时候，并非"恶棍"的作者也可能会用到爱国主义论证。这种对信念的情感辩护缺乏智力上的价值，但这种错误论证的结论可能会得到其他更合理的前提的支持。而若纯粹用情感作为前提，就是一种谬误。1775年3月23日弗吉尼亚殖民议会下议院通过了一项派遣军队至美国独立战争战场的正式决议，该决议之所以能够通过，是因为下议院受到了一个前所未有的激情洋溢的演讲的激发。帕特里克·亨利（Patrick Henry）的这篇著名演讲是以如下呼吁结束的：

> 这是我们从事了多年的事业，我们告诫过自己不达到那个光荣的目标永不言弃！如果不是要如此卑鄙地半途而废，我们就必须战斗！我再重复一遍，先生们，我们必须战斗！我们只能依靠

战斗和上帝来主持公道！已经无路可退，只剩下投降和奴役！我们的枷锁已被打好，波士顿甚至听到了它们步步逼近的声音！……究竟是如何珍贵的生命或甜蜜的和平需要用枷锁和奴役的代价去获取？阻止它，万能的上帝！无论别人怎么做，不自由，吾宁死！

据说，人们听了他的演讲之后，都沸腾了，齐声高呼："战斗！战斗！"

如果演讲者的激情是为了让其听众相信某信念为真，那么该论证就是一个谬误。但是如果演讲者和听众都相信该信念，演讲者的目的只是激发听众做出支持该信念的行为，他展现的激情就起到了很好的作用。作为一个论证之前提的情绪和作为激发某种行为的情绪之间是有区别的。但是这种区分总是有问题的，因为如果演讲者成功地激发了某种行为，有人可能会说，正是基于情感，演讲者才使得他的听众相信了如下断言为真，即现在是行动的时候了或者达到那个目标的合适方式就是演讲者所说的方式。在辩论中争论什么行为更适合，诉诸情感总是不可避免的。

最为严重的诉诸情感可以在商业广告中找到，那里的运用几乎达到出神入化的境地。广告的产品都或明或暗地与我们渴望的或惹人好感的事物相联系。早餐的麦片粥与健美年轻、体魄健壮和精力充沛相联系，威士忌与豪华和成就相联系，啤酒与崇尚冒险相联系，汽车与浪漫、富有和性感相联系。广告产品描绘出的男人一般都是英俊而杰出，女人精明而迷人——或者干脆一丝不挂。我们这个时代广告艺术家的聪明和持之以恒足以使我们全部都在某种程度上受其影响，尽管我们决心抵制。几乎各种想象不到的手段都可以用来支配我们的注意力，甚至渗透到我们的潜意识之中。我们不断地被各种诉诸情感谬误操纵。

当然，某产品与愉悦感、满足感之间的纯粹联系本身并不是论证，但是，当这些联系印入我们的脑海，诉诸情感论证通常就暗含其中了。它暗示这些产品——可能是啤酒、香水或品牌牛仔——是与性感、财富、权力或其他令人羡慕的特质相联系的，因此我们购买这些产品就能获得那些与之密切相联系的成就。

所有这些糟糕的论证中，有一种论证尤其愚蠢，那就是说因为其他人都在这么做，所以我们也应该去购买（或参与和支持）。在激动人心的运动中，许多人会急切地随大流去做别人都在做的事情，因为这么多人都在做。基于这种现象，有人称上述谬误为从众谬误。在大众传媒中，厚颜无耻的从众谬误很常见，下面是最近 ABC TV 广告的原话：

为什么大众被庞蒂克汽车大奖吸引？是因为庞蒂克大奖吸引了如此多的人们，是因为——大奖吸引了如此多的人们！

这是诉诸大众的典型。

在民意调查中，诉诸大众热情尤其有害；众所周知的某些特定词汇的情感影响（消极的或积极的）可以使所设计的问题本身就产生出要寻找的回答，只要无所顾忌，调查者就能得到他想要的答案。或者，虽不是有意为之，因为疏忽，有些词汇还是会削弱调查结果。因此，在重要调查中，问题所使用的语词必须仔细掂量，尽量避免负载情感的语词，保证调查结果完整可靠。有时候，要完全避免情感的影响是很困难的。许多美国人支持反歧视运动，将其看作平等对待少数民族的一种政策。但是许多美国人也反对大学入学或雇用员工时的种族偏好。在这个话题上任何随机调查都将严重依赖于问题中使用的词汇："反歧视运动"或"种族偏好"。

如果使用不同语词的问卷所得到的结果互相冲突，就说明问卷实际上问了非常不相同的问题。也许这是调查研究中的一个长期存在的问题。然而在论证中，逻辑的观点至关重要：如果一个论证的结论只是在前提提供的情感因素上得到辩护，那么该论证是一个诉诸大众谬误。

R2. 诉诸情感/诉诸同情（*Ad Misericordiam*）

一种经常出现的诉诸情感的谬误论证被称作 *ad misericordiam*。拉丁文"*misericordiam*"，字面意思为"同情心"。这种谬误就是对同情心的情感诉诸。

同情是一种可贵的人类反应，许多有识之士都认为正义需要与仁慈相结合。很多时候，罪犯面临的具体情境可以为这些惩罚中的仁慈做出辩护。例如，在审判的量刑阶段，对相应环境的鉴定和犯罪可能原因的分析都会被正式地呈于庭上，这没有谬误。但是，如果所有这些记录都是为了影响陪审团，使之断定实际有罪的被告无罪，谬误便产生了。当一个论证的前提（无论是明示还是暗示的前提）只是为了诉诸同情心，该论证就显然是诉诸同情谬误。这种谬误的特殊性就在于所诉诸的是别人的慷慨和仁慈之心。

民事诉讼中，原告的律师为寻求伤害赔偿金，常常大肆诉诸听众的同情，把造成伤害的原因说成是不知羞耻、冷漠无情的企业的暴行，或者将伤者描述为冷漠无情的官僚体制或不完善的人事机制的无助受害者。当事人的伤残情况以某种极其悲苦的方式安排展示出来。受伤的原告可能一瘸一拐痛苦万分地走进法庭。哈佛大学公共卫生学院的一项研究表明诉诸同情的确是有用的。当医生受到医疗失误的控诉时，判给原告罚金的多少更多地依赖于他们实际的伤残程度，而不是依赖于多大程度上能表明医生实际有行为失误。[2]

在刑事审判中，陪审团的同情心与被告的有罪或无罪并无关联，但是出色的辩护律师常常设法激起陪审团的同情，有时这个激起同情的过程神不知鬼不觉。在雅典审判中，苏格拉底轻蔑地提到其他被告人由他们的子女和家人陪伴出现在陪审团面前，以求激起陪审团的怜悯之情而免除其责任。他接着说道：

> 我，生命处于危险中的我，将不会做任何这种事情。这种对比可能出现在他（陪审团成员）的头脑中，他可能反对我，愤怒地投票，因为他为此对我不高兴。现在，如果你们之中有这样的人，注意，我不是说确有，那么我可以诚实地回答他：我的朋友，我是人，和别人一样，一个有血有肉的生物，不是像荷马所说的那种"木石之躯"；我也有一个家庭，有孩子，噢，雅典人啊，有三个儿子，一个几乎成人，另两个还年幼；但是，我将不带他们任何人到这里以请求你们判我无罪。[3]

有很多方法可以拨动心弦。虽然常常能够获得成功，诉诸同情显然是一种谬误。在一次指控一个年轻人用斧头杀害了他父母的审判中，出现了最荒谬的诉诸同情的论证：面对其罪恶的大量证据，他的律师为其请求宽大处理，理由是他现在成了一个孤儿。

逻辑学家为其他错误的情感诉求起了具体的名字。因而，我们还可以区分诉诸嫉妒（*ad inviduam*）、诉诸恐惧（*ad metum*）、诉诸仇恨（*ad odium*）、诉诸骄傲（*ad superbium*）。在所有这些情况中，根本的错误在于论证以情感为前提。

R3. 红鲱鱼（The Red Herring）

红鲱鱼是一种其效力基于注意转移的谬误论证。在讨论中，读者或听众被诱使专注于所讨论话题的某方面，即那些可能与讨论主题相关实际却与争论命题的真假无关的观点和现象，从而偏离了讨论的真正核心。在讨论的过程中，听者的注意力被转移了。一条红鲱鱼被拖过跑道。

该谬误有段非常有趣的历史。据说该短语来自一个拯救狐狸的故事，好心人在树林里挂上猎人们平时训练猎狗的熏鲱鱼（而熏鲱鱼的颜色也的确是深红的），让熏鲱鱼的味道与狐狸味相混杂，以此让激烈搜寻中的猎狗注意力分散、不知所措。许多情境中，任何蓄意的误导性线索一般都被称为红鲱鱼。文学中，特别是在悬疑或侦探小说里，故意加上某些角色或事故误导侦探和读者，以增加悬念丰富情节。暗示别有用心的政治目的或性丑闻，任何可以让读者分神的东西都起到了红鲱鱼的作用。热门小说和电影《达·芬奇密码》[4]中的天主教主教的名字就是作者开的一个玩笑，在电影中，主教显然被误导了，他叫 Aringarosa 主教，意大利文释意为"红鲱鱼"。在财经领域中，如果为了招资，一个上市公司的招股说明书一味谈论公司却对其股份言之甚少，那么该招股说明书也是一种红鲱鱼。

谬误论证应用该技巧的方式多种多样。一项合理税收政策的反对者可能将人们的注意力转向新的诱人集资方式，即政府支持的赌博。经济体系所带来的繁荣可以通过抱怨该经济体系所允许的不平等而被轻视。经济上的不平等很可能是过度或不公的，但是，如果该团体中的大多数成员都是合理地富足的，一般富裕的大多数与特别富裕的极少数人之间收入的巨大差距也不能驳倒这一事实。

杰出的政治专栏作家戴维·布罗德（David Broder）发现，最近在关于美国对中东外交政策的讨论中，某些人认为军事演习是我们国际态势的一个必要元素。但是正如布罗德指出的，说批评军事扩张的人就是"在反恐问题上立场软弱的"实际做的是一种修辞策略上的回应[5]，是典型的红鲱鱼。

最近的另外一个例子来源于议会围绕一项立法的讨论，该项立法是为了强制公司保护员工养老的累积基金。其中一个立法者显然是在保护其企业捐赠者，他在该讨论中提了一个与论题全然无关的观点，即急需为退休职工如何处理其退休金提供更好建议的法案。这一法案的确急需。但正如一位评论者敏锐地指出的，"这与雇主挥霍他们员工的退休金有什么关系呢？这是一个红鲱鱼谬误……在迷惑性的修辞中，史密斯先生用一个小的丑闻掩盖了主要的政府丑闻"[6]。

再举一例：2006年杜克大学的三名学生运动员因强奸罪被起诉，后因检控明显地证据不足很快被撤销了。而当检察官被指控渎职的时候，该校的气氛变得紧张起来。该校的一名教员在当地报纸上为检察官和支持他的教员辩护。她在辩护的过程中指出，在杜克大学强奸案中，真正的社会灾难是"百分之十八的美国公民都生活在贫困线以下"，我们也没有"国家医疗保健或可行的儿童保育"。这鲱鱼是鲜红的。[7]

R4. 稻草人（The Straw Man）

与稻草人论战要比与实实在在的人论战容易得多。将对手的立场解读为非常容易驳倒的论点再加以反驳，显然是一种谬误。这种论证就犯了稻草人谬误。

因为这一谬误也是从真正的论点中将注意力转移，有人也许会认为该谬误是红鲱鱼的变种。但是在稻草人谬误中，这种转移有些特别：是将不同阵营原本复杂的冲突转向新的不同冲突，而不是还停留在原来的争论中。这种特殊的转移非常常见，以致基于这种转移的论证都有了自己特殊的名称，即稻草人论证。

道德或政治性的争论中，一个成功的论证往往需要一些合理和微妙的区别，或者一些详细描述的特例。任何争论中的极端立场——声称某一种行为总是错误的，或者总是正当的——都很难甚至无法得到辩护。因此，主张别人欲图反对的立场是无可辩驳的，乃是一种谬误，因为它过于绝对。针对虚假的对手，可能会取得胜利，但是通过这种胜利击败的也许只是一个稻草人。

强调扩大中央政府权力的人会被谬误地指责为在试图将政府转变为能影响到每个人生活方方面面的"专制头目"。这样的"专制头目"仅仅是个稻草人。任何强调将权力从中央下放到地方政府的人也可能会被描述为高效政府的敌人，这也是一个稻草人。一般说来，稻草人论证都采取以下形式，假设要攻击的立场采用了最极端的观点，即任何行为或政策都会拒斥的观点。该论证很容易赢，但它的前提与预先假定的结论不相干。稻草人论证通常提出一个真的反驳或批评，该反驳可能是可靠的，但是它针对的是新的、不相干目标。

稻草人论证为其使用者带来特殊的风险。在争论中，如果一个批评者以比原话更为极端或更加不合理的方式来描述对手的观点，那么读者或听众有可能会发现这种夸张并以全然异于批评者期望的方式回应。读者或听众可能会感觉到描述中的不合理，对这种不公产生厌恶。更进一步，发现了这种扭曲的读者或听众甚至可能会因为这种不公而在理智上转向被误读的那一边，进而在心智上恰当地形成对谬误攻击的回应。原本要被劝服了的中立的人们也有可能因为不公正的谬误论证转向对手那边。每个论证都有此类风险，稻草人谬误以特殊的力量招致了这种风险。

R5. 诉诸人身（Argument *Ad Hominem*）

所有不相干谬误中，诉诸人身谬误或者 *ad hominem* 是最为致命的谬误之一。和其他许多谬误一样，这种谬误也很常见，但不同的是，除了对对手的不公（稻草人谬误也是不公的）之外，它还具伤害性，经常加给对手以严重的个人伤害，没留下任何机会给遭责难者揭露谬误或予以还击。

短语 *ad hominem* 译为"诉诸人身"。*ad hominem* 论证的矛头并不针对对方论证的结论，而是直指结论的辩护人。这种人身攻击可能通过两种方式实现。由此，我们将该谬误论证分为两个主要类别：诽谤和背景谬误。

A. 诽谤

在激烈的论辩中，参与者有时贬低对手的品格，否认他们的智力或推理能力，质疑他们的正直，等等。但是，个人的品格与他主张的命题的真假或推理的正误在逻辑上并无关联。单纯基于某种意见的提出者是"激进派"或"保守派"，该意见就可能被抨击为无价值的。但即便这种关于意见提出者的控诉是可信的，它与该意见自身的价值也不相干。

然而在心理上，诽谤可能是具说服力的。它可以激起听者对某提倡者的反对态度，进而促使听者的这种情感上的反对态度扩展至该提倡者的观点。例如，长期从事民事权利运动的法官康斯坦斯·贝克·莫特利（Constance Baker Motley）通过对其批评者以诉诸人身来辩护反优先雇佣运动，她写道：

抵制优先雇佣运动的人否认他们自己是种族主义者，但事实上他们真正的动机是种族歧视，他们认为非裔美国人以及混血人种天生低劣。[8]

然而，关于反优先雇佣运动之论证的优缺点却并不能通过诽谤反对者的人品得到说明。

诽谤性诉诸人身有很多种变形。对手可能因为其特殊的宗教或政治信仰而被诽谤为"极右翼"成员或"疯狂的左派分子"，等等。一个结论可能会因为其拥护者或提倡者是那些被广泛认为品质不好的人或与这些人有密切关联的人而受到指责。苏格拉底被判决不敬之罪，部分原因就是他与那些被广泛认为对雅典不忠和品行上贪婪的人有联系。最近的例子是，克莱德·柯林斯·斯诺（Clyde Collins Snow）因为他在科学研究中所得出的结论而被指责为种族主义者，他回答如下：

> 在过去十年中，我致力于调研许多国家的失踪、毒打和非法迫害的人权受害者，这使我成了公众批评和政府撒气的靶子。然而，直到今天并没有一个批评者把我视为种族主义者。诋毁我的人中，有阿根廷的野蛮军事政务会辩护者、智利的皮诺切特将军的军事代表，危地马拉的国防部长以及塞尔维亚政府的说客。因而，古德曼（Goodman）先生（斯诺的指责者）找到了自己的有趣同盟。[9]

这种"连带罪"是诉诸人身谬误的一个常见形式。

B. 背景谬误

主张某观点的人的背景并不比其品质更与其主张的真相关联。诉诸人身谬误中背景谬误的错误在于，将这些个人背景当作相反论证的前提。

例如，如果仅仅因为对手的职业、国籍、政治联系或其他背景，就固执地迫使对手接受或拒绝某个结论，那么这样的论证就是谬误的。如果认为圣职人员必须接受某个给定观点，因为否定它就与《圣经》相矛盾，那么这是不公平的。再如，若认为政党候选人必须支持某项政策，因为它是其所属政党的纲领中公开宣示的，这也是不公正的。这样的论证与所论及的命题真假无关，它仅仅是力促某人接受背景。有人指责猎人毫无用途地屠杀没有惹人的动物，而猎人有时却通过指出其批评者食用无害牲畜来回应。这样的回应显然是诉诸人身，批评者食肉的事实与证明猎人为娱乐而猎杀动物的合理性根本不沾边。

当某人的背景不仅仅是被用来作为攻击的基础，即暗示其缺乏一贯性或类似的东西，而且还在显然否定的意义上被应用的时候，这种诉诸人身有一个特殊的名称，拉丁术语为"*tu quoque*"，该拉丁表达式不好翻译，但它实际上的意思是"你是另一个"，或者更通俗地说，即"看谁在说话"。该论证的实质就是断定你（即第一方）跟我一样糟糕，跟你所抱怨的东西一样罪恶。但是，显然这种回应并没有驳斥掉原先的抱怨。也许第一方的确犯了正在讨论的这种错误，但是让人们注意第一方的过失并不能为第二方的清白提供支持。这就是该论证的问题。

用以下例子也许会说明得更加清楚。几年前，CNN的一位记者在阿富汗采访了基地恐怖组织的头目本·拉登，交流进行如下：

  克利夫·阿尼特（CNN）：美国政府说你仍在资助阿富汗激进伊斯兰好战者的军事训练营地，你是国际恐怖主义的资助者……这是真的吗？

  本·拉登：……在抱怨所有要求其权利的穆斯林领导人之时，他们却将爱尔兰共和军的最高官员作为政治领袖在白宫接待。无论在哪，我们都会发现美国是全世界恐怖主义和犯罪活动的领导者，美国并不认为向几千里之外的国家投原子弹是恐怖主义……当我们几十万伊拉克兄弟姐妹死于食物匮乏、医疗短缺的时候，他们也不认为这是恐怖主义。所以美国政府的话没有任何根据。[10]

美国政府如何处理其国际关系大可以被批评，但无论美国这些行为哪些为真，对它的攻击还是没有回应对基地恐怖组织的指控。这是一个典型的背景谬误。

在严肃的论证中，对手的背景不是真正的问题，必须强调的是被主张或否认的东西的实质。在试图赢得支持或劝服他人之时，强调对手的背景的确在修辞学上是非常有效用的。但是这种效用并不能弥补其错误。这类论证仍然是谬误性的。

背景谬误有时被用来表明对方的结论应该被拒斥,其理由是对方的判断被其特殊的境遇扭曲和控制,而不是通过推理或证据达到。对某团体有利的论证值得引起我们的讨论与怀疑,然而,仅仅依赖该论证的提出者是该团体的成员因此是自卖自夸的就攻击论证是谬误的。例如,赞成保护性税则的论证可能是糟糕的,但是这些论证糟糕并不是因为它们是由从该税则中牟利的制造商提出的。

背景谬误论证之一,称作**污泉**(poisoning the well),尤为悖理。产生这个名字的事件典型地示例了这种论证。英国小说家和教士查尔斯·金斯利(Charles Kingsley)攻击著名的天主教智者约翰·亨利·卡迪拉尔·纽曼(John Henry Cardinal Newman)说,纽曼的主张是不能信任的,因为作为一名罗马天主教的牧师,他首先要忠诚的不是真理。纽曼反驳道,这种诉诸人身使他并且也使全体天主教徒的进一步论辩成为不可能,因为他们为自己辩护所说的任何东西都可以因被他人指责为根本不关心真理而遭到拒斥。纽曼说,金斯利"污染了对话之泉"。

诉诸人身论证的诽谤谬误和背景谬误之间,存在一种清晰的联系:背景谬误可以被看作诽谤谬误的一种特殊情况。譬如,当使用背景谬误明显或暗含地指责对手缺乏一贯性(在他们的信念之中,或者在他们的言行之间),它很明显就是一种诽谤;而用背景谬误指责对手由于其属于某集团或具有集团信仰而缺乏信任价值,显然也是指责对手具有自利偏见的诽谤手段。

这里需要一个重要的限定。诉诸人身论证是谬误的(对对手来说也通常是不公的),是因为对某人的攻击一般与这个人所提论证客观上的价值没有关联。然而,倘若某人做出了一个论断,该论断如果为真将会支持某结论,那么在某些情况下,通过怀疑这个人的证词来怀疑该结论是合理的。例如,在法庭上,让陪审团注意到证人的不可信是被允许的,以此也通常能有效地削弱该证人的证词所支持的断言。这可以通过展示出证词中的不一致达到,从而表明有些证词一定是假的;也可以通过表明(而不仅仅是断言)证人撒了谎达到目的,这是一种诉诸人身,但在这里却是合理的抗辩。表明证词被采纳将给证人带来巨大的收益也可以削弱证词,这是一种通过背景的削弱。严格地说,这些都是诉诸人身上的考虑,但是基于它们被提出的特殊情境以及上述得到认可的评价证人之前后不一的规则,这些论证并不是谬误。

即便是在这些特殊情境中，对证人本身的攻击并没有构成被断言命题的假。揭示过去的不诚或欺骗模式，抑或表明以往证词的不一致可能会激起对说话者可信度的合理怀疑，但是关于事实之断言的真假只能由与其有直接关联的证据决定，而不能仅仅依赖于某些断定或否认该断言的人。在每个例子中，我们都必须追问：对这个人的诉诸人身与所讨论命题的真假是否相关？如果如一般那样，该诉诸人身与断言的真假不相干，该诉诸人身就是一个真正的谬误。

R6. 诉诸暴力（Argument *Ad Baculum*）

假如有人通过诉诸暴力以确定某命题的真或使别人相信某命题为真，这似乎太奇怪了。用威胁或强迫的方法来胁迫对手很难算是一种论证。传统上，这种类型的谬误被认为是诉诸暴力或 *ad baculum* 论证（*ad baculum* 的字面意思即诉诸棍棒）。很清楚的是，无论暴力被证明为多便利，它仍然无法取代论证这一理性方法。"强权即公理"并不是一条费解的原则，我们都反对它。

当然，暴力威胁不必是武力。近来，博伊斯州立大学两位法学教授在丹佛大学法学杂志上发表文章，严厉批评博伊西·加斯凯德公司（Boise Cascade Corporation）——世界上纸张和木制品生产者之一。结果，这所大学发布了一个正式的"更正"声明："这篇文章因其缺乏学术性及错误内容已经被撤销。"

该大学为什么要撤销这篇文章？博伊西·加斯凯德公司威胁起诉该大学了吗？"噢，"该大学的法律总顾问说，"'威胁'是一个有趣的词。让我们这样说吧，他们指出受到的批评的确达到了可以提出诉讼的地步。"结果，该大学收到了一份那篇文章复制件，它来自博伊西·加斯凯德公司的法律总顾问，附信说："如果其中被标明之处以任何形式被丹佛大学继续发行，我已得到了对丹佛大学提起法律诉讼的建议。"[11]

但是，也有比较含蓄地使用诉诸暴力的场合，在这些场合中，我们会说某些像论证的东西——一个明显的谬误论证——被呈现出来了。被提出的可能是一个隐蔽的威胁，或者一个如果所讨论的命题得不到完全赞同会有某些危险降临的暗示。无论怀疑或相信什么，某些特定的行为很重要。当里根政府的司法部长处于报刊引导的强大攻击下时，当时的白宫办公厅主任霍华德·贝克（Howard Baker）召集工作人员开会说：

> 总统仍然信任司法部长，我也信任司法部长，而且你们也应当信任司法部长，因为我们本来都是在为总统工作。谁若对此有不同意见，或者与此不同的动机、野心或打算，那么他可以告诉我，因为我们将不得不讨论他的去留。[12]

可以说，没有人会被这种论证愚弄；被胁迫方可以适当地做出行动，但最后不必接受强加的结论为真。对此，20世纪的意大利法西斯主义代表回答说，真正的说服可以通过许多不同工具来进行，讲道理是一种，大棒是另一种；但是，一旦对手被真正说服，他们就会坚持它，而说服的工具却可能被忘却了。这种法西斯主义观似乎引导着当今世界上许多政府；但是，诉诸暴力的论证——依赖大棒或各种形式的**暴力威胁**——从理性上说都是不可接受的。诉诸暴力是对理性的抛弃。

R7. 不得要领/不相干结论（*Ignoratio Elenchi*）

在相干谬误中，也许最难精确描述的就是最后要辨识的这种谬误。当一个论证走歪，即前提和结论之间出现"断裂"的时候，就犯了该谬误。这种歪曲在某些情境下可能会作为精巧骗术的工具，但更一般的情况是：该谬误是思维凌乱的产物，是推理过程中某论证的作者自己没有完全意识或掌握的混乱。

亚里士多德首先对非形式谬误给出了一个系统的分类，他对我们称为不得要领（不相干结论）的谬误做了如下解释：它是在试图拒绝其他人的论证过程中犯的错误。拉丁文 *elenchi* 来源于希腊文字，意为反驳或拒斥。不得要领是一种错误的拒斥，是由于其提出者没有完全理解争论中的命题而出现的混乱。其提出者拒斥或试图拒斥的是原来争论之外的另一个命题，他不得要领。例如，有人强调增加公立学校资金的重要性，其对手通过强调以下事实对这一点进行回应：一个孩子的教育在其接受正式学校教育之前就已经开始了，孩子的整个教育所包含的内容要远远超过学校教育的内容，在其接受正式学校教育之前就已经开始很长时间了。该断言是完全合理的，但是，它没有抓住对手的要领。一方提出了一个支持 P 的论证，以缓资金之急，而其对手反对的却是一个不相干的 Q，即关于学前教育重要性的命题。

或者假设某项颇具争议性的税法修正案，例如取消遗产继承税被提出了。该税被认为是不公正的，因为所要继承的这些财产在被继承人获取他们的时候就已经纳过税了，因此再对这些纳过税的财产征税就是对相同的财产征了两次税。但是遗产税的支持者会说遗产法针对的只是可以承受该税的大额财产，并且我们政府需要这笔钱。该回应不得要领。遗产法当然可以得到辩护，但是被征税的遗产的额度和对所征收的资金的需求没有抓住之前论证的要领：该论证指出重复征税是不公平的。再如，当争论问题是发展一种新的和非常昂贵的武器系统是否明智时，则使用这样的前提就是不得要领的：这些前提仅仅简单地解释需要强大的国防。而所提议的武器系统是否真正需要，可能正是问题的关键。以非常一般的词项——国家安全、平衡的预算等——表述的目的，容易得到赞同；而困难问题却可能在于：这种特定措施可以促使得到所寻求的目标吗？如果可以，它比可用的替代措施更好——更有效率或更有成效吗？忽略这些具体问题而用某种更大的或更加吸引人的普遍东西来隐蔽具体问题，就犯了不得要领谬误。

在某种意义上可以说所有不相干谬误都是不得要领谬误，因为所有这些谬误中的前提和结论之间都有缺口。所有不相干的前提——红鲱鱼，稻草人，诉诸人身——都不得要领。这是真的，但是我们将该名称留给那些不符合其他类别的相干谬误。我们可以说不得要领是这样一类包罗万象的谬误：其前提与所要达到的结论之间没有理性论证所要求的相干性联系。

还有一个相似的灵活表述，即广泛应用的推不出这个术语，意为"不能得出"：一个推不出谬误指的就是所述结论不能从前提中得出的论证。因此，在一般的意义上，所有谬误都是推不出谬误。2000年，作为美国总统候选人，乔治·W. 布什说，他正在设想同意对宣判犯了谋杀罪并计划处死的犯人实行缓刑（在他作为得克萨斯州长的权力范围之下）。当被问及他在宣布正式决定之前为何要透露自己的意图时，他答道：

> 我认为，这件事情对我来说传达一个我可能做什么的信号是重要的，因为这是一件我们正在处理一个人的清白或有罪的事情。[13]

"推不出（*non sequitur*）"这个术语也常常用于论证的失败很明显，前提和结论之间的缺口比较大的情形。1854年，在芝加哥的一次演讲中，亚伯拉罕·林肯说："一个硕大的、粗鲁的'推不出'谬误有时会两倍危险于一个精心打磨的谬误。"[14]

不过,有时乍看像是"推不出"的谬误,再看却不是了。考虑这个历史性的"法律惨败"的报道:

> 囚犯先是认罪,后来他又说讲错了,法官允许他声明自己无罪。案件经过审理,陪审团宣告他无罪。"囚犯,"霍金斯法官说,"几分钟前你说你是个贼。现在,陪审团说你撒了谎。因此,你被当庭释放。"[15]

概览

相干谬误

R1. 诉诸大众
　　是一种非形式谬误,在这种论证中,对结论的支持是通过不正当地诉诸大众。

R2. 诉诸情感/诉诸同情
　　是一种非形式谬误,在这种论证中,对某结论的支持通过不正当地诉诸听者的恐惧、嫉妒、同情心等类似的情感达到。

R3. 红鲱鱼
　　用某些干扰来误导推理就犯了红鲱鱼谬误。

R4. 稻草人
　　误读对手的立场,进而对扭曲过后的观点进行攻击就犯了该谬误。

R5. 诉诸人身
　　不攻击命题的根据,而是将矛头指向命题的提出者,通过诽谤他或指出其特殊的背景来反驳命题就是诉诸人身谬误。

R6. 诉诸暴力
　　依赖暴力或暴力的威胁而争取赞同就犯了诉诸暴力谬误。

R7. 不得要领/不相干结论
　　如果某人反对的不是其对手原本的观点而是他错误地强加给对手的观点,则犯了不得要领谬误。

练习题

A. 辨别和解释以下段落中的相干谬误。

1. 如果没有办法抱怨英语,而你说得又不可原谅地清晰,那么就抱怨麦克风吧！这是雅克·希拉克（Jacques Chirac）在他关于伊朗核武器的评论之后所采取的策略。希拉克先生耸了耸肩膀，说道："稍后可能会有另一个炸弹爆炸，不过那不是很危险。"媒体都被召集回来，被要求重新进行报道。"我本应该注意到我在说什么、了解到也许我会被记录下来的。"希拉克这样说道，好像问题是在那个记录，而不是他的评论。

——Stacy Schiff, "Slip Sliding Away," *The New York Times*, 2 February 2007

2. 尼采本人比他的哲学更具哲学味。他关于权力、残忍和道德败坏的言论成了善良的年轻学者和体质病残者的嗜好。

——George Santayana, *Egotism in German Philosophy*, 1915

3. 詹姆斯·G. 布莱恩（James G. Blaine）像一位全副武装的战士、整装待发的骑士一样冲进了美国国会，将他的长矛直指那些诽谤他的国家和尊严的人的前额。

如果共和党要抛弃这位英武之士，它面临的处境将比任何其他临阵抛弃其将领的军队都更糟糕。

——Robert G. Ingersoll, nominating speech at the Republication National Convention, 1876

4. 然而，现在英国国王说什么或做什么都不重要了；他已经恶意破坏了所有道德和人的义务，践踏了自然和良心，并以长期的、本质上的傲慢和残忍为他自己招致了普遍的怨恨。

——Thomas Paine, *Common Sense*, 1776

5. 这个尴尬的专栏是个彻头彻尾的政党宣传册，里面充斥着无逻辑的论证、被歪曲或筛选过的信息、荒谬的总结以及古怪的旁白。它简直就是理智所无法容忍的前提和不相干推论的大熔炉，这种不相干推论通常被当作对不切实际权利的"周六夜现场"式模仿。

——Michiko Kakutani, "Dispatch from Gomorrah, Savaging the Cultural Left," *The New York Times*, 6 February 2007

6. 我能记起的第一次竞选在我所在的选区进行的时候，我才七岁。那个时候我们都还没有党派，所以并没有多少人对那次竞选的宣传感兴趣。但是当有位候选人是王子这件事情被披露出来以后，民众的热情突然高涨起来。没有必要用姓氏或基督教来暗示这位王子是谁。伽利略湖在上个世纪被肆意开垦出了大片土地，这位王子正是从中获得了其丰厚财产的绝大部分。今天，差不多有一万八千个家庭（也就是该地人口的总数）仍然受雇在这片一万五千公顷的土地上劳作。为了在国会中成为这些人的代理人，这位王子在积极拉拢"他的"家人为其投票。当时为这位王子工作的该地产代理人做出了以下无可挑剔的关于自由的陈述："自然，没有人会被强迫投王子的票，同样地，也没有人能强迫王子让不为其投票的人继续在他的土地上工作。这是一个任何人都真正自由的时代，你们是自由的，王子也是。"这一关于"自由"原则的宣言在这些小农中产生了普遍的却是可以理解的惊恐。因为很容易猜到，该王子是我们国家这个地方人们最憎恶的人。

——Ignazio Silone，*The God That Failed*，1949

7. 根据《第三帝国社会史》的作者格伦伯格所说，纳粹出版商曾经寄给那些取消订阅的德国人这样的公告："我们的报纸当然值得每一位德国人的支持。我们会继续寄报纸给你，但愿你不会希望取消订阅带来的不幸后果发生在你的身上。"

8. 在《欧洲睡觉的时候：激进伊斯兰是如何从内部摧毁西方的》（2006）一书中，布鲁斯·鲍尔（Bruce Bawer）主张：欧洲对（伊斯兰）集权主义思想让步，也就是在"损害其自由的精神"，他写到，政治上的正确性阻止了欧洲的自我保护，导致了它"慢慢转向专制、进入自我毁灭的过程以及其对让步进行回应的倾向"。《经济学家》杂志，一个针对这本书的评论指出，鲍尔先生"撒网太过广泛，削弱了其论证"，另一位评论者阿莱夫（Imam Fatih Alev）说鲍尔"认为在西方价值和伊斯兰价值之间存在巨大的差别，这是一个强行构造出来的观点"。

——"Clash Between European and Islamic Views, in Books," *The New York Times*，8 February 2007

9. 要绝对地知道不存在上帝，就必须拥有无限的知识。但是拥有无限知识，就必定是上帝。不可能同时是上帝和无神论者。所以无神论者无法证明上帝不存在。

——"Argument Against Atheism," http://aaron_mp.tripod.com/id2.html（2007）

10. 当我们在论证中达到这个要点时，每个人都看到了正义的定义完全颠覆了,特拉西马库斯,不是回答我,而是说:"告诉我,苏格拉底,你有护士吗?"

"当你应该回答我时,"我说,"你为什么问这样的问题?"

"因为她让你伤心地哭泣,而从不为你擦掉鼻涕;她甚至没有教你怎样从羊群中认出牧羊人来。"

——Plato, *The Republic*

11. 我也承认对有些人而言,即便是外部世界的真实性也是一个严肃的问题。我的回答是,我不与他们交谈,我所预设的读者是有基本理性的。

——Paul Feyerabend, "Materialism and the Mind-Body Problem," *The Review of Metaphysics*, 1963

12. 著名的刑事辩护律师克莱伦斯·丹诺(Clarence Darrow)这样开始他在陪审团之前的精巧辩词:

你们老百姓都认为我们城市人很狡猾,但是我们城市人认为你们农民都很狡猾。如果是在交易中,我一定不会相信你们中的任何一个,因为你们一定会敲诈我。但是如果说到对陷入困境中的人的同情心,我会更相信你们老百姓,因为你们更了解人、与朋友更亲密。

——Irving Stone, *Clarence Darrow for the Defense*, 1943

13. 1996年,一个叫"保护动物"的国际组织对旧金山的华人市场上买卖活体或宰杀动物的行为表示了抗议。将这一抱怨带到该城市动物福利委员会的帕特里西娅·布里格斯(Patricia Briggs)说道:"甲壳动物的时代正在到来,你会认为人们不关心龙虾是因为它们外表木讷平常,没有毛茸茸也一点都不可爱,更不会发出美妙的声音。但是你一定会惊异于有那么多人在乎它们。"阿斯特拉·坤(Astella Kung)经营一家"明记猎鸟"店,专门卖活家禽。他对这一抱怨做出了如下回应:"无家可归的人呢?为什么这些关心动物的人不用他们的精力去关心这些没有地方住、正在挨饿的人?"

——"Cuisine Raises Debate on Cruelty and Culture," *The New York Times*, 26 August 1996

14. 美国农业部有一个为烟草生产商牟利的价格支持计划，其规则限制了可种植的烟草数量，由此保证了高昂的烟草价格。同样是这些生产商又转而反对消费者健康规则。有何理由？一个分析指出：

> 价格支持规则的拥护者，认为政府调节是独裁政府的一种不合理干预，损害经济发展，并以此为理由反对消费者健康规则。这是理性人望而却步的推理逻辑。

——A. L. Fritschler，*Smoking and Politics*（Englewood Cliffs，NJ：Prentice-Hall，1983）

15. 第一次世界大战中，英国政府故意用卡通画激起了民众的反德情绪，其中一幅卡通画如下：

Source：Wilson，David (20th century). The Bridgeman Art Library International. Private Collection/The Bridgeman Art Library.

B. 一些人认为下列每段都可进行合理的批判,因为他们得出的结论是每段都包含一个谬误;但每段也都会得到一些人的辩护,因为他们否认其论证是谬误。探讨每个论证的优缺点,并解释它为什么包含或不包含一个相干谬误。

1. 在近来的一次股东会议上,通用电气公司主席杰克·韦尔奇受到了一名修女的挑战。她论证说,清理哈德逊河是通用电气的责任,很多年来通用电气工厂的污染都允许堆积在那里。韦尔奇面无表情地否认了公司的责任,他说:"你必须终止这个谈话。为了上帝,你要站在真理的一方。"

——Elizabeth Kolbert, "The River," *The New Yorker*, 4 December 2000

2. 众所周知,性别女权运动不可能证明有错:它咀嚼和消化所有的反面证据,并将它变为正面证据。事实上,大多数人,包括大多数女性,都没有看到普遍而顽固的男性权力体系,这只能说明,他们是如何彻底地被社会化,以延续这种体系的。拒绝性别女权主义观点的女性越多,就越能证明她们受男性中心主义体系的束缚。对于那些认为性别体系无处不在的人,没有什么能反驳掉这种观点。

——Christina Sommers, *Proceedings of the American Philosophical Association*, June 1992

3. 当美国独立革命刚开始显露出苗头时,一些美国人寻求与英格兰和解,托马斯·潘恩强烈反对。他在《常识》(*Common Sense*, 1776)中写道:

> 所有那些支持和解信条的人都可以包括在下列描述中:不为人信任的逐利者,看不出问题的软弱者,不愿看问题的偏见者,以及某些中间派,他们认为欧洲世界比想象的更好。最后一类人,他们故意判断失当,比起其他三种人,他们将是这个大陆更多灾难的原因。

4. "但是,我观察,"克里安提斯说,"关于你,斐洛,以及所有想入非非的怀疑论者,你们的信条和实践像与最深奥的理论观相冲突一样,也与日常生活行为相冲突。"

——David Hume, *Dialogue Concerning Natural Religion*, 1779

5. 一条来自全国教育协会（NEA）的新闻稿，以下列叙述开始。"NEA 的一个调查表明，美国教师把班级较小看作工作做得较好的最关键因素。"……但是，当然，NEA 感兴趣的是学校有尽可能多的教师。例如，在一个有 3 000 名学生、每班分配 30 名学生的学校体系中，教师大约应有 100 人。但是，如果班级规模改变为 25 人，那么教师的总人数就应上升为 120 人。在学生注册人数下降时，那是保持公学薪水名册上教师人数的一种方式……

不幸的是，享有专业威望的组织 NEA 竟是如此自私。

——Cynthia Parsons, *Christian Science Monitor Service*

6. 我向一切听见这书上预言的作见证，若有人在这预言上加添什么，神必将写在这书上的灾祸加在他身上。这书上的预言，若有人删去什么，神必从这书上所写的生命树，和圣城，删去他的分。

——*Revelation* 22：18-19

7. 阿尼图斯："苏格拉底，我认为你太好讲人的罪恶了：如果你接受我的劝告，我建议你小心点。或许，做对人们有害的事比做对他们有利的事更难，这样的城市并不存在；当然，雅典也是如此，我认为你知道这一点。"

——Plato, *Meno*

8. 希腊历史学家修昔底德在他的《伯罗奔尼撒战争史》中，对于雅典人呼吁米洛斯小岛的代表加入雅典反对斯巴达的战争，给出了如下说明：

> 我们知道，你们也知道，在人类自然本性的逻辑中，权利只有在权力平衡之处才会被考虑，而力量决定着强者告诫和弱者让步的内容……你们最强大的武器就是希望——至今还没有实现，但是，武器在你们手中却有点不足以抵抗已经计划入侵你们的军队……这表明你们正在为自己的国家做出决定，而国家的命运就悬系于一个或对或错的决定。

9. 在那本令人悲伤的《幻想的未来》一书中，弗洛伊德博士（他自己也是欧洲资产阶级最近的大理论家之一），简单清晰地阐述了对当今博学者来说宗教信仰的不可能性。

——John Strachey，*The Coming Struggle for Power*，1933

10. 对任何革命者来说，一个经典诘问往往是"你的替代方案是什么？"但即便你能够给质问者提供一种方案，他也不见得会采纳；在大多数情况下，他并不真心想知道这个方案。

——Shulamith Firestone，*The Dialectic of Sex：The Case for Feminist Revolution*，1970

4.4 不当归纳谬误

前面介绍的谬误论证中，前提都与其推出的结论不相干。然而，有许多谬误论证的前提和结论是相干的，只是这种相干极其不充分。我们将这种谬误称为不当归纳谬误，在这种谬误中，前提没有为其推出的结论提供充足的理由。

D1. 诉诸无知论证（Argument *Ad Ignorantiam*）

如果有人因为某件事没有被证明是假的就认为是真的，或者因为某件事没有被证明是真的就认为是假的，那么他或她就犯了诉诸无知的谬误。我们决不能仅仅因为某些命题没有被证明是假的就认为它是真的。反之亦然：即使某个命题没有被证明是真的，我们不能据此断定它是假的。当然有许多真命题还没有被证明为真，就像许多假命题还没有被证明为假一样。我们现在没有足够的信心，这一事实很难作为断言虚假知识或真实知识的根据。这种有问题的推理之谬误被称为诉诸无知论证，或 *ad ignorantiam*。有时候无知迫使我们悬置判断，对不确定的命题不去断定其真假。

例如，伟大的废奴主义者弗雷德里克·道格拉斯（Frederick Douglass）很快将拥有一块纪念碑，它坐落于纽约市中央公园的西北角，正在建设中。在道格拉斯八英尺高的肖像下面，计划用一组花岗岩方块拼成，相传它是用来帮助黑人从南部奴隶主手中逃跑的地下铁道的密码的一部分。但是，专业的历史学家们都认为从来就没有这样的密码，没有因这种拼图而存活下来的例子，这段时间的所有日记或记录都没有提到拼图密码。米勒说："无论别人必须怎么说，这些人（即这些学院派的批评者）在那段特殊的时期并没有身处其中"，不会知道这个传说是假的，所以他认为我们可以合理地假定它为真。

在科学中，如果无法找到某似真断言为真的证据就断定它为假，便犯了诉诸无知论证谬误。这些所需证据的缺失都不乏原因，例如在考古学或古生物学中，它们也许在历史长河中被摧毁了。再如在天文学或物理学中，所需的证据也许在时空上过于遥远，是物理上无法获得的。尚未获得所需证据的事实并不能为某命题为假的结论做辩护。

对那些为非常可疑和牵强的命题辩护的人而言，诉诸无知论证尤具吸引力。那些就灵异现象（如心电感应和通灵）做出断言的伪科学家可能会坚持他们的断言是真的，其理由是他们的批评者无法证明这些断言的假。

当伽利略用他的望远镜看到了月亮上的山脉和山谷，并力图向他那个时代的天文学家们进行证实时，他的批评者给出了一个在科学史上著名的诉诸无知论证。那时的一些学者绝对相信月亮是一个完美的球形，正如神学和亚里士多德学说所长期教导的那样，他们争论说，虽然我们看到的那些东西好像是山脉和山谷，但月亮实际上必定仍是一个完美的球形，因为它所有明显不规则的地方都一定充满着一种看不见的水晶般的物质——这是保全天体完美性的一种假说，而伽利略并不能证明它是假的！据说，伽利略为了揭露这种诉诸无知论证的荒谬，仿照它提出了另一个同类的诉诸无知论证。由于并不能证明那种设想的充满山谷的透明水晶物质的存在，他提出了一个同等可能的假说：那种看不见的水晶覆盖物上存在更高的山峰——但它是由水晶构成的，因此是看不到的！他指出，他的批评者也不能证明这个假说是假的。

某机构或社会中的重大变革被提出的时候，那些遭到变革威胁的人常常试图以诉诸无知论证来反驳这一变革。如无从知道它是否会起作用、是否安全。不知道它是否安全或是否能起作用，我们就必须不采用该变革。然而可行性和有效性的证明通常无法先行给出。这种反驳经常采取问句的形式来暗示（但不直接断定）所提议的变革充满着未知的危险。

该谬误可能成为进步的巨大阻碍。基因重组已成为当今医学领域非常珍贵的技术，但是该技术在20世纪70年代首次成为可能的时候，该领域中反对进一步对其进行研究的论证所采取的大多是诉诸无知的形式。一位杰出的科学家问道:"如果弗兰肯斯坦博士一定要继续坚持制造他的生物怪胎……我们怎么知道他的小野兽从实验室逃出来之后将会发生什么?"他进而认为所有涉及基因重组的实验都必须立刻停止。[16] 另一位忧心忡忡的科学家试图通过一个很明显的诉诸无知论证来阻止该研究:

> 我们能预计其后果吗?我们不了解繁复的进化规则……我们对目前所意识到的那些参与进化过程的因素知之甚少,我们甚至不知道我们所处环境的安全度究竟如何……我们无法预计该研究的后果。[17]

我们所不知道的东西并不能为谴责学习提供辩护。幸运的是,医学领域中这些诉诸无知的反驳并没有成功,这些有缺陷的实验后来被证明在拯救生命和提高人们的生活质量方面有无可估量的价值。

政策变化既可以为诉诸无知所反对,有时也可以为它所支持。当联邦政府宣布弃权,允许威斯康星州减少曾经为多于一个孩子的母亲提供的额外利益时,有人问威斯康星州州长是否有证据表明有多个孩子的未婚母亲仅仅是为了得到额外收入。他回答道(诉诸无知):"不,没有,确实没有,但是也没有反面证据。"[18]

当然,在某些情况下,如果人们以适当方式来积极地寻找并揭示证据或结果,但之后却没有得到特定证据或结果,那么人们对这个事实就可能有实质性的争论。例如,人们通常用老鼠或其他动物实验对象对新药进行长期的安全性检验,如果对动物没有任何毒性影响,那么也就被认为是对人可能无毒的证据,尽管这不是最后结论。消费者保护就经常依赖这类证据。在与此相似的环境中,我们依赖的不是无知而是我们的如下知识或者信念:假如会出现我们关心的结果,那么它在某些实验中就可能已经出现。这种以未能否证去确定真的证明,设定了研究者具有高度技巧:假如有那种证据的话,他们就非常可能已经发现了它。在这种情况下,有时也可能发生悲剧性错误。但是,如果标准设得过高,如果要求的证明是实际上不可能给出的最终无害证明,那么消费者就无法享用那些可以被证明有价值的甚至挽救生命的医药治疗。

同样,在一项保安调查中,没有发现被调查人员不当行为,不等于说该调查使我们一无所知。彻底的调查将会使这些人"洗脱嫌疑"。在某些情况下，不做结论与做出一个错误结论一样违反正确推理的法则。

诉诸无知在刑事法庭上是常用而适当的方法。美国法理学和英国普通法体系中，在证明一个在刑事法庭上受指控的人有罪之前，必须先假定他无罪。我们支持这个原则，因为我们认识到，宣判无罪者有罪的错误远比开释犯罪者的错误更为严重。因此在刑事案件中，辩护律师可以有权合法要求，如果控方对被告的有罪控告不能排除合理怀疑，那么就须裁决被告无罪。美国最高法院坚定地重申了这种证明标准，它说：

> 合理怀疑的（限制）标准……是降低真正错误定罪危险的主要工具。该标准为无罪推定提供了坚固基石：这种基本的公理化原则是我们的刑法得以执行的基础。[19]

但是，这种诉诸无知只适用于此类因不能证明有罪而不得不采用无罪假定的情形，在其他语境中，这样的诉诸就是诉诸无知（谬误）论证。

D2. 诉诸不当权威（Argument Ad Verecundiam）

在试图对某些困难或复杂问题做出决定时，受公认专家判断引导是完全合理的。当我们争辩说一特定结论是正确的因为专家权威已经得出那个判断时，我们并没有犯谬误。的确，对我们大多数人来说，对权威的这种依赖在很多事情上来说都是必需的。当然，专家的判断也不能构成最终证明，专家的意见之间也可能对立；即使一致，他们也可能出错；但是，专家意见确实是支持结论的一种合理方式。

然而，当诉诸的对象对所讨论的问题不能合理地宣称权威时，就会产生诉诸权威谬误。因而，正像诉诸伟大的艺术家如毕加索的意见来解决经济争论一样，在关于道德的论证中，诉诸生物学杰出权威达尔文的意见也是谬误论证。但是，在决定谁的权威可以合理地依赖和拒绝上必须小心。毕加索不是经济学家，但在属于艺术杰作经济价值的争论上，他的判断就可以合理地给予某种分量；如果争论的是道德问题中的生物学作用，那么达尔文的确可以是一位适当的权威。

错置诉诸权威的最为明显的例子出现在广告的"证言"中。我们被推荐开某一牌子的汽车，因为一位著名的高尔夫球员或者网球员断言了它的优越性；我们被力劝饮用某种牌子的饮料，因为某电影明星或足球教练表达了对它的喜爱。无论何处，如果对某命题为真的断定以某人的权威为依据，而他在那个领域并没有特殊的能力，那么这种错置诉诸权威就犯有谬误。

这好像是容易避免的愚蠢错误，但由于存在着各种引发这种谬误诉诸的环境，这仍是一种危险的思维陷阱。这里有两个例子。在国际关系领域中，武器和战争扮演着不愉快的重要角色，对各种意见的支持经常诉诸这些人：他们对武器的技术设计和构造有特殊能力。例如，对于某些武器可以怎样或不能怎样起作用，物理学家诸如罗伯特·奥本海默（Robert Oppenheimer）或爱德华·泰勒（Edward Teller）可能的确具有给出权威判断的知识，但是他们在这个领域内的专业知识却不能在决定重大政治目标时赋予他们特殊的智慧。把一位杰出物理学家的强有力判断诉诸为批准某些国际条约的理据，就可能是诉诸不当权威的论证。相似地，我们羡慕小说杰作的深度和洞识，比如，亚历山大·索尔仁尼琴或索尔·贝娄的小说中的洞识，但在某些政治争论中，诉诸他们的判断以决定真正的战争罪犯，就可能是诉诸不当权威（appeal *ad verecundiam*）。这个拉丁名字是由约翰·洛克提出的。洛克的批评主要针对那些认为引用有学问的权威就足以赢得任何争论的人，那些认为"以任何方式贬低权威、质疑权威是失礼、不谦虚的行为"的人，以及那些"认为任何站出来反对他们的人是无耻"的人。洛克命名为不当权威的论证，呼吁那些敢于反对权威者保持谦虚。[20]

诉诸不当权威论证诉诸的是那些对所讨论的问题不能合法地声称为权威的人。当然，即使一个人的确具有合法声称的权威，也很可能会被证明出错，而我们以后可能后悔我们对专家的选择。但是，如果我们选择的专家无愧于其知识名声，那么依赖他们并没有谬误，即使他们是错误的。如果我们的结论以权威意见为基础，但该意见在那个问题上不能合理声称是专门知识，那么我们的错误就是一种推理错误即谬误。

D3. 虚假原因（无因之因）(Argument *Non Causa Pro Causa*)

显然，把实际上不是某情形或事件的原因当作原因，任何依赖于此的推理就必定是严重错误的。但是，我们常常倾向于假设或者被引导假设，我们理解了事实上我们并不理解的某些特定的原因-结果关系。原因与结果之间的联系本性，以及我们怎样确定这样的联系是否存在或缺乏，都是归纳逻辑和科学方法论的中心问题。这些问题在本书的第三部分将进行详细讨论。设定一个并不真实存在的因果联系，是一种常见的错误。在拉丁语中，这种错误被称为"无因之因（*non causa pro causa*）"的谬误，我们简单地称之为虚假原因谬误。

所断定的因果联系是否的确错误，有时可能是有争议的问题。有人辩说，有些大学教员评分宽松，是因为他们担心严格评分会导致学生降低对他们的评价，因而不利于他们的职业。逐渐的"评分膨胀"据说就是这种担心的结果。一位大学教授写道：

> 现在，很多学校都要求由学生来完成课程评价表，并且薪水受这些结果的影响。30 年前，我来密歇根大学时，我的薪水比人类学系任何人都高，他们今天都还很活跃。我的评分标准没有追随膨胀潮流。学生对评分的抱怨增加了，而现在我的薪水就处在教授工资单的底层。[21]

你认为这段话犯有虚假原因谬误吗？

人们有时会错误地假定一事件是另一事件的原因，只因为另一事件在时间上紧随着前者，原始文明中这种错误经常发生，不可否认在日食时每次敲锣打鼓之后太阳的确又会出现，但我们知道，认为敲锣打鼓是日食之后太阳重又出现的原因是荒谬的，纯粹的时间连续并不能建立一种因果联系。这种虚假原因被称为"缘出前物（*post hoc ergo propter hoc*）"。

即便非常精明的人有时也会犯这种谬误。几年前，一位批评者这样嘲笑了美国国会的一名议员：

> 我实在是厌烦众议员小欧内斯特·伊斯图克（Ernest Istook, Jr）的这些断言——"学校停止祷告，枪支、刀具、毒品和帮派就流行起来了。"——它们毫无根据地暗示这些事件之间存在某些因果联系……我们同样也可以说："将上帝赶出学校之后，我们送了一个人上月球。"学生们未必需要更多信仰，但是国会肯定需要更多理性。[22]

有人认为，1954 年在效忠誓词中加入"上帝保佑"的字是导致随后发生的一系列社会弊病的原因！[23]

这类错误很普遍，反常的天气状况被归咎于某些发生在前的不相关天象；实际上由病毒引起的感染，却被认为是伤风或湿脚所使然，等等。或许，最容易犯该错误的是犯罪和惩罚，典型的是最近写给《纽约时报》的一封信中出现的这样一个评论：

> 在工业世界中，美国的死刑带来的是，每 100 000 人中最高的犯罪率和数量最多的囚犯。[24]

当"缘出前物"非常明显时，它是一种容易发现的谬误；但是，甚至最伟大的科学家和政治家偶尔也会被它误导。

如果有人认为任何给定方向上的变化必然会导致相同方向上的进一步变化，由此带来严重的后果，进而错误地反驳某提议，那么他就犯了虚假原因谬误。他可能会认为，采取该行为将把我们置于一个导向灾难的滑坡之上。因此这种推理被称为滑坡谬误。所害怕的后果是否真会发生并不是由给定方向上的第一步所决定的，虽然这种论证经常被用来为维持现状做辩护，但某方向上的变化将引起灾难性连锁的观点是得不到普遍认可的。真正需要确定的是：是在什么事实上可能（或可能不）产生我们所害怕的结果。

考虑这样一个例子。对安乐死合法化的一个一般反驳是，一旦医生的这种道德上有争议的行为得到形式上的允许，医生将会被卷入更多或更大的类似或相同的不道德行为之中。根据该论证就不应该对初犯宽大处理，因为如果宽大处理则会将我们置于一个不安全的滑坡之上，使我们在走出第一步之后，难免会有第二步。一个敏锐的评论家这样评论该论证：

> 滑坡论证虽然有影响力，却难以以理性的方式处理。它暗示一旦医生被允许应病人要求缩短其生命，他们就可以并且将会肆无忌惮地杀害那些并不想死的病危之人……
>
> 医生经常开给病人过量的甚至能致病人死亡的处方。没有医生担心过这些开出来的处方会致命。也没有人处于对滑坡的恐惧而反对这种处方。授予医生协助缩短有该需求的病人之生命的权利与授予医生切除病人的胆囊或心脏以延长其生命无异。[25]

滑坡谬误认为，无论多么谨慎，只要是在给定方向上前进，就一定会产生沿着该方向过度前进而产生的可怕后果。

在有些情境下，在新方向上的第一步的确构成了一个先例，进而使在该方向上的进一步行动变得更容易达到。这可好可坏。新的立法中，出于种族仇恨的犯罪将会得到更为严格的处罚。为了反对这项立法，一位批评者这样写道：

> 不应该有某种单纯的复仇犯罪，谋杀就是谋杀，殴打就是殴打。我们该起诉的是罪犯的行为，而不是他们的动机。如果开始通过动机来为罪犯归类，我们就已经站在滑坡之上了。[26]

这类论证是有价值的，因为先例会影响后续的决策。滑坡论证实际是个谬误——但是纯粹断言犯了该谬误并不能证明所讨论的论证就是错的。

D4. 轻率概括（Hasty Generalization）

我们终其一生都依赖于关于事物的概括陈述，关于人的概括陈述。虽然概括陈述在推理中起着关键的作用，但是它们必须经过严格的审查，即没有辩护就不能接受或假设它们是普遍适用的。从关于某类一个或少数几个元素的知识得出关于这一类所有成员的结论，就犯了轻率概括谬误。当某个人只因为一次经历就为某个企业或国家下结论的时候，我们知道他做的是错误的概括。来自特定国家和文化的人通常会被冠以特定的形象，但是这种印象又通常都是错误的。对外文化的轻率概括可能是完全偏颇的，能够作为从很少的证据到笼统概括之谬误跳跃的典型示例。

一段轶事或单个的案例的确可以相干地支持某个普遍规则或理论。但是如果将其作为该理论的证据，这个概括就没有得到很好的支持，该归纳也就是有缺陷的。以下是一个例子，即吃炸透的食物会导致人们胆固醇水平的提高。用单个反例表明这些食物是安全的是很不够的。英国的一位"炸鱼薯条"店主用如下论证为其油炸烹调方法的正当做了辩护：

> 以我的儿子马丁为例。他一直吃炸鱼薯条，而且刚进行了胆固醇测试，他的胆固醇水平低于国家平均水平。还有什么证据能比一个油炸食品店主的儿子更好呢？[27]

某些情况下一定的药物或食物可以是无害的，但是，它并不因而在所有的情况下都是无害的。从单个或很少的例子到对所有例子或大多数例子的概括是错误的推理，但是这种推理很常见也极具诱惑性。上述谬误也被称为逆偶然谬误，因为它是另一个常见错误即偶然谬误的逆，在这种谬误中，概括以另一种方式被滥用，我们后面再考察它。

概览

不当归纳谬误

D1. 诉诸无知论证

一种非形式谬误，其通过诉诸无知不合理地支持结论，如当我们不能证明某件事是错误而假定它可能是真的。

D2. 诉诸不当权威

一种非形式谬误，其诉诸的权威是不合理的。或者是因为被诉诸的权威缺乏所讨论的问题特别要求的专门知识，或者，更一般地说，没有一个权威是确定可靠的。

D3. 虚假原因（无因之因）

这种非形式谬误错误地将实际不是某事件之原因的东西误认为原因。

D4. 轻率概括

将在特殊案例中适合的原则轻率或故意地适用于大量的案例上就犯了该谬误。

4.5 预设谬误

在日常推理中，有些错误产生于未经辩护的假设，这种错误常常可以通过论证的精确表述而显示出来。一段话的作者、讲者，或读者、听者，都有可能会假定某些未经证明的和无根据的前提为真，无论是出于疏忽还是故意设计。而当掩藏在论证里的这种可疑假设对支持结论非常关键时，论证就是糟糕的并可使人陷入误区。这类无根据的跳跃就被称为**预设谬误**（fallacies of presumption）。

在这类论证谬误中，前提或许与结论相干，但这种相干似乎是来自那种不为人支持，甚至是不可支持的隐含假定。这种假定通常会被忽视。因此，要揭露这样的谬误，注意留心那种偷偷溜进的假设及可疑之处与虚假性通常是很奏效的。包含在这类谬误之中的有三种常见谬误。

P1. 偶然（Accident）

具体情况具体分析，总体上为真的概括却可能无法适用于某个给定的案例或特殊的环境中，这源于特殊的环境，该特殊的环境又被称为那些例子的"偶然环境"。如果忽略这些偶然环境而认为概括能普遍地使用，则犯了**偶然谬误**。

前面我们介绍了逆偶然谬误（或轻率概括），即轻率地或过快地得到证据并不支持的概括的错误。当我们轻率地把一个概括用于个别案例之上，而该事例并不适于这种应用时我们就犯了偶然谬误。

经验教导我们即便是最普遍适用或最有用的归纳也可能会有特例，而这些特例正是我们所要警惕的。例如，在法律中有这样一条普遍原理：传闻证据，即由法庭之外的第三方做出的陈述可能不会被接受为庭上的证据。该原则即"传闻证据禁用规则"，这是一条不错的规则。但是当传闻证据的原说话人去世或者传闻证据的出现与报告传闻证据的一方利益冲突时，该原则可能并不适用。事实上，几乎任何规则和普遍原则都有可信的例外。若把推理建立在某些规则普遍适用的假定上，就很可能是在进行谬误的论证。

P2. 复杂问句（Complex Question）

最为常见的一种预设谬误是，它以预设掩藏在问句中的某些论断为真的方式来问问题。问句本身往往是修辞性的，并不是真正寻求问题本身的答案。但是，倘若把问题严肃地提出来，又偷偷地引进其预设，常常可以利用预设谬误达到提问者的目的。

譬如，一位作家最近问：

> 与所有这些歇斯底里、恐惧和伪科学相伴，人为的全球变暖还是美国人遇到的最大谎言吗？[28]

该陈述假定了支持全球变暖的大多数证据都是不可靠的或虚假的。关于物业税的预期增长，一个住宅业主问道："对大多数租房但不拥有房地产又无需缴税的选民来说，你期望他们怎么关心要承担更不公平税负的人呢？"——既假定了预期税负是不公平的，又假定了租赁但不拥有住房的那些人并不受物业税的增长的影响。如此假定都不是公开断言的，因此提问者回避了对它们进行正面辩护的需要。

复杂问句常常是一种欺骗设置。提问者会提出一些问题，回答者可以先澄清问题再予以回答，即用解释问题中掩藏着的前提来回答。一封信的作者问道："如果美国飞速发展的经济所依赖的信贷消费超出了人们的财富，并因而导致贫困，那么我们真的拥有一个健康经济吗？"[29]但是，信用消费的作用和结果还有待详细说明。

在下面问题上，一位基因学研究评论家隐藏了他的假定："将世界基因库沦落为专利的智力财富，受一小撮生命科学公司控制，其结果是什么呢？"[30]这里问的"结果"从没有真正讨论过，它们仅仅是工具，读者可能被问题的这种预设吓着了——世界基因库可能马上就要沦落为专利的智力财富，而且一小撮公司很快就要控制基因库。但是，确立此类威吓的合理性，比问这种蓄意预设它们的问题的合理性，要求更多辩护。

报刊社论或头条中出现的问题就常常具有这样的目的，即表明它所建立其上的未经说明的假定为真：法官接受贿赂了吗？这种技巧是被称作"黄色新闻业"的通常标志。在争论中，无论何时一个问句伴随有回答"是或否"的强性要求时，都有理由怀疑该问句是"负载的"，即不正当的复杂问句。

> 难道那位杰出的参议员能相信美国公众真的幼稚到会赞同任何权宜之计吗？

当然这个问句不能用"是"来回答。其中隐藏了几个不可置疑的预设：所提出的议案是个权宜之计，是不充足的，会被美国公民否决。

潜藏在复杂问题谬误之下的错误，也可以潜藏在议会程序的常见问题中。审慎的会议共同体有时会遭遇这样的动议，即虽然不是有意欺骗，却掩盖着复杂性。在这样的情况下，讨论之前就需要简化该共同体遭遇的问题。这也说明了在由《罗伯特议事规则》（*Robert's Rules of Order*）或类似手册所规范的议会程序中，为什么分开问题动议具有优先地位。例如，对于某些争议问题上"推迟一年"的动议，该共同体可以明智地将它分出推迟行动的决议，而如果做出决议，那么可以接着来确定推迟的时长。某些成员可能支持推迟本身，但发现一年期限是不可忍受的时长；如果不给予分开问题优先权，那么共同体就可能受到熟练而巧妙地操纵而对一个动议采取行动，但由于动议的复杂性，共同体便不能理智地决定它。主持议会的官员，有义务促进争论完全合乎理性，可以在开始实质讨论之前，设法分开动议问题。

复杂问句谬误的突出例子出现在对话或交叉验证中：第一方摆出复杂问题，第二方回答这个问题，第一方接着以该回答为理由推出一个谬误结果。例如：

  法官：这些数字看来表明，你的销售额的上升是这些骗人广告的结果。对吗？
  证人：它们没有那种效力！
  法官：那么你承认了你的广告是骗人的啦。你这样做有多久了？

当一个问句是复杂的，而且掩藏着多个预设时，就必须对它们逐个地进行否定。仅仅否定一个预设可能会导致对其他假定的肯定。在法律中，人们将之称为"否定孕蓄（the negative pregnant）"。下面是来自一个著名的谋杀审判的示例：

  问：丽兹，当你们吃冷焖羊肉时，你没有拿起斧头砍了你妈妈四十下，然后又砍你爸爸四十一下吗？
  答：不对。那天我们吃的是抱子甘蓝火锅。

P3. 丐题（*Petitio Principii*）

丐题被很多人误解，部分是因为其名称的误导性。它实际指的是假定了某人所要寻求证明的论题之真的错误。正式讨论中的"题"指的就是论争中的问题。丐题也就是要求或者假设争论中的问题是得到了承认的。这样的论证是没有价值的，做出这样论证的人犯了很明显的谬误。

"丐题"是对拉丁文 *Petitio Principii* 的翻译，所以它的每个例子都被认为是一个 *Petitio*。有人可能认为不会有人犯这么显而易见的谬误，但实际情况并非如此。因为所使用的语言，逻辑谬误自从其作者那里产生之初就是隐蔽的。逻辑学家理查德·惠特利（Richard Whately）就用了如下这个伪装了的丐题的经典例子：

> 总的来说，允许每个人都有不加限制的言论自由必定总是对国家有利的；因为它非常有利于每个个体都毫无限制地享有表达其思想情感的自由，而这对社会共同体是有益的。[31]

该陈述只是在说因为自由是好的，所以自由是好的，这都算不上是一个论证。

在确证结论的努力中，当人们煞费苦心去寻找支持结论的前提时，往往就会陷入这种谬误。有人用不同语言将伪装起来的结论本身作为前提，要的就是这种把戏！从16世纪的一位中国哲学家所说的这段话中，有一个同样荒谬的例子：

> 没有不能诉诸实践的知识，因为不能诉诸实践的根本就算不上是知识。[32]

类似于不得要领谬误，犯这种谬误的人并不能自觉地辨认出它。作为谬误之核心的预设，可能被混乱的或没有辨认出的同义词或者被一连串的插入论证，而弄得模糊了。每个"*petitio*"都是循环论证，但是，所构建的循环，如果很大并具迷惑性的话，就很可能辨认不出来，逻辑错误就因此在不知不觉中发生了。

认为只有愚蠢的作者才会犯这种谬误是错误的，正如哲学史上一个有很大争议的问题所示例的那样，思想超群的人有时也会落入这种谬误的圈套。逻辑学家长期通过确证所谓的"归纳原理"为真，来寻求确证归纳程序的真实性。这种原理是，自然法则像它们操控今天一样也会操控明天，本质上自然法则在基本方面是无变化的，因而我们可以依赖过去的经验来指导我们未来的行为。"未来本质上像过去一样"的断言是问题的焦点，但是，这个断言——在平常生活中从未遭到质疑，结果非常难以证明。有些思想家断言，通过表明当我们过去依赖归纳原理时，我们总是发现这种方法能够帮助我们获取目标，这样就可以证明它。他们问："为什么得出未来将与过去一样？"回答道："因为它总是与过去一样。"

但是，正如大卫·休谟所指出，这种常见论证是一个"*petitio*"，它犯了丐题谬误。因为所讨论问题的焦点正是，自然将是否继续有规律地运行；它过去曾经如此不能作为它未来还将如此的证据，除非一个人事先假定了正在讨论的那种原则：未来将与过去一样。因而，休谟承认过去中的未来的确都与过去一样，但他问道（这个著名的休谟问题哲学家们仍在争论）："我们怎么能够知道未来的未来将与过去一样呢？当然它们可能一样，但是，我们不能为了证明它们而假定它们。"[33]

因为其名称，这一谬误常被误解。"丐题"有时被错误地用来指称一个作为语言手段的纯粹挑拨式的评论，这个时候，它算不上是任何种类的论证，因此不是谬误。在这个意义上，当一个陈述为某些争论开了方便之门或引起了某些问题的时候，就"丐"题了。因此，杂志的标题会做出如下错误的表述："总统入侵伊拉克的决定丐题了：对总统战争决策权的限制是什么？"对该短语的这种使用只是语言上的错误，"丐题"不是引起问题，而是假定所要寻求证明之结论为真。

循环论证是谬误，但是前提与所要得出的结论并非不相干，它们是相干的，前提事实上证明了结论，只是该证明是无意义的——它结束了起点。丐题从技术上来说通常是有效的，但也通常是无意义的。

概览

预设谬误

P1. 偶然

将一概括适用于它没有涵盖的特例之上的非形式谬误。

P2. 复杂问句

预设隐藏在问句中的某些命题为真的方式来问问题的非形式谬误。

P3. 丐题

所要论证的结论已经在前提中得到陈述或预设的一种非形式谬误。

练习题

找出并解释下列段落中所含的谬误。

1. 关于性病的危险性，它们怎么传染，以及禁欲的价值，我们这代人受到过教育。但我们的学校不曾教给我们关于避孕的知识，它们也不像今天很多学校那样分发安全套。我读过的任何班级里，甚至大学里，没有一个女孩成为非婚孕妇的。直到人们开始教给孩子们关于避孕的知识,才开始有(非婚)怀孕问题。

——Frank Webster,"No Sex Education, No Sex," *Insight*,17 November 1997

2. 善待动物协会为获得捐助基金向全国邮发信件,信中包含一个调查问卷,对里面的问题回答是或否。其中的两个问题是这样问的:

"绝大多数痛苦的动物实验都完全与人类生存或消除疾病无关,你认识到了吗?"

"根据动物实验而生产的产品,不能防止不安全产品进入市场,你意识到了吗?"

3. 如果你想使生活充满性快乐,那么就别上大学。下月将在《美国人口统计》(*American Demographics*)杂志发表的一项研究表明,受教育最多的人群性生活数量是最少的。

——*The Chronicle of Higher Education*,23 January 1998

4. 针灸可以减轻痛苦和恶心,这些发现不令人惊奇。你还可能发现它对焦虑、失眠症和瘙痒起作用,因为这些都是安慰起作用的情形。针灸通过心理暗示而起作用,这种机制对人的影响是众所周知的。

在关键的初步工作还没有做,以及还没有确证某个诊断的情况下,由没有受过充分医药训练的人来使用这种安慰方法是危险的。

——Fred Levit, M. D.,"Acupuncture is Alchemy, Not Medicine," *The New York Times*,12 November 1997

5. 在著名的法国喜剧演员沙夏·吉特里主演的一部电影中,几个盗贼争论如何对几颗价值连城的珍珠进行分赃。其中一人递给他右边的人两颗,接着又递给他左边的人两颗。他说:"我留下三颗。"他右边的人说:"你怎么留下三颗?""因为我是头儿。""噢,但是,你怎么是头儿呢?""因为我的珍珠多。"

6. "我总认为,往左肩后面望新月,是一个人所能做的最拙劣、最愚蠢的事情之一。老汉克·邦克这样望过一次,还吹嘘了一番;你知道,不到两年,他喝醉后从制弹塔上摔了下去,摔得就像一张薄饼摊在地上;人们把他侧身拉进由两扇大门板拼成的棺材,就那样埋葬了他。他们如是说，但我没有看到，是爸爸告诉我的。但不管怎么说，那都是那样傻乎乎地看月亮的后果。"

——Mark Twain，*The Adventures of Huckleberry Finn*，1885

7. 俄勒冈州前参议员罗伯特·帕克伍德对该州的领军报纸——波特兰的《俄勒冈报》——非常生气，在对该报纸索要的回复中，他说："由于我停止谈《俄勒冈报》，所以，我的事业极其繁荣。我想我的事业繁荣是因为我不谈《俄勒冈报》。因此，我将会继续那样做。谢谢。"

——*The New York Times*，7 February 1999

8. 黑人穆斯林的领导者法拉肯先生引用以色列的例子，指出美国黑人也应该能够在非洲大陆上建立起他们自己的国家，他说他准备请非洲领导人"为所有海外的黑人专辟出一块领土"。他还提到所有美洲国家都应该确保美国黑人的双重国籍。"我们要双重国籍，"他说，"因为我们不知道自己来自哪里，所以我们要在任何地方都拥有双重国籍。"

——Kenneth Nobel，"U. S. Blacks and Africans Meet to Forge Stronger Ties," *The New York Times*，27 May 1993

9. 法国人自称是一个由叛逆者组成的民族。事实上，他们革命的全盛期已经过去了。21世纪的法国并没有为变化而战，而是在反对变化。典型的是法国政府做出了一些激进的决定（例如允许公司开除其服务部里攻击了顾客的员工）之后，工会将这一决定看作走向奴隶制的第一步并发动了全国性的罢工。在为期一周的对峙之后，政府做出了让步，服务员和售货员还是像往常一样以恶劣的态度来对待消费者。

——S. Clarke，"No Sex, Please, We're French," *The New York Times*，23 March 2007

10. 浩行铃木曾是一名坂木小组（Sakaume gumi）成员，坂木小组是个因其在赌博中的角色作用而在日本闻名的独立犯罪家族。铃木先生的妻子麻里子膝盖骨摔伤了，第二个星期天，麻里子去教堂的时候，牧师把手放在她摔伤的膝盖上说，膝盖治好了。那天她就可以从教堂走出来了。铃木先生把她的宗教信仰看作浪费时间，但他对她的膝盖痊愈却感到奇怪。"在赌博中，"他说，"你使用骰子。骰子是用骨头做的。如果上帝可以治好她的骨头，那么我推测他也能够帮助我的骰子，并使我成为日本所有掷骰子的人中掷得最棒的人。"铃木先生的赌技的确改善了，并使他能够还完他的债。现在他说他信仰耶稣。

——Stephanie Strom,"He Watched Over His Rackets," *The New York Times*, 22 June 1999

4.6 含混谬误

由于用心不专或故意操作，在论证过程中，词或短语的意义可能会变化。一个词项在前提中可能具有一种意义，但是在结论中却是另一种相当不同的意义。当推论依赖这样的变化时，当然就是谬误。这种错误称作含混谬误，有时或称"诡论（sophisms）"。故意使用这样的方法常常是粗糙的和易于发现的，但是，有时这种含混是隐蔽的，错误是偶然的，谬误是微妙的。我们在下面区分出它的五种类型。

A1. 歧义

大多数词汇都不止一个字面意义，但在多数情况下，通过注意语境和利用我们良好的感觉，我们在阅读和听讲时不难将这些意义分辨开来。但是，当人们有意无意地混淆一个词或短语的几个意义时，就是在歧义地使用这个词或短语。如果在论证中这样做，那么就犯了歧义谬误。

有时，这种歧义谬误非常明显，在某些玩笑的字里行间使用。刘易斯·卡罗尔（Lewis Carroll）在《爱丽丝镜中奇遇记》（*Through the Looking Glass*）中对爱丽丝的奇遇的讲述，就包含着机智和逗乐的歧义。其中一段话：

"你们谁走过这条路？"国王继续走着，并向送信人伸出手要些干草。

"没有人（nobody）。"送信人说。

"很对，"国王说，"这位年轻的女子也看到过他（him）。所以，当然 Nobody 比你们走得更慢。"

在这段话中，歧义谬误其实是用得相当巧妙的。第一次使用时，"nobody"这个词仅仅是指"没有人（no person）"的意思。但是，接着用代词"他

(him)"来指称，就好像"nobody"这个词命名了一个人。结果，当相同的词被大写并明显地用作一个名字"Nobody"时，它就显然命名了一个人，这个人具有走过这条路的特性，而这个特性又是从该词的第一次运用中得来的。有时，歧义是机智的工具，刘易斯·卡罗尔就是一位非常机智的逻辑学家。*

歧义论证总是谬误的，但它们却不总是愚蠢和滑稽的，这一点将在下面节录的例子中看出来：

> 短语"相信（have faith in）"存在歧义，它有助于使"信仰（faith）"显得可敬。当一个人说他相信（has faith in）总统时，他正在假定，对每个人来说显然知道有个人是总统，总统存在；而且他在断定他的信心，即总统总体来说将会做于人民有益的事。但是，如果一个人说他相信（has faith in）心灵感应，那么他就不是意味他对心灵感应总体上将会做工作有信心，而只是说他认为心灵感应有时真的发生，心灵感应存在。因此，短语"to have faith in x"有时意思是对某人做于人有益的事有信心，这个人被假定存在或者人们知道他存在；但是，在其他时候意思是认为某事物存在。在短语"have faith in God"中，它是哪个意义呢？它歧义地意味着二者皆是；自明的是，它在一种含义下的意义会使人想起它在别种含义下的意义。如果完美全能至善的上帝存在，那么，认为他将做于人有益的事就是自明而合理的。在这种含义下，"have faith in God"就是一个合理劝诫。但是，它也暗含另一种含义，也即"无论有何证据，都相信完美全能至善的上帝存在"。这样，断言"假如上帝存在就应相信上帝"的合理性，就被直接转换为相信"上帝存在"的合理性了。[34]

有一种歧义谬误特别值得一提。这是一种由错误使用"相对性（relative）"词项而来的错误；在不同语境中，相对词具有不同意义。例如，

---

* 这段文章引自《爱丽丝梦游仙境》(*Alice's Adventures in Wonderland*)，它很可能触发了大卫·鲍尔斯（David Powers）的灵感，他正式地把他的名字改为"Absolutely Nobody"，并作为一名独立候选人参加俄勒冈州副州长的竞选。他的竞选口号是："你好，我是 Absolutely Nobody。投票选我吧。"在1992年的总选举中，他得到7%的选票。

"高"就是一个相对词，高个子人与高楼就处于非常不同的类别。一个高的人是一个比大部分人都高的人，而一座高楼是一座比大部分楼都高的楼。某些论证形式可以对没有相对性的词有效，但当用相对词来代替那些词的时候，这种论证就垮掉了。"象是动物，因此灰色的象是灰色的动物"这个论证是完全有效的。"灰色"这个词不是相对的。但是，"象是动物，因此小象是小动物"这个论证却是荒唐的。这里的关键之点是，"小"是个相对词：小象是非常大的动物。这个谬误就是关于相对词"小"的一种歧义谬误。然而，并非所有的有关相对词的歧义谬误都是这样显然。"好"这个词是个相对词，关于它，经常出现歧义谬误。例如，有人论证说某某是一位好将军，因此也会成为一位好总统，或者是一位好学者，从而也一定是一位好教师。

A2. 双关

由于前提的语法结构原因，会导致前提的表达有歧义。当人们从这样的前提出发来论证时，就会出现双关（amphiboly）谬误。"双关"这个词来源于希腊语，它的意思实质是"一团两个"，或一团的"两倍"。一个陈述是双关的，是指它的词汇组合松散或笨拙导致它的意义不确定。一个双关陈述可能在一种解释下是真的，而在另一种解释下却是假的。当以使其为真的解释来表述论证前提，而以使其为假的解释得出结论时，那么就犯了双关谬误。

在指导选举策略时，双关既可以迷惑人也可以误导人。20世纪90年代，当众议员托尼·科埃略（Tony Coelho）作为来自加利福尼亚州的一位民主党员而进入美国白宫代表时，据报道，他说："Women prefer Democrats to men."[①] 双关陈述构成危险前提，但是，在严肃的话题中人们很少遭遇它。

文法家所谓的"垂悬"分词和短语经常呈现出明显的双关，例如："The farmer blew out his brains after taking affectionate farewell of his family with a shotgun."[②]《纽约客》（*The New Yorker*）中的小栏新闻就

[①] 这句话可以有两种解释：1. 女人比男人更喜欢民主党；2. 女人更喜欢民主党而不是男人。——译者注

[②] 这句话可以有两种解释：1. 与其家人深情告别后，农夫用猎枪自杀；2. 农夫用猎枪与其家人深情告别，然后自杀。——译者注

曾给粗心忽视双关的作者和编辑开了一个讽刺玩笑：

Dr. Salick donated, along with his wife, Gloria, $4.5 million to Queens College for the center.

Gloria is tax-deductible.[35]①

A3. 重音

我们已经看到，改变论证中某些术语的意义可能会导致含混谬误。在绝大多数情况下，这种改变，正如前面提到的，是基于语词自身的含混性。然而，意义还可能因为对单个语词或短语的不同强调而变动，而在该过程中，该短语自身的意义并没有改变。若前提的意义依赖于一个可能的强调，但是，得出的结论却依赖于对相同词汇不同的强调，这时就犯了重音谬误。

该谬误可能会很严重，甚至能在论证中产生巨大的危害。这个名称看起来无关痛痒，其源于由亚里士多德首次提出的对谬误的划分中的名称。[36]碰巧在亚里士多德时期的希腊文中，有些拼法相同的语词基于其被发音或重读的方式而具有不同的意义。这些不同的意义会导致欺骗性的论证，这种论证被称为重音谬误。现在的英语中，意义随语词重音而改变的例子已经不多了。最常见的是这三个例子，*increase* 和 in*crease*，*insult* 和 in*sult*，以及 *record* 和 re*cord*。这几对单词随着重音的不同而在语句中扮演不同的角色，其中一个为名词，另一个为动词。因此谬误似乎现在就不会从这些有不同重音的语词中发生了。

然而过去的几个世纪中，虽然由亚里士多德给出的那个名称还一直保持着，但它已经被应用到了广阔得多的种类上。其中包括对各种形式的强调以及故意从语境中抽出某些意义的误导性用法。我们极大地扩展了亚里士多德所给出的"重音"这个词的外延。如果能够摆脱传统的包袱，我们可能会明智地为这一误导人的谬误重新命名为"强调的谬误"。

作为示例，请考虑我们可以把不同的意义给予如下陈述：

---

① 这两句话可以有两种解释：1. 萨利克和他妻子葛洛丽亚共同向女王学院研究中心捐款450万美元，而葛洛丽亚的捐款是可以免税的；2. 萨利克把他的妻子葛洛丽亚和450万美元一同捐给女王学院研究中心，而捐葛洛丽亚是可以免税的。——译者注

我们不应当说朋友的坏话。（We should not speak ill of our friends.）

当这个句子中的任何词汇没有得到特殊强调而读出来的时候，这一道德律令显然是我们都会同意的。但是，当强调"朋友"这个词时，我们可能会将这句话理解为：说那些不是我们朋友的人的坏话就不会被制止。这样的律令作为一条道德法则就不再是可接受的了。或者，假设我们强调这句话中的"说坏话"，那么这句话就可能会被理解为：虽然不应该说坏话，但我们可以对别人甚至对朋友做坏事。这是一个很麻烦的结论。如果强调"我们"，意思也就是说这条律令使用的对象是我们而不是其他人。如此等等，上述例子中所呈现出的每一个不同的论证都是巧妙运用强调的结果。这个句子能够得到各种含混谬误。该如何正确地理解这句话呢？当然，这得基于其出现的语境。通常来说，一个短语或段落只有在其语境明确的时候才能被正确理解，因为语境能够让人对所强调的语词有明确的感觉。

因此，重音谬误可以宽泛地解释为包括这样的曲解，即把引用的语段从其语境拿出，再把它放入另外一种语境中，从而得出一个根本不能从其最初语境得出的结论。这种超出语境的引用有时是故意欺骗。在 1996 年的总统竞选活动中，一位共和党新闻助手指责民主党副总统候选人艾尔·戈尔说过"在抽烟与肺癌之间没有已证联系"。这的确是戈尔先生在 1992 年的一次电视采访中所说的原话，但这仅仅是一个句子的一部分。在那次采访中，戈尔先生的完整陈述是，一些烟草公司的科学家"面无表情地声称在抽烟与肺癌之间没有已证联系……但是压倒性优势的科学家接受的证据充分表明，无疑，抽烟的确导致肺癌"[37]。

删节词汇"面无表情地声称"和戈尔确信抽烟引起癌症的表达，不公正地颠倒了引用的来源语段的含义。该删节引文暗示的论证显然具有这样的结论，即戈尔先生严重地怀疑抽烟与癌症之间的因果联系，这个论证是重音谬误的一个突出范例。

这种故意的曲解并不少见。为了表明林肯并非如大家所认为的那样，是人权平等的倡导者，托马斯·迪洛伦佐（Thomas DiLorenzo）在他的传记中引用了林肯看起来是在嘲讽"所有人生而平等"的话："很抱歉地说，我从来没有看到这一点在哪两个人身上是真的，但是，我必须承认我从来没有见过连体双胞胎，因此，说从来没有人看到过对该圣人格言的证明就不是非常武断的。"迪洛伦佐评论说,这段嘲讽之言,"与他在11年之后所做的葛底斯堡演说的内容形成了鲜明的对照,在这个演说中,他用诱人的字眼指出要让整个国家重新致力于所有人生而平等的理念"[38]。但是,迪洛伦佐没有指出的是,其所引用的这些话实际上是林肯对一位未提及名称的弗吉尼亚牧师之观点的评价,林肯立即驳斥了这位牧师的观点,并说道:"这在共和主义的美国听起来很奇怪。"迪洛伦佐没有指出引文的语境,导致了其论证的谬误性和声名狼藉。

广告通常采用的是相同的伎俩。一位戏剧评论家说,今年百老汇出现的一部新剧远远够不上最滑稽的剧目,却在该剧广告上被宣称为:"今年百老汇出现的最滑稽的剧目!"为避免这样的歪曲以及建立在其上的重音谬误,负责任的作家在引用中必须小心翼翼地使之精确,总是指明原文中是否有着重号,指明是否语段被删节,等等。

在印刷字体及图片方面,通常也会有很多通过重音来误导人的伎俩。出现在新闻报道标题中的大号字敏感词汇,故意向那些匆匆浏览的人暗示错误的结论,而该标题后面却很可能用其他词汇以很小的字来加以限制。为避免在看新闻报道或在签订合同时被欺骗,我们力劝人们注意"小字印刷"。在政治宣传中,特别是在声称所谓事实报道中,选择令人误解的敏感标题或选择使用部分省略的图片,都是对重音谬误的精心使用,力图使读者得出宣传者明知为假的结论。解说可能不是彻底的谎言,但它也可以利用故意或虚假的重音方式来歪曲事实。

在广告中,这样做的也很多。非常低的价格往往以非常大的字出现,而后面却跟随着字体极小的"以及完全说明"。飞机票价打折的通告后面都跟有一个星号,以远远的一个脚注说明该价格仅仅可用于提前三个月预订星期四的飞行航班,或可能还会有其他"适用限制"。名牌昂贵商品都以非常低的价格做广告,在广告某处附有一个小注解"所列价格存货数量有限"。读者被吸引到商店,但可能以广告价格买不到商品。重音语段本身并不是严格谬误;源于重音的语段解释,当它依赖一个非常可疑的结论暗示时,即当其采用令人误解的重音来解释时,重音语段就变成了谬误(例如,飞机票或品牌商品可以按照所列价格优先购买)。

甚至字面上为真的语段,也可以通过操纵其位置而以重音来欺骗人。一位船长厌恶他的首席助手上班时再三喝醉,在该船的航行日记上,他几乎每天都记上:"助手今天喝醉了。"愤怒的助手进行报复。一天,船长病了,助手就自己保管日志,他在上面记着:"船长今天清醒了。"

A4. 合成

合成谬误这个术语用于两种密切相关的无效论证。第一类合成谬误可以描述为:从作为整体之部分的性质得到整体本身性质的推理。其典型的荒谬例子是,因为某台机器的每一部分在重量上都轻,所以这台机器"作为整体"的重量也轻。当我们认识到一台非常重的机器包括数量非常巨大的重量轻的部分时,这里的错误就是显然的了。然而,并非所有的合成谬误都是如此明显的,有些很能误导人。我们可以听到有人严肃地论证道,由于某个剧本的每一场都是艺术完美的模范,所以该剧本作为一个整体也是艺术完美的。但是,这与论证说因为每条船都准备好了战斗所以整个舰队就一定准备好了战斗一样,都属于合成谬误。

另一种合成谬误与刚才描述的第一种是严格平行的谬误。这种合成谬误是从一个汇集的单个元素或分子的性质得到该汇集总体或元素全部的性质的推理。例如,这样的论证便是谬误的:因为一辆公共汽车比一辆小汽车的用油多,所以全部公共汽车的用油比全部小汽车的用油多。这种形式的合成谬误源于在普遍词项的"分布式(distributive)"用法与"汇集式(collective)"用法之间的混淆。例如,虽然每学期大学生注册不超过六个不同的班级,但是,每学期大学生注册成百上千个不同班级也是真的。这种言语上的表面矛盾是容易消除的。从分布上说,每个大学生每学期注册不超过六个班级,这是词项"大学生"的**分布式用法**,即它是就每一大学生个体而言的。但是,根据"大学生"这个词项的**汇集式用法**,大学生每学期注册成百上千个班级也是真的,这是把大学生全部放在一起作为一个总体来讲的。同样,分布地说,公共汽车比小汽车用油多,但是汇集地说,小汽车就比公共汽车用油多,因为小汽车比公共汽车多很多。

这样,第二种合成谬误就可以定义为"这样的无效推论:对一个词项的分布式断言是真的,因而该词项的汇集式断言也是真的"。再如,第二次世界大战期间投的原子弹比所投的常规炸弹造成的损害多——但这仅仅是分布性而言的。当汇集地考虑这两种炸弹时,事情就恰恰翻了过来,因为第二次世界大战中所投的常规炸弹比原子弹多得太多了。在一个论证中忽视这种差别就是允许合成谬误。

这两类合成谬误虽然是平行的,但却是根本上有别的,因为元素的纯粹汇集与那些元素所构成的整体是不同的。例如,机器的各部分的纯粹汇集不是机器;砖头的纯粹汇集既不是房子也不是墙壁。整体,比如机器、房子或墙壁,是将其部分以某种特定方式组织或安排起来的。正由于组织的整体与纯粹的汇集是截然不同的,所以这两种形式的合成谬误也是如此,一种是从部分到整体的无效推广,另一种是从分子或元素到汇集的无效推广。

A5. 分解

分解谬误是合成谬误的简单颠倒;在分解谬误中,存在相同的混淆,但推论是以相反方向进行的。与合成的情形相应,我们也可以区分出两种分解谬误。第一种分解谬误断言对一个整体为真的东西一定对它的部分也真。因为某公司非常重要,并且某先生是那个公司的官员,因此某先生就是非常重要的,这个论证就犯了分解谬误。同样,从某机器沉重、复杂或者贵重这个前提而得出该机器的任何部分都一定沉重、复杂或者贵重,这个结论也属于分解谬误。一个学生一定住着一个大房间,因为该房间位于一座大楼中,这也是这种分解谬误的实例。

第二种分解谬误是从元素的汇集性质而得出元素自身的性质。因为大学生学习医学、法律、工程、口腔科和建筑学,所以任何大学生都学习医学、法律、工程、口腔科和建筑学,这个论证就犯了这种分解谬误。汇集地看,大学生学习所有这些科目是真的,但分布地看,大学生学习所有这些科目却是假的。这种分解谬误的例子常常看起来好像是有效论证,因为对一个类分布地为真的东西,肯定对其每一成员也是真的。例如如下论证:

狗是肉食的。
阿富汗猎犬是狗。
因此,阿富汗猎犬是肉食的。

是完全有效的。与此论证十分相像的是另一论证:

狗是经常可以在街上遇到的。
阿富汗猎犬是狗。
因此,阿富汗猎犬是经常可以在街上遇到的。

却是无效的,它犯了分解谬误。有些分解谬误的事例显然是玩笑,例如有效论证的经典事例:

> 人都是有死的。
> 苏格拉底是人。
> 因此,苏格拉底是有死的。

曾被下面这个谬误论证拙劣模仿:

> 美国印第安人在消失。
> 那个人是美国印第安人。
> 因此,那个人在消失。

古老的谜语"为什么白羊比黑羊吃得多"就包含了分解谬误中的混淆,因为答案"因为白羊比黑羊多"汇集地对待该问题中看起来是被分布地指称的事物。

分解谬误源于一种歧义,与偶然谬误(4.5 节讨论过,它源自未获得认可的预设)相像;同样,合成谬误也源于歧义,类似于我们叫作"逆偶然"的轻率概括。但是,这些相似是表面的。解释这两对谬误之间的差别,有利于领会这四种谬误。

假如我们因为一台大型机器的一个或两个部分碰巧设计得好,而推断它的很多部分都设计得好,那么我们就犯了逆偶然谬误,因为对一个或两个为真对所有未必真。假如我们检验每一单独部分,发现每个部分都是精心制造的,并从这个发现推论整台机器都是精心制造的,那么我们也犯了推理谬误,因为部分无论生产得多么精致,整台机器都可能是笨拙或粗心地装配而成的。但是,这里的谬误就是一个合成谬误了。在逆偶然谬误中,某人论证说一个类的某些成员有一种特定性质,因此该类的所有成员(分布地说)都有那种性质;在合成谬误中,则是某人论证说因为该类的每一成员都有那种性质,所以该类自身(汇集地说)也具有那种性质。这种差别是很大的。在逆偶然谬误中,所有的断言都是分布式的,而在合成谬误中,错误的推论是从分布到汇集的断言。

类似地,分解谬误和偶然谬误也是两种截然不同的谬误,在它们表面的相像下，隐藏着不同类型的差别。在分解谬误中，人们（错误地）论证，因为该类具有一特定性质，所以它的每个成员也都具有该性质。例如，做出如下推论就是分解谬误：因为一个军队作为一个整体几乎是无敌的，所以它的每个单位也都几乎是无敌的。但是，在偶然谬误中，人们（也是错误地）论证，因为某些规则总体上适用，所以不存在它不适用的特殊情况。譬如，我们坚持一个人应当受到罚款，因为当他跳入水中去抢救某个溺水者时，他忽视了"禁止游泳"的标牌，这时我们就犯了偶然谬误。

> **概览**
>
> **含混谬误**
>
> **A1. 歧义**
>   一种混淆了同一语词或短语的两个或多个含义的非形式谬误。
>
> **A2. 双关**
>   由于词汇的松散、笨拙或错误组织导致某个陈述有多种意义的选择而引起的一种非形式谬误。
>
> **A3. 重音**
>   对一个语词做不同的强调，从而使相同的术语或短语在前提和结论中有不同的意义，就犯了这种非形式谬误。
>
> **A4. 合成**
>   错误地从作为整体之部分的性质得到整体本身性质之推论，就犯了这种非形式谬误。
>
> **A5. 分解**
>   错误地从整体之性质得到整体之部分的性质之推论，就犯了这种非形式谬误。

与偶然和逆偶然谬误不同的是，合成和分解谬误是含混谬误，源自意义的多重性。如果这些不同的意义或偶然地或被故意地混在一起，某语词在论证的一个地方可能是一个意思，在另一个地方却是另一个意思，就可以预期该论证是谬误的。

练习题

A. 找出并解释下列段落中出现的含混谬误。

1. 宇宙的形状是球形的……因为宇宙的所有组成部分，即太阳、月亮和行星，都是这种形状。

——Nicolaus Copernicus, *The New Idea of the Universe*, 1514

2. 罗伯特·图姆斯在美国内战之前声言："我们用玉米秆就可以征服那些北方佬。"战争结束后，当有人问他哪里出错了，他说："很简单，那些北方佬拒绝用玉米秆打仗。"

——E. J. Kahn, Jr., "Profiles (Georgia)," *The New Yorker*, 13 February 1978

3. 每个工业部门都坚持完善工资结构秩序是约束竞争交易的首要条件，该完善进程没有理由停下来。对每个工业部门有利的事物对整个经济也没有坏处。

——Edmond Kelly, *Twentieth Century Socialism*, 1910

4. 没人情愿接受劝告，但是，每个人都接受钱：因此钱比劝告好。

——Jonathan Swift

5. "我在这里找遍了每一处也没有找到怎样弹六角手风琴的说明书（instruction book）。"

"你不需要指导（instruction），只管大胆地弹。"

——*The New Yorker*, 21 February 1977

6. 每人幸福对他自己都是好事，因此，大众的幸福对所有人这个总体就是好事。

——John Stuart Mill, *Utilitarianism*, 1861

7. 如果他为"芫荽"而哭泣，
　　而他的父亲死时却没有哭，
　　这证明他宁愿要芫荽，
　　也不要他的父亲。

——Hester L. Piozzi, *Anecdotes of Samuel Johnson*, 1932

8. 法拉奇在给她的信中写道："因为你是一个坏女人，所以你是一个坏记者。"

——Elizabeth Peer, "The Fallaci Papers," *Newsweek*, 1 December 1980

9. 哈泽尔·米勒在康科德发现一种食虫鸣鸟，其时正沿着树干走着、唱着，非常优美。(New Hampshire Audubon Quarterly)

这就是我们的哈泽尔，他脚踏实地，快乐，而且还有点儿自我表现倾向。

——The New Yorker，2 July 1979

10. 逻辑的基础是三段论，包括一个大前提、一个小前提和一个结论，例如：

大前提：六十个人做一件工作比一个人快六十倍；

小前提：一个人可以在六十秒钟内挖一个埋柱子的洞；

结论：六十个人可以在一秒钟内挖一个埋柱子的洞。

这可以称作算术三段论，它把逻辑与算术结合起来，从而使我们可以获得双倍确定和双倍保险。

——Ambrose Bierce，The Devil's Dictionary，1911

B. 下列每段话都受到某些人的批评，他们认为其中包含谬误；但是，每段话又都受到某些人的辩护，他们否认该论证是谬误的。请辨析每段话中的论证，并说明你认为它们的确包含或不包含歧义谬误的理由。

1. 鉴于眼睛、手、脚和我们身体的每个部分都具有某种明显的功能，难道我们还不能相信一个人也同样具有一种超出这些特殊功能的功能吗？

——Aristotle，Nicomachean Ethics

2. 世界的所有现象都包含伦理价值。因此，我们可以断言，中国人的世界是一个伦理世界。

——T. H. Fang，The Chinese View of Life，1956

3. 对一个可见物体能够给出的唯一证据是，人们实际上看到了它；声音可听到的唯一证据是，人们听到了它；我们经验的其他来源也是如此。同样，按照我的理解，人们渴望得到任何事物，其可能给出的唯一证据是，人们实际上渴望得到它。

——John Stuart Mill，Utilitarianism，1863

4. 托马斯·卡莱尔谈及沃尔特·惠特曼时说，惠特曼是一位伟大诗人，因为他来自一个伟大国家。

——Alfred Kazin，"The Haunted Chamber," The New Republic，23 June 1986

5. 利维先生自夸其对纽约市公立学校的校长职位非常有诚意。但是，这里有个麻烦事实：他的两个孩子却在曼哈顿上东区的一家私立精英学校上学。利维先生……应当让他的子女上公立学校。我不是嫉妒任何父母都有权把孩子注册到私立学校。在把我们的孩子送到曼哈顿公立学校之前，我和妻子就考虑过几家私立学校。实质上，利维先生已宣告了公立学校不适合他自己的孩子。

——Samuel G. Freedman, "Public Leaders, Private Schools," *The New York Times*, 15 April 2000

C. 若相干、预设或含混谬误出现在下列段落中，请指出并予以说明。在某些情况下可以合理地表明，某论证初看起来是谬误，但予以正确解释后却不是谬误；请说明理由。

1. 约翰·安格斯·史密斯与一个地下经纪人接触，希望用他的自动火枪交换 2 盎司可卡因，然后把可卡因卖掉赚钱。据此，史密斯被指控为"在一次毒品交易犯罪期间或与……毒品交易犯罪有关的过程中""使用"了火枪，这种情况通常会被判决 5 年监禁；然而，如果所使用的火枪属于"机枪或其他自动武器"（本案中正是如此），那么（依法）要强制判决 30 年。史密斯被定罪并被判决 30 年监禁。该案上诉到了美国最高法院。

大法官安东尼·斯卡利亚认为，虽然史密斯企图用枪交换毒品，但那不是法令所要表达的"使用"的含义。"在寻找法令的意义中，我们给以非技术性术语通常意义……说'使用火枪'就是说把它特别当作武器来用。"他指出，如果问你是否使用拐杖，那么这个问题就是问你是否拄着拐杖走路，而不是问你是否在"大厅里"展示"你祖父的银拐杖"。

大法官桑德拉·戴·欧康纳反驳道，我们不只是可以用拐杖走路。"在美国历史上，拐杖的最糟糕用法与走路完全无关——如美国参议院议员查尔斯·萨姆纳的拐杖之用（1856 年）。"

大法官斯卡利亚回答道，大多数法院"看起来没有领会掌握在一个词可以怎么用与它通常怎么用之间的明显区别……例如，尽管证人曾经将他祖父的埃菲尔德步枪卖给了一位收藏家，但对于原告问证人是否他曾经'使用火枪'，如果证人回答'不'，那么要求给证人做伪证定罪就是谬误，是不能令人满意的，我认为这是极其显然的"。

欧康纳的意见占了上风，史密斯的定罪成立。

——*John Angus Smith v. United States*，508 U. S. 223，1 June 1993

2. 小说家惠特尼·史坦恩决定卖掉他在加利福尼亚州丘阜的房子，需在前院揳一个"待售"的标牌儿。但他刻意等到一个星期四的下午2：22才揳牌儿。三天后，这座房子按他要求的238 000美元价格出售了。史坦恩先生把这次迅速卖掉房子归功于占星家约翰·布拉德福的劝告；十二年来，史坦恩先生一直向他请教，出售了五座房子。

"他总是根据月亮的盈缺来告诉我挂出售房标牌儿的准确时间，而且房子也总是在几个月内就卖掉了。"史坦恩先生说。

——"Thinking of Buying or Selling a House? Ask Your Astrologer," *Wall Street Journal*，12 October 1986

3. 在1994年的环球小姐大赛中，有人问阿拉巴马小姐：你是否可以长生不老？为什么？她答道：

我不会长生不老，因为我们不应该长生不老，因为如果假设我们长生不老，那么我们就会长生不老，但是，我们不可能长生不老，这就是我不会长生不老的原因。

4. 秩序对公平来说是不可或缺的，因为只有通过社会和法律秩序才能获得公平。

——Ernest Van Den Haag，*Punishing Criminals*，1975

5. 如果所有人都捍卫宗教裁判所，如果灵魂最崇高的人们分别公正地建立和创造了宗教裁判所，而其对手为了自己的利益而使用宗教裁判所，那么宗教裁判所必定是正当的，是有益的。

——Benedetto Croce，*Philosophy of the Practical*，1935

6. 下面是一家主要都市报纸做的广告，在宾夕法尼亚州到处可见：

费城人人读《公报》（*Bulletin*）。

7. 因为任何动物或植物都不可能无限大或无限小,其部分不可能,整体也不可能。

——Aristotle, *Physics*

8. 有些代表去年没有来过这里,为了他们,对会员大会面前的这项条款进行解释是有益的,这项条款被终年冻结,称为"苏联条款"。它纯粹是一个宣传主张,它不是根据严肃行为的严肃目的而引进的,而仅仅是作为一个借口而引进的;并在此借口下进行大量演说,目的是使演说成为世界新闻。一些人认为这是非常精明的政治。其他人,包括我本人,认为它对目前的挑战应对不当。

——Henry Cabot Lodge, speech to the United Nations General Assembly, 30 November 1953

9. 在美国,这种潮水般的宣传所具有的战争贩子的特点,甚至得到了美国新闻界的认可。今天美国代表的演讲其目标明显是挑起专门针对苏联的煽动和污蔑,这种煽动和诋毁挑战我们的尊严。斯大林格勒的英雄事迹是不可诋毁的。苏联人民在斯大林格勒战争中的伟大胜利把世界从法西斯主义的灾难中拯救了出来,所有人都认识到了那场决定世界命运战争的伟大胜利,并带着感激心情铭记于心。只有那些无耻之徒才会企图向那场战争英雄们留下的闪光记忆上泼污水。

——Anatole M. Baranovsky, speech to the United Nations General Assembly, 30 November 1953

10. 列昂·卡斯教授报告了芝加哥大学的学生对他布置的作业一份有趣的答案。他要求写一篇有关一顿难忘饭菜的短文。一个学生写道:

> 我曾经与我的叔父及其朋友一块儿吃过一次午饭。叔父的这位朋友曾经与阿尔伯特·爱因斯坦一块儿吃过午饭。爱因斯坦曾经是一位伟大的上帝信仰者。因此,据三段论法则,我曾经与上帝一块儿吃过午饭。

——Leon Kass, *The Hungry Soul: Eating and the Perfecting of Our Nature* (New York: The Free Press, 1995)

11. 以转基因鱼为例,科学家希望含有新的生长激素的鱼比普通鱼长得更大更快。其他科学家正在开发一种可以引入现在无法生存的寒冷的北方水域的鱼类。其目的是提高鱼类的产量。经济上的好处可能显而易见,而风险却不明显。但是这就使风险变得合理了吗?

——Edward Bruggemann, "Genetic Engineering Needs Strict Regulation," *The New York Times*, 24 March 1992

12. 多元宇宙理论实际上在其逻辑结构的几乎每一个层次都注入了一个超验造物主的概念。神和世界,造物主和受造物,彼此嵌在一起,在无限空间里形成无限回归。

多元宇宙理论的这种荒诞演绎揭示了它实际上是一个非常严重的滑坡。自哥白尼以来,我们看到的宇宙已经扩大了十亿亿亿倍。宇宙的视野向各个方向延伸了一千万亿英里——也就是一个 1 加 23 个 0。现在,人们正敦促我们接受,即使是这么广袤的范围也只是整个宇宙的一个极小片段。

——Paul Davies, "A Brief History of the Multiverse," *The New York Times*, 12 April 2003

13. 托勒密的天文学认为所有天体都围绕地球转。当哥白尼论证托勒密的天文学应当为认为地球以及所有其他行星围绕太阳转的理论所取代时,他那个时代的很多科学家都耻笑他,包括当时一位著名天文学家克拉维斯。1581 年,克拉维斯写道:

> 两人(哥白尼和托勒密)都认同所观测的现象。但是,哥白尼的论证中包含很多荒谬的原则。例如,他假定地球以三种运动形式在转动……但是,按照哲学家们的观点,像地球那样简单的天体只能有一种简单的运动形式……因此,在我看来,托勒密的地球中心说一定优于哥白尼的学说。

14. 我们所有的人都不能成为著名的人,因为我们所有的人都不能为人所周知。

——Jesse Jackson, quoted in *The New Yorker*, 12 March 1984

15. 上帝持你于地狱深渊之上，就像人持蜘蛛或一些讨厌的昆虫于火上一样；上帝憎恶你，并被你大大地激怒；他对你的愤怒就像火一样燃烧；除了把你投入火中，他还把你看得一钱不值；你在上帝眼中比毒蛇在我们眼中还要令人憎恶成千上万倍，你对他的冒犯比顽固的叛逆者对其亲王的冒犯大得多，但是，每时每刻，只有他的手可以把持你不落入火中。

——Jonathan Edwards, "The Pit of Hell," 1741

16. 如果科学表明我们不能知道当大猩猩 Binti 行动时她头脑中实际上在想什么，那么科学也必须承认它不能证明她什么都没有想。正由于我们对动物的不可救药的无知，没有真正的伙伴感觉，所以，我们应当（在证据不足的情况下）假定动物的无辜，并按照我们对待自己那样来对待它们。

——Martin Rowe and Mia Macdonald, "Let's Give Animals Respect They Deserve," *The New York Times*, 26 August 1996

17. 如果我们想知道一个国家是否勇敢，那么我们就必须看它的军队，这并不是因为士兵是社会中唯一勇敢的人，而是因为只有通过他们的行为才能证明该社会是勇敢还是怯懦。

——Richard L. Nettleship, *Lectures on the Republic of Plato*, 1937

18. 我们将来是否还以某种方式活着，这或许是可以提问的最重要问题，因此它也是一个可用语言表达的最易理解的问题。

——Joseph Butler, "Of Personal Identity," 1736

19. 太阳和月亮，哪个更有用？月亮更有用，因为它在夜里给我们光亮，而太阳却仅仅在白天发光。

——George Gamow (inscribed in the entry hall of the Hayden Planetarium, New York City)

第 4 章概要

谬误是那种看起来正确但经过考察而证明并非如此的论证。本章将主要的非形式谬误分成四组：(1) 相干谬误，(2) 不当归纳谬误，(3) 预设谬误，(4) 含混谬误。我们命名、解释并示例了每一组最常见的推理错误。

1. 相干谬误

R1. 诉诸大众：正确的推理被诱导对结论的情感性和非理性支持的技巧取代的时候，就犯了诉诸大众谬误。

R2. 诉诸情感/诉诸同情：正确的推理为对特定情感（如同情、骄傲或者嫉妒）的诉诸所取代的时候，就犯了诉诸情感谬误。

R3. 红鲱鱼：通过引入故意误导观众的某个事情或特征从而下扰理性的推理，推理因此而受到了操纵。

R4. 稻草人：通过误读对手的立场，削弱了原本正确的推理。

R5. 诉诸人身：关于某问题的正确推理为一个对对手人格或特殊环境的攻击所取代，就犯了诉诸人身谬误。

R6. 诉诸暴力：推理被为了得到赞同或支持而诉诸暴力的行为取代，就犯了诉诸暴力谬误。

R7. 不得要领/不相干结论：错误地拒斥非讨论话题上的观点，就犯了不得要领谬误。

2. 不当归纳谬误

不当归纳谬误中，前提与结论可能是相关的，但是前提太弱不足以支持结论。有如下四种主要的不当归纳谬误：

D1. 诉诸无知论证：以一命题没有被证明为假作为理由来论证该命题的真，或通过某命题没有被证明为真来证明它为假。

D2. 诉诸不当权威：一个论证的前提诉诸某方或多方判断，而它或它们却不能合法地声称对相关问题具有权威性。

D3. 虚假原因（无因之因）：通常是仅仅根据两个事件的前后相继（如子类型"缘出前物"）就把一个东西当作一个事物的原因，而它实际上并不是那个事物的原因。

D4. 轻率概括：从一个或极少数例子轻率地或仓促地过渡到了一个

大范围的陈述或普遍陈述。

3. 预设谬误

在这类谬误中，错误论证依赖于某些被假定为真的命题，而这些命题实际上是假的、可疑的或没有得到证明的。有三种主要的预设谬误：

P1. 偶然：将一概括适用于它没有涵盖的特例之上的非形式谬误。

P2. 复杂问句：预设隐藏在问句中的某些命题为真的方式来问问题的非形式谬误。

P3. 丐题：所要论证的结论已经在前提中得到陈述或预设的一种非形式谬误。

4. 含混谬误

在这类谬误中，错误论证的形成方式是，它依赖于词或短语从前提到结论中用法的意义变化。我们分五种歧义谬误来解释这类推理错误。

A1. 歧义：在论证的明确表述中，有意或无意地使用同一个词或短语的两个或更多意义。

A2. 双关：由于词汇的松散、笨拙或错误组织导致某个陈述有多种意义的选择，进而引起的一种非形式谬误。

A3. 重音：对一个语词做不同的强调，从而使这个相同的术语或短语在前提和结论中有不同的意义，就犯了这一非形式谬误。

A4. 合成：（a）错误地从部分性质到整体性质进行推理，（b）或者错误地从某汇集的个别分子的性质到整个汇集的性质进行推理。

A5. 分解：（a）错误地从整体性质到它的一个部分的性质进行推理，（b）或者错误地从某些实体汇集的某个全体性质到该汇集的个别实体性质进行推理。

第4章关键术语

谬误：一种看似正确但包含错误推理的论证。

相干谬误：一种前提和结论无关的谬误。

诉诸大众：一种非形式谬误，在这种论证中，对某些结论的支持是诉诸大众信念。也称为 argument ad populum。

诉诸同情：一种依赖于慷慨、利他主义或仁慈等情感而非理性的谬误。也称为 argument ad misericordiam。

红鲱鱼：一种故意将注意力从正在讨论的问题上移开的谬误。

稻草人：一种将对手的立场描述得比实际主张的更为极端和不合理的谬误。

诉诸人身：一种依赖于攻击采取立场的人的谬误。这种谬误也被称为 argument ad hominem。

污泉：一种辱骂性的背景谬误，在这种谬误中，通过攻击对手的诚信或诚实破坏持续的理性交流。

诉诸暴力：一种依赖于公开或隐蔽的暴力威胁的论证。也称为 argument ad baculum。

不得要领：一种前提所支持的结论与提出的结论不同的错误论证。也称为"不相干结论"和 ignoratio elenchi。

不当归纳：前提太弱或无效而无法保证结论的谬误。

诉诸无知论证：一种一个命题因为没有被证明是假的而被认为是真的，或者因为没有被证明是真的而被认为是假的谬误。也被称为 argument ad ignorantiam。

诉诸不当权威：一种仅仅因为一个专家说某结论为真，它就被认为是真的谬误。这是一个关于专家的专业领域与结论是否相关的谬误。也被称为 argument ad verecundiam。

虚假原因：一种把并非真正是某件事情的原因当成其原因的谬误。也被称为 non causa pro causa。

缘出前物：一种推定某件事情是由一个紧接在前的事情引起的谬误。字面意思是：那个在这之后出现；因而，这就是那个原因（After this; therefore, because of this）。

滑坡谬误：一种断言在某一方向上的变化必然导致同一方向上的进一步变化的（通常是不值得欲求的）谬误。

轻率概括：一种不当归纳谬误，即从一个单一的案例不小心地转到对所有或大多数案例的大规模概括。也被称为 converse accident。

预设谬误：一种结论依赖于一个不可靠、无根据或错误的默认假设的谬误。

偶然谬误：一种将概括错误地应用于一个并不适合的案例的谬误。

复杂问句：一种提出一个问题的方式预设隐藏在该问题中的某些结论为真的非形式谬误。

丐题：一种非形式谬误，论证的结论是其前提陈述或假设的。也被称为"循环论证"和 petitio principii。

含混谬误：一种由论证中的语词或短语的意义的变化或混乱而引起的谬误。也被称为"sophism"。

歧义谬误：一种有意或无意地在论证不同部分使用一个语词或短语的两种或多种意义的谬误。

双关谬误：论证中松散或笨拙地组合起来的语词有多种解释；论证的前提基于一种解释，而结论则基于另一种解释的谬误。

重音谬误：当一个论证的前提依赖于某些语词的一种可能的强调，而结论依赖于相同语词不同意义的不同强调，这种歧义谬误就发生了。

合成谬误：一种歧义谬误，即根据整体的部分（或集合的元素）具有某些属性这个事实，错误地认为整体（或集合）也具有这个属性。

分解谬误：一种歧义谬误，即根据整体（或集合）具有某些属性这个事实，错误地认为整体的部分（或集合的元素）也具有这个属性。

现实生活中的逻辑

超级时尚

以下内容节选自时尚与名人杂志《超级时尚》。浏览一下这个刺激又启迪人心的读物，然后回答下面的问题。

如何判断他是否喜欢你

想知道你的意中人是否同样喜欢你吗？下面有一些找到答案的方法！

1. 一项研究表明，90%的男性说他们喜欢大多数人。所以，他很可能喜欢你。

2. 询问你的朋友。如果他认为他喜欢你，他就很可能喜欢你。

3. 据统计，购买搅拌碗的女性可能对恋爱更坚定。所以马上买个搅拌碗。

4. 任何不喜欢你的男孩显然是愚蠢的。

潮流观察

如果你既喜欢皮革也喜欢袜子，那么你会喜欢皮革袜子。

自尊角

你有自尊吗？如果有，人们自然会喜欢你。通过三个简单的步骤提高你的自尊：

1. 走出去，让别人喜欢你，和他们做朋友。
2. 告诉你自己："这些人喜欢我！"
3. 感受自尊！

水豚争议

水豚皮毛是一个热门的新潮流。最近，在免费赠送皮草、夹克的活动中，在 C 榜单众多名人身上看到水豚背心和夹克。

什么是水豚？新斯科舍大学（the University of Nova Scotia）的霍芬斯蒂芬（M. Huffenstephen）博士解释说："水豚是一种具有水豚特有品质的动物。"

但是，并不是每个人都能接受水豚的皮毛。善待哺乳动物组织的玛莎·卡普费尔德（Martha Cupfeld）评论道："如果我们接受用水豚制作背心，这是朝着用多毛的人类制作背心的方向迈出的一小步。"

Design it or die 的本季冠军，真人秀明星惠特尼·哈德森（Whitney Hudson）评论说："每个人都在穿水豚皮草。如果你的衣服面料普通，那么你就完全落伍了，可恶。"

珍要有宝宝了吗

我们发现珍妮弗·安伯顿（Jennifer Amberton）穿着一件大衬衫！《超级时尚》在她家门口等了 18 个小时，摄像机对着她的前门。当她出门的时候，我们喊道："珍，你打算用你母亲的名字贝丽尔给你的宝宝命名吗？"

在走进一辆由司机驾驶的黑色轿车并砰地关上门之前，她回答说："我妈妈叫苏珊，白痴。"

明白了吧！如果她没有否认有孩子，她一定怀孕了！继续阅读《超级时尚》，关注这个突发新闻。

一周名人名言

憎恨者说我的最新电影《最后的机枪杀手》太暴力了，但你不能反对所有的暴力。拍死虫子就是暴力。

——Buck Chatham

我不仅仅是一个手袋设计师。我做挎包、手提包。我是一个容器工程师。有里有面的东西我都做，还可以加上亮片。

——Donatella Flaviatore

我赞成取缔查查夫人的国旗内裤，因为最重要的是，成千上万的美国人买不起国旗。

——Johan Colbare

问题：

1. 如何判断他是否喜欢你：将给出的单个建议（1、2、3和4）与以下四个谬误名称匹配：

  A. 诉诸不当权威　　　　　　B. 歧义谬误

  C. 诉诸人身　　　　　　　　D. 虚假原因

2. 潮流观察：陈述"如果你既喜欢皮革也喜欢袜子，那么你会喜欢皮革袜子"属于哪一种谬误？

  A. 分解　　　　　　　　　　B. 重音

  C. 合成　　　　　　　　　　D. 丐题

3. 自尊角："自尊会使人们喜欢你"和"你可以通过关注那些喜欢你的人来建立自尊"的观点是如下哪一种谬误？

  A. 红鲱鱼　　　　　　　　　B. 偶然

  C. 丐题　　　　　　　　　　D. 稻草人

4. 水豚争议：霍芬斯蒂芬博士对水豚的定义属于哪一类定义？

  A. 规定定义　　　　　　　　B. 精确定义

  C. 字典定义　　　　　　　　D. 循环定义

5. 水豚争议：指着水豚照片说"这就是水豚"属于哪一种定义？

  A. 精确定义　　　　　　　　B. 实指定义

  C. 理论定义　　　　　　　　D. 劝说定义

6. 水豚争议：当哈德森敦促我们穿水豚皮草时，他犯了哪一种谬误？

  A. 诉诸大众　　　　　　　　B. 诉诸人身

  C. 诉诸无知　　　　　　　　D. 轻率概括

7. 珍要有宝宝了吗：珍被问了一个复杂的问题："你打算用你母亲的

名字贝丽尔给你的宝宝命名吗?"这个问题包含两个预设:第一,珍妮弗怀孕了;第二,珍妮弗母亲的名字是贝丽尔。当珍妮弗否认第二个预设,而没有否认第一个预设时,第一个预设就被认为是真的(也就是说,因为这个女演员没有否认怀孕,《超级时尚》假设她怀孕了)。这是什么错误?

  A. 吉兆碰撞   B. 否定孕蓄
  C. 多管闲事   D. 想象受阻

8. 一周名人名言:达克·查塔姆(Buck Chatham)犯了哪一种谬误?

  A. 虚假原因   B. 双关
  C. 稻草人   D. 分解

9. 一周名人名言:多纳泰拉·弗拉维娅托尔(Donatella Flaviatore)话的内涵减少还是增加了?

  A. 增加   B. 减少
  C. 既不增加也不减少

10. 一周名人名言:约翰·科尔拜(John Colbare)犯了什么谬误?

  A. 红鲱鱼   B. 诉诸大众
  C. 重音   D. 歧义

解答:

1. B. 这里"喜欢"一词有两种不同用法。
 A. 你的朋友带有很大的偏见。
 C. 也许有男朋友的女人更愿意买搅拌碗。
 D. 显然是一个诉诸人身谬误。

2. C. 这是一个组合谬误:因为我们仅仅喜欢皮革和袜子,并不意味着喜欢它们的组合。(番茄酱冰激凌和其他受欢迎的冰激凌单品组合也是如此。)

3. C. "自尊会让人们喜欢你,而你可以通过让人们喜欢你来获得自尊"这一论证是循环论证。(参见本书关于循环定义的讨论。)

4. 把水豚定义为具有水豚特征的东西——这根本不是什么定义。

5. B. 实指定义就是一个"指向"被定义项的案例的定义。

6. A. 这也被称为"赶时髦"论证。就像"搭上这辆车吧,它要带我们去商场的皮草店!大家都去!"

7. B. 信不信由你，这个谬误名字是 The Negative Pregnant（否定孕蓄）。正是这个非常不可思议的名字启发了时尚杂志的行为。当然，否定孕蓄不必仅仅是关于怀孕；例如，如果有人问："你是不是因为抢银行而没有做家庭作业？"你说："我做了家庭作业。"（这个谬误的）言外之意就是你抢劫了一家银行。

8. C. 达克·查塔姆并没有反驳那些说电影太暴力的人，而是反对稻草人：认为所有暴力都是错误的简单论点。

9. B. 多纳泰拉·弗拉维娅托尔以越来越宽泛的方式将她制作的物品定义为手提包：任何有里有面的东西。内涵越来越少了。

10. A. 约翰·科尔拜没有告诉我们为什么必须取缔查查夫人的国旗内裤，他试图通过指出那些无力表达爱国主义精神的人都极度赤贫来分散我们的注意力。这的确令人忧伤，但与国旗内裤取缔案无关。

【注释】

[1] 谬误分类的方法详见霍华德·卡哈尼在布莱尔和约翰森（J. A. Blair and R. J. Johnson）编辑的《非形式逻辑》（*Informal Logic*, Inverness, CA: Edge Press, 1980）中的文章《谬误的本性与分类》（"The Nature and Classification of Fallacies"）。要了解对谬误更为广泛的理论处理，请参考哈姆林（C. L. Hamblin）的《谬误》（*Fallacies*, London: Methuen, 1970）与伍兹和沃尔顿（J. Woods and D. Walton）的《论证：谬误的逻辑》（*Argument: The Logic of Fallacies*, Scarborough, Ont.: McGraw-Hill Ryerson, 1982）。要找更为详尽的谬误种类列表，请参考芬赛德和霍尔瑟（W. W. Fernside and W. B. Holther）的《谬误：伪劣论证》（*Fallacy: The Counterfeit of Argument*, Englewood Cliffs, NJ: Prentice-Hall, 1959），他们在其中命名并阐述了 51 种谬误。费什（D. H. Fischer）的《历史学家的谬误》（*Historian's Fallacies*, New York: Harper & Row, 1979）区分了 112 种谬误，也可以作为参考。

[2] Reported in *The New England Journal of Medicine*, 26 December 1996.

[3] Plato, *Apology*, 34; Jowett translation.

[4] Dan Brown, *The DaVinci Code* (New York: Random House, 2003).

[5] David Broder, "Deciding What to Do in Iraq Requires Thought, Not Gut Instinct," *The Washington Post*, 12 January 2007.

[6] www. Figarospeech. com, 19 March 2006.

[7] *The News & Observer*, Raleigh, NC, 5 January 2007.

[8] Constance Baker Motley, *Equal Justice Under Law* (New York: Farrar,

Strauss & Giroux, 2001).

[9] Clyde Collins Snow, "Kind Racism," *The Science*, June 1997.

[10] Interview with Osama bin Laden, CNN, March 1997.

[11] Peter Monaghan, "A Journal Article Is Expunged and Its Authors Cry Foul," *The Chronicle of Higher Education*, 8 December 2000.

[12] "White House Orders Silence on Meese," *The Washington Post*, 29 April 1988.

[13] "Bush Expected to Grant a Stay of an Execution," *The New York Times*, 1 June 2000.

[14] *The Collected Works of Abraham Lincoln*, R. P. Baser, editor (New Brunswick, NJ: Rutgers University Press, 1953), vol. 2, p. 283.

[15] Stephen Tumim, *Great Legal Fiascos* (London: Arthur Barker, 1985).

[16] Erwin Chargaff, in a famous letter to the editor of Science, *Science*, vol. 192, p. 938, 1976.

[17] Robert Sinsheimer, "Troubled Dawn for Genetic Engineering," *New Scientist*, vol. 168, p. 148, 1975.

[18] "Wisconsin to Cut Welfare," *Ann Arbor News*, 11 April 1992.

[19] Justice William Brennan, writing for the Court, *In re Winship*, 397 U. S. 358, 1970.

[20] J. Locke, *An Essay Concerning Human Understanding*, 1690.

[21] C. Loring Brace, "Faculty Is Powerless," *The New York Times*, 24 February 1998.

[22] Douglas E. McNeil, "School Prayer Fallacy," *The New York Times*, 10 June 1998.

[23] Peter Steinfels, "Beliefs," *The New York Times*, 13 February 1998.

[24] I. Harvey, "Death Penalty Ethics," *The New York Times*, 13 February 1996.

[25] Ernest van den Haag, "Make Mine Hemlock," *National Review*, 12 June 1995.

[26] Zev Simpser, "A Murder Is a Murder," *The New York Times*, 3 May 2002.

[27] John Bedder, reported in "Fried and Salty, Yessir, Matey, but Truly English," *The New York Times*, 9 March 1993.

[28] Elizabeth Kolbert, "Talk of the Town," *The New Yorker*, 17 November 2003.

[29] Barbara Commins, "The Slide into Poverty," *The New York Times*, 10 September 2000.

[30] Jeremy Rifkin, "Issues in Genetic Research," *The Chronicle of Higher Education*, 3 July 1998.

[31] 在他为《大都会百科全书》(London, 1828) 撰写的 "Logic" 词条中。

[32] Weng Shou-Jen, *Record of Instructions* (c. 1518).

[33] 参见 David Hume, "Sceptical Doubts Concerning the Operations of the Understanding," in *An Enquiry Concerning Human Understanding*, sec. 4 (1747)。

[34] Richard Robinson, *An Atheist's Values* (Oxford University Press, 1964), p. 121.

[35] *The New Yorker*, 3 March 2003.

[36] 在通常被称为《辩谬篇》(*On Sophistical Refutations*) 的作品中。

[37] *The New York Times*, 18 June 1996.

[38] Thomas DiLorenzo, *The Real Lincoln: A New Look at Abraham Lincoln, His Agenda, and an Unnecessary War* (Roseville, CA: Prima Publishing, 2002).

第二部分

演　绎

A 篇

三段论逻辑

第 5 章

直言命题

5.1 演绎理论
5.2 类与直言命题
5.3 四种直言命题
5.4 质、量与周延性
5.5 传统对当方阵
5.6 其他直接推论
5.7 存在含义与直言命题的解释
5.8 直言命题的符号系统与图解
第 5 章概要
第 5 章关键术语

5.1 演绎理论

前面几章主要探讨了表达论证的语言，现在我们来讨论论证的结构。本章和接下来的章节，我们探讨、阐释论证的前提和结论之间的关系。

本书第二部分集中讨论演绎论证。**演绎论证**是指其前提被声称能为结论的真提供决定性根据的论证。如果这种声称是正确的——也就是说，如果一个论证的前提确实能必然地担保其结论的真，那么，这个演绎论证就是**有效的**。任何一个演绎论证要么做到了其所声称，要么没有做到；因此，任何一个演绎论证要么是有效的，要么是无效的。如果一个论证是有效的，它就不可能出现前提皆真而结论不真的情形。

演绎理论旨在阐明有效论证的前提与结论之间的关系，为评估演绎论证提供方法，也就是为区分有效论证与无效论证提供方法。为此，历史上出现了两种杰出的理论。一种被称为"**亚里士多德三段论逻辑**"，得名于这种理论的开创者古希腊大哲学家亚里士多德。另一种被称为"**现代符号逻辑**"，主要是在 19 世纪和 20 世纪发展起来的。本章与接下来的两章（即 5、6、7 章）主要探讨三段论逻辑问题，而 8、9、10 章主要探讨现代符号逻辑问题。

亚里士多德（公元前 384—前 322）是古代伟大智者之一。在柏拉图学园钻研 20 年之后，他成为亚历山大大帝的家庭教师，后来建立了自己的学园：Lyceum（吕克昂），在那里他做出了许多杰出贡献，几乎涵盖了人类知识的所有领域。亚里士多德去世以后，他关于推理的著述被汇集成册，命名为《工具论》（*Organon*），其字面意思就是"工具"，即知识的基本工具。

虽然"**逻辑**"这个词直到公元 2 世纪才获得它的现代意义，但逻辑学的主题在亚里士多德的奠基之作《工具论》中早已确立起来。亚里士多德逻辑成为两千多年来理性分析的基础。历经数个世纪，它已获得极大的改进：其概念体系更加完善，其原理被细致塑述，其复杂的结构已臻于完备。本章和后面两章所展示的这一伟大逻辑系统，一直以其作为强大智力工具的威力而保持着无穷魅力。

5.2 类与直言命题

亚里士多德三段论逻辑，主要探讨的是关于不同对象类之间相互关系的论证。**类**，指的是共有某种特定属性的所有对象的汇集。（第3章在解释词项内涵的定义时，已经简单地介绍过这个概念。）任何人都能立刻明白两个类至少可以有如下三种相互关系：

1. 如果一个类的所有元素都是另一个类的元素，例如狗的类与哺乳动物的类，则称第一个类包含于（wholly included）或包括在（wholly contained）第二个类之中；

2. 如果一个类中有元素但不是所有元素都是另一个类的元素，例如运动员的类和女人的类，则称第一个类部分地包含于（partially included）第二个类之中；

3. 如果两个类没有共同的元素，例如三角形的类和圆形的类，则称这两个类之间是互斥（exclude）的。

这三种关系适用于任何类或范畴。在本章的演绎论证中，我们给出的命题都是陈述某个类与另一个类之间关系的，这种命题被称为**直言命题**。在演绎逻辑的传统解释中，直言命题是演绎逻辑的基本要素和论证的组成部分。考虑如下论证：

> 没有运动员是素食主义者，
> 所有足球队员都是运动员，
> 所以，没有足球队员是素食主义者。

这个论证中的三个命题都是**直言命题**。当然我们可能怀疑其前提的真，但是这些命题所表达的类与类的关系产生了一个肯定有效的论证：如果这些前提为真，则结论必定为真。很明显这里的两个前提都是直言命题，即它们都**肯定或否定了某个类 S 全部或部分地包含于另外一个类 P 之中**。上述例子中的三个直言命题是关于所有运动员的类、所有素食主义者的类和所有足球队员的类。

因此，要建立一种以类为基础的演绎理论，关键性的第一步就是确认直言命题的种类，进而揭示出它们的相互关系。

5.3 四种直言命题

有且只有四种标准直言命题，可分别由如下命题示例：

1. 所有政客是说谎者。
2. 没有政客是说谎者。
3. 有政客是说谎者。
4. 有政客不是说谎者。

下面我们依次对这四种直言命题加以解释。

1. **全称肯定命题**。全称肯定命题断言第一个类的所有元素都是第二个类的元素。"所有政客是说谎者"就是一个例子，它断言政客类的所有元素都是说谎者类的元素。所有全称肯定命题都可以写成如下标准形式：

   所有 S 是 P。

其中字母 S 和 P 分别代表**主项**和**谓项**。这样的命题不仅断言了两个类之间的包含关系，而且断言这两个类之间的包含关系是完全的或普遍的。S 的所有元素都被断定为 P 的元素。这种标准形式的命题被称为全称肯定命题，也叫 A 命题。

直言命题通常用图形表达，用两个交叉的圆代表其中涉及的两个类。这种图形称为文恩图（Venn diagram），得名于发明者英国数学家、逻辑学家约翰·文恩（John Venn，1834—1923）。稍后我们将详细介绍这种图示方法，也将会看到其对评估演绎论证有效性的巨大作用。目前我们只用文恩图来图示每一类直言命题的含义。

我们用一个圆 S 表达主项所代表的类，用另一个圆 P 表达谓项所代表的类。**A** 命题断言所有 S 是 P。**A** 命题的图示中，圆 P 之外的 S 部分被画上阴影，表明 S 的元素没有不是 P 的元素。所以 **A** 命题图示如下：

[图：两圆相交，S圆非重叠部分画阴影]

所有S是P

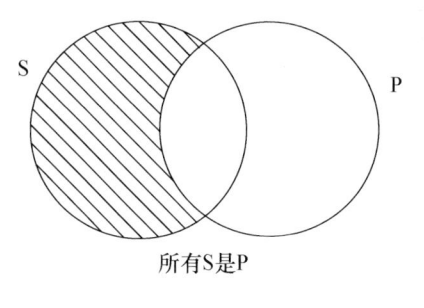

图 5-1

2. **全称否定命题**。上面的第二个例子"没有政客是说谎者"无例外地否认了政客类的任何元素是说谎者类的元素。它断言主项 S 类与谓项 P 类是完全相互排斥的。这种直言命题可以标准地写为：

没有 S 是 P。

其中 S 和 P 分别代表主项和谓项。这种命题完全否认了两个词项之间的包含关系。它告诉我们，没有 S 的元素是 P 的元素。这种标准形式的命题被称为全称否定命题，也称为 **E** 命题。

E 命题的文恩图是将代表 S 类和 P 类的两个圆的交叉部分画上阴影，以表示 S 类与 P 类相互排斥。于是，**E** 命题可以图示如下：

[图：两圆相交，交叉部分画阴影]

没有S是P

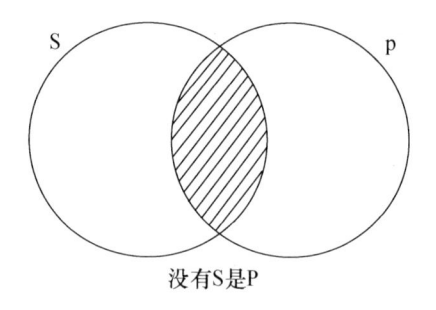

图 5-2

3. **特称肯定命题**。上述第三个例子"有政客是说谎者"断言所有政客类的某些元素是所有说谎者类的元素。但是它并没有对所有政客进行断定，仅仅断言了某一政客或某些政客是说谎者。该命题既没有对所有政客做任何全称的肯定或否定，没有做出对政客的全体元素的断言，也没有断言有些政客不是说谎者，尽管在某些语境下该命题被认为暗含这种含义。

该命题字面的意思和准确的释义，就是断言政客类和说谎者类有某些相同的元素。这就是我们需要明确的这类标准命题的含义。

"有些"是一个不确定的术语。它的意思是"至少有一个"、"至少有两个"还是"至少有一些"呢？"有些"究竟意味多少呢？在日常谈话中，语境可能会影响我们对该术语的理解，但是逻辑学家出于对确定性的考虑，将"有些"解释为"至少有一个"。特称肯定命题可以写为如下标准形式：

有 S 是 P。

它断言至少有一个 S（用以标示主项类）的元素也是谓项类 P 的元素。该命题断言类之间的包含关系部分地成立，即对第一个类中的某个或某些特殊元素做出了断言。这种标准形式的命题被称为特称肯定命题，也叫 I 命题。

在两个圆的交叉部分标一个 x，表明至少有一个个体既是 S 的元素又是 P 的元素，我们便得到了 I 命题的图示：

有S是P

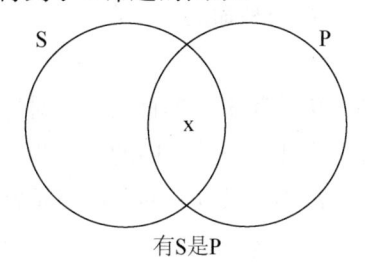

图 5-3

4. **特称否定命题**。上述第四个例子"有政客不是说谎者"跟第三个例子一样，并没有全称地指称政客类，只是指出了该类中的某个或某些元素，所以它是特称的。与第三个例子不同，它没有断定第一个类中的某个或某些元素包含在第二个类中，那正是它所否认的。该类命题被写成如下标准形式：

有 S 不是 P。

它断言主项类 S 中至少有一个个体排除在谓项类 P 的全部元素之外。该否定不是全称的。这种形式的命题被称为特称否定命题，也称 O 命题。

在 P 以外的 S 部分标一个 x，表示至少有一个 S 的元素 x 不是 P 的元素，我们便得到了 O 命题的图示：

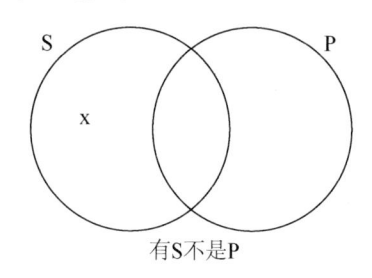

图 5-4

上述例子中，所有的类都被简单地命名为：政客、说谎者、素食主义者、运动员等。但是标准直言三段论的主项和谓项也许更为复杂。举例来说，在命题"所有这个职位的候选人都是诚实而正直的人"中，主项是"这个职位的候选人"，谓项是"诚实而正直的人"。主项和谓项还可以更为复杂，但是所有标准直言命题所表达的都是主项 S 所代表的类与谓项 P 所代表的类之间的关系。这四种命题——A、E、I、O——是演绎论证的组成部分。

上述对直言命题的分析看起来简单直接，但对这些命题的基础作用及其相互关系的挖掘却是逻辑体系发展史中的一大步，也是亚里士多德对人类知识的巨大贡献之一，故不要被其表面上的简单性迷惑。正是在对象的类以及类的关系的基础之上，逻辑学家们通过几个世纪的努力，建构出了分析演绎论证的精致系统。该系统精细而透彻，是人类最伟大的智慧结晶之一。我们将按照以下三个步骤对该系统进行研究：

A. 在本章余下部分我们将更加深入地考察标准直言命题的特点，解释它们之间的相互关系，探究从这些直言命题中能够直接得出的推论是什么。我们将会看到，仅仅把握 A、E、I、O 命题及其相互关系，就能够掌握大量的演绎推理。

B. 在下一章，我们将要考察的是三段论，即通常由标准直言命题构成的论证。在那里，我们将揭示出三段论的实质，展示出每一种有效三段论形式的独特性质，并由此给予它们相应的名称，然后再介绍验证三段论有效性（或者无效性）的强有力方法。

C. 在第 7 章中，我们结合日常论证中的语言对三段论推理进行考察。这种结合会暴露出三段论推理的某些局限，但正是这种结合将显示出三段论的广泛应用。

概览		
	标准直言命题	
命题形式	名称及种类	实例
所有S是P。	A 全称肯定	所有律师是富人。
没有S是P。	E 全称否定	没有罪犯是好市民。
有S是P。	I 特称肯定	有化学制品是毒药。
有S不是P。	O 特称否定	有昆虫不是害虫。

练习题

指出下列各命题的主项、谓项及逻辑形式的名称。

*1. 有历史学家是极有天赋的作家,其作品读起来如同一流的小说。

2. 没有以运动为生的人是业余运动员。

3. 没有血统不纯的狗是美国肯诺俱乐部发起的罗宾狗选秀活动的候选者。

4. 所有运行于万里高空轨道上的人造卫星都是巨资打造的精密设备。

*5. 富裕、有声望的家庭中有的人不是富足或显赫的人。

6. 有些公认的大艺术家的画作不是已被或应被收藏在博物馆中以供大众欣赏的精品。

7. 所有不可靠的驾车人都是威胁乘客生命的人。

8. 有以往从未做过一官半职的人在我们今天的政府中任职。

9. 有些正确服用时疗效甚好的药不是所有医药箱都可贮存的安全药品。

*10. 没有无原创艺术作品的人是可以信赖的评论家。

5.4 质、量与周延性

A. 质

我们已经看到,每个标准直言命题或是肯定或是否定了某类关系。如果一个命题肯定了类与类之间的包含关系,不管是全部地还是部分地肯定,那么,它的质就是**肯定的**。因此,A命题("所有S是P")和I命题("有S是P")的质都是肯定的。它们的简写名称,即A和I,分别来自拉丁文"AffIrmo",该词的意思是"我肯定"。如果一个命题否定类与类之间的包含关系,不管是全部地还是部分地否定,那么,它的质就是**否定的**。因此,E命题("没有S是P")和O命题("有S不是P")的质都是否定的。它们的简写名称,即E和O,分别来自拉丁文"nEgO",该词的意思是"我否定"。每个直言命题都有质,要么肯定,要么否定。

B. 量

每个标准直言命题的主项都是某个类。如果一个命题述及主项所指称的类的所有元素,那么,它的量就是**全称的**。因此,A命题和E命题的量都是全称的。如果一个命题只述及主项所指称的类的某些(some)元素,那么,它的量就是**特称的**,因此,I命题和O命题的量都是特称的。

每个标准直言命题都以"所有"、"没有"或者"有"等词开头,这些词表明了命题的量。"所有"和"没有"表示命题是全称的,"有"表示命题是特称的。另外,"没有"还表明了E命题的质是否定的。

任何标准直言命题的质要么肯定要么否定,其量要么全称要么特称,所以如下四个名称通过描述量和质,唯一地描述了四种标准直言命题:"全称肯定"(A)、"全称否定"(E)、"特称肯定"(I)和"特称否定"(O)。

C. 标准直言命题的一般模式

每个标准直言命题的主项、谓项之间都有一个动词形式"是"(O命题需在"是"前面加上一个"不"字)。这个动词把主项和谓项联结起来,称为**联项**(copula)。前一节给出的公式中的联项只有"是"和"不是"两种,但依据不同的措辞需要,有时可能用其他形式的联项更为适当。例如,下面三个命题中:

有罗马统治者曾经是(were)独裁者。
有士兵不会成为(will not be)英雄。
所有正方形均为(are)四边形。

联项分别是"曾经是"、"不会成为"和"均为"。标准直言命题的一般模式由四个部分组成:首先是量项,其次是主项,再次是联项,最后是谓项。可以记为:量项(主项)联项(谓项)。

D. 周延性

直言命题被认为是关于类的，即主项和谓项所指的类。命题谈及类的方式不尽相同。一个命题可能谈及一个类的全部元素，也可能只谈及这个类的一些元素。譬如，命题"所有参议员是公民"述及或关乎全部参议员，但没有述及所有公民。它断定的是参议员类的任何一个元素都是公民，但并没有就所有公民做出断言。它既没有肯定也没有否定所有公民都是参议员。因而，任一 A 命题都述及了主项 S 指称的类的全部元素，但并未述及谓项 P 指称的类的全部元素。

我们引入周延这个技术性术语，用以刻画出现于直言命题中的主谓项的性质。如果一个命题述及了某个词项所指称的类的全部元素，则称该词项在这个命题中是周延的。在 A、E、I、O 命题中，各词项的周延性各有不同。

首先看 A 命题，以"所有参议员是公民"为例：在这个命题中，"参议员"是周延的，而"公民"不周延。在 **A 命题**（即全称肯定命题）中**主项周延，而谓项不周延**。

接下来看 E 命题，比如："没有运动员是素食主义者。"这个 E 命题断定运动员的类的所有元素都被排斥在素食主义者的类之外，由于 E 命题述及了主项指称的类的全部元素，因此可以说 E 命题的主项是周延的。而这个命题在断定整个运动员类被排除在素食主义者类之外的同时，也就断定了整个素食主义者类也被排除在整个运动员类之外。该命题断言，任何一个素食主义者都不是运动员。因此，与 A 命题不同，E 命题就涉及了谓项指称的类的全部元素。所以说，**E 命题的主项周延，谓项也周延**。

再看 I 命题，情况就有所不同了。例如："有士兵是胆小鬼。"这个 I 命题既没有对所有士兵进行断定，也没有对所有胆小鬼进行断定。不能说一个类完全包含于另一个类之中，也不能说完全排除在外。**在任何 I 命题中，主项、谓项都是不周延的**。

再看特称否定命题或者说 O 命题，例如："有马不是良种马。"该命题并不言说所有马，而只述及主项指称的类的一些元素。它说的是所有马中被排除在良种马之外的那一部分，亦即这部分被排除在后一个类的全体之外。假如谈的只是特定的这部分马，那么，任何一个是良种马的元素都不在这部分之中。说某事物被排除在一个类之外，也就述及了这个类的全部。正像说一个人被排除在某个国家之外，就等于说这个国家的任何地方都不接纳此人一样。**O 命题的谓项是周延的，但主项不周延。**

周延性问题可以总结如下：全称命题，包括肯定的和否定的，其主项是周延的；而特称命题，不管是肯定的还是否定的，其主项都是不周延的。也就是说，标准直言命题的量决定主项的周延情况。肯定命题，无论是全称的还是特称的，其谓项都是不周延的；而否定命题，包括全称的和特称的，其谓项都是周延的。也就是说，标准直言命题的质决定谓项的周延情况。

总之，A 命题主项周延，E 命题主项、谓项都周延，I 命题主项、谓项都不周延，而 O 命题谓项周延。

直言命题的各个词项的周延情况在评价三段论的过程中非常重要。下图作为这些知识的总括，有助于我们掌握命题的各词项的周延情况。

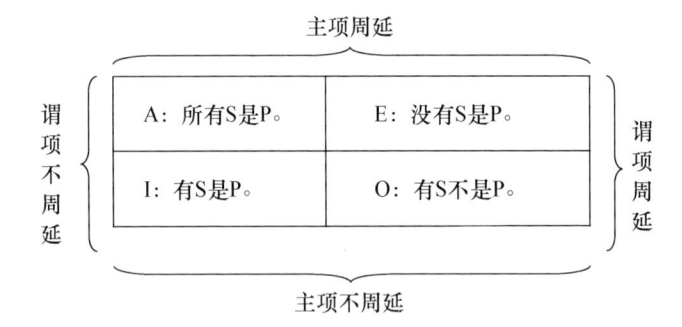

主项周延

A：所有S是P。	E：没有S是P。
I：有S是P。	O：有S不是P。

谓项不周延　　　　　　　　　　　　谓项周延

主项不周延

视觉逻辑

A 命题：所有香蕉都是水果。

这个 A 命题断言所有香蕉类（主项类）的元素都是水果类（谓项类）的元素。

如果一个词项指称的是某个类的所有元素，则我们说它是周延的。在 A 命题中，主项总是周延的，但是 A 命题并没有指称谓项类中的所有元素，上述例句并没有断言所有水果都是香蕉，关于所有水果，它并没有断言任何东西。在 A 命题中，谓项不周延。

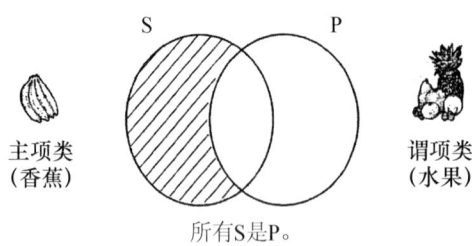

主项类（香蕉）　　　　谓项类（水果）

所有S是P。

E 命题：没有香蕉是水果。

这个 E 命题断言所有香蕉类的元素都在水果类之外。主项"香蕉"显然是周延的。但是因为香蕉被排除在整个水果类之外，所以这个命题也指谓了谓项中的所有元素，它显然断言了没有水果是香蕉。在 E 命题中，主项和谓项都周延。

注意周延概念与真假概念无关。作为例子的这个命题显然是假的，但是同所有 E 命题一样，其主项和谓项都周延。

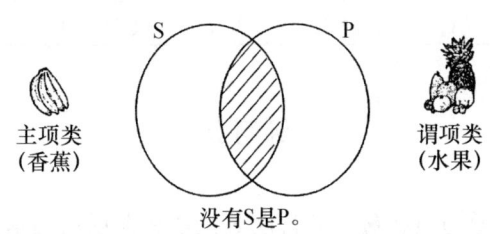

主项类
（香蕉）

谓项类
（水果）

没有S是P。

I 命题：有些香蕉是水果。

这个 I 命题中的"有些"一词告诉我们主项"香蕉"所指谓的类中至少有一个元素属于谓项"水果"所指谓的类。但是这个命题对作为整体的主项类没有做出断言。

因此，在这个命题中，同在所有 I 命题中一样，主项不周延。该命题对水果类的所有元素也没有做任何断言（我们只是被告知至少有一个香蕉类的元素属于它），因此谓项也不周延。在 I 命题中，主项和谓项都不周延。

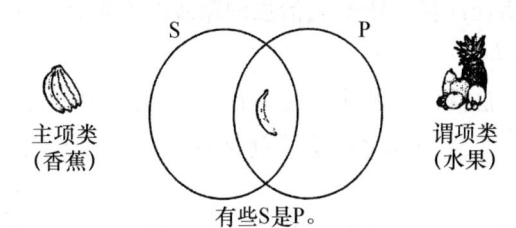

主项类
（香蕉）

谓项类
（水果）

有些S是P。

O 命题：有些香蕉不是水果。

"有些"一词再一次告诉我们该命题并不是关于香蕉类的所有元素的。主项因此不是周延的。但是因为在这个命题中，我们被告知了一些香蕉不是水果，我们被告知了关于整个谓项类的东西，即在整个水果类中没有一个元素是香蕉类的元素。在 O 命题中，主项不周延，而谓项周延。

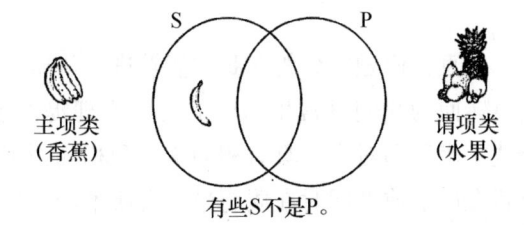

主项类
（香蕉）

谓项类
（水果）

有些S不是P。

221

概览				
量、质与周延性				
命题	名称	量	质	周延性
所有 S 是 P。	A	全称	肯定	仅 S 周延
没有 S 是 P。	E	全称	否定	S，P 都周延
有 S 是 P。	I	特称	肯定	S，P 都不周延
有 S 不是 P。	O	特称	否定	仅 P 周延

练习题

指出下列命题的质和量，并说明其主项和谓项的周延情况。

*1. 有的总统候选人是让人们极度失望的人。

2. 所有死于纳粹集中营的人都是残酷而无理性的专制制度的牺牲品。

3. 某些新近确认的不稳定元素不是被偶然发现的。

4. 有些军工联合体成员是无不良品行的善良人。

*5. 没有女权主义运动的领导者是商业主管。

6. 所有不惜任何代价维护法治强硬路线的人都是不了解 20 世纪后期巨大社会压力的人。

7. 某些最高法院的新裁决是藐视整个美国法制史的决议。

8. 没有有毒杀虫剂或化学落叶剂是对国家长远的农业发展目标有真正贡献的。

9. 有些倡导政治、社会和经济大改革的人不是与维持现状利害相关的人。

*10. 所有新的劳动集约型设备是工会运动的严重威胁。

5.5 传统对当方阵

到目前为止，对直言命题的分析使我们能够进一步研究这些直言命题之间的关系，这也转而为我们日常生活中的许多推理提供了可靠的基础。我们需要另一个技术术语即对当。具有相同主项和相同谓项的标准直言命题可能在量上或者在质上或者同时在质与量上有所不同。这样相互区别在传统上被称为**对当关系**（opposition），即便是命题之间没有明显冲突的时候也会使用这一术语。各种对当关系之间有很重要的真值联系。

A. 矛盾关系

两个命题之间具有**矛盾关系**（Contradictories），如果一个是另一个的拒斥（denial）或否定（negation），也就是说，它们既不能同真也不能同假。显而易见，如果两个标准直言命题的主项相同，谓项也相同，而质、量都不同，那么，它们就是矛盾的。例如 A 和 O 就是这样的，比如："所有法官都是律师"与"有法官不是律师"，这两个命题的质与量都是对立的，显然它们是矛盾的。其中一个为真时，另一个恰恰为假，它们不能同真也不能同假。

同理，E 和 I 也是这样："没有政客是理想主义者"与"有政客是理想主义者"，这两个命题的质与量都是对立的，因而它们是矛盾的。

总之，"所有 S 是 P"的矛盾命题是"有 S 不是 P"，而"没有 S 是 P"的矛盾命题是"有 S 是 P"；A 和 O 互为矛盾，E 和 I 互为矛盾。

B. 反对关系

如果两个命题不能同时为真，也就是说，一个命题为真则另一个必为假，但它们可以同时为假，那么这两个命题之间具有**反对关系**（Contraries）。例如，"得克萨斯队将在比赛中战胜俄克拉何马队"与"俄克拉何马队将在比赛中战胜得克萨斯队"就是反对的，如果两个命题中的一个（当然指的是在同一场比赛中）是真的，那么另一个必定为假。但它们不是矛盾的，因为如果他们打成平手，两个命题就同时为假。具有反对关系的两个命题，不能同时为真，但可以同时为假。

直言命题的传统解释认为，如果两个全称命题（A 和 E）主、谓项分别相同而质不同（一肯定一否定），那么它们就是互相反对的。A 命题和相应的 E 命题不能同时为真，却可以同时为假，所以它们之间是反对关系，例如"所有诗人都是梦想家"与"没有诗人是梦想家"。这种亚里士多德式解释所导致的一些麻烦后果，我们将在 5.7 节加以讨论。

这种亚里士多德式解释有一个困难：如果 A 命题或者 E 命题是必然真的——在逻辑上或数学上为真，那么，说它们是互相反对的就是不正确的。例如，"所有三角形都是四边形"与"没有三角形是四边形"，这两个命题就**不**是反对关系。如果一个命题是必然真的——不可能为假的，那么，它就没有反对关系命题，因为两个互相反对的命题可以同假。我们把既非必然真也非必然假的命题称为**偶真的**（contingent）。如果一个 A 命题和一个 E 命题都是偶真的，并且它们有相同的主项和相同的谓项，那么，说它们是反对的就是正确的。本章其他部分的讨论都假定 A 和 E 是偶真的。

C. 下反对关系

两个命题之间具有**下反对关系**（Subcontraries），如果它们不能同假，但可以同真。

传统上认为，如果两个直言命题都是特称的，其主、谓项分别相同而质不同，那么它们之间是下反对关系。也就是肯定了 I 命题和 O 命题，可以同真但不可以同假，如："有钻石是珍贵的石头"与"有钻石不是珍贵的石头"，必定是下反对的。

这里出现了与上述困难相似的难题：如果 I 或 O 必然为假，那么，说它们是下反对的就**不**正确。例如"有正方形是圆"与"有正方形不是圆"。如果一个命题必然为假——不可能为真，那么，它就不会有下反对关系命题，因为下反对关系的两个命题可以同时为真。当然，如果 I 和 O 都是偶真的，就可以同真。与反对关系一样，本章其他部分的讨论亦假定 I 和 O 都是偶真的。

D. 差等关系

如果两个命题有相同的主项和相同的谓项，并且它们的质相同（即都是肯定的或者都是否定的），但量不同（即一个为全称，另一个为特称），那么，它们之间的关系就是**差等关系**（Subalternation）。例如，A 命题："所有蜘蛛都是八脚动物。"它有一个相应的 I 命题："有蜘蛛是八脚动物。"而 E 命题："没有鲸是鱼。"也有一个相应的 O 命题："有鲸不是鱼。"这种全称命题与相应特称命题之间的对当关系被称为差等关系。在一对相应的命题中，全称命题叫作"上位式"，特称命题叫作"下位式"。

传统上认为，在差等关系中，上位的真蕴涵下位的真。举例来说，从全称肯定命题"所有鸟是有羽毛的"可以得出特称肯定命题"有鸟是有羽毛的"；而从全称否定命题"没有鲸是鱼"可以得出特称否定命题"有鲸不是鱼"。但下位并**不**蕴涵上位。从特称肯定命题"有动物是猫"不能得出全称肯定命题"所有动物是猫"。同样，从特称否定命题"有动物不是猫"当然也不能推出"没有动物是猫"的结论。

E. 对当方阵

命题之间这四种对当关系——**矛盾关系、反对关系、下反对关系**以及上位与下位之间的**差等关系**——可以用一个重要且广为应用的图来表示，称为"对当方阵"。见图 5-5。

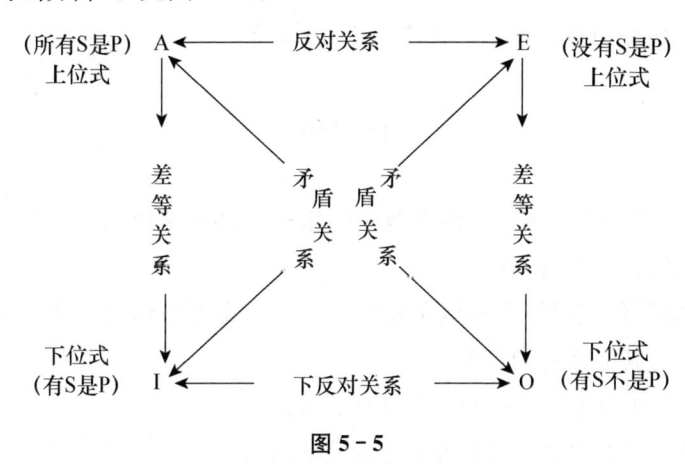

```
(所有S是P) A ←——— 反对关系 ———→ E (没有S是P)
  上位式   ↑↖           ↗↑   上位式
          │  ↖       ↗  │
        差│ 矛 ↖   ↗ 矛 │差
        等│ 盾   ╳   盾 │等
        关│ 关 ↗   ↖ 关 │关
        系│ 系↗       ↖系│系
          ↓ ↗           ↘↓
  下位式   I ←——— 下反对关系 ———→ O   下位式
  (有S是P)                           (有S不是P)
```

图 5-5

一般认为，展示在该对当方阵中的关系，为一些基本的论证形式提供了有效性基础。为了解释这一点我们必须先区分**直接推论**与**间接推论**。

任何论证都是从一个或多个前提得出一个结论。包括一个以上前提的推论叫作间接推论，三段论正是这样的推论，其结论就是从第一个前提经由第二个前提为中介得出的。而如果从唯一的前提出发，不经过任何中介推得结论，这样的推论叫作**直接推论**。

许多非常有用的直接推论，可从传统对当方阵所包含的知识中获得。以下是一些例子：

如果以 A 命题为前提，根据对当方阵，可以有效地推出相应的（即主、谓项分别相同的）O 命题为假。

如果以 A 命题为前提，也可以有效地推出相应的 I 命题为真。

如果以 I 命题为前提，可以推出其矛盾命题 E 命题为假。

给定任一标准直言命题的真假情况，就可以直接得到其他某个或者所有其他相应命题的真假情况。以对当方阵为基础，还可以得到大量直接推论。

如果 A 真，那么，E 假，I 真，O 假；

如果E真，那么，A假，I假，O真；

如果I真，那么，E假，A、O真假不定；

如果O真，那么，A假，E、I真假不定；

如果A假，那么，O真，E、I真假不定；

如果E假，那么，I真，A、O真假不定；

如果I假，那么，A假，E真，O真；

如果O假，那么，A真，E假，I真。*

练习题

A. 如果假定以下每一组命题中的第一个命题是真的，我们能否断定该组命题的其他命题的真假？

B. 如果假定以下每一组命题中的第一个命题是假的，我们能否断定该组命题的其他命题的真假？

*1. a. 所有事业有成的经理是有头脑的人。

　　b. 没有事业有成的经理是有头脑的人。

　　c. 有的事业有成的经理是有头脑的人。

　　d. 有的事业有成的经理不是有头脑的人。

2. a. 没有有角动物是肉食动物。

　　b. 有有角动物是肉食动物。

　　c. 有有角动物不是肉食动物。

　　d. 所有有角动物是肉食动物。

3. a. 有的铀同位素是极不稳定的物质。

　　b. 有的铀同位素不是极不稳定的物质。

　　c. 有铀同位素是极不稳定的物质。

　　d. 没有铀同位素是极不稳定的物质。

---

* 如果一个命题的真假不是由任何其他命题的真假决定或固定，那么它就是不确定的。换言之，如果某人不知道某命题为真也不知道它为假，那么这个命题就是不确定的。如果已知A命题在任何一种意义上是不确定的，那么我们就可以推出其矛盾命题O必定也是在相同的意义上不确定的，因为如果知道O命题为真，那么就可以知道与之相矛盾的A命题为假。如果已知O命题为假，就可以知道与之相矛盾的A命题为真。相同的推理适用于其他标准形式的命题。一般说来，如果一个命题在任何意义上是不确定的，那么，它的矛盾命题必然在同一意义上也不确定。

4. a. 有些大学教授不是风趣的演讲者。
   b. 所有大学教授是风趣的演讲者。
   c. 没有大学教授是风趣的演讲者。
   d. 有些大学教授是风趣的演讲者。

5.6 其他直接推论

换位法、**换质法**和**换质位法**是直接推论的另外三种重要类型，这三种推论与对当关系无直接关联。以下是对它们的解释。

A. 换位法

换位法（Conversion），是一种仅仅通过交换命题中主、谓项的位置而进行的推论。"没有人是天使"与"没有天使是人"交换了主、谓项的位置，这两个命题可以有效地互推。相似地，"有作家是妇女"与"有妇女是作家"是逻辑等价的，可以通过换位法有效地互推。对于 E 命题和 I 命题来说，换位法肯定是有效的。一个标准直言命题叫作另一个的**换位命题**（converse），如果它是通过交换另一个命题的主、谓项的位置而得到的。被交换主、谓项位置进而得到换位命题的命题叫作**被换位命题**（convertend）。例如，"没有理想主义者是政治家"是"没有政治家是理想主义者"的换位命题，而"没有政治家是理想主义者"是被换位命题。

O 命题的换位法是无效的。O 命题"有动物不是狗"很明显是真的，但它的换位命题"有狗不是动物"显然是假的。O 命题与其换位命题并不等价。

A 命题在此展现了一个特殊的问题。显然，从被换位 A 命题不能普遍有效地推出换位 A 命题。比如，已知"所有狗是动物"，当然不能有效地推出它的换位命题"所有动物是狗"，传统逻辑自然也认识到这一点，但它认为对于 A 命题进行某种类似换位的推论可以是有效的。依据传统对当方阵，从 A 命题（所有狗是动物）可以有效地推出其相应的下位 I 命题（有狗是动物）。A 命题说的是 S 类（狗）中全部元素的情况，而 I 命题则限制为只述及 S 类中的部分元素的情况。通常的观点是，可以从"所有 S 是 P"推出"有 S 是 P"，并且 I 命题可以有效地换位，如果"有狗是动物"，那么就"有动物是狗"。

因此，给定一个 A 命题（所有狗是动物），就可以根据差等关系，有效地得到相应的下位命题（有狗是动物），而下位命题（有狗是动物）又可以进行有效换位得到"有动物是狗"。于是，通过差等关系和换位法的结合，从所有 S 都是 P 就可有效地推出有 P 是 S。这种推论称为**限制换位**[或"偶然换位"（conversion per accidens）]，即交换主、谓项的位置，同时将命题的量由全称改为特称。因此，按照传统逻辑的认识，"所有狗都是动物"可以有效地推出"有动物是狗"，这个推论就是"限制换位"。下一节将进一步探讨这个问题。

在所有的换位法中，一命题的换位命题与原命题包含着完全相同的词项（只是主、谓项互换了位置），并且它们在质上（都是肯定的或者否定的）也总是相同的。下表是对传统换位推论的完整描述：

概览	
有效换位表	
被换位命题	**换位命题**
A：所有 S 是 P。	I：有 P 是 S。（限制换位）
E：没有 S 是 P。	E：没有 P 是 S。
I：有 S 是 P。	I：有 P 是 S。
O：有 S 不是 P。	（换位无效）

B. 类和补类

为了解释其他直言推论，需要进一步分析"类"概念，并且还需要解释**补类**（complement of class）的含义。类就是具有某种共同属性的所有对象所组成的集合。这种共同属性叫作"类的定义特征（class-defining characteristic）"。举例来说，所有人的类就是所有具有"是人"这个特征的事物的集合，属性"是人"就是这个类的定义特征。类的定义特征不一定是"简单"的属性，任何一个属性都可以确定一个类。比如"左撇子、有红头发并且是学生"这个复杂属性就确定了一个类——所有是左撇子、有红头发的学生的类。

所有类都有一个相应的**补类**，或简称**补**（complement），即不属于原来的类的所有东西的汇集。比如，所有人的类的补就是所有不是人的东西组成的类。该类的定义特征是不是人这一（否定的）属性。所有人的类的补，包括除人之外的所有东西：鞋子、轮船、封蜡和大白菜等，但不包括国王，因为国王是人。把所有人的类的补称为"非人的类"更简洁一些，词项 S 所指称的类的补则由词项非 S 指称，因而可以说词项非 S 就是词项 S 的补。有时候，人们会运用所谓**类的相对补**进行推理。相对补是一个类在某个其他类之中的补。如：在"我的孩子"这个类中的子类"我的女儿"就是另一个子类"不是我的女儿的孩子"或者说"我的儿子"的相对补类。但是，在换位法和其他直接推论中，所根据的则是类的绝对补，正如以上所定义的那样。

我们在两种意义上使用"补"这个词：一种是类意义上的补，另一种是词项的补。尽管二者有所不同，但却是密切联系着的。一个词项是另一个词项的词项补，当且仅当第一个词项指称第二个词项所指称的类的补。

应当说明的是，正如一个类是其（类）补的补一样，一个词项也是其（词项）补的补。其中用到了"双重否定"法则，这样就可以省去许多用作前缀的"非"字。例如，如果把词项"选举人"的补写作"非选举人"，而"非选举人"的补就简记为"选举人"，而不是"非非选举人"。

必须注意不要把反对词项当作互补词项，比如将"懦夫"等同于"非英雄"。没有既是懦夫又是英雄的人，但并非每个人——当然更不是任何东西——都必须或者是懦夫或者是英雄，所以词项"懦夫"与"英雄"之间是反对关系。再比如"胜者"的补不是"败者"而是"非胜者"，因为并非所有东西——或者说所有人——必须或是胜者或是败者。但每个东西必定或是胜者或是非胜者。

C. 换质法

词项补类的含义明确之后，**换质法**（Obversion）就成为一种比较容易解释的直接推论。对一个命题进行换质，就是改变其质，并用谓项的补替换原来的谓项。在换质法中，主项保持不变，被换质命题的量也不需改变。例如 A 命题："所有居民都是选举人。"换质后成为一个 E 命题："没有居民是非选举人。"显然，这样两个命题在逻辑上是等价的，因此从一个可以有效地推出另一个。

换质法应用到**任何**标准直言命题，都是有效的直接推论。例如：

E 命题："没有仲裁人是偏心的。"换质后得到一个等值的 A 命题："所有仲裁人都是不偏心的。"

同样地，I 命题："有金属是导体。"换质后得到一个 O 命题："有金属不是非导体。"

最后，O 命题："有国家不是好战的。"换质后得到一个 I 命题："有国家是不好战的。"

换质法直接推论中的前提叫作**被换质命题**（obvertend），结论叫作**换质命题**（obverse）。所有标准直言命题与其换质命题在逻辑上都是等价的，所以，对任何一个标准直言命题而言，换质法都是有效的。要得到一个命题的换质命题，不需改变原命题的量和主项，而是改变它的质，并用谓项的补替换原来的谓项。下表对传统的换质推理进行了全面的刻画：

概览	
换质表	
被换质命题	换质命题
A：所有 S 是 P。	E：没有 S 是非 P。
E：没有 S 是 P。	A：所有 S 是非 P。
I：有 S 是 P。	O：有 S 不是非 P。
O：有 S 不是 P。	I：有 S 是非 P。

D. 换质位法

讨论第三种直接推论，即**换质位法**（Contraposition）可以还原为前面两种推论，即换质和换位。对给定的命题进行换质位，就是将主项换为原命题谓项的补，并将其谓项换为原命题主项的补。原命题的质和量都没有改变，所以 A 命题换质位后还是 A 命题，O 命题换质位后还是 O 命题。

例如，A 命题："所有会员都是选举人。"换质位后是 A 命题："所有非选举人都是非会员。"容易见得，以上两个命题在逻辑上是等价的。对 A 命题进行换质位是有效的直接推论形式，对 A 命题换质位后没有引进任何新东西，因为对 A 命题首先换质，再换位，然后再换质，于是就从最初的"所有 S 是 P"转化为"所有非 P 是非 S"。因此，对任何一个 A 命题进行换质位，都是将原命题先换质，再换位，然后再换质。

虽然得到的结论难以表达，换质位法用于 O 命题也是有效的直接推论形式。例如对于 O 命题："有学生不是理想主义者。"换质位后得到一个有点绕口的 O 命题："有非理想主义者不是非学生。"它与前一个命题在逻辑上是等价的。如果每次只转化一步，即先换质，再换位，再换质，那么就可以显示出其逻辑等价性。可把其中的推论用公式表示为：从"有 S 不是

P"换质得"有 S 是非 P",再换位得"有非 P 是 S",继续换质得"有非 P 不是非 S"（换质位命题）。

然而，一般说来，换质位法对于 I 命题无效。用下面这个真的 I 命题可以证明这一点："有公民是非议员。"换质位后得到一个假命题："有议员是非公民。"其无效的原因在于对 I 命题进行换质位，就要对 I 命题先换质，再换位，然后再换质。I 命题"有 S 是 P"换质后得 O 命题"有 S 不是非 P"，而后者一般不能有效换位。

E 命题"没有 S 是 P"的换质位命题是"没有非 P 是非 S"，这也不是从原命题有效地得出的，下面的例子可以说明这一点，E 命题"没有摔跤运动员是体弱的人"为真，但其完全换质位命题却是假的："没有非体弱的人是非摔跤运动员。"为了得到其换质位命题，我们对 E 命题先进行换质，再换位，然后再换质，就可以找到无效的原因。E 命题"没有 S 是 P"换质后得 A 命题"所有 S 是非 P"。一般说来，A 命题不能有效地换位，除非进行限制换位。于是，通过限制换位得"有非 P 是 S"，再换质得"有非 P 不是非 S"，我们称之为限制换质位。下一节我们将进一步讨论这个问题。

请注意，通过限制性换质位法，我们可从一个 E 命题推得一个 O 命题——从"没有 S 是 P"推出"有非 P 不是非 S"——与限制换位有同样的特点。由于这个特称命题是从全称命题推出来的，结果得到的换质位命题与原命题意义不同，与作为原命题的 E 命题逻辑上不等价。而 A 命题的换质位命题仍是 A 命题，O 命题的换质位命题仍是 O 命题，在这两种情况下，换质位命题与其前提是等价的。

因此，换质位法只对 A 命题和 O 命题是有效的，对 I 命题是无效的，对 E 命题进行限制换质位才是有效的。我们也可以用一个表来完整刻画这种直接推论。

概览	
换质位表	
前提	完全换质位命题
A：所有 S 是 P。	A：所有非 P 是非 S。
E：没有 S 是 P。	O：有非 P 不是非 S。（限制）
I：有 S 是 P。	（换质位无效）
O：有 S 不是 P。	O：有非 P 不是非 S。

若要解决关于命题之间关系的某些问题，最好的方法就是研究从其中

一个可以推得另一个的各种直接推论。例如，假定命题"所有外科医生都是内科医生"为真，是否可以推知"没有非外科医生是非内科医生"的真假情况？后一个命题——或其矛盾命题和反对命题——是否能从为真的原命题有效地推出？在此可以给出一个有用的方法，就是尽可能从给定命题推出多个有效结论。在上面的例子中，已知"所有外科医生是内科医生"，我们可以有效地推出其换质位命题"所有非内科医生是非外科医生"，再限制换位得"有非外科医生是非内科医生"，它与被考察的命题"没有非外科医生是非内科医生"为矛盾关系，因此被考察的命题就是假的。

在本书第1章就指出，一个有效推理，如果前提为真，其结论必然为真。但如果前提为假，结论却可能为真。例如，从假前提"所有动物是猫"，根据差等关系推理，可以推出"有动物是猫"这样一个真结论。而假前提"所有父母都是学生"限制换位后也可以得到一个真结论"有学生是父母"。因此，如果已知一个命题为假，那么就会出现如何判定另一个与之关联的命题之真假的问题。比较好的方法有两种：一是从已知为假命题的矛盾命题着手，二是从要考察的命题着手。因为假命题的矛盾关系命题必然为真，从这个真命题进行有效推理而得到的也一定是真命题。而如果运用另一种方法，能够揭示出要考察的命题蕴涵已知为假的命题，则可知该命题本身也必定是假的。

现在，用表把直接推论的三种形式：换位法、换质法、完全换质位法全部展示如下：

概览	
直接推论：换位法、换质法、完全换质位法	
换位法	
被换位命题	**换位命题**
A：所有S是P。	I：有P是S。
E：没有S是P。	E：没有P是S。
I：有S是P。	I：有P是S。
O：有S不是P。	（换位无效）
换质法	
被换质命题	**换质命题**
A：所有S是P。	E：没有S是非P。
E：没有S是P。	A：所有S是非P。
I：有S是P。	O：有S不是非P。
O：有S不是P。	I：有S是非P。

完全换质位法	
前提	完全换质位命题
A：所有S是P。	A：所有非P是非S。
E：没有S是P。	O：有非P不是非S。（限制）
I：有S是P。	（换质位无效）
O：有S不是P。	O：有非P不是非S。

练习题

A. 给出下列命题的换位命题，并指出哪些与被换位命题等价。

*1. 没有关心别人的人是不顾交通法规的鲁莽驾车人。

2. 所有西点军校的毕业生是美国军队任命的军官。

3. 有些欧洲轿车是价高质差的汽车。

4. 没有爬行动物是恒温动物。

*5. 有专业摔跤运动员是体力不支的老者。

B. 给出下列命题的换质命题。

*1. 有大学选手是职业运动员。

2. 没有有机化合物是金属。

3. 有牧师不是戒酒的人。

4. 没有天才是墨守成规者。

*5. 所有适于做锚的东西是至少重15磅的东西。

C. 给出下列命题的换质位命题，并指出哪些与原命题等价。

*1. 所有记者是悲观主义者。

2. 有士兵不是军官。

3. 所有学者是不堕落者（nondegenerates）。

4. 所有轻于五十磅的东西是不高于四英尺的东西。

*5. 有非公民不是非居民。

D. 如果命题"所有社会主义者是和平主义者"为真，那么下列命题的真假情况如何？或者说，请指出下列哪些命题是真的？哪些命题是假的？哪些命题是真假不定的？

*1. 有非和平主义者不是非社会主义者。

2. 没有社会主义者是非和平主义者。

3. 所有非社会主义者是非和平主义者。

4. 没有非和平主义者是社会主义者。

*5. 没有非社会主义者是非和平主义者。

6. 所有非和平主义者是非社会主义者。

7. 没有和平主义者是非社会主义者。

8. 有社会主义者不是和平主义者。

9. 所有和平主义者是社会主义者。

*10. 有非和平主义者是社会主义者。

E. 如果命题"没有科学家是哲学家"为真，那么下列命题的真假情况如何？或者说，请指出下列哪些命题是真的？哪些命题是假的？哪些命题是真假不定的？

*1. 没有非哲学家是科学家。

2. 有非哲学家不是非科学家。

3. 所有非科学家是非哲学家。

4. 没有科学家是非哲学家。

*5. 没有非科学家是非哲学家。

6. 所有哲学家是科学家。

7. 有非哲学家是科学家。

8. 所有非哲学家是非科学家。

9. 有科学家不是哲学家。

*10. 没有哲学家是非科学家。

F. 如果命题"有圣徒是殉道者"为真，那么下列命题的真假情况如何？或者说，请指出下列哪些命题是真的？哪些命题是假的？哪些命题是真假不定的？

*1. 所有圣徒是殉道者。

2. 所有圣徒是非殉道者。

3. 有殉道者是圣徒。

4. 没有圣徒是殉道者。

*5. 所有殉道者是非圣徒。

6. 有非殉道者是圣徒。

7. 有圣徒不是非殉道者。

8. 没有殉道者是圣徒。

9. 有非圣徒是殉道者。

*10. 有殉道者曾是非圣徒。

11. 有圣徒不曾是殉道者。

12. 有殉道者不曾是圣徒。

13. 没有圣徒曾是非殉道者。

14. 没有非圣徒曾是殉道者。

*15. 有殉道者不曾是非圣徒。

G. 如果命题"有商人不是海盗"为真，那么下列命题的真假情况如何？或者说，请指出下列哪些命题是真的？哪些命题是假的？哪些命题是真假不定的？

*1. 没有海盗是商人。

2. 没有商人是非海盗。

3. 有商人是非海盗。

4. 所有非商人是海盗。

*5. 有非商人是非海盗。

6. 所有商人是海盗。

7. 没有非商人是海盗。

8. 没有海盗是非商人。

9. 所有非海盗是非商人。

*10. 有非海盗不是非商人。

11. 有非海盗是商人。

12. 没有非海盗是商人。

13. 有海盗是商人。

14. 没有商人是非海盗。

*15. 没有商人是海盗。

5.7 存在含义与直言命题的解释

直言命题是论证的组成部分，我们自始至终的目的就是对论证进行分析和评价。为达到这一目的，就必须能够把 A、E、I、O 命题图示化和符号化。但是，在我们做这样的处理之前，必定会遇到而且必须要解决一个深层次的逻辑问题——一个上千年长期争论的问题。本节我们就来说明这个问题，同时提供一种解决方案。以此为基础，也可以对三段论做出一种融贯的分析。

首先要说明的是，这并不是一个简单的问题。但只要我们弄清以下关于直言命题的解释〔称为**布尔解释**（Boolean interpretation），得名自英国数学家乔治·布尔（1815—1864），他对逻辑理论的贡献对现代计算机技术的发展起了至关重要作用〕，则后面关于三段论的分析并不需要对有关争议的深度把握。如果能掌握本节最后所总结的讨论结果，就可以顺利越过此前的复杂讨论。

要理解这个问题和我们所要介绍的布尔解释，必须弄清有些命题有存在含义，有些则没有。如果一般地断言一个命题就肯定了某种对象的存在，那么就说这个命题有**存在含义**（existential import）。为什么初学逻辑就要关心这个看上去很深奥的问题呢？这是因为，特定论证中所用的命题中是否有存在含义，将直接影响到该论证中推理的正确性。对直言命题必须有一个清晰、融贯的**解释**，以便能确定什么东西可以从它们正确地推出，同时避免错误推论。

亚里士多德和布尔对直言命题的解释

对直言命题有两种相互竞争的解释：亚里士多德的传统解释和布尔的现代解释。

在古希腊哲学家亚里士多德的解释中，全称命题的真（"所有侏儒都戴着绿色的小帽"或"没有青蛙是有毒的"）隐含其相应特称命题（"有些侏儒戴着绿色的小帽"或"有些青蛙是无毒的"）的真。

相反，19世纪的英国数学家布尔认为我们不能从全称命题的真推论出其相应特称命题的真，因为（正如双方都赞同的）任何特称命题都断言了其主项类的存在。如果有些青蛙是无毒的，就至少有一只青蛙存在。但是如果全称命题允许我们推出相应的特称命题，那么"所有侏儒都戴着绿色的小帽"就允许我们推出"有些侏儒戴着绿色的小帽"，这实际上隐含有侏儒存在！

所以，在现代或布尔解释中，全称命题（A或E命题）必须被理解为只断言了"如果有侏儒这样的东西，那么它是戴着绿色小帽的"，以及"如果有青蛙这样的东西，那么它是无毒的"。

先看 I 命题和 O 命题，它们肯定有存在含义。例如 I 命题"有士兵是英雄"说的是至少存在一个是英雄的士兵。O 命题"有狗不是同伴"说的是至少存在一只不是同伴的狗。特称命题 I 和 O，一般说来，确实断定了主项（例句中的士兵和狗）指称的类不为空——士兵的类和狗的类（如果给出的例子为真的话）中至少有一个元素。*

如果确实如此，即如果 I 和 O 命题有存在含义（没人会否认），会有什么问题呢？问题在于这种状况的后果令人十分不安。先前我们已经说过，通过差等关系推论，I 命题可以从相应的 A 命题有效地推出，也就是说，从"所有蜘蛛都是八脚动物"可以有效地推出"有蜘蛛是八脚动物"。同样，我们认为 O 命题可以有效地从 E 命题推得。但如果 I 和 O 命题有存在含义，而它们分别是从 A 和 E 命题得到的，那么 A 和 E 命题必定**也要有**存在含义。因为一个有存在含义的命题不可能有效地从另一个没有同样含义的命题得到。**

这种结果造成了一个严重的问题。我们知道在传统逻辑方阵中，A 和 O 命题是矛盾关系。"所有丹麦人都说英语"与"有丹麦人不说英语"是互为矛盾的。具有矛盾关系的命题不可同真，因为其中必有一假。二者也不可同假，因为其中必有一真。但如果像上文总结的那样，对应的 A 和 O 命题确实有存在含义的话，那么，两个矛盾命题就可能同时为假！举例来说，A 命题"所有火星人都是金发碧眼的"与其对应的 O 命题"有火星人不是金发碧眼的"互为矛盾，如果它们都有存在含义的话——我们要把它们看作**断言存在**火星人的话，那么，如果火星上没有居民，则两个命题都是假的。我们当然知道火星上没有人，火星人的类是空类，据此上述例子中给出的两个命题都是假的。而如果二者都是假的，它们就**不可能是矛盾关系**！

由此看来，传统对当方阵是有不妥之处的。假如它所说的 A 和 E 命题有效地蕴涵相应的 I 和 O 命题是正确的话，那么，它断言 A 和 O 命题

---

* 有极个别的例外情况，"有鬼魂出现在莎士比亚戏剧里"和"有希腊神灵在《伊利亚特》中得到描述"都是特称命题，它们当然是真的，虽然鬼魂和希腊神灵都不存在。但这是一种误导，因为这些描述本身并没有肯定或否定鬼魂和希腊神灵的存在，只是说在莎士比亚的戏剧和《伊利亚特》中断定了或者暗含了某些其他的命题。其原意是"莎士比亚戏剧的某些段落是关于鬼魂的"和"《伊利亚特》中的某些描述是关于希腊神灵的"。莎士比亚和荷马的命题不一定是真的，但在他们的作品中的确包含或暗含着这些命题。很明显，这只能说是例外情况，它们只出现在文学作品和神话语境中。I 命题和 O 命题确实是有存在含义的。

** 有另外一种方法可以表明，传统逻辑方阵中 A 和 E 命题的存在含义必然是从 I 和 O 命题得到的。对于 A 命题，可以根据（传统逻辑中的）限制换位的有效性说明。对于 E 命题，可以根据（传统逻辑中的）限制换质位的有效性说明。得到的结果与上面是相同的：在传统逻辑方阵中，如果 I 和 O 命题有存在含义，那么，A 和 E 命题必然也要有存在含义。

之间有矛盾关系就不正确了，同样，认为 I 和 O 命题为下反对关系也是不正确的。

那么我们该怎么办呢？传统逻辑方阵还能否加以挽救？挽救是可以的，但代价很高。我们可以引入**预设**（presupposition）概念来恢复逻辑方阵的地位。我们早已注意到（见 4.3 节），对于一些复杂问句，只有已经预设了先行问题的答案，才能适当地回答"是"或"否"。只有预设了你偷过钱是真的，才能用"是"或"否"来回答"你把偷来的钱花光了吗？"这样的问题，否则是不合理的。现在，为挽救传统逻辑方阵，我们可以主张所有直言命题，即四种标准命题 A、E、I、O 都预设（在上述含义下）它们涉及的类均不为空，即都有元素。也就是说，要使命题的真假情况以及它们之间的逻辑关系都成立并可以得到合理的解答（在这种解释下），就必须预设它们绝不涉及空类。这样，就可以保留传统对当方阵中构建的各种关系：A 与 E 仍是反对关系，I 与 O 仍是下反对关系，A 与 O、E 与 I 仍是矛盾关系。然而，为了保证这个结果，必须诉诸其**全面存在预设**（blanket presupposition），即预设全部词项指称的类（及其补类）确实有元素，都不为空。*

那么，我们为什么不能就此罢休呢？存在预设对于挽救亚里士多德逻辑既是必要的也是充分的。而且，在很多情况下，预设与现代语言（如英语）的日常用法是完全一致的。如果有人告诉你说"桶里的苹果都是甜的"，而你向桶里一看，却发现里面是空的，那你会怎么说？你可能不会说这一断言是假的或真的，而是指出桶里没有苹果。因此，你会解释说，说话人犯了一个错误，即这里的存在预设（桶里有苹果）是假的。这种纠错回应的事实，表明我们的确理解并且普遍地接受了日常语言中的预设。

然而不幸的是，用来挽救逻辑方阵的这种全面预设要付出过重的代价，这是我们不能接受的。我们有充分的理由不这样做，在此列举三条理由。

首先，引入预设确实能够保留 A、E、I 和 O 之间的对当关系，但却付出了不能刻画某些我们需要的断言的代价，即不能再刻画那些否定有元

---

* 菲利普·H. 维布（Phillip H. Wiebe）认为亚里士多德逻辑并不要求假定主项的补类非空。见《亚里士多德逻辑中的存在假定》（"Existential Assumptions for Aristotelian Logic"），*Journal of Philosophical Research* 16（1990—1991）：321-328。但亚里士多德逻辑确实要求假定其他三个项（主项、谓项和谓项的补）所指称的类不是空的，而下面评论所提到的所有困境都是这种存在预设造成的。

素存在的命题了。而这样的否定有时非常重要，是必须明确的。

其次，即使是日常语言的用法，也并不完全与全面存在预设一致。"所有"也许是指可能为空的类。当一个财产所有者打算说"所有侵入者都要被起诉"这句话时，谈不上对于侵入者这个类的元素有所预设，其意图是确保这个类为空，并且将一直是空的。即使没有人被起诉，并且在这个陈述中的语词"所有"指谓的是空类，该陈述也可以是真的。再考虑一个例子，国税局回函信封上的清单。其中一个项目写着："所有必需的日常安排计划都已经确定好了。"一个无需做任何日常计划的纳税人将会毫不犹豫地一一核对该计划安排，最后宣布该计划是真的，尽管在他的生活中，其必需的日程安排表的类是空的。另一方面，我们考虑 I 命题。回到财产所有者的例子，假定他断言"某些侵入者将被起诉"。如果不存在侵入者，那么，我们认为他的断言就是假的。这是因为，不同于"所有"这个语词，一个特称命题中的语词"某些"做出了明确的承诺：该语词所表示的类不可能是空类。语词"某些"的解释是：意味着"至少有一个对象"——不是"无"，正由于这一具体含义，才把这类命题称为特称命题，如果特称命题为真，则其主项类的对象不是空的。

最后，在科学界及其他理论界，我们通常希望进行没有任何存在预设的推理。例如牛顿第一运动定律断定的是不受任何外力作用的物体必然保持静止状态或匀速直线运动。这种定律可以是真的，而物理学家表述它并为它辩护的时候，并没有预设不受任何外力作用的物体存在。

这些问题的存在使得上述全面存在预设不能为现代逻辑学家所接受。我们应当放弃长期被认为是正确的亚里士多德解释，而采用关于直言命题的现代解释。

直言命题的现代解释不再假定我们言说的类中必定有元素。拒绝这种假定的解释称为布尔解释。*

在本书以下部分，我们均采纳关于直言命题的布尔解释。这种解释会在逻辑上产生非常重要的后果，现在我们就来阐明这种解释：

1. 在某些方面，传统解释仍然成立。I 和 O 命题在布尔解释中仍然

---

* 另一位现代符号逻辑奠基人伯特兰·罗素在著名的论文《命题的存在含义》("The Existential Import of Propositions"，*Mind*，July 1905) 中也阐发了这种解释。由于他跟从 20 世纪初的意大利伟大的数学家皮亚诺（Guiseppe Peano）学得这种解释，故称之为命题的"皮亚诺解释"。

有存在含义。所以，如果 S 类为空，那么，命题"有 S 是 P"为假，命题"有 S 不是 P"也为假。

2. 全称命题 A 和 E 与特称命题 O 和 I 之间的矛盾关系也保持为真。也就是说，命题"所有人是会死的"与"有人不是会死的"互为矛盾，而命题"没有神灵是会死的"与"有神灵是会死的"亦互为矛盾。

3. 在布尔解释中上述关系是完全融贯的，这是因为，全称命题被解释为没有存在含义。因此，即使 S 类为空，命题"所有 S 是 P"仍可以为真，"没有 S 是 P"也可以为真。例如，即使独角兽不存在，"所有独角兽是有角的"与"没有独角兽是有翅膀的"都可以为真。而如果不存在独角兽，I 命题"有独角兽是有角的"就是假的，O 命题"有独角兽不是有翅膀的"同样为假。

4. 在日常话语中，有时我们说出一个全称命题，确实假定了某事物的存在。当然，布尔解释也允许有这种表述，但要求用两个命题来表述，一个是有存在含义的特称命题，加之一个没有存在含义的全称命题。例如："太阳系的所有行星都绕着太阳转"，这是一个没有存在含义的全称命题，该命题只是断言如果在太阳系有行星的话，那么它围绕太阳转动。如果我们表达这个命题也意指同时断定那些在我们太阳系中做如此运动的行星的存在，那么我们就必须再加一个命题（比如）"火星是太阳系的一颗行星"。这一命题具有为人们所期待的存在力量，正如它在描述实际存在的一颗行星时所产生的力量。

5. 采纳布尔解释会带来一些重要变化。相应地，A、E 命题可以同真，因此它们之间不再是反对关系。这似乎有点怪异，但如果我们仔细思考布尔关于下述两个命题的解释，我们将能理解这一命题的效力："所有独角兽是有翅膀的"和"没有独角兽是有翅膀的"。第一个命题仅仅断言了"如果有独角兽，那么，它有翅膀"，第二个命题仅仅断言了"如果有独角兽，那么，它是没有翅膀的"。而如果确实不存在独角兽，那么，两个用"如果……那么……"连接起来的 A 和 E 命题的确都可以为真。

6. 类似地，在布尔解释中，因为 I 和 O 命题确实有存在含义，所以，如果主项指称的类为空，相应的 I 和 O 命题都是假的，因此相应的 I 和 O 命题之间也不再是下反对关系。如果不存在独角兽（即如果该类的对象是空的），断言"有些独角兽有角"就是假的，而在断言"有些独角兽没有角"的情形下，它也是假的。如果不存在独角兽，那么，与此相应的具有存在含义的 I 和 O 命题，明显地都是假的。既然在这种情形下二者都是假的，因此它们就不是下反对关系命题。

7. 在布尔解释中，差等关系——从 A 命题推出相应的 I 命题，从 E 命题推出相应的 O 命题——不是普遍有效的。从一个没有存在含义的命题当然不能得出一个有存在含义的命题。

8. 布尔解释保留了大部分直接推论：E 命题和 I 命题的换位法，A 命题和 O 命题的换质位法，所有命题的换质法。但限制换位、限制换质位法不再有效。

9. 在布尔解释下，逻辑方阵转变为如下情形：方阵周边的关系不再成立，而对角线上的矛盾关系保持不变。

简言之，现代逻辑学家否定了全面存在预设。对于一个不能明确断定其中有元素的类，我们就不能假定它有元素，否则就是错的。任何依据这种错误假定的论证都会产生存在预设谬误，简称为存在谬误。* 现在有了清晰的布尔解释，我们就可以构造一个有力的体系，将标准直言命题三段论符号化、图示化。

练习题

在以上关于存在含义的讨论中，已经表明在本书所采用的布尔解释下，传统上认为有效的大多数推论为什么不是有效的。由于这些推论错误地假定了某类元素的存在，因此犯了存在谬误。下列每个论证都犯有存在谬误，请给出一个或者几个理由说明其所做的错误存在假设。

例题：

A.（1）没有数学家是拥有方的圆的人。

---

* 选自《爱丽丝梦游仙境》的下述一段对话可以作为存在谬误的一个示例。这一混乱既不是马奇·黑尔也不是迈德·哈特引起的，而是因为爱丽丝把存在的含义附加到语词"更多的"（more）所造成的：

"再给我一些茶叶。"马奇·黑尔非常认真地对爱丽丝说。

"我也已经没有茶叶了，"爱丽丝生气地回答，"因此，我不能拿出更多。"

"你的意思是你不能拿出更少，"迈德·哈特说，"拿出比没有更多的茶叶是很容易的。"

以上所有的对话初看起来很奇怪，然而，必须牢记的是与自然语言的日常表达相比，逻辑公式的表达更为精确，而且有时候对于语词和符号所指派的意义并没有与日常语言的用法保持一致。

所以，(2) 没有拥有方的圆的人是数学家。

所以，(3) 所有拥有方的圆的人是非数学家。

所以，(4) 有非数学家是拥有方的圆的人。

解答：

第(3)步到第(4)步无效。其中运用的是限制换位（也就是说，从所有S都是P推出有P是S），传统解释接受这种换位，但在布尔解释下是无效的。其基础是从一个全称命题推出一个特称命题，前面的讨论已经表明，全称命题并不肯定类中有元素，但特称命题却做了这种肯定。所以从(3)到(4)的过程中就暗中假定了(4)的谓项代表的类非空，或者说，假定了存在拥有方的圆的人！从(3)推出(4)，犯了存在谬误。

B. (1) 没有公民是能完成不可能的事的人。

所以，(2) 没有能完成不可能的事的人是公民。

所以，(3) 所有能完成不可能的事的人是非公民。

所以，(4) 有能完成不可能的事的人是非公民。

所以，(5) 有非公民是能完成不可能的事的人。

C. (1) 没有小丑是能用拔靴带把自己提起来的人。

所以，(2) 没有能用拔靴带把自己提起来的人是小丑。

所以，(3) 有能用拔靴带把自己提起来的人不是小丑。（据此可得至少有一个能用拔靴带把自己提起来的人。）

D. (1) "没有独角兽是在布朗克斯（Bronx）动物园被发现的"为真。

所以，(2) "所有独角兽是在布朗克斯动物园被发现的"为假。

所以，(3) 有独角兽不是在布朗克斯动物园被发现的。（据此可得至少存在一只独角兽。）

*E. (1) "有美人鱼是大学女生联谊会的成员"为假。

所以，(2) "有美人鱼不是大学女生联谊会的成员"为真。（据此可得至少存在一条美人鱼。）

5.8 直言命题的符号系统与图解

直言命题的布尔解释在很大程度上以空类概念为基础，为方便起见，可用一个特殊的符号来表示空类。此处我们用数字"0"来代表空类。说词项 S 指称的类没有元素，就在 S 和 0 之间画上等号。也就是说，S＝0 表示 S 没有元素（S 的元素 s 简记为 S′s，说不存在 S′s 亦即 S＝0）。

说 S 指称的类确实有元素就是否定 S 为空。断定"存在 S′s"就是对 S＝0 所表示的命题的否定。我们在等号上加一条斜线表示这种否定式。就是说，S≠0 表示存在 S′s，是对 S 为空的否定。

标准直言命题都涉及两个类，所以表示它们的等式要复杂一些。其中的每一个类各用一个符号代表，因此可以把两个符号并排在一起，用以表示同时属于两个类的元素组成的类。比如，如果 S 代表所有"讽刺作品"组成的类，P 代表所有"诗"组成的类，那么，既是讽刺作品又是诗的东西组成的类就可以用符号 SP 表示，它代表的就是所有讽刺诗（或者说诗式讽刺作品）组成的类。两个类的共同部分或全体共同元素称为两个类的**积**（product）或**交**（intersection）。两个类的积是所有同时属于这两个类的东西组成的类。所有美国人的类与所有作家的类之积就是所有美国作家的类。（此处必须与自然语言的某些特定用法区分开来。例如，西班牙人的类与舞蹈家的类之积，不是西班牙舞蹈家的类，因为通常说的西班牙舞蹈家不一定是西班牙的舞蹈家，而是表演西班牙舞蹈的人。同样，抽象画家、英语课程、古董商人等也都是这样的用法。）

使用这种新记法，我们也可以用等式与不等式将 E 和 I 命题符号化。E 命题"没有 S 是 P"说的是 S 类中没有元素是 P 类的元素，即没有东西同时属于二者。换言之，两个类的积为空，可用等式符号表示为：SP＝0。I 命题"有 S 是 P"说的是 S 类中至少有一个元素也是 P 类的元素。这意味着 S 类和 P 类的积不空，可用不等式符号表示为：SP≠0。

对于 A 命题和 O 命题，需要引入一个表示补类的新方法。如 5.6 节所说明，一个类的补类就是所有那些不属于原类的东西的类或汇集。例如，士兵的类的补类就是所有不是士兵的东西组成的类，即非士兵的类。若用 S 代表士兵的类，则把非士兵的类记为：$\bar{S}$（读作：S 杠），即在原来的类之上加一横杠。A 命题"所有 S 是 P"说的是 S 类的所有元素都是 P 类的元素，也就是说，没有 S 类的元素不是 P 类的元素。或者说（据换质法）"没有 S 是非 P"，像任何 E 命题一样，这个命题说的是，主项指称的类与谓项指称的类的积为空，可用等式符号表示为：$S\bar{P}$＝0。O 命题"有 S 不是 P"换质后得逻辑等价式 I 命题"有 S 是非 P"，可用不等式符号表示为：$S\bar{P} \neq 0$。

使用这些符号公式，就能很清晰地显示四个标准直言命题之间的相互关系。既然 A 命题和 O 命题的符号公式分别为 $S\bar{P}=0$ 和 $S\bar{P} \neq 0$，它们显然是互为矛盾的。E 命题和 I 命题的符号形式分别为 $SP=0$ 和 $SP \neq 0$，显然也是互为矛盾的。布尔解释下的对当方阵可以重新表示为图 5-6。

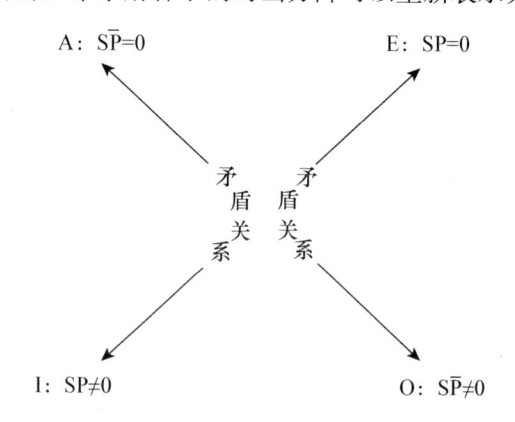

```
A: S̄P=0                    E: SP=0

            矛    矛
            盾    盾
            关    关
            系    系

I: SP≠0                    O: SP̄≠0
```

图 5-6

概览			
直言命题的符号表达			
形式	命题	符号表达	解释
A	所有 S 是 P。	$S\bar{P}=0$	S 和非 P 的积为空。
E	没有 S 是 P。	$SP=0$	S 和 P 的积为空。
I	有 S 是 P。	$SP \neq 0$	S 和 P 的积非空，S 和 P 的积至少有一个元素。
O	有 S 不是 P。	$S\bar{P} \neq 0$	S 和非 P 的积非空，即 S 和非 P 的积至少有一个元素。

列表中的符号在许多地方非常有用，例如，在表示布尔对当方阵中的矛盾关系上。

在 5.3 节，我们首先解释了四种标准直言命题，然后利用标记为 S 和 P 的圆图示了这些命题中类与类之间的关系。现在，我们将更好地图示直言命题，丰富表达直言命题的符号以便后文的分析。首先，我们用一个圆代表一个类，用指称类的词项标注它。这样，S 类可以表示为图 5-7。

S

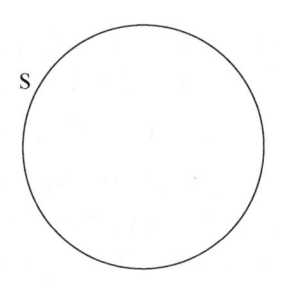

图 5-7

上图表示的是一个类，而不是命题。它只代表 S 类，而对这个类无所言说。要图示命题"S 没有元素"或"不存在 S′s"，我们就在代表 S 的圆中画上阴影，来表示 S 中什么都没有，S 为空类。要图示"存在 S′s"这个命题，我们就在代表 S 的圆中写一个 x，用来表示其中有东西，S 不是空类。这样，"不存在 S′s"和"存在 S′s"这两个命题就可以用图 5-8 来表示。

S   S

              x

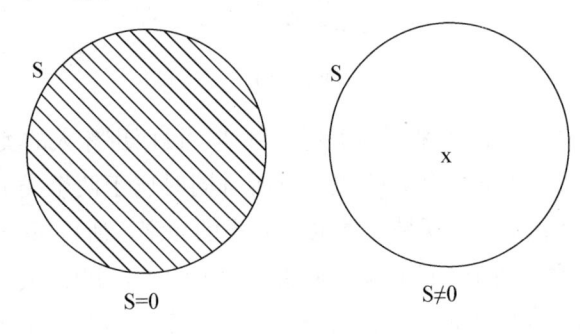

S=0   S≠0

图 5-8

实际上，表示 S 的图示也可以表示 $\bar{S}$，因为圆中的部分代表的是 S 的所有元素，而圆外的部分恰好就是 $\bar{S}$。

如 5.3 节解释的，要图示标准直言命题，一个圆不够，需要两个圆。标准直言命题的主、谓项分别记为 S 和 P，再画两个交叉的圆，如图 5-9 所示，我们可以用这个图作为任何标准直言命题的基础框架。

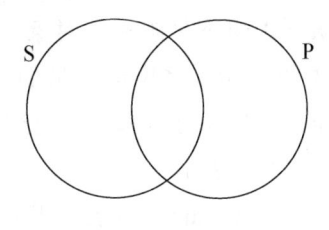

S   P

图 5-9

图 5-9 只表示出了 S 和 P 两个类，而没有表示它们形成的命题。既没有肯定也没有否定其中一个或两个类有元素。事实上，两个交叉的圆表示出的类不只是 S 和 P 两个。标有 S 的圆中与 P 不重叠的部分代表的是所有不是 P's 的 S's，即代表了 S 类与 $\bar{P}$ 类的积，这一部分标记为 S$\bar{P}$。两圆交叉的部分代表 S 类与 P 类的积，标记为 SP。标有 P 的圆中与 S 不重叠的部分代表的是所有不是 S's 的 P's，即代表了 $\bar{S}$ 类与 P 类的积，标记为 $\bar{S}$P。最后，两个圆之外的部分，代表既不在 S 类也不在 P 类之中的东西，标记为第四个类 $\bar{S}\bar{P}$。加上这些标记，图 5-9 就成了图 5-10。

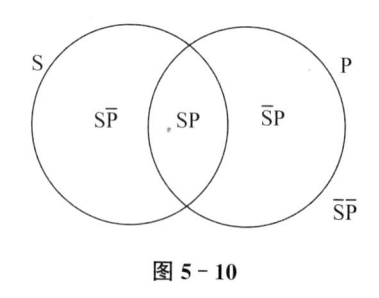

图 5-10

可以用各种不同的类来解释上图。例如，设西班牙人的类为 S，画家的类为 P，则 SP 就是两个类的积，由所有同时属于两个类的东西组成。因为 SP 的每个元素必须既是 S 类也是 P 类的元素，所以每个元素既是西班牙人又是画家。两个类的积就是西班牙画家的类，其中包括委拉斯开兹（Velàquez）和戈雅（Goya）等人。S$\bar{P}$ 是第一个类与第二个类之补的积，包括且只包括属于 S 类但不属于 P 类的对象，也就是不是画家的西班牙人组成的类，即所有非画家西班牙人，委拉斯开兹不在其中，戈雅也不在其中，但却包括小说家塞万提斯（Cervantes）和独裁者佛朗哥（Franco）及其他西班牙人。$\bar{S}$P 是第二个类与第一个类之补的积，是那些不是西班牙人的画家组成的类，这个类包括荷兰画家伦勃朗（Rembrandt）、美国奥基夫（Georgia O'Keeffe）等。最后，$\bar{S}\bar{P}$ 是原来两个类的补的积，包括而且只包括那些既不是西班牙人也不是画家的对象。这可是一个很大的类，包括的不只是英国海军上将和瑞士登山运动员们，还包括诸如密西西比河、珠穆朗玛峰这样的东西。如果对 S 和 P 进行这样的解释，那么，以上说的所有类都在图 5-10 中有所表示。

这就是文恩图（Venn diagram），得名于英国数学家、逻辑学家约翰·文恩，他首先使用这种方法表示类和命题。像图 5-10 这样的带有几处标记的双圆图，所代表的仍只是类，尚不表示任何命题。整个圆或其中为空白的部分既不表示类中有元素，也不表示没有元素。

但是再加上一定条件，我们就能用文恩图来表示命题。通过给某些部分加上阴影，或者标上"x"，就能准确地将四种标准直言命题图示化。文恩图（带有标记的）能够全面、简明地表示命题，所以，它已经被公认为评价三段论论证的最有力、使用最广泛的方法。下面说明如何用文恩图表示这四种标准直言命题。

A命题"所有S是P"即$S\bar{P}=0$，用文恩图图示之，可把代表$S\bar{P}$的那部分画上阴影，即表示其中没有元素。E命题"没有S是P"，即$SP=0$，可把图中代表SP的那部分画上阴影，以示其中没有元素。I命题"有S是P"，即$SP\neq 0$，可在图中SP类部分标上一个x，表示两个类的积不是空的，其中至少有一个元素。最后，O命题"有S不是P"，即$S\bar{P}\neq 0$，可标一个x在$S\bar{P}$部分，表示其中至少有一个元素而不是空的。如图5-11所示，以上四个图示并列起来就能十分清晰地展现出四种命题的不同含义。

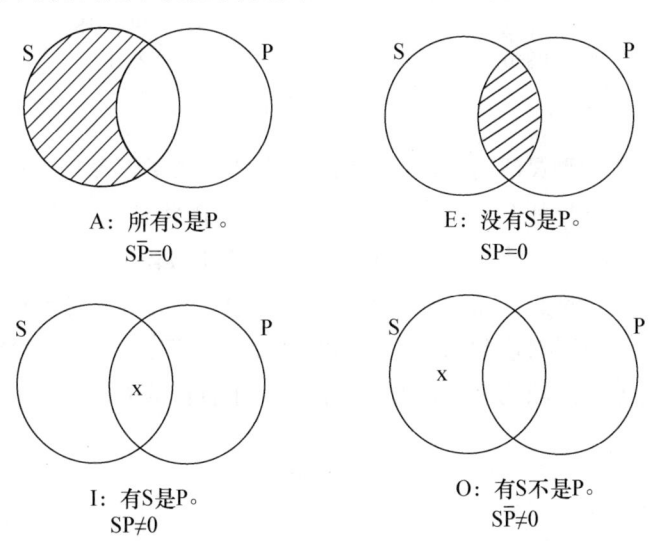

A：所有S是P。
$S\bar{P}=0$

E：没有S是P。
$SP=0$

I：有S是P。
$SP\neq 0$

O：有S不是P。
$S\bar{P}\neq 0$

图 5-11

我们已经用文恩图表示出"没有S是P"和"有S是P"，而它们换位后分别得到一个等价命题："没有P是S"和"有P是S"，因此后面两个命题在图中也就表示出来了。要图示A命题"所有P是S"即$P\bar{S}=0$，遵循同样路径，可把代表$P\bar{S}$的部分画上阴影。显然，$P\bar{S}$与$\bar{S}P$是相同的，如果一下子不能明白，就回想一下是画家而非西班牙人的类，与非西班牙人中是画家的类。前一个类中的对象必定也是后一个类的对象——所有是画家而非西班牙人的人与所有非西班牙人的画家，反之亦然。要图示 O 命题"有 P 不是 S"，即 PS̄≠0，可在表示类 PS̄（＝S̄P）的部分标记一个 x。图 5-12 展示的正是这些命题。

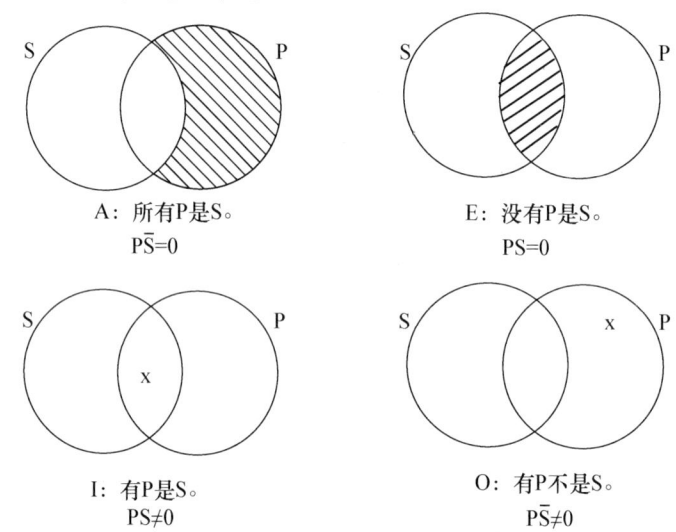

A: 所有P是S。
PS̄=0

E: 没有P是S。
PS=0

I: 有P是S。
PS≠0

O: 有P不是S。
PS̄≠0

图 5-12

双圆图的这种灵活运用，在本书下一章中起着重要作用。任给一对带有给定标记——比如 S 和 M——的交叉圆，就能将任何一个含有 S 和 M 的标准直言命题图示化，无论 S 和 M 出现的顺序如何。

文恩图是标准直言命题的图示，用空间包含与排斥和非空间的类及类之间的包含与排斥对应起来，是一种极为清晰的记法。下一章将会看到，这也是检验直言三段论有效性的一种极其简单直接的方法。

练习题

用主、谓项的首拼字母①代表相应的类，用等式或不等式表示下列各命题，并在文恩图中表示出来。

例题：

1. 有雕刻家是画家。

---

① 译文可用汉语拼音首拼字母。——译者注

解答：DH≠0

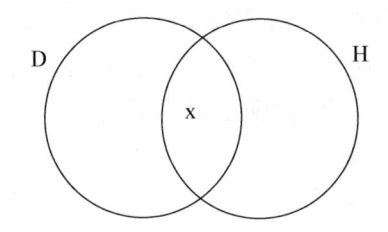

2. 没有小商贩是百万富翁。

3. 所有商人是投机者。

4. 有音乐家不是小提琴手。

*5. 没有商店老板是会员。

6. 有名望很高的政治领导人是无赖。

7. 所有拿到国家许可证的执业医生是通过了特定资格考试的医学院毕业生。

8. 有提供投资建议的证券经纪人不是他们所推荐的公司的合伙人。

9. 所有厌弃庸俗快乐的清教徒是极不习惯世俗生活方式的人。

*10. 没有现代画作是跟照片一模一样的。

11. 有学生积极分子是努力追回逝去岁月的中年人。

12. 所有中世纪学者是修道院中虔诚的僧侣。

13. 有国家公仆不是具有大众精神的人。

14. 没有服从选举意见被召回的地方官是要受惩罚的专政者。

*15. 有表现出所有精神分裂症状的病人是癫狂患者。

16. 喷气式飞机上有乘客不是感到满意的消费者。

17. 有神职人员是积极鼓吹社会根本变革的人。

18. 有现存秩序的忠实支持者不是政党成员。

19. 没有穿越国界的输油管是安全设备。

*20. 所有色情影片是文明和礼仪的大敌。

第5章概要

本章介绍并阐述了不同于现代符号逻辑的传统逻辑即亚里士多德的演

绎逻辑的基本构件（要回顾这种差异，参见5.1节）。

5.2节介绍类的概念。传统逻辑正是以类为基础建立起来的。我们阐明了表达类之间关系的四种基本的标准直言命题。

5.3节阐述标准直言命题的四种基本形式：

A命题：全称肯定命题。

E命题：全称否定命题。

I命题：特称肯定命题。

O命题：特称否定命题。

5.4节讨论这四种命题的各种特征。探讨了命题的质，即肯定和否定，以及命题的量，即全称和特称。说明了周延的项与不周延的项。

5.5节考察标准直言命题之间的对当关系的类型，命题之间的矛盾关系、反对关系、下反对关系以及上位式与下位式之间的差等关系的含义。并说明了如何用传统的对当方阵图示这些关系，进而解释了从这些命题可以得出哪些直接推论。

5.6节考察基于直言命题的其他三种直接推论：换位法、换质法和换质位法。

5.7节首先探讨存在含义这一富有争议的问题。该问题表明要想保留传统对当方阵，只有做出一种全面假定，即假定命题所指称的类永远有元素存在着，而这是现代逻辑极不赞同的。然后，又对全书中所采用的布尔解释做了说明。布尔解释能保留传统逻辑对当方阵中的大部分内容，同时又避免了非空类的全面预设。在布尔解释中，特称命题（I和O）被理解为有存在含义，但全称命题（A和E）则没有存在含义。我们也很细致地说明了采用这种解释的重要意义。

5.8节用交叉的圆表达类，我们又回到文恩图的用途。我们表明加以恰当的标记或阴影，文恩图也可以用来表示直言命题。

本章提供了分析直言三段论（标准直言命题是其基本构成要素）的必要工具。

第5章关键术语

演绎论证：其前提被断定为结论的真提供决定性根据的论证。

有效性：任何不可能前提真而结论假的演绎论证的一个特征。这样的论证被称为有效论证。

亚里士多德式三段论逻辑：是以对直言命题的某种特定解释为假定的三段论推理体系。

现代符号逻辑：它是19和20世纪发展起来并在当今被广泛认可的演绎推理体系。它在许多重要的方面不同于传统推理体系，并且具有更全面地捕获有效推理形式的能力。

类：共有某种特征的所有对象的汇集。

直言命题：关于类与类之间（或范畴之间）关系的命题，它肯定或者否定S类的对象全部或者部分包含在P类对象中。

标准形式直言命题：具有以下形式的任一直言命题都是标准形式直言命题："所有S是P"（全称肯定）、"没有S是P"（全称否定）、"有S是P"（特称肯定）、"有S不是P"（特称否定）。这四种形式的命题被分别称为A、E、I、O命题。

文恩图：用交叉的圆表示直言命题或者论证的逻辑形式的图示法。

质：直言命题的属性之一，取决于该命题对类的包含关系所做的肯定或否定。因此，从质上看，每一个直言命题要么是肯定的，要么是否定的。

量：直言命题的属性之一，取决于该命题所反映的对象究竟是主项类的全部对象，还是仅仅是部分对象。因此，从量上看，每一个直言命题要么是全称的，要么是特称的。

联项：任一形式的系动词，在直言命题中，起着把主项和谓项联系起来的作用。

周延性：直言命题的属性之一，用来反映直言命题和其词项之间的关系，表明一个直言命题是否断定了特定词项所代表的类的每一个对象。

对当关系：存在于在量、质或其他方面有所不同的两个直言命题之间的逻辑关系，如两个矛盾命题之间、反对命题之间的关系。对当关系可以用逻辑方阵表示。

矛盾关系：互斥或者互相否定的两个命题为矛盾关系命题。传统的对当方阵中，两对矛盾关系的命题用正方形的**对角线**表示：命题A和E分别是O和I的矛盾关系命题。

反对关系：不可能同时为真，但可以同时为假的两个命题之间的关系为反对关系。

偶真命题：既非重言的，也非自相矛盾的命题。偶真命题可能是真的，也可能是假的。

下反对关系：不能同假，但可以同真的两个命题之间的关系为下反对关系。

差等关系：在对当关系方阵中，差等关系是全称命题（A 或者 E）和相应的特称命题（I 或者 O）之间的关系。在差等关系中，特称命题（I 或者 O）称为"下位式"，全称命题（A 或者 E）称为"上位式"。

对当方阵：把四种直言命题（A、E、I、O）置于正方形的四个角上，以一个正方形表示四种命题之间的逻辑关系（称为"对当关系"），这种图形称为对当方阵。

直接推论：不借助其他前提，直接从一个前提得出结论的推论。多种多样的直接推论可以分为不同类型，传统上包括换位法、换质法和换质位法。

间接推论：使用一个以上前提的推论。

换位法：一种以某些但不是所有直言命题为前提的有效直接推论。要对一个命题进行换位，只需对主项和谓项进行互换。例如，运用这种方法，从命题"所有圆形都不是正方形"，可以得到原命题的"换位命题"——"所有正方形都不是圆形"，而原命题则称为"被换位命题"。

补或者补类：不属于某一给定类的所有事物的汇集。

换质法：一种有效的直接推论，适用于任一形式的标准直言命题。对一个命题换质，就是改变命题的性质（从肯定变成否定，或者从否定变成肯定），并用谓项的补替换谓项。例如，运用这种方法，从命题"所有狗都是哺乳动物"，可以得到原命题的"换质命题"——"没有狗不是非哺乳动物"，而原命题则称为"被换质命题"。

换质位法：一种以某些但不是所有直言命题为前提的有效直接推论。对某一特定命题换质位，就是用该命题谓项的补替换其主项，同时用主项的补替换其谓项。例如，命题"所有人都是哺乳动物"的换质位命题就是"所有非哺乳动物都是非人"。

布尔解释：是为本书所采用并且以英国逻辑学家乔治·布尔的名字命名的关于直言命题的现代解释。与亚里士多德的解释不同，在布尔解释中，全称命题（A 和 E）没有存在含义。

存在含义：是那些一般地断定某种对象存在的命题之属性。特称命题

（I 和 O）都具有存在含义，例如，命题"有的狗是忠顺的"断言了狗的存在。全称命题（A 和 E）是否有存在含义，在亚里士多德和布尔那里有不同的解释。

存在谬误：在推理中由于不恰当地假定了某类的元素存在所产生的错误。

第 6 章

直言三段论

6.1 直言三段论的标准形式
6.2 三段论论证的形式性质
6.3 检验三段论：文恩图解法
6.4 三段论规则与三段论谬误
6.5 直言三段论的 15 个有效形式
附录 直言三段论的 15 个有效形式的演绎推导
第 6 章概要
第 6 章关键术语

6.1 直言三段论的标准形式

直言命题可以应用于更大范围的推理。基于 A、E、I、O 命题的论证通常包含两个直言命题作为前提,一个直言命题作为结论。这种论证被称为三段论。一般而言,**三段论**就是从两个前提推得一个结论的演绎论证。

这里我们探讨的三段论是**直言**三段论。因为它们都是基于类或范畴之间关系的论证,这种关系通过我们熟悉的直言命题来表达。**直言三段论**可以更正式地被定义为:由包含且仅包含三个词项的三个直言命题组成的演绎论证,每个词项在其构成命题中恰好出现两次。

三段论非常普通、非常清晰明白,而且易于检验。我们将要探讨的直言三段论系统强大而深邃。17 世纪的数学家和哲学家莱布尼茨认为,三段论形式的发现是"人类心智最美妙也是最为重要的结晶之一"。以往的实践表明,正是通过三段论这种惯用的论证,演绎逻辑在写作和日常争论中才发挥了巨大的作用。

我们将用下面这个有效的标准三段论作为例子,讨论三段论的组成和特征:

> 没有英雄是胆小鬼,
> 有士兵是胆小鬼,
> 所以,有士兵不是英雄。

要得到准确的分析,这样的论证必须以标准形式出现。直言三段论的标准形式必须满足以下两个条件:

1. 其前提和结论必须都是标准直言命题(A、E、I 或 O);
2. 这些命题以特定的**标准顺序**出现。这一标准的重要性在检验三段论有效性的时候尤为明显。

将三段论化归为标准形式需要解释前提的顺序,要说明前提的顺序就必须对三段论的**前提**和三段论的**词项**进行**逻辑命名**,而且必须理解为什么把这些非常有用也非常重要的名称指派给它们。这是我们分析直言三段论的第二个关键步骤。为了简便,在这一章中,我们直接用"三段论"指称"直言三段论",尽管以后的章节中还要讨论到其他类型的三段论。

A. 大项、小项和中项

上述例子的三个直言命题正好包含三个词项：英雄、士兵和胆小鬼。要通过名称识别这些词项，我们先看三段论的结论，显然，该命题包含两个词项。例子中的结论是一个 O 命题："有士兵不是英雄"。结论的谓项（在这个例子中即"英雄"）被称为三段论的**大项**。结论的主项（在例子中即"士兵"）称为三段论的**小项**。在结论中不出现而在前提中出现两次的项（即例子中的"胆小鬼"），即三段论的第三个项，称为**中项**。

三段论的前提也有名称。每一个前提根据在前提和结论中同时出现的词项命名。大项和小项必定出现在不同的前提中，包含大项的前提称为**大前提**。例子中，"英雄"是大项，所以包含"英雄"的前提——"没有英雄是胆小鬼"——是大前提。这个命题被称为大前提不是因为它最先出现，而是因为它包含大项，无论前提以何种顺序排列，它都是大前提。

包含小项的前提称为**小前提**，上例中，"士兵"是小项，所以包含"士兵"的前提——"有士兵是胆小鬼"——是小前提。它是小前提也并不是因为其位置，而仅仅因为它包含小项。

概览

标准直言三段论的组成

大项	结论的谓项
小项	结论的主项
中项	在两个前提中都出现却不出现在结论中的项
大前提	包含大项的前提
小前提	包含小项的前提

如果一个三段论的前提以特定的标准顺序排列，就称其为三段论的标准式。现在即可描述这个标准顺序：**在标准式三段论中，大前提处在第一位，小前提处在第二位，结论在最后**。很快，我们将明白这种顺序为什么重要。

B. 三段论的式

每个三段论都有一个式。三段论的式由其所含标准直言命题的类型而定（以字母 A、E、I、O 为标志）。每个三段论的式都由三个按特定顺序排列的字母组成。第一个字母指的是大前提的类型，第二个字母指的是小前提的类型，第三个字母指的是结论的类型。例如，在上述作为例子的三段论中，大前提（"没有英雄是胆小鬼"）是一个 E 命题，小前提（"有士兵是胆小鬼"）是一个 I 命题，结论（"有士兵不是英雄"）是一个 O 命题，所以，这个三段论的式就是 EIO 式。

C. 三段论的格

只有式，还不能完全刻画标准三段论的形式。这一点可以通过比较两个有相同式的三段论 A 和 B 表明，它们在逻辑上是非常不同的。

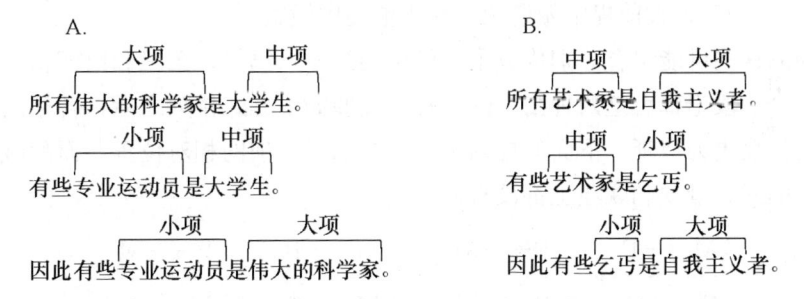

A.
所有伟大的科学家（大项）是大学生（中项）。
有些专业运动员（小项）是大学生（中项）。
因此有些专业运动员（小项）是伟大的科学家（大项）。

B.
所有艺术家（中项）是自我主义者（大项）。
有些艺术家（中项）是乞丐（小项）。
因此有些乞丐（小项）是自我主义者（大项）。

二者都是 AII 式，但其中一个是有效的，而另一个是无效的。如果我们展示出它们的逻辑"骨架"，就能十分清楚地揭示出其形式上的不同之处。把小项记为 S，大项记为 P，而中项记为 M，并用"∴"表示"所以"，我们得到这样两个三段论的"骨架"：

A. 所有 P 是 M，
　　有 S 是 M，
　　∴有 S 是 P。

B. 所有 M 是 P，
　　有 M 是 S，
　　∴有 S 是 P。

在记为 A 的第一个三段论中，中项在两个前提中都做谓项，而记为 B 的第二个三段论，中项在两个前提中都做主项。三段论 B 被看作有效论证，而三段论 A 无效。

这两个例子表明，尽管三段论的形式可以部分地由式来描述（两个例子都是 AII 式），但相同式的三段论在形式上还有重要区别，这就要看中项的相对位置。为了完整地描述三段论的形式，我们不仅需要陈述出它的式（代表那三个命题的三个字母），还要陈述出三段论的格。**格**，我们指的是**中项在前提中的位置**。

三段论有且只有四种不同的格：

1. 中项在大前提中做主项、在小前提中做谓项。
2. 中项在两个前提中都做谓项。
3. 中项在两个前提中都做主项。
4. 中项在大前提中做谓项、在小前提中做主项。

中项的这些可能组合分别构成了三段论的第一、第二、第三和第四格。任何一个三段论都有这四种格中的一种。按照如下方式排列之后，各格的特征也许会更为清晰。下面的排列中，只显示了中项的相对位置，而隐藏了它们的式，量项和联项也都没有显示：

M——P	P——M	M——P	P——M
S——M	S——M	M——S	M——S
∴S——P	∴S——P	∴S——P	∴S——P
第一格	第二格	第三格	第四格

只要指明其式和格，就能完整地描述一个标准三段论的形式。我们的例子落在第二格，因为中项"胆小鬼"是两个前提的谓项。它的式，正如我们指出的是 EIO。所以这个三段论应该被完整地描述为有 EIO-2 形式。这是一个有效三段论。稍后我们会看到，每个有效三段论形式都有它自己的名称，EIO-2 的名称是 Festino。我们说这一三段论"在 Festino 中"。

以下是另一个例子：

没有 M 是 P，
所有 S 是 M，
————————
所以，没有 S 是 P。

这个三段论在第一格中（其中项是大前提的主项和小前提的谓项），它的式为EAE。所以我们可以完整地将其描述为EAE-1，该形式的名称为Celarent。任何有这种形式的三段论都"在Celarent中"，就像有先前那种形式的三段论"在Festino中"一样。因为Celarent（EAE-1）和Festino（EIO-2）都已知是有效形式，所以我们可以总结出：落入这两种形式中的所有三段论都是有效的。

有了这些分析工具，就能通过格和式定义任何可能的直言三段论。如果要列出所有可能的式，从AAA、AAE、AAI、AAO、AEA、AEE……依此类推，直到OOO式，共可列举出64个不同的式。由于每个式都可以与四个不同的格进行组合，于是，标准式的三段论就必然呈现出256（64×4=256）个不同的形式。

但正如我们将要看到的，所列出的这些形式中只有少数是有效的。每个有效的形式都有一个特殊的名称，稍后我们将一一进行解释。

练习题

将下列三段论写成标准形式，并分别指出它们的式与格。（步骤：第一，确定结论；第二，找出谓项，即三段论的大项；第三，确定大前提，即含有大项的前提；第四，检验另一个前提是否含有小项，从而确定小前提；第五，将三段论写成标准形式——第一位是大前提，第二位是小前提，结论在最后；第六，给出这个三段论的式与格。）

例题：

1. 没有核潜艇是商船，所以，没有战船是商船，因为所有核潜艇是战船。

解答：

第一步：结论是"没有战船是商船"。

第二步："商船"是结论的谓项，因此是整个三段论的大项。

第三步：大前提，即含有大项的前提，是"没有核潜艇是商船"。

第四步：另一个前提"所有核潜艇是战船"是小前提，因为其中含有结论的主项"战船"。

第五步：写成标准形式为：

没有核潜艇是商船，

所有核潜艇是战船，

所以，没有战船是商船。

第六步：此三段论的三个命题依次为：E 命题、A 命题和 E 命题。中项"核潜艇"在两个前提中都做主项，所以，这个三段论为第三格。总之，此三段论的式与格是：EAE-3。

2. 有常绿植物是图腾，因为所有枞树是常绿植物，有图腾是枞树。

3. 所有人造卫星是重大的科学成就，因此有重大的科学成就不是美国的发明创造，因为有人造卫星不是美国的发明创造。

4. 没有影星是注册会计师，但所有注册会计师是有事业心的人，由此可知，没有影星是有事业心的人。

*5. 有保守派不是倡导高税率的人，因为所有倡导高税率的人是共和党人，而有共和党人不是保守派。

6. 所有 CD 机是昂贵而精致的机器，但没有昂贵而精致的机器是儿童玩具，所以，没有 CD 机是儿童玩具。

7. 所有青少年罪犯是未接受良好教育的人，并且有青少年罪犯是家庭破裂的受害者，因此，有未接受良好教育的人是家庭破裂的受害者。

8. 没有从不允许犯错的倔家伙是优秀教师，这样一来，因为有博学的人是从不允许犯错的倔家伙，故而有优秀教师不是博学的人。

9. 所有蛋白质是有机化合物，由此可知所有酶是蛋白质，因为所有酶是有机化合物。

*10. 没有跑车是以中档速度运行的车，但是所有家用汽车是以中档速度运行的车，由此可知没有跑车是家用汽车。

6.2 三段论论证的形式性质

所有演绎逻辑的目标都是区分有效论证和无效论证。在亚里士多德式三段论逻辑中，这一任务即是区分有效三段论和无效三段论。假设组成三段论的命题都为偶真式——假设三段论中的命题既非必然真也非必然假——是合理的。在这种假设之下，三段论的有效性就完全由其形式决定。三段论的有效性与无效性（其构成命题都是偶真的）仅仅依赖于形式，而完全独立于具体内容和题材。例如，任何形式为 AAA-1 的三段论：

所有 M 是 P，
所有 S 是 M，
─────────────
所以，所有 S 是 P。

无论其题材是什么，它都是有效的论证。该三段论形式的名称是 Barbara。无论用什么词项代替这种形式或结构中的字母 S、P 和 M，在形式 Barbara 中得到的论证总是有效的。例如用这几个字母分别代表"雅典人"、"人"和"希腊人"，代入后就得到这样一个有效论证：

所有希腊人是人，
所有雅典人是希腊人，
─────────────
所以，所有雅典人是人。

如果以同样方式代入"肥皂"、"水溶性物质"和"钠盐"，又得到：

所有钠盐是水溶性物质，
所有肥皂是钠盐，
─────────────
所以，所有肥皂是水溶性物质。

这样一个论证也是有效的。

　　说一个有效的三段论是有效的，是仅就其形式而言的，故而有效性也被称为形式有效。我们自始至终假定三段论的构成命题本身是偶真的，也就是说，它们既不是逻辑真的（如："所有安乐椅都是椅子"），也不是逻辑假的（如："有些安乐椅不是椅子"）。这样假定的理由是：如果一个三段论包含了逻辑假的前提或者逻辑真的结论，那么，该三段论的有效性无关乎三段论形式，它之所以有效，是因为其前提真，其结论为假在逻辑上是不可能的。（我们同时还假定只有词项之间的逻辑关系是被三段论的前提断定或蕴涵的。做出如此假定，仅仅是出于讨论这一章和下一章的三段论论证的需要。这些假定无关乎那些有效性依赖于更为复杂的逻辑研究的论证，而那些复杂的逻辑研究不适合我们这里所考察的论证。）

　　如果仅仅根据形式就能确定一个三段论是有效的，那么，**任何与其形式相同的其他三段论也是有效的**。而如果一个三段论是无效的，那么，**任何与其形式相同的其他三段论也是无效的**。这是人们在实际论辩中经常使用逻辑类推法而获得的共识。假如有人提出下面这个论证：

　　　　所有自由主义者都是国家健康保险的支持者，
　　　　有行政人员是国家健康保险的支持者，
　　　　─────────────────────
　　　　所以，有行政人员是自由主义者。

我们会感觉到，无论其构成命题的真假，这个论证是无效的。揭示这种三段论荒谬性的最好方式，是构造一个形式相同但其无效性可直接显示出来的论证。比如，我们可以这样去问，你是否也可以说：

　　　　所有兔子都是跑得很快的，
　　　　有马是跑得很快的，
　　　　─────────────────
　　　　所以，有马是兔子。

我们可以补充说明：你不可能为后面这个论证做辩护，因为毫无疑问，其前提明显为真但结论明显为假。你刚才的论证与这个马兔论证的形式完全相同。马兔论证是无效的，所以你刚才的论证也是无效的。逻辑类推是一种很好的论辩方法，是用于争辩的有力武器之一。

　　这种逻辑类推法的根据是：直言三段论的有效性或无效性是纯形式问题。要证明任何荒谬论证无效，都可以找另一个论证，使之与一个明显无效即其前提明显为真而结论明显为假的论证有相同形式。（不过应当牢记，无效论证也可能得到为真的结论——说推理是无效的，只是意味着结论与前提之间不构成逻辑蕴涵关系，或者说它们之间的关系不是必然联系。）

　　但是，这种检验论证有效性的方法有很大的局限性。有时很难一下子"想出"恰当的逻辑类推。并且，三段论论证有太多无效的形式（200多个）。此外，尽管我们只要想到一个前提为真而结论为假的逻辑类推，就可以证明原论证的形式无效,但是,若我们不能想到这样的逻辑类推,并不就能证明该形式有效,因为,这可能只是由于我们的思维局限性所使然。很可能实际上存在着无效性类推,只是我们没有想到而已。这就需要一种更有效力的方法,来判定形式有效或无效的三段论。本章以下各节就是要介绍检验三段论的一些最有力的方法。

练习题

运用构造逻辑类推的方法反驳下列论证中的无效论证。

例题:

1. 所有业务经理是积极反对企业税的人,因为所有积极反对企业税的人是商会成员,而所有商会成员是业务经理。

解答:

与此结构相似的一个反例是:所有两足动物是宇航员,因为所有宇航员是人,而所有人是两足动物。

2. 没有非处方药是容易上瘾的药物,所以安眠药不是容易上瘾的药物,因为有些安眠药是非处方药。

3. 没有共和党人是民主党人,所以有的民主党人是富有的股票经纪人,因为有的富有的股票经纪人不是共和党人。

4. 没有大学生是 IQ 指数低于 70 的人,所有 IQ 指数低于 70 的人是低能者,所以没有大学生是低能者。

*5. 所有耐火房屋是拥有特殊保费的建筑,所以有的拥有特殊保费的建筑不是木屋,因为没有木屋是耐火房屋。

6. 蓝筹股是可靠的投资,所以有些带来大量红利的股票是可靠投资,因为有些蓝筹股是带来大量红利的股票。

7. 有的小儿科医生不是外科专家,所以有的普通开业者不是小儿科医生,因为有的普通开业者不是外科专家。

8. 没有知识分子是成功的政客,因为没有畏缩的隐退者是成功的政客,并且有的知识分子是畏缩的隐退者。

9. 所有工会主席是工人领导,所以有些工人领导是政治保守者,因为有些政治保守者是工会主席。

*10. 所有新型汽车是俭约的运输工具,所有新型汽车是身份的象征,

因此有些俭约的运输工具是身份的象征。

6.3 检验三段论：文恩图解法

前一章已经介绍了两个圆的文恩图如何用于描述标准直言命题。要运用文恩图解法检验直言三段论，就必须把两个前提在同一个图示中描述出来。这就要求画相互交叉的三个圆，因为标准式三段论有两个前提，共包含着三个不同的项——大项、小项和中项——分别记为 S、P 和 M。与图示单个命题一样，我们首先并列画两个交叉圆，然后再在其下方画出第三个圆，与前两个圆都有重叠部分，依次给三个圆标记 S、P 和 M。既然一个圆既能表示类 S 也能表示类 $\bar{S}$，标有 S 和 P 的两个交叉圆能表示四个类，即 SP、S$\bar{P}$、$\bar{S}$P 和 $\bar{S}\bar{P}$。这样，标有 S、M 和 P 的三个交叉圆就可以表示八个类：SP$\bar{M}$、SPM、$\bar{S}$P$\bar{M}$、S$\bar{P}$M、SPM、$\bar{S}$PM、$\bar{S}\bar{P}$M 和 $\bar{S}\bar{P}\bar{M}$。这三个圆将其所在平面分出八个部分，它们分别表示上列八个类，见图 6-1。

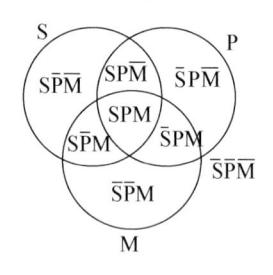

图 6-1

以瑞典人的类（S）、农民的类（P）和音乐家的类（M）为例，图 6-1 可以做如下解释。SPM 是这三个类的积，由所有瑞典农民音乐家组成。SP$\bar{M}$ 是前两个类与第三个类之补的积，由不是音乐家的瑞典农民组成。S$\bar{P}$M 是第一、第三个类与第二个类之补的积：所有不是农民的瑞典音乐家组成的类。S$\bar{P}\bar{M}$ 是第一个类与其他两个类之补的积：所有既不是农民也不是音乐家的瑞典人组成的类。接下来，$\bar{S}$PM 是第二、第三个类与第一个类之补的积：所有不是瑞典人的农民音乐家组成的类。$\bar{S}$P$\bar{M}$ 是第二个类与其他两个类之补的积：所有不是瑞典人也不是音乐家的农民组成的类。$\bar{S}\bar{P}$M 是第三个类与前两个类之补的积：所有不是瑞典人也不是农民的音乐家组成的类。最后，$\bar{S}\bar{P}\bar{M}$ 是三个类的补的积：所有不是瑞典人、不是农民也不是音乐家的事物组成的类。

我们把注意力集中到标有 P 和 M 的两个圆上，显然，加上阴影或写入 x 就能表示由 P、M 构成的任何标准直言命题，无论哪个是主项哪个是谓项。例如，要用图表示命题"所有 M 是 P"（$M\overline{P}=0$），我们就把所有不包含在 P 中的 M 的部分加上阴影。这个区域包括了标有 $\overline{S}PM$ 和 $\overline{SPM}$ 的部分，这样就形成了图 6-2。

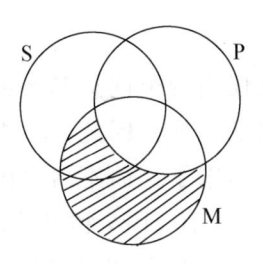

图 6-2

我们把注意力集中到 S 和 M，加上阴影或写入 x 就能表示由 S、M 构成的任何标准直言命题，无论它们出现的顺序如何。要用图表示命题"所有 S 是 M"（$S\overline{M}=0$），我们就把所有不包含在 M 中的 S 的部分加上阴影。这个区域包括了标有 $SP\overline{M}$ 和 $S\overline{PM}$ 的部分，这样就形成了图 6-3。

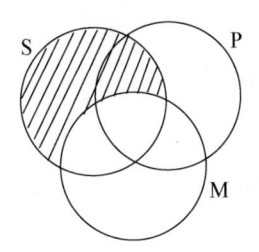

图 6-3

现在，利用三个交叉的圆就可以在一个图中同时表示两个命题——当然，条件是其中只出现三个不同的项。这样，"所有 M 是 P"和"所有 S 是 M"可以同时表示在图 6-4 中。

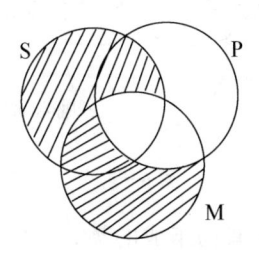

图 6-4

这正是三段论 AAA-1 的两个前提：

所有 M 是 P，
所有 S 是 M，
∴ *所有 S 是 P。*

此三段论是有效的，当且仅当两个前提蕴涵或曰能推出结论，即两个前提已断言了结论所断言的东西。因此，在文恩图中画出有效论证的前提，也就已经把结论画出来了，而不需要画更多的圆。结论"所有 S 是 P"的文恩图，应为在标有 $\overline{\text{SPM}}$ 和 SPM 的部分加有阴影。我们看到表示两个前提的文恩图，也确实已经把结论表示了出来。（这是真的，尽管 $\text{SP}\overline{\text{M}}$ 部分加有阴影，因为 S 类中还存在元素的唯一区域位于 P 类的范围之内，所以，"所有 S 都是 P"。）这种情况说明 AAA-1 一定是有效式。

我们再用文恩图检验一个明显无效的三段论，它是第二格，包含三个 A 命题：

所有狗是哺乳动物，
所有猫是哺乳动物，
所以，所有猫是狗。

用文恩图表示两个前提就是图 6-5。

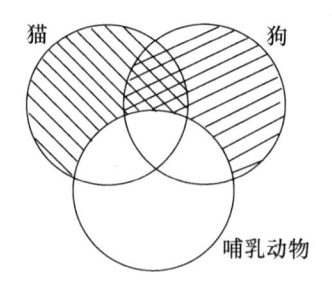

图 6-5

在这个图中，S 指称所有猫组成的类，P 指称所有狗组成的类，而 M

指称所有哺乳动物组成的类，$S\overline{PM}$、$\overline{S}PM$ 和 $\overline{SPM}$ 部分已经画上了阴影，但结论却没有被表示出来，因为 $SP\overline{M}$ 部分没有阴影，要图示结论就必须把 SPM 和 $SP\overline{M}$ 两部分都画上阴影。这样，就能看出 AAA-2 的两个前提的图示并没能表示结论，这证明结论的断定超出了前提，前提并不蕴涵结论。而一个前提不蕴涵结论的论证是无效的，所以，我们所画出的图示证明了这个三段论是无效的。（实际上，它证明任何形如 AAA-2 的三段论都是无效的。）

如果我们用文恩图检验由一个全称前提和一个特称前提构成的三段论，那么，很重要的一点是：要首先图示全称前提。举例来说，要检验 AII-3：

所有艺术家都是自我主义者，
有艺术家是乞丐，
所以，有乞丐是自我主义者。

我们应当先画出全称前提"所有艺术家都是自我主义者"，再写入 x 表示特称前提"有艺术家是乞丐"。正确的图示见图 6-6。

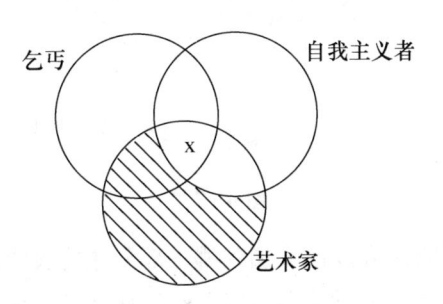

图 6-6

$S\overline{PM}$ 连同 $\overline{S}PM$ 两个部分表明的是全称前提，如果在给这两个部分画上阴影之前，试图先表明特称前提，我们就不能确定到底该把 x 加在 SPM 部分还是 $S\overline{P}M$ 部分，或者两个部分都加上。如果加在 $S\overline{P}M$ 当中，或者加在这部分与 SPM 的交界处，那么加在 $\overline{S}PM$ 中的阴影就让图的原意变得含混不清。既然前提中包含的信息已经表示在图中了，检验时就看它是否也表明了结论。如果结论"有乞丐是自我主义者"能被表示出来，就应该把 x 放在"乞丐"和"自我主义者"两个类的交叉部分。这个部分既包含了 SP$\overline{M}$ 也包含 SPM 部分，它们共同表明 SP。在 SMP 中有一个 x，因此在交叉部分 SP 也有 x。此三段论的结论所断定的东西，已经在表示前提的图示中表明了，因此，这个三段论是有效的。

再来看另一个例子，对这个例子的讨论将说明文恩图一个更重要的作用。考虑论证：

所有大科学家都是大学毕业生，
有职业运动员是大学毕业生，
所以，有职业运动员是大科学家。

首先在 SP$\overline{M}$ 和 $\overline{S}$P$\overline{M}$ 部分画上阴影，这样就表明了全称前提（见图 6-7）。

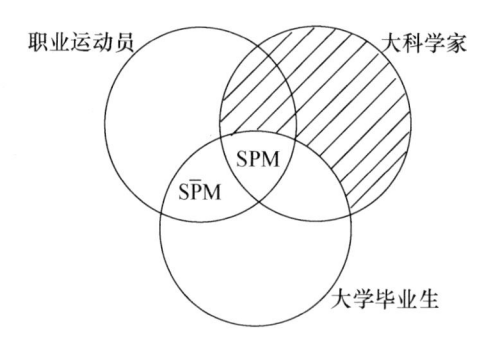

图 6-7

但我们仍然不明白应该把 x 加到哪一部分才能表明特称前提。特称前提是"有职业运动员是大学生"，所以 x 必须加在标有"职业运动员"和"大学生"的两个圆交叉的部分。但是，交叉的区域又包括两个部分：SPM 和 S$\overline{P}$M。x 应该放到其中哪个部分呢？前提并没有告诉我们答案，如果任意选一部分把 x 加上去，就可能在图中加上了一些前提中本来没有的信息——也就破坏了文恩图检验的有效性。如果在两个部分都加一个 x，也会超出前提的断言。但是，把 x 放在两部分的交界线上，我们就正好表明了第二个前提，而没有提供任何更多的东西。x 放在交界线上，指的是有东西属于它们两个类中的一个，但确实没有说明到底属于哪一类。

两个前提的完整图示见图6-8。

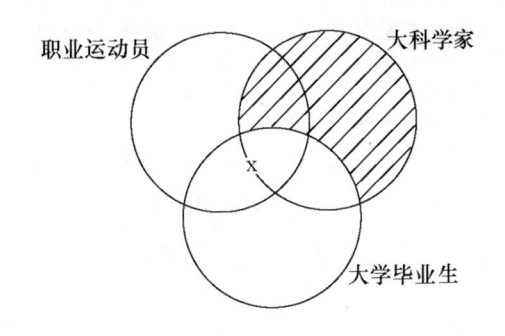

图6-8

通过考察，我们会发现前提的图示中并没有把结论表达出来。要表明结论"有职业运动员是大科学家"，就必须要加一个 x 在上面两个圆的交叉部分，或者加在 SPM 中，或者加在 SPM 中。前面一个部分已经被画上阴影排除出去了，当然就不会包含 x。但图示也并没有显示 SPM 中有 x。确实，SPM 或者 SPM 之中必有一个元素，但这个图示并没有说明究竟是在前者当中，还是在后者当中，因为前提就没有说明这一点。所以，结论就可能为假。当然，我们由此并不能确定结论就是假的，而只能知道结论没有被前提断定或蕴涵。但这足以告诉我们论证是无效的。这个图也充分说明并非只有给定的这个三段论是无效的，而是所有形如 AII-2 的三段论都是无效的。

使用文恩图检验标准式三段论的一般做法可以总结如下：首先，在三圆的文恩图上标记三段论的三个项。接下来，把两个前提在图中都表示出来，如果一个前提是全称、另一个是特称的话，要首先标明全称前提。特别注意，如果特称前提并没有明确表明应该把 x 加在哪一部分时，就把 x 放在两个部分的交界线上。最后，检查图示中是否已经包含了结论：如果包含了，那么三段论就是有效的，否则就是无效的。

使用文恩图区分三段论有效性与无效性的理论依据是什么？这个问题的答案可分为两个部分。首先，必须结合 6.2 节讲到的三段论论证的形式性质来讨论。那一节讲过，对给定三段论有效还是无效的一种合理检验是去判定另外一个三段论的有效性如何，而这个三段论与要考察的三段论恰有相同的形式。这种方法正是文恩图解法的基本依据。

视觉逻辑

在图示直言三段论的文恩图中，三段论的三个词项（小项、大项和中项）分别通过三个标为 S、P、M 的封闭圆圈表示。（其中 S 和 P 代表三段论的小项和大项，对应于结论的主项和谓项。）

图示且仅图示了三个圆圈 S、P、M。

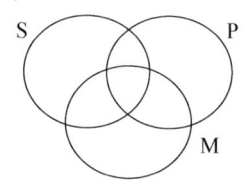

如果三段论的前提要求在该文恩图中的某条边上标注 x，我们会追问要标在哪里，以及为什么这么标注。答案是：x 通常都被标在图示该前提没有提到的类的圆圈上面。

例如：假设有人给你一个前提"有些 S 是 M"，你可能无法确定 x 所代表的这个"有些"是 P 还是非 P，因此就将 x 标注在代表 P 的圆圈上面。图示如下：

图示了三个圆圈，并且 x 在圆圈 P 上。

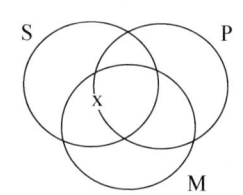

另一个例子：假设有人给你一个前提"有些 M 不是 P"，你可能无法确定不是 P 的 M 部分是 S 还是非 S，所以将 x 标在 S 的圆圈上：

图示了三个圆圈，并且 x 在圆圈 S 上。

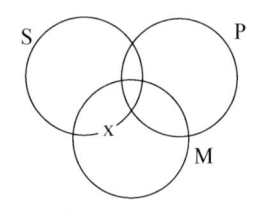

而说明文恩图解法如何达到这种检验目标，就构成问题解答的第二部分。三段论一般是就对象类而言的，其中的对象并不都呈现在我们面前，比如音乐家的类、大科学家的类、钠盐的类等。这些类之间的包含或排斥关系可能是由论证得出的，也可能是在科学研究过程中经验地发现的。但它们决不会自己呈现出来，因为涉及的类的元素不可能全部展现出来接受观察。但我们可创设一种情形，在这种经特殊界定的情形中，所涉及各个类的元素都可以呈现在人们面前以供直接观察，从而可以构造关于这种自设情形的三段论论证。文恩图是表达标准形式直言命题的工具，但它们也不过是我们用石墨或者墨水在纸上绘图，或者用粉笔在黑板上画图的结果而已。可以把文恩图表示的命题解释为指涉文恩图本身。兹举一例即可说明。假定我们有一个关于分布在世界各地的各色人等的特殊三段论，其词项分别指称成功人士、热爱工作者和心猿意马者（工作中注意力分散者）：

所有成功人士都是热爱工作者，
没有热爱工作者是心猿意马者，
所以，没有心猿意马者是成功人士。

它的形式是 AEE-4，即：

所有 P 是 M，
没有 M 是 S，
∴没有 S 是 P。

我们可以通过构造图 6-9 这样的文恩图来检验它，其中，$SP\overline{M}$ 和 $\overline{S}P\overline{M}$ 两部分画上了阴影表示第一个前提，$S\overline{P}M$ 和 SPM 也画上了阴影表示第二个前提。

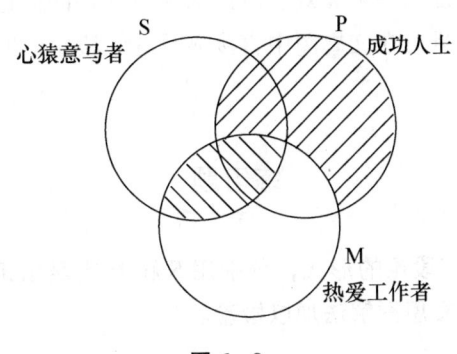

图 6-9

仔细观察图6-9，可发现SP（由SPM和SP$\overline{\text{M}}$组成）已经被阴影标明，因此，这个三段论的结论已经在图中表达出来了。那么，它是怎样表明这个三段论有效的呢？三段论论及的是几个相去甚远的对象的大类：很多人在工作中心猿意马，并且他们分布在世界各地，相互之间空间距离遥远。但是，我们却能构造出相同形式的三段论，其中所涉及的对象都是呈现在我们面前可供直接观察的。在上列文恩图中，这些对象就是标有S、M、P的圆中没有画阴影的部分，这里有一个新的三段论：

所有标记P的圆中未画阴影的部分都是M圆中未画阴影的部分，

没有M圆中未画阴影的部分是标记S的圆中未画阴影的部分，

所以，没有S圆中未画阴影的部分是P圆中未画阴影的部分。

这个新的三段论并没有涉及任何遥远的东西，而只涉及我们所创设的情形——已经画好的文恩图的各个部分。这些类与类之间相互包含和排斥的所有关系都呈现出来接受直接观察，因而可以逐一察看所有的可能。我们看到，所有是P的部分都是M的部分，而M和S没有共同的部分，所以S和P也就不可能有任何相同的部分。这里涉及的仅仅是图中的情形，因此可以说我们通过观察直接看出了这个三段论的有效性。由于上面关于各色人等的那个三段论，恰恰与这个三段论形式相同，根据三段论论证的形式性质，我们即可确认原来那个三段论也是有效的。这种说明也可解释文恩图解法为何可以证明一个无效三段论的无效性，同样也可通过直接查验一个具有相同形式且可在文恩图中直接显示的三段论，间接地检验待判定三段论。

练习题

A. 写出下列三段论的形式，分别用S和P代表结论的主、谓项，M代表中项，然后用文恩图解法加以检验。

例题：

1. AEE-1

解答：

题目已经告诉我们这是第一格的三段论，因此，中项 M 在大前提中做主项、在小前提中做谓项，结论是 E 命题，记为：没有 S 是 P。第一个前提（即大前提，其中含有结论的谓项）是 A 命题，记为：所有 M 是 P。第二个前提（即小前提，其中含有结论的主项）是 E 命题，记为：没有 S 是 M。因此，整个三段论的形式如下：

所有 M 是 P，
没有 S 是 M，
―――――――――
所以，没有 S 是 P。

其文恩图解检验见图 6-10，可表明此三段论无效。

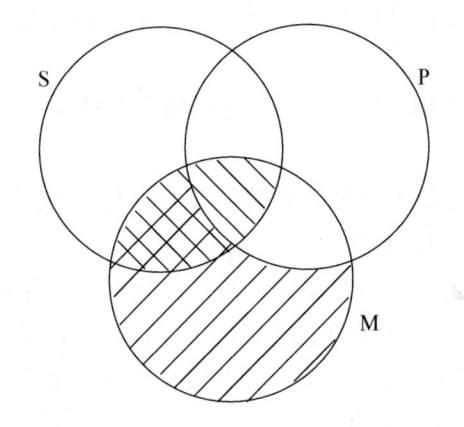

图 6-10

2. EIO-2   3. OAO-3
4. AOO-4   *5. EIO-4
6. OAO-2   7. AOO-1
8. EAE-3   9. EIO-3
*10. IAI-4   11. AOO-3
12. EAE-1   13. IAI-1
14. OAO-4   *15. EIO-1

B. 把下列各三段论转化为标准形式，给出它们的格与式，并用文恩图加以检验。

*1. 有改革者是狂徒，所以有理想主义者是狂徒，因为所有改革者是理想主义者。

2. 有哲学家是数学家，因此有科学家是哲学家，因为所有科学家是数学家。

3. 有哺乳动物不是马，因为没有马是人头马，且所有人头马是哺乳动物。

4. 有精神病人不是被监护人，但所有罪犯是被监护人，由此可知有精神病人不是罪犯。

*5. 所有水下船只是潜水艇，因此，没有潜水艇是游艇，因为没有游艇是水下船只。

6. 从来没有罪犯是拓荒者，因为所有罪犯是恶人，而从来没有拓荒者是恶人。

7. 没有音乐家是宇航员，所有音乐家是篮球迷，因此，没有宇航员是篮球迷。

8. 有基督徒不是卫理公会派教徒，因为有基督徒不是新教徒，而有新教徒不是卫理公会派教徒。

9. 没有想赢得大选的人是真正的自由党人，所有活跃的政客是想赢得大选的人，因此，没有真正的自由党人是活跃的政客。

*10. 没有怯懦者是工人领导，因为没有怯懦者是真正的自由党人，并且所有工人领导是真正的自由党人。

6.4　三段论规则与三段论谬误

在许多情况下，一个三段论并不能真正推得其结论。为帮助人们避免常见的错误，人们制定了一系列规则（本书列出六条）用来规范论证：对于任何给定的标准式三段论，通过考察其中是否有违反规则的情况，就能对它进行评判。掌握这些评价三段论的规则也可以加深我们对三段论本身的理解。这些规则帮助我们弄清三段论是如何运行的，违反规则之后又为什么无法运行。

违反任何一条规则都会导致错误。这是一种特殊种类的论证错误，所以我们称之为三段论谬误；又因为这种错误是论证形式方面的，所以称之为**形式谬误**（与第4章所讲非形式谬误相对照）。在三段论论证中，必须谨防违反规则，避免产生谬误。每一种形式谬误都有一个传统名称，以下详加介绍。

规则1　避免四项。

一个有效的标准式直言三段论必须仅仅包含三个项，在整个论证中，每一个项都须在相同的意义上使用。

在直言三段论中，结论断定了两个项即主项（小项）与谓项（大项）之间的关系。因此，只有前提断定的是这两个项分别与同一个第三项（中项）的联系时，结论才能是合理的。如果前提不能做到这一点，就不能在结论的两个项之间建立联系，论证就不能进行。所以，每个有效的直言三段论必须只有三个项——不能多也不能少。如果包含了多于三个的项，三段论就是无效的。这种谬误叫作**四项谬误**。

这种谬误通常由于语词歧义，即用同一个词或短语表达两种不同的含义。最常见的是中项的含义发生转换，同一个词以某种用法与小项发生联系，而以另一种用法与大项发生联系。这样一来，与结论中的两个项发生联系的是两个不同的项（而不是同一个中项），所以结论断定的关系也就不能成立。这种错误常常在中项上出现，所以有时被叫作"中项含混谬误"。但一般不用这个名称，因为一个（或多个）其他词项也可能出现含义的转换。尽管含混也会造成其中出现五个或者六个词项，但我们依然沿用"四项谬误"这个传统名称。

本章开始定义"直言三段论"时，就指出每一个三段论从本性上说有且只有三个项。（"三段论"的定义有时候会比本书的定义更为宽泛。含混这种非形式的谬误在第4章中已经做过解释并且提请大家要加以避免，这种谬误可以在许多不同的语境中出现。）所以，可以把这条规则（"避免四项"）看作一个被评估的论证是否确实为直言三段论的保证性规则。

规则2　中项至少在一个前提中周延。

如果（如5.4节所说明）命题述及一个项所指称的全部对象，该项在命题中就是"周延"的。如果中项在两个前提中都不周延，推出结论所需要的词项关联就不能建立。

历史学家芭芭拉·塔克曼（Barbara Tuchman）注意到，许多无政府主义的早期批判家是以下面一个"无意识的三段论"为依据进行论证的：

> 所有俄国人是革命者，
> 所有无政府主义者是革命者，
> ————————————————
> 所以，所有无政府主义者是俄国人[1]。

这个三段论显然是无效的。错误在于它根据无政府主义者、俄国人两个类分别与革命者的类之间的联系，断定了前两个类的关系——但革命者这个项在两个前提中都是不周延的。第一个前提没有述及全部革命者，第二个前提同样没有。"革命者"在论证中做中项，如果它在三段论两个前提中都不周延，那么三段论就不可能是有效的。这样的谬误叫作中项不周延谬误。

这个规则的依据是小项和大项之间的联系需要中项做媒介。而要建立这种联系，结论的主项或者谓项就必须与中项所指称类的全部对象相关联。否则，结论中的两个项就有可能分别与中项的不同部分发生联系，因而不必然与另一个项相关联。

这恰好是上面给出的三段论所存在的问题。俄国人只包含在革命者类的一部分当中（据第一个前提），无政府主义者也只是包含在革命者类的一部分之中（据第二个前提）——这两部分却是与另一个类（三段论的中项）的不同部分发生联系的，所以，中项就不能成功地联结小项和大项。一个有效的三段论，其中项必定至少在一个前提中周延。

规则3 在结论中周延的项在前提中也必须周延。

述及一个类的全部对象，比述及其中某些对象要断定更多。所以，如果三段论前提中不周延的项在结论中周延，也就是结论断定了比前提更多的东西。但是，有效的论证要求其前提必须能逻辑地推出结论，结论绝不能比前提断定得更多。可以说，在结论中周延而在前提中不周延的项确实是个信号，说明结论超出了前提，跑得太远了。这种谬误叫作不当周延。

结论可能是小项（主项）超出了前提，或者大项（谓项）超出了前提。所以，不当周延有两种不同形式，我们分别给它们一个名字：**大项不当周延**（"非法大项"）；**小项不当周延**（"非法小项"）。

举个例子来说明其中第一种，看下面这个三段论：

> 所有狗是动物，
> 没有猫是狗，
> ————————————————
> 所以，没有猫是动物。

很明显，这个论证是不对的，但错在哪里呢？就错在结论是对所有动物的断言，即结论断定的是所有动物都在猫的类之外，而前提并没有对所有动物做出断言——因此，结论不当地超出了前提的断定。由于"动物"在三段论中做大项，所以此处的谬误就是非法大项。

再举个例子来说明第二种，看下面这个三段论：

所有传统教徒都是激进主义者，
所有传统教徒都是宽容堕胎行为的，
所以，所有宽容堕胎行为的都是激进主义者。

我们立刻会感觉到这个论证也有问题，其错误就在于：结论断定了所有堕胎行为的宽容者，而在前提中并没有这样的断言，没有述及所有宽容堕胎行为者的情况。这样，结论就不能为前提所担保。这个例子中"宽容堕胎行为的"是小项，所以此处的谬误就是非法小项。

规则 4 避免出现两个否定前提。

任何否定命题（E 或 O）都否认类的包含关系，断定一个类的部分或者全部被排除在另一个类的全体之外。但是，由两个断定这种排斥性的前提不能得出结论中的联系，因此，不可能是有效的论证。这种错误叫作排斥前提谬误。

理解这个谬误需要进一步思考。考虑三段论的小项 S、大项 P 和中项 M，对于这三个项之间的联系，两个否定前提能告诉我们什么呢？它们说明 S（结论的主项）完全或部分地排斥 M（中项）的一部分或者全部，并且 P（结论的谓项）完全或部分地排斥 M 的一部分或者全部。但是，不管 S 和 P 的关系如何，这些关系中的任何一个都可能成立。这样的否定前提不能告诉我们 S 和 P 之间究竟是包含还是排斥，究竟是全部地包含或排斥，还是部分地包含或排斥。因此，如果三段论的两个前提都是否定的，论证肯定是无效的。

规则 5 如果有一个前提是否定的，那么结论必须是否定的。

如果结论是肯定的，也就是说，如果它断言两个类中的一个（S 或 P）完全或部分地包含在另一个之中，那么，前提必须断定这样的第三个类存在才能推出结论，即第三个类必须包含第一个并且被第二个包含，而类之间的这种包含关系只能由肯定命题表示。所以，肯定的结论只能由两个肯定的前提得到。违反这条规则的错误叫作从否定推肯定谬误。

要想得出肯定结论必须要有两个肯定前提，如上所述，我们可以确定地说，只要两个前提中有一个是否定的，结论就必须也是否定的，否则论证无效。

与其他谬误不同，这个谬误并不常见，因为对于任何从否定前提得肯定结论的论证，很容易就可以看出是极不合理的。举一个例子就能说明：

> 没有诗人是会计，
> 有艺术家是诗人，
> ——————————
> 所以，有艺术家是会计。

立即可以看到，由第一个前提对诗人和会计的**排斥关系**的断言，已使得该论证不可能为艺术家和会计之间的包含关系提供任何有效辩护。

规则 6　两个全称前提得不出特称结论。

在直言三段论的布尔解释中（见 5.7 节），全称命题（A 和 E）没有存在含义，但特称命题（I 和 O）却有存在含义。只要像本书这样设定了布尔解释，就要避免从没有存在含义的前提得出有存在含义的结论。

最后一条规则在传统上或者在亚里士多德式直言三段论的解释中并不需要，因为它们不关心存在含义问题。但是，仔细考虑预设问题就会很清楚，如果一个论证的前提根本没有断定任何东西存在，但是从这些前提却推出了有些东西存在，那么结论就是不合理的。这种错误叫作存在谬误。

下面这个例子就犯有这种谬误：

> 所有宠物都是家养动物，
> 没有独角兽是家养动物，
> ——————————
> 所以，有独角兽不是宠物。

假如这个论证的结论是全称的"没有独角兽是宠物"，它是完全有效的。在传统解释下，由于全称命题与特称命题一样都有存在含义，例子中的结论只是上述有效论证结论的"下位"。

但从布尔解释的角度说，上例的结论（"有独角兽不是宠物"）不仅仅是个"下位"，因为特称命题与全称命题有很大不同。结论是特称的 O 命题，有存在含义，而 E 命题（"所有独角兽不是宠物"）是没有存在含义的。传统观点下接受的推论在布尔解释下不再被接受，因为在后者看来这样的论证犯了存在谬误——一种在传统解释下不会出现的错误。

对于标准式直言三段论，传统解释与布尔解释的不同还有另外一个后果：从传统的观点看，需要有一个规则来反向描述规则 5（"如果有一个前提是否定的，那么结论必须是否定的"）。简单说，反向的叙述应该是"如果结论是否定的，那么必有一个前提是否定的"。毫无疑问，因为如果结论是否定的，它就否定了包含关系，而肯定前提是断定包含关系的。这样一来，肯定前提不能推出否定结论。但这一结果在布尔解释中却不必要，因为排除存在谬误的规则（规则 6）足以使这种情况无效。

以上六条规则只适用于标准式直言三段论。它们提供了足够的工具用以检验这一领域内任何论证的有效性。对于任何一个标准式直言三段论，如果违反了任一规则就是无效的，如果遵循了所有规则就一定是有效的。

概览

三段论规则和三段论谬误

规则	相关谬误
1. 避免四项。	四项谬误
2. 中项至少在一个前提中周延。	中项不周延谬误
3. 在结论中周延的项在前提中也必须周延。	大项不当周延（"非法大项"） 小项不当周延（"非法小项"）
4. 避免出现两个否定前提。	排斥前提谬误
5. 如果有一个前提是否定的，那么结论必须是否定的。	从否定推肯定谬误
6. 两个全称前提得不出特称结论。	存在谬误

应用三段论规则的流程图

下图可展示使用六条规则判定三段论有效性的工作程序。

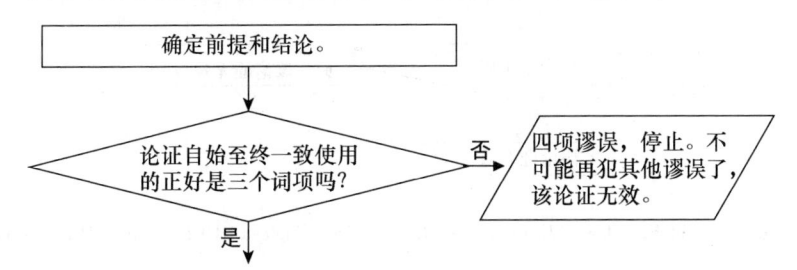

[流程图：确定前提和结论。 → 论证自始至终一致使用的正好是三个词项吗？ —否→ 四项谬误，停止。不可能再犯其他谬误了，该论证无效。 ↓是]

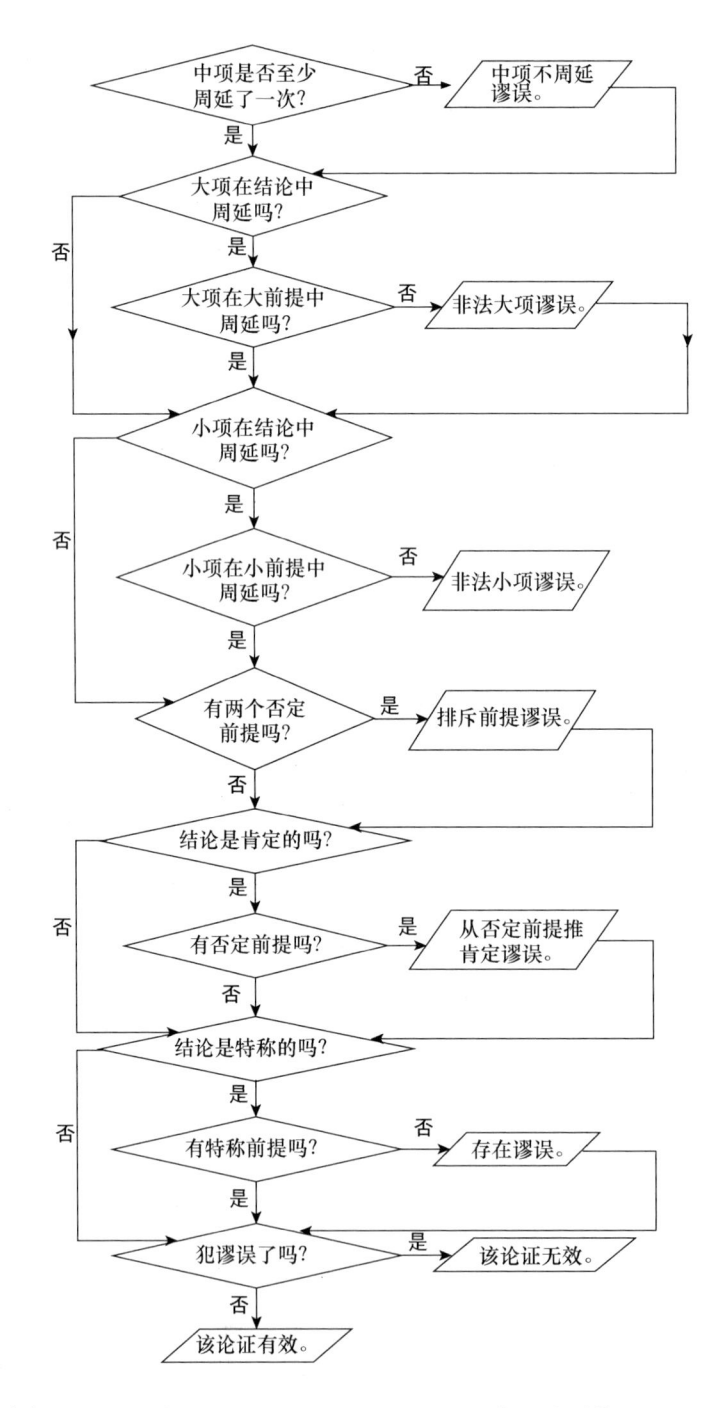

```
          ┌─────────────────┐   否   ┌──────────────┐
          │ 中项是否至少    ├──────→│ 中项不周延   │
          │ 周延了一次?     │       │ 谬误。       │
          └────────┬────────┘       └──────────────┘
                   │是                      ↑
          ┌────────┴────────┐               │
     ┌───→│ 大项在结论中    │               │
     │ 否 │ 周延吗?         │               │
     │    └────────┬────────┘               │
     │             │是                      │
     │    ┌────────┴────────┐   否   ┌──────────────┐
     │    │ 大项在大前提中  ├──────→│ 非法大项谬误。│
     │    │ 周延吗?         │       └──────┬───────┘
     │    └────────┬────────┘               │
     │             │是                      │
     │    ┌────────┴────────┐←──────────────┘
     └───→│ 小项在结论中    │
     ┌───→│ 周延吗?         │
     │    └────────┬────────┘
     │ 否          │是
     │    ┌────────┴────────┐   否   ┌──────────────┐
     │    │ 小项在小前提中  ├──────→│ 非法小项谬误。│
     │    │ 周延吗?         │       └──────────────┘
     │    └────────┬────────┘
     │             │是
     │    ┌────────┴────────┐   是   ┌──────────────┐
     └───→│ 有两个否定      ├──────→│ 排斥前提谬误。│
     ┌───→│ 前提吗?         │       └──────────────┘
     │    └────────┬────────┘
     │             │否
     │    ┌────────┴────────┐
     │    │ 结论是肯定的吗? │
     │ 否 └────────┬────────┘
     │             │是
     │    ┌────────┴────────┐   是   ┌──────────────┐
     │    │ 有否定前提吗?   ├──────→│ 从否定前提推  │
     │    └────────┬────────┘       │ 肯定谬误。    │
     │             │否              └──────────────┘
     │    ┌────────┴────────┐
     └───→│ 结论是特称的吗? │
     ┌───→└────────┬────────┘
     │ 否          │是
     │    ┌────────┴────────┐   否   ┌──────────────┐
     │    │ 有特称前提吗?   ├──────→│ 存在谬误。    │
     │    └────────┬────────┘       └──────────────┘
     │             │是
     │    ┌────────┴────────┐   是   ┌──────────────┐
     └────│ 犯谬误了吗?     ├──────→│ 该论证无效。  │
          └────────┬────────┘       └──────────────┘
                   │否
          ┌────────┴────────┐
          │ 该论证有效。    │
          └─────────────────┘
```

改编自 Daniel E. Flage, *Essentials of Logic*, 2e (Englewood Cliffs, NJ: Prentice Hall, 1995)。

练习题

A. 指出下列无效的三段论形式违反了哪条规则，犯了何种谬误。

例题：

1. AAA-2

解答：

第二格三段论的中项在大、小前提中都做谓项。如果一个第二格三段论由三个 A 命题组成，那么，它一定是：所有 P 是 M，所有 S 是 M，所以，所有 S 是 P。其中，中项 M 在两个前提中都不周延，因此，从这样的前提不能有效地推出所有 S 是 P。形如 AAA-2 的三段论都违反了中项至少在一个前提中周延的规则，犯了中项不周延的谬误。

  2. EAA-1　　　　3. IAO-3　　　　4. OEO-4

*5. AAA-3　　　　6. IAI-2　　　　7. OAA-3

  8. EAO-4　　　　9. OAI-3　　　*10. IEO-1

 11. EAO-3　　　12. AII-2　　　13. EEE-1

 14. OAO-2　　*15. IAA-3

B. 找出下列习题中的无效三段论，指出其所违反的规则，并给出谬误的名称。

例题：

1. 所有课本是需要认真研读的书，
   有参考书是需要认真研读的书，
   ─────────────────
   所以，有参考书是课本。

解答：

在此三段论中，"课本"是大项（结论的谓项），"参考书"是小项（结论的主项），而"需要认真研读的书"在两个前提中都出现了，因而它是中项。但是，中项在两个前提中都不周延，所以这个三段论违反了中项至少在一个前提中周延的规则，犯了中项不周延的谬误。

  2. 所有犯罪行为是恶行，
   所有谋杀指控是犯罪行为，

所以，所有谋杀指控是恶行。

3. 没有悲剧演员是白痴，
   有喜剧演员不是白痴，
   所以，有喜剧演员不是悲剧演员。

4. 有鹦鹉不是害鸟，
   所有鹦鹉是宠物，
   所以，没有宠物是害鸟。

*5. 所有永动机是全效的机器，
   所有全效的机器是无摩擦的机器，
   所以，有无摩擦的机器是永动机。

6. 有优秀演员不是大力士，
   所有职业摔跤运动员是大力士，
   所以，所有职业摔跤运动员是优秀演员。

7. 有的钻石是珍贵的石头，
   有的碳化合物不是钻石，
   所以，有的碳化合物不是珍贵的石头。

8. 有的钻石不是珍贵的石头，
   有的碳化合物是钻石，
   所以，有的碳化合物不是珍贵的石头。

9. 所有饿极的人是吃得最多的人，
   所有吃得最少的人是饿极的人，
   所以，所有吃得最少的人是吃得最多的人。

*10. 有哈巴狗不是好猎犬，
    所有哈巴狗是脾气温和的狗，
    所以，没有脾气温和的狗是好猎犬。

C. 指出下列三段论中哪些是无效式，它们违反了什么规则，犯了何种谬误。

例题：

1. 所有巧克力棒是高脂肪食品，因为所有巧克力棒是甜腻食物，而有高脂肪食品不是甜腻食物。

解答：

此三段论的结论是肯定的（所有巧克力棒是高脂肪食品），但有一个前提是否定的（有高脂肪食品不是甜腻食物），因而是无效的。违反了"如果有一个前提是否定命题，那么结论必须是否定命题"的规则，犯了从否定推肯定谬误。

2. 所有发明家是能找到常见物之新模型的人，所以所有发明家是行为古怪的人，因为所有行为古怪的人是能找到常见物之新模型的人。

3. 有蛇不是危险动物，但所有蛇是爬行动物，因此，有危险动物不是爬行动物。

4. 有含铁食物是有毒物质，因为所有含汞的鱼是含铁食物，而含汞的鱼是有毒物质。

*5. 所有愤然批判国会自由主义头目的人是反对变革政治经济基本制度的人。所有右翼极端分子是反对变革政治经济基本制度的人，由此可知，所有愤然批判国会自由主义头目的人是右翼极端分子。

6. 没有写猥琐的刺激性文章的人是诚实、高尚的，有记者不是写猥琐的刺激性文章的人，因此，有记者是诚实高尚的。

7. 所有拥护人民政府的人是民主主义者，所以，所有拥护人民政府的人是共产党的拥护者，因为所有民主主义者是共产党的拥护者。

8. 没有煤焦油提取物是有营养的食物，因为所有人工色素是煤焦油提取物，没有人工色素是有营养的食物。

9. 没有煤焦油提取物是有营养的食物，因为没有煤焦油提取物是天然作物，所有天然作物是有营养的食物。

*10. 所有住在伦敦的人是饮茶的人，所有饮茶的人是喜欢它的人，由此可知，所有住在伦敦的人是喜欢它的人。

6.5 直言三段论的15个有效形式

三段论的**式**取决于其中所含三个命题的类型（A、E、I、O）。直言三段论有64个不同的式，即这三个命题的64种可能组合：AAA、AAI、AAE等，一直到EOO、OOO。

三段论的**格**是其逻辑形状，由中项在前提中的不同位置决定。所以一共有四种不同的格，如果头脑中有一个图表或者用图标说明，就可以很清晰地记住这几个格：

概览				
	四格			
	第一格	第二格	第三格	第四格
示意图	M—P S—M ∴S—P	P—M S—M ∴S—P	M—P M—S ∴S—P	P—M M—S ∴S—P
描述	中项是大前提的主项、小前提的谓项。	中项在两个前提中都做谓项。	中项在两个前提中都做主项。	中项是大前提的谓项、小前提的主项。

可以看到：

● 第一格的中项是大前提的主项、小前提的谓项；

● 第二格的中项在两个前提中都做谓项；

● 第三格的中项在两个前提中都做主项；

● 第四格的中项是大前提的谓项、小前提的主项。

64个式都可以有四个格。把二者结合起来，给定了三段论的式与格，也就唯一地确定了三段论的形式。因此，标准式直言三段论恰有256（即64×4＝256）个可能的形式。

这些形式中绝大部分是无效的。根据前一节阐明的三段论规则，可以排除那些违反一条或几条规则的形式，剩下的就是直言三段论的有效式。256个形式中，只有15个形式不能排除，因而它们是有效的。应当记住我们是采纳布尔解释来说明直言三段论的，根据这种解释，全称命题（A和E）没有存在含义。而根据传统解释，命题涉及的所有类都有元素，所以，此处认为无效的推论在传统解释中却可以接受。比如，在传统解释中，由上位式推出相应的下位式是合理的——由A命题可以合理地推出相应的I命题，由E命题可以推出相应的O命题。从而可增加其他几个有效形式（称为弱化式），这些形式我们此处认为是无效的。排除传统解释的原因（并因此维护了有效三段论的严格标准）已经在5.7节说明了。

为更好地掌握三段论，传统逻辑学家给每一个有效式都起了独特的名称，每一个都完全刻画了其格与式。了解有效式的这个小集合，记住每一个有效形式的名称，对于我们实际运用三段论论证是很有帮助的。这些名称都是精心设计的，每个名称都包含了三个元音，代表着被命名三段论的式（依据标准的顺序：大前提、小前提、结论）。对于同式不同格的有效三段论形式，都分别给它们指派唯一的名称。例如，对于式为 EAE 的三段论，如果是第一格的就叫作 Celarent，而如果是第二格的就叫作 Cesare。支撑传统名称结构的原则、辅音和元音的选择以及放置的位置，都是经过精心编排的。其中一些与上文提到的弱化式有关，所以不为布尔解释所接受。但另外一些保留了下来。例如，字母 s 跟在元音 e 后面表示 E 命题是简单换位或简单地（如所有 E 命题要换位那样）化归或转化为另一个同式的第一格，后者被看作前者的基本式。举例来说，Festino 的第二格，如果其大前提进行简单换位，就化归为 Ferio；而 Cesare 的第二格，可以化归为 Celarent，依此类推。这些以及其他化归的可能性说明了为什么同组三段论其名称都以相同的字母开头。传统命名系统有很多复杂的细节，在此并不需要一一叙述。

这些名称曾经有（现在仍然有）很实用的功能：如果懂得只有式与格的某些特定组合是有效的，并且通过名字就能识别那些有效论证，那么，无论给出任何式或格的三段论，就都能立即判定其正误。例如，AOO 式只在第二格才是有效的。这个唯一的形式（AOO-2）就叫作 Baroko。下面是 Baroko 式的例子：

> 所有优秀数学家都有创造才能，
> 有学者没有创造才能，
> 所以，有学者不是优秀数学家。

经过训练每个人都可以领略到各种不同有效式的韵律。一个熟悉并且能够轻而易举辨别出 Baroko 的人，就可以确信该式在三段论的其他格中都是无效的，必须加以拒斥。

直言三段论的标准形式是该系统的关键。我们已经明确了从所有可能的三段论中识别有效三段论的方法，但是这种方法基于以下假设：所讨论的三段论中的命题或者是以标准顺序排列的（先是大前提，然后是小前提，最后是结论），或者可以化归为标准顺序。每个有效三段论的识别都基于其特殊的式,三段论的式又由描述按照**标准顺序**出现的三个命题的三个字母决定。如果一个有效三段论的前提顺序颠倒了,当然,它还是有效的,文恩图解法能证明这一点,不过它将会失去很多东西。我们对三段论的独特辨别能力、基于这种能力之上的全面理解其形式的能力,以及果断地检验其有效性的能力都有赖于三段论的标准形式。*

传统逻辑学家很细致地研究了这些形式,谙熟它们的结构和逻辑"感应"。这种精心设计好的逻辑系统,会使得一个人在言语或文本中碰到三段论论证时,能立即确切指认哪些是有效的,哪些是无效的。许多世纪以来,逻辑训练的一种常用方式,就是通过给出三段论有效形式的名称,来为三段论论证的可靠性进行辩护。而在激烈的日常论辩中具备这种迅速识别有效论证与无效论证的能力,一直被视为富有学养、思维敏锐的标志。而依赖演绎论证所建立起来的论证链条之坚固也得到了充分显示。一旦完全掌握三段论理论,这种实际论辩能力就会得到富有成效、令人愉悦的提升。

三段论论证曾经有如此广泛的应用,并被普遍视为学术论证最不可缺少的工具,因此,最先系统论述三段论理论的学术大师亚里士多德,得到了人们上千年的尊崇。他关于三段论的分析的论集迄今仍沿用着一个简单但令人肃然起敬的名字:*Organon*,即《工具论》。

在争论中,有效三段论是强有力的工具,但是该工具的影响力显然基于其前提的真。一位大神学家在与抵制其天主教会改革的学者的论争中写道:"他们可能以有六百年历史的三段论为工具来攻击我……"[2]

作为这个著名逻辑体系的初学者,我们对三段论的掌握可能难以非常精通。但列出所有有效三段论形式并加以熟练掌握,无疑是最为有用的。在布尔解释下有 15 个有效的三段论形式。但在古老的传统中,从全称前提到特称结论的推理被认为是正确的,所以有效三段论的数量(每一个都有唯一的名字)显然大于 15,正如本节第一个脚注中解释的那样。举例来说:如果从 A 命题推出相应的 I 命题(我们认为是错的),有效式 Barbara(AAA-1)将推出一个"弱化"的妹妹:Barbari(AAI-1);如果从 E 命题推出相应的 O 命题(我们认为是错的),有效式 Camestres(AEE-

---

* 基思·伯吉斯-杰克逊(Keith Burgess-Jackson)在 2003 年 10 月发表的论文《标准形式何以重要》("Why Standard Form Matters")中,清晰地指出了忽视标准形式的严重后果。

2) 将推出一个"弱化"的兄弟：Camestrop（AEO-2）。

根据格的不同，15 个有效的三段论形式可以分为四组：

概览
标准式直言三段论的 15 个有效形式
第一格（中项在大前提中做主项、在小前提中做谓项）：
1. AAA-1　　　Barbara
2. EAE-1　　　Celarent
3. AII-1　　　Darii
4. EIO-1　　　Ferio
第二格（中项在两个前提中都做谓项）：
5. AEE-2　　　Camestres
6. EAE-2　　　Cesare
7. AOO-2　　　Baroko
8. EIO-2　　　Festino
第三格（中项在两个前提中都做主项）：
9. AII-3　　　Datisi
10. IAI-3　　　Disamis
11. EIO-3　　　Ferison
12. OAO-3　　　Bokardo
第四格（中项在大前提中做谓项、在小前提中做主项）：
13. AEE-4　　　Camenes
14. IAI-4　　　Dimaris
15. EIO-4　　　Fresison

练习题

6.3 节末尾的 B 组练习题中有 10 个被文恩图检验过的三段论，其中 1、4、6、9 和 10 是有效形式，请问它们的名称各是什么？

例解：

第 1 个是（IAI-3），即 Disamis。

附录　直言三段论的 15 个有效形式的演绎推导

本书的 6.5 节指出并清楚地刻画了直言三段论的 15 个有效形式。这一部分还给出了每个有效三段论根据其特定的格和式而得到的特殊名称。接下来的概述中，我们将对这 15 个有效三段论进行概括性说明。

证明有且只有这 15 个命题为有效三段论是可能的。直言三段论有效形式的演绎推导不是逻辑初学者必须掌握的，所以我们没有将这一证明部分放在正文章节中，而是安排在附录里。然而对这一证明过程的理解能让我们对三段论**系统**有更深的认识。而且对于那些从三段论分析的复杂性中获取乐趣的人而言，这应是一种虽有难度但令人愉悦的挑战。

如果学习的主要目的在于辨别、理解和应用三段论的有效形式，即 6.5 节讲到的那些内容，就可以绕过本附录不看。

直言三段论的 15 个有效形式的演绎推导过程并不非常容易理解。继续这一部分的人必须对以下两点非常明确：

1. **三段论的规则**，第 6.4 节中阐述的六条基本规则是演绎推导的必要工具；

2. **三段论的四个格**，正如第 6.5 节的"概览"（6.5 节第二段下面）中所说，应用规则的过程中，会反复提到这四个格。

我们已经知道有 256 个可能的三段论形式，在每个格中有 64 个式。通过排除违反了三段论基本规则即无效的三段论，我们来进行 15 个直言三段论有效形式的证明。

任何一个三段论的结论都是一个直言命题，是 A、E、I、O 之一。根据结论的不同形式（即 A、E、I、O），我们首先把三段论的所有可能形式分为四组。任何一个三段论都必然属于这四组中的某一组。据此可以分四种情形考察一个有效的三段论需要具备什么特性，即可以这样提问：如果结论是 A 命题，通过某一条或几条规则能够排除什么形式；如果结论是 E 命题，可以排除什么形式，依此类推。下面我们就逐个进行考察。

排除了所有无效三段论之后，留下来的就是有效的三段论形式。

情形 1：如果三段论的结论是 A 命题

在这种情形下，前提不可能是 E 命题，也不可能是 O 命题，因为如果前提是否定命题的话，结论就应该是否定的（规则 5）。所以，两个前提必定是 A 命题或 I 命题。小前提不能是 I 命题，因为小项（结论的主项，也就是 A 命题的主项）在结论中是周延的，如果小前提是 I 命题，那么在前提中不周延的项在结论中周延，违反了规则 3。两个前提，即大前提和小前提，不能是 I 和 A，否则三段论的中项在任何一个前提中都是不周延的，违反规则 2。所以两个前提（结论是 A 命题时）必须都是 A 命题，这意味着唯一有效的形式是 AAA 式。而第二格的 AAA 式会使中项两次不周延，第三格和第四格的 AAA 式都会造成前提中不周延的项在结论中周延的错误。所以，如果三段论的结论是 A 命题，唯一的有效形式就是第一格的 AAA 式，即 AAA-1，传统上称这个有效形式为 Barbara。

情形 1 的总结：如果三段论的结论是 A 命题，只能有一个有效形式：AAA-1，称为 Barbara。

情形 2：如果三段论的结论是 E 命题

E 命题的主项和谓项都是周延的，因此，如果结论为 E 命题，三段论前提中的三个项也都必须至少周延一次①，这只有当前提之一也是 E 命题时才有可能。但不能两个前提都是 E 命题，因为不能允许两个否定前提（规则 4），同理可知另一个前提也不能是 O 命题。另一个前提也不能是 I 命题，否则在结论中周延的项在前提中不周延，违反规则 3。这样，另一个前提必须是 A 命题，两个前提的组合可能是 AE 或 EA。因此，在结论是 E 命题的情况下，可能的正确形式为 AEE 和 EAE。

如果是 AEE 式，它不能是第一格，也不能是第三格。因为如果是这两个格的话，结论中周延的项在前提中不周延。所以，有效的 AEE 式只能是第二格的，即 AEE-2（传统上称为 Camestres），或者是第四格的，即 AEE-4（传统上称为 Camenes）。如果是 EAE 式，它不能是第三格，也不能是第四格，因为那也都导致结论中周延的项在前提中不周延。所以，有效的 EAE 式只能或者是第一格的，即 EAE-1（传统上称为 Celarent），或者是第二格的，即 EAE-2（传统上称为 Cesare）。

情形 2 的总结：如果三段论的结论是 E 命题，只能有四个有效形式：AEE-2、AEE-4、EAE-1 和 EAE-2，分别是 Camestres、Camenes、Celarent 和 Cesare。

---

① 根据规则 2、3。——译者注

情形3：如果三段论的结论是 I 命题

在这种情形下，前提不能是 E 或 O 命题，因为如果有一个否定前提的话，结论也应该是否定的（规则5）。两个前提也不能都是 A 命题，因为结论为特称的三段论其前提不能都是全称的（规则6）。同样，两个前提也不能都是 I 命题，因为中项必须至少在一个前提中周延（规则2）。这样，前提的组合必须是 AI 或者 IA，因而结论为 I 命题的三段论可能的有效形式为 AII 和 IAI。

AII 在第二格和第四格中不可能有效，因为中项至少要周延一次。因此保留下来的 AII 式就是 AII-1（传统上称为 Darii）和 AII-3（传统上称为 Datisi）。如果是 IAI 式，它不能是 IAI-1 和 IAI-2，因为这两个形式都违反中项至少在一个前提中周延的规则。剩下的有效形式就是 IAI-3（传统上称为 Disamis）和 IAI-4（传统上称为 Dimaris）。

情形3的总结：如果三段论的结论是 I 命题，只能有四个有效形式：AII-1、AII-3、IAI-3 和 IAI-4，分别称为 Darii、Datisi、Disamis 和 Dimaris。

情形4：如果三段论的结论是 O 命题

在这种情形下，大前提不能是 I 命题，因为结论中周延的项在前提中也必须周延。所以大前提可能是 A 命题、E 命题或者 O 命题。

假设大前提是 A 命题。这样，小前提就不能是 A 命题和 E 命题，因为结论为特称（O 命题）时，前提不能都是全称的。小前提也不能是 I 命题，否则，或者中项一次也不周延（违反规则2），或者结论中周延的项在前提中不周延。因此，如果大前提是 A 命题，小前提必须是 O 命题，结果就是 AOO 式。但在第四格，AOO 式不可能有效，因为中项两次不周延。在第一格和第三格也不可能有效，因为结论中周延的项在前提中不周延。因此当大前提是 A 命题时，AOO 式保留下来的有效形式只有第二格 AOO-2（传统上称为 Baroko）。

再假设（如果结论是 O 命题）大前提是 E 命题。在这种情况下，小前提将不能是 E 命题或 O 命题，因为不允许两个否定前提。小前提也不能是 A 命题，因为结论如果为特称的，前提就不能是两个全称命题（规则6）。因而只剩下了 EIO 式，它在四种格中都是有效的，传统上分别叫作 Ferio（EIO-1）、Festino（EIO-2）、Ferison（EIO-3）和 Fresison（EIO-4）。

最后，假设大前提是 O 命题。小前提同样也不能是 E 命题或 O 命题，因为不能允许两个否定前提。小前提也不能是 I 命题，因为如果这样，那么或者中项一次都不周延，或者结论中周延的项在前提中不周延。因此，如果大前提是 O 命题，小前提必须是 A 命题，即必为 OAO 式。但要排除 OAO-1，因为中项两次都不周延。也要排除 OAO-2 和 OAO-4，因为这两种情况都会使结论中周延的项在前提中不周延。于是就只剩下一个有效形式 OAO-3（传统上称为 Bokardo）。

情形 4 的总结：如果结论是 O 命题，则有六个有效形式：AOO-2、EIO-1、EIO-2、EIO-3、EIO-4 和 OAO-3，分别叫作 Baroko、Ferio、Festino、Ferison、Fresison 和 Bokardo。

以上的分析通过排除法证明了直言三段论恰有 15 个有效形式：结论是 A 命题时有 1 个，结论是 E 命题时有 4 个，结论是 I 命题时有 4 个，而结论为 O 命题时有 6 个。这 15 个有效形式中，4 个是第一格的，4 个是第二格的，4 个是第三格的，3 个是第四格的。这样，就完成了标准式直言三段论的 15 个有效形式的演绎推导。

练习题

对乐于深入分析三段论的读者来说，结合第 6.4 节给出的规则进行系统分析，就可以找到下面几个理论问题的答案。而学过第 6.5 节，掌握了有效三段论形式的演绎推导之后，就更容易了。注意要考虑到各种可能情况。

例题：

1. 如果一个标准式直言三段论只有三个项，且这三个项在三段论中每次出现都周延，请问这样的三段论是否有效？

解答：

这样的三段论不可能是有效的。如果三个项在三段论中每次出现都周延，那么，组成三段论的所有命题必定都是 E 命题，其式必为 EEE，违反了规则 4，即两个否定前提不能得结论。

2. 结论为特称命题的第一格标准式直言三段论能否为有效式，如果有的话，可能是哪一格或哪些式？

3. 一个有效的标准式直言三段论的大项和小项能否都周延，如果能的话，可能是哪一格或哪些格？

4. 一个有效的标准式直言三段论的两个前提能否都是特称命题，如果能的话，可能是哪一格或哪些格？

*5. 一个有效的标准式直言三段论中能否只有一个项周延，并且只周延一次，如果能的话，可能是哪一格或哪些格？

6. 一个有效的标准式直言三段论能否只有两个项周延，且每个项周延一次，如果能的话，可能是哪一格或哪些式？

7. 一个有效的标准式直言三段论能否是两个前提为肯定命题，而结论为否定命题，如果能的话，可能是哪一格或哪些式？

8. 一个有效的标准式直言三段论能否同时有一个特称前提和一个全称结论，如果能的话，可能是哪一格或哪些格？

9. 结论为全称的第二格标准式直言三段论能否为有效式，如果能的话，可能是哪一格或哪些式？

*10. 一个有效的标准式直言三段论的中项能否在前提中都周延，如果能的话，可能是哪一格或哪些格？

11. 一个有效的标准式直言三段论能否有一个项在前提中周延，在结论中不周延？

第6章概要

第6章考察标准式直言三段论：组成成分、形式、有效性和制约其正确使用的规则。

6.1节给出了三段论大项、小项和中项的定义：

- 大项：结论的谓项
- 小项：结论的主项
- 中项：两个前提中都出现，但结论中不出现的第三个项。

继而又分别定义了大前提和小前提，包含大项的前提叫作大前提，包含小项的前提叫作小前提。如果几个命题出现的次序正好是：大前提在第一位、小前提在第二位、结论在最后，我们就把这样的三段论指定为标准式的。

6.1节也说明了三段论的式与格是如何确定的。

三段论的式由识别三个命题类型的字母来确定，即A、E、I、O中的三个。总共有 64 个不同式。

三段论的格由中项在前提中的不同位置来确定。对四个可能的格描述并定义如下：

第一格：中项在大前提中做主项、在小前提中做谓项。

模式为：M—P，S—M，所以 S—P。

第二格：中项在两个前提中都做谓项。

模式为：P—M，S—M，所以 S—P。

第三格：中项在两个前提中都做主项。

模式为：M—P，M—S，所以 S—P。

第四格：中项在大前提中做谓项、在小前提中做主项。

模式为：P—M，M—S，所以 S—P。

6.2 节说明标准式三段论的式与格如何共同地确定其逻辑形式。由于 64 个式中的每一个式都有四个格，所以共有 256 个标准式直言三段论，但其中只有一小部分是有效式。

6.3 节介绍检验三段论有效性的文恩图解法，即在几个交叉的圆中，写上恰当的标记或涂上阴影以表示前提的含义。

6.4 节阐明标准式三段论的六条基本规则，同时定义了违反各条规则所造成的谬误。

● 规则 1　一个有效的标准式直言三段论必须仅仅包含三个项，在整个论证中，每一个项都须在相同的意义上使用。

违反本规则所犯的错误：四项谬误。

● 规则 2　在一个有效的标准式直言三段论中，中项必须至少在一个前提中周延。

违反本规则所犯的错误：中项不周延谬误。

● 规则 3　在一个有效的标准式直言三段论中，在结论中周延的项在前提中也必须周延。

违反本规则所犯的错误：大项不当周延谬误，或者小项不当周延谬误。

● 规则 4　任何有两个否定前提的标准式三段论都不是有效的。

违反本规则所犯的错误：排斥前提谬误。

● 规则 5　如果一个标准式三段论有一个前提是否定的，那么结论必须是否定的。

违反本规则所犯的错误：从否定推肯定谬误。

● **规则6** 一个有效的标准式直言三段论，如果结论为特称命题，那么其前提不能都是全称的。

违反本规则所犯的错误：存在谬误。

6.5节给出标准式直言三段论的15个有效形式的说明，识别它们的格与式，并说明了它们传统的拉丁名称：AAA-1（Barbara）、EAE-1（Celarent）、AII-1（Darii）、EIO-1（Ferio）、AEE-2（Camestres）、EAE-2（Cesare）、AOO-2（Baroko）、EIO-2（Festino）、AII-3（Datisi）、IAI-3（Disamis）、EIO-3（Ferison）、OAO-3（Bokardo）、AEE-4（Camenes）、IAI-4（Dimaris）、EIO-4（Fresison）。

第6章的附录展示15个有效形式的演绎推导，通过排除法程序，证明了只有15个形式是完全遵守三段论的六条基本规则的。

第6章关键术语

三段论：从两个前提推出一个结论的演绎论证。

直言三段论：由三个直言命题组成的演绎论证，其中，有且只有三个词项，并且每个词项在这些命题中恰好出现两次。

直言三段论的标准形式：前提和结论都是标准直言命题（A、E、I或O），并且依次按照大前提、小前提、结论的先后顺序排列的直言三段论，称为直言三段论的标准形式。

大项：在标准式直言三段论中充当结论的谓项的词项。

小项：在标准式直言三段论中充当结论的主项的词项。

中项：作为标准式直言三段论，必须有而且只有三个词项。中项就是只在两个前提中出现，在结论中不出现的词项。

大前提：在标准式直言三段论中，大前提就是包含大项的前提。

小前提：在标准式直言三段论中，小前提就是包含小项的前提。

三段论的式：三段论的式是直言三段论的一个特征，由包含于三段论中的标准直言命题（A、E、I、O）的类型决定。由于直言命题只有四种类型（A、E、I、O），并且每一个三段论正好包含三个这样的命题，因此，三段论共有64个式。每一个式用三段论所包含的命题的字母表示，如，AAA，AAI，AAE，等等，直到OOO。

三段论的格：三段论的格就是中项在标准直言三段论中的前提所处的位置。

四项谬误：由于三段论中包含了三个以上的词项所犯的一种形式谬误。

中项不周延谬误：由于三段论的中项在两个前提中没有一次周延所犯的一种形式谬误。

不当周延谬误：由于在三段论结论中周延的词项在相应的前提中不周延所犯的一种形式谬误。

排斥前提谬误：由于三段论的两个前提都是否定命题（E 或 O）所导致的形式谬误。

存在谬误：在一个标准形式的直言三段论中，从两个全称前提推出一个特称结论所犯的一种形式谬误。

Barbara	三段论第一格的有效形式 AAA-1 的传统命名。
Camestres	三段论第二格的有效形式 AEE-2 的传统命名。
Camenes	三段论第四格的有效形式 AEE-4 的传统命名。
Celarent	三段论第一格的有效形式 EAE-1 的传统命名。
Cesare	三段论第二格的有效形式 EAE-2 的传统命名。
Darii	三段论第一格的有效形式 AII-1 的传统命名。
Datisi	三段论第三格的有效形式 AII-3 的传统命名。
Disamis	三段论第三格的有效形式 IAI-3 的传统命名。
Dimaris	三段论第四格的有效形式 IAI-4 的传统命名。
Baroko	三段论第二格的有效形式 AOO-2 的传统命名。
Ferio	三段论第一格的有效形式 EIO-1 的传统命名。
Festino	三段论第二格的有效形式 EIO-2 的传统命名。
Ferison	三段论第三格的有效形式 EIO-3 的传统命名。
Fresison	三段论第四格的有效形式 EIO-4 的传统命名。
Bokardo	三段论第三格的有效形式 OAO-3 的传统命名。

【注释】

[1] Barbara Tuchman, *The Prond Tower* (New York: Macmillan, 1966).

[2] Erasmus, *The Praise of Folly*, 1511.

第 7 章

日常语言中的论证

7.1 三段论论证
7.2 词项数量归约为三
7.3 直言命题的标准化
7.4 协同翻译
7.5 省略式三段论
7.6 连锁三段论
7.7 析取三段论与假言三段论
7.8 二难推论
第 7 章概要
第 7 章关键术语

7.1 三段论论证

日常对话中，我们所遇到的论证很少以规整的三段论形式出现。所以日常谈话中的三段论论证并不总是能够很容易地被检验。但如果将这些论证整理为标准形式，就能够检验了，这种整理工作通常需要重新构造组成该论证的命题。**三段论论证**这一术语指的是符合如下条件的任一论证：或者**本来就是**标准式直言三段论，或者是**可以变形为**标准式直言三段论而没有失掉或改变原意的论证。

我们希望能够检验三段论的有效性。正如康德所说，当论证以三段论的正确形式出现的时候，检验谬误的三段论尤为容易。因为文恩图解法以及三段论规则这两种第 6 章讨论过的有效检验方法都只能在三段论是标准形式的时候才能直接加以运用。将论证转化为三段论标准形式的过程称为**化归（或翻译）为标准形式**。我们将出现在日常语言中、不以标准形式出现的论证重新构造（或分析）成一个经典的三段论，最后得到的三段论叫作原给定三段论的**标准式翻版**。实现这种重构会有一些困难。

我们已经知道检验有效性的方法（即文恩图解法和三段论规则）。运用这些方法来评估三段论，我们就需要将松散形式的三段论翻译为标准形式。有了这些方法，我们可以首先将论证翻译为标准三段论，然后用文恩图或三段论规则**检验**它。

要说明化归为标准三段论形式的方法，首先要注意为什么会产生对这种化归的需求，即弄清日常语言中的三段论**偏离**标准形式的不同情形。理解了这些偏离之后，就可以进而对它们进行化归。

第一种偏离。日常语言论证的前提和结论的顺序不标准。这个困难很容易通过调整前提得到补救：大前提放在第一位，其次是小前提，最后是结论。（注意大前提是包含结论中的谓项的前提，而小前提是包含结论中的主项的前提。）

第二种偏离。标准三段论有且仅有三个词项。日常语言论证的前提也许会超过三个项——但是这种表现也许是具欺骗性的。如果不失掉原意，项的数量能够减少为三个，那么该论证就有可能成功化归为标准形式的三段论。

第三种偏离。日常语言论证的构成命题不都是标准直言命题。这种偏离很常见，但是如果在没有意义丢失的前提下，这些命题能成功转化为标准形式，那么原论证也就能成功化归为三段论的标准形式。

有一些应付后两种偏离的方法，下面我们将逐一进行解释。

7.2 词项数量归约为三

有效三段论必须包含正好三个词项。如果某论证看起来有三段论的形式，但所包含的词项数量在三个以上，那么它就有可能被翻译为与之逻辑上等价的只有三个词项且完全有效的标准形式三段论。如何能做到这一点呢？

第一种方法是**去除同义词**。三段论中某词项的同义词并不是真正意义上的第四项，它只是对所含三词项中某一个的另一种指称方式而已。所以，如果出现了超过三个的词项，首先尝试去除同义词。例如，如下这个论证看起来似乎包含六个词项：

没有富人（wealthy）是游民（vagrant），
所有律师（lawyer）都是有钱人（rich people），
所以，没有法律代理人（attorney）是流浪者（tramps）。

然而，"有钱人"和"富人"、"律师"和"法律代理人"、"游民"和"流浪者"都是同义词。如果去除这些同义词，该论证可翻译为：

没有富人是游民，
所有律师都是富人，
所以，没有律师是游民。

这个三段论是标准的 EAE-1（Celarent），很明显是有效的。

第二种方法是**去除补类**（"补类"这一概念在第 5.6 节中有解释）。我们用如下三段论来示例这一方法，其中所有命题都是标准直言命题：

所有哺乳动物是温血动物，

没有蜥蜴是温血动物，

所以，所有蜥蜴都是非哺乳动物。

表面上看，这个论证是无效的，因为它似乎有四个词项。而且它也从否定的前提得到了一个肯定结论，这是违反三段论规则的。

但实际上，当这个三段论翻译为标准形式之后，它是有效的。我们可以将词项归约为三个。因为四个词项中有两个（"哺乳动物"和"非哺乳动物"）互为补类。所以将结论进行换质，得到"没有蜥蜴是哺乳动物"。应用这个有效的直接推理，我们将原给定三段论翻译为如下标准形式：

所有哺乳动物是温血动物，

没有蜥蜴是温血动物，

所以，没有蜥蜴是哺乳动物。

它与原来论证的前提相同而结论等价，所以二者在逻辑上是等价的。这个标准式翻版遵守了三段论的所有规则因而是有效的。其形式为 AEE-2（Camestres）。

对给定的三段论论证进行翻译，并没有唯一固定的标准形式，但如果其中一个是有效的，那么其他所有翻版都应该是有效的。例如，前面的这个例子就可以以不同但逻辑等价的方式化归为标准三段论。这回我们不改变结论，而对前提进行转化。我们对第一个前提进行换质位、对第二个前提进行换质，就得到如下三段论：

所有非温血动物是非哺乳动物，

所有蜥蜴是非温血动物，

所以，所有蜥蜴都是非哺乳动物。

这也是一个有效的翻版。其形式为 AAA-1（Barbara），也是遵守了所有规则的有效式。

如果四个词项中有两个互为补类，那么任何含有这样的四个词项的三段论都可以化归为标准形式（或逻辑上等价的标准直言三段论）。相似地，如果其中两个（或三个）与另外两个（或三个）互为补类，那么任何含有五个（或六个）词项的三段论也都可以化归为标准形式。上述化归都可以通过换位法、换质法、换质位法等有效的直接推理实现，这些方法在第5章都讲过。

化归标准三段论的时候，也许仅进行一次直接推论是不够的。考虑下面这个例子：

> 没有非居民是公民，
> 所有非公民是非选举人，
> ─────────────
> 所以，所有选举人都是居民。

这个三段论有六个词项，但实际上是有效的，这一点能够通过将其化归为标准三段论来表明。化归的方法不止一种，最自然的化归方法就是首先把第一个前提换位再换质得到"所有公民都是居民"，然后将第二个前提换质位得到"所有选举人都是公民"，这样得到的论证就是标准形式了：

> 所有公民都是居民，
> 所有选举人都是公民，
> ─────────────
> 所以，所有选举人都是居民。

中项"公民"是大前提的主项和小前提的谓项，所以这个三段论在第一格中。它包含的三个命题都是全称肯定命题。这是一个 AAA-1（Barbara）式，显然是有效的。

练习题

把下列三段论论证翻译为标准形式，再用文恩图解法或三段论规则检验其有效性。

例题：

1. 有牧师是一贯精力充沛的人，没有牧师是非知识分子，所以，所有知识分子是一贯精力充沛的人。

解答：

此论证可以转化为：有牧师是一贯精力充沛的人（有 P 是 V），所有牧师是知识分子（通过换质法翻译得来：所有 P 是 I），所以，所有知识分子是一贯精力充沛的人（所有 I 是 V）。其文恩图如下，可知它是无效的。

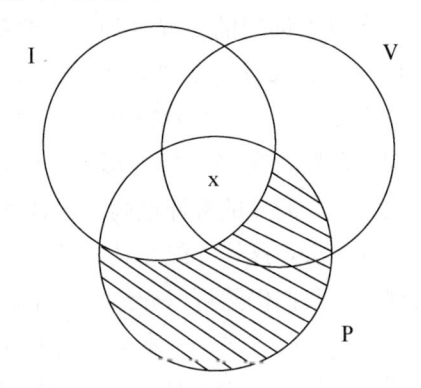

2. 有的金属是稀有而珍贵的物质，没有焊工的工具是非金属，所以，有的焊工的工具是稀有而珍贵的物质。

3. 有亚洲国家不好战，因为所有好战国家是英国或者德国的盟友，而有亚洲国家并不是英国或德国的盟友。

4. 有不酗酒的人是运动员，因为没有酗酒的人是身体素质好的人，而有的身体素质好的人不是非运动员。

*5. 所有易燃物是不安全的东西，所以，所有安全的东西是非爆炸物，因为所有爆炸物是容易点燃的东西。

6. 世间所有物品都是可交换物，因为世间没有什么物品是非物质的东西，而没有物质的东西是不可交换物。

7. 所有那些既非会员又非会员的客人的人都要被排除，因此，没有非国教徒是会员或会员的客人，因为包括在其中的人都是国教教徒。

8. 所有会死之物都是不完美的存在，没有人是不死的，所以，所有完美的存在都是非人。

9. 所有在场的东西都是非刺激物，所以，没有刺激物是不可觉察的，因为所有可觉察的都不在场。

*10. 所有有用的东西是不超过 6 英尺的，因为所有难以储存的东西是无用的，并且没有超过 6 英尺的东西是容易储存的。

7.3 直言命题的标准化

7.1 节已经指出，日常语言中三段论论证可能偏离标准形式，不仅因为它们可能出现含有三个以上词项的情况（如 7.2 节所讨论），还因为可能其构成命题不都是标准直言命题。显然，A、E、I、O 命题有些生硬，而日常生活中许多三段论都是由非标准命题组成的。要把这些论证化归为标准形式，就要把其构成命题都翻译为标准形式。但日常语言内容丰富、形式多样，根本无法找出一套完善的翻译规则。在各种情形中，最关键的是理解所给非标准命题的含义，这样才能在翻译时不丢失也不改变原意。

尽管没有完善的规则，我们仍然可以介绍一些在解释不同种类的非标准命题时行之有效的方法。这些方法——本节介绍九种方法——只能被看作一种指南而不是规则，它们是处理某些特定种类的非标准命题的技巧，由此这些特定种类的非标准命题能够被翻译为标准命题，进而作为三段论的组成部分。

1. **单称命题**。有些命题肯定或否定的是一个特定的个体或对象属于某个类，例如"苏格拉底是哲学家""这张桌子不是古董"等。这样的命题叫作**单称命题**。它们肯定或否定的不是一个类与另一个类的包含关系（像标准直言命题那样），但我们可以把单称命题**解释**为处理类与类之间关系的命题。可以按如下方式做到这一点：每一个个体对象都对应着一个单元类（由一个元素组成的类），其中只有一个对象。这样，断定一个对象 s 属于类 P，在逻辑上等价于断定了只含有一个元素的单元集 S 完全包含于类 P 之中。而断定一个对象 s 不属于类 P，在逻辑上等价于断定只含有一个元素的单元类 S 完全排斥在类 P 之外。

通常将这种解释看作自然而然的，无需调整记法。据此，我们就可以将任何一个单称肯定命题"s 是 P"看作逻辑上等价的 A 命题"所有 S 是 P"。同样，可以简单地将单称否定命题"s 不是 P"看作逻辑上等价的 E 命题"没有 S 是 P"——S 指称的都是只有一个对象 s 的单元类。因此，不需要对单称命题进行明确的翻译，一般把它们分别归到 A、E 命题当中。康德说过，"在三段论中判断之使用，逻辑学者把单称判断当作全称判断处理，是很恰当的"[1]。

然而，情况并不那么简单。特称命题有存在含义，而全称命题没有。

在布尔解释下（如 5.7 节说明），如果机械地把单称命题当作三段论推理的 A、E 命题，再用文恩图或三段论规则来检验其有效性，就会出现严重的困难。

很明显，在某些情况下，可以把含有两个单称命题作为前提的有效论证转化为有效的三段论。例如：

$$\begin{array}{l}\text{所有 H 是 M,}\\ \underline{\text{s 是 H,}}\\ \therefore \text{s 是 M。}\end{array}$$ 可以变为三段论的 Barbara，即 AAA-1 式，明显有效 $$\begin{array}{l}\text{所有 H 是 M,}\\ \underline{\text{所有 S 是 H,}}\\ \therefore \text{所有 S 是 M。}\end{array}$$

但在另外的某些情形下，把含有单称命题的两个前提的有效论证转化为三段论却是明显无效的。例如：

$$\begin{array}{l}\text{s 是 M,}\\ \underline{\text{s 是 H,}}\\ \therefore \text{有 H 是 M。}\end{array}$$ 得到的直言三段论是无效的 AAI-3 式 $$\begin{array}{l}\text{所有 S 是 M,}\\ \underline{\text{所有 S 是 H,}}\\ \therefore \text{有 H 是 M。}\end{array}$$

后者违反了规则 6，犯了存在谬误。

再者，如果把单称命题转化为特称命题，也会有同样的困难。有些情况下转化是有效的，例如：

$$\begin{array}{l}\text{所有 H 是 M,}\\ \underline{\text{s 是 H,}}\\ \therefore \text{s 是 M。}\end{array}$$ 可以变为三段论的 Darii，即 AII-1 式，明显有效 $$\begin{array}{l}\text{所有 H 是 M,}\\ \underline{\text{有 S 是 H,}}\\ \therefore \text{有 S 是 M。}\end{array}$$

但在另一些情况下，这种翻译却会得出明显无效的直言三段论。例如：

$$\begin{array}{l}\text{s 是 M,}\\ \underline{\text{s 是 H,}}\\ \therefore \text{有 H 是 M。}\end{array}$$ 得到的直言三段论是无效的 III-3 式 $$\begin{array}{l}\text{有 S 是 M,}\\ \underline{\text{有 S 是 H,}}\\ \therefore \text{有 H 是 M。}\end{array}$$

后者违反了规则 2，犯了中项不周延谬误。

问题来自如下事实：单称命题要比任何一个标准命题负载更多信息。如果把"s是P"当作"所有S是P"，那么，就丢掉了单称命题的存在含义，实际上这里S非空。而如果把"s是P"当作"有S是P"，又漏掉了单称命题的全称性，即主项周延，它说的是全部S是P。

解决此问题的办法，就是把单称命题分析为两个直言命题的合取，即一个单称肯定命题等价于相互关联着的A、I命题的合取。这样"s是P"就等价于"所有S是P"合取"有S是P"，单称否定命题则等价于"没有S是P"合取"有S不是P"。图7-1就是单称命题的肯定式和否定式的文恩图。在用三段论规则评估这种推理时，必须考虑它提供的所有信息，既考虑周延性也考虑存在含义。

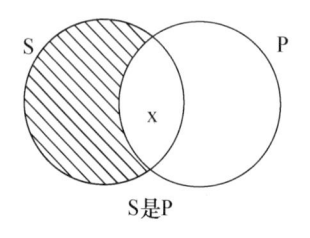

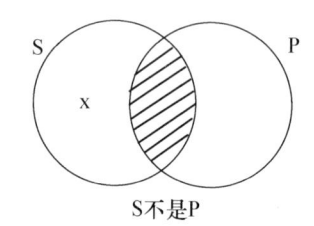

图 7-1

对于含有单称命题的三段论，引用文恩图或规则检验其有效性时，只要我们记住其中有存在含义，就可以直接把它们看作全称（A 或 E）命题。

2. 谓项为形容词或形容词短语，而非名词或关于类的词项的直言命题。 例如"有花是美的""没有战船是可调用的"都是直言命题，但是，它们必须翻译成标准直言命题，它们偏离了标准直言命题只是因为谓词"美的"和"可调用的"表示的只是属性而不是类。不过，每个属性都可以确定一个类，即具有这种属性的事物组成的类，所以对于每个这样的命题，都有一个相应的标准直言命题。两个例句分别对应的是：I命题"有花是美的事物"和E命题"没有战船是可调用的事物"。如果一个直言命题的形式是标准的，只有谓项为形容词或形容词短语时，就把形容词或短语替换为这样一个词项，它指称由所有具有形容词表示之属性的事物所组成的类。

3. 主要动词不是标准联项"是"或"不是"的直言命题。 常见的例子有"所有人都寻求赞誉""有人饮用希腊酒"。通常，转化的方法是把主项和量项之外的所有成分看作类的定义特征。先把能被替换的成分换成这样的词项，它们指称由类定义特征所确定的类，再改用标准联项把它们同主项联结起来。这样上面两个例子就成了："所有人是赞誉的寻求者""有人是希腊酒的饮用者"。

4. 标准形式的各成分都出现却没有按标准顺序排列的陈述句。"赛马全是良种马"和"结果好的事总是好事"就是这样的例子。在这种情形下，首先要找出哪个是主项，然后再重新把各个成分排列一下，使之成为标准直言命题。这种翻译通常都很直接。十分清楚，上述两个例句可翻译为 A 命题"所有赛马是良种马"和"所有结果好的事是好事"。

5. 量词不是"所有"、"没有"和"有"这些标准语词的直言命题。以"每一""任何"等开头的陈述句很好转化。"每一只狗都有其得意之时""任何贡献都会得到赞赏"可分别转化为"所有狗是有其得意之时的动物""所有贡献是会得到赞赏的事情"。"每一事物""任何东西"类似于"每一""任一"。与此同一系列但限于人类的是"每人"、"任何人"、"无论谁"、"不管是谁"、"那些……的人"以及"每个……的人"等。以上各表达式都不会带来什么麻烦。

语法冠词"a"和"an"（"一个"等）也可用于指代量词，但是，要确定它们的意思是"所有"还是"有"，在很大程度上依赖于当时的语境。例如，"A bat is a mammal"（一只蝙蝠是一个哺乳动物）与"An elephant is a pachyderm"（一头大象是一个厚皮动物）可以合理地解释为"所有蝙蝠都是哺乳动物"与"所有大象都是厚皮动物"。但"A bat flew in the window"（一只蝙蝠飞进窗户）和"An elephant escaped"（一头大象逃跑了）显然指的是"有蝙蝠是飞进窗户的动物"和"有大象是逃跑的动物"。

冠词"the"（"这""这些"等）既可以用于指称一个特定的个体，也可以指称一个类的全部元素，有可能引起混淆。例如"The whale is a mammal"（鲸是哺乳动物）这句话，在一般情况下都会被理解为"所有鲸都是哺乳动物"，而单称命题"The first president was a military hero"（第一任总统是军旅英雄）可以说是标准形式的 A 命题（一个有存在含义的单称命题），其道理本节前面已经讨论过了。

但在某些语境中，会有意地避开冠词"the"，以便造成人们所需要的某种模糊效果。在采用联合国第 242 号决议时，即呼吁以色列返还在 1967 年战争中夺取的"区域"，大家都同意该决议的英语文本更具权威性，因为若用法语表述就必须用到定冠词（le territoire），相当于英文的 the territory（"这……区域"），指的是所有被夺取的区域，而这恰恰是各方一致同意的英语文本所谨慎回避的说法。故英语中省略定冠词有其逻辑意义。

尽管以"每一"和"任一"开头的肯定句都可以译为"所有 S 是 P"，但对于以"not every"（并非每一个）和"not any"（并非任一）开头的否定句，却有很大区别。它们的译法不那么明确，需要更加小心。比如，"Not every S is P"意思是有 S 不是 P，而"Not any S is P"意思是没有 S 是 P。

6. 排斥命题（exclusive propositions）。含有"只（only）"与"只有（none but）"的直言命题通常叫作**排斥命题**，因为一般说来，它们断言的是谓项排他性地适用于主项。例如"只有公民能成为选民"和"只有勇敢者是值得公平对待的"，第一句转化为标准形式是"所有能成为选民的是公民"，第二句转化为"所有值得公平对待的人是勇敢者"。以"只（only）"与"只有（none but）"开头的命题一般可以按以下途径转化为 A 命题：将主、谓项互换位置，把"只有"换为"所有"。因此"只有 S 是 P"和"只有 S′s 是 P′s"通常被理解为"所有 P 是 S"。

但是，在某些语境中，"只""只有"被用于表达某种更多的含义。"只有 S 是 P"和"只有 S′s 是 P′s"表明的可能是"所有 S 是 P"或者"有 S 是 P"。但这种情况并不常见，这个时候就需要语境的辅助了。如果没有附加信息，前面的翻译就是适当的。

7. 不含量词的直言命题。例如"狗是肉食动物""孩子在场"。没有量词的语句所要表达的含义可能不明确。只有考察它们所处的语境才能确定其含义，通过这种审查通常就能把疑义清除掉。第一个例句很可能述及了所有的狗，可以转化为"所有狗都是肉食动物"。而第二个例句一般只述及某些孩子，转化为标准形式为"有孩子是在场的人"。

8. 完全不像标准直言命题但也可以有标准翻版的命题。例如"不是所有孩子都相信圣诞老人"、"有白色的大象"、"没有粉色的大象"和"没有既圆又方的东西"。反思这些命题就会发现，它们在逻辑上等价于（因而可翻译为）下面的标准命题："有孩子不是相信圣诞老人的人"、"有大象是白色的事物"、"没有大象是粉色的事物"和"没有圆的东西是方的"。

9. 除外命题（exceptive propositions）。还有一些这样的例子："除了（all except）雇员都是合格的"、"雇员之外的人（all but）都是合格的"

与"只有（alone）雇员不是合格的"。要把这样的除外命题翻译为标准形式，情况就会复杂一些，因为这种命题（与单称命题很类似）做出了两个而不是一个方面的断定。所给例子断言的不仅是所有非雇员是合格的，还断定了（在通常的语境中）没有雇员是合格的。如果把"雇员"记为S、"合格的人"记为P，那么，这两个命题可以写成"所有非S是P"和"没有S是P"。这两个命题是独立的，但联合起来就断定了S和P互为补类。

每个除外命题都是复合句，因此，不能转化为单一的标准直言命题。确切地说，每一个除外命题应当翻译为一个合取式，即两个标准直言命题的合取式。所以，上面关于合格性的三个例句都可以翻译为"所有非雇员是合格者，并且没有雇员是合格者"。

应该注意到，有些论证的有效性离不开数字或类数字的信息，但这些信息却无法译为标准形式。有些论证中的构成命题的量项使用了诸如"一""二""三""许多""少数""大部分"之类的信息，当这些信息对于论证的有效性是至关重要的时候，这些论证本身就是非三段论的（asyllogistic）。因此，对它们进行分析就需要一种比直言三段论复杂一些的理论。当然，有些含有类数字量词的论证也可以用三段论分析。"几乎所有""并非全部""除少数几个之外都""几乎每个人"等就是这样的词。如果一个命题含有看起来像量词的词项，那么就可以处理为刚刚讲过的除外命题。下面几个除外命题都含有类数字："几乎所有学生都参加了舞会"、"并非所有学生都参加了舞会"、"除少数几个之外，学生们都参加了舞会"和"只有一些学生参加了舞会"，它们都肯定了有些学生参加了舞会，同时又否定了所有学生都参加了舞会。从三段论推论的观点看，它们给出的类数字信息并不相干，转化之后都是"有学生是参加了舞会的人，并且有学生不是参加了舞会的人"。

由于除外命题不是直言命题，而是合取式，含有这些命题的论证并不是我们所说的三段论论证。但是，对它们进行三段论分析和评估也未尝不可。含有除外命题的论证，要依据该命题所处的位置来进行检验。如果它是前提，那么就要分两次进行检验。举例来说，看下面这个论证：

每个看过比赛的人都参加了舞会，
不是全体学生都参加了舞会，
所以，有学生没有看过比赛。

其中，第一个前提以及结论都是直言命题，很容易译为标准形式。但第二个前提是一个除外命题，不是简单句而是复合句。要检查前提是否蕴涵结论，首先要检验由论证的第一个前提、第二个前提的前一半以及结论组成的三段论。我们有：

所有看过比赛的人都是参加了舞会的人，
有学生是参加了舞会的人，
所以，有学生不是看过比赛的人。

这个标准式的直言三段论是 AIO-2，违反了规则 2，犯了中项不周延的谬误。但不能由此就得出结论说原来的论证是无效的，因为受检验的三段论只包含它的一部分前提。现在再来检验由第一个前提、第二个前提的后一半以及结论组成的三段论。译为标准形式后，得到一个非常不同的三段论：

所有看过比赛的人都是参加了舞会的人，
有学生不是参加了舞会的人，
所以，有学生不是看过比赛的人。

这是一个标准的 Baroko，即三段论的 AOO-2。很容易看出它是有效的。原来的三段论与这个有效式的结论相同，并且前者的前提包含着后者的前提，所以原来的论证也是有效的。因此，如果一个论证中有一个前提是除外命题，那么，对其有效性的检验要分为两次，即分别对两个不同的标准式直言三段论进行检验。

　　如果前提都是直言命题，但结论是除外命题，那么我们就可断言它是无效的。尽管两个直言命题可以蕴涵其中一个，即蕴涵结论复合句的一半，但不可能同时蕴涵两个。最后，如果两个前提和结论都是除外命题的话，那么，由原来论证所能建构的任何一个可能的三段论都要接受检验，才能确定其有效性。以上解释已足够处理这种情况了。

　　学会将多种非标准命题翻译为标准形式的技巧是很重要的，因为我们已经掌握的检验方法——文恩图解法和三段论规则——只能直接用于标准式直言三段论。

练习题

将下列各题翻译为标准直言命题。

例题：

1. 玫瑰花有香味。

解答：

翻译后标准形式为：所有玫瑰花是有香味的东西。

2. 洋葱没有香味。

3. 许多人都后悔年轻时虚度了光阴。

4. 不是每个值得一见的人都是值得当作朋友的人。

*5. 如果这是一个 Junko，它就是钱能买到的最好的东西。

6. 如果它不是真的啤酒，它就不是淡啤。

7. 没有既安全又刺激的东西。

8. 只有勇敢者才能获得国会荣誉勋章。

9. 忠言逆耳。

*10. 面朝太阳的人看不到自己的影子。

11. 听她唱歌令人精神振奋。

12. 玩火者自焚。

13. 只有会员可以入内。

14. 没人不喜欢萨拉·李（Sara Lee）。

*15. 土耳其青年都不拥护护卫军候选人。

16. 款式都不错，除了那些令人讨厌的。

17. 他们也为那些只能站着等待的人服务。

18. 知足者常乐。

19. 美的事物是永恒的喜悦。

*20. 博爱者皆虔诚。

21. 闪闪发光者不都是金子。

22. 只有伟人才思考大痛苦。

23. 嘲笑伤疤的人没受过伤。

24. 种瓜得瓜，种豆得豆。

*25. 灵活的答案可以避免非议。

7.4　协同翻译

要对三段论论证进行有效性检验，其中总共只能包含三个项。有时做到这一点很难，需要比前面所述方法更细致的处理。请考虑命题"你总是与穷人为伍"，显然，它既不是断言所有穷人总是在你身边，也不是说有些（特称的）穷人**总是**（always）在你身边。把该命题化归为标准形式的一种方法，也是一种最自然的方法，就是从其中的关键词"总是"着手分析。这个词意味着"在所有时间（at all time）"，它表明原命题的一种标准翻版为"所有时间都是你与穷人为伍的时间"。主、谓项中都出现的"时间"这个词可视为一个**参项**（parameter）。所谓参项，就是一个有助于以标准形式表达原来断言的辅助词项。

当然，决不能机械地、不加思考地引入和使用参项，必须始终以所要翻译的那个命题为依据。命题"史密斯总是在台球比赛中获胜"，显然断定的并不是史密斯从不间断地、始终在获胜！较合理的解释是，这句话是说：每当史密斯玩台球时，他就会获胜。如果这么理解，就可以直接把原句转化为"所有史密斯玩台球的时间是他获胜的时间"。

并非所有参项都是时间性的。在对另一些命题进行翻译时，"地点（place）""情形（case）"也能被用作参项。例如"没有幻想的地方人类就会毁灭"和"每当琼斯迟到就丢失一次推销机会"可分别译为："所有没有幻想的地方都是人类毁灭的地方"和"所有琼斯迟到的情形都是他丢失推销机会的情形"。

在对三段论的三个构成命题进行**协同翻译**的过程中，参项的引入是必不可少的。一个直言三段论恰好包含三个项，要检验三段论就必须把它的构成命题都转化为标准直言命题，其中只出现三个项。去除同义词以及换位法、换质法、换质位法的运用已经在 7.2 节讨论过。即使这样，还有很多三段论论证的项数仍然不能被缩减到三。此时，协同翻译就需要把同一个参项引到三个构成命题中去。请看下面这个论证：

哪里有脏纸盒散落哪里就曾有不自爱者在此野餐，

这里散落着脏纸盒,
———————————————————
所以,一定有不自爱者在这里野餐过。

这个推理是完全有效的,但只有把前提和结论都翻译为标准直言命题,并且其中只能有三个项,才能用文恩图或三段论规则来证明其有效性。第二个前提和结论能很自然地译为"有脏纸盒是散落在这里的东西"和"有不自爱者是在这里野餐过的人"。但这两个陈述句当中有四个不同的项。要把给定的论证化归为标准形式,就需要在三个命题中使用同一个参项。我们从第一个前提着手寻找这个参项,然后再用同样的参项去翻译第二个前提以及结论。"哪里"一词表明可以用"地方"做参项。如果翻译三个命题时都用这个参项,则论证可变为:

所有散落脏纸盒的地方是不自爱者野餐过的地方,
这个地方是散落脏纸盒的地方,
———————————————————
所以,这个地方是不自爱者野餐过的地方。

这个标准式直言三段论的形式为 AAA-1,即 Barbara,是一个已经被证明有效的形式。

利用参项使表达式标准化的方法不是很容易掌握的,但有些三段论论证的确无法用其他方法进行翻译。再看一个例子有助于弄清其中的技巧:

每当狐狸经过那里,猎犬一定会发出叫声,所以,狐狸走的一定是别的路,因为猎犬都很安静。

首先,我们必须明白上述论证说的是什么。要把"猎犬很安静"这句话理解为"猎犬此时此地没有发出叫声"。这一步是去除同义词的必需步骤,因为第一个命题说的是"猎犬发出叫声"。同样,"狐狸走的一定是别的路"的结论,应理解为断言"狐狸没有经过那里"。第一个前提中的"那里"一词表明翻译时也可用"地方"做参项。于是,可得到这样一个标准式翻版:

所有狐狸经过的地方是猎犬发出叫声的地方,
这个地方不是猎犬发出叫声的地方,
所以,这个地方不是狐狸经过的地方。

这个标准式直言三段论的形式为 AEE-2,即 Camestres,其有效性很容易确定。

练习题

A. 使用恰当的参项,将下列命题翻译为标准形式。

例题:

1. 一提起他的损失他就叹息不已。

解答:

此命题可译为标准形式:所有提起他的损失的时候都是他叹息不已的时候。

2. 她从不开车上班。

3. 他总是走自己选择的路。

4. 他总是点菜单上最贵的菜。

*5. 除非问她,否则她从不发表意见。

6. 她到处兜售人寿保险。

7. 他一生气就脸红。

8. 只要请他讲几句,他就能聊半天。

9. 哪里有对错误意见的宽容,哪里才有自由争论。

*10. 人们对问题的正确决断从来不会在自由争论时做出。

B. 将下列论证:

a. 翻译为标准式;

b. 指出相应标准式的式与格;

c. 用文恩图检验其有效性,如果是有效式,请指出其名称;

d. 如果是无效式,指出其中所犯的谬误。

例题:

1. 所有知识都来自感觉印象,由于不存在实体自身的感觉印象,于是可以逻辑地推出：没有关于实体的知识。

——Robert M. Pirsig, *Zen and the Art of Motorcycle Maintenance*（New York: Bantam, 1975）

解答：

a. 标准式为：

没有来自感觉印象的东西是关于实体自身的知识，
所有知识是来自感觉印象的东西，
所以，没有知识是关于实体自身的知识。

b. 式与格：EAE 1

c. 有效，Celarent。文恩图如下：

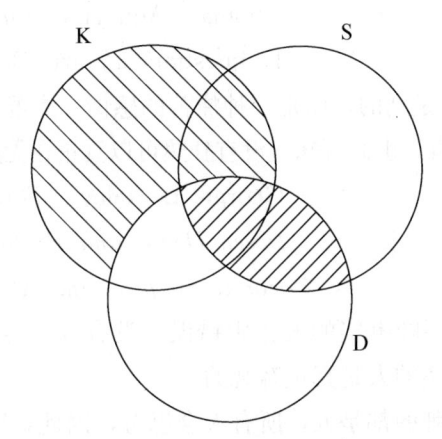

2. 对立偶中没有名称，但所有范畴都在对立偶中，所以，没有名称是范畴。

——Peter Thomas Geach, *Reference and Generality*（Ithaca, NY: Cornell University Press, 1980）

3. 巴塞罗那运输公司负担不起债务利息，破产的公司都负担不起债务利息，所以，巴塞罗那运输公司必定是破产公司。

——John Brooks, "Annals of Finance," *The New Yorker*, 28 May 1979

4. 无论在自由、美德或其他什么问题上持极端主义总是一种恶行——因为极端主义就是狂信的另一种说法，而狂信的应有之义就是恶行。

——Irving Kristol,"The Environmentalist Crusade," *The Wall Street Journal*，16 December 1974

*5. 所有含有两个否定前提的三段论都是无效式，有些有效的三段论是可靠的，所以，有些不可靠的论证是含有两个否定前提的三段论。

6. 并非所有发光的都是金子，因为贱金属（base metal）发光，而金子不是贱金属。

7. 冒烟处就是着火处，所以，地下室没着火，因为那里没冒烟。

8. 似乎上帝并不怜悯，大马士革人认为，怜悯是一种遗憾，而上帝并没有遗憾，所以说，上帝并不怜悯。

——Thomas Aquinas, *Summa Theologiae*, I, question 21, art. 3

9. 因为狂热不是别的，而是一种痛苦的感情，痛苦不在别处存在，只有有感知的人才会有。由此可知，没有狂热可以真正在无感知肉体内存在。

——George Berkeley, *Three Dialogues between Hylas and Philonous*, *in Opposition to Skeptics and Atheists*, 1713

*10. 只有那些不顾事实的人会犯错误，没有真正客观的人会犯错误，因此，没有不顾事实的人是真正客观的。

11. 所有打桥牌的都是人，所有人会思考，因此，所有打桥牌的都会思考。

——Oswald and James Jacoby,"Jacoby on Bridge," *Syndicated Column*，5 November 1966

12. 每当我陷入困境就会祈祷，因为我总是陷在困境中，所以，我没有一天不祈祷。

——Isaac Bashevis Singer, interview in *The New York Times*

13. 余像不存在于我们生活的物理空间中，而脑运动则存在其中。所以余像不是一种脑运动。

——J. J. C. Smart, "Sensations and Brain Processes," *Philosophical Review*, April 1959

14. 刚刚肯定下过雨,因为鱼不咬钩,雨后的鱼从不咬钩。

*15. 显然无理数对工程师没什么意义,因为他们只关注近似值,而所有近似值都是有理数。

——G. H. Hardy, *A Mathematician's Apology*(Cambridge: Cambridge University Press, 1940)

16. 因为与邻邦作战是恶行,而与底比利斯作战就是与邻邦作战,所以很显然,与底比利斯作战就是恶行。

——Aristotle, *Prior Analytics*

17. 根据亚里士多德的说法,没有自然现象源于偶然。他的论据是:源于偶然的东西不能一直出现或者经常重现,但是所有自然现象或者一直出现或者经常重现。

——Moses Maimonides, *The Guide for the Perplexed*, 1180

18. 并非所有有工作的人都能节制饮酒量,只有负债人才酗酒,所以,并非所有失业者都负债。

19. 明天一定有好戏看,因为会议主题极为敏感,没有敏感主题的争论是乏味无趣的。

*20. 比尔今天上午没有上班,因为他穿了一件运动衫,他从不穿运动衫上班的。

21. 辛西娅一定夸奖亨利了,因为亨利现在很兴奋,辛西娅每次夸奖他,他都很兴奋。

22. 这个工厂一定在罢工,因为那里有一队纠察员,只有罢工时才会有纠察员。

23. 流行病学者往往这样说,流行病学不仅仅研究传染病的流行,而是广泛考察人群中疾病的流传方式和速度。滥用任何良药都可以看作一种病态,因此,流行病学方法对此项研究是有益的。

——"Science and the Citizen," *Scientific American*, February 1975

24. 道德原则既然对行为和感情有一定影响，所以当然的结果就是，这些准则不能由理性得来；这是因为单有理性永不能有任何这样的影响，这一点我们前面已经证明过了。

——David Hume, *A Treatise of Human Nature*, 1739

*25. 所有有效三段论的中项至少在一个前提中周延，这个三段论一定有效，因为其中项至少在一个前提中周延了。

26. 有效三段论都不能包含两个否定的前提，本页的三段论都不是无效的，所以说，本页没有包含两个否定前提的三段论。

27. 高民调支持率有助于筹集资金，好的新闻舆论会使人得到高民调支持率，所以说，好的新闻舆论有助于筹集资金。

——an advisor to Elizabeth Dole, during her campaign for the Republican presidential nomination, quoted in *The New York Times*, 15 April 2000

28. 此处有植物生长，因为草木生长需要水，所以，这里一定有水。

29. 出席的人没有失业者，没有会员缺席，因此所有会员都有工作。

*30. 这场竞争是激烈的，因为其中涉及大笔钱财，与钱财密切相关的竞争都不平静。

31. 许多人很漂亮，但只有人类是丑恶的，所以如果说不存在既漂亮又丑恶的事物是错的。

32. 同样，单纯的事物是不可再分的，灵魂是单纯事物，所以它是不可再分的。

33. 尽管他一生病就会怨天尤人，但他现在的身体很棒，所以他现在不会怨天尤人。

34. 我们可以把一个形而上学句子规定为想去表达一个真命题的句子，但是事实上，它既不表达一个重言式，又不表达一个经验假设，并且因为重言式和经验假设构成有意义命题的整个类，所以，我们就有理由下结论说，一切形而上学断定都是无意义的。

——Alfred J. Ayer, *Language, Truth, and Logic*, 1936

*35. 这个三段论有效，因为所有无效三段论都有不当步骤，而这个三

段论中没有不当步骤。

7.5 省略式三段论

三段论论证很常用，但其前提和结论并不总是都得到明确陈述。常常只把论证的一部分表述出来，而其余部分就要靠"领会"了。比如，只提及"琼斯是个土生土长的美国人"这个前提，就可以得到结论："琼斯是美国公民"。上述论证的表述并不完整，但很容易根据美国宪法把省略的前提补出来。加上被省略了的前提，完整的论证就是：

所有土生土长的美国人是美国公民，
琼斯是土生土长的美国人，
所以，琼斯是美国公民。

完整表述后，这个论证就是一个直言三段论，其形式为 AAA-1，即 Barbara，它完全有效。如果一个论证是不完整的，其中有一部分需要"领会"或仅仅"在心中"，我们就称之为**省略式三段论**。省略是不完整三段论的特征。

在日常话语甚至科学中，许多推论都是省略式的。原因不难理解，因为有相当一部分命题是公共知识。对于那些广为人知或无关紧要的真命题，听众和读者很容易就能想到并且补充完整，说话者和写作者就不再重复以减少麻烦。另外，用省略式描述论证，能够增加效果，比描述出所有细节更强、更有说服力。亚里士多德在其著作《修辞学》中写道："基于省略三段论的……演讲更受人欢迎。"

由于省略式不完整，所以要检验其有效性必须找到被省略的部分。缺少省略的前提，结论是站不住脚的。但是如果省略的前提很容易补出来，评估时应该把它包括在论证当中才是公平的。这时，要假定论证者心中所想比明确说出的信息更多些。大多数情况下，很容易将说话人（或写作者）想到而没有表达出来的前提补充完整。举例来说，要说明《银色马》的怪事，神探福尔摩斯构造了这样一个推论，其中就省略了关键性前提，但是很容易猜到：

> 马厩中有一只狗。然而，尽管有人进来，并且把马牵走，狗却没有出声……显然，来者是这只狗非常熟悉的人。

我们都能很好地理解其中暗含的意思：如果来者是陌生人，狗就会发出叫声。把这个前提看作福尔摩斯论证的一部分，对作者柯南·道尔来说才是公平的。

补充隐含的前提时最重要的原则是：说话人确实认为听者可以接受这个命题为真，因此，要是把结论本身当作隐含的前提就太愚蠢了。如果论证者希望听者把它当作前提而不加证明，那就无需再作为论证的结论来表述。

任何论证都能以省略式表达，但得到最广泛研究的还是三段论的省略式，本节也只限于研究三段论的省略问题。根据未表述部分的不同，传统上把省略三段论分为几种不同的省略体。三段论的**第一种省略体**是指不出现大前提的情形。上面的例子就是这种省略体。**第二种省略体**保留大前提和结论，而不出现小前提。例如"所有学生都是反对新规则的，所以，所有大二学生都是反对新规则的"，这里的小前提是明显为真很容易补充出的命题："所有大二学生是学生"。**第三种省略体**中两个前提都出现，但未表述结论。下面就是这个类型的例子：

> 我们的观念超不出我们的经验；我们没有关于神的属性与作为的经验；我们用不着为我这个三段论下结论，你自己能得出推论来。[2]

检验省略式三段论的有效性共需两步：首先恢复省略的部分，然后再检验。公正地表示出省去的命题，需要语境敏感性以及对说话者意图的理解。请看这样一个论证："没有真正的基督徒是精神空虚的，但有些常去教堂礼拜的人是精神空虚的"，其中没给出结论，属第三种省略体，那么，原本要得出的结论是什么呢？如果说话者是要得出"有些常去教堂的人不是真正的基督徒"，那么，推理就是有效的（EIO-2，Festino）；但是如果说话者想说的是"有些真正的基督徒不是常去教堂的人"，那么，这个省略式就是无效的（IEO-2），犯了大项不当周延谬误。

但一般说来，语境可以无歧义地确定未表述的命题。例如根据最高法院的意见，控制州内性暴力的联邦立法（"针对妇女的暴力行为法案"）是违反宪法的，大多数法官的关键性论证如下：

> 在任何意义上，性暴力犯罪都不是经济行为……迄今为止，在美国历史上最高法院的判例中，只有经济行为才适用控制州内行为的条款。[3]

可以领会但没有明确表述的结论是：根据最高法院长期实行的规则，性暴力犯罪不归国会控制。

检验第三种省略体，先要把前提和（显而易见的）结论变形为标准形式。首先陈述大前提（含有结论之谓项的前提），然后确定其式与格，如上例：

> 大前提：根据最高法院的规则，国会控制的所有行为是经济行为；
>
> 小前提：没有州内的性暴力犯罪是经济行为；
>
> 结论（并未表述但结合语境却很清楚）：没有州内的性暴力犯罪是最高法院规定为国会控制的。

这个三段论的式为 AEE，中项在两个前提中都做谓项，因此是第二个格，其形式是 Camestres——有效的三段论。

在某些情况下，即使不结合语境也能看出第三种省略体是无效的——例如，两个前提都是否定的，或者都是特称的，或者中项不周延。如果这样的话，不可能得出有效的结论。因此，这种省略式在任何语境中都是无效的。

也可能有这样的情况，在省略的是论证的一个前提的情况下，只有加上一个高度不合理的前提，才能把论证写成有效式。此时，指出这一点就构成对省略三段论的一种合理批判。当然，更具毁灭性的批判是：有些三段论无论补上什么样的前提（即使是不合理的前提），也不能成为有效的三段论。

省略三段论与普通三段论的区别，从本质上说是修辞上的，而不是逻辑上的。不需添加什么新规则就能处理省略式，它们终究要接受与标准直言三段论同样的检验。

练习题

按如下要求处理下列省略式论证：

(a) 给出一个被省去的合理的前提或结论；

(b) 把论证写为标准形式，包括省去的前提或结论，如果可能的话，使论证成为有效式——必要时可使用参项；

(c) 指出是哪种省略式；

(d) 如果补全后的论证是无效式，指出其犯了哪种谬误。

例题：

1. 转基因动物是人造物，因而是可申请专利的。

——Alan E. Smith, cited in *Genetic Engineering* (San Diego, CA: Greenhaven Press, 1990)

解答：

(a) 被省略的前提是：人造物都是可申请专利的。

(b) 标准形式为：

所有人造物是可申请专利的东西，
所有转基因动物是人造物，
————————————————
所以，所有转基因动物是可申请专利的东西。

(c) 这是第一种省略体，因为省去的是论证的大前提。

(d) 它是有效的论证，形式为 AAA-1，即 Barbara。

2. 亚伯拉罕·比莫……竞选市长的口号是——近几周频繁提到，但他没料到会这么具有讽刺性——"如果不懂得赚钱，就不懂得这项工作——但亚伯懂得赚钱。"

——*The New Yorker*, 26 August 1974

3. 尽管这些课本号称可以提供价值很高的重要知识的通用指南，但有一个事实与之相悖，在我六年的教师生涯中，无论是在乡村还是在城市，没有一个人偷过课本。

——W. Ron Jones, *Changing Education*, Winter 1974

4. 事实上，像女人一样，男人也是肉身，因而也是被动的，是荷尔蒙与性征的玩弄对象、无休止欲望的牺牲品。

——Simone De Beauvoir, *The Second Sex*, 1949

*5. 你不会不尊重一个凶狠的对手，而且也不会憎恨一个你所尊重的人。

——Pancho Gonzalez, former U. S. tennis champion

6. 我是个唯心主义者，因为我相信所有存在都是精神性的。

——John McTaggart, Ellis McTaggart, *Philosophical Studies*, 1922

7. 为什么不能做一个彻底的神人相似论者？为什么不承认众神有肉体，也有眼、鼻、口、耳等等呢？伊壁鸠鲁曾坚持说，除了在人的形体中，没有发现过理性；因此，神必定具有人形。而这个曾经西塞罗正当地加以嘲弄的论证，依照你的说法，又变成可靠的、合乎哲理的论证了。

——David Hume, *Dialogues Concerning Natural Religion*, part V, 1779

8. 小国能更好地铭记历史，因为历史往往对它们不利。

——Marc Falcoff, "Semper Fidel," *The New Republic*, 3 July 1989

9. 刚才一定下过雨，因为鱼现在不咬钩。

*10. 看来卡特总统的书中出现的谎言、错误和疏漏并不是因无知导致的，因此必定是恶意为之的。

——Facts and Logic About the Middle East, www.factsandlogic.org（2007）

11. 没有省略式是完整的，所以这个论证是不完整的。

12. 斯坦福的学生行为立法会主席指出：言论自由的权利只需要扩展至受害的少数种族，因为白色人种不需要这种保护。

——Nat Hentoff, "Stanford and the Speech Police," *The Washington Post*, 30 July 1990

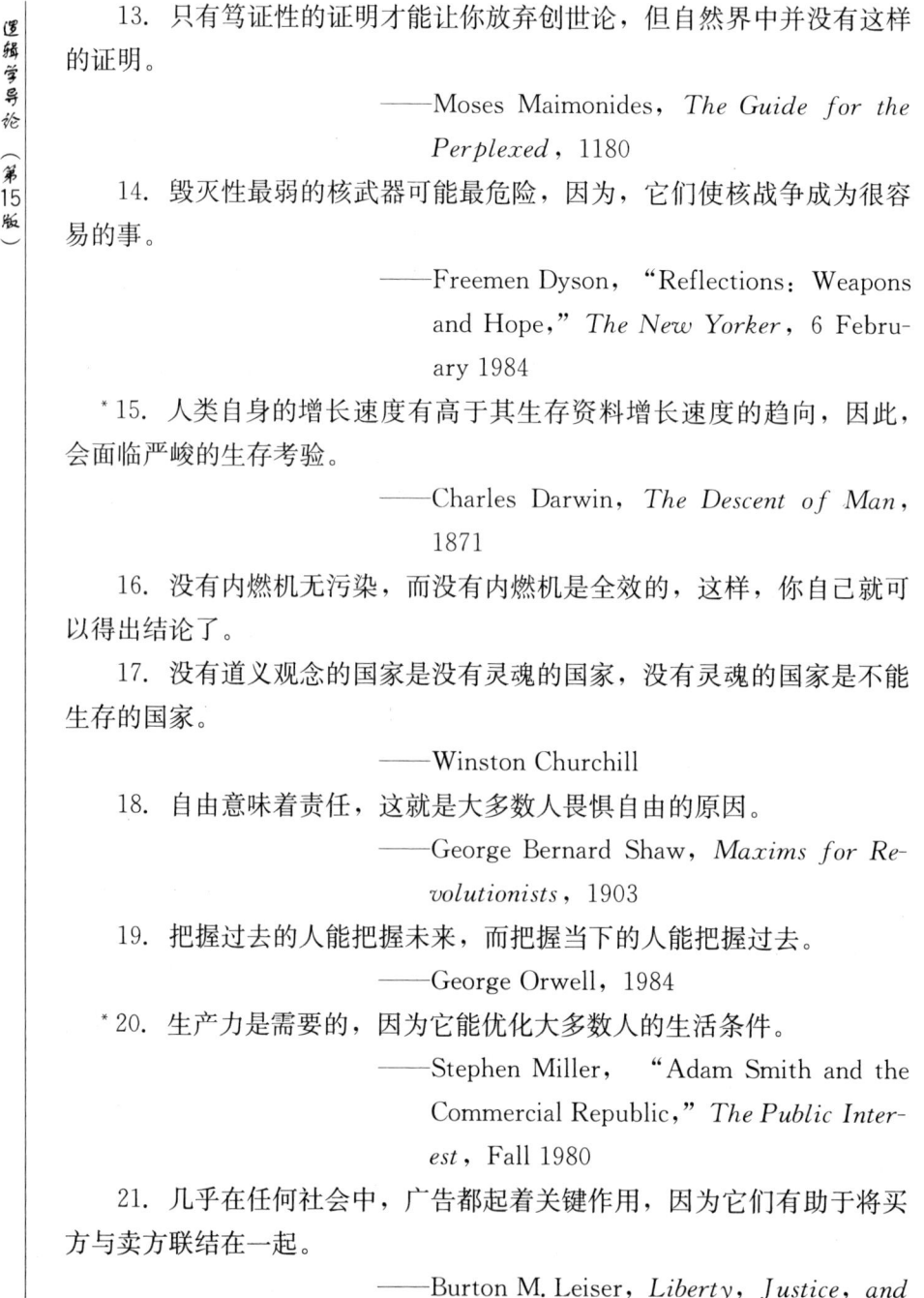

13. 只有笃证性的证明才能让你放弃创世论，但自然界中并没有这样的证明。

——Moses Maimonides, *The Guide for the Perplexed*, 1180

14. 毁灭性最弱的核武器可能最危险，因为，它们使核战争成为很容易的事。

——Freemen Dyson, "Reflections: Weapons and Hope," *The New Yorker*, 6 February 1984

*15. 人类自身的增长速度有高于其生存资料增长速度的趋向，因此，会面临严峻的生存考验。

——Charles Darwin, *The Descent of Man*, 1871

16. 没有内燃机无污染，而没有内燃机是全效的，这样，你自己就可以得出结论了。

17. 没有道义观念的国家是没有灵魂的国家，没有灵魂的国家是不能生存的国家。

——Winston Churchill

18. 自由意味着责任，这就是大多数人畏惧自由的原因。

——George Bernard Shaw, *Maxims for Revolutionists*, 1903

19. 把握过去的人能把握未来，而把握当下的人能把握过去。

——George Orwell, 1984

*20. 生产力是需要的，因为它能优化大多数人的生活条件。

——Stephen Miller, "Adam Smith and the Commercial Republic," *The Public Interest*, Fall 1980

21. 几乎在任何社会中，广告都起着关键作用，因为它们有助于将买方与卖方联结在一起。

——Burton M. Leiser, *Liberty, Justice, and Morals*, 1986

22. 逻辑之所以对人类极端重要，正是因为它在经验中建立，并在实验中应用。

——John Dewey，*Reconstruction in Philosophy*，1920

23.《奥利斯的伊菲格尼亚》是一部悲剧，因为它冷酷无情地表现了渴望被人欣赏的人性是如何与制造战争的邪念纠缠在一起的，而这样的战争是任何头脑正常的人都不希望发生的，对每个人来说绝对是一场灾难。

——George E. Dimock, Jr, Introduction to *Iphigeneia at Aulis* by Euripides，1992

24. 法律没有明确允许自杀，法律禁止它没有明确允许的行为。

——Aristotle，*Nichomachean Ethics*

*25. 声称凡事皆必然的人，不能批评否认凡事皆必然的人，因为他已承认这种否认也是必然发生之事。

——Epicurus, Fragment XL, Vatican Collection

7.6 连锁三段论

有时，仅靠一个直言三段论，不足以说明我们如何从一组前提中得出结论。比如，从以下几个前提：

所有外交家都是精明人，
有政府官员是外交家，
_____
所有政府官员是公众人物。

仅仅通过一个三段论是得不出如下结论的：

有公众人物是精明人。

但这个结论的确可从上述前提推出，不过需要两个而不是一个三段论才能得到。沿着论证进程来看，其中每一步都是独立的直言三段论。将其清楚地陈述出来，就成为：

所有外交家是精明人。
有政府官员是外交家。

所以，有政府官员是精明人。
所有政府官员是公众人物。

所以，有公众人物是精明人。

以上不是一个而是一串三段论，连接点是第一个三段论的结论，它同时又是第二个三段论的前提。上例仅有两个环节，有些论证可以有更多的环节。一个论证链的有效性取决于其中的各个环节。论证链是有效的，当且仅当，其所有构成论证都是有效的。

如果这样的推理用省略式表述，即只给出前提和最后的结论，这就是**连锁三段论**（sorites 的读音来自希腊文 soros，意思是系列或群，连锁三段论就是一系列三段论）。连锁三段论可以有三个、四个或**任意**多个前提，有些是很长的，下面是从哲学家莱布尼茨的著作中选出的例子：

人类的灵魂是从事思考活动的东西，从事思考活动的东西是无需任何内部表征便可直接理解的东西，无需任何内部表征便可直接理解的东西是不含任何部分活动的东西，不含任何部分活动的东西其活动不是运动，其活动不是运动的东西是不占空间的，不占空间的东西是与运动无干的，与运动无干的东西是不可分解的（分解是各个部分的运动），不可分解的东西是不朽的，不朽的东西是不灭的，因此，灵魂是不灭的。

上述连锁包含了不下十个前提。检验任何一个连锁论证都需要澄清中间结论或步骤，再对所得的直言三段论分别加以检验。如果忽略其中可能的歧义因素，上述莱布尼茨的连锁论证显然是有效的。

与本节的练习题结合起来更容易理解，在一个连锁三段论中，如果每个命题都是标准形式，每个项恰好出现两次，并且每个命题（除最后一个）与直接跟随的命题有一个共同的项，就构成标准式连锁三段论。例如：

(1) 每一个思维正常的人都按逻辑办事，
(2) 没有疯子适于做陪审员，
(3) 你的儿子们都不按逻辑办事，

所以，你的儿子们都不适于做陪审员。

(2′) 所有适于做陪审员的人都是思维正常的人，
(1′) 所有思维正常的人都是按逻辑办事的人，
(3′) 你的儿子们都不是按逻辑办事的人，

所以，你的儿子们都不是适于做陪审员的人。

检验这种三段论的方法是，首先清晰地揭示出隐含的中间结论，然后检验所得的直言三段论。

练习题

A. 将下列连锁三段论翻译为标准形式，并检验其有效性。[4]

例题：

1. (1) 婴儿没有逻辑思维，
   (2) 没有人看不起能驯服鳄鱼的人，
   (3) 没有逻辑思维的人会被看不起，
   所以，婴儿不能驯服鳄鱼。

解答：

翻译后的标准形式为：
(1′) 所有婴儿是没有逻辑思维的人，
(3′) 所有没有逻辑思维的人是被看不起的人，
(2′) 没有能驯服鳄鱼的人是被人看不起的人，

所以，没有婴儿是能驯服鳄鱼的人。
这个连锁三段论包含如下两个三段论：

所有 I 是 D，   没有 M 是 D，
所有 B 是 I，   所有 B 是 D，

所以，所有B是D。   所以，没有B是M。

有效，Barbara   有效，Cesare

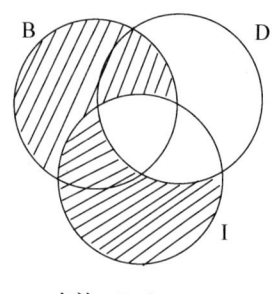

2. (1) 没有有经验的人是无能的，
   (2) 杰金斯总是犯错，
   (3) 没有有能力的人总是犯错，
   所以，杰金斯是没有经验的。

3. (1) 图书馆中我没有推荐的书都是基调不健康的，
   (2) 精装书都是优秀作品，
   (3) 所有传奇小说是基调健康的，
   (4) 我并没有向大家推荐那些非精装书，
   所以，图书馆中所有传奇小说都是优秀作品。

4. (1) 只有高深学者才能成为牛津大学的教师，
   (2) 没有心灵愚钝的人是音乐爱好者，
   (3) 没有心灵不敏感的人能成为浪荡子，
   (4) 没有不爱好音乐的高深学者，
   所以，所有牛津大学的教师是浪荡子。

*5. (1) 没有有意义的诗歌不会受到高品位者的欢迎，
   (2) 没有现代诗歌不矫揉造作，
   (3) 你的所有诗歌都是谈及"肥皂泡"的，
   (4) 没有矫揉造作的诗歌会受到高品位者的欢迎，
   (5) 只有现代诗歌是谈及"肥皂泡"的，
   所以，你的所有诗歌都是无意义的。

6. (1) 除了作家没有人是诗人，
   (2) 只有军官是宇航员，

(3) 给新杂志投稿的人都是诗人，
(4) 没有既是军官又是作家的人，
所以，没有任何宇航员是新杂志投稿人。

B. 下列每组命题都可以作为一个连锁三段论的前提，写出每组的结论，使之构成有效论证。

*1. (1) 没有人读《泰晤士报》，除非是受过良好教育的人。
 (2) 没有刺猬会阅读。
 (3) 那些不会阅读的不是受过良好教育的。

2. (1) 所有布丁都很好吃。
 (2) 这顿饭不是布丁。
 (3) 没有好吃的东西有益健康。

3. (1) 医生给我的食谱上只有不油腻的食品。
 (2) 没什么适合我口味的东西可以做夜宵。
 (3) 婚礼蛋糕总是很油腻的食品。
 (4) 医生给我的食谱上的食品都是可以做夜宵的。

4. (1) 我所有的女儿都很苗条。
 (2) 我的孩子中没有不参加体育锻炼而身体好的。
 (3) 我的孩子中所有贪食的都很胖。
 (4) 我的儿子中没有参加体育锻炼的。

*5. (1) 如果我做逻辑习题时没有抱怨，你就能知道那是一道我会做的题目。
 (2) 这些连锁论证没有像我做过的题目那样按标准顺序排列。
 (3) 容易的题目不会让我觉得头痛。
 (4) 我不会做那些不按标准顺序排列的题目，它们与我所做过的题目不同。
 (5) 我做题时从不抱怨，除非题目让我觉得头痛。

7.7 析取三段论与假言三段论

直言命题都是肯定或否定概念之间、类之间的包含或排斥关系的命题。如果三段论（包含两个前提和一个结论的论证）中的所有命题都是直言命题，那么该三段论就成为直言三段论。至此，我们的讨论都是关于直言三段论的。但一个三段论有可能包含不是直言命题的命题，这种三段论就不是直言三段论，而要根据所含命题的种类定名。下面，我们简要考察其他种类的命题和由它们构成的三段论。

直言命题在只包含单一组成部分的意义上是**简单命题**，这个单一组成部分又是对类与类之间关系的直接肯定或否定。与之不同，有些三段论论证使用的命题是包含多个支命题的**复合命题**，这些支命题又可以是任何种类的命题。

第一种复合命题叫作**析取**（disjunctive）**命题**或**选言**（alternative）**命题**。例如，"她或者受愚昧驱使或者受傲慢驱使"。两个支命题分别是"她受愚昧驱使"和"她受傲慢驱使"。这个析取命题包含上述两个支命题作为整个命题的**析取支**（disjunct）。析取命题并非直接肯定某个支命题为真，而是说至少它们当中有一个是真的，也不排除两个同时为真的可能。

如果以一个析取命题为前提，而另一个前提对其中一个支命题加以否定，或者说它与该析取支相矛盾，那么，就可以有效地推出析取命题的另一个支命题为真。一个具有这种形式的论证，就是一个有效的**析取三段论**，批评布什总统提名某女士进入行政高层的一位来信者写道：

> 在试图掩盖她自己的不法行为或与之摆脱关系的过程中，她或者受愚昧驱使或者受傲慢驱使。显然她不愚昧，所以她的窘境皆源自她的傲慢。[5]

用刚刚定义的术语说，并不是每一个"析取三段论"都有效。比如下面这个论证：

> 她或者愚昧或者自大，
> 她自大，
> ————————
> 所以，她不愚昧。

这是个无效的析取三段论。容易看出，即使前提都是真的，她也可能既自大又愚昧——显然，两个前提可能都是真的，而其结论是假的，因此，该析取三段论是无效的。肯定析取式的一个支命题为真，并不能推出另一个支命题为假，因为两个支命题可能同时为真。因此，只有用一个直言前提否定析取前提的一个析取支，从而肯定另一个析取支时，我们才说它是一个有效的析取三段论。

基于下面这个论证，有人可能对此提出异议：

> 史密斯或者在纽约或者在巴黎，
> 史密斯在纽约，
> ─────────────
> 所以，史密斯不在巴黎。

其中的直言命题肯定了析取前提的一个析取支，结论否定了另一个析取支，而结论看起来是有效地得出的。然而，仔细分析可以表明，上面表述出来的析取命题在论证中实际上并没有起作用，结论是从省略了的前提中推出来的，未表达出来的前提是："史密斯不能既在纽约又在巴黎"，这是明显为真的。如果用析取命题表示之，即：

> 或者史密斯不在纽约或者史密斯不在巴黎。

显然，用这个揭示出来的前提代替原来的析取命题，所得到的新论证是一个明显有效的析取三段论。表面上的例外实际上不是例外，上述异议是不成立的。

第二种复合命题是**条件**（conditional）**命题**或**假言**（hypothetical）**命题**。例如，"如果第一个土著是政客，那么第一个土著说谎"。一个条件命题由两部分组成，"如果"后面的命题叫作**前件**（antecedent），"那么"后面的命题叫作**后件**（consequent）。假如一个三段论所含命题都是条件命题，称为**纯假言三段论**。例如：

> 如果第一个土著是政客，那么他说谎，
> 如果他说谎，那么他否认自己是政客，
> ─────────────────────
> 所以，如果第一个土著是政客，那么他否认自己是政客。

从这个论证中可以看到，第一个前提和结论有相同的前件，第二个前提和

333

结论有相同的后件，而第一个前提的后件与第二个前提的前件相同。显然，任何具有如上关系的前提和结论组成的纯假言三段论都是有效论证。

由一个条件前提和一个直言前提组成的三段论叫作**混合假言三段论**（mixed hypothetical syllogism）。混合假言三段论有两种有效式，它们也都有各自的特别名称。第一种例示如下：

如果第二个土著说真话，那么只有一个土著是政客，
第二个土著说真话，
──────────────────────────
所以，只有一个土著是政客。

其中，直言前提是对条件式前提的前件的肯定，结论是对后件的肯定。任何具有这样形式的论证都是有效的，这种有效式叫作**肯定前件式**（affirmative mood）或**分离式**（modus ponens，这个词语来源于拉丁文 *ponere*，意思是"肯定"）。决不能把分离式与下面的无效式混为一谈：

如果培根写了《哈姆雷特》，那么他就是个大作家，
培根是个大作家，
──────────────────────────
所以，培根写了《哈姆雷特》。

这个论证不同于分离式之处在于，其直言前提肯定的是条件前提的后件而不是前件。任何具有这种形式的论证都犯了**肯定后件谬误**（fallacy of affirming consequent）。

混合假言三段论的另一种有效式示例如下：

如果独眼犯人看见的是两顶红帽子，那么他就能说出自己所戴帽子的颜色，
独眼犯人不能说出自己所戴帽子的颜色，
──────────────────────────
所以，独眼犯人看见的并不是两顶红帽子。

其中，直言前提是对条件前提后件的否定，结论是对前件的否定。任何具有这种形式的论证都是有效的，称为**否定后件式**（modus tollens，这个词

语来源于拉丁文 *tollere*，意思是"否定"）。决不能把这种形式与如下论证示例的无效式混为一谈：

> 如果卡尔贪污了学院的资金，那么卡尔犯了重罪，
> 卡尔没有贪污学院的资金，
> _____
> 所以，卡尔没有犯重罪。

这个论证不同于否定后件式之处在于，其直言前提否定的是条件前提的前件而不是后件。我们称任何具有这种形式的论证犯了**否定前件谬误**（fallacy of denying antecedent）。

概览

三段论的主要类型

1. **直言三段论**，仅由肯定或否定类之间的包含或排斥关系的直言命题组成。例如：
所有 M 是 P，
所有 S 是 M，
所以，所有 S 是 P。

2. **析取三段论**，前提包含一个析取（或选言）命题，这种命题断言两个选言支至少一真，另一个前提断言其中一个选言支为假。例如：
或者 P 是真的或者 Q 是真的。
P 不是真的。
所以，Q 是真的。

3. **假言三段论**，包含一个或多个假言（或条件）命题，这种命题断言如果其支命题之一（前件）为真，那么另一个支命题（后件）也是真的。可以再分为两个子类：

    A. **纯假言三段论**，完全由条件命题组成。例如：
    如果 P 是真的，那么 Q 是真的。
    如果 Q 是真的，那么 R 是真的。
    所以，如果 P 是真的，那么 R 是真的。

    B. **混合假言三段论**，包含一个条件前提和一个直言前提。
    如果直言前提断言条件前提前件的真，并且该条件前提的后件为该论证的结论，则该形式有效且被称为**肯定前件式**。例如：
    如果 P 是真的，那么 Q 是真的。

> P是真的。
> 所以，Q是真的。
>
> 如果直言前提断言条件前提后件的假，并且该前提的前件的假正是该论证的结论，则该形式有效且被称为**否定后件式**。例如：
>
> 如果P是真的，那么Q是真的。
> Q是假的。
> 所以，P是假的。

练习题

指出下列各论证的形式，并说明它们是有效式还是无效式。

例题：

1. 如果一个人不可能做他实际上所做以外的事情，那么他就可以不对自己的行为负责。但如果决定论是对的，那么，行为者的任何行为都是由于不可能做其他事情而做出的，因此，如果决定论是对的，则没有人对他所做的事负责。

——Winston Nesbit and Stewart Candlish, "Determinism and the Ability to Do Otherwise," *Mind*, July 1978

解答：
这是一个纯假言复合三段论，是有效式。

2. 如果说，在经济事务中人的行为只能依据经济报酬或武力行事，那么在现代社会中，动用武力尽管没有完全消失但已经不常用，因而只有经济报酬一直发挥重要作用。

——John Kenneth Galbraith, *The New Industrial State* (Boston: Houghton Mifflin, 1967)

3. 如果每个人都有一套确定的行为规则用以规范自己的生活，那么，他就不过是一台机器，但没有这样的规则，所以，人不会成为机器。

——A. M. Turing, "Computing Machinery and Intelligence," *Mind*, vol. 59, 1950

4. 如果第二个土著说真话，那么第一个土著否认自己是政客，如果第三个土著说真话，那么第一个土著否认自己是政客，因此，如果第二个土著说真话，那么第三个土著说真话。

*5. 如果独眼犯人不知道自己所戴帽子的颜色，那么瞎眼犯人戴的就不是红帽子，独眼犯人不知道自己戴的是什么颜色的帽子，因此，瞎眼犯人戴的不是红帽子。

6. 如果三个犯人都戴白帽子，那么独眼犯人就不知道自己所戴帽子的颜色，独眼犯人不知道自己帽子的颜色，因此三个人戴的都是白帽子。

7. 这个陌生人或者是流氓或者是傻瓜，这个陌生人是流氓，因此，他不是傻瓜。

8. 如果第一个土著否认自己是政客，那么第二个土著说真话，如果第二个土著说真话，那么第二个人不是政客，因此，如果第一个土著否认自己是政客，那么第二个土著不是政客。

9. 我确信人类从来没有认识到爱的力量，如果我们真的知道什么是爱，那么我们肯定会为爱神建起庄严的庙宇，筑起美丽的祭坛，举行最隆重的仪式。而实际上我们知道现在根本什么也没做。

——Plato，*Symposium*

*10. 我已经说过，他必定是到金斯皮兰或者到梅普里通去了。他现在不在金斯皮兰，那一定在梅普里通。

——Arthur Conan Doyle，*The Adventure of Sliver Blaze*

11. 那么，这就是说事物或者是偶然的结果或者有其目的，而它们不可能是偶然或者自发产生的，所以，它们必有其目的。

——Aristotle，*Physics*

12. 没有这种情况（或者说这是不可能的）：某个事物是它自己的作用因。因为在这样的情况下事物必须先于自身存在，这是不可能的。

——Thomas Aquinas，*Summa Theologiae*，Ⅰ，question 2，art 3

13. 钱财或者是种罪恶或者是善物，钱财不是一种罪恶，所以，钱财是善物。

——Sextus Empiricus，*Against the Logicians*，Second Century CE

14. 我现在确实知道这支铅笔是存在的，但假如休谟的两个原理是对的，我就不知道了，因此，休谟的原理必定是错的（其中一个错或者两个都错）。

——G. E. Moore, *Some Main Problems of Philosophy*（New York：Allen & Unwin，1953）

*15. 显然，我们使用这些语词［例如物质、原因、变化，等等］表示某些东西，且每个都表示不同的东西，否则，我们就不能相容地使用它们。而事实上，从整体上说，我们确实在相容地使用并控制它们。

——C. D. Broad, *Scientific Thought*，1923

16. 如果数是一种表象，算术就会是心理学。但正如天文学不是心理学一样，算术也不是。正如天文学不研究行星的表象，而研究行星本身一样，算术的对象也不是表象。

——Gottlob Frege, *The Foundations of Arithmetic*，1893

17. 如果精神状态与物质状态是同一的，那么二者的所有性质都相同。但有一种性质，空间定位性，就不是二者共同的，也就是说，物质状态及结果都要占据空间位置，而精神结果及状态并不这样。因此，精神结果、状态与物质结果、状态不同。

——Jaegwon Kim,"On the Psycho-Physical Identity Theory," *American Philosophical Quarterly*，1966

18. 当我们认为一个人应当为其行为承担道德责任时，他就会成为我们褒奖或责难的合法对象。但是显而易见，除非一个行动由一个"自由"（在其某种重要意义上）行动者所实施，否则该行动就不能成为道德褒奖或责难的合法对象。因此显然，某种意义上的自由意志可以说是道德责任的前提条件。

——C. Arthur Campbell, *In Defence of Free Will*，1938

19. 尽管有限世界的说法十分流行，但同时也遭到了广泛的批驳。有限世界必然有一个边界，也即亚里士多德所说的最外圈（outmost sphere）。这是不可能的，因为一个边界只能把空间的一个部分同另一个部分隔开来。古希腊人就曾提出这种反驳，而这种反驳也重新出现在早期文艺复兴时期的科学怀疑论中。现在研究这种问题的学生也提出这种反驳。如果认可这样的反驳，就可以下结论说宇宙是无限的。

——J. J. Callahan, "The Curvature of Space in a Finite Universe," *Scientific American*, August 1976

*20. 如果每个人都奉行它的话，那么，完全的和平主义就是一个好原则。但并非每个人都奉行，所以和平主义不是好原则。

——Gilbert Harman, *The Nature of Morality*, 1977

7.8 二难推论

二难推论是日常语言中的一种常见论证。它实质上是一种把同一话题的三段论结合起来的争辩方法，有时甚至会产生压倒性效果。作为组成部分的每个三段论也许是非常规整的，因此从单纯的逻辑观点看，二难推论没有什么特别重要的地方。但是如此结合的三段论的前提都被构造为互相析取的，进而以某种方式迫使对手接受其中的析取支。因此，对手就被迫接受结合在一起的三段论中的某个结论。如果成功地做到了这一点，二难推论可被证明是一种非常有力量的说服工具。

不严格地说，若一个人必须在两个很糟糕或令人不愉快的选项中做出选择时，我们就说这个人"陷入"了二难（或者说进退维谷）之中。二难推论就是一种旨在使对手陷入这样境地的论证方式。在争论过程中，二难推论使得对手必须做出选择，但无论选择什么，都会得出一个他不能接受的结论。

理查德·费曼（Richard Feynman）是一位著名的物理学家，他在回忆 1986 年"挑战者号"爆炸的调查时，猛烈地抨击了（美国）国家航空航天局（NASA）的管理失误，他用的就是下面的二难推论：

> 我们每次问起高层管理者，他们都会说关于手下发生的事，他们什么都不知道……或者最高领导层确实不知道，这样他们就不知道应该知道的事，或者他们知道，这样他们就在对我们

说谎。[6]

如此的质问就将对手（此处指的是国家航空航天局的管理者们）推入两难境地，令他们无地自容。其中唯一明确表述的前提是一个析取命题，但析取支必定有一个为真，或者他们知道或者他们不知道手下发生的事。不管选择哪一方，结果对对手来说都是不利的。二难推论的结论本身也可以是一个析取命题（例如，"国家航空航天局的管理者或者不知道他们应该知道的事，或者他们说谎"），此时我们称之为**复杂式**二难推论。结论也可以是直言命题，这时就称之为**简单式**二难推论。

二难推论的结论并非总是令人不愉快的，如下简单式二难推论得出的就是个好结论：

如果天上的神明没有欲求，那么他们就会很满足，如果他们有欲求而能完全实现，那么他们也会很满足。他们或者没有欲求或者能完全实现欲求，总之，他们都会很满足。

二难推论的前提并没有特殊的顺序要求，提供选项的析取前提可前可后。提供这些选择结果的两个条件命题可以联合表述，也可以分开陈述。二难推论常常采用省略式，也就是说，结论一般都是显而易见的，几乎不必表述出来。有一个例子取自林肯总统的一封信，他为废止美国南部邦黑奴制度的宣言做了如下辩护：

此宣言如同法律一样，或者有效或者无效。如果无效，就没必要取消。如果有效，就不能取消。任何人都明白。[7]

避开或驳斥二难推论结论的方法有三种，它们也有各自的名称，都与二难的两个（或多个）"死角"有关。分别称为"绕过（或避开）死角法""直击（擒拿）一角法""构造反二难法"。它们并非证明二难推论形式无效，而是在不改变推论形式有效性的前提下，寻找避免结论的方法。

绕过死角法是拒斥其析取前提。这是常用的最容易避开二难的手段。除非析取前提的两个支命题是矛盾关系，否则它们很有可能是假的。常用来说明这个方法的是给学生分级打分的例子。有人认为好的分数能激励学生更努力地学习，但学生们想出这样一个二难推论用来驳斥上述理论：

> 如果学生喜爱学习，那么就不需要激励。如果学生厌烦学习，那么激励也没有用。学生或者是喜爱学习或者是厌烦学习。所以，激励是不需要的或者没用的。

该论证形式是有效的，但我们能用绕过死角法来反驳这个论证。其析取前提是假的，因为学生会有不同的学习态度：有的喜爱，有的厌烦，还有许多人的态度不同于这两种态度。对于后面这些人来说，激励既是需要的也是可以发挥作用的。这种方法并不是证明结论为假，只是表明推论本身并没有给结论提供充足的理由。

如果析取前提穷尽了所有可能性，是不可驳倒的，就不能用上述方法了。必须有另外的方法来避开结论，其中之一就是**直击一角法**，即拒斥两个假言前提中的一个。要否定两假言前提的组合，我们只需否定其中的一个即可。直击一角，就是要试图表明条件前提至少一假。刚才驳斥学校分级打分的例子，所依据的条件前提之一是"如果学生喜爱学习，那么就不需要激励"，反驳者可以争辩说，即使一个学生喜爱学习，也需要激励，好分数会带来额外的奖励，甚至能激励最勤奋的学生更认真地学习。这样一来，就很可能得到好的回应——原来的二难的一角就被击破了。

构造反二难法是最巧妙的方法，但并不总能令人信服，我们来看这是为什么。用这种方法驳斥给定的二难推论，需要构造另一个二难推论，它的结论与原来的结论相反。辩驳中可以使用任何一个二难推论，但最理想的反二难推论应当与原来的推论有相同的组成成分（直言命题）。

有个古老的例子能说明这种方法，相传雅典有一位母亲劝儿子不要从政时说道：

> 如果你主持公道，人们就会仇视你。如果你不主持公道，神灵们就会仇视你。你必定或者主持公道或者不主持公道，所以无论如何都会被仇视。

他的儿子反驳说：

> 如果我主持公道，神灵们就会施爱于我。如果我不主持公道，人们就会施爱于我。我必定或者主持公道或者不主持公道，所以我都会被爱。

在把二难推论作为辩论的强力工具的公开讨论中，这种从几乎相同的前提得到相反的结论的驳斥方法，是修辞技巧高超的标志。但如果更细致地研究，就会发现它们的结论并不像初看上去那样对立。

第一个二难推论的结论是儿子会被仇视（被人们或者被神灵们），而反二难的结论是儿子会被爱（被神灵们或被人们）。然而，二者完全是相容的。反驳用的反二难仅仅是建构了一个结论不同的论证而已。两个结论很可能都是真的，因而这里并没有达成真正的反驳。但在唇枪舌剑的辩论中，并不需要细致分析，如果在公共争辩中出现这样的反驳，普通的听众会把它当作对原论证的毁灭性攻击。

如此反驳并不能驳倒推理，而只是将注意力引向同一事情的不同方面，这从如下的二难推论可能看得更清楚。"乐观主义者"认为：

> 如果我工作，就能挣钱，如果赋闲在家，那么我乐得自在。我或者工作或者不工作，总之，我能挣钱或者乐得自在。

而"悲观主义者"却会给出这样一个反二难：

> 如果我工作，就不能乐得自在，如果赋闲在家，就不能挣钱。或者工作或者不工作，总之，我或者不能乐得自在或者不能挣钱。

这些结论只能说明看问题的视角不同，并非对事实状况的意见不一致。

通常讲二难推论，都要说到普罗塔哥拉（Protagoras）和欧提勒士（Euathlus）之间著名的讼案。普罗塔哥拉是生活在公元前5世纪的希腊的一名教师，他开设了很多课程，其中最著名的是法庭辩护术，欧提勒士想跟他学习当一名律师，但他负担不起学费。于是两人定了一个契约，普罗塔哥拉先不收学费，等欧提勒士学成并在第一场官司中获胜时，再交学费。可是，欧提勒士学成之后，迟迟没有在法庭上进行辩护，普罗塔哥拉等得不耐烦了，于是把他的学生告上法庭，要求收回学费。欧提勒士忘记了"律师为自己的案子辩护乃属愚行"的格言，决定为自己进行辩护。审理开始后，普罗塔哥拉就用一个压倒性二难推论陈述己方要求：

> 如果欧提勒士打输了官司，那么他必须还我学费（根据法庭的判决），如果欧提勒士打赢了官司，那么他也必须还我学费（根据我们之间的契约），或者他打输或者打赢官司，都必须还我学费。

情况看来对欧提勒士十分不利，但他已把修辞术学得很好，于是他向法庭提出了如下相反的二难推论：

> 如果我打赢了官司，我不必交学费（根据法庭的判决），如果我打输了官司，我也不必交学费（根据我们之间的契约），或者我打赢或者我打输官司，都不必交学费。[8]

如果你是法官，该如何判决呢？

注意欧提勒士的反二难的结论与普罗塔哥拉的结论的确并不相容，一个确实是另一个的否定。这种相反二难推论与原来的二难推论互相拒斥的情况并不多见。在这样的情况下，前提就是不相容的，两个二难推论可用于澄清其中蕴涵的矛盾。

练习题

讨论有可能驳斥下列推论的论证。

例题：

1. 如果我们干涉虚假而有害言论的发表，那么，我们就会承担压制他人自由的罪名。但如果我们不干涉，那么我们自己就有失去自由的危险。我们必须在干涉与不干涉之间做出选择。因此，我们或者会承担压制他人自由的罪名，或者冒失去自由的危险。

解答：

采用绕过死角法是不行的，直击一角法比较合适。理由如下：（a）自由并不包括发表虚假有害的言论,或者(b)如果我们用真实有益的言论反对虚假有害的言论,并不会有失去自由的危险。通过反驳论证的要素,该论证就可以合理地被驳倒(但并不是从事实上驳倒),从而证明"我们不会承担压制他人自由或冒失去自由的危险"这一论点。

2. 如果你告诉我的是我已经知道的,那么,你就不能扩充我的知识,而如果你告诉我的是我不知道的,那么,你说的我理解不了。你告诉我的或者是我已经知道的,或者是我不知道的。总之,你或者不能扩充我的知识或者你说的我理解不了。

3. 如果演绎推理的结论超出了前提,则推理无效,而如果结论不超出前提,则不能带来新知。演绎推理的结论或者超出了前提或不超出前提。因此,或者推理无效,或者不能带来新知。

4. 如果演绎推理无效,就是无价值的,如果不能带来新知,也是无价值的。演绎推理或者无效或者不能带来新知。所以,演绎推理是没有价值的。

*5. 如果这位军官是忠诚的,他就会恪守他的命令,如果他有头脑,他就能理解这些命令。这个军官或者没有恪守命令或者没有理解它们,所以他必定或者是不忠诚的或者是没头脑的。

6. 如果他是不忠诚的,那么开除他就是合理的,如果他没有头脑,那么开除他也是合理的。他或者不忠诚或者没有头脑,开除他是合理的。

7. 如果这些国家维持和平,那么联合国是不必要的,如果这些国家挑起战争,那么联合国阻止战争的目标就不能成功。这些国家或者维持和平或者挑起战争。因此,联合国或者是不必要的或者不会成功(达到目标)。

8. 如果人是善的,就不需法律来防止错误行为,而如果人是恶的,法律就起不到阻止错误行为的作用,人或者是善的或者是恶的,总之都不需法律。

9. 亨利七世的御前大臣莫顿大主教以善于为国王逼税而闻名于世。他认为,应该强制生活奢侈的人缴纳高额税费,因为很显然,他们负担得起。也应该强制生活节俭的人缴纳高额税费,很明显,他们储蓄了大量生活费。无论选择哪种生活方式,都跑不出"莫顿之叉"。

——Dorothy Hayden, *Winning Declarer Play*
(New York: Harper & Row, 1969)

*10. 所有政治行为的目标或是维持现状或是改变现状。如果维持现状，就是希望阻止可能更糟的改变。如果改变现状，就是希望使情况变得更好。因此，所有政治行为都是受某种关于更好或者更糟的思想指导的。

——Leo Strauss, *What Is Political Philosophy?* 959

11. 如果物体是运动的，它或者在它所在之处运动，或者在它所不在之处运动。但物体的运动既不在它所在之处（因它在那里），也不在它所不在之处（因它不在那里），因此没有物体运动。

——Sextus Empiricus, *Against the Physicists*

12. 我这把年纪从一个城市流浪到另一个城市，不断改变流浪之所，不断被驱逐，这样的生活真是好极了！因为我非常明白，无论我去哪里，都会像在这里一样，有青年来听我谈话，如果我把他们赶走，他们会让他们的兄长把我赶走；如果我不赶走他们，他们的父亲及其朋友会驱赶我。

——Plato, *Apology*

13. 如果苏格拉底死去，他或者在活着的时候死去，或者在死的时候死去。但他活着的时候不会死去，这是当然的，因为他还活着，还没有死。他死的时候也不会死去，因为他不可能死两次。因此，苏格拉底没有死去。

——Sextus Empiricus, *Against the Physicists*

14. 安慰剂的使用有难以解决的内在矛盾。使用安慰剂的过程必须建立在好的医患关系之上，但是，如果一方隐瞒某些重要信息，将会对这种关系造成什么影响呢？如果医生将事实告知患者，就会破坏安慰剂有效的基础；如果他不如实相告，就是在破坏诚信关系。

——Norman Cousins, *Anatomy of an Illness*

*15. 司法委员会最后辩论结束后第一天宣布的美国最高法院对"美国诉尼克松案"（1974）的判决是关键的。如果总统公然反抗此判决，他将被弹劾。如果他遵守判决，很显然他将在证据前被弹劾。

——Victoria Schuck, "Watergate," *The Key Reporter*, Winter, 1975-1976

16. 想要拥有和平，就不能鼓励竞争精神，但如果想要取得进步，又必须鼓励竞争精神。或者鼓励或者不鼓励竞争精神，因而或者没有和平或者不能进步。

17. 总统的总结性论证可用一个十分简洁的形式表述。联邦政府的运作模式或者充分依赖人民，或者不充分依赖人民。在第一种情况之下，选民接受不了的规划，因其依赖于人民，将被抑制。在其他情况之下，联邦政府没有人民的信赖，其侵犯性的计划将很容易被州政府废除——州政府将得到人民的支持。

——James Madison, *The Federalist Papers*, no. 46, 1788

18. 一个人既不能试着去发现他知道的东西，也不能试着去发现他不知道的东西。他不会去寻找他知道的东西，因为他既然知道，就没必要再去探索；他也不会去寻找他不知道的东西，因为在这种情况下，他甚至不知道自己该寻找什么。

——Plato, *Meno*

19. 我们告诉委托人，在第一轮面试时，不要谈及金钱问题。如果一个人要的薪水过高，招聘者会觉得他支付不起。如果要得太低，你实际上等于说"我的能力不足以完成您交给我的任务"。

——James Challenger, "*What to Do—and Not to Do—When Job Hunting*," *U. S. News & World Report*, 6 August 1984

*20. "帕斯卡赌注"在宗教史和赌博史上都相当著名。帕斯卡认为不可知论者——不能确定上帝是否存在的人——最好要赌上帝存在。如果上帝存在但他却不是个信仰者，那么就会受到惩罚，永受地狱之火的煎熬；而如果上帝不存在而他信仰上帝，他也不会因这个错误而受任何惩罚。显然，赌注下在相信上帝一方的从一开始就占上风。

——Daniel Seligman, "*Keeping Up*," *Fortune*, 7 January 1985

第7章概要

本章探究日常语言中的三段论论证，展示了三段论的不同形式，并给出了一些理解、运用和评价它们的方法。

7.1节介绍把三段论翻译为标准形式的必要技术，并说明了非标准三段论的几种不同情形。

7.2节说明如何将某些看似含有三个以上的项的论证恰当地转化为标准式——通过去除同义词、去除补类等方法。

7.3节说明若非标准式三段论论证中的命题不是标准直言命题，则需要把它们翻译为标准命题，以便用文恩图或者三段论规则加以检验。还给出了九种不同类型的非标准命题及其相应的翻译方法：

1. 单称命题。
2. 谓词为形容词或形容词短语，而非名词或类词项的直言命题。
3. 主要动词不是标准联项"是"或"不是"的直言命题。
4. 标准形式的各成分都出现，却没有按标准顺序排列的陈述句。
5. 量词不是"所有"、"没有"或"有"标准语词的直言命题。
6. 用"只""只有"表述的排斥命题。
7. 不含量词的直言命题。
8. 完全不像标准直言命题但可以有标准翻版的命题。
9. 用"除了"等表述的除外命题。

7.4节说明借助辅助参项，非标准直言命题向标准直言命题的协同翻译，这对于检验其有效性是必要的。

7.5节、7.6节介绍省略式三段论，即省略三段论论证中某个构成命题的三段论，以及复合三段论，即由一组相互关联的命题组成的三段论论证链。

7.7节介绍另外的两种三段论：析取三段论和假言三段论，因其中含选言命题或假言命题而得名。

7.8节讨论二难推论的修辞学用法。其中的选言论证提供对手不愿接受的选项。本节说明并示例了三种驳斥二难推论的修辞方法："绕过（或避开）死角法"、"直击（擒拿）一角法"和"构造反二难法"。

第7章关键术语

三段论论证：或者是标准式直言三段论的论证，或者是在不改变原意的情况下可以变形为标准式直言三段论的论证。

化归为标准形式：为了检验三段论论证的有效性，将其转化为三段论标准形式，也称翻译为标准形式。

单称命题：断定某一特定的个体具有或者不具有某特殊属性的命题。

单元类：仅仅由一个元素组成的类。

排斥命题：断言谓项排他性地适用于特定主项的命题。例如，命题"只有将军佩戴星形勋章"断言谓项"佩戴星形勋章"只适合"将军"。

除外命题：断言除了某类中的某一个子类的所有元素之外的其他所有元素都是另外一个类的元素的命题。除外命题实际上是复合性命题。因为它既断言了类之间的包含关系，又断言了类之间的排斥关系。例如，"除了雇员都是合格的"这一除外命题，既断定了"所有非雇员是合格的"，又断定了"没有雇员是合格的"。

参项：为了把陈述句群中的三段论以三个精确的词项表达出来，以便准确检验其有效性，在协同翻译的过程中引入的辅助符号或者词组。

协同翻译：一种常常要求利用辅助符号的技巧，借助这种技巧就有可能把三段论论证变形为标准形式，从而可以准确地验证其有效性。

省略式三段论：指表述不完整的三段论，其未被表述的命题被认为是理所当然的。根据论证未表述的命题是大前提还是小前提或者结论，省略三段论依次可以分为第一种、第二种或者第三种。

第一种省略式：指把大前提当作理所当然的命题而未加表述的不完整三段论。

第二种省略式：指把小前提当作理所当然的命题而未加表述的不完整三段论。

第三种省略式：指把结论当作理所当然的命题而未加表述的不完整三段论。

连锁三段论：指通过一系列三段论的推导，从前提得出结论的论证。在这一过程中，每一个三段论的结论是下一个三段论的前提，最后一个三段论的结论是整个论证的结论。

析取三段论：指一个前提为析取命题、另一个前提是析取前提的一个析取支的否定或矛盾命题、结论断定该析取命题的另一个析取支为真的三段论。

纯假言三段论：所包含的命题只有假言命题的三段论。

混合假言三段论：以一个假言（或者条件）命题和一个直言前提作为前提的三段论。

分离式：混合假言三段论的一种类型。在这种三段论中，第一个前提为条件命题，第二个前提肯定该条件命题的前件，结论则是对该假言命题的后件的肯定。

肯定后件谬误：由条件命题后件的真得出其前件的真时所犯的谬误。

否定后件式：混合假言三段论的一种类型。在这种三段论中，第一个前提为条件命题，第二个前提否定该条件命题的后件，结论则否定该假言命题的前件。

否定前件谬误：从否定条件命题的前件得出其后件为假时所犯的谬误。

二难推论：日常会话中常用的一种论证形式，在论证中断定必做选择的两个选项，但两个选项（通常）都是糟糕的。

复杂式二难推论：由以下部分构成的推论：（a）一个析取命题；（b）两个由连词连接的假言前提；（c）结论不是一个直言命题（像简单式二难推论的结论那样），而是一个二支的析取命题（往往是不受欢迎的）。

简单式二难推论：为了把对手推向二难选择境地而设计的一种论证，不论对方做出何种选择，（往往是不受欢迎的）结论是一个单一的直言命题。

【注释】

［1］见康德（Immanuel Kant）的《纯粹理性批判》（*Critique of Pure Reason*，1787）第一章"概念分析论"之第二节。一个多世纪之后，罗素就此问题给出了另一种解释［见《我的哲学发展》（*My Philosophical Development*，p. 66，1959）］：逻辑"不会有长足的发展"，除非看出两个形式是"完全不同的"，因为其中的一个（单称）把谓项加于特定的主项之上，而另一个（全称）表达的是两个谓项之间的关系。罗素的说法成为当时现代符号逻辑理论的核心观点，本书第10章有详细讨论。康德所说的是单称命题在传统三段论中的用法，他认为传统三段论是十分强大的逻辑工具。

［2］David Hume, *Dialogues Concerning Natural Religion*, part 2（1779）.

［3］*U. S. v. Morrison*, 529 U. S. 598（2000）.

［4］除 A 中的 4、6 小题之外，本节习题都取自刘易斯·卡罗尔的《符号逻辑》（*Symbolic Logic*, New York: C. N. Potter, 1977）. 部分有改动。

［5］Peter Bertocci, "Plight Must Come from Arrogance," *Ann Arbor*（Mich.）*News*, 19 January 2001.

［6］James Gleick, *Genius: The Life and Science of Richard Feynman*（New

York: Pantheon Books, 1992).

［7］见林肯 1863 年 8 月 26 日致康克林（James. C. Conkling）的信。

［8］E. P. Northrop, *Riddles in Mathematics: A Book of Paradoxes* (Melbourne, FL: Krieger Publishing, 1975).

B篇

现代符号逻辑

第8章

命题逻辑 I：真值函项

陈述与论证

8.1 现代逻辑及其符号语言
8.2 真值函项性：简单陈述与复合陈述
8.3 合取、否定与析取
8.4 条件陈述与实质蕴涵
8.5 论证形式与运用逻辑类推进行的反驳
8.6 "无效"和"有效"的精确含义
8.7 根据真值表验证论证：完备的真值表方法
8.8 一些常见的论证形式
8.9 陈述形式与实质等值
8.10 逻辑等价
8.11 三大"思想法则"：逻辑的原理
第8章概要
第8章关键术语

8.1　现代逻辑及其符号语言

为了对演绎论证有充分的理解，我们需要一个关于演绎的一般理论。这样的理论含两大目标：一是解释演绎论证中前提和结论之间的关系；二是提供区分有效演绎和无效演绎的技术。有两大逻辑理论分支旨在达到上述目标：一分支被称为古典（或亚里士多德）逻辑，我们在第 5-7 章已经对其进行了考察；另一分支被称为现代（或现代符号）逻辑，是本章和后两章的主题。

虽然这两大逻辑理论分支有相似的目标，但它们达到目标的方式却截然不同。现代逻辑并不建立在前面几章所讨论的三段论系统基础之上，也不始于对直言命题的分析。现代逻辑的宗旨还是要将有效论证与无效论证区别开来，但是它为了达到这一目标所使用的是与古典逻辑完全不同的概念和技术。因此，我们现在必须重新构造一个现代逻辑系统来处理三段论逻辑处理的那些问题，甚至更为有效地处理那些问题。

现代逻辑首先识别与区分演绎论证所依赖的简单陈述和复合陈述。在此基础上，就能给出这些论证的一般解释，由此也能找到检验这些论证有效性的方法。

对演绎的这种分析需要人工符号语言。在自然语言（英语或其他语言）中有些东西会使精确的逻辑分析变得困难：语词可能是模糊的或歧义的，论证的结构可能是含混的，比喻和习语可能会引起混淆或误导，诉诸情感可能会引起混乱等，这些问题在第一部分已经探讨过了。通过人工语言，逻辑关系可以精确地被表述出来，上述困难中的大部分都能被克服。本章将对这种现代符号语言中的最基本要素进行介绍。

符号能极大地便利我们对论证的思考。它们使我们直达一个论证的核心，将其非本质属性放在一边而展示出论证的本质属性。并且，使用符号，我们几乎用眼睛就可以机械地进行推理转换，否则，这种转换本来要求大脑有很高的智能。这似乎有点悖谬，但符号语言确实可以帮助我们不需大伤脑筋就能完成某些智力活动。我们今天所使用的阿拉伯数字，也很好地例证了符号如何能方便我们的推理。这些数字（1，2，3，…）代替了处理起来麻烦得多的古罗马数字（ⅰ，ⅱ，ⅲ，…）。113 乘 9 很容易，而 CXIII 乘 IX 就不那么容易。甚至古罗马人也被迫去发明一套更有效的计算符号。

古典逻辑学家也了解符号在分析中的巨大作用。亚里士多德在自己的分析中就使用了变项，而如前面几章所表明的，改进了的亚里士多德式逻辑也以很复杂的方式使用了符号。然而，许多真正的进步，特别是1879年到1922年间的进步，都是通过富有成效地发明和使用逻辑符号取得的。

演绎的现代符号体系与亚里士多德式的三段论逻辑有截然的不同。对现代逻辑学家来说，事物的类与类之间的关系并不像它们在亚里士多德及其追随者那里那样处于核心位置。相反——感谢弗雷格、皮尔斯、罗素以及维特根斯坦的先驱性工作——这些逻辑学家的关注点直达命题或论证的内部结构和对所有演绎至关重要的逻辑连词（它们在数量上非常少）。因此，现代符号逻辑不受演绎论证要转换成三段论形式的制约（亚里士多德式逻辑受这种制约）。上一章我们已经解释了，那种工作是很费力的。

我们现在开始探索的现代逻辑系统比分析的三段论更为有力。一些三段论无法充分表达的演绎形式，通过现代逻辑的路径，使用更丰富的符号语言，我们可以更为直接地追求演绎分析的目标，对演绎论证进行更为透彻的分析。下面给出的现代逻辑的符号记法使我们可以更全面地达到演绎逻辑的核心目标：区分有效论证和无效论证。

8.2 真值函项性：简单陈述与复合陈述

在本章，我们将关注命题逻辑的简单论证，比如：

那个盲囚戴着红帽子或者那个盲囚戴着白帽子。
那个盲囚没戴红帽子。
因此，那个盲囚戴着白帽子。

以及

如果鲁宾逊先生是那个司闸员的邻居，那么鲁宾逊先生住在底特律和芝加哥之间。
鲁宾逊先生不住在底特律和芝加哥之间。
因此，鲁宾逊先生不是那个司闸员的邻居。

大多数这种类型的论证都至少包含一个复合陈述。[1]研究这样的论证时，我们把所有陈述分为简单陈述和复合陈述两个大类。为了理解这种区分的重要性，必须首先理解**每个陈述要么为真要么为假**。在逻辑学中，我们把这个性质叫作每一个陈述都有**真值**：真陈述的真值为真，假陈述的真值为假。此外，每一个陈述在如下特定含义上是一个**真值函项**或**真值函项陈述**，即它的真值是由一个或更多构成该陈述的分支陈述的真值所唯一确定的。一个简单陈述不是其他陈述的真值函项。譬如，"查理是整洁的"就是一个简单陈述。一个**复合陈述**是至少一个**其他**陈述的真值函项。譬如，"查理是整洁的并且查理是可爱的"就是一个复合陈述，因为它是两个其他陈述（"查理是整洁的"和"查理是可爱的"）的真值函项。

　　逻辑中的定义和原则的阐述，必须非常精确。表面上看似简单的东西往往被证明比人们想象的要复杂。"查理是整洁的"作为一个**陈述**是一个真值函项，但它是其**本身**（即其分支陈述"查理是整洁的"）之真值函项：它的真值就是它本身真值的函项而非其他。这是简单陈述的特性，是真值函项的极限情形。一个简单陈述是且只是它本身的真值函项这一事实，意味着它本身**不是其他**陈述的真值函项（正如以上所定义）。

　　一个复合陈述不是简单陈述，这意味着它是至少一个其他分支陈述的真值函项。例如，复合陈述"查理是整洁的并且查理是可爱的"就是至少一个其他分支陈述的真值函项；事实上它是两个分支陈述（"查理是整洁的"和"查理是可爱的"）之真值函项，即"查理是整洁的并且查理是可爱的"的真值是"查理是整洁的"和"查理是可爱的"的真值函项。同样，复合陈述"那个盲囚戴着红帽子，或者他戴着白帽子"则是"那个盲囚戴着红帽子"和"那个盲囚戴着白帽子"这两个陈述的真值函项。

　　陈述"查理不是整洁的"在逻辑中常被表达为"并非查理是整洁的"，从而是一个复合陈述，因为它是另一个陈述"查理是整洁的"的真值函项。"查理不是整洁的"为真，当且仅当，"查理是整洁的"为假；而"查理不是整洁的"为假，当且仅当，"查理是整洁的"为真。

　　这些例子说明了关于简单陈述与复合陈述的一个重要事实。既然简单陈述不是其他陈述的真值函项，简单陈述就**不**包含能够作为逻辑词汇的语词，比如"并且"、"或者"、"如果……那么"、"当且仅当"或"并非"。而因为一个复合陈述**是**至少一个**其他**陈述的真值函项，所以它至少包含一个词作为逻辑词汇（比如"并非"或"并且"）。

因此，我们有两种相互关联的标准来确定一个给定的日常陈述是简单的还是复合的。第一，我们可以检查一个陈述是不是其他不同陈述的真值函项，比如"阿比盖尔相信巴拉克·奥巴马是美国第 42 届总统"是"巴拉克·奥巴马是美国第 42 届总统"的真值函项吗？答题是否定的：它并不能由"巴拉克·奥巴马是美国第 42 届总统"的真假而确定。因此，这个陈述就是一个简单陈述。第二，我们可以检查一个陈述是否包含逻辑词汇，比如"巴拉克·奥巴马是美国第 42 届总统"就不包含任何逻辑词汇，因而它是一个简单陈述。

以上例子表明一个陈述可以是其他陈述的分支，却不是其他陈述的真值函项性分支。就我们当前的目的而言，可引入如下定义：当一个陈述的分支陈述为任何其他具有相同真值的陈述所替代，而仍与原陈述有相同的真值时，我们就把该分支陈述定义为原陈述的**真值函项分支**（truth-functional component）。

例如，"巴拉克·奥巴马是美国第 42 届总统"就不是"阿比盖尔相信巴拉克·奥巴马是美国第 42 届总统"的真值函项分支，因为我们用其他陈述（"巴黎是法国的首都"）替换前者后，替换后的陈述与原陈述的真值可以不同。相反，"查理是整洁的"就是"查理是整洁的且查理是可爱的"的真值函项分支。如果这个合取陈述是真的，"查理是整洁的"就是真的；且如果我们用任何其他陈述（如"巴黎是法国的首都"）替换"查理是整洁的"，由此得到的陈述就与原合取陈述有相同的真值（即都为真）。基于这个定义，一个复合陈述就至少由一个真值函项分支构成。

8.3 合取、否定与析取

复合的真值函项陈述包含一个或多个逻辑词汇作为逻辑算子。在命题逻辑的符号语言中（正如我们正要展示的）有五个**逻辑算子**："·"（圆点符，代表"并且"），"∨"（楔劈符，代表可兼的"或者"），"⊃"（马蹄符，代表"如果……那么"），"≡"（三杠号，代表"当且仅当"），以及"～"（波浪符或卷曲符，代表"并非"）。前四个逻辑算子联结两个陈述，因此它们常被叫作"联结词"或"**逻辑联结词**"。第五个逻辑算子不是联结两个陈述，而是置于一个陈述的前面（左边）。接下来，我们将展示这五种真值函项复合陈述，同时通过真值表所确定的每一个算子独特的真值函项性。

A. 合取

我们首先考察的真值函项复合陈述是合取陈述。通过在两个陈述之间使用语词"并且"，可以形成它们的**合取**；被如此联结的两个陈述叫**合取支**。因此，复合陈述"查理是整洁的并且查理是可爱的"就是一个合取，它的第一个合取支是"查理是整洁的"，第二个合取支是"查理是可爱的"。

语词"和"是个简短且便利的词，但除了联结陈述外，它还有其他一些用法。譬如，陈述"林肯和格兰特是同时代人"不是一个合取，而是一个表达关系的简单陈述。陈述"林肯和格兰特是同时代人"**不是**其他分支陈述的真值函项。为了有一个其唯一功能是合取地联结陈述的独特符号，我们引入圆点"·"作为合取符号。于是，前述合取可以写成"查理是整洁的·查理是可爱的"。更一般地，如果 p 和 q 代表任意两个陈述，它们的合取就写为 p·q。在一些书籍中，也用其他符号表示合取，如"∧"和"&"。

我们前面把一个复合陈述定义为是至少一个其他陈述的真值函项——至少有一个真值函项分支。一个合取就是一个真值函项复合陈述，它由两个陈述（两个真值函项分支）组成，即由两个合取支组成，它们通过逻辑词汇或**真值函项联结词**"并且"（圆点符号"·"）相联结。合取陈述的真值是它的两个合取支确定的真值函项。**一个合取陈述是真的，当且仅当，它的两个合取支都是真的；否则，它就是假的。**已知任何两个陈述 p 和 q，它们只有四种可能的真值组合。这四种可能情形及每种情形下该合取的真值可以排列如下：

> 如果 p 为真且 q 为真，那么 p·q 为真。
> 如果 p 为真且 q 为假，那么 p·q 为假。
> 如果 p 为假且 q 为真，那么 p·q 为假。
> 如果 p 为假且 q 为假，那么 p·q 为假。

如果我们分别用大写字母 T 和 F 代表真值"真"和"假"，那么，一个合取的真值由其合取支的真值确定的情形，可以用**真值表**的方式更简明地刻画如下：

p	q	p・q
T	T	T
T	F	F
F	T	F
F	F	F

该真值表可看作合取（圆点符号）的定义，因为它表明了在陈述变项 p 和 q 各种可能情形下，p・q 所拥有的真值。

我们将发现用大写字母缩写简单陈述很方便。为此，我们一般用一个有助于我们记住它所缩写的那个陈述的字母。于是，我们把"Charlie is neat and Charlie is sweet"（查理是整洁的并且查理是可爱的）缩写为 N・S。① 在自然语言中，通过在两个谓项之间加"和"而不重复主项，可以使得合取支有相同主项的那些合取更简明甚或更自然。譬如，"拜伦是一个伟大的诗人并且拜伦是一个伟大的冒险家"就可以写成"拜伦是一个伟大的诗人和伟大的冒险家"。我们把后者看作和前者一样表示了同样的陈述，并且把它们无差别地符号化为 P・A。同样，在自然语言中，如果一个合取的所有合取支都有相同的谓项，该合取通常被写成在两个主项之间加"和"而不重复谓项。例如，"刘易斯是一个著名的探险家并且克拉克是一个著名的探险家"可以写成"刘易斯和克拉克是著名的探险家"。这两种表述中的任何一个都可以符号化为 L・C。

正如合取的真值表定义所表明的，一个合取是真的，当且仅当，它的合取支都是真的。但语词 and（"和""并且"）还有另外一种用法，其指谓的不只是（真值函项）陈述，还有"随之而来"的意味，即时续关联。例如，陈述"琼斯从纽约进入该国并且直接赶往芝加哥"是有意义的且可能是真的，而陈述"琼斯直接赶往芝加哥且从纽约进入该国"则几乎不可理解。"他脱了鞋并且上了床"和"他上了床并且脱了鞋"之间也有很大的区别。* 对这样例子的更深入的把握，就需要一个不同于真值函项联结

---

① 在汉语中可采用汉语拼音首位字母的方式。——译者注

* 在 1990 年 10 月 27 日的《维多利亚之声》（*The Victoria Advocate*）中有这样一则报道："里尔巷 2700 街区的拉米罗・拉米雷斯・加米萨威胁要自杀并在逃往墨西哥时被警方逮捕。"

词用法的特殊符号。

注意，自然语言语词"但是""还""也""仍然""尽管""然而""此外""虽然如此"等，甚至逗号和分号都可以用来把两个陈述联结成一个复合陈述，在合取的意义上来说，它们都可以用圆点符号表示。

B. 否定

在自然语言中，一个陈述的否定（或拒斥、否认）的形成通常是在原陈述前加一个"并非"。或者可以通过给一个陈述加一个前（后）缀"这是假的"或"事情并非如此"，来表达该陈述的否定。通常用符号"～"（叫作"波浪符"或"卷曲符"）来表示一个陈述的否定。（有些书也有其他符号表示否定，如"-"或"¬"。）例如，若用符号 M 表示陈述"所有人都是有死的"，则陈述"并非所有人都是有死的"、"有的人不是有死的"、"所有人都是有死的是假的"以及"情况并非是所有人都是有死的"等都可以无差别地符号化为～M。更一般地，如果 p 是一任意陈述，则它的否定可写为～p。与四个真值函项联结词一样，波浪符也是**真值函项逻辑算子**：一个否定，比如～p，就是一个真值函项复合陈述，它的真值由它的分支，即 p，唯一地确定。否定算子能够把一个陈述的真值反过来：任何真陈述的否定都是假的，任何假陈述的否定都是真的。这一事实可以用真值表简明地刻画如下：

p	～p
T	F
F	T

这个真值表可以看作否定陈述（以及否定符号"～"）的定义。

C. 析取

在自然语言中，两个陈述的**析取**（或选言）是通过在它们中间插入语词"或"形成的。如此结合的两个分支陈述叫**"析取支"**（或**"选言支"**）。

自然语言语词"或"很模糊，它有两个相关但可区分的含义。其中一个含义可以用陈述"保险金会因生病或失业而被取消"为例来说明。这里的含义显然是，不仅生病的人和失业的人没有保险金，而且那些既生病又失业的人也没有保险金。"或"的这种含义叫作弱的或可兼的含义。当某一个析取支为真或者两个析取支都为真时，**该可兼析取陈述**是真的；仅当两个析取支皆假时，这两个析取支构成的可兼析取陈述是假的。可兼意义上的"或"有"二者之一，可能二者都"之意。保险单里的这种精确含义与合同和其他法律文本中的一样，可以用词组"和/或"给以明晰表达。

语词"或"也可以用作强的或不可兼的含义，此时其含义不是"至少一个"，而是"至少一个且至多一个"。如果餐馆的菜单上列有"沙拉或甜点"，很清楚，它的意思是说，根据所标的就餐价格，就餐者可以点一种或另外一种，但不能两种都点。在保险单里要表达"或"的不可兼的精确含义，通常要加上词组"二者不可得兼"。

我们把两个陈述的可兼析取解释为断言至少其中有一个是真的，把它们的**不可兼析取**解释为断言至少其中有一个为真但并非两个都为真。注意，这两种析取有共同的含义——至少有一个析取支为真——是可兼的"或"的全部含义，是不可兼的"或"的部分含义。

尽管在现代自然语言中析取的表述很模糊，但在拉丁文中并不模糊。对应于上述"或"的两种不同含义，拉丁文有两个不同的语词。拉丁语词 vel 指谓弱的或可兼的析取，aut 对应强的或不可兼意义上的语词"或"。习惯上用 vel 的第一个字母来代表弱的、可兼意义上的"或"。如果 p 和 q 是任意两个陈述，它们的弱的或可兼的析取写为 p∨q。楔劈符（或称可兼析取号，有时也叫作"∨形号"）也是一个真值函项联结词。一个弱析取为假，仅当它的两个析取支皆假；否则，它就是真的。我们可以用真值表把可兼析取（楔劈符）定义如下：

p	q	p∨q
T	T	T
T	F	T
F	T	T
F	F	F

本节所举的第一个样本论证就是一个**析取三段论**。（一个三段论就是一个演绎论证，它包含两个前提和一个结论。相比第 7 章的用法，**析取三段论**在这里是一种狭义用法。）

那个盲囚戴着红帽子或者那个盲囚戴着白帽子。
那个盲囚没戴红帽子。

因此，那个盲囚戴着白帽子。

其形式特征可以描述为：第一个前提是一个析取；第二个前提是第一个前提的第一个析取支的否定；结论与第一个前提的第二个析取支一样。很显然，无论对语词"或"做何种解释，即不管是可兼析取还是不可兼析取，如此定义的析取三段论都是有效的。既然像析取三段论这样的以析取为前提的典型有效论证，无论对语词"或"做何种解释都是有效的，那么，我们可以简单地把语词"或"翻译为逻辑符号"∨"，**而不管语词"或"采取何种含义**。只有通过对上下文进行严格考察，或明确追问说话者或写作者，才能发现其采取的是何种含义。如果我们约定把语词"或"的任意一次出现都当作可兼的，那么，这个通常难以解决的问题就可以避免。另外，如果通过附加词组"二者不可得兼"的方式，明确地表达了是不可兼析取，那么，正如即将见到的，我们有符号方法来描述这种附加意义。

在自然语言中，当两个析取支有同样的主项或谓项时，用"或"来压缩它们的析取表述，而不必重复这两个析取支的公共部分，这是很自然的。例如，"或者史密斯是所有者或者史密斯是管理者"可以同等好地表述为"史密斯或是所有者或是管理者"，并且其中任何一个都可以合适地符号化为O∨M。"或者瑞德有罪或者巴奇有罪"通常被陈述为"瑞德或者巴奇有罪"，它们都可以符号化为R∨B。

语词"除非（unless）"通常用来形成两个陈述的析取。例如，"除非你努力学习，否则你考不好"可正确地符号化为P∨S，原因在于析取陈述断定的是有一个析取支为真，而如果一个陈述不是真的，则另一个会是真的。当然，你也可能努力学习了但考得不好。

语词"除非"有时也被用来传达比这更多的信息。它的意思可以是：（基于语境）一个或另一个陈述是真的但并非两个都是真的。也就是说，"除非"意指不可兼析取。譬如，特德·特纳（Ted Turner）提到，全球变暖将在未来一百年内将纽约淹没于水下，并且"将会是这个世界所见到的最大的灾难——除非爆发了核战争"。在这里，说话者的意思确实是说，两个析取支中至少有一个是真的，但显然它们不能两个都真。当我们说，"野餐将举行，除非下雨"（或者，"除非下雨，野餐将举行"），我们的意思当然是，如果不下雨，将举行野餐。但我们是否有如果下雨就不举行野餐这样的意思呢？这是不清楚的。除非确定所意指的是不可兼析取，把每个析取当成弱的或可兼的是明智的做法。"除非"最好简单地用楔劈符（∨）来符号化。

D. 标点符号

在自然语言中，要使复杂陈述意义明确，标点符号是必需的。若没有不同的标点符号的使用，许多句子就会非常含混。譬如，给"The teacher says John is a fool"加不同的标点符号，它就会有很不相同的含义：如"The teacher, says John, is a fool"（"约翰说那个教师是傻瓜"）或者"The teacher says John is a fool"（"那个教师说约翰是傻瓜"）。一些句子需加标点，符号才可以理解，如"Jill where Jack had had had had had had had had had had the teacher's approval"。在数学中，标点符号也同样必要。在没有特别约定的情况下，2×3+5不能确定指称某个特定的数，而在使用标点清楚地表明其成分如何组合的情形下，（2×3）+5 指称 11，2×（3+5）指称 16。为了避免歧义和使意义明确，数学中的分组符号以圆括号（）、方括号［］和大括号｛｝等形式出现。（）用来组合基本符号；［］用来组合包含圆括号的表达式；｛｝用来组合包含方括号的表达式。

在符号逻辑语言中，分组标点符号——圆括号、方括号、大括号——也是同样基本的。因为在逻辑中，复合陈述自身通常复合成一些更复杂的陈述。例如，p·q∨r 是含混的：它可能意指 p 与 q 和 r 的析取的合取，或者意指这样一个析取，其第一个析取支是 p 和 q 的合取，第二个析取支是 r。通过把公式加标点为 p·(q∨r) 或 (p·q)∨r，我们可以区分这两种不同含义。不同标点方式所导致的差别，可以通过考察 p 为假，q 和 r 都为真的情形看出。在这种情形中，第二个加标点的陈述是真的（因为它的第二个析取支是真的），而第一个公式是假的（因为它的第一个合取支是假的）。在此，标点的不同导致了真和假的区别，因为不同的加标点方式会对含混的 p·q∨r 赋不同的真值。

语词 either（"或者"）在英语中有很多不同的意义和用法。在语句"There is danger on either side"（"两边都有危险"）中，它有合取的力量。但它更常用来引入析取陈述的第一个析取支，如"Either the blind prisoner has a red hat or the blind prisoner has a white hat"（"或者那个盲囚戴

红帽子或者那个盲囚戴白帽子")。在此，它有助于语句修辞上的平衡，但并不影响语句的意义。"either"最重要的用法其实是给复合陈述加标点。例如，语句"The organization will meet on Thursday and Anand will be elected or the election will be postponed"（"那个组织星期四将开会并且安纳德会当选或者选举被推迟"）是有歧义的，可以通过把"either"放在该语句的开头，或者把它插入在名字"Anand"之前以消除歧义。在符号语言中，这种加标点的作用是通过加括号的方式实现的。前一段所讨论的那个含混公式 p·q∨r 恰与刚才所考察的这个含混语句相对应。该陈述的两种不同的加标点方式可与这个语句的两种不同的加标点方式相对应，而该语句的两种加标点方式是通过"either"的两种不同插入实现的。

　　析取的否定通常是用词组"不—也不"形成的。因此，陈述"或者费尔莫尔或者哈定是最伟大的美国总统"与陈述"费尔莫尔不是最伟大的美国总统，哈定也不是"矛盾。这个析取陈述可以符号化为 F∨H，其否定或者是~(F∨H)，或者是（~F)·(~H)。（这两个符号公式的逻辑等价将在 8.10 节讨论。）应该清楚的是，否定断言两个陈述至少一真的析取陈述，要求把两个析取支都断言为假。

　　语词"二者都（both）"在逻辑标点上扮演着重要角色，值得给予仔细的关注。正如上面所提到的，当我们说"杰玛和德勒克两者都不……"时，我们是说"杰玛不……德勒克也不……"；我们是对他们每一个都进行否定。但当我们说"杰玛和德勒克并非两者都……"时，说的却是某件非常不同的事，我们是在对他们共同组成的对子进行否定，说的是"他们两人都……情况并非如此"。这种差别是非常根本的。在日常句子中，当"两者都"放在不同的地方时，会产生完全不同的意义。考虑下面语句意义的重要差别：

　　　　杰玛和德勒克不会二者都当选。
　　　　杰玛和德勒克二者都不会当选。

第一个语句否定的是合取 J·D，可以符号化为~(J·D)。第二个语句是说他们中的每一个都不会当选，可以符号化为~(J)·~(D)。只需改变两个语词"二者都"和"不"的位置就改变了所断言的东西的逻辑力量。

　　当然，"二者都"并不总是扮演这种角色；有时只用它来增强语气。

我们说"刘易斯和克拉克二者都是伟大的探险家",只是以之更强调地陈述"刘易斯和克拉克是伟大的探险家"所言说的东西。但在进行逻辑分析时,必须非常小心地确定"二者都"的标点符号作用。

为简化起见,即为了减少所需的括号数量,做如下约定是很便利的:在任意公式中,否定符号将被理解为施加于标点符号所管辖的最小陈述。没有这种约定,公式∼p∨q 是含混的,它意谓(∼p)∨q,或者∼(p∨q)。但采用上述约定,其意指的就是备选者中的第一个,波浪符只能(根据约定)施加于第一个分支 p,而不是更大的公式 p∨q。

为符号语言建立一套标点符号,不仅可以用来表述合取、否定和弱析取,而且也能够表述不可兼析取。p 和 q 的不可兼析取陈述,断言它们当中至少有一个是真的,但并非二者都为真,可以简单地刻画为(p∨q)·∼(p·q)。用符号"∨",可以表达两个析取支的不可兼析取:p∨q。

任何仅用否定、合取和析取三个真值函项联结词——符号即波浪符、圆点符和楔劈符(即∼,·,∨)——从简单陈述构造而成的复合陈述的真值,都完全由组成它的简单陈述的真或假确定。只要知道简单陈述的真值,它们的任何真值函项复合体的真值就很容易计算。在处理这样的复合陈述时,我们总是从它们最内部的组成分支开始,然后逐步外推。例如,设 A 和 B 都是真陈述且 X 和 Y 都是假陈述,即可计算复合陈述∼[∼(A·X)·(Y∨∼B)]的真值如下:因为 X 为假,故 A·X 为假,从而否定陈述∼(A·X)为真;因为 B 为真,故它的否定∼B 为假,又因为 Y 也为假,故 Y 和∼B 的析取 Y∨∼B 亦为假;加方括号的公式[∼(A·X)·(Y∨∼B)]是一个真陈述和一个假陈述的合取,因此是假的;由此,它的否定,即∼[∼(A·X)·(Y∨∼B)],作为一个整体的陈述是真的。这样一种逐步程序,使得我们总能根据一个复合陈述的分支的真值来确定它的真值。

在某些情形下,即使我们不能确定其中一个简单分支陈述的真或假,我们也能确定一个真值函项复合陈述的真值。首先,通过假定某所与简单分支陈述为真,计算出该复合陈述的真值;然后,假定该同一简单分支陈述为假,计算出该复合陈述的真值,对其真值未知的每个分支施行同样的步骤,我们就可以做到这一点。如果这些计算对被考察的复合陈述产生同样的真值,我们不必先确定它的分支的真值,就可以确定该复合陈述的真值,因为我们已经表明整个复合陈述必定有一个特定的真值,而不管分支简单陈述的真值是什么。真值表允许我们解释这种方法在多于一个不确定的分支时的情况（见 8.7 - 8.10 以及 9.9 节）。

概览

符号表达式中的标点符号

陈述：

　　我将努力学习并通过考试或不及格。

很含混。它可以是意谓"我将努力学习并通过考试，否则我将不及格"，或者"我将努力学习并且我或者通过考试或者不及格"。

　　符号表达式：

　　　　S·P∨F

是同样含混的。圆括号消除了这种含混性。在意指"我将努力学习并通过考试，否则我将不及格"的情况下，可得到：

　　　　(S·P) ∨F

在意指"我将努力学习并且我或者通过考试或者不及格"的情况下，可得到：

　　　　S·(P∨F)

练习题

A. 根据圆点符、楔劈符和波浪符的真值表定义，确定下列陈述中哪些是真的。

*1. 罗马是意大利的首都∨罗马是西班牙的首都。

2. ∼(伦敦是英国的首都·斯德哥尔摩是挪威的首都)。

3. ∼伦敦是英国的首都·∼斯德哥尔摩是挪威的首都。

4. ∼(罗马是西班牙的首都∨巴黎是法国的首都)。

*5. ∼罗马是西班牙的首都∨∼巴黎是法国的首都。

6. 伦敦是英国的首都∨∼伦敦是英国的首都。

7. 斯德哥尔摩是挪威的首都·∼斯德哥尔摩是挪威的首都。

8. (巴黎是法国的首都·罗马是西班牙的首都)∨(巴黎是法国的首都·∼罗马是西班牙的首都)。

9. (伦敦是英国的首都∨斯德哥尔摩是挪威的首都)·(∼罗马是意大

利的首都·～斯德哥尔摩是挪威的首都)。

*10. 罗马是西班牙的首都∨～(巴黎是法国的首都·罗马是西班牙的首都)。

11. 罗马是意大利的首都·～(巴黎是法国的首都∨罗马是西班牙的首都)。

12. ～(～巴黎是法国的首都·～斯德哥尔摩是挪威的首都)。

13. ～[～(～罗马是西班牙的首都∨～巴黎是法国的首都)∨～(～巴黎是法国的首都∨斯德哥尔摩是挪威的首都)]。

14. ～[～(～伦敦是英国的首都·罗马是西班牙的首都)·～(罗马是西班牙的首都·～罗马是西班牙的首都)]。

*15. ～[～(斯德哥尔摩是挪威的首都∨巴黎是法国的首都)∨(～伦敦是英国的首都·～罗马是西班牙的首都)]。

16. 罗马是西班牙的首都∨(～伦敦是英国的首都∨伦敦是英国的首都)。

17. 巴黎是法国的首都·～(巴黎是法国的首都·罗马是西班牙的首都)。

18. 伦敦是英国的首都·～(罗马是意大利的首都·罗马是意大利的首都)。

19. (斯德哥尔摩是挪威的首都∨～巴黎是法国的首都)∨～(～斯德哥尔摩是挪威的首都·伦敦是英国的首都)。

*20. (巴黎是法国的首都∨～罗马是西班牙的首都)∨～(～巴黎是法国的首都·～罗马是西班牙的首都)。

21. ～[～(罗马是西班牙的首都·斯德哥尔摩是挪威的首都)∨～(～巴黎是法国的首都∨～罗马是西班牙的首都)]。

22. ～[～(伦敦是英国的首都·巴黎是法国的首都)∨～(～斯德哥尔摩是挪威的首都∨～巴黎是法国的首都)]。

23. ～[(～巴黎是法国的首都∨罗马是意大利的首都)·～(罗马是意大利的首都∨斯德哥尔摩是挪威的首都)]。

24. ～[(～罗马是西班牙的首都∨斯德哥尔摩是挪威的首都)·(～斯德哥尔摩是挪威的首都∨巴黎是法国的首都)]。

*25. ～[(～伦敦是英国的首都·巴黎是法国的首都)∨～(～巴黎是法国的首都·罗马是西班牙的首都)]。

B. 如果 A、B 和 C 都是真陈述，并且 X、Y、Z 是假陈述，下列复合陈述哪些是真的？

*1. ~A∨B
2. ~B∨X
3. ~Y∨C
4. ~Z∨X
*5. (A·X)∨(B·Y)
6. (B·C)∨(Y·Z)
7. ~(C·Y)∨(A·Z)
8. ~(A·B)∨(X·Y)
9. ~(X·Z)∨(B·C)
*10. ~(X·~Y)∨(B·~C)
11. (A∨X)·(Y∨B)
12. (B∨C)·(Y∨Z)
13. (X∨Y)·(X∨Z)
14. ~(A∨Y)·(B∨X)
*15. ~(X∨Z)·(~X∨Z)
16. (A∨C)∨~(X·~Y)
17. ~(B∨Z)·~(X∨~Y)
18. ~[(A∨~C)∨(C∨~A)]
19. ~[(B·C)·~(C·B)]
*20. ~[(A·B)∨~(B·A)]
21. [A∨(B∨C)]·~[(A∨B)∨C]
22. [X∨(Y·Z)]∨~[(X∨Y)·(X∨Z)]
23. [A·(B∨C)]·~[(A·B)∨(A·C)]
24. ~{[(~A·B)·(~X·Z)]·~[(A·~B)∨~(~Y·~Z)]}
*25. ~{~[(B·~C)∨(Y·~Z)]·[(~B∨X)∨(B∨~Y)]}

C. 用字母 E、I、J、L 和 S 分别缩写简单陈述"埃及食品短缺恶化"、"伊朗提高石油价格"、"约旦要求更多美国援助"、"利比亚提高石油价格"和"沙特阿拉伯多买500架战斗机"，来符号化下列陈述。

*1. 伊朗提高石油价格但利比亚不提高石油价格。

2. 伊朗或利比亚提高石油价格。

3. 伊朗和利比亚两国都提高石油价格。

4. 并非伊朗和利比亚两国都提高石油价格。

*5. 伊朗和利比亚两国都不提高石油价格。

6. 伊朗或利比亚提高石油价格，但并非两国都如此。

7. 沙特阿拉伯多买500架战斗机，并且或者伊朗提高石油价格或者约旦要求更多美国援助。

8. 或者沙特阿拉伯多买500架战斗机并且伊朗提高石油价格，或者约旦要求更多美国援助。

9. 并非埃及食品短缺恶化，并且约旦要求更多美国援助。

*10. 埃及食品短缺恶化或者约旦要求更多美国援助，情形并非如此。

11. 或者并非埃及食品短缺恶化，或者约旦要求更多美国援助。

12. 埃及食品短缺恶化并且约旦要求更多美国援助，情形并非如此。

13. 约旦会要求更多美国援助，除非沙特阿拉伯多买 500 架战斗机。

14. 除非埃及食品短缺恶化，利比亚才会提高石油价格。

*15. 伊朗不会提高石油价格，除非利比亚这样做。

16. 除非伊朗和利比亚两国都提高石油价格，它们当中的任何一个都不会。

17. 利比亚提高石油价格，并且埃及食品短缺恶化。

18. 并非伊朗和利比亚都不会提高石油价格。

19. 除非伊朗和利比亚两国都不提高石油价格，埃及食品短缺会恶化并且约旦会要求更多美国援助。

*20. 伊朗提高石油价格且埃及食品短缺恶化，或者并非约旦要求更多美国援助且沙特阿拉伯多买 500 架战斗机。

21. 埃及食品短缺恶化且沙特阿拉伯多买 500 架战斗机，或者，约旦要求更多美国援助或利比亚提高石油价格。

22. 沙特阿拉伯多买 500 架战斗机，并且，或者约旦要求更多美国援助或者伊朗和利比亚两国都提高石油价格。

23. 埃及食品短缺恶化或者约旦要求更多美国援助，但伊朗和利比亚两国都不提高石油价格。

24. 埃及食品短缺恶化，但沙特阿拉伯多买 500 架战斗机且利比亚提高石油价格。

*25. 利比亚提高石油价格且埃及食品短缺恶化；然而，沙特阿拉伯多买 500 架战斗机且约旦要求更多美国援助。

8.4 条件陈述与实质蕴涵

当把语词"如果"放在第一个陈述之前，把语词"那么"放在第一个和第二个陈述之间来结合两个陈述时，如此构成的复合陈述就是一个**条件陈述**（也叫"假言陈述"、"蕴涵"或"蕴涵陈述"）。在一个条件陈述中，跟在"如果"后面的分支陈述叫**前件**（或"蕴涵者"，偶尔也叫"前式"），跟在"那么"后面的分支陈述叫**后件**（或"被蕴涵者"，偶尔也叫"后式"）。例如，"如果琼斯先生是那个司闸员的邻居，那么琼斯先生挣的钱是那个司闸员的三倍"是一个条件陈述,其中,"琼斯先生是那个司闸员的邻居"是前件,"琼斯先生挣的钱是那个司闸员的三倍"是后件。

一个条件陈述断言在其前件为真的任何情形下,它的后件也是真的。它并不断言其前件为真,而只是断言如果其前件为真,其后件也为真。它也并不断言其后件为真,而仅仅断言它的后件会为真,如果前件为真的话。一个条件陈述的基本含义,是断言其前后件之间的某种关系以特定次序成立。要理解一个条件陈述的含义,我们必须理解何为蕴涵关系。

"**蕴涵**"一词不止一个含义。我们已经看到,在引进一个特殊的逻辑符号来表示日常语词"或者"的某个单一含义之前,区分它的不同含义是有用的。要是我们不这样做,日常语言的含混性就会影响我们的逻辑符号系统,妨碍我们达到所欲获得的明晰性和精确性。在我们把一个特殊的逻辑符号引入这种联系之前,区分"蕴涵"或"如果-那么"的不同含义亦同样有用。

考察下面的四个条件陈述,它们每个都断言一种不同类型的蕴涵,都对应于一种不同含义的"如果-那么":

A. 如果所有人都有死且苏格拉底是人,那么苏格拉底有死。
B. 如果莱士里是单身汉,那么莱士里是未婚的。
C. 如果把这张蓝色的石蕊纸放在酸液中,那么这张蓝色的石蕊纸会变红。
D. 如果我今天得到加薪,那么我将买一辆新车。

即使随意地观察一下这四个条件陈述也会发现,它们具有非常不同的类型。A 的后件乃由它的前件逻辑地推出。而 B 的后件是根据其前件中的术语"单身汉"的定义而得来,而"单身汉"的定义就是未婚男人。C 的后件不是仅根据逻辑或其词项的定义从其前件推出,这种联系必须经验地发现,因为这里所陈述的蕴涵是因果关系。最后,D 的后件既不是根据逻辑或定义从前件推得,也没有涉及因果性定律——就这个词的通常意义来说。大多数因果性定律,譬如物理学和化学中发现的那些定律,描述的是世界发生了什么，而不管人的希望或欲求如何。当然，没有这样一种定律和陈述 D 相联系。这个陈述表述的是：说话者在某种特定的情形下以特定的方式行事的决策（或构成一个前提）。

可见，这四个条件陈述的不同之处，就在于每个断言了其前件和后件之间的一种不同类型的蕴涵关系。但它们并非完全不同，它们所断言的都是蕴涵的类型。那么，它们是否存在任何可识别的共同含义，即是否存在尽管可能不是其中任何一个的完整含义，却是这些公认的不同种类蕴涵所共有的部分含义呢？

关于探求共同的部分含义的重要性，我们可以回想一下对日常语词"或"进行符号刻画的过程。那时我们是如下进行的。首先，在对比可兼和不可兼析取时，我们强调"或"的两种含义之间的区别。我们注意到，两个陈述的可兼析取的意思是说，它们当中至少一个为真。不可兼析取的意思是说，它们当中至少一个为真，但不是二者都为真。其次，我们注意到这两种类型的析取有一个共同的含义。这个共同含义，即至少有一个析取支为真，被看作弱的、可兼的"或"的整个含义，是强的、不可兼的"或"的含义的一部分。然后，我们引入特殊符号"∨"来表达这个共同的部分含义（它是"或"的弱意义上的整个含义）。最后，我们注意到，表达共同的部分含义的符号刻画也是对语词"或"在下述意义上的合适翻译，即可以把析取三段论作为一个有效的论证形式保留下来。我们承认把不可兼的"或"翻译成符号"∨"，忽略和丢掉了它的部分含义。但由这种翻译所保留的那个部分含义，是析取三段论继续成为一个有效论证必需的全部东西。既然析取三段论是我们这里所关注的涉及析取的典型论证，那么，语词"或"的这种部分翻译——在某些情形下，可以从它的"完全的"或"全部的"含义中抽取出来——对我们目前的目的是完全合适的。

现在，我们希望以同样的方式抽取日常语言词组"如果-那么"的含义。第一步已经完成：我们已经强调了短语"如果-那么"对应于四种不同蕴涵的意义之间的区别。现在准备做第二步，即发现至少是所有这四种不同类型的蕴涵的含义的一部分的那种意义。

我们通过追问如下问题来处理这个问题：什么情形足以确立一个给定条件陈述的假？在什么情形下，我们会同意下面的条件陈述为假呢？

如果把这张蓝色的石蕊纸放进那种溶液中，那么这张蓝色的石蕊纸会变红。

这个条件陈述并未断言任何一张蓝色的石蕊纸实际上被放进了那种溶液中，或任何一张蓝色的石蕊纸实际上变红了，认识到这一点是很重要的。它仅仅断言如果把这张蓝色的石蕊纸放进那种溶液中，那么这张蓝色的石蕊纸会变红。如果这张蓝色的石蕊纸实际上被放进那种溶液中，并且它没变红，就证明该陈述是假的。可以说，当一个条件陈述的前件为真时，就获得一个关于该条件陈述的虚假性的严峻检验，因为如果它的后件为假且前件为真，该条件陈述本身就被证明为假。

对任一条件陈述"如果 p，那么 q"来说，如果已知合取 p·~q 为真，也就是说，如果它的前件为真且后件为假，则可知该条件陈述为假。而若一个条件陈述为真，则上面所示合取陈述必定为假，也就是说，它的否定~(p·~q)必定为真。换句话说，对任何为真的条件陈述"如果 p 那么 q"而言，它的前件和后件的否定的合取的否定，即陈述~(p·~q)必定也为真。据此，我们可把~(p·~q)当作"如果 p 那么 q"的含义的一部分。

每个条件陈述都意谓否定其前件为真且后件为假，但这不必是其整个含义。前面的 A 那样的条件陈述还断言了其前件和后件之间的一种逻辑联系，B 那样的条件陈述还断言了一种定义性联系，C 那样的条件陈述还断言了一种因果性联系，而 D 那样的条件陈述则还断言了一种决策性联系。但不管一个条件陈述断言的是何种蕴涵，它的一部分含义是对其前件和后件的否定的合取的否定。

现在，我们引进一个特殊的符号来表达短语"如果-那么"的这种共同的部分含义。通过以 p⊃q 作为~(p·~q)的缩写，我们来定义实质蕴涵陈述（一个条件陈述）和新符号"⊃"（叫作"马蹄符"，其他系统也用符号"→"来表达这种关系）。符号"⊃"的确切含义可以用真值表方法揭示如下：

p	q	~q	p·~q	~(p·~q)	p⊃q
T	T	F	F	T	T
T	F	T	T	F	F
F	T	F	F	T	T
F	F	T	F	T	T

其中，前两列是引导列，它们只是列出 p 和 q 真值组合的所有可能情形。第三列据第二列得来，第四列据第一和第三列得来，第五列据第四列得来，根据定义，第六列与第五列真值相同（正如我们在 8.10 节将要看到的，p⊃q **逻辑等价于**~(p・~q)）。

符号"⊃"不应被看成是指谓"如果-那么"的某种含义，或代表（上列蕴涵类型中的）某种蕴涵关系。那是不可能的，因为没有单一的"如果-那么"的含义，而是有几个含义。不存在该符号所刻画的单一蕴涵关系，而是有几种不同的蕴涵关系。故符号"⊃"不应被看成是代表"如果-那么"的所有含义。这些含义各不相同，用单个逻辑符号来缩写所有这些含义的任何企图都会使符号变得含混，正如日常语言词组"如果-那么"或"蕴涵"一样含混。符号"⊃"是完全不含混的。p⊃q 缩写的就是~(p・~q)，它的含义包含在被探讨的各种蕴涵的含义之中，但它并不构成它们中任何一个的完整含义。

既然读 p⊃q 的一种方便方式是"如果 p，那么 q"，我们也可以把符号"⊃"看成表示了另一种蕴涵，而且这样做是很有好处的。但它不是与前面提到过的任何一种蕴涵相同的蕴涵，它被逻辑学家叫作实质蕴涵。给出这个特殊的名称，就是承认它是一个特殊概念，不应该把它和其他更常见类型的蕴涵相混淆。

日常语言中的所有条件陈述并非都必须断言前面所讨论的四种蕴涵之一。实质蕴涵实际上也是日常话语中所断言的第五种蕴涵。考虑这样一个评论："如果希特勒是军事天才，那么我是猴子的叔叔"。很显然，它不是断言逻辑的、定义性的或因果性的蕴涵。它也不表达决策性蕴涵，因为说话者并没有能力使后件为真。这里的前后件之间没有"真正的联系"，不管是逻辑的、定义性的还是因果性的。这种条件陈述经常被当作一种强调或幽默的方法来使用，它否定的是其前件，其后件通常是一个滑稽的、显然为假的陈述。既然没有任何为真的条件陈述有这样的真前件和假后件，那么，肯定这样一个条件陈述就意味着否定它的前件为真。上述条件陈述的完整含义就是，只要"我是猴子的叔叔"为假，即可否定"希特勒是军事天才"为真。因为前者明显为假，该条件陈述必被理解为否定后者。某人说："或者希特勒不是军事天才，或者我是猴子的叔叔（显然，我不是猴子的叔叔）。"[2]

这里的关键在于，实质蕴涵没有表明前后件之间的"实在关联"。一个条件陈述"如果p，那么q"（即p⊃q）所断定的仅仅是：并非前件为真而后件为假(即~(p·~q))。也就是说，它断定或者前件为假或者后件为真（即~p∨q）。我们定义 p⊃q 作为~(p·~q) 的缩写；现在可从如下真值表看到，最后三列的为真为假情形是完全一样的：

p	q	~p	~q	p·~q	~(p·~q)	p⊃q	~p∨q
T	T	F	F	F	T	T	T
T	F	F	T	T	F	F	F
F	T	T	F	F	T	T	T
F	F	T	T	F	T	T	T

以下三个陈述

$\sim(p·\sim q)$

$p \supset q$

$\sim p \lor q$

彼此是逻辑等价的，这个重要的事实将在8.10节得到解释和论证，在9.6节将会看到其重要用场。

一个实质蕴涵陈述或条件陈述是一个真值函项陈述，因而马蹄符⊃就是一个真值函项联结词。因此，如下真值表就可以定义实质蕴涵-条件陈述以及马蹄符⊃：

p	q	p⊃q
T	T	T
T	F	F
F	T	T
F	F	T

一个条件陈述是假的，当且仅当，它的前件是真的而它的后件是假的；否则，它就是真的。

视觉逻辑

实质蕴涵

"如果月亮是由新鲜奶酪做的，则世界是平的。"

这一陈述，形式为 G⊃F，是一个实质蕴涵陈述。前件（"如果"子句）为假，则实质蕴涵陈述为真。因此，如果前后件皆假，则实质蕴涵陈述为真，这正是例中陈述的情况。

来源：图库素材/盖帝图像。

"如果月亮是由新鲜奶酪做的，则世界是圆的。"

这一陈述，有相似的形式 G⊃R，也是一个实质蕴涵陈述。前件（"如果"子句）为假，则实质蕴涵陈述为真。因此，如例中陈述这般，前件为假后件为真之时，实质蕴涵陈述为真。

只有在前件为真，后件为假的时候，实质蕴涵才为假。 因此，无论后件为真还是为假，只要其前件为假，实质蕴涵都为真。

正如这个真值表定义所表明，条件陈述 p⊃q 有几个乍看起来很奇怪的特征：假前件实质蕴涵真后件的断言是真的；假前件实质蕴涵假后件的断言也是真的。这种表面的怪异可以由下面的探讨得到部分驱散。因为数 2 比数 4 小（用符号表示为 2<4），可以推出任何小于 2 的数都小于 4。条件公式：

    如果 x<2，那么 x<4。

对任一 x 都是真的。我们来看数 1、3 和 4，依次以它们中的每一个代入前述条件公式的数字变项 x，可以观察到如下结果：

    如果 1<2，那么 1<4。

在这种情形下，前后件都是真的，该条件陈述当然也是真的。

    如果 3<2，那么 3<4。

在这种情形下，前件为假且后件为真，该条件陈述当然也是真的。

    如果 4<2，那么 4<4。

在这种情形下，前件和后件都是假的，但该条件陈述仍然是真的。最后两种情形分别对应于马蹄符"⊃"的真值表定义中的第三和第四行。可见，在一个条件陈述的前后件皆真、前件为假且后件为真或前后件皆假时，该条件陈述应该为真，这一点并不特别令人奇怪或惊讶。当然，没有小于 2 且不小于 4 的数，也就是说，没有其前件为真且后件为假的真条件陈述。这恰好是"⊃"的真值表定义所表明的。

  现在，我们打算把词组"如果-那么"的任何一次出现翻译成逻辑符号"⊃"。这种处理方式的意思是说，在把条件陈述翻译成符号时，我们把它们都只看作实质蕴涵。当然，大多数条件陈述断言，在前后件之间不只实质蕴涵成立。因此，这种处理方式即意味着在把一个条件陈述翻译成符号语言时，应该忽略、撇开或"抽掉"它的部分含义。怎样辩护这种处理方式呢？

  前面对用符号"∨"来翻译可兼和不可兼析取这个处理方式的辩护是基于这样的理由：即使忽略附着在不可兼析取"或"之上的附加含义，析取三段论的有效性也得到了保留。我们现在提议用符号"⊃"把所有条件陈述仅翻译成实质蕴涵，可用完全同样的方式得到辩护。许多论证包含各种不同类型的条件陈述,但是,即便忽略这些论证的条件陈述的附加含义,我们所关注的一般类型的有效论证的有效性也都得到了保留。当然,这一点还需要证明,这是本章8.8节的主题。

条件陈述可用多种不同方式表述。如下陈述:

如果他有一个好律师,那么他会被判无罪。

可以不用"那么"而被同样适当地表述为:

如果他有一个好律师,他会被判无罪。

前件和后件的表述次序可以颠倒,此时"如果"仍应在前件之前:

他会被判无罪,如果他有一个好律师的话。

显然,在上面所给的任何一个例子中,语词"如果"可被诸如"一旦"、"假如"、"倘若"或"在……条件下"等短语代替,而含义没有任何改变。经措辞调整还可把上述条件陈述表述为:

他有一个好律师蕴涵他会被判无罪。

或

他有一个好律师涵衍(entail)他会被判无罪。

从主动语态到被动语态的转换伴随着前后件次序的颠倒,可得其逻辑等价表述:

他会被判无罪被他有一个好律师蕴涵(或涵衍)。

其他的变体也是可能的:

如果他有一个好律师，那么他不可能不被判无罪。

上列表述均可符号化为 L⊃A。

必要条件和充分条件的观念提供了条件陈述的其他一些表述形式。对任何一个特定事件来说，它的出现需要有许多必要情境。例如，一辆正常的轿车要能行驶，油箱里有油、火花塞被校准、油泵能运转等都是必要条件。因此，如果该事件出现，它的出现所必需的每个条件必定都已经得到满足。据此，下述陈述：

油箱里有油是轿车行驶的一个必要条件。

可以同样适当地表述为：

轿车行驶仅当它的油箱里有油。

它是如下说法的另一方式：

如果轿车行驶，那么它的油箱里有油。

这些表述形式中的任何一个都可以符号化为 R⊃F。通常，"q 是 p 的必要条件"和"p 仅当 q"都可以符号化为 p⊃q。

对某特定情形而言，会有许多备选条件，它们中的任何一个都足以产生该情形。例如，就一个钱包里不止一美元来说，它里面有 101 便士、21 个五分镍币、11 个一角的硬币、5 个两角五分钱等都是充分条件。如果获得其中的任何一个条件，那个特定的情形就会实现。因此，说"那个钱包里有 5 个两角五分钱是它里面超过一美元的充分条件"，与说"如果那个钱包里有 5 个两角五分钱，那么它里面超过一美元"是一样的。一般地，"p 是 q 的充分条件"被符号化为 p⊃q。

例如，华尔街投资公司高盛（其年终分红一般都是数百万）的招聘人员会迅速盘问潜在雇员，通过了盘问的人被邀请进入公司办公室接受一整天的面试，最终这些人将与高盛的高管共进晚餐来结束整个面试。正如 1999 年有报道称，"获得雇用的必要不充分条件是具有敏捷的头脑和接近完美的得分，同样重要的还有真正适合这份工作"[3]。

如果 p 是 q 的一个充分条件，我们就有 p⊃q，并且 q 必定是 p 的一个必要条件。如果 p 是 q 的一个必要条件，我们就有 q⊃p，并且 q 必定是 p 的一个充分条件。因此，如果 p 是 q 的必要且充分条件，那么 q 是 p 的充分且必要条件。

    p 是 q 的充分条件（q 如果 p）：p⊃q。
    p 是 q 的必要条件（q 仅当 p）：q⊃p。
    p 是 q 的充分条件且 p 是 q 的必要条件（q 当且仅当 p）：(p⊃q)·(q⊃p)。

后者一般更为简短地表达为"p 是 q 的充分且必要条件"，并可将之符号化为如下合取陈述形式：(p⊃q)·(q⊃p)。

并非每个含有"如果"（或类似语词）的陈述都是条件陈述。下列陈述中都不是条件陈述："冰箱里有食品，如果你想吃"，"您的桌子准备好了，如果您乐意的话"，"假如感兴趣，有个消息给你"，"即便没得到允许，会议也会举行"。特定语词的出现与否决不是决定性的。在每种情形下，必须先理解给定语句的含义，然后用符号公式重新表述这种含义。

练习题

A. 如果 A、B、C 是真陈述，而 X、Y、Z 是假陈述，用马蹄符、圆点符、楔劈符和波浪符的真值表确定下列哪些陈述是真的。

 *1. A⊃B   2. A⊃X
 3. B⊃Y   4. Y⊃Z
 *5. (A⊃B)⊃Z   6. (X⊃Y)⊃Z
 7. (A⊃B)⊃C   8. (X⊃Y)⊃C
 9. A⊃(B⊃Z)   *10. X⊃(Y⊃Z)
 11. [(A⊃B)⊃C]⊃Z   12. [(A⊃X)⊃Y]⊃Z
 13. [A⊃(X⊃Y)]⊃C   14. [A⊃(B⊃Y)]⊃X
 *15. [(X⊃Z)⊃C]⊃Y   16. [(Y⊃B)⊃Y]⊃Y
 17. [(A⊃Y)⊃B]⊃Z

18. [(A・X)⊃C]⊃[(A⊃C)⊃X]

19. [(A・X)⊃C]⊃[(A⊃X)⊃C]

*20. [(A・X)⊃Y]⊃[(X⊃A)⊃(A⊃Y)]

21. [(A・X)∨(~A・~X)]⊃[(A⊃X)・(X⊃A)]

22. {[A⊃(B⊃C)]⊃[(A・B)⊃C]}⊃[(Y⊃B)⊃(C⊃Z)]

23. {[(X⊃Y)⊃Z]⊃[Z⊃(X⊃Y)]}⊃[(X⊃Z)⊃Y]

24. [(A・X)⊃Y]⊃[(A⊃X)・(A⊃Y)]

*25. [A⊃(X・Y)]⊃[(A⊃X)∨(A⊃Y)]

B. 用大写字母缩写所涉及的简单陈述，符号化下列陈述。

*1. 如果阿根廷调集军队，那么，如果巴西向联合国抗议，那么智利会要求召开拉丁美洲国家全体会议。

2. 如果阿根廷调集军队，那么，或者巴西会向联合国抗议，或者智利会要求召开拉丁美洲国家全体会议。

3. 如果阿根廷调集军队，那么，巴西会向联合国抗议且智利会要求召开拉丁美洲国家全体会议。

4. 如果阿根廷调集军队，那么巴西会向联合国抗议，并且智利会要求召开拉丁美洲国家全体会议。

*5. 如果阿根廷调集军队并且巴西会向联合国抗议，那么，智利会要求召开拉丁美洲国家全体会议。

6. 如果阿根廷调集军队或者巴西向联合国抗议，那么，智利会要求召开拉丁美洲国家全体会议。

7. 或者阿根廷会调集军队，或者如果巴西向联合国抗议，那么智利会要求召开拉丁美洲国家全体会议。

8. 如果阿根廷不调集军队，那么，或者巴西不会向联合国抗议，或者智利不会要求召开拉丁美洲国家全体会议。

9. 如果阿根廷不调集军队，那么，巴西不会向联合国抗议，智利也不会要求召开拉丁美洲国家全体会议。

*10. 并非如果阿根廷调集军队，那么，巴西会向联合国抗议且智利会要求召开拉丁美洲国家全体会议。

11. 如果并非阿根廷调集军队，那么巴西不会向联合国抗议，且智利会要求召开拉丁美洲国家全体会议。

12. 巴西会向联合国抗议，如果阿根廷调集军队。

13. 巴西向联合国抗议，仅当阿根廷调集军队。

14. 智利会要求召开拉丁美洲国家全体会议，仅当阿根廷调集军队且巴西向联合国抗议。

*15. 巴西向联合国抗议，仅当，或者阿根廷调集军队，或者智利要求召开拉丁美洲国家全体会议。

16. 阿根廷会调集军队，如果或者巴西向联合国抗议，或者智利要求召开拉丁美洲国家全体会议。

17. 巴西向联合国抗议，除非智利要求召开拉丁美洲国家全体会议。

18. 如果阿根廷调集军队，那么，除非智利要求召开拉丁美洲国家全体会议，巴西才会向联合国抗议。

19. 巴西不会向联合国抗议，除非阿根廷调集军队。

*20. 除非智利要求召开拉丁美洲国家全体会议，巴西才会向联合国抗议。

21. 阿根廷调集军队是巴西向联合国抗议的充分条件。

22. 阿根廷调集军队是智利要求召开拉丁美洲国家全体会议的必要条件。

23. 如果阿根廷调集军队且巴西向联合国抗议，那么，智利和多米尼加共和国都会要求召开拉丁美洲国家全体会议。

24. 如果阿根廷调集军队且巴西向联合国抗议，那么，智利或多米尼加共和国会要求召开拉丁美洲国家全体会议。

*25. 如果智利和多米尼加共和国都不要求召开拉丁美洲国家全体会议，那么，巴西不会向联合国抗议，除非阿根廷调集军队。

8.5 论证形式与运用逻辑类推进行的反驳

我们已经说过，演绎逻辑的核心工作就是要将有效论证与无效论证区别开来。一个有效论证（我们在第 1 章已经解释过了），不可能所有前提都是真的，而结论是假的。因此，如果一个有效论证的前提是真的，它的结论就必定是真的。反之，一个有效论证的结论是假的，那么它就至少有一个前提必假。

现在必须将对有效性的这种非形式说明进行更为精确的阐释。为了做到这一点，我们引入**论证形式概念**。考察如下两个显然具有相同逻辑形式

的论证。假如呈现在我们面前的是如下论证:

  如果培根写了那些通常归功于莎士比亚的剧本,那么培根是一位伟大的作家。
  培根是一位伟大的作家。
  因此,培根写了那些通常归功于莎士比亚的剧本。

我们可能同意其前提但不同意其结论,从而断定该论证无效。证明无效性的方式之一就是运用逻辑类推的方法。我们可以反驳说,"你是否也可以这样来论证"。

  如果华盛顿是被暗杀的,那么华盛顿死了。
  华盛顿死了。
  因此,华盛顿是被暗杀的。

"但你不可能对该论证进行严格的辩护,"我们可以继续说,"因为在这里,已知前提为真且结论为假,这个论证显然是无效的;而你前面的论证有同样的形式,因此,你的论证也是无效的。"这种类型的反驳是非常有效力的。

  这种**用逻辑类推进行反驳**的方法,为获得一种检查论证的极好的一般方法指示了方向。要证明一个论证的无效性,构造另外一个这样的论证就足够了:(1)它与第一个论证有完全一样的形式;(2)它有真的前提和假的结论。这种方法建立在这样一个事实之上,即有效性和无效性是论证的纯粹形式的特征,这就是说,不管它们所探讨的题材有何差别,任何两个有完全相同形式的论证或者都是有效的或者都是无效的。在此,我们假定简单陈述既不是逻辑真的(比如"所有椅子都是椅子"),也不是逻辑假的(比如"有些椅子是非椅子")。我们也假定,这些简单陈述之间的逻辑关系只被它们的前提断定或涵衍。这些限制的要义是把本章和下一章的探讨限定于真值函项,排除那些其有效性需要更多、更复杂逻辑思考的论证形式——它们不适合在这里引入。

  当用大写字母缩写给定论证中的简单陈述时,该论证就很清楚地展示了它的形式。例如,分别用 B、G、A、D 来缩写"培根写了那些通常归功于莎士比亚的剧本"、"培根是一位伟大的作家"、"华盛顿是被暗杀的"及"华盛顿死了",用熟悉的三点符"∴"代替"因此",我们可以把前面的两个论证分别符号化为

$$B \supset G \qquad \qquad A \supset D$$
$$G \qquad 和 \qquad D$$
$$\therefore B \qquad \qquad \therefore A$$

经过如此改写,它们的共同形式就很容易看清楚。

要讨论论证的形式而不是具有这些形式的特定论证,我们需要某种把这些论证形式本身符号化的方法。为了获得这种方法,我们引入变元的概念。在前面几节中,我们是用大写字母来符号化特定的简单陈述的。为避免混淆,我们从字母表的中间部分选取小写字母 p、q、r、s……作为陈述变元。我们将如此使用这个术语:一个陈述变元就是这样一个字母,一个陈述可以被代入它或它所在的位置。复合陈述和简单陈述一样,也可以被代入陈述变元中。

我们把一个**论证形式**定义为这样一个符号序列——一行符号串作为结论并且一行或多行符号串作为前提,其中包含一些不是陈述的陈述变元,使得当用陈述代入陈述变元时(同一陈述始终代入同一陈述变元),其结果就是一个论证。[4] 为确定性起见,我们做这样一个约定:在任何论证形式中,p 是在其中出现的第一个陈述变元,其他的陈述变元为 q、r 和 s。例如,表达式

$$p \supset q$$
$$q$$
$$\therefore p$$

是一个论证形式。因为当分别用陈述 B、G 代入陈述变元 p、q 时,其结果就是本节中的第一个论证。如果用陈述 A、D 代入陈述变元 p、q,其结果就是第二个论证。以陈述代入一个论证形式中的陈述变元而得到的任何论证——相同的陈述变元要始终代入相同的陈述——就叫作该论证形式的一个**代入例**。显然,一个论证形式的任何代入例都可以说成具有该形式的论证,具有某种形式的任何论证都是该形式的一个代入例。

对任何论证来说,通常都有多个论证形式,它们以该给定论证作为代入例之一。例如,本节的第一个论证:

B⊃G
G
∴B

就是下列四个论证形式中每一个的代入例：

p⊃q	p⊃q	p⊃q	p
q	r	r	q
∴p	∴p	∴s	∴r

如此，在第一个论证形式中以 B 代入 p，以 G 代入 q；在第二个形式中以 B 代入 p，以 G 代入 q 和 r；在第三个论证中以 B 代入 p 和 s，以 G 代入 q 和 r；在第四个论证中以 B⊃G 代入 p，以 G 代入 q，以 B 代入 r，我们都得到了上述论证。在这四个论证形式中，第一个比其他几个更紧密地对应于给定论证的结构。这是因为，该论证是通过以不同的简单陈述，代入其中的每个不同陈述变元而获得的。我们把第一种论证形式称为该给定论证的特征形式。我们将一个论证的特征形式定义为：只要一个论证是通过一致地以不同的简单陈述代入一个论证形式中每个不同的陈述变元而得到，该论证形式就是这个论证的特征形式。对任何给定论证来说，都有一个独特的论证形式作为该论证的特征形式。

练习题

下面有一组论证（A 组，从字母 a–o）和一组论证形式（B 组，从数字 1–24）。对（A 组中的）每个论证，如果有的话，指出（B 组中的）哪个论证形式以其作为代入例。再者，对（A 组中的）每个给定论证，如果有的话，指出（B 组中的）哪个论证形式是其特征形式。

例解：

A 组中的论证 a：考察 B 组中所有论证形式，我们发现，以论证 a 为**代入例**的唯一论证形式就是第 3 个。第 3 个也是论证 a 的**特征形式**。

A 组中的论证 j：考察 B 组中所有论证形式，我们发现，论证 j 同时是第 6 和第 23 这两个论证形式的**代入例**。但只有第 23 个是论证 j 的**特征形式**。

A 组中的论证 m：考察 B 组中所有论证形式，我们发现，论证 m 同时是第 3 和第 24 这两个论证形式的**代入例**。但 B 组中**没有一个论证形式**

是论证 m 的**特征形式**。

A 组——论证

a. A · B
∴ A

b. C ⊃ D
∴ C ⊃ (C · D)

c. E
∴ E ∨ F

d. G ⊃ H
~H
∴ ~G

*e. I
J
∴ I · J

f. (K ⊃ L) · (M ⊃ N)
K ∨ M
∴ L ∨ N

g. O ⊃ P
~O
∴ ~P

h. Q ⊃ R
Q ⊃ S
∴ R ∨ S

i. T ⊃ U
U ⊃ V
∴ V ⊃ T

j. (W · X) ⊃ (Y · Z)
∴ (W · X) ⊃ [(W · X) · (Y · Z)]

k. A ⊃ B
∴ (A ⊃ B) ∨ C

l. (D ∨ E) · ~F
∴ D ∨ E

m. [G ⊃ (G · H)] · [H ⊃ (H · G)]
∴ G ⊃ (G · H)

n. (I ∨ J) ⊃ (I · J)
~(I ∨ J)
∴ ~(I · J)

*o. (K ⊃ L) · (M ⊃ N)
∴ K ⊃ L

B 组——论证形式

请注意习题 1、5、10、15 以及 20 标有星号，它们也是本章 8.9 节的习题。

*1. p ⊃ q
∴ ~q ⊃ ~p

2. p ⊃ q
∴ ~p ⊃ ~q

3. p · q
∴ p

4. p
∴ p ∨ q

*5. p
∴ p ⊃ q

6. p ⊃ q
∴ p ⊃ (p · q)

7. (p ∨ q) ⊃ (p · q)
∴ (p ⊃ q) · (q ⊃ p)

8. p ⊃ q
~p
∴ ~q

9. p ⊃ q
~q
∴ ~p

*10. p
q
∴ p · q

11. p⊃q
    p⊃r
    ∴q∨r

12. p⊃q
    q⊃r
    ∴r⊃p

13. p⊃(q⊃r)
    p⊃q
    ∴p⊃r

14. p⊃(q·r)
    (q∨r)⊃~p
    ∴~p

*15. p⊃(q⊃r)
    q⊃(p⊃r)
    ∴(p∨q)⊃r

16. (p⊃q)·(r⊃s)
    p∨r
    ∴q∨s

17. (p⊃q)·(r⊃s)
    ~q∨~s
    ∴~p∨~s

18. p⊃(q⊃r)
    q⊃(r⊃s)
    ∴p⊃s

19. p⊃(q⊃r)
    (q⊃r)⊃s
    ∴p⊃s

*20. (p⊃q)·[(p·q)⊃r]
    p⊃(r⊃s)
    ∴p⊃s

21. (p∨q)⊃(p·q)
    ~(p∨q)
    ∴~(p·q)

22. (p∨q)⊃(p·q)
    (p·q)
    ∴p∨q

23. (p·q)⊃(r·s)
    ∴(p·q)⊃[(p·q)·(r·s)]

24. (p⊃q)·(r⊃s)
    ∴p⊃q

8.6 "无效"和"有效"的精确含义

现在，我们可以对演绎逻辑中的核心问题有一个精确的阐释：

1. 说一个论证形式是有效的或无效的，其精确含义是什么？
2. 我们如何确定一个演绎论证形式是有效或无效？

本节旨在回答第一个问题，第二个问题将在下一节回答。

有效性作为一个概念应用到论证形式，可以定义为：**一个论证形式是有效的，当且仅当，它不可能出现前提皆真而结论为假的情形**。一个有效的论证形式，不会有前提皆真而结论假的代入例。反之，论证形式的无效性可以定义为：**一个无效的论证形式可以前提皆真而结论为假**。即一个无效的论证形式至少存在一个代入例。如果一个给定论证的特征形式有任何前提皆真而结论为假的代入例，那么此论证就是无效的。这个事实（特征形式无效的论证一定是无效论证）提供了通过逻辑类推来反驳的基础（6.2 和 8.5 节）。如果可以找到一个反驳性类推，一个给定论证就被证明是无效的。

"想出"一个反驳性类推并非总是很容易。幸而这并不是必需的，因为对这种类型的论证来说，有一种更简单的、纯机械性的检验方法来确定该论证有效还是无效。

8.7 根据真值表验证论证：完备的真值表方法

知道了论证的有效或无效的精确含义，我们现在为任何论证或论证形式的有效或无效提供一种判定程序[5]，即**完备的真值表方法**（简称 CTTM）。

要检验一个论证形式是有效的还是无效的，我们可以考察它的所有可能的代入例，看它们当中是否有一个前提为真而结论为假。当然，任何一个论证形式都有无穷多个代入例，但不必担心，我们用不着逐一去考察它们。例如，如果一个论证形式只包含两个不同的陈述变元 p 和 q，它们的所有组合就有四种：p 和 q 都真；p 真 q 假；p 假 q 真；p 和 q 都假。用真值表形式可以最方便地把这些不同的情形集结在一起。例如，为判定下列论证形式的有效性：

(P$_1$) p⊃q

(P$_2$) q

∴ p

可构造下列真值表：

∴	P$_2$	P$_1$
p	q	p⊃q
T	T	T
T	F	F
F	T	T
F	F	T

两个初始列或引导列中的 T 和 F，表示该论证形式中的变元 p 和 q 的代入陈述的真值。这个真值表的每一行都表达了这个论证形式的陈述变元的一种真值组合，而且每一行都给出了在**一种特殊的真值组合下**，一个或多个陈述形式的真值（例如，第 4 行就给出了在 p 和 q 都为假时，p⊃q 为 T 的真值）。[6]

为检验一个论证形式（或论证）的有效性，大多数真值表都会为多个陈述形式（或多个陈述）构造多列，因为大多数论证形式（或论证）有多个前提和一个结论。基于此，在每一行的真值组合中，我们在引导列之后的每一列都给出了一个**特殊的真值函项陈述形式**（比如上述 p⊃q）作为陈述变元的真值函项。例如，在上面的真值表中，第 1 行第 3 列，当 p 和 q 都为真时，p⊃q 的真值就确定了。为了正确地填上真值，我们需要应用实质蕴涵（即马蹄符）的真值表定义，并在第 1 行分别给 p 和 q 指派真值。既然其前件 p 是真的，后件 q 也是真的，我们就在第 1 行第 3 列那里填上 T，因为条件陈述 p⊃q 的后件是真的从而它为真。下一行，就要填上 F（表示假），因为第 2 行中 p 是真的且 q 是假的，而一个条件陈述为假当且仅当它的前件为真且后件为假。一般来说，为了在一个表格里填上正确的真值，需要查看那一行的陈述变元的真值，以及利用陈述形式的主逻辑算子的真值表知识。

非常值得注意的是，如果没有给每个前提和结论恰当地贴上标签，一个真值表很可能会被误读。在构造上述真值表的过程中，我们在第 3 列上面写上标签"P_1"，它表示这个论证形式的第一个前提，第 2 列上面的"P_2"则表示第二个前提，而第 1 列上面的"∴"表示论证的结论。

为了验证任何一个论证形式（或论证）的有效性，我们的问题总是：这个论证形式（或论证）所有前提皆真以及结论为假吗？如果一个论证形式（或论证）**可以有**真前提和假结论——一个论证形式是**无效的**，那么对于它的陈述变元的至少一种真值组合来说，确实**可以有**前提皆真而结论为假的情形。而如果一个论证形式不可能有前提皆真而结论为假的情形——一个论证形式是**有效的**，那么对于它的陈述变元的任何一种真值组合来说，就确实不会有前提皆真而结论为假的情形。

这一点通过以上真值表可以清楚地看到，一个论证形式是无效的，当且仅当，它的陈述变元的真值组合至少有一种——**真值表的某一行**——使得前提皆真而结论为假。检查真值表，我们发现在第 3 行即当 p 假 q 真时，它的前提下面都是 T 且结论下面是 F，这就表明这个论证形式可以有真前提和假结论的情形。[7]这就**证明**这个论证形式可以前提皆真而结论为假，从而它是**无效的**。任何具有这种特征形式的论证（即以该论证形式为特征形式的任何论证），都犯了**肯定后件式的谬误**，因为它的第二个前提所肯定的是第一个条件前提的后件。

尽管概念上很简单，真值表却是非常有力的工具。以其来判定一个论证形式的有效性或无效性时，首先且至关重要的是正确地构造真值表。要正确地构造真值表，就要为论证形式中的每个陈述变元（p、q 和 r 等）都列出引导列，其排列必须展示所有这些变元的真假值的全部组合。因此，真值表的行数必须满足：如果有两个变元，就要有四行，如果有三个变元，就要有八行，如此等等。总之，包含 n 列不同的陈述变元的论证形式需要 n 列引导列和 2^n 行。比如，以下论证形式

(P₁) p⊃q
(P₂) q⊃~r
∴ p⊃~r

由三个陈述变元 p、q 和 r 组成，因此，我们必须构造一个三列（按字母顺序分别用于 p、q 和 r）八行的真值表。

p	q	r
T	T	T
T	T	F
T	F	T
T	F	F
F	T	T
F	T	F
F	F	T
F	F	F

为确保所有真值组合都在真值表中得到表示，三个陈述变项的标准约定和此处采用的约定如下所示。

● 在第 3 列中的第三个陈述变元（即 r）下面，交替使用 T 和 F。

● 在中间列中的第二个陈述变元（即 q）下面，放置两个 T，后跟两个 F，然后是两个 T，再后跟两个 F。

● 在第 1 列中的第一个陈述变元（即 p）下面，放置四个 T，后跟四个 F。

如果在一个论证形式中有四个陈述变元——p、q、r 和 s，首先从在第 4 列中的 s 开始，如上所述交替使用 T 和 F，并按照上述的步骤，直到第 1 列，在第八个 T 之后是第八个 F。这四个陈述变元的四列如下所示。

p	q	r	s
T	T	T	T
T	T	T	F
T	T	F	T
T	T	F	F
T	F	T	T
T	F	T	F
T	F	F	T
T	F	F	F
F	T	T	T
F	T	T	F
F	T	F	T
F	T	F	F
F	F	T	T
F	F	T	F
F	F	F	T
F	F	F	F

这样，对于五个陈述变元——p、q、r、s 和 t，其 32 行真值表的第 1 列（即对于 p 之列）就有 16 个 T，后跟 16 个 F，而第 2 列（即对于 q 之列）就有八个 T、八个 F、八个 T 和八个 F，依此类推。

如上所述，每个前提和结论在真值表中必须都有一列，同样每个前提和结论构成的复合陈述也要有一列。则对于上面的论证形式，即

$(P_1) p \supset q$

$(P_2) q \supset \sim r$

∴ $p \supset \sim r$

必须要在前三列的右边为两个前提设置两列，同时要在第 3 列的右边为 ～r 开启一列，以及在最右边为结论预留一列。这将产生以下不完整的真值表框架，由七列和八行的真值（即 T 和 F）组成。此时，至关重要的是，我们必须正确标记前提和结论，以确保在完成真值表后，只需要检查前提和结论所在列的真值。

p	q	r	~r	P₁ p⊃q	P₂ q⊃~r	∴ p⊃~r
T	T	T				
T	T	F				
T	F	T				
T	F	F				
F	T	T				
F	T	F				
F	F	T				
F	F	F				

通常，在构造前提列和结论列之前，我们先构造前提和结论的复合列，然后按从最简单到最复杂的顺序构造它们。例如，对于陈述形式

$$[(p \lor q) \cdot r] \supset s$$

我们应该首先为 p∨q 构造一列，然后为 (p∨q)·r 构造一列，最后为 [(p∨q)·r]⊃s 构造一列。

以上面的真值表框架为基础，我们从~r 开始，为每一个真值函项复合陈述形式写上 T 和 F，以此机械地构建此真值表。在每种情形下，我们需要知道陈述形式的主逻辑算子的真值表定义。r 为假时陈述形式~r 为真，r 为真时~r 为假。依照 r 之列，我们构造~r 之列，从而完成~r 的完整列，如下所示。

p	q	r	~r	P₁ p⊃q	P₂ q⊃~r	∴ p⊃~r
T	T	T	F			
T	T	F	T			
T	F	T	F			
T	F	F	T			
F	T	T	F			
F	T	F	T			
F	F	T	F			
F	F	F	T			

接下来，我们完成前提 1 的真值列，即 p⊃q。这是一个条件陈述形式，我们知道条件陈述为假当且仅当它的前件真而结论假。所以，观察前件 p 和后件 q 的列，除了前件为真结论为假，其他情形我们都在 p⊃q 下

放置 T。由于只有在第 3 行和第 4 行 p 为真且 q 为假，我们把 F 放在这两行并将 T 放在第 1、2 和 5－8 行。

				P₁	P₂	∴
p	q	r	~r	p⊃q	q⊃~r	p⊃~r
T	T	T	F	T		
T	T	F	T	T		
T	F	T	F	F		
T	F	F	T	F		
F	T	T	F	T		
F	T	F	T	T		
F	F	T	F	T		
F	F	F	T	T		

进而，我们完成前提 2 的真值列，即 q⊃~r。同样，这是一个条件陈述形式，只有当它的前件 q 为真且它的后件~r 为假时，它才为假。因此，为了正确地在此列中填充 T 和 F，我们来看 q 列和~r 列。只有在第 1 行和第 5 行 q 是真的并且~r 是假的，所以除了第 1 行和第 5 行，q⊃~r 都为真。

				P₁	P₂	∴
p	q	r	~r	p⊃q	q⊃~r	p⊃~r
T	T	T	F	T	F	
T	T	F	T	T	T	
T	F	T	F	F	T	
T	F	F	T	F	T	
F	T	T	F	T	F	
F	T	F	T	T	T	
F	F	T	F	T	T	
F	F	F	T	T	T	

最后，我们完成结论的真值列，即 p⊃~r。这同样是一个条件陈述形式，只有当它的前件 p 为真且它的后件~r 为假时，它才为假。只有在第 1 行和第 3 行中，p 为真，~r 为假，所以除了第 1 行和第 3 行之外，其余

393

行的 p⊃~r 为真。

				P₁	P₂	∴
p	q	r	~r	p⊃q	q⊃~r	p⊃~r
T	T	T	F	T	F	F
T	T	F	T	T	T	T
T	F	T	F	F	T	F
T	F	F	T	F	T	T
F	T	T	F	T	F	T
F	T	F	T	T	T	T
F	F	T	F	T	T	T
F	F	F	T	T	T	T

至此，这个论证形式的真值表已经完成。一旦真值表完成，这些真值组合就呈现在我们面前，正确地把它读一遍就变得非常关键——也就是说，为了**正确地评价**所讨论的论证形式，必须要**正确地使用**真值表。为此，正如之前所说的那样，我们给前提和结论贴上标签是非常重要的。这有助于确保我们查看论证形式是否有效时，只需要看前提列和结论列。

在检验这个论证形式的有效性时，我们通常的问题就是：这个论证形式可能前提皆真且结论为假吗？如果这个论证形式**可能**前提皆真且结论为假——如果这个论证形式是**无效的**——它**的确**有前提皆真而结论为假的情形，即它的陈述变元的真值组合中至少有一种使得前提皆真而结论假，而这将显示在真值表的至少一行上。反之，如果这种论证形式不可能所有前提皆真而结论假——如果这个论证形式是**有效的**，则对于完备的真值表中陈述变元的任何真值组合，都不会有前提皆真而结论为假的情形。

有效论证形式：一个有效论证形式**不可能**所有前提为真且结论为假。如果一个命题逻辑的真值函项论证形式**不可能有**前提皆真而结论为假的情形，那么对于完备的真值表中的陈述变元的任何真值组合，**都不会有**前提皆真而结论为假的情形。真值表之所以能展示这个事实，是因为一个完备的真值表给出了前提和结论的每一种真值组合。

无效论证形式：一个无效的论证形式**可能**所有前提为真且结论为假。如果一个命题逻辑的真值函项论证形式**可以有**前提皆真而结论为假的情形,那么对于陈述变元的任何真值组合,它就至少有一种组合使得前提皆真而结论为假。同样,真值表之所以能展示这个事实,是因为一个完备的真值表给出了前提和结论的每一种真值组合。

因此,为了确定是否至少有这么一种情形[8],我们只需要机械而耐心地验证在任何一行中,是否前提皆真且结论为假。在第1行,我们看到前提1是真的,但前提2是假的。然而,在第2行,两个前提都是真的,而结论也是真的;我们继续浏览真值表,发现第6、7和8行的前提都为真,在这三种情形下结论也为真。详细审查完毕可发现:对于陈述变元的八种真值组合来说,没有一种组合使得前提为真且结论为假。这就说明这个论证是有效的。

回想一下,一旦真值表被构造完成,问题就是:**是否存在某种情形,也就是真值表的某一行,在其中前提都为真而结论为假?**如果存在这样的一行,论证形式就是无效的;如果不存在这样的行,则论证形式就是有效的。在寻找这样的行的过程中,只查看那些结论为假的行就会更为高效。查看上面的真值表,结论为假的行只有第1和第3行,而这两行都属于两个前提**并非都真**的情形。

				P₁	P₂	∴
p	q	r	~r	p⊃q	q⊃~r	p⊃~r
T	T	T	F	T	F	F
T	T	F	T	T	T	T
T	F	T	F	F	T	F
T	F	F	T	F	T	T
F	T	T	F	T	F	T
F	T	F	T	T	T	T
F	F	T	F	T	T	T
F	F	F	T	T	T	T

此表非常高效地告诉我们,这个论证形式是有效的。(在9.9节,将会看到简化的真值表方法更为高效,因为它仅构造结论为假的行。)

接下来考虑如下论证形式:

(P₁) p⊃q

(P₂) q⊃r
(P₃) ~r
∴ p • ~q

既然这个论证形式包含三个陈述变元，它的真值表就有三列引导列和八行，加上为~q构造的一列，以及为三个前提和一个结论构造的四列。我们用如下八行和八列构造真值表的梗概，并仔细把前提和结论进行标注。

				P₁	P₂	P₃	∴
p	q	r	~q	p⊃q	q⊃r	~r	p • ~q
T	T	T					
T	T	F					
T	F	T					
T	F	F					
F	T	T					
F	T	F					
F	F	T					
F	F	F					

进而，利用关于否定、条件、合取陈述的知识，完成整个真值表。

				P₁	P₂	P₃	∴
p	q	r	~q	p⊃q	q⊃r	~r	p • ~q
T	T	T	F	T	T	F	F
T	T	F	F	T	F	T	F
T	F	T	T	F	T	F	T
T	F	F	T	F	T	T	T
F	T	T	F	T	T	F	F
F	T	F	F	T	F	T	F
F	F	T	T	T	T	F	F
F	F	F	T	T	T	T	F

整个真值表已经完成，我们现在问：是否存在某一行，在其中前提都为真而结论为假？如果存在这样的一行，论证形式就是无效的；如果不存在这样的行，则论证形式是有效的。仅考察结论为假的情形，我们看到只有两行为真其他都为假。在这种情形下，只查看前提为真的情形就更简单和快速，而这样的情形只有一行。

p	q	r	~q	P₁ p⊃q	P₂ q⊃r	P₃ ~r	∴ p·~q
T	T	T	F	T	T	F	F
T	T	F	F	T	F	T	F
T	F	T	T	F	T	F	T
T	F	F	T	F	T	T	T
F	T	T	F	T	T	F	F
F	T	F	F	T	F	T	F
F	F	T	T	T	T	F	F
F	F	F	T	T	T	T	F

在这个单独的情形中，所有前提都为真而结论为假。显然，这个论证形式可以有前提皆真而结论为假的情形，因为当 p、q 和 r 都为假的时候，前提都为真而结论为假。这个真值表清晰地表明，当将之适当地构造完毕并恰当地解读时，就能说明这个论证形式是无效的。

最后，考虑以下论证形式：

(P₁) p⊃(q·r)

(P₂) (q∨r)⊃s

∴ p⊃s

既然这个论证形式由四个陈述变元组成——p、q、r、s——它的真值表就有四列引导列和十六行。那么，这个真值表需要多少列呢？对于任何陈述函项分支的复合陈述来说，我们需要为每个不同的分支构造一列。因此，对于第一个前提 p⊃(q·r)，需要确定 q·r 的真值。对第二个前提 (q∨r)⊃s，需要确定 q∨r 的真值。所以，这个真值表需要九列：为陈述变元构造四列，为真值函项分支 q·r 和 q∨r 构造两列，以及前提两列和结论一列。九列十六行以及前提和结论的标签合在一起，可构造真值表如下。

p	q	r	s	q·r	q∨r	P₁ p⊃(q·r)	P₂ (q∨r)⊃s	∴ p⊃s
T	T	T	T					
T	T	T	F					
T	T	F	T					
T	T	F	F					

397

续表

						P₁	P₂	∴
p	q	r	s	q·r	q∨r	p⊃(q·r)	(q∨r)⊃s	p⊃s
T	F	T	T					
T	F	T	F					
T	F	F	T					
T	F	F	F					
F	T	T	T					
F	T	T	F					
F	T	F	T					
F	T	F	F					
F	F	T	T					
F	F	T	F					
F	F	F	T					
F	F	F	F					

然后，利用合取和析取的知识，我们分别在 q·r 和 q∨r 两列中填上合适的 T 和 F。

						P₁	P₂	∴
p	q	r	s	q·r	q∨r	p⊃(q·r)	(q∨r)⊃s	p⊃s
T	T	T	T	T	T			
T	T	T	F	T	T			
T	T	F	T	F	T			
T	T	F	F	F	T			
T	F	T	T	F	T			
T	F	T	F	F	T			
T	F	F	T	F	F			
T	F	F	F	F	F			
F	T	T	T	T	T			
F	T	T	F	T	T			
F	T	F	T	F	T			
F	T	F	F	F	T			
F	F	T	T	F	T			
F	F	T	F	F	T			
F	F	F	T	F	F			
F	F	F	F	F	F			

为了完成真值的下一列，我们需要确定第一个前提 p⊃（q·r）的主

逻辑算子。主逻辑算子是最外层的逻辑算子——**括号外层的逻辑算子**。在这个例子中,第一个前提是条件陈述,因为它的外层逻辑算子是马蹄符。因此,为确定条件陈述 p⊃(q・r) 在第七列的真值,对于陈述变元的真值组合,我们看它的前件 p 在第 1 列的真值,以及看它的后件 q・r 在第 5 列的真值。例如,在第 3 行,当 p、q 和 r 分别为真、真和假的时候,前件 p 是真的,而后件 q・r 是假的,所以条件陈述 p⊃(q・r) 是假的。以这种方式,我们把第 7 列用 T 和 F 填满。

						P₁	P₂	∴
p	q	r	s	q・r	q∨r	p⊃(q・r)	(q∨r)⊃s	p⊃s
T	T	T	T	T	T	T		
T	T	T	F	T	T	T		
T	T	F	T	F	T	F		
T	T	F	F	F	T	F		
T	F	T	T	F	T	F		
T	F	T	F	F	T	F		
T	F	F	T	F	F	F		
T	F	F	F	F	F	F		
F	T	T	T	T	T	T		
F	T	T	F	T	T	T		
F	T	F	T	F	T	T		
F	T	F	F	F	T	T		
F	F	T	T	F	T	T		
F	F	T	F	F	T	T		
F	F	F	T	F	F	T		
F	F	F	F	F	F	T		

同样,第二个前提 (q∨r)⊃s 是一个条件陈述,因此它的主(或外层)逻辑算子就是马蹄符。为了确定条件陈述 (q∨r)⊃s 的真值(在第 8 列),我们查看它的前件 (q∨r)(在第 6 列)的真值,以及它的后件 s(在第 4 列)的真值,以确定对于陈述变元的每一种真值组合(即在每一行上)的真值。例如,在第 12 行,当 q、r 和 s 分别为真、假和假时,前件 (q∨r) 是真的,而后件 s 是假的,因此 (q∨r)⊃s 是假的。以这种方式,我们为第 8 列的 (q∨r)⊃s 的每一格填满 T 或者 F。

						P₁	P₂	∴
p	q	r	s	q•r	q∨r	p⊃(q•r)	(q∨r)⊃s	p⊃s
T	T	T	T	T	T	T	T	T
T	T	T	F	T	T	T	F	F
T	T	F	T	F	T	F	T	T
T	T	F	F	F	T	F	F	F
T	F	T	T	F	T	F	T	T
T	F	T	F	F	T	F	F	F
T	F	F	T	F	F	F	T	T
T	F	F	F	F	F	F	T	F
F	T	T	T	T	T	T	T	T
F	T	T	F	T	T	T	F	T
F	T	F	T	F	T	T	T	T
F	T	F	F	F	T	T	F	T
F	F	T	T	F	T	T	T	T
F	F	T	F	F	T	T	F	T
F	F	F	T	F	F	T	T	T
F	F	F	F	F	F	T	T	T

最后，根据前件 p（第 1 列）和后件 s（第 4 列）真值，我们进入第 9 列中的结论 p⊃s，填入相应的真值。完成的真值表如下：

						P₁	P₂	∴
p	q	r	s	q•r	q∨r	p⊃(q•r)	(q∨r)⊃s	p⊃s
T	T	T	T	T	T	T	T	T
T	T	T	F	T	T	T	F	F
T	T	F	T	F	T	F	T	T
T	T	F	F	F	T	F	F	F
T	F	T	T	F	T	F	T	T
T	F	T	F	F	T	F	F	F
T	F	F	T	F	F	F	T	T
T	F	F	F	F	F	F	T	F
F	T	T	T	T	T	T	T	T
F	T	T	F	T	T	T	F	T
F	T	F	T	F	T	T	T	T
F	T	F	F	F	T	T	F	T
F	F	T	T	F	T	T	T	T
F	F	T	F	F	T	T	F	T
F	F	F	T	F	F	T	T	T
F	F	F	F	F	F	T	T	T

正如以上阴影部分所表明的，只有四种情形使得结论 p⊃s 为假，在这四种情形中，前提皆并非都真。既然不存在一种情形使得前提都真而结论为假，所以这个论证是有效的。

由此可见，用完备的真值表方法来验证一个论证形式（或论证）的有效性是简单且机械的，但却是非常有力的。任何真值函项论证形式都可以用这种方法来验证其有效性。

概览

完备的真值表方法（CTTM）

对于命题逻辑的任何真值函项论证形式（或论证）来说，CTTM 通过验证它是否可以有前提皆真且结论为假，来确定此论证是否有效。利用 CTTM，通过一个论证形式的陈述变元的每一种真值组合，可以确定给定的论证是不是逻辑可能的。

有效论证形式：一个有效论证形式**不可能**所有前提为真且结论为假。对于论证形式的陈述变元的任何真值组合，一个有效的论证形式不可能所有前提为真且结论为假。

在一个完备的真值表中，一个有效的论证形式在**任一行**（即陈述变元的任何一种真值组合）都**不可能**出现所有前提皆真而结论为假的情形。

无效论证形式：一个无效论证形式**可以有**所有前提为真且结论为假的情形。对于陈述变元的任何真值组合，一个无效的论证至少**有一种**组合使得前提皆真而结论为假。

在一个完备的真值表中，一个无效论证形式**至少存在一行**（即陈述变元的至少某种真值组合）使得所有前提皆真而结论为假。

8.8 一些常见的论证形式

A. 常见的有效论证形式

有些有效论证形式非常常见，在直觉上就可以理解。它们现在可以精确地被识别。只要它们出现，就应该被识别。它们有被广泛认可的名称：(1) **析取三段论**，(2) **肯定前件式**，(3) **否定后件式**，(4) **假言三段论**。

析取三段论

析取三段论是最简单的有效论证形式之一，其依赖这样一个事实：在每个为真的析取陈述中，至少有一个析取支必定是真的。因此，如果其中一个析取支为假，则另一个必定为真。这种形式的论证尤为常见。一位高官职位的候选人因为她的一名雇员涉嫌税务犯罪被迫退出竞选之时，一位评论家写道："试图遮掩或回避其非法错误的时候，她或者是被愚蠢驱使或者是被傲慢驱使。显然他并不愚蠢，那么她现在的处境一定是由她的傲慢导致的。"[9]

析取三段论可用符号表示如下：

(P$_1$) p ∨ q

(P$_2$) ∼p

∴ q

为表明它的有效性，可构造如下真值表：

	∴	P$_1$	P$_2$
p	q	p∨q	∼p
T	T	T	F
T	F	T	F
F	T	T	T
F	F	F	T

这里，初始列或引导列亦展示了用来代入变元 p 和 q 的那些陈述的所有可能的四种不同的真值组合。依据前两列可以填上第 3 列，依据第 1 列可以填上第 4 列。现在第 3 行是 T 出现在两个前提列（第 3 和第 4 列）的唯一一行，而在此行上 T 也出现在结论列（第 2 列）。于是该真值表表明，这个论证形式没有前提为真而结论为假的代入例，从而证明了该被检验论证形式的有效性。在本章中，**析取三段论**是一种基本的论证形式的名字，它的有效性已被证明。当然，这种形式总是有效的，因此在现代逻辑中，**析取三段论**也总是指谓一种基本的有效论证形式。然而，在前述三段论逻辑中，**析取三段论**一词是在更广的意义上使用的，它是指任何包含析取前提的三段论；在这样的形式中当然有些是无效的。我们必须区分是在广义上还是在狭义上使用"析取三段论"。本节是在狭义上使用"析取三段

论"的。

此处真值表的准确解读同样关键：应该细致地识别出表示结论的列（左起第 2 列）和表示前提的列（左起第 3 和第 4 列）。有鉴于此，应该在真值表中正确地标注结论列和前提列。只有正确地使用结论列和前提列，我们才能可靠地确立被检验论证形式的有效性或无效性。请注意，相同的真值表可以用来检验一个非常不同的论证形式的有效性，该论证形式的前提由第 2 和第 3 列表示，而结论则由第 4 列表示。例如论证形式：

(P$_1$) p∨q
(P$_2$) q
∴ ~p

如下真值表与上面真值表的列数与行数相同，但是非常重要的是，它们的标签不同。

	P$_2$	P$_1$	∴
p	q	p∨q	~p
T	T	T	F
T	F	T	F
F	T	T	T
F	F	F	T

从该真值表的第 1 行可看到，这样的论证形式是无效的。真值表技术为检验这里所讨论的任何一个一般类型的论证的有效性，提供了一种完全机械的方法。

我们现在便可以为把短语"如果-那么"的任何一次出现翻译成实质蕴涵符"⊃"进行辩护了。在 8.4 节中，我们做了这样一个断言：当我们这里所涉及的"如果-那么"陈述都被解释为只断定实质蕴涵时，这种一般类型的所有有效论证仍然是有效的。可以用真值表来证实这个断言，并以此为我们把"如果-那么"翻译成马蹄符提供辩护。

肯定前件式

最简单的一种涉及条件陈述的、直觉上有效的论证可以用下列论证来示例：

如果第二个土著说真话,那么只有一个土著是政客。
第二个土著说真话。
因此,只有一个土著是政客。

这个论证的特征形式被称为肯定前件式:

(P$_1$) p⊃q
(P$_2$) p
∴ q

如下真值表可以证明它是有效的:

P$_2$	∴	P$_1$
p	q	p⊃q
T	T	T
T	F	F
F	T	T
F	F	T

在此,两个前提由第3列和第1列表示,结论由第2列表示。只有第1行表示两个前提都真的代入例,而第2列该行上的T表明,在这样的论证中结论也为真。或者,如果考察结论为假的情形,发现它们在第2行和第4行,但这两行的前提不会都为真。因此,这个真值表表明了此论证形式不可能有真前提和假结论,从而确立了具有肯定前件式的任何论证的有效性。

否定后件式

如果一个条件陈述是真的,那么,如果其后件为假,其前件必假。这种论证形式很普遍地用来确定被攻击陈述的假。举例来说:一位出色的拉比坚持认为《创世记》一书从来都不是要作为一本科学专著,并做出了如下新颖的论证:

对《创世记》的字面解读将导致人们认为:世界史短于6 000年并且大峡谷是由4 500年前的大洪水侵蚀而成的。因为这是不可能的,所以对《创世记》的字面解读一定是错误的。[10]

该论证可以符号化为：

(P₁) p⊃q
(P₂) ~q
∴ ~p

这个叫否定后件式的论证形式的有效性可用下列真值表表明：

p	q	P₁ p⊃q	P₂ ~q	∴ ~p
T	T	T	F	F
T	F	F	T	F
F	T	T	F	T
F	F	T	T	T

这里同样没有这样的代入例：在其中有这样一行，其前提 p⊃q 和~q 都为真，而结论~p 为假。在结论为假的第 1 行和第 2 行，其前提都无法同时为真。

假言三段论

另一类直觉上普遍有效的论证只包含条件陈述。示例如下：

如果第一个土著是政客，那么第一个土著撒谎。
如果第一个土著撒谎，那么第一个土著否认自己是政客。
因此，如果第一个土著是政客，那么第一个土著否认自己是政客。

这个论证的特征形式是：

(P₁) p⊃q
(P₂) q⊃r
∴ p⊃r

既然这个叫作假言三段论（在第 7 章叫作纯假言三段论）的论证形式有三个不同的陈述变元，则其真值表必须有三列初始列或引导列，并且要用八行来列出陈述变元 p、q 和 r 的所有真值组合。除初始列以外，还要有三列附加列：两个作为前提，一个作为结论。该真值表呈现如下：

				P₁	P₂	∴
p	q	r	p⊃q	q⊃r	p⊃r
T	T	T	T	T	T
T	T	F	T	F	F
T	F	T	F	T	T
T	F	F	F	T	F
F	T	T	T	T	T
F	T	F	T	F	T
F	F	T	T	T	T
F	F	F	T	T	T

在构造该真值表时，我们依据第1和第2列填上第4列，依据第2和第3列填上第5列，依据第1和第3列填上第6列。细心检查构造完毕的真值表，我们可观察到，只有在第1、第5、第7和第8行（中度阴影标示处），前提才都是真的，而在所有这几行中的结论也是真的。或者，我们观察到，结论只有在第2行和第4行（轻度阴影标示）才为假，而这两行的前提不可能都真。不管我们考察前提皆真的情形，还是结论为假的情形，都可以确定这个论证形式不可能出现前提皆真而结论为假的情形。因此，这个真值表确立了该论证形式的有效性，并且证明了在用马蹄符来翻译假言三段论中的条件陈述时，该假言三段论仍然有效。

我们这里所关心的论证，只包含一个简单陈述，以及由简单陈述通过波浪符（卷曲符）和真值函项联结词圆点符、楔劈符、马蹄符而联结起来的复合陈述。随着被考察的论证形式越来越复杂，用来检验它们的真值表也越来越大，因为论证形式中的 n 个不同陈述变元要求 n 列初始列和 2^n 行。只有两个变元的论证形式只要求两列初始列，它的真值表有四行。一个有三个变元的论证形式，如假言三段论，就要求有三列初始列，这样的真值表有八行。而要检验一个如构成式二难推论那样的、含有四个不同陈述变元的论证形式的有效性：

(P₁)(p⊃q)·(r⊃s)
(P₂)p∨r
∴q∨s

就要求一个有四列初始列和十六行的真值表。

p	q	r	s	p⊃q	r⊃s	P₁ (p⊃q)·(r⊃s)	P₂ p∨r	∴ q∨s
T	T	T	T	T	T	T	T	T
T	T	T	F	T	F	F	T	T
T	T	F	T	T	T	T	T	T
T	T	F	F	T	T	T	T	T
T	F	T	T	F	T	F	T	T
T	F	T	F	F	F	F	T	F
T	F	F	T	F	T	F	T	T
T	F	F	F	F	T	F	T	F
F	T	T	T	T	T	T	T	T
F	T	T	F	T	F	F	T	T
F	T	F	T	T	T	T	F	T
F	T	F	F	T	T	T	F	T
F	F	T	T	T	T	T	T	T
F	F	T	F	T	F	F	T	F
F	F	F	T	T	T	T	F	T
F	F	F	F	T	T	T	F	F

正如此真值表所示，结论q∨s确切地有四种情形为假（轻度阴影），每一种情形下前提不可能都真。相反，有五种情形前提可以皆真（中度阴影），但在这五种情形中，结论都不为假。因此，这个真值表表明，构成式二难推论是有效的论证形式。

我们已经举了足够多的例子来说明如何正确使用真值表方法检验论证，这些例子似乎也已足够表明：当条件陈述只被翻译成实质蕴涵时，任何涉及条件陈述的有效论证的有效性都得到了保留。读者可以通过举出、翻译和检验任何类似的例子来减少遗留下来的疑问。

B. 常见的无效论证形式

有两个无效论证形式值得特别注意，因为它们与有效形式具有表面的相似性，因而经常迷惑粗心的作者或读者。在7.7节和8.7节中讨论过的肯定后件谬误可以符号化为：

(P₁) p⊃q

(P₂) q

∴ p

尽管这个论证形式在形式上有点类似肯定前件式，但这两个论证形式实际上很不相同。当然，该形式是无效的。通过构造如下真值表，即可表明该论证形式是无效的。

∴	P₂	P₁
p	q	p⊃q
T	T	T
T	F	F
F	T	T
F	F	T

此真值表第 3 行清楚地表明，这个论证形式不是有效的——它显然可以有真前提和假结论，因为在 q 为真 p 为假的情形下它的前提都真而结论为假。例如，如下这个关于伊拉克总统萨达姆的虚假三段论，就是无效的："如果某人是恐怖分子则他痛恨自由，萨达姆痛恨自由，所以萨达姆是一个恐怖分子。"[11] 假设这个条件陈述的第一个前提为真，第二个描述萨达姆的前提也为真。这些前提可以都为真，但萨达姆却可以不是一个恐怖分子（即结论可以为假）。上述真值表清楚地说明前提可都为真而结论可为假。既然第二个前提断言的只是前一个假言判断的后件，该论证显然犯了肯定后件谬误。

另一个无效形式叫否定前件谬误，它和否定后件在形式上有点相像，可以符号化为：

(P₁) p⊃q

(P₂) ～p

∴ ～q

这个论证形式的真值表是：

		P₁	P₂	∴
p	q	p⊃q	～p	～q
T	T	T	F	F
T	F	F	F	T
F	T	T	T	F
F	F	T	T	T

根据这个真值表，可以看出此论证形式是无效的——它可以有前提皆真而

结论为假的情形,因为在第3行当p假q真时,其前提皆真而结论为假。

C. 代入例与特征形式

如我们早先在定义"论证形式"时所注意到的那样,一个给定论证可以是几个不同论证形式的代入例。8.2节开头所考察的那个有效析取三段论可以符号化为:

R∨W
~R
∴W

它是下列有效论证形式的一个代入例:

p∨q
~p
∴q

而且,它也是下列无效论证形式的一个代入例:

p
q
∴r

显然在最后一个形式中,从两个前提 p 和 q,我们不能有效地推出 r。因此很清楚,一个有效的论证可以是一个有效论证形式的代入例,也可以是一个无效论证形式的代入例。所以,在确定某给定论证是否有效时,我们必须注意被探究论证的特征形式。只有论证的特征形式才能准确地揭示它的完整逻辑结构;正因为如此,我们才能够知道,如果一个论证的特征形式有效,那么该论证本身必定有效。

在上面所举例子中,我们看到了一个论证(R∨W,~R,∴W)和以该论证为代入例的两个论证形式。这两个论证形式中的第一个(p∨q,~p,∴q)是有效的,因为该形式是给定论证的特征形式,它的有效性确立了给定论证的有效性。第二个论证形式无效,但因为它不是给定论证的特征形式,所以,它不能被用来表明该给定论证无效。

应该强调指出:一个有效论证形式只能以有效论证作为代入例。这就是说,一个有效形式的所有代入例必定有效。有效论证形式的有效性的真

409

值表证明可以确证这一点。这表明，一个有效形式有前提为真而结论为假的代入例是不可能的。

练习题

A. 用真值表证明 8.5 节 B 组中每个论证形式的有效性或无效性。

B. 用真值表确定下列每个论证的有效性或无效性。

*1. (P₁)(A∨B)⊃(A・B)
   (P₂)A∨B
   ∴A・B

2. (P₁)(C∨D)⊃(C・D)
   (P₂)C・D
   ∴C∨D

3. (P₁)E⊃F
   (P₂)F⊃E
   ∴E∨F

4. (P₁)(G∨H)⊃(G・H)
   (P₂)~(G・H)
   ∴~(G∨H)

*5. (P₁)(I∨J)⊃(I・J)
   (P₂)~(I∨J)
   ∴~(I・J)

6. (P₁)K∨L
   (P₂)K
   ∴~L

7. (P₁)M∨(N・~N)
   (P₂)M
   ∴~(N・~N)

8. (P₁)(O∨P)⊃Q
   (P₂)Q⊃(O・P)
   ∴(O∨P)⊃(O・P)

9. (P₁)(R∨S)⊃T
   (P₂)T⊃(R・S)
   ∴(R・S)⊃(R∨S)

*10. (P₁)U⊃(V∨W)
    (P₂)(V・W)⊃~U
    ∴~U

C. 用真值表确定下列论证的有效性或无效性。

*1. 如果安哥拉实现稳定，那么博茨瓦纳和乍得会采取更自由的政策。但博茨瓦纳不会采取更自由的政策。因此，安哥拉不会实现稳定。

2. 如果丹麦拒绝加入欧共体，那么，如果爱沙尼亚保留在俄罗斯的势力范围内，那么芬兰会拒斥自由贸易政策。爱沙尼亚会保留在俄罗斯的势力范围内。因此，如果丹麦拒绝加入欧共体，那么芬兰会拒斥自由贸易政策。

3. 如果希腊强化它的民主机构，那么匈牙利会寻求更独立的政策。如果希腊强化它的民主机构，那么意大利政府会感觉威胁减小。因此，如果匈牙利寻求更独立的政策，那么意大利政府会感觉威胁减小。

4. 如果日本继续增加汽车出口，那么，或者韩国或者老挝会遭受经济衰退。韩国不会遭受经济衰退。可见，如果日本继续增加汽车出口，那么老挝会遭受经济衰退。

*5. 如果蒙大拿遭受严重干旱，那么，如果内华达低于正常平均降雨量，则俄勒冈的水供应会大幅度减少。内华达确实低于正常平均降雨量。因此，如果俄勒冈的水供应大幅度减少，那么蒙大拿会遭受严重干旱。

6. 如果机会均等得到实现，那么，现在应该对原先处于不利地位的那些人给予特别的机会。如果现在应该对原先处于不利地位的那些人给予特别的机会，那么，有些人获得优先待遇。如果有些人获得优先待遇，那么机会均等就不会得到实现。因此，机会均等得不到实现。

7. 如果满足恐怖分子的要求，那么无法无天就会得到奖赏。如果不满足恐怖分子的要求，那么无辜的人质会被杀害。因此，或者无法无天得到奖赏，或者无辜的人质被杀害。

8. 如果人是完全理性的，那么，或者一个人的所有行为可以被提前预测，或者宇宙本质上是确定性的。并非一个人的所有行为可以被提前预测。因此，如果宇宙本质上不是确定性的，那么人不是完全理性的。

9. 如果石油消费持续增长，那么或者石油进口量会增加，或者国内的石油储备将被耗尽。如果石油进口量增加且国内的石油储备被耗尽，那么该国最终会破产。因此，如果石油消费持续增长，那么该国最终会破产。

*10. 如果石油消费持续增长，那么，石油进口量会增加且该国国内的石油储备将被耗尽。如果或者石油进口量增加，或者国内的石油储备被耗尽，那么该国不久就会破产。因此，如果石油消费持续增长，那么该国不久就会破产。

8.9 陈述形式与实质等值

A. 陈述形式与陈述

现在，我们来明确一下前面两节所使用的一个概念，即陈述形式。以论证和论证形式之间的关系为一方，陈述和陈述形式之间的关系为另一方，二者是完全平行的。"陈述形式"的如下定义可使这一点很显明：一个**陈述形式**是任何一个含有陈述变元但不含陈述的符号串，若用陈述代入这些陈述变元——用同一个陈述始终一致地代入同一个陈述变元——其结果是一个陈述。例如，p∨q是陈述形式，因为若用陈述代入变元p和q，就会得到一个陈述。由于得到的陈述是一个析取句，p∨q就叫作"析取陈述形式"。同样，p·q和p⊃q分别叫作"合取陈述形式"和"条件陈述形式"，~p叫作"否定形式"或者"否认形式"。正像某种形式的论证称为该论证形式的代入例一样，具有某种形式的任一陈述称为该陈述形式的代入例。正像我们判别一个给定论证的特征形式一样，我们把一个给定陈述的**特征形式**判别为这样一种陈述形式：用不同的简单陈述一致地代入每个不同的陈述变元，就可以得到该给定陈述。例如，p∨q就是陈述"那个盲囚戴红帽子或者那个盲囚戴白帽子"的特征形式。

根据"陈述形式"的这种定义，可以给出"论证形式"精确而简洁的定义：一个**论证形式**是一个陈述形式序列，它的最后一个陈述形式是结论，其他陈述形式都是前提。

B. 重言的、矛盾的和偶真的陈述形式

尽管陈述"林肯是被暗杀的"（记为L）和"林肯或者是被暗杀的，或者不是"（记为L∨~L）显然都是真的，但我们会说它们是"以不同的方式"为真，或有"不同种类"的真。同样，尽管陈述"华盛顿是被暗杀的"（记为W）和"华盛顿既是被暗杀的又不是被暗杀的"（记为W·~W）显然都为假，但它们也是"以不同的方式"为假，或有"不同种类"的假。这些真或假的不同"种类"之间的差别是非常大的，也是很重要的。

陈述L为真和陈述W为假乃属于历史事实——关于事件实实在在发生方式的事实，它们没有逻辑必然性。所有事件都有以不同方式出现的可能，因而像L和W这样的陈述的真值，必须通过对历史的经验研究才能被发现。而陈述L∨~L尽管是真的，但它不是历史地真，而具有逻辑的必然性：事件不可能如此这般以致使它为假，它的真可以独立于任何经验研究而被知晓。陈述L∨~L是一个逻辑真理，或曰形式真理，其真仅因其形式。它是一个在其分支陈述变元的所有真值组合情形下都为真的陈述形式的代入例。

一个其分支陈述变元的所有真值组合都为真的陈述形式叫作**重言的陈述形式**，或**重言式**。一个重言陈述形式可以只重言的代入例。要表明陈

述形式 p∨~p 是一个重言式，可构造下列真值表：

p	~p	p∨~p
T	F	T
F	T	T

这个真值表只有一列初始列或引导列，因为被探究的形式只含有一个陈述变元。它只有两行，代表了分支陈述变元 p 所有可能的真值。被检验陈述形式 p∨~p 下面的那一列里只有 T，这表明，它的分支陈述变元 p 所有可能的真值都是真的。任何一个作为重言的陈述形式的代入例的陈述，依据其形式就是真的，其本身被称为重言陈述，亦称为一个重言式。一个真值函项重言式，比如 p∨~p，是**必然真的**，在严格的意义上就是指，对于其分支陈述的任何真值组合**都不可能为假**。正如一个有效的、纯粹的真值函项论证形式，对于其分支陈述的任何真值组合都不可能出现前提皆真且结论为假的情形，一个重言陈述形式对于其分支陈述的任何真值组合都不可能为假。这个事实可以由**预期理由（丐题）**的论证形式得到最生动的示例：

(P₁) p
∴ p

它所对应的陈述形式为：

p⊃p

上面这个论证形式显然是丐题，因为它假定它的前提就是它的结论。当然，它是一个有效的论证形式，可通过如下真值表显示出来：

P₁	∴
p	p
T	T
F	F

这个论证形式**不可能前提皆真且结论为假**，因为当前提 p 为真的时候，结论 p 也为真。当结论 p 为假的时候，前提 p 也为假。在 4.5 节的最后，我们曾指出，这个谬误类型——循环推理或丐题（**预期理由**）——是有效的但却是平凡的。现在我们可以更严格地说，尽管这个论证是有效的，以及它的代入例可以是可靠的，但这种特征形式的论证不能论证其结

413

论的真，从而它不是笃证性论证，因为它假定了作为结论的陈述就是前提。任何对"宇宙中存在地外智能生物"这个陈述的真实性表示好奇或怀疑的理性人，都不会被这种从陈述自身演绎出自身的论证说服。

同样，条件陈述形式 p⊃p 是重言式，正如下列真值表所示：

p	p⊃p
T	T
F	T

p⊃p 之所以是重言式，乃因为它不可能为假：如果前件 p 为真，则后件 p 也为真；如果前件 p 为假，则整个条件陈述为真。这种有效性和重言性的**极限事例**将在 8.9（D）得到简要解释[12]。当我们为条件证明的规则的合理性进行辩护时，一个有效论证形式与它所对应的条件陈述之间的重要联系，在 9.11（A）节将会证明是非常有用的。

一个对于所有分支陈述变元的所有真值组合都为假的陈述形式，称为**自相矛盾**的陈述形式，或**矛盾式**，它是逻辑地为假的。陈述形式 p·～p 是自相矛盾的，它可以用如下真值表清楚地表示出来：

p	～p	p·～p
T	F	F
F	T	F

可以很容易地看出，对于陈述变项 p 的真值的各种组合，陈述 p·～p 都是假的。当 p 为真时，～p 为假，故它们的合取 p·～p 为假（因合取支 ～p 为假）。当 p 为假时，～p 为真，故它们的合取 p·～p 为假（因合取支 p 为假）。任何一个作为自相矛盾的陈述形式的代入例的陈述，如 W·～W，依据其形式就**必然是假的**——它的陈述形式中的陈述变元的所有真值组合都为假——其本身称为自相矛盾陈述，亦称为一个矛盾式。

既可为真又可为假的陈述形式——它的分支陈述变元的真值组合至少有一种为真，并且至少有一种为假——叫作**偶真陈述形式**。既然一个偶真陈述形式既可以为真，也可以为假，那么它既有为真的代入例，又有为假的代入例。其特征形式偶真的陈述称为**偶真陈述**。（请回想我们的假定，没有简单陈述是逻辑真或逻辑假的，即只有偶真的简单陈述。详见 6.2 节最开始的两页。）例如，p、～p、p·q、p∨q 和 p⊃q 都是偶真陈述形式，L、～L、L·W、L∨W、L⊃W 这样的陈述都是偶真陈述，因为它们的真值取决于它们的内容，而不只是它们的形式。

并非所有陈述形式都如上面所引的简单例子那样，明显是重言的、自相矛盾的或者偶真的。例如，陈述形式[(p⊃q)⊃p]⊃p 就很不明显，虽然以下真值表说明它是一个重言式。

p	q	p⊃q	(p⊃q)⊃p	[(p⊃q)⊃p]⊃p
T	T	T	T	T
T	F	F	T	T
F	T	T	F	T
F	F	T	F	T

从真值表可以看出，陈述形式[(p⊃q)⊃p]⊃p 是重言式（叫作**皮尔斯律**），因为对于分支陈述变项 p、q 的每一种真值组合，它都是真的。陈述形式 p⊃q 那一列和陈述形式（p⊃q）⊃p 那一列表明它们都是偶真式，因为对于陈述变项 p 和 q，至少有一种真值组合使得它们为真，也至少有一种真值组合使得它们为假。

C. 实质等值

正如析取陈述和实质蕴涵陈述是真值函项陈述一样，一个实质等值陈述也是一个真值函项陈述。如前所释，任何真值函项陈述的真值，都取决于其所联结的陈述的真或假（是它们的一个函项）。例如，如果 A、B 有一个是真的，或者 A 和 B 都是真的，那么，A 和 B 的析取就是真的。**实质等值**陈述则是这样一种真值函项陈述：它断言它所联结的陈述有**同样**的真值。因此，两个在真值上相同的陈述，就是实质等值的。可将之径直定义为：当两个陈述都为真或都为假时，它们就是"实质等值的"。

正像析取的符号是楔劈符、实质蕴涵的符号是马蹄符一样，实质等值也有一个特殊的符号，即**三杠号**"≡"（一些系统用符号↔表示）。正如可以给出楔劈符和马蹄符的真值表一样，三杠号同样也可以用真值表定义如下：

p	q	p≡q
T	T	T
T	F	F
F	T	F
F	F	T

任何两个真陈述彼此实质地蕴涵，这是实质蕴涵含义的一个推论；同样，任何两个假陈述也彼此实质地蕴涵。因此，任何两个实质等值的陈述必定彼此蕴涵，因为它们或者都是真的，或者都是假的。

由于任何两个实质等值的陈述 A 和 B 彼此蕴涵，故而从它们的实质等值，当（如果）A 是真的，我们可以从 A⊃B 的真推断出 B 是真的；**仅当（只有）** A 是真的，也可以从 B⊃A 的真推断出 B 是真的。反过来也成立：如果 B 真则 A 真（B⊃A），只有 B 真才 A 真（A⊃B）。由于这两种关系都被实质等值蕴涵，我们可以把三杠号"≡"读作"当且仅当"。于是，"A 当且仅当 B"（通常缩写为 A iff B）可以符号化为 A≡B，它逻辑等价于 B⊃A 和 A⊃B 的**合取**。

在日常话语中，我们只偶尔使用这种逻辑关系词。有人会说，我去看冠军赛，当且仅当，我获得入场券。当我确实获得了入场券，我会去；但仅当我获得入场券，我才能去。这就是说，我去看比赛和我获得入场券，是实质等值的。

如前所见，每个蕴涵陈述都是一个条件陈述。若已知 A 和 B 两个陈述实质等值，既可推出条件陈述 A⊃B 的真，也可推出条件陈述 B⊃A 的真。因此，A≡B 涵衍着 A⊃B 和 B⊃A 都为真；A≡B 涵衍着两个条件陈述的合取，即（A⊃B）·（B⊃A）。由于在实质等值成立时，蕴涵是双向的，故而一个形如 A≡B 的陈述通常称为**双条件陈述**。之所以把"A 当且仅当 B"（符号化为 A≡B）称为双条件陈述，是因为它与两个条件陈述的**合取**（即（A⊃B）·（B⊃A））是逻辑等价的（正如 8.10 节将要表明的）。

我们现在就可以说明一个双条件（实质等值）陈述和一个条件陈述（连同 8.4 节讨论过的充分条件与必要条件）之间的重要联系了。

"q, 如果 p"或"如果 p, 那么 q"（p 是 q 的充分条件）：p⊃q。

"q, 仅当 p"（p 是 q 的必要条件）：q⊃p。

"q, 当且仅当 p"（p 是 q 的充分且必要条件）：（p⊃q）·（q⊃p）。

"p, 当且仅当 q"（q 是 p 的充分且必要条件）：（q⊃p）·（p⊃q）。

"p, 当且仅当 q"（q 是 p 的充分且必要条件）：p≡q。

p	q	p⊃q	q⊃p	(q⊃p)·(p⊃q)	(p⊃q)·(q⊃p)	p≡q
T	T	T	T	T	T	T
T	F	F	T	F	F	F
F	T	T	F	F	F	F
F	F	T	T	T	T	T

我们在 8.10 节将要看到，最后三列的陈述形式彼此都是逻辑等价的。正如与之逻辑等价的合取陈述（A⊃B）·（B⊃A）所表明的那样，双条件陈述 A≡B 确实涵摄了"A 当且仅当 B"中的两个条件陈述即 B⊃A 和 A⊃B。

演绎论证通常所依赖的真值函项逻辑算子（即四个联结词和一个非联结词的逻辑算子）共五个：合取、析取、实质蕴涵、实质等值以及否定算子。我们现在已经完成了对它们的讨论。

概览

五个真值函项逻辑算子

真值函项算子	符号（符号的名称）	陈述类型	该陈述类型中分支陈述的名称	例子
并且	· 圆点符	合取陈述	合取支	卡罗是卑鄙的**并且**鲍勃唱蓝调。 C·B
或者	∨ 楔劈符	析取陈述	析取支	卡罗是卑鄙的**或者**泰勒是一位音乐爱好者。 C∨T
如果……那么	⊃ 马蹄符	条件陈述	前件，后件	**如果**鲍勃唱蓝调，**那么**默娜情绪低落。 B⊃M
当且仅当	≡ 三杠号	双条件陈述	等值支	默娜情绪低落**当且仅当**鲍勃唱蓝调。 M≡B
并非	~ 波浪符	否定陈述	否定支	**并非**泰勒是一位音乐爱好者。 ~T

417

> **五个逻辑算子的经验法则**
>
> 为了让读者记住每一个逻辑算子的真值表定义，以下提供它们的五个经验法则。
>
> **合取**：只有在两个合取支都真的情形下，一个合取陈述才是真的；否则，它就是假的。
>
> **析取**：只有在两个析取支都假的情形下，一个析取陈述才是假的；否则，它就是真的。
>
> **条件陈述**：只有在前件为真后件为假时，一个条件陈述才是假的；否则，它就是真的。
>
> **双条件陈述**：只有两个陈述有相同的真值，一个双条件陈述才是真的；否则，它就是假的。
>
> **否定**：只有被否定的陈述是假的，一个否定陈述才是真的；否则，它就是假的。（否定陈述和它的分支陈述的真值相反。）

D. 论证、条件陈述与重言式

每个论证都对应着这样一个条件陈述：它的前件是该论证的前提的合取，它的后件是该论证的结论。例如，一个论证若具有肯定前件式的形式：

$(P_1) \, p \supset q$

$(P_2) \, p$

$\therefore q$

则它有一个对应形式为 $[(p \supset q) \cdot p] \supset q$ 的条件陈述。

一个论证形式是有效的，当且仅当，它不可能出现前提皆真而结论为假的代入例。一个条件陈述是假的，当且仅当，它的前件为真而后件为假。因此，若上列论证的两个前提——$p \supset q$ 和 p——都真而结论 q 为假，则条件陈述 $[(p \supset q) \cdot p] \supset q$ 只能是假的。而如果一个论证形式是有效的，就不会存在这样的情形，这就意味着它所对应的条件陈述不会为假。因此，如果一个论证是有效的，它所对应的条件陈述必定是一个重言式。

一个论证形式（或论证）和它所对应的条件陈述之间的重要关系，可以通过真值表清楚地区分开来。上述论证形式以及它所对应的条件陈述可以用下面的真值表展示：

P₂	∴	P₁	前件	后件	条件陈述
p	q	p⊃q	(p⊃q)·p	q	[(p⊃q)·p]⊃q
T	T	T	T	T	T
T	F	F	F	F	T
F	T	T	F	T	T
F	F	T	F	F	T

在这个真值表中，我们看到，**只有**在第 1 行中两个前提才同时为真，此时 p 和 q 都为真。在陈述变元 p 和 q 的这种真值组合中，两个前提皆真，而结论也真。由此这个论证形式是**有效的**，因为它不可能出现前提皆真而结论为假的情形。

与上述论证形式相对应的条件陈述是真值表的最后一列。既然一个条件陈述只有在它的前件为真且后件为假时它才为假，这个条件陈述只有在它的前件 (p⊃q)·p（即此论证的两个前提的合取）为真以及它的后件 q 为假时，它才是假的。正如我们可以清楚地看出，在陈述变元 p 和 q 的四种真值组合中（四行），没有一种情形使得前提为真且结论为假。相应地，第 4 和第 5 列表明，不存在使得前件（第 4 列）为真且后件（第 5 列）为假的情形。根据这个理由，条件陈述（第 6 列）在所有情形下都为真。这个条件陈述不可能为假——它不可能有真前件和假后件——因为这个论证形式不可能前提皆真而结论为假（即因这个论证形式是**有效的**）。这就表明这个论证形式是有效的，当且仅当，它所对应的条件陈述是重言式。[13]

然而，对关于真值函项的任一无效论证来说，相应的条件陈述必定不是重言式。由一个无效论证的前提的合取蕴涵其结论构成的条件陈述，或者是偶真陈述，或者是矛盾陈述。[14] 为表明这一点，考虑如下**肯定后件式**的无效论证形式：

(P₁) p⊃q

(P₂) q

∴ p

这个论证形式的真值表以及它对应的条件陈述如下：

∴	P₂	P₁	前件	后件	条件陈述
p	q	p⊃q	(p⊃q)·q	p	[(p⊃q)·q]⊃p
T	**T**	**T**	**T**	**T**	**T**
T	F	F	F	T	T
F	**T**	**T**	**T**	**F**	**F**
F	F	T	F	F	T

正如这个真值表所显示的，上列论证形式的陈述变元有两种真值组合使得其前提皆真。在第 1 行，当 p 和 q 都为真的时候，两个前提都真，结论也为真。在这个特殊的情形中，前件（第 4 列）和后件（第 5 列）都为真，因此它所对应的条件陈述（第 6 列）也为真。然而，在第 3 行，两个前提都为真但结论为假，这表明此论证形式是无效的，因为它可以有前提皆真而结论为假的情形。这个论证形式的无效性反映了它所对应的条件陈述是假的，正如第 3 行所展示的情形，因为在这一行，它的前件（第 4 列）为真，后件（第 5 列）为假。这个条件陈述不是重言式，而是一个偶真式，从而它所对应的论证就是**无效的**。这个条件陈述之所以为偶真式，是因为它可以为假（第 3 行），也可以为真（第 1、2 和 4 行）；它可以为假是由于它可以有真前件和假后件（第 3 行）；这种可能性源于这个**无效**论证形式在第 3 行 p 为假和 q 为真时，**可以有前提皆真而结论为假的情形**。

一个论证形式是有效的，当且仅当，它对应的条件陈述是重言式。这个事实在 9.11 节为条件证明进行解释和辩护的时候，是非常重要的。

练习题

A. 对左边列中的每个陈述来说，如果有的话，请指出右边列中哪些陈述形式以该陈述为代入例，并且如果有的话，请指出哪一个是该陈述的特征形式。

*1. A∨B   a. p·q

2. C·~D   b. p⊃q

3. ~E⊃(F·G)   c. p∨q

4. H⊃(I·J)   d. p·~q

*5. (K·L)∨(M·N)   e. p≡q

6. (O∨P)⊃(P·Q)   f. (p⊃q)∨(r·s)

7. (R⊃S)∨(T・~U)   g. [(p⊃q)⊃r]⊃s
8. V⊃(W∨~W)   h. [(p⊃q)⊃p]⊃p
9. [(X⊃Y)⊃X]⊃X   i. (p・q)∨(r・s)
*10. Z≡~~~Z   j. p⊃(q∨~r)

B. 用真值表判别下列陈述形式为重言式、矛盾式还是偶真式。

*1. [p⊃(p⊃q)]⊃q   2. p⊃[(p⊃q)⊃q]
3. (p・q)・(p⊃~q)   4. p⊃[~p⊃(q∨~q)]
*5. p⊃[p⊃(q・~q)]   6. (p⊃p)⊃(q・~q)
7. [p⊃(q⊃r)]⊃[(p⊃q)⊃(p⊃r)]
8. [p⊃(q⊃p)]⊃[(q⊃q)⊃~(r⊃r)]
9. {[(p⊃q)・(r⊃s)]・(p∨r)}⊃(q∨s)
*10. {[(p⊃q)・(r⊃s)]・(q∨s)}⊃(p∨r)

C. 用真值表判定下述双条件陈述中哪些是重言式。

*1. (p⊃q)≡(~q⊃~p)   2. (p⊃q)≡(~p⊃~q)
3. [(p⊃q)⊃r]≡[(q⊃p)⊃r]   4. [p⊃(q⊃r)]≡[q⊃(p⊃r)]
*5. p≡[p・(p∨q)]   6. p≡[p∨(p・q)]
7. p≡[p・(p⊃q)]   8. p≡[p・(q⊃p)]
9. p≡[p∨(p⊃q)]   *10. (p⊃q)≡[(p∨q)≡q]
11. p≡[p∨(q・~q)]   12. p≡[p・(q・~q)]
13. p≡[p・(q∨~q)]
14. p≡[p∨(q∨~q)]
*15. [p・(q∨r)]≡[(p・q)∨(p・r)]
16. [p・(q∨r)]≡[(p∨q)・(p∨r)]
17. [p∨(q・r)]≡[(p・q)∨(p・r)]
18. [p∨(q・r)]≡[(p∨q)・(p∨r)]
19. [(p・q)⊃r]≡[p⊃(q⊃r)]
*20. [(p⊃q)・(q⊃p)]≡[(p・q)∨(~p・~q)]

8.10 逻辑等价

  本节不是要引进一种新的真值函项联结词,而是要引进一种非常重要且十分有用的新关系,这种关系比刚才讨论过的任何一个真值函项联结词都要复杂些。

当陈述有相同的真值时，它们是实质等值的。因为两个实质等值的陈述或者都是真的，或者都是假的，既然假前件（实质）蕴涵任何陈述，真后件被任何陈述（实质）蕴涵，我们就能看出它们必定彼此（实质）蕴涵。因此，我们可以把三杠号"≡"读作"当且仅当"。根据8.9（C），以下真值表清楚地展示了当 p 和 q 有相同的真值时，p≡q 是真的。

p	q	p≡q
T	T	T
T	F	F
F	T	F
F	F	T

仅仅确定为实质等值的陈述并不能互相替换。知道它们实质等值，我们只是知道它们的真值相同。陈述"木星比地球大"和陈述"东京是日本的首都"是实质等值的，因为它们都是真的，但我们显然不能用一个替换另一个。同样，陈述"所有蜘蛛都有毒"和陈述"所有蜘蛛都无毒"都是假的，所以它们实质等值，它们当然也不能彼此替换！

然而，在很多情形下，我们必须表示那种允许相互替换的关系。两个陈述可以在比实质等值强得多的意义上等值。它们可能是在如下严格意义上**逻辑等价**的：对它们的分支陈述的每一种真值组合而言，它们都有相同的真值。这就引出了逻辑等价的定义：**两个陈述形式是逻辑等价的，当且仅当，对于它们的分支陈述的每一种真值组合而言，它们都有相同的真值**。考虑陈述形式 p⊃q 以及陈述形式～p∨q。正如以下等值表所表明的，这两个陈述形式是逻辑等价的。

p	q	～p	p⊃q	～p∨q
T	T	F	T	T
T	F	F	F	F
F	T	T	T	T
F	F	T	T	T

我们可以看到，对于 p 和 q 的四种真值组合中的每一种，p⊃q 和～p∨q 都有相同的真值。例如，当 p 为假且 q 为真时（第3行），p⊃q 和～p∨q 都是真的。其他三种情形下，同样显示它们具有相同的真值。

读者也许记得本章前面对实质蕴涵的定义。我们定义 p⊃q 作为～（p·～q）的缩写。这种缩写之所以可能，就是因为 p⊃q 逻辑等价于～（p·～q），正如以下扩充的真值表所示。

p	q	~p	~q	p・~q	p⊃q	~p∨q	~(p・~q)
T	T	F	F	F	T	T	T
T	F	F	T	T	F	F	F
F	T	T	F	F	T	T	T
F	F	T	T	F	T	T	T

可以看出，对于 p 和 q 的四种真值组合中的每一种，三个陈述形式在最后三列——p⊃q、~p∨q 和 ~(p・~q)——有相同的真值。这三个陈述形式中的任何两个都是**逻辑等价**的。这就使得 8.4 节所说的更加清楚：一个实质蕴涵"如果 p，那么 q"（p⊃q）逻辑等价于"它的前件为真且后件为假"的否定（~(p・~q)），它也逻辑等价于断言"它的前件为假或者后件为真"（~p∨q）。这些逻辑等价式意味着，这些陈述形式中的每一个都可以被其他两个替换，同时在有效性的证明时，每一个都可以从其他两个中演绎地得到（见第 9 章中的替换规则）。

逻辑等价不是实质等值，但它们之间存在着有趣的联系。对于任何实质等值来说，比如

$$(p⊃q) \equiv (\sim p \vee q)$$

我们可以利用真值表确定它在 p 和 q 的每一种真值组合下的真值。

p	q	~p	p⊃q	~p∨q	(p⊃q)≡(~p∨q)
T	T	F	T	T	T
T	F	F	F	F	T
F	T	T	T	T	T
F	F	T	T	T	T

这个真值表表明，实质等值陈述（p⊃q）≡（~p∨q）对于 p 和 q 的任何真值组合都是真的。由于任何逻辑等价的陈述形式，对于它们的陈述变元的真值组合都有相同的真值表，那么它们的实质等值陈述在每一种组合下都是真的，因此它们的实质等值陈述就是一个重言式。不同的是，如果两个陈述形式逻辑等价，那么它们具有相同的真值就必然是真的。这就可以给出**逻辑等价**的另一种定义：两个陈述是逻辑等价的，当且仅当，它们的实质等值是一个重言式。我们用三杠号的上方加一个 T，即"$\stackrel{T}{\equiv}$"，来表示这种很强的逻辑关系。"$\stackrel{T}{\equiv}$"表示的是这种逻辑关系的本质：两个逻

辑等价陈述的实质等值陈述是一个重言式。因为实质等值陈述是一个"双条件陈述"（两个陈述互相蕴涵），所以，我们可以把这个逻辑等价符号"$\stackrel{T}{\equiv}$"视为表示一个重言的双条件陈述。

某些运用非常普遍的简单逻辑等价式可以使这种关系及其功用得以彰显。p和~~p意谓同样的东西，这是一个常识；"他意识到那个困难"和"他不是没有意识到那个困难"是两个有同样意义的陈述。要言之，这两个表述中的任何一个都可以由另一个替换，因为它们说的是同一件事。这个**双重否定**原则的真对所有人来说都是显然的，这一点可以用真值表来展示。在此，两个陈述形式的实质等值陈述被表明是一个重言式：

p	~p	~~p	p≡~~p
T	F	T	T
F	T	F	T

这个真值表证明p和~~p是逻辑等价的。因此，这个非常有用的逻辑等价式，即双重否定律，可以符号化为：

$$p \stackrel{T}{\equiv} \sim\sim p$$

实质等值和逻辑等价二者之间的差别很大，并且也很重要。前者是一个真值函项陈述形式，即"p≡q"，它为真或为假仅取决于它所联结的分支的真或假。但后者，即逻辑等价"$\stackrel{T}{\equiv}$"，不只是一个联结词，它还表达两个陈述之间某种非真值函项的关系。两个陈述逻辑等价，当且仅当它们绝对不可能有不同的真值——**当且仅当对于它们的分支陈述的每一种组合都有相同的真值**。然而，如果它们总是有相同的真值，那么，逻辑等价陈述必定有同样的（逻辑）意义。在此种情形下，它们可以在任何真值函项语境中互相替换而不改变在该语境中的真值。反之，如果两个陈述仅仅碰巧有相同的真值，甚至它们之间没有实际的联系，那么，它们就只是实质等值的。仅仅实质等值的陈述当然不能互相替换！

有两个著名的逻辑等价式（即逻辑地真的双条件陈述）非常重要，因为它们表示了合取、析取及它们的否定之间的相互关系。下面即严格地考察这两个逻辑等价式。

首先，我们用什么来否定一个析取为真呢？任何析取陈述p∨q只是断言它的两个析取支中至少有一个是真的。若断言其析取支至少有一个为假,并不能与之相矛盾;(要否定它)我们必须断言两个析取支都为假。因此,断言析取 p∨q 的否定,逻辑地等价于断言 p 的否定和 q 的否定的合取。要在真值表中表明这一点,可以构造双条件陈述~(p∨q)≡(~p·~q),把它放在它自己那一列的顶端,然后检查它的分支陈述变元的各种真值组合下的真值,即每一行下的真值。

p	q	p∨q	~(p∨q)	~p	~q	~p·~q	~(p∨q)≡(~p·~q)
T	T	T	F	F	F	F	T
T	F	T	F	F	T	F	T
F	T	T	F	T	F	F	T
F	F	F	T	T	T	T	T

显而易见,无论 p 和 q 的真值如何,~(p∨q) 与~p·~q 有相同的真值(正如第 4 和第 7 列所显示的),因此~(p∨q)≡(~p·~q)在每一种情形下都是真的(正如最后一列所显示的)。这个双条件陈述必定为真,即它是一个逻辑上为真的双条件陈述,即它是一个重言式。因为这个实质等值陈述是一个重言式,可得出这两个陈述逻辑等价。故我们已经证明:

$$\sim(p\vee q)\overset{T}{\equiv}(\sim p\cdot\sim q)$$

同样,由于断言 p 和 q 的合取就是断言二者都为真,要与该断言相矛盾,我们只需断定其中至少有一个为假,因此,断定合取(p·q)的否定,逻辑地等价于断定 p 的否定和 q 的否定的析取。在真值表中可以用符号表明,双条件陈述~(p·q)≡(~p∨~q)是一个重言式。这样一个真值表就证明了:

$$\sim(p\cdot q)\overset{T}{\equiv}(\sim p\vee\sim q)$$

这两个重言的双条件陈述或逻辑等价式,被叫作德·摩根定理,因为它们是由数学家兼逻辑学家奥古斯塔·德·摩根(1806—1871)正式表述出来的。德·摩根定理用自然语言可以表述为:

(a) 两个陈述的析取的否定逻辑等价于这两个陈述的否定的合取;

(b) 两个陈述的合取的否定逻辑等价于这两个陈述的否定的析取。

这两个德·摩根定理被证明是特别有用的。

在 8.9(C)节结尾,我们曾指出双条件陈述 A≡B 逻辑等价于两个条件陈述的合取,即(A⊃B)·(B⊃A)。现在就可以表明它们相应的特征陈述形式之间是逻辑等价的。

p	q	p⊃q	q⊃p	(q⊃p)·(p⊃q)	(p⊃q)·(q⊃p)	p≡q
T	T	T	T	T	T	T
T	F	F	T	F	F	F
F	T	T	F	F	F	F
F	F	T	T	T	T	T

这个真值表说明，这两个条件陈述的合取（即双条件陈述）：

(q⊃p)·(p⊃q)（"p 当且仅当 q"）

以及调转过来的合取：

(p⊃q)·(q⊃p)（"q 当且仅当 p"）

以及实质等值陈述形式：

p≡q

三者相互之间都是逻辑等价的，因为真值表表明，对于它们的分支陈述变元的每一种真值组合，它们都有完全相同的真值。因此，正如与之逻辑等价的合取陈述(A⊃B)·(B⊃A)所表明的那样，双条件陈述 A≡B 确实涵摄了"A 当且仅当 B"中的两个条件陈述即 B⊃A 和 A⊃B。而且，由于陈述形式 p≡q 和(p⊃q)·(q⊃p)是逻辑等价的，这就意味着它们在任何真值函项语境中都可以互相替换，特别是在第 9 章有效性的证明中。

当我们试图系统处理真值函项联结词时，另一个重要的逻辑等价式非常有帮助。在本章的早些地方（8.4 节），我们把实质蕴涵"⊃"定义为～（p·～q）的一种缩略方式。也就是说，根据定义，"p 实质蕴涵 q"的意思就是，并非 p 为真而 q 为假。从这个定义可以看出，定义项～（p·～q）是一个合取的否定。根据德·摩根定理，我们知道，任何这种否定都逻辑等价于这些合取支的否定的析取；也就是说，～（p·～q）逻辑等价于（～p∨～～q）；再运用双重否定原则，这个表达式又逻辑等价于～p∨q。以下真值表说明了这两种不同的缩略方式之间的等价。

p	q	~p	~q	p・~q	~(p・~q)	p⊃q	~p∨q	(p⊃q)≡(~p∨q)
T	T	F	F	F	T	T	T	T
T	F	F	T	T	F	F	F	T
F	T	T	F	F	T	T	T	T
F	F	T	T	F	T	T	T	T

浅阴影部分表明这三列的三个陈述形式~（p・~q）和 p⊃q 以及~p∨q，都是相互逻辑等价的。

深阴影部分展示了双条件陈述（p⊃q）≡（~p∨q）的真值。可以看出，它是一个重言式——对于 p 和 q 的每一种真值组合，p⊃q 与~p∨q 都有相同的真值——这意味着 p⊃q 与~p∨q 是逻辑等价的。既然逻辑等价陈述形式（以及陈述）意味着相同的东西，马蹄符的原初定义，即~（p・~q）就可以用更简单的~p∨q 来代替而不会改变原意。这就给出了实质蕴涵的一个非常有用的定义：p⊃q **逻辑等价于**~p∨q。可用符号写为：

$$p\supset q \stackrel{T}{\equiv} (\sim p \vee q)$$

在分析论证和证明有效性时，需广泛地依赖实质蕴涵的这一定义。正如我们将在第 9 章看到的，把一个真值函项陈述转换成另一个逻辑等价的真值函项陈述，对于实施有效性的证明非常关键。这些转换通常是必要的，当我们所处理的陈述有相同的核心联结词时，操作起来通常会很简便也更有效力。运用我们刚才所建构的马蹄符的简单定义，即 $p\supset q \stackrel{T}{\equiv} (\sim p \vee q)$，那些以马蹄符为主联结词的陈述，可以方便地用那些以楔劈符为主联结词的陈述来替换；同样，析取形式的陈述也可以用条件陈述替换。在给出演绎论证有效性的形式证明时，这种替换被证明确实非常有用。

在进入下一部分对证明和检验有效性的方法的探索之前，需要先做一个实质蕴涵之含义的透彻思考。蕴涵在论证中居于核心地位，但是正如我们已经注意到的，"蕴涵"一词是非常含混的。而我们在分析中所依赖的实质蕴涵只是这个词的一种含义，虽然它显然是非常重要的一种含义。前文所解释的关于实质蕴涵的定义，使下述这点变得非常清晰，即当我们在这个重要的含义上说"p 蕴涵 q"的时候，我们所表达的恰好就是"或者 p 为假，或者 q 为真"。

在这种含义上断言"如果-那么"关系会导致一些看起来有悖论性的

后果。因为在这层含义上，我们可以**正确地**说："如果一个陈述是真的，那么它被任何一个陈述蕴涵。"由于"地球是圆的"是真的，可以推出"月亮是新鲜奶酪做的蕴涵地球是圆的"，这确实十分怪异，特别是因为它也可以得出："月亮不是新鲜奶酪做的蕴涵地球是圆的。"我们对实质蕴涵的精确理解还使我们能**正确地**说："如果一个陈述是假的，那么它蕴涵任何陈述。"由于"月亮是新鲜奶酪做的"是假的，可以推出"月亮是新鲜奶酪做的蕴涵地球是圆的"；当我们意识到由之也可以得出"月亮是新鲜奶酪做的蕴涵地球不是圆的"时，这就更怪异了。

为什么这些为真的陈述看起来如此怪异？因为我们相信，地球的形状和月亮的质料彼此之间是完全不相干的。一般地使用"蕴涵"一词时，一个陈述不能蕴涵任何一个与之完全不相干的假的或真的陈述。这是"蕴涵"一词被使用最多的日常含义上的情形。上一段中的那些"悖论性"陈述事实上都是真的，并没有任何问题。因为它们是在"蕴涵"的逻辑含义，即"实质蕴涵"这一层含义上来使用这个词的。实质蕴涵的精确含义我们已经表达得非常明确了，即说 p 实质蕴涵 q，也就是说或者 p 假或者 q 真。

需要牢记在心的是：意义或内容是与实质蕴涵完全不相干的。**实质蕴涵是一个真值函项**。这里相干的只有前后件的真假值，而不是前后件的内容。说任何析取支的真内蕴一个真的析取陈述并没有任何悖谬之处。当我们说"月亮是新鲜奶酪做的实质蕴涵地球是圆的"时，我们知道这就在逻辑上与如下断言等价："或者月亮不是由新鲜奶酪做的，或者地球是圆的"，后者是一个大可确定为真的析取陈述。任何我们可能会遇到的以"月亮不是由新鲜奶酪做的"为第一个析取支的析取陈述都将是确定真的，无论其第二个析取支断言的是什么。所以，的确"月亮是由新鲜奶酪做的实质蕴涵地球是方的"，因为它逻辑等价于"月亮不是由新鲜奶酪做的或者地球是方的"。一个假陈述实质蕴涵任何陈述。一个真陈述被任何陈述实质蕴涵。

我们已经说过，"如果-那么"的每次出现都应该被处理为实质蕴涵，用马蹄符"⊃"表示。对这种逻辑权宜之计做法的辩护基于如下事实：把"如果-那么"翻译成"⊃"，保留了在我们的逻辑研究所关注的那种论证中所有有效论证的有效性。有人还提出了另一些符号体系，它们适合于其他类型的蕴涵，但它们超出了本书的范围，属于逻辑的更高级部分。

8.11 三大"思想法则"：逻辑的原理

一些早期思想家把逻辑定义为"关于思想法则的科学"，并进一步断言：刚好有三大基本思想法则，它们如此基本以至遵从它们既是正确思维的必要条件又是其充分条件。传统上，这三大思想法则是：

- **同一原理**。这个原理断言：如果一个陈述是真的，那么它就是真的。我们可以用符号这样重述它：同一原理断言的是每个具有 p⊃p 形式的陈述必定是真的，每个这样的陈述都是重言式。

- **不矛盾原理**。这个原理断言：没有陈述是既真又假的。用符号重述：不矛盾原理断言的是每个具有 p・~p 形式的陈述必定是假的，每个这样的陈述是自相矛盾的。在我们的符号体系中，不矛盾原理是陈述形式 ~(p・~p)；每个具有这种形式的陈述都是重言式。

- **排中原理**。这个原理断言：每个陈述或者是真的或者是假的。用符号重述：排中原理断言的是每个具有 p∨~p 形式的陈述必定是真的，每个这样的陈述都是重言式。

显然，这三个原理确实是真的；而且，这三个原理的表达式作为真值函项陈述都是（逻辑为真的）重言式。

然而，现代逻辑不再把逻辑视作管"思想的法则"的科学。因为基于弗雷格、罗素、怀特海以及维特根斯坦等人的工作，逻辑已被看作关于用来区分正确推理与不正确推理的方法和原则的研究。正如本章和下章所阐明的，这种研究的焦点在于陈述之间的逻辑关系，特别是前提和结论之间的推论关系。逻辑研究的主题是：这些结论是从这些前提集必然地得到的吗？前提皆真而结论为假是可能的吗？于是，问题就是：如果这三个原理不是思想的法则，那么它们在逻辑中享有特权地位或者能构成逻辑最本质的东西吗？

1879—1913 年，在现代逻辑创生期间，弗雷格、罗素以及怀特海致力于寻找逻辑的基础（以及所有数学或大多数数学的基础，前者如罗素和怀特海，后者如弗雷格），即寻求少数基本、尽可能自明的逻辑公理作为数学的基础。如他们所言，其目标就是提供充足数量的公理或"原始命题"，然后证明所有逻辑真理。在里程碑式三卷本著作《数学原理》（1910—1913）中，罗素和怀特海提供了六个真值函项重言式作为他们的命题演算的公理，并宣称"它们在某种意义上是随意被选择的"，他们从能够证明逻辑真理方面去判定该公理系统的"充分性"，从一定不会导致矛盾方面去判定其"相容性"。他们宣称排中律和不矛盾律（以及本书第9章中所讲的替换规则）是这些公理所演绎出的"最重要的"逻辑真理；之后，他们对其进行了推演。

在《哲学问题》（1912）中，罗素说道："没有很好的理由把三个（'自明的逻辑的'）原理以传统的'思想的法则'方式挑选出来。"且在列出来它们后，他又说："这三个法则是自明性的逻辑原理的范本，但它并不比其他类似的原理更为简单或自明。"[15] 自从维特根斯坦在他的《逻辑哲学论》（1921，1922）中关于真值函项性和真值函项推论的分析之后，现代逻辑（如本章中所使用的工具）可以表明罗素是正确的，即《数学原理》中的公理以及思想的三个法则，与其他的真值函项重言式一样，都**不过是重言为真的，都是同等自明为真的**。所有真值函项重言式对于其分支简单陈述的每一种真值组合来说，都是真的；它们在根本上是平等的，因为根据真值表方法可证明它们都是重言式。然而，这个重要的事实表明，自明性——不管是实在的、幻想的还是意义理解的认知作用——**在逻辑中是完全没有必要的**。一个逻辑系统真正所关心的，比如本章和下两章所展现的，就是它表达上是否完备（即利用此系统的符号，每一个真值函项都可构造），以及是否每个有效论证的有效性都可以利用系统的规则（比如推论的19条规则和下一章给出的替换规则）得到证明，从而是演绎完全的。

所有真值函项重言式都是平等的重言式，这一事实并没有确定哪些真值函项重言式比其他的更重要或更能体现逻辑的根本性质。在65年后的这本第15版《逻辑学导论》中，也就是在本节中，我们已经可以正确地指出，这三个原理——同一原理、不矛盾原理以及排中原理，乃是引导着真值表的构造的原理，即引导合取、否定、析取、实质蕴涵以及实质等值的真值表定义的原理。在真值表中的每一行的引导列，根据排中原理（有时也叫作二值法则），我们放置 T 或 F。根据不矛盾原理，我们不会在任何地方既放置 T 又放置 F。一旦在给定行的符号下面放置了 T，根据同一原理（或连同不矛盾原理），当我们放置同一行中的其他列中的符号时，必须确保给出同样的真值，即 T。我们用这种方法构造真值表，是根据陈述及其真假的基本性质：一个陈述**必定或真或假，不可能既真又假**。本章给出的真值函项解释，以及下一章给出的有效性证明的解释，都必须以这种基本的真理为基础。**有效的逻辑推论**（这是逻辑学也是本书的中心话题），必须每个陈述或真或假（排中原理或二值法则），但不能既真又假（不矛盾原理）。因此，这就足以说明，排中原理或不矛盾原理是逻辑结构（the fabric of logic）的组成部分。

充分探究这些原理的本性，以及为什么逻辑要遵循它们，已经超出了本书的范围。然而，我们确实已经知道，逻辑需要每一个陈述都有且**只有一个真值**。

有趣的是，就在"经典"现代逻辑利用非常严格且完全的真值函项语义学，作为一个演绎系统而完成的时候，逻辑学家和数学家们又提出了**非标准逻辑系统**（即逻辑的非标准或"非经典"系统）。[16]例如，当《数学原理》中证明命题演算的完全性的时候，保罗·贝尔纳斯（Paul Bernays, 1918）和埃米尔·波斯特（Emil Post, 1921）[17]）在各自独立地探究：如果承认三值或多值，将会得到什么样的逻辑？他们由此而建立了三值逻辑和 n-值逻辑。在完全不同的方向上，荷兰数学家 L. E. J. 布劳维尔（L. E. J. Brouwer）论证道：数学的逻辑必须严格限制使用排中原理。这诱发了 V. 格里文科（V. Glivenko）、A. 柯尔莫戈洛夫（A. Kolmogorov）以及 A. 海廷（A. Heyting）在 1925 至 1930 年间，分别独立地对直觉主义逻辑进行了形式化。[18]此后不久，即在 1920 年代量子力学中波动力学和矩阵力学的系统理论诞生之后，约翰·冯·诺依曼和加维特·伯克霍夫提出了量子逻辑的系统，排斥了分配律（见第 9 章替换规则中的分配律）。甚至在更早的 1912 年[19]，C. I. 刘易斯就已经拒斥了罗素对"蕴涵"一词的用法及实质蕴涵本身，以模态逻辑中的**严格蕴涵**来代替。于是，自从现代逻辑中兴之后，逻辑学家和数学家们已经提出了纯"经典的"命题逻辑和谓词逻辑（即本书的第 8-10 章）的**扩充形式**，其中包括时态逻辑和认知逻辑，以及经典逻辑的**变异形式**——"变异逻辑"[20]包括直觉主义逻辑、量子逻辑以及亚相容逻辑（它拒斥不矛盾原理）。

经典逻辑的**扩充**，就是试图通过刻画出**所有有效推论**而使得**逻辑完备**。本章和下一章讲述的命题逻辑居于逻辑的核心地带，其中刻画了许多亚里士多德三段论逻辑无法刻画的有效论证形式，也刻画了三段论逻辑中的大多数论证形式。但是，命题逻辑并不完备。基于此，第 10 章将作为第 8-9 章的扩充，借助量化理论进入一阶谓词逻辑。这种扩充将会完成标准的"经典"现代逻辑。一阶逻辑——被哥德尔在他 1930 年博士论文中证明了其完全性——是否需要基于这种或那种理由进行扩充，是一个有趣且非常大的哲学问题，这也超出了本书讨论的范围。

然而比较明确的是，在弗雷格的《概念文字》发表 140 年、《数学原理》发表 105 年之后，哲学家和逻辑学家依旧把标准的或经典的命题逻辑和谓词逻辑看作关于物理世界的推理的**逻辑**。无论是现在还是以往关于物理世界的陈述，都必定或真或假，不可能既真又假，因为没有一种单独的事态或事实既是如此这般又不是如此这般。而"有效性"的定义（即一个有效的演绎论证不可能前提皆真而结论为假）引出关于推论的理论，以适应于我们关于现实世界的陈述、关于现实世界的推理以及我们获得的关于现实的知识。因此，尽管遵循逻辑的三个基本原理不是**正确思维**的既充分又必要的条件，但无疑是做出正确（有效）推论和对重言式、矛盾式和偶真式进行正确解释的必要条件。

值得注意的是，上述观点与柏拉图和亚里士多德都高度一致。在《理想国》第 IV 卷，柏拉图明显地诉诸不矛盾原理。在《形而上学》第 IV 卷和第 XI 卷，亚里士多德讨论了所有这三个原理。关于不矛盾原理，他写道："同一属性不能在同一方面同时属于又不属于同一对象"，这样一个原理是"理解任何事物如其所是的每个人所必须掌握的"，并且是"每个人开始某项专门研究时所必须拥有的"，总之是"所有原理中最确定的原理"。因此，不管三个原理能否作为"思想的法则"，它们是能够确定逻辑（即经典逻辑）最本质的东西的三个原理，它们贯穿于本书的主题，即从亚里士多德三段论逻辑到经典的现代逻辑。

第 8 章概要

本章介绍现代符号逻辑的一些最基本概念。

8.1 节说明现代符号逻辑的一般路径以及它对人工符号语言的需要。

8.2 节介绍真值、真值函项、真值函项陈述以及简单和复合陈述的概念。

8.3 节定义合取（圆点符：·）、否定（波浪符：～）和析取（楔劈符：∨）的真值函项陈述，还解释了逻辑标点符号。

8.4 节讨论蕴涵的不同含义，定义了实质蕴涵的真值函项陈述（马蹄符：⊃）。

8.5 节阐释论证的形式结构，定义了论证形式和论证，并解释了一些分析演绎论证的基本术语。

8.6 节给出了有效论证形式和无效论证形式的精确含义。

8.7 节阐释检验论证形式和论证之有效性的真值表方法，并通过大量论证和论证形式展示真值表方法的应用。

8.8 节区别并刻画了几个非常普通的论证形式，有些是有效的，有些是无效的。通过真值表显示它们的有效性或无效性。

8.9 节阐释陈述的形式结构，定义了一些处理陈述形式的基本术语。介绍了重言的、矛盾的和偶真的陈述形式，并定义了第五个真值函项陈述，即实质等值（三杠号：≡）。

8.10 节介绍并定义一种新的重要关系——逻辑等价，引入了符号$\equiv^T$。解释了两个陈述是逻辑等价的，当且仅当对于它们的分支陈述的任意真值组合都有相同的真值。还解释了为什么逻辑等价陈述可以相互替换，而仅仅实质等值的陈述不能相互替换。另外，介绍了几个特别重要的逻辑等价式：德·摩根定理、双重否定原则和实质蕴涵定义。对于每一个，我们都通过真值表来说明。

8.11 节讨论被许多人认为是所有推理的基础的三个逻辑原理（以及对应的重言式）：同一原理、不矛盾原理和排中原理（二值法则）。解释了不矛盾原理和排中原理对于标准的经典命题逻辑如何具有核心功能。此外，还概述了这些原理的择代观点以及所得到的非标准"逻辑"。

第 8 章关键术语

真值：任何陈述为真或为假（T 或 F）的状态。

简单陈述：不是其他陈述之真值函项的陈述。

复合陈述：是至少一个其他陈述之真值函项的陈述。它的真值是一个或更多陈述的函项——是被唯一确定的。

真值函项分支：一个复合陈述的任何分支，用其他任何与原分支陈述有相同真值的陈述做替换，复合陈述的真值保持不变。

逻辑算子：用于从一个或多个其他陈述形成真值函项复合陈述的符号。在逻辑命题中有五个逻辑算子："·"（圆点符，表示"并且"），"∨"

（楔劈符，表示可兼的"或者"），"⊃"（马蹄符，表示"如果……那么"），"≡"（三杠号，表示"当且仅当"），以及"～"（波浪符或卷曲符，表示"并非"或"并非那样"）。前四个是逻辑联结词，第五个是否定算子。

逻辑联结词：五个逻辑算子中的前四个是逻辑联结词，因为它们被用来联结其他陈述而形成真值函项复合陈述。

合取陈述：由两个被称作合取支的陈述组成的真值函项陈述，合取支由逻辑联结词圆点符（·）所联结，表示"并且"。一个合取形式 p·q 是真的，当且仅当 p 和 q 都是真的。"合取"（"Conj."）也是一个推论规则的名字，它是九个最基本的有效论证形式之一；它允许把两个为真的陈述合并为一个复合陈述，符号化为：p，q，因此 p·q。

合取支：一个合取陈述的两个真值函项分支陈述之一。一个合取陈述由两个合取支组成：一个在圆点符或"并且"的左边，一个在圆点符或"并且"的右边。

圆点符：符号·，表示"并且"，它联结一个合取陈述的两个合取支。

真值函项联结词：联结一个真值函项复合陈述的两个分支陈述的逻辑算子（即合取、析取、实质蕴涵和实质等值）。

真值表：对复合陈述的所有分支简单陈述的真值的排列进行展示。一个真值表可以用来定义一个真值函项复合陈述，也可以用来判定一个演绎论证是否有效。

否定：即否认；符号为波浪符或卷曲符。～p 是指"并非 p"，也可读作"非 p"。

波浪符或卷曲符：表达否定的符号～。它放在一个陈述的前面（左边）表示否定或否认。

析取陈述：由两个被称作析取支的陈述组成的真值函项陈述。有两种析取陈述：可兼析取陈述和不可兼析取陈述。

可兼析取陈述：通过楔劈符∨联结两个析取支所组成的真值函项复合陈述。在至少有一个析取支（即一个或两个都）为真的情形下，不可兼析取是真的。一般简单地叫作"析取"，也叫作"弱析取"。

不可兼析取或强析取陈述：由两个析取支组成的一种真值函项复合陈述，在当且仅当只有一个析取支为真的时候为真。一个不可兼析取是说：其中一个析取支是真的，且另一个是假的。这与"可兼的"（或"弱的"）析取不同，可兼析取说的是至少有一个析取支为真，且可以都为真。

楔劈符：可兼（弱）析取的符号∨。任何具有形式 p∨q 的陈述是真的，如果 p 是真的，或者 q 是真的，或者它们都是真的。

标点符号：在数学和逻辑中，为了消除歧义而使用的圆括号、方括号与大括号。

条件陈述：具有"如果 p，那么 q"形式的真值函项复合陈述。如果它的前件 p 为假，或者它的后件 q 为真，则它是真的。

前件：在一个条件陈述（"如果……，那么……"）中，紧接着"如果"的分支陈述就是前件。有时也叫作蕴涵者，或前式。在条件陈述"如果 p，那么 q"中，p 就是前件。

后件：在一个条件陈述（"如果……，那么……"）中，紧接着"那么"的分支陈述就是后件。有时也叫作被蕴涵者，或后式。在条件陈述"如果 p，那么 q"中，q 就是后件。

蕴涵：为真的条件陈述或假言陈述的前后件之间的一种关系。

实质蕴涵陈述：由前后件所组成的一种真值函项陈述，其形式是 p⊃q。如果 p 为假或者 q 为真，则陈述"p 实质蕴涵 q"（p⊃q）是真的。

马蹄符：实质蕴涵的符号⊃。

通过逻辑类推的反驳：通过另一个具有相同形式的论证来表明一个论证是无效的方法，其中类推的这个论证的前提为真而结论为假。

陈述变元：一个占位符；可以用陈述来替换的字母（按约定用小写字母表示，以 p、q 等开始）。

论证形式：一个符号序列——一行符号串作为结论并且一行或多行符号串作为前提，其中包含一些不是陈述的陈述变元，使得当用陈述代入陈述变元时（同一陈述始终代入同一陈述变元），其结果就是一个论证。

代入例：给定一个论证形式，用陈述替换其中的陈述变元而得到的论证，相同的变元必须代入同一个陈述。

（论证的）特征形式：若一个论证是以不同的简单陈述一致地代入一个论证形式中每个不同的陈述变元而得到的，该论证形式就是这个论证的特征形式。

有效：一个演绎论证是有效的，当且仅当，它不可能出现前提皆真而结论为假的情形。有效性是一个形式特征，它只能应用于论证和论证形式。

无效：不是有效的；一个无效论证形式可以出现前提皆真而结论为假

的情形。每一个演绎论证或者是有效的，或者是无效的。

析取三段论：一个基本的有效论证形式，它的前提由一个析取陈述和一个对其析取支进行否定的陈述构成，它的结论是另一个析取支。符号化为：p∨q，~p，所以 q。

肯定前件式：一个基本的有效论证形式：如果假定一个条件陈述为真，且假定它的前件为真，那么就可以推出它的后件为真。符号化为：p⊃q，p，所以 q。

否定后件式：一个基本的有效论证形式：如果假定一个条件陈述为真，且假定它的后件为假，那么就可以推出它的前件为假。符号化为：p⊃q，~q，所以~p。

假言三段论：包含一个条件（"假言"）陈述作为前提的三段论。如果这个三段论仅包含条件陈述，则叫作"纯"假言三段论；如果它包含一个条件陈述和一个直言陈述作为前提，则称作"混合"假言三段论。

构造式二难：一种包含两个前提和一个结论的基本的有效论证形式。它的第一个前提是两个条件陈述的合取；第二个前提是一个析取，其中第一个析取支是第一个条件陈述的前件，第二个析取支是第二个条件陈述的前件。结论是从前提中有效地得到的析取，其中第一个析取支是前提中第一个条件陈述的后件，第二个析取支是前提中第二个条件陈述的后件。

陈述形式：不包含陈述但包含陈述变元的符号串，当用同样的陈述来代入同一陈述变元的时候，得到的结果就是一个陈述。

析取陈述形式：符号化为 p∨q 陈述形式；它的代入例是析取陈述。

（陈述的）特征形式：一个给定陈述的这样一种陈述形式，即用不同的简单陈述一致地代入每个不同的陈述变元，就可以得到该给定陈述。

论证形式：一个陈述形式序列，最后一个陈述形式是结论，其他陈述形式都是前提。

重言式：在所有分支陈述变元（或简单陈述）的任何真值组合下都为真的陈述形式（或陈述）。

矛盾式：在其所有分支陈述变元的任何真值组合下都为假的陈述形式，它的任何代入例都必然为假。

偶真陈述形式：可为真也可为假的陈述形式。它的分支陈述变元的真值组合至少有一种为真，并且至少有一种为假。一个偶真陈述形式既不是重言式，也不是矛盾式。

实质等值陈述：用三杠号连接两个陈述，断定它们之间具有相同的真值，这样的真值函项陈述就是实质等值陈述。如果两个陈述同为真或同为假，那么它们就是实质等值的——也就是说，它们具有相同的真值。实质等值陈述的两个分支互相实质蕴涵。

逻辑等价：两个陈述形式是逻辑等价的，当且仅当，对于它们的分支陈述变元的任何真值组合都具有相同的真值。如果两个陈述形式是逻辑等价的，它们的实质等值陈述就是一个重言式。逻辑等价的陈述一定有相同的逻辑意义，因此它们可以相互替换。

双重否定：一个陈述的一种逻辑等价表达，它是一个否定陈述的否定。符号化为：p $\equiv^T$ ~~p。

德·摩根律：两个重要的逻辑等价式。第一个是说析取陈述的否定等价于两析取支否定的合取：~(p∨q) $\equiv^T$ ~p·~q。第二个是说合取陈述的否定等价于两合取支否定的析取：~(p·q) $\equiv^T$ (~p∨~q)。

同一原理：这个原理断言，任何陈述如果是真的，那么它是真的。

不矛盾原理：这个原理断言，任何陈述不可能同时为真和为假。

排中原理：这个原理断言，任何陈述或者为真，或者为假。

【注释】

[1] 有两种例外：(1) 某些非有效的论证形式，它的结论不包含在前提中——比如 p，所以 q（以及 p, q，所以 r，等等）——不包含一个复合陈述形式；(2) 一些有效的论证形式，它的结论也是一个前提——比如 p，所以 p（以及 p, q，所以 p，等等）——不包含一个复合陈述形式。第一种类型的论证是：A，所以 B。"p，所以 q"是这个论证的特征形式。第二种类型的论证是：A，所以 A。这两种论证都不包含复合陈述。

[2] 在第一个公式中，我们有：(H⊃M)·~M；因此~H（希特勒不是一个军事天才）。在第二个公式中，我们有：(~H∨M)·~M；因此~H（希特勒不是一个军事天才）。可以清楚地看到，正如 8.9 节所表明，条件陈述 H⊃M 与析取陈述~H∨M 是逻辑等价的。

[3] "The Firm,"*The New Yorker*, 8 March 1999.

[4] 在 8.9 节，当我们定义了"陈述形式"的时候，就能够定义作为**陈述形式序列**的"论证形式"，除了它的最后一个陈述形式是结论，其他陈述形式都是前提。

[5] 一个**判定程序**就是指，在有穷步内为**决定**（回答）一个是/否问题的机械过

程（即算法）。完备的真值表方法是命题逻辑（即真值函项逻辑）的有效性的判定程序：它是确定一个真值函项论证是否有效的机械方法。9.9节的简化真值表方法（STTT）是关于命题逻辑判定程序的更高效方法。在掌握了完备的真值表方法后，STTT就可以得到更好的理解和掌握。

［6］真值表的每一行都表达了代入例的整个类。

［7］这表明此论证形式至少有一个代入例使得它的前提皆真而结论为假。

［8］我们用"情形"指谓论证形式中的陈述变元的一种真值组合。就一个论证而言，一种"情形"就是指这个论证中的简单陈述的一种真值组合。

［9］Peter J. Bertocci, "Chavez' Plight Must Come from Arrogance," *The New York Times*, 19 January 2001.

［10］Rabbi Ammiel Hirsch, "Grand Canyon," *The New York Times*, 10 October 2005.

［11］Orlando Patterson, "The Speech Misheard Round the World," *The New York Times*, 22 January 2005.

［12］在8.9（D）节，我们已经说明，对于每个有效论证形式，存在一个对应的重言条件陈述。比如，对于有效论证形式"p，所以p"，存在一个对应的条件重言陈述 p⊃p。

［13］有所不同的是，如果一个条件陈述的前件是两个前提的合取，这个前件只有在两个前提都真时才为真。如果这个条件陈述的后件是一个论证形式的结论，那么这个条件陈述只有在这个论证形式的前提皆真而结论为假时才为假（即这个论证形式是无效的）。反之，如果一个论证形式是有效的，它就不可能前提皆真而结论为假，它所对应的条件陈述就是一个重言式，因为它不可能为假。

［14］一个论证形式的对应条件陈述是一个矛盾式，当且仅当，它的前提的合取是一个重言式且它的结论是一个矛盾式，比如［(p∨～p)•(q∨～q)］⊃(q•～q)。

［15］Bertrand Russell, *The Problems of Philosophy* (Oxford: Oxford University Press, 1998 (1912), Chapter Ⅶ, p.40.

［16］确实，在格哈德·甘岑的名著《自然演绎》（甘岑，1935）中——本书的自然演绎就是基于他的系统——他把弗雷格-罗素的命题逻辑和谓词逻辑系统看作"经典逻辑"，并明确地把它和阿伦德·海丁已发明五年的"直觉主义逻辑"进行比较。类似地，加勒特·伯克霍夫和约翰·冯·诺依曼在他们1936年的著作中，也在同样的意义上使用"经典逻辑"，并宣称"量子力学不遵循经典逻辑"（p.823）。参见：G. Gentzen, "Investigations into Logical Deduction," *American Philosophical Quarterly*, Vol. 1, No. 4, 1964 (1935), pp. 288-230 (translated by M. E Szabo), 以及 Birkhoff and von Neumann, "The Logic of Quantum Mechanics," *Annals of Mathematics*, Second Series, Vol. 37, No. 4, 1936, pp. 823-843.

[17] 在"Introduction to a General Theory of Elementary Propositions"（*American Journal of Mathematics*, Vol. 43, Issue 3, 1921, pp. 163-185）一文中，埃米尔·波斯特明确地称谓他的作为"非亚里士多德逻辑"（p. 164）的"m-值"逻辑，并把它们与非欧几何进行了比较。

[18] 一些关于布劳维尔、格里文科、柯尔莫戈洛夫和海廷论文的重要英译，请见 Paolo Mancosu, *From Brouwer to Hilbert* (Oxford: Oxford University Press, 1998)。

[19] C. I. Lewis, "Implication and the Algebra of Logic," *Mind*, Vol. 21, No. 84, 1912, pp. 522-531.

[20] W. V. O. 蒯因在他的《逻辑哲学》中使用了术语"变异逻辑"（Cambridge, MA: Harvard University Press, 1970), pp. 80ff. 。

第9章

命题逻辑Ⅱ：演绎方法

9.1 有效性的形式证明
9.2 基本的有效论证形式
9.3 有效性形式证明示例
9.4 有效性形式证明的构造
9.5 构造更复杂的形式证明
9.6 扩展推论规则：替换规则
9.7 自然演绎系统
9.8 运用19个推论规则构建形式证明
9.9 简化的真值表方法
9.10 不相容性
9.11 条件证明
9.12 间接证明
9.13 可靠性论证与笃证性论证的辨别
第9章概要
第9章关键术语

9.1 有效性的形式证明

正如本书的开头所说，逻辑学关心的是**推理**，逻辑学研究在于辨别正确推理与不正确推理。在本章中，我们将看到有效的演绎推理构成的**证明**，这种证明是逻辑学中核心的至关重要的组成部分。

在命题逻辑（以及将在第 10 章所展示的谓词逻辑）中，我们可以通过运用一系列有效演绎推论，从一个论证的前提演绎出它的结论，从而证明该论证是有效的。一个**有效性的形式证明**是关于一个论证不可能出现前提真而结论假的情形的一种严格核证。如果一个论证的前提是真的，那么此论证的有效性的证明一旦建立，就能保证它的结论也是真的。

例如，考虑下述论证：

(P$_1$) 如果安德逊被提名，那么她会去波士顿。
(P$_2$) 如果她去波士顿，那么她会在那儿竞选。
(P$_3$) 如果她在那儿竞选，她会遇到道格拉斯。
(P$_4$) 安德逊没有遇到道格拉斯。
(P$_5$) 或者安德逊被提名，或者某个更合适的人被选中。
因此，某个更合适的人会被选中。

它的有效性可能在直觉上也很显然，但我们来考虑一下证明问题。为讨论方便起见，先把该论证翻译成下列符号表达式：

(P$_1$) A⊃B
(P$_2$) B⊃C
(P$_3$) C⊃D
(P$_4$) ~D
(P$_5$) A∨E
∴ E

我们可利用基本的有效论证序列，进行不断推论演绎出它的结论，就能够证明这个论证是有效的。

为了理解有效性的形式证明之本质，以及理解对基本的有效论证的使用，让我首先引入一些基本概念和技术术语。我们先从这个论证例子中的前两个前提 A⊃B 和 B⊃C 开始，构造一个得到 C⊃D 的证明。这个论证就是：

    A⊃B
    B⊃C
    ∴A⊃C

这个基本的有效论证（推论）是一个基本的有效论证形式的代入特例，这就是 8.8 节引入并证明了的假言三段论（H. S.）：

    p⊃q
    q⊃r
    ∴p⊃r

  我们这里把一个**基本的有效论证形式**定义为九个特殊的简单有效论证形式之一，并将把它们用作推论规则。[1]一个**推论规则**就是一个有效的论证形式或者是作为推论规则的逻辑等价式。我们把一个**基本的有效论证**定义为作为一个基本的有效论证形式之代入例的论证。要强调的一点是，一个基本有效论证形式的**任何**代入例都是一个基本的有效论证。例如，如下论证：

    (A・B)⊃[C≡(D∨E)]
    A・B
    C≡(D∨E)

就是一个基本的有效论证，因为它是基本的有效论证形式肯定前件式（M. P.）的代入例。用 A・B 代入 p，C≡(D∨E) 代入 q，它可以从下述形式得到：

    p⊃q
    p
    ∴q

因此，尽管肯定前件式不是该论证的特征形式，它仍是具有肯定前件式的有效形式。

一个给定论证的有效性的形式证明,就是一个有效的演绎推论序列,它根据推论规则而得到。一个有效性的证明通过写上前提以及由前提演绎出来的陈述作为单独的**陈述列**而组成,同时还要写上**辩护理由**,它是陈述列的右边一列,它作为证明中每一个被推导出来的陈述的辩护理由。为方便起见首先要列出所有前提,然后写下结论作为单独的一行,或者在理由列开始处,用斜线符和所以符(∴)把前提和结论分开。在陈述列中,所有陈述都被编号,每一个陈述的"理由"由先前被推出的陈述的编号以及推论规则的缩写组成。

上列论证的完备证明需要使用三个不同推论规则的四个有效推论,每个规则都是基本的有效论证形式。

1. A⊃B
2. B⊃C
3. C⊃D
4. ~D
5. A∨E   /∴E
6. A⊃C   1,2,H. S.
7. A⊃D   6,3,H. S.
8. ~A   7,4,M. T.
9. E   5,8,D. S.

这个证明给出了此论证的有效性证明,即利用有效的推论规则,从五个前提通过四个有效的演绎推论而得到它的结论。在陈述列中,6-9行中的四个陈述是从先前的陈述(即前提和/或经过有效推论得到的陈述),利用基本的有效论证形式作为推论规则而有效地得到的。在第6行中,条件陈述A⊃C是从A⊃B和B⊃C(前提1和2)根据假言三段论(H. S.)而得到的。在理由列,在陈述A⊃C的右边,我们注明用什么陈述作为推论(即1和2),以及所使用的推论规则的缩写("H. S."表示假言三段论)。接着,在第7行,A⊃D是从A⊃C(第6行)和C⊃D(第3行)通过假言三段论而有效地得到的。在理由列,在陈述A⊃D的右边,我们写下"6,3,H. S.",以表明A⊃D是从第6行和第3行陈述通过假言三段论演绎得出。进而,在第8行,从A⊃D(第7行)和~D(第4行)通过**否定后件式**(M. T.)可以有效地推出~A;于是,我们写下"7, 4, M. T.", 以表明所使用的陈述和推论规则。最后, 从 A∨E (第 5 行) 和 ~A (第 8 行), 运用析取三段论, 我们有效地得到了论证的结论 E, 并在理由列写上"5, 8, D. S."。这样, 结论就从原论证的五个前提通过四个基本有效的论证而有效地得到, 从而证明了该论证的有效性。其中, 基本的有效论证形式假言三段论 (H. S.)、否定后件式 (M. T.) 和析取三段论 (D. S.) 被用作**推论规则**, 它们的应用允许结论从前提集合中有效地演绎出结论。就如这个证明这样, 任何给定论证的**有效性的形式证明**都是一个陈述序列, 它开始于论证的前提, 继之于那些从前提有效地推出的陈述, 结束于有效地推出的论证之结论。[2]

演绎出一个论证的结论的演绎方法, 即利用推论规则成功地证明论证的有效性的方法, 经常被叫作自然演绎。我们通过精确地进行一个又一个有效推论, 直到推出结论, 从而证明一个论证是有效的。[3] 这种演绎证明之所以被称作"自然的"(或"自然演绎"), 部分原因是它建立了**论证的有效性**, 另一部分原因是这种连续不断的推论过程正是我们大多数时候的**实际推理**样式。使用自然演绎, 我们就能为任何有效论证的有效性提供一个形式证明。

否定后件式和析取三段论确实是非常基本的有效论证形式。推论规则中还包括其他哪些有效论证形式呢？下一节我们将介绍构造有效性的形式证明时常用的九个推论规则。有这些推论规则, 就可以为很多更为复杂的论证的有效性构造形式证明。这里所给出的名称大都是标准的, 使用它们的缩写使得形式证明能以极少的书写规模被构建出来。

9.2 基本的有效论证形式

我们的目标是构造一套逻辑规则, 即推论规则。这样, 如果一个演绎论证是有效的, 则我们能通过使用这些规则来证明其有效性。我们从几个已经介绍了的基本有效论证形式开始——例如**肯定前件式**和析取三段论。它们非常简单而且很常见。但是我需要一些更有力度的规则。推论规则可以被看作逻辑工具箱, 从中可以拿出需要的工具来证明有效性。我们的工具箱里还需要什么？该如何扩展推论规则的清单呢？

所需要的推论规则分为两组, 也就是两大种类。第一组由一些基本的有效论证形式组成，第二组则由一些基本的逻辑等价式组成。本节只讨论基本的有效论证形式。迄今我们已得到四个基本的有效论证形式：

推论规则

1. **肯定前件式（M. P.）**
   p⊃q
   p
   ∴q

2. **否定后件式（M. T.）**
   p⊃q
   ～q
   ∴～p

3. **假言三段论（H. S.）**
   p⊃q
   q⊃r
   ∴p⊃r

4. **析取三段论（D. S.）**
   p∨q
   ～p
   ∴q

为了得到一个更为有效的逻辑工具箱，我们需要加入其他五个规则。这五个论证形式都是有效的并且通过真值表方法很容易就能证明它们的有效性，以下将逐一对其进行检验。

5. 规则 5 被称为**构造式二难**（C. D.），其符号表达式为：

   (p⊃q)·(r⊃s)
   p∨r
   ∴q∨s

一般而言，二难推论的两个选项之中必须有一个被选。这个论证形式中的选项是两个条件陈述 p⊃q 和 r⊃s 的前件。从肯定前件式，我们知道，如果给定 p⊃q 和 p，则我们可以推出 q；如果给定 r⊃s 和 r，我们可以推出 s。因此很明显，如果给定 p⊃q 并且 r⊃s，以及 p 或 r（即两前件中的某一个），则我们可以有效地推出 q 或 s（即两后件中的其中一个）。实际上，构造式二难是两个**肯定前件式**论证的结合，是确定有效的，其有效性可以通过真值表证明。我们将构造式二难（C. D.）加入工具箱。

6. **吸收律**（Abs.）

   p⊃q
   ∴p⊃(p·q)

显然，任何陈述 p 总能蕴涵它自身。因此，如果我们知道 p⊃q，则我们可以有效地推出 p 既蕴涵它自身又蕴涵 q。这就是吸收律所表达的含义。（有人可能会问）为什么我们需要这个如此初级的规则呢？随着本书内容的不断展开，这个规则的必要性将变得更为清晰。简言之，我们需要它是因为它能很方便地将 p 带到蕴涵号的另一边，这在有的时候甚至是至关重要的。事实上，吸收律使得 8.11 节讨论的一个基本逻辑原理，即同一原理总是可供我们使用。所以，我们将吸收律（Abs.）加入我们的工具箱。

如果我们理解了前面解释的逻辑联结词的含义，那么下面两个基本有效论证形式就很容易掌握了。

7. **简化律**（Simp.）

$$p \cdot q$$
$$\therefore p$$

简化律说的是如果两个陈述 p 和 q 的合取（p·q）为真的时候，我们可以有效地推出合取支的其中之一 p 是真的。我们简化了面前的这个表达，将 p 从合取陈述中抽出，单独立起来。因为我们被给定 p·q，我知道 p 和 q 都一定为真，由此我们就可以确定地知道 p 为真。

那么 q 又如何呢？难道 q 不会因为相同的原因也为真吗？是的，的确如此。那么为什么简化律的基本论证形式只得出结论 p 为真呢？这是因为需要保证工具箱之整洁性。推论规则必须严格按照它们出现的形式被应用。我们当然需要一个使我们能将合取陈述分离的规则，但是我们不需要两个这样的规则。如果需要将 q 从合取陈述中有效地推出，则我们可以将它放到 p 所处的位置上，然后利用唯一的这一个简化律——我们现在加入工具箱的规则。

8. **合取律**（Conj.）

$$p$$
$$q$$
$$\therefore p \cdot q$$

合取律说的是如果已知两个陈述 p 和 q 都是正确的，则我们能将它们置于一个合取陈述中来表达，即 p·q。如果它们是分别为真的，那么它们的合取陈述必定仍然为真。在这个例子中，顺序不构成问题，因为我们也可以将我们关注的那个陈述放在左边做这里的 p，另一个做 q。这个结合的真理证实一个合取陈述所断言的。我们需要将合取律（Conj.）加入我们的工具箱。

九个基本有效论证形式中的最后一个也是逻辑联结词含义的直接结果，这里所涉及的联结词是析取。

9. **附加律**（Add.）

>   p
> ∴p∨q

如果一个析取陈述的其中一个析取支是真的，则该析取陈述必定为真。也就是说，如果p为真，或者q为真，或者p、q都为真，则p∨q为真。这正是析取的含义。这一点显然来自如下这一点：如果我们知道某个陈述p为真，则我们也知道或者p为真，或者其他任何陈述为真。所以，我们可以用任何确定为真的陈述作为p，加上（在逻辑的析取意义上）任何一个我们在意的陈述从而有效地得到一个析取陈述p∨q。我们称这个步骤为逻辑加。加陈述q并没有与p结合到一起，它只是用来与p一起构造出一个析取陈述。因为我们知道这个析取陈述的其中一个支陈述p是真的，所以我们也可以确切地知道q与p所构造出来的这个析取陈述为真。**无论这个附加陈述所断言的是什么，无论它多么荒诞或错误**，我们由此构造出来的这个析取陈述仍然为真。我们知道密歇根在佛罗里达的北面，因此我们知道或者密歇根在佛罗里达的北面或者月亮是由新鲜奶酪做的。事实上，我们知道或者密歇根在佛罗里达的北面或者2+2=5。附加陈述的真假对我们所构造的析取陈述的真值没有影响，因为我们一开始使用的那个析取支为真，所以该析取陈述被构造出来的时候就是真的。因此，如果给定陈述p为真，我们可以有效地推出对任何q，有p∨q。这个原则，即附加律（Add.），也被加入了我们的逻辑工具箱。

现在我们的九个基本有效论证形式就完整了。

这九个论证形式显然都是有效的，如果其中任何论证形式的有效性受到怀疑，其有效性很容易用真值表判定。它们都很简单，在直觉上也比较清晰。在我们为大量更复杂的论证构造有效性形式证明的过程中，它们的威力也将逐渐显现。

概览

推论规则：基本的有效推理形式

名称	缩写	形式
1. 肯定前件式	M. P.	p⊃q p ∴q
2. 否定后件式	M. T.	p⊃q ~q ∴~p
3. 假言三段论	H. S.	p⊃q q⊃r ∴p⊃r
4. 析取三段论	D. S.	p∨q ~p ∴q
5. 构造式二难	C. D.	(p⊃q)·(r⊃s) p∨r ∴q∨s
6. 吸收律	Abs.	p⊃q ∴p⊃（p·q）
7. 简化律	Simp.	p·q ∴p
8. 合取律	Conj.	p q ∴p·q
9. 附加律	Add.	p ∴p∨q

必须强调这些基本的论证形式的两大特点：首先，**它们必须被精确地使用**。运用**肯定前件式**证明有效性的论证就必须具有形式 p⊃q，p，所以 q。每个陈述变项都必须用相同的陈述（简单或复合陈述）一致并且准确地替换。例如给定 (C∨D)⊃(J∨K) 和 (C∨D)，通过**肯定前件式**可以推出 (J∨K)，但是通过肯定前件式就不能推出 (K∨J)，即便它可能为真。基本的论证形式必须与我们在处理的论证**精确吻合**，不允许有任何形式的

捷径和搪塞。因为我们就是要确切地知道推理是有效的，而这一点只有在我们能证明推理中的**每个环节都是绝对有效的情形下**才能弄清楚。

其次，这些基本的有效论证形式必须被应用到作为推论前提的整个陈述上，而不能应用到这些陈述的部分分支陈述上。例如，如果给定[(X·Y)]⊃Z·T，我们无法利用简化律有效地得出 X。虽然 X 是合取陈述的一个合取支，但是这个合取陈述只是更复杂的复合陈述的一部分。即便更为复杂的表达式为真，X 也可能不真。我们被给定的只是：如果 X 和 Y 都为真，则 Z 为真。简化律只适用于整个合取陈述；通过简化律得到的陈述，其结论必须是这个合取陈述的左支（并且只是左支）。所以，从陈述[(X·Y)]⊃Z·T，通过简化律，我们可以有效地推出[(X·Y)]⊃Z。但是通过简化律我们无法推出 T（因为它不是合取陈述的左支），即便它可能为真。

演绎逻辑中的形式证明有极大的效力，但是它们拥有这样的效力只是因为：如果它们正确，则对由此得出的推理的有效性就不存在任何一点怀疑。微小的差别就会毁掉整个论证的效力。

应该将上面给出的九个基本有效论证形式牢记在心。构造形式证明的时候必须要随时应用。只有完全理解了这些基本论证形式，并能迅速和准确运用它们之后，我们才能构造更为复杂论证的有效性的形式证明。

练习题

以下是二十个基本的有效论证，它们都正好以九个基本的有效论证形式出现。指出每个论证中结论由以从前提得出所依据的推理规则。

例题：

(P₁)(A·B)⊃C

∴(A·B)⊃[(A·B)·C]

解答：

吸收律。如果用 (A·B) 替换 p，C 替换 q，则该论证就正好可以看作形式 p⊃q，因此有 p⊃(p·q)。

*1. (A·B)⊃C

∴(A·B)⊃[(A·B)·C]

2. (D∨E)·(F∨G)

∴(D∨E)

3. H⊃I
∴(H⊃I)∨(H⊃~I)

*5. [N⊃(O•P)]•[Q⊃(O•R)]
N∨Q
∴(O•P)∨(O•R)

7. (S≡T)∨[(U•V)∨(U•W)]
~(S≡T)
∴(U•V)∨(U•W)

9. (F≡G)⊃~(G•~F)
~(G•~F)⊃(G⊃F)
∴(F≡G)⊃(G⊃F)

11. (A⊃B)⊃(C∨D)
A⊃B
∴C∨D

13. (C∨D)⊃[(J∨K)⊃(J•K)]
~[(J∨K)⊃(J•K)]
∴~(C∨D)

*15. (J⊃K)•(K⊃L)
L⊃M
∴[(J⊃K)•(K⊃L)]•(L⊃M)

17. (S⊃T)⊃(U⊃V)
∴(S⊃T)⊃[(S⊃T)•(U⊃V)]

19. [(H•~I)⊃C]•[(I•~H)⊃D]
(H•~I)∨(I•~H)
∴C∨D

4. ~(J•K)•(L⊃~M)
∴~(J•K)

6. (X∨Y)⊃~(Z•~A)
~~(Z•~A)
∴~(X∨Y)

8. ~(B•C)⊃(D∨E)
~(B•C)
∴D∨E

*10. ~(H•~I)⊃(H⊃I)
(I≡H)⊃(H•~I)
∴(I≡H)⊃(H⊃I)

12. [E⊃(F≡~G)]∨(C∨D)
~[E⊃(F≡~G)]
∴C∨D

14. ~[L⊃(M⊃N)]⊃~(C∨D)
~[L⊃(M⊃N)]
∴~(C∨D)

16. N⊃(O∨P)
Q⊃(O∨R)
∴[Q⊃(O∨R)]•[N⊃(O∨P)]

18. (W•~X)≡(Y⊃Z)
∴[(W•~X)≡(Y⊃Z)]∨(X≡~Z)

*20. (C∨D)⊃[(O⊃P)⊃Q]
[(O⊃P)⊃Q]⊃~(C∨D)
∴(C∨D)⊃~(C∨D)

9.3 有效性形式证明示例

我们已经将一个论证有效性的形式证明定义如下：它是一个陈述序

列,其中的每个陈述或者是该论证的前提,或者是根据序列中的先前陈述经过有效推导而得到的陈述,使得该序列中的最后一个陈述为该论证(即我们正在证明其有效性的这个论证)的结论。我们的目标就是要构造这样的一个序列,来证明所面对的论证的有效性。

这个工作具有挑战性。在试图构建这样的序列之前,先熟悉形式证明的基本形式和特点将大有裨益。在这一节我们将通过对几个完整形式证明的仔细审查来了解它们是如何运作的,以获得对构建形式证明的"感觉"。

第一步不是要想出这样的证明,而是要理解和领会这些证明。在每个例子中,都有一系列陈述呈现在我们面前。该序列中的每个陈述或者是一个前提,或者利用 9.1 节中的某个基本有效论证能从它前面的陈述中推出。如果一个证明中每一步所依赖的推论规则并没有给出,则我们知道(因为我们被告知这是一个完整的证明)证明中所有不是前提的行都可以从前面的陈述中演绎得出。为了理解这些演绎推出,需要牢记九个基本的有效论证。

先看几个展示了这种极好的可靠性的证明。第一个例子是本节练习题中的练习 1。

  1. A・B
  2. (A∨C)⊃D
   ∴A・D
  3. A
  4. A∨C
  5. D
  6. A・D

该证明的前两个陈述是前提,因为它们出现在"因此"符号(∴)之前,紧接在这个符号右边的是该论证的结论 A・D。该序列的最后一行就是(如果这个形式证明是正确的,则它必须是)这个相同的结论 A・D。那么前提和结论之间的这些陈述是怎么得到的呢?第 3 行 A,可以从第 1 行 A・B,通过简化律得到。所以我们在第 3 行的右边写上它由之导出的行数,以及它从这行推出所依据的前提 A・B 和规则"1,Simp."。第 4 行 A∨C 如何能从上面的陈述中推导出来呢?无法通过简化律从第 2 行得出,但是可以依据附加律从第 3 行 A 得出。附加律说的是:如果 p 为真,则无论 q 的真假是什么，p∨q 都为真。通过精确地使用这个逻辑模式，我们能从 A 推出 A∨C 为真。因此，要在第 4 行的右边加上"3，Add."。第 5 行中的陈述 D，D 在第 2 行中作为条件陈述（A∨C）⊃D 的结论出现。我们在第 4 行已经证明出（A∨C）为真，现在使用肯定前件式，就能将它与第 2 行的条件陈述结合起来证明 D。我们在第 5 行的右边写上"2，4，M. P."。A 已经在第 3 行被证明为真了，D 在第 5 行也被证明为真了。因此我们能够有效地将二者结合，这也就是第 6 行所断言的内容，即 A·D。因此我们在第 6 行的右边写上"3，5，Conj."。A·D 是论证的结论，因此它也是构成这个证明的序列中的最后一个陈述。这样，通过具体指出证明中每一步的依据，已经完全呈现给我们的证明就得到了充实。

这个例子以及后面的练习中，所有证明中的每一行都能通过我们逻辑工具箱中的某个基本有效论证形式得到辩护。无论其他推理看起来如何可信，都不允许在证明中使用。如果我们需要指涉一个由两个前提组成的论证（例如，M. P. 或者 D. S.），则我们在右边的根据中要**按照不同前提在基本有效形式中的顺序来写**，因此，例 1 中的第 5 行就是根据"2，4，M. P."得到的。

要熟练地构造形式证明，必须首先完全熟悉九个基本论证形式的结构和规律。这九个基本论证形式也是我们将广泛使用的最重要的九个推论规则。

练习题

下列每题都是所示论证的有效性的一个形式证明。请给编了号但不是前提的每行写出"理由"。

*1. 1. A·B
   2. (A∨C)⊃D
     ∴A·D
   3. A
   4. A∨C
   5. D
   6. A·D

3. 1. I⊃J

2. 1. (E∨F)·(G∨H)
   2. (E⊃G)·(F⊃H)
   3. ～G
     ∴H
   4. E∨F
   5. G∨H
   6. H

4. 1. N⊃O

2. J⊃K
3. L⊃M
4. I∨L
∴K∨M
5. I⊃K
6. (I⊃K)·(L⊃M)
7. K∨M

*5. 1. Q⊃R
2. ~S⊃(T⊃U)
3. S∨(Q∨T)
4. ~S
∴R∨U
5. T⊃U
6. (Q⊃R)·(T⊃U)
7. Q∨T
8. R∨U

7. 1. (A∨B)⊃C
2. (C∨B)⊃[A⊃(D≡E)]
3. A·D
∴D≡E
4. A
5. A∨B
6. C
7. C∨B
8. A⊃(D≡E)
9. D≡E

9. 1. I⊃J
2. I∨(~~K·~~J)
3. L⊃~K
4. ~(I·J)
∴~L∨~J
5. I⊃(I·J)

2. (N·O)⊃P
3. ~(N·P)
∴~N
4. N⊃(N·O)
5. N⊃P
6. N⊃(N·P)
7. ~N

6. 1. W⊃X
2. (W⊃Y)⊃(Z∨X)
3. (W·X)⊃Y
4. ~Z
∴X
5. W⊃(W·X)
6. W⊃Y
7. Z∨X
8. X

8. 1. F⊃~G
2. ~F⊃(H⊃~G)
3. (~I∨~H)⊃~~G
4. ~I
∴~H
5. ~I∨~H
6. ~~G
7. ~F
8. H⊃~G
9. ~H

*10. 1. (L⊃M)⊃(N≡O)
2. (P⊃~Q)⊃(M≡~Q)
3. {[(P⊃~Q)∨(R≡S)]·(N∨O)}⊃[(R≡S)⊃(L⊃M)]
4. (P⊃~Q)∨(R≡S)
5. N∨O

6. ～I
7. ～～K・～～J
8. ～～～K
9. ～L
10. ～L∨～J

∴（M≡～Q）∨（N≡O）
6. [（P⊃～Q）∨（R≡S）]・（N∨O）
7. （R≡S）⊃（L⊃M）
8. （R≡S）⊃（N≡O）
9. [（P⊃～Q）⊃（M≡～Q）]・[（R≡S）⊃（N≡O）]
10. （M≡～Q）∨（N≡O）

9.4　有效性形式证明的构造

我们现在转向演绎逻辑的一个核心任务：从形式上证明实际有效的论证的有效性。在前面几节中，我们研究了只需要加上每一步的根据来进行完善的形式证明。然而，此后我们遇到的都是需要我们构造出形式证明的论证。有些论证的形式证明很容易，但还有一些论证的形式论证则比较复杂。但是无论所需要的证明是简短还是复杂冗长，所有情形中依据的推理规则都是我们已经拥有的工具。而成功需要对这些规则的**熟练掌握**，仅仅是具备这些规则是不够的，还需要在设计证明的过程中能熟练地调用所需规则。这种熟练运用规则的能力会随着不断的练习迅速增强，进而获得不少满足感。

我们先为简单论证构建证明。所需（或我们可用）的所有规则是前面已经介绍的九个基本有效论证形式。我们稍后会克服这一限制，但即便在逻辑工具箱中只有这九个规则，还是可以对许多论证的有效性给出形式证明。我们从其证明除了前提之外所需的附加陈述不超过两条的论证开始。

先看两个例子，即本节练习题中的前两个题目。

例题：考虑如下论证

1. (P_1) A
   (P_2) B
   ∴（A∨C）・B

该论证的结论（A∨C）·B是一个合取陈述，我们很快可以看到第二个析取支B正好是出现在第2行的前提，可以直接拿来用。现在所需要的就是析取陈述（A∨C），它与B相结合就能完成该证明。（A∨C）很容易从第1行的前提A中得出；附加律断言对任何给定其真值为**真**的陈述p都可以（析取地）加上任意陈述q，在这里，我们知道A为真，所以通过这个规则，可以推出A∨C必定为真。这个证明的第3行是"3. A∨C，1, Add."。第4行我们可以将（第3行的）这个析取陈述与第2行的前提B结合在一起："4. (A∨C)·B, 3, 2, Conj."。这个序列的最后一行即所证明论证的结论。证毕。

下面是有效性形式证明只需要在证明序列中额外加入两行的另一个论证。

  2. (P$_1$)D⊃E
   (P$_2$)D·F
   ∴E

该论证的结论为E，是给定的第一个前提，即条件陈述D⊃E的后件。如果能确定D为真，则可以通过**肯定前件式**得到E为真。而D的真可以通过简化律从第二个前提D·F得到。所以完整的形式证明包括如下四行：

  1. D⊃E
  2. D·F   /∴E
  3. D   2, Simp.
  4. E   1, 3, M. P.

上述两个例子以及本节的所有练习题中，对任何论证的形式证明都能通过添加两个额外的陈述构造出来。**如果脑海里对九个基本有效论证形式有清楚的概念**，那么这些证明都还是比较容易的。需要时刻谨记的是，任何证明序列的最后一行总是正在证明的论证的结论。

练习题

  1. (P$_1$)A   2. (P$_1$)D⊃E
   (P$_2$)B   (P$_2$)D·F
   ∴(A∨C)·B   ∴E

3. (P₁)G
   (P₂)H
   ∴(G • H)∨I

4. (P₁)J⊃K
   (P₂)J
   ∴K∨L

*5. (P₁)M∨N
   (P₂)∼M • ∼O
   ∴N

6. (P₁)P • Q
   (P₂)R
   ∴P • R

7. (P₁)S⊃T
   (P₂)∼T • ∼U
   ∴∼S

8. (P₁)V∨W
   (P₂)∼V
   ∴W∨X

9. (P₁)Y⊃Z
   (P₂)Y
   ∴Y • Z

*10. (P₁)A⊃B
   (P₂)(A • B)⊃C
   ∴A⊃C

11. (P₁)D⊃E
   (P₂)(E⊃F) • (F⊃D)
   ∴D⊃F

12. (P₁)(G⊃H) • (I⊃J)
   (P₂)G
   ∴H∨J

13. (P₁)∼(K • L)
   (P₂)K⊃L
   ∴∼K

14. (P₁)(M⊃N) • (M⊃O)
   (P₂)N⊃O
   ∴M⊃O

*15. (P₁)(P⊃Q) • (R⊃S)
   (P₂)(P∨R) • (Q∨R)
   ∴Q∨S

16. (P₁)(T⊃U) • (T⊃V)
   (P₂)T
   ∴U∨V

17. (P₁)(W∨X)⊃Y
   (P₂)W
   ∴Y

18. (P₁)(Z • A)⊃(B • C)
   (P₂)Z⊃A
   ∴Z⊃(B • C)

19. (P₁)D⊃E
   (P₂)[D⊃(D • E)]⊃(F⊃∼G)
   ∴F⊃∼G

*20. (P₁)(∼H∨I)∨J
   (P₂)∼(∼H∨I)
   ∴J∨∼H

21. (P₁)(K⊃L)⊃M
   (P₂)∼M • ∼(L⊃K)
   ∴∼(K⊃L)

22. (P₁)(N⊃O)⊃(P⊃Q)
   (P₂) [P⊃(N⊃O)] • [N⊃(P⊃Q)]
   ∴P⊃(P⊃Q)

23. (P₁)R⊃S

24. (P₁)[T⊃(U∨V)] •

$(P_2) S \supset (S \cdot R)$

$\therefore [R \supset (R \cdot S)] \cdot [S \supset (S \cdot R)]$

$[U \supset (T \vee V)]$

$(P_2)(T \vee U) \cdot (U \vee V)$

$\therefore (U \vee V) \vee (T \vee V)$

*25. $(P_1)(W \cdot X) \supset (Y \cdot Z)$

$(P_2) \sim [(W \cdot X) \cdot (Y \cdot Z)]$

$\therefore \sim (W \cdot X)$

26. $(P_1) A \supset B$

$(P_2) A \vee C$

$(P_3) C \supset D$

$\therefore B \vee D$

27. $(P_1)(E \cdot F) \vee (G \supset H)$

$(P_2) I \supset G$

$(P_3) \sim (E \cdot F)$

$\therefore I \supset H$

28. $(P_1) J \vee \sim K$

$(P_2) K \vee (L \supset J)$

$(P_3) \sim J$

$\therefore L \supset J$

29. $(P_1)(M \supset N) \cdot (O \supset P)$

$(P_2) N \supset P$

$(P_3)(N \supset P) \supset (M \vee O)$

$\therefore N \vee P$

*30. $(P_1) Q \supset (R \vee S)$

$(P_2)(T \cdot U) \supset R$

$(P_3)(R \vee S) \supset (T \cdot U)$

$\therefore Q \supset R$

9.5 构造更复杂的形式证明

只需要两个附加陈述就能构造其有效性形式证明的论证是非常简单的。现在，我们进一步为更为复杂的论证的有效性构造形式证明。但是，证明的过程是一样的：目标都是将证明序列的最后一个陈述构造成该论证的结论，推理的规则也都是我们仅有的那些逻辑工具。

下面，我们一起仔细考察一下本节练习题 A 的第一个论证，它的证明需要三条额外陈述。

1. $A \vee (B \supset A)$
2. $\sim A \cdot C$

$\therefore \sim B$

在大多数情形下，设计某个论证的形式证明都需要一些行动策略，使得我们能运用规则达到所寻求的结论。在这里结论是 $\sim B$，我们自问：B 在前提的什么地方出现？作为第一个前提之分支假言陈述（$B \supset A$）的前件。如何得到 $\sim B$ 呢？如果我们能证明前述条件陈述和 $\sim A$ 都为真，则通过否定后件式，就能从 B⊃A 推出～B。而 B⊃A 和～A 都很容易得到，根据简化律，从～A・C 可以得到～A：

  3.～A   2，Simp.

然后，可以将～A 应用到第 1 行的 A∨（B⊃A）上，通过析取三段论就能推出（B⊃A）：

  4.（B⊃A）   1，3，D. S.

然后根据 B⊃A（第 4 行）和～A（第 3 行）使用**否定后件式**，就能完成该证明：

  5.～B   4，3，M. T.

该论证使用的策略是很容易想到的。在某些证明中，要想出所需的策略则没有这么简单，但是思考如下问题总会是有益的：通过怎样的陈述能推出结论？这些陈述又需要通过怎样的陈述被推出？如此，从结论不断反向回溯到给定的前提。

练习题

A. 在下列论证的前提后只添加三行就可得到一个有效性的形式证明。将它们的形式有效性仔细、精确地写下来。这会增强你对推理规则的运用能力，为构建更为复杂和冗长的证明做好准备。

1. (P$_1$) A∨(B⊃A)   2. (P$_1$) (D∨E)⊃(F・G)
 (P$_2$)～A・C   (P$_2$) D
 ∴～B   ∴F

3. (P$_1$) (H⊃I)・(H⊃J) 4. (P$_1$) (K・L)⊃M
 (P$_2$) H・(I∨J)   (P$_2$) K⊃L
 ∴(I∨J)   ∴K⊃[(K・L)・M]

*5. (P$_1$) N⊃[(N・O)⊃P] 6. (P$_1$) Q⊃R
 (P$_2$) N・O   (P$_2$) R⊃S
 ∴P   (P$_3$)～S
         ∴～Q・～R

7. (P$_1$) T⊃U   8. (P$_1$)～X⊃Y

(P₂)V∨~U
　　　(P₃)~V·~W
　　　∴~T
9. (P₁)(A∨B)⊃~C
　　(P₂)C∨D
　　(P₃)A
　　∴D
11. (P₁)(H⊃I)·(J⊃K)
　　(P₂)K∨H
　　(P₃)~K
　　∴I
13. (P₁)(P⊃Q)·(Q⊃P)
　　(P₂)R⊃S
　　(P₃)P∨R
　　∴Q∨S

*15. (P₁)(Z·A)⊃B
　　(P₂)B⊃A
　　(P₃)(B·A)⊃(A·B)
　　∴(Z·A)⊃(A·B)

　　　(P₂)Z⊃X
　　　(P₃)~X
　　　∴Y·~Z
*10. (P₁)E∨~F
　　 (P₂)F∨(E∨G)
　　 (P₃)~E
　　 ∴G
12. (P₁)L∨(M⊃N)
　　(P₂)~L⊃(N⊃O)
　　(P₃)~L
　　∴M⊃O
14. (P₁)(T⊃U)·(V⊃W)
　　(P₂)(U⊃X)·(W⊃Y)
　　(P₃)T
　　∴X∨Y

　　大多数形式证明都不是只有两三行推论的陈述。有些证明很长。然而，无论证明有多长，设计所需证明的过程和策略技巧是一样的。在这一部分，我们完全依赖于作为推论规则的九个基本有效推论形式。

　　在开始构造更长、更复杂的证明之时，让我们来更细致地分析一个证明的例子——本节练习题B的第一个论证。对它的证明虽不困难，但要比我们已经做过的复杂。

　　　(P₁)A⊃B
　　　(P₂)A∨(C·D)
　　　(P₃)~B·~E
　　　∴C

　　该论证之证明所需的策略显而易见：为了获得C我们必须将第2行中

的前提分解；而要做到这点，需要～A；要得到～A，需要对第 1 行的 A⊃B 运用～B 和**否定后件式**。因此，证明的第 4 行中，我们对第 3 行中的～B・～E 使用简化律：

   1. A⊃B
   2. A∨(C・D)
   3. ～B・～E   /∴C
   4. ～B   3，Simp.

利用第 4 行～B，能从第 1 行 A⊃B 中得到～A：

   5. ～A   1，4，M. T.

得出了～A，可以按计划运用 D. S. 将第 2 行分解：

   6. C・D   2，5，D. S.

通过简化律，结论很容易从第 6 行 C・D 得到：

   7. C   6，Simp.

  这一形式证明需要七行（包括前提）。有些证明要求的行数比这多得多，但其目标和方法仍是一样的。

  在一个形式证明的设计过程中，我们偶尔会发现有被正确推出并且加到了证明序列之中的陈述是不需要的，不使用这一陈述也能给出可靠的证明。在这种情形下，最好的策略通常是重写证明，排除掉不需要的陈述。然而，如果不需要的陈述被保留了，并且证明是运用其他被正确推出的陈述而精确建构的，则包含不必要陈述这一点并没有使该证明（虽然不简练）成为错误的。逻辑学家趋向于较短的、在推论规则允许前提下最为直接地达到结论的证明。但是在构造一个较复杂的证明时，如果发现某些早先的陈述是不必要地推出的，则允许这样的陈述存在，即（在推论过程中）使用比必要之陈述更多的陈述，可能会更为高效。**逻辑坚固性**（logical solidity）是最关键的目标。一个坚固的证明，**每一个陈述都必须是正确地得出的，即其结论是通过一个证明运用推论规则的不间断论证链条与前提相连的**。一个坚固的形式证明，即便没有（为其结论）可能构造出的另一个证明那样清晰简洁，却仍然是一个证明。

练习题

B. 下列论证的有效性之形式证明的构造都不难，尽管有的证明需要八九行（包括前提）。

1. $(P_1) A \supset B$
   $(P_2) A \lor (C \cdot D)$
   $(P_3) \sim B \cdot \sim E$
   $\therefore C$

2. $(P_1) (F \supset G) \cdot (H \supset I)$
   $(P_2) J \supset K$
   $(P_3) (F \lor J) \cdot (H \lor L)$
   $\therefore G \lor K$

3. $(P_1) (\sim M \cdot \sim N) \supset (O \supset N)$
   $(P_2) N \supset M$
   $(P_3) \sim M$
   $\therefore \sim O$

4. $(P_1) (K \lor L) \supset (M \lor N)$
   $(P_2) (M \lor N) \supset (O \cdot P)$
   $(P_3) K$
   $\therefore O$

*5. $(P_1) (Q \supset R) \cdot (S \supset T)$
   $(P_2) (U \supset V) \cdot (W \supset X)$
   $(P_3) Q \lor U$
   $\therefore R \lor V$

6. $(P_1) W \supset X$
   $(P_2) (W \cdot X) \supset Y$
   $(P_3) (W \cdot Y) \supset Z$
   $\therefore W \supset Z$

7. $(P_1) A \supset B$
   $(P_2) C \supset D$
   $(P_3) A \lor C$
   $\therefore (A \cdot B) \lor (C \cdot D)$

8. $(P_1) (E \lor F) \supset (G \cdot H)$
   $(P_2) (G \lor H) \supset I$
   $(P_3) E$
   $\therefore I$

9. $(P_1) J \supset K$
   $(P_2) K \lor L$
   $(P_3) (L \cdot \sim J) \supset (M \cdot \sim J)$
   $(P_4) \sim K$
   $\therefore M$

*10. $(P_1) (N \lor O) \supset P$
   $(P_2) (P \lor Q) \supset R$
   $(P_3) Q \lor N$
   $(P_4) \sim Q$
   $\therefore R$

研究逻辑的目标是评价自然语言，比如英语中的论证。如果遇到日常对话中的论证，可以通过如下步骤来证明其是有效的（如果它的确有效的话）：首先将其中的陈述（从英语或其他自然语言）翻译为我们的符号语言，进而构建对这个符号化了的翻译的形式证明。其符号化版本可能揭示出该论证实际比乍看或乍听之下的要简单（或复杂）许多。考虑下面的例子（本节练习题C的第一个论证）：

> 如果或者格特鲁德或者希尔伯特赢，那么简和凯丽丝都输。格特鲁德赢。因此，简输。（G：格特鲁德赢；H：希尔伯特赢；J：简输；K：凯丽丝输）

文中已经给出了这个陈述的缩写。如果不给出缩写的话，对该论证的讨论则很可能会采用各种不同的缩写，从而使交流变得困难。使用已经给出了的缩写就会使讨论更为方便。

将这个自然语言中的论证符号化之后的形式如下：

1. (G∨H)⊃(J・K)
2. G　　　　　　　　　　/∴J

这个论证余下部分的形式证明非常直接简短。

3. G∨H　　　　　　　2, Add.
4. J・K　　　　　　　1, 3, M. P.
5. J　　　　　　　　　4, Simp.

练习题

C. 下面所有用汉语表达的论证都可以同上例一样得到适当的翻译，也都能（通过九个作为推理规则的基本有效论证形式）构造出有效形式证明。这些证明长度不等，有的需要十三个陈述的序列（包括前提）才能完成形式证明。为了清晰起见，应该使用给出的缩写。谨记，在为日常语言中的论证做形式证明的过程中，最为重要的是对日常论证中条理不清的陈述的符号化翻译要准确无误，否则，我们就可能处理的是一个与原来论证完全不同的论证，这样，任何证明都将是无用的，无法适用于原来的论证。

1. 如果或者格特鲁德或者希尔伯特赢，那么简和凯丽丝都输。格特鲁德赢。因此，简输。（G：格特鲁德赢；H：希尔伯特赢；J：简输；K：凯丽丝输）

2. 如果亚当斯加入，那么俱乐部社会声望会提高；如果贝克加入，那么俱乐部财务状况无忧。或者亚当斯或者贝克加入。如果俱乐部社会声望提高，那么贝克加入；如果俱乐部财务状况无忧，那么威尔逊加入。因此，或者贝克或者威尔逊加入。(A：亚当斯加入；S：俱乐部社会声望提高；B：贝克加入；F：俱乐部财务状况无忧；W：威尔逊加入)

3. 如果布朗收到了电报，那么她乘了飞机；如果她乘了飞机，那么她开会不会迟到。如果电报投递地址不正确，那么布朗开会迟到。或者布朗收到了电报或者电报投递地址不正确。因此，或者布朗乘了飞机或者她开会迟到。(R：布朗收到了电报；P：布朗乘了飞机；L：布朗开会迟到；T：电报投递地址不正确)

4. 如果列维中奖，那么会建一栋办公大楼；而如果佩顿中奖，那么会很快把彩票卖掉。如果莱维中奖，那么会建一个商店；如果建一个商店，那么汤普森会出资租下它。或者列维或者莱维中奖。因此，或者建一栋办公大楼或者建一个商店。(N：列维中奖；O：建一栋办公大楼；P：佩顿中奖；Q：彩票很快被卖掉；R：莱维中奖；S：建一个商店；T：汤普森会出资租下它)

*5. 如果继续下雨，那么河水会上涨。如果继续下雨且河水上涨，那么桥将被冲垮。如果继续下雨导致桥被冲垮，那么仅有一条路通往镇上是不够的。或者一条路通往镇上就足够了，或者交通工程师们犯了错误。因此，交通工程师们犯了错误。(C：继续下雨；R：河水上涨；B：桥被冲垮；S：一条路通往镇上足够；M：交通工程师们犯了错误)

6. 如果雅各布森去开会，那么会做一个完整的报告；但如果雅各布森不去开会，那么会要求一次特别选举。如果做一个完整的报告，那么会展开一场调查。如果雅各布森去开会就会做一个完整的报告，且做一个完整的报告后就会展开一场调查，那么，或者雅各布森去开会且会展开一场调查，或者雅各布森不去开会且不展开调查。如果雅各布森去开会且会展开一场调查，那么某些成员一定会受审。但是，如果雅各布森不去开会且不展开调查，那么该组织会很快瓦解。因此，或者某些成员一定会受审，或者该组织会很快瓦解。(J：雅各布森去开会；R：会做一个完整的报告；E：要求一次特殊选举；I：展开一场调查；T：某些成员一定会受审；D：该组织很快瓦解)

7. 如果安出席，那么比尔出席。如果安和比尔都出席，那么，或者查尔斯或者多莉丝当选。如果查尔斯或者多莉丝当选，那么，埃尔玛没有真正控制该俱乐部。如果安出席埃尔玛就没有真正控制该俱乐部，那么，弗罗伦斯会成为新主席。因此，弗罗伦斯会成为新主席。（A：安出席；B：比尔出席；C：查尔斯当选；D：多莉丝当选；E：埃尔玛真正控制该俱乐部；F：弗罗伦斯会成为新主席）

8. 如果琼斯先生是那个司闸员的邻居，那么，琼斯先生的年收入能被 3 整除。如果琼斯先生的年收入能被 3 整除，那么，$40 000 能被 3 整除。但是 $40 000 不能被 3 整除。如果鲁宾逊先生是那个司闸员的邻居，那么，鲁宾逊先生住在底特律和芝加哥的中间。鲁宾逊先生住在底特律。如果琼斯先生不是那个司闸员的邻居，那么，或者鲁宾逊先生或者史密斯先生是那个司闸员的邻居。因此，史密斯先生是那个司闸员的邻居。（J：琼斯先生是那个司闸员的邻居；E：琼斯先生的年收入能被 3 整除；T：$40 000 能被 3 整除；R：鲁宾逊先生是那个司闸员的邻居；H：鲁宾逊先生住在底特律和芝加哥的中间；D：鲁宾逊先生住在底特律；S：史密斯先生是那个司闸员的邻居）

9. 如果史密斯先生是那个司闸员的邻居，那么，史密斯先生住在底特律和芝加哥的中间。如果史密斯先生住在底特律和芝加哥的中间，那么他不住在芝加哥。史密斯先生是那个司闸员的邻居。如果鲁宾逊先生住在底特律，那么他不住在芝加哥。鲁宾逊先生住在底特律。或者史密斯先生住在芝加哥，或者，鲁宾逊先生或琼斯先生住在芝加哥。如果琼斯先生住在芝加哥，那么，那个司闸员是琼斯。因此，那个司闸员是琼斯。（S：史密斯先生是那个司闸员的邻居；W：史密斯先生住在底特律和芝加哥的中间；L：史密斯先生住在芝加哥；D：鲁宾逊先生住在底特律；I：鲁宾逊先生住在芝加哥；B：那个司闸员是琼斯）

*10. 如果史密斯曾经在台球中打败过那个编辑，那么史密斯不是那个编辑。史密斯曾经在台球中打败过那个编辑。如果那个经理是琼斯，那么琼斯不是那个编辑。那个经理是琼斯。如果史密斯不是那个编辑，并且琼斯也不是那个编辑，那么，鲁宾逊是那个编辑。如果那个经理是琼斯，并且鲁宾逊是那个编辑，那么，史密斯是那个出版商。因此，史密斯是那个出版商。（O：史密斯曾经在台球中打败过那个编辑；M：史密斯是那个编辑；B：那个经理是琼斯；N：琼斯是那个编辑；F：鲁宾逊是那个编辑；G：史密斯是那个出版商）

9.6 扩展推论规则：替换规则

我们一直在探讨的九个基本有效论证形式是非常有力的推论规则，但是它们还不够有力，仅用目前为止所给出的九条推论规则，许多有效的真值函项论证的有效性得不到证明。所以，需要扩展推论规则以增强我们的逻辑工具箱的威力。

考察一下显然有效的简短论证：

如果直接从芝加哥到拉斯维加斯，那么你必须穿过密西西比河。如果你只是要沿着东海岸旅行，则不会穿过密西西比河。因此，如果你直接从芝加哥到拉斯维加斯，则你不只是要沿着东海岸旅行。

该论证的符号表达式如下：

(P_1) D⊃C

(P_2) A⊃~C

∴ D⊃~A

其结论显然能从给定的前提推出。但是仅仅使用那九个基本有效论证形式，无法证明其有效性。我们的逻辑工具箱还不够充分。

缺什么呢？首先，缺少用一个与某陈述逻辑等价的陈述来取代原陈述的能力。对于任何给定陈述，我们需要具有在其位置上，放入任何其他与该陈述的意义完全相同的陈述来替换它的能力。我们需要精确地确定合法替换的规则。

这种规则是可得的。我们这里所关注的只有**真值函项**复合陈述（如我们在第 8.2 节提到的）。在任何真值函项复合陈述中，如果它的一个分支陈述被另外一个有相同真值的陈述替换，该复合陈述的真值保持不变。因此，我们可以将**替换规则**接受为一条附加推论规则。该规则允许我们对任何陈述都可以做如下替换：该陈述的所有或部分陈述都可被替换为与其逻辑等价的陈述。

这一规则的正确性是显而易见的。例如，**双重否定**原则（D.N.）断言 p 逻辑地等价于 ~~p，通过替换，我们可以从 A⊃~~B 推出下面的任何一个陈述：

A⊃B，~~A⊃~~B，~~(A⊃~~B) 或 A⊃~~~~B

如果我们用任何上述陈述来替换 A⊃~~B，我们做的只是将两个逻辑上等价的陈述相互交换。

该替换规则有力地增强了我们的推论规则。然而，在它的一般形式中，要使用它是有困难的，因为其内容是不确定的，我们不总是确定怎样的陈述与某些其他陈述逻辑等值。因此，（如果只具有该推理的一般形式）我们可能无法确定该规则是否能适用于给定例子。为了克服这个问题，使替换规则可以精确地被使用，我们通过列举替换规则可以适用其上的十个具体逻辑等价式来确定替换规则。所有这些逻辑等价式都是逻辑真的双条件陈述，也是单独的推论规则。我们将**十个逻辑等价式**作为规则列举于此，并接着本章前面几节所列的九个规则，给它们连续编号。

概览		
替换规则：逻辑等价的真值函项陈述形式		
下面任一逻辑等价的形式，在它们出现的任何地方，都可以相互替换。		
名称	缩写	形式
10. 德·摩根律	De M.	$\sim(p \cdot q) \stackrel{T}{\equiv} (\sim p \vee \sim q)$ $\sim(p \vee q) \stackrel{T}{\equiv} (\sim p \cdot \sim q)$
11. 交换律	Com.	$(p \vee q) \stackrel{T}{\equiv} (q \vee p)$ $(p \cdot q) \stackrel{T}{\equiv} (q \cdot p)$
12. 结合律	Assoc.	$[p \vee (q \vee r)] \stackrel{T}{\equiv} [(p \vee q) \vee r]$ $[p \cdot (q \cdot r)] \stackrel{T}{\equiv} [(p \cdot q) \cdot r]$
13. 分配律	Dist.	$[p \cdot (q \vee r)] \stackrel{T}{\equiv} [(p \cdot q) \vee (p \cdot r)]$ $[p \vee (q \cdot r)] \stackrel{T}{\equiv} [(p \vee q) \cdot (p \vee r)]$
14. 双重否定律	D. N.	$p \stackrel{T}{\equiv} \sim\sim p$
15. 易位律	Trans.	$(p \supset q) \stackrel{T}{\equiv} (\sim q \supset \sim p)$

16. 实质蕴涵律	Impl.	$(p \supset q) \stackrel{T}{\equiv} (\sim p \vee q)$
17. 实质等值律	Equiv.	$(p \equiv q) \stackrel{T}{\equiv} [(p \supset q) \cdot (q \supset p)]$ $(p \equiv q) \stackrel{T}{\equiv} [(p \cdot q) \vee (\sim p \cdot \sim q)]$
18. 输出律	Exp.	$[(p \cdot q) \supset r] \stackrel{T}{\equiv} [p \supset (q \supset r)]$
19. 重言律	Taut.	$p \stackrel{T}{\equiv} (p \vee p)$ $p \stackrel{T}{\equiv} (p \cdot p)$

接下来，我们逐一对这十个逻辑等价式进行检验。我们将会频繁地使用这些逻辑等价式，并在构建有效性的形式化证明过程中依赖它们。所以必须像我们理解和掌握九个基本有效论证形式那样对这些等价式的效力有深入的理解并对它们有完全的掌握。我们按顺序逐一列出它们的名称、通用的缩写以及它们的精确逻辑形式。

10. **德·摩根律**（De M.）

$$\sim(p \cdot q) \stackrel{T}{\equiv} (\sim p \vee \sim q)$$

$$\sim(p \vee q) \stackrel{T}{\equiv} (\sim p \cdot \sim q)$$

我们在8.10节对这个逻辑等价式有详细的解释。德·摩根律有两个变体。一个变体断言，如果我们否定两个都为真的陈述则与断言或者其中一个为假，或者另一个为假逻辑等价（对合取的否定与合取支的否定的析取逻辑等价）。德·摩根律的第二个变体断言的是，如果我们否定两个陈述中有陈述为真，则逻辑等价于断言这两个陈述都假（对析取的否定与析取支的否定的合取逻辑等价）。

这两个双条件陈述都是重言式，即两个实质等值陈述都总是为真，因此不可能有错误的替换例。在这个意义上，目前所探讨的十个推论规则都是重言的双条件陈述。

11. **交换律**（Com.）

$$(p \vee q) \stackrel{T}{\equiv} (q \vee p)$$

$$(p \cdot q) \stackrel{T}{\equiv} (q \cdot p)$$

这两个等式断言：对合取或析取陈述而言，其支陈述之间的顺序对其没有影响。我们总是可以将其顺序倒转，将其互换位置。因为无论这些支陈述以什么顺序出现，整个合取或析取陈述的含义保持不变。

规则 7，即简化律允许我们从合取陈述 p·q 推出 p，但是不允许推出 q。现在根据交换律，我们总是能用 q·p 替换 p·q，以此，通过简化律和交换律，我们就能很方便地从为真的合取陈述中推出其任意合取支为真。

12. **结合律**（Assoc.）

$$[p \vee (q \vee r)] \stackrel{T}{\equiv} [(p \vee q) \vee r]$$
$$[p \cdot (q \cdot r)] \stackrel{T}{\equiv} [(p \cdot q) \cdot r]$$

这两个等价式允许我们以另外的方式对陈述进行分组。如果我们知道三个不同的陈述都为真，则断言 p 与 q 和 r 的合取一道为真与断言 p 和 q 的合取与 r 一道为真是逻辑等价的。如果这三个陈述是被分组了的析取支，等价式仍然成立：p 或析取陈述 q∨r 与析取陈述 p∨q 或 r 逻辑等价。如果三个陈述（即 p，q，r）中的任何一个为真，则陈述形式 p∨(q∨r) 为真；且只有当三个都为假的时候，p∨(q∨r) 才为假。显然，p∨(q∨r) 逻辑等价于 (p∨q)∨r。

13. **分配律**（Dist.）

$$[p \cdot (q \vee r)] \stackrel{T}{\equiv} [(p \cdot q) \vee (p \cdot r)]$$
$$[p \vee (q \cdot r)] \stackrel{T}{\equiv} [(p \vee q) \cdot (p \vee r)]$$

所有允许替换的规则里面，这个规则可能是最不明显的，但是它仍然是一个重言式。它也有两个变体。第一个变体断言，一个陈述与另外两个陈述所组成的析取陈述的合取，逻辑等价于第一个陈述与第二个陈述组成的合取陈述或者第一个陈述与第三个陈述组成的合取陈述。换言之，只有在 p 是真的并且 q 和 r 至少有一个是真的情形下，p·(q∨r) 才为真。类似地，只有在 p 为真且 q 或 r 至少有一个是真的情形下（即如果 p 且 q 真，则整个析取陈述是真的，因为它的左析取支 p·q 为真；如果 p 且 r 真，则整个析取陈述是真的，因为它的右析取支 p·r 为真），(p·q)∨(p·r) 才为真。第二个变体断言，一个陈述与另外两个陈述组成的合取陈述的析取，逻辑等价于第一个陈述与第二个陈述组成的析取陈述和第一个陈述与第三个陈述组成的析取陈述的合取。换句话说，如果 p 为真或合取陈述 q·r 为真（它使得等价式右边的两个析取支都为真），则 p∨(q・r) 为真；类似地，如果 p 为真或 q 和 r 都为真（即合取陈述 q・r 为真）——两个析取支都为真，则合取陈述 (p∨q)・(p∨r) 为真。该规则被称为分配律，这是源于它分配了这三个陈述中的第一个，分别展示了它与后两个陈述之间的逻辑关系。

14. **双重否定律**（D. N.）

$$p \stackrel{T}{\equiv} \sim\sim p$$

直观上非常清楚，这条规则断言的是任何陈述逻辑等价于其否定的否定。

15. **易位律**（Trans.）

$$(p \supset q) \stackrel{T}{\equiv} (\sim q \supset \sim p)$$

这个逻辑等价式允许我们将任何条件陈述颠倒过来。我们知道如果任何条件陈述为真，则如果它的后件为假，则其前件必定为假。因此任何条件陈述逻辑等价于断言其后件的否定蕴涵其前件的否定的条件陈述。显然，易位律的逻辑等价形式，表达了基本论证形式**否定后件式**的逻辑力量。

16. **实质蕴涵律**（Impl.）

$$(p \supset q) \stackrel{T}{\equiv} (\sim p \vee q)$$

这一逻辑等价式正好表示了我们在 8.4 节中所解释的同样可以作为推论规则的实质蕴涵的定义。8.10 节中我们知道 p⊃q 的含义就是或者前件 p 为假，或者后件 q 为真。

在后续构造形式证明的过程中，这个实质蕴涵的定义将非常重要。因为如果两个陈述具有相同的基本形式，即它们都是析取陈述或都是蕴涵陈述，则我们能更容易将其结合起来处理。如果一个陈述是析取陈述，另一个陈述是蕴涵陈述，则我们可以运用该规则，将其中一个陈述转化为另一种形式，这将是很方便的。

17. **实质等值律**（Equiv.）

$$(p \equiv q) \stackrel{T}{\equiv} [(p・q) \vee (\sim p・\sim q)]$$

$$(p \equiv q) \stackrel{T}{\equiv} [(p \supset q)・(q \supset p)]$$

该规则的两个变体断言了在 8.9 节中详细解释的实质等值的两个基本含

义。我们在8.9节中已经解释了，如果两个陈述具有相同的真值，则它们实质等值。因此，（第一个变体）断言它们实质等值（用三杠号"≡"），就与断言它们都为真或者都为假逻辑等价。我们也在这一点上解释了，如果两个陈述都为真，则一个必定实质蕴涵另一个，相似地，如果它们都为假，则必定一个实质蕴涵另一个，因此（第二个变体）它们实质等值的陈述逻辑等价于它们互相蕴涵的陈述。

18. **输出律**（Exp.）

$$[(p \cdot q) \supset r] \stackrel{T}{\equiv} [p \supset (q \supset r)]$$

该替换规则陈述了一个稍为反思就非常明确的逻辑双条件陈述。如果某人断言两个陈述的合取蕴涵第三个陈述，这就逻辑等价于断言如果这两个陈述的其中之一为真，则另一个陈述的真必定蕴涵第三个陈述。如同所有其他替换规则一样，通过真值表，这个逻辑等价式能很容易获得确定。

19. **重言律**（Taut.）

$$p \stackrel{T}{\equiv} (p \lor p)$$
$$p \stackrel{T}{\equiv} (p \cdot p)$$

最后这条规则的两个版本都很显然，但是都非常有用。它们断言任何陈述与它其自身组成的析取陈述逻辑等价，任何陈述与它和它自身组成的合取陈述逻辑等价。有时，通过一系列推理，我们能得到的可能是我们旨在证明的某个陈述和其自身的析取为真。利用这条规则，我们就能从上述析取陈述很容易地推出所讨论的陈述为真。由某陈述与其自身所构成的合取陈述也能如此做相似的处理。

需要注意的是，语词"重言式"有三种不同意义的用法：它可以意谓（1）一个其所有替换实例都为真的陈述形式，在这个意义上，陈述形式 $(p \supset q) \supset [p \supset (p \supset q)]$ 为重言式。（2）一个其特征形式为含义意义上的重言式的陈述，例如，$(A \supset B) \supset [A \supset (A \supset B)]$ 这样的陈述。（3）在推论规则表中编号为19的那个特定的逻辑等价式。

前面九个和后面十个推论规则之间有一个重要的差异。十个替换规则都是逻辑等价形式，它们可以使我们使用一个逻辑等价的陈述，对一个陈述做全部或部分替换。而前面的九个推论规则**不是逻辑等价式**，只是基本的有效论证形式，**它们只能应用于整个陈述，也就是一个证明中的一整**

行。例如，在一个有效的形式证明中，只有在 A·B 是该证明整行的时候，陈述 A 才可以由陈述 A·B 通过简化律得到；显然，A 不能够从陈述 (A·B)⊃C 或 C⊃(A·B) 有效地得到，因为当后面两个陈述为真时，A 可以为假。同样，陈述 A⊃C 也不能通过简化律或其他推论规则从陈述 (A·B)⊃C 得到。它根本就推不出，因为假如 A 是真的，而 B 和 C 都是假的，那么，(A·B)⊃C 是真的，但 A⊃C 是假的。再如，尽管 A∨B 可以通过附加律从 A 中得到，但我们不能从 A⊃C 通过附加律或其他任何推论规则得到(A∨B)⊃C。因为若 A 和 C 都假而 B 为真时，A⊃C 是真的，但 (A∨B) ⊃C 是假的。而与之不同的是，**最后十个规则的任何一个都可以应用到整个陈述或一个陈述的部分分支陈述上**。我们不仅可以从整个陈述（A·B）⊃C 通过输出律得到整个陈述 A⊃(B⊃C)，还可以运用输出律做替换而从[(A·B)⊃C]∨D 得到[A⊃(B⊃C)]∨D，前一个析取陈述的左边是它的左析取支（A·B)⊃C，它逻辑等价于陈述 A⊃(B⊃C)。逻辑等价陈述可以互相替换，即使它们没有构成一个证明的某一行的整个陈述。但是，前九个推论规则却只能用于整个陈述，只能用于一个证明的一整行作为推论的前提。

从下面的论证中，我们可以看出这种关键的不同。

(P_1) ～D⊃(～E⊃～F)
(P_2) ～(F·～D)⊃～G
∴ G⊃E

此论证可以证明如下。

1. ～D⊃(～E⊃～F)
2. ～(F·～D)⊃～G　　　　　　　　/∴ G⊃E
3. ～D⊃(F⊃E)　　　　　　　　　　1，Trans.
4. (～D·F)⊃E　　　　　　　　　　3，Exp.
5. (F·～D)⊃E　　　　　　　　　　4，Com.
6. G⊃(F·～D)　　　　　　　　　　2，Trans.
7. G⊃E　　　　　　　　　　　　　6，5，H. S.

在第 3 行中，我们利用易位律替换规则，用逻辑等价陈述 F⊃E 替换了第 1 行陈述中的一部分（即～E⊃～F）。而后在第 4 行中，又利用逻辑等价陈述（～D·F)⊃E 和输出律替换规则，替换了第 3 行中的整个陈述~D⊃(F⊃E)。在这两例中，我们利用替换规则得到了有效推论。在第5行中，我们用等价陈述F·~D和交换律来替换第4行条件陈述中的一部分，即它的前件~D·F。然后，在第6行中又对第2行的整个陈述应用易位替换规则：用逻辑等阶陈述G⊃(F·~D) 替换整个陈述~(F·~D)⊃~G。这四个推论非常清晰表明替换规则可以应用到一个陈述的全部（比如第4行和第6行中的推论，分别利用输出律和易位律）或者它的部分（比如在第3行和第5行中，分别使用输出律和交换律）。最后，在第7行，我们用假言三段论（H. S.）有效地推出了结论G⊃E。与十个替换规则不同（它们是逻辑等价式），假言三段论是一个基本的有效论证形式，**它仅可用于**整个陈述，这确实就是第7行所做的。G⊃E是从第6行G⊃(F·~D) 和第5行 (F·~D)⊃E 的整个陈述中演绎出来的。

前九个推论规则不能应用于一个陈述的部分。例如，简化律使得我们有效地推出一个合取陈述的左合取支，这个合取支就是一行中的**整个陈述**（即或者是一个前提，或者是一个已有效推出的陈述）。基于此理由，我们不能从第6行F·~D中利用简化律推出

    8. F   不正确   6，Simp.

因为第6行中的合取陈述F·~D本身不是它那一行的整个陈述，而是条件陈述的后件G⊃(F·~D)。的确，陈述F不能通过九个规则的任何一个而得到，因为F不能从G⊃(F·~D) 中有效地得到：如果G是假的而F是假的，那么，G⊃(F·~D) 是真的但F是假的。简化律与其他八个基本有效论证形式一样，允许我们从一个（或多个）其他陈述推出一个陈述，而**不能从一个陈述的部分来推论**。只有替换规则可以应用到一个陈述的分支陈述，而在这种情形中，要用一个与之逻辑等价的陈述来替换另一个陈述。

练习题

以下所有论证中，每个论证都有一步使用了本节列出的十个逻辑等价式中的某个。以下是练习题中的前两个论证。

例题：

1. (P₁)(A⊃B)·(C⊃D)
   ∴(A⊃B)·(~D⊃~C)

解答： 该简单论证的结论与其前提极为相似，唯一不同在于前提中的第二个合取支（C⊃D）被其逻辑等价的表达式（~D⊃~C）替换了。这个替换显然是由我们称为易位律（Trans.）的规则来辩护的：

$$(p \supset q) \stackrel{T}{\equiv} (\sim q \supset \sim p)$$

例题：

2. (P₁)(E⊃F)·(G⊃~H)
   ∴(~E∨F)·(G⊃~H)

解答： 本例中条件与结论之间只有这一点不同，即第一个合取支条件陈述（E⊃F）被析取陈述（~E∨F）替换了。允许该替换的规则是实质蕴涵律（Impl.），其形式为：

$$(p \supset q) \stackrel{T}{\equiv} (\sim p \vee q)$$

写出下列论证从前提到结论所依据的推论规则。

1. (P₁)(A⊃B)·(C⊃D)
   ∴(A⊃B)·(~D⊃~C)

2. (P₁)(E⊃F)·(G⊃~H)
   ∴(~E∨F)·(G⊃~H)

3. (P₁)[I⊃(J⊃K)·(J⊃~I)]
   ∴[(I·J)⊃K]·(J⊃~I)

4. (P₁)[L⊃(M∨N)]∨[L⊃(M∨N)]
   ∴L⊃(M∨N)

*5. (P₁)O⊃[(P⊃Q)·(Q⊃P)]
   ∴O⊃(P≡Q)

6. (P₁)~(R∨S)⊃(~R∨~S)
   ∴(~R·~S)⊃(~R∨~S)

7. (P₁)(T∨~U)·[(W·~V)⊃~T]
   ∴(T∨~U)·[W⊃(~V⊃~T)]

8. (P₁)(X∨Y)·(~X∨~Y)
   ∴[(X∨Y)·~X]∨[(X∨Y)·~Y]

9. (P₁)Z⊃(A⊃B)
   ∴Z⊃(~~A⊃B)

*10. (P₁)[C·(D·~E)]·
     [(C·D)·~E]
   ∴[(C·D)·~E]·
     [(C·D)·~E]

11. (P₁)(∼F∨G)•(F⊃G)
    ∴(F⊃G)•(F⊃G)

12. (P₁)(H⊃∼I)⊃(∼I⊃∼J)
    ∴(H⊃∼I)⊃(J⊃I)

13. (P₁)(∼K⊃L)⊃(∼M∨∼N)
    ∴(∼K⊃L)⊃∼(M•N)

14. (P₁)[(∼O∨P)∨∼Q]•
    [∼O∨(P∨∼Q)]
    ∴[∼O∨(P∨∼Q)]•[∼O∨(P∨∼Q)]

*15. (P₁)[(R∨∼S)•∼T]∨[(R∨∼S)•U]
    ∴(R∨∼S)•(∼T∨U)

16. (P₁)[V⊃∼(W∨X)]⊃(Y∨Z)
    ∴{[V⊃∼(W∨X)]•[V⊃∼(W∨X)]}⊃(Y∨Z)

17. (P₁)[(∼A•B)•(C∨D)]∨[∼(∼A•B)•∼(C∨D)]
    ∴(∼A•B)≡(C∨D)

18. (P₁)[∼E∨(∼∼F⊃G)]•[∼E∨(F⊃G)]
    ∴[∼E∨(F⊃G)]•[∼E∨(F⊃G)]

19. (P₁)[H•(I∨J)]∨[H•(K⊃∼L)]
    ∴H•[(I∨J)∨(K⊃∼L)]

*20. (P₁)(∼M∨∼N)⊃(O⊃∼∼P)
    ∴∼(M•N)⊃(O⊃∼∼P)

9.7 自然演绎系统

前述 19 个推论规则（9 个基本论证形式和 10 个逻辑等价式）都是真值函项逻辑中所必需的。这些规则组成了一个紧凑且容易掌握的自然演绎系统，但却是**完全的**。* 这意味着，我们运用这些简洁并容易掌握的规则，对于任何有效的真值函项论证，都能构建起有效性的形式证明。[4]

19 个规则列表中有两个似是而非的小瑕疵需要我们注意。首先，该规则系列有点**冗余**，这是在如下意义上说的：这 19 个规则并不构成这样一个极小集，即用它足以形式地证明复杂论证的有效性。例如，**否定后件式**可以从表中去掉而并不真正削弱我们的证明手段，因为依据否定后件式的任何一行，实际上都能由表中的其他规则给予辩护。假设已知 A⊃D 为

---

* 一系列规则的这种完全性是可以被证明的。证明这种完全性的一种方法可以在柯匹（I. M. Copi）的《符号逻辑》（*Symbolic Logic*, 5th ed., New York: Macmillan, 1979, chap. 8）中找到。

真,以及~D 为真,我们想要推出~A 为真。但如果不把否定后件式作为推理规则,我们仍然能从 A⊃D 和~D 演绎出~A。譬如,在它们中间插入~D⊃~A 这样一行,就可以做到这一点。~D⊃~A 可以根据易位原则(Trans.)从 A⊃D 推出,然后根据**肯定前件式**(M. P.),可以从~D⊃~A 和~D 得到~A。但否定后件式作为一个运用如此频繁且直觉上如此显明的推论规则,应该被包括在推论规则之内。这 19 个中的其他一些规则,在这个意义上也是多余的。

其次,这个推论规则表不仅有冗余的特点,它还有某种不足。存在一些简单且在直觉上有效的论证需要多个步骤才能获得证明。例如,尽管论证:

(P₁) A∨B
(P₂) ~B
/∴ A

直觉上有效,但它的形式:

(P₁) p∨q
(P₂) ~q
/∴ p

作为一个基本论证形式,却没有包括在推论规则之内。在对这个论证的证明过程中,并没有唯一的规则可以适用于此,所以我们必须运用两个推理规则才能构建对它的证明:交换第一个前提的两个析取支,然后运用析取三段论,因此有:

1. A∨B
2. ~B   /∴ A
3. B∨A   1,Com.
4. A   3,2,D. S.

有人可能认为这样构造起来的论证很笨拙,有的时候还会迫使原本简单直接的证明变得迂回曲折。但是,若在推论规则表中添加另外一个规则,我们可以消除这种不足。但是,如果我们对每个这样的情形都添加一个规则,我们最终会有一个长得多且更不易处理的规则表。对这种笨拙,却没有好的理由为其辩护。我们当然想要一个完全的规则系列,但是我们也希望规则系列简短且容易掌握。可以往我们的规则系列中加入新的规则：附加的等价式或附加的有效论证形式，但是有了这些附加规则之后，我们的逻辑工具箱会变得更为拥挤而难以支配。我们可以删除一些规则（例如前面提到的**否定后件式**），但是去掉了一些规则之后的规则序列虽然更简短，但是会更为笨拙，对很简单论证的证明都会很冗长。长期的实践表明，这 19 个规则是一个理想的折中选择：这个规则列表足够短，可以完全掌握，另外也足够长使得我们能有效地构建形式证明。

形式证明是一个**能行的**（effective）概念。所谓"能行的"意思是说，根据给定的推论规则表，可以在有限步骤内机械地判定一个给定陈述序列是否构成一个形式证明。这里不需要任何思维。所谓不需要思维，就是既不需要思考序列中的陈述的"意义"，也不需要用逻辑直觉来检查任何步骤的有效性。这里只需要做两件事。第一件事是，能够看出在一个地方出现的某个陈述与在另一个地方出现的一个陈述是完全相同的，因为我们必须能够核对出，证明中的某些陈述是所欲证明其有效性的那个论证的前提，以及证明中的最后一个陈述是该论证的结论。所要求的第二件事是，能够看出一个给定陈述是否有某种模式，即能看出它是不是某个陈述形式的代入例。

这样，关于上列陈述序列是不是一个有效性的形式证明的问题，就很容易用一种完全机械的方式来解答。一眼就可以看出，第 1 和第 2 行是该论证的前提，第 4 行是结论。第 3 行是根据某个给定推论规则从前面几行推出的，这一点可以在有限几步内确定——即使符号"1, Com."不写在旁边。第 2 列中的解释性符号起帮助作用，它应该包括在证明内。但严格说来，它本身并不是证明的一个必要部分。每一行的前面只有有限几行，并且只有有限多的推论规则或凭据形式可查。尽管费时，但通过对形式进行观察和比较，可以确定第 3 行不是根据肯定前件式、否定后件式或假言三段论等从第 1 和第 2 行推出的。一直依照这种程序进行，直到我们碰到这样一个问题：第 3 行是不是根据交换律从第 1 和第 2 行推出来的？此时，仅通过观察形式，我们就可以知道的确如此。任何形式证明中的任何陈述的合法性，都可用同样的方式在有限步骤内得到检验。没有哪一步涉及形式或形态比较之外的任何其他东西。

为了保持这种能行性，我们要求一次只采取一个步骤。可能有人想合并多行推论为一行，以缩短证明，但所节约的时间和空间是微不足道的。通过每步只用一个推论规则而获得一个推论的能行性才是更重要的。

尽管在有效性的形式证明能够机械地确定一个给定序列是不是一个证明的意义上，形式证明是能行的，但建构一个形式证明并没有一个能行的程序。在这方面，形式证明不同于真值表方法。真值表的构造是完全机械的：给定任何一个我们现在所关注的论证，依照第 8 章阐述的完备真值表方法，我们总能构造一个真值表来检验其有效性。但我们没有能行的或机械的规则来构造形式证明。我们必须思考或"想出"从哪儿着手，以及怎样前进。不过，通过构造一个有效性的形式证明来证明一个论证的有效性，比纯机械构造的真值表方法要简单得多。这样的真值表可能有几百甚至几千行。

尽管没有构造形式证明的纯机械性规则，但可以给出一些大略的规则，或一些关于证明进程的提示。一个提示是，要根据给定推论规则从给定前提着手演绎陈述。随着越来越多的演绎出的陈述成为进一步演绎的前提，会越来越清楚该如何演绎出所欲证明为有效的那个论证的结论。另一个提示是，要努力消除那些在前提中出现而在结论中不出现的陈述。当然，这种消除只能依据推论规则进行。这些推论规则中含有许多消除陈述的技巧。简化律就是这样一个规则，借此可以去掉整行中合取陈述右边的合取支。交换律允许我们把合取陈述左边的合取支换到右边，然后根据简化律就可以去掉那个合取支了。给定两个具有模式 $p \supset q$ 和 $q \supset r$ 的陈述，根据假言三段论，可以消除"中项"q。分配律是一个把形如 $p \lor (q \cdot r)$ 的析取陈述变换为合取陈述 $(p \lor q) \cdot (p \lor r)$ 的有用规则。根据简化律，就可以消除这个合取陈述右边的合取支。另一个值得提出的规则是，可根据附加律，引入一个结论中出现但前提中未出现的陈述。再一个常用的方法是，从结论倒溯寻找结论从中演绎出来的那个或那些陈述，然后试着从前提演绎出那个或那些中间陈述。然而，要想熟练地掌握构造形式证明的方法，习题训练是无可替代的途径。

9.8 运用 19 个推论规则构建形式证明

现在我们手中的推理规则变成了 19 个，而不再是原来的 9 个，这使构建形式证明的任务在某种意义上变得更为复杂。当然，目标仍然保持不变,但是在证明的过程中涉及了对一个更大的智力工具箱的检查。我们设计的导向结论的完整逻辑链,现在可能包括得到基本有效论证形式或得到逻辑等价式之辩护的步骤。任何给定的证明都可能包含这两类规则。二者之间的平衡和顺序的选择只取决于我们完成证明之策略的逻辑需要。

以下是一系列完美的形式证明。其中的任何证明都依赖于这两类规则。为了习惯对这些规则的运用,我们检查所有这些证明来确定证明中的每一步使用的是什么规则,并在每一个被推出陈述的最右边将其标注出来。我们先做规则概览,再从如下两个例子开始。

概览

推论规则

我们阐述了构造有效性证明要使用的 19 个规则。它们是:

基本有效论证形式　　　　　**逻辑等价表达式**

1. 肯定前件式 (M. P.):
   $p \supset q, p, \therefore q$

2. 否定后件式 (M. T.):
   $p \supset q, \sim q, \therefore \sim p$

3. 假言三段论 (H. S.):
   $p \supset q, q \supset r, \therefore p \supset r$

4. 析取三段论 (D. S.):
   $p \lor q, \sim p, \therefore q$

5. 构造式二难 (C. D.):
   $(p \supset q) \cdot (r \supset s), p \lor r, \therefore q \lor s$

6. 吸收律 (Abs.):
   $p \supset q, \therefore p \supset (p \cdot q)$

10. 德·摩根律 (De M.):
    $\sim(p \cdot q) \stackrel{T}{\equiv} (\sim p \lor \sim q)$
    $\sim(p \lor q) \stackrel{T}{\equiv} (\sim p \cdot \sim q)$

11. 交换律 (Com.):
    $(p \lor q) \stackrel{T}{\equiv} (q \lor p)$
    $(p \cdot q) \stackrel{T}{\equiv} (q \cdot p)$

12. 结合律 (Assoc.):
    $[p \lor (q \lor r)] \stackrel{T}{\equiv} [(p \lor q) \lor r]$
    $[p \cdot (q \cdot r)] \stackrel{T}{\equiv} [(p \cdot q) \cdot r]$

13. 分配律 (Dist.):
    $[p \cdot (q \lor r)] \stackrel{T}{\equiv} [(p \cdot q) \lor (p \cdot r)]$
    $[p \lor (q \cdot r)] \stackrel{T}{\equiv} [(p \lor q) \cdot (p \lor r)]$

14. 双重否定律 (D. N.):
    $p \stackrel{T}{\equiv} \sim \sim p$

15. 易位律 (Trans.):
    $(p \supset q) \stackrel{T}{\equiv} (\sim q \supset \sim p)$

7. 简化律 (Simp.)：
   p・q, ∴p

8. 合取律 (Conj.)：
   p, q, ∴p・q

9. 附加律 (Add.)：
   p, ∴p∨q

16. 实质蕴涵律 (Impl.)：
    $(p⊃q) \stackrel{T}{=} (\sim p \vee q)$

17. 实质等值律 (Equiv.)：
    $(p≡q) \stackrel{T}{=} [(p⊃q)・(q⊃p)]$
    $(p≡q) \stackrel{T}{=} [(p・q) \vee (\sim p・\sim q)]$

18. 输出律 (Exp.)：
    $[(p・q)⊃r] \stackrel{T}{=} [p⊃(q⊃r)]$

19. 重言律 (Taut.)：
    $p \stackrel{T}{=} (p \vee q)$
    $p \stackrel{T}{=} (p・p)$

例题：

1. A⊃B
2. C⊃~B
   ∴A⊃~C
3. ~~B⊃~C
4. B⊃~C
5. A⊃~C

解答：

第 3 行显然是由第 2 行易位而来，所以可在第 3 行右边写上："2, Trans."。

第 4 行是在第 3 行的基础上，由 B 替换~~B 而来，所以可在第 4 行右边写上："3, D. N."。

第 5 行通过对第 1 行和第 4 行运用假言三段论得到，可在第 5 行的右边写上："1, 4, H. S."，即证毕。

例题：

1. (D・E)⊃F
2. (D⊃F)⊃G
   ∴E⊃G
3. (E・D)⊃F
4. E⊃(D⊃F)

5. E⊃G

解答：

第3行从对第1行中的（D·E）进行交换得到，我们写下："1, Com."。

第4行通过对第3行使用输出律得到，我们写下："3, Exp."。

第5行对第4行和第2行使用假言三段论，我们写下："4, 2, H.S."。

练习题

A. 下述都是所示论证有效性的形式证明。请给编了号但不是前提的陈述写出"理由"。

1. 1. A⊃B
   2. C⊃~B
   ∴ A⊃~C
   3. ~~B⊃~C
   4. B⊃~C
   5. A⊃~C

2. 1. (D·E)⊃F
   2. (D⊃F)⊃G
   ∴ E⊃G
   3. (E·D)⊃F
   4. E⊃(D⊃F)
   5. E⊃G

3. 1. (H∨I)⊃[J·(K·L)]
   2. I
   ∴ J·K
   3. I∨H
   4. H∨I
   5. J·(K·L)
   6. (J·K)·L
   7. J·K

4. 1. (M∨N)⊃(O·P)
   2. ~O
   ∴ ~M
   3. ~O∨~P
   4. ~(O·P)
   5. ~(M∨N)
   6. ~M·~N
   7. ~M

*5. 1. (Q∨~R)∨S
   2. ~Q∨(R·~Q)
   ∴ R⊃S
   3. (~Q∨R)·(~Q∨~Q)
   4. (~Q∨~Q)·(~Q∨R)
   5. ~Q∨~Q
   6. ~Q

6. 1. T·(U∨V)
   2. T⊃[U⊃(W·X)]
   3. (T·V)⊃~(W∨X)
   ∴ W≡X
   4. (T·U)⊃(W·X)
   5. (T·V)⊃(~W·~X)
   6. [(T·U)⊃(W·X)]·

7. Q∨(~R∨S)
8. ~R∨S
9. R⊃S

7. 1. Y⊃Z
2. Z⊃[Y⊃(R∨S)]
3. R≡S
4. ~(R・S)
   ∴ ~Y
5. (R・S)∨(~R・~S)
6. ~R・~S
7. ~(R∨S)
8. Y⊃[Y⊃(R∨S)]
9. (Y・Y)⊃(R∨S)
10. Y⊃(R∨S)
11. ~Y

9. 1. (D・E)⊃~F
2. F∨(G・H)
3. D≡E
   ∴ D⊃G
4. (D⊃E)・(E⊃D)
5. D⊃E
6. D⊃(D・E)
7. D⊃~F
8. (F∨G)・(F∨H)
9. F∨G
10. ~~F∨G
11. ~F⊃G
12. D⊃G

[(T・V)⊃(~W・~X)]
7. (T・U)∨(T・V)
8. (W・X)∨(~W・~X)
9. W≡X

8. 1. A⊃B
2. B⊃C
3. C⊃A
4. A⊃~C
   ∴ ~A・~C
5. A⊃C
6. (A⊃C)・(C⊃A)
7. A≡C
8. (A・C)∨(~A・~C)
9. ~A∨~C
10. ~(A・C)
11. ~A・~C

*10. 1. (I∨~~J)・K
2. [~L⊃~(K・J)]・
   [K⊃(I⊃~M)]
   ∴ ~(M・~L)
3. [(K・J)⊃L]・[K⊃(I⊃~M)]
4. [(K・J)⊃L]・[(K・I)⊃~M]
5. (I∨J)・K
6. K・(I∨J)
7. (K・I)∨(K・J)
8. (K・J)∨(K・I)
9. L∨~M
10. ~M∨L
11. ~M∨~~L
12. ~(M・~L)

现在，我们进一步运用这个完全的推论规则系列来构建形式证明。我们从简单论证开始，它们的证明只需往前提中加入两个陈述的推论形式。

483

当然，加入的这些陈述都能或者通过基本有效论证形式或者通过替换规则中的某一个得到辩护。我们从两个例子开始，如下是练习题 B 中的两个论证。

例题：

  (P$_1$) A⊃∼A
  ∴∼A

解答：

显然该证明的第一步必须对这个单独的前提做些处理。我们怎么处理它才会对证明有用呢？如果应用实质蕴涵律（Impl.），则可得到陈述∼A∨∼A，对这个陈述，可以使用有效论证形式重言律（Taut.），这又会得到我们所需的结论。从而有证明如下：

  1. A⊃∼A
   ∴∼A
  2. ∼A∨∼A   1，Impl.
  3. ∼A   2，Taut.

例题：

  (P$_1$) B·(C·D)
  ∴C·(D·B)

解答：

这个证明中，我们只需要重组这些陈述，而所有这些陈述的合取都已作为结论。第一步我们可以交换第一个前提的两个合取支，这就会得到 (C·D)·B，然后就只需通过结合律重组这三个陈述。证明如下：

  1. B·(C·D)
   ∴C·(D·B)
  2. (C·D)·B   1，Com.
  3. C·(D·B)   2，Assoc.

这个证明过程同所有形式证明一样，所构造的最后一行都是我们旨在推出的结论。

练习题

B. 下述每个论证，推论时在其前提后只添加两个陈述就会得到一个有效形式证明。请为它们每个构造一个有效形式证明。

这些形式以及后面的所有证明中，都在每个推论的右边写下为这一个推论陈述的证明做辩护的推论规则。如果所写下的辩护具体标明了被使用的陈述的行号和适用于这些陈述的推导规则的缩写，则会很方便。

1. (P$_1$) A⊃∼A
   ∴∼A

2. (P$_1$) B・(C・D)
   ∴C・(D・B)

3. (P$_1$) E
   ∴(E∨F)・(E∨G)

4. (P$_1$) H∨(I・J)
   ∴H∨I

*5. (P$_1$) ∼K∨(L⊃M)
   ∴(K・L)⊃M

6. (P$_1$) (N・O)⊃P
   ∴(N・O)⊃[N・(O・P)]

7. (P$_1$) Q⊃[R⊃(S⊃T)]
   (P$_2$) Q⊃(Q・R)
   ∴Q⊃(S⊃T)

8. (P$_1$) U⊃∼V
   (P$_2$) V
   ∴∼U

9. (P$_1$) W⊃X
   (P$_2$) ∼Y⊃∼X
   ∴W⊃Y

*10. (P$_1$) Z⊃A
    (P$_2$) ∼A∨B
    ∴Z⊃B

11. (P$_1$) C⊃∼D
    (P$_2$) ∼E⊃D
    ∴C⊃∼∼E

12. (P$_1$) F≡G
    (P$_2$) ∼(F・G)
    ∴∼F・∼G

13. (P$_1$) H⊃(I・J)
    (P$_2$) I⊃(J⊃K)
    ∴H⊃K

14. (P$_1$) (L⊃M)・(N⊃M)
    (P$_2$) L∨N
    ∴M

*15. (P$_1$) (O∨P)⊃(Q∨R)
     (P$_2$) P∨O
     ∴Q∨R

16. (P$_1$) (S・T)∨(U・V)
    (P$_2$) ∼S∨∼T
    ∴U・V

17. (P$_1$) (W・X)⊃Y
    (P$_2$) (X⊃Y)⊃Z
    ∴W⊃Z

18. (P$_1$) (A∨B)⊃(C∨D)
    (P$_2$) ∼C・∼D
    ∴∼(A∨B)

19. (P₁) (E・F)⊃(G・H)
    (P₂) F・E
    ∴G・H

*20. (P₁) I⊃[J∨(K∨L)]
    (P₂) ∼[(J∨K)∨L]
    ∴∼I

21. (P₁) (M⊃N)・(∼O∨P)
    (P₂) M∨O
    ∴N∨P

22. (P₁) (∼Q⊃∼R)・(∼S⊃∼T)
    (P₂) ∼∼(∼Q∨∼S)
    ∴∼R∨∼T

23. (P₁) ∼[(U⊃V)・(V⊃U)]
    (P₂) (W≡X)⊃(U≡V)
    ∴∼(W≡X)

24. (P₁) (Y⊃Z)・(Z⊃Y)
    ∴(Y・Z)∨(∼Y・∼Z)

*25. (P₁) A∨B
    (P₂) C∨D
    ∴[(A∨B)・C]∨[(A∨B)・D]

26. (P₁) [(E∨F)・(G∨H)]⊃(F・I)
    (P₂) (G∨H)・(E∨F)
    ∴F・I

27. (P₁) (J・K)⊃[(L・M)∨(N・O)]
    (P₂) ∼(L・M)・∼(N・O)
    ∴∼(J・K)

28. (P₁) (P⊃Q)⊃[(R∨S)・(T≡U)]
    (P₂) (R∨S)⊃[(T≡U)⊃Q]
    ∴(P⊃Q)⊃Q

29. (P₁) [V・(W∨X)]⊃(Y⊃Z)
    (P₂) ∼(Y⊃Z)∨(∼W≡A)
    ∴[V・(W∨X)]⊃(∼W≡A)

*30. (P₁) ∼[(B⊃∼C)・(∼C⊃B)]
    (P₂) (D・E)⊃(B≡∼C)
    ∴∼(D・E)

进一步考察其形式证明需要在前提后添加三行的论证之前，设计一个决定所需系列的策略将非常重要。大多数这样的论证都非常简单，但是达到对它们的证明的路径却并不明显。我们还是从两个例子开始，以下是练习题 C 的前面两例。

例题：

(P₁) ∼A⊃A
∴A

解答：

我们只有一个前提，通常将条件陈述转化为析取陈述都会很有收获。在第 1 行上运用实质蕴涵律（Impl.）则会出现∼∼A，它是第一个析取支，它很容易就能被 A 替换，然后运用重言律可以得到我们想要的东西。

具体证明过程如下：

  1. ~A⊃A
   ∴A
  2. ~~A∨A   1, Impl.
  3. A∨A   2, D. N.
  4. A   3, Taut.

例题：

  (P_1) ~B∨(C·D)
  ∴B⊃C

解答：

该论证中唯一的前提包含陈述 D。我们需要一个结论为 B⊃C 的证明，因此我们必须消掉 D，如何做到呢？我们可以通过分配陈述 ~B 来将陈述 (C·D) 分开。分配律的其中一个变体断言：$[p\lor(q\cdot r)]\stackrel{T}{=}[(p\lor q)\cdot(p\lor r)]$，将其运用于第 1 行，则该替换会得出（~B∨C）·（~B∨D）。这两个陈述是被合取在一起的，所以通过简化律可以得出（~B∨C），运用实质蕴涵律，这个陈述能被 B⊃C 替换，这正是我们要找的结论。具体证明如下：

  1. (P_1) ~B∨(C·D)
   ∴B⊃C
  2. (~B∨C)·(~B∨D)   1, Dist.
  3. ~B∨C   2, Simp.
  4. B⊃C   3, Impl.

练习题

C. 下述每个论证，在其前提后只添加三个推论就会得到一个有效性的形式证明。请为它们每个构造一个有效性的形式证明。

 1. (P_1) ~A⊃A   2. (P_1) ~B∨(C·D)
  ∴A   ∴B⊃C
 3. (P_1) E∨(F·G)   4. (P_1) H·(I·J)

∴E∨G

*5. (P₁) [(K∨L)∨M]∨N
 ∴(N∨K)∨(L∨M)

6. (P₁) O⊃P
 (P₂) P⊃~P
 ∴~O

7. (P₁) Q⊃(R⊃S)
 (P₂) Q⊃R
 ∴Q⊃S

8. (P₁) T⊃U
 (P₂) ~(U∨V)
 ∴~T

9. (P₁) W·(X∨Y)
 (P₂) ~W∨~X
 ∴W·Y

*10. (P₁) (Z∨A)∨B
 (P₂) ~A
 ∴Z∨B

11. (P₁) (C∨D)⊃(E·F)
 (P₂) D∨C
 ∴E

12. (P₁) G⊃H
 (P₂) H⊃G
 ∴(G·H)∨(~G·~H)

13. (P₁) (I⊃J)·(K⊃L)
 (P₂) I∨(K·M)
 ∴J∨L

14. (P₁) (N·O)⊃P
 (P₂) (~P⊃~O)⊃Q
 ∴N⊃Q

*15. (P₁) [R⊃(S⊃T)]·[(R·T)⊃U]
 (P₂) R·(S∨T)
 ∴T∨U

有效性的形式证明序列有时需要很多步推论——许多被推出的陈述。我们将发现，在稍长的证明中，会不断遇到某些特定的推论模式。先熟悉这些不断出现的模式将是比较明智的做法。

运用下面练习题 D 中的前两个练习将能很好地示例这一点。首先，假设已知一个给定的陈述 A 为假，证明的下一步要求我们证明另一个陈述（比如 B）是从我们已知为假的陈述的真中推出的。这一点很容易证明，该模式也很常见。形式化地表达，即我们如何从~A 中推出 A⊃B？下面，让我们来探讨这个论证。

例题：

(P₁) ~A
∴A⊃B

解答：

如果已知∼A 为真，则 A 必定为假。一个假陈述实质蕴涵任何陈述。所以，如果我们知道∼A，则无论 B 断言的是什么，A⊃B 一定为真。在这个例子中，∼A 是给定的前提，我们只需要加上所需的 B，然后运用实质蕴涵律即可。该论证的证明（当它是某个更大的证明的一部分之时，称为证明片段）为：

1. (P$_1$) ∼A
 ∴A⊃B
2. ∼A∨B   1，Add.
3. A⊃B   2，Impl.

例题：

(P$_1$) C
∴D⊃C

这个模式出现得比较频繁。已知某陈述 C 为真，在这个例子中，这一已知条件作为前提被给出，而在某个更长的证明序列中我们可能在其他的点上得到它的真。我们知道一个真陈述被任何陈述实质蕴涵。因此，无论我们选择什么陈述 D，它都会蕴涵 C。从形式上说，我们如何能从 C 中推出 D⊃C 呢？

解答：

D 在结论中出现，但是在前提中没有出现，所以我们必须想办法在证明中将 D 引入。我们可以简单添加 D，但是这不会成功，因为添加 D 之后获得了一个析取陈述，在交换了其析取支之后，运用实质蕴涵律，则可以用一个条件陈述∼D⊃C 来替换前述交换了析取支之后获得的析取陈述，而我们得到的这个条件陈述显然不是我们所要找的结论。我们想要得到的是 D⊃C，为了得到这个结果，我们必须首先添加∼D 而不是 D。这显然是可以做到的，因为添加律允许我们往已知为真的陈述上析取地添加任何陈述。然后，运用交换律和实质蕴涵律，我们将得到想要的条件陈述。其形式证明（当它出现于更长论证中作为一部分的时候，称之为证明片段）如下：

1. (P$_1$) C
 ∴D⊃C

2. C∨~D   1，Add.
3. ~D∨C   2，Com.
4. D⊃C   3，Impl.

练习题

D. 这组练习展示了在较长的有效形式证明中经常重复出现的推论模式。构造它们的证明需要一些创造力，有几个题目的证明需要八到九行。但是大部分练习的证明都没什么困难，并且为构造证明想出策略是一种很好的锻炼。为下述每个论证构造一个有效形式证明。

1. (P₁) ~A
   ∴A⊃B

2. (P₁) C
   ∴D⊃C

3. (P₁) E⊃(F⊃G)
   ∴F⊃(E⊃G)

4. (P₁) H⊃(I·J)
   ∴H⊃I

*5. (P₁) K⊃L
   ∴K⊃(L∨M)

6. (P₁) N⊃O
   ∴(N·P)⊃O

7. (P₁) (Q∨R)⊃S
   ∴Q⊃S

8. (P₁) T⊃U
   (P₂) T⊃V
   ∴T⊃(U·V)

9. (P₁) W⊃X
   (P₂) Y⊃X
   ∴(W∨Y)⊃X

*10. (P₁) Z⊃A
   (P₂) Z∨A
   ∴A

做了大量练习之后，读者可能已经对这 19 个推论规则非常熟悉并且能很轻松地运用它们。现在是时候来处理更长、更复杂的证明了。下面的三组练习将会是挑战，但是设计这些形式证明将会是真正满足感的源泉。伟大的数学家哈代（G. H. Hardy）很久以前就已经观察发现对智力趣味的本能渴望广泛存在，而没有什么能比解决逻辑问题更能获得这种快意的了。

自然语言中的论证，正如后两组练习中的论证，不需要进一步解释。运用给出的缩写将它们翻译为符号语言之后，构建形式证明的过程与我们构建在符号中表达的论证的证明过程无异。在进一步探索逻辑证明这一领域之前，考察练习题 E 中的两种形式证明的例子将会很有帮助，这两种证明是我们此后一直要处理的。

后面这几组练习中的论证都是有效的。由于前述 19 个规则是完全的，所以我们可以确定所有这些论证都能得到形式证明。然而，从前提到结论的路径可能会不那么明显。在任何例子中，要做出证明都必须设计出行动计划。

通过仔细审查练习题 E 中的第一个和最后一个例子，我们试图表明做行动计划的必要性，以及设计这种计划的方法。

例题：

  (P₁) A⊃~B
  (P₂) ~(C•~A)
  ∴C⊃~B

解答：

该论证的结论中包含了第一个前提中的~B 和第二个前提中的 C。如何能达到这一结论呢？第一个前提是一个以~B 为后件的条件陈述，而~B 也是结论的后件。第二个前提包含对第一个前提中前件的否定~A。如果我们能将第二个前提转化为 C⊃A，则我们能通过假言三段论得到所需的结论。如果在第二个前提上使用德·摩根律，则可以得到一个析取陈述，这个析取陈述通过实质蕴涵律被一个条件陈述替代之后，我们离所需的条件陈述就只有一步之遥了。其形式证明如下：

  1. (P₁) A⊃~B
  2. (P₂) ~(C•~A)
  ∴C⊃~B
  3. ~C∨~~A   2，De M.
  4. C⊃~~A   3，Impl.
  5. C⊃A   4，D. N.
  6. C⊃~B   5，1，H. S.

注意： 在这个证明中以及许多其他证明中，都能通过不同的序列达到相同的成功结果。第 3 行是所需的第一步。但是我们可以保留第 4 行的析取陈述，而只用 A 替代~~A：

  4. ~C∨A   3，D. N. 于是，需要用一个条件陈述来代替该析取陈述。

5. C⊃A

6. C⊃~B

4,Impl. 再次,使用假言三段论将完成该证明。

5,1,H.S.

这个例子中,两个证明序列的主要不同是顺序,有时不同序列的证明是运用完全不同策略的可选择证明。

最后,我们以练习题 E 中一个较长的论证即第 20 题为例,对形式证明的细节做些审查,其中设计所需的策略是更具挑战性的。

例题:

(P_1) $(R \lor S) \supset (T \cdot U)$

(P_2) $\sim R \supset (V \supset \sim V)$

(P_3) $\sim T$

∴ $\sim V$

解答:

我们要得出的结论是~V,它只出现在第二个前提,并且被埋没于一个长复合陈述之中。我们如何能证明它呢?注意,第二个前提的后件 (V⊃~V) 是一个如果用析取陈述替代会得到~V∨~V 的条件陈述。而依据重言律,从这个析取陈述自身就能得出~V。能通过肯定前件式得到 (V⊃~V) 吗?先要有~R,R 作为析取支的一部分出现在第一个前提中,如果我们能得到该析取陈述的否定,则能得到~R。为了得到对该析取陈述的否定,我们需要第一个前提后件的否定,这样才能使用否定后件式。可以看到对这个后件 (T·U) 的否定应该是可得到的,因为第三个前提断言~T,而如果~T 为真,则 (T·U) 必定为假。如何表明这一点?来看看我们要达到的否定陈述~(T·U),它逻辑等价于~T∨~U,可以简单地在~T 基础上添加~U 就证明~T∨~U。现在我们已经具有了证明计划的要素,只需将它们排成无懈可击的逻辑序列即可。只要想出了策略,这一点也不难。我们从构建第一个前提后件的否定开始,进而得出该前件的否定,进一步得出~R。然后通过肯定前件式,在~R 的基础上证明 (V⊃~V),这样,我们想要的结论就能直接得出了。该形式证明的序列如下:

1.(P_1) $(R \lor S) \supset (T \cdot U)$

2.(P_2) $\sim R \supset (V \supset \sim V)$

3. (P₃) ~T
∴ ~V

4. ~T∨~U	3, Add.
5. ~(T · U)	4, De M.
6. ~(R∨S)	1, 5, M. T.
7. ~R · ~S	6, De M.
8. ~R	7, Simp.
9. V⊃~V	2, 8, M. P.
10. ~V∨~V	9, Impl.
11. ~V	10, Taut. Q. E. D.

传统的做法是在证明的结尾写上 Q. E. D.，它是拉丁表达式 *Quod erat demonstrandum* 的首字母缩写，意思是证毕。

练习题

E. 为下列每个论证构造一个有效性的形式证明。

*1. (P₁) A⊃~B
 (P₂) ~(C · ~A)
 ∴C⊃~B

2. (P₁) (D · ~E)⊃F
 (P₂) ~(E∨F)
 ∴~D

3. (P₁) (G⊃H)⊃I
 (P₂) ~(G · H)
 ∴I∨~H

4. (P₁) (J∨K)⊃~L
 (P₂) L
 ∴~J

*5. (P₁) [(M · N) · O]⊃P
 (P₂) Q⊃[(O · M) · N]
 ∴~Q∨P

6. (P₁) R∨(S · ~T)
 (P₂) (R∨S)⊃(U∨~T)
 ∴T⊃U

7. (P₁) (~V⊃W) · (X⊃W)
 (P₂) ~(~X · V)
 ∴W

8. (P₁) [(Y · Z)⊃A] · [(Y · B)⊃C]
 (P₂) (B∨Z) · Y
 ∴A∨C

9. (P₁) ~D⊃(~E⊃~F)
 (P₂) ~(F · ~D)⊃~G
 ∴G⊃E

*10. (P₁) [H∨(I∨J)]⊃(K⊃J)
 (P₂) L⊃[I∨(J∨H)]
 ∴(L · K)⊃J

11. (P₁) M⊃N
    (P₂) M⊃(N⊃O)
    ∴M⊃O

12. (P₁) (P⊃Q)·(P∨R)
    (P₂) (R⊃S)·(R∨P)
    ∴Q∨S

13. (P₁) T⊃(U·V)
    (P₂) (U∨V)⊃W
    ∴T⊃W

14. (P₁) (X∨Y)⊃(X·Y)
    (P₂) ∼(X∨Y)
    ∴∼(X·Y)

*15. (P₁) (Z⊃Z)⊃(A⊃A)
    (P₂) (A⊃A)⊃(Z⊃Z)
    ∴A⊃A

16. (P₁) ∼B∨[(C⊃D)·(E⊃D)]
    (P₂) B·(C∨E)
    ∴D

17. (P₁) ∼F∨∼[∼(G·H)·(G∨H)]
    (P₂) (G⊃H)⊃[(H⊃G)⊃I]
    ∴F⊃(F·I)

18. (P₁) J∨(∼J·K)
    (P₂) J⊃L
    ∴(L·J)≡J

19. (P₁) (M⊃N)·(O⊃P)
    (P₂) ∼N∨∼P
    (P₃) ∼(M·O)⊃Q
    ∴Q

*20. (P₁) (R∨S)⊃(T·U)
    (P₂) ∼R⊃(V⊃∼V)
    (P₃) ∼T
    ∴∼V

F. 用所提示的符号，为下列每个论证构造一个形式证明。

*1. 或者经理没有注意到变化，或者他同意这种变化。他注意到了它。因此他必定同意它。(N，A)

2. 试管里的氧或者与细丝混合形成氧化物，或者完全消失。试管里的氧不能完全消失。因此，试管里的氧与细丝混合形成氧化物。(C，V)

3. 如果一个政治领导人清楚她以前的看法错了但不改变方针，那么她犯了欺骗罪。如果她改变方针，则面临不一致的指控。她或者改变方针或者不改变。因此，她或者犯欺骗罪或者面临不一致的指控。(A，D，I)

4. 并非她或者忘记了或者不能完成。因此，她能完成。(F，A)

*5. 如果石蕊纸变红，那么该溶液是酸性的。因此，如果石蕊纸变红，那么，或者该溶液是酸性的，或者有什么地方弄错了。(R，A，W)

6. 仅当她把他们当作个体来尊敬，她才会有许多朋友。如果她把他们当作个体来尊敬，那么她不能期望他们都同样作为。她确实有很多朋友。因此，她不能期望他们都同样作为。(F，R，E)

7. 如果受害者口袋里有钱，那么抢劫不是犯罪的动机。抢劫或者报复是犯罪的动机。受害者口袋里有钱。因此，报复必定是犯罪的动机。

(M, R, V)

8. 如果拿破仑篡夺了不属于他的权力，那么他应受到谴责。拿破仑或者是一个合法君主，或者篡夺了不属于他的权力。拿破仑不是一个合法君主。因此，拿破仑应受到谴责。(C, U, L)

9. 如果我们进一步信任威尔金斯账目，那么，他们有道德上的义务接受我们对他们下一计划的报价。如果他们有道德上的义务接受我们对他们下一计划的报价，那么，我们能估算出更真实的盈利幅度。我们能估算出更真实的盈利幅度，将会导致我们的综合经济状况有相当幅度的提高。因此，我们的综合经济状况有相当幅度的提高，如果我们进一步信任威尔金斯账目的话。(C, M, P, I)

*10. 如果法规是好的且被严格执行，那么犯罪会减少。如果严格执法会使犯罪减少，那么，我们的问题就是一个实践问题。法规是好的。因此，我们的问题是一个实践问题。(G, S, D, P)

11. 要是罗马的公民权保证了公民自由，那么罗马公民享有宗教自由。要是罗马公民享有宗教自由，就不会有早期基督徒受迫害。但早期基督徒遭到了迫害。因此，罗马的公民权没有保证公民自由。(G, F, P)

12. 如果一个析取陈述的第一个析取支为真，那么整个析取陈述为真。因此，如果该析取陈述的第一个和第二个析取支都为真，那么该整个析取陈述为真。(F, W, S)

13. 如果新的政府大楼要坐落在很方便的地方，它必须在城市的中心；如果要胜任它的功能，它就必须被建为一个足以容纳县城所有政府机关的大楼。如果新的政府大楼必须坐落在城市的中心，并且必须被建为一个足以容纳县城所有政府机关的大楼，那么它的花费将超过一千万。它的花费不能超过一千万。因此，或者新的政府大楼坐落的地方不方便，或者它不能胜任它的功能。(C, H, A, L, O)

14. 如果琼斯得到了消息，她会来，假如她还感兴趣的话。尽管她没来，但她仍然感兴趣。因此，她没得到消息。(C, M, I)

*15. 如果摩西关于宇宙产生的说明（关于创世的说明）严格说来是正确的，那么太阳直到第四天才创造出来。如果太阳直到第四天才创造出来，那么它不是前三天白天和黑夜变化的原因。或者《圣经》中的语词"白天"是在和我们现在普遍接受的不同意义上使用的，或者太阳必定是前三天白天和黑夜变化的原因。因此可以推出，或者摩西关于宇宙产生的

说明严格说来不是正确的,或者《圣经》中的语词"白天"是在和我们现在普遍接受的不同意义上使用的。(M, C, A, D)

16. 如果出纳员或司库按了报警装置,那么保险库会自动上锁,且警察会在三分钟内到达。要是警察在三分钟内到达,那么就会追上抢劫犯的车。但警察没追上抢劫犯的车。因此,出纳员没按报警装置。(T, C, V, P, O)

17. 如果人们总是受他们的责任感支配,他们必定会放弃许多享乐;如果他们总是受他们的享乐欲支配,他们必定会经常玩忽职守。人们或者总是受他们的责任感支配,或者总是受他们的享乐欲支配。如果人们总是受他们的责任感支配,他们不会经常玩忽职守;如果他们总是受他们的享乐欲支配,他们不会放弃许多享乐。因此,人们必定放弃许多享乐,当且仅当,他们不会经常玩忽职守。(D, F, P, N)

18. 尽管世界人口在增长,但农产品在减少且制造业产量保持稳定。如果农产品减少且世界人口增长,那么,或者可获得新的食物源,或者除非人类的营养需求减少,世界会有一次食物资源的根本性重新分配。不能获得新的食物源,而且既不会提倡计划生育也不会减少人类的营养需求。因此,世界会有一次食物资源的根本性重新分配。(W, A, M, N, R, H, P)

19. 或者抢劫犯是从大门进来的,或者这是内部作案且有一个仆人被牵连其中。抢劫犯能从大门进来,仅当门插销被人从里面抬起;而如果门插销被人从里面抬起,肯定有一个仆人被牵连其中。因此,有一个仆人被牵连其中。(D, I, S, L)

*20. 如果我缴了学费,我就一点钱也没有了。仅当我有钱,我才会买计算机。除非我买计算机,我才学计算机程序设计。但如果我不缴学费,我就不能注册;如果我不注册,我肯定不会买计算机。我必须或者缴学费或者不缴学费。因此,我一定不会学计算机程序设计!(P, M, C, L, E)

G. 下面五个论证也是有效的,请给出它们的有效形式证明。这些证明的建构比前面的习题要难一点。发现自己一遍又一遍受阻的同学请不要气馁。初看起来难的东西,经过不懈的努力会变得容易很多。熟悉 19 个推论规则及在运用中不断实践,是构造这些证明的关键。

1. 如果你研究人文,那么你会形成对人的理解。如果你研究科学,那么你会形成对你周围世界的理解。因此,如果你或者研究人文或者研究科学，那么你会或者形成对人的理解，或者形成对你周围世界的理解。
(H，P，S，W)

2. 如果你研究人文，那么你会形成对人的理解。如果你研究科学，那么你会形成对你周围世界的理解。因此，如果你既研究人文又研究科学，那么你既会形成对人的理解，又会形成对你周围世界的理解。(H，P，S，W)

3. 如果你有自由意志，那么你的行为不受任何在先事件决定。如果你有自由意志，那么，如果你的行为不受任何在先事件决定，则你的行为不可预测。如果你的行为不受任何在先事件决定，那么，如果你的行为不可预测，则你的行为后果不可预测。因此，如果你有自由意志，那么你的行为后果不可预测。(F，A，P，C)

4. 苏格拉底是伟大的哲学家。因此，苏格拉底或者婚姻幸福，或者婚姻不幸福。(G，H)

*5. 如果或者苏格拉底婚姻幸福，或者婚姻不幸福，那么苏格拉底是伟大的哲学家。因此，苏格拉底是伟大的哲学家。(H，G)

9.9 简化的真值表方法

对于一个非有效的论证来说，当然不存在一个有效的形式证明。然而，如果我们没有发现一个有效的形式证明，这并不证明一个论证就是无效的，也无法得出这样的证明不能被构造。它可能仅仅意味着，我们尚没有进行足够的尝试。找不到一个有效的证明，有可能因为它本身就不是有效的，但也可能是因为我们缺乏巧妙构思——这是由构造证明过程的非能行性所导致的。未找到一个有效性的形式证明，不能够证明一个论证就是无效的。那么，如何证明一个给定的论证是无效的呢？

真值表方法能够证明一个论证是无效的。完备的真值表方法（详见8.7节），即CTTM，在命题逻辑中是对确定有效或无效的一个**判定程序**。它是一种严格的方法，从来不会失效。但它是烦琐且效率低的。我们现在寻求一种同样绝对可靠但更高效的方法。这种方法就是**简化的真值表方法**（简称STTT）。

回想一下，**一个有效的演绎论证不可能前提皆为真而结论为假**。当我们用CTTM检测论证或论证形式的有效性时，我们首先构造一个完备真值表并排查所有结论为假的情形，以判断在其中是否存在任何一个前提皆真的情形。若存在这种情形，则论证无效；若不存在，则论证有效。[5]

STTT 的动机是，既然我们仅需要检查结论为假的那些情形（或者所有前提为真的情形），那么仅针对结论为假的情形（或者所有前提为真的情形）建立的简化真值表就会更为高效得多。

例如，以下论证形式

(P₁) p⊃(q•r)
(P₂) (q∨r)⊃s
∴p⊃s

有四个陈述变元，它的完备的真值表就有 16 行。然而，利用 STTT，我们通过构造如下的一行简化真值表就能确定它是有效的。[6]

				P₁				P₂				∴		
p	q	r	s	p	⊃	(q	•	r)	(q	∨	r)	⊃	s	p	⊃	s
T	T	T	F	T	T	T	T	T	T	T	T	F	F	T	F	F

只有在 p 为真 s 为假的情形下，结论 p⊃s 才是假的。既然 p 是 p⊃(q•r) 的前件，前提 1 只有在它的后件 q•r 为真时才能为真。而只有在 q 和 r 同时为真时，q•r 才为真，这意味着前提 2 不能为真——在 q 和 r 都为真而 s 为假的情形下。这就证明——用 1 行而不是 16 行——上述论证是有效的，因为它表明：在 p 为真 s 为假的真值确定后，论证的两个前提**不可能同时为真**而结论为假。

我们利用 STTT 方法构造一个**可能是最短的**真值表来确定，一个论证（或论证形式）可能前提皆真而结论为假。在执行 STTT 方法的时候，我们或者证明这是可能的（论证无效），或者证明这是不可能的（论证有效）。

无效性：通过证明一个论证（或论证形式）**可能**前提皆真而结论为假，这样的简化真值表就证明了一个论证（或论证形式）是**无效的**。通过构造结论为假以及所有前提的结合为真的真值组合（简单陈述或简单陈述变元）的真值表行，简化真值表能证明它的可能性。

P₁	P₂	P₃	Pₙ	C	
真	真	真	真	假	无效

有效性：通过证明一个论证（或论证形式）**不可能出现**前提皆真而结论为假，这样的简化真值表就证明了一个论证（或论证形式）是**有效的**。通过对任何为假的结论（或者结论不假，但前提皆真），表明前提不可能皆真，简化真值表能证明它的不可能性。比如，对于结论为简单陈述的有效的论证来说，简化真值表方法可表明它必然有一个前提为假。

P_1	P_2	P_3	P_n	C	
真	假	真	真	假	有效

在本节的余下部分，我们主要探讨论证的有效性，而不是论证形式的有效性。因此，我们将对一个论证的简单陈述进行真值指派，而确定此论证是否有效。

A. 一个基本技巧：设定强制的和非强制的真值指派

为了执行 STTT，必须首先学会如何为简单和复合陈述指派真值，以及如何设置强制的真值指派。比如，假定我们想确定以下论证是否有效。

  (P_1) D⊃G
  (P_2) G⊃H
  ∴ D⊃H

利用 STTT，我们先设定它的结论为假。此论证的结论是一个条件陈述 D⊃H。为了说明这个条件陈述是假的，我们在它的主联结词（马蹄符）下面放置一个 F：

  D ⊃ H
    F

如果这个条件陈述——它由两个简单陈述 D 和 H 组成——是假的，那么 D 必为真而 H 必为假。当执行 STTT，我们把真值指派给复合陈述，比如使得复合陈述 D⊃H 为假，这迫使我们把特殊的**真值指派**给其分支的简单陈述，即 D 和 H。于是，在这个例子中，D 和 H 分别被强制地赋值为真（T）和假（F）。

  D ⊃ H
  T F F

D 和 H 的真值是**强制的真值指派**。因为这种指派必须让 D⊃H 为假。根据第 8 章中条件陈述的真值表定义，只有在前件为真而后件为假的时候，条件陈述才是假的。因此，如果 D⊃H 是假的，D 必须为真且 H 必须为假。我们把强制的真值指派定义为一个简单或复合陈述的真值指派，它需要满足：

(ⅰ) 简单陈述和复合陈述的真值函项特性，
(ⅱ) 我们的**目标**，以及/或者
(ⅲ) 已经设定的真值指派。

在执行 STTT 中，正如需要通过对简单陈述赋值使得结论为假，也需要由此使得前提都为真。例如，假设一个论证以合取陈述 E・F 为前提，我们希望使得它为真。

```
E  ・ F
   T
```

这个真值指派使得 E 和 F 的真值是强制的，因为，正如我们所知道的，这个合取只有在 E 和 F 同时为真的时候才为真。

```
E  ・ F
T  T  T
```

作为第三个例子，假设一个论证的结论是析取陈述 G∨J，我们希望它为假。

```
G ∨ J
  F
```

在第 8 章我们已经知道，一个析取陈述只有在它的两个析取支都假的情形下才为假。因此，这时我们就要强制地给 G 和 J 进行真值指派：G 和 J 都必须为假。

```
G ∨ J
F F F
```

在执行 STTT 中，每当我们给结论或前提中的简单陈述赋真值的时候，必须对论证中的简单陈述的每次出现赋相同的真值。例如，当执行

STTT 的时候，假设一个论证的结论中包含简单陈述 M，其前提之一是 R⊃M。一旦给结论中的 M 赋值为假（F），就必须在前提 R⊃M 中也给 M 赋值为假。

$$R \supset M$$
$$F$$

我们试图使得这个前提为真。我们知道，一个后件为假的条件陈述，**只有在它的前件为假时它才是真的**。因此，为了使这个条件陈述为真，在给定它的后件 M 为假时，就必须强制把假（F）赋给 R。

$$R \supset M$$
$$F \ T \ F$$

使得 R 为假的真值指派是一个**强制的真值指派**——它是依据三种事实而成为强制的：（1）M 已经为假，（2）我们的目标是使条件陈述前提为真，以及（3）后件为假的条件陈述只有在其前件为假时才能够为真。

然而，假定一个论证的结论是合取陈述 K·N，而且我们希望使得它为假。

$$K \cdot N$$
$$ F$$

在这个例子中，我们是否被强制性地使用特殊的真值指派给简单陈述 K 和 N 吗？否。这里没有强制的真值指派，因为有三种方式使得简单陈述的合取陈述为假：T·F，F·T，以及 F·F。[7] 正如我们在 9.9（D）将会详细看到的，在这种情形中，可以给出**非强制的真值指派**以及为合取陈述为假的每一种真值组合构造单独的一行。

$$K \cdot N$$
$$T \ F \ F$$
$$F \ F \ T$$
$$F \ F \ F$$

为给出正确的真值指派——强制的或非强制的——必须知道**五个逻辑算子**的真值表定义，这在第 8 章已经给出过，在继续展示 STTT 之前，读者有必要复习一下真值表的定义以及逻辑算子（8.9（C）节）的经验法则，下面再次表述一下。

合取陈述：只有在两个合取支都真时，一个合取陈述才是真的；否则它就是假的。

析取陈述：只有在两个析取支都假时，一个析取陈述才是假的；否则它就是真的。

条件陈述：只有在前件为真后件为假时，一个条件陈述才为假；否则它就是真的。

双条件陈述：只有当三杠号的两边的陈述有相同的真值时，一个双条件陈述才为真；否则它就是假的。

否定陈述：只有被否定的陈述为假时，一个否定陈述才为真；否则它就是假的。（一个否定陈述与它的被否定陈述具有相反的真值。）

经验法则表明，通过以下方式，复合陈述的真值迫使真值指派与真值表的定义相一致。

合取：G·H 为真：使得 G 和 H 都真。
析取：G∨H 为假：使得 G 和 H 都假。
条件：G⊃H 为假：使得 G 真且 H 假。
否定：∼G 为真：使得 G 为假。
　　　　∼G 为假：使得 G 为真。

强制的真值指派使得 STTT 更为高效。为确保强制的真值指派是高效和系统的，有必要使它们遵循以下两条准则。

准则 I：如果可能，首先给结论或某个前提设定强制的真值指派，以作为 STTT 四步（见接下来的 9.9（B）节）中的第一步。

准则 II：在给复杂的复合前提设置强制的真值指派之前，为前提中的简单陈述或简单陈述的否定设置强制的真值指派。

为确保非强制的真值指派更高效和系统化，还必须遵循准则 III、IV 和 V。

准则 III：如果不存在——或不再有——强制的真值指派，就给结论设定非强制的真值指派，使得它在每一种可能的情形下都为假，或者以一种最少的方式给前提设置非强制的真值指派。

准则 IV：如果给两个或多个前提设置真值指派都是同等强制的（如给两个简单陈述设定真值指派）或都是同等非强制的，先给左边的陈述进行真值指派。

准则 V：在构造一个多行的简化真值表时，构造一个为假的结论（或一个为真的前提）：(a) 针对复合陈述，仅利用那些能得到我们想要的真值的真值组合，以及 (b) 在完备的真值表（见 8.7 节）中按照顺序构造它们。例如，对于由两个简单陈述组成的复合陈述来说，依次使用 TT、TF、FT 和 FF 就可以得到我们想要的真值。

在 9.9（B）节的 STTT 介绍中，读者将会更好地理解强制的真值指派以及准则 I-V，然后在 9.9（C）节和 9.9（D）节将会有七个不同论证的解释和证明。当完全掌握 STTT 后，它的巨大力量和效率就会显示出来。熟能生巧，读者可以通过完成下述真值指派练习来掌握，同时在 9.9（D）节也有 24 个 STTT 练习。

练习题

强制的与非强制的真值指派

对于以下陈述，如果存在强制的真值指派，请给出。如果不存在强制的真值指派，利用准则 V，确定所需要的真值组合，并且根据需要，确定陈述可以为真（或为假）的方式的数量。

*1. Z∨W   2. D⊃E
   F   FF

3. M·N   4. G∨H
   FT   FT

*5. H≡D　　　　　　　　6. G・~O
　　F T　　　　　　　　　　T
7. A⊃~M　　　　　　　8. ~L≡K
　　F　　　　　　　　　　F T
9. ~(A・C)　　　　　*10. ~(D⊃E)
　　T　　　　　　　　　　F
11. A・(B⊃C)　　　　　12. D⊃(E∨W)
　　T T　　F　　　　　　T T
13. (B∨G)∨K　　　　　14. A・(B⊃C)
　　　　F　　　　　　　T F　　F
*15. (C≡M)∨G　　　　16. (C≡M)≡G
　　　F F　　　　　　　　F F
17. (C⊃M)∨G　　　　　18. (J∨K)⊃(L・M)
　　　F T　　　　　　　　T　　T
19. (D⊃E)・(A⊃F)　　*20. (D⊃E)∨(A⊃F)
　　　　F　　　　　　　　　　F

B. 简化的真值表方法的四个步骤

构造 STTT 的**程序**有四个步骤。这些步骤分为两个不同的序列；每一个序列都可以确定给定的论证是否有效。确定这两种路径——对于一个给定论证，这两种路径是最高效的——是每个序列中的第一步，因此它们是相同的。

大多数复合陈述一般会以多种方式为真，或者为假，即对于它们的简单分支陈述的**真值组合**不会只有一种。[8]例如，有三种方式可以使得 Q∨R 为真：Q 真 R 真，Q 真 R 假，Q 假 R 真。类似地，M・N 在三种情形下为假：M 真 N 假，M 假 N 真，M 和 N 都假。然而，有些复合陈述只有一种情形使得其为真或为假：例如，只有在 Q 真 R 假的情形下，Q⊃R 才为假；再如，只有在 W 和 X 同时为真时，W・X 才为真。

简化的真值表方法的四个步骤

步骤 1：确定是否前提为真要比结论为假的方式更少。

如果前提为真的方式不比结论为假的方式更少，我们就继续执行 C-序列（即步骤 2_c、3_c 和 4）；如果至少有一个前提为真比结论为假的方式更少，我们则继续执行 P-序列（即步骤 2_P、3_P 和 4）。如果步骤 1 的回答是否定的，则执行步骤 2_C，否则执行 2_P。

步骤 2_C：使得结论为假。

为结论中的简单陈述指派真值以使得结论为假。如果有多种真值指派使得结论为假，那就为每种指派构建一个简化真值表行。同时，为了与准则 III 和准则 V 相协调*，要在执行 STTT 的第四步程序时，每次只做一行。

步骤 2_P：使得所有前提为真。

从以最少的方式使得前提为真开始，指派真值给前提中的简单陈述以使得所有前提为真。如果有多种真值指派使得前提为真，那就为每种指派构建一个简化真值表行。同时，为了与准则 III、准则 IV 和准则 V 相协调，要在执行 STTT 的第四步程序时，每次只做一行。

步骤 3_C：尽可能使得更多的前提为真。

对每一种使得结论为假的真值指派，通过对一个论证的简单和复合陈述自始至终设置强制的真值指派，而尽力使得所有前提为真。

步骤 3_P：使得结论为假。

对每一种使得所有前提为真的真值指派，通过对一个论证的简单和复合陈述自始至终设置强制的真值指派，而尽力使得结论为假。

步骤 4：验证有效性。

确定一个论证是有效的还是无效的。

无效的：如果一个真值表行所有前提皆真且结论为假，**立刻停止**，因为这已经证明这个论证是**无效的**。

有效的：以下三种情形都能证明一个论证是**有效的**：（a）对于所有为假的结论来说，至少有一个为假的前提；或者（b）所有前提为真的情形中，结论为真；或者（c）结论不可能为假，且/或前提不可能为真。

在接下来的两节中，我们把 STTT 分别应用于只有一种方式使结论为假的论证（9.9（C）节），以及有多种方式使得结论为假的论证（9.9（D）节）。我们将会看到，对于前一种论证，步骤 2_C、3_C 和 4 提供了最高效的方法，而对于第二种论证，在步骤 1 中选择正确的序列则会节省

---

* 准则 V 只能应用于那些有多种方式使得结论为假的论证，于是我们将在 9.9（D）节中进行介绍，以及在例子 5 和 7 中进行展示，同时在附录 B 对更为困难的无效论证进行阐述。

很多时间和工作。

C. 简单情形中的 C-序列：结论只有一种情形为假的论证示例

当一个论证的结论为假，在它的简单陈述的真值组合**只有一种情形**时，STTT 是最高效的。本节展示用 STTT 的步骤 2_C、3_C 和 4 来判定以下四种论证[9]，在每个例子中，我们用一行真值表执行 STTT。

例子 1：结论为简单陈述的简单论证

例子 2：结论为简单陈述的复杂论证

例子 3：结论是一个条件陈述的论证

例子 4：结论是一个析取陈述的论证

对于每一个例子，我们在第一步中，首先确定没有前提为真的情形要比结论为假的情形少。

第一个例子很简单，目的是让读者理解使用 STTT 时无须完整的细节和太多复杂性的情形。第二个例子的结论也是简单陈述，但因为这个论证更复杂，我们用它来解释 STTT 的四个步骤的细节，包括准则 I、II 和 IV。

例子 1：结论为简单陈述的简单论证

考虑如下简单论证：

(P$_1$) F⊃G

(P$_2$) F

∴ G

为了构造一个简化真值表，我们在序列中写下所有前提，同时用逗号把它们隔开。用三个点表示"所以"（∴），它把前提和结论隔开。在第一个前提的左边，我们为每一个简单陈述设置一列引导列。

| F | G | F⊃G, | F | ∴G |

步骤 1：确定是否前提为真要比结论为假的方式更少。

结论是简单陈述 G，只有一种方式使得它为假。由于没有更少的方式使得前提为真，我们继续进行步骤 2_C、3_C 和 4。

步骤 2_C：使得结论为假。

只有一种方式使得这个论证的结论为假：简单陈述 G 必须为假。因此，我们在陈述 G 的下面放置 F（假）（以及在引导列里的 G 下面也放置 F）。

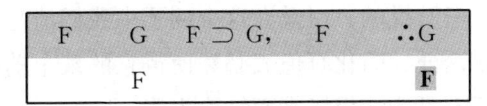

F	G	F ⊃ G,	F	∴ G
				F

注意阴影部分：在本节中，我们把一个论证的前提和结论的真值用阴影标示出来。这使得我们容易看到——只检查阴影部分的真值——一个完成的简化真值表是否有前提皆真而结论为假的情形。在构造简化真值表时，读者应该环视前提和结论的真值。

既然结论中的 G 为假，G 就必须在前提 1 中为假。

F	G	F ⊃ G,	F	∴ G
	F		F	F

步骤 3c：尽量使得更多的前提为真。

我们现在尽力使得所有前提都为真。根据准则 II，首先使得前提 2 中的简单陈述 F 为真。

F	G	F ⊃ G,	F	∴ G
T	F		**T**	F

既然给定前提 2 中 F 的为真，我们就立即把前提 1 中的 F 设置为真。

F	G	F ⊃ G,	F	∴ G
T	F	T F	**T**	F

F 为真和 G 为假使得前提 1，即条件陈述 F⊃G，为假。

F	G	F ⊃ G,	F	∴ G
T	F	T **F** F	**T**	F

步骤 4：测试有效性。

简化真值表已经完成。这个论证是有效的还是无效的？

很容易看出，这个论证是有效的，因为它的前提集不可能都真而结论为假。尽管前提 2（即 F）为真，但是它的真和结论 G 的假使得前提 1（即 F⊃G）为假。这个论证确实不可能在前提为假的真值组合中使得所有前提都真。这就证明这个论证不可能有假结论且前提皆真,从而表明它是有效的。

正如本节引言里所说的,以及在这个例子中我们清楚地看到的,结论为简单陈述的有效论证,简化真值表必然使得它的某个前提为假。这是因为一个有效的论证不可能前提皆真而结论为假。

例子 2:结论为简单陈述的复杂论证

我们现在用一个比例子 1 更复杂的论证,来说明如何在细节上一步步使用 STTT 方法。

$(P_1)\ (E \lor F) \supset (G \cdot H)$
$(P_2)\ (G \lor H) \supset I$
$(P_3)\ E$
$\therefore I$

既然这个论证包含五个不同的简单陈述,它的完备的真值表就有 2^5 或 32 行。利用 STTT,可以只用**一行真值表**就确定它是否为有效式。

步骤 1:确定是否有前提为真要比结论为假的方式更少。

结论是简单陈述 I,只有一种方式使得它为假,即当 I 为假的时候。既然没有更少的方式使得前提为真,我们继续执行步骤 2_C、3_C 和 4。

步骤 2_C:使得结论为假。

在第 2 步,我们首先使用准则 I。

准则 I:如果可能,首先给结论或某个前提设定强制的真值指派,作为第一步中已确定的结果。

只有一种方式使得这个论证的结论为假:陈述 I 必须为假。因此,我们通过在陈述 I 的下面放置 F(假)而使得 I **强制性地**为假。

E	F	G	H	I	$(E \lor F) \supset (G \cdot H)$,	$(G \lor H) \supset I$,	E	$\therefore$ I
				F				**F**

当我们把真值赋给一个简单陈述时,必须立即把在这个论证中的其他处出现的同一个简单陈述赋相同的真值(以及在引导列的简单陈述下面放置相同的真值)。陈述 I 也出现在前提 2 中,因此我们立即给前提 2 中的 I 赋值为假(以及在引导列中的 I 下面放置 F)。

E F G H I	(E∨F) ⊃ (G·H),	(G∨H) ⊃ I,	E	∴ I
F		F		**F**

理解为什么这样做是重要的。陈述 I 在前提 2 中为假，因为简化真值表中的一行——就像完备的真值表中的一行——是论证的分支简单陈述的一种特别的真值组合（以及仅由这些简单陈述组成的复合陈述的真值）。于是，如果一个陈述（比如 I）在给定的一行中是假的，它在这一行中的所有出现必须要有同样的真值。基于这个理由，当我们在一个简化的真值表中的一行中给一个简单陈述赋值时，我们立即给这一行中此简单陈述的所有出现都赋相同的真值。

步骤 3$_C$：尽量使得更多的前提为真。

既然结论已经为假，有必要记住我们的 C - 序列目标是在已经使得结论为假的情形下，让所有前提为真。如果这是**可能的**，那么论证是**无效的**；如果它是**不可能的**，那么论证就是**有效的**。在正确地执行这个程序的过程中，我们或者证明它是无效的，或者证明它是有效的。

在这种结合中，我们利用准则 II，它能确保我们尽可能以一种最简单和最高效的方式执行 STTT。

准则 II：在给复杂的复合前提设置强制的真值指派之前，为前提中的简单陈述或简单陈述的否定设置强制的真值指派。

一个**强制的真值指派**是指给简单陈述或复合陈述指派真值时，强制地要求或必须满足以下条件：

(i) 简单陈述和复合陈述的真值函项特性，

(ii) 我们的目标，且/或

(iii) 已经给定的真值指派。

例如，(ii) 我们第一个目标迫使我们在步骤 2$_C$ 是使得所有赋值给简单陈述以让结论为假。既然只有一种方式使得结论（即简单陈述 I）为假，我们首先把简单陈述 I 的所有出现都赋值为假。一旦这个步骤已完成，由于 (ii) 我们的下一个目标，在步骤 3$_C$ 中是使得所有前提为真，有时 (iii) 已经给定的真值指派使得在前提中的简单陈述，迫使我们给其他简单陈述或复合陈述以特别的真值，从而 (ii) 在给定复合陈述的真值函项特性下，达到使得前提为真的目标。

应用准则 II，是否有任何前提是简单陈述或简单陈述的否定？是的。前提 3 是简单陈述 E。我们因此利用准则 II，强制使得前提 3 中的陈述 E 为真。以及在给复合陈述赋值之前，让 E 的其他出现也为真。因此，我们在前提 3 和前提 1 中都使 E 为真（以及在引导列中的 E 也为真）。

E	F	G	H	I	(E∨F) ⊃ (G·H),	(G∨H) ⊃I,	E	∴ I
T			F	T			F	**T**	**F**

给定 E 为真和 I 为假，是否还有其他强制的真值指派呢？是的，有两种。既然 E 为真，这就强制地使得 E∨F 为真，因为只要至少有一个析取支为真，那么一个析取陈述就为真。给定 I 为假，我们也强制地使得 G∨H 为假，因为前提 2 是一个条件陈述，它的后件已经为假，前提为假才能使得它为真。由于这两种真值指派——前提 1 的指派和前提 2 的指派——都是**平等地强制的**，我们就必须运用准则 IV。

准则 IV：如果给两个或多个前提设置真值指派都是平等地强制的（比如给两个简单陈述设定真值指派）或都是平等地非强制的，先给左边的陈述进行真值指派。

应用准则 IV，我们先给前提 1 中最左边的陈述进行真值指派。由于前提 1 中的 E 为真，它的前件 E∨F 就为真；因此，我们在 E∨F 的楔劈符下面放置 T。

E	F	G	H	I	(E∨F) ⊃ (G·H),	(G∨H) ⊃I,	E	∴ I
T			F		TT		F	**T**	**F**

给定 E∨F 为真，只有它的后件 G·H 为真时，前提 1 才为真；因此，我们在 G·H 的圆点符下面放置 T。

E	F	G	H	I	(E∨F) ⊃ (G·H),	(G∨H) ⊃I,	E	∴ I
T			F		TT T		F	**T**	**F**

使用强制的真值指派部分地意味着，为了执行步骤 3c，一个复合陈述的真值迫使给复合且/或简单陈述进行真值指派（见 9.9（A）节）。例如，既然条件陈述（E∨F）⊃（G·H）的前件为真，那就只有在它的后件 G·H 为真的时候，它才为真。依次地，合取陈述 G·H 只有在两个析取支 G 和 H 都真时才真。复合陈述有以下几种强制性地进行真值指派的

方式。

合取：G·H 为真：使得 G 和 H 都为真。
析取：G∨H 为假：使得 G 和 H 都为假。
条件：G⊃H 为假：使得 G 为真且 H 为假。
否定：～G 为真：使得 G 为假。
　　　～G 为假：使得 G 为真。

因此，在条件陈述 G·H 中，现在强制使 G 为真和 H 为真（以及在引导列中在 G 和 H 的下面放置 T）。

E	F	G	H	I	(E∨F) ⊃ (G·H),	(G∨H) ⊃I,	E	∴ I
T	T	T	T	F	TT　　　TTT	F	T	F

给定前提 1 的后件已经为真，前提 1 就是真的；因此，我们在前提 1 的马蹄符下面放置 T。

E	F	G	H	I	(E∨F) ⊃ (G·H),	(G∨H) ⊃I,	E	∴ I
T	T	T	T	F	TT　T　TTT	F	T	F

一旦我们给简单陈述 G 和 H 赋值之后，我们就总是给它们的其他出现也赋相同的值。因此，就使得前提 2（即 G∨H）中的 G 和 H 都为真。

E	F	G	H	I	(E∨F) ⊃ (G·H),	(G∨H) ⊃I,	E	∴ I
T	T	T	T	F	TT　T　TTT	T T F	T	F

如果 G 和 H 都真，析取陈述 G∨H 就为真；因此，我们在前提 2 中的 G∨H 的楔劈符下面放置 T。

E	F	G	H	I	(E∨F) ⊃ (G·H),	(G∨H) ⊃I,	E	∴ I
T	T	T	T	F	TT　T　TTT	TTT　F	T	F

前提 2，即 (G∨H) ⊃I，现在已经有真前件和假后件，这就使得它为假。

E	F	G	H	I	(E∨F) ⊃ (G·H),	(G∨H) ⊃I,	E	∴ I
T	T	T	T	F	TT　T　TTT	TTT FF	T	F

我们已经完成了简化真值表，依照步骤2_c和步骤3_c，现在准备步骤4。值得注意的是，我们没有给简单陈述 F 赋值，因为它不是必要的。[10]

步骤 4：验证有效性。

这个论证是有效的还是无效的？从一行的真值表中，我们就能明显看出它是有效的，因为在结论为假的情形下，任何真值指派都不可能使得前提为真。只存在一种真值指派使得结论为假（即 I 为假），以及只存在一种真值指派使得前提 3 为真（即 E 为真）。反过来，这些真值指派迫使前提 1 的后件为真，这又使得 G 和 H 同时为真。这种强制的真值指派使得前提 2 的前件 G∨H 为真，由于 I 已经为假，从而前提 2（（G∨H）⊃I）就是假的。因此，尽管在结论为假的情形下，我们能够使得前提 1 和前提 3 为真，但我们不能使前提 2 为真。[11]于是，就仅有一种真值指派使得前提为假，但前提不可能都真。这就证明这个论证不可能结论为假而前提皆真，从而证明它是有效的。[12]

我们的工作已经完成。不需要构造 32 行完备的真值表，STTT 方法只要一行就能确定这个论证是有效的。尽管这个论证的证明只包括五个推论（Add.，M.P.，Simp.，Add. 和 M.P.），但 STTT 不会比这种证明更耗时。对于更难和需要更长证明的论证，STTT 就会更高效得多。当一个人试图去证明一个无效论证是有效的时候，STTT 几乎总是比 CTTM 更为高效。[13]

例子 3：结论为条件陈述的论证

例子 1 和例子 2 表明，当一个论证的结论是简单陈述（或简单陈述的否定）的时候，如何使得 STTT 更为高效。我们马上会看到，如果一个论证的结论是更复杂的复合陈述，且它的分支简单陈述只有一种真值组合使得结论为假时，STTT 同样高效。考虑以下论证。

(P_1)（B⊃W）·（G⊃∼S）
(P_2)（∼B·∼G）⊃（C·P）
(P_3) ∼W
(P_4) P
∴C⊃∼G

既然这个论证包含六个不同的简单陈述，它的完备的真值表就有 2^6 或 64 行。然而，利用 STTT，我们仅用一行就能确定它是否有效。

步骤 1：确定是否前提为真要比结论为假的方式更少。

给定这个论证的结论，即 C⊃∼G，它为假**只有一种**关于 C 和 G 的真值组合方式（即 C 真 G 真）。我们继续执行步骤 2_C、3_C 和 4，只通过一行简化的真值表，就能够非常容易和快速地验证它的有效性。

步骤 2_C：使得结论为假。

在执行步骤 2 的时候，我们遵循准则 I 且把强制的真值指派给结论。既然结论 C⊃∼G 的主联结词是马蹄符，我们首先在 C⊃∼G 的马蹄符下面放置 F。

B	W	G	S	C	P	(B⊃W)·(G⊃∼S),	(∼B·∼G)⊃(C·P),	∼W,	P	∴	C⊃∼G
											F

既然结论是条件陈述，我们通过使它的前件 C 为真以及它的后件 ∼G 为假，而使得它为假。

B	W	G	S	C	P	(B⊃W)·(G⊃∼S),	(∼B·∼G)⊃(C·P),	∼W,	P	∴	C⊃∼G
				T							T **F** F

这些**强制**的真值指派进一步使得 G 为真。[14]

B	W	G	S	C	P	(B⊃W)·(G⊃∼S),	(∼B·∼G)⊃(C·P),	∼W,	P	∴	C⊃∼G
		T		T							T **F** F T

在结论中使得这些真值指派给 C 和 G 之后，我们必须在 C 和 G 的其他所有出现都指派相同的真值。C 出现在前提 2 中，G 出现在前提 1 和前提 2 中。

B	W	G	S	C	P	(B⊃W)·(G⊃∼S),	(∼B·∼G)⊃(C·P),	∼W,	P	∴	C⊃∼G
		T		T		T	T T				T **F** F T

步骤 3_C：尽可能使得更多的前提为真。

根据准则 II，我们首先要为前提中的简单陈述或简单陈述的否定设置强制的真值。既然强制地赋值给前提 3 中简单陈述的否定以及前提 4 中的简单陈述，就可以应用准则 III 以及首先使得前提 3 中的 ∼W 为真。

B	W	G	S	C	P	(B⊃W)·(G⊃∼S),	(∼B·∼G)⊃(C·P),	∼W,	P	∴	C⊃∼G
		T		T		T	T T	**T**			T **F** F T

这个真值指派迫使 W 为假。

B W G S C P	(B⊃W) · (G⊃~S),	(~B · ~G) ⊃ (C·P),	~W,	P	∴ C ⊃ ~G
F T T	T	T T	**T** F		T **F** T

我们现在必须把假指派给 W 的每一次出现。W 出现在前提 1 中，所以在前提 1 里给它赋值为假。

B W G S C P	(B⊃W) · (G⊃~S),	(~B · ~G) ⊃ (C·P),	~W,	P	∴ C ⊃ ~G
F T T	F T	T T	**T** F		T **F** T

继续使用准则 II，从～W 继续，给前提 4 中的简单陈述 P 赋值为真。

B W G S C P	(B⊃W) · (G⊃~S),	(~B · ~G) ⊃ (C·P),	~W,	P	∴ C ⊃ ~G
F T T T	F T	T T	**T** F	**T**	T **F** T

在前提 4 中 P 已给定为真，就必须立即把 P 的其他出现也赋值为真，比如前提 2 中的 P。

B W G S C P	(B⊃W) · (G⊃~S),	(~B · ~G) ⊃ (C·P),	~W,	P	∴ C ⊃ ~G
F T T T	F T	T T T	**T** F	**T**	T **F** T

这些真值指派使得前提 2 中的 C·P 为真。

B W G S C P	(B⊃W) · (G⊃~S),	(~B · ~G) ⊃ (C·P),	~W,	P	∴ C ⊃ ~G
F T T T	F T	T T T T	**T** F	**T**	T **F** T

既然 C·P 是真的，前提 2 的整个条件陈述（～B·～G）⊃（C·P）就是真的，不管它的前件（～B·～G）的真值如何。

B W G S C P	(B⊃W) · (G⊃~S),	(~B · ~G) ⊃ (C·P),	~W,	P	∴ C ⊃ ~G
F T T T	F T	T **T** T T T	**T** F	**T**	T **F** T

这意味着 B 在前提 2 中可以有其他的真值。B 也出现于前提 1 中。我们需要给前提 1 中的 B 以特殊的真值吗？是的。既然前提 1 是一个合取陈述，它只有在两个合取支都为真时才为真。前提 1 的左合取支是条件陈述 B⊃W，它的后件 W 已经为假；因此，我们就必须强制性地使得 B 为假以使得 B⊃W 为真。

B W G S C P	(B⊃W) · (G⊃~S),	(~B · ~G) ⊃ (C·P),	~W,	P	∴ C ⊃ ~G
F F T T T F T F	T	T **T** T T T	**T** F	**T**	T **F** T

既然前提 1 中的 B 是假的，我们必须使得它在前提 2 中也为假。

B W G S C P	(B⊃W) · (G⊃~S),	(~ B · ~G) ⊃ (C · P),	~W,	P	∴	C⊃~ G
F F T T T F T F	T F	T T T T T F T	T F	T		T F F T

同样地，既然前提 1 是一个合取陈述，它只有在右合取支为真的时候才可能为真。前提 1 的右合取支是条件陈述 G⊃~S，且它的前件是陈述 G 且为真。因此，为使得 G⊃~S 为真，我们必须迫使它的后件 ~S 也为真，从而迫使 S 为假。

B W G S C P	(B⊃W) · (G⊃~S),	(~ B · ~G) ⊃ (C · P),	~W,	P	∴	C⊃~ G
F F T F T T F T F	T T T F	F	T T T T T F T	T F	T	T F F T

由于前提 1 中的两个合取支都是真的，通过在圆点下面放置 T 就可以使得前提 1 为真。

B W G S C P	(B⊃W) · (G⊃~S),	(~ B · ~G) ⊃ (C · P),	~W,	P	∴	C⊃~ G
F F T F T T F T F	T **T** T T F	F	T T T T T F T	T F	T	T F F T

既然已经使得前提 2 中的 B 有了真值，我们必须完成真值以确定前提 2 中的 ~B · ~G 的真值。

B W G S C P	(B⊃W) · (G⊃~S),	(~ B · ~G) ⊃ (C · P),	~W,	P	∴	C⊃~ G
F F T F T T F T F	T **T** T T F	T F F F T	T T T T F T	T F	T	T F F T

简化真值表现在就完成了，因为前提与结论的真值指派全部完成，所有前提都是真的，而结论是假的。

步骤 4：验证有效性。

第 4 步告诉我们，**对任何为假的结论来说，如果相容的真值指派使得所有前提都为真，我们就应当停止，因为这已经证明这个论证是无效的**。在使得结论为假，以及前提 3 和前提 4 为真时，前提 2 也被强制为真，然后 B 和 S 强制性地为假从而使得前提 1 为真。基于这些真值指派，所有前提都是真的且结论是假的，从而证明这个论证是**无效的**。通过表明这个论证可以前提皆真而结论为假，我们已经证明它是无效的。其前提皆真和结论为假之所以是可能的，是因为它的简单陈述有如下真值：

B	W	G	S	C	P
F	F	T	F	T	T

无效。

例子 4：结论为析取陈述的论证

第四个例子为如下论证，它的结论是析取陈述。

$(P_1)\ (X \lor Y) \supset (X \cdot Y)$
$(P_2)\ \sim(X \lor Y)$
$\therefore \sim X \lor \sim Y$

步骤 1：确定是否前提为真要比结论为假的方式更少。

既然结论 $\sim X \lor \sim Y$ **只有**在它的分支简单陈述的一种真值组合下（即 X 和 Y 都真）才为假，我们继续步骤 2_C、3_C 和 4，并以结论为假开始。

步骤 2_C：使得结论为假。

根据准则 I，我们先把强制的真值赋给结论。既然结论是 $\sim X \lor \sim Y$，我们先在它的楔劈符下面放置 F。

X	Y	$(X \lor Y) \supset (X \cdot Y)$	$\sim(X \lor Y)$	$\therefore \sim X \lor \sim Y$
				F

析取陈述 $\sim X \lor \sim Y$ 只有在它的两个析取支都为假的情形下才为假。

X	Y	$(X \lor Y) \supset (X \cdot Y)$	$\sim(X \lor Y)$	$\therefore \sim X \lor \sim Y$
				F **F** F

$\sim X$ 和 $\sim Y$ 的真值指派迫使 X 和 Y 都为真。

X	Y	$(X \lor Y) \supset (X \cdot Y)$	$\sim(X \lor Y)$	$\therefore \sim X \lor \sim Y$
T	T			FT **F** FT

既然我们已经使得结论中的 X 和 Y 为真，就必须让它们在这个论证中的其他出现也有相同的真值。X 和 Y 在前提中各有三次出现。

X	Y	$(X \lor Y) \supset (X \cdot Y)$	$\sim(X \lor Y)$	$\therefore \sim X \lor \sim Y$
T	T	T T T T	T T	FT **F** FT

步骤 3_C：尽可能使得更多的前提为真。

现在寻找前提中简单陈述的真值指派。然而，在这个例子中，结论中的 X 和 Y 的强制真值指派，已经完成了前提中简单陈述的**所有**真值指派。因此，我们应用准则 IV 来确定前提 1 最左边的真值。在 X 和 Y 都为真时，前提 1 的前件 X∨Y 为真。

X	Y	(X∨Y)⊃(X·Y),	~(X∨Y)	∴ ~X ∨~Y
T	T	T T T T T	T T	F T **F** F T

既然 X 和 Y 是真的，那么前件 1 的后件 X·Y 也是真的。

X	Y	(X∨Y)⊃(X·Y),	~(X∨Y)	∴ ~X ∨~Y
T	T	T T T T T T	T T	F T **F** F T

既然前件 X∨Y 为真且后件 X·Y 为真，那么前提 1，即（X∨Y）⊃（X·Y），就是真的。

X	Y	(X∨Y)⊃(X·Y),	~(X∨Y)	∴ ~X ∨~Y
T	T	T T T **T** T T T	T T	F T **F** F T

在前提 2 中，X∨Y 是真的，因为它的两个析取支都真。

X	Y	(X∨Y)⊃(X·Y),	~(X∨Y)	∴ ~X ∨~Y
T	T	T T T **T** T T T	T T T	F T **F** F T

给定前提 2 中的 X∨Y 为真，前提 2，即～（X∨Y），就是假的。

X	Y	(X∨Y)⊃(X·Y),	~(X∨Y)	∴ ~X ∨~Y
T	T	T T T **T** T T T	**F** T T T	F T **F** F T

步骤 4：验证有效性。

只有在 X 和 Y 都为真的时候，这个论证的结论～X∨～Y 才是假的。基于 X 和 Y 的这种真值组合，前提 1 是真的但前提 2 是假的。这就证明这个论证不可能前提皆真且结论为假，从而证明这个论证是**有效的**。

D. 多种真值组合下结论为假

在这一点上，我们已经把 STTT 应用到了四种论证，这些论证的分支简单陈述的真值组合，**只有一种使得结论为假**。当简单陈述只有一种真值组合使得结论为假时，STTT 是最高效的。在所有这些情形中，我们执行步骤 2_C、3_C 和 4，同时使用 STTT 构造一行的简化真值表。

然而，当一个论证的分支简单陈述的真值组合，有**多种方式**使得结论为假时，情况就要复杂一些；我们在运用 STTT 时也许需要构造多行的简化真值表。[15]为了在这些例子中**最大化地提高效率**，在运用STTT时通过确定是否有前提集为真比结论为假的方式更少，我们实施步骤1时需要确定是执行C-序列还是P-序列。

本节我们将用STTT验证以下三个论证，以及展示如何使用步骤1来确定使用C-序列还是P-序列。

例子5：一个论证的结论是简单陈述的合取

例子6：一个论证的结论是简单陈述的合取

例子7：一个论证的结论是简单陈述的双条件陈述

在例子6中，我们将展示什么时候以及如何使用步骤2_P、3_P和4，以使得效率最高。

例子5：结论为简单陈述的合取的论证

以下论证的结论是合取陈述。

(P₁) M∨N
(P₂) (M∨N)⊃O
(P₃) (M∨N)⊃P
∴ O·P

步骤1：确定是否有前提为真比结论为假的方式少。

在结论O·P为假时，其分支简单陈述O和P存在着三种真值组合情形：T·F、F·T和F·F。然而，每一个前提都至少有三种方式使得其为真：前提1为真有三种方式（即T∨T，T∨F，F∨T），前提2和前提3为真都有五种方式。既然不存在一个前提为真的方式少于结论为假的方式，我们继续执行步骤2_C、3_C和4。

步骤2：使得结论为假。

在分支简单陈述有多种真值组合使得结论为假的过程中，或在分支简单陈述有多种真值组合使得一个前提为真的过程中，我们总是根据准则V来进行下一步。

准则V：在构造一个多行的简化真值表时，构造一个为假的结论（或一个为真的前提）：(a) 针对复合陈述，仅利用那些能得到我们想要的真值的真值组合，以及 (b) 在完备的真值表（见8.7节）中按照顺序构造它们。例如，对于由两个简单陈述分支的复合陈述来说，仅依次使用 TT、TF、FT 和 FF 就可以得到我们想要的真值。

回忆一下第 8 章（见 8.7 节）构造完备真值表的方法，以及我们如何确定放置 T、F 的行数和列数。我们现在得知，对于一个由 n 个简单陈述组成的复合陈述，有 2^n 种真值组合。于是，对于由两个简单陈述组成的复合陈述，就有 2^2 或 4 种真值组合：TT，TF，FT，FF。类似地，对于由三个简单陈述组成的复合陈述，就有 2^3 或 8 种真值组合。而对于由四个简单陈述组成的复合陈述，就有 2^4 或 16 种真值组合。依此类推。

准则 V 指导我们为复合陈述（a）仅构造那些我们想要的真值组合，同时它指引我们（b）有序地构造出完备的真值表中的陈述。例如，一个论证的结论是合取陈述 Q · R，并且我们希望使得它为假。对于两个简单陈述 Q 和 R，就有四种真值组合：TT，TF，FT，FF。然而，我们只为 TF、FT、FF 构造一个多行真值表（**有序地**），因为只有它们使得合取陈述 Q · R 为假（即我们省略 TT，因为当 Q 和 R 为真时它就是真的）。

Q	·	R
T	F	F
F	F	T
F	F	F

类似地，如果为前提 H ·（I⊃J）构造一个多行真值表，它包含三个简单陈述，从而 H 和 I 以及 J 的真值组合就有八种：TTT，TTF，TFT，TFF，FTT，FTF，FFT，FFF。根据准则 V，我们只需要构造那些关于 H 和 I 以及 J 的真值组合使得前提为**真**的真值表行。对于这三个简单陈述的八种可能的真值组合，只有三种（TTT，TFT，TFF）使得 H ·（I⊃J）为真。因此，我们为前提 H ·（I⊃J）构造三行，利用这三种真值组合——TTT，TFT，TFF——的次序，因为在完备的真值表中也是这种次序。

H	·	(I	⊃	J)
T	T	T	T	T
T	T	F	T	T
T	T	F	T	F

我们省略五个组合（TTF，FTT，FTF，FFT，FFF），因为在这些真值组合下，H ·（I⊃J）是假的。

在应用准则 V 到这个论证的时候，既然对于 TT 来说，结论的合取 O・P 不是假的，针对三种真值组合 TF、FT 和 FF，我们就构造以下三行的简化真值表。

M N O P	M∨N,	(M∨N) ⊃ O,	(M∨N) ⊃ P	∴ O・P
				T **F** F
				F **F** T
				F **F** F

步骤 3$_C$：尽量使得更多的前提为真。

在一个多行的简化真值表中，我们通过每次考虑结论为假的一种真值指派执行步骤 3$_C$。对于结论为假来说，如果能够使得所有前提为真，我们就停下来，因为此时已经证明这个论证是无效的。然而，为了通过步骤 3$_C$ 证明一个论证是有效的，我们必须考虑使得结论为假的简单陈述的所有真值组合，同时必须表明对每一种真值组合，这个论证都不可能有前提皆真的情形。如果一个论证是有效的，对于结论为假的每种情形，就至少有一种强制为假的真值使得前提为假。

既然有三种方式使得这个论证的结论 O・P 为假，我们开始第一种真值指派，且通过强制的真值指派执行步骤 3$_C$，直到使得所有前提为真，或者强制性地使得某一个前提为假，在这种情形下，我们在三行的真值表中继续执行下一行。

在简化真值表中的第一行给定 O 为真 P 为假，同时要一致地把这些真值赋给 O 和 P 的其他任何出现。O 作为前提 2 的后件而出现，于是 O 在这里为真；P 作为前提 3 的后件而出现，从而 P 在这里为假。

M N O P	M∨N,	(M∨N) ⊃ O,	(M∨N) ⊃ P	∴ O・P
T F		T	F	T **F** F
				F **F** T
				F **F** F

给定前提 2 的后件 O 为真，这就使得前提 2 为真。

M N O P	M∨N,	(M∨N) ⊃ O,	(M∨N) ⊃ P	∴ O・P
T F		**T** T	F	T **F** F
				F **F** T
				F **F** F

步骤 3c 要求我们尽力在这些真值指派下使得所有前提都真。此时，只有一种强制的真值指派：前提 3 中的 P 为假，于是就只有前提 3 的前件 M∨N 为假时，前提 3 才是假的。

M N O P	M∨N,	(M∨N) ⊃ O,	(M∨N) ⊃ P	∴ O · P
T F		**T**	F F	T **F** F
				F **F** T
				F **F** F

前提 3 中的 M∨N 为假就迫使 M 和 N 都为假，这使得前提 3 为真。

M N O P	M∨N,	(M∨N) ⊃ O,	(M∨N) ⊃ P	∴ O · P
F F T F		**T** T	F F F **T** F	T **F** F
				F **F** T
				F **F** F

既然 M 和 N 在前提 3 中都为假，它们在其他地方就必须都为假。由于 M 和 N 都出现在前提 1、2 中，我们接下来就使得这些出现都为假。

M N O P	M∨N,	(M∨N) ⊃ O,	(M∨N) ⊃ P	∴ O · P
F F T F	F F	F F **T** T F	F F F **T** F	T **F** F
				F **F** T
				F **F** F

前提 1、2 中的 M 和 N 都为假就使得 M∨N 在这两个前提中都假。

M N O P	M∨N,	(M∨N) ⊃ O,	(M∨N) ⊃ P	∴ O · P
F F T F	F**F**F	F F F **T** T F	F F F **T** F	T **F** F
				F **F** T
				F **F** F

我们的简化真值表的第一行就完成了。O 真 P 假使得前提 2 为真，同时迫使 M 和 N 都为假从而使得前提 3 为真。这些真值指派使得前提 1 为假，这就表明：当 O 真 P 假的时候，不可能前提皆真。

因为第 1 行在结论为假时，无法使得所有前提都真，我们继续第 2 行，同时在所有地方让 O 为假且 P 为真。P 真使得前提 3 为真。

M N O P	M∨N,	(M∨N) ⊃ O,	(M∨N) ⊃ P	∴ O · P
F F T F	F**F**F	F F F **T** T	F F F **T** F	T **F** F
F T	F	T T	F **F** F
				F F F

为使得前提 2 为真,前提 2 中 O 为假就需要它的前件 M∨N 为假。同样,这就意味着 M∨N 在其他出现时也为假。此时,前提 2 和 3 依旧是真的,但前提 1 也依然为假。

M N O P	M∨N,	(M∨N) ⊃ O,	(M∨N) ⊃ P	∴ O · P
F F T F	F**F**F	F F F **T** T	F F F **T** F	T **F** F
F F F T	F F**F**	F F F **T** T	F F F **T** T	F **F** T
				F F F

在移向最后一行之前,值得注意的是,到目前为止,有效性和无效性都没有得到证明。三行真值表中的最后一行**有可能**使得前提皆真而结论为假,这种情形可以表明这个论证是无效的。同样有可能最后一行不可能使得前提皆真而结论为假,这可以表明这个论证是有效的。这就意味着,到目前为止我们所知的,这个论证既可能有效,也可能无效。为确定它到底是有效的还是无效的,当 O 假 P 假时我们需要确定所有前提的真值。

M N O P	M∨N,	(M∨N) ⊃ O,	(M∨N) ⊃ P	∴ O · P
F F T F	F**F**F	F F F **T** T	F F F **T** F	T **F** F
F F F T	F F**F**	F F F **T** T	F F F **T** T	F **F** T
F F		F	F	F **F** F

同样,为使得前提 2 为真,前提 2 中的 O 为假就需要它的前件 M∨N 为假。当然,这就意味着 M∨N 在所有地方都为假。前提 2 和前提 3 还是真的,但前提 1 依旧是假的。

M N O P	M∨N,	(M∨N) ⊃ O,	(M∨N) ⊃ P	∴ O · P
F F T F	F**F**F	F F F **T** T	F F F **T** F	T **F** F
F F F T	F F**F**	F F F **T** T	F F F **T** T	F **F** T
F F F F	F**F**F	F F F **T** F	F F F **T** F	F **F** F

第 3 行表明,当 O 假 P 假时,尽管前提 2 和 3 都是真的,前提 1 在这些真值指派下不可能为真。

步骤 4：验证有效性。

给定这三行，已经穷尽了 O 和 P 使得结论为假的所有真值组合，我们已经证明，对于这个论证的简单陈述的任何真值组合，都不可能出现前提皆真而结论为假的情形。这就证明了这个论证是**有效的**。

例子 6：结论为简单陈述的合取的论证

正如例子 5 中一样，以下论证的结论是合取陈述。

（P_1）J∨K

（P_2）∼J

（P_3）G⊃H

（P_4）G

∴H·K

步骤 1：确定是否有前提为真比结论为假的方式少。

对于组成结论的简单陈述的真值组合，结论 H·K 为假有三种方式。

H	K	G	J	J∨K,	∼	J,	G	⊃	H,	G	∴	H	·	K
												T	**F**	F
												F	**F**	T
												F	**F**	F

是否有前提为真少于三种方式？是的。只有一种方式（即 J 为假）使得前提 2 为真，也只有一种方式（即 G 为真）使得前提 4 为真。因此，我们执行步骤 2_P、3_P 和 4（即 P-序列）且首先使得所有前提为真。我们之所以这样做，如果我们开始步骤 2_C，且这个论证是有效的，我们就不得不验证结论为假的三种情形；但如果我们开始步骤 2_P，我们就只需要构造和验证一行的简化真值表。步骤 2 和 3，以及 C-序列和 P-序列，通过确保执行 STTT 时行数最少，以最大化提高 STTT 的效率。

步骤 2_P：使得所有前提为真。

在使得所有前提为真的过程中，我们开始强制的真值指派。应用准则 II，我们先寻找那些为简单陈述或简单陈述的否定的前提。有两个这种强制的真值指派，即前提 2（∼J）和前提 4（G），所以我们应用准则 IV 以及首先在前提 2 的最左边给出强制的真值。

H	K	G	J	J ∨ K,	~	J,	G	⊃	H,	G	∴	H	·	K
					T									

只有 J 为假时，前提 2 才是真的，所以我们使得 J 为假。

H	K	G	J	J ∨ K,	~	J,	G	⊃	H,	G	∴	H	·	K
			F		T	F								

我们现在必须使得 J 在其他地方也为假。既然 J 出现在前提 1 中，我们在前提 1 中使得 J 为假。

H	K	G	J	J ∨ K,	~	J,	G	⊃	H,	G	∴	H	·	K
			F	F		T	F							

继续使用准则 II，我们现在通过使得 G 为真而使前提 4 为真。

H	K	G	J	J ∨ K,	~	J,	G	⊃	H,	G	∴	H	·	K
		T	F	F		T	F			T				

接下来，我们把 G 在此论证中的其他出现也标记为真。G 是前提 3 的前件，所以我们使得这里的 G 为真。

H	K	G	J	J ∨ K,	~	J,	G	⊃	H,	G	∴	H	·	K
		T	F	F		T	F	T		T				

应用准则 IV，我们从最左边的前提开始继续进行强制的真值指派。由于在步骤 2_P 的目标是使得所有前提为真，又由于 J 为假，我们就通过让 K 为真而使前提 1 为真。于是，我们在 J ∨ K 的楔劈符下面放置 T。

H	K	G	J	J ∨ K,	~	J,	G	⊃	H,	G	∴	H	·	K
	T	T	F	F **T**	T	F	T			T				

我们必须相容地在 K 的其他地方也赋值为 T。既然 K 还出现在结论中，我们就让结论中的 K 为真。

H	K	G	J	J ∨ K,	~	J,	G	⊃	H,	G	∴	H	·	K
	T	T	F	F **T**	T	F	T			T				T

继续运用准则 II，我们现在移动前提 3 的右边。给定 G 为真，为了使

得 G⊃H 为真，必须让 H 为真。

H	K	G	J	J∨K,	~J,	G⊃H,	G ∴	H・K
T	T	T	F	F **T**	**T**	F **T**	T **T**	T

既然 H 在前提 3 中为真，它就必须在结论中也为真。

H	K	G	J	J∨K,	~J,	G⊃H,	G ∴	H・K
T	T	T	F	F **T**	**T**	F T	T **T**	T T

给定 H 为真和 K 为真，结论 H・K 就为真。

H	K	G	J	J∨K,	~J,	G⊃H,	G ∴	H・K
T	T	T	F	F **T**	**T**	F T	T **T**	T T T

至此，简化真值表已经完成。

步骤 3$_P$：使得结论为假。

显然，不可能使得结论为假，因为在简单陈述使得所有前提为真的真值组合中，结论必是真的。依次地，J 强制为假，G 强制为真，K 强制为真，以及最后 H 强制为真。

步骤 4：验证有效性。

使得所有前提为真的简单陈述的真值组合只有一种，它也使得结论为真。这就证明这个论证是有效的，因为它证明了这个论证前提皆真而结论为假是不可能的。

例子 7：结论为简单陈述的双条件陈述的论证

最后，考虑以下论证，它的结论是一个双条件陈述。

(P$_1$) T・(U∨V)
(P$_2$) T⊃[U⊃(W・X)]
(P$_3$) (T・V)⊃~(W∨X)
∴ W≡X

步骤 1：确定是否有前提为真比结论为假的方式少。

结论 W≡X 只有在其分支简单陈述的两种真值组合下才为假：W 真且 X 假，以及 W 假且 X 真。对于其分支简单陈述的真值组合，仅有一种使得有任何前提为真吗？前提 1 是合取陈述 T・(U∨V)，有三种方式使得它为真：T真U真以及V真，T真U真以及V假，T真U假以及V真。前提2和前提3都有多种方式为真。因此，我们继续步骤2_C、3_C和4。

步骤2_C：使得结论为假。

首先，我们在双条件陈述结论W≡X的三杠号下面放置F。

T U V W X	T · (U∨V),	T⊃[U⊃(W·X)],	(T·V)⊃~(W∨X)	∴ W ≡ X
				F

接着，依据准则Ⅴ，我们构造每一种使得结论为假的真值组合。我们通过枚举四种可能的组合——T≡T，T≡F，F≡T，F≡F——然后删除不使得结论为假的组合。应用准则Ⅴ的过程就可以得到，依次地：T≡F，F≡T。

T U V W X	T · (U∨V),	T⊃[U⊃(W·X)],	(T·V)⊃~(W∨X)	∴ W ≡ X
T F				T **F** F
				F **F** T

步骤3_C：尽可能使得更多的前提为真。

正如所有多行简化真值表一样，我们开始使得结论为假的第一种真值组合（第1行）：W真且X假。在这个论证的其他地方把这些真值赋值W和X，我们就得到前提2和前提3中的以下真值指派。

T U V W X	T · (U∨V),	T⊃[U⊃(W·X)],	(T·V)⊃~(W∨X)	∴ W ≡ X
T F		T F F	T T F	T **F** F
				F **F** T

不能使用准则Ⅱ，因为没有前提是简单陈述或简单陈述的否定。因此，我们应用准则Ⅳ，且从最左边开始强制的真值指派。既然前提1只有在两个合取支都真时才为真，我们使得T真且在U∨V的楔劈符下面放置T。

T U V W X	T · (U∨V),	T⊃[U⊃(W·X)],	(T·V)⊃~(W∨X)	∴ W ≡ X
T T F	T	T F F	T T F	T **F** F
				F **F** T

给定T为真，我们必须使得T在前提2和3中也为真。

T	U	V	W	X	T・(U∨V),	T⊃[U⊃(W・X)],	(T・V)⊃~(W∨X)	∴ W≡X
T					T F T	T	T F F	T	T T F	T **F** F
								F **F** T

此时，存在两个强制的真值指派，一个在前提 2 中，一个在前提 3 中。应用准则 IV，我们先完成最左边强制的真值指派。既然 T 作为前提 2 的前件为真，它的后件 U⊃（W・X）也就必须为真。在给定 U⊃（W・X）的后件为假的情形下，那么这个条件陈述只有在它的前件 U 为假时才为真。因此，我们在 U 的下面放置 F，以及在 U⊃（W・X）的马蹄符下面放置 T。同样，既然 U 在前提 2 中为假，那么它在前提 1 中也为假。

T	U	V	W	X	T・(U∨V),	T⊃[U⊃(W・X)],	(T・V)⊃~(W∨X)	∴ W≡X
T	F				T F T	F T	T F T F F	T	T T F	T **F** F
								F **F** T

由于前提 2 的前件和后件都真，所以它就是真的。

T	U	V	W	X	T・(U∨V),	T⊃[U⊃(W・X)],	(T・V)⊃~(W∨X)	∴ W≡X
T	F				T F T	F T	T **T** F T F F	T	T T F	T **F** F
								F **F** T

再次应用准则 IV，我们现在给前提 1 中的陈述变元设置强制的真值指派。前提 1 中的 U 已给定为假，于是只有在 V 为真时 U∨V 才为真。

T	U	V	W	X	T・(U∨V),	T⊃[U⊃(W・X)],	(T・V)⊃~(W∨X)	∴ W≡X
T	F	T	T	F	T	F T T	T **T** F T F F	T	T T F	T **F** F
								F **F** T

前提 1 现在已经为真，因此我们在它的主逻辑算子，即圆点符下面放置 T。

T	U	V	W	X	T・(U∨V),	T⊃[U⊃(W・X)],	(T・V)⊃~(W∨X)	∴ W≡X
T	F	T	T	F	T **T** F T T	T **T** F T F F	T	T T F	T **F** F
								F **F** T

前提 1 和前提 2 已经为真。如果我们能够使得前提 3 为真，这个论证

就被证明是无效的。既然 V 在前提 1 中为真且使得前提 1 为真,我们必须在前提 3 中也使得 V 为真。

T U V W X	T·(U∨V),	T⊃[U⊃(W·X)],	(T·V)⊃~(W∨X)	∴ W≡X
T F T T F	**T** F T T	**T** T F T T F F	T T	T **F** F
				F **F** T

这使得前提 3 的前件 T·V 为真。

T U V W X	T·(U∨V),	T⊃[U⊃(W·X)],	(T·V)⊃~(W∨X)	∴ W≡X
T F T T F	**T** F T T	**T** T F T T F F	T T T	T **F** F
				F **F** T

给定前提 3 的后件 W∨X 为真,~(W∨X) 就必须为假。

T U V W X	T·(U∨V),	T⊃[U⊃(W·X)],	(T·V)⊃~(W∨X)	∴ W≡X
T F T T F	**T** F T T	**T** T F T T F F	T T T F T T F	T **F** F
				F **F** T

前提 3,即 (T·V)⊃~(W∨X),已经有一个真前件和一个假后件,因此它就是假的。

T U V W X	T·(U∨V),	T⊃[U⊃(W·X)],	(T·V)⊃~(W∨X)	∴ W≡X
T F T T F	**T** F T T	**T** T F T T F F	T T T **F** T T F	T **F** F
				F **F** T

至此,简化真值表的第 1 行已经完成。

必须总是对多行简化真值表得到的临时结论保持谨慎。我们**还没有**证明这个论证是有效的,因为还没有验证第 2 个为假的结论。到目前为止,我们已经表明:当 W 真 X 假的时候,这个论证**不可能**有前提皆真而结论为假的情形。众所周知,当 W 假 X 真的时候,这个论证的前提皆真且结论为假是**有可能的**。因此,我们必须验证第 2 行和第 2 个为假的结论。

T U V W X	T·(U∨V),	T⊃[U⊃(W·X)],	(T·V)⊃~(W∨X)	∴ W≡X
T F T T F	**T** F T T	**T** T F T T F F	T T T **F** T T F	T **F** F
F T				F **F** T

首先,我们在其他地方也使得 W 为假以及 X 为真。它们在前提 2 和

3中都有出现。

```
T U V W X   T·(U∨V),   T⊃[U⊃(W·X)],  (T·V)⊃~(W∨X)  ∴ W≡X
T F T T F   T  FTT     T  FT   TFF    TTT  F  TTF      T F F
    F T                          FFT              FTT    F F
```

依然不能应用准则 II，因为没有前提是简单陈述或简单陈述的否定。因此，我们应用准则 IV 且从最左边开始强制的真值指派。既然前提 1 只有在其两个合取支都真时才为真，我们使得 T 为真，同时在 U∨V 的楔劈符下面放置 T。

```
T U V W X   T·(U∨V),   T⊃[U⊃(W·X)],  (T·V)⊃~(W∨X)  ∴ W≡X
T F T T F   T  FTT     T  FT   TFF    TTT  F  TTF      T F F
T   F T T            T                   FFT       T    FTT    F F
```

给定 T 为真，我们必须使得前提 2 和 3 中的 T 也为真。

```
T U V W X   T·(U∨V),   T⊃[U⊃(W·X)],  (T·V)⊃~(W∨X)  ∴ W≡X
T F T T F   T  FTT     T  FT   TFF    TTT  F  TTF      T F F
T   F T T           T                  FFT      T    FTT    F F
```

正如第 1 行中的一样，现在有两个强制的真值指派，一个在前提 2 一个在前提 3。应用准则 IV，我们开始最左边强制的真值指派。既然 T 作为前提 2 的前件是真的，它的后件 U⊃（W·X）也必须为真。给定条件陈述 U⊃（W·X）的后件为假，那么它为真就只能让它的前件 U 为假。因此，我们在 U 的下面放置 F 且在 U⊃（W·X）的马蹄符下面放置 T。

```
T U V W X   T·(U∨V),   T⊃[U⊃(W·X)],  (T·V)⊃~(W∨X)  ∴ W≡X
T F T T F   T  FTT     T  FT   TFF    TTT  F  TTF      T F F
T F  FTT              T    FT   FFT       T          FTT    F F
```

由于前提 2 的前件和后件都为真，所以它为真。

```
T U V W X   T·(U∨V),   T⊃[U⊃(W·X)],  (T·V)⊃~(W∨X)  ∴ W≡X
T F T T F   T  FTT     T  FT   TFF    TTT  F  TTF      T F F
T F  FTT           T   T  FT   FFT       T          FTT    F F
```

既然前提 2 中的 U 为假，它在前提 1 中就必须为假。

T U V W X	T・(U∨V),	T⊃[U⊃(W・X)],	(T・V)⊃~(W∨X)	∴ W≡X
T F T T F T	**T** F T T	T **T** F T T F F	T T T **F** F T T F	T **F** F
T F F T T	F T	T **T** F T F F T	T	F T T	F **F** T

再次应用准则 IV，我们在前提 1 中给出强制的真值指派。给定前提 1 中的 U 为假，只有在 V 为真时，U∨V 才为真。

T U V W X	T・(U∨V),	T⊃[U⊃(W・X)],	(T・V)⊃~(W∨X)	∴ W≡X
T F T T F T	**T** F T T	T **T** F T T F F	T T T **F** F T T F	T **F** F
T F T F T T	F T T	T **T** F T F F T	T	F T T	F **F** T

前提 1 已经为真，因此我们在它的主逻辑算子圆点符下面放置 T。

T U V W X	T・(U∨V),	T⊃[U⊃(W・X)],	(T・V)⊃~(W∨X)	∴ W≡X
T F T T F T	**T** F T T	T **T** F T T F F	T T T **F** F T T F	T **F** F
T F T F T T	**T** F T T	T **T** F T F F T	T	F T T	F **F** T

既然 V 在前提 1 中为真以使得前提 1 为真，我们就必须在前提 3 中也使得 V 为真。

T U V W X	T・(U∨V),	T⊃[U⊃(W・X)],	(T・V)⊃~(W∨X)	∴ W≡X
T F T T F T	**T** F T T	T **T** F T T F F	T T T **F** F T T F	T **F** F
T F T F T T	**T** F T T	T **T** F T F F T	T T	F T T	F **F** T

这使得前提 3 的前件 T・V 为真。

T U V W X	T・(U∨V),	T⊃[U⊃(W・X)],	(T・V)⊃~(W∨X)	∴ W≡X
T F T T F T	**T** F T T	T **T** F T T F F	T T T **F** F T T F	T **F** F
T F T F T T	**T** F T T	T **T** F T F F T	T T T	F T T	F **F** T

给定 W∨X 为真，前提 3 的后件 ~(W∨X) 一定为假。

T U V W X	T・(U∨V),	T⊃[U⊃(W・X)],	(T・V)⊃~(W∨X)	∴ W≡X
T F T T F T	**T** F T T	T **T** F T T F F	T T T **F** F T T F	T **F** F
T F T F T T	**T** F T T	T **T** F T F F T	T T T	F F T T	F **F** T

前提 3，即 (T・V) ⊃ ~(W∨X)，它的前件为真且后件为假，这就使得前提 3 为假。

T U V W X	T · (U ∨ V),	T ⊃ [U ⊃ (W · X)],	(T · V) ⊃ ~ (W ∨ X)	∴ W ≡ X
T F T T F	**T** F T T	**T** F T T F F	T T T **F** F T T F	T **F** F
T F T F T	**T** F T T	**T** F T F F T	T T T **F** F T T T	F **F** T

简化真值表的第 2 行也已经完成。

步骤 4：验证有效性。

我们已经完成了第 2 行。它表明了什么呢？仅看第 2 行，可以表明：当 W 为假且 X 为真的时候，这个论证不会前提皆真而结论为假。但是，这只是两种真值组合中的第二种，在其中，结论 W≡X 为假；同时，在两种情形中，这个论证都**没有**（从而也不可能有[16]）前提皆真且结论为假。既然只有 W 和 X 的两种真值组合使得结论 W≡X 为假，这就证明这个论证**不可能**前提皆真而结论为假，从而证明它是**有效的**。

STTT 的总结

我们已将 STTT 应用到七种不同类型的论证中。前四种只需一行真值表，因为只有一种方式使得它的结论为假。在例子 5 和 7 中，有多种方式使得结论为假，我们确定 C-序列是最高效的，之后我们利用步骤 2_C、3_C 和 4 来确定，分别用三行和两行真值表，以确定一个论证是有效的。在例子 6 中，有多种方式使得结论为假，我们确定 P-序列是最高效的，因此使用步骤 2_P、3_P 和 4，仅用一行就能高效地证明那个论证是有效的。

步骤 1：确定是否前提为真要比结论为假的方式更少。

步骤 2：或者（C）使得结论为假，或（P）使得所有前提为真。

步骤 3：或者（C）尽量使得更多的前提为真，或（P）使得结论为假。

步骤 4：验证有效性。

准则 I：如果可能，首先给结论或某个前提设定强制的真值指派，以作为 STTT 四步（见接下来的 9.9（B）节）中的第一步。

准则 II：在给复杂的复合前提设置强制的真值指派之前，为前提中的简单陈述或简单陈述的否定设置强制的真值指派。

准则 IV：如果给两个或多个前提设置真值指派都是平等地强制的（如给两个简单陈述设定真值指派）或都是平等地非强制的，先给左边的陈述进行真值指派。

准则 V：在构造一个多行的简化真值表时，构造一个为假的结论（或一个为真的前提）：(a) 针对复合陈述，仅利用那些能得到我们想要的真值的真值组合，以及（b）在完备的真值表（见 8.7 节）中按照顺序构造它们。例如，对于由两个简单陈述组成的复合陈述来说，仅依次使用 TT、TF、FT 和 FF 就可以得到我们想要的真值。

无效性：通过构造真值表的一行，使得对于其分支简单陈述的一种真值组合，其前提皆真而结论为假，来证明一个论证是无效的。

有效性：通过证明对任何为假的结论（即 STTT 的 C-序列）不可能前提皆真，从而证明一个论证是有效的，或者对于任何前提为真的集合（即 STTT 的 P-序列），不可能结论为假，来证明一个论证是有效的。

本书附录 A、B 和 C 是 STTT 的补充材料。

练习题

对以下每个论证，用 **STTT** 来确定论证的有效性或无效性。对于某些论证，步骤 2_C 和步骤 3_C 以及 **4**（即 **C**-序列）会更高效；而对于某些论证，步骤 2_P 和步骤 3_P 以及 **4**（即 **P**-序列）不会更高效。

*1. (P₁) (E∨F)⊃(G·H)
　　(P₂) (G∨H)⊃I
　　(P₃) E
　　∴ I

2. (P₁) (～M·～N)⊃(O⊃N)
　　(P₂) N⊃M
　　(P₃) ～M
　　∴ ～O

3. (P₁) M⊃(N∨O)
　　(P₂) N⊃(P∨Q)
　　(P₃) Q⊃R
　　(P₄) ～(R∨P)
　　∴ ～M

4. (P₁) A⊃B
　　(P₂) C⊃D
　　(P₃) A∨D
　　∴ B∨C

*5.[17] (P₁) p⊃(q·r)
　　(P₂) (q∨r)⊃s
　　∴ p⊃s

6. (P₁) I∨～J
　　(P₂) ～(～K·L)
　　(P₃) ～(～I·～L)
　　∴ ～J⊃K

如果在接下来的论证形式中用 **T、U、V** 和 **W** 分别替换陈述变元 **p、q、r** 和 **s**，我们就得到以下论证。

(P₁) T⊃(U·V)
(P₂) (U∨V)⊃W

∴ T⊃W

7. (P₁) (F⊃G)・(H⊃I)
   (P₂) J⊃K
   (P₃) (F∨J)・(H∨L)
   ∴ G∨K

8. (P₁) ~(E・F)
   (P₂) (~E・~F)⊃(G・H)
   (P₃) H⊃G
   ∴ G

9. (P₁) (G∨H)⊃(G・H)
   (P₂) ~(G・H)
   ∴ ~(G∨H)

*10.[18] (P₁) A⊃G
   (P₂) B∨A
   (P₃) B
   (P₄) H
   ∴ (G・H)∨(I・J)

11. (P₁) J∨(~J・K)
    (P₂) J⊃L
    ∴ (L・J)≡~J

12. (P₁) M⊃(N∨O)
    (P₂) N⊃(P∨Q)
    (P₃) Q⊃R
    (P₄) ~(R∨P)
    ∴ ~M

13. (P₁) A⊃B
    (P₂) C⊃D
    (P₃) A∨C
    ∴ (A・B)∨(C・D)

14. (P₁) A≡(B∨C)
    (P₂) B≡(C∨A)
    (P₃) C≡(A∨B)
    (P₄) ~A
    ∴ B∨C

*15. (P₁) (H∨I)⊃[J・(K・L)]
    (P₂) I
    ∴ J・K

16. (P₁) A∨B
    (P₂) (A∨B)⊃C
    (P₃) (A∨B)⊃D
    ∴ C・D

17. (P₁) D⊃(E∨F)
    (P₂) G⊃(H∨I)
    (P₃) ~E⊃(I∨J)
    (P₄) (I⊃G)・(~H⊃~G)
    (P₅) ~J
    ∴ D⊃(G∨I)

18. (P₁) D∨B
    (P₂) ~D
    (P₃) C⊃A
    (P₄) C
    ∴ A・B

19. (P₁) (S⊃T)・(T⊃S)
    (P₂) (U・T)∨(~T・~U)

*20. (P₁) [H・(I∨J)]∨[H・(K⊃~L)]

(P₃) (U∨V)∨(S∨T)
(P₄) ~U⊃(W·X)
(P₅) (V⊃~S)·(~V⊃~Y)
(P₆) X⊃(~Y⊃~X)
(P₇) (U∨S)·(V∨Z)
∴ X·Z

∴ H·[(I∨J)∨(K⊃~L)]

21. (P₁) K⊃(L·M)
(P₂) (L⊃N)∨~K
(P₃) O⊃(P∨~N)
(P₄) (~P∨Q)·~Q
(P₅) (R∨~P)∨~M
∴ K⊃R

22. (P₁) T·(U∨V)
(P₂) T⊃[U⊃(W·X)]
(P₃) (T·V)⊃~(W∨X)
∴ W≡X

23. (P₁) S⊃(T⊃U)
(P₂) V⊃(W⊃X)
(P₃) T⊃(V·W)
(P₄) ~(T·X)
∴ S≡U

24. (P₁) A⊃(B⊃~C)
(P₂) (D⊃B)·(E⊃A)
(P₃) F∨C
(P₄) G⊃~H
(P₅) (I⊃G)·(H⊃J)
(P₆) I≡~D
(P₇) (B⊃H)·(~H⊃D)
∴ E≡F

9.10 不相容性

如果一个论证能够所有前提为真而结论为假，该论证就是无效的。正如我们在8.7节和9.9节所看到的，如果一个论证是无效的，那么就可以对它的简单陈述进行至少一种真值指派，使得它的前提皆真而结论为假。相反，一个论证是有效的，就不可能出现前提皆真而结论为假，这意味着对于这个论证的任何简单陈述的所有真值组合，都不会出现前提皆真而结论为假。这就是"有效性"的定义，它也有一个怪异的推论：任何前提不相容的论证一定有效。

例如下面的论证，它的前提看上去与结论完全不相干：

(P₁) 如果飞机的引擎出了故障，它就降落在本德了。
(P₂) 如果飞机的引擎没有出故障，它就降落在克利夫兰了。
(P₃) 飞机没有降落在本德或克利夫兰。
因此，飞机必定降落在丹佛了。

把它翻译成符号就是：

(P₁) A⊃B
(P₂) ∼A⊃C
(P₃) ∼(B∨C)
∴ D

对其简单分支陈述进行使其所有前提为真而结论为假的真值指派的努力，都注定会失败。如果我们忽略结论，把注意力放在对其简单分支陈述进行使其所有前提都为真的真值指派上，我们也一定会失败——尽管这个计划初看上去并不难以实现。这里之所以不能获得前提都真而结论为假的真值指派，乃因为在任何情形下使用任何真值指派都不能使前提都真。由于前提是互不相容的，故没有真值指派能使它们都真。前提的合取作为一个矛盾的陈述形式的代入例，乃是自相矛盾的。因此，该论证的真值表如下，其中每一行至少有一个前提是假的。

						P₁	P₂	P₃	∴
A	B	C	D	∼A	B∨C	A⊃B	∼A⊃C	∼(B∨C)	D
T	T	T	T	F	T	T	T	F	T
T	T	T	F	F	T	T	T	F	F
T	T	F	T	F	T	T	T	F	T
T	T	F	F	F	T	T	T	F	F
T	F	T	T	F	T	F	T	F	T
T	F	T	F	F	T	F	T	F	F
T	F	F	T	F	F	F	T	T	T
T	F	F	F	F	F	F	T	T	F
F	T	T	T	T	T	T	T	F	T
F	T	T	F	T	T	T	T	F	F

续表

						P₁	P₂	P₃	∴
A	B	C	D	~A	B∨C	A⊃B	~A⊃C	~(B∨C)	D
F	T	F	T	T	T	T	F	F	T
F	T	F	F	T	T	T	F	F	F
F	F	T	T	T	T	T	T	F	T
F	F	T	F	T	T	T	T	F	F
F	F	F	T	T	F	T	F	T	T
F	F	F	F	T	F	T	F	T	F

对于此论证的简单陈述来说，因为不存在某种真值组合使得前提皆真，那么也就不存在其简单陈述的某种真值组合使得前提皆真**而结论为假**。由于此真值表显示这个论证不可能出现前提皆真而结论为假，因而这个论证是有效的；这个论证不可能出现前提皆真而结论为假，是**因为它不可能前提皆真**。

既然这个论证是有效的，我们也能够给出其有效性的形式证明：

1. A⊃B
2. ~A⊃C
3. ~(B∨C)
   ∴D
4. ~B·~C   3, De M.
5. ~B   4, Simp.
6. ~A   1, 5, M. T.
7. C   2, 6, M. P.
8. ~C·~B   4, Com.
9. ~C   8, Simp.
10. C∨D   7, Add.
11. D   10, 9, D. S.

在这个证明中，第1至9行表明了前提中隐含的不相容性。这种不相容性呈现在第7行和第9行，它们分别断言了C和~C。一旦这种明显的矛盾被表示出来，根据附加律和析取三段论原理，很快就可以推出结论。

由此可见，如果一组前提不相容，这些前提就会有效地得出任何结论，而不论它们如何不相干。下面的论证更简单地表明了这一问题的精髓，其公然不相容的前提使得我们可以有效地推出一个不相干且荒谬的结论：

今天是星期天。
今天不是星期天。
因此，月亮是新鲜奶酪做的。

用符号表示就是：

(P_1) S
(P_2) ~S
∴M

它的有效性的形式证明十分显然：

1. S
2. ~S   /∴M
3. S∨M   1, Add.
4. M   3, 2, D. S.

当然，如果一个论证因其前提的不相容性而有效，那么它不可能可靠。因为如果前提互不相容，它们不可能都是真的。一个前提不相容的论证不能确立任何结论的真，因为它的前提本身必定至少有一个是假的。[19]

如此贫乏的前提怎么能使它所属的论证有效呢？一个有效论证的前提蕴涵它的结论，不仅仅是"实质"蕴涵意义上的，还有逻辑的或"严格"意义上的蕴涵。一个有效论证的前提涵衍它的结论。一个有效的论证不可能前提皆真而结论为假——只要前提为真是逻辑不可能的，即使忽略结论的真假问题，这种情形也照样成立。我们已经证明：不管其结论是什么，任何前提不相容的论证都是有效的。如果一个论证的前提是不相容的，那么它就不可能前提皆真，因而它不可能有真前提和假结论，从而它是有效的。它的有效性可以用真值表，或者用形式证明判定，在这样的形式证明中，先将矛盾形式地表达出来（例如，S并且~S），然后将所需的结论加到矛盾式的一边（例如S∨M），这样，通过析取三段论，利用矛盾式的另一边（例如～S）就能得到我们想要的结论（M）。

前面的讨论有助于解释为什么对相容性评价如此之高。原因之一是两个不相容的陈述不能都是真的。在交互询问中，律师会设法使对方证人陷入自相矛盾。如果证人做了不相容的断言，那么其所有证词不可能都为真，则证人的可信性就被削弱了。一旦证人被确认为在证言中撒了谎（或其证词混乱不堪），那么该证人的证词就不能完全相信。律师常引用拉丁格言：*Falsus in unum*，*falsus in omnibus*（一事不可信，万事皆可疑）。

不相容性令人如此反感的另一个更深层原因是，任何结论都可从一些被当作前提的不相容陈述逻辑地推出。不相容陈述并不是"没有意义的"，它们的麻烦正好相反：其意谓太多。在蕴涵任何东西这个意义上说，它们意谓着所有东西。如果所有东西都被断言，那么被断言的有一半肯定是假的，因为每个陈述都有一个否定。

上面的讨论附带地为我们解答了一个古老难题：一个不可抗拒的力量遇到一个不可移动的物体，会发生什么事？这个描述含有一个矛盾。要一个不可抗拒的力量遇到一个不可移动的物体，二者都必须存在。必定存在一个不可抗拒的力量，并且必定存在一个不可移动的物体。但如果存在不可抗拒的力量，就不会存在不可移动的物体。在此，矛盾被表述得很清楚：存在一个不可移动的物体，并且不存在一个不可移动的物体。给定这种不相容的前提，任何结论都可有效地推出。因此，对"一个不可抗拒的力量遇到一个不可移动的物体，会发生什么事"这一问题的正确回答是"任何事"！

尽管在一个论证中发现不相容性是灾难性的，但不相容性也可以是非常有趣的。20世纪在美国参议院担任了十年共和党领袖的埃弗雷特·M.德克森喜欢说他自己"是一个有固定不变原则的人，所坚持的首要原则就是随时保持变通"[20]。这种未被其言说者意识到的内含矛盾的陈述产生不易察觉的荒谬的情形，我们称之为"Irish Bull"（爱尔兰牛皮）。再如，学生写道"澳大利亚内地的气候如此不好，以致居民不再住在那儿了"。扬基队的贝拉以他的爱尔兰牛皮而出名，他发现某个一度非常红火的餐馆"如此拥挤以致不再有人去那儿了"。他还说道："如果看到了岔路，就走岔路。"

从逻辑上看，内部不相容的陈述集，不可能所有陈述同时为真。但人们并非总是合乎逻辑的，有时确实会说出甚至会相信两个互相矛盾的陈述。这一点似乎难以置信，但逻辑领域一个非常值得信赖的权威刘易斯·卡罗尔告诉我们，《爱丽丝梦游仙境》中的白衣女王形成了这样一个习惯，即在早餐之前相信六件不可能的事。

练习题

A. 用STTT方法为下列每个论证构造有效性或无效性的形式证明。

*1. (P$_1$) (A⊃B)·(C⊃D)
∴(A·C)⊃(B∨D)

2. (P$_1$) (E⊃F)·(G⊃H)
∴(E∨G)⊃(F·H)

3. (P$_1$) I⊃(J∨K)
(P$_2$) (J·K)⊃L
∴I⊃L

4. (P$_1$) M⊃(N·O)
(P$_2$)(N∨O)⊃P
∴M⊃P

*5. (P$_1$) [(X·Y)·Z]⊃A
(P$_2$) (Z⊃A)⊃(B⊃C)
(P$_3$) B
∴X⊃C

6. (P$_1$) [(D∨E)·F]⊃G
(P$_2$) (F⊃G)⊃(H⊃I)
(P$_3$) H
∴D⊃I

7. (P$_1$) (J·K)⊃(L⊃M)
(P$_2$) N⊃~M
(P$_3$) ~(K⊃~N)
(P$_4$) ~(J⊃~L)
∴~J

8. (P$_1$) (O·P)⊃(Q⊃R)
(P$_2$) S⊃~R
(P$_3$) ~(P⊃~S)
(P$_4$) ~(O⊃Q)
∴~O

9. (P$_1$) T⊃(U·V)
(P$_2$) U⊃(W·X)
(P$_3$) (T⊃W)⊃(Y≡Z)
(P$_4$) (T⊃U)⊃~Y
(P$_5$) ~Y⊃(~Z⊃X)
∴X

*10. (P$_1$) A⊃(B·C)
(P$_2$) B⊃(D·E)
(P$_3$) (A⊃D)⊃(F≡G)
(P$_4$) A⊃(B⊃~F)
(P$_5$) ~F⊃(~G⊃E)
∴E

B. 为下列每个论证构造有效性的形式证明，或者用STTT方法证明其无效。

*1. 如果语言学研究者是对的，那么，如果古希腊语不止一种方言，则不同的部落在不同时间从北方来到那儿。如果不同的部落在不同时间从北方来到那儿，他们必定来自多瑙河谷。但如果不同的部落在不同时间从

北方来到那儿,考古发掘会显示不同部落在那儿的痕迹。考古发掘没有显示不同部落在那儿的痕迹。因此,如果古希腊语不止一种方言,那么语言学研究者不对。(C,M,D,V,A)

2. 如果病人有感冒的一般症状且体温高,那么,如果他的皮肤上有细小的斑点,他就是患了麻疹。当然,如果记录表明他以前患过麻疹,则该病人就不是患了麻疹。该病人确实体温高,并且记录表明他以前患过麻疹。除了有感冒的一般症状外,病人的皮肤上还有细小的斑点。我得出结论,该病人是病毒感染。(O,T,S,M,R,V)

3. 如果上帝乐意阻止邪恶,但不能够做到这一点,他就是无能的;如果他能够阻止邪恶,但不乐意这样做,他就是恶毒的。邪恶存在仅当上帝不乐意阻止或者不能够阻止它。邪恶确实存在。如果上帝存在,那么他既不是无能的也不是恶毒的。因此,上帝不存在。(W,A,I,M,E,G)

4. 如果我今年春天买一辆新车,或者把我的旧车修好,那么,我今年夏天会到加拿大并且中途会在德卢斯逗留。如果我中途在德卢斯逗留,我会去看望我的父母。如果我去看望我的父母,他们会坚持让我和他们一起过夏天。如果他们坚持让我和他们一起过夏天,我会在那儿一直待到秋天。但是如果我在那儿一直待到秋天,那么我最终就不会到加拿大了!因此,我不会把我的旧车修好。(N,F,C,D,V,I,A)

*5. 如果莎乐美聪明且刻苦学习,那么她会得高分并且通过她的课程。如果莎乐美刻苦学习但不聪明,那么她的努力会受到赏识;如果她的努力受到赏识,那么她会通过她的课程。如果莎乐美聪明,那么她会刻苦学习。因此,莎乐美会通过她的课程。(I,S,G,P,A)

6. 如果诗人是否伟大有单一的标准,那么密尔顿和埃德加·盖斯特不能都是伟大的诗人。如果把蒲柏或者德莱顿看作伟大诗人,那么华兹华斯当然不是伟大的诗人;但如果华兹华斯不是伟大的诗人,那么济慈和雪莱都不是。但毕竟即使埃德加·盖斯特不是,德莱顿和济慈都是伟大的诗人。因此,诗人是否伟大没有单一标准。(N,M,G,P,D,W,K,S)

7. 如果男管家在场,他就被看见了;如果他被看见了,他就会被询问。如果他被询问,他就会回答;如果他回答了,他就会被听见。但这个男管家没被听见。如果男管家既没被看见又没被听见,那么他必定在值

班；如果他在值班，他必定在场。因此，男管家被询问。(P，S，Q，R，H，D)

8. 如果男管家说的是真话，那么在他进入房间时窗子是关着的；如果园丁说的是真话，自动洒水装置在谋杀发生当晚没有工作。如果男管家和园丁都撒谎，那么必定是共同袒护家里的某个人，而且窗子里面的地板上会有一摊水。我们已知道，男管家进入房间时，窗子不可能是关着的。窗子里面的地板上确有一摊水。因此，如果是他们共同袒护家里的某个人，那么园丁没有说真话。(B，W，G，S，C，P)

9. 如果他们的首脑害怕被俘，她会离开该国，而除非害怕被俘，她不会离开该国。如果她害怕被俘并且离开该国，那么敌人的间谍网就会士气受挫且无力伤害我们。如果她不怕被俘并留在该国，这意味着她不知道我方的间谍工作。如果她真的不知道我方的间谍工作，那么我方间谍人员能巩固他们在敌人组织中的地位；如果我方间谍能巩固他们在那儿的地位，他们会使敌人的间谍网无力伤害我们。因此，敌人的间谍网无力伤害我们。(L，F，D，P，I，C)

*10. 如果超感研究者被当作诚实的，那么相当多的超感证据会得到承认；如果超感暂时被接受为事实，那么透视学说会被严肃对待。如果相当多的超感证据得到承认，那么，它会暂时被接受为事实并且会被努力解释。如果我们打算严肃对待那类被叫作神秘事物的现象，那就应该给予媒体新的尊重。如果我们进一步探究这类主题，那么，如果应该给予媒体新的尊重，我们就会严肃对待它们所说的与死者交流。我们确实要进一步探究这类主题，但如果严肃对待媒体所说的与死者交流，我们实际上仍然会承诺相信鬼神。因此，如果超感研究者被当作诚实的，我们实际上会承诺相信鬼神。(H，A，C，F，E，O，M，P，D，G)

11. 如果我们中了彩票，那么我们会建一座房子。如果我们中了彩票，那么，如果我们建房子，我们就会买家具。如果我们建房子，那么，如果我们买家具，我们就会买器皿。因此，如果我们中了彩票，我们会买器皿。(L，H，F，D)

12. 如果你的价格低，那么你的销售额就高，如果你卖高级商品，那么顾客会很满意。因此，如果你的价格低并且你卖高级商品，那么，你的销售额会高且顾客会很满意。(L，H，Q，S)

13. 如果你的价格低，那么你的销售额就高，如果你卖高级商品，那

么顾客会很满意。因此，如果你的价格低，或者你卖高级商品，那么，或者你的销售额高，或者顾客会很满意。（L，H，Q，S）

14. 如果约旦加入该联盟，那么阿尔及利亚或者叙利亚会抵制它，如果科威特加入该联盟，那么叙利亚或者伊拉克会抵制它。叙利亚不抵制它。因此，如果阿尔及利亚和伊拉克都不抵制它，那么，约旦和科威特都不会加入该联盟。（J，A，S，K，I）

*15. 如果约旦或者阿尔及利亚加入该联盟，那么，如果叙利亚或者科威特抵制它，那么尽管伊拉克不抵制它，但也门会抵制它。如果伊拉克或摩洛哥不抵制它，那么，埃及会加入该联盟。因此，如果约旦加入该联盟，那么，如果叙利亚抵制它，则埃及会加入该联盟。（J，A，S，K，I，Y，M，E）

C. 如果一个真值函项论证有效，我们就有工具证明它有效；如果它无效，则我们有工具证明它无效。对下述每个论证，请用 **STTT** 方法确定它有效还是无效。如果有效，用 **19** 个推论规则证明它的有效性。这里的证明比前面的练习更难以构造——但它们会提供更大的满足感。

1. 如果总统削减社会保险福利，他就会失去老年人的支持；如果他削减国防开支，他会失去保守派的支持。如果总统失去老年人或保守派的支持，那么他在参议院的影响就会减小。但他在参议院的影响不会减小。因此，总统不会削减社会保险福利或者国防开支。（B，S，D，C，I）

2. 如果继续通货膨胀，那么会维持高利润率。如果继续通货膨胀，那么，如果维持高利润率，商业行为就会减少。如果维持高利润率，那么，如果商业行为减少，则失业率会提高。因此，如果失业率提高，则通货膨胀会继续。（I，H，D，U）

3. 如果税收减少，那么通货膨胀会提高，但如果平衡预算，那么失业人数会增加。如果总统遵守他的竞选诺言，那么或者税收减少，或者平衡预算。因此，如果总统遵守他的竞选诺言，那么，或者通货膨胀会提高，或者失业人数会增加。（T，I，B，U，K）

4. 天气预报是一门精密科学。因此，明天或者下雨或者不下雨。（W，R）

*5. 如果或者明天下雨或者明天不下雨，那么天气预报是一门精密科学。因此，天气预报是一门精密科学。（R，W）

9.11 条件证明

19 个推论规则是完全的（详见 9.7 节），因为只要使用这 19 个规则，就可以证明任何有效的真值函项论证是有效的。然而，有些证明会很长，并且难以构想出来。在这一节，我们将介绍一个新的规则，即条件证明（C.P.），从而缩短和简化许多证明。这个规则不同于其他规则，它没有简单的公式，而是一种技术性的方法。我们可以通过假设条件陈述的前件，并从假设中推导出后件，从而得到一个条件陈述。条件证明的假设论证形式为：

$$\begin{array}{ll} p & /\therefore q \quad (\text{假设，C.P.}) \\ \cdots \\ \cdots \\ \cdots \\ q \\ p \supset q & \text{C.P.} \end{array}$$

如上所述，如果我们从假设的陈述 p（通常是前提或者是已被推出来的陈述）以有穷步骤推断出陈述 q，那么我们就得到 p⊃q。C.P. 可以有效地推断出任何以某个前提为前件的陈述；此外，它并不局限于只演绎一个有前提条件的结论。事实上，在 9.11（E）节我们将会看到，可以用 C.P. 在无前提的情形下证明一个陈述是重言式。

A. 条件证明的辩护及其解释

对于条件证明（C.P.）的理解类似于 8.9（D）节，即通过有效论证形式和重言式之间的对应来把握这个证明。

每一个有效论证都对应着一个重言的条件陈述，它的前件是这个论证前提的合取，它的后件是那个论证的结论。例如，令一个论证 I 如下，这个论证前提的合取为 P[21]，结论为 A⊃C。

$$\begin{array}{ll} (P_1) & P \\ \therefore A \supset C & \quad \text{论证 I} \end{array}$$

论证 I 是有效的当且仅当它对应的条件陈述

$$P \supset (A \supset C) \quad (1)$$

是重言式。如果我们能用 19 个推论规则，从前提的合取 P 中推导出结论 $A \supset C$，则我们由此可以证明论证 I 是有效的，且与其相对应的条件陈述（1）是重言式。根据输出律，（1）和（2）是逻辑等价的。

$$(P \cdot A) \supset C \quad (2)$$

另外，条件陈述（2）对应着一个稍微有些不同的论证 II。

(P$_1$) P
(P$_2$) A
∴ C   论证 II

第二个论证有着论证 I 所有前提的同时，也将论证 I 结论中的前件作为陈述 A 纳入前提中。并且论证 II 的结论就是论证 I 结论的后件。现在，如果我们能用 19 个推论规则从前提的合取 P·A 中推演出论证 II 的结论 C，则我们由此可以证明与其相对应的条件陈述（2）是重言式。而既然（2）和（1）是逻辑等价的，在证明了（2）是重言式的同时，也就证明了（1）是重言式。由此可以得出，最初的论证——少了一个前提且结论为 $A \supset C$ 的论证 I——也是有效的。

一般地说，对于任意的前提集 P，且对于任意的陈述 A 和 C，论证 I 是有效的当且仅当论证 II 是有效的。因此，我们可以通过在论证 I 的前提中加入 A，然后通过 19 个推论规则推导出一系列的陈述来推演 C。以这种方式，我们证明了论证 II 的有效性，从而也就证明了论证 I 的有效性。

这个推理就构成了条件证明（C.P.）规则的完整辩护。

B. 条件证明的步骤

现在我们给出条件证明的一般步骤。考虑以下论证：

(P$_1$) $(A \lor B) \supset (C \cdot D)$
(P$_2$) $(D \lor E) \supset F$
∴ $A \supset F$

我们用 C.P. 证明此论证有效。首先像之前一样，在第 1 行和第 2 行写出论证的两个前提，然后在第 2 行的理由列写上结论，在结论前面加上斜杠和"所以"符号（即/∴）。

1. (A∨B)⊃(C・D)
2. (D∨E)⊃F　　　　　　/∴A⊃F

因为结论是一个条件陈述，所以我们通过假设这个条件陈述 A⊃F 的前件 A 来构建一个条件证明。我们在陈述 A 的左边放置一条垂直的线，称为辖域线，以表明陈述 A 是一个假设。

1. (A∨B)⊃(C・D)
2. (D∨E)⊃F　　　　　　/∴A⊃F
3. |A　　　　　　　　　/∴F(假设，C. P.)

在理由列中，我们在"/∴"之后写上 C. P. 子证明的期望结论 F，再加上"（假设，C. P.）"，以表明陈述 A 是一个条件证明的假设。使用这个假设推导出的每一个陈述都在它的辖域内，我们用向下延伸的垂直辖域线来表示这一点。

仅使用 19 个推论规则来证明这个论证需要写 20 行，而条件证明要简短得多。

1. (A∨B)⊃(C・D)
2. (D∨E)⊃F　　　　　　/∴A⊃F
3. |A　　　　　　　　　/∴F(假设，C. P.)
4. |A∨B　　　　　　　　3, Add.
5. |C・D　　　　　　　 1, 4, M. P.
6. |D・C　　　　　　　 5, Com.
7. |D　　　　　　　　　6, Simp.
8. |D∨E　　　　　　　 7, Add.
9. |F　　　　　　　　　2, 8, M. P.
10. A⊃F　　　　　　　 3-9, C. P.

当条件证明中要推出的陈述 F 在第 9 行被推出时，我们解除假设并结束条件证明的辖域线，以此表示我们已经从两个前提和额外的假设 A 完成了 F 的条件证明。这证明了条件陈述 A⊃F 在这两个前提下是有效的。为了清楚地说明这一点，我们把陈述 A⊃F 写在条件证明辖域线的下方。在理由列里，我们写上条件证明的范围（即"3-9"行）和"C. P."，以此表示 A⊃F 是通过条件证明推导出来的。

这个条件证明表明，在这两个为真的前提下，如果陈述 A 也为真，那么 F 真，这就意味着如果两个前提为真，那么 A⊃F（如果 A，那么 F）一定为真。换句话说，A⊃F 是从这两个前提单独有效地推导出来的。这个论证的有效性是通过四个推论规则和条件证明（C. P.）得出来的。

必须牢记：为条件证明而引入的假设的辖域是有穷的。垂直线会提醒我们这一点。在条件证明（C. P.）的整个过程中，在假设辖域内做出的推论仅限于该 C. P. 子证明，不能在条件证明范围之外使用（即不能在条件证明完成后使用）。例如，在第 6 行，陈述 D·C 是从这两个前提和额外的（"临时的"）C. P. 的假设陈述 A 中推导出来的。合取陈述 D·C 不能仅从这两个前提中推导出来，必须要由这两个前提再**加上** C. P. 的假设——陈述 A，才能推导出来。由于条件证明的假设和条件证明本身是由垂直辖域线表示的，因此该辖域线要在假设解除和条件证明完成时终止。然后将条件证明的结论写在整个条件证明的下方，写在条件证明及其辖域线之外。

基于这些原因，在条件证明**范围**内推导出的陈述——也就是在它的假设辖域内（即辖域线的范围内）的陈述——**不能**在条件证明之外（或条件证明之后）使用，因为这样推出的陈述不一定只是从前提中推导出来的。例如，第 8 行推导出来的 D∨E 不能与前提 2 一起通过肯定前件式在第 11 行推导出 F。

1. (A∨B)⊃(C·D)
2. (D∨E)⊃F　　　　　　　　　　/∴A⊃F
3. | A　　　　　　　　　　　　　/∴F（假设，C. P.）
4. | A∨B　　　　　　　　　　　 3, Add.
5. | C·D　　　　　　　　　　　 1, 4, M. P.
6. | D·C　　　　　　　　　　　 5, Com.
7. | D　　　　　　　　　　　　　6, Simp.
8. | D∨E　　　　　　　　　　　 7, Add.
9. | F　　　　　　　　　　　　　2, 8, M. P.
10. A⊃F　　　　　　　　　　　　3-9, C. P.
11. F　　错误　　　　　　　　　 2, 8, M. P.

在第 11 行对 F 的推论是错误的，因为对 F 的推导部分地需要陈述

D∨E，而D∨E是在辖域线的范围内（D∨E是在假设了陈述A的情形下得到的）。D∨E并不单单是从前提中推导出来的；事实上，仅在这两个前提下，D∨E并不是有效的。正因为D∨E不一定仅从前提中推导出来，所以它**不能**在条件证明及其假设的辖域之外（或者说辖域之后）使用。在辖域线结束之后（即假设解除后），在辖域线右侧出现的所有陈述都不能用于推论。但是，我们可以使用那些出现在条件证明之前和条件证明之后（即出现在整个辖域线下方）的陈述。因此，在第11行，我们可以从第2行的（D∨E）⊃F通过实质蕴涵律推出（~D⊃E）⊃F；在第12行，我们可以从第10行的A⊃F通过易位律推导出~F⊃~A。

  10. A⊃F   3-9, C. P.
  11. (~D⊃E)⊃F   2，Impl.
  12. ~F⊃~A   10，Trans.

  在使用条件证明方法时，每个最初的前提都可以无限制地使用，直到证明结束。最初的前提里面可能会增加一些额外的假设，但每一个这样的假设都将有着有限的使用范围，并且这个范围不能延伸到证明的最后。条件证明的结论，即通过一个条件证明**内**一系列的推论得出来的结论，是一个从前提中推导出来的陈述，和一个从前提中直接得出的陈述一样，不需要条件证明的运用［例如，第11行的（~D⊃E）⊃F是通过实质蕴涵律直接从第2行的（D∨E）⊃F中推导出来的］。

  掌握条件证明最好的方法就是多练习。条件证明用得越多，就越容易知道它是如何在各种情况下使用的。

  为了更加熟练地使用条件证明，我们现在研究一些其他关于条件证明（C. P.）的例子，并以此比较对于同一个论证，采用条件证明和不采用条件证明的长度和难度。首先要注意，对于上面那个采用了条件证明并且只有10行的论证而言，如果仅用19个推论规则来证明的话，就需要20行来证明。

  1. (A∨B)⊃(C·D)
  2. (D∨E)⊃F   /∴A⊃F
  3. ~(C·D)⊃~(A∨B)   1，Trans.
  4. (C·D)∨~(A∨B)   3，Impl.
  5. (C·D)∨(~A·~B)   4，De M.

6. $[(C \cdot D) \lor \sim A] \cdot [(C \cdot D) \lor \sim B]$	5, Dist.
7. $(C \cdot D) \lor \sim A$	6, Simp.
8. $\sim A \lor (C \cdot D)$	7, Com.
9. $(\sim A \lor C) \cdot (\sim A \lor D)$	8, Dist.
10. $(\sim A \lor D) \cdot (\sim A \lor C)$	9, Com.
11. $\sim A \lor D$	10, Simp.
12. $A \supset D$	11, Impl.
13. $\sim (D \lor E) \lor F$	2, Impl.
14. $(\sim D \cdot \sim E) \lor F$	13, De M.
15. $F \lor (\sim D \cdot \sim E)$	14, Com.
16. $(F \lor \sim D) \cdot (F \lor \sim E)$	15, Dist.
17. $F \lor \sim D$	16, Simp.
18. $\sim D \lor F$	17, Com.
19. $D \supset F$	18, Impl.
20. $A \supset F$	12, 19, H. S.

掌握这19个规则是很有必要的；无论是否用C. P.，这样的能力都能够让我们完成非常困难的证明。然而，当我们比较这20行的证明和之前给出的10行证明，我们发现条件证明不仅缩短了一半的证明长度，而且更长的那个证明需要运用三次分配律并且需要条件证明所不需要的高度洞察力。一旦我们在条件证明中假设了陈述A，我们立即就知道了如何执行证明：通过附加律我们可以得到$A \lor B$，而通过$A \lor B$可以得到$C \cdot D$；通过交换律和简化律我们可以从$C \cdot D$得到D，根据附加律，我们从D可以推得$D \lor E$；然后我们利用肯定前件式规则就可以得到条件结论的后件F。条件证明的步骤是自然的，容易掌握和展现出来，而20行的那个证明则不然。条件证明并不能取代这19个规则，但掌握条件证明之后，它将是对逻辑工具强有力补充。

这里有一个有效的论证，仅用19个规则来证明它的话是相当困难的，需要18行。

(P_1) $(H \supset P) \cdot (S \supset W)$

$\therefore (H \lor S) \supset (P \lor W)$

1. $(H \supset P) \cdot (S \supset W)$ $/\therefore (H \lor S) \supset (P \lor W)$

2. H⊃P	1, Simp.
3. ~H∨P	2, Impl.
4. (~H∨P)∨W	3, Add.
5. ~H∨(P∨W)	4, Assoc.
6. (P∨W)∨~H	5, Com.
7. (S⊃W)·(H⊃P)	1, Com.
8. S⊃W	7, Simp.
9. ~S∨W	8, Impl.
10. (~S∨W)∨P	9, Add.
11. ~S∨(W∨P)	10, Assoc.
12. ~S∨(P∨W)	11, Com.
13. (P∨W)∨~S	12, Com.
14. [(P∨W)∨~H]·[(P∨W)∨~S]	6, 13, Conj.
15. (P∨W)∨(~H·~S)	14, Dist.
16. (~H·~S)∨(P∨W)	15, Com.
17. ~(H∨S)∨(P∨W)	16, De M.
18. (H∨S)⊃(P∨W)	17, Impl.

然而，如果用 C.P. 规则的话，这个论证的证明会非常简单，甚至只有四行！

1. (H⊃P)·(S⊃W)	/∴(H∨S)⊃(P∨W)
2. |H∨S	/∴P∨W(假设, C.P.)
3. |P∨W	2, 1, C.D.
4. (H∨S)⊃(P∨W)	2-3, C.P.

现在考虑另外一个论证，如果没有 C.P.，这个证明有相当难度。

(P₁) (L⊃H)·(Q⊃S)

∴ (L·Q)⊃(H·S)

仅用 19 个规则来证明这个论证需要 17 行。

1. (L⊃H)·(Q⊃S)	/∴(L·Q)⊃(H·S)
2. L⊃H	1, Simp.
3. ~L∨H	2, Impl.

4.	(~L∨H)∨~Q	3,Add.
5.	~L∨(H∨~Q)	4,Assoc.
6.	~L∨(~Q∨H)	5,Com.
7.	(~L∨~Q)∨H	6,Assoc.
8.	(Q⊃S)·(L⊃H)	1,Com.
9.	Q⊃S	8,Simp.
10.	~Q∨S	9,Impl.
11.	(~Q∨S)∨~L	10,Add.
12.	~L∨(~Q∨S)	11,Com.
13.	(~L∨~Q)∨S	12,Assoc.
14.	[(~L∨~Q)∨H]·[(~L∨~Q)∨S]	7,13,Conj.
15.	(~L∨~Q)∨(H·S)	14,Dist.
16.	~(L·Q)∨(H·S)	15,De M.
17.	(L·Q)⊃(H·S)	16,Impl.

如下所示，用C.P.来证明这个论证的有效性需要12行。

1.	(L⊃H)·(Q⊃S)	/∴(L·Q)⊃(H·S)
2.	L·Q	/∴H·S（假设，C.P.）
3.	L	2,Simp.
4.	Q·L	2,Com.
5.	Q	4,Simp.
6.	L⊃H	1,Simp.
7.	H	6,3,M.P.
8.	(Q⊃S)·(L⊃H)	1,Com.
9.	Q⊃S	8,Simp.
10.	S	9,5,M.P.
11.	H·S	7,10,Conj.
12.	(L·Q)⊃(H·S)	2–11,C.P.

此外，条件证明不仅比只使用19个规则的证明要短得多，而且更容易执行。只要我们假设了L·Q，立刻就能注意到从L⊃H和L中推得H，从Q⊃S和Q中推得S。简单地把H和S合取在一起，这就是我们要

推导的条件陈述的后件。

C. 条件证明的嵌套

条件证明规则可以运用于条件证明中,即在一个条件证明及其辖域线内,可以嵌套另外一个有条件的子证明及其辖域线。例如,关于论证 III 有效性的条件证明:

(P₁) A⊃(B⊃C)
(P₂) B⊃(C⊃D)
∴A⊃(B⊃D)　　　　　　　　论证 III

就是关于论述 IV 有效性的证明。

(P₁) A⊃(B⊃C)
(P₂) B⊃(C⊃D)
(P₃) A
∴B⊃D　　　　　　　　论证 IV

又因为其结论本身就是条件陈述,可以通过证明论证 V 的有效性来给出条件证明。

(P₁) A⊃(B⊃C)
(P₂) B⊃(C⊃D)
(P₃) A
(P₄) B
∴D　　　　　　　　论证 V

如果 A⊃(B⊃D) 可以有效地从论证 III 的两个前提得出,我们就可以通过假设 A 并在条件证明中推演 B⊃D 来证明这个论证。一旦我们开始了第一个条件证明,我们就可以进一步假设 B,在第一个条件证明中嵌套一个有条件的子证明,然后在这个子证明中证明 D。这种双重条件证明,是由一个主条件证明和一个 C.P. 子证明组成的,如下所示。

1. A⊃(B⊃C)
2. B⊃(C⊃D)　　　　　　　　/∴A⊃(B⊃D)
3. | A　　　　　　　　　　　/∴B⊃D(假设, C.P.)
4. ‖ B　　　　　　　　　　　/∴D (假设, C.P.)

每一次使用C.P.都必须用它自己的垂直的辖域线来标示。例如，假设B旁边的辖域线在另外一条辖域线的右边，这就表明假设B引导的条件证明在另外一个条件（或间接[22]）证明的辖域内。在理由列里，每一个条件证明也都有着它自己的斜线（斜杠：/）、一个表示"所以"的符号（∴）、一个将要从上述假设推断出的陈述以及记号"（假设C.P.）"或者"(A.C.P.)"。关于上述包含着一个嵌套的C.P.子证明的论证III，其完整的双重条件证明如下所示。

1. A⊃(B⊃C)
2. B⊃(C⊃D)   /∴A⊃(B⊃D)
3. | A   /∴B⊃D（假设C.P.）
4. | | B   /∴D（假设C.P.）
5. | | B⊃C   1，3，M.P.
6. | | C   5，4，M.P.
7. | | C⊃D   2，4，M.P.
8. | | D   7，6，M.P.
9. | B⊃D   4-8，C.P.
10. A⊃(B⊃D)   3-9，C.P.

在执行第二个条件证明时，我们利用了论证V中的四个前提来证明D。这个证明表明了论证IV是有效的，即从论证IV的三个前提出发可以有效地得出B⊃D。而通过论证IV的证明，我们知道如果论证III的两个原前提为真，并且A也为真，那么如果B（为真），那么D（为真）（即B⊃D）。因为我们已经证明了如果两个原前提为真，并且我们进一步假设A就能到B⊃D，所以这个嵌套的条件证明就完成了它的第一个条件证明。主条件证明及其C.P.子证明从论证III的两个原前提出发，证明了A⊃(B⊃D)的有效性。

仅用19个规则来证明这个论证同样也只有10行，但是它不像条件证明那样容易执行。

1. A⊃(B⊃C)
2. B⊃(C⊃D)   /∴A⊃(B⊃D)
3. (B·C)⊃D   2，Exp.
4. (C·B)⊃D   3，Com.

5. C⊃(B⊃D)   4, Exp.
6. (A · B)⊃C   1, Exp.
7. (A · B)⊃(B⊃D)   6, 5, H.S.
8. A⊃[B⊃(B⊃D)]   7, Exp.
9. A⊃[(B · B)⊃D]   8, Exp.
10. A⊃(B⊃D)   9, Taut.

上述两个证明表明，条件证明的优点不仅仅在于证明的缩短。这两个证明有着相同的长度，但第二个证明需要更高的洞察力或耐性，以及对输出律两个方向的熟练运用，而条件证明的具体步骤是非常显然的。一旦这个论证为了形成两个条件证明而给出两个假设，随后就需要四次运用**肯定前件式**（M.P.）来解除这两个假设并完成证明。

以下是另外一个论证，我们可以多次运用嵌套的条件证明来证明这个论证。

(P₁) [(D∨E) · F]⊃G
(P₂) (F⊃G)⊃(H⊃I)
(P₃) H
∴ D⊃I

如下，仅用 19 个规则来证明这个论证需要 16 行。

1. [(D∨E) · F]⊃G
2. (F⊃G)⊃(H⊃I)
3. H   /∴ D⊃I
4. (D∨E)⊃(F⊃G)   1, Exp.
5. ～(D∨E)∨(F⊃G)   4, Impl.
6. (F⊃G)∨～(D∨E)   5, Com.
7. (F⊃G)∨(～D · ～E)   6, De M.
8. [(F⊃G)∨～D] · [(F⊃G)∨～E]   7, Dist.
9. (F⊃G)∨～D   8, Simp.
10. ～D∨(F⊃G)   9, Com.
11. D⊃(F⊃G)   10, Impl.
12. D⊃(H⊃I)   11, 2, H.S.
13. (D · H)⊃I   12, Exp.
14. (H · D)⊃I   13, Com.

15. H⊃(D⊃I)		14，Exp.
16. D⊃I		15，3，M. P.

然而，如果用条件证明的方法，我们的证明会更加地有效率。事实上，如果我们建立一个条件证明并假设条件陈述 D⊃I 的前件 D，我们立刻就能看到，我们想要得到的陈述 I 仅出现在条件陈述 H⊃I 的后件中。因为我们已经有了前提 H，所以，如果我们得到了 H⊃I，就可以通过M. P. 规则推断出 I。要从前提 2 中通过 M. P. 规则推出 H⊃I，首先就要推出第二个前提的前件 F⊃G。为此，我们假设 F⊃G 的前件（即 F），从而构建了第二个嵌套的条件证明。

请注意：既然我们已经完全理解了条件证明中假设的性质，此后我们把"假设，C. P."缩写为"A. C. P."。

1.[(D∨E)•F]⊃G	
2.(F⊃G)⊃(H⊃I)	
3. H	/∴ D⊃I
4. ｜D	/∴ I（A. C. P.）
5. ‖F	/∴ G（A. C. P.）

只要我们通过条件证明得到 F⊃G，就可以根据 M. P. 规则得到 H⊃I，然后由 H⊃I 和 H 通过 M. P. 规则就能得到陈述 I，因此就能得到最初的条件证明所要得到的结论 D⊃I。

1.[(D∨E)•F]⊃G	
2.(F⊃G)⊃(H⊃I)	
3. H	/∴ D⊃I
4. ｜D	/∴ I（A. C. P.）
5. ｜F	/∴ G（A. C. P.）
6. ｜D∨E	4，Add.
7. ｜(D∨E)•F	6，5，Conj.
8. ｜G	7，1，M. P.
9. ｜F⊃G	5-8，C. P.
10.｜H⊃I	2，9，M. P.
11.｜I	10，3，M. P.
12. D⊃I	4-11，C. P.

当我们对证明技术有深刻理解，就会发现这个证明展现了条件证明的优越性。在这个证明中，之所以能意识到应当构建第二个嵌套的条件证明，是因为我们已经在前提中寻找到了所需要的陈述 I。

D. 条件证明在结论不是条件陈述的论证中的应用

条件证明可以用来证明所有结论并非条件陈述的论证[23]的有效性。其结论逻辑等价于一个条件陈述的论证，就是明显的例子。考虑以下两个论证。

(P_1) $(A \lor B) \supset (C \cdot D)$
(P_2) $(D \lor E) \supset F$
$\therefore \sim A \lor F$

(P_1) $(A \lor B) \supset (C \cdot D)$
(P_2) $(D \lor E) \supset F$
$\therefore \sim (A \cdot \sim F)$

由于 $\sim A \lor F$ 和 $\sim(A \cdot \sim F)$ 逻辑等价于 $A \supset F$，所以关于这些论证的证明的构建，可以基于之前 9.11（B）节中出现的 10 行证明进行拓展，它们分别拓展了 1 步和 3 步推论。因此，以上第一个论证的证明为：

1. $(A \lor B) \supset (C \cdot D)$
2. $(D \lor E) \supset F$ $/\therefore A \supset F$
3. $\quad A$ $/\therefore F(\text{A.C.P.})$
4. $\quad A \lor B$ 3, Add.
5. $\quad C \cdot D$ 1, 4, M.P.
6. $\quad D \cdot C$ 5, Com.
7. $\quad D$ 6, Simp.
8. $\quad D \lor E$ 7, Add
9. $\quad F$ 2, 8, M.P.
10. $A \supset F$ 3-9, C.P.
11. $\sim A \lor F$ 10, Impl.

上面第二个论证的证明刚好多了两行：

1. $(A \lor B) \supset (C \cdot D)$

2. (D∨E)⊃F		/∴~(A・~F)
3. ⎢A		/∴F(A.C.P.)
4. ⎢A∨B		3,Add.
5. ⎢C・D		1,4,M.P.
6. ⎢D・C		5,Com.
7. ⎢D		6,Simp.
8. ⎢D∨E		7,Add
9. ⎢F		2,8,M.P.
10. A⊃F		3-9,C.P.
11. ~A∨F		10,Impl.
12. ~A∨~~F		11,D.N.
13. ~(A・~F)		12,De M.

这两个证明展现了条件证明的优越性。在一个证明的任何地方[24]，如果我们想推出一个析取陈述或一个合取陈述的否定，我们就可以构建一个条件证明。例如在上面最后一个论证的证明中，如果我们知道逻辑等价的那些陈述，或者知道替换规则，我们立刻就能知道：

~(A・~F)

据双重否定律和德·摩根律，逻辑等价于

~A∨F

据实质蕴涵律，~A∨F 逻辑等价于

A⊃F

在认识到逻辑等价的这些陈述的基础上，我们建立条件证明，以此证明条件陈述 A⊃F，并在有效地推导出 A⊃F 之后，据实质蕴涵律得到~A∨F，再据双重否定律和德·摩根律推导出~（A・~F）。

考虑以下论证。

(P₁) (J∨A)⊃[(S∨K)⊃(~I・Y)]
(P₂) (~I∨~M)⊃E
∴J⊃(~S∨E)

如下证明所示，这个论证有效性的证明并不简单。

1. (J∨A)⊃[(S∨K)⊃(~I·Y)]
2. (~I∨~M)⊃E   ∴ J⊃(~S∨E)
3. ~(J∨A)∨[(S∨K)⊃(~I·Y)]   1, Impl.
4. [(S∨K)⊃(~I·Y)]∨~(J∨A)   3, Com.
5. [(S∨K)⊃(~I·Y)]∨(~J·~A)   4, De M.
6. {[(S∨K)⊃(~I·Y)]∨J}·
   {[(S∨K)⊃(~I·Y)]∨~A}   5, Dist.
7. [(S∨K)⊃(~I·Y)]∨J   6, Simp.
8. [~(S∨K)∨(~I·Y)]∨J   7, Impl.
9. ~(S∨K)∨[(~I·Y)∨J]   8, Assoc.
10. [(~I·Y)∨~J]∨~(S∨K)   9, Com.
11. [(~I·Y)∨~J]∨(~S·~K)   10, De M.
12. {[(~I·Y)∨~J]∨~S}·{[(~I·
    Y)∨~J]∨~K}   11, Dist.
13. [(~I·Y)∨~J]∨~S   12, Simp.
14. (~I·Y)∨(~J∨~S)   13, Assoc.
15. (~J∨~S)∨(~I·Y)   14, Com.
16. [(~J∨~S)∨~I]·[(~J∨
    ~S)∨Y]   15, Dist.
17. [(~J∨~S)∨~I]   16, Simp.
18. [(~J∨~S)∨~I]∨~M   17, Add.
19. (~J∨~S)∨(~I∨~M)   18, Assoc.
20. ~(J·S)∨(~I∨~M)   19, De M.
21. (J·S)⊃(~I∨~M)   20, Impl.
22. (J·S)⊃E   21, 2, H.S.
23. J⊃(S⊃E)   22, Exp.
24. J⊃(~S∨E)   23, Impl.

然而，用条件证明的方法来证明这个论证就会简单得多。只要我们构建条件证明，我们立刻就能意识到这个论证结论的后件是~S∨E。如果把结论改写为J⊃(S⊃E)，我们立即就能想到建立一个双重条件证明，如下所示。

1. (J∨A)⊃[(S∨K)⊃(~I·Y)]
2. (~I∨~M)⊃E   ∴ J⊃(~S∨E)
3. | J   /∴ S⊃E (A.C.P.)
4. || S   /∴ E (A.C.P.)

然而，如果我们知道替换规则，就能看到这个论证结论的后件是~S∨E，并且我们知道~S∨E（据实质蕴涵律）逻辑等价于条件陈述S⊃E。因此，我们建立一个嵌套的条件证明，即通过假设S推出E的子证明。

1. (J∨A)⊃[(S∨K)⊃(~I·Y)]
2. (~I∨~M)⊃E   ∴ J⊃(~S∨E)
3. | J   /∴ S⊃E (A.C.P.)
4. || S   /∴ E (A.C.P.)
5. || J∨A   3, Add.
6. || (S∨K)⊃(~I·Y)   1, 5, M.P.
7. || S∨K   4, Add.
8. || ~I·Y   6, 7, M.P.
9. || ~I   8, Simp.
10. || ~I∨M   9, Add.
11. || E   2, 10, M.P.
12. | S⊃E   4–11, C.P.
13. J⊃(S⊃E)   3–12, C.P.
14. J⊃(~S∨E)   13, Impl.

当通过条件证明在第11行推出E时，我们就解除第二个条件证明的假设，并在第12行得到S⊃E。因为S⊃E是第一个条件证明的结论，我们就能解除第一个条件证明的假设，并在第13行得到J⊃(S⊃E)。回想一下，在构建嵌套的条件证明时，我们知道J⊃(S⊃E)逻辑等价于J⊃(~S∨E)。因此，只需要在第14行推出J⊃(~S∨E)，证明就结束了。

最后，条件证明在证明结论是等值陈述的论证时，也是非常有用的。例如，以下就是一个以等值陈述作为结论的论证。

(P₁) (C∨D)⊃(E⊃F)
(P₂) [E⊃(E·F)]⊃G

(P₃) G⊃[(∼H∨∼∼H)⊃(C·H)]
∴C≡G

我们知道，等值陈述 C≡G 逻辑等价于以下两个条件陈述的合取(C⊃G)·(G⊃C)。因此，为了证明这个等值陈述，可以先通过两个连续的条件证明推导出这两个条件陈述，然后再通过合取律将它们的结论合取起来，以此完成整个证明。

1. (C∨D)⊃(E⊃F)
2. [E⊃(E·F)]⊃G
3. G⊃[(∼H∨∼∼H)⊃(C·H)]   /∴ C≡G
4. | C   /∴ G(A.C.P.)
5. | C∨D   4, Add.
6. | E⊃F   1, 5, M.P.
7. | E⊃(E·F)   6, Abs.
8. | G   2, 7, M.P.
9. C⊃G   4-8, C.P.
10. | G   /∴ C(A.C.P.)
11. | (∼H∨∼∼H)⊃(C·H)   3, 10, M.P.
12. | (∼H∨H)⊃(C·H)   11, D.N.
13. | (H⊃H)⊃(C·H)   12, Impl.
14. | H   /∴ H(A.C.P.)
15. | H⊃H   14, C.P.
16. | C·H   13, 15, M.P.
17. | C   16, Simp.
18. G⊃C   10-17, C.P.
19. (C⊃G)·(G⊃C)   9, 18, Conj.
20. C≡G   19, Equiv.

这个证明的结构是从两个独立的、连续的条件证明出发，然后将它们各自得出的结论合取起来。需要注意的是，第19行的推论(C⊃G)·(G⊃C)并没有违反条件证明的辖域限制：第9行的C⊃G是第一个条件证明的结论，而18行的G⊃C是第二个条件证明的结论。只要在第19行将这两个条件陈述合取在一起，就能在第20行据实质等值律得到这个论证的结论 C≡G。

正如我们在本节中看到的,条件证明对于我们的逻辑工具而言是一个强有力且具有高度灵活性的补充。在 19 个推论规则中加入条件证明之后,我们就可以更容易、更有效地证明各种论证的有效性。此外,无论是为了这个论证本身的结论,还是为了推导一个等值陈述,只要试图证明的是一个条件陈述,我们都可以使用条件证明。

练习题

用条件证明来证明以下论证的有效性。

*1. (P_1) A⊃B
   (P_2) B⊃[(C⊃~~C)⊃D]
   ∴A⊃D

2. (P_1) R⊃~M
   (P_2) R⊃(~M⊃~S)
   (P_3) ~M⊃(~S⊃~G)
   ∴R⊃~G

3. (P_1) (E∨F)⊃G
   (P_2) H⊃(I·J)
   ∴(E⊃G)·(H⊃I)

4. (P_1) J⊃(A∨S)
   (P_2) K⊃(S∨I)
   (P_3) ~S
   ∴(~A·~I)⊃(~J·~K)

*5. (P_1) Q∨(R⊃S)
   (P_2) [R⊃(R·S)]⊃(T∨U)
   (P_3) (T⊃Q)·(U⊃V)
   ∴Q∨V

6. (P_1) (K⊃L)·(M⊃N)
   (P_2) (L∨N)⊃{[O⊃(O∨P)]⊃(K·M)}
   ∴K≡M

7. (P₁) [W⊃(~X・~Y)]・[Z⊃~(X∨Y)]
   (P₂) (~A⊃W)・(~B⊃Z)
   (P₃) (A⊃X)・(B⊃Y)
   ∴X≡Y

8. (P₁) (~H⊃D)⊃G
   (P₂) (C⊃D)・(E⊃F)
   (P₃) G⊃(C∨E)
   (P₄) (D∨F)⊃(H∨D)
   ∴G≡(D∨F)

E. 重言式的条件证明

条件证明也可以用来证明一个陈述是重言式。在这种情况下，由于不是在证明一个论证的有效性，而是从无前提出发证明一个重言式，所以我们假设我们想要证明的陈述的前件，推导它的后件，从而推导出一个条件式重言式。在证明了前件为真则后件必然为真之后，我们就证明了这个条件陈述是一个重言式，因为它不可能为假。

考虑以下条件式的重言式。

(Q⊃R)⊃[(P⊃Q)⊃(P⊃R)]

我们用条件证明的方法来证明这个陈述是一个重言式。

1. ｜ Q⊃R   /∴ (P⊃Q)⊃(P⊃R) (A.C.P.)
2. ‖ P⊃Q   /∴ P⊃R (A.C.P.)
3. ‖ P⊃R   2, 1, H.S.
4. ｜ (P⊃Q)⊃(P⊃R)   2-3, C.P.
5. (Q⊃R)⊃[(P⊃Q)⊃(P⊃R)]   1-4, C.P.

我们在主条件证明中假设 Q⊃R，因为整个重言式的后件的前件是 P⊃Q，所以在第二个嵌套的 C.P. 子证明中我们假设 P⊃Q。依据 H.S. 我们推得 P⊃R 后，就可解除第二个假设并推出了第二个条件证明的结论 (P⊃Q)⊃(P⊃R)。紧接着，我们解除第一个主条件证明的假设，并且通过 C.P. 我们得到(Q⊃R)⊃[(P⊃Q)⊃(P⊃R)]。

在 9.12 (F)，我们将看到条件证明是证明条件式重言式最有效力的方法。

练习题

使用条件证明来证明以下陈述是重言式。

*1. G⊃(H⊃G)

2. [D⊃(F⊃G)]⊃[(D⊃F)⊃(D⊃G)]

3. [D⊃(F⊃G)]⊃[F⊃(D⊃G)]

4. (M⊃N)⊃(~N⊃~M)

*5. ~~R⊃R

6. R⊃~~R

7. (W⊃X)⊃[(X⊃Y)⊃(W⊃Y)]

8. [(W⊃X)·(W⊃Y)]⊃[W⊃(W∨Y)]

9. [(W⊃X)·(W⊃Y)]⊃[W⊃(W·Y)]

*10. (W⊃X)⊃[W⊃(W·X)]

11. (W⊃X)⊃[(~W⊃X)⊃X]

12. (W⊃X)⊃[(W·Y)⊃(X·Y)]

13. [(W⊃X)⊃X]⊃(W∨X)

14. (G⊃H)⊃[(F∨G)⊃(H∨F)]

*15. [A⊃(B·C)]⊃{[B⊃(D·E)]⊃(A⊃D)}

16. [(A∨B)⊃C]⊃{[C∨D)⊃E]⊃(A⊃E)}

17. [(A⊃B)⊃A]⊃A

18. R⊃(R·R)

19. (R·Q)⊃R

*20. (R⊃Q)⊃[~(Q·S)⊃~(S·R)]

9.12 间接证明

本节引入和解释间接证明（I.P.），它是另一种非常有力的证明方法。在一个间接证明中，我们假设一个陈述~p（或 p），演绎出矛盾形式 q·~q，以及有效地推出此假设的否定 p（或~p）。间接证明的这两种假设的论证形式是：

```
│ ~p        /(假设，I.P.)        │ p         /(假设 I.P.)
│ …                              │ …
│ …                              │ …
│ …                              │ …
│ q·~q                           │ q·~q
p            I.P.                ~p           I.P.
```

有效性的一个间接证明是间接的，因为它不是从先前的前提通过有效推论而得到结论，而是通过引出矛盾的方式得到结论。矛盾的演绎本质上就是一个间接证明，而在直接证明的推导中，是不会有矛盾的。

A. 有效性的间接证明的辩护与解释

间接证明的方法可以用来证明**任何**有效论证的有效性。为了理解为什么是这样，我们必须回忆起有效论证不可能出现前提皆真而结论为假。因此，一个论证

P_1
P_2
$\therefore C$

是有效的，当且仅当，它的前提的合取与结论的**否定**（即结论为假）$(P_1 \cdot P_2) \cdot \sim C$ 是一个矛盾式。这就是间接证明的合理性所在。如果我们假定一个论证的结论是假的（即它的否定），而通过其前提和假设隐含地有效推得矛盾，我们因此就证明了此论证是有效的，因为推导出矛盾就证明了此论证不可能出现前提皆真而结论假。

```
1. P₁                    /∴C
2. │P₂
3. │~C                   /(假设 I.P.)
4. │…
5. │…
6. │q·~q
7. C                     3-6，I.P.
```

为了完全理解间接证明（I.P.）是如何证明一个论证的有效性，我们需要理解：如果一个论证是有效的，那么它的前提集与结论的合取——$(P_1 \cdot P_2) \cdot \sim C$——可能有三种不同的方式成为矛盾式。

(A) $(P_1 \cdot P_2) \cdot \sim C$　　$\sim C$ 与 $P_1 \cdot P_2$ 矛盾。相容前提集与偶真结论
(B) $(P_1 \cdot P_2) \cdot \sim C$　　$\sim C$ 本身矛盾　　　　结论是重言式
(C) $(P_1 \cdot P_2) \cdot \sim C$　　$P_1 \cdot P_2$ 本身矛盾　　前提集不相容

合取陈述 $(P_1 \cdot P_2) \cdot \sim C$ 之所以有三种方式成为矛盾式，是因为论证有三种方式成为有效的：

(A) 一个具有相容前提集的偶真结论的**有效**论证，它可能前提都是真的或者结论是假的，但不可能同时前提皆真而结论为假，因为它的结论的真已经包含（或者涵衍）在前提（比如下面的论证VI）的真中。

(B) 一个具有重言结论的**有效**论证不可能前提皆真而结论为假，因为它没有为假的结论（比如下面的论证VII）。

(C) 一个具有不相容前提集的**有效**论证不可能前提皆真而结论为假，因为它的前提不可能都真（比如下面的论证VIII）。

下面让我们依次考察一个有效的间接证明是如何推得矛盾的，并由此而证明了一个论证的有效性。

首先考虑情形（A）。我们已经知道，矛盾陈述集就是不可能都真的陈述集。因此，如果我们增加一个偶真陈述到一个相容的前提集中，并且能够演绎出矛盾，那么此假定的否定就可以从前提集中有效地得到。例如，考虑以下有效论证。

　　　　(P_1) $F \supset G$　　　论证 VI
　　　　(P_2) F
　　　　$\therefore G$

如果添加额外的假设，即结论的否定 $\sim G$ 到前提中去，那么就可以演绎出如下矛盾：

1.　$F \supset G$
2.　F　　　　　　　　　　　　　　/$\therefore G$

3. | ~G   /(假设 I.P.)
4. | ~F   1, 3, M.T.
5. | F・~F   2, 4, Conj.

这个矛盾 F・~F 是从两个前提和 I.P. 的假设 ~G 所演绎得到的，因为 ~G 与原来的两个相容前提是矛盾的。事实上，~G 与两个前提的矛盾性还可以在第 4 行据 M.P. 规则而得到，这就得到了另一个矛盾 G・~G。

1. F⊃G
2. F   /∴G
3. | ~G   /(假设 I.P.)
4. | G   1, 2, M.P.
5. | G・~G   4, 3, Conj.

这个推导明确地表明对 F・~F 的演绎在第一个例子中是可能的，仅仅因为 G 可以有效地从原来的两个前提中得到——也就是说，仅仅因为 ~G 与前提（即（F⊃G）・F）是矛盾的。[25] 因此，在第 6 行，依据间接证明的假定 ~G 以及两个原始前提，经过间接证明就可有效地推出 G。

6. G   3-5, I.P.

本书的大部分有效论证都可以用上述方式进行，只要它的偶真结论是从相容前提集中得到的。

接下来，考虑情形（B）。任何具有重言结论的论证是有效的：它不可能前提皆真而结论为假，因为**它的结论不会为假**。[26] 例如，以下论证是有效的，因为它的结论是重言式从而不会为假，尽管它的相容前提集可能是真的。

(P₁) F⊃G   论证 VII
(P₂) F
∴H∨~H

如果在这个论证的前提中增加额外的假设，即结论的否定，就可以演绎出如下矛盾：

1. F⊃G
2. F   /∴H∨~H

3.	~(H∨~H)	/(假设 I.P.)
4.	~H・~~H	3, De M.
5.	~~H・~H	4, Com.
6.	H・~H	5, D.N.

因为从相容前提和额外假设中演绎出了矛盾，就可以有效地推出假设的否定，即 H∨~H。

    7.   H∨~H   3-6, I.P.

与论证VI不同，额外的 I.P. 假设~（H∨~H）并不与原来的两个前提相矛盾。它得出了 q・~q 的矛盾形式，是因为它**本身**就是矛盾的。重言式的否定是矛盾式，如果我们增加任何一个重言式的否定到相容的（或不相容的）前提集中去，我们都能仅从重言式的否定得到 q・~q 的矛盾形式。上述例子中，仅从 I.P. 假设~（H∨~H）中就能演绎出矛盾 H・~H，这表明假设的否定，即 H∨~H，可以从相容的前提集中有效地推出。

论证VI和论证VII所表明的是，当一个额外的假设加到**相容**的前提集中，且演绎出矛盾，那么这个假设的否定就可以从这些前提里有效地推出。这就说明了利用 I.P. 证明具有相容前提集的有效论证的合理性。

最后，我们还需要说明用 I.P. 证明前提集不相容的有效论证的合理性。为上述情形（C）进行辩护是容易的，因为从 9.10 节我们已经知道，任何具有不相容前提的论证都是有效的：前提集不相容的论证不可能前提皆真而结论为假，因为**它的前提不可能都为真**。例如，考虑如下论证：

    (P₁) F⊃G   论证VIII
    (P₂) F
    (P₃) ~G
    ∴R

我们可以添加结论的否定~R 作为额外的 I.P. 假设，这样就可以演绎出矛盾。

    1.   F⊃G

2.	F	
3.	~G	/∴R
4.	~R	/（假设 I.P.）
5.	~F	1，3，M.T.
6.	F•~F	2，5，Conj.

从不相容的前提集中演绎出矛盾，就可以有效地推出假设的否定 R。

7.	R	4-6，I.P.

在这个例子中，前提本身是不相容的，我们添加任何陈述的否定都能演绎出矛盾，它不是因为增加的假设与前提矛盾（如论证 VI），也不是因为假设本身是矛盾的（如论证 VII），而是因为前提本身不相容。既然任何陈述，比如 R，都可以从不相容的前提集中推出，我们就可以假定 R 的否定 ~R，仅从前提中就演绎出矛盾，从而有效地推出 R。

这就完成了间接证明的详细辩护。我们已经表明，如果增加 ~p（或 p）到前提集中推导出了矛盾，就可以有效地推出假设的否定 p（或 ~p），而不管前提是不是逻辑相容的。如果前提是不相容的（如论证 VIII），任何陈述（如 R）都可以有效地推出。如果前提是相容的，或者额外的假设与前提矛盾（如论证 VI），那么它的否定就可以从前提中推出；或者额外的假设本身是矛盾的（如论证 VII），那它的否定就是重言式，也可以从前提中有效地推出。

B. 间接证明的步骤

接下来，我们详细展示一个间接证明的步骤。

有效性的一个间接证明，首先要在新的辖域线[27]的右边写上额外加上的假定前提，即期望演绎出的陈述 p 的否定 ~p（如果期望演绎出 ~p，那么就假定 p[28]）。我们可以假定一个论证的结论的否定，或者在任何时候假定想要演绎出的陈述的否定。如果能够从前提中演绎出一个确定的矛盾形式 q•~q，就可以有效地推出 I.P. 假设的否定。如果 I.P. 假设是论证的结论的否定，那就证明了这个论证是有效的。我们用如下论证的间接证明来示例此方法：

1.	A⊃(B•C)	
2.	(B∨D)⊃E	
3.	D∨A	/∴E

在紧接其后的一行，我们通过写下 I.P. 假设～E（结论的否定）来开始间接证明，在陈述列中，写下一个新的辖域线。既然我们已经完全理解了间接证明的假设的性质，以后就把"假设 I.P."缩写为"A.I.P."。

4. |～E　　　　　　　　　　/（A.I.P.）

在理由列，我们写上"/（A.I.P.）"以表明陈述～E 是一个 I.P. 假设。有了假设的扩展前提，就可以运用证明了的推论规则，从扩展了的前提集中得出一个明确的矛盾，从而有效地推出想要的结论 E。

5. |～(B∨D)　　　　　　　2, 4, M.T.
6. |～B・～D　　　　　　　5, De M.
7. |～D・～B　　　　　　　6, Com.
8. |～D　　　　　　　　　　7, Simp.
9. |A　　　　　　　　　　　3, 8, D.S.
10. |B・C　　　　　　　　　1, 9, M.P.
11. |B　　　　　　　　　　　10, Simp.
12. |～B　　　　　　　　　　6, Simp.
13. |B・～B　　　　　　　　11, 12, Conj.
14. E　　　　　　　　　　　4-13, I.P.

该证明的倒数第 2 行是一个明显的矛盾式 B・～B，这即是我们在第 4 行假设～E 之后被带入荒谬境地的明证。这个矛盾表明，E 是从前提的合取与～E 一起而有效推出的。这个间接证明在 I.P. 假设被消除（即辖域线的终点）以及推出 I.P. 假设的否定 E 之后才完全结束，其中 E 位于证明的最后。在理由列，我们终止了间接证明（即"4-13"行）的辖域线，并写上"I.P."。

间接证明的方法——也叫作"**归谬法**"，因为当演绎出矛盾的时候，我们就把它**归为荒谬**——使我们在某些情况下能更为快速地证明有效性，增强了我们检验论证的手段。我们先用直接证明再用间接证明方法证明同一个论证的有效性来示例这一点。在下面的例子中，没有使用归谬法的证明需要 15 步；运用了归谬法的证明只需要 8 步。正如条件证明一样，辖域线表示一个间接证明的范围。

直接证明

1. (H⊃I)・(J⊃K)

2. (I∨K)⊃L
3. ~L   /∴ ~(H∨J)
4. ~(I∨K)   2, 3, M. T.
5. ~I·~K   4, De M.
6. ~I   5, Simp.
7. H⊃I   1, Simp.
8. ~H   7, 6, M. T.
9. (J⊃K)·(H⊃I)   1, Com.
10. J⊃K   9, Simp.
11. ~K·~I   5, Com.
12. ~K   11, Simp.
13. ~J   10, 12, M. T.
14. ~H·~J   8, 13, Conj.
15. ~(H∨J)   14, De M.

间接证明

1. (H⊃I)·(J⊃K)
2. (I∨K)⊃L
3. ~L   /∴ ~(H∨J)
4. │(H∨J)   (A. I. P.)
5. │I∨K   1, 4, C. D.
6. │L   2, 5, M. P.
7. │L·~L   6, 3, Conj.
8. ~(H∨J)   4—7, I. P.

间接证明中的辖域线的功能和条件证明中的辖域线是一样的：在辖域线里所推出的陈述**不能在子证明完成后和终止后再使用**。

C. 嵌套的间接子证明

把间接证明嵌入条件证明或者另一个间接证明，则会变得特别有帮助。[29] 考虑如下论证：

(P₁) C⊃(M⊃D)

(P₂) D⊃V

(P₃) (D⊃A)·∼A
∴M⊃∼C

通过在一个条件证明中嵌入 I.P. 子证明,可以证明上述论证的有效性:

1. C⊃(M⊃D)
2. D⊃V
3. (D⊃A)·∼A   /∴M⊃∼C
4. | M   /∴∼C(A.C.P.)
5. || C   (A.I.P.)
6. || M⊃D   1,5,M.P.
7. || D   6,4,M.P.
8. || D⊃A   3,Simp.
9. || A   8,7,M.P.
10. || ∼A·(D⊃A)   3,Com.
11. || ∼A   10,Simp.
12. || A·∼A   9,11,Conj.
13. | ∼C   5-12,I.P.
14. M⊃∼C   4-13,C.P.

正如在条件证明中嵌入一个条件子证明一样,我们必须观察假设的辖域线的严格范围(以及所联系的辖域线范围):不能在条件证明或间接证明的**范围外**(即假设被消除之后)使用假设的或被推出的陈述。因此,在上述例子的继续证明中,第 14 行当间接证明的假设被消除之后,不能使用被推出陈述 M⊃D(第 6 行)。例如,我们不能推出

15. M⊃V   不正确   6,2,H.S.

陈述 M⊃D 从前提集和两个附加假设中可以有效地推出。M⊃D 不只是从前提中单独地有效推出的;它是从前提和 I.P. 假设 C 中一起得到的。[30] 这是因为,M⊃D 不是(必然地)单独从前提中得到的,它不能在第 13 行 I.P. 假设消除之后再使用。在**辖域线之外**的陈述仅仅是那些前提或从

前提中有效地推出的陈述（即包含仅从前提中有效推出的陈述再有效推出的陈述）。因此，M⊃V 不能出现在陈述列的辖域线之外，因为它可以从一个前提（即第 2 行的 D⊃V）和辖域内的被推出陈述（即第 6 行的 M⊃D）得到，但不能仅仅从前提中得到。

练习题

A. 为下面的每个论证，构建一个有效性的间接证明。

1. (P₁) A∨(B・C)
   (P₂) A⊃C
   ∴C

2. (P₁) (G∨H)⊃~G
   ∴~G

3. (P₁) (D∨E)⊃(F⊃G)
   (P₂) (~G∨H)⊃(D・F)
   ∴G

4. (P₁) (M∨N)⊃(O・P)
   (P₂) (O∨Q)⊃(~R・S)
   (P₃) (R∨T)⊃(M・U)
   ∴~R

5. (P₁) D⊃(Z⊃Y)
   (P₂) Z⊃(Y⊃~Z)
   ∴~D∨~Z

6. (P₁) (O∨P)⊃(D・E)
   (P₂) (E∨L)⊃(Q∨~D)
   (P₃) (Q∨Z)⊃~(O・E)
   ∴~O

7. (P₁) (F∨G)⊃(D・E)
   (P₂) (E∨H)⊃Q
   (P₃) (F∨H)
   ∴Q

8. (P₁) B⊃[(O∨~O)⊃(T∨U)]
   (P₂) U⊃~(G∨~G)
   ∴B⊃T

*9. (P₁) R⊃~M
   (P₂) R⊃(~M⊃~S)
   (P₃) ~M⊃(~S⊃~G)
   ∴R⊃~G

*10. (P₁) (N∨F)⊃(C・D)
    (P₂) D⊃V
    (P₃) V⊃I
    (P₄) I⊃A
    (P₅) A⊃~C
    ∴~F

B. 为下面两个论证构建一个间接的有效性证明。

1. 如果基本利率的急剧下降导致了股票市场的回升，那么通货膨胀一定很快就要发生。但是，如果货币供应量的减少导致了基本利率的急剧

下降,则通货膨胀同样确定地会很快发生。所以通货膨胀很快就要发生。(F,R,I,D)

2. 如果降水量保持不变而全球变暖加重的话,海平面会上升并且有些海港会被淹没。但是如果全球变暖加重,则海港不会被淹没。因此或者降水量不会保持不变或者全球变暖不会加重。(L,G,O,P)

*C. 为下述论证构造一个直接形式证明和一个间接形式证明,比较两个证明的长度。

(P₁)(V⊃~W)·(X⊃Y)
(P₂)(~W⊃Z)·(Y⊃~A)
(P₃)(Z⊃~B)·(~A⊃C)
(P₄)V·X
∴~B·C

D. 重言式的间接证明

间接证明可以用来证明一个陈述是重言式,因为一个陈述是重言式,那么它的否定就是矛盾式。例如,假设我们想证明G∨~G是重言式。在此例子中,通过假定它的否定以及有效地推得一个隐含矛盾,就可以证明它是重言式。

1. ~(G∨~G)   /(A.I.P.)
2. ~G·~~G   1, De M.
3. ~G·G   2, D.N.
4. G·~G   3, Com.
5. G∨~G   1-4, I.P.

在上述 I.P. 证明中,我们假定~(G∨~G),并从它本身有效地推出了明确的矛盾 G·~G。这就证明了原来的 I.P. 假设是一个矛盾式,那么它的否定 G∨~G 就是重言式。正如在任何间接证明中一样,一旦我们演绎出了明确的矛盾,比如上述第 4 行,就可以消除 I.P. 假设并有效地推出它的否定。

类似地,为了证明[(M⊃Q)·M]⊃Q是重言式,可以这样进行:

1. ~[(M⊃Q)·M]⊃Q   (A.I.P.)
2. ~{~[(M⊃Q)·M]∨Q}   1, Impl.
3. ~~[(M⊃Q)·M]·~Q   2, De M.

4.	[(M⊃Q)·M]·~Q		2, D. N.
5.	(M⊃Q)·M		4, Simp.
6.	M⊃Q		5, Simp.
7.	M·(M⊃Q)		5, Com.
8.	M		7, Simp.
9.	Q		6, 8, M. P.
10.	~Q·[(M⊃Q)·M]		4, Com.
11.	~Q		10, Simp.
12.	Q·~Q		9, 11, Conj.
13.	[(M⊃Q)·M]⊃Q		1-12, I. P.

I. P. 可用来证明重言式，但是，正如我们将在 9.12（F）节所看到的，用 I. P. 比用 C. P. 证明重言式更为高效。

练习题

用间接证明方法证明以下陈述是重言式。

*1. (A⊃B)∨(A⊃~B)　　　　　2. (A⊃B)∨(~A⊃B)
 3. (A⊃B)∨(B⊃A)　　　　　　4. (A⊃B)∨(B⊃C)
*5. (A⊃B)∨(~A⊃C)　　　　　 6. A∨(A⊃B)
 7. R≡~~R　　　　　　　　　　8. G≡[G·(G∨H)]
 9. G≡[G∨(G·H)]　　　　　　*10. ~[(D⊃~D)·(~D⊃D)]
 11. (Q⊃R)≡(~R⊃~Q)　　　　 *12. (Q⊃R)⊃[(P⊃Q)⊃(P⊃R)][31]

E. 间接证明的冗余性

尽管间接证明有一点短，但它相对于条件证明加到 19 个推论规则来说却不值得一提，它是冗余的。为了表明这一点，请看如下论证：

(P₁) A⊃(B·C)
(P₂) (B∨D)⊃E
(P₃) D∨A
∴ E

这个论证的有效性可以根据 C. P. 而得到证明。事实上，正如在 9.10

节所讨论的，这类证明的关键在于，我们可以用附加律和析取三段论构造一个矛盾，从而演绎出任何陈述。

1. A⊃(B·C)
2. (B∨D)⊃E
3. D∨A   /∴E
4. | ~E   /∴E(A.C.P.)
5. | ~(B∨D)   2，4，M. T.
6. | ~B·~D   5，De M.
7. | ~D·~B   6，Com.
8. | ~D   7，Simp.
9. | A   3，8，D. S.
10. | B·C   1，9，M. P.
11. | B   10，Simp.
12. | ~B   6，Simp.
13. | B∨E   11，Add.
14. | E   13，12，D. S.
15. ~E⊃E   4—14，C. P.
16. ~~E∨E   15，Impl.
17. E∨E   16，D. N.
18. E   16，Taut.

一旦得到了矛盾陈述 B（第 11 行）和~B（第 12 行），就可以简单地利用附加律得到 B∨E，然后从 B∨E 和~B 利用析取三段论得到 E。我们在第 15 行通过消除假设和结束辖域线而结束条件证明，同时推出了~E⊃E。尽管还没有得到想要的结论，但我们结束了条件证明。利用实质蕴涵，可以推出~~E∨E，再据双重否定得到 E∨E。最后，据重言律推出论证的结论 E。

这个论证的间接证明可以在第 13 行推出 B·~B，然后就可以消除假设并在第 14 行得到推出的结论 E 从而完成间接证明。因此，一个间接证明可以视作条件证明的缩写：在两种情形下，一个子证明可以得到假设陈述的否定（或者与否定逻辑等价的陈述）[32]。间接证明与条件证明相似的地方在于，条件证明需要多 4 行。

由此，尽管有效性的间接证明不需要严格地给定 19 个推论规则和条件证明，但间接证明允许比条件证明更短的证明。基于此，我们把间接证明增加到逻辑工具中来。

F. 重言式的改进式条件证明

重言式的间接证明是关于重言式的最短和最简单的证明。然而，正如 9.11（E）节所表示的，当重言式是一个条件陈述的时候，一个条件证明通常比一个间接证明更为高效。例如，在 9.12（D）节中，我们在第 13 行利用 I. P. 证明了[(M⊃Q)·M]⊃Q 是重言式。如果利用 C. P.，这个陈述的重言性只需要 6 行就可以得到证明：

1. (M⊃Q)·M　　　　　　　　　　/∴Q(A. C. P.)
2. M⊃Q　　　　　　　　　　　　1, Simp.
3. M·(M⊃Q)　　　　　　　　　　1, Com.
4. M　　　　　　　　　　　　　　3, Simp.
5. Q　　　　　　　　　　　　　　2, 5, M. P.
6. [(M⊃Q)·M]⊃Q　　　　　　　　1, 5, C. P.

类似地，9.11（E）节中的重言式(Q⊃R)⊃[(P⊃Q)⊃(P⊃R)]利用 C. P. 只需要 5 行就可以得到证明。读者可以用间接证明方法证明以上两个重言式，并比较它与条件证明的不同。[33]

G. 有效性证明的陈述

既然我们已经把 C. P. 和 I. P. 增加到我们的逻辑工具箱中，那么有效性的形式证明的完备表达就是，它是陈述的序列，每一个陈述是：

- 一个前提；
- 从前提中有效地推出来的陈述；
- 一个有辖域线的假设；
- 在条件证明中有效推出来的陈述；
- 在间接证明中有效推出来的陈述。

通过 C. P. 或 I. P. 的有效性证明而得到的陈述——C. P. 的结论，或者有效性的 I. P. 证明——是从前提中有效地推出来的陈述。[34]因此，有效性证明中的每一个不在辖域线中的陈述，或者是一个前提，或者是从前提中有效地推出来的陈述。

9.13 可靠性论证与笃证性论证的辨别

在本章中，我们为命题逻辑的有效论证提供了一种自然演绎的证明方法。对于命题逻辑的任何有效论证，都可以利用19个推论规则（使用或不使用条件证明和间接证明）进行证明。这种证明方法确实是自然的：它是对我们的真值函项推理的反映，而从一个真值函项陈述有效地推出其他的真值函项陈述，正是我们建立一个真值函项陈述的真值的方式。

有效性在这些情况中是至关重要的。

回想一下，一个有效的演绎论证**不可能前提皆真而结论为假**。根据定义，可以得到：如果一个有效的演绎论证的前提皆真，那么它的结论一定是真的。当我们从其他真陈述中通过演绎得到一个陈述为真时，就是从一个或多个偶真陈述有效地推出了一个偶真陈述。这样的论证既是有效的，又是可靠的。

然而，正如我们在9.10节看到的，不是所有有效论证都能够建立结论的真。本节我们将更详细地解释这种情形，我们还会解释为什么一些可靠性论证不能得到真的结论。

在9.10节，考虑过以下论证：

今天是星期天。
今天不是星期天。
因此，月亮是新鲜奶酪做的。

可以把此论证符号化为：

(P_1) S　　　　　论证 IX
(P_2) ∼S
∴ M

论证 IX 是有效的，因为它不可能所有前提都真且结论为假，这是因为它的前提不可能都为真。正如9.10节和9.12节（论证 VIII）所提出的，如果一个前提集是不相容的，这些前提就可以有效地推出任何结论，不管它们是否相关。然而，正如9.10节所指出的，一个论证由于其前提集不相容而是有效的，却不是**可靠的**，因为它的前提集不相容，从而不可能都真。这就意味着，前提集不相容的有效论证不能得到结论的真，因为它至少有一个前提是假的。

然而，存在一些有效的论证是可靠的，从而不会也不可能得到为假的结论。比如，考虑如下论证：

巴黎是法国的首都。
因此，或者纽约是英国的首都，或者纽约不是英国的首都。

这个论证可以符号化为：

(P$_1$) P　　　　　　论证 X
∴N∨~N

第一，需要注意这个论证是**有效的**。它的有效性正如 9.12 节中的论证 VII，它的结论是重言式。任何具有重言式的论证都是有效的，因为它不可能出现前提皆真而结论为假，它不可能有假结论。

第二，需要注意的是，就像前提不相容的有效论证一样，论证 X 的前提与结论是不相干的，因为它的前提和结论不是由某个简单陈述所组成的。因此，论证 X 的前提集没有也不可能建立起结论的真。

第三，与前提不相容的有效论证不同，论证 X 是可靠的。它的前提是真的（偶真），它的结论为重言式从而（必然地）也为真。任何具有重言结论的论证可以是可靠的，只要它的前提集恰好都真。

第四，最为重要的是，具有重言结论的可靠性论证，比如论证 X，没有也不可能建立起它的结论的真。一个重言式不是"真的"，因为它可以从任何真前提中推出，它的"不真"是因为它只对应着现实中的某个事态。一个重言式是真的，不管现实中怎么样，因此，重言结论没有告诉我们任何关于现实的东西。

把具有重言结论的可靠性论证和具有偶真结论的可靠性论证区别开来，是极其重要的。如果一个可靠性论证的结论是偶真陈述，它就关乎现实中的真相。具有偶真结论的可靠性论证最大的作用在于，它能够建立起偶真陈述的真，并因此说服人们相信那些基于以往直接或间接经验尚不知晓的偶真陈述为真。我们将这种论证称为**笃证性**（demonstrative）**论证**。

例如，考虑如下可靠性论证。

  如果布鲁斯·劳纳是伊利诺伊州的州长，他就有宪法权力否决伊利诺伊州立法机构通过的法案。
  布鲁斯·劳纳是伊利诺伊州的州长。
  所以，布鲁斯·劳纳有宪法权力否决伊利诺伊州立法机构通过的法案。

这个论证可以符号化为：

  (P_1) R⊃V   论证 XI
  (P_2) R
  ∴V

既然这个可靠性论证的结论是偶真的（正如9.12节中的论证 VI 一样，它有相容的前提），它是一个具有偶真结论的笃证性论证。偶真陈述对应着现实；通过学习现实偶真陈述，我们就学习到了关于现实的东西。例如，某人只知道她的伊利诺伊州的邻居是布鲁斯·劳纳，而且此人是伊利诺伊州的州长，当她学习到论证 XI 的第一个前提，她就得知她的邻居的如下真陈述：他有宪法权力否决伊利诺伊州立法机构通过的法案。

笃证性论证的力量在于，它论证或证明了一个偶真结论。正因为如此，我们能够从其中学到很多东西。笃证性论证有时是重要且有影响力的。

对于逻辑来说，这种考虑会导致关于结论的一种非常重要的思考。逻辑是研究正确与非正确推理的，在演绎逻辑中，"正确"就意味着"有效"。正如前面表明的，以下两种论证类型不是笃证性的：

（1）具有不相容前提的有效论证不是可靠性论证，因而不是笃证性论证。

（2）结论为重言式的有效论证不是笃证性的，因为它的结论不是关于现实世界的任何偶真性内容的。

如果我们的目标是弄清现实如何，我们就不应该被结论为重言式的论证说服，也不应该被具有不相容前提的有效论证说服。相反，人们应该只考虑笃证性论证，即具有相容前提与偶真结论的有效论证（如论证 XI 和论证 VI）。

第 9 章概要

本章解释各种证明演绎论证有效性和无效性的方法。

9.1 节介绍和解释有效性的形式证明概念。解释了如何利用推论规则通过有效推论序列证明一个有效论证的有效性。

9.2 节详细考察构成前 9 个推论规则的基本有效论证形式，并示例了它们在简单论证中的用法。

9.3 节示例有效论证形式能用来构建有效性形式证明的几种方法。

9.4 节初步探讨运用前 9 个推论规则构建有效形式证明的过程。

9.5 节示例前 9 个推论规则可以被用以构建更为复杂的论证的有效性形式证明的几种方法。

9.6 节引进替换规则，通过加入 10 个逻辑等价式扩充了推论规则。这 10 个逻辑等价式允许某逻辑表达式被替换为与其有完全相同含义的另一个表达式。

9.7 节讨论包含 19 个推论规则的自然演绎系统的特点。

9.8 节开始使用 19 个推论规则构建有效性形式证明。这 19 个推论规则是 9 个基本有效论证形式规则以及 10 个允许替换的逻辑等价式规则。

9.9 节解释并示例了简化真值表方法及其用来确定论证的有效和无效。

9.10 节讨论不相容性。解释了为什么一个前提不相容的论证不可能是可靠的，但却是有效的。

9.11 节解释并示例条件证明的规则。

9.12 节解释并示例间接证明的方法。

9.13 节解释了可靠性论证与笃证性论证的重要区别。既然只有笃证性论证能够建立结论的真，如果我们想知道现实是怎么样的，就只应该考虑相容前提和偶真结论的有效性论证。

第 9 章关键术语

基本的有效论证形式：一些特别简单的论证形式的集合，这些论证形式作为推论的规则，被用来构造一个有效性的形式证明。

推论规则：一个有效的论证形式约定为推论的一个规则。推论规则作为规则，能够保证从一个或多个陈述得到一个陈述的有效性。本书有 23 个推论规则：9 个基本的论证形式，10 个逻辑等价式，以及量化逻辑中的 4 个例举与概括规则。

陈述列：一个证明的左边列，包括前提、假定的前提、推出的陈述和它们的数字编号。

理由列：一个证明的右边列，包括每一步用作推论规则的缩写和用到的陈述（被推出的陈述要用到的陈述）的序号。

有效性的形式证明：一个陈述序列，它的每一个陈述或者是给定论证的前提，或者是先前的陈述依据推论规则而推得的陈述。而且，整个序列最后一个陈述就是论证的结论，同时它的有效性也得到了证明。一个论证有效性的证明，是对其不可能出现前提都为真而结论为假的严格展示。

自然演绎：依据推论规则对一个演绎论证的有效性进行证明的方法。

构造式二难（C. D.）：它是一个推论规则，也是 9 个基本的有效论证形式之一。它允许构造如下推论：如果 $(p \supset q) \cdot (r \supset s)$ 是真的，且 $p \vee r$ 是真的，那么 $q \vee s$ 一定是真的。

替换规则：它允许我们用与其逻辑等价陈述去替换任何一个陈述的全部或部分，从而推得一个新陈述的规则。

简化的真值表方法：简称为 STTT，它通过确定所有前提为真而结论为假的真值来检查一个论证是否有效的方法，即看简单陈述（或陈述变项）的结论为假，或者前提皆真。

条件证明：为了证明一个条件陈述，先假定陈述 p，然后通过有穷步骤演绎地推出陈述 q，最后依据"条件证明（C. P.）规则"得到结论，即被证陈述"$p \supset q$"（即如果 p，那么 q）。

间接证明：为了证明一个陈述，先假设它的否定（即 $\sim p$）已被证明，然后从假定或假定与前提的结合中推导出矛盾。当矛盾出现时，这个假设就要被排除，且它的否定就是可演绎地推出的。例如，如果假设 $\sim p$ 为真，那么可以演绎出形如 $q \cdot \sim q$ 的矛盾；那么，这个假设就要被排除，原始假定的否定，即 p，就被演绎出来。

笃证性论证：结论是偶真的可靠性论证。

【注释】

[1] 在推论的前9个规则中，每一个都是基本的有效论证形式，它们在9.2节中都已展示。

[2] 关于有效性的形式证明的组成的详细陈述，请参见9.12（G）节。

[3] 在某种非常重要的意义上，有效性的一个形式**证明**，就是通过完全精确、完全严格或无可挑剔的推理来**完成**一个论证。

[4] 参见 John A. Winnie, "The Completeness of Copi's System of Natural Deduction," *Notre Dame Journal of Formal Logic* 11（July 1970）, pp. 379–382。

[5] 如果结论是一个重言式，就不可能使得结论为假；但在这种情形中，这个论证是有效的，因为如果结论不可能为假，这个论证就不可能出现前提皆真而**结论为假**。类似地，如果前提是逻辑地不相容的，就不可能使得前提都真；但在这种情形中，论证就是有效的，因为它前提不可能都真，这个论证不可能出现前提皆真而结论为假。参见9.10节和9.13节关于有效性、可靠性以及笃证性的讨论，特别是与重言结论和不相容前提的联系。

[6] 为了给此论证构造一个完备的真值表是有益的，以及看一下这一行事实上是16行中的第2行。参见8.7节，在那里这个论证形式已经用CTTM验证过。

[7] 在此我们缩写了三种为假的合取，即 T·F（真和假）、F·T（假和真）以及 F·F（假和假）。这种缩写方法在讨论STTT的时候一直会用到。因此，例如，我们谈论析取陈述为真的时候就有三种方式：T∨T、T∨F 和 F∨T。

[8] 此后，当我们谈论一个复合陈述可能为真（或为假）的方式的种类时，我们是指使得复合陈述为真（或为假）的分支简单陈述的真值组合的可能数目。

[9] 在9.9（D）节，我们应用STTT来论证多重为假的结论（即结论是多个真值组合的为假情形）以及表明如何在第一步的时候一个正确的答案会直接影响对第二、三和四步的执行。

[10] 一个好的逻辑学家是一个懒惰的逻辑学家！我们总是寻求以一种最可能简短的步骤证明有效性或无效性。

[11] 如果我们不遵守格言Ⅳ，而是使得前提2为真，这样G和H都为假从而就会使得前提2中的G∨H为假。如果前提1中的G和H都为假，既然E为真，结论（E∨F）⊃G·H就会为假。这就证明这个论证不可能前提皆真而结论为假，从而证明此论证有效。

[12] 尽管还没有把此论证的真值表构造完备，我们看到此论证不可能有假结论和所有前提都真，因而已经证明完备的真值表不会有一行出现前提皆真而结论为假。

[13] 在本书中，对于所有的论证，STTT都要比CTTM更高效。

[14] 对于许多简化的真值表，本书没有篇幅把它的引导列列出来。读者在使用简化真值表时，建议把引导列全部写出来。

[15] 如果没有前提为真的方式比结论为假的方式少，对于第一个为假的结论来说，若所有前提都为真，我们就不需要考虑多种为假的结论。在那种也只有在那种情形中，我们不需要考虑任何其他为假的结论，因为我们已经利用结论第一个为假的真值指派证明了这个论证是无效的。

[16] 在这样的情形中，对于所有可能为假的结论，强制的真值指派没有使得所有前提皆真。一个论证对于任何为假的结论无法前提皆真的事实，就证明了这个论证**不可能**对于任何为假的结论会有前提皆真的情形。在32行的真值表（9-12行）中只有四行中的前提1和前提2都真（即当T真U假和V真时），只有两种情形（10和11行）结论为假。简化真值表展示和验证了在完备的真值表（10和11行）中的这两种真值组合。它表明只有在这两种情形中（即结论为假且前提1和前提2为真），前提3是假的。

[17] 这个例子见于9.9节开始部分，在第8章8.7节也用真值表方法验证过它。

[18] 附录A的论证可以和它进行对照。

[19] 参见9.13节"可靠性论证与笃证性论证的辨别"，对于结论为重言式的有效论证的讨论。这里说明只有笃证性论证，即结论为偶真陈述的可靠性论证，能够建立起它的结论的真。

[20] Recounted by George Will, in *Newsweek*, 27 October 2003.

[21] 对于确定性来说，我们规定一个合取陈述按照它的合取支的左结合进行，即如果前提是 P_1、P_2、P_3，合取陈述就是（$P_1 \cdot P_2$）·P_3。如果还有第四个前提 P_4，合取陈述就是［（$P_1 \cdot P_2$）·P_3］·P_4，依此类推。

[22] 参见9.12节"间接证明"。

[23] 参见9.12（C）。

[24] 在一个条件证明中，子证明可以在证明的任何地方开始。

[25] ～G的真与前提集矛盾，因为G蕴涵在前提集的合取中，即（F⊃G）·F。换句话说，只有在G为真时，前提集的合取（F⊃G）·F才是真的。

[26] 参见9.13节关于结论是重言式的有效论证的讨论。

[27] 我们将会在9.12（D）节看到，通过假定那个陈述的否定，可以证明一个陈述是重言式。在这种情形中，证明了那个陈述是一个重言式；没有证明一个论证是有效的，且因此没有利用I.P.假设作为额外的前提。

[28] 参见9.12（C）节的练习题A和2、4及6题，它们的结论分别是～G、～R和～O。

[29] 我们也可以构造一个带间接证明的条件证明，当我们的I.P.假设使得我们推论——通过C.P.——一个条件陈述与一个条件陈述前提相矛盾时，就特别有帮助。

[30] 通过证明前提可以都为真且M⊃D为假，读者可以使用STTT来确定M⊃D

不能仅从前提推出。同样地，也可以利用 STTT 来证明 M⊃D 不能从前提中有效地得到。

　　[31] 这是 9.12（F）节中的第二个重言式。

　　[32] 在假定（即～E）被消除之后，间接证明可以推出 E，而条件证明可以推出～E⊃E，它逻辑等价于 E。

　　[33] 此证明在 9.12（D）节练习 12，它的答案在本书的最后。

　　[34] 这里有一个反例。我们可以证明任何重言结论（例如 N∨～N）能从任何不相干前提（如 P）中利用 C.P. 和 I.P. 得到。在此情形中，证明最后一行的陈述即结论 N∨～N 不是从前提集中得到，尽管这个证明从前提到结论是有效的。参见 9.13 节中的论证 X。

第 10 章

谓词逻辑：量化理论

10.1　对量化的呼唤
10.2　单称命题
10.3　全称量词与存在量词
10.4　传统主 – 谓命题
10.5　有效性证明
10.6　无效性证明
10.7　非三段论推论
第 10 章概要
第 10 章关键术语
现实生活中的逻辑

10.1 对量化的呼唤

许多有效演绎论证的有效性无法通过前两章给出的逻辑技术来检验，因此必须增强分析工具。我们通过量化来做到这一点，这是由伟大的德国逻辑学家和现代逻辑的奠基人戈特洛布·弗雷格（1848—1925）在 19 世纪末首次引入的。弗雷格对量化的发现，被称为逻辑历史上最为深刻的技术进步。

为了理解量化是如何增强了逻辑分析的力度，我们须首先认识到我们已经具有的方法的局限性。前面的章节已经表明我们可以有效地检验演绎论证，但只是某种特殊类型的论证，这些论证的有效性完全基于简单陈述真值函项性地结合为复合陈述的方式。运用基本的有效论证形式和替换规则，我们能做出推论，进而在这一类型的论证中区分出有效论证和无效论证。这是我们已经广泛实践过的了。

即使面对一个由简单命题构成的论证，这些技术都还不够，它们无法达到推理过程中的关键要素。再考察如下这个古老的论证：

> 所有人都是有死的。
> 苏格拉底是人。
> 因此，苏格拉底是有死的。*

显然这个论证是有效的，但是使用目前为止引入的方法，只能将其符号化为：

> A
> H
> ∴M

在这种分析中，该论证显然是无效的。哪里出了问题呢？困难来源于如下事实，即这一显然有效的论证，其有效性基于其前提的内在逻辑结

---

* 正如本书第 5 章和第 6 章所述，传统逻辑或亚里士多德逻辑主要致力于研究这种类型的论证。然而，传统的方法并不具备新的符号逻辑方法所具有的普遍性与威力，也不能扩展到涵盖我们可能遇到的所有演绎论证。

构，而这种内在逻辑结构无法通过我们目前建立的符号化陈述的系统加以揭示。没有量词，我们只能给出上述这种显然过于笨拙的符号刻画。因为该论证中的命题都不是复合命题，我们到目前为止介绍的这些技术都是处理复合陈述的，无法充分处理非复合陈述。需要一种能描述和符号化非复合陈述，进而展现它们的内部结构的方法。量化理论提供了这样的方法。

量化使我们能将非复合的前提翻译为复合陈述，而不丢失其含义。这样翻译之后，我们就能使用基本论证形式和替换规则（和我们对复合陈述所做的那样）来做推论，证明有效性或无效性，由此得到的复合陈述可以被转化为（再一次利用量化理论）非复合形式的陈述。这项技术为我们的分析手段的增强起了巨大的作用。

前面构建起来的演绎方法仍然是基础的，量词无论如何都不会修改这些推论规则。之前所讨论的内容可以被称为命题逻辑。我们现在进一步运用某些附加符号以更广泛地，即在谓词逻辑中使用这些推论规则。通过量词、命题的内部结构、主项和谓项的关系就可以处理它们。下一步就是要介绍这种符号化。

10.2 单称命题

我们从最简单的非复合陈述开始，例如上例中的第二个前提"苏格拉底是人"。这种类型的陈述传统上叫作**单称命题**。一个肯定的**单称命题**断言的是，一个特定个体具有某种特定属性。在上述例子中，日常语法和传统逻辑都一致地把"苏格拉底"划为主项，把"人"划为谓项。主项指称某特定个体，谓项指谓该个体所具有的某种属性。

显然，同一主项可以在不同的单称命题中出现。因此，在下述每个命题中，我们都以词项"苏格拉底"做主项："苏格拉底是有死的"，"苏格拉底是胖的"，"苏格拉底是聪明的"，"苏格拉底是漂亮的"。当然，有些是真的（第一和第三个），有些是假的（第二和第四个）。同一谓项显然也可以出现在不同的单称命题中。因此在下述每个命题中，我们都以词项"人"做谓项："亚里士多德是人"，"巴西是人"，"芝加哥是人"，"奥基夫是人"。当然，有些是真的（第一和第四个），有些是假的（第二和第三个）。

该符号系统中的"个体"不仅可以用来指人，还可以指**事物**，譬如，国家、书、城市，实际上可以指谓像人或重的这样能被有意义地断言为其**属性**的任何事物。前面所举的例子中，有些谓项是形容词。从日常语法的观点看，形容词与名词的区分是相当重要的。但在本章中这种区别并不重要，我们并不区分"苏格拉底是有死的"和"苏格拉底是有死者"，或"苏格拉底是聪明的"和"苏格拉底是一个聪明的人"。一个谓项可以是一个形容词或是一个名词，甚或是一个动词。如在"亚里士多德写作"中，它有时可以被表述为"亚里士多德是一个写作者"。关键性的第一步就是要区分主项和谓项，区分个体和个体具有的属性。稍后我们介绍两种不同的符号来指称**个体**和其**属性**。

我们将用（跟着广泛的使用习惯）从 a 到 w 的小写字母来指谓个体。这些符号是**个体常元**。在它们出现的任何特定上下文，每个字母在该上下文中都指称一个特定的个体。用它（他，或她）的名称的第一个字母指称一个个体，通常是很方便的。因此在当前的上下文中，我们应分别用字母 s、a、b、c 指称苏格拉底、亚里士多德、巴西和芝加哥。

大写字母被用作**谓述符号**，以符号化个体可能具有的属性，在此使用同样的指导原则是很便利的。因此，我们用字母 H、M、F、W 分别符号化属性是人、有死的、胖的、聪明的。

通过在一个个体常元的左边写一个谓述符号（比如用"H"代表"人类"，或用"M"表示"会死的"），现在单称命题可以被符号化了。我们采取这样一个约定：把属性符号直接写在个体符号的左边，表征被命名的个体具有规定的属性这样一个单称命题。于是，单称命题"苏格拉底是人"可以符号化为 Hs——首先在左边写一个谓述符号 H，然后紧接着在它的右边跟一个个体常元"s"。上面提到的涉及谓项"人"的其他一些单称命题，分别可以符号化为 Ha、Hb 和 Hc。

注意到这些词项有共同的模式是很重要的。它们都以相同的谓述符号 H 开始，后面紧接着某个代表个体的符号 s、a、b 或 c。我们可以将这种模式写作 H—，在此，"—"表示在谓项符号的右边有另一个符号即个体符号出现。我们将这种形式符号化为 Hx。我们用 Hx［有时写成 H（x）］来符号化所有以"是人"作为个体属性的单称命题的共同模式。被称作**个体变元**的字母 x 只是一个位置标示，用来指示从 a 到 w 的各个字母——个体常元——可以填入以便得到单称命题的位置。某个个体常元出现在 x 的位置的时候，我们就得到了一个单称命题。x 可以作为变元，因为习惯上我们只用从 a 到 w 的字母做个体常元。

让我们更为细致地探讨 Hx。表达式 Hx 被称为命题函项，它可以被定义成这样一个表达式：（1）含有一个谓述符号和个体变元；（2）当一个个体常元代入个体变元时，它就变成一个命题。* 所以，虽然命题函项能通过代入而成为一个命题，但其自身并不是一个命题。个体常元可以被认为是个体的专名。任何单称命题都是一个命题函项的代入例，是用个体常元代入该命题函项中的个体变元所得到的结果。

一般说来，一个命题函项有真代入例和假代入例。如果 H 代表类，s 代表苏格拉底，c 代表芝加哥，那么 Hs 为真而 Hc 为假。做了代入之后，我们面对的就是命题。在代入之前，我们有的只是命题函项。当然，有无数这样的命题函项：Hx、Mx、Bx、Fx 和 Wx 等。为了把它们与后面几节将介绍的更复杂的命题函项区分开，我们把这些命题函项叫作"**简单谓词**"。一个简单谓词是一个有真代入例和假代入例的命题函项，并且每个代入例都是一个单称肯定命题。

10.3　全称量词与存在量词

一个单称命题断言某个体具有某种属性，所以它是某命题函项的代入例。如果 M 代表终有一死的，B 代表美丽的，我们有简单谓述式 Mx 或 Bx，它们没有断言任何特殊事物具有的有死的性质或美的性质。如果我们用苏格拉底代入 x，则我们得到了单称命题"苏格拉底是有死的"或"苏格拉底是美丽的"。但是我们可能期望所断言的属性为更多个体所具有。我们可能想要说"每个事物都是有死的"或者"有些事物是美丽的"。这些表达式包含谓项，但是它们不是单称命题，因为它们不具体指涉任何特殊的个体。它们是**普遍**命题。

首先，我们详细分析下面这种普遍命题："每个事物都是有死的"，它可以用各种不同的逻辑等价的方式表示。我们还可以将其表达为"所有事物都是有死的"，或者我们还可以将其表示为：

---

* 有些学者把"命题函项"当作这样的表达式的意义，但我们这里把它们定义成表达式本身。

给定任一个体事物，它都是有死的。

在后一种表述中，语词"它"是一个关系代词，回指该陈述中前面的语词"事物"。可以用字母 x，即个体变元，代替代词"它"及其先行词，我们可以把第一个普遍命题重写为：

给定任何 x，x 是有死的。

用前一节所引进的谓述符号，我们也可以写成：

给定任何 x，Mx。

尽管命题函项 Mx 不是一个命题，但我们这里有了一个含有它的表述式，而这个表述式是命题。短语"给定任何 x"习惯上用符号"（x）"表示，称为**全称量词**。上述第一个普遍命题可以完全符号化为：

(x)Mx

它表达的是"所有事物都是有死的"。

上述分析表明我们不仅可以通过代入将一个命题函项转化为一个命题，还能通过概括或量化做到这一点。

现在考虑第二种普遍命题，即"有些事物是漂亮的"，也可以表达成：

至少存在这样一个事物，它是漂亮的。

在后一种表述中，语词"它"也是一个关系代词，回指语词"事物"。用个体变元 x 代替代词"它"及其先行词，我们可以把这种普遍命题重写为：

至少存在这样一个 x，它是漂亮的。

或者，我们可以用给定符号把它写成：

至少存在这样一个 x，Bx。

同样，尽管 Bx 是一个命题函项而不是命题，但我们这里又有一个含有它的表述式，这个表述式是命题。短语"至少存在这样一个 x"习惯上用符号"(∃x)"表示，称为存在量词。第二种普遍命题可以完全符号化为：

(∃x)Bx

它表达的是"有的事物是美丽的"。

于是我们看到，命题可以用例举方法从命题函项生成，即通过用个体常元代入个体变元，或者可以用**概括**方法生成，即在命题函项的前面放一个全称量词或存在量词。

现在请考虑：一个命题函项的**全称**量化式 (x)Mx 为真，当且仅当，它的所有代入例都为真；这正是普遍性的意义之所在。很显然，一个命题函项的**存在量化式** (∃x)Mx 为真，当且仅当，它至少有一个真代入例。我们假定（没人会否认这一点）至少存在一个个体。为了理解量化命题以及它们是如何联系的，我们将展示传统的对当方阵如何能用量化命题来表达。为此，本章余下部分假定（无人会否定）至少存在一个个体。在这种非常弱的假定下，每个命题函项必定至少有一个代入例，这个实例或真或不真。但可以确定的是，在这种假定下，如果一个命题函项的**全称**量化式为真，那么它的存在量化式也必定为真。也就是说，如果每个 x 都是 M，那么，如果至少存在一个事物，则这个事物是 M。

到此时为止，只举了单称肯定命题作为命题函项的代入例。Mx（x 是有死的）是一个命题函项。Ms 是它的一个实例，是一个单称肯定命题，即"苏格拉底是有死的"。但并非所有命题都是肯定的。一个人可以否认苏格拉底是有死的，即 ∼Ms，"苏格拉底不是有死的"。如果 Ms 是 Mx 的一个代入例，那么，∼Ms 可以看成命题函项 ∼Mx 的一个代入例。因此，我们可以超出前一节所介绍的简单谓述，把我们的命题函项概念扩大到能包括否定符"∼"。

如下所示，使用否定符可以丰富我们对量化的理解。从下述普遍命题出发：

　　　　没有任何事物是完美的。

我们可以把它解释为：

　　　　每个事物都是不完美的。

它又可以写成：

　　　　给定不管任何个体事物，它不是完美的。

它可以改写成：

　　　　给定任何 x，x 不是完美的。

　　如果用 P 符号化属性"是完美的"，用刚才给出的符号（量词和否定符），我们可以把这个命题（"没有任何事物是完美的"）表示为(x)～Px。

　　现在我们可以列出并举例说明全称量化和存在量化之间的一系列重要关系。

　　第一，(全称)普遍命题"每个事物都是有死的"，被(存在)普遍命题"有些事物不是有死的"否定。我们可以用符号说成，(x) Mx 被 (∃x)～Mx 否定。因为它们每个都是另一个的否定，我们当然可以说（从有否定符的那个开始），下述双条件陈述是必然真的、逻辑真的：

　　　　～(x)Mx $\stackrel{T}{\equiv}$ (∃x)～Mx

　　第二，"每个事物都是有死的"正好表示了"不存在任何不是有死的事物"所表示的东西，这可以表述成另一个逻辑真的双条件陈述：

　　　　(x)Mx $\stackrel{T}{\equiv}$ ～(∃x)～Mx

　　第三，很清楚，(全称)普遍命题"没有任何事物是有死的"，被(存在)普遍命题"有些事物是有死的"**否定**。用符号我们可以说 (x)～Mx 被 (∃x) Mx 否定。既然它们每个都是另一个的否定，我们当然可以说

（还从有否定符的那个开始），下列双条件陈述是必然真的、逻辑真的：

$$\sim(x)\sim Mx \stackrel{T}{\equiv} (\exists x)Mx$$

第四，"每个事物都不是有死的"正好表示了"不存在任何有死的事物"所表示的东西，这可以表述成另一个逻辑真的双条件陈述：

$$(x)\sim Mx \stackrel{T}{\equiv} \sim(\exists x)Mx$$

这四个逻辑真的双条件陈述阐明了全称量词和存在量词的相互关系。任何一个否定符在量词之前的命题，（利用这些逻辑真的双条件陈述）我们都可以用另一个与其逻辑等价但量词前面没有否定符的命题替换之。现在以符号φ（希腊字母 phi）替换示例谓词 M（有死的），φ代表任何一个简单谓词，我们立即可列出下面这四个逻辑真的双条件陈述式：

$$[(x)\phi x] \stackrel{T}{\equiv} [\sim(\exists x)\sim\phi x]$$
$$[(\exists x)\phi x] \stackrel{T}{\equiv} [\sim(x)\sim\phi x]$$
$$[(x)\sim\phi x] \stackrel{T}{\equiv} [\sim(\exists x)\phi x]$$
$$[(\exists x)\sim\phi x] \stackrel{T}{\equiv} [\sim(x)\phi x]$$

全称量化和存在量化之间的一般关系，可以用图 10-1 中的方阵进行更图示化的描述。

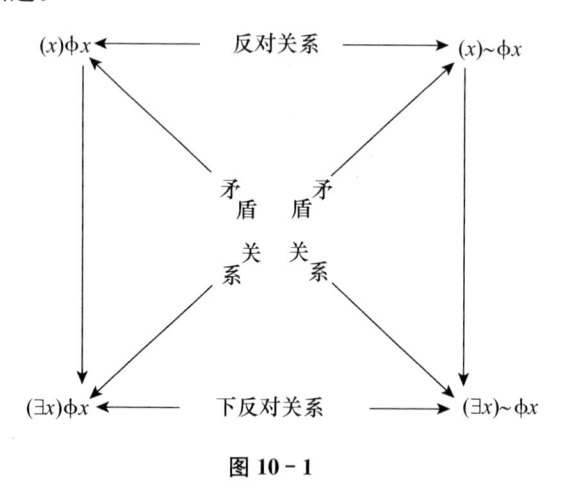

图 10-1

继续假定至少存在一个个体，就该方阵我们可以说：

1. 顶端的两个命题是反对关系；就是说，它们可以同时为假，但不能同时为真。

2. 底端的两个命题是下反对关系；就是说，它们可以同时为真，但不能同时为假。

3. 对角线相反两端的命题是矛盾关系；它们中一个为真，则另一个必定为假。

4. 在方阵的每侧，下面命题的真被它正上方命题的真蕴涵。

10.4 传统主-谓命题

运用存在和全称量词，以及根据对图 10-1 中对当方阵的理解，我们现在开始分析（并且在推理中准确地使用）以下四种为传统逻辑研究所注重的普遍命题。这四种命题的标准例子如下：

所有人是有死的。　　　　　　［全称肯定：A］
没有人是有死的。　　　　　　［全称否定：E］
有些人是有死的。　　　　　　［特称肯定：I］
有些人不是有死的。　　　　　［特称否定：O］

每种命题通常由其字母来指称：两种肯定命题用 A 和 I（来自拉丁文 affirmo，我肯定）；两种否定命题用 E 和 O（来自拉丁文 nego，我否认）。*

用量词符号化这些命题，使得我们进一步扩大了命题函项概念。首先来看 A 命题"所有人都是有死的"，我们从下述命题开始逐次解释：

给定不管任何事物，如果它是人，它是有死的。

其中关系代词"它"的两次出现显然是回指它们共同的先行词"事物"。与上节的前部分一样，因为它们有同样的（不确定的）指称，从而都能用字母"x"替换。于是该命题可改写成：

给定任何 x，如果 x 是人，那么 x 是有死的。

---

* 对这四种命题的传统分析的论述见第 5 章。

现在，用先前引入的"如果-那么"的符号，可以把前一个命题改写成：

给定任何 x，x 是人 ⊃ x 是有死的。

最后，用我们已掌握的命题函项符号和量词，原来的 A 命题可表示为：

(x)(Hx⊃Mx)

在我们的符号翻译中，A 命题是以一种新的命题函项的全称量化形式出现的。表述式 Hx⊃Mx 是一个命题函项，它既没有以单称肯定命题又没有以单称否定命题作为代入例，而是以条件陈述作为代入例，这些条件陈述的前件和后件是具有同样主项的单称命题。命题函项 Hx⊃Mx 的代入例有条件陈述 Ha⊃Ma、Hb⊃Mb、Hc⊃Mc、Hd⊃Md 等。

另一些命题函项则以有同样主项的单称命题的合取为代入例。例如，Ha·Ma、Hb·Mb、Hc·Mc、Hd·Md 等都是命题函项 Hx·Mx 的代入例。还有一些形如 Wx∨Bx 的命题函项，它们的代入例是诸如 Wa∨Ba 和 Wb∨Bb 这样的析取陈述。实际上，任何以具有相同主项的单称命题为分支陈述的真值函项复合命题，都可以看作由某些或所有真值函项联结词与算子（圆点符、楔劈符、马蹄符、三杠号和波浪符）加之简单谓词（Ax、Bx、Cx、Dx……）所构成的命题函项的代入例。在把 A 命题翻译成 (x)(Hx⊃Mx) 时，圆括号充当标点符号，用以表明全称量词 (x) "作用于"整个（复合）命题函项 Hx⊃Mx，或命题函项 Hx⊃Mx "作为其辖域"。

在继续讨论直言命题的其他传统形式之前，应该注意符号公式 (x)(Hx⊃Mx) 不仅是对标准形式的命题"所有 H's 都是 M's"的翻译，而且是对任何一个有同样含义的自然语言句子的翻译。例如，亨里克·易卜生的作品《爱情的喜剧》中的一个角色说道："一个结了婚的朋友就是一个已经失去的朋友"，这只是"所有结了婚的朋友都是已经失去的朋友"的另一种说法。在自然语言中，有许多不同的方式来述说同一件事。

如下是一个不全的清单，列举的是我们一般用自然语言来表达普遍肯定命题的不同方式：

  H 是 M。
  一个 H 就是一个 M。
  每个 H 是 M。
  每一个 H 是 M。
  任何 H 是 M。
  没有 H 不是 M。
  是 H 的每个事物都是 M。
  是 H 的任何事物都是 M。
  如果任何事物是 H，那么它是 M。
  如果某事物是 H，那么它是 M。
  是 H 的无论什么东西都是 M。
  H's 全都是 M's。
  没什么是 H，除非它是 M。
  没有什么是 H 但不是 M。

  为了评估一个论证，我们必须理解该论证中的命题所使用过的语言。有些习语在没有意指时间的时候使用时态词，很容易让人误解。例如命题"H's 总是 M's"通常就会被理解为所有 H 是 M。再者，同一含义的命题可以用抽象名词表达："人蕴涵（或涵衍）有死"可以正确地符号化为一个 A 命题。符号逻辑语言对相当数量的自然语言句子的共同含义有一个单一的表达式，这一点被认为是符号逻辑在认知或信息方面比自然语言优越之处，尽管从修辞力或诗意表述力的观点看，我们承认这是一种劣势。

对 A 命题的量化

  A 命题"所有人都是有死的"断言，如果任何东西是人，则它是有死的。换句话说，对任何给定的东西 x，如果 x 是人，则 x 是有死的。用马蹄符代替"如果-那么"，则我们得到：

   给定任何 x，x 是人 ⊃ x 是有死的。
   (x)[Hx ⊃ Mx]

597

对 E 命题的量化

E 命题"没有人是有死的"断言,如果任何事物是人,则它不是有死的。换句话说,对任何给定的事物 x,如果 x 是人,则 x 不是有死的。用马蹄符代替"如果-那么",则我们得到:

给定任何 x,x 是人⊃x 不是有死的。

用命题函项和量词表示,则为:

(x)[Hx⊃∼Mx]

这种符号翻译不仅表示了自然语言中传统的 E 形式,同样也表示了一些说同一件事的不同方式,如"没有是 M 的 H","没有什么既是 H 又是 M",以及"H 从不是 M"。

对 I 命题的量化

I 命题"有些人是有死的"断言,至少有一个是人且有死的事物。换句话说,至少有这样一个 x,x 是人并且 x 是有死的。用圆点符代替合取词,则我们得到:

至少有这样一个 x,x 是人·x 是有死的。

用命题函项和量词表示,则为:

(∃x)[Hx·Mx]

对 O 命题的量化

O 命题"有些人不是有死的"断言,至少存在一个是人但不是有死的事物。换句话说,至少存在这样一个 x,x 是人并且 x 不是有死的。用圆点符代替合取词,则我们得到:

至少存在这样一个 x,x 是人·x 不是有死的。

用命题函项和量词表示,则为:

(∃x)[Hx·∼Mx]

若用希腊字母 phi(φ)和 psi(ψ)表示任何一个谓词,传统逻辑的四个主-谓型普遍命题可以在图 10-2 所示的方阵中得到表达。

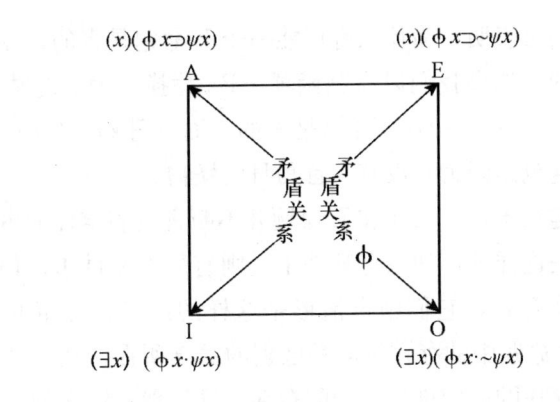

```
           (x)(φx⊃ψx)           (x)(φx⊃~ψx)
              A ←――――――――――――――→ E
               ↖               ↗
                 ↖   矛  矛   ↗
                   ↖ 盾  盾 ↗
                     ↖关  关↗
                       关  系
                     ↗系  系↖
                   ↗    φ    ↖
                 ↗             ↖
              I ←――――――――――――――→ O
        (∃x)(φx·ψx)          (∃x)(φx·~ψx)
```

图 10 - 2

图 10-2 所展示的关系与图 5-2 是对应的。比如，A 命题和 O 命题是矛盾关系，一个是另一个的否定；E 命题和 I 命题也是矛盾关系。

到现在为止，我们已经在弱假定下，即至少存在一个个体，进行了分析。在这种假定下，我们期待一个 I 命题可以从与之相对的 A 命题推出，以及一个 O 命题可以从与之相对的 E 命题推出，但情况并非如此。一个 A 命题为真时，与之对应的 I 命题却可能是假的。下面我们将对之进行解释。

如果 φx 是一个没有真代入例的命题函项，那么，不管命题函项 ψx 有何种代入例，（复合）命题函项 φx⊃ψx 的全称量化式都是真的。例如，考虑命题函项 "x 是一个人首马身的怪物"，我们把它简写为 Cx。因为不存在人首马身的怪物，Cx 的每个代入例都是假的，即 Ca、Cb、Cc……都为假。因此，复合命题函项 Cx⊃Bx 的每个代入例都是一个前件为假的条件陈述。这样，其代入例 Ca⊃Ba、Cb⊃Bb、Cc⊃Bc 都是真的，因为任何一个断言实质蕴涵的条件陈述，如果其前件为假，那么它必定为真。由于其所有代入例都是真的，所以，命题函项 Cx⊃Bx 的全称量化式为真，即 A 命题 (x)(Cx⊃Bx) 为真。但与之相对的 I 命题 (∃x)(Cx·Bx) 却是假的，因为命题函项 Cx·Bx 没有真代入例。Cx·Bx 没有真代入例可以从 Cx 没有真代入例推出。Cx·Bx 的各个代入例，如 Ca·Ba、Cb·Bb、Cc·Bc……都是第一个合取支为假的合取陈述，因为 Ca、Cb、Cc……都为假。由于其所有代入例都为假，所以命题函项 Cx·Bx 的存在量化式为假，即 I 命题 (∃x)(Cx·Bx) 为假。因此，有可能一个 A 命题是真的，而与之对应的 I 命题却是假的。

这种分析还可表明，为什么有可能一个 E 命题是真的，而与之对应的 O 命题却是假的。如果我们以命题函项 ～Bx 替换前面讨论中的命题函项 Bx，那么，(x)(Cx⊃～Bx) 可以是真的，而 (∃x)(Cx·～Bx) 却是假的。当然，这也是因为并没有人首马身的怪物。

问题的关键在于，A 命题和 E 命题并不断言或假定任何事物存在，它们仅断言情况是这样的：如果有某件事，则有另外一件事。但 I 命题和 O 命题却假定某物存在，它们断言情形是这样的：有这件事并且有另一件事。I 命题和 O 命题中的存在量词是区别的关键所在。从一个并不断言或假定任何事物存在的命题推出某物的存在，这显然是错误的。

如果我们假定至少有一个个体存在，那么 (x)(Cx⊃Bx) 确实蕴涵 (∃x)(Cx⊃Bx)。但后者不是一个 I 命题。I 命题"有些人首马身的怪物是漂亮的"应符号化为 (∃x)(Cx·Bx)，它说的是，至少存在一个漂亮的人首马身的怪物。但在自然语言中，被符号化为 (∃x)(Cx⊃Bx) 的东西，可以被理解为"至少存在一个如此这般的事物，如果它是人首马身的怪物，那么它是漂亮的"。它并没说存在一个人首马身的怪物，而只是说存在一个个体，它或者不是人首马身的怪物，或者是漂亮的。而这个命题只在两种情况下是假的：第一，如果根本不存在个体；第二，如果所有个体都是人首马身的怪物，并且它们当中没有一个是漂亮的。通过做这样一个明确的（并且显然是真的）假定，即假定宇宙中至少存在一个个体，我们可以排除第一种情形。第二种情形是如此极端地不合理，以致与 I 形命题 (∃x)(ϕx·ψx) 的重要性相反，任何形如 (∃x)(ϕx⊃ψx) 的命题都必定是非常平庸的。显而易见，尽管在自然语言中 A 命题"所有人是有死的"和 I 命题"有些人是有死的"的区别，仅在于初始词"所有"和"有些"的不同，但它们意义上的区别并不限于全称量化和存在量化，而是比这深刻得多。经量化而得到 A 命题和 I 命题的命题函项不仅在量化上有区别，而且它们还是不同的命题函项，一个含有"⊃"，另一个含有"·"。换言之，A 命题和 I 命题并不像它们在自然语言中看起来那么相似。它们之间的区别可通过使用命题函项符号和量词符号得以彰显。

就逻辑操作来说，处理那些否定号的出现——如果有否定号出现的话——只作用于简单谓述的公式最为方便。因此，我们将在必要时通过替换来得到这种公式。要做到这一点很简单。从第 9 章确立的推论规则可知，我们可以用另一个与之逻辑等价的表述式来替换一个表述式。而我们有四个这样的逻辑等价式（10.3 节），它们当中否定号在量词之前的命题，都与另一个否定号直接作用于简单谓述的命题等价。用我们熟悉已久的推论规则，可以移动否定号，使它们最终不再作用于复合表达式，而只作用于简单谓述。譬如说，公式：

$$\sim(\exists x)(Fx \cdot \sim Gx)$$

可以依次改写。首先，如果我们用 10.3 节所给的第三个逻辑等价式，它可以变形为：

$$(x)\sim(Fx \cdot \sim Gx)$$

然后，可运用德·摩根律使之变成：

$$(x)(\sim Fx \vee \sim\sim Gx)$$

再用双重否定律可得公式：

$$(x)(\sim Fx \vee Gx)$$

最后，若援引实质蕴涵定义，原公式也可以改写成下述 A 命题：

$$(x)(Fx \supset Gx)$$

我们把否定号只作用于其简单谓述的公式称为**范型公式**。

在转到关于非复合陈述推论的话题之前，读者应该进行一些把非复合陈述从自然语言翻译成逻辑符号的训练。自然语言有如此之多不规则的和惯用的构造，以致不可能有把自然语言语句翻译成逻辑符号的简单规则。在任何情形下都要先理解语句的含义，然后用命题函项和量词术语予以重述。

练习题

A. 用所提示的缩写，把下述每个句子都翻译成量词和命题函项的逻辑符号，并使每个公式都以量词而不是否定号开头。

例题：

1. 没有畜生是没有一点同情心的。（Bx：x 是畜生；Px：x 是有同情心的）

解答：

(x)(Bx⊃Px)

2. 麻雀不是哺乳动物。(Sx：x是麻雀；Mx：x是哺乳动物)
3. 记者在场。(Rx：x是记者；Px：x在场)
4. 护士总是很体贴。(Nx：x是护士；Cx：x很体贴)
*5. 外交家并非都富有。(Dx：x是外交家；Rx：x富有)
6. 游泳就是要成为企鹅。(Sx：x游泳；Px：x是企鹅)
7. 所有童子军都不骗人。(Bx：x是童子军；Cx：x骗人)
8. 只有拿到执业资格证书的内科医师才能负责医疗。(Lx：x是拿到执业资格证书的内科医师；Cx：x能负责医疗)
9. 蛇毒有时是致命的。(Sx：x是蛇毒；Fx：x是致命的)
*10. 感冒从不是致命的。(Cx：x是感冒；Fx：x是致命的)
11. 一个小孩用手指着那个皇帝。(Cx：x是小孩；Px：x用手指着那个皇帝)
12. 并非所有小孩都用他们的手指着那个皇帝。(Cx：x是小孩；Px：x用手指着那个皇帝)
13. 闪光的不都是金子。(Gx：x闪光；Gx：x是金子)
14. 只有勇敢者才应配美人。(Bx：x是勇敢的；Dx：x应配美人)
*15. 只有美国公民才能在美国选举中投票。(Cx：x是美国公民；Vx：x能在美国选举中投票)
16. 美国的公民只能在美国的选举中投票。(Ex：x是美国公民能投票的选举；Ux：x是美国选举)
17. 并非每个求职者都被聘用。(Ax：x是求职者；Hx：x被聘用)
18. 没有任何一个求职者被聘用。(Ax：x是求职者；Hx：x被聘用)
19. 没有什么重要的事情被谈论。(Lx：x是重要的事情；Sx：x被谈论)
*20. 乐于助人的人有权进行批评。(Cx：x有权进行批评；Hx：x是乐于助人的人)

B. 把下列句子翻译成命题函项和量词构成的逻辑记法，每种情形下公式都以量词而不是否定号开头。

1. 除非通过计算，否则在战争中没有什么东西是可以实现的。

——Napoleon Bonaparte

2. 没有人不相信自然律。

　　　　　——Donna Haraway, *The Chronicle of Higher Education*, 28 June 1996

3. 每天都重新战胜自己的人会获得自由与生存。

　　　　　——Johann Wolfgang Von Goethe, *Faust*, Part II

4. 没有谁是彻底悲惨的，除非他被判住在爱尔兰。

　　　　　——Jonathan Swift

*5. 并非每个好事物都是安全的，并非每个危险事物都是坏的。

　　　　　——David Brooks, in *The Weekly Standard*, 18 August 1997

6. 没有我们不能改善的东西。

　　　　　——Advertising slogan, Ernst and Young, Accountants

7. 提得好的问题就已解决了一半。

　　　　　——Charles Kettering, former research director for General Motors

8. 没有一个后来变坏的女巫或男巫不是从斯莱特林出来的。

　　　　　——J. K. Rowling, in *Harry Potter and the Sorcerer's Stone*

9. 每个人都会不喜欢某些东西，但没有人不喜欢维列·尼尔森。

　　　　　——Steve Dollar, *Cox News Service*

*10. 除了傻子，没人不是为了钱而写作。

　　　　　——Samuel Johnson

C. 给下面的每个公式找一个与之逻辑等价的范型公式。

*1. $\sim(x)(Ax \supset Bx)$　　　　2. $\sim(x)(Cx \supset \sim Dx)$

3. $\sim(\exists x)(Ex \cdot Fx)$　　　　4. $\sim(\exists x)(Gx \cdot \sim Hx)$

*5. $\sim(x)(\sim Ix \vee Jx)$　　　　6. $\sim(x)(\sim Kx \vee \sim Lx)$

7. $\sim(\exists x)[\sim(Mx \vee Nx)]$　　8. $\sim(\exists x)[\sim(Ox \vee \sim Px)]$

9. $\sim(\exists x)[\sim(\sim Qx \vee Rx)]$　*10. $\sim(x)[\sim(Sx \cdot \sim Tx)]$

11. $\sim(x)[\sim(\sim Ux \cdot \sim Vx)]$　12. $\sim(\exists x)[\sim(\sim Wx \vee Xx)]$

10.5　有效性证明

某些论证的有效性取决于在其中出现的非复合陈述的内在结构，为了构造它们的有效性的形式证明，我们必须进一步扩充推论规则表。只需增加四个规则，我们将在涉及必须使用它们的那些论证时逐次引入。

考虑本章所引的第一个论证："所有人都是有死的。苏格拉底是人。所以苏格拉底是有死的。"可以符号化为：

(P_1)　(x)(Hx⊃Mx)

(P_2)　Hs

∴Ms

第一个前提断定了命题函项 Hx⊃Mx 的全称量化式。由于一个命题函项的全称量化式为真，当且仅当它的所有代入例都为真，从第一个前提可以推出命题函项 Hx⊃Mx 的任何一个我们需要的代入例。此处即可以推出代入例 Hs⊃Ms。

从它和第二个前提 Hs，根据肯定前件式，可以直接得出结论 Ms。

如果给我们的推论规则表加上这样一个原则，即一个命题函项的任一代入例都可以有效地从其全称量化式推得，那么，依照扩充了的基本有效论证形式表，我们可以给出该论证之有效性的形式证明。这种新的推论规则就是**全称例举原则**，简写为"U. I."。*用希腊字母 nu（ν）表示任一个体符号，我们可以把该新规则表述为：

U. I.：(x)(ϕx)

　　　∴ϕν　　　　（ν是任一个体符号）

其有效性的形式证明现在可以写成：

1.（x）(Hx⊃Mx)

2. Hs

　∴Ms

---

* 这个规则和下面的三个都是"自然演绎"规则的变体，这些规则是由格哈德·根岑（Gerhard Gentzen）、斯坦尼斯拉夫·雅思可夫斯基（Stanislaw Jaskowski）于1934年各自独立发现的。

3. Hs⊃Ms　　　1, U. I.
4. Ms　　　　 3, 2, M. P.

增加 U. I. 大大地强化了我们的证明工具，但我们还需要更多的规则。需要另一些支配量化的规则，这种需要是和这样的论证相联系的，如"所有人都是有死的。所有希腊人都是人。因此所有希腊人都是有死的"。这个论证的符号翻译是：

(x)(Hx⊃Mx)
(x)(Gx⊃Hx)
∴(x)(Gx⊃Mx)

其中，前提和结论都是普遍命题而不是单称命题，是命题函项的全称量化式而不是其代入例。根据 U. I.，我们可以有效地从这两个前提推出下述条件陈述对子：

$$\begin{Bmatrix} Ga⊃Ha \\ Ha⊃Ma \end{Bmatrix} \begin{Bmatrix} Gb⊃Hb \\ Hb⊃Mb \end{Bmatrix} \begin{Bmatrix} Gc⊃Hc \\ Hc⊃Mc \end{Bmatrix} \begin{Bmatrix} Gd⊃Hd \\ Hd⊃Md \end{Bmatrix} ……$$

通过连续使用假言三段论规则，我们可以有效地推出结论：

Ga⊃Ma, Gb⊃Mb, Gc⊃Mc, Gd⊃Md⊃

如果 a、b、c、d……是所有存在的个体，那么，我们从前提的真就可以有效地推出命题函项 Gx⊃Mx 的所有代入例的真。由于一个命题函项的全称量化式为真，当且仅当，它的所有代入例都为真，我们可以继续推出（x）(Gx⊃Mx) 为真，而它就是该论证的结论。

前面一段可以看作构成了上述论证有效性的一个**非形式**的证明，在证明中运用了假言三段论规则和支配量化的两个规则。它描述了一个长度不确定的陈述序列：前提中两个被全称量化的命题函项的所有代入例的序列，以及其全称量化式是结论的那个命题函项的所有代入例的序列。一个形式证明不能包含这样的不确定的甚或无限长的陈述序列。因此，必须寻求某种方法，它能以某种有限的、确定的方式来表达这些长度不确定的序列。

基础数学的一个一般技巧为做到这一点给出了提示。一个试图证明所有三角形都具有某种属性的几何学者，可以从"令 ABC 是一个任意选取的三角形"出发，然后对三角形 ABC 进行推理，确立它具有被探究的那种属性，由此可得出结论，**所有**三角形具有该属性。是什么东西能为他的最后结论进行辩护呢？承认这个特定的三角形 ABC 具有该属性，为什么可以得出所有三角形都具有这种属性？答案很容易见得：如果除了假定它是三角形外，我们对三角形 ABC 没做任何其他假定，那么，符号"ABC"可以被看作指称你所挑选的任何三角形。几何学者的论证确立了任一三角形具有所探究的属性，而如果任一三角形都具有某属性，那么**所有**三角形都具有该属性。我们现在也可引进一个符号，它类似于几何学者所谈论的"一任意选取的三角形 ABC"。这使我们可以谈论某命题函项的任一代入例，而不用去罗列其不确定的或无限数量的代入例。

我们将用（迄今还没用过）小写字母 y 来指称一任意选取的个体，以一种类似于几何学者使用字母 ABC 的方式来使用它。由于从一个命题函项的全称量化式可以推出它的任一代入例，故亦可推出以 y 替换 x 所得到的那个代入例。在此，y 指称"一任意选取的"个体。这样，我们可以这样着手进行上述论证有效性的形式证明：

1. $(x)(Hx \supset Mx)$
2. $(x)(Gx \supset Hx)$
   $\therefore (x)(Gx \supset Mx)$
3. $Hy \supset My$ 1, U. I.
4. $Gy \supset Hy$ 2, U. I.
5. $Gy \supset My$ 4, 3, H. S.

我们从前提演绎出了陈述 $Gy \supset My$，由于 y 指称"一任意选取的个体"，所以，该陈述实际上是断言命题函项 $Gx \supset Mx$ 的任一代入例为真。既然任一代入例为真，所有代入例必定为真，因此，该命题函项的全称量化也必定是真的。我们可以把这个原则加到推论规则表中，表述如下：从**一个命题函项关于任意选取的个体名称的代入例，我们可以有效地推出该命题函项的全称量化式**。这个规则允许我们进行概括，也就是从一个特定的代入例进到一个概括的或全称量化的表述式，故称为**全称概括原则**，并缩写为"U. G."。它被表述成：

U. G.: ϕy （y 指称"一任意选取的个体"）
$\therefore (x)(\phi x)$

前面的形式证明的第 6 行即最后一行，现在就可以写（并被证明）为：

    6．(x)(Gx⊃Mx)　　　5，U.G.

我们来回顾一下前面的讨论。在几何学者的证明中，对 ABC 所做的唯一假定就是它是一个三角形，因此，被证明为对 ABC 为真的东西也就被证明为对**任一**三角形为真。在我们的证明中，对 y 所做的唯一假定是它是一个个体词，因此，被证明为对 y 为真的东西也就被证明为对**任一**个体为真。符号 y 是一个个体符号，但它是一个很特殊的个体符号。特别是通过使用 U.I.，它被引入证明中，并且只有当出现了 y 时才允许使用 U.G.。

以下是另一个有效论证，它的有效性的证明要求使用 U.G. 和 U.I.："没有人是完美的。所有希腊人都是人。因此没有希腊人是完美的。"* 它的有效性的形式证明是：

    1．(x)(Hx⊃~Px)
    2．(x)(Gx⊃Hx)
    ∴(x)(Gx⊃~Px)
    3．Hy⊃~Py　　　　　　　　1，U.I.
    4．Gy⊃Hy　　　　　　　　　2，U.I.
    5．Gy⊃~Py　　　　　　　　4，3，H.S.
    6．(x)(Gx⊃~Px)　　　　　　5，U.G.

上面的证明看起来多少有点不自然，需要我们对 (x)(φx) 和 φy 做出仔细的区分。说它们尽管不同但根据 U.G. 和 U.I. 又必定可以相互推出，似乎二者之间没有实质差别。但它们之间确实有一种形式的差别。陈述 (x)(Hx⊃Mx) 是一个非复合陈述，而 Hy⊃My 作为一个条件陈述，是一个复合陈述。依照原先含有 19 个规则的推论规则表，从两个非复合陈述 (x)(Gx⊃Hx) 和 (x)(Hx⊃Mx) 出发，我们不能做相关的推理。但从复合陈述 Gy⊃Hy 和 Hy⊃My 出发，根据假言三段论，就可以得出所要的结论 Gy⊃My。规则 U.I. 用来从非复合陈述得出复合陈述，我们

---

* 对某些种类的论证来说，传统三段论分析可以和现代量化逻辑同等有效率地确立其有效性，此时注意到这一点是恰当的。传统逻辑学家立即会看出这个三段论是第一格的 EAE 式并判定其有效。关于直言三段论的有效标准形式的概述，参见 6.5 节。

先前的推论规则无法施于非复合陈述，但可以施于复合陈述以得出想要的结论。因此，量化规则增加了我们的逻辑工具，使得我们能够证明本质地涉及非复合（概括的）命题的论证的有效性，以及前一些章节所讨论的另一类（更简单的）论证的有效性。另外，尽管有这种形式的差别，(x)(ϕx)和ϕy必定是逻辑等价的，否则，规则 U.G. 和 U.I. 就不是有效的。对依据推论规则表来证明论证的有效性来说，这种差别和逻辑等价都很重要。把 U.G. 和 U.I. 加到推论规则表中使之得到了很大强化。

当我们转向涉及存在命题的论证时，推论规则表必须进一步扩充。我们可从这样一个很便捷的例子着手："所有罪犯都是邪恶的。有些人是罪犯。因此有些人是邪恶的。"它可以符号化为：

(x)(Cx⊃Vx)
(∃x)(Hx·Cx)
∴(∃x)(Hx·Vx)

一个命题函项的存在量化式为真，当且仅当，它至少有一个真代入例。因此，无论ϕ指谓何种属性，(∃x)(ϕx)所说的就是，至少存在一个具有属性ϕ的个体。如果一个个体常元（除了特定的符号 y）在早先的上下文中没有使用过，我们可以用它来指称具有属性ϕ的那个个体，或者，如果有几个具有属性ϕ的个体，用它指称其中的某个个体。若知道存在这样一个个体，譬如 a，我们就知道ϕa 是命题函项ϕx 的一个真代入例。故我们给推论规则表加上这样一个规则：从一个命题函项的存在量化式，可以推得关于在其语境中早先没有出现过的任一个体常元（除 y 之外）的代入例。这个新推论规则叫**存在例举原则**，可缩写为"E.I."。它可以表述成：

E.I.：(∃x)(ϕx)
∴ϕν　　［ν是任一在语境中先前没有出现过的个体常元（除 y 之外）］

如果确认所添加的推理规则 E.I.，我们即可着手证明上述论证的有效性：

1. (x)(Cx⊃Vx)
2. (∃x)(Hx·Cx)
   ∴(∃x)(Hx·Vx)

3. Ha · Ca	2, E. I.
4. Ca⊃Va	1, U. I.
5. Ca · Ha	3, Com.
6. Ca	5, Simp.
7. Va	4, 6, M. P.
8. Ha	3, Simp.
9. Ha · Va	8, 7, Conj.

到目前为止，我们演绎出了 Ha · Va，它是其存在量化式被结论断定的那个命题函项的代入例。由于一个命题函项的存在量化式为真，当且仅当，它至少有一个为真的代入例，我们为推论规则表再增加这样一个规则：**从一个命题函项的任一为真的代入例，我们可以有效地推出该命题函项的存在量化式**。这第四个也是最后一个推论规则叫存在概括原则，缩写为"E. G."，它可以表述为：

E. G. : ϕν　　　　(ν 是任一个体符号)
　　　∴(∃x)(ϕx)

前面开始的那个证明的第 10 行也即最后一行，现在可以写（并且被证明）为：

10. (∃x)(Hx · Vx)　　　9, E. G.

对 E. I. 的使用必须施加必要的限制，这一点可以通过考察如下明显无效的论证看出来："有些短吻鳄被关在笼子里。有些鸟被关在笼子里。因此有些短吻鳄是鸟。"如果我们不对 E. I. 施加这样一种限制，即根据 E. I. 从一个命题函项的存在量化式推出的代入例，只能含有一个在语境中早先没出现过的个体符号（除 y 之外），那么，我们就可以构造出这个无效论证的有效性"证明"。这样一个错误的"证明"可以如下进行：

1. (∃x)(Ax · Cx)
2. (∃x)(Bx · Cx)
　∴(∃x)(Ax · Bx)

3. Aa · Ca	1, E. I.
4. Ba · Ca	2, E. I.（错！）
5. Aa	3, Simp.

6. Ba	4, Simp.
7. Aa • Ba	5, 6, Conj.
8. (∃x)(Ax • Bx)	7, E. G.

这个"证明"的错误出现在第 4 行。我们从第二个前提（∃x）(Bx • Cx) 可知，至少存在这样一个事物，它既是鸟又被关在笼子里。如果我们在第 4 行给它自由地指派一个名称 a，我们当然就可以断言 Ba • Ca。但我们决不能自由地指派这样一个"a"，因为它作为一只关在笼子里的短吻鳄的名字，已经先在第 3 行中出现了。为避免这种错误，我们使用 E. I. 时必须服从这种必要的限制。由前面的讨论可明显见得：在任何要使用 E. I. 和 U. I. 的证明中，应该总是先使用 E. I.。

对更复杂的论证模式来说，特别是那些涉及关系的论证，我们还必须对四个量化规则施加某些附加限制。但就目前这种类型的论证即传统上叫作直言三段论的论证来说，目前的限制已足以避免出错。

概览

推论规则：量化			
名称	缩写	形式	作用
全称例举	U. I.	(x)(ϕx) ∴ ϕv （此处 v 是任一个体符号）	一个命题函项的任何代入例都可以从它的全称量化有效地推出。
全称概括	U. G.	ϕy ∴ (x)(ϕx) （此处 y 指称"一任意选取的个体"）	从一个命题函项关于一任意选取的个体名称的代入例，可以有效地推出该命题函项的全称量化式。
存在例举	E. I.	(∃x)(ϕx) ∴ ϕv [此处 v 是任一在上下文中先前没有出现的个体常元（除了 y）]	从一个命题函项的存在量化式，我们可以推出，它关于早先上下文的任何地方都没出现的任一个体常元（除了 y）的代入例为真。
存在概括	E. G.	ϕv ∴ (∃x)(ϕx) （此处 v 是任一个体符号）	从一个命题函项的任一为真的代入例，我们可以有效地推出该命题函项的存在量化式。

练习题

A. 为下述每个论证构造一个有效形式证明。

例题：

(x)(Ax⊃~Bx)
(∃x)(Cx·Ax)
∴(∃x)(Cx·~Bx)

解答：

这个论证的结论是一个存在量化陈述。因此，最后一步显然要用 E.G.（存在概括）。为了得到所要的那一行，我们首先必须对前提实施例举，即把 E.I.（存在例举）运用到第二个前提，把 U.I.（全称例举）运用到第一个前提。使用 E.I. 时的限制使得这一点是根本性的，即必须在运用 U.I. 之前运用 E.I.，这样我们就可以对二者都使用同样的个体常元，譬如 a。证明如下：

1. (x)(Ax⊃~Bx)
2. (∃x)(Cx·Ax)
∴(∃x)(Cx·~Bx)
3. Ca·Aa   2, E.I.
4. Aa⊃~Ba   1, U.I.
5. Aa·Ca   3, Com.
6. Aa   5, Simp.
7. ~Ba   4, 6, M.P.
8. Ca   3, Simp.
9. Ca·~Ba   8, 7, Conj.
10. (∃x)(Cx·~Bx)   9, E.G.

1. (P₁)(x)(Ax⊃~Bx)   2. (P₁)(x)(Dx⊃~Ex)
   (P₂)(∃x)(Cx·Ax)   (P₂)(x)(Fx⊃Ex)
   ∴(∃x)(Cx·~Bx)   ∴(x)(Fx⊃~Dx)

3. (P₁)(x)(Gx⊃Hx)   4. (P₁)(∃x)(Jx·Kx)

$(P_2)(x)(Ix \supset \sim Hx)$
$\therefore (x)(Ix \supset \sim Gx)$

*5. $(P_1)(x)(Mx \supset Nx)$
$(P_2)(\exists x)(Mx \cdot Ox)$
$\therefore (\exists x)(Ox \cdot Nx)$

$(P_2)(x)(Jx \supset Lx)$
$\therefore (\exists x)(Lx \cdot Kx)$

6. $(P_1)(\exists x)(Px \cdot \sim Qx)$
$(P_2)(x)(Px \supset Rx)$
$\therefore (\exists x)(Rx \cdot \sim Qx)$

7. $(P_1)(x)(Sx \supset \sim Tx)$
$(P_2)(\exists x)(Sx \cdot Ux)$
$\therefore (\exists x)(Ux \cdot \sim Tx)$

8. $(P_1)(x)(Vx \supset Wx)$
$(P_2)(x)(Wx \supset \sim Xx)$
$\therefore (x)(Xx \supset \sim Vx)$

9. $(P_1)(\exists x)(Yx \cdot Zx)$
$(P_2)(x)(Zx \supset Ax)$
$\therefore (\exists x)(Ax \cdot Yx)$

*10. $(P_1)(x)(Bx \supset \sim Cx)$
$(P_2)(\exists x)(Cx \cdot Dx)$
$\therefore (\exists x)(Dx \cdot \sim Bx)$

11. $(P_1)(x)(Fx \supset Gx)$
$(P_2)(\exists x)(Fx \cdot \sim Gx)$
$\therefore (\exists x)(Gx \cdot \sim Fx)$

B. 用所给符号，为下述每个论证构造一个有效形式证明。

*1. 没有运动员是书呆子。卡罗尔是书呆子。因此卡罗尔不是运动员。（Ax，Bx，c）

2. 所有舞蹈演员都是精力旺盛的。有些击剑者不是精力旺盛的。因此，有些击剑者不是舞蹈演员。（Dx，Ex，Fx）

3. 没有赌徒是幸福的。有些理想主义者是幸福的。因此，有些理想主义者不是赌徒。（Gx，Hx，Ix）

4. 所有小丑都是流氓。没有流氓是幸运的。因此，没有小丑是幸运的。（Jx，Kx，Lx）

*5. 所有山民都是友好的。有些歹徒是山民。因此，有些歹徒是友好的。（Mx，Nx，Ox）

6. 只有和平主义者是教友派信徒。有一些虔诚的教友派信徒。因此，和平主义者有些是虔诚的。（Px，Qx，Rx）

7. 诈骗者都是贼。除了穷困的人，没人是贼。因此，诈骗者都是穷困的人。（Sx，Tx，Ux）

8. 没有小提琴家不是富有的。没有富有的木琴演奏家。因此，小提琴家决不是木琴演奏家。（Vx，Wx，Xx）

9. 除了勇敢者外，没人配得上美人。只有战士是勇敢者。因此，只

有战士配得上美人。(Dx，Bx，Sx)

*10. 每个有所求的人都有所得。西蒙无所得。因此，西蒙无所求。(Ax，Rx，s)

10.6 无效性证明

要证明一个涉及量词的论证无效，我们可以用逻辑类推进行反驳的方法。例如："所有保守派都是行政机关的反对者；有些代表是行政机关的反对者；因此，有些代表是保守派。"这个论证可以通过这样一个逻辑类推被证明为无效，即"所有猫都是动物；有些狗是动物；因此，有些狗是猫"。这个论证显然无效，因为已知它的前提为真而结论为假。但这种类比并非总是很容易构造。因此，需要某种更有力的证明无效性的方法。

在第9章中，我们利用简化真值表方法（STTT），来证明一个包含真值函数的复杂陈述的非有效论证的无效性。这种方法是通过对论证中的简单分支陈述进行真值指派，使得论证的前提为真而结论为假。我们可以设法使这种方法适用于使用量词的论证。这涉及这样一个一般假定，即至少存在一个个体。若一个涉及量词的论证有效，那么，只要至少有一个个体存在，这个论证的前提为真而结论为假就必定是不可能的。

如果恰好存在一个个体或两个个体或三个个体……那么，至少存在一个个体这个一般假定就得到了满足。如果做了任何这样一个关于个体的确切数量的假定，就有一个关于普遍命题与单称命题的真值函项复合式的等价式。如果刚好存在一个个体，譬如说 a，那么：

$$(x)(\phi x) \stackrel{T}{\equiv} \phi a \stackrel{T}{\equiv} (\exists x)(\phi x)$$

如果刚好存在两个个体，譬如说 a 和 b，那么：

$$(x)(\phi x) \stackrel{T}{\equiv} [\phi a \cdot \phi b]，而 (\exists x)(\phi x) \stackrel{T}{\equiv} [\phi a \lor \phi b]$$

如果刚好存在三个个体，譬如说 a、b 和 c，那么：

$$(x)(\phi x) \equiv [\phi a \cdot \phi b \cdot \phi c]，而 (\exists x)(\phi x) \stackrel{T}{\equiv} [\phi a \lor \phi b \lor \phi c]$$

一般地，如果刚好存在 n 个个体，譬如说 a，b，c，…，n，那么：

$$(x)(\phi x) \stackrel{T}{\equiv} [\phi a \cdot \phi b \cdot \phi c \cdot \cdots \cdot \phi n]，而 (\exists x)(\phi x) \stackrel{T}{\equiv} [\phi a \lor$$

φb∨ φc∨ ⋯ ∨ φn]

由于它们是我们关于全称和存在量词定义的推论，所以这些双条件陈述为真。这里并没有用到 10.5 节所阐释的四个量化规则。

一个涉及量词的论证有效，**当且仅当**，不管存在多少个体它都是有效的——假定至少存在一个个体的话。因此，如果存在一个至少含有一个个体的可能域或模型，它使得某论证相对该模型来说，其前提为真而结论为假，那么，这样一个涉及量词的论证就被证明为无效。考察论证："所有雇佣兵都是不可靠的。没有游击队员是雇佣兵。因此没有游击队员是不可靠的。"它可以符号化为：

(x)(Mx⊃Ux)

(x)(Gx⊃∼Mx)

∴(x)(Gx⊃∼Ux)

如果刚好存在一个个体，譬如说 a，这个论证逻辑地等价于：

(P_1)Ma⊃Ua

(P_2)Ga⊃∼Ma

∴Ga⊃∼Ua

给 Ga 和 Ua 指派真值**真**，给 Ma 指派真值**假**，即可以证明上式是无效的。（这种真值指派是一种简略的描述方式，它把所讨论的**模型**描述成只含有一个个体 a，这个个体是游击队员且不可靠，但不是雇佣兵。）于是，原来的论证对于一个只含有一个个体的模型来说不是有效的，因此它是**无效的**。类似地，通过描述只含有一个个体 a 的模型，使得 Aa 和 Da 被赋值为**真**，且 Ca 被赋值为**假**，我们就可以证明本节提到的第一个论证的无效性。*

有些论证对于刚好只有一个个体的模型来说是有效的，但对于有两个或更多个体的模型来说则不然。譬如：

(P_1)(∃x)Fx

---

* 在此，我们假定命题中出现的简单谓述 Ax、Bx、Cx、Dx……既不是必然的，即对所有个体逻辑真（例如，x 与它自身同一），也不是不可能的，即对所有个体逻辑假（例如，x 不同于它自身）。我们还假定，所涉及的简单谓述之间的逻辑关系只是前提所断言的或逻辑蕴涵的那些关系。这些限制的主旨在于使我们可以任意地对这些简单谓述的代入例进行真值指派，而没有任何不相容性——这当然是因为，对任何模型的正确描述必定是相容的。

∴(x)Fx

这样的论证必须被当作无效的，因为只要至少存在一个个体，那么，一个有效的论证就必定有效而不管存在多少个体。这种论证的另一个例子是："所有牧羊犬都是可爱的。有些牧羊犬是看门狗。因此，所有看门狗都是可爱的。"它的符号化翻译是：

(P_1)(x)(Cx⊃Ax)
(P_2)(∃x)(Cx·Wx)
∴(x)(Wx⊃Ax)

对一个刚好只有一个个体 a 的模型来说，该论证逻辑地等价于：

(P_1)Ca⊃Aa
(P_2)Ca·Wa
∴Wa⊃Aa

这个论证是有效的。但对一个有两个个体譬如 a 和 b 的模型来说，它逻辑地等价于：

(P_1)(Ca⊃Aa)·(Cb⊃Ab)
(P_2)(Ca·Wa)∨(Cb·Wb)
∴(Wa⊃Aa)·(Wb⊃Ab)

通过对 Ca、Aa、Wa、Wb 指派**真**，对 Cb、Ab 指派**假**，可以证明该论证无效。于是，原论证对一个刚好有两个个体的模型来说不是有效的，因此它是**无效的**。对任何这种一般类型的无效论证来说，有可能描述一个含有有限数量个体的模型，用真值指派的方法可以证明，与这个论证逻辑等价的真值函项论证相对于该模型是无效的。

需要再次强调：在从一个涉及普遍命题的论证转化为一个真值函项论证（相对于某特定模型，它逻辑等价于给定论证）的过程中，并没有用到我们的那四个量化规则。相反，真值函项论证的每个陈述，逻辑地等价于给定论证中与之对应的普遍命题。这种逻辑等价可以由本节中早些时候所阐述的那些双条件陈述来解释。相对于所讨论的那个模型，它们的逻辑真可以从全称量词和存在量词的定义推出。

证明一个含有普遍命题的论证无效的程序如下。首先，考察一个只含有一个个体 a 的一元模型。然后，写出该论证相对于此模型的逻辑等价真值函项论证。通过把原论证的每个普遍命题（量化的命题函项）转化为该命题函项关于 a 的代入例，就可以做到这一点。如果对它的简单分支陈述进行真值指派可以证明该真值函项论证无效，那么这就足以证明原论证无效。如果不能做到这一点，就接着考察一个含有两个个体 a 和 b 的二元模型。为了得到相对于这个更大模型来说逻辑等价的真值函项论证，我们可以简单地把原来关于 a 的每个代入例和一个关于 b 的新代入例结合起来。这种"结合"必须依照前面所陈述的那些逻辑等价式。也就是说，在原论证含有一个全称量化的命题函项（x）（ϕx）时，就用**合取**（"·"）把新的代入例 ϕb 和第一个代入例 ϕa 结合起来；在原论证含有一个**存在**量化的命题函项（∃x）（ϕx）时，就用**析取**（"∨"）把新的代入例 ϕb 和第一个代入例 ϕa 结合起来。前述例子说明了这种程序。如果对它的简单分支陈述进行真值指派可以证明该真值函项论证无效，那么这就足以证明原论证无效。如果做不到这一点，就接着考察一个含有个体 a、b 和 c 的三元模型等。本书中没有哪个习题要求一个含有超过三个元素的模型。

练习题

在下面的练习中，不需要含有超过两个元素的模型。

A. 证明下述论证的无效性。

例题：

(P_1) (∃x)(Ax · Bx)
(P_2) (∃x)(Cx · Bx)
∴ (x)(Cx ⊃ ∼Ax)

解答：

我们首先构造一个刚好有一个个体 a 的模型（或可能域，用下面的方框表示）。然后写出在该模型中的逻辑等价命题。于是有：

(∃x)(Ax · Bx)
(∃x)(Cx · Bx)   在模型中逻辑等价于   Aa · Ba
∴ (x)(Cx ⊃ ∼Ax)   Ca · Ba
                                              ∴ Ca ⊃ ∼Aa

通过如下真值指派，我们可以证明该论证在这个模型中无效：

Aa	Ba	Ca
T	T	T

由于该论证在这个模型中被证明为无效，因此该论证被证明为无效。

1. (P₁) (∃x)(Ax · Bx)
   (P₂) (∃x)(Cx · Bx)
   ∴ (x)(Cx ⊃ ~Ax)

2. (P₁) (x)(Dx ⊃ ~Ex)
   (P₂) (x)(Ex ⊃ Fx)
   ∴ (x)(Fx ⊃ ~Dx)

3. (P₁) (x)(Gx ⊃ Hx)
   (P₂) (x)(Gx ⊃ Ix)
   ∴ (x)(Ix ⊃ Hx)

4. (P₁) (∃x)(Jx · Kx)
   (P₂) (∃x)(Kx · Lx)
   ∴ (∃x)(Lx · Jx)

*5. (P₁) (∃x)(Mx · Nx)
   (P₂) (∃x)(Mx · Ox)
   ∴ (∃x)(Ox ⊃ Nx)

6. (P₁) (x)(Px ⊃ ~Qx)
   (P₂) (x)(Px ⊃ ~Rx)
   ∴ (x)(Rx ⊃ ~Qx)

7. (P₁) (x)(Sx ⊃ ~Tx)
   (P₂) (x)(Tx ⊃ Ux)
   ∴ (∃x)(Ux · ~Sx)

8. (P₁) (∃x)(Vx · ~Wx)
   (P₂) (∃x)(Wx · ~Xx)
   ∴ (∃x)(Xx · ~Vx)

9. (P₁) (∃x)(Yx · Zx)
   (P₂) (∃x)(Ax · Zx)
   ∴ (∃x)(Ax · ~Yx)

*10. (P₁) (∃x)(Bx · ~Cx)
    (P₂) (x)(Dx ⊃ ~Cx)
    ∴ (x)(Dx ⊃ Bx)

B. 用所给符号，证明下述论证的无效性。

*1. 所有无政府主义者都是留胡须的。所有共产主义者都是留胡须的。因此，所有无政府主义者都是共产主义者。(Ax, Bx, Cx)

2. 没有外交官是极端主义者。有些狂热者是极端主义者。因此，有些外交官不是狂热者。(Dx, Ex, Fx)

3. 所有将军都是英俊的。有些知识分子是英俊的。因此，有些将军是知识分子。(Gx, Hx, Ix)

4. 有些记者不是爱开玩笑的人。有些爱开玩笑的人不是幸运的。因此，有些记者不是幸运的。(Jx, Kx, Lx)

*5. 有些不满者是聒噪的。有些官员不是聒噪的。因此，没有官员是不满者。(Mx, Nx, Ox)

6. 有些医师是庸医。有些庸医是不负责任的。因此，有些医师是不负责任的。(Px, Qx, Rx)

7. 有些政治家是领导者。有些领导者不是雄辩家。因此，有些雄辩家不是政治家。(Px，Lx，Ox)

8. 除勇敢者外，没人配得上美人。每个战士都是勇敢者。因此，除战士以外，没人配得上美人。(Dx，Bx，Sx)

9. 如果某物是金属，那么它是易碎的。有一些易碎的装饰品。因此，有一些金属装饰品。(Mx，Bx，Ox)

*10. 只有学生是会员。只有会员是受欢迎的。因此，所有学生是受欢迎的。(Sx，Mx，Wx)

10.7 非三段论推论

前两节讨论的所有论证都具有传统上叫作直言三段论的形式。它们由两个前提和一个结论组成，每个前提和结论都可以分析成一个单称命题或 A、E、I、O 中的某一种。现在我们转向评价更复杂一些的论证。评价这些论证并不需要比此前已经给出的更多的逻辑工具。这些论证称为非三段论论证，这就是说，它们不能化归为标准形式的直言三段论。因此，评价它们就需要一种比传统上检验直言三段论所使用的更有力的逻辑。

本节我们仍关注普遍命题，它们是通过量化只含有一个个体变元的命题函项而形成的。在直言三段论中，被量化的命题函项具有 $\phi x \supset \psi x$、$\phi x \supset \sim \psi x$、$\phi x \cdot \psi x$、$\phi x \cdot \sim \psi x$ 形式。但现在我们要量化一些具有更复杂内部结构的命题函项。下述例子有助于说明问题，请考虑论证：

(P_1) 旅馆都是既贵又令人压抑的。
(P_2) 有些旅馆简陋。
因此，有些贵的东西简陋。

该论证显然是有效的，但它并不能用传统方法加以分析。若分别用符号 Hx、Bx、Sx 和 Ex 缩写命题函项"x 是旅馆"、"x 既贵又令人压抑"、"x 是简陋的"和"x 是贵的"，该论证的确可以用 A 和 I 命题来表达。*用这些缩写形式可以把该论证符号化为：

---

* 然而，这就会违背本章第 6 节的脚注所述的限制。

$(P_1)(x)(Hx \supset Bx)$

$(P_2)(\exists x)(Hx \cdot Sx)$

∴$(\exists x)(Ex \cdot Sx)$

但以这种方式强迫该论证受传统的 A 和 I 形式的束缚，就遮蔽了它的有效性。尽管原来的论证非常有效，但刚才用符号给出的论证却是无效的。这里对直言命题所施加的符号限制遮蔽了 Bx 和 Ex 之间的逻辑联系。用如上所解释的 Hx、Sx 和 Ex，加上 Dx，我们可以获得一个更适当的分析。在此，Dx 是 "x 是令人压抑的" 的缩写。原来的论证用这些符号可以翻译成：

1. $(x)[Hx \supset (Ex \cdot Dx)]$
2. $(\exists x)(Hx \cdot Sx)$

∴$(\exists x)(Ex \cdot Sx)$

经过如此符号化，它的有效性证明很容易构造。这样的证明可以如下进行：

3. $Hw \cdot Sw$	2，E. I.
4. $Hw \supset (Ew \cdot Dw)$	1，U. I.
5. Hw	3，Simp.
6. $Ew \cdot Dw$	4，5，M. P.
7. Ew	6，Simp.
8. $Sw \cdot Hw$	3，Com.
9. Sw	8，Simp.
10. $Ew \cdot Sw$	7，9，Conj.
11. $(\exists x)(Ex \cdot Sx)$	10，E. G.

在对经量化更复杂的命题函项而得到的普遍命题进行符号化时，必须小心不要被日常语言的表述方式误导。我们不能依照任何形式的或机械的规则来把自然语言翻译为逻辑符号。在每种情形下，必须理解自然语言语句的意义，然后用命题函项和量词术语加以符号化。

日常语言中有时令人困扰的三种表达方式是这样的。第一，像"所有运动员力气大或跑得快"这样的陈述，尽管它含有联结词"或"，但它不是一个析取陈述。它无疑和"或者所有运动员力气大或者所有运动员跑得快"不具有同样的含义。使用缩写形式，前者可以恰当地符号化为：

$$(x)[Ax\supset(Sx\lor Qx)]$$

而后者却可以符号化为：

$$(x)(Ax\supset Sx)\lor(x)(Ax\supset Qx)$$

第二，我们注意到，"牡蛎和蚌好吃"这样的陈述，可以被表述为两个普遍命题的合取，即"牡蛎好吃并且蚌好吃"；但它也可被表述为一个单一的非复合普遍命题。在这种情况下，语词"和"可以用"∨"而不是"·"来恰当地符号化。该命题可以符号化为：

$$(x)[(Ox\lor Cx)\supset Dx]$$

而不是

$$(x)[(Ox\cdot Cx)\supset Dx]$$

因为说牡蛎和蚌好吃，就是说任何一个或者是牡蛎或者是蚌的东西好吃，而不是说任何一个既是牡蛎又是蚌的东西好吃。

第三，对所谓的除外命题要格外小心。如"除以前的获胜者外，都符合条件"这样的命题，可以被处理成两个普遍命题的合取。我们可以合理地把此命题理解为断言：以前的获胜者不符合条件，并且那些不是以前的获胜者的人符合条件。因此，它可以符号化为：

$$(x)(Px\supset\sim Ex)\cdot(x)(\sim Px\supset Ex)$$

但这个同样的除外命题也可以翻译成一个非复合的普遍命题，这个命题是一个含有实质等值符"≡"的命题函项的全称量化式，它是一个双条件陈述，可以符号化为：

$$(x)(Ex\equiv\sim Px)$$

这个符号表达式也可以用日常语言翻译成"任何人要符合条件，当且仅当，这个人不是以前的获胜者"。一般来说，除外命题可以最方便地看作量化了的双条件陈述。

有时很难确定一个命题事实上是不是除外命题。近期一件要求联邦法庭全体陪审员解决的纠纷说明了这种情境上的困难。《人口调查法》制定了每十年进行一次的全国普查的一些规则，它有这样一段话：

195 节：除为了在几个州中分配国会代表的席位而确定人口数量以外，[商业]部长在执行这项权利的有关规定时，有权批准使用"抽样"统计方法，如果他认为这是可行的话。

在因分配国会代表席位要确定人口数量而进行的 2000 年的普查中，普查局想使用抽样技术，但被众议院控诉。众议院宣称上面的引文禁止在这样一次普查中进行抽样。普查局对此做了辩护，认为这段话批准在某些情境中使用抽样，但在席位分配情境中却悬而未决。对法规中除外规定的哪种解释是正确的呢？

法庭认为众议院的见解正确，它写道：

考察这样一个指令："除我祖母的结婚礼服外，把我衣橱里的东西都送到洗衣店去。"……这似乎是说，如果该孙女的指令的接受者把结婚礼服送到洗衣店去，并且随后争辩说她把这留给他做决定，那么她会气恼。产生这一结果的原因……是因为我们关于结婚礼服的背景知识：我们知道它们特别易坏，并且对家庭成员来说具有极深的情感价值。因此，我们不希望决定把礼服送到洗衣店是完全任意的。

各州国会代表席位的分配就是衣橱中的那件结婚礼服……分配函数是"十年一度的普查的单调构成性函数"，其执行方式不仅影响各州代表席位的分配，而且影响众议院中政治力量的平衡……本法庭认为，《人口调查法》禁止为了在州中分配代表席位而去确定人口数量时使用统计抽样法……*

因此，这个法规中的除外命题被理解为断定这两个命题的合取：(1) 在分配席位的情境中，使用抽样法是不允许的，(2) 在所有其他情境中，可以任意使用抽样法。一个除外形式的争议性语句必须在其情境中来理解。

在 10.5 节，我们的推论规则表增加了 4 个规则，并且表明，这个扩展表足以证明有效的直言三段论的有效性。刚才已经看到，同一扩展表足

---

* 一个特别指定的投票权法案三人法官陪审团于 1998 年 8 月 24 日所做判决。

以确立所描述类型的非三段论论证的有效性。现在我们可以观察到，正如扩展表足以在非三段论论证中判定有效性一样，证明三段论无效的（在10.6节所解释的）方法，即通过描述非空的可能域或模型，也足以证明当前这种非三段论论证的无效性。考虑下面这个非三段论论证：

经理和主管或者是有能力的员工，或者是所有者的亲属。
敢抱怨的人必定或者是主管，或者是所有者的亲属。
唯有经理和工头是有能力的员工。
某人敢抱怨。
因此，某个主管是所有者的亲属。

可以符号化为：

$(P_1)(x)[(Mx \lor Sx) \supset (Cx \lor Rx)]$
$(P_2)(x)[Dx \supset (Sx \lor Rx)]$
$(P_3)(x)(Mx \equiv Cx)$
$(P_4)(\exists x)Dx$
$\therefore (\exists x)(Sx \cdot Rx)$

通过描述一个只含有个体 a 的可能域或模型，并对 Ca、Da、Fa 和 Ra 指派真值真，对 Sa 指派真值假，我们可以证明该论证无效。

练习题

A. 用所提示的缩写形式，把下列陈述翻译成逻辑符号表达式。

例题：

1. 苹果和橘子好吃并且有营养。(Ax, Ox, Dx, Nx)

解答：

很清楚，这个命题的含义是，如果任一事物是苹果或者是橘子，那么它既好吃又有营养。因此，它可符号化如下：

$(x)[(Ax \lor Ox) \supset (Dx \cdot Nx)]$

2. 有些食物仅当它们被煮熟了才可吃。(Fx, Ex, Cx)

3. 没有汽车是安全的，除非它有好刹车。(Cx, Sx, Bx)

4. 任一高个男人都有吸引力，如果他黝黑且英俊的话。（Tx，Mx，Ax，Dx，Hx）

*5. 一个职业拳击手获胜，当且仅当，他有运气。（Gx，Wx，Lx）

6. 一个当且仅当有运气才赢的拳击手是不灵巧的。（Bx，Wx，Lx，Sx）

7. 并非所有富有的人都既受过教育又有教养。（Px，Wx，Ex，Cx）

8. 并非所有便宜的工具是软的或易碎的。（Tx，Cx，Sx，Bx）

9. 任何一个开小差的人都是胆小鬼。（Px，Cx，Dx）

*10. 要想获得成功，如果经商，就必须辛劳有加，如果谋得固定职业，就必须不断学习。（Ax：x 获得成功；Wx：x 辛劳有加；Bx：x 经商；Sx：x 不断学习；Px：x 谋得固定职业）

11. 有一个过去的欧洲笑话是这样的：在美国，每件未被禁止的事都是允许的。在德国，每件未被允许的事都是禁止的。在法国，每件即使被禁止的事也是允许的。在俄罗斯，每件即使被允许的事也是禁止的。（Ax：x 在美国；Gx：x 在德国；Fx：x 在法国；Rx：x 在俄罗斯；Px：x 被允许；Nx：x 被禁止）

B. 给下列每题构造一个有效性的形式证明，或者证明其无效。如果要证明其无效，可能需要一个有三个元素的模型。

*1. $(P_1)(x)[(Ax \lor Bx) \supset (Cx \cdot Dx)]$
   $\therefore (x)(Bx \supset Cx)$

2. $(P_1)(\exists x)\{(Ex \cdot Fx) \cdot [(Ex \lor Fx) \supset (Gx \cdot Hx)]\}$
   $\therefore (x)(Ex \supset Hx)$

3. $(P_1)(x)\{[Ix \supset (Jx \cdot \sim Kx)] \cdot [Jx \supset (Ix \supset Kx)]\}$
   $(P_2)(\exists x)[(Ix \cdot Jx) \cdot \sim Lx]$
   $\therefore (\exists x)(Kx \cdot Lx)$

4. $(P_1)(x)[(Mx \cdot Nx) \supset (Ox \lor Px)]$
   $(P_2)(x)[(Ox \cdot Px) \supset (Qx \lor Rx)]$
   $\therefore (x)[(Mx \lor Ox) \supset Rx]$

*5. $(P_1)(\exists x)(Sx \cdot Tx)$
   $(P_2)(\exists x)(Ux \cdot \sim Sx)$
   $(P_3)(\exists x)(Vx \cdot \sim Tx)$
   $\therefore (\exists x)(Ux \cdot Vx)$

6. $(P_1)(x)[Wx\supset(Xx\supset Yx)]$
   $(P_2)(\exists x)[Xx\cdot(Zx\cdot\sim Ax)]$
   $(P_3)(x)[(Wx\supset Yx)\supset(Bx\supset Ax)]$
   $\therefore(\exists x)(Zx\cdot\sim Bx)$

7. $(P_1)(\exists x)[Cx\cdot\sim(Dx\supset Ex)]$
   $(P_2)(x)[(Cx\cdot Dx)\supset Fx]$
   $(P_3)(\exists x)[Ex\cdot\sim(Dx\supset Cx)]$
   $(x)(Gx\supset Cx)$
   $\therefore(\exists x)(Gx\cdot\sim Fx)$

8. $(P_1)(x)(Hx\supset Ix)$
   $(P_2)(x)[(Hx\cdot Ix)\supset Jx]$
   $(P_3)(x)[\sim Kx\supset(Hx\vee Ix)]$
   $(P_4)(x)[(Jx\vee\sim Jx)\supset(Ix\supset Hx)]$
   $\therefore(x)(Jx\vee Kx)$

9. $(P_1)(x)\{(Lx\vee Mx)\supset\{[(Nx\cdot Ox)\vee Px]\supset Qx\}\}$
   $(P_2)(\exists x)(Mx\cdot\sim Lx)$
   $(P_3)(x)\{[(Ox\supset Qx)\cdot\sim Rx]\supset Mx\}$
   $(P_4)(\exists x)(Lx\cdot\sim Mx)$
   $\therefore(\exists x)(Nx\supset Rx)$

*10. $(P_1)(x)[(Sx\vee Tx)\supset\sim(Ux\vee Vx)]$
   $(P_2)(\exists x)(Sx\cdot\sim Wx)$
   $(P_3)(\exists x)(Tx\cdot\sim Xx)$
   $(P_4)(x)(\sim Wx\supset Xx)$
   $\therefore(\exists x)(Ux\cdot\sim Vx)$

C. 用所提示的符号，为下列每题构造一个有效性的形式证明，或者证明其无效。

*1. 酸和成色低的金属是化学物质。醋是酸。因此，醋是化学物质。（Ax，Bx，Cx，Vx）

2. 教师或者是热情的或者是不成功的。并非所有教师是不成功的。因此，有一些热情的教师。（Tx，Ex，Ux）

3. 氩化合物和钠化合物或者是油性的或者是挥发性的。并非所有钠化合物都是油性的。因此，有些氩化合物是挥发性的。（Ax，Sx，Ox，Vx）

4. 没有一个懒散的或者无礼貌的雇员能得到提升。因此，没有一个无礼貌的能得到提升。(Ex, Sx, Dx, Px)

*5. 没有一个不顾及别人的或残暴的雇主会成功。有些雇主不顾及别人。有一些残暴的雇主。因此，没有雇主会成功。(Ex, Ix, Tx, Sx)

6. 没有什么用金子做的东西不贵。没有武器是用银做成的。并非所有武器都贵。因此，并非每件东西是用金子或银做成的。(Gx, Ex, Wx, Sx)

7. 没有什么用锡做的东西不便宜。没有戒指是用铅做的。并非每件东西或者是锡或者是铅。因此，并非所有戒指都便宜。(Tx, Cx, Rx, Lx)

8. 有些职业拳手好斗但不聪明。所有职业拳手都戴手套。并非所有职业拳击手都好斗。任何攻击力强的选手都好斗。因此，并非每个攻击力强的选手都戴手套。(Px, Ax, Ix, Gx, Sx)

9. 有些摄影师技术熟练但没有想象力。只有艺术家是摄影师。并非摄影师都技术熟练。熟练工人都技术熟练。因此，并非每个艺术家是熟练工人。(Px, Sx, Ix, Ax, Jx)

*10. 一本书有趣仅当它写得好。一本书写得好仅当它有趣。因此，如果一本书有趣或者写得好，那么它既有趣又写得好。(Bx, Ix, Wx)

D. 要求同上题。

*1. 不是叛国者的所有公民都在场。所有官员都是公民。有些官员不在场。因此，有一些叛国者。(Cx, Tx, Px, Ox)

2. 医生和律师是专家。专家和行政人员是受人尊敬的。因此，医生是受人尊敬的。(Dx, Lx, Px, Ex, Rx)

3. 只有律师和政治家是会员。有些会员不是大学毕业生。因此，有些律师不是大学毕业生。(Lx, Px, Mx, Cx)

4. 所有打折的产品或者是陈货或者是过时了的。没什么陈货值得买。有些打折的产品值得买。因此，有些打折的产品是过时了的。(Cx, Sx, Ox, Wx)

*5. 有些钻石用作装饰品。只有像宝石那样戴的东西，或者像化妆品那样抹的东西被用作装饰品。钻石从来不像化妆品那样抹。如果它有某种工业用途，那么，没有什么像宝石那样戴的东西被恰当地使用。有些钻石有工业用途。因此，有些钻石没有被恰当地使用。(Dx, Ax, Jx, Cx,

Px，Ix)

6. 没有一个劳工所支持的或者民众领袖所反对的候选人能在农民公决中获胜。没有一个在农民公决中没能获胜的人会当选。因此，没有一个劳工所支持的候选人能当选。(Cx，Lx，Ox，Fx，Ex)

7. 没有一种适当冶炼过的金属是易碎的。除非用油浸过，没有黄铜是适当冶炼过的。书架上的有些烟灰缸是黄铜制的。书架上的每件东西都是易碎的。黄铜是金属。因此，有些烟灰缸没有用油浸过。(Mx：x是金属；Fx：x是易碎的；Tx：x是彻底锻炼过的；Bx：x是黄铜；Ox：x是用油浸过的；Sx：x在书架上)

8. 如果可以自由地投票的话，委员会中任何认识被提名者的人都会投他的票。除被该政党领导者秘密会议指使不投他的票的那些人，或者保证支持其他人的那些人以外，委员会中的每个人都可以自由地投该被提名者的票。委员会中的每个人都认识该被提名者。认识该被提名者的人中没有一个保证支持其他人。并非委员会中的每个人都投该被提名者的票。因此，该政党领导者秘密会议指使某些委员不投该被提名者的票。(Cx：x在委员会中；Kx：x认识被提名者；Vx：x投被提名者的票；Fx：x自由地投被提名者的票；Ix：x被政党领导者秘密会议指使不投被提名者的票；Px：x保证支持其他人)

9. 所有逻辑学家都是深刻的思想家和高效的作者。要想写作高效，如果其读者是普通人，他就必须简约，如果其读者是专业人员，他就必须全面。如果他有能力影响普通读者，那么，没有一个深刻的思想家有专业性读者。有些逻辑学家全面但不简约。因此，并非所有逻辑学家有能力影响普通读者。(Lx：x是逻辑学家；Dx：x是深刻的思想家；Wx：x是高效的作者；Ex：x是简约的；Gx：x的读者是普通人；Cx：x是全面的；Tx：x的读者是专业人员；Ax：x有能力影响普通读者)

*10. 某个罪犯抢劫了拉塞尔大厦。任何抢劫拉塞尔大厦的人或者在仆人中有同伙，或者不得不破门而入。要破门而入的话，他就得或者把门捣坏，或者把锁撬开。只有熟练的锁匠才能把锁撬开。如果某人把门捣坏，他会被人听见。没有人被听见。如果抢劫拉塞尔大厦的罪犯设法愚弄了门卫，他必定是一个令人信服的演员。除非他愚弄门卫，没人能抢劫拉塞尔大厦。没有罪犯既是熟练的锁匠又是令人信服的演员。因此，某个罪犯在仆人中有同伙。(Cx：x是一个罪犯；Rx：x抢劫了拉塞

尔大厦；Sx：x 在仆人中有同伙；Bx：x 破门而入；Px：x 把锁撬开；Lx：x 是熟练的锁匠；Hx：x 被人听到；Fx：x 愚弄了门卫；Ax：x 是令人信服的演员）

11. 如果某东西昂贵，那么它既有价值又稀有。任何有价值的东西是令人想要的和昂贵的。因此，如果某东西有价值或者昂贵，那么它必定既有价值又昂贵。(Ex：x 是昂贵的；Vx：x 是有价值的；Rx：x 是稀有的；Dx：x 是令人想要的)

12. 无花果和葡萄有利于健康。没什么有利于健康的东西不值得赞美或没有营养。有些葡萄没有营养并且多瘤。有些无花果瘤不多。因此，有些无花果不值得赞美。(Fx：x 是无花果；Gx：x 是葡萄；Hx：x 是有利于健康的；Ix：x 不值得赞美；Jx：x 没有营养；Kx：x 是多瘤的)

13. 无花果和葡萄有利于健康。没什么有利于健康的东西不值得赞美且没有营养。有些葡萄没有营养并且多瘤。有些无花果瘤不多。因此，有些无花果不是不值得赞美的。(Fx：x 是无花果；Gx：x 是葡萄；Hx：x 是有利于健康的；Ix：x 不值得赞美；Jx：x 没有营养；Kx：x 是多瘤的)

14. 黄金是贵重的。戒指是装饰品。因此，黄金戒指是贵重的装饰品。(Gx：x 是黄金；Vx：x 是贵重的；Rx：x 是戒指；Ox：x 是装饰品)

*15. 橘子是甜的。柠檬是酸的。因此，橘子和柠檬是甜的或者是酸的。(Ox：x 是橘子；Sx：x 是甜的；Lx：x 是柠檬；Tx：x 是酸的)

16. 苏格拉底是有死的。因此，每件东西是有死的或不是有死的。(s：苏格拉底；Mx：x 是有死的)

第 10 章概要

10.1 节解释前面章节给出的分析技术对其有效性基于非复合命题的内部结构的论证是不够的。我们在通用的术语中将量化描述为一个理论，它使用了某些新的符号，使得我们能展示这种内部结构，因此大大增强了我们的分析力度。

10.2 节解释单称命题，介绍了个体变元符号 x，个体常项符号（小写字母从 a 到 w），以及表示属性的符号（大写字母）。介绍了命题函项概念：一个含有一个个体变元的表达式，当以一个个体常元代入个体变元时，它就变成一个陈述。因此，通过例举程序，可以从一个命题函项得到一个命题。

10.3 节解释如何用概括的方法，也就是通过使用"每个""没有""有些"等量词，从命题函项得到命题。介绍了全称量词（x），其含义是"给定任何一个 x"，以及存在量词（∃x），其含义是"至少存在一个如此这般的 x"。还用对当方阵表明了全称量化和存在量化之间的关系。

10.4 节表明怎样用命题函项和量词正确地符号化以下四种主要命题：
- A：全称肯定命题
- E：全称否定命题
- I：特称肯定命题
- O：特称否定命题

还对 A、E、I、O 四种命题之间关系的现代解释进行了说明。

10.5 节通过增加以下 4 个附加规则，扩展推论规则表：
- 全称例举（U.I.）
- 全称概括（U.G.）
- 存在例举（E.I.）
- 存在概括（E.G.）

并且说明怎样用这 4 个规则和前面已提出的 19 个推论规则，构造演绎论证有效性的形式证明，这种证明涉及非复合命题的内部结构。

10.6 节说明如何设计含有一个、两个或三个及三个以上个体的模型或可能域，以及在该可能域中改写论证的各分支命题，由此用逻辑类推的反驳方法来证明一个涉及量词的论证的无效性。如果我们能展示这样一个可能域，即它至少含有一个使该论证的所有前提在域中为真而结论在其中为假的个体，那么，我们就证明了这个涉及量词的论证无效。

10.7 节说明怎样对非三段论论证进行符号化和评价。这些论证含有一些不能化归为 A、E、I、O 命题或单称命题的命题。鉴于除外命题和其他一些命题的复杂性，必须先理解它们的逻辑含义，然后才能用命题函项和量词进行准确的翻译。

第 10 章关键术语

量化：对非复合陈述进行描述和符号化的一种方法，通过揭示非复合陈述的内部逻辑结构；在现代逻辑理论中，它被用来分析传统的 A、E、

I、O 命题。

单称肯定命题：断定一个特殊的个体具有某种属性的命题。

个体常元：用来表达个体的符号（一般用 a - w 中的任一小写字母表示）。

谓述符号：用来表达属性的符号（一般用 A - W 中的任一大写字母表示）。

个体变元：可以用个体常元来代入的占位符号（一般用小写字母 x 或 y 表示）。

命题函项：在量化理论中，命题函项是指一个包含个体变元的表达式，而且在对其变项用个体常元代入的情况下，它就变成了一个陈述。命题函项也可以通过普遍化而变成陈述。

简单谓词：在量化理论中，一个命题函项在代入特例下或真或假，而且它们都是单称命题。

全称量词：在量化理论中，符号（x）置于一个命题函项的前面，用来断言紧接着的谓词在任何情形下都为真。例如，"（x）Fx"就是指"任给 x，Fx 都为真"。

存在量词：在量化理论中，符号 ∃ 置于一个命题函项的前面，用来断言紧接着的谓词在一个或多个代入特例下为真。例如，"∃xFx"就是指"存在 x，使得 Fx 为真"。

例举：在量化理论中，用个体常元代入个体变元的过程就是例举。通过例举，可以把一个命题函项变成一个命题。

概括：在量化理论中，通过在一个命题的前面添加全称量词和存在量词而形成命题的过程。

范型公式：否定符号仅出现于简单谓词之前的公式。

全称例举：在量化理论中，从命题函项的全称量化，通过任意代入命题变元而形成一个命题函项，这种推论规则就叫全称例举。

全称概括：在量化理论中，允许关于概括或全称量化的有效推论的规则，它体现为从一个任意选择的个体代入都为真的表达式到另一个表达式。

存在例举：在量化理论中，从一个命题函项的存在量化式，可以（基于一些限制）有效地推出关于在其语境中早先没有出现过的任一个体常元，这种推论规则就叫存在例举。

存在概括：在量化理论中，从一个命题函项的任何为真的代入例，我们可以有效地推出该命题函项的存在量化式，这种推论规则就叫存在概括。

非三段论论证：在一些论证中，由一个或更多的比直言三段论的 A、E、I、O 更复杂的命题组成，因此对它的分析就需要比亚里士多德逻辑更强大的逻辑工具。

现实生活中的逻辑

詹娜的世界

詹娜是一名大二学生，她不是很开心。她已经报名叫作"伐木"（Logging）的逻辑思维训练课程。

> 我像要成为一名伐木工人。

> 我有一把斧头。

1. 下面哪一个命题表达了如下文恩图中的意思？（可能不止一个正确答案）

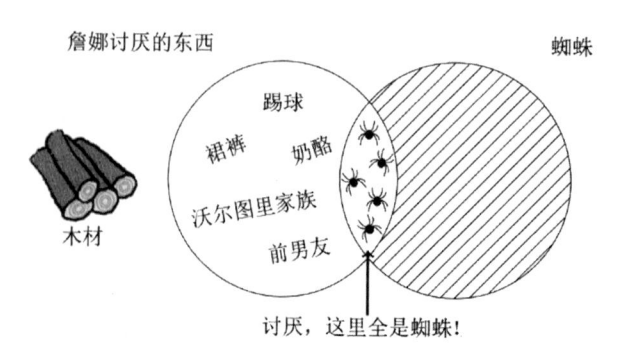

詹娜讨厌的东西   蜘蛛

木材

踢球
裙裤　奶酪
沃尔图里家族
前男友

讨厌，这里全是蜘蛛！

A. 没有蜘蛛是詹娜所讨厌的。

B. 一些蜘蛛是詹娜所讨厌的。

C. 所有蜘蛛都是詹娜所讨厌的。

D. 如果詹娜不讨厌某个东西,那么这个东西不是蜘蛛。

E. 如果詹娜讨厌某个东西,那么这个东西是蜘蛛。

如何通过詹娜牢记 A、E、I、O 四种命题?

A——**所有**(ALL)某一种类东西都是另一种类东西。(这个句子就是从 A 开始的!)

E——**完全没有**(EXACTLY ZERO),某一种类东西与另一种类东西的重合部分!

I——**有意思**(INTERESTINGLY),某一种类东西有些是另一种类东西,但我不告诉你是哪些!

O——**天呐**(OMG)!你知道我们一直认为某一种类东西都是另一种类东西吗?结果却**是有些不是**!

2. 识别以下图示分别属于 A、E、I、O 四种命题中的哪一种,并写下它们所表达的意思。

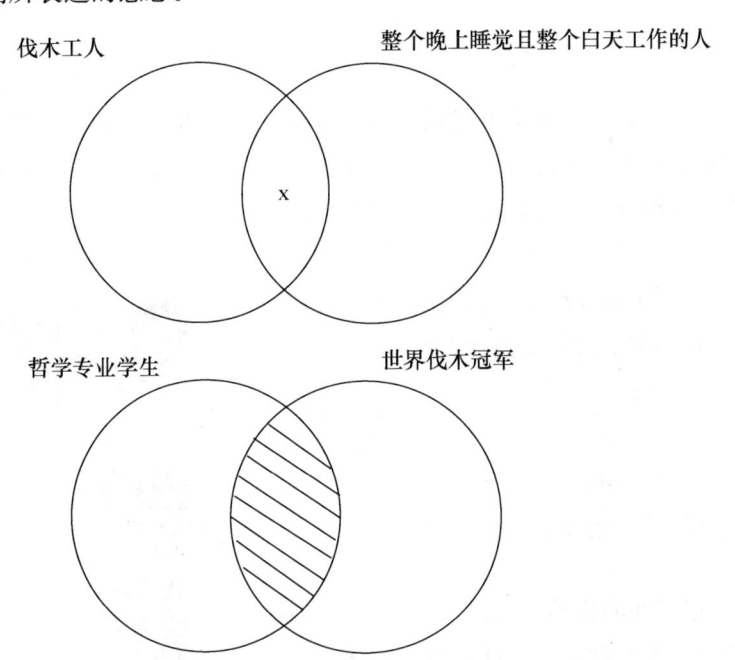

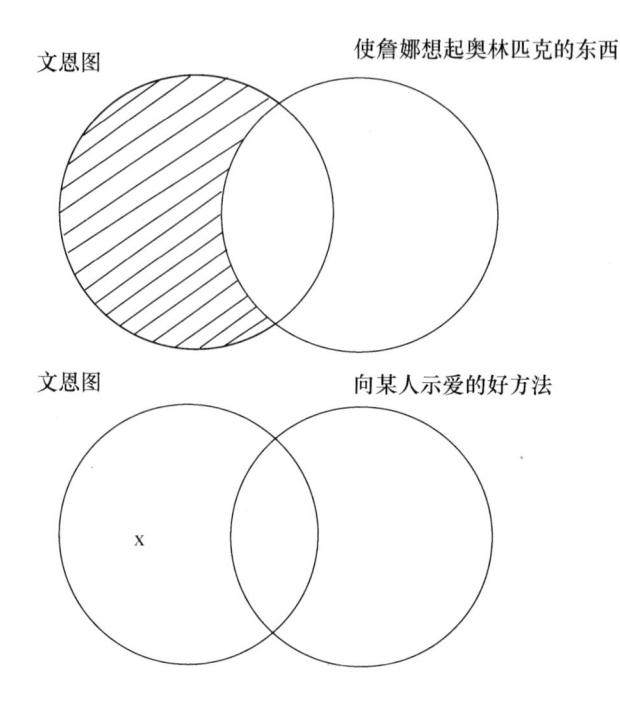

文恩图　　　　　　　　　　使詹娜想起奥林匹克的东西

文恩图　　　　　　　　　　向某人示爱的好方法

3. 把以下三段论改写为标准形式，确保把每个命题改写为标准直言陈述。

　　显然，一些女生希望她们的大学提供伐木课程。因为在那些想成为伐木工人的人中有一些是女生，而某些想成为伐木工人的人，希望她们的大学提供伐木课程。

4. 上题中的三段论是有效的吗？如果是，它的有效式名称是什么？
   A. Barbara
   B. Cesare
   C. Ferison
   D. 不是有效的。

为什么我的三段论不能叫詹娜？

5. 把下面的连锁三段论改写成标准形式，确保把每一个命题改写成标准直言陈述。

所有食堂员工闻起来都有奶酪味。每个反感詹娜装裱的乔·拜登肖像的人都是已被允许进入她寝室的人。没有食堂员工反感詹娜装裱的乔·拜登肖像，因为没有闻起来有奶酪味的人被允许进入詹娜寝室。

6. 把上面的连锁三段论改成两个三段论（用大写字母表示每一个词项），并写出每个三段论形式的名字。

> 我想要参加一些女生联谊会，但他们说不好。哦，再一次女生联谊。无论如何。

利用马蹄符、圆点符、楔劈符、波浪符把以下每个语句符号化，用大写字母表示简单陈述。

7. 如果詹娜不能掌握省略三段论，或者她花很多时间去想罗伯特·帕丁森，她的逻辑考试会挂科。

> 我像这样做 NNN。

8. 如果一只蜘蛛在詹娜睡觉的时候爬到她的床上，她或者继续沉睡或者醒来尖叫，然后在半夜给她父母打电话。

9. 假如只要詹娜逻辑挂科，她的父母就会把她的信用卡收走，那么她会更努力学习或者雇个家庭教师；但若不是这样（即并非只要逻辑挂科，她的父母就会收走信用卡），她就会逃课并盯着自己肚脐发呆。

633

10. 如果～A⊃B，能否得到～～～B⊃～～～A？

詹娜发给男朋友的短信

1：05　如果你真的爱我，你会愿意帮我做这些证明。

1：11　或者你不愿意帮我做这些证明，或者你已经被绑架了！

2：44　如果你真的爱我，那么你已经被绑架了！！！天呐！

7：50　我爱你。

7：52　我不知道那意味着什么。

11. 詹娜的前三条信息来自一个有效的论证，只需添加一个陈述作为前提就能对其有效性做出形式证明。设 L＝你真的爱我，H＝你会愿意帮我做这些证明，K＝你已经被绑架了。用逻辑符号写下这些语句，为这个证明添加一个所缺少的组成部分，并把所应用的推论规则写出来。忽略掉"天呐！"

我将要做一个反三段论推理！它将会有蜘蛛。

x是蜘蛛　　　x有八条腿，且在饭盒中是不受欢迎的
　　　　　　　x是有放射性的
(x)(Sx⊃Bx)
(∃x)(Sx·Rx)

12. 这里有两个符号化命题：(x)(Sx⊃Bx)，(∃x)(Sx·Rx)。一个反三段论推论可依据这两个前提构成。下面哪一个是适当的结论（设 Ex 表示"x有八条腿"，Ux 表示"x在饭盒中是不受欢迎的"）？（可能不

止一个正确答案）

        A．(∃x)(Rx・Ux)　　　　　　B．(∃x)(Rx・Ex)
        C．(x)(Rx⊃Ux)　　　　　　　D．(x)(∼Sx⊃∼Ux)

解答：

1. 答案只有 C 和 D。根据文恩图，可知表示蜘蛛的那个圈中不相交的区域是阴影。因此，没有蜘蛛不是詹娜讨厌的东西，也就是说，詹娜讨厌所有蜘蛛。根据这个陈述可以得到其逆否陈述：如果所有蜘蛛都是詹娜所讨厌的，那么若某种东西不是詹娜所讨厌的则这种东西肯定不是蜘蛛。

2. I——某些伐木工人是整个晚上睡觉而整个白天工作的人。

   E——没有哲学专业学生是世界伐木冠军。

   A——所有文恩图都是使詹娜想起奥林匹克的东西。

   O——某些文恩图不是向人示爱的好方法。

3. 作为一个由直言命题所组成的三段论，詹娜的论证如下：

      有些想成为伐木工人的人是希望他们的大学提供伐木课程的学生。

      有些女生是想成为伐木工人的人。

      因此，有些女生是希望她们的大学提供伐木课程的学生。

4. 这个论证不是有效的。因为它不是标准式直言三段论的 15 个有效式（6.5 节）中的任何一个。或者你也可以简单地利用常识：想象 1 000 个人想成为伐木工人。根据这个论证，有可能他们中的 10 个是女生，或者这些人都是女生（但我们只知道其中一些是女生）。我们也知道其中某些想成为伐木工人的人（也许他们中的 10 个，也许 1 000 个）希望大学给他们提供伐木课程。因此，尽管确实可能存在某些女生希望大学为其提供伐木课程，然而也完全有可能的是：在 1 000 个想成为伐木工人的人中，其中 10 个是女生，但其中希望大学提供伐木课程的是截然不同的 10 个人。不能保证这些人是重合的。

5. 以下是连锁三段论的标准形式（序号表示原三段论中命题的出现次序）：

   （1）所有食堂员工都是闻起来有奶酪味的人。

(4) 没有闻起来有奶酪味的人是被允许进入詹娜寝室的人。

(2) 所有反感詹娜装裱的乔·拜登肖像的人都是被允许进入她寝室的人。

(3) 因此，没有食堂员工是反感詹娜装裱的乔·拜登肖像的人。

6. 所有 D 是 S，没有 S 是 A，因此没有 D 是 A。Camenes

没有 D 是 A，所有 O 是 A，因此没有 D 是 O。Cesare

7. 设 M＝詹娜掌握了省略三段论，R＝詹娜花很多时间去想罗伯特·帕丁森，F＝詹娜逻辑考试挂科，则有：

(∼M∨R)⊃F

8. 设 C＝一只蜘蛛在詹娜睡觉的时候爬到她的床上，L＝詹娜继续沉睡，W＝詹娜会醒来，S＝詹娜会尖叫，P＝詹娜在半夜给她父母打电话，则有：

C⊃[L∨(W·S·P)]

9. 设 F＝詹娜逻辑考试挂科，P＝詹娜的父母把她的信用卡收走，S＝詹娜会更努力学习，H＝詹娜会雇个家庭教师，K＝詹娜会逃课，B＝詹娜会盯着自己肚脐发呆，则有：

(F⊃P)⊃(S∨H)·∼(F⊃P)⊃(K·B)

10. 是的。如果 ∼A⊃B，那么根据换位规则，可以得到 ∼B⊃A。再根据三重否定等价于单个否定，以及双重否定等于没有否定，可得 ∼∼∼B⊃∼∼A 等价于 ∼B⊃A。

11. 詹娜的原始论证可写成：

L⊃H

∼H∨K

∴L⊃K

其有效性的一个正确证明如下：

1. L⊃H
2. ∼H∨K
   ∴L⊃K
3. H⊃K   2,蕴涵律

  4．L⊃K　　　　　　　　1，3，假言三段论

12. 只有 A 和 B。考虑正确地置于詹娜的两个前提下面的结论 A：

  （x）（Sx⊃Bx）　　　　所有蜘蛛都有八条腿且在饭盒中不受欢迎。

  （∃x）（Sx·Rx）　　　　某些蜘蛛有放射性。

  ∴（∃x）（Rx·Ux）　　　所以，某些有放射性的东西在饭盒中不受欢迎。

这显然是正确的。既然 Bx 包含 Ex 和 Ux，那么显然 Ex 就可以像 Ux 一样在结论中出现，从而 B 也是正确的：

  （x）（Sx⊃Bx）　　　　所有蜘蛛都有八条腿且在饭盒中不受欢迎。

  （∃x）（Sx·Rx）　　　　某些蜘蛛有放射性。

  ∴（∃x）（Rx·Ex）　　　所以，某些有放射性的东西有八条腿。

然而，选项 C 和 D 分别陈述所有有放射性的 x 在饭盒中都是不受欢迎的，及任何不是蜘蛛的东西都不是在饭盒中不受欢迎的——也就是说，任何不是蜘蛛的东西都是在饭盒中受欢迎的。这些结论不能从原来的论证中得出。

第三部分

归 纳

A 篇

类比与因果

第 11 章

类比推理

11.1　归纳与演绎再探
11.2　类比论证
11.3　类比论证的评价
11.4　通过逻辑类推进行的反驳
第 11 章概要
第 11 章关键术语

11.1 归纳与演绎再探

论证基于被相信或者假定为真的前提。有些前提是通过在先的演绎论证确立的，但我们必须依赖的大多数前提不能通过演绎来确立。推理过程通常起始于被接受为真的有关"实际的事情"（大卫·休谟术语）。要确立实际的事情我们必须依靠归纳推理。

因此，归纳为与我们息息相关的推理提供起点或者基础。我们通过推理来确立日常生活中的真理，了解有关社会的事实，以及理解自然界。演绎在使得我们从已知的（或者假定的）命题前进到由那些前提导出的其他命题方面当然是有力的，但是在找寻我们的推理必须由以开始的真理方面，演绎是不充分的。

由以确立实际的事情的归纳论证与本书第二部分所关注的演绎论证有着根本性的不同。论证的这两个家族的一个本质性差别（在 1.5 节我们关于逻辑学基本概念的讨论中更早地注意到了这一点）在于这两个巨大家族当中前提与结论之间的关系。一个**演绎论证**，断言结论从它们的前提中确定地得出。这一断言是恰当的，因为任何演绎论证，如果它是好的，其结论只是揭示前提已经隐含的东西。有效演绎中前提与结论之间的关系是一**种逻辑必然**。在每一个演绎论证当中，如果它是有效的并且它的前提是真的，那么它的结论**必定**是真的。

在本章及后面几章所关注的**归纳论证**当中，前提与结论之间的关系不是那种逻辑必然，也没有那种确定性断言。**有效**与**无效**这两个词项根本不适用。但这并不意味着归纳论证总是弱的，有时候它们确实是非常强的，并且完全值得我们对之抱以信心。比如，科学家现在毫不犹豫地断定，吸烟是导致癌症的一个原因。这是真的，但得知这一点并不具有有效三段论那样的笃证确定性。如果已知 p 或者 q 是真的，并且非 p 是真的，我们可以无疑地推断出 q 肯定是真的，这是一种我们确立的作为相关概念之间关系的必然后承的真理。关于吸烟的后果或者癌症的原因以及所有其他那种类型的东西的经验真理，不满足演绎确定性的标准。一个著名的医学专家根据那个标准声称："没有人能够证明吸烟导致癌症，或者说任何事情导致任何事情。"[1]

在归纳领域，当我们寻找关于世界的新知识的时候，没有什么东西是确定无疑的。我们必须依靠那些前提对结论的支持是**或然的**（probable），或者说或然为真的论证。正如我们将看到，某些这样的论证价值很一般，而另一些论证却非常有力。归纳论证的强与弱，以及评价这样的论证的方法，是本书第三部分的焦点所在。

本章首先考察旨在形成特称结论的基于类比的论证，下一章考察旨在形成超越特称的普遍可适用因果律的论证。第 13 章考察假说及其确证在发展科学理论中的运用，第 14 章分析归纳结论通常得以表达的概念工具**概率**。

11.2 类比论证

最常见的归纳论证类型依赖于类比。假如我报告我从某特定品牌和型号的一台电脑那里获得了非常好的服务，你会推论你将从一台同样品牌和型号的新电脑那里得到好的服务。这一结论具有某种程度的概然性，但是这个论证还远不足以令人信服。当我发现一本新书，我根据我读过并且喜欢该作者其他著作而推断我将喜欢读这本新书，当我读这本书的时候我对那个作者的信心可能得到强化，或者我也可能会失望。类比是从过去经验到未来仍会如此的日常推理的共同基础。

这里接下来有两个更为细致地构想出来的类比论证。在我们通常对审慎和公平理解的基础上，第一个论证推断现在在公共政策上采取的一个重大变化是审慎和公平的：

> 一些人认为教师资格考试是不公正的双重测试。"教师已经大学毕业，"他们说，"他们为什么还要被测试？"那这很简单。律师都是大学毕业生，而且还是专业学院毕业生，但他们不得不参加律师资格考试。还有其他大量行业，如会计、精算师、医生、建筑师行业，这些行业要求想成为其成员的人参加并通过考试，以证明他们的专业素质。说教师不应当被要求做同样的事情，是没有理由的。[2]

第二个例子是一个结论极可能为假的论证，但它在两个世纪前首次出现的时候完全可信：

在我们居住的地球和其他行星（土星、木星、火星、金星和水星）之间，我们可以观察到大量相似。它们均围绕太阳旋转，如地球一样，尽管它们绕太阳的半径不同、周期也不同。它们均从太阳那里获得光，地球也是如此。我们已经知道，其中一些行星，如地球一样，围绕它们的轴自转，因而它们必定有类似的白天和黑夜的更替。一些行星有卫星，当太阳不再照射时，这些卫星给行星以光亮，如我们的月亮给我们以光一样。这些行星的运动均受制于万有引力定律，地球也一样。根据所有这些相似，认为这些行星可能与我们地球一样，有不同等级的生命存在，这不是不合理的。通过类比得到的这个结论具有一定程度的可能性。[3]

这些论证和那些我们关于电脑和书籍等的日常推论都不是证明性地有效的。它们的结论没有被断言是从它们的前提逻辑必然地得出的，并且它们明显不是确定地得出的。用来判断律师和医生资格的适当方法，可能并不适合于判断教师的资格。地球很可能是我们太阳系中唯一可以居住的行星。你的新电脑可能不适合你做的工作，我喜欢的作者的新书可能无趣而难以卒读。在所有这样的论证中，尽管前提是真的，而结论却是假的是明显可能的，或者说是逻辑可能的。类比论证不能按有效或无效来划分，只能用概率来刻画。

除了在论证中的运用，人们为了描述生动，经常将类比用于非论证的活动中。隐喻和明喻是类比在文学中的应用，它们为作家给读者心中创造鲜活的画面提供了莫大的帮助。例如，在美国关于移民的持续争议中，一个作家以一个有力的类比表达了他的观点：

> 我是一个第三代美国人。我不知道我的祖父母如何来到这里的全部法律细节。但是我确实知道他们非常努力地工作、缴纳他们的税务、抚养了一个服务于他的国家的儿子。反对移民的美国人就像是反对自身砖块的房子。[4]

类比也用于说明，将读者可能不熟悉的某种东西，与读者假定更为熟悉的、与之具有一定相似之处的另一种东西进行对照，而使之在某种程度上更容易为读者所理解。当麻省理工学院基因组研究中心主任埃瑞克·兰德试图说明人类基因组计划的巨大最终影响时，为了加强那些对基因研究不熟悉的人的理解，类比是他所运用的一个工具：

> 基因组计划完全类似于化学中创立的周期表。正如门捷列夫在周期表中安排化学元素，使得以前不相关的大量数据变得连贯，同样，当前有机体中的上万的基因，将能够从较少数量的简单遗传组件或遗传成分，即所谓原始基因的组合中得到。[5]

类比——但并非论证

非论证性类比在中学生写作中经常会遇到，并且其中有些非常有趣。我们暂且一乐：

1. 她如此依赖他，就像她是一个大肠杆菌菌落，而他是一块室温下的加拿大牛肉。
2. 麦克墨菲从12层楼摔下来砸在人行道上，就像个盛满菜汤的大麻袋。
3. 她的头发在雨中闪烁，就像打喷嚏之后的鼻毛。
4. 即使到了晚年，祖父的思维仍然像捕兽夹一样，只不过那个捕兽夹被放在外面太久，已经锈死了。
5. 他深坠爱河。当她说话时，他仿佛听到了悦耳的铃声，仿佛她是一辆正在倒车的垃圾车。
6. 她的笑声低沉、洪亮而又真诚，就像一只狗在呕吐之前发出的声音一样。
7. 思绪在他头脑中翻滚，不断合并又分开，像没加防粘剂的干衣机里的内裤。
8. 冰雹在人行道上弹跳的样子，就像你用热油煎蛆虫一样。
9. 芭蕾舞娘优雅地以脚尖站立，把另一条瘦长的腿伸到身后，就像在消防栓旁的狗一样。
10. 她走进我的办公室，样子就像一条少了98条腿的蜈蚣。

类比在描述和说明中的使用不同于在论证中的使用，尽管在某些案例中不容易区分属于哪种用法。但是，无论是类比的论证性使用还是其他使用，类比都不难定义。在两个或更多的实体之间进行类比，就是表明它们在一个或多个方面类似。

这一定义说明了什么是类比，但是仍然没有刻画什么是类比论证。让我们以一个非常简单的例子来分析一个特定类比论证的结构。考虑这一论证：我正打算买的一辆新的小汽车将会非常令人满意，因为与之同样品牌和型号的我的旧车长久以来给了我非常满意的服务。被认为类似的两个实体是两辆小汽车。这里存在三点类比，两个实体被认为在三个**方面**彼此相似：第一，均为小汽车；第二，均为同样品牌和型号；第三，均给我好的服务。

然而，类比的这三点在论证中并不起相同的作用。前两点出现在前提中，而第三点既出现在前提中又出现在结论中。所给论证可以描述为：其前提断定，第一，两个事物在两个方面类似，第二，其中一个事物具有另外一个特点，从而推出另一个事物也具有这个特点这一结论。

类比论证是受理上诉的法庭常用的最基本的工具之一。在法庭上案件中的推理显得与某个以前所根据的其他推理非常相似，并且如果在那个较早的案件中这个推理是明显正确的，那么在这个案件中同样也是正确的。2004年，美国最高法院一致同意地判决了一个需要对美国宪法修正案第6条进行解释的案件，该条修正案给予每一个刑事被告"与不利于自己的证人对质"的权利。这是否禁止在一个被告的审判中使用来自某个无法出席交互询问的证人的证据，即便主审法官认为证据是可靠的？大法官安东宁·斯卡利亚发布了法庭的意见，说答案是肯定的。交互询问不利证人的权利在我们的宪法获得通过的时候就在英国普通法中被牢牢地确立起来了。大法官斯卡利亚随后的类比成为法庭论证的典范：

> 认可被一个法官视为可靠的陈述是与对质权完全相悖的。由于证据是明显可靠的就摒弃对质，类似于由于被告是明显有罪的就摒弃由陪审团进行的审讯。这不是修正案第6条所规定的。[6]

类比论证在政治辩论中也同样普遍。有时候这样的类比是有力的，有时候则是牵强的。全球变暖的威胁以及我们国家切实地应对那样的威胁的需求，由将这种危险刻画为"星球危机"的前总统候选人艾尔·戈尔2007年在美国国会中发起了激烈的争论。针对那些认为他夸大危险的人，他接着争辩道：

> 这个星球发烧了。如果你宝宝发烧了，你会去看医生。如果医生说你需进行介入治疗，你不会说"我在一部科幻小说中读到这不成问题"。你会采取行动。[7]

当然，不是每个类比论证都必须精确地涉及两个事物或者精确涉及三个不同的特点。因此，早先提出的认为在太阳系中的其他行星可能有人居住的论证是对六个事物（当时知道的行星）的八个方面进行类比。然而，除了这些数量存在差别外，所有的类比论证均具有相同的一般结构或模式。每个类比推理是这样进行的：从在一个或多个方面上两个或更多的事物之间的类似性，到这些事物在某个其他方面具有类似性。我们可以将之公式化：令 a、b、c、d 表示实体，P、Q、R 表示属性或"方面"，一个类比论证可以表示成下述形式：

a、b、c、d 均具有属性 P 和 Q。
a、b、c 均具有属性 R。
因而 d 可能具有属性 R。

在识别并且特别是评价类比论证时，将之表示成这种形式是很有帮助的。

练习题

下面的段落中均包含类比，将那些包含类比论证的段落与类比的非论证使用的段落区别开来。

例题：

1. 一个受到更好教育的男人吹嘘自己比妇女聪明，如同吹嘘他具有勇气打败一个双手被捆绑的男人一样。

——Mary Astell，*An Essay in Defence of the Female Sex*，1721

解答：

这是一个类比论证。这里所做的类比是在打败一个双手被捆绑的男人和在具有教育优势的情况下比妇女聪明之间进行的。在两个情况中一方具有巨大的优势。在第一个情况中，明显的是，具有这样优势的人不应当自夸自己的勇气；在第二个情况中（这个论证所要得出的结论），一个具有同样优势的人同样不应当吹嘘自己相对有优势的智慧。

2. "我不是反对犹太人，我反对的是犹太复国主义"，这等于说"我不是反对美国人,我所认为的是美国不应当存在"。

——Benjamin Netanyahu, *A Place among the Nations* (New York: Bantam Books, 1993)

3. 我们不是为将来做投资,而是把钱浪费在荒唐的奢侈品、财务腐败以及敌对的石油资源丰富国家,污染我们的大气,提高贸易逆差。就像把一辆悍马开进商场。

——Eric Buckvar, "A Wasteful Society," *The New York Times*, 23 March 2007

4. 与美国人相比,英国人在诸如脚注和参考文献格式的标点符号及有关事项上不是很严格。一个教导美国人关于分号的用法的英国女人,有点儿像是一个教导法国人关于调味汁的知识的美国人。

——Louis Menand, "Bad Comma," *The New Yorker*, 28 June 2004

5. 研究表明,在高中和大学阶段女生取得的成绩比男生要好,然而只有大约35%的国家杰出奖学金获得者是女生。公平测试执行主任抗议说,这个"不平等完全归因于在选择符合条件的学生的测验中的性别歧视"。但是国家杰出奖学金机关的女发言人伊莱恩·德特韦勒回应道:"我们确实不知道为什么女生在这样的测试中考得差。谴责该测试把男生的能力和女生的能力区分开来,如同把男生比女生高的原因归罪于码尺。"

——"Merit Test Defended," *The Los Angeles Times*, 26 May 1993

6. 著名的化学家、生物学家尤斯图斯·冯·李比希对细菌理论不屑一顾。他认为巴斯德的微生物导致发酵的观点是荒谬的、天真的,如同一个儿童"把莱茵河急速的水流,归因于位于美因兹的磨坊里众多的水车轮的快速运动"。

——René Dubos, *Pasteur and Modern Science* (New York: Da Capo Press, 1988)

7. 谈论基督教而不谈论原罪,如同讨论园艺而不讨论种子一样。

——The Rev. Lord Soper, quoted in *The New York Times*, 24 December 1998

8. 男人和女人可能具有不同的生殖策略,但是不能认为一方比另外一方优越或者不如对方,如同不能认为鸟的翅膀比鱼的鳍具有优势或劣势一样。

——David M. Buss, "Where is Fancy Bred? In the Genes or in the Head?" *The New York Times*, 1 June 1999

9. "这关系到一个国家的精神,"袋鼠保护协会(一个澳大利亚野生动物组织)协调员马乔里·威尔逊说,"我们这里的用意是说服人们不要吃国家的象征。你们美国人不烹食秃鹰,不是吗?"

——"Battling over a National Symbol," *The New York Times*, 10 July 1995

10. 一件确定的事情是,在人们提出的许多全球变暖模型里,大海中的冰融化不会造成海岸边的洪水。正如一块冰不会使一杯水溢出一样,冰发生融化并不使海水的体积增加。海平面在未来的任何增高将是由于陆地上的冰块融化所致,然而没有任何迹象表明陆地上的冰何时开始融化。

——Walter Gibbs, "Research Predicts Summer Doom for Northern Icecap," *The New York Times*, 11 July 2000

11. 查尔斯·达尔文19世纪的信徒托马斯·亨利·赫胥黎提出这个类比:"与身体的机能相关联的意识,它只是作为身体运行的间接产品,而完全不具有改变其运行的能力。如同伴随火车运动的汽笛它不对火车的机械产生任何影响。"

12. 曾经装饰在雅典卫城中帕特农神庙的17个雕像和56个面的埃尔金雕像(古希腊大理石雕刻像),由第七埃尔金伯爵托马斯·布鲁斯于1801年从帕特农神庙上取走,带到英国伦敦的大英博物馆。希腊说他偷走了它们,英国则说他们通过购买而合适地得到它们。一些英国人敦促政府应该及时地将这些雕像归还给希腊,因为奥运会将于2004年在希腊举行。一个工党领袖说:"没有埃尔金雕像的帕特农神庙,如同缺了一颗牙齿的人的微笑。"

13. 女权主义者决定考察依法建立的婚姻制度,以便确定它的运行是否有利于妇女。在我们看来,越来越明显的是,婚姻制度"保护"妇女如同奴隶制度被认为"保护"黑种人一样——"保护"简单说来就是压迫的委婉说法。

——Sheila Cronan,"Marriage," in Anne Koedt, Ellen Levine, and Anita Rapone, eds., *Radical Feminism*（New York：Quadrangle Books, 1976）

14. 维特根斯坦通常把思考与游泳做比较：正如在游泳时我们的身体有一个自然的漂浮到水面的趋势，因而它要求我们将身体尽力下沉；因此，在思考中我们要尽量发挥智力，使我们的心灵远离肤浅，沉降到哲学问题的深度。

——George Pitcher, *The Philosophy of Wittgenstein*（Englewood Cliffs, NJ：1964）

15. 一个没有目标的人如同没有程序的计算机——那是一个丑陋的家具。

——Steve Danish,"Getting a Life", *The New York Times*, March 1998

16. 从熔化的液态中寻求可用的能量，涉及如何利用锁定的磁场。该磁场存在于在一个真空室里炽热的（华氏1.8亿度）、高度浓缩的（密度达到铅的20倍）带电等离子体之中。等离子体绝对不能触到装它的容器的固体壁面，否则的话，它的热量立刻消失，并且再也不可能变成熔化的液态。一份科学报告是这样描述这个问题的：

> 将等离子瓶紧紧地塞住是一切的关键……［但是］封住一团超热的浓缩等离子体，比仅用橡胶带对一团果冻进行压缩和成形要难得多。等离子专家在解决该问题上的每一个聪明的观点，都面临一个新的挑战。

——Malcolm W. Browne,"Reviving the Quest to Tame the Energy of the Stars", *The New York Times*, 8 June 1999

17. 重要的是，我们已经清楚，什么是定义以及由定义我们能够得到什么。人们似乎经常相信创造力，但是它所做的只不过是把事物的分界线确定下来，并且指定它一个名字。正如地理学家划出海岸线并说"这些线所确定的海平面为黄海"，此时他并没有创造一个海；数学家也一样，他不能通过定义创造任何东西。

——Gottlob Frege，*The Basic Laws of Arithmetic*，1893

18. 儿童去上学如同儿童去医生那里看病。医生看到孩子难看的脸，想到的是他的药将如何的有效；而儿童满脑子所想的是，药物将是如何的难吃、如何的苦。他们按照自己的思路去想，均不能切中要害。

因此，我想，我正带领的是勇敢而坚定的旅行团队，朝着充满希望的目的地迈进，我们的旅行队伍不同于另外的人。那些人更像戴着镣铐的罪犯，在惩罚的恐惧下被强迫在艰难的道路上前进：没有人知道去哪里，也无法看清前面的路。学校就是给儿童这样感觉的一个地方：在这个地方他们使你往前走，在这个地方他们告诉你去做事，在这个地方他们努力使你的生活不快乐——如果你不做这些事情或者不正确地做好这些事情的话。

——John Holt，*How Children Fail*（New York：Delta/Lawrence，1964）

19. 我根本无法想象，对我们来说世界还会恢复正常。我虽然说"战后"，但似乎我在谈论空中楼阁——一件绝不会成为现实的事情。

在我心目中，在密室中的我们八个人好像是一块蓝天，四面八方被逐渐逼近的乌云包围着。我们站立的这块圆圆的地方还是安全的，但是乌云正向我们逼来，我们和那一直逼过来的危险之间的圆圈愈收愈紧。我们被黑暗和危险包围，在绝望地寻找出路的过程中我们彼此你挤我撞。我们张望下面的混战，观看到上面的和平和美丽。可是同时，我们被大片乌云阻绝了，既不能上又不能下；大片乌云像一堵穿不透的墙一样挡在我们面前，想压碎我们，只是还压不过来。我只能哭喊着哀求："哦，圈子，圈子，打开来让我们出去吧！"

——Anne Frank，from *The Diary of a Young Girl*，8 November 1943

20. 不幸的是，[H. L. 门肯的]日记暴露了他是一个极端的反犹主义者和种族主义者。他在美国文学中巨人般的地位可能受到威胁……我用理查德·瓦格纳做比较，瓦格纳是一个极度的反犹主义者。人们仍然听瓦格纳的歌剧，欣赏它们的艺术之美。作品与人是分开的。不是吗？

——Gwinn Owens,"Mencken—Getting a Bum Rap?" *The New York Times*，13 December 1989

11.3 类比论证的评价

某些类比论证比其他类比论证更有说服力。尽管没有一个类比论证是演绎有效的，但是某些这样的论证得出的结论是极有可能真的，而另一些论证确实非常弱。一个类比论证较好还是较差，取决于其结论根据所提出的前提能被断定的概率度。

两个日常例子将有利于表明使得论证比较好或是比较差的特征。假设你决定去购买特定的一双鞋，因为以前与之类似的其他鞋子使你感觉很舒服；假设你挑选了一只某品种的狗，因为该品种的其他狗所表现出来的特征是你所喜欢的。在这两个例子中都使用了类比论证。为了评价这两个例子的论证强度——事实上所有类比论证的强度，我们可以辨识下述 6 个标准：

1. **实体数量**。如果我过去对特定种类的鞋子的经历仅限于我穿过的并喜欢的一双，对一双明显类似的鞋，我穿后发现具有意想不到的缺陷，这将使我很失望，尽管并不会觉得惊奇。但是如果我多次购买了那类鞋子，我可以有理由地认为，下一次购买的鞋子会与我以前穿的一样好。在同样对象上的多次的同种经验将支撑结论——购买的鞋子将是合脚的，这比单个经验支撑结论有力得多。每个实例可看成是一个附加实体，在评价类比论证中实体数量是第一个标准。

作为一个一般规则，**实体数——过去的经验案例——越大，论证越强**。然而，实体数和结论成真的概率之间没有简单的比例关系。与机敏、温顺的金色猎狗愉快相处的 6 次经历，使人们相信下一只金色猎犬同样是机敏和温顺的。但是，前提中具有 6 个经历的类比论证的结论在可靠性上并不是前提中有 2 个经历的类似论证的 3 倍。增加实体数是重要的，但其他因素也要增加。

2. **前提中实例的多样性**。如果我先前购买的那些合脚的鞋子，既有购买于大商店的，又有购买于专卖店的，既有在纽约制造的又有在加利福尼亚制造的，既有通过邮寄销售的，又有通过商店直接销售的，那么，我可以有信心地认为，鞋子合脚的原因在于鞋子本身，而不是售货员的服务。如果我先前的金色猎犬，既有公的也有母的，既有从小就领养的幼犬，也有从保护动物协会中得来的成年犬，我可以更加相信，正是犬的品种，而不是它们的性别、年龄或其来源，是它们先前与我愉快相处的原因。

我们可直观地这样理解这个标准：**类比论证的前提中所涉及的实例越不相似，论证越强。**

3. **相似方面的数量**。在作为前提的实例中可能出现了大量的相似性：也许鞋子属于同一类型，具有同样的价格，由同样种类的皮革制成；也许猎犬是同样品种，在同样的年龄由同一个饲养人饲养；等等。前提中这些实例在所有这些方面存在类似，以及与结论中的实例存在类似，增加了结论中的实例具有另外的属性的概率（也是论证所要达到的目的）——新鞋子将合脚，一只新的狗会具有温顺的品性。

这个标准也植根于常识：**结论中的实例与前提中的实例类似的方面越多，结论越可靠**。但是，同样的是，结论与识别出的类似方面的数量之间不存在简单的数值比例关系。

4. **相关性**。与共有相同方面的**数量**同样重要的是，前提中的实例与结论中的实例在共有相似方面的**种类**。如果新鞋子与以前的鞋子一样，是在某个星期二购买的，这是一个与合脚没有关系的类似；但是，如果新的鞋子与先前购买的鞋子一样，由同样的厂商生产，这自然相当重要。**当相似方面是相关的时候**（如鞋子的样式、价格以及材料），**相似方面便增加论证的力度，并且，单个高相关因素对论证的贡献比一堆不相关的类似更大。**

至于哪些属性确实与论证结论的可靠性相关，人们有时意见不一致。但相关性本身的意义则不存在争论。当一个属性与另外一个相关联的时候，即当它们之间存在**某种因果联系**的时候，它们之间存在相关，那就是为什么确定因果联系在类比论证中是关键的原因，以及为什么在法庭上在确定证据是否有力（即相关还是不相关）过程中，建立这样的关联往往至关重要的原因所在。

类比论证可能是从原因到结果，也可能是从结果到原因。甚至，假如二者是同一原因的结果，前提中的属性既不是结论中属性的原因也不是其结果，这样的类比论证也是可能的。医生注意到她的病人出现了某个症状，她能够精确地预测另外的症状。这不是因为其中一个症状是另外一个的原因，而是因为身体的某个紊乱造成了它们的共同出现。一个产品的颜色往往与功能无关。但是，当那种颜色与众不同并且共同出现在前提和结论中的时候，它可以作为论证的相关方面来使用。颜色本身可能与产品的功能无关，但是，如果我们知道该颜色是某个独特制造商生产过程的一个属性，它可以用来进行一个论证。

因果联系是评价类比论证的关键，我们只能够通过观察和实验经验地发现它们。关于经验研究的一般理论是归纳逻辑的核心关切，下面几章我们将详细地对之进行讨论。

5. **差异性**。一个**差异**就是一个不同点，即结论中推断所关于的案例有别于论证所基于的案例。回到鞋子的例子上来，如果我们想购买的这双鞋子看上去好像我们以前所穿的鞋子，但事实上这双鞋子更便宜，并且由不同的厂家生产，那么，这些差异使我们有理由对它能否使我们穿起来舒服产生怀疑。

上面关于所论述的相关性在这里同样是重要的。当被确定了的差别具有相关性、与我们正在寻找的东西有因果联系的时候，差异使类比论证失效。投资者往往根据股票成功的"走势记录"购买股票公募基金。他们这样推理：先前的购买使资本得益，下一回的购买将同样使资本增益。但是，当我们获悉在基金盈利期间操盘该基金的人刚刚被替换，我们面临着一个实质上的差异，它降低了类比论证的强度。

差异使类比论证减弱，因而，它们往往被用来攻击一个类比论证。正如批评者所认为的，我们试图表明，结论中的情形在关键方面上不同于早先发生的情形，因而在先前情形中正确的东西不大可能在后面的情形中也正确。司法中普遍使用类比，某个（或某些）早先的案子通常作为手头案件的判例提供给法庭。这里的论证是类比。对方辩护律师将努力把本案与以前的案子**区别开来**；即辩护律师努力表明，由于在本案中的事实与以前案子中的事实之间存在某个关键差别，以前的案件不是本案的恰当判例。如果差异较大，并且差异的确是关键性的，它能够成功地推翻所提出的类比论证。

因为差异（不相似）是反对类比论证的主要武器，因而，能够使潜在的差异得以消解的做法将加强该论证。这说明为什么前提中实例的多样性增加论证的力度。我们已经在前面第二个标准中说明。前提中的实例之间变化越大，批评者越不可能在前提中的实例与结论之间找到使论证减弱的差异。举例来说：吉姆·库玛尔进入一所大学，成为大一学生；来自吉姆所在高中的另外十个学生已经在该大学里成功完成了学业。我们可以类比地论证：鉴于她在高中所做的准备，她成功地完成学业也是可能的。在与大学的学习有关的某个方面上，如果所有这些学生之间都类似，但他们在该方面上与吉姆不同，该差异将会削弱吉姆成功的论证。但是，如果我们了解到这十个成功的师兄师姐在许多方面——如经济背景、家庭关系、宗教背景等——相互不同，他们之间的这些不同使潜在的不相似得以消解。如果以来自同一高中的其他学生作为论证的前提，这些学生并不紧密地相似，而呈现出大量不同，那么，正如我们前面看到的，吉姆成功的论证将得到加强。

必须避免的一个混淆是：差异使类比论证弱化的原理，与前提中的差别（不同）使这样的论证得以加强的原理形成对比。对于前者，差异发生在前提中的实例与结论中的实例之间；对于后者，差别仅仅发生在前提的实例之间。一个差异（不相似）指的是，我们已经经历的实例和要得出的结论的实例之间的区别。当通过提出差异来进行反驳时，我们可以说，由于结论中的实例与早先的实例所处情况不一样，那样的结论得不到保证。该类比被认为是"牵强的"或者"行不通的"。但是当我们指出前提间的不相似的时候，我们强化了论证：实际上我们说，该类比有广泛的效力，它在这些实例和那些实例中都行得通，因而前提中实例所不相同的那些方面与结论所涉及的东西不相关。

总之，差异削弱一个类比论证，而前提中的差别使类比论证加强，这两方面都与相关性问题相关联：差异表明了前提中的实例和结论中的实例在某些相关方面存在不同；而前提中的差别所表明的是，我们原以为与我们关心的某个属性存在因果联系的其他因素事实上毫不相干。

需要注意的是，所谓的第一标准，即被认为具有相似性的实体的数量，也与相关性有关。实例数越多，它们之间的差别也就可能越多。因而增加实体数是人们所希望的——但是随着实体数的增加，每一个增加的实例其影响在降低。因为它所可能提供的差别更可能由先前的实例所提供——这样的话，增加的实例对于保护结论免遭产生差异性的破坏，起不到或几乎起不到作用。

6. **结论所做的断言**。每个论证均断言其前提给出了接受结论的理由。容易看到，论证断言得越多，支持该断言的负担也就越重。这对每个类比论证均是正确的。**结论相对于前提而言是否适度**在推理评价中起关键作用。

如果我的朋友的新车每加仑汽油能行驶 30 英里，我会得出如果我购买同样品牌和同样型号的车，我至少能够使该车每加仑汽油行驶 20 英里。该结论是适度的，因而可靠性十分大。如果我的结论十分大胆，如我将至少使每加仑汽油行驶 29 英里，该结论受我拥有的证据的支持程度就会低一些。**断言越适度，加于前提的负担越轻，论证越强；断言越大胆，前提的负担越重，论证也就越弱。**

通过减少断定的前提下所断言的内容，或者使断言维持不变但用额外的或更强大的前提给予它支持，一个类比论证得以加强。类似地，如果一个类比论证的结论变得更大胆，而前提保持不变，或者断言维持不变，但我们发现支持它的证据存在较大的缺陷，一个类比论证会被削弱。

练习题

A. 在下面的每一个类比论证中，我们给出了六个附加前提。对于每个可能前提，请判断它的加入会使论证结果的可能性更大还是更小？确定判断的评价标准，并说明该标准是如何应用的。

例题：

1. 一个投资者在过去 5 年中的每年 12 月，购买 100 股石油股票。在每一次购买中，该股票一年上涨了大约百分之十五；并且，股票按她购买价格的百分之八支付给她股息。今年 12 月她决定再买 100 股石油股票，她的推理是，她新购买的股票经过几年将升值，她将可能获得适当的收益。

    a. 假定她以前所购买的是东部石油公司的股票，今年也打算购买东部公司的股票。

    b. 假定她在过去的 15 年里的每年 12 月购买石油股票，而不是仅仅在 5 年里的每年 12 月购买石油股票。

    c. 假定她以前所购买的石油股票上涨了百分之三十，而不是百分之十五。

d. 假定她以前所购买的石油股票有外国公司的，也有东部石油公司、南部石油公司和西部石油公司的。

e. 假定她了解到欧佩克决定了每个月而不是每六个月开一次会。

f. 假定她发现了烟草股票刚提高了股息分红。

解答：

a. 可能性更大。**类似方面的数量**。该变化提供了一个附加相似方面，在这个方面结论中的情形与前提的情形一样。

b. 可能性更大。**实体数**。随着这个变化，前提中的实体数得以增加。

c. 可能性更大。**结论所做的断言**。随着前提的这个变化，结论尽管没有变化，但相对而言，它本质上更适度。

d. 可能性更大。**前提变化的多样性**。随着这个变化，我们显然建立了前提中实例的差异性。

e. 可能性更小。**差异性**。随着前提中的这个变化，结论中的实例和前提中的实例之间产生了本质的差别。

f. 无关。**相关性**。烟草公司的分红与石油公司的盈利或其股票价格之间，不可能有任何关联。

2. 一个忠实校友为州立大学球队在过去的四次比赛中获胜而振奋，他决定用钱打赌，赌该州立大学球队下次还会赢。

a. 假定在最后一次比赛后，该球队杰出的四分卫在训练中受了伤，在这一赛季的剩余时间里他一直要待在医院里。

b. 假定所进行的四次比赛中两次是在室内进行的，而另外两次是在室外进行的。

c. 假定在下次的比赛就要开始的时候，该大学化学系的一名教师获得了诺贝尔奖的消息被宣布。

d. 假定该球队已经赢得了六次比赛，而不是四次。

e. 假定在前四次比赛中天下了很大的雨，并假定天气预报说下星期六也有大雨。

f. 假定该球队在前面四次比赛的每场比赛中胜对手至少四次触地得分。

3. 尽管沙琳对她最近几次观看的外国电影感到无趣，她同意今晚再去看电影，她推测今晚电影同样无趣。

a. 假定沙琳也对近来所看的美国电影感觉无趣。

b. 假定今晚影片中的明星近来被谴责犯了重婚罪。

c. 假定沙琳最近几次观看的电影是意大利电影，今晚的电影也是意大利电影。

d. 假定以前的外国电影使沙琳感觉如此厌烦，以至在最近的观看中她实际上睡着了。

e. 假定沙琳最近观看的电影中有一部意大利电影、一部法国电影、一部英国电影和一部瑞典电影。

f. 假定今晚的电影是神秘片，而以前她所看的都是喜剧片。

4. 比尔选修了三门历史课程，发现它们非常引人入胜，并且有价值。因此他选了另外一门历史课程。他相信该门课程将是有价值的。

a. 假定他以前所选的历史课程是古代史、现代欧洲史和美国史。

b. 假定他以前的历史课程与计划学的课程均是由同一个教授所教。

c. 假定他以前所选的课程均是由史密斯教授所教，而计划学的课程是由琼斯教授来教。

d. 假定比尔感觉到他以前选的三门历史课程是他人生中最兴奋的智力体验。

e. 假定他以前选的课程都是在上午 9 点开始，而计划学的课程也是在上午 9 点开始。

f. 假定比尔除了选修了这三门历史课程外，他还选修了人类学、经济学、政治学和社会学，对这些课程他都喜欢。

5. 过去六年的每个秋天，布朗博士访问纽约时均住进皇后宾馆，她对那里的服务感到相当满意。今年秋天她访问纽约，将再次住进皇后宾馆，她自信地预计自己能够再次享受那里的服务。

a. 假定她以前住进皇后宾馆的时候，她两次住的是单人间，两次是双人间，两次是套间。

b. 假定今年春天皇后宾馆由一个新经理来管理。

c. 假定她以前每次来旅行时均住的是套间，这次她也预订了一个套间。

d. 假定她以前来纽约时均乘坐的是火车，而这次她乘坐的是飞机。

e. 假定以前她住在皇后宾馆时,她的住处是她所知道的最奢华的。

f. 假定在过去的六年里她每年三次住进皇后宾馆。

B. 分析下面各段中类比论证的结构,并用文中已经解释的六个标准对它们进行评价。

1. 如果你把一颗大的钻石分割成小块,它将完全失去它作为整体的价值;如果一支军队被分解成较小的士兵小组,它将失去它整体的力量。因此,一旦大智慧被中断和打乱——它的注意力被转移、从现有的事物中抽身而退,那么,大智慧将堕落成普通的水平:因为它的超越建立在它的专注力之上——将其所有的精力集中于一个主题,如同一面凹透镜将照在上面的所有光线汇聚于一点之上一样。

——Arthur Schopenhauer,"On Noise," 1851

2. 如果作为棒球明星选手之一的皮特·罗斯在最终承认他往自己球队和其他球队上下赌注并在此事上撒谎之后还被允许返回棒球比赛并被选入名人堂的话,那将是虚伪到极点了。在达成关于罗斯的决议时,棒球专员必须铭记在心:被查到使用提高成绩的药物的奥运会运动员会被永久剥夺他们的头衔和奖牌。

——Frank Ulrich, *The New York Times*, 8 January 2004

3. 看一看我们四周的世界:审视一下世界的整体和各个部分,你会发现世界只不过是一部巨大的机器。它再分为无穷数量的较小的机器,这些较小的机器又可再分,一直分到人类感觉与能力不能追究与说明的程度。所有这些各式各样的机器,甚至它们最细微的部分,都彼此精确地配合着,凡是对这些机器及其各部分审究过的人们,都会被这种准确程度引起惊叹。这种通贯于全自然之中的手段对于目的奇妙的适应,虽然远超过人类的机巧、人类的设计、思维、智慧和知识等等的产物,却与它们精确地相似。因此,既然结果彼此相似,根据所有的类比规则,我们可推出原因也是彼此相似的;而且可以推出造物主与人心多少也是相似的,虽然比照他所执行的工作的伟大性,他比人拥有更为巨大的能力。根据这个后天论证,并且也只根据这个论证,我们立即可以证明神的存在,以及他与人心和理智的相似性。

——David Hume, *Dialogues Concerning Natural Religion*, 1779

4. 生活在公元前4世纪的齐奥斯的哲学家米特罗多如斯对天体特别感兴趣。他写道:"认为地球是无限空间中唯一有人居住的世界是荒唐的,这如同认为在一块种满粟的田地里只能生长一种谷物一样。"

5. 对于非专业的观察者而言,海豚和鲨鱼都是鱼类,它们的身体是流线型的,是游泳高手,并且生活在海洋之中。而对于仔细研究这些动物的动物学家而言,鲨鱼有腮,是冷血动物,并且有鱼鳞;而海豚有肺,温血动物,并且有毛发。从根本上讲,与鲨鱼之类的动物相比,海豚更像人,它与人一样都属于哺乳动物:一群用乳汁哺育后代的动物。确定了海豚是哺乳动物之后,动物学家无需进一步考察就能够预言,该动物的心脏有四个腔,具有特定类型的骨骼,并且其神经和血管系统具有普遍性。无需用显微镜,动物学家能够有理由地认为,海豚血液中的红细胞缺少细胞核。对动物结构进行归纳的这种能力建立在关于动物的大量系统化知识之上。

——Ralph Buchsbaum, *Animals without Backbones*(Chicago:University Chicago Press, 1961)

6. 躯体是灵魂的物质;灵魂是躯体的功能……灵魂之于其物质如同锋利之于刀;而躯体之于其功能如同刀之于锋利。被称为锋利的东西与刀不同,被称为刀的东西也不同于锋利。虽然如此,如果锋利被消除了,也就不可能有刀;同样,如果刀被消除了,也就没有了锋利。我从没有听说,刀损坏了,锋利还存在。故我们如何能够认为躯体消亡了灵魂还能保持?①

——Fan Chen, *Essay on the Extinction of the Soul*, in Fung Yu-Lan, *A History of Chinese Philosophy*, 1934

7. 如果在适当的条件下单个细胞经过几年的时间变成了一个人,那么,不难理解的是,在合适的条件下一个细胞在无数的百万年的进程中可以产生出人类。

——Herbert Spencer, *Principles of Biology*, 1864

---

① 范缜《神灭论》的原文是:"形者神之质,神者形之用……神之于质,犹利之于刃;形之于用,犹刃之于利。利之名非刃也,刃之名非利也。然而舍利无刃,舍刃无利。未闻刃没而利存,岂容形亡而神在?"——译者注

8. 电子与星体一样是假设性的。今天我们在盖革电子计数器里一个一个地数电子，正如我们在相片上一个个数星星。我们在什么意义上说，一个电子比一颗星更不可观察？我不确定是否应当说我看到了一个电子；对于我是否看到了一颗星，我抱同样的怀疑。如果我看到了一个，我便看到了另外的一个。我看到的是被衍射环包围的一团光，它与我们所认为的星体没有一丁点儿相似。但是我们把"星体"这个名字给了物理世界中的这个物体，这个物体在几百年前开始的因果链产生了这个特定光的照片图像。类似地，在威尔逊电子云雾室里，我看到了一个痕迹，它与想象的电子一点不像，但是我们把"电子"这个名字给予物理世界中造成这个痕迹出现的物体。我们怎么能够主张，我们可以在一个场合下使用假说，而在另外一个场合下不用呢？

——Arthur Eddington, *New Pathways in Science*, 1939

9. 正如一个装水的木桶，其在装满水的时候，与在装一半水的时候相比，其底部因水的重力而受到更重的压力，并且水越深，重力越大。类似地，地球的高处如山顶，与洼地相比，受到空气重量的压力要轻。这是因为，在洼地上方比山顶上方有更多的空气。沿着山棱而下的空气在山顶的下方，但是在洼地的上方，它们对洼地挤压，而不会挤压山顶。

——Blaise Pascal, *Treatise on the Weight of the Mass of the Air*, 1653

10. 假定某个人告诉我，他的一颗牙在没有麻醉的情况下被拔出，我会同情他；假定有人问我："你怎么知道他疼？"我会有理由地回答："噢，我知道如果那样的话我会疼的。我去过牙医那里，知道不打麻药而补牙[堵牙]是多么疼，更不用说拔牙。他的神经系统和我一样；因而我推论，在这些条件下他承受了剧烈的痛，正如我自己会疼痛一样。"

——Alfred J. Ayer, "One's Knowledge of Other Minds," *Theoria*, 1953

11. 如果我们研究宇宙，就目前我们的知识所接触到的宇宙而言，它与动物或有机体具有巨大的相似性，它运行的原理似乎与生命运动的原理类似。宇宙中事物的持续循环造就次序：每个部分持续的耗费被不断地得到修补。可以感受到整个系统中弥漫着紧密的关系：每个部分或成员各司其职，其运转既维持了自己，又维持了整体。因而，我得出，世界是一头动物，而神性是这个世界的灵魂，它启动这个世界，并且它也由这个世界所推动。

——David Hume, *Dialogues Concerning Natural Religion*, 1779

12. 人们不能要求每件事情都得到定义，否则如同要求化学家能够分解每个物质。简单的东西不能进行分解，逻辑上简单的东西不能有完全的定义。

——Gottlob Frege, "On Concept and Object," 1892

13. 在美国许多要灭绝或濒临绝种的物种在私人土地上找到合适的安居地。人们普遍认为安居地的破坏是物种消亡的主要原因。因为这些原因，生物学家认为，保护野生动物而不对私人土地的使用进行管理如同只用黑键来弹钢琴。

——John H. Cushman, Jr., "Environmentalists Gain a Victory," *The New York Times*, 30 June 1995

14. 伊丽莎白女王二世的丈夫反对在英国限制拥有手枪的立法，他这样论证：

试想，如果一个板球队员突然冲进学校，用球棒击打一群人，甚至打死他们。他很容易这样做。难道我们将取缔板球棒吗？

——Prince Philip, the Duke of Edinburgh, in an interview on the BBC, 19 December 1996

15. 宇宙来自设计的最简单神学论证形式，［曾经是］以"佩利的手表"（Paley's watch）之名而著称。佩利的论证形式是这样的："如果我见到具有复杂机制的一块表或其他物件，我们会推论出它是由某人所制造出来的。但是我们确实看到，我们周围的所有东西为具有自然机制的复杂物件，并且我们看到宇宙进程是以复杂的关系规则运动的，因而，我们应当推论出这些也有一个造物主。"

——B. A. D. Williams, "Metaphysical Arguments," in D. F. Pears, ed., *The Nature of Metaphysics* (New York: Macmillan, 1957)

11.4　通过逻辑类推进行的反驳

"那你怎么想就怎么说。"［三月兔尖锐地非难爱丽丝。］

"我正是这样的，"爱丽丝急忙回答，"至少——至少凡是我说的就是我想的——那是一回事，你知道的。"

"根本不是一回事！"帽匠说，"如果真是这样，那你也可以说'凡是我吃的东西我都能看见'和'凡是我看见的东西我都能吃'也是一回事了！"

三月兔加了一句："既然如此，'凡是我的东西我都喜欢'和'凡是我喜欢的东西都是我的'也是一样的意思喽？"

睡鼠也像在说梦话一样地继续接道："如此说来，'我睡觉时总是在呼吸'和'我呼吸的时候总是在睡觉'这两句话不也没差吗？"

"这两句话对你来说倒还真是一个样。"帽匠对睡鼠说道。谈到这里话题便中断了。

——Lewis Carroll，*Alice's Adventures in Wonderland*

三月兔、帽匠和睡鼠都使用**逻辑类推**试图反驳爱丽丝的看法，即你所说的与你所想的是一回事。从逻辑的观点来看，论证的形式与论证的内容不同，形式是论证的最重要的方面。因而，我们往往通过表明另外一个被认为是错误的论证与给定的论证有相同的逻辑形式，而证明该论证是不牢靠的。

在演绎情况下，对一给定论证进行反驳性的类比是这样的：其形式与给定论证一样，但反驳用的类比，其前提真而结论假。由于用来反驳的类比是无效的，因而遭攻击的论证也是无效的——因为它具有相同的形式。这里的原理与在 6.2 节中阐述的作为检验直言三段论的基础的原理是一样的，该原理同样是我们在 8.4 节中反复强调的逻辑形式的基础。

在归纳论证情况下，我们目前所考虑的是**逻辑类推的反驳技术**，它同样可以是有力的。在科学、政治或经济中的论证并不宣称是演绎的，它们会受到这样的反驳：它们与其他的论证具有十分类似的结构，而这些其他的论证的结论是错误的，或者被普遍地认为是不可能的。归纳论证本质上不同于演绎论证，差别在于前提给结论所提供的支持程度不同。但是所有的论证，无论是归纳的还是演绎的，具有同样基本的形式或模式。当我们要攻击一个归纳论证时，我们可以提出另外一个具有同样形式的归纳论证，但是该论证明显有缺陷，因而结论十分可疑，这样的话，我们同样怀疑待考察论证的结论。

考虑下面的例子。2007年，美国联邦最高法院备受争议的两个案子的中心话题[8]就是教育局在分配学生进入公立学校的时候对种族的考量是否合宪的问题。在一篇社论中，《纽约时报》支持这种种族主义性质的体制是公平的，并且称对该体制的反对是"一种对当地学校控制的侵犯"。一位基于种族制度的杰出批评家针对那篇社论写了一篇批评性文章，其中出现了以下这段：

> 你们争辩说这种基于种族的制度"适用于所有种族的学生"，并且"没有有利于或者不利于任何特定种群"。但是，同样的论证当然也可以被用来为禁止异族通婚法令做辩护，因为该法令既禁止黑种人与白种人结婚，也禁止白种人与黑种人结婚。[9]

用逻辑类推来进行反驳的技术在这里得到了很好的展示，关键在于这两个论证的形式。受到攻击的论证与另一个论证具有相同的形式，而后者现在已被公认为不能令人满意。我们当然不会因为禁止异族通婚法令平等地适用于所有种族，就认为它是可接受的。这个批评家论证：这个国家采取的一些种族政策即使确实没有不利于任何特定种群，但那样的使用依然是不可接受的。通过突出在一些著名背景设定（支配婚娶的规则）中这样的不可接受性，他狠狠地抨击了在这个背景设定中的论证，因为该论证依赖如下断言：这个受到攻击的基于种族的政策没有不利于任何特定种群。

一个利用逻辑类推进行的反驳，常常以一些提示性短语作为标识："你不如说……"或其他与之意思相同的语言。在刚刚的例子中，提示性短语是"同样的论证可能被做出……"。在另一个语境中，一个学者运用类比攻击如下论证：因为伊斯兰教文化是从外面被带到乍得的，所以在乍得它只不过是一个伊斯兰教的临时设施。他说："那么人们也可以合理地说法国仅有一个'基督教的临时设施'呢？"[10]在这个反驳中所用的一套语词稍许有点不同。

在类比性反驳很明显的地方，可能不需要任何提示性的语言。前密西西比州州长柯克·福迪斯争辩道："这是一个简单的事实，美国是一个基督教国家",因为"在美国基督教是主要的宗教"。与他进行电视辩论的记者迈克尔·金斯利以生动的类比进行了回击:"本国妇女占大多数,这能够使我们得出我国是女性国家吗?再者,我们能够因我国的大多数人是白种人而得出我国是一个白种人国家吗?"[11]

当所宣称的反驳性论证与目标论证之间有十分重要的差异,而这些差异倾向于强化受攻击的那个论证,那么粗心地试图用类比来反驳一个论证就会适得其反。最近一次关于全球变暖这一争议性话题的交锋示例了这一点。就试图立即大规模地与一个表面上的但还不确定的气候变化趋势相斗争是否明智,报纸专栏作家约翰·蒂尔尼提出了一些严重问题。[12] 一位评论家雷·斯特恩以这种方式回应道:

> 约翰·蒂尔尼建议我们不要过多担心气候变化,因为其结果是不确定的并且远在将来,而同时有人可能会发现一个技术性的速效对策。那就像告诉一个吸烟的人不要担心,因为他是否会患上癌症还并不确定,另外,到那时候一种治疗方法可能已经被发现了。你可以说我杞人忧天,但我还是要戒烟。[13]

蒂尔尼质疑其明智性的立即的、大规模的措施被比作戒烟。然而,二者之间存在一个重要区别。戒烟不会有经济损失(并且甚至还会有一些经济收益),而计划设计通过减少使用矿物燃料来降低温室气体排放的产业变革很可能代价非常高。在通过提出一个类比去反驳蒂尔尼的时候,斯特恩先生(其关于全球变暖的立场可能是很对的)通过间接地引起对他想突出的气候变化的代价的注意而削弱了他的原因。

下面是杰夫·韦弗给编辑写的一封信,发表在 2005 年 7 月的《安阿伯(密歇根州)新闻报》:

> 任何人都会被一个球队吉祥物的名字或者外观触怒,我发现这很有趣。但是明显地,有些人对于一些学校的球队名字像休伦人队、齐佩瓦人队、勇士队、酋长队、塞米诺尔人队等等感到震惊。
>
> 我同情他们的困境。我也建议我们应该更换安阿伯市先驱者中学的先驱队的名字。我的祖先是先驱,而我确定如果一个学校采用他们的名字作为一个球队吉祥物的话,他们会感到震惊。那

个名字和吉祥物是对我的族人的一记耳光。

在这种情况下，我们最好更换牛仔队、爱尔兰战士队、凯尔特人队、（印第安纳大学）山地人队、捷足者队、锅炉制造工队、包装工队、农夫队、油工队、（西弗吉尼亚大学）山地人队、修道士队、爱国者队、志愿者队以及焦油脚人队（要列举几个的话）的名字，因为我肯定对于那些团体的人来说，那些名字同样也是有辱人格、丧失体面的。

还有一个来自安东宁·斯卡利亚大法官的一个相当有趣的例子：

斯卡利亚大法官认为，我们永远都不应使用"choate"一词。斯卡利亚写道："没有诸如 choate 这样的词。choate 之于 inchoate，正如 sult 之于 insult。"[14]

最后，还有一封来自伍兹霍尔海洋研究所的一位科学家签署的一封信，回应了月球上有"大量"水的说法。

除了威廉·马歇尔之外，没有人声称拥有"大量的水"或"大量的月球水"。近期登月任务的首席科学家将目标火山口描述为"可能比智利的阿塔卡马沙漠更湿润"。这就如同火星人以南非的矿山为探测目标，观察到一颗钻石，然后宣称"地球上有很多钻石"。[15]

通过设计得很好的类比来进行反驳，可以是十分有力的。如果作为一个反驳性类比而被提出来的论证是明显令人讨厌、糟糕的，而该论证确实与受攻击的那个论证具有相同的形式，那么那个目标论证必然就受到了严重的损害。

练习题

下面各题中均试图通过逻辑类推来进行反驳。找出各题中被反驳的论证和反驳性类比，并判断它们是否确实具有同样的论证形式。

1. 法庭电视创始人斯蒂夫·布里尔对摄像机是法庭的一部分深信不

疑，他这样回答一些批评者："一些律师和法官说电视报道会使这个体制看起来很糟糕。他们混淆了报道者和信息本身。如果某件事情的新闻报道使它看起来很糟糕，那倒是进行新闻报道的一个理由。那种批评就如同说因为在越南记者被容许随从军队，所以越南战争被毁掉了。"

——Steve Brill, "Trial: A Starting Place for Reform," *Ann Arbor（Mich.）News*, 12 June 1995

2. 布尔什维主义全部历史中，无论在十月革命前或十月革命后，都**充满着**对其他政党包括对资产阶级政党实行机动、通融、妥协的事实！为了推翻国际资产阶级而进行的战争，比国家之间通常进行的最顽强的战争还要困难百倍，费时百倍，复杂百倍；进行这样的战争而事先拒绝采用机动办法，拒绝利用敌人之间利益上的矛盾（哪怕是暂时的矛盾），拒绝同各种可能的同盟者（哪怕是暂时的、不稳定的、动摇的、有条件的同盟者）通融和妥协，这岂不是可笑到了极点吗？这岂不是正像我们千辛万苦攀登一座未经勘察、人迹未到的高山，却预先拒绝有时要迂回前进，有时要向后折转，放弃已经选定的方向而试探着从不同的方向走吗？

——V. I. Lenin, *"Left Wing" Communism: An Infantile Disorder*, 1920

3. 著名的博物学家 E. O. 威尔逊争辩说，人类仅仅是一种特定物理组成的生物物种，并且不可能有任何人类心灵的特征可以归结为非物理的原因。这个断言不再可能被质疑。"实际上，当代关于该主题的几乎所有内行科学家和哲学家都同意［他写道］构成意识和理性过程的心灵就是工作中的大脑……大脑和它的附属腺体现在已经被探测到这样的地步：没有留下特别的部位可以有理由地被认为收容了一个非物理的心灵。"[16]斯蒂芬·巴尔以逻辑类推的形式提出了以下相反的论点："这［上文所引的威尔逊的论证］等同于尼基塔·赫鲁晓夫宣称［目的在于支持无神论］尤里·加加林——太空的第一个人类游客——没有找到上帝。威尔逊是认为，如果心灵存在非物质成分，那么该成分会在大脑扫描中表现出来？"[17]

4. 由三个著名的城市规划师提出的反对新建公路的论证给出了强有力的陈述，他们写道："交通问题的唯一长远解决办法是公共交通系统和对土地进行协调利用。"他们争辩说，新建公路会带来"诱发性交通量"。因此，建设更多的公路将只能导致更多的而不是更少的交通拥堵。[18]

一位极具批判性的评论家如下回击这个论证:"这是胡说……一家杂货店门前顾客排长队不会促使任何人说,'好吧,我们不能再建更多的杂货店了。那将只会产生更多的消费者'。建造更多的公路不会引诱车辆。这些车辆无论如何都会来的。"[19]

5. 美国木材供应量几十年来一直在增加,今天国家森林拥有的木材量是 1920 年的 4 倍。加图研究所自然资源研究中心主任杰瑞·泰勒问道:"我们并没有在使木材耗竭,那么我们为什么如此为循环利用纸张担心呢?""纸张是一种农业产品,它是由特别为纸张生产而长成的树木所制造的。通过循环利用纸张来保存树木的行为,就如同通过减少玉米消费来保存玉米秆的行为一样。"

——John Tierney,"Recycling Is Garbage,"
The New York Times Magazine,30 June 1996

6. 1996 年,新泽西州和纽约州之间就埃利斯岛的正式归属问题,产生了激烈的争议。该岛位于靠近新泽西海岸的哈德逊河的河口,这块小不点的陆地是成千上万到美国的移民首先踏上的美国国土。1996 年 7 月 23 日的《纽约时报》上的一篇文章为纽约对有历史意义的该岛屿拥有所有权进行辩护。4 天后,在同样的报纸上发表了下面的信:

克莱德·哈伯曼是对的,几乎每一个穿过埃利斯岛的移民,其目的地是纽约,而不是新泽西。但是这个事实不能决定该岛属于哪里。到达纽瓦克国际机场①的大量旅客同样是去纽约的,但很难争辩说纽约因此拥有该机场。辛辛那提国际机场在肯塔基州柯芬顿市,并且大概很少旅客是去人口稀少的肯塔基州北部的。哈伯曼先生会提出该机场属于俄亥俄州吗?

7. 爱德华·罗思坦提出,贫穷和不公正不能被认为是伊斯兰教的恐怖主义的根本原因,因为奥萨马·本·拉登是一个亿万富翁。以那样的逻辑,奴隶制不应该引起南北战争,因为亚伯拉罕·林肯不是一个奴隶。

——Corey Robin,"The Root Causes of Terror,"
The New York Times,17 November 2001

---

① 纽瓦克国际机场在新泽西州境内,靠近纽约。——译者注

8. 众多宇宙中的每一个宇宙都可能具有不同的自然规律，或者具有不同的诸如光速的、决定这些宇宙如何运转的数量值。有些宇宙可能是适于生命的，而有些则可能不是。所有那些适于生命的宇宙可能会发展出生命。有时候生命将只能演化成恐龙而不是更为智慧的某种东西。一种可以提出人择问题［关于智慧生命的本质属性的问题］的生命形式确实在至少一个宇宙中产生，对于这个事实，我们不能赋予任何意义。这非常像是一次摸彩。如果你赢得了这次摸彩，你可能会感到非常感激，但是总得有个人赢吧，并且没有人在挑选那个赢的人应该是谁，那只是随机地。仅仅因为一个宇宙具有独特的一套规律和参数，不应该导致一个人怀疑那套规律和参数是不是被设计的。

——Gordon Kane,"Anthropic Questions,"
Phi Kappa Phi Forum, Fall 2002

9. ［我们被告知］永远不可能制造出人工的人类心灵，原因是："人工智能研究建立在先进的固体物理学之上，而卑微的人类大脑则是一个能独立存活的半流体系统！"那并不比以下建议更让人安心：汽车绝不可能代替马，原因是汽车是由金属制造而成的，而卑微的马是一个能独立存活的有机系统，它的腿里有血肉和骨头。

——Michael D. Rohr, *The New York Times*,
27 March 1998

10. ［罗纳德·德沃金争辩道］现代政治雄辩术"现在是极度重复乏味的"，其大部分都可以通过法律加以摒弃。这位世界上最为令人尊敬的法哲学家指出："每个欧洲的民主国家都这样做，而欧洲人对于我们不这样做感到惊讶。"

欧洲人同样会感到惊讶的是：我们洗澡的次数如此频繁。那究竟是种什么论证?

——David Tell,"Silencing Free Speech in the Name of Reform," *The Weekly Standard*, 25 November 1996

第 11 章概要

本章开始对归纳的分析。11.1 节复习了演绎论证和归纳论证之间的根本区别：前者断言了其结论的确定性，而后者没有做出这样的断言。有效性和无效性不适用于归纳论证，归纳论证的结论之为真只具有某个概率度。

在 11.2 节中，我们说明了类比论证。一个类比是一个相似或比较；当我们表明两个或更多的实体在一个或多个方面类似的时候，我们便进行了一个类比。类比论证是这样的一个论证：其前提断定了两个或更多的实体在一个或更多方面上的相似性，并且其结论是那些实体在某个其他方面具有相似性。其结论如同每个归纳论证的结论一样，只是可能的。

在 11.3 节中，我们说明了用来确定一个类比论证的前提到底是致使结论更加可能还是更加不可能的六个标准。这些标准是：

1. 该类比被认为所适用的实体数量。
2. 仅在前提中提到的那些实体或者实例之间的多样性或不相似程度。
3. 所涉及的实体被认为具有的相似方面的数量。
4. 前提中提到的方面与结论中提到的另外的方面的相关性。
5. 仅在前提中提到的实例与在结论中提到的实例之间的差异的数量及其重要性。
6. 结论相对于前提的适度性。

11.4 节说明了通过逻辑类推进行的反驳。为了表明一个给定论证（不管是归纳的还是演绎的）是错误的，一个有力的方法是提出另外一个明显错误的论证，而该论证的形式与待反驳的论证是相同的。

第 11 章关键术语

类比：通过表明两个（或更多）实体在一个或更多方面是类似的，而在它们之间做比较。

类比论证：一种归纳论证，即从"两个实体在某些方面类似"的事实，得出"它们在某个（某些）其他方面类似"。

差异性：在一个类比论证中，前提中所引用的实例与结论中所提及的实例之间的不同点。

【注释】

[1] Bert Vogelstein, "So, Smoking Causes Cancer: This Is News?" *The New York Times*, 27 October 1996.

[2] Albert Shanker, "Testing Teachers," *The New York Times*, 8 January 1995.

[3] Thomas Reid, *Essays on the Intellectual Powers of Man*, Essay 1, 1785.

[4] Andrew Massimino, "Building a Country," *The New York Times*, 5 June 2006.

[5] Eric Lander, quoted in an interview in the *The New York Times*, 10 September 1996.

[6] *Crawford v. Washington*, 541 U. S. 36 (2004).

[7] F. Barringer and A. Revkin, "A Few Spitballs Greet Professor Gore," *The Ann Arbor (Mich.) News*, 22 March 2007.

[8] *Parents Involved in Community Schools v. Seattle School District No.1* (No. 05-908); and *Crystal D. Meredith, Custodial Parent v. Jefferson County (KY) Board of Education* (No. 05-915).

[9] Roger Clegg, "An Issue for the Court: Diversity in Our Schools," *The New York Times*, 11 December 2006.

[10] Bassam Abed, in a letter to *The New York Times*, 26 June 1988.

[11] "Evangelical Update," *The New York Times*, 21 November 1992.

[12] John Tierney, "Findings," *The New York Times*, 13 February 2007.

[13] Ray Sten, "Debating Climate Change," *The New York Times*, 20 February 2007.

[14] Antomin Scalia, *The New York Times Magazine*, 3 January 2010.

[15] John M. Hayes, *The New York Times*, 27 November 2009.

[16] E. O. Wilson, *Consilience* (New York: Alfred A. Knopf, 1998), p. 99.

[17] S. N. Barr, "Mindless Science," *The Weekly Standard*, 6 April 1998.

[18] A. Duany, E. Plater-Zyberk, and J. Speck, *Suburban Nation: The Rise of Sprawl and the Decline of the American Dream* (New York: North Point, 2000).

[19] F. Barnes, "Suburban Beauty: Why Sprawl Works," *The Weekly Standard*, 22 May 2000.

第 12 章

因果推理

12.1 原因与结果
12.2 因果律与自然齐一性
12.3 简单枚举归纳法
12.4 因果分析的方法
12.5 归纳技术的局限
第 12 章概要
第 12 章关键术语

12.1　原因与结果

归纳远不止类比论证。当我们知道，或者认为我们知道，一件事情是另一件事情的原因，或者是另一件事情的**结果**，我们就可以从原因推出结果，或者从结果推出原因。如果原因和结果之间的假定关系是被正确地建立起来的，那么基于那些关系的推理就是十分强有力的。

因果推理也具有极大的实用重要性。我们控制环境、成功生存下来、达到目的的能力，都极其依赖于我们在因果联系方面的知识。例如，为了治疗某种疾病，医生必须知道它的原因；当然他们也应当了解所用药物的结果（包括副作用）。

在我们做出行动并且试图达到某种结果的任何领域里，因果关系都是基本的。在这个领域中，最热衷于此的思想家之一是大卫·休谟。他曾写道：

> 关于实际的事情的所有推理，似乎都建立在原因和结果的关系之上。仅通过那种关系，我们就可以超出我们的记忆和感觉所能提供的证据。如果你想要问一个人，为什么他相信任何不存在的、实际的事情；比如，问他说，为什么他相信他的朋友在国内或者在法国；他会告诉你某个原因；而这个原因会是某个其他的事实；像是从他朋友处收到的一封信，或者是知道他之前的决定或者承诺。一个人如果在荒岛上找到一只手表或者其他任何机器，他就会推断说，从前那个岛上一定有过人。我们所有关于事实的推理都是这种性质的。……因此，如果我们想要让自己信服，使我们相信各种实际的事情的那种证据，其本性究竟如何，那我们必须研究，我们是如何得到关于因果的知识的。[1]

能够使我们达到这样的知识的方法是本章的中心内容。然而，由于事实上"原因"一词有多种不同的含义，这个问题很复杂。因此，我们首先要把这些含义彼此区分开。

事件并非总会发生，只有在**确定的条件**下事件才能发生。在对自然的研究中的一个公理是：为了理解我们生活于其中的这个世界，我们必须试图了解事件发生或者不发生的条件。人们习惯于区分事件发生的**必要**条件和**充分**条件。

一个特定事件发生的**必要条件**是指，在缺乏它的情况下，该事件不能发生。例如，有氧气是燃烧发生的必要条件。如果燃烧发生了，那么氧气必定已经出现，因为在没有氧气的情况下，燃烧是不可能的。

一个事件发生的**充分条件**是，它出现的情况下事件必定发生。正如我们注意到的，有氧气是燃烧的必要条件，但是，它不是燃烧能够发生的充分条件——因为显然在有氧气的情况下，可以不发生燃烧。然而，对几乎每一个物质而言，存在某个温度范围，在有氧气的情况下该温度范围是该物质燃烧的充分条件。因此，一个事件的发生显然可能有多个必要条件，并且所有这些必要条件必定包含在那个事件的充分条件里。

现在，"原因"这个词（关于某个事件）有时是在"那个事件的必要条件"的意义上使用，而有时是在"那个事件的充分条件"的意义上使用。当手头上的问题是要排除一些不合意的现象时，它更多地是在"必要条件"的意义上被使用。为了排除某个现象，人们只要找到该现象存在的某个必要条件，然后排除掉该条件。何种病毒或细菌是某种特定疾病的原因？医生通过施用一种消灭那些细菌的药物治愈该疾病。细菌被认为是该疾病的**原因**，因为它们是该疾病的一个**必要条件**——如果没有它们便不会有该疾病。

然而，"原因"这个词也被普遍地用作充分条件的意义，特别是当我们感兴趣的是产生某个合意的现象，而不是排除一些不合意的现象的时候。冶金家的目标是发现什么使金属合金具有更大的强度，当我们找到了具有我们所希望的结果的、一个热处理和冷处理相复合的特定过程时，我们就说，这样的一个过程是合金强度增高的原因。在一种意义上（必要条件）使用"原因"这个词是正确的，或者在另一种意义上（充分条件）使用"原因"这个词也是正确的，但是我们必须清楚所使用的到底是这些意义中的哪一种。

与**充分条件**密切相关的是"原因"一词的另外一种意义——当一给定现象倾向于在特定结果的产生中扮演起因的角色。例如，说"吸烟导致肺癌"确实是正确的，尽管有可能吸烟持续很长时间但结果并没有患上癌症。并且，吸烟当然不是肺癌的必要条件，因为许多这样的癌症是在完全没有吸烟的情况下得的。但是，与非常普遍的生物环境相结合，吸烟在肺癌的发展中如此频繁地发挥作用，以至于我们认为，报道吸烟是癌症的一个"原因"是正确的。

这就指出了"原因"这个术语的另外一种通常用法：作为某个现象发生过程中的一个关键因素。一家保险公司派遣调查员弄清一场神秘火灾的原因。如果调查员报告说火灾是由空气中的氧气所致，那么调查员的工作将很可能不保。尽管他们是对的——在必要条件的意义上。因为如果不存在氧气，火灾便不可能发生。保险公司也不对火灾的充分条件感兴趣，因为如果调查员汇报说，尽管他们已经证明火是由投保的客户有意点燃的，但他们还不能知道火灾的所有必要条件，因而仍然不能确定火灾的全部原因，他们肯定会丢了他们的工作！保险公司试图发现的是，在通常盛行的那些条件已经发生的情况之下，对火灾的发生或者不发生**造成影响**的事件或行为是什么。

现实世界里，2003 年 11 月，在俄亥俄州辛辛那提市，一个强烈拒捕的魁梧男人在被警察打至屈服之后很快就死亡了。调查这起死亡的验尸官主张这是一次"杀人"，他谨慎地注明，"杀人"这个词并不蕴涵敌对的、恶意的意图。验尸官说："如果没有这场扭打的话，琼斯先生不会及时地在那个精确时刻死亡，因此，那场扭打就是他死亡的主要原因。"[2] 原因的这种"关键性因素"含义是常见且有用的。

原因的这第三种含义还可以再进行细分。当存在一个因果序列——事件的链条，其中 A 引起 B，B 引起 C，C 引起 D，D 引起 E——此时，我们将结果 E 称为任意一个那些先行事件的结果。上面描述的死亡（记为 E）是由扭打引起的，扭打（D）是由抵抗引起的，抵抗（C）是由逮捕引起的，逮捕（B）是由某种违法（A）引起的，如此等等。我们把 E 的远因和近因进行区分。近因是在事件的链条中离它最近的事件。死亡（E）是扭打（D）作为近因的结果；其他的是远因：A 比 B 遥远，B 比 C 遥远，如此等等。

16 岁以前离开学校的人死于心脏病的可能性比大学毕业生高 5 倍：大学毕业生一年中死于心脏病的死亡率是 3.5%，但是那些少于八年正规学校教育的人死亡率是 20%。[3] 但是大学教育不是良好健康的近因，无知也不是疾病的近因。落后的教育是因果链条中的一个环节，它往往造成对疾病过程不充分的理解，因而，促进更好的医疗结果所需的生活方式的改变难以做出。因此人们普遍地并正确地观察到，极广泛地对教育产生影响的贫困，是健康欠佳的"根本原因"之一——当然不是它的近因——但是，是一个需要根除的远因。

需要区分"原因"这个词的多种不同含义。仅当在**原因的必要条件**含义上，我们才能合法地从结果中推出原因。并且，仅当在**原因的充分条件**含义上，我们才能从原因中推出结果。当推论是既从原因到结果，又从结果到原因时，"原因"这个词必定是在**充要条件**的意义上被使用的。在这种用法中，原因被认为是事件的充分条件，而那个充分条件被认为是它所有必要条件的联合。不存在符合该词所有不同（并且合理的）用法的单个原因定义。

12.2　因果律与自然齐一性

无论是在日常生活中，还是在科学中，"原因"一词的每一种用法都包含或预设了下述学说：原因和结果齐一地相连。我们承认某个特定事态是某个特定结果的原因，仅当我们同意该类型的任意其他事态（如果伴随的事态是充分类似的）将引起与先前结果同类型的另一个结果。换句话说，类似原因产生类似结果。当我们使用"原因"这个词时，其部分意义是，产生某个结果的一个原因，其每一次出现都是普遍因果律——如此的事态总是伴随着如此的现象——的一个实例或者事例。如果能够表明在另外的情形下，在那个假定的原因发生之后，假定的结果并没有发生，我们将放弃认为一个是另一个的原因的信念。

因为每个关于一特定事态是一特定现象原因的断定，都意味着存在某种因果律，每一个关于因果联系的断定包含了**普遍性**的一个关键要素。所谓的因果律，就是断定如此这般的一个事态恒常地伴随有一个特定种类的现象，而无论该事态发生于何时何地。

我们如何能够知道这样的普遍真理呢？因果关系不是纯粹逻辑的或纯粹演绎的；正如大卫·休谟所强调的，它不能被任何先验的推理发现。因果律只能经验地或后验地（即诉诸经验）发现。* 但是我们的经验总是与

---

*　休谟写道："不过要使我们相信，所有的自然法则和物体的一切作用，毫无例外地，都只是经由经验才为我们所知晓，下述的反思可能就足够了。如果有一个物体展示在我们面前，要求我们不参照过去的观察，就来断言由此物体所导致的结果，那么我请问你，在这种作用之中，思想必须以何种方式来进行呢？它必须发明或者想象某个事件，把它归为那个物体的结果；并且很清楚地，这种发明肯定完全是任意的。纵然是最精确的细察和考查，思想也永远不可能在假定的原因中找到结果。因为结果和原因是完全不一样的，因此，我们也就不能在原因中发现出结果来。……一块石头或一块金属如果被举在空中，没有任何支撑物，那它立刻会掉下来；但是如果我们要先验地考察这件事，在这种情况下，我们真的可以发现任何东西，它能使我们在石头或者金属中产生下行的观念，而不是上行或者任何其他运动的观念吗？……因此，那是徒劳的，如果我们自以为没有观察和经验的帮助也能够决定任何一个事件、推断任何原因或者结果的话。"（*An Enquiry Concerning Human Understanding*，1748，sec. IV）

特定事态、特定现象以及它们的特定次序有关。我们可能观察到一个事态（比如 C）的一些实例，并且，我们观察到的每一个实例可能伴随有一个特定种类现象（如 P）的一个实例。但是我们未来能够经历的仅仅是 C 在这个世界上的某些实例，并且我们的观察因此也仅能展示给我们 P 伴随着 C 的某些事例。然而，我们的目标是建立一个普遍的因果关系。我们如何能够从经验到的普遍命题的特例，得到 C 在所有情况下都伴随有 P？在说 C 引起 P 的时候就包含了这样的问题。

12.3 简单枚举归纳法

当我们断定 C 在所有情况下都伴随有 P——也就是说，当我们断言一个普遍因果关系的时候——我们就已经超越了类比。从特定经验事实中得到普遍命题的过程被称作归纳概括。假定我们将蓝色石蕊试纸浸入酸中变红。假定我们如此做了三次或者十次，总是有相同的结果。我们可以得出什么结论呢？通过类比，关于下一张（第四张或者第十一张）被我们浸入酸中的石蕊试纸的颜色将会发生什么，我们可能得出一个**特称**结论。或者，关于每一张蓝色石蕊试纸被浸入酸中后将会发生什么，我们可以得出一个普遍结论。如果是后者，该论证就以一个归纳概括作结。

当一个论证的前提报告了两个属性（或事态，或现象）共同发生的若干实例，由类比我们可能推得，一个属性的某个特定实例将也会展示另一个属性。而由归纳概括，我们可能推得，一个属性的每一个实例都将也是另一个属性的实例。归纳概括的这种形式：

现象 E 的实例 1 伴随有事态 C。
现象 E 的实例 2 伴随有事态 C。
现象 E 的实例 3 伴随有事态 C。
―――――――――――――――――――
因而，现象 E 的每个实例都伴随有事态 C。

就是一种**简单枚举归纳法**。简单枚举归纳法非常类似于类比论证，所不同的只是它形成的结论更为普遍。

我们经常用简单枚举归纳法建立因果联系。当一个现象的若干实例恒常地伴随有一特定类型的事态的时候，我们很自然地得出在它们之间存在一个因果关系。因为将蓝色石蕊试纸浸入酸中的事态在所有可观察的实例中都伴随有试纸变红的现象，我们由简单枚举法得到，将蓝色石蕊试纸浸入酸中是它变红的原因。这样一个论证的类比特征是相当明显的。

由于简单枚举归纳法论证和类比论证之间巨大的类似性，类似的评价标准都适用于它们。某些简单枚举归纳法论证可能比其他的论证确立更高概率度的结论。举出的实例数量越多，结论成真的概率就越高。伴随着事态 C 的、现象 E 的不同实例或场合，往往被称作断定 C 引起 E 的因果律的**确证实例**。在其他事情均等的情况下，确证实例数量越多，因果律为真的概率越高。于是，用于类比论证的第一个标准也可直接应用于简单枚举归纳法论证。

在历史报告中，简单枚举归纳法可以为推断一个因果关系提供有说服力的基础。举例来说，用来激烈抨击暂时失势的某个个体或群体的立法行为，被称作掠夺公权法案。熟知的是，当政治权力的钟摆发生摆动时，该立法行为会对该法案（曾经的）鼓吹者造成危害。今天的原告明天成了受害人。为了谴责针对丹比伯爵托马斯·奥斯本的这一掠夺公权法案，卡那芬伯爵 1678 年在英国上议院用下面的枚举法阐明自己的观点：

> 大人们，从不少的英国历史中我了解到像这样的检举的危害以及检举人的悲惨命运。我将仅追溯到伊丽莎白女王统治的晚期，当时艾塞克斯伯爵被瓦尔特·罗利爵士检举，大人们，你们很清楚瓦尔特·罗利爵士后来怎么样了。培根大法官检举了瓦尔特·罗利爵士，大人们，你们知道培根大法官后来怎么样了。白金汉公爵检举了培根大法官，大人们，你们知道白金汉公爵发生了什么。托马斯·温特沃思爵士，也就是后来的斯特拉福德伯爵，检举了白金汉公爵，你们都知道他后来怎么样了。哈里·范爵士检举了斯特拉福德伯爵，大人们，你们知道哈里·范爵士后来怎么样了。海德大臣检举了哈里·范爵士，大人们，你们知道海德大臣后来怎么样了。托马斯·奥斯本爵士，也就是现在的丹比伯爵，检举了海德大臣。
>
> 现在，丹比伯爵将结果如何呢，大人们最好能够告诉我。但是，让我看看那个胆敢检举丹比伯爵的人到底是谁，我们很快就能看到他的结果如何。[4]

这种对实例的列举尽管可能在修辞学上是有力的，它并没有提供一个可信赖的论证。恶意指控和随后垮台之间存在因果联系这一结论诉诸六个确证实例；但是，这些实例的本性阻碍了它们区别开真正的因果律的确证事例和仅仅是历史的偶然事件。

这个困难的核心是：简单枚举法对提出的因果律的例外情况没有解释，而且不可能有解释。任何断言的因果律都会被一个否定性情况推翻，因为任何一个反例都表明，被当作"规律"提出来的东西不是真正普遍的。例外**反证了**该规则；因为一个例外（或"反例"）或者是这样一种情况：人们发现了所断言的原因，但并没有伴随所断言的结果（比如在该历史案例中，某个掠夺公权法案的提出者没有遭受类似的命运）；或者是这样的情况：结果发生了，但所断言的原因没有发生——（如果使用我们前面的模式）C 发生而 E 没有发生，或者 E 发生而 C 没有发生。在一个简单枚举归纳法论证中，这两种情况中的任何一种都是无效的；在这样的论证中唯一合法的前提是，断言的原因和断言的结果都出现的实例报告。

400 年前，弗兰西斯·培根爵士在《学术的进展》（1605）中，清楚地确定了简单枚举归纳法的缺陷。他写道："由简单枚举所进行的归纳是幼稚的；其结论是不牢靠的，面临着来自矛盾性实例的危险；并且其结论的达成所基于的事实通常都太少了，还仅仅是现有的事实。"

如果我们排他地局限于简单枚举归纳法论证，就会产生一个严重的缺陷：我们将不会去寻找，因而甚至不大可能去注意那些可能被发现的否定性或反证性实例。正因为这一点，尽管简单枚举归纳法在提出因果律的过程中成果丰硕并且具有价值，但它根本不适合于检验因果律。然而这样的检验是必不可少的；为了进行检验，我们必须依赖于其他类型的归纳论证，现在我们将转向它们。

12.4　因果分析的方法

所有核心归纳方法的经典公式化是在 19 世纪由约翰·斯图亚特·密尔在《逻辑学体系》[①]（1843）中给出的。他对这些方法的系统解释使得

[①] 该书有严复中文节译本《穆勒名学》，该著作在中国学界有历史性影响。过去通常将 Mill 译为穆勒，近年来多根据读音将 Mill 译为密尔或弥尔。——译者注

逻辑学家们把这些方法称为归纳推理的密尔方法。这些技术本身——通常被区分出五种来——当然不是由他发明的，它们也不应该被认为仅仅是19世纪的一个思想产物。恰恰相反，这些方法是科学研究的通用工具。密尔为它们起的名字仍在使用，因为它们是密尔对他所谓"归纳准则"的精确公式化。这些研究技术永远有用。对于生物科学、社会科学和物理科学中的发现的当代解释，通常都声称其所使用的方法论是被称为密尔方法的归纳推理的这五种技术中的一种或另一种（或者是某个组合），它们是：

1. 求同法
2. 求异法
3. 求同求异并用法
4. 剩余法
5. 共变法

我们将依次考察它们：首先展示密尔对每个技术（有一处例外）的经典陈述，接着对它们进行说明和例证。科学现在和将来在寻找因果律的过程中都要依靠这些技术。

1. 求同法

约翰·斯图亚特·密尔写道：

> 如果被研究的现象的两个或更多的实例只有一个共同的事态，那么，这个事态——所有实例仅在该事态上相契合——就是给定现象的原因（或结果）。

该方法比简单枚举归纳法优越，因为它不仅试图发现原因与结果重复地同时发生的情况，而且还试图确定这个**唯一**的事态——恒常地与我们感兴趣的结果或现象关联在一起的那个事态。这是科学探究的一个重要的也是非常普遍的工具。例如，在寻找某个致命的流行病的原因的过程中，或者在查找某个地质现象的原因的过程中，流行病专家或地质学家将选出特定的那些事态，其每一个实例都伴随有那个结果。他们探究明显不同的事态集合（结果就产生于此）在什么方面相**一致**？

想象一下在某个学生宿舍的人当中发生一连串的消化不良，我们得了解其原因。探究的第一个策略自然是：**所有那些得病的人吃了什么食物？**

某些病人吃的而不是所有患者都吃的食物不可能是疾病暴发的原因：我们希望发现什么事态是每个病例所共同的。当然，共同的东西最后可能不是一种食物；可能是使用了受感染的器具，或者接近了某种有毒的污水，或其他情况。但是，只有当我们发现了某个所有病例在其中都契合的事态，我们才找到了解决问题的途径。

求同法可以用示意图表示如下，其中大写字母表示事态，小写字母代表现象：

A、B、C、D 与 w、x、y、z 一起发生。
A、E、F、G 与 w、t、u、v 一起发生。

因而，A 是 w 的原因（或结果）。

该方法在确定某一种现象或者某一个范围的事态时特别有用，对那种现象或者那个范围的事态的研究有科学的希望。例如，在分子遗传学中，使用求同法可以极大地缩小某个遗传疾病的原因的寻找范围。在家人中间，有没有一个共同因子，其某个特定的紊乱是普遍的？通过检测这些家人的基因结构，然后逼近这些家人具有而其他人通常不具有的那些遗传因子，就可能确定遗传缺陷所在的染色体（有时候是那条染色体的某个部位）。这被证明是寻找某些疾病的原因的一个非常有力的方法。

类似地，全球范围内发达地区水的氟化，是半个多世纪以前的以下发现的结果：在某些城市里蛀牙率非常低，而它们的一个共同事态就是供水中的含氟量非常高。为了确证这一因果联系，哈德逊河沿岸的两个类似大小的城市——纽约州纽堡市和金斯顿市——在 20 世纪 40 年代得到了严密的研究；纽堡市的水被加了氟，金斯顿市的水没有加氟。统计数据结果非常引人注目：纽堡市的孩子们到 14 岁的时候蛀牙减少了 70%——而两个城市在患癌率、先天缺陷率或者心脏病率上都没有任何差别。对于蛀牙的这种预防当时没有能够给出完全的说明，但是所知道的东西已经足够为城市供水系统加氟进行辩护。

这种方法是广泛地强有力的。在帮助吸烟者戒掉他们对尼古丁的瘾所做出的努力中，一个非常有希望的进展是 2007 年的《科学》杂志报道的如下发现：在少数其大脑某个特定区域（岛叶）遭受损害的人当中，其吸烟的欲望立刻消失了。岛叶中的某个东西似乎是烟瘾的一个关键因素。当对数据资料的统计分析完成之后,来自南加州大学的一个主要研究者说:"结果是,在岛叶受损后轻松戒烟的可能性比大脑任何其他地方受伤后轻松戒烟的可能性高 136 倍。"来自国家药物滥用研究所的一位神经学家对此很感兴趣:"得到任何一种能产生这样的戒烟率的变量已经是引人注目的了,而将这个变量与一个特定的大脑区域关联到一起简直就是令人难以置信的了。"[5] 因此,对于那些渴望应用求同法于尼古丁成瘾的瘾症研究者们来说,一个主要的问题现在已经变成了:"我们能够学会抑制这个岛叶吗?"[6]

简言之,每当我们找到一个**对给定现象的所有实例来说都是共同的事态**,我们就可以正确地推断出:我们至少已经找出它的原因的范围。

然而,求同法有严重的局限。由于这个方法主要指望确证实例,该方法本身常常不足以确定正在寻找的原因。我们很少能够如此方便地整理可用数据,以使得确定所有情况所共同的一个事态成为可能。而当研究显示对所有情况都共同的事态不止一个时,只使用该技术就不能评价那些可选择的可能性了。

尽管在事态和现象之间出现相同经常不是结论性的,但缺乏相同可以帮助我们确定什么不是我们感兴趣的现象的原因。求同法本质上是排除法,它意味着这样的事实:在我们感兴趣的现象的某些情况下而不是所有情况下出现的事态,不可能是该现象的原因。因而,那些反对某个声称的因果关系的人,可能会唤起人们对该关系缺乏一致共同性的注意,从而推论得出所声称的原因既不可能是该现象的充分条件又不可能是它的必要条件。

在我们已经学会了求同法能够教给我们的所有东西之后,在寻找原因的过程中,我们肯定还需要更为精致的其他归纳法。

练习题

分析下面的每一个科学报告,说明每一个报告中求同法模式是如何显示的;在每种情况中,讨论应用于探求因果联系的求同法的缺陷。

1. 疾病控制与预防中心昨天说,几乎可以肯定,引起该地区甲型肝炎大面积暴发的,是宾夕法尼亚西部一个名叫"奇奇"的墨西哥菜连锁餐厅免费提供给每一桌客人的、未经烧煮加工的、剁碎后蘸上沙司的、受污染的洋葱。从墨西哥用船运送来的很多串洋葱（青洋葱）被加上冰块后一起储藏在大水桶里面多达五天或者更长时间。因此，即使只有几串洋葱在运输之前被感染上了肝炎病毒，病毒也将迅速传播到所有其他洋葱上——水桶中的冰水变成了"肝炎汤"。洋葱后来被清洗，剁碎，再冷藏个两天，然后被加到沙司中，而这个沙司成批地、每次 40 夸脱地被制作出来，然后被冷藏保存多达三天。这次疾病的暴发致死"奇奇"餐厅的顾客 3 人，致病另外 575 人，并且这次暴发也是美国从一个来源获致甲型肝炎的最大一次暴发。甲型肝炎由被传染之人特别是那些在去完洗手间之后没有洗手的人的粪便进行传播。该病毒不能在体外繁殖，但是它能够在食物中存活。

甲型肝炎在墨西哥是一种常见的儿童病，而儿童经常在那里的洋葱农场工作；被用来灌溉洋葱、清洗洋葱或者制作在船运的过程中使用的冰块的污水可能也成了疫情的罪魁祸首。至于这些洋葱是如何被污染的还未知。

——"Government Makes It Official: Blame Scallions for Outbreak," *The New York Times*, 22 November 2003

2. 加州大学欧文分校的研究人员提出理论说，听莫扎特钢琴曲显著提高智力测试时的表现。弗朗西斯·H. 劳舍尔博士和她的同事报告说：

我们进行了一个实验，在实验中，我们给每个学生三套标准的智商空间推理任务；在每个任务进行之前，我们给学生 10 分钟：

1. 听莫扎特 D 大调双钢琴协奏曲 K.488；或者
2. 听放松的磁带；或者
3. 沉默。

与后面两个条件相比，在第一个条件下即刻进行的那些任务，测试表现得到改进。

听莫扎特协奏曲之后的测试分数平均上升了 8 或 9 分。一些学生说他们喜欢莫扎特，一些学生说不喜欢，但是不存在可归因于喜好的不同的、可度量的差别。"我们用这些实验检验的是脑功能的一个神经模型，"劳舍尔博士说，"而我们假设在特定的活动（下棋、做数学题及听某种音乐……）中，这些模式可能是共同的。听这样的音乐可能会刺激对于认知很重要的神经通路。"

——Frances H. Rauscher, Gordon L. Shaw, Katherine N. Ky, "Music and Spatial Task Performance," *Nature*, 14 October 1993

3. 医学研究人员已经得出结论，不仅与排卵有关的性行为时机强烈地影响受孕机会，而且，仅当性行为在月经期中的一特定时期进行，受孕才能够完成。研究人员总结他们的发现如下：

我们招募了221个健康并打算怀孕的妇女。在妇女停止使用避孕方法的同时，她们开始每天采集尿样，并每天记录是否有性行为。我们测量尿中的雌性激素和黄体酮代谢物，以估算排卵日期。

在排卵日期可以估算出来的总共625个月经周期里，192人开始怀孕……三分之二（129人）生下小孩。仅当性行为在估算的排卵日期的前6天期间进行，受孕才能完成。受孕的概率的变化区间为从0.10（排卵前五天进行性行为）到0.33（排卵当天进行性行为）。

结论：在打算受孕的健康妇女中，几乎所有怀孕都可以归因于排卵日期前六天里的性行为。

——Allen J. Wilcox, Clarice R. Weinberg, Donna D. Baird, "Timing of Sexual Intercourse in Relation to Ovulation," *The New England Journal of Medicine*, 7 December 1995

4. 哥斯达黎加卡塔戈镇的一个大家族长期遭受一种不寻常疾病的折磨，该病是不可治愈的失聪，它是由基因导致的。该家族出生的孩子发展成此病的可能性为50%。大约在10岁的时候便可以知道他们的命运，此时，那些遗传了基因突变的孩子发现他们开始失去他们的听力。最近，来自华盛顿大学的科学家将该家族疾病的原因追踪到一个以前未知的基因身上，它被命名为透明基因。该基因帮助操作内耳里的灵敏毛细胞以回应声音振动。

该基因在哥斯达黎加家族中发生了一个突变。该家族的创立者于

1713年从西班牙来到卡塔戈镇，他经历了该种形式的耳聋，自从他以后，他的八代子孙中有一半患此病。因为该家族遗传性耳聋很出名，也为当地所接受，所以该家族中的许多人一直居住在卡塔戈镇。由于能研究的只有这一个家族，从而极少有可研究的不同基因，精确地找到该基因花费了六年时间。关键的突变只与组成该基因的DNA的3 800个化学"字母"[①]中的一个有关。

——Reported in *Science*, 14 November 1997

5. 来自国家癌症研究所的研究人员宣布，他们发现了同性恋兄弟所共有的若干标志基因，这表明同性恋具有基因根源。研究人员在1993年7月16日的《科学》杂志上报道了他们的发现：他们研究的40对同性恋兄弟中，其中33对兄弟在他们的X染色体上共有某种DNA序列，而男性只能从母亲那里遗传X染色体。该报告所暗含的推理是，如果具有某种共同的DNA序列的兄弟都是同性恋者，那么这些序列就可以被认为是同性恋的标志基因。

6. 英国医学杂志《柳叶刀》已经多年关注男性割礼与感染艾滋病的关系。在上个世纪末，研究那种关系的研究人员在《柳叶刀》中写道：一直远远追溯到1989年的研究表明，没有接受割礼的男性感染上1型艾滋病的风险会极大地增加。他们后来写道，将这二者联系起来的流行病学和生物学证据"已经变得令人信服"。在肯尼亚和乌干达的最新研究产生了甚至更为令人信服的证据。2006年，美国国家卫生研究所在那两个国家所进行的实验被终止，因为其结果非常清楚！看起来好像割礼将男性在异性性行为时感染艾滋病的风险降低了大约一半，因此，美国官员认为继续对没有经过割礼的所有8 000名男性进行实验是不道德的。经过重新评价、发表在2007年2月23日的《柳叶刀》上的最终数据甚至更为惊人。他们提出，割礼减少一名男性感染艾滋病的风险高达65%。国家过敏症和传染病研究所的安东尼·福奇医生强调："看，在恰当的医疗条件下进行，这是一个安全的、一次性解决的、永久性的干预措施。如果我们能找到一种与此有同样好的作用的艾滋病疫苗的话，那将成为街谈巷议的话题。"

---

① 碱基对。——译者注

2. 求异法

约翰·斯图亚特·密尔写道：

> 如果在一个实例下一个考察的现象发生了，在另外一个实例下该现象没有发生，两个实例下的事态除了一个事态不同外（该事态仅发生在前一个实例中）其他均相同，该事态（只有它使两个实例产生区别）是该现象的结果或原因，或者为原因的一个不可缺少的部分。

该模式不关注产生结果的场合下什么是共同的，而是关注产生结果的场合和没有产生结果的场合之间存在什么差异。当我们研究前面描述的胃不适问题时，如果我们已经知道得病的所有人吃了罐装梨子，而没有得病的人都没有吃那些梨子，我们就能相当自信地认为，我们已经找到了该病的原因。

求异法和求同法之间的差别，在最近一份关于睾丸素荷尔蒙在雄性好斗行为中的作用的报告中得到了突出。

> 许多物种的睾丸在一年的大多数时间里是封存不用的，只在一个十分限定的交配季节里，精确地说是在雄性与雄性之间打斗猛增的那段时间里，它们才启动并产生睾丸素。尽管它们看上去令人印象深刻，这些数据还仅仅是相关的——（仅仅报道了）打斗发生的时候在现场经常发现睾丸素。
>
> 可以用刀来证明，委婉的说法是进行摘除实验。将一个接一个物种中的睾丸素之源去除，好斗程度便暴跌。事后注入合成的睾丸素使睾丸素恢复正常水平，好斗性便得以恢复。
>
> 这个摘除和恢复的示例给出了这种荷尔蒙与好斗之间存在关联的确凿证明。[7]

很明显，睾丸素造成了关键的差别，但是这个报告的作者很谨慎，没有断定睾丸素是雄性好斗的原因。该报告更准确地声明，睾丸素肯定与好斗相关。按照密尔的说法就是，荷尔蒙是雄性好斗原因中的一个不可缺少的部分。只要我们能够确定单个因素，该因素在其他一切保持正常的情况下造成了关键性差别,即当我们去除该因素时,讨论中的现象也不再发生,或者当我们引进该因素时,讨论中的现象发生,我们会相当肯定已经找到我们正在考察的现象的原因或原因的一个不可缺少的部分。

求异法可用下面的示意图来刻画,同样地,其中大写字母表示事态,小写字母表示现象:

A、B、C、D 与 w、x、y、z 一起发生。
B、C、D 与 x、y、z 一起发生。
_____
因而,A 是 w 的原因(或结果),或 w 的原因中不可缺少的部分。

求异法在几乎所有类型的科学研究中都十分重要。该方法用途的一个生动示例,是医疗研究人员对特定蛋白质作用的研究,该蛋白质被怀疑与某种疾病的发生有关联。待考察的物质是否真的是原因(或原因的一个不可缺少的部分),只有在我们建立了一个该物质被排除的实验环境的时候才能确定。研究人员有时候真的能够做到那个地步,当然不是在人体上,而是在老鼠身上:从染上同样疾病的老鼠的身上去除被认为产生可疑蛋白质的基因。如此处理过的动物随后进行近亲繁殖,产生成群的"基因剔除小鼠",基因剔除小鼠在当代医学研究领域中是珍贵的。在当代医学研究领域中,人们能够在一个动物身上研究与讨论中的疾病相关的过程,这与在感染该病的其他动物身上进行研究是完全一样的,**除了由于基因剔除产生的关键性差别以外**,该缺少的物质被假定为原因。这样的研究在医疗上取得了一些引人注目的进展。

举例来说,利用基因剔除小鼠,科学家已经能够确定引起炎症——肿胀、发红以及疼痛——的基因了。老鼠和人体中都有的巨噬细胞炎性蛋白-1α(MIP-1α)基因被怀疑产生了开启发炎过程的蛋白质。北卡罗来纳大学教堂山分校的病理学家繁殖了缺乏巨噬细胞炎性蛋白-1α(MIP-1α)基因的老鼠,然后将那些老鼠和作为对照组的正常老鼠都感染上被认为会引起流行性感冒与其他疾病的病毒。正常的老鼠正如预期确实患上严重的炎症,但是缺乏巨噬细胞炎性蛋白-1α(MIP-1α)基因的老鼠只有轻微的炎症。这对于开发出一种既能让人类抵御病毒感染,又不会产生疼痛和有害炎症的药物迈出了一大步。[8]

求异法的一个著名的戏剧性例证是确证黄热病真正原因的实验。黄热病是人类长期遭受的重大瘟疫之一。这里描述的实验是由美国军医瓦尔特·里德、詹姆斯·卡罗尔和杰西·W. 拉齐尔在 1900 年 11 月进行的。在实验之前,卡罗尔医生在另一个实验里故意让自己被一只受感染的蚊子叮咬,从而使自己染上黄热病;不久后,拉齐尔医生死于黄热病,为了纪念他,下面的实验发生地以他的名字命名:

> 所设计的实验其目的是表明,仅有蚊子传播黄热病(排除了受感染的所有其他适当机会)。他们建造了一个小房子,绝对杜绝蚊子从所有的窗户、门及每一个其他可能的出口出入。一个金属丝蚊帐将房间分成两个空间,向其中一个空间里释放出 15 只已经叮咬过黄热病病人的蚊子。一个没有免疫力的志愿者进入有蚊子的房间,他被 7 只蚊子所叮咬。四天后,他得了黄热病。另外两个没有免疫力的人在没有蚊子的空间里睡了 13 个晚上,而没有任何不适。
>
> 为了表明该疾病的传播是通过蚊子而不是通过黄热病病人的排泄物或与他们接触过的任何东西进行,他们建造了另一个没有蚊子的房子。在 20 天的时间里,他们把黄热病病人的衣物、床上用品和吃饭器具,以及被黄热病病人的排泄物、血液和呕吐物污染的其他器具,放置于该房子,然后,让三个没有免疫力的人住在该屋子里。他们所用的床单是从病人的床上取下来的,那些病人因黄热病而死去,对这些床单没有进行清洗,也没有进行其他的处理以清除床单上可能有的污染物。这个实验在其他没有免疫力的志愿者身上重复了两次。整个期间,居住在房子里的所有人被严格隔离,以免遭蚊子叮咬。这些实验中的人没有一个感染上黄热病。随后表明了他们本身不具有免疫力,因为他们中的四个人或者由于蚊子叮咬或者由于注射了黄热病病人的血液,而感染了黄热病。[9]

在上述第一段所描述的实验部分中,在两个精心密闭的空间中的实验对象之间非常刻意地造成了一个重要差异:一个空间里有叮咬过黄热病病人的蚊子,另一个空间里则没有这样的蚊子。在上述第二段所描述的实验部分中,刻意地再一次使用了求异法:两组实验对象都密切接触了黄热病病人,唯一重要的差别是,其中一些实验对象后来被感染的蚊子叮咬,或者注射了被感染的血液——缺乏该事态,便不会发生感染。

科学寻求因果律。在确证或者否证假设的因果联系的永无止境的努力中,求异法是普遍可用的,同时也是强有力的。

练习题

分析下面的每一个报告,说明在所描述的研究中求异法是如何得以应用的。讨论求异法在每一种情况下使用的强弱程度。

1. 睡眠对于记忆到底有多关键?2003年,两所大学的研究者各自进行了旨在确定睡眠如何影响我们的记忆能力的实验。大学生年纪的人们被训练完成特定的任务,然后在睡了一晚或是数小时后醒来之后,测验他们再面临这样的任务时能够回忆起多少。来自芝加哥大学的研究者之一丹尼尔·马戈利亚什教授评论道:"我们都有这样的经验,睡觉前在想某个问题,醒来之后就有解决办法了。"但是睡眠真的对记忆有帮助吗?

睡眠确实对记忆有帮助,而且十分显著。研究人员发现,不仅仅是"充电"的问题,而且是因为睡眠通过把记忆深深地储存和强化在大脑电路里面从而保全了记忆。在芝加哥大学,实验对象被训练理解声音合成器含糊的言语,那些睡了一夜觉之后被测验的实验对象,与那些在训练几小时之后、中间没有睡觉就被测验的相应的对照组相比,前者经常能够理解更多的言语。而在哈佛医学院,一百个实验对象被训练完成特定的手指敲击顺序,他们后来在不同的时间间隔后被要求重复之前的顺序。强化记忆的过程需要一至两晚的睡眠,在这样的睡眠之后,实验对象的表现会有很大的改进。

——Reported in *Nature*,9 October 2003

2. 专家普遍怀疑,大量使用盐是高血压流行以及全球大量因心脏病而死亡的一个原因。但是怎么证明元凶是盐呢?存在"自然实验":把与外界隔绝的丛林里的或乡村里的人群引入现代文明,让他们搬到城市,采用高盐的饮食,他们普遍患上高血压。但是这样的证据不会是结论性的,因为许多重要的因素一起发生变化;伴随着盐量的增加,还有新的压力以及饮食方面的诸多变化。由盐本身所导致的结果怎么能够测定出来呢?

墨尔本大学的德里克·丹顿博士挑选了一群正常的黑猩猩来进行所需要的实验，这些黑猩猩物种在生物学上十分接近人类。首先研究的是处于自然状态的一群加蓬的黑猩猩，它们具有正常血压。该黑猩猩群被分成两半。逐渐给其中的一半黑猩猩的饮食增加盐量，增加了 20 个月。黑猩猩的正常血压为 110/70。在丹顿博士的实验中，动物的血压普遍地升高到 150/90，某些个体的血压更高。但在对照组的那些动物中，它们没有吃额外的加盐食物，其血压也没有升高。将额外的盐从它们的食物中撤走 6 个月后，实验组中的所有黑猩猩的血压都与实验前的一样低。研究人员得出结论说，因为那些动物的生活方式没有其他的改变，所以盐消耗量的变化导致了血压的变化。

——D. Denton et al., "The Effect of Increased Salt Intake on Blood Pressure of Chimpanzees," *Nature*, October 1995

3. 人们普遍用辛辣的新奥尔良开胃沙司来吃生的贝类动物，作为其主要成分的路易斯安那辣酱能够杀死生牡蛎和生蛤中的特定细菌吗？答案似乎是肯定的。市场上的生的贝类动物中 5%～10% 含有创伤弧菌（Vibrio vulnificus），创伤弧菌是传染性的有时甚至是致命的细菌种类。来自新奥尔良的路易斯安那州立大学医学中心的查尔斯·V. 桑德斯博士和他的研究小组，把路易斯安那辣酱加到在试管中生长的弧菌培养菌中；该酱即使相当稀释，也能够在五分钟或者更短的时间里消灭创伤弧菌。"我对发生的事情简直难以置信。"桑德斯博士说。他承认自己仍然吃生牡蛎，"但必须吃大量的辣酱"。

——Reported to the Interscience Conference on Antimicrobial Agents, New Orleans, October 1993

4. 在立陶宛，汽车追尾事故与世界其他地方发生的一样；保险杠被压扁，司机的火气上升。但是那里的司机遭受的被称为"鞭击综合征"的头疼和长期颈痛疾病，似乎不如在美国那样普遍。来自挪威的特隆赫姆大学医院的哈拉德·施瑞德博士和他的同事，对 202 个立陶宛司机进行了健康问卷调查。这些司机驾驶的车在过去的 1 到 3 年里在严重性不等的事故中遭受来自后面的撞击。研究人员没有将调查的目的告诉司机。这些司机关于他们的症状的报告与作为对照组（人数一样，年龄相同，均来自同一城镇）的没有发生过事故的司机的报告相比较。事故受害人中35%报告有颈痛，而在对照组中也有33%报告说有颈痛；事故受害人中53%报告说有头疼，而在对照组中50%也报告说有头疼。研究人员得出结论："在研究组的司机中，没有一个因汽车事故而患上伤残或持久的病症。"

那么如何解释世界其他地方大量的鞭击综合征案例呢？在立陶宛所进行的研究中的司机，在该研究进行时没有投个人伤害保险，那里的人们很少控告他人。大多数医疗账单是由政府付费，而且在该研究进行时，关于慢性鞭击综合征的诊断，没有任何索赔，不能获得钱财，也得不到任何东西。挪威研究人员总结说，慢性鞭击综合征"无利可图"。

——Harald Schrader et al., "Natural Evolution of Late Whiplash Syndrome Outside the Medicolegal Context," *The Lancet*, 4 May 1996

5. 为了确定特定基因的作用，某种基因已经被剔除的老鼠被繁殖出来，它们被称为"基因剔除小鼠"。当正常的老鼠被放在一间有暗角的明亮屋子里时，它们会立即跑向黑暗角落中去。在最近的一次实验中，当老鼠进入黑暗中后会遭到轻微的电击，它们很快便学会了远离那些黑暗的区域。缺乏Ras-GRF基因的老鼠也像正常的老鼠一样很快学会变得机警。但是，与正常的老鼠不同的是，基因剔除小鼠第二天就把戒备心抛到九霄云外了，一次又一次冒险去黑暗的角落。似乎Ras-GRF基因——大概很像人体中的类似基因——对于老鼠记住危险的能力起关键性作用。这个基因对于哺乳动物的生存几乎肯定是至关重要的。

——Reported in *Nature*, December 1997

6. 这是一则能让那些职业规划稍微落后于时间表的人安心的消息：太早达到人生顶峰结果可能会害死你。这是由新斯科舍省布雷顿角大学学院的心理学教授斯图亚特·J. H. 麦肯发现的。

麦肯的研究是关于他所谓的"早熟-寿命"假说的。麦肯分析了就职于1789年到1978年的1 672名美国州长的寿命，他发现那些相对年幼时就被选上的人普遍比不那么早熟且与他们职务相当的人死得更早。即便当他限定了这些州长出生的年份或者他们就职的时长以及他们管理的州，该模式依然成立。不管他如何分解这些数据，或者运行回归分析，或者解释各种统计偏差，情况依然如此：在更为年轻的时候获得公职的州长倾向于寿命更短。

而对于州行政长官成立的规律似乎对于其他年轻的成功者也同样成立。麦肯也分析了成功人士较小但更为多样的集合——包括美国和法国的总统，加拿大和英国的首相，诺贝尔奖得主，《独立宣言》的签署者，奥斯卡奖得主，以及七个世纪里的罗马天主教教皇。他再次发现"那些在最短时间里爬上事业最高峰的人也死得更早。对于名人来说，也可能是对于所有人来说，出名过早可能会导致死得更早"。

——*Personality and Social Psychology Bulletin*，February 2003

7. 霍乱这种可怕的疾病，是由于喝了受污染的水而摄入的，通过水传播的细菌导致的。19世纪霍乱的流行害死了数万人。当时为人们所接受的观点是，那次霍乱是人们吸入了污浊的瘴气所致；但是，伦敦流行病学学会的创立者——约翰·斯诺怀疑这样的观点。当一次严重的流行性霍乱在1848—1849年袭击伦敦时，斯诺提出假说：来自城市水井和泰晤士河的污水是罪魁祸首。一些自来水公司从泰晤士河的潮汐段汲水，而城市污水也被排进这里，因此，自来水公司提供给它们的顾客的饮用水是被排泄物污染了的。水已经发出恶臭了，所以，一些取水管被转移到潮汐段的上流。1854年，更加恐怖的一次霍乱又袭击了伦敦。斯诺找到两家自来水公司，其中一家已经把它的取水管移至河流潮汐段的上流，另一家公司则仍然提供排泄物的混合物；他从这两个地区得到的数据表明了霍乱死亡人数与水源之间的强烈关联。斯诺也找到了布劳德大街上的一口特定的水井，并在一张地图里标出在那口水井周围的区域里每家每户的死亡人数——越接近布劳德大街的水泵，死亡人数就急剧上升——而仅隔几条街的沃里克大街却根本没有人死于霍乱。布劳德大街水泵正面是波兰大街救济院，院里可怜的被收容者安然无恙——救济院有自己的水井。紧邻着布劳德大街水泵的莱恩啤酒坊的工人也有自己的水井；工人们没有感染上霍乱——他们主要喝麦芽酒。当斯诺劝服官方卸掉布劳德大街的水泵上的把手之后，暴发的霍乱就终止了。如今，为了纪念约翰·斯诺，附近还有一个以他的名字命名的酒吧，酒吧外面有一个没有把手的水泵的复制品。

——Steven Shapin，"Sick City，" *The New Yorker*，6 November 2006

3. 求同求异并用法

尽管密尔相信求同求异并用法是一个不同的独立方法，但该方法最好理解成求同法和求异法在同一个研究中的联合运用。该法可以图示如下（也用大写字母表示事态，小写字母代表现象）：

A、B、C —— x、y、z。　　　A、B、C —— x、y、z。
A、D、E —— x、t、w。　　　B、C —— y、z。

因而，A 是 x 的原因（或结果），或原因中不可缺少的部分。

由于两个方法（左边刻画的是求同法，右边刻画的是求异法）中的每一个方法对结论提供了某个概率的支持，它们的联合运用给该结论提供了较高的概率。在许多科学研究中，这种联合运用成为威力极强的归纳推理模式。

一个著名医学成就显示了该并用法的威力。甲型肝炎是肝脏传染病，它折磨着成千上万的美国人；它在儿童中广泛传播，主要通过受污染的食物或水进行传播，并且它有时是致命的。如何才能预防它呢？当然，理想的方法是注射有效疫苗。但是那些要测验任何一种甲肝疫苗的人所面临的一个巨大困难是：难以预测何处将暴发传染病，因而通常来说，不可能以产生可靠结果的方式来选择实验对象。这个困难最终以如下方式被克服。

一种可能的疫苗，在纽约橘子郡齐亚斯·乔伊尔村的哈瑞迪犹太教社区中进行测试。该社区十分不同寻常，每年都受这种传染性流行病的折磨。在齐亚斯·乔伊尔村，几乎无人能够逃过甲肝的感染，该社区中近70%的人在19岁前就感染上了。齐亚斯·乔伊尔医学研究所的阿兰·威尔兹伯格医生和他的同事，在该社区中招募了年龄2~16岁的1 037名儿童，这些儿童没有受到过甲肝病毒的影响——由他们血液中缺乏该病毒的抗体确定。一半儿童（519名）注射了一剂该新疫苗，这些注射了疫苗的儿童中没有发现一例甲肝。进行虚假注射的518名儿童中，25名儿童不久后感染上甲肝病毒。于是人们找到了甲肝疫苗。[10]

波士顿、华盛顿的肝脏专家对该项研究表示赞赏，称其是"一个重大突破"、一个"主要的医学进展"。该成就依赖于什么推理模式？求同法和求异法都用到了，在医学研究中人们普遍这样做。在该社区对甲肝有免疫的所有那些年轻居民中，只有一个相关事态是共同的：所有免疫者都接受了新疫苗。该事态本身便强烈地倾向于表明，该疫苗确实是导致免疫的原因。求异法对该结论提供了巨大的支持：那些确实有免疫的人的事态和那些没有免疫的人的事态在其他每个方面均基本类似，只在一个方面不同——免疫居民被注射了疫苗。

人们经常进行所谓"双臂"实验，以检验新药或新程序：一组接受新的治疗，而另外一组没有；此后，在第二阶段，在适当的情形下，可能会有一个谨慎实施的跨界交叉，对原来没有接受治疗的人进行治疗，对原来接受治疗的人不施行治疗。求同求异并用法的应用是这种研究的基础，该方法很常见并且富有成效。

练习题

分析下列每一个报告，说明求同法和求异法是如何进行联合运用的，并指出它们联合使用时的特殊效力（如果有的话）。

1. 疼痛可能是极度痛苦的，但是它有一个有用的功能：教会人类和动物避免危险，并且促使它们照料伤口。奇怪的是，有极少数人从来不会感受到疼痛；在他们已经受到显著创伤的时候，他们对之仍无意识。

在巴基斯坦北部的一户人家，就有几个这样的家庭成员。其中一个十岁的男孩，就由于在街头表演空手穿白刃、光脚过炭火而出名了。这样虽然会导致组织损伤，但是并没有任何不舒服。剑桥大学的遗传学家 C. G. 伍兹寻找了这种异常的不能感知疼痛的原因。最后，他把注意力集中到一个基因 SCN9A 的变异上，该基因为钠通道编码，通过该通道钠离子可以进入感知疼痛的细胞，该细胞对于疼痛信号很关键。用电流来进行检测时，它可以打开和关闭某些细胞的钠通道——但是它不能打开那些变异细胞的钠通道。伍兹说："这表明罕见病仍然可以很重要，因为它们可以给生物学过程带来深刻的见解。"

耶鲁大学的一个神经学家斯蒂芬·韦克斯曼评论道，如果研究人员能够研制出一种能够使得这些通道不活跃的药物，正像在那些巴基斯坦家族成员中发生的那样，那么，世界范围内数百万的遭受慢性疼痛的人将极大地受益。

——Reported in *Nature*，14 December 2006

2. 影响了大约一百万非洲裔美国人的一种致命的心脏疾病——家族性淀粉样心肌病——以及折磨所有种族年长者的另一种疾病，被认为是由有机体中一种异常折叠的蛋白质引起的。在肝脏中生成的甲状腺素转运蛋白有四个亚单位。生成其中两个亚单位的基因发生变异的话，就会导致该蛋白质失活、错误折叠，并且最终死亡。这的确是该疾病的原因，通过以下事实可以表明这一点：肝脏移植提供一个健康的关键性基因，能够导致痊愈——但是，通常那样的修正来得太晚，已经不能够阻碍带来损伤的错误折叠。

圣地亚哥的斯克里普斯研究所的杰弗里·凯利医生 2003 年 1 月在《科学》杂志上报告说，自然界的一个奇怪反转为一种能够阻碍错误折叠过程的治疗方法提供了线索。因为这种疾病在葡萄牙相当常见，那里的家庭被检查，看谁有那种变异基因而有得病的风险。一个非常大的家族被确定其成员具有那种变异基因，但是他们却从来没有染上此病。结果是，在这个家族中，生成该蛋白质的另外两个亚单位的另一种基因发生变异，抑制了或逆转了发病过程。那个家族中的成员在他们自己的基因中就携有对一种遗传病的治疗用剂。

凯利医生发现，作为这个进一步变异的结果，该疾病通过在正常和异常的蛋白质状态之间建立一种屏障就可以得到预防。然后，通过检查小分子库，他找出了若干小分子，它们可以模拟第二种变异的结果，成功逆转动物中的错误折叠的蛋白质，这已经被美国食品和药物管理局出于其他目的的认可了。

3. 弗吉尼亚州萨福克郡 16 岁的大卫·梅里尔提出假说：硬摇滚乐中巨大的声响对其忠实粉丝有害。他在老鼠身上检验他的理论。将 72 只老鼠分成三个小组，每组 24 只。第一组听硬摇滚乐，第二组听莫扎特的音乐，第三组不听任何音乐。在老鼠适应了它们的环境之后，但是在听音乐之前，梅里尔对所有老鼠进行了穿越迷宫的测验，它们完成该测验平均花费 10 分钟。然后，头两组老鼠每天听 10 小时的音乐。

经过重复测试，对照组的老鼠穿越迷宫的时间平均减少了 5 分钟。听莫扎特音乐的老鼠减少了 8.5 分钟。听硬摇滚乐的老鼠穿越迷宫的时间增加了 20 分钟。

梅里尔还报告说，他之前打算让所有的老鼠生活在一起，然而他的计划不得不中断，原因是：与听莫扎特音乐的老鼠不同的是，听硬摇滚乐的老鼠相互残杀。

——Reported in *Insight*, 8 September 1997

4. 科学家长期认为，严格控制老鼠和其他有机体消耗的热量值，能够延长它们的寿命。低热量饮食的动物典型地具有异常低的体温。低温本身是否导致延长寿命呢？答案是肯定的。

加利福尼亚州拉霍亚市的斯克里普斯研究所的布鲁诺·康蒂改变老鼠的基因结构，使得它们对于体温产生错误的感知。这种变换使动物的体温降低到正常值以下 0.03℃～0.05℃；它们想要多少食物就给它们多少食物，以维持它们正常的体重。体温较低的老鼠比正常老鼠活的时间大约长 15%。

——Reported in *Science*，3 November 2006

5. 在伊利诺伊大学厄巴纳-香槟分校食品科学系的一次 85 名教员、研究生和职工的社交聚会上，这些社交常客自取冰激凌吃。他们不知道他们也是一个实验的观察对象。半数的参与者被分发了 17 盎司的碗，另一半则被分发了 34 盎司的碗。另外，半数的参与者被分发了 2 盎司舀冰激凌的汤匙，另一半则被分发了 3 盎司的大份菜匙。

用大汤匙的人多吃了 14.5% 的冰激凌，而用大碗的人多取了 31% 的冰激凌。既用大汤匙又用大碗的这些营养学专家比那些使用小器皿的人多吃了 56.8% 的冰激凌。并且，除了三个人，所有人都吃光了他们所取的冰激凌。较小的盘子以及较小的器皿对于一次成功的节食可能是至关重要的。

——Reported by Brian Wansink in *The American Journal of Preventive Medicine*，September 2006

4. 剩余法

约翰·斯图亚特·密尔写道：

> 从任意一个现象中减去以前归纳中被认为是特定先行事件结果的那部分，那么该现象剩余的部分为剩余的先行事件的结果。

前面的三个方法似乎假定了，我们能够整个地淘汰或找出某个现象的原因（或结果），有时我们确实能够这样。然而在许多情境下，我们只能通过观察某个现象在一组事态中产生的变化——我们已经部分地知道其原因——而推论得该现象的因果关系。

该方法关注**剩余物**。用于称货车上货物重量的非常简单的策略可以很好地说明该方法。已知空车的重量。为了确定货物的重量，称出货与车的总重量，然后我们就知道了货物的重量：整个重量减去车的重量。用密尔的话来说，已知的"先行事件"是已经记录的空车重量——它必须从磅秤的读数中减去；那个读数和已知的先行事件之间的差异，其原因明显地应归因于剩余的"先行事件"，即货物本身。

剩余法可以图示如下：

A，B，C——x，y，z。
已知 B 是 y 的原因。
已知 C 是 z 的原因。
_____
因而，A 是 x 的原因。

天文学史上的伟大篇章，即海王星的发现，给我们提供了展示剩余法威力的一个极好案例：

> 1821 年，巴黎的布瓦发表了若干行星（包括天王星）的运动数据表。在准备天王星数据的时候，他发现，要使根据 1800 年以后得到的位置数据而计算出来的轨道，与一个根据该行星刚刚被发现之后数年里所观察到的数据所计算出来的轨道相一致，有巨大困难。最后，他对以前的观察数据完全置之不理，他的图表建立在新近观察的数据之上。然而，在几年后，根据该表计算出来的位置与该行星观察到的位置之间存在不一致；到 1844 年，差值总计达到 2 分钟弧度。由于所有其他已知行星的运动与那些计算结果相一致，在天王星中出现的差值引发了大讨论。
>
> 1845 年，勒维耶——那时还是一个年青人——着手解决该问题。他检查了布瓦的计算，发现它们基本上是正确的。因此，他感到，该问题的唯一令人满意的解释在于：在天王星外面的某个地方存在一个干扰它运动的行星。到 1846 年的年中，他已经完成了他的计算。9 月，他写信给柏林的迦勒（Galle），请求他在天空的一个特定区域寻找一颗新的行星，在德国已经刚刚为该区域准备了一些新的星图，而勒维耶显然尚未获得那些星图的副

本。9月23日，迦勒开始寻找，并且在不到一个小时的时间里，他找到了一个物体，该物体是星图中所没有的。到第二晚，该物体已经明显地发生了移动，这颗新的行星——后来被命名为海王星——在预测位置的1°范围内被发现。该发现被列为数理天文学中最伟大的成就之一。[11]

这里，被研究的现象是天王星的运动。当时，人们对天王星绕日运行轨道这一现象的绝大部分有很好的理解。天王星的观察数据近似于这个计算出来的轨道，但是出现了一个令人困惑的剩余物——对于已经计算出来的值的某种摄动，对此我们需要进一步的说明。一个额外的"先行事件"——即将对这种摄动进行解释的一个额外的存在因素——被假设为是另一颗（未发现的）行星，其引力与关于天王星轨道的已知知识一起，对那个剩余物进行说明。一旦做出这样的假设，海王星那颗新行星就很快得以发现。

剩余法和其他方法的不同之处在于，它能够仅通过对一个事例的考察而得以使用，而其他方法要求考察至少两个事例。并且，与其他方法不同的是，剩余法似乎依赖预先建立的因果律，而其他方法（正如密尔所表示的那样）则不是。尽管如此，正如某些人已经表明的，剩余法是归纳法，而非演绎法，因为它产生的结论仅仅是或然的，而不能从它们的前提中**有效地演绎**出来。一个或两个额外的前提可能会使一个剩余法推理转变成一个有效的演绎论证，但其他的归纳方法也可以如此。

练习题

分析下列每一个论证，用"先行事件"和"现象"表明它们是如何遵循剩余法模式的。

1. 太空科学家、天文学家和物理学家被一种将宇宙飞船拉向太阳的神秘力量困扰了19年。当人们对两艘出航非常遥远的宇宙飞船（发射于1972年、1973年的先锋10号和先锋11号）的轨道进行仔细分析后，该力才首次被注意到。后来的两颗探测器（1989年发射向木星的伽利略号和发射到太阳极区的尤里西斯号）的轨道也出现了同样的摄动：它们证明了存在对它们的方向和速度产生干扰的一个微弱的力。将所有其他已知的作用于宇宙飞船上的力的效果加起来，发现剩下了无法说明的某种东西，于是该力被发现。

该力明显减缓了高速离开太阳或环绕太阳的宇宙飞船的飞行。但是与引力不同的是，这个神秘的力的强度并不反比于宇宙飞船离日距离的平方而相应地减小，反而是成线性速率。这样，这个神秘的力便不大可能是太阳的引力效应。

利用两个独立的方法进行了计算，采取了不同类型的数据，也考虑到了测量中使用的软件和硬件所可能造成的错误。许多其他可能的错误也得以研究和解释，在排除了所有这些之后，洛斯·阿拉莫斯国家实验室的一组物理学家宣布，这个神秘的力仍然存在。这意味着某个迄今为止未知的现象可能在起作用——物理学家兴奋地称之为"新物理学"。

——Reported in *Physical Review Letters*, September 1998

2. 在 H. 戴维斯进行的电解水的实验中，他发现除了水的两个成分氢和氧之外，在机器的两极分别形成了一种酸和一种碱。由于水的分析理论没有给出会得到这些生成物的理由，它们的出现构成了一个问题。一些化学家认为，电自身具有产生这些物质的能力。戴维斯猜测，可能有某个隐藏的原因造成了这部分结果——玻璃可能被分解，或者在水中可能出现了某个外来物质。于是他着手研究是否能够通过减少或整个消除可能的原因，来改变或消除正在讨论的结果。他用金制器皿代替玻璃器皿，发现结果没有发生变化，于是他得出结论：玻璃不是原因。使用蒸馏水，他发现有关的酸和碱的量减少了，然而剩余量足以表明原因仍然在起作用。他推论：水不纯净不是唯一的原因，而是一个同时起作用的原因。后来他怀疑手上的汗可能是原因，因为汗含有可电解成酸和碱的盐。通过避免这样的接触，他更进一步降低了结果量，直到只剩下微小的痕迹。这些可能是由于空气中某种杂质被电分解。一个实验确定了上述猜想情况属实。机器被放在一个排气接收器下面，当它因此而不再受空气影响时，既不产生酸又不产生碱。

——G. Gore, *The Art of Scientific Discovery*, 1878

3. 1992 年到 2001 年收集到的卫星观察数据表明，南极拉森 C 冰架的上表面在此期间每年下降多达 27 厘米。其中，下降幅度的大约 1/4

(7厘米），可能是由以下原因导致的：雪挤压成了被称为粒雪的密度更大的物质。像海潮的高度、冰架下方水的盐浓度这样的因素的不确定性，只能解释水上高度的剩余损耗的一小部分。

因此，英国剑桥大学的一位冰河学家安德鲁·谢泼德推断，上表面每年多达20厘米的下降必定根源于融化。任意一块浮冰，其9/10是位于水面以下的，这表明拉森C冰架正在每年变薄多达2米。

这种变薄的可能原因是冰架下相对较暖的水。在一个冰架下，水即使只上升了非常小的温度，对于上面的冰块的融化速率也能造成很大的影响。谢泼德报告说，拉森C是稳定的，并没有比平常脱落更多的冰山，但是以它现在变薄的速率，拉森C的厚度将达到200米（其他冰架达到这个厚度的时候已经崩裂了），因而，拉森C在70年后易于受崩裂影响，如果该区域的水持续升温，拉森C的灭亡甚至会来得更快。

——Reported in *Science News*, 1 November 2003

4. 最近，科罗拉多州博尔德市美国国家海洋和大气管理局的气候学家在分析了超过40年的天气数据后发现，在美国大陆660个气象站中，每天的温度范围——白天最高温与夜间最低温之间的差距——波动的方式非常令人困惑：在某些地区，在一周的进程中，温度范围的变化不与可探测的任何自然周期相一致。

周末（周六、周日和周一）的平均温度范围与工作日（周二、周三、周四和周五）的平均温度范围不同！每天温度范围的波动可以是由自然因素引起的；例如，穿过一个地区的风暴云团可以引起这样的波动——但是，并不存在任何已知的自然因素会在每周的特定日子里持续降临。

这个具体模式的准确原因还不清楚。然而，研究人员（皮尔斯·M.福斯特与苏珊·所罗门）主张，对于这种周末/工作日差异，唯一可能的说明是：人类活动和这样的活动所造成的大气污染物质。

——Reported in *Proceedings of the National Academy of Sciences*, 30 September 2003

5. 空气具有重量不再是争论不休的问题。足以证明的是，气球注入空气后比空着时要重，这是常识。因为，假使空气是轻的，气球充的气越多，整个气球因其内部有更多的空气而就将越轻。但是，相反地，因为当越多空气被充进气球时，整个气球就越重，由此必然可推知：每一部分都有自己的重量，因此空气具有重量。

——Blaise Pascal，*Treatise on the Weight of the Mass of the Air*，1653

5. 共变法

迄今讨论的四种方法本质上都是排除性的。通过排除一个给定现象的某个或某些可能原因，这些方法对某些其他假定的因果解释提供支持。求同法尽可能排除掉这样的原因：在缺乏那些事态的情况下，该现象仍然能够发生。求异法允许通过剔除一个被表明是关键的先行因素而排除某些可能原因。求同求异并用法也是排除性的，它同时使用上面的两种方法。而剩余法努力尽可能排除这样的原因：那些事态的结果已经通过之前的归纳被建立起来。

然而，在许多情形下，这些方法一个也不可用，因为它们包含不可能排除的事态。这经常发生在经济学、物理学、医学，以及一个因素大体上的增或减导致另外一个因素相伴随的增或减的任何地方，在这些地方完全排除任何一个因素都不可行。

约翰·斯图亚特·密尔写道：

> 无论什么现象，每当另外一个现象以某种特定方式发生变化时，它也以任何方式发生变化，那么，它或者是那个现象的一个原因，或者是一个结果，或者通过某因果事实与之相关联。

例如，**共变法**对于研究特定食物的因果作用是重要的。无论我们的饮食如何，我们都不能排除疾病；我们几乎不能从大量人口的饮食中排除掉特定种类的食物。但是我们能注意到，增加或减少特定食物的摄入量，会对某种疾病在指定人群中的发生频率产生影响。一个这样的研究考察了心脏病发作的频率，并与研究中那些吃鱼的人心脏病发作的频率相对比。归纳出来的结论是惊人的：一周吃一餐鱼，心脏病发作的危险降低了 50%；一个月只吃两餐鱼，心脏病发作的危险降低了 30%。在某个范围内，在患心脏病和食用鱼之间似乎存在显著的共同变化。[12]

用加号或减号表示一个变化的现象出现在一个给定情形中较高或较低的程度，**共变法**可以图示如下：

```
A  B  C ── x  y  z。
A+ B  C ── x+ y  z。
```
───────────────
因而，A 与 x 因果地联结在一起。

该方法有广泛的应用。农民通过对一块土地的不同部分施以不同数量的肥料，然后注意在肥料用量与土地产量之间的共同变化，而确定在对土壤施用肥料与庄稼收成之间存在因果联系。一个商人设法通过在不同的时间段播放不同的广告，然后注意那些时间段里某些生意相伴随着的增加或减少，从而确定不同种类的广告的功效。

共变法在寻找离婚以及家庭中其他重要决定的原因的过程中得到了示例。当然，任何一起特定离婚的原因在于那段婚姻和那个家庭的特殊事态，但是，存在某些情况，这些情况普遍地倾向于导致家庭的破裂，而共变法对于了解这些情况是什么很有用。对美国人口普查局的资料分析显示，自从 20 世纪 40 年代以来，在每一个十年里，在美国的每一个地区，子女全部是女孩的父母比子女全部是男孩的父母离婚更频繁。这样的现象既发生在白种人身上，也发生在黑种人身上；既发生在只有高中毕业文凭的人身上，也发生在拥有大学学位的人身上。仅有一个女孩作为子女的父母，其离婚的可能性比仅有一个男孩作为子女的父母要高 6%。两个女孩的父母比两个男孩的父母离婚的可能性高 8%，三个女孩的父母比三个男孩的父母离婚的可能性高 10%，四个女孩的父母比四个男孩的父母离婚的可能性高 13%。成千上万的美国离婚事件似乎部分源于家庭中女孩的数量。

在中国、印度和其他发展中国家，传统的对男孩的偏爱是公开和常见的，这在美国比较不明显，但是它仍然是美国家庭生活动态中的一个普遍因素。父母在儿子的身上投资更多，当家里有一个男孩时，他们花在住宅上的钱平均每年多 600 美元。在家里的第一个孩子出生后，不论其性别如何，父亲们会增加他们每周的工作时间——但是如果孩子是男孩，父亲们会把他们每周的工作时间增加两小时以上；而如果孩子是女孩，父亲们只会把他们每周的工作时间增加一小时以下。这些共变的模式使得父母对男孩的偏爱很清楚了——当已知的、可靠的选择婴儿性别的技术变得更加广泛地利用的时候，这样的偏爱将导致越来越重要的结果。[13]

当一个现象的增加对应于另外一个现象的增加时，我们说这些现象的变化之间是直接相关的。但是该方法允许"以任何方式"来使用变化。当现象间是反方向变化的时候——一个现象的增加导致另外一个现象的减少，我们同样可以推论出一个因果联系。从而，经济学家经常说，假定其他事物保持基本稳定，在无管制的市场中，某种货物（如原油）供应量增加，将导致其价格相应降低。该关系确实似乎是真正的共变：当国际紧张局势威胁要减少原油的可获得供应量时，我们注意到石油价格就几乎总是上升。

当然，一些共同变化完全是偶然的。我们必须谨慎，不能从完全偶然的发生模式中推论出一个因果联系。有些变化看起来偶然，甚或令人费解，但它们可能会有一个隐蔽的因果说明。人们发现，在英国乡村筑巢的鹳的数量与在那些乡村中出生婴儿的数量之间存在高度相关——鹳越多，婴儿越多。这肯定不可能……是的，这不可能。具有高出生率的乡村具有更多的新婚夫妇，因而具有更多的新建房屋。结果是，鹳喜欢在以前没有被其他鹳用过的烟囱旁边筑巢。[14] 通过追寻共同变化的现象的因果链条，我们可以找到共同的环节，这就是密尔所要表达的意思——他说这些现象可能是"通过某个因果事实……而连接起来的"。

因为共变法允许我们列举事态和现象之间存在的程度变化作为证据，它大大加强了我们的那套归纳技术。它是归纳推理的一个定量方法，而前面讨论的那些方法本质上是定性的。因此，使用共变法预设了存在某种测量或估计现象变化程度的方法，即便这种方法只是粗略的。

练习题

请从"现象"变化方面分析下面每一个论证，表明它们是如何遵循共变法模式的。

1. 贫穷与精神病是纠缠在一起的，这并不是一个新的观念——但是要找到它们中一个引起另一个的证据，这已被证明是困难的。与印第安人保留地上一家新赌场的开业同时进行的新研究，似乎加强了那样的联系，它强烈表明让孩童脱离贫穷（正如在许多情形下赌场收益所做的那样）倾向于减少某些（但不是全部）精神病症状。

2003年10月在《美国医学协会杂志》上发表的一项研究跟踪了北卡罗来纳州农村1 420名9岁至13岁的孩童，他们中的大多数人生活在一块切罗基族印第安人保留地上。在研究过程中，保留地上一家已经开业的赌场开始将其部分利润分发给部落家庭，截至 2001 年支付额达到了每年 6 000 美元。研究人员发现，已经脱离贫穷的孩童其精神病症状的比率逐步下降；那些孩童较少地倾向于发脾气、偷窃、恃强欺弱以及恶意破坏，这些都是对立违抗性障碍的常见症状。

家庭已经脱离贫困线的孩童其行为症状表现出了 40% 的下降。四年后，这样的行为的比率下降到了与那些家庭从来没有贫穷过的孩童一样的水平。但是，对于那些家庭仍然无法脱离贫困的孩童，或者那些家庭一开始就不贫穷的孩童来说，赌场的支付额对他们没有任何影响。

经济上的变化仅对跟踪的孩童中的一部分人有显著影响。人们假设，这是以下事实的结果：尽管所有收到支付额的家庭都收到了相同数量的钱，但是支付额只能导致将那些家庭中的 14% 带离贫困线——在 2002 年，一个三口之家的贫困线是年收入 14 348 美元。密歇根大学的阿琳·热罗尼米博士说，该研究表明，贫困会给家庭施加压力，这会增加孩童产生行为问题的可能性。

2. 在芬兰，心脏病在这个国家的东部发生的频率比在西部和南部要高。试图说明这些差异的研究人员总结说，这些差异"不能通过个人生活方式或者基因因素来进行说明"。那么，如何能够说明这些差异呢？芬兰地质调查局的安妮·科萨博士领导的一项研究，在三个不同的年份里，考察了发生在 18 946 名 35 岁至 74 岁的人身上的心脏病。然后研究人员将这些人群中心脏病的发生率与他们社区中水的硬度——由水中矿物质的含量测定——关联在一起。研究发现，水的硬度直接地与较低风险患心脏病关联在一起。饮用富含矿物质的水似乎对于减少心脏病具有一定作用。

——*Journal of Epidemiology and Community Health*，January 2004

3. 在恋爱、性行为和交友过程中，是物以类聚还是异性相吸更重要？瑞士伯尔尼大学的克劳斯·韦德金德博士做出假设，体味可能会发出信号来表明体味拥有者具有有利的免疫基因（被称为 MHC 基因），该基因将帮助后代摆脱疾病。他设计了一个实验，以弄清人类体味是否与 MHC 基因相关，以及人们是否能够分辨出来。

他和他的研究小组采集了 49 名女大学生和 44 名男大学生的 DNA 样本。他要求男生连续两夜穿棉 T 恤，将 T 恤装进塑料袋中，使用没有香味的沐浴液或肥皂，不进入有味道的房间，不接触产生味道的食物，并避免像吸烟、性行为这样产生气味的活动。同时，给女生一瓶鼻喷雾剂以保护她们的鼻黏膜免遭感染，并且每个女生拿到了一本帕特里克·聚斯金德的小说《香水》，以使她们对体味有更强的意识。

T恤被收集上来之后，要求女生对来自与她们MHC基因相似的男生的三件T恤和与她们MHC基因不同的男生的三件T恤，就浓烈强度、愉快程度和性感程度给出等级，女生不知道哪些T恤上的基因与其自身基因相同或者不同。

跟某个特定男生MHC不同的女生，与跟那个受测男生MHC相似的女生相比，对他的气味的感觉更为愉快。具有不同MHC的男生的气味与具有相似MHC的男生的气味相比，前者使女生回忆起她们自己的配偶或者前配偶的频率是后者的两倍。

然而，如果一个女生正在服用口服避孕药（部分地与怀孕相似），这种偏好就会发生逆转，女生会对具有类似MHC的男生给出较高的等级。"药丸的效果真的令我惊讶。"韦德金德博士说。

——*Proceedings of the Royal Society of London*，1995

4. 斯坦利·科伦试图探测失眠与事故之间的关联。为此，他关注北美东部一年一度的夏时制调整。由于时钟被拨快一个小时，大多数人会少睡一个小时。将当时的事故数量与平常日子里的事故数量进行比较，他发现在加拿大，时间调整后的当天，事故数量增加了8%。然后，他考察回到标准时间后的当天——该日人们多了一个小时的睡眠，他发现事故数量发生相应的降低。匹兹堡大学的人类时间生物学实验室主任在评价科伦的成果时说："我们正在研究的是国内的时差综合征。"

——S. Coren, *Sleep Thieves*（New York：The Free Press，1996）

5. 凯思琳·福斯教授报告称两组大学生被要求大声读"一本关于科学家传记的无聊书"。其中一组被迫面带虚假的高兴与感兴趣的表情，而另一组被允许自然地阅读同样的文本。每一组后来都被给予了一定数量的钱，钱可以用来购买一种货品，也可以把钱存起来。那些假装高兴的人比那些没有假装高兴的人多花了62%的钱。类似地，一组学生可以无限制地写下他们的想法，另一个类似小组写的时候被迫回避关于白熊的所有想法，结果前者比后者花的钱要少得多。情况似乎是，一个人在控制一种冲动上花费的自制力越多，可用来控制其他冲动的自制力就越少。

——Reported in *The Journal of Consumer Research*, March 2007

6. 尿钾被认为是反映饮食中的钾摄入量的。在多伦多 Prosserman 卫生研究中心的安德鲁·门特及其同事分析了作为健康饮食一个有用临床指标的尿钾。他们收集了几百名病人的尿样，并且分别计算了他们饮食的质量。结果是惊人的：当尿钾上升的时候，饮食质量的分数存在一个稳定且明显的上升，而且体重、血压和心率都存在一个稳定的下降。门特博士说："对于饮食质量的测量，这个尿钾指标是简单、客观、普遍可用的。"

——*Urology/Nephrology News*, 20 November 2006

7. 无论何时美国说了些使得美国与伊朗之间的军事冲突似乎更有可能的话，石油的价格就会上升，这样就加强而并非削弱了伊朗的政权。我们越多地谈论约束伊朗的实力，这件事就变得越困难……因此，即便我们打算最终采取军事行动，也要给关于战争的讨论降温，这样将可能会使得石油的价格降下来，从而令伊朗变得更弱……石油价格的降低其本身不能推翻伊朗的毛拉。但是很明显的是，从历史上看，当石油的价格低下来后，伊朗的改革派就会占优势而激进派则会相对被压制，当石油价格走高时则相反。言辞强硬可能看上去像是一个显示美国决心的好方式，但是当强硬的言辞使得我们的对手更加富有、更加强大的时候，我们可能得少说话才能实现更多。

——James Surowieki, "Troubled Waters over Oil," *The New Yorker*, 19 February 2007

概览

归纳推理的五种方法

1. 求同法。某个因素或事态在被考察现象的所有场合中是共同的，它可能是该现象的原因（或结果）。

2. 求异法。某个因素或事态的出现与不出现，区分了被考察现象发生的所有情形与该现象不发生的那些情形，该因素或事态可能是该现象的原因或部分原因。

3. **求同求异并用法**。尽管可能不是一个独立的方法，在同样的研究中，同时使用求同法和求异法为归纳出的结论提供高概率。
4. **剩余法**。已知被考察现象的某个部分是充分理解的先行事态的结果，此时，我们能够推论：该现象的剩余部分是剩余先行事态的结果。
5. **共变法**。当一个现象的变化与另外一个现象的变化高度相关时，其中一个现象可能是另外一个现象的原因，或者它们可能作为第三个因素的产物而关联起来——这第三个因素引起了它们俩。

这些经常被称为密尔方法的归纳方法，在科学家对因果规律的探究之中使用最为普遍。

12.5 归纳技术的局限

前面几节阐释的方法实际上可以为我们做些什么呢？约翰·斯图亚特·密尔相信，它们可以用作**发现**因果关系的工具，并且也可以用作**证明**因果联系的准则。在这两点上，他都过高评价了这些方法的威力。归纳技术确实十分重要，但它们在科学中的作用比密尔料想的有限得多。

一个实质性困难源于以下事实：在密尔对这些方法的阐述中，他假定人们可以确定"**仅有一个**事态相同的"场合或者"除了一个事态外其余的**每个**事态都相同的"其他场合。但是不能从字面上理解这些表述：任何两个物体无论它们看上去多么不同，它们均具有许多相同的事态；没有两个事物可以只在一个方面不同——一个事物离北方更远，一个事物离太阳更近，如此等等。我们甚至也不能检查所有可能的事态，以确定它们是否只在一个方面存在差别。科学家在应用这些技术时心中所想的不是所有事态，而是**相关**事态的集合——是否仅有一个共同的相关事态，还是除了一个其他所有相关事态都是共同的。也就是说，我们将这些方法应用于与待研究因果联系相关的事态。

哪些是相关事态呢？仅用这些方法我们不能知道哪些因素是相关的。要使用这些方法，我们必须关注这些方法将要应用的语境，此时我们心中已经对因果因素做出了一些分析。漫画《科学的酒鬼》示例了这个困难：一个晚上他喝的是苏格兰威士忌和汽水，第二个晚上喝的是波旁威士忌和汽水，接下来的几个晚上是白兰地酒和汽水，然后是朗姆酒和汽水，然后是杜松子酒和汽水。他喝醉的原因是什么呢？一次又一次地喝醉之后，他发誓再也不碰汽水了!

这个科学的酒鬼确实在应用求同法的时候遵守了规则——但是他这么做是没用的,因为在那些先行事态中真正相关的因素没有得到确定,因而那些因素没有得到利用。假如酒精已经被确定为是所有场合下的共同因素之一,那就有可能非常迅速地将汽水排除出去,当然啦,使用的是求异法。

我们之前讨论的、与求异法相关的寻找黄热病原因的研究,确证了以下结论:黄热病是由受感染的蚊子的叮咬而传播的。我们现在知道了那一点,正如我们现在知道使人醉的是酒精而非汽水。但是黄热病实验需要洞察力和想象力,也需要勇气;黄热病是由蚊子传播的这个观念起初被认为是愚蠢的,或者是荒唐的,或者根本没有被想到过。现实世界中的事态并没有贴上"有关的"或"无关的"标签。对把蚊子叮咬作为原因的检验需要一些前期整理的可能相关因素,然后归纳方法才可能应用于这些因素。当我们手边有了这样前期的分析之后,可以表明这些方法是十分有帮助的——但是如果背景知识中没有一些假说的话,这些方法本身作为科学发现的工具并不**充分**。

这些方法本身也不构成证明的规则。由于我们着手应用这些方法总是根据一些关于因果因素的在先假说,正如上面已经提到的,并且由于我们不能考虑所有的事态,所以我们的注意力将限定在那些被认为是正在考虑的、可能的原因上。但是关于应该研究哪些事态这个判断可能被证明是错误的。在很长一段时间里,医学家甚至没有把脏手看作传染的可能媒介,因而不可能将脏手确定为疾病的原因。内科医生没有洗手(因为他们不明白传染病是如何传播的)导致了数世纪以来的无数苦难和无数死亡,尤其是产褥热带来的后果。产褥热细菌携带在医生的手上,由一个母亲传染到另一个母亲,直到19世纪中叶,匈牙利内科医生伊戈奈克·塞麦尔维斯给出了那个灾难性因果联系的证明。[15]当研究者没能将在他们面前的事态分解成恰当的元素——这些元素不能提前被知晓——的时候,研究就会陷入困境。由于应用这些方法所预设的分析可能是错误的或不充分的,基于这些分析的推论可能同样是错误的。归纳的这种对隐含假说的依赖,表明归纳技术本身不能如密尔所希望的那样提供因果证明。

然而我们心中还必须记住另一个问题:归纳方法的应用总是依赖于观察到的相关性,并且即使观察已经十分精确,这样的观察也可能是不完全的，因而具有欺骗性。观察的数量越大，我们观察到的关联是真正因果律的明示的可能性就越大——但是无论那个数量有多大，我们不能从那些已观察到的事例中确定地推出因果联系。

这些局限再一次说明了归纳和演绎之间存在的鸿沟。一个有效的演绎推理构成一个证明，或笃证；但是每一个归纳推理充其量是高度概然的，绝不是笃证的。因而，密尔关于他的准则是"证明的方法"的断言，以及它们是"全部发现的方法"的断言，都必须被拒绝。

然而，在本章中我们所说明的技术，在大多数科学中处于中心地位并且十分有力。由于研究者不可能将所有事态都考虑进去，这些方法的应用必须总是假定关于被考察事态的一个或更多的因果假说。当不确定哪个（或哪些）因素是被考察现象的原因时，我们经常构想出多个备选假说，并让每一个假说接受检测。本质上是排除性方法的归纳五法所能让我们确定的是：如果对先行事态的某个特定分析是正确的，那么这些因素中的一个因素不可能是（或必定是）被研究现象的原因（或部分原因）。这可能是演绎出来的，并且这个演绎可能是有效的，但是那个论证的可靠性总是取决于假定的先行分析的正确性。

归纳方法是极好的，但是仅当它们试图证实（或证伪）的假说确实正确地识别出因果相关事态的时候，这些方法才能产生可靠的结果。仅当那个假说被假定为论证的一个前提的时候，这些方法才允许把那些结果**演绎**出来。现在我们能够明白这些方法提供给我们的力量的本质了。它们不是发现的通路，也不是证明的规则。**它们是检验假说的工具。**这些归纳技术的主张合起来描述了对照实验的普遍方法，这是在所有现代科学中的一个普遍的和不可缺少的工具。

在系统化的经验研究中假说的作用是如此重要，以至形成和检验假说的事业可以被认为是整个科学方法。下一章我们将转向这部分内容。

练习题

分析下面每一个研究或者论证，并且指出它们当中的每一个使用了哪一种因果推理的密尔方法。

1. 根据最近一项对 7 000 名青少年的全国性调查研究显示，比同龄人较早失去童贞的青少年，与那些仍然保有童贞的青少年相比，前者更有可能会在商店里偷东西、破坏财物或者贩卖毒品。与那些第一次性行为发生于他们学校的平均年龄的人相比,那些很早就发生性行为的人一年后从事不法行为的可能性要高 20%。那些比平均年龄晚较久才发生性行为的人,一年后其犯罪率比一般的青少年要低 50%。等待似乎具有保护性作用。合著者之一、俄亥俄州社会学家斯泰西·阿莫写道:"我们并非认为性本身导致犯罪;性本身并不总是问题行为。"然而,"开始性行为的时机确实是要紧的。如果较早进行性行为的话,孩子们将走上一条不同的人生轨迹"。

——Reported in *The Journal of Youth and Adolescence*,February 2007

2. 有很强的证据显示,在怀孕期间低叶酸[维生素 B 复合体中的一种微量维生素]饮食,将增加婴儿早产(早产婴儿的体重比正常新生儿轻)的可能性。[新泽西医科和牙科大学的]特蕾莎·肖勒医生研究了来自新泽西州卡姆登市市中心的 832 名妇女的怀孕结果,以确定饮食和额外补充叶酸消耗量的影响。她说:"我们发现,每天消耗低于 240 微克叶酸的妇女,其婴儿早产和出生时低体重的风险,要大两倍到三倍。"她报告称,到第 28 周妇女血清中的叶酸浓度即使只细微增加,早产的概率和婴儿出生时低体重的可能性都将得到降低。在低叶酸组(每天得到的量少于 240 微克)的 219 名妇女中,有 44 名妇女其婴儿早产并且出生时低体重。肖勒医生总结说:"风险的下降直接与血清叶酸水平的上升相关,这表明叶酸的低摄入量是整个怀孕期间的一个危险因素。"

——T. O. Scholl et al.,"Dietary and Serum Folate: Their Influence on the Outcome of Pregnancy," *American Journal of Clinical Nutrition*,April 1996

3. 人类基因组的 DNA 序列与黑猩猩基因组的 DNA 序列相似度达到 98.8%;五百万年前,人类与黑猩猩还享有共同的祖先。因此,相对较少的基因必定定义了人性的本质,并且生物学家长期假定:如果他们能够确定在人类与黑猩猩的共同祖先所开启的进化史中那些已经改变了的基因,他们将能更好地理解人类如何与黑猩猩不同以及使得人之为人的东西是什么这两个问题的基因基础。

这项工程在 2001 年得到了重大的激励,当时一个几乎不能清楚地讲话的伦敦大家族被发现在一个叫作 FOXP2 的基因上发生了突变。黑猩猩也有一个 FOXP2 基因，但是它们的 FOXP2 基因与我们的 FOXP2 基因很不相同。人类的 FOXP2 基因在最近的 100 000 年里显示出加速进化演变的迹象，表明这种基因获得了一种新的功能，该功能有助于使得人类的语言成为可能。

——Reported by Dr. Michelle Cargill of Celera Diagnostics, Alameda, CA, and Dr. Andrew Clark, of Cornell, in *Science*, 11 December 2003

4. 在洛杉矶的一个新近的医学会议上，有人描述了在乌干达最近一项对一组 HIV 呈阳性的儿童的研究中，一个简单、便宜并且令人惊奇地有效的组合治疗法几乎能消灭疟疾。与对照组相比，该组合——每天吃一片便宜的抗生素药片并且睡在用杀虫剂处理过的蚊帐里面——将疟疾的发生率降低了 97%。乌干达坎帕拉市麦克雷雷大学的安妮·加萨希拉博士实施的研究发现，在 561 名没有感染艾滋病、没有吃抗生素药片、没有睡在蚊帐里面的健康儿童中，有 356 例疟疾。与之相比，已知患了艾滋病、获得两项治疗的 300 名儿童中，有 4 例疟疾。哥伦比亚大学的一位小儿科与流行病学教授伊莲·艾布拉姆斯博士说："这些发现非常引人注目。"

——Reported at the 14th Conference on Retroviruses and Opportunistic Infections, Los Angeles, 28 February 2007

5. 一些理论产生于难以确证的轶事证据之上。在《左撇子综合征》（纽约：矮脚鸡图书公司，1992）一书中，斯坦利·科伦试图评价左撇子比惯用右手的人死得更早这个普遍信念。但是死亡证明书或其他公共记录极少提到已故者对手的偏爱。什么可以作为检验那个假说的可靠的数据来源？科伦仔细检查棒球记录，注意棒球投手投掷棒球时用的是哪只手，并随后记下他们的死亡年龄。他发现，惯用右手的投手平均比惯用左手的投手多活 9 个月。然后，在一个追踪调查中，他和他的一个同事给加州两个县列在死亡证明书上的人的家属打电话，询问死者偏爱用哪只手。（该研究发现）惯用右手的人比左撇子平均多活 9 年。

6. 长久以来，人们承认个头更高的成年人具有地位更高的工作，并且平均说来挣的钱也比其他员工多。人们已经提出大量假说来说明身高与收入之间的这种因果关系。在发达国家,研究人员强调了诸如自尊、社会优势以及歧视这样的因素。在这篇论文里,我们提供了一个更简单的说明:平均说来个头更高的人挣的钱也更多是因为他们更聪明。早在3岁的时候——在学校教育有机会起作用之前——并且贯穿整个童年时期,更高的儿童在认知测验上明显表现得更好。对于男性和女性来说,童年时的身高与成年时的身高之间的关联度大约都是0.7,因而高的儿童更有可能变成高的成年人。作为成年人,高个的人更有可能选择进入需要更强的语言与数字技巧以及更高的智力的高薪职位,由此他们也能挣得可观的回报。使用来自美国和英国的4组数据资料,我们发现在成年人收入中的身高溢价可以由童年时的认知测验得分进行说明。我们进一步地表明了较高的成年人选择进入的职位需要更高的认知技巧以及更低的体力技巧。

——Anne Case and Christina Paxson,"Stature and Status: Height, Ability, and Labor Market Outcomes," *National Bureau of Economic Research*, Working Paper No. 12466, August 2006

7. 当检查血压的时候,胳膊的姿势会有任何影响吗?加州大学圣地亚哥分校的研究人员使用自动臂式血压计,对那些循环系统没有出问题的100名急诊室病人各进行了6次读数。病人被测血压的时候分别站着、坐着以及躺着;在每一种姿势下,测量的时候既有让胳膊与身体成90°的,也有让胳膊垂在体侧的。他们发现,与身体的姿势相比,胳膊的姿势对读数的影响更大。当胳膊与身体平行的时候,读数要偏高达14mmHg。该项研究的发起者之一戴维·A. 格斯博士说没有哪个单一的姿势是更精确的,"最重要的是在每一次测量中都使用始终如一的姿势"。

——From the *Annals of Internal Medicine*, reported in *The New York Times*, 6 January 2004

8. 接近中世纪末期,几个神学家(那时的"科学家")说服一位法国国王,允许他们进行当时被罗马天主教禁止的一项实验。他们被允许通过测量一个罪犯被吊死之前和之后的重量,而称得他的灵魂的重量。正如通常在学术中所发生的那样,他们得出一个确定的结果:灵魂的重量大约为1.5盎司。

——John Lukacs,"Atom Smasher Is Super Nonsense," *The New York Times*, 17 June 1993

9. 毫无疑问,工业社会心理学明显始于1927年在西部电力公司所属的霍桑钢铁厂进行的一系列研究。这些研究是由埃尔顿·梅奥、F. J. 勒特利斯贝格尔、T. N. 怀特海这三位哈佛教授以及西部电力公司的 W. J. 迪克森实施的。起初,研究目的是想得到照明、温度、休息周期、工作时间、工资率等对产量影响的具体数据。他们为实验选取了一组6个女孩,她们都是中等熟练程度的工人;她们的任务是装配电话继电器。几乎从一开始就出现了意料之外的结果:生产率持续上升而无论休息周期、休息时长是增加还是减少! 在每个实验期间,无论条件是什么,产量都比前面实验中的要高。答案似乎存在于若干微妙的社会因素之中。

……正如霍曼斯对该研究所总结的,女工产出率的增加,"无论是否进行实验性诱导,都不可能与她们工作条件中的任何变化相关。但它与有组织社会团体之发展的某些东西有关"。

——S. Stansfeld Sargent and Robert C. Williamson, *Social Psychology*, 1966

10. 噪音对于那些不知不觉地受到其影响的人有不利的后果吗? 当德国慕尼黑机场搬迁的时候,来自汉堡大学、瑞典耶夫勒大学和美国康奈尔大学的研究人员抓住这个千载难逢的机会,实施了一项关于噪音后果的前瞻性研究——测量老机场附近和新机场附近的学生在机场搬迁前后的成绩表现。正如在2002年10月的《心理科学》杂志上报告的,两组学生的阅读技能以及短期和长期记忆力都得到了测试。机场搬迁后,研究人员发现在老机场附近的学生的记忆力和阅读技能都有进步,而生活在新机场附近的学生的阅读技能和记忆力成绩表现都下降了。

那些研究人员总结说,高等级的噪音确实会妨碍学习和发展,但是他们的发现比较好的一面是:大多数由噪音所造成的对学习的伤害在噪音被清除以后似乎能够自行逆转过来。

11. 根据报告在2003年1月的英国医学杂志《柳叶刀》上的一项研究,许多人会在冬天比较短的白天里体验到的心情起伏在大脑里有着生理学上的根据。100名年龄18至79岁的健康志愿者，允许研究人员在一年的不同时间里，从他们的颈静脉抽取血液样本，以使所获得的血液尽量接近大脑。随后研究人员将大脑中化学物质（尤其是色拉托宁）的含量水平与采集血液时的天气数据（温度、气压、降雨量以及阳光）关联起来。只有阳光具有因果性影响；研究人员发现，在冬天的三个月中色拉托宁水平是最低的，但是色拉托宁水平会根据白天的光亮度而变化。"[研究人员写道]我们的发现是以下观念的进一步的证据：大脑释放的色拉托宁的变化引起了情绪的季节性和季节性情绪失调。"

12. 密歇根大学的诺伯特·施瓦兹教授进行了下面的实验。他测试那些刚刚使用了一台密歇根大学复印机的人的生活态度；针对某些实验对象，施瓦兹教授在复印机里放置了使用者可以发现的一角硬币，而对其他实验对象则没有这一角硬币的横财。在使用了复印机之后，施瓦兹教授询问实验对象他们对生活的幸福感如何。那些找到了一角硬币的人在"他们的生活总体"方面、经济状况以及其他事情方面，始终都更为乐观。施瓦兹教授说："我们发现，一角硬币可以使你高兴大约20分钟。然后这种好心情逐渐消失。"

——N. Schwartz, *Well Being*：*Foundations of Hedonic Psychology*（New York：Russell Sage Foundation，1999）

13. 关于美国儿童保育的一项最大型、持续时间最长的研究已经发现，让学龄前儿童一直待在日托中心长达一年或者更久，会加大孩子将来在班级里成为捣乱分子的可能性——并且这种影响会持续到六年级。如果孩子每年至少每周有10个小时待在这样的日托中心的话，那么与此相联系地，由教师完成的对问题行为的标准化评估得分就会高1%。家长的引导以及他们的基因都对孩子的行为方式具有最强烈的影响——但是，不管孩子的性别、家庭收入以及日托中心的质量如何，这个关于日托中心的影响的发现依然成立。

——National Institute of Child Health and Human Development，"Early Child Care and Youth Development," 26 March 2007

14. 速度会杀人。2003年11月发表的公路安全保险协会的一项报告断定：从1996年到1999年，对州际公路的速度限制的提高导致了在22

个州近1 990例的额外死亡。奇特的是，这份报告基于的是新西兰陆地交通安全局在美国进行的一项调查研究，该研究表明，当联邦政府对速度限制的上限设为每小时65英里时，美国公路上的死亡数量降低了。但是几乎立即在联邦政府对速度限制的那个上限被撤销后，那些没有保留每小时65英里的限制的州其死亡数量显著上升了，而那些保留每小时65英里的限制的州其死亡数量没有上升。该研究表明，速度限制更高的州里的司机开车速度更快，并且在开车速度更快的地方，死于交通事故的数量会上升。

——"Study Links Higher Speed Limits to Deaths," *The New York Times*, 24 November 2003

15. 一项持续16年的研究跟踪了8 867名不吸烟的男性专业人士，他们体重正常，精力充沛地参加日常锻炼，并且饮食健康。与那些根本不喝酒的人相比，那些每天喝1/2至2份正常分量的葡萄酒、啤酒或者烈性酒的人心脏病发作的风险降低了41%～62%。似乎清楚的是，适量的饮酒降低了心脏病发作的可能性。这样的影响不仅发生在那些有心脏病的人身上。该研究的主要作者写道："即使在那些最低风险（心脏病发作）的人群中，我们还是发现了与适量饮酒相关联的（心脏病发作）风险的降低。"

——Kenneth Mukamal, "Alcohol Consumption and Risk for Coronary Heart Disease in Men with Healthy Lifestyles," *Archives of Internal Medicine*, 23 October 2006

16. 对于心脏病病人来说，"思维"介入法——如祈祷和MIT（基于音乐、意象和感觉的治疗）——被定义成"没有使用药物、器械或者外科手术而引起的一种无形的有治疗功用的影响"。748名将要经受经皮冠状动脉介入（一种支架术）或者选择性冠状动脉造影术的冠心病病人，在1999年至2002年被招募进九个试验点。为了检测"思维"介入法的功效，病人被随机分为4组：1组（189名病人）同时接受了异地代祷和MIT治疗；第2组（182名病人）仅接受了代祷；第3组（185名病人）仅接受了MIT治疗；第4组（192名病人）既没有接受代祷，也没有接受

MIT治疗。介入式心脏手术是根据每个机构的标准化惯例进行的,并伴有一段6个月的后续跟踪。祈祷的部分是双盲的,即病人和他们的医疗团队都不知道哪些病人正在接受代祷。这个研究的祈祷团体遍布世界各地,并且包括佛教、伊斯兰教、犹太教和许多基督教教派。这个研究中89%的病人也知道这个研究团队之外某个为其祈祷的人。

正如杜克大学医学中心所报告的,研究人员没有在这4个治疗小组之间发现任何显著的差异。远程祈祷和对音乐、意象、感觉的额外使用,对于这些正在经受医学干预的病人的初期临床结果并没有一个显著的影响。

——"First Multicenter Trial of Intercessory Prayer," *The Lancet*, 16 July 2005

17. 对于一个正在想着金钱的人来说,与人分享的冲动不是自然而然地产生的。心理学家发现,对于金钱的潜意识提醒会促使人们在工作中变得更加独立,并且向他人寻求帮助或者向他人提供帮助的可能性更小。在一个实验中,52名本科生将几套乱序的短语进行整理;一组学生要解开的短语经常是关于金钱的,像是"高薪",而另一组学生要解答的字谜没有提到金钱。研究人员随后让这些学生解一个很难的抽象字谜,并且如果这些学生想要获得帮助的话,研究人员会帮助他们。那些已经在想着金钱的人独立解题的时间平均比其他人长70%以上。思想中已经被"灌输"金钱的学生虽然显然是独立的,但是他们向他人提供帮助的可能性比那些思想中没有被"灌输"金钱的同龄人更小,他们帮助另一个困惑学生的速度要比后者慢两倍,并且当被要求捐款帮助有需要的学生时他们吝啬的程度是后者的两倍。

——Kathleen Vohs, Nicole Mead, and Miranda Goode, "The Psychological Consequences of Money," *Science*, 17 November 2006

第12章概要

本章考察原因的概念、因果联系的本质和建立因果律的方法。

12.1节考察"原因"的不同含义。

12.2节说明自然齐一性和因果律的普遍性的假定。

12.3 节讨论简单枚举归纳法。

12.4 节详述和举例说明归纳推理的主要技巧——密尔方法，并说明它们的本质属性是排除性的。这五个方法是：

1. 求同法
2. 求异法
3. 求同求异并用法
4. 剩余法
5. 共变法

12.5 节说明这些归纳技术的局限和效力，结论是：尽管它们不能起到约翰·斯图亚特·密尔所声称的全部作用，但是它们作为确证或者否证科学假说的学术工具是十分重要的。

第 12 章关键术语

因果推理：一种归纳推理，在其中某一结果由假定为其原因的事件推出，或某一原因由假定为其结果的事件推出。

必要条件：一个条件（或一组条件），当其缺乏时，一个给定事件不会发生。

充分条件：一个条件（或一组条件），当其出现时，一个给定事件必然发生。

远因：在任意因果链条中，离待解释的事件相距远的事件。与"近因"相对比。

近因：在任意因果任意链条中，离待解释的事件最近的事件。与"远因"相对比，后者在因果链中更远。

充要条件：一个给定事件发生的必要条件的合取，这一合取是确保那一事件发生所需要的全部条件。当推理既指从原因到结果，又指从结果到原因时，"原因"这个词在这一意义上被使用。

因果律：断言两类事件之间必然联系的描述性规律，这两类事件中一类是原因，另一类是结果。

归纳概括：从个别经验事实，根据归纳原理，得到普遍命题的过程。

简单枚举归纳：归纳概括的一种类型，在其前提的实例中，两类现象在某些场合下重复地相互伴随，据此可得，那两类现象在这一场合下总是相互伴随。

密尔方法：归纳推理的五种模式，由约翰·斯图亚特·密尔分析并精确阐述，用来确证或否证假说。

求同法：归纳推理的一种模式，在其中能够得出结论：如果一个给定现象的两个或更多实例只有一种共同的事态，那这共同事态就是给定现象的原因（或结果）。

求异法：归纳推理的一种模式，在其中当在一种实例下一个给定现象发生了，在另外一种实例下那个现象没有发生，而这两种实例只在一个事态上是不同的，那个事态就被推断与那个现象有因果关联。

求同求异并用法：归纳推理的一种模式，在其中求同法和求异法被联合使用，以给出一个更高程度概率的结论。

剩余法：归纳推理的一种模式，在其中当一个给定现象的某些部分被认为是某个确定的先行事件的结果时，可以得到：那个现象剩余的部分就是剩余的先行事件的结果。

共变法：归纳推理的一种模式，在其中能够得出：当一个现象总是以某种方式伴随另一个现象发生变化时，这两种现象之间有因果联系。

【注释】

［1］David Hume, *An Enquiry Concerning Human Understanding*（1748），sec. IV.

［2］J. Dao, "Coroner in Cincinnati Rules Man's Struggle Led to Death," *The New York Times*, 4 December 2003.

［3］2000 年 8 月，杜克大学医学中心的康纳·奥谢（Connor O'Shea）在欧洲心脏学会会议上的报告。

［4］参见 Zachariah Chafee, Jr., *Three Human Rights in the Constitution of 1787*（1952）。

［5］Dr. Steven Grant, quoted in *Science News*, 27 January 2007.

［6］Here quoting Dr. Nora Volkow, director of the National Institute of Drug Abuse, quoted by Benedict Carey, "In Clue to Addictive Behavior, A Brain Injury Halts Smoking," *The New York Times*, 26 January 2007.

［7］Robert Sapolsky, "Testosterone Rules," *Discover*, March 1997.

［8］D. N. Cook et al., "Requirement of *MIP-1 alpha* for an Inflammatory Response to Viral Infection," *Science*, 15 September 1995.

［9］Paul Henle and William K. Frankena, *Exercises in Elementary Logic* (1940).

［10］A. Werzberger et al., "A Controlled Trial of a Formalin-Inactivated Hepatitis A Vaccine in Healthy Children," *The New England Journal of Medicine*, 13 August 1992.

［11］Edward Arthur Fath, *The Elements of Astronomy* (New York: McGraw-Hill, 1926), p. 170.

［12］D. S. Siscovick et al., "Dietary Intake and Cell Membrane Levels of Long-chain n-3 Polyunsaturated Fatty Acids and the Risk of Primary Cardiac Arrest," *Journal of the American Medical Association*, 1 November 1995.

［13］这些资料来源于美国人口普查局；分析家是罗彻斯特大学的戈登·达尔(Gordon B. Dahl)和加利福尼亚大学洛杉矶分校的恩里科·莫雷蒂(Enrico Moretti)，报告于网络杂志：《石板书》(*Slate*)，2003年10月。

［14］J. L. Casti, *Searching for Certainty* (New York: William Morrow, 1991).

［15］参见 Sherwin B. Nuland, *The Doctors' Plague* (New York: W. W. Norton, 2003)。

B篇

科学与概率

第13章

科学与假说

13.1 科学说明
13.2 科学探究：假说与确证
13.3 对竞争性科学说明的评价
13.4 作为假说的分类
第13章概要
第13章关键术语

13.1 科学说明

我们科学地研究这个世界以获得关于它的真理。但是，孤立的真理并不能领我们走向深远；采集了石头不等于建成房屋，仅仅事实的收集更不能成为科学。科学的目标就是发现普遍真理（主要是以像在前一章所讨论的因果联系的形式），据此我们所遭遇的事实可以得到说明。

什么是一个说明？每一个说明都给出一个解释，就是某个陈述集合，从中能够逻辑地推导出需要说明的事情。最好的说明将能够对需要解释的有疑问的方面进行最大程度的消解或者还原。这样的解释将包含普遍真理的一个融贯集合，或者一个理论。例如，为了说明某个严重的疾病，我们需要什么引起那个疾病以及如何诊治那个疾病的一个融贯解释。某个特定物质的出现或者消失是这种紊乱的关键吗？例如，说明糖尿病的理论就是关于人体对糖分的使用以及在那个使用当中由体内某些特殊细胞产生的一种叫胰岛素的蛋白激素的中心角色的一个融贯解释。根据这个理论，胰岛素的缺乏（或者是身体无法使用它所产生的胰岛素）说明了在从血液中吸收糖分时由此所产生的紊乱。这样的一个解释（当然这里已经极度简化了）给出了关于这一严重疾病的一个科学说明。病人因为缺乏胰岛素而患上糖尿病。

当我们说"由 P 得 Q"，那表达的可能是一个说明，也可能是一个论证。当我们是由前提 P 推导出结论 Q 时，这就表达了一个论证。当面对**事实** Q，我们的推理由那个事实进行回溯，以发现导致它的境况，这就表达了一个说明。糖尿病，也就是血液中糖分过多，是许多病人的生活中的一个残酷事实。我们通过引起对导致那样的后果的胰岛素缺失的注意来说明他们的糖尿病。因而，对相互关联的一系列境况的解释，也就是胰岛素缺失 P 解释了糖分过多 Q，正是对那个疾病的一个说明。

一个好的说明必须提供与待说明的事实相关的真理。如果我试图以诉诸巴西上升的人口出生率这样的理由来说明我上班迟到，由此引入的事实可能是真的，但它是不相关的，因而它不能成为正在谈论的我迟到这一事件的令人满意的说明。在这个琐碎的例子中，一个说明所寻找的是一个单独的事件。在科学中，我们所寻找的说明不仅是真且相关的，也是普遍的。我们所力求的说明将提供关于某种特定种类的所有事件，比如说，对所有出现的糖尿病的一个理解。

一个科学理论所能解释的事实越多，它的力度就越强。某些理论在它们的范围和力度上是极好的。例如，这里是艾萨克·牛顿的万有引力定律的一个简短陈述：

> 宇宙中每个质点以一个力吸引另外一个质点。该力正比于质点质量的乘积，反比于它们间距离的平方。

非科学的说明也可以是相关的和普遍的。长久以来，人们一直用在行星上生活的"智慧生物"来解释行星的规则运动。在某些文化中，疾病被"解释"成邪恶的精灵侵入人体所引起的。这些当然是非科学的解释，尽管它们提供的说明是普遍的，也与我们所关注的事实相关。那么，什么区分了真正科学的说明与非科学的说明呢？

有两个主要的区别。第一个区别是**态度上**的区别。一个非科学的说明是被教条地提出的，它给出的解释被认为是绝对真的而不能改进。亚里士多德关于物质的观点在几个世纪里事实上被接受成最终权威。尽管亚里士多德本人似乎是思想开放的，但是一些中世纪的学者以死板的、非科学的精神将他的观点采纳下来。一个学者拒绝用伽利略提供给他的望远镜来观看新发现的环绕木星的卫星，他确信这些卫星不可能是真的，因为亚里士多德天文学著作里没有提到它们！与之相反，一个严肃的科学家的态度是非教条的；每个提出的说明都是暂时的；假说被认为很可能是真的，但在证据面前可以被修改。

在这点上，科学词汇有时有误导性。一个"假说"提出后得到很好的证实，它可能被提升为"理论"；当它被普遍地接受后，它可能被进一步提升为"定律"。但是它们的使用不是一成不变的。牛顿的发现今天仍然被称为"引力定律"，爱因斯坦的贡献改进并超越了牛顿的发现，但被称为"相对论"。无论使用什么样的术语，真正的科学家的态度不是教条的。科学中所有普遍命题在本质上都是假说，永远不具有绝对的确定性。

在日常话语中，"理论"一词常指一种预感，或仅仅是一种看法。科学家对这个词的用法不同。在物理和化学领域，我们不是教条而是非常有信心地使用"量子理论"和"物质分子理论"；在生物学中，我们正确地依靠"细胞理论"和"疾病的细菌理论"。这些都是得到确认的事实，不是毫无根据的推测。进化——"进化论"——同样是一个既定事实，因它"只是一种理论"而质疑进化，就是这种语义误解的结果。

第二个区别涉及接受正在谈论的解释**所基于的基础**。在科学中，一个假说仅仅在存在好的证据的条件下才值得接受。一个非科学信念之被坚持，可能不依赖有利于它的证据的事情之上；一个非科学的说明被简单地认为是真的，可能是因为"每个人知道"它如此，或者可能是因为它被认为是由上天所揭示的。这样的断言没有可靠的检验，但是在真正的科学中，对真理的断言可以得到检验，这样的检验在于经验。因而我们说真正的科学是**经验的**。

说一个假说是可检验的至少意味着某些基于该假说的预言可以证实或者证伪这个假说。科学需要证据。但是，可以证实这个讨论中的假说的累积证据当然永远不会是完全的，正如我们先前所强调的；我们永远不可能得到所有的证据。因此，即使当支持性证据非常强的时候，仍会保留一些疑问，确定性是无法达到的。然而，在否定性方面，如果证据无可争议地表明基于该假说的预言是假的，我们就完全有信心认为该假说必须拒斥。尽管我们不能彻底证实一个假说，但我们可以彻底证伪一个假说。由于此类原因，一些哲学家认为，说一个科学假说是可检验的，也就是说它至少在原则上是可错的。

真理的检验可以是直接的也可以是间接的。为了弄清外面是否下雨，我只要看一下外面。但是一般来说，用作说明的假说是普遍性命题，它们不是直接可检验的。如果我对我上班迟到的解释是交通事故，我的老板如果对之怀疑，他能够借助于警察的事故报告而间接地检验我的解释。一个间接的检验从待检验的命题（如我遭遇到一次交通事故），演绎出其他某个能够被直接检验的命题（如我提交了一个事故报告）。如果那个演绎出来命题是假的，包含这个命题的说明非常有可能是假的。如果演绎出来的命题是真的，它提供了该说明为真且被间接确证的证据，但不是结论性证据。

间接检验绝不是确定的。它总是依赖某些额外的前提，比如这样的前提：我对我的老板描述的该起事故与警察记载的一样。但是警察部门应当对我所涉案的事故的记录备案，但可能还没有备案；缺乏该记录不能证明我的说明是假的。并且，某个附加前提即使是真的，它并不给说明赋予**确定性**——尽管演绎出的结论（本例中事故报告的真实性）得到成功检验确实加固了它的前提。

即使非科学说明也有对它有利的证据,即用它来解释的那个事实。行星上居住着"智慧生物",它们使行星沿着我们观察到的轨道运动,这个非科学理论能够称行星确实在它们的轨道上运动这个事实为证据。但是,在该假说和关于行星运动的可靠的天文学说明之间存在巨大的差别:对于非科学假说,不能够从中演绎出其他的可直接检验的命题。另外,一个给定现象的任何一个科学说明能够演绎出可直接检验的命题,而**不是陈述待说明事实的命题**。这就是当我们说一个说明是经验可证实时所要表达的意思。这样的可证实性是科学说明的最本质的特征。*

13.2 科学探究:假说与确证

我们寻求正确的科学说明,并且其正确性是可以经验地证实的。我们如何能够得到这样的说明呢?我们不能给出研究科学的公式,但是在大多数科学研究中,都有一些步骤或者不同的阶段。通过确定以及描述七个这样的步骤,我们可以更加全面地理解好的科学是如何进展的。

A. 确定问题

科学研究始于问题。一个问题可以表示成一个或一组当时没有可接受的说明的事实。社会学家在遇到工作或者游戏中令人困惑的趋势时,如何解释这一趋势呢?一个医学研究者面临一种令人迷惑的疾病,它的起因是什么?一个经济学家观察到消费与储蓄的不同模式,何以说明这样的不同?有些问题之确定是相当明显的,就像当一个侦探面临一个特定案子时他的问题是:犯人是谁?有些问题可能源于当下理解的不足。公元前3世纪亚历山大里亚图书馆馆长埃拉托色尼正确地认为地球是球体,但是并不知道它的尺寸。他的问题就是确定我们称为地球的这个球体的周长。正如约翰·杜威和许多其他现代哲学家所不断强调的,反思性的思考——无论是在社会学中、医学中、法律的实施中、物理学中或是在其他任何领域

---

* "科学说明"这个普遍概念正确地应用到了通常所认为的科学(物理学、心理学)之外的地方。因而,对一个事件的说明(如我上班迟到是因为交通事故),我们可以用多种方法对之进行间接检验,这个说明是这个宽泛的意义上的"科学的"。

中——是问题求解活动。问题的识别是接踵而来的科学的触发器。

B. 构建初步假说

初步的推测，即提出所确定问题的试探性说明，是第二个步骤。在完整解答被找到之前很久，需要建立某种理论以便能够知道需要收集何种证据以及最好到哪里寻找这样的证据。侦探考察犯罪现场，询问嫌疑人，并寻找线索。内科医生检查病人，记录资料，注意不规则性。裸事实被收集起来；只有当它们能够吻合某个融贯的模式，哪怕是推测性的和不完全的模式之中时，它们才能成为可用的线索或者揭示某些症状。例如，托马斯·马尔萨斯在1798年发表的《人口学原理》中提出，人口增长超越食物供应的趋势将使大多数人处于饥饿边缘。多年后，查尔斯·达尔文在推测物种起源的时候读到这里，突然想到一个极具成果的观点。他写道：

> 此时立刻令我想到在这些环境中，有利的差异会得到保留，不利的会被破坏。这样，我终于有了可以用于研究的理论。
> (*Autobiography*, 1881)

世界上存在太多的可能相关的事实、太多的数据，以至于科学家不能将它们全部收集起来。最细心和全面的研究者也必须选择某些待深入研究的事实并且放弃不相关的其他事实。如果地球是球体，太阳的光线在任意特定的时间将会以不同的角度照射在球体不同的地方。几何学可以帮助我们计算出地球的尺寸吗？理论纲要是根本性的，因为除此研究者不能确定从整个事实全体中挑选和追求何种事实。不管初步假说是如何不完全或试探性，任何严格探究在开始的时候都需要它。

C. 收集额外事实

初步假说用于引导寻找相关事实。作为初步情况，病人被认为是受到某种感染，而那样的假说使得内科医生追踪某些通常与感染相关的资料：体温的不规律、炎症的类型以及其他类似方面。对于罪犯可能是家庭中的一员的初步推测将会导致侦探调查住在那里的人们的行为等。如果太阳的光线照射地球的角度在地球表面不同的地方必定不同，为了应用几何学原理，人们就必须至少找到一个地方，在那里太阳被认为在某个特定的时刻是正好在头顶上的。那个地方可能是在哪儿呢？

步骤 2 和步骤 3 当然不是完全分离的；在实际的科学活动中，它们紧密关联、相互启发。新发现的事实可能导致对初步假说的调整，那样的调整可能会引向早先未被注意的事实。使用初步假说来收集证据的过程，同时也就是改进假说，导致新的发现，如此等等。

D. 形成说明性假说

最终，研究者（科学家、侦探，甚至普通人）会相信，解决原初问题所需要的所有事实都已经获得。任务就变成了将谜题的片段以某种方式组装成一个有意义的整体。如果这种综合成功，一个可以解释所有资料（引起问题的最初事实的集合以及早先假说所涉及的额外事实）的假说就产生了。失业激增由某个更大的劳动力市场理论所说明。病人被发现正受到某种可辨识病原体的损害，而我们知道这种病原体会导致该病人出现那些症状。这个家庭某特定成员被政府作为罪犯起诉，针对他的案件也得到了系统阐述。

不存在找到某个完善理论的机械方法。成功的说明性假说的实际发现或发明是一个创造性的过程，这个过程需要想象，也需要知识。这就是为什么那些做出重要科学发现的人会受到如此广泛的尊敬和如此多的赞赏。

地球的周长是多少？埃拉托色尼发现：在埃及的塞恩城（今日的阿斯旺），每年在特定的一天、特定的时间，阳光直接射入深水井中。在同样的时间，他在亚历山大里亚量了太阳的影子（因而也量出了太阳光线的夹角）；他发现太阳光线有轻微的倾斜，偏离垂直方向大约 7°角。这大约是球体圆周角（360°）的五十分之一。塞恩城与亚历山大里亚之间的距离是已知的。地球整个球体的周长因而也必定大约是那个距离的五十倍。埃拉托色尼随后对地球周长的计算［"250 000 希腊里（stadia）"］被认为［我们并不确定希腊里（stadium）的长度］误差不超过 5%。他无法确证那样的计算，但是在他那个时代，这是令人印象深刻的科学。像爱因斯坦和牛顿这样真正伟大的科学家理所当然被视为创造性天才。

E. 推导出进一步的结果

一个真正富于成果的好的说明性假说不仅会说明激发研究开始的原初事实，而且会解释许多其他的事实。它有可能涉及较早甚至没有被注意到的事实。如果假说所引出的额外事实被证实，将使假说得到有力确证（当然，不能被确定地证明）。

被称作"大爆炸"的宇宙学理论可以看作对这样的预测进行阐述的例子。这个假说认为，如果目前的宇宙开始于一个大爆炸事件，最初的火球应是平稳和均匀的，没有任何结构。但目前的宇宙展现了大量的结构，可见物质组成星系、星系群，等等。如果"大爆炸"理论是正确的，原则上我们必须能够确定宇宙现今的结构是怎么产生的。我们需要能够"回顾过去"，因为接收到的光线必定是亿万年前就已经离开其光源，通过观察膨胀的宇宙中最遥远的物体，天文学家事实上确实能够"回顾过去"。如果在这些观察中，早期结构不能通过最灵敏的仪器探测到，那么大爆炸理论将被极为严重地削弱。但是，如果这样的结构确是可探测的，大爆炸理论将得到显著的确证。

F. 对推论进行检验

对任何一个说明性假说的评价，关键是它的预测的准确性。理论所意味着的事实能够被确定吗？如果如大爆炸理论预测的那样，宇宙的早期膨胀中存在某个结构，那么，由于目前的背景辐射源于早期，在它之中将必定存在不规则、不均匀。幸好，测量背景辐射是可能的，因而我们能够以这种方式间接地确定在假定的大爆炸之后十分短暂的时刻里存在这样的结构不规则性。为了探测那些预测的辐射不规则性，设计出了宇宙背景探测者（COBE）这个特别的卫星。利用这个卫星，预测的不规则性确实被探测到，这为大爆炸假说的真理性提供了非常重要的确证性证据。

考虑一下在另一个语境中的预测。在生物学领域里我们可以提出这个假说：哺乳动物中某特定蛋白质是由某特定酶产生的，而该酶是在一个特定基因引导下产生的。从该假说中我们可以推论出进一步的结论：缺少该基因的地方，我们所说的该蛋白质将不出现或者数量不足。

为了检验该生物学假说是否正确，我们构造某个该特定基因的作用能够被测定的实验。惯常做法是，将去除特定基因的老鼠进行繁殖——被称为"基因剔除小鼠"。如果在这样的老鼠中被研究的酶以及与之有关的蛋白质确实发生缺失，我们的假说将得到有力确证。* 医学中许多有价值的

---

* 这种检验依赖于我们在第 12 章中所讨论的求异法。该处讨论的许多方法（密尔方法）都作为确证（或否证）假说的理智工具来使用。

信息正是以这种方法获得的。我们设计实验，以弄清我们认为对的东西，在如此这般的条件得到满足的情况下，是否确实是真的。为此，我们必须构造这样或那样的特定条件。正如伟大的物理学家马克斯·普朗克所说，"实验是科学给大自然提出的一个问题；而测量是对大自然的回答的记录。"

我们并不是总能构造出进行检测所需要的条件。因而我们必须在自然环境中寻找检测所需的条件。为了检测广义相对论所做出的努力就是这样一个例子。*爱因斯坦的理论提出引力并非像牛顿所认为的是一种力，而是在时空连续区中由于质量而产生的弯曲场。爱因斯坦提出可以这样来证明（或者否证）他的理论：测量光线经过太阳附近时所产生的弯曲。而所需要的光线只有在日全食时可以进行观测。这个预测的检验必须等到1919年的日全食，那时的太阳将位于位置已经得到精确测定的毕星团。在那次日全食期间，物理学家亚瑟·爱丁顿爵士亲自驻扎在非洲西海岸附近的小岛上；另一组英国科学家则去巴西。两支队伍精确地测量了星团中一些亮星的视位置；他们的测量清楚地说明来自这些亮星的光线掠过太阳的时候确实发生了偏折，并且其偏折与爱因斯坦的预测值一样。广义相对论得到了非常牢固的确证。

这个理论说明了空间、时间和引力是如此交织，以至如果你想有意义地言说其中一个就必须提到其他两个。爱因斯坦试图走得更远，发展出一种能够将自然界中的所有力都统一成一种力的终极理论。此种努力不管是他本人还是其他任何人都没有成功。

构造一种关于自然界的四种已知力（即电磁力、强核力、弱核力和重力）、自然界的已知物质粒子（如电子、中微子、夸克）和载体粒子（如光粒子、胶子、W和Z波粒子）的完全而统一的理论，弦理论是当代一个新的尝试。它提供了一种理论解释，该解释可以将量子力学和广义相对论统一在一起，通过一种基本的振动弦对粒子及它们之间的相互作用进行说明，并解决一些早先的数学问题。尽管弦理论在理论上有很多可取之处，包括避免了数学上的矛盾，但仍未得到确证。

弦理论所做出的何种预测能够通过实验检测得到确证呢？这个理论关于新种类粒子的预测有可能得到确证；高能粒子碰撞将会产生小黑洞这一

---

*《广义相对论基础》于1916年发表于《物理学年鉴》。

预测也有可能得到检验。就在本书写作当下，巨大的粒子加速器——大型强子对撞机（LHC）正在瑞士日内瓦被建造，预计于2008年投入运行。几年之后我们将有经验证据来证实或者证伪由弦理论所给出的说明。大型强子对撞机是一种可以实现高能碰撞的巨大粒子加速装置，物理学家们希望借助大型强子对撞机的帮助，我们可以很快获得经验证据来确证或者否证弦理论所给出的解释。*

达尔文在1859年的《物种起源》中以及许多他的后继者所提出的进化论，现在几乎已经被广泛地接受为关于动物和植物物种发展的正确说明。能够前瞻性地（而不是回溯性地）检验这个理论的预测很难被设计出来，因为自然选择的假说需要许多个世代的流逝。2006年，哈佛大学的一个进化生物学教授乔纳森·洛索斯设计出一个使得快速检验成为可能的实验。在巴哈马群岛中棕色沙氏变色蜥能逃避被猎食且能频繁地繁殖的几座小岛上，他引入一个捕食者，与其他几座类似的、未受到侵扰的小岛相比，该捕食者的行为将迅速导致该岛上更能适应逃跑的长腿蜥蜴的数量增长。自然选择的力量就如预期的一样起作用了；长腿蜥蜴在数量上占优势。但当不断被捕食的时候，沙氏变色蜥爬进树木和灌木中，在那里短腿蜥蜴更具有优势。进一步的预测是自然选择将会产生一个逆转，短腿蜥蜴将会最终占优势；六个月后该预测也得到了确证。进化第一次受到操纵并且故意进行逆转。洛索斯教授说：

> 进化生物学总是被讽刺与受控的实验不相容。然而，最近的工作已经表明进化生物学可以在短期内得到研究，并且关于它的预测能够被实验性地检验。我们预测，然后演示了在一群蜥蜴中，对腿的长度产生影响的自然选择的方向的逆转。我们在自然中做了一个受控的、可复制的实验。这表明进化生物学就其本质来说与其他科学并无任何不同。[1]

---

* 一些科学家声称弦理论不能做出任何其检验能够真正证实或者证伪它的预测。参见 L. Smolin, *The Trouble with Physics* (Boston: Houghton Mifflin, 2006); P. Woit, *Not Even Wrong: The Failure of String Theory* (New York, Basic Books, 2006)。有可能这个理论所做出的预测原则上可检验，但是在如今技术条件的限制下实际上是不可检验的。这一热烈的争议似乎还将继续下去。

G. 应用该理论

我们的目的首先是说明我们观察到的现象，但是我们同样也致力于控制这些现象为我们所用。牛顿、爱因斯坦以及他们的后继者的理论不仅在我们理解天体现象当中发挥核心作用，而且对太阳系以及更远的外太空的实际探索也十分关键。核聚变作为一个过程已经得到了很好的理解，我们设法在一个我们可以控制的规模上将此种理解应用于产生能量。将经过良好检测的基因理论和我们对人类基因组的理解结合在一起，疾病和不适得到了与以往完全不同的理解；现在我们设法通过消除基因紊乱，甚至通过再生有机组织来将这样的理解运用于临床医学。在 21 世纪，生物科学说明可能比起其他任何领域的说明更会提高普通人的生活质量和寿命。

在任何领域，好的实践必须由好的理论引导。好的理论必须通过经验证实检验。理论和实践不是两个领域，它们是每一项真正科学事业的同等重要的方面。两个多世纪以前，伊曼努尔·康德写了一本有洞察力的小书，说明为什么说"理论上可能是对的，但在实践中不起作用"是没有意义的。[2] 理论上对的东西在实践中也的确起作用。而对于在实践中确实起作用的所有东西我们可能也有理由希望发现导致它成功的说明性理论。

13.3 对竞争性科学说明的评价

同样的现象会有不同的说明，在我们前面所描述的意义上它们都是科学的，但其中某些可能是错误的。对某些物理现象或经济现象，可能会提出一些相互冲突的说明。在一个刑事调查中，我们可能提出假说：罪犯是 X，或者是 Y。可能不止一个假说都对事实有很好的解释，但是它们不能都是真的。我们如何在供选择的科学说明中进行选择呢？

假定所有备选假说都是相关的并且是可检验的。我们应当采用什么标准从备选假说选择出最好的那个呢？存在比相关性和可检验性更进一步的标准，我们可以用这些标准对可接受的假说进行确证。在评判竞争性科学假说的优点时，使用最普遍的三个标准是：

1. 与先前确立假说的协调性

科学的目标是获得一个说明性的假说系统。当然，这样的系统必须是内在一致的。一个令人满意的说明性系统不能包含相互矛盾的因素；如果它包含了相互矛盾的因素，整个命题集不可能是真的。通过逐步扩充假说以容纳越来越多的事实，我们获得进步，但被允许进入该集合的新假说必须与已经得到确证的那些假说一致。

有时候扩充仅仅包含一个新假说，就像天王星轨道的偏差被"某个当时还未知的其他行星的质量造成了这一偏差"这个假说说明。这样的假说与当时天文学理论的主要部分完美吻合。寻找这个神秘物体导致1846年海王星的发现。导致那一发现的理论非常好地与当时被普遍接受的关于行星运动的所有其他理论符合。

尽管理论知识是渐渐发展的，它并不总是以有序的方式仅仅通过一个又一个地增加新假说进行。一堆理论可能会被引入进来；与旧理论断然不相容的新理论有时候直接就取代了它们的前辈，而不是与它们相符合。爱因斯坦的相对论就是这种假说，它破坏了旧的牛顿引力理论中的许多原有概念。在物理学的另一分支，镭原子自发衰变这个已经得到很好确证的事实直接与物质既不能被创造也不能被消灭的旧原则不一致。为了维持一个一致的假说集，最终这个旧原则不得不被抛弃。

因此，给定领域中科学假说集的一致性可由多种方式实现。然而，除非在某些革命性理论动摇了长期确立的原则的情况下，一个可接受的新假说的第一标准是它保留已有的一致性，与已知的或是被合理相信的东西相协调。

当新旧理论相冲突时，已经建立起来的科学理论并不会由于一些更闪亮、更流行的理论而被迅速抛弃。如果可能的话，理论的较旧部分会被调整以适应新的理论，避免大规模的变动。爱因斯坦自己总是坚持，他自己的工作是对牛顿工作的修正而非抛弃。物质守恒原则通过被吸收进更为广泛的质能守恒原则而得到修正。一个理论之被建立，因它显示出能够解释大量的数据的能力。它不能被某些新假说废弃，除非新假说对同样的事实能够提供与旧假说同样甚至更好的解释，并且还能解释其他已知事实。

随着其理论给出更为广泛的说明以及对我们所遭遇的世界做出更恰当的解释，科学得以进步。当不协调产生的时候，一个假说的年岁较长不能自动证明它是正确的。如果旧的观点已经得到广泛的确证，假设会支持旧的观点。如果新的竞争性观点同样获得广泛的确证，年岁或先后就不再相关了。我们必须求助于可观察的事实在竞争者之间进行选择。上诉的最终法庭总是经验。

2. 预测力

正如我们已经看到的,每个科学假说必须是可检验的;如果某个或某些可观察的事实能够从中演绎出来,它就是可检验的。供选择的假说在它们的预测本质和范围上是不同的,我们寻求具有更高预测力的理论性说明。

举例来说明。伽利略·伽利雷(1564—1642)建立了落体定律,该定律对靠近地球表面的物体的行为给出了一个说明。差不多同时,德国天文学家约翰尼斯·开普勒(1571—1630)建立了行星运动定律,说明了遥远的太阳系中物体的行为。利用丹麦的第谷·布拉赫收集的数据,开普勒可以基于行星绕日运行的椭圆轨道来解释它们的运动。伽利略为陆地上力学的各种现象做出理论性的有力解释。开普勒为天体力学做出理论性的有力解释。但是这两种解释是相互分离的。它们的统一是必需的,紧接着就有了艾萨克·牛顿的万有引力理论和三大运动定律。牛顿对万有引力的解释说明了所有伽利略和开普勒说明的现象以及除此之外更多的事实。

一个事实可以从一个给定假说中演绎出来,我们就说该事实被该假说说明了,并且我们也能够说该事实被该假说预测了。牛顿理论具有巨大的预测力。一个假说预测力越大,它对我们理解它所涉及的现象的贡献越大。

之前我们描述了爱因斯坦的广义相对论的巨大预测力,其预测力说明了为什么该理论以及它的创造者会得到如此赞誉。我们也指出他想发展出一个关于自然力的终极理论的宏图伟略,现在被某些人以被称作弦理论的形式向成功推进,某些人断言从该理论能够演绎出一些十分有趣的预测。如果那些预测有一天被确证了,那么弦理论的预测力将会提升至物理学和宇宙学中最重要的地位。

但是,预测力这个标准也有负面作用。如果假说的预测并没有发生,或者以另外一种方式被表明与得到很好证实的观察不一致,那么这个假说就被证伪,必须被摈弃。一个有意义的科学假说必须至少是可证伪的,也就是说,我们必须知道什么会表明它是错的。如果并没有一组可观察的结果可以导致我们推断出这个假说是错误的,我们就可能严重怀疑这个假说究竟有没有任何预测力了。

假设现在有两个不同的假说,它们都能完全解释某个事实集,都是可检测的,并且都与已经构建的整个科学理论协调。此时,为了在冲突的理论中做出选择,可以建立一个**判决性实验**。如果根据第一个假说,在一系列确定条件下一个特定结果将发生，而根据第二个假说，在那些同样条件下给定结果将不发生，我们就可以通过观察该预测结果是发生还是不发生而在两个竞争性假说中做出选择：它的发生否证了第二个假说；它的不发生则否证了第一个假说。

之前描述的通过精确测量经过太阳附近的光线来对广义相对论进行检测的实验在此种方式上是判决性的。牛顿和爱因斯坦的理论不可能都是对的。如果爱因斯坦的理论所预测的光线偏折发生了，那么牛顿的观点就被否证了；如果偏折的光线没有被观察到，那么广义相对论就被否证了。有了好的相机、非常细心的观察者以及太阳、月亮和地球三者正好处于一条直线上的日全食，做这样的判决性实验就可能了。那些理想条件在1919年5月29日出现了。照片证明爱因斯坦是对的，我们确实生活在一个弯曲的、四维的时空连续区中。爱因斯坦一夜之间成为世界范围内的轰动人物。

3. 简单性

两个竞争性假说可能与已有理论符合得同样好，甚至可能具有大致相当的预测力。在这样的条件下，我们可能支持两个中比较简单的那个。关于天体运动的托勒密理论（地心说）和哥白尼理论（日心说）之间的冲突就是如此。二者都与早先的理论符合良好，它们都同样好地预测天体运动。两个假说都依赖于一个笨拙的（我们如今知道是错误的）工具——假想的本轮（在较大轨道上的较小的圆周运动），以说明某些已得到很好证实的天文观察。但是哥白尼系统依赖这样的本轮更少，因而它更简单，这个较大的简单性是后来的天文学家接受该理论的主要原因。

简单性似乎是一个可以求助的"自然"标准。在日常生活中我们同样趋向于接受符合所有事实的最简单的理论。在审判中对一个犯罪行为会提出两种理论，最终裁决可能或似乎应该偏向更简单、更自然的假说。

但是"简单性"是一个难以捉摸的概念。只有在非常罕见的情况下，一个竞争性理论包含较少数量的某种令人烦恼的实体（如在哥白尼天文学的例子中的本轮）。两个理论中的每一个都有可能在不同方面比另外一个简单。一个理论可能依赖于比较少的实体数量，而另一个理论可能依赖于比较简单的数学方程。甚至"自然性"也可能被证明是欺骗人的。许多人会更"自然"地相信，看上去不在运动的地球事实上是不动的，而看上去环绕我们运动的太阳确实环绕我们在运行。这里的教训是：简单性是一个难以公式化的标准，并且不总是易于应用。

科学进步从来不是简单的,也很少是直接的。没有人认为通过对某个问题简单地应用假说-演绎法的七个步骤(在 13.2 节中详述的)就能够找到答案。正确的说明性假说往往晦涩,需要十分精致的理论装置。而最后确立正确理论极其困难。这个过程完全不是机械的,除了需要艰辛的观察和测量外,通常还需要洞察力和创造性想象力。

当手头上的某个假说被广泛认为说明了讨论中的现象时,替换它会遇到很大困难。新的假说可能会遭到嘲笑和鄙视。新的假说很有可能与一些先前已被接受的理论不一致,而已经被建立起来的观点总是占上风。像之前在广义相对论这个例子中描述的那种判决性实验只有在很罕见的情况下才是可能的。

当代物理学正面临这样一种严重冲突。在它的两个最强有力的普遍理论之间,存在一个目前不能解决的明显冲突。广义相对论已经得到很好的确证。其定律(描述引力以及引力如何形成空间和时间)的一个明显的必然推论是:某些塌陷的大质量恒星将形成"黑洞",从该黑洞中逃脱是不可能的,因为它要求比光更快的速度。量子力学定律同样得到很好的确证,但它们衍推:信息不会永远消失,即使掉到黑洞里也是如此。因此,或者存在某个目前还未被理解的时空性质,它能够解释信息的保存,或者在物理学中存在某种错误,它能够解释信息的永久消失。两个理论必定至少有一个需要修正,但我们现在仍然不知道要修正哪个,我们也无法设计实验使得我们能够在它们之间做出选择。*

当面临这样的冲突时,我们将设法应用我们之前提出的好的科学说明的标准:哪一个竞争性假说更加**简单**?两个中哪一个与之前已经建立起来的假说具有更强的**协调性**?最后,更重要的是,哪一个具有更强的**说明力或预测力**?只要还缺乏对这些问题的确定答案,学术上的争议还将继续解决不了。

在科学发展史中,这样的冲突有时候也确实可以解决。通过详述伽利

---

* 人们提出了一个假想的实验:将一册《大不列颠百科全书》扔到黑洞里。它包含的信息将永远消失吗?还是全部消失确实不可能?对这个结果,加州理工学院两个著名的物理学家进行了一场轻松却又认真的赌博。基普·索恩(Kip Thorne)教授将赌注压在相对论上,相对论方程描述时间和空间,并预测从黑洞的奇点处决不可能存在任何复原;约翰·普雷斯基(John Preskill)教授将赌注压在量子力学上,量子力学方程精确描述微观基本粒子的运动,并且它预测信息决不能完全消失。该赌博的赌注是一套百科全书,但赌博的收益不大可能很快得到。与他们同样著名的同行,剑桥大学的斯蒂芬·霍金(Stephen Hawking)教授曾经评价说:"两个都有道理。"但是后来改变了他的看法,认为黑洞最终可能并不会毁掉信息。[*Science News*, 25 September 2004]

略对日心说的观察确证，以及由此产生的对已被当作真理接受下来超过一千年的地心说的取代，来展示科学方法、演示对这里所描述的标准的应用，是最好不过的方式了。

到 17 世纪早期，人们对行星相对于恒星的运动进行了仔细研究，人们能够预测行星的显著运动。同样被大量研究的月亮，在神学家看来是一个完美的球。天上的物体被认为在形状和运动上都是无缺陷的，它们围绕地球以完美的圆周来运行。地球是上帝创造的世界的中心。1609 年，伽利略发明了 20 倍的望远镜，它的主要用途，起初人们能够想到的是在航海方面，或者用在军事方面。1610 年 1 月，伽利略用这个工具偶然地观察了天空。在该月 7 日他写了一封长信，详细报告了他对月球和其他天体所做的观察。他写道：

> 我用我的一台望远镜观察了……月亮的表面，对之我能够看得十分贴近……能够非常清晰地看到那里存在什么；事实上看到的是，很明显月亮的表面一点也不是均匀、光滑和规则的，与许多人对之以及其他天体所认为的不一样。相反，它粗糙、不均衡。简言之，健全的推理只能得出，它（月亮）充满了与分布于地球表面的山峰和山谷类似的突出物及洞穴，但大得多……[3]

为了拯救地球确实是一个完美的球体这一假说，以及为了维护天体的神学解释的一致性（月球的完美是其中的一个部分），一些伽利略的批评者后来蛮横地提出了特设性假说：月球表面的明显洞穴和不规则事实上充满着一种无瑕疵的水晶般的神圣物质，因而通过伽利略的望远镜是观察不到的。

伽利略不仅考察了月球，他在信中进一步写道：

> 除了月球的观察之外……用望远镜可以看到其他恒星，是不清晰的；仅仅今天晚上，我看到了木星由三个恒星所伴随，用肉眼它们完全不可见，并且其形状是这样的：[4]

在该处，伽利略插了一个略图，见图 13-1。图中，三个恒星在一条直线上，两个在木星的东面，一个在木星的西面。他观察到，它们的距离不超过 1 个经度，但至少那个时候，他认为它们是恒星，并大致标示了它们离木星的距离以及它们之间的距离。

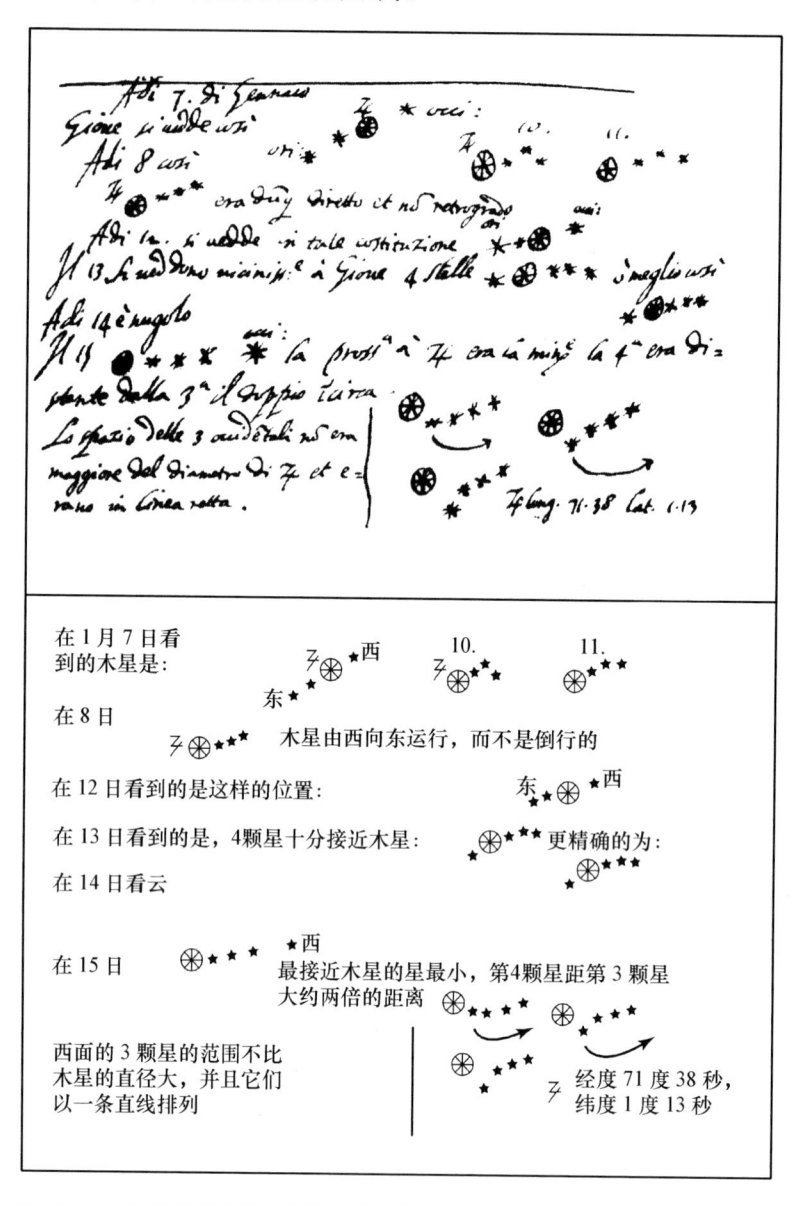

图 13-1 伽利略信中的一幅图。伽利略于 1610 年 1 月 7 日开始写这封信，这封信记录了他首次对木星的 4 颗卫星的不朽观察，因而证实了哥白尼天体运行理论。他打算将这封信寄给威尼斯总督，并打算将一台望远镜送给他。伽利略偶然地保存了该信，在该信纸的底部，他对他的观察做了重要说明。图中下面一个图即为上半部分翻译成英语后的内容。

第二天，1610年1月8日，"连我自己都不知道由什么所指引"，伽利略碰巧再次观察到木星；那些"恒星"的较早位置幸运地被他记下来。他的信没有发出；在信纸的底下，他写道：

在第8日：[他插入了一个草图，该草图描绘了木星和三颗星，它们相互之间比较靠近，并且几乎等距离，并且三颗星均在木星的西面！]

这给伽利略带来了一个严重的理论问题，由于当时没有怀疑过这些新发现的星星是恒星这一假定，因而，它们出现在木星的另外一侧需要用木星的运动来解释。在8日，他加了一个说明：

因而它[木星的运动]是直行而不是逆行。

如果第8日木星在所有三颗星的东侧，而之前的一天木星在它们中的两个的东侧，木星必定已经移动，必定以与可靠的天文学计算相反的路线运动！人们可以想象伽利略等待次日观察时的兴奋；他直接的观察与他的计算会如此截然不一致吗？但是9日天空中有太多的云而无法观察。在10日，木星显然已经移动回西侧去了，而使第三颗星变得模糊，另外两颗星再次在该行星的东侧！在1月11日，一个类似模式被观察到，当晚伽利略写道：

与木星相对靠近的星是另外一颗星的一半大小，并且十分靠近它，而其他晚上这三颗星看起来同等大小、间隔也相等……

12日，木星明显移回西侧，两颗新星又被观察到移到了行星的东侧。显然，必然要给出某种解释。如果三颗新星是恒星且伽利略的观察精确，从已接受的理论和信念，能够得出一个预测，即一个关于木星的运动的演绎，但这并没有发生。人们可以通过修补整个天文学计算，而拯救那些新星是恒星的信念，但是这些没有受到严重的怀疑；或者，人们能够对伽利略的观察的精确性提出挑战，这也是他的一些批评者后来努力做的，他们称伽利略的望远镜为魔鬼的工具。伽利略对他所看到的毫不怀疑，并且他

第13章 科学与假说

745

迅速抓住已接受假说集中必须放弃的元素，这使他的刚愎自用的对手很沮丧。他对他在 11 日继续进行的观察进行说明：

> 望远镜中，似乎有三颗其他人此时无法看见的星星环绕木星运动。

他后来写道，这三颗运动的恒星：

> 围绕着木星，其方式如同金星和水星围绕太阳一样。

以后几个晚上的观察证实了他的革命性结论。该结论与他对月亮的早期观察一起，对被广泛和教条地接受了几个世纪的天体理论提出了严重质疑。

1610 年 1 月 13 日，伽利略观察到第四颗"星"，因此木星的第四颗卫星被发现。这些观察为哥白尼假说提供了强有力的证实。哥白尼的天体理论很难与伽利略时代已经确立的神学教义协调。木星的这些卫星（自从那时更多的卫星被发现）木卫一、木卫二、木卫三、木卫四被恰当地称为"伽利略卫星"。在晴朗的夜晚，当木星在天空中可见的时候，仅仅用一副普通望远镜就容易确证这些围绕行星的伽利略卫星的革命性。

哥白尼的太阳系学说最终的成功并不仅仅源于它更大的简单性，而是源于由于它能够解释更大范围的事实，以及源于那些从理论中演绎出来的很快得到毫无疑问地确证的非凡预测。

13.4　作为假说的分类

认为假说仅对物理学、化学这样比较发达的科学重要，而在植物学和历史学这样的所谓描述性科学中则完全不起作用的观点是错误的。事实上，描述本身是建立在假说之上的，或者说描述本身包含假说。假说对于生物学中的不同分类系统，与对于历史学中的诠释或社会科学中的所有知识来说是同等关键的。

在历史科学中，假说的重要性容易得到阐明。许多历史学家寻求可以解释过去事件并被其他记录事件确证的说明。一些历史学家相信，某个更大的宗教或自然的目的或模式，说明了记录下来的历史的整个进程。否认有任何这样的宇宙设计存在的其他历史学家则认为，对于过去的研究不过是揭示某些历史规律，该规律说明过去事件的实际次序，并能够用来预测未来。这两组观点都将历史学设想成一个理论性的科学而不仅仅是描述性的科学；而对于这两种科学，假说在历史学家的事业中都起核心作用。

还有第三种历史学家，他们更为谦虚地设定他们的目标。对他们来说，历史学家的任务只是简单地将过去编入编年史，即以编年史顺序对过去的事件进行精确描述。由于他们所关心的只是事实本身，而非与事实有关的理论，因此，他们似乎不需要假说。

但是过去的事件没有像该观点使我们相信的那样容易编纂。过去本身根本不可用于这种纯粹的描述。真正可用的是对过去的记录和过去的痕迹。我们有政府档案馆、英雄史诗、以前的历史学家的作品、考古学家挖掘出土的人造物品等。历史学家必须从大量这样的事实推断出他们力图描述的过去事件的本质。没有假说的话，他们根本做不到。不是所有的假说都是全称的，有些是特称的。历史学家试图利用特称假说使现有资料转换成他们对所讨论事件的解释的证据。

从大范围来看，历史学家犹如侦探。他们的方法是共同的，遇到的困难也类似。其困难主要是证据不足，并且大多数证据已经被其间的战争或者自然灾害破坏。正如假的或误导性线索使得侦探失去方向，太多的现存"记录"对过去可能是无意的歪曲，如早期缺乏批判性的历史学家的著作。好的侦探和好的历史学家都必须使用科学方法，即使将自己限于对过去事件的纯粹描述的那些历史学家，也必须使用假说来工作。他们不知不觉地就是理论家。

生物学家处于更为有利的位置。他们处理的事实是现在的，易于检查。为了描述一个地区的动植物群落，他们不必像历史学家那样精心推理，因为他们可以直接获得数据。他们的描述不是因果的或随机的，而是高度系统化的。他们对动物和植物进行**分类**，而不仅仅描述它们。但是分类和描述实际上是同一个过程。将一给定动物描述成食肉类，即是将它分类为食肉动物；将它归类为爬行类，即是将它描述成爬行动物。某个物体被描述成具有一个给定属性，即是将之归类于具有该属性的对象类中的一个成员。

科学的分类不仅要将客体划分成不同的群体，而且要将每个群体进一步划分成次一级的群体或次一级的类，如此等等。分类也是当我们在玩"20个问题"① 这个游戏时提问的工具，但是分类事实上几乎是一个万能工具，因为它几乎满足所有需要。原始人需要将有毒的与可食用的，以及危险的与安全的等进行分类。我们都进行区分，而且对于那些与我们密切相关的东西的区分更为仔细。农民将对蔬菜进行小心和仔细地分类，而将各种他不感兴趣的花统称为"杂草"；卖花人则细致地将他们的商品进行分类，但可能会将农民的所有庄稼仅仅称为"农产品"。

使我们对事物进行分类有两个基本动机：一个是实践的，另外一个是理论的。在任何一个包含数千册书的图书馆里，如果不根据某种分类系统对它们进行排列，就难以找到书。我们处理的物体数量越大，越有必要对它们进行分类。在博物馆、图书馆、大型百货公司，这样的实践需要是明显的。

分类的理论对象不是那么明显。分类方案的选择没有真假之分。可以用不同方式、不同观点来描述物体。使用的分类系统依赖于分类者的目的和兴趣。图书管理员根据书的主题内容对书进行分类，图书装订商根据的是书的纸张和镶边的材质，图书收藏者根据的是出版日期或者可能是稀有程度，发货人则是根据重量和大小。当然还有其他分类方案。

科学家的什么样的特殊兴趣，使他们偏爱一个分类方案而不是另外一个呢？科学家的目的是获得知识，不只是关于这个或那个特定事实的知识，更是关于这些事实所确证的普遍定律的知识，以及它们之间因果相互关系的知识。从科学的观点看来，一个分类方案比另外一个要好，一定程度上在于，提出科学定律的过程中更富于成效，以及在形成说明性假说的过程中更有帮助。

对物体进行分类，其理论或科学动机是增加关于这些物体的知识，达到对它们的属性、相似性、差别以及相互关系的深刻洞察的愿望。一个分类方案的制定如果是为了狭隘的实际目的，比如"危险的"和"无害的"，

---

① "20个问题"是一种鼓励演绎推理和创造性的口头室内游戏。传统上，回答者选取一个事物但不向外公布。提问者们轮流向回答者提问，回答者只能用"是"或"否"来回答；在该游戏的某些版本中，回答者对答案不确定时可以回答"可能是"。在游戏中，回答者不允许说谎。如果提问者猜到了正确答案，该提问者就赢了并成为下一轮的回答者；如果20个问题后提问者还没有猜出正确答案，回答者就难住了提问者，并且将在下一轮继续当回答者。——译者注

或者"飞行的"和"游泳的",将无法大力增进理解。响尾蛇和野猪归为一类,草蛇和家猪归为另一类;蝙蝠和鸟归为一类,鲸和鱼归为另一类。但是蛇和野猪是很不相同的,而鲸和蝙蝠是十分相似的。比起危险性来说,是不是热血的,胎生的还是卵生的,是分类系统所要根据的更重要特征。

如果一个特征能够作为线索,以发现其他特征,它便是重要的特征。当一个属性与许多其他的属性有因果连接关系时,它能够服务于制定更大数量的因果律以及形成更为普遍的说明性假说。因此,某个分类方案是最好的,如果它基于所要分类的物体的最重要特征。我们事先并不知道最重要特征是什么,因为我们并不能事先知道我们想要得到的因果联系是什么。因此,科学家的分类是**假说性的**。由于理解了分类可能将在日后得到改进或者拒斥,起初的分类方案会进行多种尝试。如果后来的研究揭示了与更多因果律和说明性假说相关的其他特征,我们将修正原来的分类方案,以便在其上建立我们的分类。

诚然,分类似乎在科学早期或者不那么发达的阶段更为重要,但是,随着科学的发展其重要性并不必然降低。分类学是生物学中一个合法的、重要的并且欣欣向荣的分支学科,其分类的早期系统已经因为有了更富有成效的其他方案而被抛弃。而某些像元素周期表这样的分类工具对化学家来说仍然很有价值。

这些生物学上的考虑启发了历史学中的假说。历史学家也关注于他们认为对于提升我们对过去事件的理解最重要的东西。生命过于短暂,它不允许人们对过去事件的细节进行**完备**的描述。因此,历史学家必须进行有选择的描述,仅仅记录过去的某些特征。历史学家进行选择的基础是什么?当然,历史学家想要关注于重要的东西,而忽略无意义的东西。历史学家像生物学家和其他科学家一样,重视那些最广泛地有助于形成因果律和说明性假说的因素。当然,这样的评价会随着进一步研究而得到纠正。早年的历史学家强调事件的政治和军事因素,忽略了其他我们现在认为很重要的属性。向经济学和社会学属性的转变为历史学家的工作和成果带来巨大的变化;现在我们超越经济学和社会学问题,专注于那些现在被认为与最大数量其他特征有因果联系的文化的及其他特征。因此,选择关注一个而不是另一个属性集合包含了某些假说:哪些特征是真正重要的。有些这样的假说甚至在历史学家对过去进行系统描述之前就需要了。正是分类和描述的这一**假说性**特征使得我们将假说看成是科学探究中无所不在的方法。

练习题

下面的段落（a）说明了什么现象？（b）提出了什么假说来说明？（c）请用 13.3 节提出的标准评价这些假说。

1. 2003 年 10 月，在一个矛盾断言的不同寻常的僵局里，一个有点像瘪了的足球的革命性新宇宙模型出现在天文学家的桌子上。

基于对大爆炸图片的分析，来自纽约州坎顿市的杰弗里·维克斯博士和他的同事们提出：太空是一种 12 面镜厅，当人们向外看到同样星星的多重复制品就产生了错觉，认为太空是无限的。

维克斯博士说，如果他的模型是正确的，大爆炸理论的一个变体——断定我们自己可观察的宇宙不过是更大范围里的多数水泡中的一个，就能被排除掉。维克斯博士说："这意味着我们现在看到的就是宇宙的全部。"

由普林斯顿大学大卫·斯普吉尔博士领导的其他天文学家说，他们对相同资料的分析可能已经排除了宇宙的足球模型。最近几天一直热烈商讨的两组科学家在宇宙的足球模型是否已经被推翻这个问题上存在分歧。但是他们都同意，这次争论令人惊奇的地方在于，事实上争议将会很快被解决，突出了现代数据资料在解决曾经被认为几乎是形而上学问题的能力。

在科学杂志《自然》中，维克斯博士写道："自远古时代我们的祖先就已经思考我们的宇宙是有限的还是无限的这个问题。现在，在两千多年的思索之后，可观察的数据资料可能最终解决这个古老的问题。"

维克斯博士和他的同事们提出，宇宙是一个有 12 面的十二面体。他争辩道，宇宙非常年轻时候的一个射电图上出现的波动表明，如果你沿着一个方向走得足够远，你将发现你返回到了起点处，就像一个光标在电脑屏幕的左边消失又出现在右边。因此，当宇宙辐射与宇宙边缘相交的时候，它将在天空的反面做相同的圆周运动，在维克斯博士的十二面体例子里是 6 对放大率 35 度的圆。

宾夕法尼亚大学的宇宙学家马克思·泰格马克博士评论道："比较好的是，这个理论相当程度上是可以检验的。它或者是真理或者是谬误。数据资料实际上已经出来了，现在只是把这些资料进行筛选的问题。我们本应该已经看到了那些圆。"截至目前，那些圆还没有显现。"太空是不是无限的？"泰格马克博士问道，"这是一个令乔尔丹诺·布鲁诺在火刑柱上被烧死的问题！"

——Reported in *Nature*，9 October 2003

2. 同一人群喜欢买同样的东西，从同样的来源处获得娱乐，表现出类似的投票模式，并且通常其行为方式相当类似。这是人的分群现象，正在变得越来越有趣。迈克尔·J. 魏斯区别了62种分群，他称它们为"独特的生活方式类型"。他还为它们命名，并突出了它们的某些独特特点。

例如，在"城镇和长袍"群那里，龙舌兰酒比其他地方要更受欢迎，观看肥皂剧《另一个世界》的观众比其他地方的多一倍。在"军营"群中，人们观看电视节目《硬拷贝》的可能性是美国人平均值的四倍。在那些住在郊区的年轻的中产阶级美国人中，对家具进行整修、下坡滑雪、养猫异常流行，而下棋、拖拉机拖雪橇比赛则异常地个流行。

人们发现，对商家寻找顾客、对候选人拉票、对非营利组织寻找新的捐助者等，生活方式分群都是有用的。看上去可能琐碎的东西有相当的启发作用。在华盛顿，魏斯注意到，"Brie 奶酪的爱好者倾向于保持住行政工作而制定政策，那些 Kraft Velveeta 奶酪爱好者维系着服务经济，在二者之间存在一条断层线。"他的疑问是："什么东西使我们中的一部分人吃 Brie 奶酪，而其他人狂爱吃 Velveeta 奶酪？"

——Michael J. Weiss, *The Clustered World*
(Boston：Little，Brown，2000)

3. 猴痘是一种与天花相关，但是传染性和致命性较弱的病毒性疾病。该疫情于2003年首次在美国人中暴发。根据疾病控制与预防中心的消息，在中西部的威斯康星州、伊利诺伊州和印第安纳州这三个州，至少已经有20个病例被报道出来。

病人年龄分布从4岁到48岁，在2003年5月15日到6月3日生病。所有人都与生病的土拨鼠有直接或亲密的接触。土拨鼠已经成为普通的家养宠物，它们可能是从其他物种那里传染了猴痘，可能是从这种疾病已经发生了很久的非洲西部或中部作为宠物进口过来的冈比亚巨田鼠那里传染来的。猴痘在非洲主要由松鼠所携带，但是由于这种疾病经常致死猴子因而得名。

在美国疫情暴发区的一些患者为售卖土拨鼠和冈比亚巨田鼠的兽医或

者宠物店工作。通过迅速确定哪些动物能够感染猴痘，卫生官员希望在这个疾病成为美国人的地方病之前清除这些动物。

——Reported in *The New York Times*, 9 June 2003

4. 一个关于心脏病病人的小型研究检测了一个假说，该假说是如此不可信，以至于它的主要研究者说该假说成功的可能性只有万分之一。但是这个研究发现，使用密歇根州安阿伯市的阿司匹林疗法发展而来的一种实验性药物，只需要几次治疗就逆转了多年来血小板在冠状动脉中的同等作用。

47名心脏病病人被随机地指派到或者注入一种模仿高密度脂蛋白（或HDL，从动脉中清除胆固醇的物质）的物质的浓缩物，或者注入一种起控制作用的惰性生理盐水。

在每周五次注射之后，那些服用实验性药物的人的冠状动脉中的血小板含量下降了4.2%，而那些注射生理盐水的人，（如果有任何变化的话）血小板只稍微增加。

克利夫兰市诊所领导该项研究的一名心脏病学家斯蒂文·尼森博士说："直到现在，这个范例已经可以通过降低坏胆固醇（LDL，低密度脂蛋白胆固醇）来预防疾病。如果你体内的坏胆固醇足够少的话，血小板就不会在动脉壁聚集。这个实验告诉我们，你也可以在动脉壁消除疾病。"

——Reported in the *Journal of the American Medical Association*, 5 November 2003

5. 男婴倾向于平均比女婴重约100克，但为什么会那样一直没有得到说明，直到最近。研究人员并不确定这多出来的体重是否可以由男婴的母亲摄入更多能量而得到说明，或者是因为（胎儿是男性的时候）那些母亲对摄入的能量的使用更高效。

哈佛大学公共卫生学院的鲁拉·M. 塔米米博士设法通过测量热量的摄入来解决这个不确定性。波士顿的244名妇女在她们怀孕的三个月里被要求详细记录她们的饮食摄入量。收集的数据资料随后与由此发生的生育相互关联起来。塔米米博士发现，怀男孩的妇女摄入（像是碳水化合物、脂肪或者蛋白质）比怀女孩的妇女多10%的热量。有影响的是摄入量，而不是利用的效率。

但是什么能够解释摄入量的那种差异呢？塔米米博士推测，可能是男性胎儿分泌的睾丸激素发出的某种信号引起的。

——Reported in the *British Medical Journal*, June 2003

6. 人类、猿和海豚是大脑社会化程度比较高的动物，它们已经通过认出镜子中的自己而被证实具有自我意识。大多数动物很少注意它们在镜子中的倒影。大象与人类一样具有大脑和移情能力，但是它们并不像猿一样与人类分享共同的祖先。它们也能认出自己的图像吗？

是的，它们确实能。纽约市布朗克斯动物园的大象当盯着大镜子里面它们自己的影子时会用它们的象鼻来检查自己。其中的一头象（但也仅有一头）完成了称为"记号测试"的自我意识的最高级别测试。研究人员在每头象的一只眼睛的正上方画一个白色的"X"。当靠近镜子后，这头大象在90秒里12次用她的鼻子触摸这个记号，确证了她相信她在镜子中看到的确实就是她自己。

——Reported by Diana Reiss, of the Wildlife Conservation Society and Columbia University, in *Proceedings of the National Academy of Sciences*, November 7, 2006

7. 2003年的诺贝尔化学奖由彼得·阿格雷博士与人分享，他幸运地发现了一种新的蛋白质。当他发现另一种蛋白质污染了他的样品的时候，他正在研究血液里发现的一种特定蛋白质。在尝试培养一个与他正在研究的蛋白质反应的抗体时，阿格雷博士发现这个抗体反过来与这个污染性蛋白质反应了，这就成了在血液样本里所找到的最大量的蛋白质之一，尽管在这之前还没有人将其辨别出来。

但是这个蛋白质是做什么的呢？他寻找类似的蛋白质并且在植物的根部也找到了一些其功能同样未知的蛋白质。阿格雷博士说，情况变得"越来越令人好奇"。最后他尝试检测这个新的蛋白质能不能是一个水通道。很久之前就已经有人提出这样的通道可能存在，但是当时扩散似乎能说明水的运动，而特定的通道从来没有被发现过。

为了检测水通道假说，阿格雷博士往青蛙的卵细胞里增加了能够产生这种神秘蛋白质的基因。放在蒸馏水里经过修改的卵细胞迅速膨胀并且爆炸，强烈确证了那个理论。阿格雷博士说："这些卵细胞像爆米花一样爆炸。"新发现的蛋白质被称为"水通道蛋白",有一个比水分子稍宽的通道,最近也在人体的肾脏中发现,在肾脏里水从尿中被提取出来并进行循环。

阿格雷博士在被授予诺贝尔奖时说:"这真的是天上掉馅饼了。在科学成功中,好运是一个重要成分。"

8. 早在18世纪,埃德蒙多·哈雷问道:"为什么天空在夜晚是黑的?"这个貌似幼稚的问题不容易回答。因为如果宇宙在最大可能尺度上具有最简单的可想象结构,那么,天空的背景辐射应当强。想象一个静态的、无限的宇宙,即宇宙的大小是无限的,而在其中恒星和星系相互之间的位置是固定的。在任何方向上的视线将最终经过一个恒星的表面,并且天空应当看上去是由恒星气盘重叠而成的。恒星表面的显著明亮与它的距离无关,因而,天空的任何地方应当与一个中等大小的恒星表面一样明亮。由于太阳是一个中等大小的恒星,无论是白天还是夜晚,整个天空的亮度应当与太阳表面差不多。事实则不是这样,这后来被称为奥伯斯悖论(根据18世纪德国天文学家海因里希·奥伯斯的名字而命名)。这个悖论不仅适用于恒星的光线,而且也适用于电磁波谱的所有其他区域。它表明在静态无限宇宙模型中存在着根本性错误,但它没有表明错误是什么。

——Adrian Webster,"The Cosmic Radiation Background," *Scientific American*,August 1974

9. 瑞典研究人员与南非的同行合作发现,白天活动的蜣螂探测太阳光的偏振模式并依赖这些模式滚出大量的大象粪便。隆德大学玛丽·德克博士随后注意到,在有月光的夜晚,一种甲虫工作(滚粪便)到特别晚。它们会不会是依赖于月光的偏振呢?

研究人员竖起偏振过滤器来转变月光。果然,这种非洲甲虫——蜣螂校正了方向。当过滤器下月光的偏振旋转了90°后,他们发现过滤器下的甲虫爬行的方向几乎也正偏离了90°。德克博士在2003年7月3日的《自然》杂志上的报告写道:"这是第一次证明了有动物可以利用月光的偏振来定位。"

10. 几个世纪以来(自从16世纪初在斯堪的纳维亚),人们就已经为旅鼠这种北方的啮齿类动物感到迷惑不解。旅鼠的数量增加得如此之快又如此之频繁,以至于人们生出一个持久猜测:如果繁殖数量过大,旅鼠会集体自杀，从泡沫海边的悬崖上跳下去。

科学家几十年前就揭示了这种想法，但是一直不确定什么导致了旅鼠种群周期迅速地繁荣与崩溃，这是一个在生态学中热烈争论的谜题。芬兰赫尔辛基大学的生态学家奥利弗·吉尔格博士说："已经有了几十个假说，而科学家们是如此坚定地坚持自己的假说，以至于他们几乎要相互残杀。"但是吉尔格博士在《科学》杂志上发表的最近研究提出了一个假说，他的研究团队声称该假说为此提供了完整解释。

他们主张，迅速的种群周期与自杀没有关系，而是与饥饿的食肉动物有关。在15年的研究之后他们发现，雪鹗、北极狐、叫作长尾贼鸥的海鸟以及像黄鼠狼的白鼬这四种食肉动物的行为解释了四年的周期。在这四年的周期里，旅鼠的数量迅速激增，然后又几乎消失殆尽。在建立一个仅仅基于那四种食肉动物的模型之后，他们发现这个模型精确地预测了在自然界中旅鼠数量的数值波动。

——Reported in *Science*，31 October 2003

第13章概要

本章探讨科学方法所依据的原则。

13.1节区分科学的与非科学的说明：前者总是假说性的、经验可证实的，后者其精神上是教条主义的、不能由从中演绎得来的命题进行检验。

13.2节借由假说的确证考察了科学方法。确立了可能在任何科学探究中都十分卓越的七个步骤：

1. 确定某个问题
2. 构建某个初步假说
3. 根据那个初步假说收集额外的数据资料
4. 形成一个全面的、由收集的资料所支持的说明性假说
5. 从说明性假说中推导出进一步的结果
6. 对推导出来的结果进行检验
7. 对发展出来的理论进行应用

13.3节探讨对于可供选择的科学假说的评价。确定了在竞争性假说中可用以进行选择的标准：

1. 一个理论与先前已经建立起来的理论主体的协调性
2. 一个新理论显示出来的预测度或说明力
3. 竞争性理论的相对简单性

我们用科学史中最著名的事件阐明了这些标准，即伽利略·伽利雷非凡的观察确证了哥白尼太阳系日心说替代托勒密太阳系地心说。

13.4 节讨论分类这一学术工具，它在社会科学、生物科学以及物理科学中都有极高的价值，每一种分类模式都暗示某种普遍真理和说明性假说的形成。

第 13 章关键术语

科学说明：对某个事实或事件的一种理论解释，以经验证据为基础并很可能根据新信息而进行修正。

非科学说明：一种被教条地断定且被看作无可置疑的说明。

分类：将大的事物汇集组织和分成有次序的群体、子群体系统，通常用于科学假说的形成。

【注释】

[1] D. Biello,"Island Lizards Morph in Evolutionary Experiment," *Scientific American*, 17 November 2006.

[2] *On the Old Saying*:"That Might Be Right in Theory"[Uber den Gemeinspruch: Das mag in der Theorie richtig sein], 1793, translated by E. B. Ashton (Philadelphia: University of Pennsylvania Press, 1974).

[3] 这封信标明的日期是 1610 年 1 月 7 日，但其写作明显花了许多天时间。关于这封信和伽利略在这些重要日子里做的其他记录的详细讨论有：Jean Meeus, "Galileo's First Records of Jupiter's Satellites," *Sky and Telescope*, February 1964; Stillman Drake, "Galileo's First Telescopic Observations," *Journal of the History of Astronomy*, 1976, p. 153; and Dale P. Cruikshank and David Morrison, "The Galilean Satellites of Jupiter," *Scientific American*, May 1976. 图 13-1 复制了伽利略对他观察的记录的原初草图的影印件，在上面所出现的记录是用意大利文写的。此处刊登得到密歇根大学安阿伯校区图书馆的允许，该珍贵的手稿保存在其珍稀图书室。

[4] 明显的是，伽利略是 1610 年 1 月 7 日开始写这封信的；而他做出这些草图和记录来继续写这封信的精确日子，则是许多学者争论的一个问题。

第 14 章

概 率

14.1 关于概率的几种观点
14.2 概率演算
14.3 日常生活中的概率
第 14 章概要
第 14 章关键术语
现实生活中的逻辑

14.1 关于概率的几种观点

概率是整个归纳逻辑的一个核心评价性概念。正如美国哲学家查尔斯·桑德斯·皮尔斯所说，概率理论"就是定量地研究逻辑的科学"。这个理论的数学应用已经远远超出本书所关心的内容，但是以对概率概念的分析和对它的实践应用的简单说明来结束我们对归纳逻辑的讨论是适宜的。

科学理论及其包括的因果律也仅仅是概然的①。即使最好的归纳论证也不具有有效演绎论证所拥有的那种确定性。我们为理论或者任何种类的假说推论性地指派一定的概率度。举例来说，我们可能断定，基于我们现有的证据，爱因斯坦的相对论为真是"高度概然的"。另一例子是，尽管我们不能确定太阳系其他星球到底有没有生命，我们还是可以说，鉴于我们对这些星球的认识，任何衍推其存在生命的理论的概然性是很低的。对于此种意义上的理论，我们通常并不为其概率赋一个数值。

然而，在许多情况下，我们也确实可以为事件的概率赋值。我们为一个事件的概然性所赋的值被称为**概率的数值系数**，这个数值可能很有用。如何可靠地进行这样的赋值呢？要回答这个问题，我们必须区分"概率"概念在使用中的两种附加含义：

1. 概率的验前解释
2. 概率的相对频率解释

当我们掷一枚硬币并假定正面朝上的概率是 1/2 时，我们使用了概率的第一种意义。当我们说一个 25 岁的美国妇女至少将再活一年的概率是 0.971 的时候，我们使用了概率的第二种意义。掷骰子、玩扑克这样的机遇游戏导致了对第一种意义上的概率研究，死亡率统计的运用导致了对第二种意义上的概率的研究，二者都发生在 17 世纪。* 两个例子中的计算是不同种类的，最终导致了对于概率系数的两种不同解释。两种解释都是

---

① probable 直译为"可能的"，在概率论中我们往往译成"概然的""盖然的""或然的"等。——译者注

* 皮耶·德·费马（1608—1665）与布莱士·帕斯卡这两位著名的数学家在对当一场机遇游戏被打断时应该如何合适地分配赌注进行通信时反思了概率问题。约翰·格朗特则在 1662 年发表了关于从 1592 年以来伦敦的死亡记录中推断出来的东西的计算。

重要的。

概率的验前理论实际上关心的是，关于某个考虑中的事件一个理性的人应该相信些什么，并且指派 0 到 1 之间的一个数来代表理性信念的程度。如果我们完全相信事件会发生，我们赋予数字 1。如果我们相信事件不可能发生，该事件将发生的信念被赋予数字 0。当我们不能肯定的时候，赋予的数字将为 0 到 1 之间的某个数。断定一个事件的概率依据的是人们合理地相信那个事件发生的程度。断定一个命题的概率依据的是一个完全理性的人将会相信它的程度。

在这个理论中，当我们不确定的时候，我们如何理性地决定应该赋予 0 到 1 之间的哪个数呢？在古典理论看来，我们的不确定是因为我们的知识是不全面的；如果我们能够知道被掷的硬币的全部信息，我们就能够确信地预测它的轨迹以及最后静止的位置。但是，有大量关于那枚硬币以及它的抛掷的信息是我们不知道也不可能知道的。我们大体上知道如下信息：硬币有两面；我们有极好的理由相信它将静止在其中一面而不是另一面上。因此我们考虑就我们所知同等可能性的所有可能结果，在这个抛掷硬币的例子里有正面朝上或者反面朝上这两个结果。在这两个结果里，正面朝上只是结果之一。因而，正面朝上的概率是 1/2，0.5 这个数值被说成是讨论中的事件的概率。

类似地，当人们要分发一副随机洗过的纸牌时，这些牌将以之前洗牌时确定的次序分发，但我们不知道这个次序。我们只知道，在一副总共有 52 张的纸牌里，每种花色有 13 张牌，因此，所发的第一张牌为黑桃的概率为 13/52，或者正是 1/4。

这被称为概率的**验前理论**。之所以如此称呼，是因为在我们用那副纸牌做任何实验之前就把数字 1/4 赋给了它。如果这纸牌是正常的，洗牌也是公平的，我们就认为不需要进行取样，而只需要考虑先行条件：纸牌中有 13 张黑桃；总共有 52 张牌；发牌是诚实的。就我们所知，任何一张牌与其他牌有同样的机会被第一次分发。

一般说来，为了计算在某些特定情形下一个事件发生的概率，我们把该情形下可能结果的总数，除以可能发生的情况的数量——如果我们没有任何理由相信任何一个可能结果比其他的更有可能的话。在概率的验前理论中，一个事件的概率以一个分数来表示，其中，分母是等可能结果的总数，分子是将会成功地产生待考察事件的结果数。这样的赋值（"成功数除以可能数")是理性的、方便的,也是非常有用的。

关于概率还有另外一种观点。根据这种观点,指派给一个事件的概率必须依赖于这个事件发生的**相对频率**。之前我们提出一个 25 岁的美国妇女至少将再活一年的概率是 0.971。只有通过考察 25 岁的美国妇女这整个类并且确定她们中有多少人确实至少或者已经又生活了一年才能知道这个概率。只有在我们知道了那类妇女的死亡率*之后*,我们才能进行赋值。

在这个理论中,我们区分了**参照类**(在所给例子中是 25 岁的美国妇女)和待考察**属性**(在这个例子中是至少再活一年)。被赋予的概率是对类中成员体现待考察属性的相对频率的测量。根据这个理论,概率也被表达成分数(并且也常常被表达成小数形式),分母是这个例子中参照类的成员数量,而分子是类中具有所要求属性的成员数量。如果在加利福尼亚州年纪在 16 岁到 24 岁之间的男性汽车驾驶员的数量是 y,而在一年的时间段里卷入一场汽车事故的这样的驾驶员的数量是 x,那么我们为在任一给定年份里这样的驾驶员发生一场汽车事故的概率所赋的值就是 x/y。这里的参照类是以确定的方式得到描述的驾驶员的类,而属性是在某个特定时期里卷入一场汽车事故的事实。"理性信念"在这里没有成为争论点。在概率的相对频率理论里,概率被定义成**呈现某特定属性的类中成员的相对频率**。

必须注意的是,在这两个理论中,被赋予的概率是相对于可得到的证据而言。在相对频率理论中这一点很明显:一个给定属性的概率必定随着选择用来计算的参照类的变化而变化。如果在参照类中的男性汽车驾驶员年纪在 36 岁到 44 岁之间,事故的相对频率将会降低;在那个年龄范围里的驾驶员事实上出的事故更少,因此计算出来的事故的概率将会更低。如果参照类中包含的是女性而不是男性,那就将再次改变概率系数。概率是相对于证据的。

在概率的验前理论那里,概率也是相对于证据的。为一个事件指派某个概率值只能建立在指派该概率值的人可获得的证据之上。毕竟,一个人的"合理信念"可能随着他拥有的知识的变化而变化。举例来说,假设两个人正在观看洗牌。由于洗牌者的失误,他们中的一个人偶然看到了最上面那张牌是黑色的,但他没有看到其花色。第二个观察者除了看到洗牌没有看到任何东西。如果让这两个观察者估计第一张牌是黑桃的概率,第一个观察者将指派概率值 1/2,因为他知道有 26 张黑色的牌,其中一半是黑桃。第二个观察者将指派概率值1/4，因为他知道的仅是52张牌中黑桃为13张。两个观察者对同一个事件指派了不同的概率。没有哪一个观察者犯错；每个人都相对于可用证据赋予了正确的概率，即使这张牌被翻开后为梅花。以这种观点来看，任何事件都不具有内在的或者关于它自身的概率。因此，如果证据集不同，概率可能变化很大。

概率的这两种解释——相对频率解释和验前解释——在主张概率是相对于证据的这一点上是完全一致的。在主张对于一个给定的事件通常可以进行概率赋值这一点上它们也是一致的。可以把验前理论的概率赋值重新诠释成是相对频率的一个"走捷径"的估计。因此，一枚被抛出去的硬币在公正的情况下其静止时正面朝上的概率可以通过相对频率来计算：当一枚硬币被随机地抛掷一千次或者一万次的时候确实正面朝上的相对频率。随着随机抛掷的次数的增加（假定硬币是完全均匀、平衡的），代表正面朝上的相对频率的分数将会越来越接近0.5。我们可以称0.5为那个事件的相对频率极限。鉴于对于赋值这样的可能重新诠释，一些理论家主张相对频率理论是两个理论中更为根本的。然而，在许多情境下，验前理论确实是我们可运用的更为简单、更为方便的理论；在后面行文中我们将主要依赖后一种理论。

14.2　概率演算

如我们已经看到的，单个事件的概率通常可以确定。知道了（或者假定了）这些，我们可以接着计算某个复合事件的概率。复合事件可以看作一个整体，其部分是作为其成分的单个事件。举例来说，正如我们已经看到的，基于概率的验前理论，从一副洗过的牌中抽出一张黑桃的概率是1/4。那么，从一副牌中连续两次抽出黑桃的概率是多少呢？抽出第一张黑桃是第一个组成部分；抽出第二张黑桃是第二个组成部分；连续两次抽出黑桃是我们想要计算其概率的复合事件。当人们知道各个组成事件是如何相互关联的时候，人们就能够根据其组成事件的概率而求得该复合事件的概率。

概率演算是允许进行这样计算的数学的一个分支。这里我们仅探索其基本纲要。知道我们日常生活中的特定结果的似然度重要；因此，应用概率演算特别有帮助。掌握概率演算的基本定理是逻辑研究最有用的成果之一。

概率演算最容易用掷骰子、玩扑克及类似的机遇游戏来说明，因为由这样的游戏规则所创造的人为限定的世界使得概率定理的直接应用成为可能。在这种阐释中，我们使用概率的验前理论，但是所有这些结果经过最少量的重新诠释后，也能够用相对频率理论来表达和辩护。

我们将讨论两个基本定理：

A. 使用第一个定理我们可以计算一个其组成部分共同发生的复合事件的概率：概率的两个事件都发生，或者一个特定集合的所有事件都发生。

B. 使用第二个定理我们可以计算一个其组成部分**替代性发生**的复合事件的概率：一个给定的替代性事件集合中至少一个（或者多个）将会发生的概率。我们将依次讨论它们。

A. 共同发生的概率

假定我们希望知道一枚硬币在两次抛掷的过程中都正面朝上的概率。把这两个组成事件称为 a 和 b。有一个非常简单的定理可以使得我们能够计算出 a 和 b 一起发生的概率。它被称为**乘法定理**，只需将代表组分事件的概率的两个分数相乘。抛两枚硬币一共有四种不同的可能结果，它们可以最清晰地展示在一个表格中：

第一枚硬币	第二枚硬币
正	正
正	反
反	正
反	反

没有理由对这四种情况中的任何一种比另一种抱有更多的期望，因而我们认为它们是等可能的。我们所探究的两枚都正面朝上的情形只是四个等可能事件之一，因此，掷出两枚硬币，得到两次正面的概率是 1/4。我们可以直接算出这一结果：两次正面朝上的共同发生等价于第一次掷出正面的概率（1/2）乘以第二次掷出正面的概率（1/2），或者说是 $1/2 \times 1/2 = 1/4$。然而，这个简单的乘法只有当两个事件是**独立事件**的时候才会成功——也就是说，当一个事件的发生不影响其他事件发生的概率的时候。

根据独立事件的乘法定理，两个独立事件共同发生的概率等于它们各自概率的乘积。这个公式可以写成：

$$P(a\text{ 且 }b)=P(a)\times P(b)$$

这里，P（a）和 P（b）是两个事件各自的概率，而 P（a且b）表示它们的共同发生的概率。

将这个定理应用到另一个例子。我们掷两个骰子，得到12点的概率为多少？只有当每个骰子都为6点，两个骰子才出现12点。每个骰子有6面，掷后任一面朝上与其他面朝上的可能性相同。假定 a 为第一个骰子出现6点的事件，P（a）=1/6；假定 b 为第二个骰子出现6点的事件，P（b）=1/6。a和b的共同发生构成了两个骰子出现12点的复合事件。根据乘法定理，P（a且b）=1/6×1/6=1/36。1/36即为一次掷两个骰子得到12点的概率。通过在一个表格中列举出掷两个骰子时所有独立的等可能结果，我们也可以得到同样的结果。有36个可能结果，它们中只有一个可以得到12点。

我们不必将自己局限于两个组分事件。我们可以将乘法定理**一般化**，以便涵盖任意多个独立事件的共同发生。如果我们从一副洗过的牌中抽出一张牌，将之放回并抽第二次牌，再放回去并抽第三次牌，每次都抽出一张黑桃的可能性不受其他时候是否成功抽出黑桃的影响。（假设在放回牌之后立即重新洗牌。）任意一次都抽出一张黑桃的概率是13/52，或者1/4。如果牌在每一次被抽出来之后又被放回，三次抽取抽出三张黑桃的概率是 1/4×1/4×1/4=1/64。因此，我们可以用这个一般化的乘法定理计算任意多个独立事件共同发生的概率。

但是假如事件之间不是相互独立的呢？假如一种情况的成功对另一种情况的成功的概率有影响呢？迄今为止的例子都不需要考虑组分事件之间的任何关系。然而，组分事件在需要更加细心的计算方面是相互关联的。考虑刚刚给出的例子的一个修正版本。假定我要求从一副洗好的扑克牌中连续抽三张黑桃的概率，但抽出的牌不放回。如果每一次抽出的牌在下次抽牌之前不放回去，前面的抽牌结果确实对后面的抽牌结果产生影响。

如果抽出的第一张牌是一张黑桃，那么第二次抽牌过程中总的牌数为51张牌，剩下的黑桃只有12张了；而如果第一次抽出的不是一张黑桃，那么剩下的51张牌中有13张黑桃。假定 a 是从一副牌中抽出一张黑桃并且不放回去的事件，b 为从剩下的牌中抽取另外一张黑桃的事件，那么 b

的概率，即 P（在 a 发生的条件下 b）① 为 12/51，即 4/17。如果 a 和 b 都发生，第三次抽牌是在只有 11 张黑桃的 50 张牌中进行。如果 c 是最后的事件，那么 P（c | a & b）[即 P（在 a、b 都发生的条件下 c）] 为 11/50。于是，根据乘法定理，从一副牌中抽取三张牌、抽完不放回去，三张均是黑桃的概率为 13/52×12/51×11/50，即 11/850。这个值小于三次抽取抽出三张黑桃，但每次抽出的牌在下次抽取前放回去的概率。这也是我们所期望的，原因是放回一张黑桃增加了下次抽到黑桃的概率。

正如在下面这个真实的记述中，一般乘法定理可以用于对现实世界问题的后果估计。一个加利福尼亚少女受慢性白血病的折磨。如果不治疗，她将因白血病而死去。只有找到匹配的骨髓捐赠者，她才能得救。当她的父母寻找这样的捐赠人的所有努力均失败之后，他们决定再生一个小孩，希望能够成功进行骨髓移植。但她父亲首先得将结扎后的输精管重新接通，这只有 50% 的成功率。即使成功了，她的母亲因当时有 45 岁，她怀孕的机会也只有 0.73。如果她确实受孕成功，婴儿骨髓与受病痛折磨的女儿匹配的机会也只有四分之一（0.25）。并且如果匹配成功，白血病病人经过必需的化疗和骨髓移植后活下来的机会为 0.70。

可以看到的是，结果成功的概率很低，但不是低到毫无希望。输精管成功接通，母亲也确实怀孕了，至此，希望增加了。巧的是，婴儿拥有能够匹配的骨髓。1992 年进行了艰巨的骨髓移植手术。手术获得巨大成功。* 在她的父母当初决定做这样的努力的时候，这个美满结果的概率有多大呢？

练习题

例题：

1. 从一副牌中连续抽三张牌，在下列两种情况下，得到三张 A 的概率各为多少？a. 每次抽完牌后在下一次抽牌之前将牌放回去；b. 每次抽出的牌不放回去。

---

① 用 P（b | a）来表示 P（在 a 发生的条件下 b）。——译者注

* 病患阿妮萨·阿亚拉（Anissa Ayala）在移植成功一年后结了婚；救了她的命的妹妹玛丽萨·阿亚拉（Marissa Ayala）在她的婚礼上担任花童。该例子的具体细节报道于 *Life* 杂志，December 1993。

解答：

a. 如果抽到的牌在下次抽牌之前放回去，事件之间没有任何影响，因而它们是独立的。本例中，P（a & b & c）=P（a）×P（b）×P（c）。一副扑克中有 52 张牌，其中 4 张 A。因此，第一次抽牌抽到 A 的概率 P（a）为 4/52，即 1/13。同样地，第二次抽到 A 与第三次抽到 A 的概率 P（b）、P（c）均为 1/13。因此，a、b、c 共同发生的概率为 1/13×1/13×1/13，即 1/2 197。

b. 如果抽到的牌不放回去，事件之间是相关的，即不独立的。公式为 P（a & b & c）=P（a）×P（b | a）×P（c | a & b）。本例中，第一次抽到 A 的概率为 P（a），仍为 4/52，即 1/13。但在第一次抽到的牌为 A 的条件下，第二次抽到 A 的概率为 P（b | a）=3/51，即 1/17。在前两次抽到 A 的条件下，第三次抽到 A 的概率为 P（c | a & b）=2/50，即 1/25。因而，三个事件共同发生的概率为 1/13×1/17×1/25，即 1/5 525。

如我们预料的，在 b 中连续抽得三张 A 的概率比在 a 中连续抽到三张 A 的概率低得多。原因是，不将牌放回去使得前面抽到 A 将降低后面抽到 A 的机会。

2. 将一枚硬币掷三次，每一次均为反面的概率为多少？

3. 一个袋子里有 27 个白球和 40 个黑球，连续摸 4 次，在下列两种情况下，连续 4 次均为黑球的概率分别为多少？a. 每次摸到的球在下次摸球前均放回去；b. 每次摸到的球均不放回去。

4. 掷 3 个骰子，这 3 个骰子向上的点数总和为 3 的概率为多少？

*5. 四个男人的屋子建在一个正方形广场的四边，一天晚上他们在广场中央举行庆祝活动。活动结束后，他们因喝醉酒而蹒跚地走进屋子。没有两个人走进同一个屋子。每个人走回他们自己屋子的概率为多少？

6. 一个牙医的办公室设在一座大楼里。大楼有 5 个门，从每个门进到大楼是一样的。三个病人在同一时间到达她的办公室。他们从同一个门进来的概率为多少？

7. 2003 年 10 月 25 日，在加利福尼亚州阿卡迪亚市圣安妮塔赛马大赛上，来自南达科他州拉皮德市的格雷厄姆·斯通先生赢了一场赛马，他挑选的是**连续六场比赛**的冠军！斯通先生之前从来没去过赛马场；国内热衷赛马的粉丝们对此大跌眼镜。赢的马和其他参赛马赛前确定的夺冠赔率如下：

赢了的马	赔率
1. 六个完人	5－1
2. 阿卡迪亚必赢	22－1
3. 伊斯林顿	3－1
4. 今天就行动	26－1
5. 高丛林	5－1
6. 令人愉快地完美	14－1

斯通先生下了 8 美元的赌注，他获得的收益是 2 678 661.60 美元。

我们在闲谈时可能会说，这样好的运气（或者分析技巧？）的赔率是"1 000 000 比 1"。斯通先生的收益比率远低于此。他值得拥有 1 000 000 比 1 的收益比吗？你将如何为你的答案做辩护呢？

8. 有两个储藏室，每个储藏室有 3 个纸箱。5 个纸箱装着听装蔬菜罐头，1 个纸箱装着听装水果：10 听梨，8 听桃子，8 听什锦水果。每听什锦水果中有 300 块大小差不多的水果块，其中 3 块为樱桃。一个小孩到其中一个储藏室，打开一个纸箱，开启一听罐头，并吃两块水果，他能吃到两块樱桃的概率为多少？

9. 一个玩家在玩"五张牌"① 游戏时持有黑桃 7 和方块 8、9、10 和 A。他意识到所有其他玩家将出的牌型是"三条"。他算计着，他可以以"同花"来赢，也可以以"顺子"来赢。他应当凑成"同花"还是"顺子"？（"顺子"为按数字顺序来排的任意五张牌，"同花"为全部同一花色的任意五张牌。）

*10. 四个学生决定他们还需要多一天为星期一的考试仓促备考。他们周末离开小镇，周二才回来。他们准备了旅馆和其他花费的有日期的收据，并解释说他们的汽车轮胎破了，而他们没有备用轮胎。

教授同意给他们一次补考，考试形式是一个书面问题。学生们在考室的四个角落里就座，他们为他们欺骗得逞而暗自窃喜，直到教授在黑板上写下这样的问题："哪一个轮胎破了？"

---

① "五张牌"的游戏中每人五张牌，牌数从 7 开始（除去 2—6 和大小王）。牌型比较：同花顺＞四条＞葫芦＞同花＞顺子＞三条＞两对＞对子＞散牌。数字比较：A＞K＞Q＞J＞10＞9＞8＞7。花色比较：黑桃＞红桃＞梅花＞方块。"三条"是指三张牌面数字一样的牌的组合，如均为三条则比较牌面数字的大小。游戏中可以换牌，不同的玩法具体换牌规则可有不同。——译者注

假定学生们没有提前商量好在他们编的故事里哪个轮胎坏了,所有 4 个学生均答出同一个轮胎的概率为多少?

B. 替代性发生的概率

有时候我们会问:某个替代性发生①事件的集合中,至少有一个会发生的概率是多少? 如果我们知道或者可以估计每个组分事件的概率,我们就可以将此计算出来,使用的定理称为加法定理。

例如,有人可能会问:从一副洗过的牌中,抽到**或者**一张黑桃**或者**一张梅花的概率为多少? 当然,得到这些结果中的任何一个的概率将比得到其中某一个的概率要大,肯定也比同时得到这两个的概率要大。正如这个例子,简单地说,在许多情况下,它们替代性发生的概率就是组分事件的概率之和。抽到一张黑桃的概率为 1/4;抽到一张梅花的概率为 1/4;抽到或者一张黑桃或者一张梅花的概率为 1/4+1/4=1/2。当问题涉及共同发生的时候,我们使之相乘;当问题涉及替代性发生的时候,我们使之相加。

在上面的例子中,两个组分事件是相互排斥的;如果其中一个发生,另一个便不能发生。如果我们抽到一张黑桃,我们便不能抽到一张梅花,反之亦然。所以,当事件是相互排斥的时候,加法定理是直接而简单的:

$$P(a 或 b) = P(a) + P(b)$$

这可以一般化到任意多的替代性事件,a 或者 b,或者 c 或者……如果所有替代性事件是相互排斥的,它们中一个或者另一个发生的概率为其所有概率之和。

有时候,我们可能需要同时运用加法定理和乘法定理。举例来说,在一场扑克游戏中,一个同花(同一花色的五张牌)是非常强的一手。抽到这样的牌的概率是多少? 我们先来计算抽到五张某种给定花色(比如说黑桃)的牌的概率。那是一个共同发生事件,五个组成事件肯定不是相互独立的,因为每一张发出的黑桃都降低了得到下一张黑桃的概率。利用非独立概率的乘法定理,我们得到:

$$13/52 \times 12/51 \times 11/50 \times 10/49 \times 9/48 = 33/66\,640$$

---

① 这里将 alternative occurrence 译成"替代性发生",意为两个或两个以上的事件至少一个发生,亦可译为"择代性发生"。——译者注

相同的概率适用于红桃或者方块或者梅花的同花。这4种不同的同花是相互排斥的替代性事件，因此，被发到任何一种同花的概率是它们之和：33/66 640＋33/66 640＋33/66 640＋33/66 640＝33/16 660，略小于0.002。难怪一个同花通常就是一手能赢的牌了。

替代性事件通常**并不是相互排斥的**，而这个时候，计算就变得更加复杂。首先考虑一个简单的例子：将一枚硬币掷两次，至少得到一次正面的概率是多少？两个组分事件（第一次投掷得到正面，或者第二次投掷得到正面）肯定不是相互排斥的，两者都可以发生。如果我们将其概率简单相加，我们得到1/2＋1/2＝1，即事件为确定的；但是我们知道我们所关心的结果是不确定的！这个例子说明，当组分事件并非相互排斥时，加法定理不能直接应用。但是，我们可以以两种方法中的任意一种来**间接地**使用加法定理。

第一种方法是，我们可以将满足条件的情况的集合分解成互斥事件，然后简单地将那些概率相加。在硬币的例子中，有三个满足条件的事件：正面朝上—反面朝上，反面朝上—正面朝上，以及正面朝上—正面朝上。使用乘法定理来计算的时候，每一个的概率都是1/4。使用加法定理，得到那三个相互排斥事件中的至少一个的概率就是三者之和：3/4，或者0.75。

有另外一种方法可以得到相同的结果。我们知道没有一个结果可以既是满足条件的又是不满足条件的。因此，我们所问的替代性复合事件的概率等于1减去这些替代性组分事件一个也不发生的概率。在硬币这个例子中，唯一一个不满足条件的结果是反面朝上—反面朝上。出现反面朝上—反面朝上的概率是1/4；因此在至少一次抛掷中出现一次正面朝上的概率是1－1/4＝3/4，或者0.75，与前面的计算结果相同。用符号 $\bar{a}$ 表示不满足 a 的事件，我们可以用下述方式将组分事件并非相互排斥的替代性事件的定理公式化：

$P(a)=1-P(\bar{a})$

一个事件发生的概率，就等于1减去那个事件不发生的概率。*

---

* 引起替代性发生的定理这样的公式化的推理如下：给肯定发生的一个事件指派的概率系数是1。对于每一个事件，可以肯定的是，或者它发生或者它不发生，也就是 a 或者 $\bar{a}$，必然是真的。因此，$P(a+\bar{a})=1$。显然，a 与 $\bar{a}$ 是相互排斥的，所以一个或者另一个发生的概率与它们概率之和相等。也就是说，$P(a+\bar{a})=P(a)+P(\bar{a})$。所以 $P(a)+P(\bar{a})=1$。通过将 $P(\bar{a})$ 移到等式的另一边并且改变它的符号，我们就得到 $P(a)=1-P(\bar{a})$。

有时候第一种方法更简单，有时候第二种方法更简单。这两种方法可用下面的例子来比较：假设我们有两只瓮，第一只瓮里有两个白球和四个黑球，第二只瓮里有三个白球和九个黑球。如果从每只瓮中随机抽出一个球，抽到至少一个白球的概率为多少？使用第一种方法，我们将满足条件的情况分解为三个互斥的替代性发生事件，然后将概率相加。(1) 从第一只瓮中抽出一个白球和从第二只瓮中抽出一个黑球：2/6×9/12＝1/4；(2) 从第一只瓮中抽出一个黑球和从第二只瓮中抽出一个白球：4/6×3/12＝1/6；(3) 从两只瓮中均抽出一个白球：2/6×3/12＝1/12。由于这些是相互排斥的事件，我们可以简单地将其相加：1/4＋1/6＋1/12＝1/2。那个和就是抽到至少一个白球的概率。使用第二种方法我们要确定不满足条件——从两只瓮中都抽出一个黑球——的概率：4/6×9/12，然后用1减去它，从而我们得到 1－1/2＝1/2。当然，两种方法得到了相同的结果。

有时，应用概率计算得到的结果尽管正确，但是与我们对已知事实进行因果分析后所期望的结论不同。这样的结果被认为是违反直觉的。当一个问题的解违反直觉的时候，人们可能在概率判断上发生错误。这样"自然"的错误驱使人们在嘉年华及其他地方进行如下赌博。掷三个骰子，赌场运营商提出与你赌一赔一（以一美元来冒险，如果你赢了，你取回你押的一美元，运营商再给你一美元），运营商赌三个骰子中均不出现1点。骰子有六面，每个面上有不同的数字。你有三次机会得到1点，表面上看，这似乎是一个公平的赌博。

事实上，这不是一个公平的赌博。利用这个与直觉相反的事实的骗子能够获得丰厚的利润。这个赌博仅当在这样的条件下才是公平的：三个骰子中的一个骰子出现某一特定点数后，另外两个骰子中任一个骰子不出现该点数。这显然不正确。粗心的玩家错误地（和下意识地）认为它们具有互斥性。然而它们不是相互排斥的，一些投掷中两个或者三个骰子会出现相同点数。很快发现，试图通过确定并计算所有可能结果来计算至少一个1点出现的结果数，是很难实现的。但是，因为任何给定点数的出现并不排除其他骰子也出现同样点数，这样的赌博确实是一个骗局。我们先确定输的概率，然后从1中减去这个概率值，从而计算出胜出的概率，此时，这个骗局就变得很明显了。单个骰子非1点（出现2点，或3点，或4点，或5点，或6点）向上的概率为5/6。输的概率为出现3个非1点向上的概率，其概率（由于骰子之间是不相互影响的）为 5/6×5/6×5/6＝125/216，即 0.579。因此，玩家掷得至少一个 1 点的概率为 1－125/216＝91/216，即为 0.421。这是一个应该拒绝的赌博游戏。

让我们用概率求解一个中等难度的问题。双骰赌博用两个骰子。掷骰子者如果在第一次投掷中得到（总和为）7 点或者 11 点，那么他赢；如果在第一次投掷中得到 2 点或 3 点或 12 点，那么他就输了。如果第一次掷出的骰子出现其他的点数（4、5、6、8、9、10），掷骰子者将继续掷骰子；直到在以后的掷骰子中，如果出现与上次同样的点数，那么掷骰子者赢了；如果出现 7 点，那么掷骰子者输了。双骰赌博被普遍认为是**公平的**赌博——掷骰子者有一半的获胜机会。真是这样的吗？让我们计算在双骰赌博中掷骰子者获胜的概率。

为此，我们必须首先得到不同点数出现的概率。两个骰子落下后，有 36 种等可能状态。这些状态中，只有 1 个状态出现 2 点，因此其概率为 1/36。只有一个状态出现 12 点，所以其概率也为 1/36。有两种状态得到 3 点：1-2、2-1，所以点数 3 的概率为 2/36。类似地，得到 11 点的概率为 2/36。3 种状态可以得到 4 点：1-3、2-2、3-1，因此点数为 4 的概率为 3/36。类似地，点数为 10 的概率值为 3/36。由于有 4 种状态得到 5 点 (1-4、2-3、3-2、4-1)，其概率为 4/36，点数为 9 的概率与此一样。得到点数 6 的状态有 5 种（1-5、2-4、3-3、4-2、5-1），点数 6 的概率为 5/36，点数 8 的概率值与此相同。有 6 种可能状态产生点数 7 (1-6、2-5、3-4、4-3、5-2、6-1)，所以掷出点数 7 的概率值为 6/36。

掷骰子者在第一次掷骰子中获胜的概率为出现点数 7 的概率和出现点数 11 的概率之和，其值为 6/36＋2/36＝8/36，即 2/9。第一次掷骰子中输的概率为出现点数 2、3、12 的概率和，值为 1/36＋2/36＋1/36＝4/36，即 1/9。在第一次掷骰子中掷骰子者赢的可能性为输的可能性的两倍。然而在第一次掷骰子中，掷骰子者很有可能既不赢又不输，即掷到点数 4、5、6、8、9 或 10。如果掷出这 6 个数中的一个，掷骰子者得继续掷骰子，直到该点数重新出现，此时掷骰子者赢，或者出现点数 7，此时掷骰子者输。那些既不是第一次掷骰子时出现的点数，也不是点数 7 的状态可以被忽略，因为它们不起决定作用。假定掷骰子者在第一次掷骰子中得到点数 4，下一次掷骰子中起决定作用的是出现点数 4 或者 7。在起决定作用的掷骰子中，等可能的状态是使点数出现 4 的 3 种组合（1-3、2-2、3-1），和使点数7出现的6种组合；因而，再一次投掷得到点数4的概率为3/9。第一次掷骰子中得到4点的概率为3/36，因此，第一次掷得点数4、在点数7出现前再一次掷得点数4，从而赢得赌博的概率为3/36×3/9=1/36。类似地，掷骰子者第一次掷得点数10、在点数7出现前再一次掷得点数10，从而赢得赌博的概率也是3/36×3/9=1/36。

通过同样的推理过程，我们可以求得掷骰子者第一次掷得点数5，然后在点数7出现前再一次掷得点数5，从而赢得赌博的概率。此时，起决定性作用的有10个等可能的状态：4个状态掷得点数5（1-4、2-3、3-2、4-1）和6个掷得点数7的状态。因而，因点数5而赢的概率为4/36×4/10=2/45。因点数9而赢的概率同样为2/45。在第一次投掷中，点数6出现的可能性更大，其概率为5/36；与上面提到的其他点数相比，在点数7出现前再一次掷得点数6的可能性更大，其概率为5/11。所以，以6点而赢的概率为5/36×5/11=25/396。同样，以点数8而赢的概率也是25/396。

掷骰子者赢的方式有8种：第一次投掷时出现点数7或点数11；或者第一次投掷时得到4、5、6、8、9、10中的一个点数，并且在点数7出现前再一次掷得相同的点数。这些方式都是相互排斥的，所以掷骰子者总的赢的概率为能够获胜的各种可以赢的替代性发生方式的概率之和。这个概率为 6/36＋2/36＋1/36＋2/45＋25/396＋25/396＋2/45＋1/36＝244/495。如果表示成小数，这就是0.493。这表明在双骰赌博中，掷骰子者赢的机会小于一半；尽管仅仅是略小于，但仍然是小于0.5。

概览

乘法定理

计算两个或更多共同发生事件的概率的方法：

A. 如果这些事件（如 a 并且 b）是独立的：它们共同发生的概率为其概率的简单乘积：

$$P(a \& b) = P(a) \times P(b)$$

B. 如果这些事件（如 a 并且 b 并且 c 等）是不独立的：它们共同发生的概率为第一个事件的概率，乘以第一个事件发生的条件下第二个事件的概率，乘以第一和第二个事件发生的条件下第三个事件的概率，等等：

$$P(a \& b \& c) = P(a) \times P(b|a) \times P(c|a \& b)$$

加法定理

计算两个或更多替代性发生事件的概率的方法：

A. 如果事件（如 a 或者 b）是相互排斥的：至少其中一个事件发生的概率为它们概率的简单相加：

$$P(a \text{ 或 } b) = P(a) + P(b)$$

B. 如果事件（如 a 或者 b 或者 c）不是相互排斥的：确定至少其中一个事件发生的概率可以是：

1. 将满足条件的状态分析为相互排斥的事件，然后将那些成功事件的概率相加；或者
2. 确定这些替代性事件一个也不发生的概率，然后用 1 减去那个概率。

练习题

*1. 以第二种方法计算双骰赌博中掷骰子者赢的概率，即用 1 减去他输的概率。

2. 从一副完整的扑克牌中连续抽取三张牌，在下面两种情况下至少抽到一张黑桃的概率为多少？（a）如果将每次抽到的牌在下次抽牌之前放回牌中；（b）不将抽到的牌放回去。

3. 将一枚硬币投掷 3 次，至少出现一次正面朝上的概率为多少？

4. 假如一只瓮中有 5 个红球、10 个白球和 15 个蓝球，从中随机抽取 3 个球，在下面两种情况下，抽到同样颜色的球的概率为多少？（a）如果将每个球在下一个球被抽取之前放回瓮中；（b）如果不将抽到的球放回去。

*5. 如果某人提议与你打一赔一的赌，赌你在连续两次投掷一个骰子时，一次也不会出现 1 点或者 6 点，你愿意接受这样的赌博吗？

6. 在一个教室里随机地聚集了 30 个学生，他们中没有哪两个学生在同一天过生日的概率是多少？也就是说，忽略年份，仅仅关注月份以及月份中的日期，相同的生日不会重复的概率是多少？需要多少个学生组成一个组才能使该组学生生日重复的概率大约为 0.5？

7. 如果一个 25 岁的男子活到他 50 岁生日的概率为 0.742，一个 22 岁的女子活到她 47 岁生日的概率为 0.801。问：这样的男子和这样的女子结婚后，(a) 他们中至少一个人至少再活 25 年的概率为多少？(b) 他们

中只有一个人至少再活 25 年的概率为多少？

8. 一个未装满的盒子里有 2 瓶橘汁、4 瓶可乐和 4 瓶啤酒；另外一个未装满的盒子里有 3 瓶橘汁、7 瓶可乐和 2 瓶啤酒。随机打开其中一个盒子并随机拿出一瓶。该瓶是不含酒精的饮料的概率为多少？假定将所有的瓶子装进一个盒子里，问：从中随机拿一瓶，该瓶是不含酒精的饮料的概率为多少？

9. 在"五张牌"游戏中，一个玩家发到三张 J 和两张小散牌。他将两张小散牌丢弃，而摸取另外两张牌。他摸牌后手中的牌型得到改进的概率为多少？（一种改进的方法是，摸到另外一个 J 使手中的牌型成为"四条"；另外一种方法是摸到一对使手中的牌型成为"葫芦"。）①

挑战读者

下面的问题是概率理论家发生争论的一个源头。正确的结论违反直觉吗？

10. 从一副牌中取出 A 和 K，即四张 A、四张 K，共八张牌。从这八张牌中发两张牌给你的朋友。如果她看到牌并声明她手中有一张 A（她的话是诚实的），她手中的牌均为 A 的概率为多少？如果她转而声明她手中有一张牌为黑桃 A，那么她手中的两张牌均为 A 的概率为多少？这两个概率相同吗？

14.3 日常生活中的概率

在下赌注和投资中，人们不仅要考虑获胜或取得回报的概率，而且要考虑在赌博中赢得的或在投资中回报的数量为多少。有两个需要考虑的因

---

① 该例中三张 J 和两张小散牌构成的牌型只能是"三条"，也就是三张牌面同样大小的牌；"四条"为四张牌面同样大小的牌；"葫芦"为三张牌面同样大小的牌加上两张牌面同样大小的牌。根据规则，牌型大小的顺序是：四条＞葫芦＞三条。——译者注

* 关于该问题的一些讨论参见 L. E. Rose, "Countering a Counter-Intuitive Probability," *Philosophy of Science* 39 (1972): 523-524; A. I. Dale, "On a Problem in Conditional Probability," *Philosophy of Science* 41 (1974): 204-206; R. Faber, "Re-Encountering a Counter-Intuitive Probability," *Philosophy of Science* 43 (1976): 283-285; and S. Goldberg, "Copi's Conditional Probability Problem," *Philosophy of Science* 43 (1976): 286-289。

素：**安全性**和**回报率**。它们往往不能兼得：潜在较高的回报通常蕴藏着较大的风险。最安全的投资不会是最好的投资，许诺成功后有最大回报的投资同样不是最好的投资。我们不仅在赌博和投资中需要在安全性和最大回报之间进行协调，而且要在教育、择业及生活中其他方面的诸多可能性之间进行协调。我们想知道我们在金钱上或时间与精力上的投资是否"值得"；即考虑所有的因素，给未来下这样的赌注是否明智。未来不可知，但能够估计其概率。当人们要对投资、赌博或任何"机会性"决策进行比较时，**期望值**概念是一个好用的工具。

解释期望值的最好事例是赌博。我们知道赌博各个结果的概率。任何一种赌博（如打 1 美元的赌，以一赔一的赔率赌一枚硬币正面朝上）均应看成是一次购买，进行打赌的时候，钱便花了出去。下的注便是购买的价格，它购买的是某个**期望**，或**期望值**。如果正面朝上，下注者获得 2 美元的收益（1 美元是他付出的，另外 1 美元是他赢得的）；如果反面朝上，那么他的收益为 0 美元。这个赌博有两个可能结果——正面朝上或反面朝上；每一个结果的概率均为 1/2；并且每个结果有确定的收益（2 美元和 0 美元）。我们**将每个可能结果下产生的收益与实现该结果的概率值相乘，所有这些乘积之和，即为该赌博或投资的期望或期望值**。打 1 美元的赌，赌一枚公平的硬币投掷后出现正面朝上，该赌博的期望值等于（1/2× \$2）＋（1/2× \$0），该值为 1 美元。该例子中，正如我们知道的，"机会"是均等的，即购买的期望值等于购买价格。

但是情况不总是如此。我们寻求购买的期望值大于我们投资成本的投资。我们希望优势处于我们这边。然而，我们经常被一些赌博诱惑，这些赌博的期望值比赌博的价格低，有时低得多。

在抽彩中我们很容易看到赌博的价格与期望值不等。购买一张彩票拥有一个很小的获得高收益的机会。彩票到底值多少，取决于机会是多少以及回报有多大。假定收益是一辆值 20 000 美元的汽车——如果彩票中了的话，而彩票价格为 1 美元。如果卖了 20 000 张彩票，我们买了其中一张，我们买中的概率为 1/20 000。中的机会是非常小的，但如果我们中的话，收益是非常高的。在这个假想情况下，彩票的期望值为（1/20 000× \$20 000）＋（19 999/20 000× \$0），与购买彩票的价格相等，正好为 1 美元。但通常情况下发行彩票是为了某个有意义的目的来筹集资金，只有当彩票卖出的钱大于以奖品付出的钱，才能筹集到资金。因而，要卖出比

20 000 张多得多的彩票，也许 40 000 张、80 000 张，甚至 100 000 张。假定售出的彩票为 40 000 张，1 美元的彩票的期望值为（1/40 000×$20 000)＋(39 999/40 000×$0），即 50 美分。如果卖出 80 000 张彩票，1 美元的彩票的期望值减少到 25 美分，依此类推。能够肯定的是，我们购买的任何彩票的期望值必定小于我们为之付出的钱数。

抽取奖券因可能获得高额奖励而非常受欢迎。州政府或国家对奖券的发行进行管理，原因是每张购买的奖券的期望值只是购买价格的一个很小部分，发行奖券的人将得到巨大的利润。

密歇根州的奖券很典型，该州三分之二以上的公民参与其中。有各种各样的赌注形式。在一个叫作"每天一个三位数"的博彩中，玩家以"单注"的方式，从 000 到 999 之间任意选取一个三位数。当赌注都下完后，该州随机抽出一个数字并发出通告。购买了 1 美元单注奖券并选对数字的玩家将获得 $500 的奖励。正确的三位数以正确的顺序被挑选出来的概率为 1/1 000。因此，进行"每天一个三位数"赌博的 1 美元单注奖券的期望值为 1/1 000×$500＋999/1 000×$0，等于 50 美分。*

奖券与抽彩是两个例子，在价格和赌博者购买的期望值之间存在巨大的不相等。有时差别尽管比较小，但大量的购买者无疑确保了销售者能够赢利。如同在赌场中，每个普通赌博的购买价格都大于购买的期望值。在上一节中，我们使用了概率计算的加法和乘法定理，计算出双骰赌博中掷骰子者赢的机会为 0.493——只比 0.5 少一点点。但人们普遍并错误地认为该赌博为掷骰子者提供了均等机会①。因此，赌场里最吸引人的就是在双骰赌博中以一比一的赔率为掷骰子者下注。但是，在这样的赌博中，每 1 美元购买的期望值等于（0.493×$2）＋（0.507×$0），即为 98.6 美分。存在大约 1 分半的差额，这个优势似乎微不足道。但是在赌场，每天在骰桌上有成千上万的下注，赌场所具有的这样的优势（以及其他赌博中的甚至更大的优势）使得这个事业的利润异常可观。在博彩兄弟会中，那些经常在双骰赌博中为掷骰子者下注的人被荒谬地称为"正确的赌徒"，然而职业赌徒经常会说："所有正确的赌徒死去时都身无分文"。

---

* 尽管下注于"每天一个三位数"是不明智的，但它十分受欢迎，以至于现在一天开奖两次：中午和晚上。人们可能会推断，要么是购买该奖券的那些人没有计算他们下注的期望值，要么就是这样的赌博给了他们满足感，这个满足与他们下注的金钱期望值无关。

① 即赢与输机会各半。——译者注

期望值概念在实际中有很大用处。它可以帮助我们决定如何最明智地省钱或投资。银行为不同种类的账户支付不同的利率。假定我们可选择的银行账户都是有政府保障的，因此不会有失去本金的危险。一整年后，每1 000美元的存款投资的期望值（百分之五的单利）为$1 000（归还的本金）＋（0.05×$1 000），即总数为$1 050。为了得到最后的计算结果，该收益必须乘以我们获得该收益的概率——但是这里我们假定了银行是有保障的，那么我们的收益就是确定的，所以我们仅需乘以1或者100％。如果利率为6％，有保障的收益就为$1 060，依此类推。在这样的储蓄账户中，购买的期望值确实大于本金（即购买价格）。但是，为了得到利息收入，在某段时间里我们必须放弃使用我们的钱。在那段时间里，银行为了使用我们的钱而付给我们利息，因为银行当然计划以更高的收益率将那些钱投资出去。

安全性和收益率是一直处于张力状态中的考虑因素。在储蓄中如果我们准备好牺牲非常小程度的安全性，我们就可以适度提高收益率。例如，我们可以用1 000美元购买公司债券，实际上就是将我们的钱借给发行这种债券的公司，利率也许为8个百分点甚至10个百分点。我们购买的公司债券的产出可能是一个银行储蓄账户的两倍。但我们将承受发行债券的公司不能支付我们到期借款的风险——尽管小，但是是实实在在的。在计算这样的债券的期望值的过程中，假如利息为10个百分点，计算投资人1 000美元得到的收益的方法与计算一个储蓄账户产生的收益的方法完全一样。首先我们计算收益（在能获得的条件下）：（$1 000）[本金]＋（10％×$1 000）[利息]，即总收益为$1 100。但是在这种情况下，我们得到这一收益的概率不是100/100；概率可能是非常高的，但不是1。因此，$1 100的收益必须乘以一个分数，即债券到期支付时公司财政完好的概率。我们想尽办法估算出这个概率。如果我们认为这个概率非常高，如0.99，我们可能会得出这样的结论：以10个百分点购买公司债券具有的期望值（$1 089）大于以5个百分点购买有保障的银行账户的期望值（$1 050），因而是一个更为明智的投资。这里是一个详细的比较：

有保障的银行账户，5个百分点的利息，存1年：
收益＝[本金＋利息]＝（$1 000＋$50）＝$1 050
获得收益的概率（假定）＝1

投资这个银行账户的期望值：

($1 050×1＝$1 050)＋($0×0＝$0)，即总数为$1 050

10个百分点的利息的公司债券，到年末：

收益(如果我们获得的话)＝[本金＋利息]

＝($1 000＋$100)＝$1 100

收益的概率(据估算)＝0.99

投资该公司债券的期望值：

($1 100×0.99＝$1 089)＋($0×0.01＝$0)，即总数为$1 089

然而，如果我们推断出，我们将钱借给公司不是绝对可靠的，我们估计的最终收益的概率将下降，比如0.95，而期望值也将下降：

10个百分点的利息的公司债券，一年后：

收益(如果我们获得的话)＝[本金＋利息]

＝($1 000＋$100)＝$1 100

收益的概率(新的估算)＝0.95

投资该公司债券的期望值：

($1 100×0.95＝$1 045)＋($0×0.05＝$0)，即总数为$1 045

如果这个最新的估算反映了我们对出售债券的公司的评价，那么我们将断定：银行账户尽管利率比较低，但具有高得多的安全性，投资银行账户是比较明智的。

当然，债券利率及银行账户利率都会因当时的通货膨胀率和其他因素而波动，但是商业债券支付的利息总是比有保障的银行账户支付的利息高，原因在于债券的风险比较大，即其预期收益的概率比较低。已知的风险越大，利率就要越高，这样才能吸引投资者。在金融市场与在任何地方一样，期望值必须既考虑概率（风险），又要考虑结果（收益）。

当一个公司的可靠性被考虑进我们对该公司的投资期望值的计算时，我们必定做出了某种概率假定。我们或明或暗地做出一个估计，我们当时认为该分数最能代表可预见的可能结果的可能性。我们必须将这些分数与我们在这些结果事件中的预期收益相乘，再将这些乘积求和。所有这样的预测必然都是推测性的，因而所有计算结果当然都是不确定的。

当我们能够确定一给定收益——如果我们能够实现的话——的大致值时，这里描述的计算方法能够使我们确定那些结果在现有证据下需要具有多大的概率，才能证明我们现在的投资是值得的。金融事务中的许多决策以及日常生活中的许多选择，如果是理性的话，都建立在这样的概率估算和作为结果的期望值之上。只要我们对未来下赌注，概率计算就能够应用。

没有一个赌博系统能够逃避概率计算的严酷性。人们有时会争辩说，比如在一个输赢可能性大致相等、赔率为1赔1的赌博（如投掷硬币，在轮盘赌中押黑色而不是红色）中，人们通过持续进行同样的赌博（总压正面，或总压同样的颜色）、每次输了之后使赌注加倍的方法，就能够肯定获胜。因此，如果我赌＄1正面向上，但结果为反面向上，那么下一次我应当赌＄2，同样赌正面向上。如果还是反面向上，我第三次同样赌正面向上，赌注应当为＄4，依此类推。有人认为，人们根据这个程序是不会输的，因为（反面，或我不赌的那一种颜色）持续出现是高度不可能的。* 无论如何，最长的序列也必定在某个时候终止，而当它终止的时候，有规律地加倍下注的人将总是赢家。

好主意！如果所有人都能够采取这个明显能获胜的方法去赌博，人们何必要辛苦谋生？我们不考虑大多数赌场都限定了他们能够接受的最高赌注这样的事实——该限定使加倍方法无法使用。在加倍方法中包含的真正错误是什么？比如说，一个总是出现反面的长序列几乎肯定迟早会结束，但它可能会结束得迟而不会早。因此一个不利的序列可能持续很长，长到耗尽赌徒有限的赌资。无论不利的序列持续多长，也无论该序列使他损失有多大，为了保证每次都能够持续加倍下注，赌徒一开始就必须具有无限多的钱。但很自然的是，在增加他的财富这个意义上而言，拥有无限多的钱的人是不可能赢的。

最后，在赌博或者投资中，还有一种危险的谬误，理解概率演算能够帮助我们避免这种谬误。加倍技术注定失败强调了如下事实：下一次投掷一枚公平的硬币出现正面（或反面）的概率不会受前面投掷结果的影响，每一次投掷都是独立事件。因此，在投掷一枚硬币时，由于正面朝上已经

---

* 事实上，持续出现一个结果（正面或反面，等等）的情况包含在一个长的正面和反面（或者转轮中黑色和红色，等等）的随机序列之中，其频率比我们普遍认为的要高得多。连续出现12次正面朝上的情况不是十分稀奇。如果赌博者从＄1开始下注在反面，出现正面的话就持续加倍下注在反面，在第12局它要求赌博者下注＄2 048。当然，在第12局之后，第13局为反面朝上的机会还是1/2！

在一个序列中出现了 10 次,就推断出下一次将会出现反面,或者由于特定的数字在获奖的彩票号码中频繁出现,就认为那些数字是热点,这些都是愚蠢的错误。某人假定,由于先前的独立事件发生的频率,使得某些未来事件变得更可能发生,或更不可能发生。他据此进行下注或投资。这样他就会犯大错,该错如此常见,以致被冠上"赌徒谬误"这一嘲讽性名字。

另外,如果某个机械装置在一个长期重复的模式中,产生某种结果比其他结果更为频繁,有人可能会推断说这个装置不是像人们所期望的、为了产生等可能结果而设计出来(或者运行)的。骰子可能被灌了铅。或者轮盘赌的轮盘(如果球非常频繁地停在轮盘的同一个区域)没有平衡好。当我们确信分数的分母,也就是所有结果的集合,是真正等可能事件的集合时,就可以合理地运用概率的验前理论("对结果的成功超越")。然而,累积起来的证据可能最终导致有人推断说那个集合的元素不是等可能的。推想到某些结果的似然度是一个分数(表征较小结果集出现的频率的极限),此时,我们建议回到概率的频率理论。到底应该运用验前理论还是相对频率理论,这必定取决于我们收集到的证据和我们对可应用于那个语境的概率演算的理解。

练习题

*1. 在 1992 年弗吉尼亚抽奖中,从 44 个数字中随机抽出 6 个数字。赢者只需要以任何顺序选对全部 6 个数字;每张彩票(包括一个这样的数字组合)需花费 1 美元。6 个数字的所有可能组合有 7 059 052 个。该年二月的一周,弗吉尼亚抽彩头奖已经累积上升到 2 700 万美元。(a) 在该周里弗吉尼亚抽奖中每张彩票的期望值为多少?

这些不同寻常的情况使一个澳大利亚赌博财团打算买下那周弗吉尼亚所有的彩票。他们资金不够,但他们成功获得了可用的 6 个数字组合中的 500 万个。(b) 他们花 500 万美元购买的期望值为多少?(是的,澳大利亚人赢了!)

2. 在赌场的大多数双骰赌博之中,赌场提供给掷出"难得的"4(即一对 2 出现)的赔率为 6 比 1,3 和 1 的组合出现是"易得的"4。如果一对 2 在点数 7 被掷出来之前或者在"易得的"点数 4 被掷出来之前出现,将赌注下在点数"难得的"4上就赢了；否则就输了。用1美元下注在"难得的"4上的购买期望值为多少？

3. "难得的"点数8（即两个4点）的赔率为8比1，用1美元下注在"难得的"8上的购买期望值为多少？

4. 某人有$15，他押正面朝上，从$1开始赌，使用加倍技术，并且他决定只玩4次就退出。他的期望值为多少？

*5. 炭疽病对牛或其他动物几乎是一种致命的疾病。19世纪法国兽医卢夫里耶发明了一个治疗炭疽病的方法，后来发现该方法毫无根据。他所谓的"治疗"是在四头牛中随机挑选出来的两头牛身上进行的，这四头牛已经感染了大量的炭疽细菌。他所治疗的两头牛中，一头死亡，一头康复；没有接受他治疗的两头牛中，一头死亡，一头康复。康复的原因还不得而知。假如卢夫里耶是对偶然活下来的两头牛进行"治疗"测试，他的治疗看上去得到了令人印象深刻的确证，但这是虚假的确证。卢夫里耶为他的测试挑选的正好是那两头偶然活下来的牛的概率为多少？

6. 根据过去的表现，明星马赢得贝尔维障碍赛的概率为0.46，而某匹黑马赢得比赛的概率只有0.1。如果明星马的赔率为1比1，而为黑马提供的赔率为8比1，为哪匹马下注更好？

7. 如果将$100投资到某一特定公司的首选股票上，将产生$110的收益，收益概率为0.85；如果将同样数量的钱投资到普通股票上，将产生$140的收益，但是获得收益的概率只有0.67。哪一个是更好的投资？

8. 根据概率的频率理论计算，被闪电击中死亡的概率大约是300万分之一。这大约比在2007年3月赢得美国超级百万乐透的头奖（$3.9亿）的概率高58倍。在这种抽彩中，买到一张中奖彩票的机会是1/175 711 536。实际上，一个加拿大的卡车司机买到了两张中奖彩票中的一张。如果他已经知道了头奖的金额，并且也知道头奖将会被两个赢家所分享，那么，在他买彩票的时候，他花1美元买来彩票的期望值是多少？

9. 下面的通告是真实的，为本书作者之一的儿子在其就读的学校里派发给所有家长的：

> **爱默生中学彩票——展翅高飞!**
>
> 我们都是赢家!
> 　　4个幸运的人将带走大量现金!
> 　　一等奖　1 000美元
> 　　二等奖　400美元
> 　　三等奖　250美元
> 　　四等奖　100美元
> 机会多多——只印制了4 000张彩票!
> 筹集到的钱将使我们能够购买很棒的新体育设备,每个人都将从中受益!

在这个抽彩中,假定所有彩票都售出,每张花费1美元的彩票其期望值为多少?

*10. 在前一节中我们已经证明,在双骰赌博中掷骰子者赢的概率为0.493,比0.5略少。在赌场里,赌掷骰子者赢被称为下注于"通过"线。情况似乎是,只要我们一以贯之地与掷骰子者相对立,即下注于"不通过"线,我们就可以都变得富有。但是,当然没有这样的线;下注时人们不能简单地与掷骰子者相对立,因为赌场不会进行如此没有利润的赌博。然而,通常人们可以下注于被称为"不通过—禁止3"的线上,这个赌当掷骰子者输的时候,赌徒便赢了,除非掷骰子者输是因为掷到一个3,此时赌徒同样也输了。下注100美元于"不通过—禁止3"线的期望值为多少?

第14章概要

在所有归纳论证中,前提只是以某个概率度支持结论,在科学假说中我们通常简单地把这个度描述成"更"可能或"不太"可能。在本章中,我们说明了如何将概率的一个定量测度(规定为0到1之间的分数)分派给许多归纳结论。

14.1节给出两种可选择的概率概念,它们都允许这种定量分配。

- **相对频率理论**:根据这个理论,概率被定义成一个类的成员呈现某特定属性的相对频率。

- **验前理论**:根据这个理论,一个事件发生的概率,由事件能够发生的方式的数量除以等可能结果的数量来确定。

这两个理论均与 14.2 节介绍的概率演算相协调。如果复合事件的组分事件的概率能够确定，复合事件的概率就能够被计算出来。在概率演算中使用两个基本定理：乘法定理和加法定理。

如果相关的复合事件是一个共同发生的事件，两个或更多的组分事件均发生的概率可用乘法定理得到。乘法定理断定，如果组分事件是独立的，它们共同发生的概率等于它们各自的概率之积。但如果组分事件是不独立的，可以运用一般性乘法定理：a 且 b 的概率等于 a 的概率乘以在 a 发生的条件下 b 的概率。

如果相关的复合事件是替代性发生的（两个或更多事件中至少一个发生的概率），可应用加法定理。加法定理断定，如果组分事件是相互排斥的，替代性发生的概率是它们的概率之和。但如果组分事件不是相互排斥的，它们替代性发生的概率的计算或者是：

● 通过将满足条件的情况分解成相互排斥的事件，然后将它们成功的概率相加；或者是

● 确定替代性发生的事件不会发生的概率，然后用 1 减去这个分数。

14.3 节说明了如何将概率演算运用于日常生活，这允许我们计算可选择性投资或者赌博的相对优势。我们必须既考虑一项投资的每种可能结果的概率，也要考虑每个事件获得的收益。对于每个结果，其预期收益与代表那个结果发生的概率的分数相乘，然后将那些乘积相加便计算得那项投资的期望值。

第 14 章关键术语

概率的数值系数：描述一个事件发生的可能性或概然性的数值。它的可能取值范围是 0（不可能性）到 1（确定性）。

概率的验前理论：在这一理论中，指派给一个简单事件的概率是 0 到 1 之间的一个分数，其中分母是等可能的结果数，分子是待考察事件发生的结果数。譬如，按照这一验前理论，从一副纸牌中随意抽取一张，抽到黑桃的概率是 13/52。

概率的相对频率理论：在这一概率观中，一个简单事件的概率被定义为一个分数，其分母为一类成员的总数，分子为体现某个特定属性的那类成员数，后者等于所考察的事件数。

概率演算：数学的一个分支，用于从组分事件的概率计算出复合事件的概率。

乘法定理：概率演算中的一个定理，即多个独立事件共同发生的概率等于它们单独发生的概率之积。

独立事件：在概率论中，指互不关联的事件，即一个事件的发生或不发生对另外事件的发生或不发生不产生任何影响。

加法定理：概率演算中的一个定理，用于确定由一个或多个简单事件的发生所组成的复合事件的概率，这些简单事件的概率是已知的。该定理仅适用于相互排斥的事件。

相互排斥的事件：具有如下特征的事件：如果一个事件发生，另一个（或另一些）事件不会同时发生。譬如，如果投掷一枚硬币，"正面朝上"的结果和"反面朝上"的结果是相互排斥的事件。

期望值：在概率论中指赌博或投资的值；将从赌博中得到的相互排斥的每一可能收益，分别与实现该收益的概率相乘，所有这些乘积之和即为该赌博的期望值。

现实生活中的逻辑

摔角

职业摔角（"自由式摔角"）是一种在墨西哥和许多其他国家流行的职业摔跤形式。斗士们（摔角手们）戴着色彩鲜艳的面具，取有趣的艺名，如米尔·玛斯卡瑞斯取名"千面人"。

在一次史无前例的行动中，两个竞争对手，好战的教授（B）和愤怒的哲学家（G）决定用归纳论证而不是身体压、用头撞和空中飞技来解决他们的争端。

第1回合：类比的论证性使用与非论证性使用

你的母亲就像一座冰山，这有五个理由：体积很大，很冷，在1912年弄沉了泰坦尼克号，能带北极熊到处跑，并且全球变暖正在融化她！

这是类比的非论证性使用！

愚蠢！那你试试！

好的，先生！四个月前，恰帕斯的霍伊尔一家全部被预先监禁，因为他们一直在绘制可疑地图，从当地火柴厂囤积物资。两周后，警方搜查了霍伊尔一家的 iPads，发现了一个大爆炸的计划！既然每个和你有关系的人都在绘制可疑的地图，并且从当地火柴厂囤积物资，你全家都应该被关进监狱！

这仅仅是人身攻击，而不是类比论证！好战的教授！

你是裁判员：请运用论证性类比和非论证性类比的知识确定究竟谁对并赢得这一回合。

第 2 回合：通过逻辑类推进行反驳

我离婚是一场闹剧！法官判我将一半财产给前妻。法官说，因为我的前妻在健身房当我的观察员，对我所有比赛录像并分析，还在过去的 15 年里给我做高蛋白食物，我的成功一半应归功于她。但是，我和前妻也为我们的儿子阿诺夫各付出了 50%，法官却不提议我们把他分成两半！

你用逻辑类推的反驳与你试图反驳的论证的形式不同！

哦，是的，先生！你的资产和你儿子阿诺夫之间有非常重要的区别。资产可以从中间分割，而孩子不能。阿诺夫有他自己的权益，必须予以考虑，而你的资产没有。

我不服你！

你是裁判员：好战的教授对愤怒的哲学家提出了两个批评，他的反驳与他试图反驳的论证的形式不同，而且由于被比较的二者之间存在差异，类比力度很弱。利用你关于运用逻辑类推来反驳的知识决定谁赢了这一回合！

第 3 回合：将归纳与所使用的方法匹配

如果一个男人点燃了一根火柴，给他妈妈打电话，收养了一条收容所的流浪狗，然后收到了护理包裹的邮包；他抓了抓胳膊肘，给他妈妈打电话，购买了违禁烟火，然后收到了邮寄的护理包。我们得出结论：男人打电话给他妈妈是获得护理包的原因。我们刚才用了约翰·斯图亚特·密尔五种归纳推理技术中的哪一种？

呃……这是求异法！好了，轮到我了！

如果一个摔角手吃多了西红柿，开始锻炼他的小脚趾屈肌，开始吠陀冥想，随后发现他的战斗能力和他的消化健康有所改善。然后他增加了吠陀冥想，他的消化健康改善到了如此好的程度，以至于他的下半身感觉像一个新的、坚固的镀金人。我们推断冥想导致了消化健康的改善。我们刚才用了约翰·斯图亚特·密尔五种归纳推理技术中的哪一种？

共变法！

哦，真的吗？那么这是何种变化呢？正向的还是反向的？

呃，正向！

好了，轮到我了！如果我们知道氨纶纤维会让你起皮疹，于是让你穿上氨纶纤维紧身衣，并且，我猛击你。然后，你不仅起了皮疹，而且你愚蠢的胸部还留下严重瘀伤。由于我知道紧身衣会给你造成皮疹，我得出结论，我的猛击造成了瘀伤。我们刚才用了约翰·斯图亚特·密尔五种归纳推理技术中的哪一种？

这绝不会发生！这是剩余法！

你是裁判员：每个摔角手都回答了两个问题。统计一下正确答案和错误答案（回顾密尔的技术请参阅教科书 12.4 节），决定谁赢了这一回合！

第 4 回合：科学方法小测验

正确或错误：科学研究的第一步是形成说明性假说。

正确！

错误！第一步是确定问题！

正确或错误：与先前已确立的假说一致是评估科学说明的正当方式。

正确！

荒谬。假说的意义在于帮助我们发现**新**事物。

正确或错误：当两个竞争性假说与已确立理论同等相符，并且具有大致相同的预测力时，我们会倾向于二者中较复杂的那个。

正确！是我们想要的！

错误！我们想要的是二者中更简单的。符合事实的最简单理论可能涉及最少数量的不合理假定。

你是裁判员：利用你对科学方法的了解（第 13 章），确定谁是正确的并赢了这一回合！

第 5 回合：概率演算

如果你有 1/10 的机会赢下一场与一个超过 5 英尺高的摔角手的比赛，

那么你在与 5 个不同的超过 5 英尺高的摔角手的比赛中获胜的概率是多少?

撒谎!如果我只有 1/10 的机会获胜,那么答案是 5/10,或者 1/2!但是这是完全错误的。

这里有一个问题:如果你有 1/5 的概率吃一个炸玉米卷时衣服上不会沾辣番茄酱,那么你吃三个炸玉米卷时衣服上不会沾辣番茄酱的概率是多少?

我要捍卫我的荣誉!答案是 1/125。

问题:如果你有一袋鸡蛋,其中 8 个是坏的,2 个是好的(因为你的鸡都生病了),你从袋子里拿出一个鸡蛋,接着又拿出一个,那么你得到 2 个好鸡蛋的可怜机会是多大?

你怎么敢中伤我的鸡!答案是 1/25。

另一个问题:如果你通过视力测试的概率是 0.65,准时出现在比赛中的概率是 50%,你的皮疹消退的概率是 3/8,如果所有这些都是你赢得比赛的必要条件,但不是充分条件,即使如此,你仍仅有 1/4 的胜算,那么你赢得比赛的概率有多大?你可以用计算器,傻瓜!

我不知道!我要碾碎你!

我已经用**我的智力**击垮了你!

你是裁判员:每个摔角手都回答了(或未能回答)两个问题。计算每个问题的答案,并将分数奖给总体上表现较好的对手。

谁赢得了本次 5 回合战斗?

解答:

由于教科书的第三部分是归纳论证,而不是演绎论证,因此这里存在一些意见分歧是合理的。

第 1 回合

好战的教授给出了愤怒的哲学家的母亲像冰山的五个理由。当他努力构建类比时,他忽略了使用类比来论证,即除了类比本身外没有结论。一个充分展开的类比论证会提一些关于冰山的其他东西,这些东西随后可应用于愤怒的哲学家的母亲。

好战的教授试图将愤怒的哲学家的论证仅仅视作人身攻击,但该论证实际上是一个展开得很好的类比论证：它列出了好战的教授的家族与霍伊尔家族的相似之处，然后论证霍伊尔家族被对待的方式就是好战的教授的家族应该被对待的方式。不论前提是否正确，实际上愤怒的哲学家已经使用了类比论证。

愤怒的哲学家得分！

第2回合

好战的教授声称愤怒的哲学家通过逻辑类推的反驳与他试图反驳的论证不具有相同的形式。这不是真的。他试图反驳的论证如下：因为愤怒的哲学家和他的前妻各自为他的事业做出了贡献，所以收益应该平分。愤怒的哲学家提出了具有相同形式的论证：他和他的妻子都对阿诺夫做出了贡献，但认为阿诺夫应该被分割是荒谬的。

然而，愤怒的哲学家的第二个主张肯定是有道理的。因为阿诺夫在许多重要的方面都不同于愤怒的哲学家的资产。

愤怒的哲学家提出的论证是有缺陷的。好战的教授对此提出了两个批评，其中只有一个是正确的。

裁判可以合理地将分判给好战的教授，或者宣布平局。

第3回合

如果一个人做了A、B、C，随后收到了邮寄的护理包；接着做了X、B、Y，然后再次收到了一个邮寄的护理包；我们得出结论，B是收到护理包的原因，我们没有使用求异法，而是使用求同法。好战的教授领先。

如果一个摔角手做了A、B、C，随后发现他的战斗能力和他的消化健康得到了改善，然后他增加C，他的消化健康有了更大的改善，我们推断C导致了消化健康的提高，我们确实使用了共变法。好战的教授也认为这是正向变化的实例——当一件事增加时，另一件事也是如此。

如果A和C导致X和Y，我们知道A导致X，所以我们"减去"A和X，得出结论，C引起Y，我们确实用了剩余法。愤怒的哲学家得一分。

好战的教授在该回合中碾压愤怒的哲学家。

第 4 回合

1. 愤怒的哲学家是正确的——第一步是确定问题。

2. 好战的教授是正确的——科学方法的要义是对新信息和观念持开放态度,这是对的,但科学的目标在于构建一个可以协同工作的假说系统也是对的。

3. 愤怒的哲学家是正确的——首选更简单的理论。也可以援引奥卡姆剃刀这一原则(谷歌搜索一下)!

愤怒的哲学家得分!

第 5 回合

愤怒的哲学家问,如果赢一场比赛的概率是 1/10,那么赢五场比赛的概率是多少?好战的教授回答是 5/10,或者说是 1/2。然而,这个答案是不合理的。怎么可能赢得五场所有比赛的概率大于赢得其中一场的概率呢?好战的教授犯了一个常见的错误,即用了加法而不是乘法。正确的答案是 1/100 000。

好战的教授问:"如果你吃了一个炸玉米卷而没有沾辣番茄酱的概率是 1/5,那么你吃了三个炸玉米卷而衣服没有沾辣番茄酱的概率是多少?"愤怒的哲学家正确地将三个独立事件的概率相乘:$1/5 \times 1/5 \times 1/5 = 1/125$。愤怒的哲学家绝对领先。

愤怒的哲学家给出了一个有 8 个坏鸡蛋和 2 个好鸡蛋的情形,问选择 2 个好鸡蛋的概率。好战的教授似乎正确地确定了在第一次选择 1 个好鸡蛋的概率是 2/10,或者 1/5,但是他随后错误地假设在第二次选 1 个好鸡蛋的概率与之相同。进而他错误地用 $1/5 \times 1/5$,得到 1/25。然而,在第一个好鸡蛋被选中后,再挑选一个好鸡蛋的概率不再是 2/10,因为只剩下 9 个鸡蛋,其中只有 1 个是好的。第二次得到好鸡蛋的概率是 1/9。正确答案是 $1/5 \times 1/9 = 1/45$。愤怒的哲学家仍然领先。

最后,好战的教授设计了一个指派了多个概率的复杂场景。为了获胜,愤怒的哲学家必须通过视力检查($P = 0.65$),准时出现(0.5),清除皮疹(3/8 或 0.375),然后实实在在地击败对手(0.25)。虽然这听起来很复杂,但所有需要做的只是将 $0.65 \times 0.5 \times 0.375 \times 0.25$ 输入计算器。答案是 0.030 468 75,或者大约 3%。愤怒的哲学家忽视了这道题,好战的教授得分。

然而，只有愤怒的哲学家在第 5 回合正确回答了问题的人，因此他获胜。

在 5 个回合中，愤怒的哲学家是 3 个回合的胜者，因此获得总胜利！他会获得一条极重的腰带作为奖励。好战的教授已就 17 世纪法国诗为题向他发起挑战，要与他再较量一次。

附　录

附录 A　STTT 的效率：选择 STTT 步骤的最高效序列
附录 B　多行简化真值表的步骤 1 计算
附录 C　非强制真值指派，无效论证，以及准则 III–V
附录 D　美国研究生入学水平测试

以下三个附录（A—C）是 9.9 节简化真值表方法的补充，特别是为 9.9（D）节结论有多种方式为假的情形提供更多说明。

在有些情形中，当使用 P-序列时，STTT 是最高效的（附录 A）。在另一些情形中，因为有多种方式使得结论为假，且前提为真也有多种方式，这时对于多行真值表来说就需要计算真值组合的数目，以决定是使用 C-序列还是 P-序列（附录 B）。且在一些情形中，当一个论证无效的时候，我们就必须系统地使用准则 III、IV 和 V 以构造一个真值组合——在这种组合中，前提皆真且结论为假（附录 C）。

附录 A：STTT 的效率——选择 STTT 步骤的最高效序列。它表明，相较于总是使用 C-序列并首先使得结论为假，步骤 1 和 P-序列是如何使得 STTT 更为高效的。要证明一个论证的有效性，如果使用 C-序列将会有九行，而使用 P-序列只需要一行。类似地，简化真值表在证明一个论证的无效性时也是如此。

附录 B：多行简化真值表的步骤 1 计算。它表明，如何计算出一个陈述为真方式或为假方式的数量，在构造一个多行简化真值表时，这本质地决定了使用 C-序列还是 P-序列。

附录 C：非强制真值指派，无效论证，以及准则 III - V。它展示出，针对三种论证，如何通过系统地使用准则 III、IV 和 V 构造出一个所有前提皆真而结论为假的简化真值表，来证明一个论证是无效的。

附录 A　STTT 的效率：选择 STTT 步骤的最高效序列

为了鉴别恰当利用 STTT 的 C-序列或 P-序列的效率，请考虑如下论证。

(P₁) A⊃G
(P₂) B∨A
(P₃) ~B
(P₄) H
∴ (G・H)∨(I・J)

步骤 1：确定是否有前提为真的方式比结论为假的方式更少

该论证的结论是析取式（G・H）∨（I・J）。

尽管仅当两个析取支都为假时该析取式为假，但由于每个析取支本身是合取式，每个析取支能够以三种方式为假（例如，左边的析取支，G・H，以三种方式为假：T・F，F・T，F・F），由此可得该析取式有九种为假的方式。利用准则 V，我们得到如下九行简化真值表，通过保持 G・H 的赋值恒定（即 T・F）并枚举 I・J 为假的三种方式的每一种（即 T・F，F・T，F・F），再对 G・H 为假的另外两种方式（即 F・T，F・F）做相同的事情。

A	B	G	H	I	J	A⊃G,	B∨A,	~B,	H	∴ (G	・	H)	∨	(I	・	J)
	T	F	T	T	F					T	F	F	**F**	T	F	F
	T	F	T	F	T					T	F	F	**F**	F	F	T
	T	F	T	F	F					T	F	F	**F**	F	F	F
	F	T	T	T	F					F	F	T	**F**	T	F	F
	F	T	T	F	T					F	F	T	**F**	F	F	T
	F	T	T	F	F					F	F	T	**F**	F	F	F
	F	F	T	T	F					F	F	F	**F**	T	F	F
	F	F	T	F	T					F	F	F	**F**	F	F	T
	F	F	T	F	F					F	F	F	**F**	F	F	F

如果上述论证是有效的，我们将不得不使用步骤 2c、3c 和 4（即 C-

序列）去表明，对于这四个简单陈述的九种真值组合的**每一种**，前提不能都是真的。**完备真值表方法**（CTTM）对我们没有好处，因为该论证的完备真值表需要 64 行。

幸运的是，在步骤 1 我们经常提问：相较于结论为假的方式，是否有前提以更少的方式为真？我们立即看到，前提 3 为真仅当 B 为假，前提 4 为真仅当 H 为真。基于此，我们执行步骤 2_P、3_P 和 4（即 P-序列），并构建一个一行简化真值表。

步骤 2_P：使得所有前提为真

首先，利用准则 II，对于那些本身是简单陈述或是简单陈述的否定的前提，我们开始进行强制真值指派。由于有两处这样的强制真值指派，分别在前提 3 和前提 4 中，我们利用准则 IV，先通过令 B 为假使得这两个前提中最左边的那个（即前提 3）为真。

A	B	G	H	I	J	A ⊃ G,	B ∨ A,	∼ B,	H ∴	(G · H) ∨ (I · J)
	F							**T**	F	

接着，可通过令 H 为真使得前提 4 为真。

A	B	G	H	I	J	A ⊃ G,	B ∨ A,	∼ B,	H ∴	(G · H) ∨ (I · J)
	F		T					**T**	F **T**	

将这些真值赋予 B 和 H，无论它们在何处出现，我们便得到：

A	B	G	H	I	J	A ⊃ G,	B ∨ A,	∼ B,	H ∴	(G · H) ∨ (I · J)
	F		T				F	**T** F **T**		T

由于 B 为假，A 在前提 2 中必定为真。

A	B	G	H	I	J	A ⊃ G,	B ∨ A,	∼ B,	H ∴	(G · H) ∨ (I · J)
T	F		T				F **T**	**T** F **T**		T

由于 A 在前提 2 中为真，A 在前提 1 中也必定为真。

A	B	G	H	I	J	A ⊃ G,	B ∨ A,	∼ B,	H ∴	(G · H) ∨ (I · J)
T	F		T			T	F **T**	**T** F **T**		T

既然 A 为真，前提 1 仅在 G 为真时才能为真；因此我们令 G 在前提

1 中为真。

A	B	G	H	I	J	A⊃G,	B∨A,	~B,	H	∴	(G·H)∨(I·J)
T	F	T	T			T	**T**	T	**T**	T	**T**	F	**T**	T

既然 G 为真，我们必须使得 G 在结论中为真。

A	B	G	H	I	J	A⊃G,	B∨A,	~B,	H	∴	(G·H)∨(I·J)
T	F	T	T			T	**T**	T	**T**	T	**T**	F	**T**	T	T

由于 G 和 H 都为真，合取式 G·H 在结论中为真。

A	B	G	H	I	J	A⊃G,	B∨A,	~B,	H	∴	(G·H)∨(I·J)
T	F	T	T			T	**T**	T	**T**	T	**T**	F	**T**	T	T	T

步骤 3$_P$：使得结论为假

既然 G·H 在结论中为真，析取式结论中左边的析取支为真，这使得结论为真。这显然意味着，我们不可能使得结论为假。

A	B	G	H	I	J	A⊃G,	B∨A,	~B,	H	∴	(G·H)∨(I·J)
T	F	T	T			T	**T**	T	**T**	T	**T**	F	**T**	T	T	T	**T**

步骤 4：验证有效性

这证明了该论证是有效的，因为使得前提 3 和前提 4 为真的仅有的真值，为了使得前提 1、前提 2 为真而强制了 A 和 G 的真值，这使得结论为真。由于该论证不能使得所有前提为真而结论为假，它是有效的。

另外，如果我们以符合步骤 2$_C$、3$_C$ 和 4 的方式进行，将需要执行一个九行简化真值表来证明该论证是有效的。该例子所表明的是，执行步骤 2$_P$、3$_P$ 和 4 远比执行步骤 2$_C$、3$_C$ 和 4 **更高效**。

读者可能已经注意到，对于这个特殊论证，可以通过 D.S.、M.P.、Conj. 和 Add.，仅在四步推导中执行一个证明。

但请比较前述论证与下面这个某种程度上相似的论证。

(P$_1$) A⊃G

(P$_2$) B∨A

(P$_3$) B

(P₄) H
∴ (G・H) ∨ (I・J)

该论证与先前论证的唯一不同之处在于，前提 3 在这里是 B 而在先前的论证中是~B。但是，如果想寻找一个该论证的证明，将是徒劳无功的。并且，如果利用步骤 2_C，这可能需要完成九行简化真值表。但是，正如在先前的论证中一样，可以利用步骤 2_P、3_P 和 4，仅在三行中证明该论证是**无效的**。

A	B	G	H	I	J	A ⊃ G,	B ∨ A,	B,	H	∴ (G・H) ∨ (I・J)
T	T	T	T	T	T	T **T** T T T F **T T**	T T T **T**
F	T	T	T	T	T	F **T** T T T **T** F **T T**	T T T **T**
F	T	F	T	F	T	F **T** F T T **T** F **T T**	F F T **F** F F T

在 9.9 节的练习题中，该论证被作为练习题 10 给出，在本书末尾，对该论证实施 STTT 的步骤将作为练习题 10 的答案给出。

附录 B 多行简化真值表的步骤 1 计算

那些结论以多种方式为假的论证，其前提往往以多种方式皆真。在这种情况下，要确定使用 C-序列还是 P-序列，我们首先必须确定，在步骤 1 中，是否有前提为真的方式比结论为假的方式更少。

多行简化真值表的步骤 1
为了能够计算出陈述为假（即结论）或为真（即前提）有几种真值组合，并执行适当的步骤序列进而构造多行简化真值表，我们必须：

（i）确定每个复合陈述（即每个复合前提和一个复合结论）的主逻辑算子和它的陈述类型。
（ii）使得主逻辑算子为假（或为真）。
（iii）构建每种结论为假（或前提为真）的真值组合，并通过给其每个组成的陈述赋值，从那些范围最大的（整个陈述）到那些范围最小的（简单陈述），来给每个这样的组合制造一个分离的行。

（iv）是否有前提为真的方式比结论为假的方式更少。

步骤 1（i）：确定主逻辑算子

复合陈述的主逻辑算子是具有最大范围的逻辑算子，即逻辑算子的范围是讨论中的整个陈述。考虑如下四个复合陈述。

~G∨H
[(A∨B)·(C≡D)]⊃E
~[(A∨B)·(C≡D)]∨E
~{[(A∨B)·(C≡D)]⊃E}

由这些例子可以看出，一个复合陈述要么包含括号（圆括号，复杂情形也可能有方括号或大括号），要么不包含括号。当一个复合陈述包含一个逻辑联结词且不包含括号时，如在第一个陈述中，~G∨H，逻辑**联结词（即楔劈符∨）是主逻辑算子**。[1]**当一个复合陈述的确包含括号时，要么（a）在所有括号之外存在一个逻辑联结词，要么（b）在所有括号之外不存在一个逻辑联结词**。如果（a）在所有括号之外存在一个逻辑联结词，那么逻辑联结词是主逻辑算子。如果（b）在所有括号之外不存在一个逻辑联结词，那么在所有括号之外必存在一个波浪符，这时否定算子就是主逻辑算子。

由于以上第二个复合陈述，即[(A∨B)·(C≡D)]⊃E，有一个逻辑联结词在它所有圆括号和方括号之外，即马蹄符（⊃），马蹄符就是它的主逻辑算子，并且该陈述是一个条件句。

以上第三个复合陈述，即~[(A∨B)·(C≡D)]∨E，也有一个逻辑联结词在它所有圆括号和方括号之外，即楔劈符（∨），因此楔劈符是它的主逻辑算子，并且该陈述是一个析取式。尽管否定算子在所有圆括号和方括号之外，但否定算子不是逻辑联结词；波浪符仅作用于它右侧最贴近的那个陈述，即合取式(A∨B)·(C≡D)，而不作用于整个复合陈述（即析取式）。这就是为什么在所有这样的情形中，作用于整个复合陈述的逻辑联结词是陈述的主逻辑算子。

以上第四个复合陈述，即~{[(A∨B)·(C≡D)]⊃E}，在它所有括号之外**没有**逻辑联结词。因此，如它所示，它必定在它所有括号之外有一个否定算子；该否定算子是这个复合陈述的主逻辑算子。

步骤1（ii）：给主逻辑算子赋值

考虑以上第二个复合陈述[(A∨B)·(C≡D)]⊃E。我们在前文确定了，由于马蹄符在它所有圆括号和方括号之外，马蹄符是该陈述的主逻辑算子，且该陈述是一个条件句。如果该条件句是一个论证的结论，我们将通过在马蹄符下放置一个 **F** 从而开始 STTT。

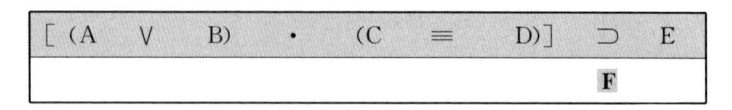

[	(A	∨	B)	·	(C	≡	D)]	⊃	E
								F	

步骤1（iii）：构建每种结论为假（或前提为真）的真值组合

为了给简单陈述构建真值组合，使得该条件陈述为假，我们需要知道条件句的真值表定义（或经验法则）。回顾一下，一个条件句为假，仅当它的前件为真而后件为假。因此，为了使得该条件句为假，我们必须首先使得它的后件即简单陈述 E 为假。

[	(A	∨	B)	·	(C	≡	D)]	⊃	E
								F	F

现在我们必须使得该条件句的前件为真。该条件句的前件是什么呢？整个条件句的前件是什么**类别**的复合陈述呢？为了回答这个问题，必须识别出马蹄符左边括号中复合陈述的**主逻辑算子**。与先前一样，当查明一个复杂的复合陈述的主逻辑算子，我们必须在此查明中括号内小括号外的**主逻辑联结词**。在该陈述中，在中括号内且在所有小括号外的逻辑联结词是合取圆点。因此，该条件句的前件是一个合取式，圆点符是它的主算子；因而我们在圆点符下面放置一个 T。

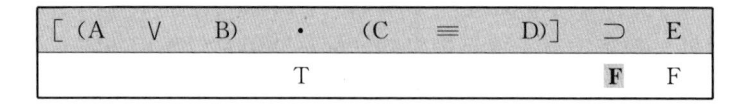

[	(A	∨	B)	·	(C	≡	D)]	⊃	E
				T				**F**	F

通常，我们由外向内进行——从范围最大的逻辑算子到范围最小的逻辑算子，再到**简单陈述**。对于一个结论，我们使得主逻辑算子为假，然后向内进行，给范围递减的逻辑算子赋值，最后，给**简单陈述**赋值。在目前的情形中，前件是合取式，因此我们需要回顾一下合取式的真值表定义（或经验法则）。一个合取式为真，仅当它的两个合取支皆真。给定析取式 (A∨B)·(C≡D) 为真，它的两个合取支必须为真。左边的合取支是

圆点符左边小括号中的陈述（即A∨B）；右边的合取支是圆点符右边小括号中的陈述（即C≡D）。左边合取支的主逻辑算子是楔劈符，因此我们放置一个T在该析取式A∨B的楔劈符下面。

[(A	∨	B)	·	(C	≡	D)]	⊃	E
	T						**F**	F

右边合取支的主逻辑算子是三杠符，因此我们放置一个T在双条件句C≡D的三杠符下面。

[(A	∨	B)	·	(C	≡	D)]	⊃	E
	T		T		T		**F**	F

继续向内进行，运用准则V，我们接下来确定左边的合取支即析取式A∨B为真的方式。由于析取式A∨B对于F∨F不真，我们知道A∨B以三种不同方式为真：T∨T、T∨F以及F∨T。我们通过使得A∨B以第一种方式为真即T∨T，并计算C≡D两种为真方式的每一种，来计算两个合取支A∨B和C≡D的真值组合。因此，当A∨B是T∨T，C≡D可以是T≡T（第1行）或F≡F（第2行）。

	[(A	∨	B)	·	(C	≡	D)]	⊃	E
1	T	T	T	T	T	T	T	**F**	F
2	T	T	T	T	F	T	F	**F**	F

接下来，我们使得A∨B以T∨F的方式为真，并将C≡D作为T≡T（第3行）和F≡F（第4行）进行计算。

	[(A	∨	B)	·	(C	≡	D)]	⊃	E
1	T	T	T	T	T	T	T	**F**	F
2	T	T	T	T	F	T	F	**F**	F
3	T	T	F	T	T	T	T	**F**	F
4	T	T	F	T	F	T	F	**F**	F

最后，我们使得A∨B以F∨T的方式为真，并将C≡D作为T≡T（第5行）和F≡F（第6行）进行计算。

	[(A	∨	B)	·	(C	≡	D)]	⊃	E
1	T	T	T	T	T	T	T	**F**	F
2	T	T	T	T	T	F	F	**F**	F
3	T	T	F	T	T	T	T	**F**	F
4	T	T	F	F	F	T	F	**F**	F
5	F	T	T	T	T	T	T	**F**	F
6	F	T	T	T	F	T	F	**F**	F

由于对于A∨B为真的三种方式的每一种，存在两种C≡D为真的方式，该真值表需要3×2即6行。因此，组成该条件句[(A∨B)·(C≡D)]⊃E的简单陈述有六种使之为假的真值组合。这意味着，如果对一个以此条件句作为其结论的论证运用STTT，我们**可能**需要检查它的简化真值表的所有六行（即如果该论证是有效的，将需要检查简单陈述的六种真值组合，以证明在这些组合中不存在前提皆真而结论为假的可能）。

步骤1（iv）：确定是否有前提为真的方式比结论为假的方式更少

为了确定遵循C-序列还是P-序列，步骤1（i-iii）必须被执行于至少一个或可能多个真前提中的每一个。目标在于，确定是否**有**前提为真的方式比结论为假的方式更少。如果至少一个前提为真的方式比结论为假的方式更少，则执行P-序列；否则，执行C-序列。

C-序列或P-序列的选择已由步骤1（i-iv）阐明，最为重要的是要注意到，仅仅对于有效的论证，才**有必要**检查每种结论为假或前提皆真的真值组合，这是因为，要证明一个论证是否前提皆真而结论为假，唯一的方式是表明，对于**其结论为假（或其前提皆真）的每一种真值组合**，它都不是前提皆真且结论为假。

对于一个其前提以多种方式为真而其结论以多种方式为假的无效论证而言，这是不必要的。如果一个论证是无效的，我们也许能够根据所考虑的第一个假结论或第一个均为真的前提集来揭示这一点。或者，第一个假结论可能不具备其前提皆真的情形，但第二个假结论具备，甚或只有最后一个假结论才具备前提皆真的情形。如果一个论证是无效的，那么直到我们揭示出，对于使得结论为假（或前提皆真）的简单陈述的**某个真值组合**，前提皆真（或结论为假），才能证明它是无效的。

【注释】

[1] 当一个复合陈述不包含逻辑联结词且不包含括号（如～G）时，波浪符是主逻辑算子。

附录C 非强制真值指派，无效论证，以及准则 III - V

为了使用步骤 2_C、3_C 和 4 来证明一个其结论以多种方式为假的论证是有效的，必须表明，对于**每个假结论**，至少存在一个假前提。如果一个有效论证的前提是相容的，那么使得结论为假的每种真值组合将至少强制一个前提为假。[1]如果一个有效论证的前提是不相容的，那么前提的不相容性将强制至少一个前提为假；因此，无论前提相容与否，对于每个假结论，至少有一个前提将（即使不必要地）被强制为假。

为了使用步骤 2_P、3_P 和 4 来证明一个论证是有效的，人们以所有可能的方式使得前提为真。要么对于前提皆真的每种方式，结论都被强制为真，要么对于每种这样的真值组合（即前提是不相容的），至少一个前提被强制为假。

因此，即便当 STTT 需要多行，一个有效论证的有效性将被**强制真值指派**证明。

人们如何证明一个其结论以多种方式为假的论证**无效**呢？

一个**前提相容**的论证被证明是无效的，如果对于任何假结论，使得结论为假的真值指派**没有强制任何前提为假**。[2]

但这**并不**证明一个论证的无效性，因为如果一个有效论证的**前提不相容**的话，使得结论为假的真值指派可能并不强制任何前提为假。例如，我们可以使得以下论证的结论为假

(P_1) S

(P_2) ～S

∴ M

这将**不**强制任何前提为假。但该论证是有效的。

因此，证明无效性的唯一方式是，**实际地构建一个其中前提皆真而结论为假的真值表**。

当一个无效论证的结论以多种方式为假，并且有多种方式使得前提皆

801

真，我们做**非强制真值指派**以构建所有假结论（即 C-序列）或所有真前提（即 P-序列）。在这样一种情况下，需要建立一个多行简化真值表。为了构建一个前提皆真而结论为假的真值组合，我们以**一种系统的方式**运用准则 III、IV 以及 V。

以下三个例子表明了强制真值指派产生答案的情形（例子 1）与强制真值指派不产生答案的情形（例子 2 和 3）之间的差别。

第三个例子还表明了，人们可能达到一个点，在那里没有假前提被强制，也**不存在更多的强制真值指派**。在这样一种情况下，人们必须首先利用准则 IV，使得最左边的前提为真。为了这么做，人们利用准则 V 得出那个前提能够为真的方式，并从第一个这样的真值组合开始。**如果第一个这样的真值组合并未使得所有前提为真，人们必须尝试第二个这样的真值组合，依此类推。**

例子 1

首先，考虑如下论证。

$(P_1) M \supset (N \supset O)$
$(P_2) N \supset (M \supset O)$
∴ $(M \vee N) \supset O$

步骤 1：确定是否有前提为真的方式比结论为假的方式更少

结论是一个条件句，它为假仅当其前件为真而后件为假。但是，它的前件是简单陈述的析取式，能够以三种方式为真：T∨F、F∨T 以及 T∨T。因此，结论能够以三种方式为假。现在考虑前提，第一个前提为真如果其前件为假，它同样为真如果其前件为真且后件为真。由于其后件能够以三种方式为真（即 F⊃T，F⊃F，T⊃T），整个前提能够以四种方式为真。前提 2 的结构与前提 1 相似，它也能够以四种方式为真。由于结论仅以三种方式为假，而前提以四种方式为真，我们让结论以上述三种方式为假从而开始。

步骤 2$_C$：使得结论为假

M	N	O	M	⊃	(N	⊃	O),	N	⊃	(M	⊃	O)	∴	(M	∨	N)	⊃	O
T	F	F	T	**T**	F	T	F	F	**T**	T	F	F		T	T	F	**F**	F
														F	T	T	**F**	F
														T	T	T	**F**	F

步骤 3c：尽可能使得更多的前提为真

第 1 行真值指派立即产生，前提皆真而结论为假。

步骤 4：验证有效性

前提皆真且结论对于该真值指派集为假，这一事实证明了该论证**可以**所有前提为真而结论为假，因而仅在一行中证明了该论证**无效**！

在结论以多种方式为假以及前提以多种方式为真的情况下，我们不总是这么幸运！以下两个例子演示了 STTT 以及对准则 III、IV 和 V 的运用（当无法在多行真值表的第一行建立无效性时）。

例子 2

$$(P_1)(L \supset H) \cdot (\sim Q \supset S)$$
$$\therefore (L \vee Q) \supset (H \vee S)$$

步骤 1：确定是否有前提为真的方式比结论为假的方式更少

该论证的结论是一个条件句，因此它为假仅当其前件为真而后件为假。它的后件，即析取式 H∨S，仅以一种方式为假（即 F∨F），而它的前件，即析取式 L∨Q，以三种方式为真（即 T∨T，T∨F，F∨T）。因此，该条件句结论以三种方式为假。前提是由两个条件句构成的合取式，每个条件句以三种方式为真。由于前提相较于结论为假的方式并不以更少方式为真，可开始步骤 2c 并令结论以上述三种方式为假。

步骤 2c：使得结论为假

L	H	Q	S	(L	⊃	H)	·	(~	Q	⊃	S)	∴	(L	∨	Q)	⊃	(H	∨	S)
T	F	T	F										T	T	T	**F**	F	F	F
													T	T	F	**F**	F	F	F
													F	T	T	**F**	F	F	F

步骤 3c：尽可能使得更多的前提为真

在该简化真值表的第 1 行中，L 为真且 Q 为真。但是，给定 H 为假，L⊃H 为假。这得出合取式前提（L⊃H）·（~Q⊃S）中左边的合取支为假，这意味着合取式前提为假。

L	H	Q	S	(L	⊃	H)	·	(~	Q	⊃	S)	∴	(L	∨	Q)	⊃	(H	∨	S)
T	F	T	F	T	F	F	**F**	F	T	T	F		T	T	T	**F**	F	F	F
													T	T	F	**F**	F	F	F
													F	T	T	**F**	F	F	F

因此,接下来必须尝试第二种假结论,其中 L 为真 Q 为假。

L	H	Q	S	(L	⊃	H)	·	(~	Q	⊃	S)	∴	(L	∨	Q)	⊃	(H	∨	S)
T	F	T	F	T	F	F	**F**	F	T	T	F		T	T	T	**F**	F	F	F
T	F	F	F	T	F	F	**F**	T	F	F	F		T	T	F	**F**	F	F	F
													F	T	T	**F**	F	F	F

在第 2 行,前提的两个合取支即 L⊃H 和 ~Q⊃S 为假,这意味着前提为假。

最后,我们尝试结论的前件为真的第三种也是最后一种方式:L 为假 Q 为真。

L	H	Q	S	(L	⊃	H)	·	(~	Q	⊃	S)	∴	(L	∨	Q)	⊃	(H	∨	S)
T	F	T	F	T	F	F	**F**	F	T	T	F		T	T	T	**F**	F	F	F
T	F	F	F	T	F	F	**F**	T	F	F	F		T	T	F	**F**	F	F	F
F	F	T	F	F	T	F	F	F	T	**T**	F	T	T	F		F	T	T	**F**	F	F	F

由于 L 为假,L⊃H 为真。又由于 Q 为真,~Q 为假,这意味着 ~Q⊃S 为真。因此,前提因其两个合取支皆真而为真。我们已使得前提为真而结论为假,这揭示出该论证无效。

优秀的学生将注意到,由于 H 和 S 必定均为假,为了使前提的两个条件句为真,我们被强制使得 Q 为真而 L 为假。结果就是,他们将认为该无效论证仅需一行。尽管这种思考路径和进行方式有一些优点,但这并非适合于任何情形的**系统的方法**,因此它不能被概括为一种 STTT 决策程序。

以下情形澄清了这一点。

例子 3:结论是两个简单陈述构成的双条件句(9.9 节,习题 24)

在先前的例子中,尽管不能根据第一个或第二个假结论让所有前提为真，我们能够根据第三个假结论做到。事实上，根据第三个假结论，我们执行步骤 3_C，并使得前提由**强制真值指派**为真。

但是，情况不总是某个假结论强制所有前提为真。在接下来的情形中，我们将看到（a）根据第一个假结论，前提并非皆真，（b）第二个假结论**并不**对任何其他简单陈述进行强制真值指派，以及（c）在这样一种情形中，通过遵循准则 III-V，我们成功地以一种有序且系统的方法确定了该论证是无效的。

以下论证的结论以多种方式为假，前提以多种方式为真。

(P_1) A⊃(B⊃~C)
(P_2) (D⊃B)·(E⊃A)
(P_3) F∨C
(P_4) G⊃~H
(P_5) (I⊃G)·(H⊃J)
(P_6) I≡~D
(P_7) (B⊃H)·(~H⊃D)
∴ E≡F

该论证包含了十个不同的简单陈述，其完整的真值表将有 2^{10} 即 1 024 行。下面将在三行中对该论证执行 STTT。

步骤 1：确定是否有前提为真的方式比结论为假的方式更少

结论有两种为假方式：T≡F 和 F≡T。由于每个前提至少以两种方式为真，可开始步骤 2_C。

步骤 2_C：使得结论为假

运用准则 V，我们首先尝试 T≡F 的假结论。

步骤 3_C：尽可能使得更多的前提为真

第 1 行中结论是 T≡F：E 为真且 F 为假。因此，E 在前提 2 中为真，F 在前提 3 中为假。为了使得合取式前提 2 为真，由于 E 在前提 2 中为真，E⊃A 的后件即简单陈述 A 由 E⊃A 为真而必定为真。为了使得前提 1 为真，如果 A 在前提 1 中为真，前提 1 的后件 B⊃~C 必定为真。前提 3 中 F 为假强制了 C 为真。但是，如果 C 在前提 1 中为真，~C 则为假，因此为了前提 1 为真，B⊃~C 需为真，B 必定为假。接着，如果 B 在前提 2 中为假，D 必定在前提 2 的左合取支中为假，以使得 D⊃B 为真。如果 D 在前提 6 中为假，I 必定在前提 6 中为真。如果 I 在前提 5 的 I⊃G 中为真，G 必定为真。由于 G 在前提 4 中为真，～H 必定为真，这意味着 H 为假。给定 H 为假，在前提 7 中～H 为真且 D 为假，因此～H⊃D 为假，并且前提 7 即(B⊃H)·(～H⊃D)为假。这就证明了当 E 为真 F 为假时，前提不可能皆真，因为前提 7 被强制为假。

A	⊃	(B	⊃	～	C),	(D	⊃	B)	·	(E	⊃	A),	F	∨	C,	G	⊃	～	H,
T	**T**	T	F	T	F	F	T	F	**T**	T	T	T	F	**T**	T	T	T	**T**	F

(I	⊃	G)	·	(H	⊃	J),	I	≡	～	D,	(B	⊃	H)	·	(～	H	⊃	D)	∴	E	≡	F
T	T	T	**T**	F	T		T	**T**	T	F	F	T	F	**F**	T	F	F	F		T	**F**	F

这**并不**证明该论证是有效的。它只是表明，当 E 为真且 F 为假时，前提不可能皆真。它并没有表明，对于**任何**假结论，前提都不能皆真。因此，我们必须检查第二种（也是最后一种）假结论，即 F≡T。

由于 F 在结论中为真，F 在前提 3 中为真，这使得前提 3 为真。给定 E 在结论中为假，E⊃A 在前提 2 中为真。

A	⊃	(B	⊃	～	C),	(D	⊃	B)	·	(E	⊃	A),	F	∨	C,	G	⊃	～	H,
T	**T**	T	F	T	F	F	T	F	**T**	T	T	T	F	**T**	T	T	**T**	T	F
										F	T		T	**T**					

(I	⊃	G)	·	(H	⊃	J),	I	≡	～	D,	(B	⊃	H)	·	(～	H	⊃	D)	∴	E	≡	F
T	T	T	**T**	F	T		T	**T**	T	F	F	T	F	**F**	T	F	F	F		T	**F**	F
																				F	**F**	T

现在，结论的真值不强制任何其他真值指派。[3]

因此，为了确定该论证是否无效，现在必须系统地使用准则 III：如果没有更多强制真值指派，就选择以最少方式为真的前提，并遵循准则 IV 和 V 执行 STTT。

易见得，前提 6 即 I≡～D 仅以两种方式为真：I 为真且 D 为假，以及 I 为假且 D 为真。因此，我们为第二个假结论（当 E 为假 F 为真）与 I≡～D 为真的两种方式的组合构造第 2 行和第 3 行。在第 2 行，由于 I 为真 D 为假，I≡～D 为真；在第 3 行，由于 I 为假 D 为真，I≡～D 为真。

A ⊃ (B ⊃ ~ C), (D ⊃ B) • (E ⊃ A), F ∨ C, G ⊃ ~ H,
T **T** T FT   F T FT   T T T   F T   T **T** T F T
F T   F T   T

(I ⊃ G) • (H ⊃ J), I ≡ ~ D, (B ⊃ H) • (~ H ⊃ D) ∴ E ≡ F
T T T **T** F T   T **T** T F F T F **F** T F F F   T **F**
T   T **T** T F   F T T F   F **F**
F **T** F T   F **F**

现在对第 2 行执行 STTT。I 为真强制我们使得 G 在前提 5 中为真，接着又强制我们使得 G 在前提 4 中为真。D 为假使得 D 在前提 7 中为假，并使得 D⊃B 在前提 2 中为真。给定 E 为假，E⊃A 为真且前提 2 为真。

A ⊃ (B ⊃ ~ C), (D ⊃ B) • (E ⊃ A), F ∨ C, G ⊃ ~ H,
T **T** T FT   F T   **T** T T T   F **T** T T   F **T** F T
F T   T F T   T   T T

(I ⊃ G) • (H ⊃ J), I ≡ ~ D, (B ⊃ H) • (~ H ⊃ D) ∴ E ≡ F
T T T **T** F T   T **T** T   F T F **T** F F F   T **F**
T T T   T **T** T F   F **F** T
F **T** F T   F **F**

现在有两个平等的强制真值指派：G 为真强制我们使得 ~H 在前提 4 中为真，D 为假强制我们使得 ~H 在前提 7 中为假。遵循准则 IV，可首先做出最左的强制真值指派：使得 ~H 在前提 4 中为真，即 H 在前提 4 中为假，并使其在前提 7 和前提 5 中也如此。

A ⊃ (B ⊃ ~ C), (D ⊃ B) • (E ⊃ A), F ∨ C, G ⊃ ~ H,
T **T** T FT   F T   **T** T T T   F **T** T T   F **T** F T
F T   **T** F T   T T   T **T** T T   F

(I ⊃ G) • (H ⊃ J), I ≡ ~ D, (B ⊃ H) • (~ H ⊃ D) ∴ E ≡ F
T T T **T** F T   T **T** T F   FT F **F** T F F F   T **F**
T T T   F   T **T** T F   F F F   F **F** T
F **T** F T   F **F**

H 为假使得前提 5 中的 H⊃J 为真，从而使得前提 5 为真。但是，前提 7 中 H 为假使得~H⊃D 为假，从而使得前提 7 为假。

A ⊃ (B ⊃ ~ C),	(D ⊃ B) · (E ⊃ A),	F ∨ C,	G ⊃ ~ H,
T **T** F T F T	F T F T F **T** T T T	F **T** T T	F **T** F T
	F T	**T** F T	T **T** T F

(I ⊃ G) · (H ⊃ J),	I ≡ ~ D,	(B ⊃ H) · (~ H ⊃ D)	∴ E ≡ F
T T T **T** F T	T **T** T F T F	**F** T F F F F	T **F** F
T T T **T** F T	T **T** T F	F F F F F	F **F** T
	F **T** F T		F **F** T

在上述这些强制真值指派中，前提 2、3、4、5 以及 6 为真，但前提 7 被强制为假。这意味着，当结论以 F≡T 为假，且由于 I 为真且 D 为假，I≡~D 为真时，我们不能够使得所有前提为真。

这把我们引向服务于结论 F≡T 使得前提 6 为真的第二种也是**最后一种方式**：I 为假且 D 为真。当然，我们开始于使得 E 在前提 2 中为假以及 F 在前提 3 中为真（即结论可以为假的第二种方式）。如果 E 为假，E⊃A 为真，如果 F 为真，F∨C 为真。由于 I 在前提 5 中为假，I⊃G 为真。并且由于 D 在前提 7 中为真，~H⊃D 为真。

A ⊃ (B ⊃ ~ C),	(D ⊃ B) · (E ⊃ A),	F ∨ C,	G ⊃ ~ H,
T **T** F T F T	F T F **T** T T T	F **T** T	T **F** F T
	F T	F T	**T** T **F** F T
		F T	T **T**

(I ⊃ G) · (H ⊃ J),	I ≡ ~ D,	(B ⊃ H) · (~ H ⊃ D)	∴ E ≡ F
T T T **T** F T	T **T** T F F T	**F** F F F	T **F** F
T		T **T** T F	T **T** T F T F	F **F** T
F T		F **T** F T	T T	F **F** T

为了使得 D⊃B 为真，D 为真强制我们使得 B 在前提 2 中为真。这使得前提 2 为真。由于 B 在前提 2 中为真，B 必定在前提 1 中为真。

A ⊃ (B ⊃ ∼ C), (D ⊃ B) • (E ⊃ A), F ∨ C, G ⊃ ∼ H,
T **T** F T F T F T F **T** T T T F **T** T F **T** F T
F T F T T **T** T **F** F T
T T T T **T** F T T **T**

(I ⊃ G) • (H ⊃ J), I ≡ ∼ D, (B ⊃ H) • (∼ H ⊃ D) ∴ E ≡ F
T T T **T** F T T **T** T F F T F **F** T F F F T **F** T
T T **T** T F T F **T** F T T F F **F** T
F T F **T** F T T T F **F** T

给定 B 在前提 1 中为真，B 必定在前提 7 中为真，这强制 H 为真以使得 B⊃H 为真。这使得前提 7 为真。

A ⊃ (B ⊃ ∼ C), (D ⊃ B) • (E ⊃ A), F ∨ C, G ⊃ ∼ H,
T **T** F T F T F T F **T** T T T F **T** T F **T** F T
F T F T T **T** T **F** F T
T T T T **T** F T T **T**

(I ⊃ G) • (H ⊃ J), I ≡ ∼ D, (B ⊃ H) • (∼ H ⊃ D) ∴ E ≡ F
T T T **T** F T T **T** T F F T F **F** T F F F T **F** T
T T **T** T F T F **T** F T T F F **F** T
F T F **T** F T T T T **T** T T F **F** T

前提 7 最左边的合取支中的 H 为真，强制 H 在前提 7 右边的合取支中为真，这使得 ∼H 为假。由于 H 为真，H 必定在前提 5 中为真，这强制 J 为真，从而使得前提 5 为真。

A ⊃ (B ⊃ ∼ C), (D ⊃ B) • (E ⊃ A), F ∨ C, G ⊃ ∼ H,
T **T** F T F T F T F **T** T T T F **T** T F **T** F T
F T F T T **T** T **F** F T
T T T T **T** F T T **T**

(I ⊃ G) · (H ⊃ J),	I ≡ ∼ D,	(B ⊃ H) · (∼ H ⊃ D)	∴ E ≡ F
T T T **T** F T	**T T** F F T	T **F** F F F	T **F** F
T	T **T T** F	T **F T** F T T F	F **F** T
F T **T T T T** F	T **T** T T T T	T T **T** F T T	F **F** T

由于 H 在前提 7 和前提 5 中为真，H 必定在前提 4 中为真。这使得~H 为假，从而强制 G 为假以使得前提 4 为真。由于 G 在前提 4 中为假，G 必定在前提 5 中为假。

A ⊃ (B ⊃ ∼ C),	(D ⊃ B) · (E ⊃ A),	F ∨ C,	G ⊃ ∼ H
T **T** F T F F T	F T F **T** T T T	F **T** T F	T **T** F T
	F T	F T	T **F** F T
	T	T T T F T	T **F** T

(I ⊃ G) · (H ⊃ J),	I ≡ ∼ D,	(B ⊃ H) · (∼ H ⊃ D),	∴ E ≡ F
T T T **T** F T	**T T** F F T	T **F** F F F	T **F** F
T	T **T T** F	T **F T** F T T F	F **F** T
F T **T T T T** F	T **T** T T T T	T T **T** F T T	F **F** T

在这里，前提 2、3、4、5、6 以及 7 均为真。我们未曾被迫对 A 或 C 进行强制真值指派。因此，必须做非强制真值指派以使得前提 1 为真。遵循准则 IV 和准则 V，我们开始于最左边的陈述，即陈述 A，使其为真。为了使得前提 1 为真，给定 B 为真，必须使得~C 为真，这使得 C 在前提 1 和前提 3 中为假。

A ⊃ (B ⊃ ∼ C),	(D ⊃ B) · (E ⊃ A),	F ∨ C,	G ⊃ ∼ H
T **T** F T F T F	F T F **T** T T T	F **T** T F	T **T** F T
	F T	F T	T **F** F T
T **T** T T T T T F	T T T T F T	T **T** F T	T **F** T

(I ⊃ G) · (H ⊃ J),	I ≡ ∼ D,	(B ⊃ H) · (∼ H ⊃ D),	∴ E ≡ F
T T T **T** F T	T **T** T F F T	F **F** F F F	T **F** F
T	T **T** T F	T **T** F T T F	F **F** T
F T **T T T T** F	T **T** T T T T	T T **T** F T T	F **F** T

810

步骤 4：验证有效性。

我们完成了！我们已然使得所有前提为真而结论为假，从而证明了该论证无效。

A	B	C	D	E	F	G	H	I	J
T	T	F	T	F	T	F	T	F	T

对该练习题的总结

第一行：结论：T≡F。所有其他真值指派都是被强制的。前提 7 被强制为假。

第二行：结论：F≡T。前提 6，I≡～D，以两种方式的第一种为真：I 为真且 D 为假。这强制前提 7 为真。

第二行：结论：F≡T。前提 6，I≡～D，以两种方式的第二种为真：I 为假且 D 为真。强制真值指派使得前提 2-7 为真。我们接着运用准则 IV 和准则 V，使得前提 1 最左边的陈述即陈述 A 为真。给定 B 为真，通过使得～C 为真（C 为假），能够使得前提 1 为真。这使得所有前提为真而结论为假，证明了该论证无效。

读者可能查明，以下三种真值组合的集合都使得所有前提为真而结论为假。

A	B	C	D	E	F	G	H	I	J
T	T	F	T	F	T	F	T	F	T
F	T	T	T	F	T	F	T	F	T
F	T	F	T	F	T	F	T	F	T

其中的第一行即为通过 STTT 获得的结果。

A	B	C	D	E	F	G	H	I	J
T	T	F	T	F	T	F	T	F	T

如果谨慎地遵循准则 IV 和 V，STTT 程序将不会产生第二和第三种结果。准则 IV 引导我们从 A 为真开始，尝试使得前提 1 即 A⊃(B⊃～C) 为真。接下来把 C 赋值为真，但给定 B 为真，这使得 A⊃(B⊃～C) 为假。遵循准则 V，进而使得 A 为真 C 为假，这成功地使得前提 1 为真。因此，如果我们谨慎且融贯地执行 STTT，将无须考虑前提 1 中的 A、B、

C 的真值组合 FTT、FTF。显然，学生可以通过尝试使得前提 1 为真的**其他方式**来得到这些结果。作者认为，如果一个学生不知道如何**系统地**执行 STTT 决策程序，即系统地检查每种真值组合，该学生可能没习得如何为一个更复杂的论证找到无效性（或有效性）证明。

【注释】

[1] 有趣的是，如果有人使用 STTT 确定了假结论并未强制至少一个前提为假，那么该论证是不可靠的或非笃证性的。这是因为，如果没有前提被假结论强制为假，那么该论证要么是无效的（且不可靠的），要么其有效性建立在前提不相容的基础上（在这种情况下论证是不可靠的）。

[2] 如果一个论证有重言的结论，且所有前提均为重言的，那么将没有前提被强制为假，但在这种情况下结论不能为假，它已证明了该论证是有效的。详见 9.13 节：可靠性论证与笃证性论证的辨别。

[3] 这证明了要么该论证无效，要么它是因其前提不相容而有效。关于不相容前提、重言结论、有效性、可靠性以及笃证性的讨论，详见 9.13 节。如果有人运用 STTT 步骤 1（a）使得偶然的结论为假，且并无前提被强制为假，那么这个人证明了该论证是不可靠的，因而是非笃证性的。

附录 D　美国研究生入学水平测试

许多高水平的认知能力测试依赖于本书的一些内容。GRE（美国研究生入学考试）、LSAT（法学院入学考试）、MAT（米勒类比测试）以及 GMAT（管理类研究生入学考试）与一些 IQ（智商）测试一样，很大程度上依赖于利用本书已详述的方法来处理信息的能力。

美国研究生入学考试指南（GRE）

GRE 是一项复杂性非常高的测试，由语文部分和数学部分以及分析写作部分组成。语文部分包括阅读理解、完形填空、词汇（通常测试同义词和反义词）和类比。数学部分测试解决基本数学问题的能力。我们这里只关注语文部分中有关类比的子部分。类比在本书第 11 章有详细介绍。

在类比测试中，基本结构非常明确，这使得各种关系很容易区分和识别。各种类型的类比包括：

1. 定义

2. 确定定义的特征

3. 类与元素

4. 同义词

5. 反义词

6. 部分/整体

7. 程度

8. 功能

9. 工具/功能

10. 行动/效果

11. 原因/结果

12. 工人/工具

13. 工人/产品

14. 工人/工作间

15. 种类

16. 大小

17. 空间序列

18. 时间序列

19. 词性

20. 符号/概念

类比测试的结构是如下形式：A：B：：C：D——读作"A之于B，正如C之于D"。为了解决这类问题，前一对语词之间的关系必须被识别。然后，在所提供的选项中，展示出类似关系的那对语词必须被识别。我们应当阅读完所有的选项；如果有多个看似合理的选项，那就查找最精确地表达所求关系的那个。此处涉及的不只是某个词的含义，暗含、细微差别、次要含义以及语境信息也许都很重要。例如，"right"可以是方向性概念，也可以是政治的概念，或者是伦理的判断。"Embroider"可能与面料相关，也可能用作比喻以表达夸张。

以下来自 GRE 的类比例子，取自类比练习测试，可以在网站 www.testprepreview.com 找到。

1. 病态的：不利的：：

    a. 受尊敬的：有利的   b. 母性的：不利的

    c. 爱争辩的：有利的   d. 警惕的：不利的

e. 松懈的：有利的

2. 忧郁的：沉思：：
   a. 昏睡的：欢跃
   b. 豪华的：奉承
   c. 温顺的：服从
   d. 镇定的：犯错
   e. 沮丧的：嘲笑

3. 作家：精通文学的：：
   a. 悲观者：轻信的
   b. 性急者：谨慎的
   c. 圣人：声名狼藉的
   d. 法官：公正的
   e. 医生：不可靠的

答案：1. a 2. c 3. d

以下是一些更复杂的例子，来自教育考试服务中心网站http://www.ets.org/gre/subject/prepare/。

1. 阴暗的：黑暗：：
   a. 深不可测的：低位的
   b. 令人信服的：有争议的
   c. 意外的：偶然的
   d. 鲁莽的：危险的
   e. 灾难性的：注定的

2. 礼拜：牺牲：：
   a. 产生：柴堆
   b. 埋葬：太平间
   c. 武器：百夫长
   d. 屠杀：入侵
   e. 预言：占卜

3. 易消散的：消失：：
   a. 透明的：渗透
   b. 繁重的：斗争
   c. 无效的：成功
   d. 虚幻的：存在
   e. 易服从的：屈服

4. 责骂：责备：：
   a. 溺爱：喜爱
   b. 落后：迷失
   c. 烦恼：使高兴
   d. 赚得：欲望
   e. 重铸：说明

答案：1. a 2. e 3. e 4. a

法学院入学考试指南（LSAT）

LSAT包括对阅读理解的测试，以及对觉察与分析复杂关系能力的测试。而且，这些测试旨在评估一个人批判性思考的能力、发现谬误的能力、识别类比关系的能力、逻辑推理的能力，以及评价证据（被引用来支持论证之结论）的能力。

有些被归类为"逻辑推理"的东西，涉及结合所提供的信息来构造假言演绎论证。这种类型的问题在本书的第2.4节有过分析。

以下例子取自逻辑推理练习测试，网址为 www.testprepreview.com。

一场国际象棋锦标赛正在当地社区学校举行，四个牌桌上的棋手都要与各自的对手进行第四场比赛。

持白棋的选手分别是：大卫、格里、兰尼和特里。

持黑棋的选手分别是：唐、迈克、里奇和斯蒂芬。

比分分别是：3∶0，2.5∶0.5，2∶1，1.5∶1.5。

[注意：平局比赛的每位选手都得0.5分]

兰尼正在和斯蒂芬右边的那位棋手对弈，斯蒂芬之前的对局都输掉了。

格里的对手是迈克。

第1桌上至少有一个对局以平局结束。

里奇在对局中没有领先过他的对手，也没有获得平局。

第4桌执白棋的选手是特里；然而，当前第4桌的比分不是2∶1。

唐在三轮比赛过后处于领先方。

以下四个问题是关于上述国际象棋锦标赛的：

1. 斯蒂芬正在和哪一桌的棋手对弈？这桌的比分是多少？
   a. 第1桌，2.5∶1.5
   b. 第1桌，3∶0
   c. 第2桌，3∶0
   d. 第2桌，2.5∶1.5
   e. 第3桌，2∶1

2. 谁的分数最高？
   a. 迈克
   b. 斯蒂芬
   c. 里奇
   d. 大卫
   e. 兰尼

3. 哪位棋手持黑棋且获得平局？

815

a. 迈克 b. 大卫
c. 里奇 d. 唐
e. 特里

4. 第 4 桌谁获胜了？
a. 唐 b. 特里
c. 大卫 d. 格里
e. 里奇

答案：1. c 2. d 3. a 4. a

许多分析性推理的子测试需要确定，哪一个陈述将加强（使得更有可能性）或削弱（减少可能性）一个归纳论证。其他题目包括，从一组可能的选项中，选出那个可以从小段落内嵌的前提中有效推出的结论。还有一些题目要求识别出给定论证之结论所依据的那些默认假设，而还有一些题要求解释所提供的结论。

一些例子（来自同一个网站）：

1. 我的家庭医生说，今天我去拜访他时，他将为我进行抽血检查。我知道我今天将感到疼痛。

以下哪一项假定是上述论证所依赖的？

a. 注射针的使用总是会导致患者感到疼痛。

b. 医生将很难找到病人的静脉。

c. 这个病人过去在家庭医生那里经历过疼痛。

d. 注射针会导致挫伤。

e. 医生在进行验血的时候不得不尝试不同的注射针。

2. 你再也不用为进口泉水付高价了。它现在在当地瓶装且价格低廉。你永远尝不出其中的区别；然而，如果你对饮用国产泉水感到尴尬，那就使用铅水晶瓶来饮用。

以上广告需要假定以下哪个选项？

a. 基于水的风味，不难从进口水中区分出国产水。

b. 大多数泉水在其水源处进行瓶装。

c. 进口限制与关税使得进口泉水价格更高。

d. 用铅水晶瓶来饮用泉水，风味更佳。

e. 一些人买进口泉水来代替国产泉水以作为一种地位的象征。

3. 埃斯特尔说：当我某天去钓鱼的时候，我抓到的每条鱼都是鲑鱼，而且我看到的每一条鲑鱼我都钓到了。

根据以上陈述,以下哪一项可以作为推出的结论?

a. 埃斯特尔在钓鱼时只看到鲑鱼。

b. 埃斯特尔在钓鱼时只抓到了鲑鱼。

c. 在埃斯特尔钓鱼的区域,只有鲑鱼。

d. 埃斯特尔看到的所有鱼都被她钓到了。

e. 埃斯特尔在钓鱼时,除了鲑鱼外,没有看到其他鱼。

4. 在日本旅行时,一位低职级的美国大使问一位日本官员为什么日本人民如此神秘。这位官员看上去平静而友好,礼貌地回复说,他更倾向于认为自己的种族是神秘的,而不是像美国人那样缺乏洞察力的。

以下陈述中,哪一个能够最好地描述日本官员的评论?

a. 所有人都是神秘的,不只是日本人。

b. 大多数美国人不理解日本的文化。

c. 缺乏某些洞见可能是因为观察者粗心大意,而不是被观察的对象过于神秘。

d. 该日本人不信任美国大使。

e. 如果东方和西方想要互相理解,他们就需要更好地理解双方的文化。

答案:1. a 2. e 3. b 4. c

以下例子来自不同的网上资源,包括:https://admission.aglasem.com/lsat-india-5-important-analytical-reasoning-questions/。

为问题1提供的段落

一个内科门诊部有五个医生——艾尔伯特医生、伯恩斯医生、卡洛杰罗医生、笛福医生以及埃文斯医生。全国医学协会举办了五个会议,这五个医生都要参加,但有以下一些约束:

  如果艾尔伯特医生参加某个会议,则笛福医生不参加这个会议。

  如果伯恩斯医生参加某个会议,则卡洛杰罗医生或笛福医生参加这个会议,但他们不会都参加。

  如果卡洛杰罗医生参加某个会议,则埃文斯医生不参加这个会议。

如果埃文斯医生参加某个会议，则艾尔伯特医生或伯恩斯医生参加这个会议，但他们不会都参加。

问题 1

如果伯恩斯医生参加某个会议，那么谁也参加了这个会议？请从下面的选项中选择一个完备且精确的列表。

 a. 艾尔伯特医生和笛福医生　　　b. 艾尔伯特医生和埃文斯医生
 c. 卡洛杰罗医生和笛福医生　　　d. 笛福医生
 e. 埃文斯医生

问题 1 的解释

  这个问题需要你从给定的条件中，确定哪些医生可以参加同一个会议。这个问题告诉我们，"伯恩斯医生参加其中的一个会议"，要求我们选择并回复与伯恩斯医生参加同一个会议的医生列表。由于被要求提供的是与伯恩斯医生参加同一个会议的"完备且精确的列表"，我们可以先排除不精确（不为真）或不完备（没有包括参会的每一个医生）的选项。这就很容易确定，而不需要图表的帮助。

  选项 a 是说，与伯恩斯医生一起，艾尔伯特医生和笛福医生也参加了那个会议。但是第一个条件告诉我们，"如果艾尔伯特医生参加某个会议，则笛福医生不参加这个会议"。因此，伯恩斯医生、艾尔伯特医生和笛福医生就不可能参加同一个会议。从而选项 a 是不正确的。

  基于相似的理由，选项 b 也是不正确的。第四个条件告诉我们，如果埃文斯医生参加某个会议，那么什么情形必定是真的，即"艾尔伯特医生或伯恩斯医生参加这个会议，但他们不会都参加"。由于我们知道伯恩斯医生参加了会议，那就不可能艾尔伯特医生和埃文斯医生也参加了这个会议。

  选项 c 也是不正确的。第二个条件告诉我们，如果伯恩斯医生参加某个会议，那么什么情形必定是真的。既然知道伯恩斯医生确实参加了会议，我们也就知道，"卡洛杰罗医生或笛福医生参加这个会议，但他们不会都参加"。

  选项 d 和 e 必须审慎思考。没有条件排除伯恩斯医生和笛福医生参加同一个会议的可能——选项 d——且没有条件禁止埃文斯医生和伯恩斯医生参加同一个会议——选项 e。但是回忆一下，本题问的是哪一个选项是精确且完备的（和伯恩斯医生参加同一个会议的医生）。我们从第二个条件知道，至少有一个医生与伯恩斯医生参加同一个会议，且这个医生或者是卡洛杰罗或者是笛福。既然这些条件不要求任何人和笛福医生一块参加会议，那就可能只有笛福医生和伯恩斯医生一块参加了会议。因此，选项 d 是一个精确的选项，因为伯恩斯医生和笛福医生有可能参加了同一个会议，而且它是一个完备的选项，因为五个医生中有可能只有伯恩斯医生和笛福医生参加了会议。因此，选项 d 是正确的。

选项 e 是不正确的，因为我们知道，如果伯恩斯医生参加了会议，那么除了埃文斯医生外，一定会有另一个医生也参加了会议。因此，选项 e 是不完备的。它并未列出至少一位我们知道必定也陪同了伯恩斯医生的医生。

这是一个"中间难度"的问题；参加 LSAT 考试的 60% 的学生似乎都能正确回答。最常见错误是选择 b（有 17% 的学生选这个选项）。

为问题 2 提供的段落

一个法律公司有九个合伙人：福克斯、格莱森、哈、英曼、雅各布、科恩、洛佩斯、马洛伊和纳萨尔。工资结构必须满足以下条件：

> 科恩的工资比英曼和洛佩斯要高。
> 洛佩斯的工资比纳萨尔的高。
> 英曼的工资比福克斯高。
> 福克斯的工资比马洛伊高。
> 马洛伊的工资比格莱森的高。
> 格莱森的工资比雅各布的高。
> 雅各布的工资比哈的高。

问题 2

如果马洛伊和纳萨尔的工资相同，那么最少有几个合伙人的工资必定比洛佩斯低？

a. 3　b. 4　c. 5　d. 6　e. 7

问题 2 的说明

正如对许多包含相关等级或排序的问题的处理，考生应该尝试画一个图表来表达题目中的各种关系。

在下文中，每一个合伙人的名字可以用他们名字的第一个字母来代替，符号">"代表左边的人比右边的人的薪水高。因此，比如"K＞L"就表示"科恩的工资比洛佩斯的工资高"。

题中的条件表明以下八个相关的工资阶序：

1. K＞I　　2. K＞L　　3. L＞N　　4. I＞F
5. F＞M　　6. M＞G　　7. G＞J　　8. J＞H

显然，如果一个人 A 的工资比另一个人 B 高，且如果 B 的工资比 C 的工资高，那么 A 的工资也比 C 的工资高。利用这个原则，可以联合以上的某些排序而压缩成两种单独的"链"：

9. K＞I＞F＞M＞G＞J＞H　（这一排序结合了 [1]、[4]-[8]。）
10. K＞L＞N　（结合了 [2] 和 [3]。）

现在就可以确定这个问题的正确选项了。题目是问：如果马洛伊和纳萨尔的工资相同，最少有几个合伙人的工资必定比洛佩斯低？假定马洛伊和纳萨尔的工资相同，这就可以从链（9）和（10）中推出以下相关阶序链：

11. K＞L＞(N, M)＞G＞J＞H

链（11）表明：既然 M 和 N 的工资相同，那么比 M 工资低的人的工资也比 N 低，因此也比 L 工资低。于是，至少马洛伊、纳萨尔、格莱森、雅各布、哈的工资必定比洛佩斯低。这就表明选项 a 和 b 都是不正确的。如果能够表明，除了这五个人之外，没有人比洛佩斯的工资低，那就证明了 c 是正确的选项。

为了领会工资低于洛佩斯的合伙人可能少于六个，我们仅仅需要（9）和（10）以表明：只要英曼和福克斯的工资比科恩低，那么他们的工资就可能和洛佩斯一样高或更高。这允许我们构造以下可能的、完整的相关阶序链：

12. K＞I＞F＞L＞(N, M)＞G＞J＞H

在这种可能的情形中，不超过五个人比洛佩斯工资低，又由于必定至少有五个合伙人比洛佩斯的工资低，从而最小的数目就是五。因此，c 是正确的选项。这道题是一个"中间难度"的题目。

这种类型的问题本质上是一种数学问题，涉及对关系"大于"和"小于"的使用。这个以及之前的测试项目都归在"分析推理"的标题下，但分析的类型不是很复杂。既没有语义或语言的分析，也没有概念的意义分析，同时不要求因果分析，而且逻辑算子本质上倾向于机械组合。这些项目虽然比较容易设计和评分，但不要求对抽象概念或原初思维过程的深入理解，甚至不好评估那类科学家或哲学家实施的分析或推理，更不用说其他行业的人们。

米勒类比测试指南（MAT）

米勒类比测试（MAT）是一项包含 120 个类比题的测试（其中只有 100 个需要打分），测试时间为 60 分钟。MAT 网址提供了这样的描述："MAT 通过要求考生解决类比问题来测试高阶心智能力。"

研究人类智力和推理的心理学家发现，一个人在类比测试中的表现，是测量其语言理解和分析思维能力的最佳方法之一。由于分析思维对于学校生活与职场生活的成功都很关键，在 MAT 中的表现就能够为这些领域的人才选拔提供参考。

这项测试包含了与不同学科内容的类比。MAT 分数可以帮助研究生院识别那些其知识与能力不限于单纯记忆和信息背诵的候选人。

你会发现，前文 GRE 的类比部分所涵盖的内容，与 MAT 的内容有些类似。

例子（来自卡普兰·米勒类比测试，第三版）

博洛尼亚大红肠：西式冷切 :: 冷甜点：（a. 香蕉 b. 甜点 c. 五香烟熏牛肉 d. 主菜）

因为博洛尼亚大红肠是一种西式冷切，且冷甜点是一种甜点，因而正确的选项就是 b。

然而，以下例子：

叛徒：内向 :: 忠诚：（a. 社交的 b. 坚定的 c. 奸诈的 d. 孤僻的）

要寻找的关系是"叛徒"和"忠诚"的关系，它们是反义词；因此，在各种选项中，和"内向"具有反义关系就是"社交的"。

最后，缺位的单词不必是句子中的最后一个。它可以是任何单词。

1. 易碎的：(a. 脆弱的　b. 被宠坏的　c. 强健的　d. 可塑的)：：破裂：模具

答案： d

2. (a. 词源学　b. 本体论　c. 教育学　d. 哲学)：昆虫学：：教育：昆虫

答案： c

管理类研究生入学考试指南（GMAT）

GMAT 包括分析性写作任务、数学部分以及语文部分。其中前两部分不在我们的讨论范围之内。语文部分包括句子改错（它的特征是语法-语文的）、阅读理解（它是自明的）以及批判性推理。我们这里只关心批判性推理。

批判性推理有不同类型的测试项目，包括：

1. 假设性问题
2. 加强或削弱性问题
3. 推导问题

在假设性问题中，读者需要回答给定的文段中，隐藏的前提或者省略的结论是什么。这部分内容与本书第 7.5 节省略式三段论相关。

在"加强或削弱性"问题中，正如前面讨论的 LSAT 的问题一样，它的任务是确定哪个陈述可以使得一个归纳论证更强或更弱。

其他项目是为了评估发现谬误的能力。本书的第 4 章讨论过这些问题。

最后提供的项目测试的是，识别一个论证是归纳的还是演绎的，以及识别推导的方法的能力。这些包括密尔的方法以及平行的论证形式。

例子（来自卡普兰 GMAT 测试）

要求： 选择每一个问题的最佳答案。

1. 在洛杉矶，购买饱和电台广告的政治候选人将获得最大的知名度。以下哪个是从上述陈述逻辑地得到的？

a. 在洛杉矶的政治竞选中，电台广告是最重要的因素。

b. 洛杉矶的最大知名度能够帮助候选人赢得洛杉矶选民更高的选票率。

c. 饱和的电台广告覆盖了洛杉矶每个不同地理位置的选民群体。

d. 为了获得最大的知名度，候选人不需要在电台广告以外的媒体渠道上花钱。

e. 候选人在洛杉矶地区的政绩几乎不会影响他或她在那里的知名度。

答案：d。从给定的陈述中，可以得出这类广告对于最大知名度是充分的，而不需要在其他媒体上进行花费。我们不能从前提中推出其他四个选项。

2. 一个社会在多大程度上是真正自由的，可以通过它对艺术表现的态度来衡量。即使在表面上最民主的社会，言论自由也很容易受到侵犯。当一个政府艺术委员会拒绝资助其成员认为"淫秽"的舞蹈表演时，少数官僚的声音实际上审查了编舞的工作，从而犯下了真正的淫秽镇压。

以下哪一项为真最能削弱以上论证？

a. 政府艺术委员会的成员要被筛选，以确保他们的信念反映了大多数人的信念。

b. "淫秽"一词有几个不同的定义，不应该为了修辞效果而交互使用不同定义。

c. 不资助表演不同于实际地妨碍或阻止它。

d. 如果舞蹈表演进行改变以符合大众的欣赏标准，委员会的决定将会撤销。

e. 淫秽的定义是大多数社会成员能够同意的。

答案：c。以上段落把资助和审查等同起来。c否定了这种等同，从而破坏了这个论证。a是无关的——段落中作者给出的定义并不取决于任何人的想法。b质疑了"淫秽"一词的用法，但正被考虑的术语是"审查"。d完全没有抓住重点，并重申了作者的立场。e也诉诸大多数人的观点，但它和材料中的论证无关。

3. 罗纳德是田径队的一位赛跑运动员，而且他是一位优秀的跨栏选手。田径队的所有赛跑运动员或者是短跑选手，或者是长跑选手，但一些长跑选手不参与短跑，因为他们的速度不够快。跨栏选手从来不进行长跑，因为他们缺乏必要的耐力。因此，罗纳德必须跑得快。

为了使以上结论在逻辑上是正确的，下面哪个选项必须是正确的？

a. 短跑选手比跨栏选手的速度更快。
b. 在田径队的所有赛跑运动员中，跨栏选手也是长跑选手。
c. 跨栏需要比长跑更多的耐力。
d. 所有短跑选手的速度都很快。
e. 田径队中每一位速度快的赛跑运动员都是短跑选手。

答案：d。我们已经知道罗纳德是一位跨栏选手，并且所有跑步者或者是短跑选手，或者是长跑选手。没有跨栏选手是长跑选手。因此，罗纳德一定是一位短跑选手，且如果所有的短跑选手速度很快，那么罗纳德的速度也一定很快。

A 说不通，因为我们知道所有跨栏选手都是短跑选手；b、c 和 e 都与该论证中的命题相矛盾。

智商测试

智力的不同测试都提供了演绎推导和/或类比推理作为一部分内容。

斯坦福－比奈智能测量，以及在其他很多此类测试中，都包括类比项目以及相反的类比与推理项目作为其子测试。

刘易斯·特曼编写的概念掌握测试，旨在评估高水平的认知能力，其中包括 75 个类比问题。

门萨使用的卡特尔晶体智力测试，包含了图形类比和推理项目。卡特尔流体智力测试（文化公平测试，2 级和 3 级）虽然是非语言测试，但依赖于根据感知到的关系模式推导出对问题正确回复的能力。

总之，各种各样的推理是能力测试和智力测试的核心。

逻辑学家小传

亚里士多德（Aristotle）

在古今所有伟大的哲学家和逻辑学家中，亚里士多德（公元前 384—前 322）堪称至伟。亚里士多德的著作和影响在很大程度上统治了智力世界两千年。他经常被称为"大哲学家"（The Philosopher）；他的权威性（即使在他错误的时候！）很少受到质疑。

亚里士多德出生在马其顿的斯塔吉拉城，父亲是马其顿国王的御医。他从出生起就被视为贵族，是王子菲利普的朋友。当菲利普成为马其顿国王时，他召回了已在雅典柏拉图学园学习多年的亚里士多德，担任其子亚历山大（即后来的亚历山大大帝）的导师。亚历山大在后来征服亚洲的过程中，仍与他尊敬的老师保持着联系，并在亚里士多德的要求下为其寄送对早期科学成长富有助益的动植物标本及各种文物。

西方哲学在很大程度上是由苏格拉底、柏拉图和亚里士多德三人奠基的，而亚里士多德有着真正的百科全书式的头脑。他的探究、贡献、著述与教学几乎遍及当时已经积累了一定知识的所有学科：自然科学（植物学、动物学、胚胎学、解剖学、天文学、气象学、物理学和光学）；艺术（诗歌、音乐、戏剧和修辞）；政体和政治学；心理学和教育；经济学；伦理学；形而上学；当然还有逻辑学，这是一门他作为体系性奠基人的学科。他的多篇逻辑学论文构成了我们这门学科最早的正式研究，后来被合并成《工具论》这部巨著。其逻辑分析的穿透力和连贯性，科学研究的全面性和精确性，确立了他作为人类有史以来最优秀思想家之一的公认地位。

亚里士多德在 49 岁时回到雅典，创立了极具影响力的吕克昂学园，并在那里任教了 12 年。他于公元前 322 年辞世，在遗嘱中要求与妻子皮提亚斯合葬。

在逻辑学中，亚里士多德掌握了确定正确推理规则的普遍必然性，解释了有效性并刻画了直言命题的四种基本类型及其相互关系。在《工具论》的"前分析篇"中，他发展出一个关于直言三段论的复杂理论解释，这种理论长期主导着演绎逻辑领域，至今仍然是可靠推理的一种有力工具。

有人说，亚里士多德可能是最后一个洞悉其所处时代一切知识的人。

克里希普斯（Chrysippus）

在古代所有的逻辑学家中，亚里士多德与克里希普斯是最伟大的两位。亚里士多德的巨大影响已经被公认，他是第一个将逻辑学系统化的人，在两千年的时间里一直是逻辑学的主要权威。克里希普斯比亚里士多德晚生一个世纪（约公元前279—前203），他发展出一种思想模式，其影响力直到晚近才愈益加深。

亚里士多德的逻辑是关于类的逻辑。在亚里士多德式论证"所有人都是有死的；希腊人是人；所以希腊人是有死的"之中，基本要素是种类或词项（"人"、"有死的东西"和"希腊人"）。与之不同的是，克里希普斯的逻辑是由命题和命题之间的关联构成的（例如："如果现在是白天，则现在是亮的。现在是白天。因而，现在是亮的。"）。克里希普斯对这种简单论证形式（现称为"肯定前件式"）和许多其他基本的论证形式做了分析与分类。他的逻辑洞见极富创造性和深刻性。

克里希普斯出生于小亚细亚的索里。他修习了著名哲学家芝诺和克莱安西斯领衔的斯多亚学派哲学，并最终成为雅典斯多亚学派的领袖。他教导人们控制情感的必要性，认为情感外露属于失调或疾病。他敦促人们耐心接受自己无法控制的命运，并认识到唯一的神（传统的希腊众神只是其诸多外表）就是宇宙本身。

克里希普斯的最大影响还是在逻辑学方面。他把握到了命题的核心功用：其本身可以被否定或肯定。在此基础上，他发展出了第一个融贯的命题逻辑系统。

彼得·阿伯拉尔（Peter Abelard）

彼得·阿伯拉尔于1079年生于法兰西布列塔尼地区南特附近的一个贵族家庭。他本可以成为一个富有的骑士，但他拒绝了这样的生活，而选择了学术生涯。他离家去了巴黎，跟随尚波的威廉学习，但与后者发生激烈争论，这导致他自己开办了一所学校。后来，他被委以巴黎圣母院教堂学校的教职，在那里他极受欢迎，吸引了来自欧洲各地的学生。他主要对逻辑学（时称"辩证法"）和形而上学感兴趣。他遭遇到了关于共相或抽象对象的深奥的形而上学问题。一般性词项（如正义、黄色、光滑）显然是存在的，但在某些非物质世界中，这些词项相应的抽象对象是否真的存在呢？阿伯拉尔认为不存在这样的实体，而我们有时会被我们用来描述事物共同属性的语词误导。他的立场后来被称为"唯名论"。

在阿伯拉尔给巴黎人富尔波特 17 岁侄女爱洛伊丝做家教时，一段恋情的发展导致爱洛伊丝怀孕。两人逃到阿伯拉尔在布列塔尼的家中，在那里生了孩子。阿伯拉尔与爱洛伊丝缔结了婚姻，但后来又送她去当了修女。爱洛伊丝的叔叔被这桩丑闻激怒，雇暴徒袭击了阿伯拉尔，并将他阉割，阿伯拉尔只能进修道院做僧侣和讲师。由于其固有的智力傲慢，他在同事中不受欢迎，被迫从一个修道院换到另一个修道院，并卷入了神学争端。阿伯拉尔于 1142 年在巴黎去世。①

在逻辑学上，阿伯拉尔考察了演绎论证中前提和结论之间的关系。他是第一个强调有效性的句法性质的人。他指出，一个论证是有效的，并不是因为命题的语义内容，而是因为这些命题之间的形式关联。

威廉·奥卡姆（William of Ockham）

威廉·奥卡姆（约 1288—约 1348，亦译奥卡姆的威廉），是一个有影响力的圣方济各修道士。他出生在英格兰萨里郡的一个村庄，奥卡姆之名就来自村名。他年轻时被送到一个修道院，后在牛津大学继续学习神学和哲学，然后又到巴黎大学学习，并最终在巴黎大学任教。

威廉一生最大的思想主题就是"化简"（simplification）。这在后来所称的"奥卡姆剃刀"（即在理论构建中追求简约）上表现得最为突出。如果任何现象不假定某种实体就能得到解释，我们就不应该再假定那种实体；如无必要，就不应该增加实体。在形而上学中，这种对化简的追求使他接受所谓"唯名论"立场：宇宙中只存在个体。他认为，一些哲学家所

---

① 这段传记表述有所失真，阿伯拉尔的爱情传奇及其如何因思想异端而招致宗教专制势力的迫害，可参阅蒙克利夫：《圣殿下的私语：阿伯拉尔与爱洛依丝书信集》，广西师范大学出版社 2001 年版。——译者注

谓共相，或柏拉图式理念，只不过是人类心灵抽象的产物。

威廉深度卷入了中世纪的神学争论。1324 年，他因受控异端邪说而被传唤到阿维尼翁的教廷。在关于基督是否贫穷的争论中，许多热忱的方济各教徒坚持认为，耶稣及其使徒没有私人财产。威廉赞同这一观点，他断言教皇约翰二十二世不愿意接受耶稣贫穷的观点，其本身就是一个异端。随后，威廉不得不投奔到神圣罗马帝国皇帝路德维希巴伐利亚宫廷中寻求庇护，同时也被逐出了教会。他约于 1348 年在慕尼黑去世。

威廉·奥卡姆是一位富有创造力的逻辑学家，他主张我们最好依赖一种不强迫我们将所有命题都看作或真或假的逻辑体系（所谓"二值逻辑"），而一种"三值逻辑"（许多世纪之后才得到充分发展）可以更好地反映我们的知识状态。像后来被称为德·摩根律的一些重要的逻辑等价式，他已做了很好的理解并用文字表达了出来，只是没有使用我们现在用来表达它们的现代符号记法而已。

威廉·奥卡姆是影响巨大、广受尊敬的思想家，被称为"无敌博士——不可战胜的教师"。

奥古斯都·德·摩根（Augustus De Morgan）

奥古斯都·德·摩根（1806—1871）是一位有影响力的演绎逻辑学家。他与著名的归纳逻辑学家约翰·斯图亚特·密尔是同辈人——同一年出生，比密尔早两年去世。巧合的是，两人的父亲都曾受雇于东印度公司。德·摩根出生于印度，当他与家人返回英国的时候，人们发现他在语言和数学上是非常早熟的学生。他在剑桥大学获得了文学学士学位。

在那个时代，只有签署接受英格兰国教教义的誓言，才可以成为剑桥大学的文学硕士候选人并获得奖学金。直到 19 世纪晚期，这种针对学位的神学测试才被剑桥和牛津废除，但这对德·摩根来说为时已晚。他的宗教观点与道德操守使得他拒绝签署这样的誓言，因此不得不离开剑桥到伦敦求职。在 22 岁时，他被委任为伦敦大学学院的数学教授，该学院成立时承诺宗教中立。他以一场关于数学研究的本质、困难与潜力的著名演讲，开启了他的数学教授生涯。德·摩根在伦敦长期的学术生涯中撰写的逻辑学与数学论文，经常成为伦敦数学学会的学者们讨论的焦点。他也是伦敦数学学会的第一任会长。

在其著作《形式逻辑》（1847）中，德·摩根注意到传统逻辑的一个重大缺陷。亚里士多德学派认为，从两个特称命题"有的 Ps 是 As"和"有的 Ps 是 Bs"，不能有效地得到关于 As 和 Bs 关系的结论。这是因为（正如本书第 6 章讲述亚里士多德三段论时所解释），在一个有效的三段论里，中项必须周延，即中项必须至少在一个前提中被普遍化，才能使演绎成为可能。德·摩根指出，如果我们知道"大多数 Ps 是 As"和"大多数 Ps 是 Bs"，那么这样说就是不正确的。根据某些这样的量化前提，我们可以得到 As 和 Bs 之间的演绎联系。比如，假定一艘载有 1 000 名乘客的船沉没，其中有 700 人罹难。而如果我们知道 500 个乘客在沉船时待在船舱里，那么就必然可以得到至少有 200 个乘客在船舱里罹难。这就是他所谓数值确定的三段论。

德·摩根也推进了关系逻辑领域的研究。同一和差异是逻辑学家们非常关注的两种关系，但德·摩根表明，还有许多其他关系，比如相等、仿射特别是等值关系，也应得到逻辑学家的关注。

两个使用规范且直观上清晰的逻辑等价式，来自德·摩根所做的久享盛名的形塑并以他的名字命名，这就是本书第 8、9 章所阐释的"德·摩根律"，它是演绎推理中永久的重要工具。

约翰·斯图亚特·密尔（John Stuart Mill）

约翰·斯图亚特·密尔（1806—1873），19 世纪最杰出的哲学家和逻辑学家之一。他是一种非凡教育的受益者，在著名的《自传》（1873）中他曾就此做了详细叙述。他没有上过学，而是跟随父亲修习。其父亲詹姆斯·密尔博学多才，也是一位哲学家。童年时期，约翰·斯图亚特不到两岁就学习阅读，3 岁学习希腊语，8 岁学习拉丁语。在 14 岁之前，他就阅读了大量的希腊语和拉丁语经典著作，在逻辑和数学上进行了广泛的研究，并在父亲指导下撰写经济理论论文。父亲的指导要求严厉，但也不乏父爱。詹姆斯是伟大的英国立法改革者杰里米·边沁领导的一个由立场鲜明的自由主义知识分子、激进改革者组成的小组成员之一，这些成员同时是道德思想家和经济学家。密尔自孩童时起就在自家的客厅里与这些大学者交流互动；最终，他本人成长为 19 世纪英国自由主义的领袖人物。

密尔在 17 岁时跟随父亲成为东印度公司的雇员，该公司在当时实际上控制着印度的大部分地区。在此工作到 50 岁时，密尔晋升为该公司的首席审查官。在该公司退休后，他当选为国会议员，在议会工作中表现出色。

密尔的哲学观点在 21 世纪仍有其重要价值。他的早期女权主义思想（《妇女的从属地位》，1869）彰显其胆识；他对自治的倡导（《代议制政府》，1861）意义深远；他的道德观使功利主义思想达到了同时代的最高水平（《功利主义》，1861）；他对言论和表达自由的辩护（《论自由》，1859）使得他迄今仍是世界各地知识分子心目中的英雄。

密尔在三十多岁时出版了《逻辑体系》（1843），从此在哲学上声名鹊起。在这部著作中，他解释了为什么形式演绎逻辑，或三段论理论，不能真正增加我们的知识，尽管它无疑可以帮助我们在已有知识的基础上进行一致性推理。另外，他认为归纳逻辑（关于科学的逻辑）可以为发现新的真理提供规则和指针。密尔通过改进旧的培根式推理规则，前无古人地将归纳逻辑原则加以形塑与说明。由于在任一三段论推理能够开始进行之前，必须先建立或假设三段论的前提，密尔主张归纳必先于演绎，且必定更为根本。在归纳逻辑领域，他的工作是深刻而富有原创性的。

总体而言，约翰·斯图亚特·密尔是一位有影响力且正直的改革家，广受世人尊重。他是一位慈爱的丈夫，一位令人敬佩的学者，也是一位公正的立法者。他在一系列广泛问题上所做的哲学推理是精妙的，他的情感始终是高尚的。他是 19 世纪最有影响力的以英语为母语的哲学家和逻辑学家。

乔治·布尔（George Boole）

乔治·布尔于 1815 年出生于英格兰的林肯郡，他是 19 世纪中叶伟大的数学家之一。布尔的家境十分贫寒，靠自学修习了古典语言学和数学。因作为鞋匠的父亲无力维持家庭生计，16 岁的布尔去学校做助理教师，后来成为一所寄宿学校的校监。他荣获过英国皇家学院的数学研究金奖，因论文《逻辑的数学分析》于 1849 年获得了爱尔兰科克城女王学院的教职，成为该学院的数学教授。

布尔是一位具有洞察力的思想家，很有综合性天赋。他的工作成果在后来的发展中被命名为"布尔运算"，结合可以用来处理逻辑的电路开关的特性，对现代电子数字计算机的发展起了关键作用。在 1854 年出版的巨著《思维规律的研究——逻辑与概率的数学理论基础》中，布尔为命题的符号表达和逻辑推论的一般方法建立了一个相当完善的体系。他表明，如果一个推论的前提（不管其中包含多少词项）得到了恰当的表达，就可以把已经蕴涵在前提中的结论通过纯粹的符号操作而表达出。布尔是一位既谦逊又极具创造性的学者，可惜于1864年49岁时英年早逝。我们现在仍然依赖着布尔的分析成果，它们对于现代符号逻辑的发展具有深刻影响。

约翰·文恩（John Venn）

约翰·文恩（1834—1923）出生于英格兰约克郡的赫尔，其祖父和父亲均为英格兰基督教福音派教徒。他于1857年获得剑桥大学冈维尔与凯斯学院数学学位，随后在该学院任教，并终生保持与该学院的密切联系。1859年，他被任命为牧师，但由于对自己的信仰产生了怀疑，不久又回到剑桥大学，讲授逻辑学和概率论。

以他的名字命名的文恩图奠定了文恩在逻辑史上的特殊地位。把逻辑关系用图形直观地表示出来的想法，大致可追溯到17世纪的德国哲学家戈特弗里德·威廉·莱布尼茨。18世纪多产的瑞士数学家莱昂哈德·欧拉继续致力于这一工作。但是只有文恩提出的一套视图法体系，能够便捷而能行地应用到逻辑学之中。文恩图强化了我们对直言命题之间关系的理解，并提供了验证三段论有效或者无效的一套可靠而又简单的方法。

用一个圆作为事件的集合或者类的图示，两个交叉的圆表示两个集合的关系，这样，三个交叉的圆就可以用来表示直言三段论的三个词项（或范畴）。文恩研究了乔治·布尔的著作并做了推进工作。在关于命题的布尔解释下，三段论所可能形成的256个式（三段论的格与式的组合），都可以简捷地图示在有三个交叉圆的文恩图中。这种方法既强大又优雅。检验三段论有效或无效的"文恩图解法"，在本书第二部分有详细讨论。

文恩在统计学和概率论方面也有一定的影响。他反对一种长期存在的观念，即把事件发生的概率理解为对事件出现的"合理相信"的程度，而坚持概率的客观性，即后来被称为频率理论的观点。这样，确定一个事件的概率就是一项经验性的工作，就如本书最后一章所解释的那样。文恩作为剑桥教师、发明家和历史学家一直很活跃，直到1923年去世。他的伟大著作是1881年出版的《符号逻辑》，其中对直言命题做了更为精练的分析，生动清晰地呈现了直言论证的威力。文恩对清晰性和简单性的追求，使得他成为逻辑学学生的一个伟大而永久的朋友。

查尔斯·桑德斯·皮尔斯（Charles Sanders Peirce）

查尔斯·桑德斯·皮尔斯（1839—1914）被很多人视为最具原创性和创造力的美国逻辑学家，伯特兰·罗素称之"毫无疑问是美国最伟大的思想家"。皮尔斯在逻辑学和数学领域做出了复杂多样的贡献，以至于很难进行概括。对他来说，我们所说的逻辑学只是所谓指号（signs）理论的一个形式分支。指号学（semiotics）这个研究领域的奠基人就是皮尔斯。

作为哈佛大学的数学与天文学教授的儿子，皮尔斯在 12 岁时读了惠特利的《逻辑学基础》，从此对逻辑着迷。他在哈佛大学获得学士和硕士学位，但被作为其导师之一的查尔斯·威廉·艾略特鄙视。艾略特当了四十年哈佛校长，这使得皮尔斯难以在哈佛得到他所寻求的学术职位。

皮尔斯长期供职于美国海岸测量局，直到 40 岁时被当时刚成立不久的约翰斯·霍普金斯大学聘为逻辑学讲师。这个教职只保持了五年，因卷入婚姻与性丑闻他又失去了这份工作。从此他没有找到任何从事学术工作的职位。皮尔斯是一个古怪的人，有一些怪异的生活方式；他人缘不好，不善社交和合作；其行为举止常常过于随意。或许他患有严重的心理疾患。

然而，作为一位思想家，除了逻辑学之外，皮尔斯在科学、数学以及哲学方面也都卓有建树。他写作了大量作品，有些迄今尚未出版。他为概率的频率理论进行辩护，主张科学至多只能达到统计概率的水平，而达不到确定性水平。他研究了无穷小和数学连续统理论，发展了关系逻辑（"如果 X 比 Y 高，且 Y 比 Z 高，则 X 比 Z 高"），改进了量化理论。他创建了一种三值逻辑，将"不确定"作为第三值。他还改进了真值表，设计了许多新的逻辑算子符号。他是最早发现布尔演算可以利用开关电路在物理世界实现的人物之一。一些后来参与设计与建造最早的电子计算机的学者，把他们的见解归功于皮尔斯著作的启示。美国逻辑学家 C.I. 刘易斯写道："C.S. 皮尔斯对符号逻辑的贡献比其他任何学者都更丰富且更多样。"

在哲学上，皮尔斯与约翰·杜威一起，是我们称为实用主义的美国哲学运动最著名的奠基人。实用主义对皮尔斯而言本质上是一个真理论：一个命题是真的，如果其效果令人满意；一个命题的意义在于接受它的实际效果。皮尔斯说，他在大学期间就通过每天阅读数页伊曼努尔·康德的

《纯粹理性批判》来研习哲学，这部著作他持续不断地研读了十年。

皮尔斯是一个习惯极为奇特的人。他把继承的遗产花在了宾夕法尼亚州东部的一块土地和一所他维持不起的大房子上。因为入不敷出，他依靠朋友来偿还债务和税款。在生命的最后几年里，他负担不起冬天的取暖费用，主要靠当地一个面包师的捐赠生活。1914年，他在宾夕法尼亚州米尔福德的那所大房子里去世，享年74岁。

戈特洛布·弗雷格（Gottlob Frege）

戈特洛布·弗雷格（1848—1925）是现代符号逻辑和分析哲学的奠基人之一。他作为一个数学家，相信数学根基于逻辑，并试图设计一种符号语言予以证明。

弗雷格出生于德国汉堡东部的汉萨海港城镇维斯马，他的父母在当地开办了一所中学并先后担任校长。弗雷格对语言的逻辑之兴趣，最早就是受到父亲编写的教材的启发，该教材旨在为德国青少年讲授语言的深层结构。他在耶拿大学学习数学和物理学，与其老师建立了亲密的友谊。当时最重要的数学研究中心在哥廷根大学，弗雷格于1873年在该校获得了几何学的博士学位。

然而，正是逻辑学引起了弗雷格的强烈兴趣。他最伟大的著作是《概念文字：一种模仿算术语言构造的纯粹思想的形式语言》。他所要处理的问题是：逻辑学家早就处理了命题间的联结词——并且、或者、如果-那么，如本书第8、9章所解释，但他们还没有设计出一种语言能够充分表达和巧妙处理包含"有的"和"所有"概念的表达式。像"有的女人克服了所有障碍"和"有的障碍被所有女人克服"这样的命题，它们可能出现在论证之中，却无法用当时的逻辑语言来表达。必须发明一种新的方法以精确地表达这些概念，也就是要发明一种新的"概念文字"。

这正是弗雷格所做的工作。在他的形式语言中，弗雷格发展了量化理论（即本书第9章解释并应用的理论），这是现代逻辑的一个转折点。事实上，几乎所有20世纪逻辑学家都受弗雷格的影响。他更大的目标在于揭示数学（不包括几何学）可以从纯粹的逻辑真理加以证明，这项事业后来被伯特兰·罗素以类似的方式加以推进。为此罗素与弗雷格有许多通信交流，特别是在1902—1904年。在《算术基础》（1884）一书中，弗雷格描绘了他的逻辑主义纲领，并批判了数学的其他解释；之后，在《算术基本规律》两卷（1893，1903）中，基于他早年的《概念文字》所建立的符号公理，进一步推进了这项伟大工程。但弗雷格放弃了写《算术基本规律》第三卷的计划，这显然是因为他无法找到一种在哲学上有充分基础的方法，来化解其系统中的矛盾（即罗素悖论）。

很多哲学家与逻辑学家在读到弗雷格1924年的日记后都很难过，因为日记显示，在弗雷格晚年，他是一个反犹分子。[①]

阿尔弗雷德·诺斯·怀特海（Alfred North Whitehead）

阿尔弗雷德·诺斯·怀特海（1861—1947）出生于英格兰肯特州的拉姆斯格特，他的父亲是英格兰国教牧师。从一所著名的公立学校毕业后，他在剑桥大学三一学院学习数学，毕业后留在这个学院任教。著名的经济学家约翰·梅纳德·凯恩斯就是他数学课上的学生。伯特兰·罗素也是他的学生，后来成为他的合作者与合著者。

经过十年的劳作，怀特海和罗素合作出版了极具影响力的巨作《数学原理》（3卷本：1910，1912，1913）。在这部著作中，他们使戈特洛布·弗雷格早年在德国所尝试的从基本逻辑原理推导出数学的构想终于得以实现。这项合作成果，是20世纪逻辑学最重要的成就之一。

怀特海与罗素的友谊因政治问题的分歧而严重破裂。怀特海有三个儿子，其中一个死于第一次世界大战。罗素是一个和平主义者，他强烈反对英国参战。因两位作者之间产生了深刻而持久的分歧，当《数学原理》于1927年再版时，怀特海拒绝参与工作。

怀特海在剑桥和伦敦度过了其教授数学与逻辑的职业生涯，之后转向了形而上学和历史主题的研究。1924年，怀特海受邀到哈佛大学教哲学，他接受了邀请并在美国度过了余生。《科学与近代世界》（1925）一书，是他关于科学与数学在西方文明崛起中所起作用的深刻阐释。在《过程与实在》（1929）一书中，怀特海表达了他的形而上学见解。其中继承了古代哲学家赫拉克利特的"万物皆流，无物常驻"的传统思想，他因此认为真理都是半真半假的。但是，他最广为人知的还是作为一个有创造力的逻辑学家，以及与罗素合作《数学原理》。1947年，怀特海在马萨诸塞州的坎

---

① 这个说法争议较大，因为所谓弗雷格反犹日记是在德国纳粹当局的一份档案中发现的，这是弗雷格之养子提交给纳粹当局的一个他本人的"手抄本"，不足为信。——译者注

布里奇去世。

伯特兰·罗素（Bertrand Russel）

伯特兰·亚瑟·威廉·罗素（1872—1970），罗素伯爵三世，是近世最杰出的思想家之一。他的祖父曾任英格兰首相，颇受维多利亚女王的青睐。他的父母是支持性爱自由的宗教怀疑论者，但在他 4 岁的时候都离世了，因而由祖父母做他的监护人。他很小的时候就与当时最杰出的思想家与著名学者有所交往。

富有而独立的罗素在剑桥大学三一学院学习数学，并最终在此学院任教。他的性爱与婚姻生活经历丰富且大胆。他后来开办了一所激进学校，规定所有人都可赤身裸体。他一生结婚四次（1894 年、1921 年、1936 年以及 1952 年——时年 80 岁），持之以恒、无悔地实践着他本人所宣扬的性爱自由观念。

在 20 世纪早期，受到弗雷格启发，罗素发展出了自己的逻辑主义即数学根源于逻辑的观点，他先是在 1903 年出版的《数学的原则》一书中就此做了阐述，而后通过与数学家阿尔弗雷德·诺斯·怀特海的密切合作，顽强地追求一个目标，即证明从逻辑推出数学是可以实现的，从而克服弗雷格的工作未能解决的问题。经过十年的艰苦努力，他们出版了现代逻辑的卓越著作《数学原理》（共 3 卷：1910，1912，1913）。

罗素是一个和平主义者，他因为极力反对英国参与第一次世界大战，被三一学院开除且进了监狱。但他在第二次世界大战中又积极投入反对希特勒的活动，并相信尽管战争总是大恶，但有时它是我们所面对的众恶之中相对较小的。二战以后，他又参与反对苏联斯大林主义政权的活动；之后，又投入所谓审慎有序的公民不服从运动，反对美国卷入越南战争。

罗素曾在纽约城市学院、芝加哥大学以及加利福尼亚大学洛杉矶分校任教。但即使在美国，他也经常因为公开宣扬自己在性问题上的激进观点而遭受各种困扰。他因其散文的清晰与优美而闻名，最明显的例子莫过于他的《西方哲学史》（1945），该书成为世界范围内的畅销书。1950 年，他被授予诺贝尔文学奖。多年以来，罗素有很多他所欣赏的非常优秀的学生，他们继承了他的工作。这些学生中包括毕业于剑桥大学三一学院的哲学家路德维希·维特根斯坦，以及毕业于芝加哥大学的逻辑学家欧文·柯匹。

作为一位多彩、多产、富有创造力、热情而勇敢的学者，伯特兰·罗素不仅位列伟大的现代逻辑学家行列，也是他那个时代最杰出的知识分子之一。

约翰·冯·诺依曼（John von Neumann）

在计算机的设计中，逻辑绝对占据核心地位。约翰·冯·诺依曼（1903—1957）是一位匈牙利裔美国数学家和逻辑学家，由于他在计算机的智能结构方面的工作，将逻辑带入了我们生活的方方面面。

冯·诺依曼才智非凡，他的同事们对他肃然起敬，认为他是现代历史上最伟大的数学家。在匈牙利，他很小的时候就在私人教师的指导下，掌握了算术、代数、分析几何以及三角学，并自学了微积分。他在学习语言（包括古典希腊语与拉丁语）方面也展现了惊人的天赋，他还能够对海量的资料内容过目不忘。他年轻时在心算方面的速度与深度，也令人叹为观止。

22岁时，冯·诺依曼在匈牙利获得数学博士学位，同年又在瑞士获得了化学工程文凭，曾先后在柏林大学和汉诺威大学任教。[①] 1929年父亲去世后，冯·诺依曼随全家移民美国，并把名字从亚诺什（Janos）改为约翰。他受邀去普林斯顿大学任教，并于1933年成为普林斯顿高级研究院的首批特聘教授（阿尔伯特·爱因斯坦、赫尔曼·韦尔也在1933年受聘，库尔特·哥德尔则于1940年加入）。直到1957年因患癌症英年早逝，他一直是高研院的数学教授。在普林斯顿时期，冯·诺依曼过着活跃的社交生活。他喜爱高档服装与豪车，也喜欢美食与美酒，还爱讲笑话。他举办大型聚会，享受美好生活。他非常受朋友与同事的欣赏和钦佩。

20世纪20年代，冯·诺依曼在集合论与证明论的基础工作方面发表了多篇论文，促进了逻辑与数学基础的发展。1930年9月7日，在哥尼斯堡举办的第二届关于精密科学的认识论会议上，库尔特·哥德尔概述了他的第一不完全性定理的初始版本，之后他和冯·诺依曼探讨了各种可能性结果。1930年11月20日，冯·诺依曼给哥德尔写了一封信，非常兴奋地告知他本人也"取得了一个非凡的结果"，即"证明了数学的相容性是不可证的"。这说明他独立地发现了哥德尔的第二不完全性定理！哥德尔立

[①] 冯·诺依曼任教的是汉堡大学而非汉诺威大学。此外值得一提的是，他曾于1926年到哥廷根大学担任希尔伯特的科研助手，这对其后来的发展产生了深刻影响。——译者注

即把已经完成的一篇论文告诉冯·诺依曼，这篇论文包括第一不完全性定理的证明，以及第二不完全性定理的证明梗概，而且它在 1930 年 11 月 17 日提交并已经被接受。11 月 29 日，冯·诺依曼回信说："作为你先前工作的自然延伸与深化，既然你已经证明了数学的相容性不可证明，我当然不会在这个主题上发表论文了。"六年之后，冯·诺依曼和加勒特·伯克霍夫出版了他们开创性的《量子力学的逻辑》，开启了量子逻辑的大门。

作为一个理论数学家，冯·诺依曼在第二次世界大战期间对原子弹的研发做出了重要贡献。在二战期间，宾夕法尼亚大学设计了第一台通用电子计算机 ENIAC（电子数字集成器与计算机），几位逻辑学家（包括著名的密歇根逻辑学家亚瑟·伯克斯）是它的创建者。随着二战结束，该校开启另一个更高级的计算机项目 EDVAC（电子离散变量自动计算机），冯·诺依曼应邀协助其研制。他总结并改进了计算机的逻辑设计，并于 1945 年撰写了《关于 EDVAC 的报告》初稿。这台计算机（体积巨大，尽管与现在的普通电子计算机相比，其性能也要弱得多）被实际制造出来了。它于 1949 年在马里兰州的陆军弹道研究实验室最终完成，并在 1951—1961 年夜以继日地成功运行了约十年时间。作为逻辑学家，冯·诺依曼对计算机时代的诞生发挥了关键作用。1956 年，他在医院完成了他的最后一部著作，这部著作在他去世后出版，书名是《计算机与大脑》。

库尔特·哥德尔（Kurt Gödel）

1930 年，新泽西州普林斯顿高级研究院成立，它的首批成员包括 A. 爱因斯坦和 J. 冯·诺依曼。伟大的奥地利逻辑学家库尔特·哥德尔（1906—1978）也是高研院的早期成员之一，他在 1931 年 25 岁的时候就已发表了两个"不完全性定理"。

要理解哥德尔对于逻辑世界的影响，须谨记伟大的逻辑主义纲领——它是现代逻辑学家 G. 弗雷格、B. 罗素以及 A.N. 怀特海等人孜孜以求的目标：证明逻辑是数学的基础以及可从少数基本的逻辑公理中推出数学。罗素与怀特海曾试图在《数学原理》（1910—1913）中最终完成这项事业。逻辑主义要取得成功，就要求所设计的逻辑系统既是相容的，又是完全的。但是，哥德尔在论文《论〈数学原理〉以及相关系统 I 中命题的形式不可判定性》（1931）中证明，对于任何一个自身相容且能够充分描述自然数的算术公理系统，一定存在不可判定的命题 B，使得 B 和其否定

～B 都是这个系统中不可导出的。这就是哥德尔的第一不完全性定理。在标准解释中，既然 B 和～B 必有一个为真，那么在这样的一个相容的系统中，就一定至少有一个真的但却不可证的命题。这个结果对于逻辑主义与其他基础主义的努力是毁灭性的打击，因为它意味着寻找所有数学基础理论（或所有初等数论）的相容性公理集是注定会失败的。在他 1931 年的论文中，哥德尔还给出了他的第二不完全性定理（曾被冯·诺依曼独立地发现，他在 1930 年 11 月 20 日的一封信中与哥德尔交流过）的证明梗概：如果这样的公理系统是相容的，则它的相容性在此系统中是不可证的。

在他的职业生涯末期，哥德尔在逻辑与集合论方面做了很多重要的基础工作。1951 年，在哥德尔获得爱因斯坦奖的时候，冯·诺依曼强调了哥德尔的成就特别是不完全性定理的重要性：

> 库尔特·哥德尔在现代逻辑中的成就是无与伦比的、不朽的。确实，它不只是一座纪念碑，而是时空中一座永远可见的里程碑……由于哥德尔的成就，逻辑的主题已完全地变革了其性质和可能性……它使得逻辑再也不会一如既往了。

哥德尔出生于当时的奥匈帝国布尔诺市，童年时永不满足的好奇心使他得了一个绰号"为什么先生"，在早年的学校教育中他的语言和数学学习都表现出色。在 18 岁那年他移居到了维也纳。1933 年，即他发表不完全性定理的两年后，哥德尔首次访问了美国，在普林斯顿高研院做演讲，并在那里遇到了爱因斯坦。同年，希特勒在德国掌权。当奥地利在 1938 年被纳粹德国吞并的时候，哥德尔在维也纳的处境变得非常危险。第二次世界大战于 1939 年 9 月 1 日爆发后，哥德尔于 1940 年 1 月 18 日携妻子阿黛尔经由西伯利亚的铁路绕道日本逃往美国。1940 年 3 月末他安抵普林斯顿。从 1946 年开始，哥德尔作为高研院的杰出终身成员，继续他的研究工作。许多年后，已成为哥德尔老友的爱因斯坦向朋友吐露说，他持续坚持到研究院上班的主要原因是"可以和哥德尔一起散步回家"。

哥德尔是作为纳粹恐怖统治的后果而来到美国的众多杰出学者（物理学家、哲学家、逻辑学家、数学家、文学家以及各个领域的思想家）之一，这些学者丰富了美国的精神生活。哥德尔在 1948 年成为美国公民。他仔细研究了美国宪法，并一直待在美国，直到 1978 年在普林斯顿去世。

部分练习题解答[1]

本答案只针对练习题编号中标星号的那些题目。

第 5 章

第 5.3 节

1. S＝历史学家；P＝极有天赋、其作品读来如同一流小说的作家。形式：特称肯定命题。

5. S－富裕、有声望的家庭中的人；P－富足或显赫的人。形式：特称否定命题。

10. S＝无原创作品的人；P＝可以信赖的评论家。形式：全称否定命题。

第 5.4 节

1. 质：肯定；量：特称；
   主谓项都不周延；

5. 质：否定；量：全称；
   主谓项都周延；

10. 质：肯定；量：全称；
    主项周延、谓项不周延。

第 5.5 节

1. 假定（a）为真，则：
   (b) 与（a）为反对关系，所以（b）为假；
   (c) 与（a）为差等关系，所以（c）为真；
   (d) 与（a）为矛盾关系，所以（d）为假。

---

[1] 原书答案中出现的讹误已予修订，不再一一注明。——译者注

839

假定（a）为假，则：

(b) 与（a）为反对关系，所以（b）真假不确定；

(c) 与（a）为差等关系，所以（c）真假不确定；

(d) 与（a）为矛盾关系，所以（d）为真。

第5.6节

A.

1. 没有不顾交通法规的鲁莽驾车人是关心别人的人。与原命题等价。
5. 有体力不支的老者是专业摔跤运动员。与原命题等价。

B.

1. 有大学选手不是非职业运动员。
5. 没有适于做锚的东西是至少重15磅的东西。

C.

1. 所有非悲观主义者是非记者。与原命题等价。
5. 有居民不是公民。与原命题等价。

D.

1. 假　　　　5. 真假不定　　　10. 假

E.

1. 假　　　　5. 真假不定　　　10. 假

F.

1. 真假不定　5. 假　　　10. 真假不定　　15. 真

G.

1. 真假不定　5. 真假不定　10. 真　　　　15. 真假不定

第5.7节

E.

第（1）步到第（2）步无效：（1）断定了一个 I 命题为假；（2）断定了与这个命题相应的 O 命题为真。依据传统解释，I 命题与 O 命题为下反对关系，不能同假。因此在这种解释下，如果（1）中的 I 命题为假，（2）的 O 命题必定为真。但是，由于 I 命题与 O 命题中都有存在含义，在主项对应的类为空时，I 命题与 O 命题可以同假（依据布尔解释）。本题中主项对应的类为空，因为美人鱼是不存在的，因此，由（1）的假不能推得（2）的真。依据布尔解释，相应的 I 与 O 命题并非下反对关系，但本题中从（1）到（2）的论证却将它们看作下反对关系。

第 5.8 节

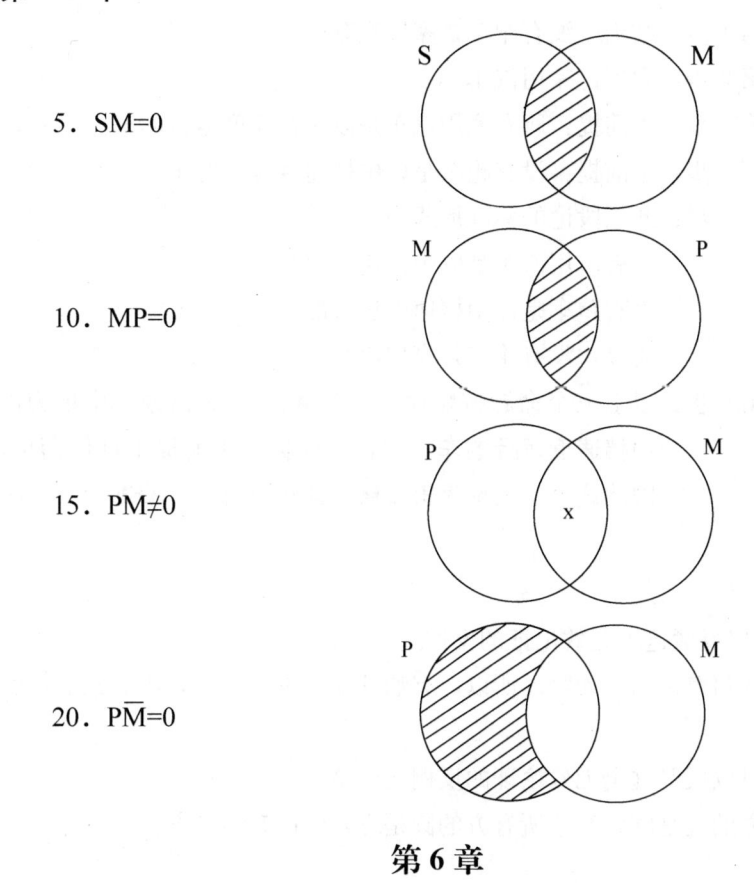

5．SM=0

10．MP=0

15．PM≠0

20．P$\overline{\text{M}}$=0

第 6 章

第 6.1 节

5．第 1 步：结论：有保守派不是倡导高税率的人。

第 2 步：大项：倡导高税率的人。

第 3 步：大前提：所有倡导高税率的人是共和党人。

第 4 步：小前提：有共和党人不是保守派。

第 5 步：此三段论的标准形式为：

所有倡导高税率的人是共和党人，

有共和党人不是保守派，

所以，有保守派不是倡导高税率的人。

第6步：以上三个命题按顺序分别为 **A、O、O 命题**。中项为**共和党人**，它在大前提中做谓项、在小前提中做主项，因此这个三段论为**第四格**。其式与格为：**AOO-4**。

10. 第1步：结论：没有跑车是家用汽车。

    第2步：大项：家用汽车。

    第3步：大前提：所有家用汽车是以中档速度运行的车。

    第4步：小前提：没有跑车是以中档速度运行的车。

    第5步：此三段论的标准形式为：

    所有家用汽车是以中档速度运行的车，

    没有跑车是以中档速度运行的车，

    所以，没有跑车是家用汽车。

    第6步：以上三个命题按顺序分别为 **A、E、E 命题**。中项为**以中档速度运行的车**，它在大前提和小前提中都做谓项，因此这个三段论为**第二格**。其式与格为：**AEE-2**。

第6.2节

5. 可以反驳这个无效论证的反例之一是：

所有独角兽是哺乳动物，所以，有哺乳动物不是动物，因为没有动物是独角兽。

10. 可以反驳这个无效论证的反例之一是：

所有方的圆是圆，并且所有方的圆是方，因此有圆是方。

第6.3节

A.

5. 没有P是M，
   有M是S，
   ∴有S不是P。

   EIO-4
   有效式
   (Fresison)

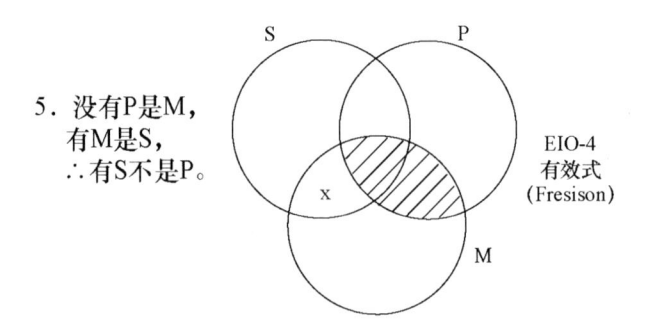

10. 有P是M，
　　所有M是S，
　　∴有S是P。

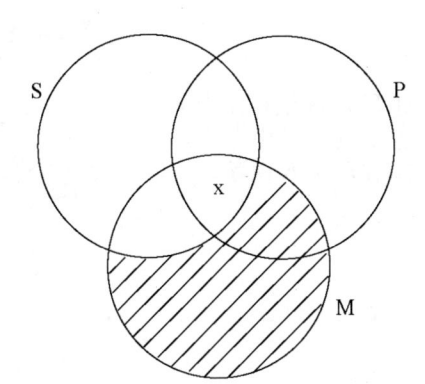

IAI-4
有效式
(Disamis)

15. 没有M是P，
　　有S是M，
　　∴有S不是P。

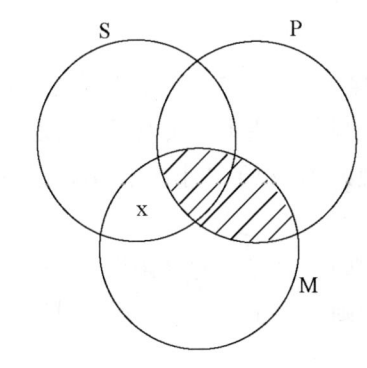

EIO-1
有效式
(Ferio)

B.

1. 有改革者是狂徒，
　　所有改革者是理想主义者，
　　∴有理想主义者是狂徒。

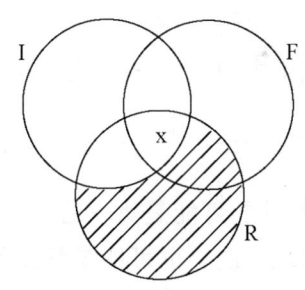

IAI-3
有效式
(Disamis)

5. 没有游艇是水下船只，
　　所有水下船只是潜水艇，
　　∴没有潜水艇是游艇。

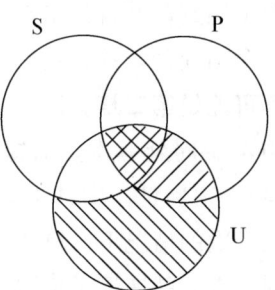

EAE-4
无效式

10. 所有工人领导是真正自由党人，
没有怯懦者是真正自由党人，
∴ 没有怯懦者是工人领导。

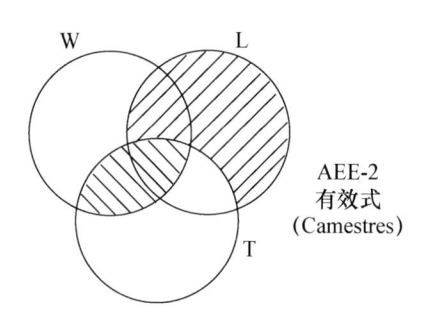

AEE-2
有效式
(Camestres)

第6.4节

A.

5. 违反了规则3，犯了"小项不当周延"的谬误。

10. 违反了规则3，犯了"大项不当周延"的谬误。

15. 违反了规则3，犯了"小项不当周延"的谬误。

B.

5. 违反了规则6，犯了"存在谬误"。

10. 违反了规则3，犯了"小项不当周延"的谬误。

C.

5. 违反了规则3，犯了"小项不当周延"的谬误。

10. 违反了规则1，犯了"四项"的谬误。（其中"喜欢它的人"是歧义词，在结论中的含义与在前提中的含义截然不同。）

第6章附录

5. 显然，此题**可能是第一格**的 **AII-1** 式，有效。其中只有一个项周延，并且只出现一次。也**可能是第三格**的 **AII-3**（IAI-3 也一样），有效，其中只有一个项周延，并且只出现一次。还**可能是第四格**的 **IAI-4**，有效，其中也只有一个项周延，并且只出现一次。但不能是中项在两个前提中都做谓项，即**不可能是第二格**。试想，在第二格中，为了不违反规则2，即中项在前提中至少周延一次，前提之一必为否定命题。这样，根据规则5，结论中谓项必须周延，即结论必为否定命题。因此，在只有一个项周延并且只周延一次的情况下，第二格中周延的项必须在结论中。而如果周延的项只出现一次，就违反了规则3，因为这个项在结论中周延，在前提中却不周延。

10. 没有满足本题要求的三段论。如果中项在前提中两次都周延，那么，**在第一格中**，小前提必为否定，而（根据规则 5）结论也必为否定，所以根据规则 3，大前提也必为否定，违反规则 4。**在第二格中**，两个前提均为否定命题，违反规则 4。**在第三格中**，两个前提必然都为全称命题，据规则 3，小前提必为否定，根据规则 5，结论为否定命题——再根据规则 3 大前提也必为否定，违反规则 4。**在第四格中**，大前提必为否定。因此（根据规则 5），结论必须为否定（E 或者 O 命题）且它的大项必须周延，这意味着（根据规则 3）大前提中的大项必须周延，因此大前提就为全称命题（E 命题）。小前提也必须全称，因为它的中项要周延，同时根据规则 4，它不可能是否定的，从而它必须是 A 命题，即**所有 M 都是 S**。现在规则 6 排除了结论为 O 命题的可能性，而规则 3 排除了结论为 E 命题的可能性。

第 7 章

第 7.2 节

5. 令 E＝爆炸物；
   F＝容易点燃的东西 [注意，容易点燃的东西（flammable）和易燃物（inflammable）**为同义词**]；
   S＝安全的东西；

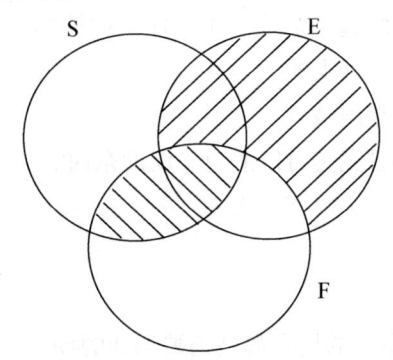

则原来的三段论可以翻译为如下的标准形式：
   所有 E 是 F，
   没有 F 是 S，
   所以，没有 S 是 E。
根据这个三段论（Camenes 式）的文恩图，可知它是有效式。

10. 令O＝长于6英尺的东西；
   D＝难于储存的东西；
   U＝有用的东西；

则原来的三段论可以翻译为如下的标准形式：
   所有O是D，
   没有D是U，
   所以，没有U是O。

根据这个三段论（Camenes式）的文恩图，可知它是有效式。

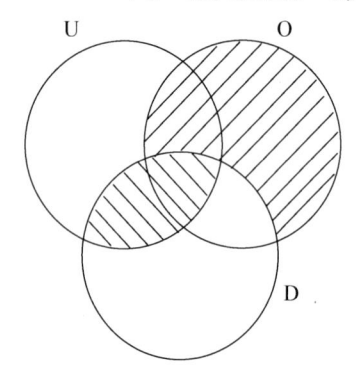

第7.3节

5. 所有Junkos是钱能买到的最好的东西。

10. 没有面朝太阳的人是看到自己影子的人。

15. 没有护卫军候选人是受土耳其青年拥护的人。（或者：没有土耳其青年是拥护护卫军候选人的人。）

20. 所有博爱者是虔诚者。

25. 所有灵活的答案是可以避免非议的东西。

第7.4节

A.

5. 所有她发表意见的场合都是她被问到的场合。

10. 没有自由争论的时间是解决问题的时间。

B.

5. 没有含有两个否定前提的三段论（N）是有效三段论（V）。
   有些有效三段论不是不可靠的论证（U）。
   ∴有些不可靠的论证是含有两个否定前提的三段论。

EOI-4　　　　　　　　　　　无效式（排斥前提）

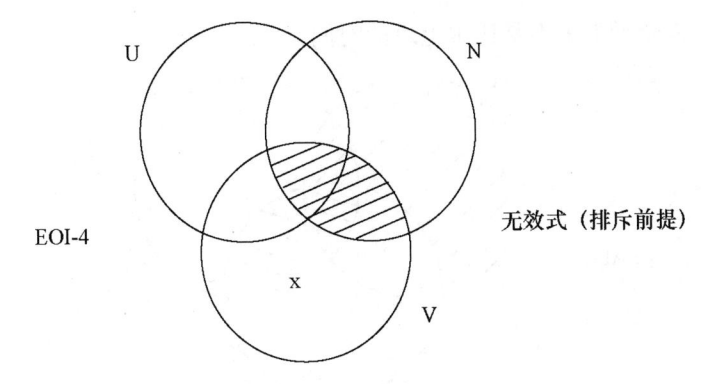

10. 没有真正客观的人（O）是会犯错误的人（L）。
    所有会犯错误的人是不顾事实的人（I）。
    ∴ 没有不顾事实的人是真正客观的。

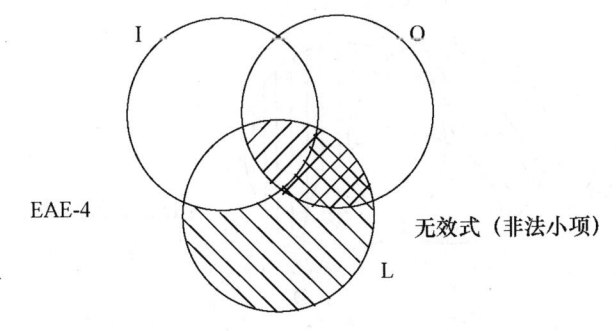

EAE-4　　　　　　　　　　　无效式（非法小项）

15. 所有对工程师有意义的东西（E）都是近似值（A）。
    没有近似值是无理数（I）。
    ∴ 没有无理数是对工程师有意义的东西。

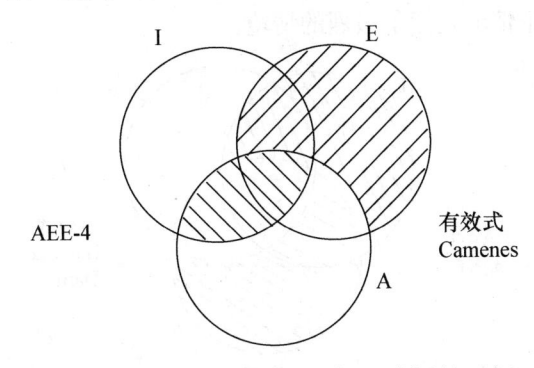

AEE-4　　　　　　　　　　　有效式 Camenes

20. 比尔上班的时间（W）不是比尔穿运动衫的时间（S）。
    今天上午（M）是比尔穿运动衫的时间。

∴今天上午不是比尔上班的时间。

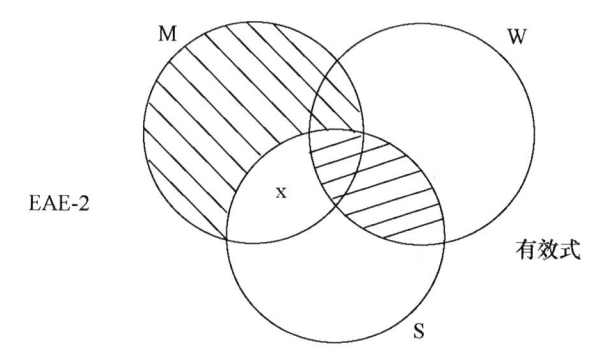

EAE-2

有效式

25. 所有有效三段论（V）是中项在前提中至少周延一次的三段论（D）。
这个三段论（T）是中项在前提中至少周延一次的三段论。
∴这个三段论是有效三段论。

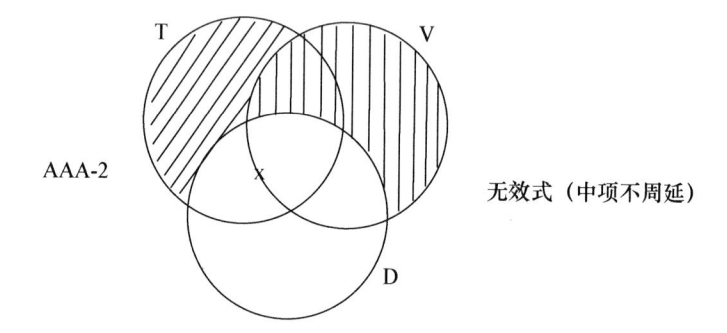

AAA-2

无效式（中项不周延）

30. 涉及大量金钱的情境（M）都是竞争激烈的情境（C）。
这个情境是（T）涉及大量金钱的情境。
∴这个情境是竞争激烈的情境。

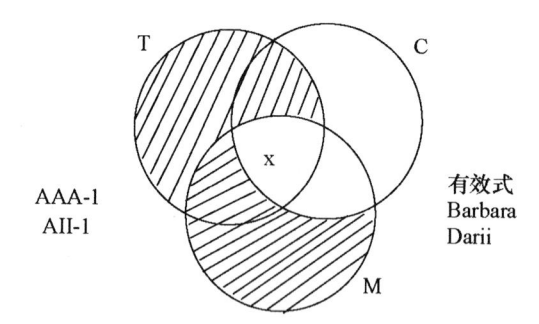

AAA-1
AII-1

有效式
Barbara
Darii

35. 所有无效三段论（I）都是犯了不当周延错误的三段论（C）。
这个三段论（T）不是犯了不当周延错误的三段论。

∴ 这个三段论不是无效三段论。

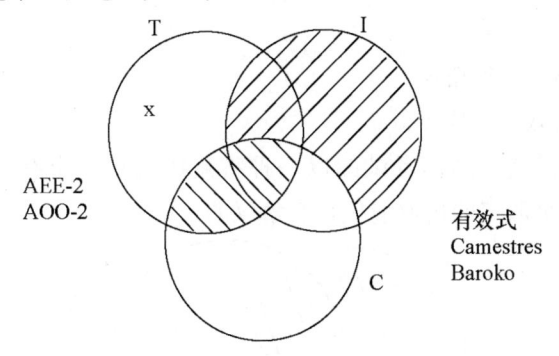

AEE-2
AOO-2

有效式
Camestres
Baroko

第7.5节

5. a. 省略结论：那些凶狠的对手都是你不憎恨的人。

   b. 标准翻译：

   所有你所尊重的人都是你不憎恨的人。

   所有凶狠的对手都是你所尊重的人。

   ∴ 所有凶狠的对手都是你不憎恨的人。

   c. 第三种省略体。

   d. 有效式（Barbara）。

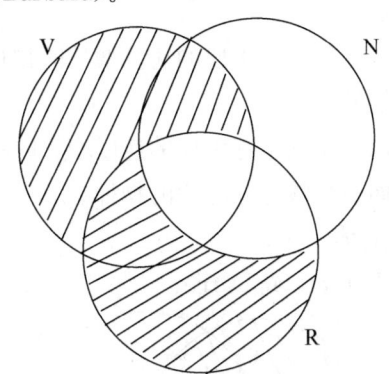

10. a. 省略前提：所有不是无知导致的谎言、错误和疏漏都是恶意为之的。

    b. 标准翻译：

    所有不是无知导致的谎言、错误和疏漏都是恶意为之的谎言、错误和疏漏。

    卡特总统的书中出现的谎言、错误和疏漏都不是无知导致的谎言、错误和疏漏。

∴ 卡特总统的书中出现的谎言、错误和遗漏都是恶意为之的谎言、错误和疏漏。

c. 第一种省略体。

d. 有效式（Barbara）。

注意：这段文字的作者试图以一种省略体展现一个有效的析取三段论。当然，这个假定的析取前提是有争议的。

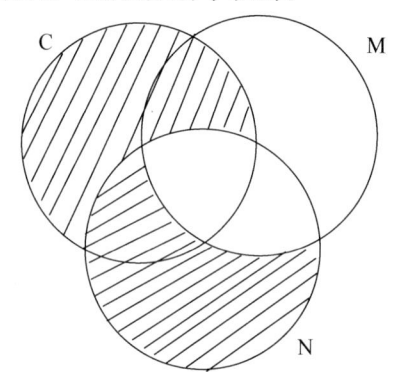

15. a. 省略前提：所有倾向以高于其生存手段的速度增长的物种都是会面临严峻生存考验的。

b. 标准翻译：

所有倾向以高于其生存手段的速度增长的物种都是会面临严峻生存考验的物种。

人类是倾向以高于其生存手段的速度增长的物种。

∴ 人类是会面临严峻生存考验的物种。

c. 第一种省略体。

d. 有效式（Barbara 或 Darii）。

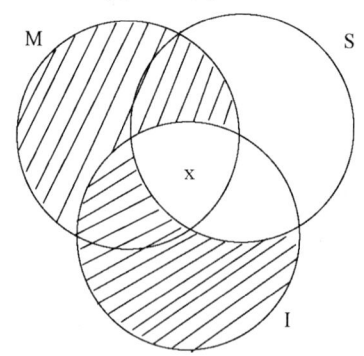

20. a. 省略前提：所有优化大多数人生活条件的东西都是需要的。

b. 标准翻译：

所有优化大多数人生活条件的东西都是需要的东西。

所有生产力都是优化大多数人生活条件的东西。

∴ 所有生产力都是需要的东西。

c. 第一种省略体。

d. 有效式（Barbara）。

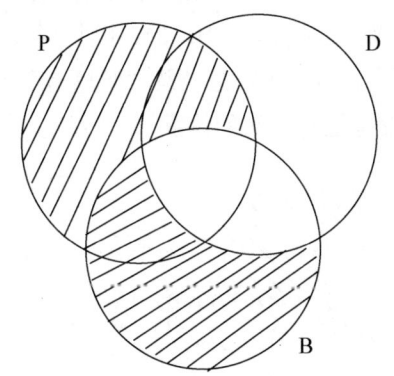

25. a. 省略前提：声称凡事皆必然之人不能批评那些根据他的观点在必然地做事的人。

b. 标准翻译：

所有去做被声称凡事皆必然之人承认为必然发生之事的人，都是不能被声称凡事皆必然之人批评的。

所有否认凡事皆必然之人，都是去做被声称凡事皆必然之人承认为必然发生之事的人。

∴ 所有否认凡事皆必然的人，都是不能被声称凡事皆必然的人批评的。

c. 第一种省略体。

d. 有效式（Barbara）。

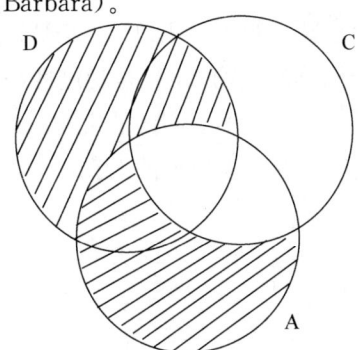

第7.6节

A.

5. (1') 所有有意义的诗歌（I）是受到高品位者欢迎的诗歌（P）。
   (4') 没有矫揉造作的诗歌（A）是受到高品位者欢迎的诗歌。
   (2') 所有现代诗歌（M）都是矫揉造作的诗歌。
   (5') 所有谈及"肥皂泡"（S）的诗歌是现代诗歌。
   (3') 你的所有诗歌（Y）是谈及"肥皂泡"的。
   ∴ 你的诗歌没有是有意义的诗歌。

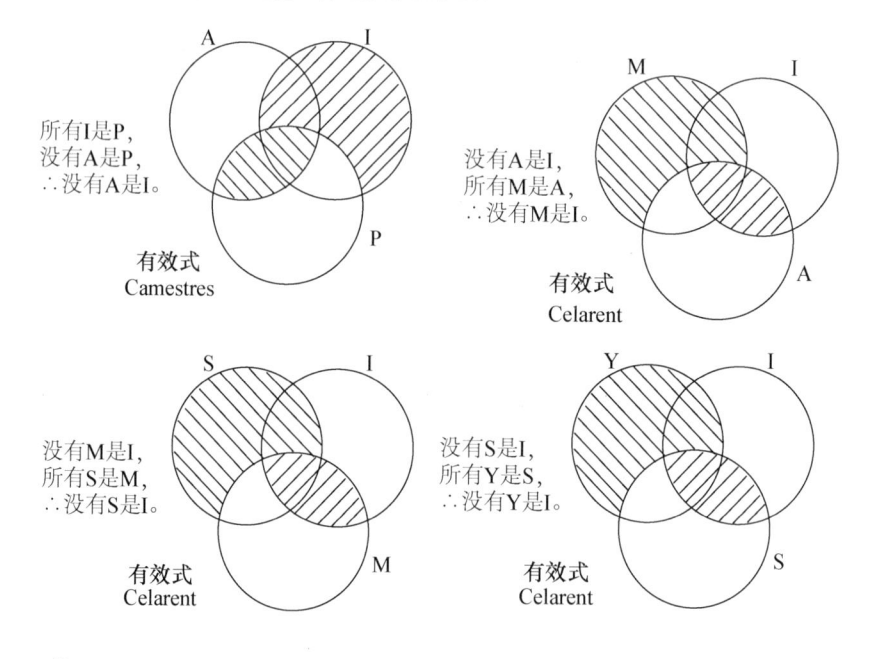

所有I是P，
没有A是P，
∴没有A是I。

有效式
Camestres

没有A是I，
所有M是A，
∴没有M是I。

有效式
Celarent

没有M是I，
所有S是M，
∴没有S是I。

有效式
Celarent

没有S是I，
所有Y是S，
∴没有Y是I。

有效式
Celarent

B.

1. (1') 所有读《泰晤士报》的人（T）是受过良好教育的人（W）。
   (3') 没有不会阅读的生物（C）是受过良好教育的人。
   (2') 所有刺猬（H）是不会阅读的生物。
   ∴ 没有刺猬是读《泰晤士报》的人。

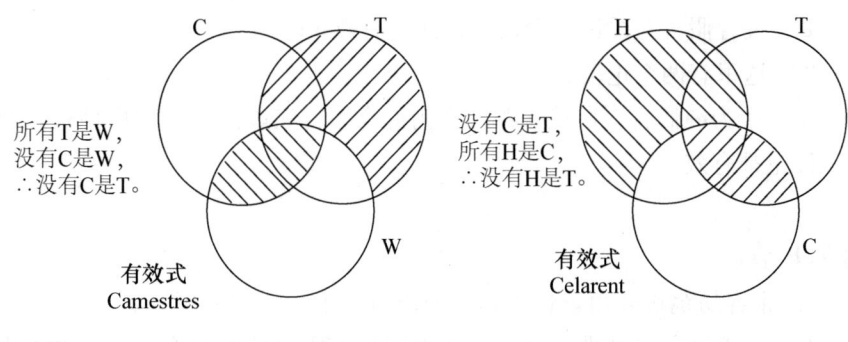

所有T是W,
没有C是W,
∴没有C是T。

有效式
Camestres

没有C是T,
所有H是C,
∴没有H是T。

有效式
Celarent

5.
(2') 这些连锁论证（S）是不按标准的顺序排列的（N）。
(4') 没有不按标准顺序排列的题目是我会做的（U）。
(1') 所有我没有抱怨的题目（G）是我会做的题目。
(5') 所有让我觉得头痛的题目（H）是我没有抱怨的。
(3') 所有容易的题目（E）是不会让我觉得头痛的。
∴ 这些连锁论证不是容易的题目。

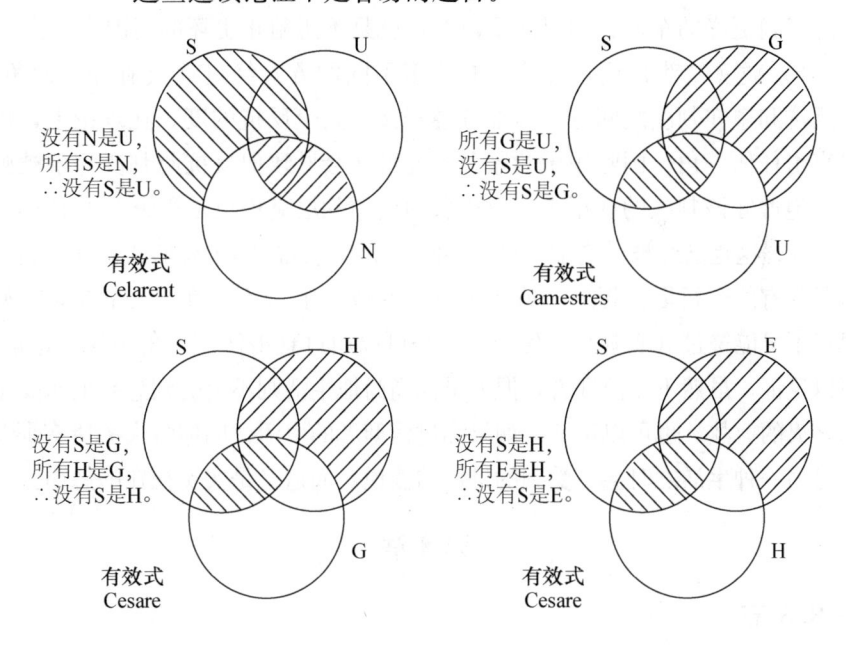

没有N是U,
所有S是N,
∴没有S是U。

有效式
Celarent

所有G是U,
没有S是U,
∴没有S是G。

有效式
Camestres

没有S是G,
所有H是G,
∴没有S是H。

有效式
Cesare

没有S是H,
所有E是H,
∴没有S是E。

有效式
Cesare

第7.7节

5. 混合假言三段论，分离律，有效。
10. 析取三段论，有效。

15. 混合假言三段论和否定后件式，有效。

20. 这里有两个论证：

第一个为纯假言三段论，第二个为混合假言三段论、否定后件式，两个三段论都有效。

第7.8节

5. 很容易绕过死角，也可以直击任何一角。

10. 对于这个二难推论，绕过（或避开）死角是不可能的。可以采用直击一角的方法，或者指出（a）即使知道改变不会比现在更糟，甚至会更好，但还是希望保持现状，这只是惯性使然、安于现状——只是"担心改变太麻烦，不值得"。（b）即使知道改变可能不比现在更好，甚至更糟，但还是想改变，这是因为感到无聊和厌倦——只是想"来点儿变化吧"。可见这是心理上的问题而非政治或道德问题，而原来的二难推论本身显然是心理上的。此处可以用一个普通的反例反驳它：如果要保持现状，就是不想得到更好的东西；如果想要改变，就是不想阻止更坏的情况发生。

15. 这一二难推论，理论上有许多不同的方式绕过（或避开）死角。在反抗和遵守判决之间有许多部分遵守又不完全反抗的度。在理论上，可以直击任何一角：国际领域的紧急状况可能会导致他反抗此判决却不被弹劾；他遵守该判决的证据不足以说服国会弹劾尼克松也是逻辑上可能的。

20. 这是已经被讨论了三百多年的帕斯卡论证的非正规形式。如果将其解释为有两个析取前提——或者上帝存在或者上帝不存在——的论证，则显然不可能绕过（或避开）死角。但是可以通过直击任何一角拒斥该论证。可以论证，虽然不是信仰者，但如果你高尚地生活则不会受到惩罚而永受地狱之火的煎熬。也可以论证，如果你过信仰者的生活，则你将失去所有那些你过另一种生活之时会享受到的世俗的愉悦，而这又是实实在在的惩罚。

第8章

第8.3节

A.

1. 真　5. 真　10. 真　15. 假　20. 真　25. 假

B.

1. 真　5. 假　10. 真　15. 真　20. 假　25. 假

C.

1. I・~L   5. ~I・~L   10. ~(E∨J)
15. ~I∨L   20. (I・E)∨~(J・S)   25. (L・E)・(S・J)

第8.4节

A.

1. 真   5. 假   10. 真   15. 假   20. 假   25. 真

B.

1. A⊃(B⊃C)   5. (A・B)⊃C   10. ~[A⊃(B・C)]
15. B⊃(A∨C)   20. B∨C   25. (~C・~D)⊃(~B∨A)

第8.5节

A组

e. e 的特征形式是 10。

o. o 是 3 的代入特例，24 是 o 的特征形式。

第8.8节

A.

1.

p	q	p⊃q	~q	~p	~q⊃~p
T	T	T	F	F	T
T	F	F	T	F	F
F	T	T	F	T	T
F	F	T	T	T	T

有效

5.

p	q	p⊃q
T	T	T
T	F	F
F	T	T
F	F	T

无效（第2行表明了这一点）

10.

p	q	p • q
T	T	T
T	F	F
F	T	F
F	F	F

有效

15.

p	q	r	q⊃r	p⊃(q⊃r)	p⊃r	q⊃(p⊃r)	p∨q	(p∨q)⊃r
T	T	T	T	T	T	T	T	T
T	T	F	F	F	F	F	T	F
T	F	T	T	T	T	T	T	T
T	F	F	T	T	F	T	T	F
F	T	T	T	T	T	T	T	T
F	T	F	F	T	T	T	T	F
F	F	T	T	T	T	T	F	T
F	F	F	T	T	T	T	F	T

无效（第4和第6行表明了这一点）

20.

p	q	r	s	p • q	p⊃q(p • q)⊃r	r⊃s	p⊃(r⊃s)	(p⊃q) • [(p • q)⊃r]	p⊃s
T	T	T	T	T	T	T	T	T	T
T	T	T	F	T	T	F	F	F	T
T	T	F	T	T	T	T	T	T	T
T	T	F	F	T	T	T	T	T	F
T	F	T	T	F	F	T	T	T	T
T	F	T	F	F	F	F	F	F	F
T	F	F	T	F	F	T	T	T	T
T	F	F	F	F	F	T	T	T	F
F	T	T	T	F	T	T	T	T	T
F	T	T	F	F	T	F	T	T	T
F	T	F	T	F	T	T	T	T	T
F	T	F	F	F	T	T	T	T	T
F	F	T	T	F	T	T	T	T	T
F	F	T	F	F	T	F	T	T	T
F	F	F	T	F	T	T	T	T	T
F	F	F	F	F	T	T	T	T	T

有效

B.

1. (A∨B)⊃(A·B)　　　　　　　　(p∨q)⊃(p·q)
　　A∨B　　　　　其特征形式为：　p∨q
　　∴ A·B　　　　　　　　　　　∴ p·q

p	q	p∨q	p·q	(p∨q) ⊃ (p·q)
T	T	T	T	T
T	F	T	F	F
F	T	T	F	F
F	F	F	F	T
有效				

5. (I∨J)⊃(I·J)　　　　　　　　(p∨q)⊃(p·q)
　　∼(I∨J)　　　　其特征形式为：　∼(p∨q)
　　∴ ∼(I·J)　　　　　　　　　　∴ ∼(p·q)

p	q	p∨q	p·q	(p∨q) ⊃ (p·q)	∼(p∨q)	∼(p·q)
T	T	T	T	T	F	F
T	F	T	F	F	F	T
F	T	T	F	F	F	T
F	F	F	F	T	T	T

有效（注意：这里没犯否定前件谬误！）

10. U⊃(V∨W)　　　　　　　　　p⊃(q∨r)
　　(V·W)⊃∼U　　其特征形式为：(q·r)⊃∼p
　　∴ ∼U　　　　　　　　　　　∴ ∼p

p	q	r	q∨r	p⊃(q∨r)	q·r	∼p	(q·r)⊃∼p
T	T	T	T	T	T	F	F
T	T	F	T	T	F	F	T
T	F	T	T	T	F	F	T
T	F	F	F	F	F	F	T
F	T	T	T	T	T	T	T
F	T	F	T	T	F	T	T
F	F	T	T	T	F	T	T
F	F	F	F	T	F	T	T

无效（第2、第3行表明了这一点）

C.

1. A⊃(B・C)　　　　　　　　　p⊃(q・r)
　　～B　　　　其特征形式为：　　～q
　　∴～A　　　　　　　　　　　∴～p

p	q	r	q・r	p⊃(q・r)	～q	～p
T	T	T	T	T	F	F
T	T	F	F	F	F	F
T	F	T	F	F	T	F
T	F	F	F	F	T	F
F	T	T	T	T	F	T
F	T	F	F	T	F	T
F	F	T	F	T	T	T
F	F	F	F	T	T	T

有效

5. M⊃(N⊃O)　　　　　　　　　p⊃(q⊃r)
　　N　　　　　其特征形式为：　　q
　　∴O⊃M　　　　　　　　　　∴r⊃p

p	q	r	q⊃r	p⊃(q⊃r)	r⊃p
T	T	T	T	T	T
T	T	F	F	F	T
T	F	T	T	T	T
T	F	F	T	T	T
F	T	T	T	T	F
F	T	F	F	T	T
F	F	T	T	T	F
F	F	F	T	T	T

无效（第5行表明了这一点）

10. 可以符号化为：
　　　C⊃(I・D)　　　　　　　　　　p⊃(q・r)
　　　(I∨D)⊃B　　其特征形式为：　(q∨r)⊃s
　　　∴C⊃B　　　　　　　　　　　∴p⊃s

p	q	r	s	q・r	p⊃(q・r)	q∨r	(q∨r)⊃s	p⊃s
T	T	T	T	T	T	T	T	T
T	T	T	F	T	T	T	F	F
T	T	F	T	F	F	T	T	T

续表

p	q	r	s	q•r	p⊃(q•r)	q∨r	(q∨r)⊃s	p⊃s
T	T	F	F	F	F	T	F	F
T	F	T	T	F	F	T	T	T
T	F	T	F	F	F	T	F	F
T	F	F	T	F	F	F	T	T
T	F	F	F	F	F	F	T	F
F	T	T	T	T	T	T	T	T
F	T	T	F	T	T	T	F	T
F	T	F	T	F	T	T	T	T
F	T	F	F	F	T	T	F	T
F	F	T	T	F	T	T	T	T
F	F	T	F	F	T	T	F	T
F	F	F	T	F	T	F	T	T
F	F	F	F	F	T	F	T	T
有效								

第 8.9 节

A.

1. c 是 1 的特征形式。

5. c 以 5 为代入例，且 i 是 5 的特征形式。

10. e 以 10 为代入例。

B.

1.

p	q	p⊃q	p⊃(p⊃q)	[p⊃(p⊃q)]⊃q
T	T	T	T	T
T	F	F	F	T
F	T	T	T	T
F	F	T	T	F
偶真式				

5.

p	q	~q	q•~q	p⊃(q•~q)	p⊃[p⊃(q•~q)]
T	T	F	F	F	F
T	F	T	F	F	F
F	T	F	F	T	T
F	F	T	F	T	T
偶真式					

10.

p	q	r	s	p⊃q	r⊃s	(p⊃q)•(r⊃s)	q∨s	[(p⊃q)•(r⊃s)]•(q∨s)	p∨r	{[(p⊃q)•(r⊃s)]•(q∨s)}⊃(p∨r)
T	T	T	T	T	T	T	T	T	T	T
T	T	T	F	T	F	F	T	F	T	T
T	T	F	T	T	T	T	T	T	T	T
T	T	F	F	T	T	T	T	T	T	T
T	F	T	T	F	T	F	T	F	T	T
T	F	T	F	F	F	F	F	F	T	T
T	F	F	T	F	T	F	T	F	T	T
T	F	F	F	F	T	F	F	F	T	T
F	T	T	T	T	T	T	T	T	T	T
F	T	T	F	T	F	F	T	F	T	T
F	T	F	T	T	T	T	T	T	F	F
F	T	F	F	T	T	T	T	T	F	F
F	F	T	T	T	T	T	T	T	T	T
F	F	T	F	T	F	F	F	F	T	T
F	F	F	T	T	T	T	T	T	F	F
F	F	F	F	T	T	T	F	F	F	T
偶真式										

C.

1.

p	q	p⊃q	~q	~p	~q⊃~p	(p⊃q)≡(~q⊃~p)
T	T	T	F	F	T	T
T	F	F	T	F	F	T
F	T	T	F	T	T	T
F	F	T	T	T	T	T
重言式						

5.

p	q	p∨q	p•(p∨q)	p≡[p•(p∨q)]
T	T	T	T	T
T	F	T	T	T
F	T	T	F	T
F	F	F	F	T
重言式				

10.

p	q	p⊃q	p∨q	(p∨q)≡q	(p⊃q)≡[(p∨q)≡q]
T	T	T	T	T	T
T	F	F	T	F	T
F	T	T	T	T	T
F	F	T	F	T	T
重言式					

15.

p	q	r	q∨r	p·(q∨r)	p·q	p·r	(p·q)∨(p·r)	[p·(q∨r)]≡[(p·q)∨(p·r)]
T	T	T	T	T	T	T	T	T
T	T	F	T	T	T	F	T	T
T	F	T	T	T	F	T	T	T
T	F	F	F	F	F	F	F	T
F	T	T	T	F	F	F	F	T
F	T	F	T	F	F	F	F	T
F	F	T	T	F	F	F	F	T
F	F	F	F	F	F	F	F	T
重言式								

20.

p	q	p⊃q	q⊃p	(p⊃q)·(q⊃p)	p·q	~p	~q	~p·~q	(p·q)∨(~p·~q)	[(p⊃q)·(q⊃p)]≡[(p·q)∨(~p·~q)]
T	T	T	T	T	T	F	F	F	T	T
T	F	F	T	F	F	F	T	F	F	T
F	T	T	F	F	F	T	F	F	F	T
F	F	T	T	T	F	T	T	T	T	T
重言式										

第9章

第9.2节

1. 吸收律（Abs.）

5. 构造式二难（C. D.）

10. 假言三段论（H. S.）

15. 合取律（Conj.）

20. 假言三段论（H.S.）

第9.3节

1. 3. 1，简化律
4. 3，附加律
5. 2，4，肯定前件式
6. 3，5，合取律

10. 6. 4，5，合取律
7. 3，6，肯定前件式
8. 7，1，假言三段论
9. 2，8，合取律
10. 9，4，构造式二难

5. 5. 2，4，肯定前件式
6. 1，5，合取律
7. 3，4，析取三段论
8. 6，7，构造式二难

第9.4节

5. 1. M∨N
2. ∼M・∼O
∴N
3. ∼M　　　　　　　　　　2，简化律
4. N　　　　　　　　　　　1，3，析取三段论

10. 1. A⊃B
2. (A・B)⊃C
∴A⊃C
3. A⊃(A・B)　　　　　　　1，吸收律
4. A⊃C　　　　　　　　　　3，2，假言三段论

15. 1. (P⊃Q)・(R⊃S)
2. (P∨R)・(Q∨R)
∴Q∨S
3. P∨R　　　　　　　　　　2，简化律
4. Q∨S　　　　　　　　　　1，3，构造式二难

20. 1. (∼H∨I)∨J
2. ∼(∼H∨I)
∴J∨∼H

    3. J   1, 2, 析取三段论

    4. J∨∼H   3, 附加律

25. 1. (W·X)⊃(Y·Z)

    2. ∼[(W·X)·(Y·Z)]

    ∴∼(W·X)

    3. (W·X)⊃[(W·X)·(Y·Z)]   1, 吸收律

    4. ∼(W·X)   3, 2, 否定后件式

30. 1. Q⊃(R∨S)

    2. (T·U)⊃R

    3. (R∨S)⊃(T·U)

    ∴Q⊃R

    4. Q⊃(T·U)   1, 3, 假言三段论

    5. Q⊃R   4, 2, 假言三段论

第9.5节

A.

5. 1. N⊃[(N·O)⊃P]

    2. N·O

    ∴P

    3. N   2, 简化律

    4. (N·O)⊃P   1, 3, 肯定前件式

    5. P   4, 2, 肯定前件式

10. 1. E∨∼F

    2. F∨(E∨G)

    3. ∼E

    ∴G

    4. ∼F   1, 3, 析取三段论

    5. E∨G   2, 4, 析取三段论

    6. G   5, 3, 析取三段论

15. 1. (Z·A)⊃B

    2. B⊃A

    3. (B·A)⊃(A·B)

863

$$\therefore (Z \cdot A) \supset (A \cdot B)$$

  4. $B \supset (B \cdot A)$ 2，吸收律

  5. $B \supset (A \cdot B)$ 4，3，假言三段论

  6. $(Z \cdot A) \supset (A \cdot B)$ 1，5，假言三段论

B.

5. 1. $(Q \supset R) \cdot (S \supset T)$

  2. $(U \supset V) \cdot (W \supset X)$

  3. $Q \lor U$

$$\therefore R \lor V$$

  4. $Q \supset R$

  5. $U \supset V$ 2，简化律

  6. $(Q \supset R) \cdot (U \supset V)$ 4，5，合取律

  7. $R \lor V$ 6，3，构造式二难

10. 1. $(N \lor O) \supset P$

  2. $(P \lor Q) \supset R$

  3. $Q \lor N$

  4. $\sim Q$

$$\therefore R$$

  5. N 3，4，析取三段论

  6. $N \lor O$ 5，附加律

  7. P 1，6，肯定前件式

  8. $P \lor Q$ 7，附加律

  9. R 2，8，肯定前件式

C.

5. 1. $C \supset R$

  2. $(C \cdot R) \supset B$

  3. $(C \supset B) \supset \sim S$

  4. $S \lor M$

$$\therefore M$$

  5. $C \supset (C \cdot R)$ 1，吸收律

  6. $C \supset B$ 5，2，假言三段论

  7. $\sim S$ 3，6，肯定前件式

8. M   4,7，析取三段论
10. 1. O⊃~M
    2. O
    3. B⊃~N
    4. B
    5. (~M・~N)⊃F
    6. (B・F)⊃G
       ∴G
    7. ~M   1,2，肯定前件式
    8. ~N   3,4，肯定前件式
    9. ~M・~N   7,8，合取律
    10. F   5,9，肯定前件式
    11. B・F   4,10，合取律
    12. G   6,11，肯定前件式

第9.6节

5. 实质等值律（Equiv.）

10. 结合律（Assoc.）

15. 分配律（Dist.）

20. 德・摩根律（De M.）

第9.8节

A.

5. 3. 2，分配律
   4. 3，交换律
   5. 4，简化律
   6. 5，重言律
   7. 1，结合律
   8. 7，6，析取三段论
   9. 8，实质蕴涵律
10. 3. 2，易位律
    4. 3，输出律

5. 1，双重否定律

6. 5，交换律

7. 6，分配律

8. 7，交换律

9. 4，8，构造式二难

10. 9，交换律

11. 10，双重否定律

12. 11，德·摩根律

B.

5. 1. ∼K∨(L⊃M)

∴(K・L)⊃M

2. K⊃(L⊃M)　　　　　　　1，实质蕴涵律

3. (K・L)⊃M　　　　　　　2，输出律

10. 1. Z⊃A

2. ∼A∨B

∴Z⊃B

3. A⊃B　　　　　　　　　2，实质蕴涵律

4. Z⊃B　　　　　　　　　1，3，假言三段论

15. 1. (O∨P)⊃(Q∨R)

2. P∨O

∴Q∨R

3. O∨P　　　　　　　　　2，交换律

4. Q∨R　　　　　　　　　1，3，肯定前件式

20. 1. I⊃[J∨(K∨L)]

2. ∼[(J∨K)∨L]

∴∼I

3. ∼[J∨(K∨L)]　　　　　　2，结合律

4. ∼I　　　　　　　　　　1，3，否定后件式

25. 1. A∨B

2. C∨D

∴[(A∨B)・C]∨[(A∨B)・D]

3. (A∨B)・(C∨D)　　　　　1，2，合取律

  4. [(A∨B)·C]∨[(A∨B)·D]   3，分配律

30. 1. ~[(B⊃~C)·(~C⊃B)]
  2. (D·E)⊃(B≡~C)
   ∴~(D·E)
  3. ~(B≡~C)   1，实质等值律
  4. ~(D·E)   2，3，否定后件式

C.

5. 1. [(K∨L)∨M]∨N
   ∴(N∨K)∨(L∨M)
  2. [K∨(L∨M)]∨N   1，结合律
  3. N∨[K∨(L∨M)]   2，交换律
  4. (N∨K)∨(L∨M)   3，结合律

10. 1. (Z∨A)∨B
  2. ~A
   ∴Z∨B
  3. (A∨Z)∨B   1，交换律
  4. A∨(Z∨B)   2，结合律
  5. Z∨B   4，2，析取三段论

15. 1. [R⊃(S∨T)]·[(R·T)⊃U]
  2. R·(S∨T)
   ∴T∨U
  3. (R·S)∨(R·T)   2，分配律
  4. [(R·S)⊃T]·[(R·T)⊃U]   1，输出律
  5. T∨U   4，3，构造式二难

D.

5. 1. K⊃L
   ∴K⊃(L∨M)
  2. ~K∨L   1，实质蕴涵律
  3. (~K∨L)∨M   2，附加律
  4. ~K∨(L∨M)   3，结合律
  5. K⊃(L∨M)   4，实质蕴涵律

10. 1. Z⊃A

  2. Z∨A

   ∴A

  3. A∨Z   2，交换律

  4. ~~A∨Z   3，双重否定律

  5. ~A⊃Z   4，实质蕴涵律

  6. ~A⊃A   5，1，假言三段论

  7. ~~A∨A   6，实质蕴涵律

  8. A∨A   7，双重否定律

  9. A   8，重言律

E.

1. 1. A⊃~B

  2. ~(C·~A)

   ∴C⊃~B

  3. ~C∨~~A   2，德·摩根律

  4. C⊃~~A   3，实质蕴涵律

  5. C⊃A   4，双重否定律

  6. C⊃~B   5，1，假言三段论

5. 1. [(M·N)·O]⊃P

  2. Q⊃[(O·M)·N]

   ∴~Q∨P

  3. [O·(M·N)]⊃P   1，交换律

  4. [(O·M)·N]⊃P   3，结合律

  5. Q⊃P   2，4，假言三段论

  6. ~Q∨P   5，实质蕴涵律

10. 1. [H∨(I∨J)]⊃(K⊃J)

  2. L⊃[I∨(J∨H)]

   ∴(L·K)⊃J

  3. [(I∨J)∨H]⊃(K⊃J)   1，交换律

  4. [I∨(J∨H)]⊃(K⊃J)   3，结合律

  5. L⊃(K⊃J)   2，4，假言三段论

  6. (L·K)⊃J   5，输出律

15. 1. (Z⊃Z)⊃(A⊃A)

2. (A⊃A)⊃(Z⊃Z)
∴ A⊃A

3. [(Z⊃Z)⊃(A⊃A)]∨~A　　　　　1,附加律
4. ~A∨[(Z⊃Z)⊃(A⊃A)]　　　　　3,交换律
5. A⊃[(Z⊃Z)⊃(A⊃A)]　　　　　4,实质蕴涵律
6. A⊃{A·[(Z⊃Z)⊃(A⊃A)]}　　　5,吸收律
7. ~A∨{A·[(Z⊃Z)⊃(A⊃A)]}　　　6,实质蕴涵律
8. (~A∨A)·{~A∨[(Z⊃Z)⊃(A⊃A)]}　7,分配律
9. ~A∨A　　　　　　　　　　　　8,简化律
10. A⊃A　　　　　　　　　　　　9,实质蕴涵律

20. 1. (R∨S)⊃(T·U)
2. ~R⊃(V⊃~V)
3. ~T
∴ ~V

4. ~T∨~U　　　　　　　　　　3,附加律
5. ~(T·U)　　　　　　　　　　4,德·摩根律
6. ~(R∨S)　　　　　　　　　　1,5,否定后件式
7. ~R·~S　　　　　　　　　　6,德·摩根律
8. ~R　　　　　　　　　　　　7,简化律
9. V⊃~V　　　　　　　　　　2,8,肯定前件式
10. ~V∨~V　　　　　　　　　　9,实质蕴涵律
11. ~V　　　　　　　　　　　10,重言律

F.

1. 1. ~N∨A
2. N
∴ A

3. N⊃A　　　　　　　　　　　1,实质蕴涵律
4. A　　　　　　　　　　　　3,2,肯定前件式

5. 1. R⊃A
∴ R⊃(A∨W)

2. ~R∨A　　　　　　　　　　　1,实质蕴涵律
3. (~R∨A)∨W　　　　　　　　　2,附加律

869

  4. ∼R∨(A∨W)   3，结合律
  5. R⊃(A∨W)   4，实质蕴涵律

10. 1. (G·S)⊃D
  2. (S⊃D)⊃P
  3. G
   ∴P
  4. G⊃(S⊃D)   1，输出律
  5. S⊃D   4，3，肯定前件式
  6. P   2，5，肯定前件式

15. 1. M⊃∼C
  2. ∼C⊃∼A
  3. D∨A
   ∴∼M∨D
  4. M⊃∼A   1，2，假言三段论
  5. A∨D   3，交换律
  6. ∼∼A∨D   5，双重否定律
  7. ∼A⊃D   6，实质蕴涵律
  8. M⊃D   4，7，假言三段论
  9. ∼M∨D   8，实质蕴涵律

20. 1. P⊃∼M
  2. C⊃M
  3. ∼L∨C
  4. (∼P⊃∼E)·(∼E⊃∼C)
  5. P∨∼P
   ∴∼L
  6. (∼E⊃∼C)·(∼P⊃∼E)   4，交换律
  7. ∼P⊃∼E   4，简化律
  8. ∼E⊃∼C   6，简化律
  9. ∼P⊃∼C   7，8，假言三段论
  10. ∼M⊃∼C   2，易位律
  11. P⊃∼C   1，10，假言三段论
  12. (P⊃∼C)·(∼P⊃∼C)   11，9，合取律

13. ~C∨~C　　　　　　　　　　12，5，构造式二难
14. ~C　　　　　　　　　　　13，重言律
15. C∨~L　　　　　　　　　　3，交换律
16. ~L　　　　　　　　　　　15，14，析取三段论

G.

5. 1. (H∨~H)⊃G
　　∴G

2. [(H∨~H)⊃G]∨~H　　　　　1，附加律
3. ~H∨[(H∨~H)⊃G]　　　　　2，交换律
4. H⊃[(H∨~H)⊃G]　　　　　3，实质蕴涵律
5. H⊃{H·[(H∨~H)⊃G]}　　　4，吸收律
6. ~H∨{H·[(H∨~H)⊃G]}　　5，实质蕴涵律
7. (~H∨H)·{~H∨[(H∨~H)⊃G]}　6，分配律
8. ~H∨H　　　　　　　　　　　7，简化律
9. H∨~H　　　　　　　　　　　8，交换律
10. G　　　　　　　　　　　　1，9，肯定前件式

第 9.9 节

A 部分习题

1.

Z	V	W
F	F	F

5.

H	≡	D
F	F	T

10.

~	(D	⊃	E)
F	T	T	T
F	F	T	T
F	F	T	F

15.

(C	≡	M)	∨	G
T	F	F	F	F

20.

(D	⊃	E)	∨	(A	⊃	F)
T	F	F	F	T	F	F

B 部分习题

1. (P_1) $(E \lor F) \supset (G \cdot H)$
   (P_2) $(G \lor H) \supset I$
   (P_3) E
   $\therefore I$

结论是简单陈述 I，所以我们开始步骤 2_C。

结论 I 是假的。前提 3，即 E，是真的。既然 E 是真的，E∨F 是真的，这就意味着前提 1 只有在 G·H 为真时才为真。这就迫使 G 为真且 H 为真。反过来，这也使得 G∨H 为真，在给定 I 为假的情况下，前提 2 就为假。这个论证是有效的。

E	F	G	H	I	(E ∨ F)	⊃	(G · H),	(G ∨ H)	⊃	I,	E	∴	I
T	T	T	T	F	T T T	**T**	T T T	T T T	**F**	F	**T**		F

5. 这个例子在 9.9 节的引言部分，而且它在第 8 章的第 8.7 节用 CTTM 验证过。

$(P_1) p \supset (q \cdot r)$
$(P_2) (q \lor r) \supset s$
$\therefore p \supset s$

如果用 T、U、V 和 W 分别替换上述论证中的陈述变项 p、q、r 和 s，就得到以下论证：

$(P_1) T \supset (U \cdot V)$
$(P_2) (U \lor V) \supset W$
$\therefore T \supset W$

步骤 1：确定是否有前提为真要比结论为假的方式更少。

结论是条件陈述 T⊃W，只有一种方式使得它为假，即 T 真 W 假时。既然没有前提以更少的方式为真，我们继续执行步骤 2_C、3_C 和 4。

步骤 2_C：使得结论为假。

结论是条件陈述 T⊃W，因此我们在 T⊃W 的马蹄号下面放置 F。

T	U	V	W	T ⊃ (U·V),	(U ∨ V) ⊃ W	∴	T ⊃ W
							F

结论是条件陈述 T⊃W，它只能有一种方式为假：前件 T 为真且后件 W 为假。因此，我们必须在结论为 T 和 W 设置强制的真值指派。

T	U	V	W	T⊃(U·V),	(U∨V)⊃W	∴	T	⊃	W
T			F				T	**F**	F

一旦在结论中使得 T 真 W 假，就必须在其他地方 T 和 W 的出现也指派相同的真值。T 在前提 1 中出现以及 W 在前提 2 中出现。

T	U	V	W	T⊃(U·V),	(U∨V)⊃W	∴	T	⊃	W
T			F	T		F		T	**F**	F

步骤 3_C：尽可能使得更多的前提为真。

根据准则 I，是否存在任何其他强制的真值指派吗？

是的，存在两种强制的真值指派：(1) 给定前提 2 的后件为假，前提 2 只有在前件为假时才为真；且 (2) 给定前提 1 的前件为真，前提 1 只有在后件为真时才为真。由于这些强制的真值指派是平等的，我们应用准则 III，先完成左边强制的真值指派，即先给 U·V 赋值。[1]

T	U	V	W	T⊃(U·V),	(U∨V)⊃W	∴	T	⊃	W
T			F	T **T** T		F		T	**F**	F

如果前提 1 中的合取式 U·V 为真，那么 U 和 V 就必须都真，因此我们在前提 1 中使得它们为真。

T	U	V	W	T ⊃ (U · V),	(U ∨ V) ⊃ W	∴	T	⊃	W
T	T	T	F	T **T** T T T		F		T	**F**	F

我们总是把 U 和 V 在其他地方的出现指派相同的真值。它们都在前提 2 中出现。

T	U	V	W	T ⊃ (U · V),	(U ∨ V) ⊃ W	∴	T	⊃	W
T	T	T	F	T **T** T T T	T T	F		T	**F**	F

前提 2 中 U 和 V 的真值指派使得前提 2 中的析取式 U∨V 为真。

T	U	V	W	T ⊃ (U · V),	(U ∨ V) ⊃ W	∴	T	⊃	W
T	T	T	F	T **T** T T T	T T T	F		T	**F**	F

U∨V 为真且 W 为假,于是前提 2 就为假。

T U V W	T ⊃ (U · V),	(U ∨ V) ⊃ W	∴ T ⊃ W
T T T F	T **T** T T T	T T T **F** F	T **F** F

步骤 4_C:验证有效性。

在为结论中的 T 和 W 设置强制的真值指派过程中,然后给前提 1 中的 U 和 V 给出强制的真值指派,之后再给前提 2 中的 U 和 V 设置真值指派,我们能够使得结论为假和前提 1 为真,但前提 2 为假。这些真值指派是唯一使得结论为假且前提 1 为真的真值指派,我们就证明了这个论证不可能前提皆真且结论为假,从而证明这个论证是**有效的**。

10. STTT 可用于有多种真值指派使得结论为假的论证。对照附录 A 中的那个论证和以下论证。

(P₁) A⊃G

(P₂) B∨A

(P₃) B

(P₄) H

∴(G·H)∨(I·J)

与附录 A 中的论证相似,这个论证在完全的真值表中需要 64 行。如果我们不正确地应用步骤 2_C 且使得结论为假,那么 STTT 就需要 9 行(若这个论证是有效的话)。然而,与附录 A 中的那个论证不同,我们不能简单地找到一种方法证明这个论证是有效的。

步骤 1:确定是否有前提为真要比结论为假的方式更少。

正如附录 A 中的那个论证一样,我们首先确定前提 3(即 B)和前提 4(即 H)对于它们的组成陈述都只有一种真值组合使得其为真。根据步骤 2_P 和准则 II、III,我们先设置强制的真值指派给简单陈述 B,然后给简单陈述 H。

步骤 2_P:使得所有前提为真。

A B G H I J	A ⊃ G, B ∨ A, B, H	∴ (G · H) ∨ (I · J)

在此例中,我们已经选择了首先使得所有前提为真,因为我们知道在前提中存在简单陈述的两种强制的真值指派:只有 B 为真时前提 3 才是真

的，以及只有 H 为真时前提 4 才为真。

A	B	G	H	I	J	A ⊃ G,	B ∨ A,	B,	H	∴ (G · H) ∨ (I · J)
T			T					**T**	**T**	

由于 B 在前提 3 中为真，就必须使得它在前提 2 中也为真。

A	B	G	H	I	J	A ⊃ G,	B ∨ A,	B,	H	∴ (G · H) ∨ (I · J)
T	T		T				T	**T**	**T**	

前提 2 中的 B 为真就使得前提 2 本身，即 B∨A，为真。

A	B	G	H	I	J	A ⊃ G,	B ∨ A,	B,	H	∴ (G · H) ∨ (I · J)
T	T		T				T **T**	**T**	**T**	

既然 H 在前提 4 中为真，我们就必须使得它在结论中为真。

A	B	G	H	I	J	A ⊃ G,	B ∨ A,	B,	H	∴ (G · H) ∨ (I · J)
T	T		T				T **T**	**T**	**T**	T

在这里还有强制的真值指派吗？没有。因此，我们先从最左边进行真值指派，即使得前提 1（A⊃G）为真。由于有三种方式使得 A⊃G 为真（T⊃T、F⊃T、F⊃F），我们应用准则 IV 且使得 A 和 G 都为真。

A	B	G	H	I	J	A ⊃ G,	B ∨ A,	B,	H	∴ (G · H) ∨ (I · J)
T	T	T	T			T **T** T	T **T** T	**T**	**T**	T

这就使得所有的前提都为真，但 G 真使得 G · H 为真，从而结论为真。

A	B	G	H	I	J	A ⊃ G,	B ∨ A,	B,	H	∴ (G · H) ∨ (I · J)
T	T	T	T			T **T** T	T **T** T	**T**	**T**	T **T** T T

因此，我们必须新增一行，并且再次应用准则 IV，使得前提 1 以第二种方式为真，即使得 A 为假且 G 为真。

A	B	G	H	I	J	A ⊃ G,	B ∨ A,	B,	H	∴ (G · H) ∨ (I · J)
T	T	T	T			T **T** T	T **T** T	**T**	**T**	T **T** T T
F	T	T	T			F **T** T	T **T** F	**T**	**T**	T

现在四个前提都为真。由于 G 在前提 1 中为真，那么它就必须在结论

中为真，这就使得 G·H 为真。于是，结论 (G·H) ∨ (I·J) 就为真。

A	B	G	H	I	J	A ⊃ G,	B ∨ A,	B, H ∴	(G·H) ∨ (I·J)
T	T	T	T			T **T** T	T **T** T	T **T**	T T T **T**
F	T	T	T			F **T** T	T **T** F	F **T** T	T T T **T**

我们同样没能使得所有前提皆真且结论为假。这就证明了这个论证是有效的吗？没有，因为我们还没有验证完每一种使得所有前提为真的真值组合。我们必须对前提 1 又一次使用准则 IV，且尝试最后一种使得前提 1 为真的真值组合：A 假且 G 假。

A	B	G	H	I	J	A ⊃ G,	B ∨ A,	B, H ∴	(G·H) ∨ (I·J)
T	T	T	T			T **T** T	T **T** T	T **T**	T T T **T**
F	T	T	T			F **T** T	T **T** F	F **T** T	T T T **T**
F	T	F	T			F **T** F	T **T** F	F **T** T	T

既然前提 1 中的 G 为假，它就必须在结论中为假，从而 G·H 为假。

A	B	G	H	I	J	A ⊃ G,	B ∨ A,	B, H ∴	(G·H) ∨ (I·J)
T	T	T	T			T **T** T	T **T** T	T **T**	T T T **T**
F	T	T	T			F **T** T	T **T** F	F **T** T	T T T **T**
F	T	F	T			F **T** F	T **T** F	F **T** T	F F T

步骤 3_P：使得结论为假。

我们已经成功使得所有前提为真，以及使得结论的左析取支为假！如果可以使得结论的右析取支为假，那我们就可以证明这个论证是无效的。

当然，有三种方式使得结论的右析取支 I·J 为假；而且，由于 I 和 J 没有在这个论证的其他地方出现，我们根据准则 IV 用第一种真值指派使得 I·J 为假，即 T·F。

A	B	G	H	I	J	A ⊃ G,	B ∨ A,	B, H ∴	(G·H) ∨ (I·J)
T	T	T	T			T **T** T	T **T** T	T **T**	T T T **T**
F	T	T	T			F **T** T	T **T** F	F **T** T	T T T **T**
F	T	F	T	T	F	F **T** F	T **T** F	F **T** T	F F T T F F

最后，因为两个析取支 G·H 和 I·J 都为假，从而结论 (G·H) ∨

(I·J) 为假。

A	B	G	H	I	J	A ⊃ G,	B ∨ A,	B, H	∴ (G · H)	∨ (I · J)
T	T	T	T			T	T T T	T T T	T T T T	T
F	T	T	T			F T T T	T T T		T T T	T
F	T	F	T	T	F	F T F T	T T F	T T	F T F T	F F

步骤 4ₚ：验证有效性。

我们已经完成了简化真值表。我们把强制的真值指派给 B 和 H，然后使得前提 1 为真，再运用准则 IV，在第三个尝试中，我们使得所有前提为真且让结论的左析取支为假。然后，很容易让结论的右析取支为假，这就使得结论为假。简化真值表的第 3 行使得所有前提皆真且结论为假，这就证明了这个结论是**无效的**。

在这个论证中，通过首先使得所有前提为真，STTT 比 64 行的 CTTM 要高效得多，它也比首先使得结论为假（步骤 2c）也要高效，后者需要 9 行的简化真值表（尽管这个论证的非有效性在第 2 行就可以显示出来）。

15. (P₁) (H∨I) ⊃ [J · (K · L)]

    (P₂) I

    ∴ J · K

结论是一个合取式，有三种方式可以使它为假。前提 2 是简单陈述 I，只有一种方式使得它为真。因此，我们继续步骤 2ₚ：I 为真迫使 J、K 和 L 在前提 1 中都为真，这又迫使结论为真。

H	I	J	K	L	(H ∨ I)	⊃	[J · (K · L)],	I,	∴ J	· K
	T	T	T	T	T	T	T T T T T	T	T	T T

这就证明这个论证是有效的。

20. 结论是由一个简单陈述和一个复合析取式组成的复合合取式。

    (P₁)[H · (I∨J)]∨[H · (K⊃~L)]

    ∴ H · [(I∨J)∨(K⊃~L)]

有三种方式使得结论为假：T·F, F·T, F·F。

前提为真有三种方式：T∨T, T∨F, F∨T。在每一种方式中，H

都必须为真。但每一个析取式的右合取支为假有多种方式。因此，我们应用步骤 2_C。

[H · (I ∨ J)] ∨ [H · (K ⊃ ∼L)] ∴	H · [(I ∨ J) ∨ (K ⊃ ∼ L)]
T F FF F T F T F FT	T F FFF F T F F FT
F F F F F	F F T
F F FF F F F T F FT	F F FFF F T F F FT

对每一个结论为假来说，即 T·F、F·T 和 F·F，前提都为假。这就证明这个论证是有效的。

第 9.10 节

A.

1. 1. (A⊃B)·(C⊃D)
   ∴ (A·C)⊃(B∨D)
   2. A⊃B   1，简化律
   3. ∼A∨B   2，实质蕴涵律
   4. (∼A∨B)∨D   3，附加律
   5. ∼A∨(B∨D)   4，结合律
   6. [∼A∨(B∨D)]∨∼C   5，附加律
   7. ∼C∨[∼A∨(B∨D)]   6，交换律
   8. (∼C∨∼A)∨(B∨D)   7，结合律
   9. (∼A∨∼C)∨(B∨D)   8，交换律
   10. ∼(A·C)∨(B∨D)   9，德·摩根律
   11. (A·C)⊃(B∨D)   10，实质蕴涵律

5. X Y Z A B C
     T F T F T F

10. A B C D E F G
      F F T T F T T
   或 F F T F F T T
   或 F F F F T F T
   或 F F F F F T T

B.

1. 1. C⊃（M⊃D）
2. D⊃V
3. (D⊃A)·～A
　∴M⊃～C
4. D⊃A　　　　　　　3，简化律
5. ～A·(D⊃A)　　　3，交换律
6. ～A　　　　　　　5，简化律
7. ～D　　　　　　　4，6，否定后件式
8. (C·M)⊃D　　　　1，输出律
9. ～(C·M)　　　　　8，7，否定后件式
10. ～C∨～M　　　　 9，德·摩根律
11. ～M∨～C　　　　 10，交换律
12. M⊃～C　　　　　 11，实质蕴涵律

5. (I·S)⊃(G·P)
[(S·～I)⊃A]·(A⊃P)
I⊃S
∴P

由下式可以证明其无效：

I	S	G	P	A
F	F	T	F	F

或　　F F F F F

10. (H⊃A)·(F⊃C)
A⊃(F·E)
(O⊃C)·(O⊃M)
P⊃(M⊃D)
P·(D⊃G)
∴H⊃G

由下式可以证明其无效：

H	A	C	F	E	O	M	P	D	G
T	T	T	T	T	F	F	T	F	F

15. 1. (J∨A)⊃[(S∨K)⊃(～I·Y)]

2. (∼I∨∼M)⊃E
∴J⊃(S⊃E)

3. ∼(J∨A)∨[(S∨K)⊃(∼I·Y)]　　　1，实质蕴涵律
4. [(S∨K)⊃(∼I·Y)]∨∼(J∨A)　　　3，交换律
5. [(S∨K)⊃(∼I·Y)]∨(∼J·∼A)　　　4，德·摩根律
6. {[(S∨K)⊃(∼I·Y)]∨∼J}·
　　{[(S∨K)⊃(∼I·Y)]∨∼A}　　　5，分配律
7. [(S∨K)⊃(∼I·Y)]∨∼J　　　6，简化律
8. [∼(S∨K)∨(∼I·Y)]∨∼J　　　7，实质蕴涵律
9. ∼(S∨K)∨[(∼I·Y)∨∼J]　　　8，结合律
10. [(∼I·Y)∨∼J]∨∼(S∨K)　　　9，交换律
11. [(∼I·Y)∨∼J]∨(∼S·∼K)　　　10，德·摩根律
12. {[(∼I·Y)∨∼J]∨∼S}·
　　{[(∼I·Y)∨∼J]∨∼K}　　　11，分配律
13. [(∼I·Y)∨∼J]∨∼S　　　12，简化律
14. (∼I·Y)∨(∼J∨∼S)　　　13，结合律
15. (∼J∨∼S)∨(∼I·Y)　　　14，交换律
16. [(∼J∨∼S)∨∼I]·[(∼J∨∼S)∨Y]　　　15，分配律
17. (∼J∨∼S)∨∼I　　　16，简化律
18. [(∼J∨∼S)∨∼I]∨∼M　　　17，附加律
19. (∼J∨∼S)∨(∼I∨∼M)　　　18，结合律
20. ∼(J·S)∨(∼I∨∼M)　　　19，德·摩根律
21. (J·S)⊃(∼I∨∼M)　　　20，实质蕴涵律
22. (J·S)⊃E　　　21,2，假言三段论
23. J⊃(S⊃E)　　　22，输出律

C.
5. 1. (R∨∼R)⊃W
∴W

2. [(R∨∼R)⊃W]∨∼R　　　1，附加律
3. ∼R∨[(R∨∼R)⊃W]　　　2，交换律
4. R⊃[(R∨∼R)⊃W]　　　3，实质蕴涵律
5. R⊃{R·[(R∨∼R)⊃W]}　　　4，吸收律

6.	~R∨{R·[(R∨~R)⊃W]}	5，实质蕴涵律
7.	(~R∨R)·{~R∨[(R∨~R)⊃W]}	6，分配律
8.	~R∨R	7，简化律
9.	R∨~R	8，交换律
10.	W	1，9，肯定前件式

第9.11节

D.

1. 1. A⊃B
   2. B⊃[(C⊃~~C) ⊃D]　　　　　　　　/∴ A⊃D
   3. | A　　　　　　　　　　　　　　　/∴ D(A.C.P.)
   4. | B　　　　　　　　　　　　　　　1，3，肯定前件式
   5. | (C⊃~~C) ⊃D　　　　　　　　　2，4，肯定前件式
   6. | C　　　　　　　　　　　　　　　/∴ ~~C(A.C.P.)
   7. | ~~C　　　　　　　　　　　　　　6，双重否定律
   8. | C⊃~~C　　　　　　　　　　　　6-7，条件证明
   9. | D　　　　　　　　　　　　　　　5，8，肯定前件式
   10. A⊃D　　　　　　　　　　　　　　3-9，条件证明

5. 1. Q∨(R⊃S)
   2. [R⊃(R·S)]⊃(T∨U)
   3. (T⊃Q)·(U⊃V)　　　　　　　　　/∴ Q∨V
   4. | ~Q　　　　　　　　　　　　　　/∴ V(A.C.P.)
   5. | R⊃S　　　　　　　　　　　　　1，4，析取三段论
   6. | R⊃(R·S)　　　　　　　　　　　5，吸收律
   7. | T∨U　　　　　　　　　　　　　2，6，肯定前件式
   8. | Q∨V　　　　　　　　　　　　　3，7，构造式二难
   9. | V　　　　　　　　　　　　　　　8，4，析取三段论
   10. ~Q⊃V　　　　　　　　　　　　　4-9，条件证明
   11. ~~Q∨V　　　　　　　　　　　　10，实质蕴涵律
   12. Q∨V　　　　　　　　　　　　　11，双重否定律

E.

1. G⊃(H⊃G)

1.	G	/∴ H⊃G(A.C.P.)
2.	G∨~H	1,附加律
3.	~H∨G	2,交换律
4.	H⊃G	3,实质蕴涵律
5.	G⊃(H⊃G)	1-9,条件证明

5. ~~R⊃R

1.	~~R	/∴ R(A.C.P.)
2.	R	1,双重否定律
3.	~~R⊃R	1-2,条件证明

10. (W⊃X)⊃[W⊃(W·X)]

1.	W⊃X	/∴ [W⊃(W·X)](A.C.P.)
2.	W⊃(W·X)	1,吸收律
3.	(W⊃X)⊃[W⊃(W·X)]	1-2,条件证明

(W⊃X)⊃[W⊃(W·X)]为重言式的另一种证明

1.	W⊃X	/∴ [W⊃(W·X)](A.C.P.)
2.	W	/∴ W·X(A.C.P.)
3.	X	1,2,肯定前件式
4.	W·X	2,3,合取律
5.	W⊃(W·X)	2-4,条件证明
6.	(W⊃X)⊃[W⊃(W·X)]	1-5,条件证明

15. [A⊃(B·C)]⊃{[B⊃(D·E)]⊃(A⊃D)}

1.	A⊃(B·C)	/∴ [B⊃(D·E)]⊃(A⊃D)(A.C.P.)
2.	B⊃(D·E)	/∴ A⊃D(A.C.P.)
3.	A	/∴ D(A.C.P.)
4.	B·C	1,3,肯定前件式
5.	B	4,简化律
6.	D·E	2,5,肯定前件式
7.	D	6,简化律
8.	A⊃D	3-7,条件证明
9.	[B⊃(D·E)]⊃(A⊃D)	2-8,条件证明

10.	{[A⊃(B·C)]⊃{[B⊃(D·E)] ⊃(A⊃D)}	1-9，条件证明	

20. (R⊃Q)⊃[~(Q·S)⊃~(S·R)]

1.	R⊃Q/∴ ~(Q·S)⊃~(S·R) (A. C. P)	
2.	~(Q·S)	/∴ ~(S·R)(A.C.P.)
3.	~Q∨~S	2，德·摩根律
4.	Q⊃~S	3，实质蕴涵律
5.	R⊃~S	1，4，假言三段论
6.	~R∨~S	5，实质蕴涵律
7.	~(R·S)	6，德·摩根律
8.	~(S·R)	7，交换律
9.	~(Q·S)⊃~(S·R)	2-8，条件证明
10.	(R⊃Q)⊃[~(Q·S)⊃~(S·R)]	1-9，条件证明

第 9.12 节

A.

9.
1.	R⊃~M	
2.	R⊃(~M⊃~S)	
3.	~M⊃(~S⊃~G)	/∴ R⊃~G
4.	~(R⊃~G)	/(A. I. P.)
5.	~(~R∨~G)	4，实质蕴涵律
6.	~~R·~~G	5，德·摩根律
7.	R·~~G	6，双重否定律
8.	R	7，简化律
9.	~M	1，8，肯定前件式
10.	~M⊃~S	2，8，肯定前件式
11.	~S	10，9，肯定前件式
12.	~S⊃~G	3，9，肯定前件式
13.	~G	12，11，肯定前件式
14.	~~G·R	7，交换律
15.	~~G	14，简化律

16.	G		15，双重否定律
17.	G・~G		16，13，合取律
18. R⊃~G			4-17，间接证明

10. 1. (N∨F)⊃(C・D)
   2. D⊃V
   3. V⊃I
   4. I⊃A

5.	A⊃~C		/∴ R⊃~G
6.	F		/(A.I.P.)
7.	F∨N		6，附加律
8.	N∨F		7，交换律
9.	C・D		1，8，肯定前件式
10.	D・C		9，交换律
11.	D		10，简化律
12.	V		2，11，肯定前件式
13.	I		3，12，肯定前件式
14.	A		4，13，肯定前件式
15.	~C		5，14，肯定前件式
16.	C		9，简化律
17.	C・~C		16，15，合取律
18. ~F			6-17，间接证明

C.

(a) 只用 19 个规则的证明

1. (V⊃~W)・(X⊃Y)
2. (~W⊃Z)・(Y⊃~A)
3. (Z⊃~B)・(~A⊃C)
4. V・X   /∴ ~B・C
5. V   4，简化律
6. V⊃~W   1，简化律
7. ~W   6，5，肯定前件式
8. ~W⊃Z   2，简化律
9. Z   8，7，肯定前件式

10. Z⊃~B   3，简化律
11. ~B   10，9，肯定前件式
12. X・V   4，交换律
13. X   12，简化律
14. (X⊃Y)・(V⊃~W)   1，交换律
15. X⊃Y   14，简化律
16. Y   15，13，肯定前件式
17. (Y⊃~A)・(~W⊃Z)   2，交换律
18. Y⊃~A   17，简化律
19. ~A   18，16，肯定前件式
20. (~A⊃C)・(Z⊃~B)   3，交换律
21. ~A⊃C   20，简化律
22. C   21，19，肯定前件式
23. ~B・C   11，22，合取律

(b)利用间接证明规则证明

1. (V⊃~W)・(X⊃Y)
2. (~W⊃Z)・(Y⊃~A)
3. (Z⊃~B)・(~A⊃C)
4. V・X   /∴ ~B・C
5. | ~(~B・C)   /(A.I.P.)
6. | ~~B∨~C   5，德·摩根律
7. | (~~B⊃~Z)・(~A⊃C)   3，易位律
8. | (~~B⊃~Z)・(~C⊃~~A)   7，易位律
9. | ~Z∨~~A   8，6，构造式二难
10. | (~Z⊃~~W)・(Y⊃~A)   2，易位律
11. | (~Z⊃~~W)・(~~A⊃~Y)   10，易位律
12. | ~~W∨~Y   11，9，构造式二难
13. | (~~W⊃~V)・(X⊃Y)   1，易位律
14. | (~~W⊃~V)・(~Y⊃~X)   13，易位律
15. | ~V∨~X   14，12，构造式二难
16. | ~(V・X)   15，德·摩根律
17. | (V・X)・~(V・X)   4，16，合取律

18. ~B・C 　　　　　　　　　　　　5-17,间接证明

D.

1. (A⊃B)∨(A⊃~B)

1.   │~[(A⊃B)∨(A⊃~B)]   /(A.I.P.)
2.   │~(A⊃B)・~(A⊃~B)   1,德·摩根律
3.   │~(~A∨B)・~(A⊃~B)   2,实质蕴涵律
4.   │~(~A∨B)・~(~A∨~B)   3,实质蕴涵律
5.   │(~~A・~B)・~(~A∨~B)   4,德·摩根律
6.   │(~~A・~B)・(~~A・~~B)   5,德·摩根律
7.   │(~~A・~B)・(~~B・~~A)   6,交换律
8.   │[(~~A・~B)・~~B]・~~A   7,结合律
9.   │[~~A・(~B・~~B)]・~~A   8,结合律
10. │[(~B・~~B)・~~A]・~~A   9,交换律
11. │(~B・~~B)・(~~A・~~A)   10,结合律
12. │~B・~~B   11,简化律
13. │~B・B   12,双重否定律
14.   B・~B   13,交换律
15. (A⊃B)∨(A⊃~B)   1-14,间接证明

5. (A⊃B)∨(~A⊃C)

1.   │~[(A⊃B)∨(~A⊃C)]   /(A.I.P.)
2.   │~(A⊃B)・~(~A⊃C)   1,德·摩根律
3.   │~(~A∨B)・~(~A⊃C)   2,实质蕴涵律
4.   │~(~A∨B)・~(~~A∨C)   3,实质蕴涵律
5.   │(~~A・~B)・~(~~A∨C)   4,德·摩根律
6.   │(~~A・~B)・(~~~A・~C)   5,德·摩根律
7.   │~~A・[~B・(~~~A・~C)]   6,结合律
8.   │~~A・[(~~~A・~C)・~B]   7,交换律
9.   │~~A・[~~~A・(~C・~B)]   8,结合律
10. │(~~A・~~~A)・(~C・~B)   9,结合律
11. │~~A・~~~A   10,简化律
12. │A・~~~A   11,双重否定律
13. │A・~A   12,双重否定律

14.	(A⊃B)∨(~A⊃C)		1-13，间接证明

10. ~[(D⊃~D)·(~D⊃D)]

1.		(D⊃~D)·(~D⊃D)	/(A.I.P.)
2.		D⊃~D	1，简化律
3.		~D∨~D	2，实质蕴涵律
4.		~D	3，重言律
5.		(~D⊃D)·(D⊃~D)	1，交换律
6.		~D⊃D	5，简化律
7.		D	6,4，肯定前件式
8.		D·~D	7,4，合取律
9.	~[(D⊃~D)·(~D⊃D)]		1-8，间接证明

12. (Q⊃R)⊃[(P⊃Q)⊃(P⊃R)]

1.		~{(Q⊃R)⊃[(P⊃Q)⊃(P⊃R)]}	/(A.I.P.)
2.		~{~(Q⊃R)∨[(P⊃Q)⊃(P⊃R)]}	1，实质蕴涵律
3.		~~(Q⊃R)·~[(P⊃Q)⊃(P⊃R)]	2，德·摩根律
4.		(Q⊃R)·~[(P⊃Q)⊃(P⊃R)]	3，双重否定律
5.		Q⊃R	4，简化律
6.		~[(P⊃Q)⊃(P⊃R)]·(Q⊃R)	4，交换律
7.		~[(P⊃Q)⊃(P⊃R)]	6，简化律
8.		~[~(P⊃Q)∨(P⊃R)]	7，实质蕴涵律
9.		~~(P⊃Q)·~(P⊃R)	8，德·摩根律
10.		(P⊃Q)·~(P⊃R)	9，双重否定律
11.		P⊃Q	10，简化律
12.		P⊃R	11,5，假言三段论
13.		~(P⊃R)·(P⊃Q)	10，交换律
14.		~(P⊃R)	13，简化律
15.		(P⊃R)·~(P⊃R)	12,14，合取律
16.	(Q⊃R)⊃[(P⊃Q)⊃(P⊃R)]		1-15，间接证明

第10章

第10.4节

A.

5. (∃x)(Dx · ~Rx)

10. (x)(Cx ⊃ ~Fx)

15. (x)(Vx ⊃ Cx)

20. (x)(Cx ≡ Hx)

B.

5. [(∃x)(Gx · ~Sx)] · [(∃x)(Dx · ~Bx)]

10. (x)(~Bx ⊃ ~Wx)

C.

1. (∃x)(Ax · ~Bx)

5. (∃x)(Ix · ~Jx)

10. (∃x)(Sx · ~Tx)

第10.5节

A.

5. 1. (x)(Mx ⊃ Nx)
   2. (∃x)(Mx · Ox)
      ∴ (∃x)(Ox · Nx)
   3. Ma · Oa   2，存在例举
   4. Ma ⊃ Na   1，全称例举
   5. Ma   3，简化律
   6. Na   4，5，肯定前件式
   7. Oa · Ma   3，交换律
   8. Oa   7，简化律
   9. Oa · Na   6，8，合取律
  10. (∃x)(Ox · Nx)   9，存在概括

10. 1. (x)(Bx ⊃ ~Cx)
    2. (∃x)(Cx · Dx)
       ∴ (∃x)(Dx · ~Bx)

3. Ca·Da 2，存在例举
4. Ba⊃~Ca 1，全称例举
5. Ca 3，简化律
6. ~~Ca 5，双重否定律
7. ~Ba 4，6，否定后件式
8. Da·Ca 3，交换律
9. Da 8，简化律
10. Da·~Ba 9，7，合取律
11. (∃x)(Dx·~Bx) 10，存在概括

B.
1. 1. (x)(Ax⊃~Bx)
 2. Bc
 ∴ ~Ac
 3. Ac⊃~Bc 1，全称例举
 4. ~~Bc 2，双重否定
 5. ~Ac 3，4，否定后件式

5. 1. (x)(Mx⊃Nx)
 2. (∃x)(Ox·Mx)
 ∴ (∃x)(Ox·Nx)
 3. Oa·Ma 2，存在例举
 4. Ma⊃Na 1，全称例举
 5. Oa 3，简化律
 6. Ma·Oa 3，交换律
 7. Ma 6，简化律
 8. Na 4，7，肯定前件式
 9. Oa·Na 5，8，合取律
 10. (∃x)(Ox·Nx) 9，存在概括

10. 1. (x)(Ax⊃Rx)
 2. ~Rs
 ∴ ~As
 3. As⊃Rs 1，全称例举
 4. ~As 3，2，否定后件式

889

第10.6节

A.

5. (∃x)(Mx · Nx)

(∃x)(Mx · Ox)

∴(x)(Ox⊃Nx)

在个体域{a,b}中，它逻辑地等价于：

(Ma · Na)∨(Mb · Nb)

(Ma · Oa)∨(Mb · Ob)

∴(x)(Oa⊃Na)·(Ob⊃Nb)

这一点可由下面简化的真值表，或其他真值赋值中的任何一个证明为无效：

Ma	Mb	Na	Nb	Oa	Ob
T	T	T	F	T	T

10. (∃x)(Bx · ∼Cx)

(x)(Dx⊃∼Cx)

∴(x)(Dx⊃Bx)

在个体域{a,b}中，它逻辑地等价于：

(Ba · ∼Ca)∨(Bb · ∼Cb)

(Da⊃∼Ca)·(Db⊃∼Cb)

∴(x)(Da⊃Ba)·(Db⊃Bb)

这一点可由下面简化的真值表证明为无效：

Ba	Bb	Ca	Cb	Da	Db
F	T	F	F	T	T

B.

1. (x)(Ax⊃Bx)

(x)(Cx⊃Bx)

∴(x)(Ax⊃Cx)

在个体域{a}中，它逻辑地等价于：

Aa⊃Ba

Ca⊃Ba

∴Aa⊃Ca

这一点可由下面简化的真值表证明为无效：

Aa	Ba	Ca
T	T	F

5. (∃x)(Mx・Nx)

(∃x)(Ox・～Nx)

∴(x)(Ox⊃～Mx)

在个体域{a,b}中,它逻辑地等价于:

(Ma・Na)∨(Mb・Nb)

(Oa・～Na)∨(Ob・～Nb)

∴(Oa⊃～Ma)・(Ob⊃～Mb)

这一点可由下面简化的真值表,或其他几个真值赋值中的任何一个证明为无效:

Ma	Mb	Na	Nb	Oa	Ob
T	T	T	F	T	T

10. (x)(Mx⊃Sx)

(x)(Wx⊃Mx)

∴(x)(Sx⊃Wx)

在个体域{a}中,它逻辑地等价于:

Ma⊃Sa

Wa⊃Ma

∴Sa⊃Wa

这一点可由下面简化的真值表证明为无效:

Ma	Sa	Wa
T	T	F

第10.7节

A.

5. (x)Gx⊃(Wx≡Lx)

10. (x){Ax⊃[(Bx⊃Wx)・(Px⊃Sx)]}

B.

1. 1. (x)[(Ax∨Bx)⊃(Cx・Dx)]

∴(x)(Bx⊃Cx)

2. (Ay∨By)⊃(Cy・Dy)   1,全称例举

3. $\sim$(Ay∨By)∨(Cy·Dy)　　　　2，实质蕴涵律
4. [$\sim$(Ay∨By)∨Cy]·[$\sim$(Ay∨By)∨Dy]　　3，分配律
5. $\sim$(Ay∨By)∨Cy　　　　　　4，简化律
6. Cy∨$\sim$(Ay∨By)　　　　　　5，交换律
7. Cy∨($\sim$Ay·$\sim$By)　　　　　6，德·摩根律
8. (Cy∨$\sim$Ay)·(Cy∨$\sim$By)　　7，分配律
9. (Cy∨$\sim$By)·(Cy∨$\sim$Ay)　　8，交换律
10. Cy∨$\sim$By　　　　　　　　9，简化律
11. $\sim$By∨Cy　　　　　　　　10，交换律
12. By⊃Cy　　　　　　　　　11，实质蕴涵律
13. (x)(Bx⊃Cx)　　　　　　　12，全称概括

5. (∃x)(Sx·Tx)

(∃x)(Ux·$\sim$Sx)

(∃x)(Vx·$\sim$Tx)

∴(∃x)(Ux·Vx)

在个体域{a,b,c}中，它逻辑地等价于：

(Sa·Ta)∨(Sb·Tb)∨(Sc·Tc)

(Ua·$\sim$Sa)∨(Ub·$\sim$Sb)∨(Uc·$\sim$Sc)

(Va·$\sim$Ta)∨(Vb·$\sim$Tb)∨(Vc·$\sim$Tc)

∴(Ua·Va)∨(Ub·Vb)∨(Uc·Vc)

这一点可由下面简化的真值表，或其他几个真值赋值中的任何一个证明为无效：

Sa	Sb	Sc	Ta	Tb	Tc	Ua	Ub	Uc	Va	Vb	Vc
T	F	T	T	T	F	F	T	F	T	F	T

10. (x)[(Sx∨Tx)⊃$\sim$(Ux∨Vx)]

(∃x)(Sx·$\sim$Wx)

(∃x)(Tx·$\sim$Xx)

(x)($\sim$Wx⊃Xx)

∴(∃x)(Ux·$\sim$Vx)

在个体域 {a, b} 中，它逻辑地等价于：

[(Sa∨Ta)⊃$\sim$(Ua∨Va)]·[(Sb∨Tb)⊃$\sim$(Ub∨Vb)]

(Sa·$\sim$Wa)∨(Sb·$\sim$Wb)

(Ta・~Xa)∨(Tb・~Xb)
(~Wa⊃Xa)・(~Wb⊃Xb)
∴(Ua・~Va)∨(Ub・~Vb)

这一点可由下面简化的真值表，或其他几个真值赋值中的任何一个证明为无效：

Sa	Sb	Ta	Tb	Ua	Ub	Va	Vb	Wa	Wb	Xa	Xb
T	T	T	T	F	F	F	F	F	F	T	F

C.

1. 1. (x)[(Ax∨Bx)⊃Cx]
2. (x)(Vx⊃Ax)
∴(x)(Vx⊃Cx)
3. (Ay∨By)⊃Cy   1，全称例举
4. Vy⊃Ay   2，全称例举
5. ~Vy∨Ay   4，实质蕴涵律
6. (~Vy∨Ay)∨By   5，附加律
7. ~Vy∨(Ay∨By)   6，结合律
8. Vy⊃(Ay∨By)   7，实质蕴涵律
9. Vy⊃Cy   8，3，假言三段论
10. (x)(Vx⊃Cx)   9，全称概括

5. (x){[Ex・(Ix∨Tx)]⊃~Sx}
(∃x)(Ex・Ix)
(∃x)(Ex・Tx)
∴(x)(Ex⊃~Sx)

在个体域{a,b}中，它逻辑等价于：

{[Ea・(Ia∨Ta)]⊃~Sa}・{[Eb・(Ib∨Tb)]⊃~Sb}
(Ea・Ia)∨(Eb・Ib)
(Ea・Ta)∨(Eb・Tb)
∴(Ea⊃~Sa)・(Eb⊃~Sb)

该式可以由下面简化的真值表证明为无效：

	Ea	Eb	Ia	Ib	Ta	Tb	Sa	Sb
或	T	T	T	F	T	F	F	T
	T	T	F	T	F	T	T	F

10. 1. (x)[Bx⊃(Ix⊃Wx)]
2. (x)[Bx⊃(Wx⊃Ix)]
∴ (x){Bx⊃[(Ix∨Wx)⊃(Ix·Wx)]}

3. By⊃(Iy⊃Wy)	1，全称例举
4. By⊃(Wy⊃Iy)	2，全称例举
5. [By⊃(Iy⊃Wy)]·[By⊃(Wy⊃Iy)]	3，4，合取律
6. [∼By∨(Iy⊃Wy)]·[∼By∨(Wy⊃Iy)]	5，简化律
7. ∼By∨[(Iy⊃Wy)·(Wy⊃Iy)]	6，分配律
8. ∼By∨(Iy≡Wy)	7，实质等值律
9. ∼By∨[(Iy·Wy)∨(∼Iy·∼Wy)]	8，实质等值律
10. ∼By∨[∼Iy·∼Wy)∨(Iy·Wy)]	9，交换律
11. ∼By∨[∼(Iy∨Wy)∨(Iy·Wy)]	10，德·摩根律
12. By⊃[(Iy∨Wy)⊃(Iy·Wy)]	11，实质蕴涵律
13. (x){Bx⊃[(Ix∨Wx)⊃(Ix·Wx)]}	12，全称概括

D.

1. 1. (x)[(Cx·∼Tx)⊃Px]
2. (x)(Ox⊃Cx)
3. (∃x)(Ox·∼Px)
∴ (∃x)Tx

4. Oa·∼Pa	3，存在例举
5. Oa⊃Ca	2，全称例举
6. (Ca·∼Ta)⊃Pa	1，全称例举
7. Oa	4，简化律
8. Ca	5，7，肯定前件式
9. ∼Pa·Oa	4，交换律
10. ∼Pa	9，简化律
11. Ca⊃(∼Ta⊃Pa)	6，输出律
12. ∼Ta⊃Pa	11，8，肯定前件式
13. ∼∼Ta	12，10，否定后件式
14. Ta	13，双重否定律
15. (∃x)Tx	14，存在概括

5. (∃x)(Dx·Ax)

(x)[Ax⊃(Jx∨Cx)]

(x)(Dx⊃~Cx)

(x)[(Jx·Ix)⊃~Px]

(∃x)(Dx·Ix)

∴(∃x)(Dx·~Px)

在个体域{a，b}中，它逻辑等价于：

(Da·Aa)∨(Db·Ab)

[Aa⊃(Ja∨Ca)]·[Ab⊃(Jb∨Cb)]

(Da⊃~Ca)·(Db⊃~Cb)

[(Ja·Ia)⊃~Pa]·[(Jb·Ib)⊃~Pb]

(Da·Ia)∨(Db·Ib)

∴(Da·~Pa)∨(Db·~Pb)

该论证可以由下面简化的真值表证明为无效：

	Da	Db	Aa	Ab	Ja	Jb	Ca	Cb	Ia	Ib	Pa	Pb
或	T	T	T	F	T	F	F	F	F	T	T	T
	T	T	F	T	F	T	F	F	T	F	T	T

10. 1. (∃x)(Cx·Rx)

2. (x)[Rx⊃(Sx∨Bx)]

3. (x)[Bx⊃(Dx∨Px)]

4. (x)(Px⊃Lx)

5. (x)(Dx⊃Hx)

6. (x)~Hx

7. (x){[(Cx·Rx)·Fx]⊃Ax}

8. (x)(Rx⊃Fx)

9. (x)[Cx⊃~(Lx·Ax)]

∴(∃x)(Cx·Sx)

10. Ca·Ra	1，存在例举
11. Ra·Ca	10，交换律
12. Ra	11，简化律
13. Ra⊃Fa	8，全称例举
14. Fa	13，12，肯定前件式

15. (Ca・Ra)・Fa	10，14，合取律
16. [(Ca・Ra)・Fa]⊃Aa	7，全称例举
17. Aa	16，15 肯定前件式
18. Ca⊃～(La・Aa)	9，全称例举
19. Ca	10，简化律
20. ～(La・Aa)	18，19，肯定前件式
21. ～La∨～Aa	20，德・摩根律
22. ～Aa∨～La	21，交换律
23. Aa⊃～La	22，实质蕴涵律
24. ～La	23，17，肯定前件式
25. Pa⊃La	4，全称例举
26. ～Pa	25，24，否定后件式
27. Da⊃Ha	5，全称例举
28. ～Ha	6，全称例举
29. ～Da	27，28，否定后件式
30. ～Da・～Pa	29，26，合取律
31. ～(Da∨Pa)	30，德・摩根律
32. Ba⊃(Da∨Pa)	3，全称例举
33. ～Ba	32，31，否定后件式
34. Ra⊃(Sa∨Ba)	2，全称例举
35. Sa∨Ba	34，12，肯定前件式
36. Ba∨Sa	35，交换律
37. Sa	36，33，析取三段论
38. Ca・Sa	19，37，合取律
39. (∃x)(Cx・Sx)	38，存在概括

15. 1. (x)(Ox⊃Sx)
    2. (x)(Lx⊃Tx)
    ∴(x)[(Ox∨Lx)⊃(Sx∨Tx)]

3. Oy⊃Sy	1，全称例举
4. Ly⊃Ty	2，全称例举
5. ～Oy∨Sy	3，简化律
6. (～Oy∨Sy)∨Ty	5，附加律

7. ~Oy∨(Sy∨Ty)	6，结合律
8. (Sy∨Ty)∨~Oy	7，交换律
9. ~Ly∨Ty	4，简化律
10. (~Ly∨Ty)∨Sy	9，附加律
11. ~Ly∨(Ty∨Sy)	10，结合律
12. ~Ly∨(Sy∨Ty)	11，交换律
13. (Sy∨Ty)∨~Ly	12，交换律
14. [(Sy∨Ty)∨~Oy]·[(Sy∨Ty)∨~Ly]	8，13，合取律
15. (Sy∨Ty)∨(~Oy·~Ly)	14，分配律
16. (~Oy·~Ly)∨(Sy∨Ty)	15，交换律
17. ~(Oy∨Ly)∨(Sy∨Ty)	16，德·摩根律
18. (Oy∨Ly)⊃(Sy∨Ty)	17，实质蕴涵律
19. (x)[(Ox∨Lx)⊃(Sx∨Tx)]	18，全称概括

第14章

第14.2节

A.

5. $\frac{1}{4} \times \frac{1}{3} \times \frac{1}{2} \times \frac{1}{1} = \frac{1}{24}$

这里的复合事件是不独立的，但该题中每个人成功走进正确的屋子，增加而不是降低后面人成功的概率，原因是总体屋子的数量是固定的。当三个人正确走进他们的屋子，第四个人，由于必须进入不同的屋子，他必定成功。

10. 可以用两种不同的方式计算四个学生均确定出同一个轮胎的概率；正如对问题6的求解同样可以用两种方式来进行。

假定第一个学生A确定了前面左侧轮胎。在他已经选定了之后，他选择的概率为1。此时，第二个学生B确定该轮胎的概率为1/4，因为（从B的角度来看）四个轮胎中的每一个为A所选择的是等可能的。该分析同样适合B、C。因而，不考虑A碰巧选择哪个轮胎（前面左侧轮胎，还是其他），所有四个学生均选择同样轮胎的概率是 1×1/4×1/4×1/4=1/64，即0.016。

另一种方式可以得到同样结果：首先确定一个特定轮胎（如前面左侧

轮胎），并问：四个学生都能选择该轮胎的概率是多少？这个值为1/4×1/4×1/4×1/4＝0.004。但是，在该问题中，四个人都选择同一个轮胎的能够满足条件的是，四个人都选择前面左侧轮胎，或者都选择前面右侧轮胎，或者都选择后面左侧轮胎，或者都选择后面右侧轮胎。因此，如果我们以这种方式求解问题，我们同样需要求得关于这四个条件下中的任何一个概率。这要用到加法定理来求得结果。因为这四个成功选择是相互排斥的，我们只需要将四个概率进行加和：0.004＋0.004＋0.004＋0.004＝0.016。求解该问题的两种方法得到完全一样的结果。

这两种分析同样可以应用来分析三个病人进入有5个门的大楼（问题6）。我们可以计算得1×1/5×1/5＝1/25；或者（使用加法定理）先求得到1/5×1/5×1/5＝1/125，然后加得：1/125＋1/125＋1/125＝1/25。

B.

1. 以2点（3点或12点）的输的概率为4/36，即1/9。

    投掷出4点，然后出现7点的概率为3/36×6/9＝1/18。

    投掷出10点，然后出现7点的概率为1/18。

    投掷出5点，然后出现7点的概率为4/36×6/10＝1/15。

    投掷出9点，然后出现7点的概率为1/15。

    投掷出6点，然后出现7点的概率为5/36×6/11＝5/66。

    投掷出8点，然后出现7点的概率为5/66。

    下注者输的这些互斥事件的概率之和为251/495。

    因此，下注者赢的机会为1－251/495＝244/495＝0.493。

5. 愿意。只有当你两次中的任何一次投掷中投掷出2点、3点、4点、5点中的一个，你便输了。每次投掷中，投掷出这4个数字中的一个的机会为4/6即2/3。因而输掉的机会为2/3×2/3，即4/9。因此，你赢的机会为1－4/9＝5/9＝0.556。

10. 挑战读者

这个问题一直是争论的焦点。有两种不同的分析。

第一种分析：

（1）在由4张K和4张A组成的这叠牌中有28个可能的两张构成的组合。在这28个可能的两张组合中，只有7个（等可能的）两张组合中包含黑桃A。在这7个两张组合中，3个两张组合中包含两个A。因而，如果我们知道所发的两张牌中包含黑桃A，这两张中为两个A的概率为3/7。

(2) 然而，如果我们只知道两张扑克中的一张是一个 A，我们只知道，所发的这两张牌是包含至少一个 A 的 22 个（等可能的）两张组合中的一种情况。在 22 个两张组合中，6 个包含一个 A。因而，如果我们只知道这两张组合包含一个 A，这两张组合包含两张 A 的概率是 6/22，即 3/11。

根据第一种分析，两种情况下的概率是不同的。

第二种分析：

(1) 如果知道分发的两张牌中的一张为黑桃 A，那么与之组成两张组合的另外一张有 7 个可能。在这 7 个可能中，3 个可能是 A。因而，分发的牌中一张为黑桃 A，这两张组合中包含两张 A 的概率为 3/7。

(2) 如果我们只知道其中一张为 A，我们知道它或者是黑桃 A，或者是红桃 A，或者方块 A，或者是梅花 A。如果它是黑桃 A，运用上述分析结果，这个两张组合为两张 A 的概率也为 3/7。如果这张 A 是红桃 A、方块 A、梅花 A，结果一样。因而，即使我们只知道一个 A 是分发的两张组合中的一张，这两张组合为两张 A 的概率仍为 3/7。

根据第二种分析，两种情况下的概率是一样的。

你认为这两种分析中哪一种分析是对的？为什么？

第 14.3 节

1. (a) ＄3.82；

  (b) 19 100 000.00。

但是请注意：这是一个十分不同寻常的情况。

5. 该问题直接使用乘法定理即可。

从四头牛中随机地挑选出那两头牛的概率为，第一次挑选出两头中的一头的概率（1/2），乘以第二次挑选另外一头的概率（1/3，因为此时第一头已经被挑选出）。因此，计算出的概率值为 1/2×1/3＝1/6。

10. 赌徒押在"点数 3 的不通过"线上赢的机会为，摇骰手在正常规则下输的概率，加上**在第一次摇骰中摇出点数 3 他没有输**。第一次摇出点数 3 的概率为 2/36，即 0.056。在第 14.2 节 B 部分中我们已经表明，摇骰手在正常规则下的输的概率为 0.507。因而，排除掉第一次摇出点数 3，摇骰手输的概率为 0.507－0.056＝0.451。因为这个概率是当摇骰手第一次不是摇出点数的情况下输的概率，这个概率也是赌徒押在"点数 3 的不通过"线上的能够赢的概率。因此，押在"点数 3 的不通过"线上的 100 美元的期望值为 $0.451 \times 200 = \$90.20$。

请注意：这个赌博是庄家乐意接受的；肯定的是，赌徒进行这样的赌不如押在正常的"通过线"（即押摇骰手赢）上。押 100 美元于摇骰手赢的期望值为 $0.493 \times \$200 = \$98.60$。

【注释】

[1] 例如，如果前提 2 的前件是简单陈述，我们就可以**先给**前提 1 的后件设置强制为真的真值指派，因为这会有**两个**强制的真值指派：简单陈述 U 和 V。

中英文术语索引[①]

被定义项（Definiendum）：在任一定义中，被定义的词或符号，103-04，121。亦见各种定义类型（Specific types of definition）

被换位命题（Convertend）。见换位法（Conversion）

被换质命题（Obvertend）。见换质法（Obversion）

被蕴涵者（Implicate）：条件陈述或假言陈述的后件；又称后式（*apodosis*），370-71

必要条件（Necessary condition）：无之，便无某实体。在演绎推理中，假言命题的后件是前件的必要条件。在因果推理中是指一个条件（或一组条件），当其缺乏时，某事件不会出现，这就是该事件的 *sine qua non*（必要条件），379-80，416-17，677-80。亦见充分条件（Sufficient condition）

变元（Variable）。见个体变元（Individual variable）；陈述变元（Statement variable）

辩护理由列（Justification Ledger）：形式证明中陈述列的右边一列。对陈述列中推出的每一个陈述，辩护理由列要写上推出该陈述的先前陈述的编号以及推论规则或其缩写（比如，用 M. P. 表示肯定前件式（*Modus Ponens*））。如果陈述是作为条件证明或间接证明的假设，那么要在辩护理由列写上诸如"/∴Q（假设 C. P.）"等，表明该子证明结尾推出的陈述及使用的子证明类型（亦即 C. P. 和 I. P.），445，544-45，552，568

标点（Punctuation）：在数学和逻辑中，为了消除歧义而使用的圆括号、方括号与大括号，364-67

标准形式直言命题（Standard-form categorical propositions）：四种直言命题，用 A、E、I 和 O 分别表示全称肯定、全称否定、特称肯定和特称否定，213-17；

[①] 本索引标注的是本译著页码，按汉语音序重新排列，括号注明术语原文。原书索引出现的多处讹误已经纠正，不再一一注明。——译者注

标准形式直言命题的符号系统与图解（symbolism and diagrams for），242-48；

标准形式直言命题的一般模式（general schema of），218；

差等关系与标准形式直言命题（subalternation and），224；

存在含义与标准式直言命题的解释（existential import in interpretation of），235-42；

对当方阵与标准形式直言命题（Square of Opposition and），222-26；

对当关系与标准形式直言命题（opposition and），222-26；

反对关系与标准形式直言命题（contraries and），223-24；

量与标准形式直言命题（quantity and），218；

矛盾关系与标准形式直言命题（contradictories and），223；

下反对关系与标准形式直言命题（subcontraries and），224；

演绎理论与标准形式直言命题（theory of deduction and），211；

直接推论与标准形式直言命题（immediate inferences and），227-35；

质与标准形式直言命题（quality and），217-18；

周延性与标准形式直言命题（distribution and），219-20

表达性话语（Expressive discourse），87

波浪符/卷曲符（Curl/Tilde）：否定符号，~；直接出现在被否定或被拒斥的东西之前（居左），358，361

补/补类（Complement/Complementary class）：一个类的补是不属于原来的类的所有东西的汇集，228-29

不当归纳谬误（Fallacies of defective induction）：其前提太弱不足以支持结论的谬误，141，162-70，195-96；

轻率概括（hasty generalization），169-70；

诉诸不当权威（*ad verecundiam*），165-66；

诉诸无知（*ad ignorantiam*），162-65；

虚假原因（false cause），166-69

不当周延谬误（Fallacy of illicit process）：由于在三段论结论中周延的词项在相应的前提中不周延所犯的一种形式谬误，278，281，320-21，323

不得要领（Missing the point）：一种前提所支持的结论与提出的结论不同的错误论证。也称为"不相干结论"（irrelevant conclusion / *ignora-*

tio elenchi），141，153-55

不可兼析取/强析取（Exclusive disjunction / Strong disjunction）：一个逻辑联结词，意思是"或者"，联结两个分支陈述。一个复杂陈述断言了不可兼析取，意思是说，至少有一个选言支为真，并且至少有一个选言支为假。与之相对应的是"可兼"（"弱的"）析取，它断言至少有一个选言支为真并且它们可以同时为真，361-64，366，372，377

不矛盾原理（Principle of noncontradiction）：这个原理断言，任何陈述不可能同时为真和为假；有时被称作思想法则之一，429

不相干结论（Irrelevant conclusion）：一种非形式谬误，当一个论证声称要证明某个结论，但却去证明另一个与之不同的结论时所犯的错误。也称为不得要领（*ignoratio elenchi*）谬误，153-55

不相容的（Inconsistent）：形容所有命题不同时为真的命题集或含有矛盾前提的论证，343，534-42

布尔解释（Boolean interpretation）：是为本书所采用并且以英国逻辑学家乔治·布尔（1815—1864）的名字命名的关于直言命题的现代解释。与亚里士多德的解释不同，在布尔解释中，全称命题（A 和 E）没有存在含义，6，236，239-41，250，280-81，286，288，307

布尔解释下的对当方阵（Boolean square of opposition），244

参项（Parameter）：为了协助陈述句群把其中的三段论以三个精确的词项表达出来，以便于准确检验其有效性，在协同翻译的过程中引入的辅助符号或者词组，314-16

操作定义（Operational definition）：一种内涵式定义，当且仅当给定情况下特定的操作产生特定的结果时，被定义项才是正确地应用于给定的情况，119-20

差等关系（Subalternation）：在对当方阵中，一个全称命题（A 命题或 E 命题）与其相应的特称命题（分别地，I 命题或 O 命题）间的关系。在这种关系中，特称命题（I 或 O）称为"下位式"。"差等关系"也是一种从全称命题到其相应的特称命题的直接推理的名称；在传统的解释中，它是一种有效的推理，但是一般在现代符号逻辑中它不是一种有效的推理，224

差异（Disanalogy）：在一个类比论证中，其前提中提到的实例与结论

中提到的实例间的不同点，657-58

常元（Constant）。见个体常元（Individual constant）

陈述（Statement）：命题；通常是陈述句断定的东西，但不是这个陈述句本身。每一个陈述一定或者真或者假，尽管其真假可能是未知的，7

陈述变元（Statement variable）：一个占位符；可以用陈述来替换的字母（按约定用小写字母表示，以 p、q 等开始），384-85

陈述的特征形式（Specific form of a given statement）：一个给定陈述的这样一种陈述形式，即用不同的简单陈述一致地代入每个不同的陈述变元，就可以得到该给定陈述，412

陈述形式（Statement form）：不包含陈述但包含陈述变元的符号串，当用同样的陈述来代入同一陈述变元的时候，得到的结果就是一个陈述，411-12。亦见给定陈述的特征形式（Specific form of a given statement）

乘法定理（Product theorem）：概率演算中的一个定理，即多个独立事件共同发生的概率等于它们单独发生的概率之积，763-65，768-69，772

充分条件（Sufficient condition）：一个条件（或一组条件），当其出现时被考察的事件必定发生。依据这样的理解，充分条件必定包含被考察事件的所有必要条件的联合，往往被认为是该事件的"原因"，678-80。亦见必要条件（Necessary condition）

充要条件（Necessary and sufficient condition）：一个给定事件发生的必要条件的合取，这一合取是确保那一事件发生所需要的全部。当推理既指从原因到结果，又指从结果到原因时，"原因"这个词在这一意义上使用。在演绎推理中，因为两个实质等值的陈述相互蕴涵，所以它们互为充要条件。因此实质等值符（≡）也可读作"当且仅当"，680

重言式（Tautology）：其所有代入例都为真的陈述形式，412-13，415，418-20，423-25，427，429，438

"重言律"（Tautology（Taut.））：也是一种逻辑等价表达式的名称，同时也是一条推论规则，它允许 p 与（p∨p）相互代换，以及 p 与（p·p）相互代换，469，473

初步假说（Preliminary hypothesis）：一种在科学探究的初始阶段用以指导收集证据的假说，通常是部分的、临时的，733

除外命题（Exceptive proposition）：断言除了某类中的某一个子类的

所有元素之外的其他所有元素都是另外一个类的元素的命题。除外命题实际上是复合性命题。因为它既断言了类之间的包含关系，又断言了类之间的排斥关系。例如，"除了雇员都是合格的"这一除外命题，既断定了"所有非雇员是合格的"，又断定了"没有雇员是合格的"，310-12，347，620-21，628

传统对当方阵（Traditional square of opposition）。见对当方阵（Square of opposition）

传统逻辑（Classical logic）。见亚里士多德三段论逻辑（Aristotelian syllogistic logic）

纯粹言辞之争（Merely verbal dispute）：一种由于某个关键语词有歧义，而这种歧义又遮蔽了论争双方并无实质歧见这一情况而产生的论争，100

纯假言三段论（Pure hypothetical syllogism）：仅包含假言命题的三段论，333-35

词典定义（Lexical definition）：报告被定义项（待解释的词项）已经具有的意义的定义，因此也是一种能被判断真假的定义，105-07

词典定义规则（Rules for lexical definitions）：评价定义的传统标准，一般适用于通过属加种差得到的词典定义，122-25

词项的内涵（Intension of a term）：词项所指谓的类中所有对象并且仅仅是那些对象共同拥有的属性；该词项的含义（connotation），118-19，122

从否定推肯定谬误（Fallacy of affirmative conclusion from a negative premise）：280

存在概括（Existential Generalization (E. G.)）：在量化理论中，从一个命题函项的任何为真的代入例，我们可以有效地推出该命题函项的存在量化式，这种推理规则就叫存在概括，609，611，628

存在含义（Existential import）：断言了某个特定种类的对象存在的命题的属性。特称命题（I命题和O命题）总是有存在含义；因此，命题"有的狗是温顺的"断言了有狗存在。全称命题（A命题和E命题）是否有存在含义还是一个问题，亚里士多德解释和布尔解释在此问题上有所不同，235-41，250

存在量词（Existential quantifier）：现代量化理论中的符号∃，它表示

紧随其后的任何命题函项有某一真的代入例;"(∃x)Fx"意思是"存在x使得Fx为真",590,592

存在例举(Existential Instantiation (E. I.)):在量化理论中,从一个命题函项的存在量化式,可以(基于一些限制)有效地推出关于在其语境中早先没有出现过的任一个体常元的代入例,这种推理规则就叫存在例举,608-10,628

存在谬误(Existential fallacy):在推理中因不合法地假设某个类有成员而产生的错误。在标准形式直言三段论中,当从两个全称前提推出一个特称结论时产生的一种形式谬误,241,280-81

存在预设(Existential presupposition):在亚里士多德逻辑中的一种全面预设,命题中所指称的全部的类都有元素,238-41

大前提(Major premise):在标准式直言三段论中,大前提就是包含大项的前提,258-60

大项(Major term):在标准式直言三段论中充当结论的谓项的词项,258

代入例(Substitution instance):以陈述一致地代入一个论证形式中的陈述变元而产生的任何论证,就叫该论证形式的一个代入例。以陈述一致地代入一个陈述形式中的陈述变元而产生的任何陈述,就叫该陈述形式的一个代入例,384-87,409-10,412-13,420,590-601

单称命题(Singular proposition):断定一特定的个体具有(或者不具有)某特殊属性的命题,306-08,347,588-90,618

单元类(Unit class):仅仅由一个元素组成的类,306

稻草人谬误(Straw man fallacy):一种将对手的立场描述得比实际主张的更为极端和不合理的谬误,147-48

德·摩根律(De Morgan's Theorem (De M.)):一个逻辑等价表达式;一种推论规则,它允许析取的否定与其析取支的否定的合取实行有效的相互代换:$\sim(p \vee q) \stackrel{T}{=} (\sim p \cdot \sim q)$;也允许合取的否定与其合取支的否定的析取实行有效的相互代换:$\sim(p \cdot q) \stackrel{T}{=} (\sim p \vee \sim q)$,425-26,433,468-69

第二种省略体(Second-order enthymeme):把小前提当作理所当然的命题而未加表述的不完整三段论,322

第三种省略体(Third-order enthymeme):把结论当作理所当然的命

题而未加表述的不完整三段论，322-24

第一种省略体（First-order enthymeme）：指把大前提当作理所当然的命题而未加表述的不完整三段论，322

定义（Definition）：由一个词或一系列符号（定义项）提供的表达，它被要求与被定义项即被定义的词或符号具有相同的意思，103-25；

  操作定义（operational），119-20；

  词典定义（lexical），105-07；

  规定定义（stipulative），104-05；

  精确定义（precising），107-10；

  理论定义（theoretical），110-11；

  论争与定义（disputes and），111；

  内涵定义（intensional），118-120；

  实指定义（ostensive），117；

  属加种差定义（by genus and difference），121-25；

  属加种差定义的规则（rules for, by genus and difference），121-25；

  说服定义（persuasive），111-12；

  同义定义（synonymous），119；

  外延/内涵与定义（extension / intension and），112-15；

  循环定义（circular），123；

  指称性定义（denotative），116-17；

  准实指定义（quasi-ostensive），117

定义项（Definiens）：在任一定义中，符号或符号串与被定义项具有相同的意思，103-04。亦见各种定义类型（specific types of definition）

独立事件（Independent events）：在概率论中，指互不关联的事件，即一个事件的发生或不发生对另外一个事件的发生或不发生不产生任何影响，763-64，780

笃证性论证（Demonstrative argument）：结论是偶真的可靠性论证，46，576-78

对当方阵（Square of opposition）：把四种直言命题（A、E、I、O）置于正方形的四个角上，以一个正方形表示四种命题之间的逻辑关系（称为"对当关系"），这种图形称为对当方阵。刻画亚里士多德对这些命题及其关系的解释的传统对当方阵，与布尔逻辑或现代符号逻辑中所使用的对当方阵有重要区别。在后者中，一些传统的对当关系不再成立，222-26；

  布尔解释下的对当方阵（Boolean），244；

  对当方阵图示（diagram），225；

  对当方阵中的差等关系（subalternation in），224；

  对当方阵中的反对关系（contraries in），223-24；

  对当方阵中的矛盾关系（contradictories in），223；

  对当方阵中的下反对关系（subcontraries in），224

对当关系（Opposition）：存在于在量、质或其他方面有所不同的两个直言命题之间的逻辑关系，如两个矛盾命题之间、反对命题之间的关系。对当关系可以用逻辑方阵表示，222-23

对应的命题（Corresponding propositions）。见对当方阵（Square of opposition）

多重复合论证（Interwoven arguments），58，65-69

二难推论（Dilemma）：日常语言中的一种常见论证，它要求必须在两种选项中做出决断，而两个选项（通常）都很糟糕，339-46；

  避开或驳斥二难推论的方法（ways of evading or refuting），340-42

翻译为标准形式（Standard-form translation）。见化归为标准形式（Reduction to standard form）

反对关系（Contraries）：如此这般联系着的两个命题，即它们不能同时为真，但是可以同时为假。在传统的对当方阵中，对应的 A 和 E 命题是反对关系；但是在布尔解释下，对应的 A 和 E 命题不是反对关系，根据布尔解释，它们可以同真，223-24，240，594。亦见下反对关系（Subcontraries）

反问句（Rhetorical question）：一个用来做陈述的话语，由于它是以既不真也不假的疑问句形式出现的，因而字面上它并不断定任何东西，19，21，88

范型公式（Normal-form formula）：否定符号仅出现于简单谓词之前的公式，601

非标准命题（Nonstandard-form propositions），翻译为标准形式的方法（techniques for translating into standard form），306-13。亦见标准形

式直言命题（Standard-form categorical propositions）

非法大项（Illicit major）："大项不当周延谬误"的简称，指三段论的大项在大前提中不周延而在结论中周延的形式错误。它违反了"在结论中周延的项在前提中也必须周延"的规则，278，281，295

非法小项（Illicit minor）："小项不当周延谬误"的简称，指三段论的小项在小前提中不周延而在结论中周延的形式错误，278，281，295

非互斥事件（Nonexclusive events）：在概率论中，指一些紧密联系的事件，其中一个事件的发生并不排斥另一个或另一些事件发生，769

非科学说明（Unscientific explanation）：一种被教条地断定且被看作无可置疑的说明，730-32

非三段论论证（Asyllogistic argument）：一种论证，其中一个或多个单元命题具有比直言三段论的 A、E、I、O 命题更复杂的形式，因此对它的分析要求比亚里士多德型逻辑提供更有力的逻辑工具，311，618-22

诽谤（Abusive *ad hominem* argument），148-49

分解谬误（Fallacy of division）：一种歧义谬误，即根据整体（或集合）具有某些属性这个事实，错误地认为整体的部分（或集合的元素）也具有这个属性，185-87

分类（Classification）：将大的事物汇集组织和分成有次序的群体和自群体系统，通常用于科学假说的形成，746-50

分配律（Distribution, as a rule of replacement (Dist.)）：一种逻辑等价表达式；一个推论规则，在演绎论证中，它允许符号表达式的某些部分相互交换位置，468，470-71

分支（Component）：陈述的一个部分，它本身是一个陈述，而且具有这样一种性质，即如果在一个更大的陈述中被任何其他陈述置换，结果仍是有意义的，358

否定（Negation）：即否认；符号为波浪符或卷曲符。~p 是指"并非 p"，也可读作"非 p"，223，358，361，366，412，418

否定定义（Negative definition）：一种错误的定义，它试图说明一个词项没有什么意义，而不是要说明它具有什么意义，124-25

否定后件式（*Modus Tollens* (M. T.)）：混合假言三段论的一种类型。在这种三段论中，第一个前提为条件命题，第二个前提否定该条件命题的后件，结论则否定该假言命题的前件。作为九个基本的有效论证形式之一，也是一个推论规则：如果断定了假言前提为真，并且断定了该假言前提的后件为假，那么我们就可以得到前件为假的结论。符号化为：p⊃q，~q，因而~p，334-35，401，404-05，408，445-46，447，450，476-77，480

否定前件式（Denying the antecedent）：一种形式谬误，因为论证中的直言前提~p否定了条件前提中的前件而非后件而得名。符号化为：p⊃q，~p，因而~q，335，408

符号逻辑（Symbolic logic）：对演绎逻辑之现代处理的通称，355-439；

  陈述形式与符号逻辑（statements forms and），411-20；

  符号逻辑中的标点符号（punctuation for），364-67；

  符号逻辑中的否定（negation in），361；

  符号逻辑中的合取（conjunction in），359-61；

  符号逻辑中的论证形式与论证（argument forms and arguments in），382-85；

  符号逻辑中的析取（disjunction in），361-64；

  符号逻辑中特殊符号的值（value of special symbols in），355-56；

  符号语言与符号逻辑（symbolic language and），355-56；

  逻辑等价与符号逻辑（logic equivalence and），421-28；

  思想法则与符号逻辑（laws of thought and），429-32；

  实质等值与符号逻辑（material equivalence and），415-20；

  实质蕴涵与符号逻辑（material implication and），370-80；

  条件陈述与符号逻辑（conditional statements and），370-80

附加律（Addition（Add.））：逻辑推理规则，九个基本有效论证形式之一。对任一命题p，附加律允许推论出p或q。它也被称作"逻辑附加律"，449

复合陈述/复合命题（Compound statement/Compound proposition）：是至少一个其他陈述之真值函项的陈述，9，356-58

复杂的论证性语段（Complex argumentative passages），65-69

复杂式二难推论（Complex dilemma）：由以下部分构成的推论：（a）一个析取命题；（b）由连词连接的两个假言前提；（c）结论不是一个直言

命题（像简单式二难推论的结论那样），而是一个二支的析取命题（往往是不受欢迎的），340

复杂问语（Complex question）：一种提出一个问题的方式预设隐藏在该问题中的某些结论为真的非形式谬误，171-73，175

丐题（Begging the question）：一种非形式谬误，其中论证的结论已经被某个前提陈述或假定。亦称"循环论证"（circular argument/*petitio principii*），173-75，196，413

概括（Generalization）：在量化理论中，通过在一个命题函项的前面添加全称量词和存在量词而形成命题的过程，591-92

概率（Probability），757-84；

  概率的相对频率理论（relative frequency theory of），761-62，780；

  概率的验前理论（*a priori* theory of），759-61；

  概率演算（probability calculus），762-74；

  共同发生的概率（of joint occurrences），763-65；

  关于概率的几种观点（alternative conceptions of），759-62；

  归纳和概率（induction and），36-7；

  期望值和概率（expectation value and），775-80；

  替代性发生的概率（of alternative occurrences），763，768-73

概率的数值系数（Numerical coefficient of probability）：描述一个事件发生的可能性或概然性的数值。它的可能取值范围是0（不可能性）到1（确定性），759

概率的相对频率理论（Relative frequency theory of probability）：在这一概率观中，一个简单事件的概率被定义为一个分数，其分母为一类成员的总数，分子为体现某个特定属性的那类成员数，后者等于所考察的事件数，761-62，780

概率的验前理论（A priori theory of probability）：在这一理论中，指派给一个简单事件的概率是0到1之间的一个分数，其中分母是等可能的结果数，分子是待考察事件发生的结果数。譬如，按照这一验前理论，从一副纸牌中随意抽取一张，抽到黑桃的概率是13/52，760-62，780

概率演算（Calculus of probability / Probability calculus）：数学的一个

911

分支，用于从组分事件的概率计算出复合事件的概率，762-82

个体变元（Individual variable）：可以用个体常元来代入的占位符号（一般用小写字母 x 或 y 表示）。全称量词（x）表示"对于所有的 x 而言……"，存在量词∃x 表示"有一个 x……"，589-92，618，628

个体常元（Individual constant）：用来表达个体的符号（一般用 a 至 w 中的任一小写字母表示），589，592，608-10

共变法（Method of Concomitant Variation）：一种归纳推理模式。根据一个现象随着另外一个现象以某种方式变化而发生变化，推出两个现象间具有某种因果联系，684，705-07

共同发生（Joint occurrence）：在概率理论中的一种复合事件，其中两个简单事件同时发生。乘法定理适合于计算共同发生的概率，763-65

构造式二难（Constructive Dilemma (C. D.)）：一个推论规则；九个基本论证形式之一。构造式二难允许这样的推论，即如果（p⊃q）·（r⊃s）是真的，p∨r 也是真的，那么 q∨s 必然为真，406-07，447

归谬法（*Reductio ad absurdum*），568；

　　间接证明（Indirect proof），562-75

归纳（Induction）：传统上区分的两种主要论证之一，另一种是演绎论证。一个归纳论证断言其前提只给结论带来某种程度的概然性，而不是确定性，33-37；

　　不当归纳谬误（defective, fallacies of），162-70；

　　概率和归纳（probability and），36-7，757-82；

　　简单枚举归纳法（by simple enumeration），681-83；

　　类比论证和归纳（argument by analogy and），640-55；

　　通过逻辑类推进行的反驳与归纳（refutation by logical analogy and），666-73；

　　演绎与归纳的区分（distinction between deduction and），33-37，645-46

归纳概括（Inductive generalization）：从个别经验事实，根据归纳原理，达到普遍命题的过程，681。亦见实验探究的方法（Methods of experimental inquiry）

归纳原理（Principle of induction）：自然有足够的规则性，以便让我们发现具有普遍性的因果律。该原理是所有归纳论证的基础，174-75

规定定义（Stipulative definition）：将某种意义任意地指派给新引入符号的定义；与词典定义相反，规定定义没有正确与错误之分，104-05

归约内涵（Conventional intension）：一种被人们共同接受的词项的内涵；一条对任何对象来说，在决定其是不是某词项外延的一部分时，我们一般都同意的标准，118-19

含混谬误（Fallacies of ambiguity）：一种由论证中的语词或短语的意义的变化或混乱而引起的谬误。亦称"诡论"（sophism），178-87；

    分解（division），185-87；

    合成（composition），184-85；

    歧义（equivocation），178-80；

    双关（amphiboly），180-81；

    重音（accent），181-84

含混性（Ambiguity）：意义的不确定，当同一个词或短语具有两个（或多个）不同的意义，而上下文又没有澄清它到底指的是哪一个意义时，就常常导致争论或者错误，100-01

含义（Connotation）：词项的内涵，词项所指称的所有对象共有的属性，113，118-19

含义定义（Connotative definition）：陈述被定义项的常规含义或内涵的定义；通常通过属加种差来定义，118

合成谬误（Fallacy of composition）：一种歧义谬误，即根据整体的部分（或集合的元素）具有某些属性这个事实，错误地认为整体（或集合）也具有这些属性，184-85

合取（Conjunction (Conj.)）：一种真值联结词，意思是"并且"，符号化为圆点。一个具有 p·q 形式的陈述是真的，当且仅当 p 是真的，并且 q 是真的。"合取"（Conj.）也是一个推论规则的名称，是九个基本论证形式之一；它允许几个假定为真的陈述结合为一个复合陈述。符号表示为：p，q，因而 p·q，358-61

合取命题（Conjunctive proposition），9

合取支（Conjunct）：被联结在合取陈述中的分支陈述，358-59

红鲱鱼谬误（Red herring fallacy）：一种故意将注意力从正在讨论的问题上移开的谬误，146-47

后件（Consequent）：在一个条件陈述（"如果……那么……"）中，紧跟在"那么"后面的分支陈述。有时也称为"被蕴涵者"（implicate），或者"后式"（apodosis），333，370-78

后式（Apodosis）：假言命题中的后件，370

滑坡谬误（Slippery slope）：一种断言在某一方向上的变化必然导致同一方向上的进一步变化（通常是不值得欲求的）的谬误，168-69

化归为标准形式（Reduction to standard form）：为了检验三段论论证的有效性，将其转化为三段论标准形式。亦称"翻译为标准形式"（translation to standard form），301-02

话语（Discourse）。见语言的功能（Functions of language）

换位法（Conversion）：一种对某些但不是全部类型的命题有效的直接推论形式。对一个命题进行换位，就是将命题的主、谓项的位置进行简单互换。因此，"没有圆是方"是"没有方是圆"的换位命题，并且"所有的思想家都是运动员"是"所有的运动员都是思想家"的换位命题。被换位的命题称作"被换位命题"（convertend），227-28。亦见限制换位（Limitation）

换位命题（Converse）：所谓的"换位法"推论的结论，227-28

换质法（Obversion）：一种有效的直接推论，适用于任一形式的标准直言命题。对一个命题换质，就是改变命题的性质（从肯定变成否定，或者从否定变成肯定），并用谓项的补替换谓项。例如，运用这种方法，从命题"所有狗都是哺乳动物"，可以得到原命题的"换质命题"（obverse）——"没有狗不是非哺乳动物"，而原命题则称为"被换质命题"（obvertend），229-30；

    换质表（table of），230

换质命题（Obverse）。见换质法（Obversion）

换质位法（Contraposition）：一种对某些但不是全部类型的命题有效的直接推论形式。对给定的命题进行换质位，就是将主项换为原命题谓项的补。例如，命题"所有人都是动物"换质位后是"所有非动物都是非人"，230-31；亦见限制换质位（Limitation）

    换质位表（table of），231

换质位命题（Contrapositive）：所谓的换质位法推论的结论，230-31

回溯分析（Retrograde analysis）：企图说明事情为何从过去的状况发

展到现在的状况的推理，75，82

混合假言三段论（Mixed hypothetical syllogism）。见假言三段论（Hypothetical syllogism）

基本的有效论证形式（Elementary valid argument form）：一些特别简单的论证形式的集合，这些论证形式作为推论的规则，因而被用来构造一个有效性的形式证明，444

基于背景的人身攻击论证（Circumstantial *ad hominem* argument）：一种非形式谬误，其中对对手的攻击是基于与对手相联系的特殊背景，149-52

加法定理（Addition theorem）：概率计算中的一个定理，用来确定由其概率已知的简单事件的一个或多个替代性发生所组成的复合事件的概率，768；

互斥替代加法定理（for exclusive alternatives），768-69

假言命题/假言陈述（Hypothetical proposition / Hypothetical statement）：一种复合命题，形如"如果p，那么q"的复合命题；条件命题或条件陈述，12，24，333，370，436

假言三段论（Hypothetical syllogism (H. S.)）：包含一个假言命题作为前提的三段论。如果一个三段论仅包含假言命题，则称为"纯"假言三段论；如果一个三段论包含一个条件前提和一个直言前提，则称为"混合"假言三段论。"假言三段论"也是一种基本有效论证形式的名称，其中如果前提 p⊃q 和 q⊃r 被假定为真，则结论是 p⊃r，333-36，349，401，405-06，444-47，450，474，478-80，605

间接推论（Mediate inference）：使用一个以上前提的推论，225

间接证明（Indirect proof）：为了证明一个陈述，先假设它的否定（即~p）已被证明，然后从假定或假定与前提的结合中推导出矛盾。当矛盾出现时，这个假设就要被排除，且它的否定就是可演绎地推出的。例如，如果假设~p为真，那么可以演绎出形如 q·~q 的矛盾；那么，这个假设就要被排除，原始假定的否定，即 p，就被演绎出来，562-75

简单陈述（Simple statement）：不是其他陈述之真值函项的陈述，357

简单枚举（Simple enumeration）。见简单枚举归纳（Induction by simple enumeration）

简单枚举归纳（**Induction by simple enumeration**）：归纳概括的一种类型，在其前提的实例中，两类现象在某些场合下重复地相互伴随，据此可得，那两类现象在这一场合下总是相互伴随，681-83。亦见实验探究的方法（Methods of experimental inquiry）

简单式二难推论（**Simple dilemma**）：为了把对手推向两难选择境地而设计的一种论证，不论对方做出何种选择，（往往是不受欢迎的）结论是一个单一的直言命题，340

简单谓词（**Simple predicate**）：在量化理论中，一个简单谓词是一个有真代入例和假代入例的命题函项，并且每个代入例都是一个单称肯定命题，590，592，596，601，614

简化律（**Simplification (Simp.)**）：九个基本有效论证形式之一；它作为一个推论规则，可以分离联合的陈述。如果有 p 和 q 的合取，从简化律可以推出 p。符号化为：p·q，因而 p，448

交换律（**Commutation (Com.)**）：逻辑等价表达式的一种；一个推理规则，它允许合取或者析取陈述的构成部分之间有效变换顺序。根据交换律，（p∨q）与（q∨p）可以相互替换，同样，（p·q）与（q·p）间也可以相互替换，468-70

结合律（**Association (Assoc.)**）：一种逻辑等价表达式；一个允许简单命题有效重组的推论规则。根据这个规则，[p∨(q∨r)]可以替换为[(p∨q)∨r]，反之亦然；并且，[p·(q·r)]可以替换为[(p·q)·r]，反之亦然，468-70

结论（**Conclusion**）：任一论证中，其他命题声称支持的命题，或者其他命题被作为其理由的命题，10-13

结论指示词（**Conclusion indicator**）：出现在论证中的一个词或短语（如"因此"或"因而"），通常表示尾随其后的是该论证的结论，17

近因（**Proximate cause**）：在任意因果链条中，离待解释的事件最近的事件。与"远因"相对比，后者在因果链中更远，679

精确定义（**Precising definition**）：为消除歧义或模糊性，通过明确地界定一个概念而制定的定义，108-11

科学方法（**Scientific method**）：构建初步假说、形成说明性假说、从假说中推导出结果、检验推导出的结果、将确证的理论应用到其他问题等系列问题求解的技巧，732-38；

  哥白尼假说的确证与科学方法（confirmation of Copernican hypothesis and），744-46

科学实验案例（Examples of scientific experiments），740-41

科学说明（Scientific explanation）：某个事实或事件待修改的理论解释，其基本特征是：相关性、与先前确立假说的协调性、预测力和简单性，729-32；

  科学说明与非科学说明（unscientific explanation vs.），730-32；

  评价科学说明的标准（criteria for evaluating），738-46

科学研究（Scientific investigation）。见科学方法（Scientific method）

可兼析取（Inclusive disjunction）：在两个被称作析取支的分支陈述间的真值函项联结词；一个可兼析取复合陈述是真的，如果至少有一个（即，一个或两个）析取支是真的。一般简单地叫作"析取"，也叫作"弱析取"，符号化为楔劈符∨，361-62，366，372。亦见不可兼析取（Exclusive disjunction）

可检验性（Testability）：科学的——与之相对的是非科学的——假说的一个属性；能够被确证或否证，738-39

可靠的（Sound）：若一个演绎论证有效，并且其前提都为真，我们就称它为可靠的论证；如果一个演绎论证是无效的，或者其前提中有一个或多个是虚假的，那么这个演绎论证就是不可靠的，41

客观内涵（Objective intension）：词项外延中所有对象共同拥有的属性集，118

肯定的单称命题（Affirmative singular proposition）：断言一个特定个体具有某种特定属性的命题，306，588

肯定后件谬误（Affirming the consequent）：一种形式谬误，之所以这样命名，是因为论证中其直言前提肯定的是条件前提的后件而不是前件。符号化为：p ⊃ q，q，所以 p，390，407，419

肯定前件式/分离式（*Modus Ponens*（M. P.））：混合假言三段论的一种类型。在这种三段论中，第一个前提为条件命题，第二个前提肯定该条件命题的前件，结论则是对该假言命题的后件的肯定。作为九个基本有效论证形式之一，也是一个推论规则：如果断定了假言前提为真，并且断定了该假言前提的前件为真，那么我们就可以得到后件为真的结论。符号化为：p⊃q，p，因而 q，334-35，401，403-04，408，418，444-45，446-47，450，480

类（Class）：共有某种特定属性的所有对象的汇集，212；
  补类（complement of a），228-29，243；
  类的相对补（relative complement of a），229

类比（Analogy）：通过表明两个（或更多）实体在一个或更多方面是类似的，而在它们之间做比较，646；
  非论证性类比（nonargumentative），647-49；
  类比论证（argument by），646-50；
  类比论证的特点（characteristics of argument by），649

类比论证（Analogical argument）：一种归纳论证，它断定：两个实体在某个方面类似，因而在其他某个或多个方面也相似，646-50；
  类比论证的评价标准（criteria for appraising）：655-59

礼节性语言（Ceremonial language）：一种通常具有表达性、指令性和信息性混合功能的特殊的社会性用法的语言，88

理论定义（Theoretical definition）：概括了对某理论的理解的定义，其中被定义项是该理论的核心要素，110-11

例举（Instantiation）：在量化理论中，用个体常元代入个体变元的过程就是例举。通过例举，可以把一个命题函项变成一个命题，592，604，608-10

连锁三段论（Sorites）：指通过一系列三段论的推导，从前提得出结论的论证。在这一过程中，每一个三段论的结论是下一个三段论的前提，最后一个三段论的结论是整个论证的结论，327-31

联项（Copula）：动词"是"的不同形式，用来联结直言命题的主项和谓项，218，260

量（Quantity）：直言命题的属性之一，取决于该命题所反映的对象究竟是主项类的全部对象，还是仅仅是部分对象。因此，从量上看，每一个直言命题要么是全称的，要么是特称的，217-22，223，229，250，309，311，347

量化（Quantification）：对非复合陈述进行描述和符号化的一种方法，通过揭示非复合陈述的内部逻辑结构；在现代逻辑理论中，它被用来分析传统的 A、E、I、O 命题，585-88，604，606，609；

  A 命题的量化（of A proposition），596；

  E 命题的量化（of E proposition），598；

  I 命题的量化（of I proposition），598；

  O 命题的量化（of O proposition），598

量化理论（Quantification theory），585-630；

  单称命题与量化理论（singular propositions and），588-90；

  非三段论推论与量化理论（asyllogistic inference and），618-22；

  全称量词与存在量词（universal and extential quantifiers），590-95；

  无效性证明与量化理论（proving invalidity and），613-18；

  有效性证明与量化理论（proving validity and），604-13；

  主-谓命题与量化理论（subject-predicate propositions and），595-604

列举法定义（Definitions by example）。见指称性定义（Denotative definition），116-17

论争（Disputes）：表面上是言辞的但实际上是实质的论争（apparently verbal but really genuine），100；

  纯粹的言辞之争（merely verbal），100；

  明显的实质论争（obviously genuine），100

论证（Argument）：任一这样的命题组，其中一个命题从其他命题推出，后者给前者之为真提供支持或根据，9-13；

  多重复合论证（interwoven），58，65；

  复杂的论证（complex），10，65-69；

  归纳论证（inductive），32-37，645-46；

  可靠论证（sound），42；

  类比论证（by analogy），646-50；

  论证的辨识（recognizing），16-25；

  论证的重塑（paraphrasing），49-50；

  论证的结论（conclusion of），10-13；

  论证的前提（premise of），10-13；

  论证的图示（diagramming），53-59；

论证分析（analysis of），49–81；

论证与说明（explanations and），25–27；

日常语言中的论证（in ordinary language），339；

三段论论证（syllogistic），262–65；

无效论证（invalid），33–43，387–88，394–97；

演绎论证（deductive），32–37，211；

有效论证（valid），22–43

论证的辨识（Recognizing arguments），16–25；

论证的结论指示词和前提指示词（conclusion and premise indicators for），17；

未明确陈述的命题/隐含命题（unstated propositions），23–24；

语境中的论证（in context），18–19

论证的特征形式（Specific form of a given argument）：若一个论证是以不同的简单陈述一致地代入一个论证形式中每个不同的陈述变元而得到的，该论证形式就是这个论证的特征形式，385

论证形式（Argument form）：展现论证逻辑结构的符号序列；它包含陈述变元而不包含陈述，从而当用陈述一致地代入陈述变元时其结果就是一个论证，382–410；

常见的无效论证形式（common invalid），407–09；

常见的有效论证形式（common valid），401–07；

"有效"和"无效"论证形式的精确含义（"valid" and "invalid"，precise meaning of），387–88；

真值表与论证形式（truth tables and），388–401

逻辑等价（Logical equivalence）：在处理真值函项复合命题中，当表示两个命题的实质等价的陈述是重言式时，此两个命题间的关系。一种非常强的关系；逻辑等价的陈述必须有相同的意义，因而在它们出现的任何地方都可以相互替换，421–28；

逻辑等价的真值函项陈述形式（logically equivalent truth-functional statement forms），468

逻辑学（Logic）：研究用于区分正确推理与不正确推理的方法和原理的学问，7

马蹄符（Horseshoe）：实质蕴涵符⊃，358，375，389，399，403，427-28

矛盾关系（Contradictories）：如此这般联系着的两个命题，即一个是另一个的拒斥或否定。在传统的对当方阵中，两对矛盾关系由方阵的对角线表示：A命题和E命题分别是O命题和I命题的矛盾命题，223

矛盾式（Contradiction）：一种必然为假的陈述；一种不可能有任何真的代入例的陈述形式，414

密尔方法（Mill's Methods）。见实验探究的方法（Methods of experimental inquiry）

名义定义（Nominal definition）：规定定义的一种；源于给新词一个随意的意义指派，104

命令句（Command）：一种具有指示功能的常见话语形式，22

命题（Proposition）：一个陈述；通常使用陈述句断定的东西，因而都是或真或假的——尽管真假可能是未知的，7-9。亦见直言命题（Categorical proposition）；标准形式直言命题（Standard-form categorical proposition）；

  除外命题（exceptive），310-11，620-21；

  复合命题（compound），9，356-58；

  简单命题（simple），9；

  排斥命题（exclusive），311；

  未明确陈述的命题（unstated），23-25；

  析取命题（disjunctive），9；

  语句与命题（sentences and），8

命题函项（Propositional function）：在量化理论中，通过例举或概括命题函项表达式而得出命题。当命题函项中的个体变元被替换为个体常元时，该命题函项就是被例举的（例如，Hx被例举为Hs）。当在命题函项前引入全称量词或存在量词时，该命题函项就是被概括的（例如，Hx被概括为(x) Hx或(∃x) Hx），590

谬误（Fallacy）：一种看似正确但包含错误推理的论证。谬误分为形式的和非形式的，137-204。亦见各种谬误（Specific fallacies）；

  谬误的分类（classification of），140-41

模糊性（Vagueness）：一个词项处于"临界状况"时所具有的属性，

此时人们不能确定它是否适用于该状况,107-09,125。亦见含混(Ambiguity)

内涵定义(Intensional definitions),118-20;
  归约内涵定义(conventional),118;
  客观内涵定义(objective),118;
  主观内涵定义(subjective),118

逆偶然(Converse accident):当我们无心或太快地从个别事例转向普遍事例时所犯的一种非形式谬误,169-71,186

偶然谬误(Fallacy of accident):一种非形式谬误,一种将概括错误地应用于一个并不适合的案例的谬误,171,186-87。亦见逆偶然(Converse accident)

偶真式(Contingent):既不是重言的,也不是矛盾的。一个偶真陈述可能是真的,也可能是假的;一个偶真陈述形式有真和假的代入例,223-24,414,420,432

排斥命题(Exclusive propositions):断言谓项排他性地适用于主项的命题。例如,"只有将军才戴星"断言谓项"戴星"仅仅适用于将军,311

排斥前提谬误(Fallacy of exclusive premises):由于三段论的两个前提都是否定命题(E 或者 O)所导致的形式谬误,279,281,295

排中原理(Principle of excluded middle):该原理断言每个陈述或者是真的或者是假的;有时被称为思维法则之一,429-31,433

判决性实验(Crucial experiment):一种实验,其结果要求确立两个竞争性和不一致的科学假说中某一个的虚假性,740

皮尔斯律(Peirce's law):一个著名的陈述形式:$[(p \supset q) \supset p] \supset p$,415

期望值(Expectation value):在概率论中指赌博或投资的值;将从赌博中得到的相互排斥的每一可能收益,分别与实现该收益的概率相乘,所有这些乘积之和即为该赌博的期望值,775-83

歧义谬误(Fallacy of equivocation):一种非形式谬误,其中同一个词或短语的两个或更多个意义混淆在一起。在论证中，如果一个词在一个命题中使用了其中的一种意义，但是在另一个命题中又使用另一种不同的意义，这个词就说是使用了歧义，141，178-80

前件（Antecedent）：在一个假言命题中（"如果……那么……"），紧跟在"如果"后面的分支。有时也称作蕴涵者（implycans）或前式（protasis），333-35，370-77

前式（Protasis）：假言命题的前件，370

前提（Premises）：一个论证中，推论所依赖的命题；声称为推出的结论提供根据或理由的命题，10；

非陈述形式的前提（not in declarative form），19-23

前提指示词（Premise indicator）：一个论证中的一个词或短语（如"由于"和"因为"），通常标志其后的内容是作为前提的陈述，17

轻率概括（Hasty generalization）：从个别案例草率地进行概括所犯的谬误。也称为"逆偶然谬误"（converse accident），141，169-71，186-87

情感语言（Emotive language），87，95-97，111

求同法（Method of Agreement）：一种归纳推理模式：如果被研究的现象的两个或更多的事例只有一个共同的事态，那么，这个共同的事态就是给定现象的原因（或结果），684-86

求同求异并用法（Joint Method of Agreement and Difference）：归纳推理的一种模式，在其中求同法和求异法被联合使用，以给出一个更高程度概率的结论，697-98

求异法（Method of Difference）：一种归纳推理模式：如果在一个场合下一个考查的现象发生了，在另外一个场合下该现象不发生，两个场合下的事态仅有一个事态不同，该事态被指认为与被考查现象有因果关联，690-93，697-98，705，710，712

全称否定命题（Universal negative (E) propositions），214，217，628

全称概括（Universal Generalization (U. G.)）：量化理论中的一个推论规则，它允许从一个命题函项关于任意选取的个体名称的代入例，我们可以有效地推出该命题函项的全称量化式，606-08，628

全称肯定命题（Universal affirmative (A) propositions），213，217，222，224

全称量词（Universal quantifier）：量化理论中的一种符号，(x)，用

在一个命题函项之前，它断言紧接着的谓词在任何情形下都为真。因此，"(x) Fx"表示"给定任何 x，Fx 都为真"，590-91

全称例举（Universal Instantiation (U. I.)）：量化理论中的一个推论规则，它允许一个命题函项的任一代入例都可以从其全称量化式有效地推出，604-06，610

全称命题（Universal proposition）：涉及一个类的所有成员的命题。全称肯定命题（传统所谓的 A 命题）说的是"所有 S 是 P"。全称否定命题（传统所谓的 E 命题）说的是"没有 S 是 P"。在亚里士多德解释中，全称命题有存在含义；在现代符号逻辑中，它们并没有存在含义，是用全称量词符号化的，213-14，219，223-24，231，235-36，239-41，250，280-81，286，681

三段论（Syllogism）：从两个前提推出一个结论的演绎论证，257。亦见直言三段论（Categorical syllogism）；析取三段论（Disjunctive syllogism）；假言三段论（Hypothetical syllogism）

  三段论的主要类型（principal kinds），285-96；

  检验三段论的规则（rules for testing），276-82；

  检验三段论：文恩图解法（Venn diagram technique for testing），266-74；

  日常语言中的三段论（in ordinary language），301-50

三段论词项数量的归约（Reducing the number of terms in a syllogism）：从三段论中去除同义词和补类的名称，以保证三段论恰好包含三个项；为检验三段论的有效性，将其翻译为标准形式的过程需要此环节，302-04

三段论的格（Figure）：由中项在前提中的位置决定三段论的逻辑形式。根据中项的四种可能位置，一共分出四个格。第一格：中项是大前提的主项，小前提的谓项；第二格：中项在前提中都是谓项；第三格：中项在两个前提中都是主项；第四格：中项是大前提的谓项，小前提的主项，259-61

三段论的式（Mood）：三段论的式是直言三段论的一个特征，由包含于三段论中的标准直言命题（A、E、I、O）的类型决定。由于直言命题只有四种类型（A、E、I、O），并且每一个三段论正好包含三个这样的命题，因此，三段论共有 64 个式。每一个式用三段论所包含的命题的字母表示，如，AAA，AAI，AAE，等等，直到 OOO，258-61，285-89，315-16

三段论规则和三段论谬误（Rules and fallacies for syllogisms）：一套检验标准形式三段论之有效性的规则。这些规则涉及有效三段论中项的数量和周延性，也涉及由前提的质和量所施加的限制，276-82；

　　三段论规则和三段论谬误概览（overview），281；

　　应用三段论规则的流程图（flowchart for），281-82

三段论论证（Syllogistic argument）：符合如下条件的任一论证：或者本来就是标准式三段论，或者是可以变形为标准式三段论而没有改变原意的论证，262-65，301-02；

　　三段论词项数量的归约（reducing number of terms in），302-04；

　　三段论论证的协同翻译（uniform translation for），314-16；

　　三段论论证中非标准命题的翻译（translating nonstandard propositions of），306-13；

　　连锁三段论与三段论论证（sorites and），327-29；

　　日常语言中的三段论论证（in ordinary language），301-50；

　　省略三段论与三段论论证（enthymemes and），321-24

上位式（Superaltern）。见差等关系（Subalternation）

省略式三段论（Enthymeme）：一种未完全陈述出来的论证，其未陈述的部分是设定当然的。一个省略三段论是第一种省略体、第二种省略体还是第三种省略体取决于其未陈述的命题是论证的大前提、小前提还是结论，24，321-24

剩余法（Method of Residues）：归纳推理的一种模式，在其中当一个给定现象的某些部分被认为是某一确定的先行事件的结果时，可以得到：那一现象剩余的部分就是剩余的先行事件的结果，700-05

实验探究的方法（Methods of experimental inquiry（Mill's Methods））：归纳推理的五种模式，由约翰·斯图亚特·密尔分析并精确阐述，用来确证或否证假说，683-711；

　　密尔方法的威力（power of），711；

实指定义（Ostensive definition）：一种指称性定义，被定义词项所表示的对象都是通过指向或其他手势来指称的；有时也称为示范定义

(demonstrative definition)，117

实质等值（Material equivalence）：一种可以联结两个陈述的真值函项联结词（符号化为三杠号"≡"）。当两个陈述都为真或都为假时，亦即当它们有同样的真值时，它们就是"实质等值"的。两个实质等值的陈述总是彼此实质蕴涵。实质等值（Material equivalence（Equiv.））也是一个逻辑推论规则（实质等值律）的名称，这个规则允许一对逻辑等价的表达式相互替换，411-26，469，471-72。亦见逻辑等价（Logical equivalence）

实质蕴涵（Material implication）：一种可以联结两个陈述的真值函项联结词（符号化为马蹄符"⊃"）。当或者 p 假，或者 q 真时，陈述"p 实质蕴涵 q"为真。实质蕴涵是一种弱的蕴涵关系；它不指陈述之间意义上的联系，而仅仅断定并非 p 为真且 q 为假。实质蕴涵（Material implication（Impl.））也是一个逻辑推论规则（实质蕴涵律）的名称，这个规则是一个逻辑等价式，它允许形如"p⊃q"的表达式与形如"~p∨q"的表达式之间的相互替换，370-82，389，403，407，415-16，422-23，426-28；

实质蕴涵怪论（Paradoxes of material implication）：从实质蕴涵定义得出的一些反直觉结果：因为 p⊃q 为真仅意味 p 为假或 q 为真，使得一个假陈述可以实质蕴涵任一陈述，也使得一个真陈述被任一陈述实质蕴涵。完全理解实质蕴涵的严格逻辑意义后，这些所谓的"怪论"就被消解了，427-28

示范定义（Demonstrative definition）：一种实指定义，用手势指代被定义项的示例，117

视觉逻辑（Visual logic），220，272，376

输出律（Exportation（Exp.））：一个推论规则的名称；一种逻辑等价表达式，它允许具有形式（p·q）⊃r 的陈述和具有形式 p⊃(q⊃r) 的陈述相互代换，469，472

属加种差（Genus and difference）：构建内涵定义的一种方法，120-25

属加种差定义（Definition by genus and difference）：词项内涵定义的一种类型，它首先要找出一个较大的类（"属"），其中被定义项是它的一个种或次一级的类，其次要找出将被定义的种的元素与那个属的其他所有种的元素区分开来的性质（"种差"），120-25；

属加种差定义的规则（rules for, by genus and difference），122-25

述行性话语（Performative utterance）：一种话语方式，在适当的条件下，这种话语自身实际上就履行了它所宣称或描述的行动（例如，某人适当地说出或写下的"我为我的错误向你道歉"就是一种述行式话语，因为当说出它的时候，他的确就道歉了），88

双关（Amphiboly）：含混的一种，产生于一个陈述由于其词汇组合松散、笨拙或错误而导向另一种可能的意义。同时，又指一种谬误，当一个论证包含了一个模棱两可的陈述，这个论证中，它在一次出现中是真的，而在另一次出现中却是假的，这就产生了双关的谬误，180-81

双关谬误（Fallacy of amphiboly）：论证中松散或笨拙地组合起来的语词有多种解释；论证的前提基于一种解释，而结论则基于另一种解释的谬误，180-81

双条件陈述或命题（Biconditional statement or proposition）：一种复合陈述或命题，它断言了其两个原子命题有相同的真值，因此实质等值。顾名思义，因为两个原子命题同真或同假，故它们之间互相蕴涵。一个双条件陈述形式可以形式化为"p≡q"，读作"p 当且仅当 q"，416-17, 422-27, 469, 472, 502, 518, 525-26, 559-60, 594, 614-15, 620, 804

双重否定律（Double negation）：一种逻辑等价表达式；一个推论规则，通过对符号的否定的再否定，允许任何符号表达式进行有效的相互替换，符号化为：$p \stackrel{T}{=} \sim\sim p$，424, 426, 433, 467-68, 471

说服定义（Persuasive definition）：通过使用情感语言影响态度或激起情感来解决论争的定义，111-12

说明（Explanation）：能从中逻辑地推出待说明的事实（或事物）的一组陈述，接受这些陈述能够减少或消除该事实（或事物）的一些疑难特征，25-32。亦见科学说明（Scientific explanation）

科学说明与非科学说明（scientific vs. unscientific），729-32

思想法则（Laws of thought）：三个重言式——同一原理、不矛盾原理和排中原理——有时被认为是所有推理的基础原理，429-32

四项谬误（Fallacy of four terms）：由于三段论中包含了三个以上的词项所犯的一种形式谬误，277

诉诸暴力（Ad baculum (appeal to force)）：一种通过对暴力的不当诉求来支持论证之结论为真的非形式谬误，其论争依赖于公开的或隐蔽的武

力威胁，152-53

诉诸不当权威（*Ad verecundiam*（appeal to inappropriate authority））：一种非形式谬误，其诉诸的权威是不合理的，或者是因为所诉诸的权威缺乏所讨论的问题特别要求的专门知识，或者即便是合理的权威也往往是错误的，165-66

诉诸大众（*Ad populum*（appeal to the populace））：一种通过对大众的信仰的诉诸来支持某个结论的非形式谬误，142-44

诉诸情感/同情（*Ad misericordiam*（appeal to pity / appeal to emotion））：一种依赖于慷慨、利他主义或仁慈等情感而非理性的非形式谬误。也称为"argument *ad misericordiam*"，144-45

诉诸人身（*Ad hominem*（argument against the person））：一种论证依赖于攻击立场支持者的非形式谬误，148-52；

  背景谬误（circumstantial）：149-52；

  诽谤（abusive）：148-49

诉诸无知（*Ad ignorantiam*（argument from ignorance））：一种非形式谬误，用对无知的不合理的诉求来支持结论，命题仅因为没有被证明是假的就被认为是真的，或仅因为没有被证明是真的就被认为是假的，162-65

态度和信念中的歧见（Disagreement in attitude and belief），96-97

态度一致/歧见（Agreement / disagreement in attitude），96-97

特称否定（O）命题（Particular negative (O) propositions），215-16，217

特称肯定（I）命题（Particular affirmative (I) propositions），214-15，217

特称命题（Particular proposition）：一种述及一类中的一些但非全部元素的命题。特称肯定命题（传统地称作 I 命题）断言："有 S 是 P。"特称否定命题（传统地称作 O 命题）断言："有 S 不是 P。"在传统逻辑和现代逻辑中，特称命题都具有存在含义；在量化理论中，用存在量词对其进行了符号化，219-20，224，230-31，236-37，250

特设性（*Ad hoc*）：一个多义的术语，用来刻画假说。它可以仅指假说是由其试图解释的事实所构成，也可以指假说仅仅是描述性的。最一般

而言，"特设性"用于贬义，形容一个假说仅仅对它被发明来解释的某个事实做出了解释，而没有其他可检验的结果，743

替代性发生／择代性发生（Alternative occurrences）：在概率论中，指由两个或两个以上的简单单元事件中任意一个的发生所构成的复合事件。（例如，复合事件：任意抽取一张扑克牌，抽到一张黑桃或一张梅花），763，768-73

替换规则（Rule of replacement）：逻辑等价表达式在其出现的任何场合都可以相互替换的规则。替换规则构成作为推论规则的 10 个逻辑等价表达式的基础，467-74

条件陈述（Conditional statement）：具有"如果 p，那么 q"形式的真值函项复合陈述。如果它的前件 p 为假，或者它的后件 q 为真，则它是真的，9，370-80

条件证明（Conditional proof）：为了证明一个条件陈述，先假定陈述 p，然后通过有穷步骤演绎地推出陈述 q，最后依据"条件证明（C. P.）"规则得到结论，即被证陈述"p⊃q"（即如果 p，那么 q），543-62

通过逻辑类推的反驳（Refutation by logical analogy）：通过另一个具有相同形式的论证来表明一个论证是无效的方法，其中类推的这个论证的前提为真而结论为假，382-85，613，628

同一原理（Principle of identity）：这个原理断言，任何陈述如果是真的，那么它是真的；有时被当作思想法则之一，429-30，433

同义词（Synonyms）：两个具有相同意义的词，119

同义定义（Synonymous definition）：通过给出被定义项的同义词、另一个具有相同意义的词、短语或符号集来定义一个符号；一种内涵定义，119

图示（Iconic representation）：在文恩图中，借助空间上的包含与排斥来表示标准直言命题及由之构成的论证，248，250，286

推不出（Non sequitur）：犯了某种非形式谬误的论证，其结论不能从前提中得出，154-55

推理（Reasoning）：逻辑研究的中心课题，7，13，42；

　　推理中的问题（problems in），72-81

推论（Inference）：结论加之从中推出结论的前提；论证（argument）。做出一个推论即从前提推出一个结论，是一个以其他某个或某些

命题为基础得到或断定一个命题的过程，9-10

推论规则（Rules of inference）：在演绎逻辑中，用于构造有效性的形式证明的规则，包含三个部分：一系列基本的有效推理形式；一系列逻辑上等价的表达式组，其成员可以互相替换；一系列量化规则，444-46，448-51，454，456，459，462，467-97

外延（Extension）：一个词项所适用的所有对象的汇集，即词项的指谓，112-20

外延定义（Extensional definition）。见指称性定义（Denotative definition）

未明确陈述的命题/隐含命题（Unstated propositions），23-24

文恩图（Venn diagrams）：用交叉的圆表示直言命题或者论证的逻辑形式的图示法，213，246-48，250，266-74，288，301，304-05，635

文恩图解法（Venn diagram technique）：用文恩图检验三段论有效性的方法，266-74

问题（Question）：一种疑问语气的表达，它不断定任何东西因而不表达命题；但日常会话中问题也通常用来断定其答案暗示的命题，7-8，19-22

污泉（Poisoning the well）：一种辱骂性的背景谬误，在这种谬误中，通过攻击对手的诚信或诚实破坏持续的理性交流，151

无效（Invalid）：不是有效的；一个无效论证形式可以出现前提皆真而结论为假的情形，38，387-88；每一个演绎论证或者是有效的，或者是无效的，32-35，37-42；

　　无效性（invalidity），刻画的是前提为真结论为假的演绎论证，38，387-88，390，394-95，397，401，408，420，497-98，505，515；

　　论证形式与无效的精确含义（precise meaning of, argument forms and），387-88

无因之因（*Non causa pro causa*）：一种非形式谬误，更常见的称呼是"虚假原因"（false cause）谬误，即错误地把实际上不是某情形或事件的原因当作原因，166-69

吸收律（Absorption）：推论规则，九个基本有效论证形式之一。如果 p 蕴涵 q，那么吸收律允许推论出 p 蕴涵 p 且 q。符号化为：p⊃q，因而 p⊃(p·q)，447-48

析取（Disjunction）：表示"或"含义的真值联结词；如此结合的分支称为"析取支"。当析取被用来表示析取支至少一个为真并且它们可以同时为真时，称为"弱的"或"可兼"析取，符号化为楔劈符∨。当析取被用来表示析取支至少一个为真并且至少一个为假时，称为"强的"或"不可兼"析取，361-64

析取陈述（Disjunctive statement）：一种复合陈述，其分支陈述由析取联结。在现代符号逻辑中，给"或"的通常解释是弱的（可兼的）析取，除非文中有进一步的信息，361-64，412

析取陈述形式（Disjunctive statement form）：一种陈述形式，符号化为 p∨q；它的代入例都是析取陈述，412

析取命题（Disjunctive proposition），9

析取三段论（Disjunctive syllogism（D. S.））：一个推论规则；一种有效的论证形式，其中一个前提是析取式，另一个前提是对这两个析取支的某一个的否定，结论是对另一个析取支的肯定。符号化为：p∨q，~p；所以 q，401-03，409，446-47，450，460，477，480，537，574

下反对关系（Subcontraries）：不能同假，但可以同真的两个命题之间的关系。在传统的对当方阵中，位于方阵底部的 I 命题与 O 命题是下反对关系，但是这些命题在现代布尔解释下，I 命题与 O 命题可以同假，它们不是下反对关系，224，594-95

现代符号逻辑（Modern symbolic logic），33，211，239，355-56

现代逻辑（Modern logic）。见符号逻辑（Symbolic logic）

限制换位与限制换质位（Conversion by limitation and Contraposition by limitation）：分别指 A 命题的换位直接推理和 O 命题的换质位直接推理；此名称中的"限制"一词表明，在这些特殊推理中，需要亚里士多德式逻辑中的存在预设才能使推理合法化。因而在直言命题的布尔解释中，"限制的"直接推理是无效的，因为在那里传统的存在预设是被拒斥的，228，231

相干谬误（Fallacies of relevance）：当一个论证所依据的前提与其结论不相干因而不可能确立结论之真时，其所犯的非形式谬误，141-62；

不得要领（*ignoratio elenchi*），155-57；

稻草人（Straw Man），147-48；

红鲱鱼（Red Herring），146-47；

诉诸暴力（*ad baculum*），154-53；

诉诸不当权威（*ad verecundiam*），165-66；

诉诸大众（*ad populum*），142-44；

诉诸情感/同情（*ad misericordiam*），144-45；

诉诸人身（*ad hominem*），148-52

相关性（Relevance）：一个好的科学假说的基本属性，当需要解释的事实是直接从某个假说中演绎出来，或者从该假说加上其他已知的因果律演绎出来，我们就说这个假说具有相关性。同时，相关性也是评价类比论证的一个标准，656-57

相互排斥事件（Mutually exclusive events）：具有如下特征的事件：如果一个事件发生，另一个（或另一些）事件不会同时发生。譬如，如果投掷一枚硬币，"正面朝上"的结果和"反面朝上"的结果是相互排斥的事件，768-69

小前提（Minor premise）：在标准式直言三段论中，小前提就是包含小项的前提，258-61

小项（Minor term）：在标准式直言三段论中充当结论的主项的词项，258，266，277，278-79，281

楔劈符（Wedge）：弱的（可兼）析取的符号（∨）；任一具有形式 p∨q 的陈述为真，如果或者 p 为真，或者 q 为真，或者 p 和 q 都真，358，362-64

协同翻译（Uniform translation）：一种常常要求利用辅助符号的技巧，借助这种技巧就有可能把三段论论证变形为标准形式，从而可以准确地验证其有效性，314-16

信念一致/歧见（Agreement/disagreement in belief），96-97

信息性话语（Informative discourse），87

虚假原因（False cause）：一种把并非真正是某件事情的原因当成其原因的谬误。也称为 *non causa pro causa*，166-69

循环定义（Circular definition）：一种由于其被定义项（被定义的符号）本身出现在定义项（用来定义的符号或符号串）之中因而无用的错误

定义，123

循环论证（Circular argument）：一种在某个前提中假定了结论的错误论证；丐题。也称作 *petitio principii*，173-75

亚里士多德三段论逻辑（Aristotelian Syllogistic logic）：三段论推理的传统说明，其中预先假定直言命题的某些确定解释，常常与现代符号逻辑或布尔逻辑对直言命题的解释相对，211

言辞之争（Verbal dispute）。见纯粹言辞之争（Merely verbal dispute）

演绎（Deduction）：传统上区分出的两种主要的论证类型之一，另一种是归纳。一个演绎论证要求为结论提供决定性的理由；如果这样，它就是有效的，否则是无效的，32-33；

  不相容性与演绎（inconsistency and），534-39；

  替换规则与演绎（rule of replacement and），467-74；

  通过逻辑类推进行的反驳与演绎（refutation by logical analogy and），382-85；

  演绎方法（methods of），443-583；

  演绎理论（theory of），211；

  演绎与归纳的区分（distinction between induction and），645-46；

  有效性的间接证明与演绎（indirect proof of validity and），562-70；

  有效性的形式证明与演绎（formal proof of validity and），443-46；

  自然演绎（natural），446，476-77

一般乘法定理（General product theorem）：概率计算中用来确定任意多个事件共同发生的概率的定理，764-65，783

易位律（Transposition (Trans.)）：一种逻辑等价表达式的名称；一个推论规则，它允许（p⊃q）与（~q⊃~p）相互代换，468，471

因果律（Causal laws）：断言两类事件间的必然联系的描述性规律，这两个事件中一个是原因，一个是结果，680-81

  因果律与自然齐一性（Causal laws and uniformity of nature），680-81

因果推理（Causal reasoning）：归纳推理，在其中某一结果由假定为其原因的事件推出，或某一原因由假定为其结果的事件推出，677-721；

  归纳技术的局限（limitations of inductive techniques），711-13；

  简单枚举归纳法与因果推理（induction by simple enumeration and），681-83；

  密尔方法与因果推理（Mill's methods and），683-711；

  因果律/自然齐一性与因果推理（causal laws / uniformity of nature and），680-81；

  原因的意义（meanings of cause），677-80

有效换位表（Table of valid conversions），228

有效性（Validity）：演绎论证（或论证形式）的一种特征，如果一演绎论证不可能前提为真而结论为假，那么该演绎论证就是"有效的"。有效性是一种形式特征，它只适用于论证；不同于"真"，"真"适用于命题，32-42；

  量化理论和有效性证明（proving, quantification theory and），604-13；

  论证形式与有效性的精确含义（precise meaning of, argument forms and），387-88；

  有效性的间接证明（indirect proof of），562-75；

  真与有效性（truth and），37-42

有效性的形式证明（Formal proof of validity）：一个陈述序列，它的每一个陈述或者是给定论证的前提，或者是先前的陈述依据推论规则而推得的陈述。而且，整个序列最后一个陈述就是论证的结论，同时它的有效性也得到了证明。一个论证有效性的证明，是对其不可能出现前提都为真而结论为假的严格展示，443-46

语词定义（Verbal definition）。见规定定义（Stipulative definition）

语句（Sentence）：表达一个完整思想的一组语词；一个语句可以表达一个命题，但语句又不同于它所表达的命题，7-9；

  陈述句（declarative），88；

  感叹句（exclamatory），88；

  祈使句（imperative），88；

  疑问句（interrogative），19，88

语言的功能（Functions of language）：多种多样的语言用法；最常见的区分是语言的信息性用法、表达性用法和指令性用法；其他还有语言的礼节性用法和述行性用法，87-95；

  情感语言功能与中性语言功能（emotive and neutral functions），95-100；

  一致/歧见与语言的功能（agreement / disagreement and），96-97；

  语言的形式与语言的功能（language forms and），88

预设谬误（Fallacies of presumption）：一种结论依赖于一个不可靠、无根据或错误的默认假设的非形式谬误，170-78；

  复杂问语（complex question），171-73；

  丐题（begging the question），173-75；

  偶然和逆偶然（accident and converse accident），171

原因（Cause）：某一结果发生的必要条件（当我们试图通过淘汰某事态或事件的原因而淘汰该事态或事件时，它是在"必要条件"的意义上使用），或者某一结果发生的充分条件，理解为其所有必要条件的联合。后一种意义更加普遍，当我们希望引起某个事态或事件时，就是使用了原因的这种意义，677-80

圆点符（Dot）：合取符号，·，意思是"和/并且"，358-61，366

缘出前物（*Post hoc ergo propter hoc*）：一种推定某件事情是由一个紧接在前的事情引起的谬误。字面意思是：那个在这之后出现；因而，这就是那个的原因（After this; therefore, because of this），167-68

远因（Remote cause）：在任意因果链条中，离待解释的事件相距远的事件。与"近因"（proximate cause）相对，679

蕴涵（Implication）：为真的条件陈述或假言陈述的前后件之间的一种关系。因为有不同种类的假言陈述，所以有不同种类的蕴涵，包括：逻辑蕴涵、定义性蕴涵、因果性蕴涵、决策性蕴涵和实质蕴涵。"Impl."也是实质蕴涵律的缩写，是一种推论规则的名称，这一种逻辑等价表达式允许具有 p⊃q 形式的陈述与具有~p∨q 形式的陈述相互替换，370-82。亦见实质蕴涵（Material implication）

蕴涵者（*Implicans*）：条件陈述或假言陈述的前件；前式（*protasis*），370-71

真、假和有效性（Truth, falsity and validity），7-8，11，37-42

真和假（Truth and falsity），37

真值（Truth value）：任一陈述的为真或为假（T 或 F）的状态，7，38，357-60，366-67；

  完备的真值表方法（The Complete Truth-Table Method），388-401

真值表（Truth table）：一种排列，其中根据复合陈述中的简单分支陈述的所有可能真值结合的排列，复合陈述的所有可能真值也展示出来。真值表可以用来定义真值联结词，也可以用来验证许多演绎论证的有效性；根据真值表验证论证（testing arguments on），360-64；

  完备的真值表方法（The Complete Truth-Table Method），388-401

真值函项分支（Truth-functional compound）：一个复合陈述的任一分支，通过对分支进行具有相同真值的任一其他陈述的替换，其替换后的命题仍保留原有复合陈述的真值，358

真值函项复合陈述（Truth-functional compound statement）：一种复合陈述，其真值完全由其分支陈述的真值所决定，358-64

真值函项联结词（Truth-functional connective）：真值函项复合陈述的分支之间的逻辑联结词（例如，合取、析取、实质蕴涵和实质等值），358-64，376

直接推论（Immediate inference）：不借助其他前提，直接从一个前提得出结论的推论。多种多样的直接推论可以分为不同类型，传统上包括换位法、换质法和换质位法，225-35，241，250，303-04

直言命题（Categorical proposition）：一种能被分析为关于类或者范畴的命题，这种命题肯定或否定某个类 S 全部或部分地包含于另一个类 P 之中。直言命题传统的四种标准形式为：A：全称肯定命题（所有 S 是 P）；E：全称否定命题（没有 S 是 P）；I：特称肯定命题（有 S 是 P）；O：特称否定命题（有 S 不是 P），4，212-50，257-58，266-67，273。亦见标准形式直言命题（Standard-form categorical proposition）

  存在含义与直言命题（existential import and），235-41；

  演绎理论与直言命题（theory of deduction and），211-12；

  直言命题的标准化（translating into standard form），213-17；

  直言命题的符号系统与图解（symbolism and diagrams for），242-48

直言三段论（Categorical syllogism）：由三个直言命题组成的演绎论

证，其中包含且仅包含三个项，每个项在这些命题中恰好出现两次，257-93，607，610，618，622，635。亦见析取三段论（Disjunctive syllogism）；假言三段论（Hypothetical syllogism）；三段论论证（Syllogistic argument）

  检验三段论的文恩图解法（Venn diagram technique for testing），266-74，301

  直言三段论的标准形式（**Standard-form categorical syllogism**）：前提和结论都是标准直言命题（A、E、I 或 O 命题），并且依次按照大前提、小前提、结论的先后顺序排列的直言三段论，称为直言三段论的标准形式，257-61；

  格与直言三段论的标准形式（figure and），259-61；

  检验直言三段论的文恩图解法（Venn diagram technique for testing），266-74；

  三段论规则/谬误（rules for / fallacies of），276-82；

  式与直言三段论的标准形式（mood and），258-59；

  直言三段论 15 个有效式的阐释（exposition of 15 valid forms of），285-89；

  直言三段论 15 个有效式的演绎推导（deduction of the 15 valid forms of），290-93；

  直言三段论的项（terms of），258

指称性定义（**Denotative definition**）：找出词项外延的定义方式，例如通过列举出该词项所指谓的对象类的元素的方式，该类元素由此被指称。一种外延定义，116-17

指令性话语（**Directive discourse**），87-88

指谓（**Denotation**）：正确适用于一个词项的若干对象；词项的外延，112-15

质（**Quality**）：直言命题的属性之一，取决于该命题对类的包含关系所做的肯定或否定。因此，从质上看，每一个直言命题要么是肯定的，要么是否定的，217-18

中项（**Middle term**）：作为标准式直言三段论，必须有而且只有三个词项。中项就是只在两个前提中出现，在结论中不出现的词项，258-60，266，277-81

中项不周延谬误（Fallacy of undistributed middle）：由于三段论的中项在两个前提中没有一次周延所犯的一种三段论谬误，278，281

中项含混（Ambiguous middle）：一种形式谬误，之所以这样命名，是因为某个三段论中的这种错误产生于中项的意义在论证过程中的变化，277

中性语言（Neutral language），95–100

重音（Fallacy of accent）：一种非形式谬误，当一个词或短语在论证的结论中的意义不同于它在某个前提中的意义，而这种意义的不同主要源于对所使用的词汇强调的变动时，就犯了重音谬误，181–84

周延性（Distribution）：该属性用来反映直言命题和其词项之间的关系，表明一个直言命题是否断定了特定词项所代表的类的每一个对象，217–22

主观含义（Subjective connotation）。见主观内涵（Subjective intension）

主观内涵（Subjective intension）：说话者认为的由某一词项指谓的对象所拥有的属性集，118

主-谓命题（Subject-predicate propositions）：即传统的直言命题，包括全称肯定（A）命题、全称否定（E）命题、特称肯定（I）命题和特称否定（O）命题，595–601

准实指定义（Quasi-ostensive definition）：一种依赖于手势和描述性短语的指称性定义，117

自然演绎（Natural deduction）：依据推论规则对一个演绎论证的有效性进行证明的方法，438，446，476–79

自相矛盾的陈述形式（Self-contradictory statement form）：所有代入例都为假的陈述形式，414

Barbara：标准形式直言三段论的 15 个有效式之一的传统名称。一个 *Barbara* 形式的三段论的式与格是 AAA-1；其三个命题都是 A 命题，并且其中项是大前提的主项、小前提的谓项，所以属于第一格，263，288，291，296，303–07，315，321

Baroko：标准形式直言三段论的 15 个有效式之一的传统名称。一个 *Baroko* 形式的三段论的式与格是 AOO-2；其小前提和结论是 O 命题，大

前提是 A 命题,并且其中项在大、小前提中都是谓项,所以属于第二格, 287-89,292-93,296

Bokardo:标准形式直言三段论的 15 个有效式之一的传统名称。一个 Bokardo 形式的三段论的式与格是 OAO-3;其大前提和结论是 O 命题,小前提是 A 命题,并且其中项在大、小前提中都是主项,所以属于第三格,289,293,296

Camenes:标准形式直言三段论的 15 个有效式之一的传统名称。一个 Camenes 形式的三段论的式与格是 AEE-4;其小前提和结论是 E 命题,大前提是 A 命题,并且其中项是大前提的谓项、小前提的主项,所以属于第四格,289,291,296

Camestres:标准形式直言三段论的 15 个有效式之一的传统名称。一个 Camestres 形式的三段论的式与格是 AEE-2;其小前提和结论是 E 命题,大前提是 A 命题,并且其中项在大、小前提中都是谓项,所以属于第二格,289,291,296

Celarent:标准形式直言三段论的 15 个有效式之一的传统名称。一个 Celarent 形式的三段论的式与格是 EAE-1;其大前提和结论是 E 命题,小前提是 A 命题,并且其中项在大前提中是主项、在小前提中是谓项,所以属于第一格,261,287,289,291,296

Cesare:标准形式直言三段论的 15 个有效式之一的传统名称。一个 Cesare 形式的三段论的式与格是 EAE-2;其大前提和结论是 E 命题,小前提是 A 命题,并且其中项在大、小前提中都是谓项,所以属于第二格,287,289,291

Darii:标准形式直言三段论的 15 个有效式之一的传统名称。一个 Darii 形式的三段论的式与格是 AII-1;其小前提和结论是 I 命题,大前提是 A 命题,并且其中项是大前提的主项、小前提的谓项,所以属于第一格,289,292,296

Datisi:标准形式直言三段论的 15 个有效式之一的传统名称。一个 Datisi 形式的三段论的式与格是 AII-3;其小前提和结论是 I 命题,大前提是 A 命题,并且其中项在大、小前提中都是主项,所以属于第三格,289,292,296

Dimaris:标准形式直言三段论的 15 个有效式之一的传统名称。一个 Dimaris 形式的三段论的式与格是 IAI-4;其大前提和结论是 I 命题,小

前提是 A 命题，并且其中项是大前提的谓项、小前提的主项，所以属于第四格，289，292，296

Disamis：标准形式直言三段论的 15 个有效式之一的传统名称。一个 *Disamis* 形式的三段论的式与格是 IAI-3；其大前提和结论是 I 命题，小前提是 A 命题，并且其中项在大、小前提中都是主项，所以属于第三格，289，292，296

Ferio：标准形式直言三段论的 15 个有效式之一的传统名称。一个 *Ferio* 形式的三段论的式与格是 EIO-1；其大前提是 E 命题，小前提是 I 命题，结论是 O 命题，并且其中项在大前提中是主项、在小前提中是谓项，所以属于第一格，287，289，292-93

Ferison：标准形式直言三段论的 15 个有效式之一的传统名称。一个 *Ferison* 形式的三段论的式与格是 EIO-3；其大前提是 E 命题，小前提是 I 命题，结论是 O 命题，并且其中项在大、小前提中都是主项，所以属于第三格，289，292-93，296

Festino：标准形式直言三段论的 15 个有效式之一的传统名称。一个 *Festino* 形式的三段论的式与格是 EIO-2；其大前提是 E 命题，小前提是 I 命题，结论是 O 命题，并且其中项在大、小前提中都是谓项，所以属于第二格，287，289，292-93，296

Fresison：标准形式直言三段论的 15 个有效式之一的传统名称。一个 *Fresison* 形式的三段论的式与格是 EIO-4；其大前提是 E 命题，小前提是 I 命题，结论是 O 命题，并且其中项在大前提中是谓项、在小前提中是主项，因此属于第四格，289，292-93，296

第 11 版译者后记

柯匹是以逻辑教育工作特别是教材编写而享誉世界的少数学者之一。有些美国学者认为，柯匹的《逻辑学导论》已成为有史以来受众最多的逻辑学读物，其读者人数或许只有亚里士多德的《工具论》可与之匹敌。无论这个论断是否正确，这部教材所产生的广泛影响是毋庸置疑的，它不但在英语世界被广泛采用为高校教材，而且已有十余种文字的译本出版。因此，我非常赞同将该书列入"国外经典哲学教材译丛"，同时欣然接受了陈波教授和李艳辉编审关于主持这部名著翻译的邀请，并邀得潘天群教授、王克喜教授和南京大学逻辑学专业几位博士生，共同完成了这项虽辛苦备至但兴味盎然的工作。

《逻辑学导论》为什么能够如此广受欢迎且经久不衰呢？该书第12版"出版者的话"曾将其原因概括为如下三个方面：

首先，柯匹完善了逻辑教科书的结构，使之不仅在知识上具有连贯性，而且非常方便、实用地适合于高校实际教学模式。

其次，柯匹是一位非常优秀的教师，他非常清楚如何运用那些既有吸引力又有价值的资料，使学生得到大量训练逻辑技能的机会并增强学习兴趣，从而熟练掌握逻辑原理。在柯匹看来，逻辑既是科学也是艺术，而掌握逻辑的用途既需要理解更需要实际训练。因此，从第1版开始，《逻辑学导论》的每一版都有大量来自现实生活的例证资料与练习题。

最后，柯匹拥有把高度的清晰性与精辟的深刻性相结合讲解逻辑知识的高超能力。他的教材绝非仅仅把逻辑知识罗列在学生面前，而是像一位循循善诱的朋友那样为读者提供一系列令人愉悦的智力挑战。

根据我从事高校逻辑教学二十几年特别是执教南京大学文科公共基础课"逻辑学"十余年的体会，我对这部教材上述三方面的特点都非常欣赏，并认为第二点更为紧要。当然，作为一部适用于逻辑通识课程的基础教材，是否应当像本书那样舍弃关系逻辑及模态逻辑的基本知识，以及形式逻辑与非形式逻辑知识的比例和讲授顺序是否有更为适当的安排等，似尚有一些值得讨论与斟酌之处，但这本教材所取得的成就，无疑是非常值

941

得我们学习与借鉴的。

纵观本书各个版本，其修订的主要着力点都在于引入许多体现逻辑思维的实际功能与作用的新颖例证与习题。其内容几乎遍及所有学科以及现实生活的各个领域，许多例子采自在历史或现实中产生重要影响的名著名篇，从而维持着对读者的广泛吸引力。这在第 11 版更为突出。但正是这一点造成了本书翻译的最大困难。在原语境中很容易明了的例子放在中文语境中就可能难以理解。但作为一部教材的译本，附加大量语境注释是不必要的。我们所采取的策略是，在实例和习题的翻译上以不影响逻辑知识的把握与训练为转移，不要求译者做更多还原语境的工作。

鉴于本书基础教材的性质，关于逻辑名词术语的译法，我们采取了"从众"原则，即基本上采用比较通行的译法。如 proposition、statement、judgment 分别译为"命题"、"陈述"、"判断"，reasoning、inference、argument、fallacy 分别译为"推理"、"推论"、"论证"、"谬误"，等等。实际上，许多通行译法是很值得再加推敲的。譬如汉语中的"谬误"一词的日常用法比 fallacy 宽泛得多，后者只指谓论证中的"推不出"错误（无论是形式的还是非形式的），前者却同时指谓假命题（falsity）。再如 categorical proposition，无论是大陆学界的通译"直言命题"，还是台港学界的通译"定言命题"，都未能体现出 categorical 的本原语义。甚至汉语中的"演绎"和"归纳"，与英语中的 deduction 和 induction 在日常语言语境中的用法亦相去甚远，这种用法差异极易造成对逻辑学习的干扰。当然，在学界就更好的译法达成一致之前，最要紧的是注意把握这些术语在逻辑学中的专门用法，排除日常用法的干扰，对此，在逻辑基础教学中更应给予高度重视。关于逻辑术语的专门用法及其与日常语言用法的差异，《逻辑学导论》用了大量篇幅进行了不厌其烦的阐述，这也是本书能够成为一部优秀教材并特别适合于初学者自学的一个重要原因。

本书翻译工作由张建军主持，初译工作分工如下：

张建军、万林译前言和第一章（含本章练习题及部分习题解答，下同）；

王克喜、贾国恒译第二章至第四章；

夏素敏译第五章至第七章；

顿新国译第八章至第十章；

潘天群译第十一章至第十四章；

付敏、张晓云译术语/索引。

初稿完成后，张建军对全部译稿进行了统校修改，再交各章译者进一步校订，潘天群参与校改了全部校订稿，贾国恒、夏素敏、顿新国、付敏、何海兰、李莉、沈振东、付玉成也参与了许多章节的校订工作，最后由张建军再做统一校订并定稿。虽数易其稿，缺憾在所难免，欢迎各位读者多加批评，以便在本译本重印或再版时改正。

原书"第11版序"主要阐述的是第11版对第10版的修改，未予译出。为丛书统一体例起见，译本将原书页下脚注改成了章末注，并删去了各章之前的名人名言。为尽可能展示这部著名教材的全貌，其他部分我们未做删节。

本书例题与习题中的资料有许多引自多学科名著名篇，对于能够查到中文译本者，我们尽可能做了核对，但大多按逻辑训练的要求进行了改译。谨此对这些中文译者表示感谢。南京大学外国语学院从丛教授和李咏燕博士在查找资料和解决例题习题翻译疑难上提供了许多帮助，中国人民大学出版社的吴冰华编辑对译稿进行了精心编辑审校，在此一并表示衷心感谢。

在刚刚结束的"第二届两岸逻辑教学学术会议"上，来自我国内地、台湾和香港地区的百余位老中青学者会聚南京大学，共同探讨了我国逻辑教学与研究现代化的历史进程和未来发展方向，对于逻辑基础教学所获得的成就和存在的问题进行了热烈讨论。"它山之石，可以攻玉"，希望这部著名逻辑教材中译本的出版，能够对我国逻辑基础教学改革与教材建设的进一步发展，给予新的有力推动。

张建军

2006年11月2日于南京

第 13 版译者后记

柯匹与科恩的《逻辑学导论》第 11 版中译本于 2007 年出版,迄今已重印 10 次。这部近 80 万字的逻辑基础教材获得如此热烈欢迎,远超我们所预期。广大读者学逻辑、用逻辑的需要和热情,也使我们深受教益与鼓舞。正是基于其受欢迎程度,中国人民大学出版社签订了《逻辑学导论》第 13 版中译本的版权协议,并邀请我们继续担任翻译工作。

正如第 11 版译者后记所言,本书第一作者柯匹已于 2002 年谢世,第 11 版是柯匹参与这部经典教材修订的最后版本,此后第 12 版和第 13 版的修订工作,都是由第二作者科恩个人担纲的。第 13 版虽然仍保有这部教材的主要特点与风格,但科恩对全书做了较大幅度的修订,这不仅体现在例题、习题的大幅更换,而且在体系和内容上也根据科恩本人教学研究的体会做了大幅度调整与增删,在增强可读性方面也做了许多新的努力。因而这实际上是一本"新书",或者说是这部教材的"科恩版"。有兴趣的读者可进行比较研究。

第 13 版中译本的翻译工作,仍基本遵循第 11 版译者后记中阐明的各项原则,唯注释体例改用与原版完全一致的方案。可能由于上述大幅修订的原因,原版存在一些文字上的疏漏,因不属于实质问题,译本在更正后未再一一注明。有两道习题歧义性较大,答案难以确定,为不给读者造成困扰,用第 11 版的两道习题做了替换。另外,第 13 版与该书以往版本的一个显著差异,是对"部分练习题解答"做了大幅删减,仅保留了演绎逻辑和概率演算等具有"刚性"答案的部分。据科恩解释,这是基于使用本书的教师们如下长期争论所采用的一个"折中"方案:有的教师主张答案多多益善,有的则主张教材中不应提供习题答案。而目前方案的一个实用考虑,是可以通过删除关于自然语言分析部分习题的冗长答案,把节省出的篇幅用于循序渐进地详细阐释"有效性的形式证明技术"(这也是本版的一个重要的新特点)。在我看来,目前这样处理的合理性不只在于篇幅的合理配置,而在于许多自然语言分析的习题"答案"实际上不是"刚性"的而是"柔性"的。这部分的训练的主旨并非要寻找不可移易的"标准"答案,而是要训练在语境敏感的条件下提升自觉的逻辑与语言分析的意识与能力，这与作为本书主体的刚性演绎逻辑训练一样，都是为锤炼以"合理怀疑、合理置信"的批判性思维为基本特征的理性思维能力服务的。

　　第 13 版的翻译工作是在与第 11 版中译本对照的基础上修订完成的。由于前述大幅度变更，许多章节近乎重译。第 1 至 10 章由顿新国教授和博士生侯旎负责，第 11 至 14 章由潘天群教授和博士生丁晓军负责，全书由我统一校改定稿。南京大学逻辑专业美国留学生李东（Mitchell Lazerus）参与了英文新旧版比对工作，香港留学生黄盛（Sen Wang）帮助解决了双关语翻译疑难，博士生赵楠楠、李振宇和硕士生杨洋参与了部分文稿和清样的校对工作。出版社同仁特别是杨宗元老师为本书做了许多工作，责任编辑吴冰华老师一如既往的认真负责精神令人感佩。衷心感谢大家为本书付出的辛劳。感谢北京大学陈波教授和学界同仁对本书翻译工作的关心与支持。

　　从互联网上看到许多网友对本书第 11 版中译本发表了很好的读后感，有些网友还建立了本书的学习园地，并发表了对译文的修订建议，南京大学和其他学校使用本书的师生也提出了一些修订建议。其中有些建议已在该书各次重印本中吸收，也借此机会表示衷心感谢。希望第 13 版中译本继续得到大家的关注与指正。在我国社会文化发展的新的历史条件下，作为"社会理性化支柱学科"的逻辑学的社会文化功能逐步得以凸显。借本书出版之机，我想再次用 12 年前我在《人民日报》发表的《真正重视"逻先生"》一文中的如下认识与各位读者交流：

　　　　逻辑精神既是科学精神的基本要素，也是民主法治精神的基本要素。建立在逻辑基础之上的形式理性是科学体系与民主政治的共同基石。严复曾有如下断言：逻辑"为一切法之法，一切学之学"。在"德先生"与"赛先生"的旗帜在我国飘扬了近一个世纪之后，我们应该真正重视"逻先生"，在国民教育体系中加大健全的逻辑意识和逻辑思维素养的培育……在克服社会转型时期所带来的一系列"无序"、"失衡"、"失范"现象，实现社会发展的动态平衡和有序化、规范化方面，"逻先生"有着基本的、不可替代的作用。

张建军

2014 年 9 月 25 日于南京

第 15 版译者后记

本书是逻辑教育家欧文·M. 柯匹的著名教材《逻辑学导论》第 15 版亦即最新版本的中译本。教材的特色与影响力已在第 11 版、13 版的译者后记中阐明。第 13 版中译本与第 11 版中译本一样，得到了广大读者的热烈欢迎，一部近 80 万字的教材一再重印仍供不应求，在当下的网络时代堪称"奇迹"，这是读者对原著与译著的双重肯定。有鉴于此，原书出版方希望翻译出版第 15 版中译本，并与中国人民大学出版社签订了新的版权协议。而广大读者学逻辑、用逻辑的需要与热情，仍是我们继续承担第 15 版翻译工作的根本动力。

如前两版译者后记所介绍，原书第一作者柯匹谢世后，《逻辑学导论》第 12、13 版的修订工作由卡尔·科恩独自承担。2014 年出版第 14 版时，因科恩年事已高，改由肯尼斯·麦克马洪（Kenneth McMahon）承担修订工作并署名第三作者。但麦克马洪的修订基本上没有被 2019 年出版的第 15 版采纳，第 15 版主要由维克多·罗迪奇在第 13 版的基础上修订增补而成，故罗迪奇仍署名第三作者。

与第 13 版相比，第 15 版的篇幅有较大幅度的增加，其原因主要在以下六个方面。其一，大幅增加了关于命题逻辑基本真值表方法和简化真值表方法的阐释、例题习题及三个附录。这或许由于罗迪奇本人是维特根斯坦研究专家，对于真值表方法的重要性有透彻体会。其二，为扩大读者群体和适应"读图时代"，在原书三个部分最后都增加了一节"现实生活中的逻辑"。其三，为强化读者对各章关键术语的掌握，在原书页边增加了从正文抽出的关键术语的解释。其四，增加"极简逻辑史"与西方逻辑史上的著名逻辑学家小传。其五，增加美国研究生入学水平测试中的逻辑试题的讲解作为最后一个附录。其六，增加了关于 Sound Arguments（可靠性论证）与 Demonstrative Arguments（笃证性论证）之区别的阐释（9.13 节），并将这一理念贯穿整个教材。作为一部逻辑基础教材，前五个方面是否需要增加如此大的篇幅，在学界或许会有仁智之见，但对于逻辑自学者特别是初学者来说，无疑均属福音。而在我看来，第六个方面则是第 15 版不同于以往所有逻辑基础教材的一大亮点。我们认为，把作者精到地阐明的这个区分引入逻辑基础教材之中是非常必要的。经过反复斟酌，我们为 Demonstrative 这个在翻译上争议颇多的术语提供了"笃证性"这一既能传神达意又具有"陌生化"效应的译法，期能引起学界和广大读者的重视与研讨。

由以上特点，亦可见得将这部经典教材的第 15 版翻译出版的必要性与重要性。如果说第 13 版可视为区别于柯匹原著的"科恩版"，则第 15 版可视为颇具新颖特色的"罗迪奇版"。因此，这三个版本中译本的陆续出版，对于国内逻辑基础教学与研究均应具有特殊的启发和借鉴意义。

不过，作为逻辑基础教材，这个新版的篇幅实在是过于"厚重"了。为读者计，我们在压缩译著篇幅上采取了如下措施。其一，删去了主要讨论与之前版本关系的序言及长达四页的"致谢"。其二，借鉴我们翻译现代逻辑基础经典畅销教材《逻辑与哲学：现代逻辑导论（第九版）》的经验，将原书置于页边占有很大空间的关键术语解释，集中置于每章的章末列出，这样既节省了篇幅，又有利于读者系统复习本章的关键内容。其三，删除了原书颇占篇幅的历代逻辑学家画像，这样的画像读者在网上很容易查到。另将原书散见于各章的逻辑学家小传抽出，按年代顺序统一列于全书附录之后，由此可构成对逻辑学家在逻辑发展史上主要贡献的"概览"，也恰与"极简逻辑史"构成呼应。这样处理既较大幅度地压缩了篇幅，又仍可收"全译本"之效。而因为采取了上述压缩篇幅的措施，在术语索引部分已无法将原书页码作为本书边码列出。我们将原来的术语索引改为以汉语拼音为序的"中英文术语索引"，从而将索引及其解释做成一个中英文逻辑术语小型词典，这也构成第 15 版译本的一个重要特色。

总体上说，第 11 版译者后记所说明的这部逻辑学经典教材的基本特点，仍为第 15 版所继承，其在演绎逻辑的阐释上仍限于三段论理论、命题逻辑和一元谓词逻辑的基本知识，尚没有涉及作为现代逻辑核心内容的关系逻辑以及模态逻辑的基础知识。如果读者在此基础上需要进一步了解与掌握现代逻辑的丰富工具，可使用"国外经典哲学教材译丛"中同样因其"读者友好"而广受欢迎的《逻辑与哲学：现代逻辑导论（第九版）》（蒂德曼与卡哈尼原著，张建军、张燕京等译，中国人民大学出版社 2017 年版）。

虽然有《逻辑学导论》第 11 版和第 13 版的译稿作为基础，但由于第 15 版篇幅的上述增补，加之新版修订仍维持了以往历次版本中更换新颖案例及例题习题的习惯，以及罗迪奇根据自己的教学与研究心得对全文做了大量修订（特别在符号逻辑部分修订甚多），译稿多数内容近乎重译。全书译稿的初稿提供与加工工作，是在南京大学逻辑专业博士毕业生、现任湖南师范大学副教授王淑庆的主持下，以多位曾在南大攻博的教师为主体合力完成的。初稿提供之分工如下：

张建军、王淑庆：前言，极简逻辑史，逻辑学家小传

杨征源、廖彦霖：第 1-4 章及其部分练习题解答

何海兰：第 5-7 章及其部分练习题解答

王淑庆：第 8-10 章及其部分练习题解答

张若思、史红继：第 11-14 章及其部分练习题解答

林静霞、王淑庆：附录 A-附录 D

施迎盈、张顺：中英文术语索引

在初稿完成后，王淑庆博士与我一起做了汇总统稿工作，潘天群、顿新国教授亦审读了全书文稿，顿新国教授细致校改了第 11-14 章全稿。丁晓军博士、张顺博士和南大逻辑专业在读博士生尹智鹤、彭丽曼、吉磊等同学也参与了部分译稿的校改工作。最后全书由我统校定稿。上列师生亦参与了书稿清样的校对。

衷心感谢本译著责任编辑吴冰华老师严谨认真的编辑工作。自从 2004 年翻译《逻辑学导论》第 11 版以来，一直与吴老师愉快合作，共同完成了《逻辑学导论》三版译本和《逻辑与哲学：现代逻辑导论（第九版）》共四个大部头译著，以及陈波教授与我共同主编的"悖论研究译丛"中两部专业译著的工作。吴老师以高度的责任感所付出的辛劳，为这些系列译著的质量提供了关键保障。中国人民大学出版社学术出版中心对逻辑事业发展的长期支持，杨宗元、凌金良老师等在各类逻辑读物的联系与策划方面所体现的远见卓识，亦非常令人感佩。

经过多年发展，学逻辑、用逻辑的重要性在我国已逐步成为社会共识，不仅高校逻辑教学与研究取得了一系列重要进展，国民基础教育体系中亦置入了更多逻辑要素，其中"逻辑与思维"列入高中阶段的"选择性必修"教材可视为一个标志性进展，语文、数学、外语教学中也进一步明确了提升学生自觉的逻辑思维能力之诉求，"逻先生"之功能发挥和逻辑

教育发展的社会文化氛围有望获得较大提升。令人欣慰的是，作为"南逻人"集体成果的《逻辑学导论》经典教材系列翻译工作，在此过程中也发挥了其应有作用。译事三难，甘苦一心。惟愿第 15 版中译本能够像前两版译本那样，继续得到读者的欢迎与指正。

张建军

2022 年 9 月 29 日于南京灵山根寓所

Introduction to Logic, 15th Edition by Irving M. Copi, Carl Cohen, and Victor Rodych

ISBN: 9781138500860

Copyright © 2019 Taylor & Francis

Authorized translation from the English language edition published by Routledge, a member of the Taylor & Francis Group. All rights reserved.

本书原版由 Taylor & Francis 出版集团旗下 Routledge 公司出版，并经其授权翻译出版，版权所有，侵权必究。

China Renmin University Press is authorized to publish and distribute exclusively the Chinese (Simplified Characters) language edition. This edition is authorized for sale throughout the mainland of China. No part of the publication may be reproduced or distributed by any means, or stored in a database or retrieval system, without the prior written permission of the publisher. 本书中文简体翻译版权授权由中国人民大学出版社独家出版并仅限在中国大陆地区销售，未经出版者书面许可，不得以任何方式复制或发行本书的任何部分。

Copies of this book sold without a Taylor & Francis sticker on the cover are unauthorized and illegal. 本书封面贴有 Taylor & Francis 公司防伪标签，无标签者不得销售。

北京市版权局著作权合同登记号：01-2020-0827

图书在版编目(CIP)数据

逻辑学导论：第 15 版/（美）欧文・M. 柯匹 (Irving M. Copi)，（美）卡尔・科恩（Carl Cohen），（加）维克多・罗迪奇（Victor Rodych）著；张建军等译. --北京：中国人民大学出版社，2022.11
ISBN 978-7-300-31148-7

Ⅰ. ①逻⋯ Ⅱ. ①欧⋯②卡⋯③维⋯④张⋯ Ⅲ. ①逻辑学 Ⅳ. ①B81

中国版本图书馆 CIP 数据核字（2022）第 197296 号

逻辑学导论（第 15 版）

［美］欧文・M. 柯匹（Irving M. Copi）
［美］卡尔・科恩（Carl Cohen）　　　著
［加］维克多・罗迪奇（Victor Rodych）
张建军　潘天群　顿新国　等 译
Luojixue Daolun

出版发行	中国人民大学出版社			
社　　址	北京中关村大街 31 号	邮政编码	100080	
电　　话	010－62511242（总编室）	010－62511770（质管部）		
	010－82501766（邮购部）	010－62514148（门市部）		
	010－62511173（发行公司）	010－62515275（盗版举报）		
网　　址	http://www.crup.com.cn			
经　　销	新华书店			
印　　刷	涿州市星河印刷有限公司			
开　　本	720 mm×1000 mm　1/16	版　次	2022 年 11 月第 1 版	
印　　张	60.5 插页 1	印　次	2025 年 7 月第 11 次印刷	
字　　数	980 000	定　价	139.00 元	

版权所有　侵权必究　　印装差错　负责调换